DIREITOS E DEMOCRACIA

10 anos do Ministro Luís Roberto Barroso no STF

ALINE OSORIO
PATRÍCIA PERRONE CAMPOS MELLO
LUNA VAN BRUSSEL BARROSO
Coordenadoras

DIREITOS E DEMOCRACIA

10 anos do Ministro Luís Roberto Barroso no STF

Belo Horizonte

2023

©2023 Editora Fórum Ltda.

É proibida a reprodução total ou parcial desta obra, por qualquer meio eletrônico, inclusive por processos xerográficos, sem autorização expressa do Editor.

Conselho Editorial

Adilson Abreu Dallari
Alécia Paolucci Nogueira Bicalho
Alexandre Coutinho Pagliarini
André Ramos Tavares
Carlos Ayres Britto
Carlos Mário da Silva Velloso
Cármen Lúcia Antunes Rocha
Cesar Augusto Guimarães Pereira
Clovis Beznos
Cristiana Fortini
Dinorá Adelaide Musetti Grotti
Diogo de Figueiredo Moreira Neto (*in memoriam*)
Egon Bockmann Moreira
Emerson Gabardo
Fabrício Motta
Fernando Rossi
Flávio Henrique Unes Pereira

Floriano de Azevedo Marques Neto
Gustavo Justino de Oliveira
Inês Virgínia Prado Soares
Jorge Ulisses Jacoby Fernandes
Juarez Freitas
Luciano Ferraz
Lúcio Delfino
Marcia Carla Pereira Ribeiro
Márcio Cammarosano
Marcos Ehrhardt Jr.
Maria Sylvia Zanella Di Pietro
Ney José de Freitas
Oswaldo Othon de Pontes Saraiva Filho
Paulo Modesto
Romeu Felipe Bacellar Filho
Sérgio Guerra
Walber de Moura Agra

CONHECIMENTO JURÍDICO

Luís Cláudio Rodrigues Ferreira
Presidente e Editor

Coordenação editorial: Leonardo Eustáquio Siqueira Araújo
Aline Sobreira de Oliveira

Rua Paulo Ribeiro Bastos, 211 – Jardim Atlântico – CEP 31710-430
Belo Horizonte – Minas Gerais – Tel.: (31) 99412.0131
www.editoraforum.com.br – editoraforum@editoraforum.com.br

Técnica. Empenho. Zelo. Esses foram alguns dos cuidados aplicados na edição desta obra. No entanto, podem ocorrer erros de impressão, digitação ou mesmo restar alguma dúvida conceitual. Caso se constate algo assim, solicitamos a gentileza de nos comunicar através do *e-mail* editorial@editoraforum.com.br para que possamos esclarecer, no que couber. A sua contribuição é muito importante para mantermos a excelência editorial. A Editora Fórum agradece a sua contribuição.

Dados Internacionais de Catalogação na Publicação (CIP) de acordo com a AACR2

D598	Direitos e democracia: 10 anos do Ministro Luís Roberto Barroso no STF / Aline Osorio, Patrícia Perrone Campos Mello, Luna van Brussel Barroso. Belo Horizonte: Fórum, 2023. 900p. 17x24 cm
	ISBN 978-65-5518-555-3
	1. Direito constitucional. 2. Jurisprudência constitucional. 3. Jurisdição constitucional. 4. Democracia. 5. Direitos fundamentais. 6. Igualdade. I. Osorio, Aline. II. Mello, Patrícia Perrone Campos. III. Barroso, Luna van Brussel. IV. Título.
	CDD: 342
	CDU: 342

Ficha catalográfica elaborada por Lissandra Ruas Lima – CRB/6 – 2851

Informação bibliográfica deste livro, conforme a NBR 6023:2018 da Associação Brasileira de Normas Técnicas (ABNT):

OSORIO, Aline; MELLO, Patrícia Perrone Campos; BARROSO, Luna van Brussel (Coord.). *Direitos e democracia: 10 anos do Ministro Luís Roberto Barroso no STF*. Belo Horizonte: Fórum, 2023. 900p. ISBN 978-65-5518-555-3.

SUMÁRIO

PREFÁCIO
Carlos Ayres Brito 27

APRESENTAÇÃO
10 ANOS DO MINISTRO LUÍS ROBERTO BARROSO NO SUPREMO TRIBUNAL
FEDERAL 29
    Uma homenagem.. 29
    A revolução dos direitos... 30
    A revolução do republicanismo 30
    A revolução da eficiência... 31

HOMENAGEM DOS SERVIDORES DO GABINETE DO MINISTRO LUÍS
ROBERTO BARROSO 33

PARTE I
HOMENAGENS DE MINISTROS DO STF

PROTEGENDO A LIBERDADE NA LUTA PELA DEMOCRACIA: REFLEXÕES
A PARTIR DA EXPERIÊNCIA DO TRIBUNAL SUPERIOR ELEITORAL E DO
SUPREMO TRIBUNAL FEDERAL
Rosa M. Weber... 37
1   Introdução... 37
2   O combate à desinformação comprometedora da integridade do processo
    eleitoral.. 38
3   O combate à desinformação e a preservação da liberdade de expressão no
    Supremo Tribunal.. 41
4   Conclusão.. 45
    Referências 46

LIBERDADE DE EXPRESSÃO, REDES SOCIAIS E DEMOCRACIA: BREVES
CONSIDERAÇÕES SOBRE DOIS PARADIGMAS DE REGULAÇÃO
Gilmar Mendes, Victor Oliveira Fernandes... 47
1   Proteção negativa da liberdade de expressão e regimes de autorregulação
    das plataformas.. 49
2   Regulação procedimental das plataformas.. 52
3   Conclusão 54

OS DIREITOS DOS POVOS INDÍGENAS NO BRASIL E A ADPF Nº 709
José Antonio Dias Toffoli 57
1   Introdução 57
2   História e evolução dos direitos dos povos indígenas 58
3   Direitos dos povos indígenas na Constituição da República de 1988 62
4   A jurisprudência sobre direitos dos povos indígenas do Supremo Tribunal Federal 63
5   A ADPF nº 709 e o direito à saúde dos povos indígenas 66
6   Conclusão 70
     Referências 71

RACIONALIDADE NO ACESSO À JUSTIÇA: UMA ANÁLISE DO RE Nº 631.240/MG
Luiz Fux 75
     Prólogo 75
     Introdução 76
1   Acesso à justiça e filtragem de demandas frívolas 77
2   O Recurso Extraordinário nº 631.240/MG 80
     Conclusão 83
     Referências 84

CONTROLE DE CONVENCIONALIDADE NA JURISPRUDÊNCIA DO STF: EXCERTO DE UMA DÉCADA
Luiz Edson Fachin, Christine Peter da Silva 87
1   Introito 87
2   Da soberania judicial ao controle de convencionalidade 88
2.1   Da soberania judicial: entre limites e possibilidades 88
2.2   Da transterritorialidade das normas de direitos humanos 89
2.3   Do controle de convencionalidade e seus desafios no Brasil 90
2.4   Diálogos constitucionais judiciais multinível 92
3   Jurisprudência do STF e os precedentes da Corte Interamericana de Direitos Humanos: um excerto desde 2013 94
3.1   Devido processo legal e transferência de preso para presídio federal 94
3.2   Demarcação e titulação das terras quilombolas 95
3.3   Proibição de dupla persecução penal e *ne bis in idem* 95
3.4   Liberdade de expressão x crime de desacato 95
3.5   Operações policiais nas comunidades do Rio de Janeiro 96
3.6   Superlotação em unidades de cumprimento de medidas socioeducativas para adolescentes 96
4   Palavras de arremate 97
     Referências 97

A LIBERDADE DO CANDIDATO E O RESPEITO AO ESTADO DEMOCRÁTICO DE DIREITO E À DIGNIDADE DA PESSOA HUMANA
Alexandre de Moraes 99

BREVES REFLEXÕES SOBRE OS FLUXOS MIGRATÓRIOS, A DIGNIDADE HUMANA E A BUSCA PELA FELICIDADE
Kassio Nunes Marques, Marcus Vinicius Kiyoshi Onodera 109
1. A busca da felicidade ao longo dos séculos 109
2. A evolução do conceito de busca da felicidade e a dignidade da pessoa humana 111
3. Os fluxos migratórios e a busca da felicidade 114
3.1 União Europeia 114
3.2 Contexto atual da imigração na Espanha 116
3.3 A rota do Mediterrâneo ocidental 117
3.4 Contexto atual da imigração ucraniana 119
3.5 Contexto da imigração no Brasil 120
4. Conclusões 120

SEGURANÇA JURÍDICA E EFICIÊNCIA NA LINDB: PRINCÍPIOS PARA A CONSTRUÇÃO DE UM ESTADO DE JUSTIÇA
André Luiz de Almeida Mendonça 123
1. Introdução 123
2. O advento da Lei nº 13.655/2018 124
3. Os novos parâmetros interpretativos trazidos pela Lei nº 13.655/2018 126
4. Conclusão 131
Referências 131

DEMOCRACIA E DIREITOS FUNDAMENTAIS
Ricardo Lewandowski 133
Referências 137

AINDA E SEMPRE A SEGURANÇA JURÍDICA
Marco Aurélio Mello 139
I. Introdução 139
II. Significado e algumas concretizações do princípio da segurança jurídica ... 140
III. Inconstitucionalidade da ausência de prazo para ação rescisória – Art. 535, §8º, do CPC de 2015 147
IV. Conclusão 152

PARTE II
HOMENAGENS DA ACADEMIA
II.1 ACADÊMICOS(AS) INTERNACIONAIS

IN HONOR OF JUSTICE LUÍS ROBERTO BARROSO, ON HIS TENTH YEAR ON THE BRAZILIAN SUPREME COURT
Harold Hongju Koh 157

THE SPIRIT OF BRAZILIAN LAW – FOR LUIS ROBERTO BARROSO

Paulo Barrozo 161
    Preface 161
    The Spirit of Brazilian Legal Thought 162
    History, Reason and Democracy 170
    Spirit and Agency 173

CONSTITUTIONAL UNAMENDABILITY IN BRAZIL AND THE WORLD

Richard Albert, Bruno Santos Cunha, Matheus de Souza Depieri 175
    Introduction – Unamendability in Constitutional Design 175
I   The Functions of Unamendability 177
A)   Identity 177
B)   Stability 178
C)   Emergency 179
II   Unamendable Structures and Rights in Brazil 180
A)   Unamendable Rules in Brazil Before 1988 180
B)   Constitutional Amendments in the Brazilian National Constituent Assembly of 1987-88 183
C)   Amendment Rules and Unamendability in the Constitution of 1988 186
III   Unamendable Rules in Practice 190
A)   The Republican Form of Government 191
B)   Individual Rights and Guarantees 193
C)   Double Constitutional Revision 194
    Conclusion – The Future of Unamendability in Brazil 196

JUDICIAL REVIEW FOR DEFECTIVE DEMOCRACIES

Roberto Gargarella 197
    Required, possible but unlikely 199
    Judicial review in defective deliberative democracies 200
    Conclusion and final reflections 206
    Bibliography 207

JUDGES IN A DEMOCRACY – IN HONOR OF JUSTICE LUÍS ROBERTO BARROSO – BRAZILIAN SUPREME COURT

Rosalie Silberman Abella 209

BARROSO AND RESPONSIVE JUDICIAL REVIEW

Daniel Bogéa, Rosalind Dixon 213
I   Introduction 213
II   Barroso's Constitutional Jurisprudence 214
III   Responsive Judicial Review and Its Relatives 217
IV   Conclusion 222

PUBLIC LAW AND PUBLIC JUDGING
Samuel Issacharoff 223

II.2 ACADÊMICOS(AS) NACIONAIS

HATE SPEECH E POLARIZAÇÃO AFETIVA: QUANDO O ÓDIO SE TORNA ILEGAL?
Ademar Borges 233
      Nota introdutória sobre o homenageado e o tema: a liberdade de expressão na obra do Ministro Luís Roberto Barroso 233
1   Delimitação do tema: o desafio atual da discriminação baseada em identidades políticas 236
2   A polarização afetiva e o fenômeno do partidismo 237
3   Aproximações entre discurso de ódio e partidismo 241
4   Por que o regime jurídico do discurso de ódio não serve para lidar com o partidismo? 243
      Conclusão 249
      Referências 250

ANÁLISE DE IMPACTO REGULATÓRIO NA LEI DE LIBERDADE ECONÔMICA E NA SUA REGULAMENTAÇÃO
Alexandre Santos de Aragão 251
1   Nota prévia: homenagem e gratidão a pessoa decisiva 251
2   Introdução 252
3   Breve histórico 255
4   Pressupostos de um sistema geral de AIR 256
5   Etapas essenciais da AIR 257
6   Institutos afins 260
7   A disciplina (ou a insuficiência de disciplina) na Lei de Liberdade Econômica 261
8   Conclusões 262
      Referências 263

DELIBERAÇÕES LEGISLATIVAS BEM-INFORMADAS E CONSCIENTES E A CONSTITUIÇÃO
Ana Paula de Barcellos 265
      Introdução: o que e o como 265
      As três manifestações do Ministro Luís Roberto Barroso e seu contexto 266
      Cultura constitucional de justificação e devido processo legislativo no sistema constitucional brasileiro 269
      Deliberação consciente e bem-informada e incentivos 272
      Referências 273

A REPARAÇÃO NÃO PECUNIÁRIA DOS DANOS MORAIS À LUZ DO DIREITO CONSTITUCIONAL, DO DIREITO CIVIL E DO DIREITO PROCESSUAL CIVIL

Anderson Schreiber 275
1   Uma palavra sobre o homenageado 275
2   A reparação dos danos morais e o dilema suscitado pelo julgamento do Recurso Extraordinário nº 580.252/MS 275
3   A reparação exclusivamente em dinheiro: insuficiências e ineficácias 278
4   Reparação não pecuniária dos danos morais 280
5   Aspectos processuais da reparação não pecuniária 282
6   À guisa de conclusão: a vitória de um voto vencido 283
       Referências 284

O MIN. BARROSO E A LIBERDADE DE EXPRESSÃO: DA DOUTRINA À PRÁTICA

André Cyrino, Rafael Lorenzo-Fernandez Koatz, Alice Voronoff 287
I   Registros iniciais e apresentação do estudo 287
II   A liberdade de expressão na Constituição de 1988 289
III   Aportes teóricos sobre as liberdades de expressão e de imprensa. Perspectivas substantiva e instrumental 290
IV   As liberdades de expressão e de imprensa segundo o Ministro Barroso 292
V   Encerramento 298
       Referências 299

CONSULTA NA JUSTIÇA ELEITORAL: DE ATIVIDADE ADMINISTRATIVA À FUNÇÃO JURISDICIONAL

Antonio do Passo Cabral 301
1   Introdução 301
2   A função consultiva da Justiça Eleitoral. Previsão normativa, utilidade e escopo 302
2.1   Posição da doutrina e da jurisprudência tradicionais: natureza não jurisdicional da consulta eleitoral 303
2.2   Pressupostos de cabimento da consulta eleitoral 303
2.3   Eficácia e estabilidade processual da resposta à consulta eleitoral. A questão da vinculatividade 305
3   As alterações à LINDB no ano de 2018. Previsão genérica para função estatal de consulta. Direito do jurisdicionado e dever judicial de resposta opinativa .. 306
4   Mudança de entendimento do TSE a respeito da natureza jurisdicional da consulta eleitoral 307
5   Conclusão e perspectivas para desenvolvimento do tema 308
       Referências 309

O DIREITO ADMINISTRATIVO DE PUNIR O TEMPO LEVA

Carlos Ari Sundfeld 311
       Introdução 311
1   A pretensão concreta de sancionar e a segurança jurídica constitucional 314

2	A jurisprudência constitucional sobre prescrição em matéria administrativa fora do Executivo	317
3	A jurisprudência constitucional sobre extinção temporal das pretensões sancionadora e de invalidação no Executivo	319
4	A jurisprudência do STJ sobre extinção temporal das pretensões sancionadora e de invalidação	320
	Conclusão	326
	Referências	328

A CONTRIBUIÇÃO DO STF EM PROL DA EVOLUÇÃO DA IMUNIDADE DE JURISDIÇÃO

Carmen Tiburcio 331

	Introdução	331
1	A imunidade de jurisdição	332
2	Relativização do princípio	333
3	Exceções às imunidades tradicionalmente aceitas no direito internacional	336
3.1	Imunidade de jurisdição nas relações trabalhistas	336
3.2	Imunidade de jurisdição em litígios de natureza comercial	338
3.3	Imunidade de jurisdição em atos ilícitos	338
4	A imunidade de jurisdição em violações de direitos humanos	341
	Conclusões	344

A DUPLA FEIÇÃO DO PRINCÍPIO CONSTITUCIONAL DA LAICIDADE: CONTRIBUIÇÕES DO MINISTRO ROBERTO BARROSO PARA A ARGUMENTAÇÃO JURÍDICA

Cláudia Beeck Moreira de Souza, Estefânia Maria de Queiroz Barboza, Gustavo Buss 345

Introdução	345
As propostas do Ministro Roberto Barroso sobre a argumentação jurídica	346
A tensão entre as duas feições do princípio da laicidade	350
Conclusão	353
Referências	354

AUTORITARISMO, GOVERNABILIDADE E DEMOCRACIA NO BRASIL CONTEMPORÂNEO

Clèmerson Merlin Clève 357

1	Prolegômenos	357
2	Desenho constitucional, reforma e inflação normativa	359
3	Democracia e governabilidade	360
4	Democracia e tentação autocrática	360
5	Erosão democrática e Administração Pública	364
6	A tramitação de uma proposta de emenda constitucional como exemplo eloquente	365

7	Concluindo	368
	Referências	368

LIBERALISMO, DEMOCRACIA E A PROTEÇÃO JUDICIAL DE GRUPOS OPRIMIDOS: A FILOSOFIA CONSTITUCIONAL DE LUÍS ROBERTO BARROSO E O ART. 103, IX, DA CONSTITUIÇÃO

Daniel Sarmento 371

1	Introdução	371
2	Breves notas sobre a filosofia constitucional de Luís Roberto Barroso	372
3	Sociedade civil e jurisdição constitucional: uma nova interpretação do art. 103, IX, da Constituição	378
4	Conclusão	383
	Referências	384

MUDANÇA CLIMÁTICA E PROTEÇÃO AO MEIO AMBIENTE: IMPACTO TRANSFORMADOR DO VOTO DO MINISTRO BARROSO NA ADPF Nº 708

Flavia Piovesan 387

1	Introdução	387
2	Argumentos centrais do voto do Ministro Barroso	388
2.1	Violação do dever internacional do Estado brasileiro de proteger o meio ambiente e de combater as mudanças climáticas	388
2.2	Violação do dever constitucional da União de proteger o meio ambiente e de combater as mudanças climáticas	389
2.3	Vedação ao retrocesso em matéria ambiental e vedação à proteção insuficiente	389
3	Impacto transformador	390
	Referências	392

AUTONOMIA DO BANCO CENTRAL, INSTRUMENTALIDADE DE FORMAS LEGISLATIVAS E AUTOCONTENÇÃO JUDICIAL

Gustavo Binenbojm 393

I	Nota prévia	393
II	A autonomia do Banco Central: justificativas políticas e objeções constitucionais	393
III	O voto do Ministro Luís Roberto Barroso: instrumentalidade de formas legislativas e autocontenção judicial	395
III.1	A instrumentalidade de formas legislativas	395
III.2	A autocontenção judicial	396
IV	Conclusão	397

A LAICIDADE NO STF: UM CONCEITO CONSTITUCIONAL EM DISPUTA

Jane Reis Gonçalves Pereira, Danielle de Carvalho Pacheco de Melo 399

	Referências	405

DIREITO, CONSENSO CIENTÍFICO E CONTROLE: APONTAMENTOS SOBRE O VOTO DO MIN. BARROSO NA ADI Nº 6.421-MC

José Vicente Santos de Mendonça, Felipe Romero 407
1   Introdução 407
2   Direito e consenso científico 410
3   Incorporando parâmetros científicos ao controle da ação estatal 412
4   Encerramento 416
        Referências 416

O DIREITO ADMINISTRATIVO, OS DIREITOS FUNDAMENTAIS E A ATUAÇÃO DO MINISTRO ROBERTO BARROSO

Marçal Justen Filho 419
1   Ainda a constitucionalização do direito administrativo 419
1.1   Ainda os vínculos entre o direito constitucional e o direito administrativo 419
1.2   O enfoque prevalente quanto à "supremacia do interesse público" 420
1.3   A Constituição de 1988 e a supremacia dos direitos fundamentais 420
1.4   A revisão do conceito de "interesse público" 421
1.5   A eliminação do conceito de supremacia estatal 421
1.6   A eliminação da "supremacia" do "interesse público" 421
1.7   A Constituição de 1988 e a sobrevivência do direito administrativo anterior ... 422
1.8   A atuação decisiva do STF 422
2   A atuação afirmativa do Poder Judiciário e suas implicações 423
2.1   A questão da separação de poderes 424
2.2   A questão da alocação de recursos escassos 424
2.3   O enfrentamento amplo das questões pelo Ministro Roberto Barroso 424
3   Oito votos do Ministro Roberto Barroso 424
3.1   O RE nº 592.581-RS 424
3.1.1   A causa 424
3.1.2   O recurso extraordinário 425
3.1.3   A repercussão geral (Tema nº 220) 425
3.1.4   O julgamento do recurso extraordinário 425
3.1.5   O voto do Ministro Roberto Barroso 425
3.2   O RE nº 566.471-RN 426
3.2.1   A causa 426
3.2.2   O recurso extraordinário 426
3.2.3   A repercussão geral (Tema nº 6) 427
3.2.4   O julgamento do recurso extraordinário 427
3.2.5   O voto-vista do Ministro Roberto Barroso 427
3.3   O RE nº 888.815-RS 429
3.3.1   A causa 429
3.3.2   A repercussão geral (Tema nº 822) 429
3.3.3   O julgamento do recurso extraordinário 429
3.3.4   O voto do Ministro Barroso 429

3.4	A ADI nº 6.241 MC/DF (e outras conexas)	430
3.4.1	A causa	430
3.4.2	O julgamento das ADIs	430
3.4.3	O voto do Ministro Barroso	430
3.5	A ADPF nº 709 MC-REF/DEF	431
3.5.1	A causa	431
3.5.2	A ação de descumprimento de preceito fundamental	431
3.5.3	O julgamento da ação de descumprimento de preceito fundamental	431
3.5.4	O voto do Ministro Barroso	432
3.6	A ADI nº 6.586-DF	432
3.6.1	A causa	432
3.6.2	A ação de descumprimento de preceito fundamental	432
3.6.3	O julgamento da ação de descumprimento de preceito fundamental	432
3.6.4	O voto do Ministro Barroso	432
3.7	A ADPF nº 622-DF	433
3.7.1	A causa	433
3.7.2	O julgamento da ação de descumprimento de preceito fundamental	433
3.7.3	O voto do Ministro Barroso	434
3.8	A ADPF nº 708-DF	434
3.8.1	A causa	434
3.8.2	O julgamento	434
3.8.3	O voto do Ministro Barroso	434
3.9	Síntese	435
4	A supremacia dos direitos fundamentais	435
4.1	O reconhecimento de um eventual "direito natural"	435
4.2	A preocupação com soluções efetivas e concretas	435
4.3	A atividade interpretativa e o contexto concreto da realidade	436
4.3.1	As implicações no tocante à atividade administrativa	436
4.3.2	A inviabilidade do controle de validade em abstrato	436
4.3.3	Os limites da interpretação e da discricionariedade	437
4.4	O enquadramento do "interesse público" no contexto dos direitos fundamentais	437
4.4.1	A referência ao interesse público objetivo e autônomo	437
4.4.2	O controle das ponderações realizadas pela autoridade administrativa	438
4.4.3	Atividade administrativa, direitos fundamentais e Poder Judiciário	438
5	A eficácia dos direitos fundamentais e as competências não jurisdicionais	438
5.1	O poder-dever de tutela à Constituição	438
5.2	As novas concepções sobre "legalidade" administrativa	439
5.2.1	A legitimidade administrativa clássica	439
5.2.2	A supremacia dos direitos fundamentais e suas implicações sobre a Administração	439
5.2.3	A restrição à margem de autonomia administrativa	439
5.3	O regime variável em vista da relevância dos bens jurídicos	439

5.3.1	As decisões administrativas pertinentes a bens jurídicos fundamentais	439
5.3.2	A restrição à autonomia para correr riscos	440
5.3.3	A ausência de autonomia para avaliar os riscos e as soluções	440
5.3.4	Ainda a subordinação ao conhecimento técnico-científico prevalente	440
5.3.5	A violação ao conhecimento técnico-científico e o "erro grosseiro"	440
5.4	A questão da reserva do possível	441
5.4.1	As determinações constitucionais	441
5.4.2	As escolhas "trágicas"	441
5.5	As soluções "democráticas"	441
5.5.1	A decisão dos representantes eleitos pelo povo	441
5.5.2	A função contramajoritária	441
5.5.3	A ausência de necessidade de provocação pelo próprio interessado	442
6	A atuação subsidiária do Estado	442
6.1	A tutela aos grupos vulneráveis	442
6.2	As diferentes capacitações dos sujeitos para autossatisfação	442
6.3	A atuação estatal para a defesa dos vulneráveis	442
6.4	Ainda o problema da isonomia	443
6.5	A variação da solução em vista das circunstâncias	443
7	A preservação das competências não jurisdicionais e a intervenção judicial	443
7.1	Ainda a separação de poderes	443
7.2	Ainda a questão da legitimidade democrática	443
7.3	Ainda a questão da ausência de expertise	443
7.4	A autocontenção do Poder Judiciário	444
8	A difusão de processos estruturais	444
8.1	As inovações provenientes da experiência estadunidense	444
8.2	A introdução de processos estruturais no Brasil	445
8.3	A orientação de Barroso	446
8.3.1	A rejeição à emissão de provimento "satisfativo"	446
8.3.2	A convocação da comunidade e do Poder Público para a discussão	446
8.3.3	A fixação dos fins e a determinação da indicação dos meios	446
9	As implicações para o direito administrativo	446
	Referências	447

INCONSTITUCIONALIDADE DA INCIDÊNCIA DO TIPO PENAL DO ABORTO NO CASO DE INTERRUPÇÃO VOLUNTÁRIA DA GESTAÇÃO NO PRIMEIRO TRIMESTRE: O LEGADO DO MINISTRO LUÍS ROBERTO BARROSO NO HC Nº 124.306

Marina Bonatto, Melina Girardi Fachin 449

1	O contexto: o tema do aborto na região e o papel da jurisdição constitucional	449
2	O feito: HC nº 290.341/RJ e o voto do Ministro Luís Roberto Barroso	452
3	O fundamento: as violações de direitos das mulheres decorrentes da tipificação do aborto	453
4	Um caminho possível: a inconstitucionalidade da tipificação do aborto no caso de interrupção voluntária da gestação no primeiro trimestre	458

5	O legado: a importância do voto-vista do HC nº 124.306 da lavra do Ministro Luís Roberto Barroso	460
	Referências	461

O ESVAZIAMENTO DE CONSELHOS DA ADMINISTRAÇÃO PÚBLICA NO INFRALEGALISMO AUTORITÁRIO: O CASO DO CONANDA E A ADPF Nº 622

Oscar Vilhena Vieira, Ana Laura Pereira Barbosa 463

	Introdução	463
1	Infralegalismo autoritário	464
2	As intervenções em colegiados	466
3	As modificações no Conselho Nacional dos Direitos da Criança e do Adolescente	471
4	A reação judicial	474
	Conclusão	475
	Referências	476

O STF E O DIREITO ADMINISTRATIVO DO CIDADÃO COMUM: O PODER DE POLÍCIA DE TRÂNSITO NA JURISPRUDÊNCIA CONSTITUCIONAL

Patrícia Baptista, Leonardo Antoun 479

1	Introdução: o direito administrativo se constitucionalizou e a Constituição precisa da Administração	479
2	O julgamento do RE nº 658.570: a pacificação judicial de uma movimentada controvérsia	480
2.1	Breve retrospectiva histórica da disputa	480
2.2	A construção da decisão colegiada e as premissas comuns das duas correntes de julgamento	483
3	A divergência majoritária à luz do direito administrativo contemporâneo	484
4	A jurisprudência entre permanência e inovação	487
	Referências	488

BARROSO 10 ANOS: O FRASISTA, O PROFESSOR, O ADVOGADO, O JUIZ

Patrícia Perrone Campos Mello, Teresa Melo 491

	Introdução	491
I	Barroso 10 anos: o Frasista	492
II	Barroso 10 anos: o Professor	493
III	Barroso 10 anos: o Advogado	496
III.1	Vedação ao nepotismo (ADC nº 12, Rel. Min. Ayres Britto)	496
III.2	Antecipação terapêutica do parto na hipótese de gravidez de feto anencefálico (ADPF nº 54, Rel. Min. Marco Aurélio)	497
III.3	Reconhecimento de uniões homoafetivas como entidades familiares (ADPF nº 132, Rel. Min. Ayres Britto)	498
IV	Barroso 10 anos: o Ministro	498

IV.1	Direito das crianças adotadas à licença-maternidade equiparada à dos filhos biológicos (RE nº 778.889, Rel. Min. Luís Roberto Barroso)	499
IV.2	Direito das mulheres à interrupção voluntária da gestação em seu primeiro trimestre (HC nº 124.306, Red. Min. Luís Roberto Barroso)	500
IV.3	Direito a uma educação plural inclusiva das pessoas LGBTQIA+ (ADPF nº 461, Rel. Min. Luís Roberto Barroso)	501
IV.4	Direitos dos negros a ações afirmativas em concursos públicos (ADC nº 41, Rel. Min. Luís Roberto Barroso)	501
IV.5	Direitos dos povos indígenas à vida, à saúde, ao território e à cultura durante a pandemia (ADPF nº 709 MC-Ref, Rel. Min. Luís Roberto Barroso)..	502
	Conclusão..	504
	Referências...	504

"GANHAMOS, MANÉ!": O LEGADO DO MINISTRO LUÍS ROBERTO BARROSO COMO PERSONIFICAÇÃO DO ILUMINISMO E AFIRMAÇÃO DA RAZÃO

Pedro Rubim Borges Fortes 507

1	Introdução..	507
2	A trajetória de personificação dos valores do iluminismo	508
3	A defesa da interpretação constitucional como afirmação da razão....	512
4	Considerações finais...	514
	Referências...	516

O PAPEL DO STF NA TUTELA DO FEDERALISMO FISCAL NO COMBATE À GUERRA FISCAL ENTRE OS ESTADOS

Ricardo Lodi Ribeiro 517

1	Introdução	517
2	O federalismo fiscal brasileiro	517
3	Guerra fiscal entre os estados	522
4	Conclusão	525
	Referências	525

O DIREITO À PROTEÇÃO DE DADOS PESSOAIS NO BRASIL: A GÊNESE DE UM DIREITO FUNDAMENTAL

Rodrigo Brandão 527

1	Breves palavras sobre o homenageado..	527
2	O artigo	529
3	A proteção à privacidade na Constituição de 1988: o otimismo frustrado	529
4	O início do reconhecimento doutrinário do direito fundamental à proteção de dados pessoais	531
5	Novas perspectivas na jurisprudência do STF	532
6	As fundamentalidades material e formal do direito fundamental à proteção de dados	535
	Referências	539

UMA IGUALDADE PARA VALER: A ATUAÇÃO DO MINISTRO LUÍS ROBERTO BARROSO NA PROMOÇÃO DA EFETIVIDADE CONSTITUCIONAL A PARTIR DOS VOTOS NA ADC Nº 41 E DA CTA Nº 0600306-47

Adriana Cruz, Wallace Corbo 541
    Introdução 541
1   Breves notas sobre o constitucionalismo da efetividade no pensamento de Luís Roberto Barroso: a proposta de uma Constituição para valer 543
2   Uma igualdade para valer (1): aprofundando o debate acerca das ações afirmativas a partir de uma perspectiva de efetividade da política pública de promoção da igualdade racial 545
3   Uma igualdade para valer (2): combate à discriminação racial indireta e promoção das candidaturas negras no plano eleitoral 549
    Conclusão 550
    Referências 551

PARTE III
HOMENAGENS DE SUA ASSESSORIA

COMBATE À DESINFORMAÇÃO E TRANSFORMAÇÃO DIGITAL PARA A DEMOCRACIA: O LEGADO DO MINISTRO LUÍS ROBERTO BARROSO NO TRIBUNAL SUPERIOR ELEITORAL

Aline Osorio, Marco Antonio Martin Vargas, Tainah Rodrigues, Thiago Rondon 555
    Introdução: o legado da inovação para a proteção do processo eleitoral 555
I   Fundamentos da atuação da Justiça Eleitoral no combate à desinformação 558
II   O Programa de Enfrentamento à Desinformação da Justiça Eleitoral: organização e iniciativas 560
II.1   Antecedentes do programa 560
II.2   O Programa de Enfrentamento à Desinformação com Foco nas Eleições 2020. 561
II.3   O Programa Permanente de Enfrentamento à Desinformação da Justiça Eleitoral 564
    Conclusão 566
    Referências 567

O MINISTRO BARROSO E OS DIREITOS DOS TRABALHADORES

Ana Beatriz Robalinho 569
    Introdução 569
1   A valorização da negociação coletiva (RE nº 590.415) 570
2   Esclarecimentos quanto à jurisprudência trabalhista do STF (RE nº 589.998 e ADI nº 3.395) 571
3   A constitucionalidade da terceirização da atividade-fim e suas repercussões (ADPF nº 324, RE nº 635.546 e ADC nº 48) 574
4   O Supremo em matéria trabalhista e a Constituição viva 577
    Referências 578

A CRIMINALIZAÇÃO DA HOMOFOBIA E O VOTO DO MINISTRO LUÍS ROBERTO BARROSO NO MI Nº 4.733 E NA ADI POR OMISSÃO Nº 26

Andre Luiz Silva Araujo, Carolina Luíza de Lacerda Abreu, João Costa-Neto, Paulo Cesar Villela Souto Lopes Rodrigues 581

I	Introdução. A questão submetida ao Supremo Tribunal Federal	581
II	A questão submetida ao Tribunal	583
III	A questão dogmática: a travessia do Rubicão	584
IV	O pensamento do Ministro Luís Roberto Barroso, e seu reflexo no voto proferido	586
V	Conclusão	589
	Referências	590

POR UM DIREITO PENAL MENOS SELETIVO: MINISTRO BARROSO E DECISÕES FUNDAMENTAIS DO SUPREMO TRIBUNAL FEDERAL CONTRA A CORRUPÇÃO

Anthair Edgard Valente, Marcelo Costenaro Cavali 591

1	Introdução	591
2	Inexigibilidade de demonstração de ato de ofício para caracterização do delito de corrupção passiva	592
3	Possibilidade de imposição de medidas cautelares diversas da prisão a parlamentares	594
4	Desnecessidade de autorização da Assembleia Legislativa para processamento dos governadores	595
5	Conclusão	597
	Referências	598

O PROFESSOR ENQUANTO MINISTRO: LUÍS ROBERTO BARROSO E O FORTALECIMENTO DO DIREITO À EDUCAÇÃO

Beatriz Cunha 601

	Introdução	601
1	Ampliação do atendimento escolar	602
2	Melhoria da qualidade da educação	604
3	Redução das desigualdades educacionais	606
4	Preparando para o futuro: em busca de uma sociedade mais inclusiva por meio da educação	608
	Conclusão	612
	Referências	613

EFETIVIDADE DO DIREITO À MORADIA: A ADPF Nº 828

Carina Lellis 615

1	Introdução	615
2	Descrição da ação	615
3	As medidas cautelares	617
4	O regime de transição para a retomada de desocupações coletivas	618

5	A Comissão de Conflitos Fundiários	619
6	O novo olhar para o direito à moradia no Brasil	620
7	Conclusão	622

O DIREITO À SAÚDE NO SUPREMO TRIBUNAL FEDERAL: CONTRIBUIÇÕES DO MINISTRO BARROSO

Caroline Somesom Tauk 623

	Introdução	623
1	O giro empírico-pragmático nos litígios de saúde e as consequências das decisões	624
2	Medicamentos, deferência judicial e diálogo interinstitucional	628
3	Eficácia do medicamento à luz de evidências científicas e clínicas	631
	Considerações finais	632
	Referências	633

ARGUIÇÃO DE DESCUMPRIMENTO DE PRECEITO FUNDAMENTAL: A RELEVÂNCIA COMO FUNDAMENTO ONTOLÓGICO DA ADPF

Ciro Grynberg 635

	Introdução	635
	Palavra ao homenageado	635
	Apresentação do tema	635
I	Metodologia	639
II	ADPF: o objeto, os tipos, o parâmetro de controle e os requisitos da ação	640
II.1	O objeto da ADPF: controle de atos do Poder Público	640
II.2	Os tipos de ADPF: autônoma e incidental	643
II.3	O parâmetro de controle: o que é preceito fundamental	646
II.4	Os demais requisitos de cabimento da ADPF: a ofensa direta de preceito fundamental e a subsidiariedade	648
II.4.1	A ofensa direta de preceito fundamental	648
II.4.2	A inexistência de alternativa para tutela de preceito fundamental: subsidiariedade	650
III	A jurisprudência do STF sobre ADPF: a incorporação de filtro de relevância	654
	Conclusão: o que pode ser objeto de controle e como se devem demonstrar os requisitos de admissibilidade da ação	657
	Referências	658

MULTAS TRIBUTÁRIAS E LIMITES PARA RESTRIÇÃO DE DIREITOS FUNDAMENTAIS DOS CONTRIBUINTES: CONTROLE JUDICIAL DA PROPORCIONALIDADE E INDIVIDUALIZAÇÃO DA SANÇÃO

Clara Moreira, Fernanda de Paula 661

1	Introdução	661
2	As espécies de multas tributárias e a gravidade das condutas relacionadas a estas	663

3	Multas moratórias: desestímulo ao atraso e menor gravidade da conduta, limites e gradação da sanção	665
3.1	Proporcionalidade em função da gravidade do ilícito: o estabelecimento de limite máximo de 20% do valor do débito para multas de natureza moratória	667
3.2	Dimensionamento da multa em função do tempo de mora: a necessidade de previsão de multas progressivas	668
4	Multa por descumprimento de obrigação acessória: o tributo como base de cálculo e o condicionamento entre as penalidades	669
4.1	Dificuldades impostas pelas obrigações acessórias e evolução jurisprudencial	670
4.2	Multa isolada: a sistematização das multas em matéria tributária	671
4.3	Multa isolada: direcionamento à atuação do legislador	673
5	Conclusão	674
	Referências	675

FIXAÇÃO DE TESES NO JULGAMENTO DAS AÇÕES DE CONTROLE CONCENTRADO DE CONSTITUCIONALIDADE
Daniel de Oliveira Pontes 677

1	Introdução	677
2	A valorização dos precedentes no direito brasileiro	677
3	As dificuldades no tratamento de precedentes no direito brasileiro	679
3.1	A questão de cultura jurídica	679
3.2	A eficácia do precedente	681
3.3	O problema do modelo da tomada de decisão das Cortes	682
4	A fixação de teses de julgamento no quadro da formação de precedentes	683
4.1	Conceitos ligados aos precedentes	683
4.2	A introdução da fixação de teses no Supremo Tribunal Federal	684
4.3	A inserção das teses em ações de controle concentrado	685
4.4	Riscos e desafios da fixação de tese em processos de controle concentrado	686
5	Conclusão	688
	Referências	688

BREVE NOTA SOBRE O MINISTRO LUÍS ROBERTO BARROSO
Eduardo Mendonça, Renata Saraiva, Thiago Magalhães Pires 691

O SUPREMO TRIBUNAL FEDERAL E O FORO POR PRERROGATIVA DE FUNÇÃO
Inezil Penna Marinho Jr., Etiene Coelho Martins 695

	Introdução	695
1	Foro por prerrogativa no Supremo Tribunal Federal: um sistema disfuncional	696
2	O novo contorno para o foro por prerrogativa de função no STF: a contribuição do Ministro Luís Roberto Barroso na AP nº 937-QO	698
3	Desdobramentos da tese firmada na AP nº 937-QO: foro por prerrogativa de função em caso de sucessão de mandatos de parlamentar federal	699
4	Foro por prerrogativa de função previsto fora da Constituição Federal	701

Conclusão 705
Referências 706

RELIGIÃO, PLURALISMO E LAICIDADE DO ESTADO: O MINISTRO LUÍS ROBERTO BARROSO E A LIBERDADE RELIGIOSA

Estêvão Gomes 709
I   Introdução 709
II   Ensino religioso em escolas públicas (ADI nº 4.439) 711
III   Homeschooling (RE nº 888.815) 713
IV   Sacrifício de animais em religiões de matriz africana (RE nº 494.601) 716
V   Vacinação obrigatória de crianças e adolescentes (ARE nº 1.267.879) 718
VI   Conclusão 719
       Referências 720

ADI Nº 5.583 E A PROTEÇÃO CONSTITUCIONAL DAS PESSOAS COM DEFICIÊNCIA

Flávia Martins de Carvalho 721
1   Introdução 721
2   Síntese do caso 721
3   Principais teses apresentadas 722
4   O voto do Ministro Luís Roberto Barroso 723
4.1   Das despesas das pessoas com deficiência e dedução da base de cálculo do imposto de renda 725
4.2   Da alegada afronta às normas constitucionais 725
4.3   Da solução proposta 725
5   Impactos da decisão 726
6   Conclusão 726
       Referências 727

MINISTRO BARROSO E DESENHO INSTITUCIONAL DO STF

Frederico Montedonio Rego 729
       Nota prévia 729
1   A revolução da brevidade 729
2   Circulação prévia dos votos 731
3   Votação de ementas e teses de repercussão geral 731
4   Antecedência das pautas e sessões de sustentação antes do julgamento .. 732
5   Divisão de competências entre o Plenário e as Turmas do STF 733
6   Ampliação do Plenário virtual 734
7   Alterações na repercussão geral 735
8   Reforço na colegialidade 738
9   Papéis institucionais do Supremo Tribunal Federal 738
       Conclusão 739
       Referências 739

MINISTRO LUÍS ROBERTO BARROSO E A COOPERAÇÃO INTERNACIONAL EM MATÉRIA ELEITORAL

Jose Gilberto Scandiucci Filho 743
    Introdução 743
    Cooperação internacional e a imagem de integridade do sistema eleitoral 744
    Missões de observação eleitoral 745
    A batalha silenciosa pelos componentes eletrônicos da urna 748
    Considerações finais 750
    Referências 750

IGUALDADE DE GÊNERO NO DIREITO ELEITORAL: UM COMPROMISSO COM O EMPODERAMENTO FEMININO

Júlia Rocha de Barcelos 751
1   Introdução 751
2   Expor a desigualdade 751
3   Interpretar o direito e assegurar a igualdade 753
3.1   Igualdade na disputa: recursos financeiros e tempo de rádio e TV 753
3.2   Garantia de recursos a candidaturas femininas: desvio como gasto ilícito de recursos 756
3.3   Candidaturas fictícias 757
4   Agir e promover a igualdade 759
5   Considerações finais 761
    Referências 761

UM DISCURSO SEDUTOR CONTRA MUDANÇAS NA PREVIDÊNCIA SOCIAL: REPERCUSSÕES SOBRE A DESIGUALDADE E O ESTADO DE DIREITO

Juliana Florentino de Moura 763
I   Introdução 763
II   Um discurso sedutor contra mudanças na Previdência Social 764
III   O que está por trás do discurso sedutor: a perpetuação da desigualdade 765
IV   O eco do discurso sedutor nos Tribunais e as repercussões para o Estado de direito 770
IV.1 Progressividade das alíquotas de contribuição previdenciária dos servidores públicos titulares de cargo efetivo 772
IV.2 A nulidade das aposentadorias concedidas pelo RPPS com contagem recíproca de tempo prestado no RGPS sem contribuição 775
V   Conclusão 777
    Referências 778

PARTIDOS POLÍTICOS PARA UMA DEMOCRACIA CONTEMPORÂNEA: CONTRIBUIÇÕES DO MINISTRO LUÍS ROBERTO BARROSO

Lara Marina Ferreira, Roberta Maia Gresta 781
1   Introdução 781

2	Desafios do enfrentamento do tema partidário na democracia contemporânea	783
3	Não incidência do regime de fidelidade partidária ao sistema majoritário	784
4	Fidelidade partidária e movimentos suprapartidários	786
5	Federações partidárias	788
6	Outros destaques	790
7	Considerações finais	792
	Referências	793

QUESTÕES RELEVANTES SOBRE A RECLAMAÇÃO NO SUPREMO TRIBUNAL FEDERAL
Leonardo Cunha, Rafael Gaia Pepe 797

1	Nota prévia sobre o homenageado	797
2	Relevância do tema	797
3	Origem e evolução histórica	798
4	Natureza jurídica	800
5	As partes e sua legitimidade	802
6	Objeto	804
7	Decisão	806
8	Conclusão	808
	Referências	808

O PAPEL DO PODER JUDICIÁRIO NA CONCRETIZAÇÃO DO PRINCÍPIO DA IGUALDADE RACIAL: UMA ANÁLISE DA ADC Nº 41 E DA CTA Nº 600306-47
Leila Correia Mascarenhas Barreto, Luísa Lacerda 811

	Introdução	811
1	A centralidade das raças e o mito da democracia racial no Brasil	812
2	O princípio da igualdade e as ações afirmativas	814
3	O papel do Judiciário na promoção do princípio da igualdade	817
3.1	A política de cotas para negros em concurso público – ADC nº 41	818
3.2	O fomento às candidaturas de pessoas negras nas campanhas eleitorais - Cta nº 0600306-47	819
	Conclusão	821
	Referências	822

ADVOCACIA PÚBLICA, FEDERALISMO E DEVIDO PROCESSO LEGAL
Luis Felipe Sampaio 825

1	Ministro Barroso no STF: do conhecimento e experiência adquiridos em sua origem na Advocacia Pública aos dez anos de julgamentos sobre o tema	825
2	Breve análise de alguns julgados relativos à Advocacia Pública como função essencial à Justiça	826
3	Federalismo e devido processo legal	828
4	Considerações finais	833
	Referências	833

TRIBUTAÇÃO E FENÔMENOS TECNOLÓGICOS: DESAFIOS DA ECONOMIA DIGITAL E JURISPRUDÊNCIA DA SUPREMA CORTE BRASILEIRA

Mario Augusto Carboni 835
1 Introdução 835
2 Contexto fático: tecnologia e economia digital 835
3 Desafios da tributação da renda no contexto da economia digital 838
4 A tributação do consumo e os fenômenos tecnológicos 843
5 Tributação de fenômenos tecnológicos e o Supremo Tribunal Federal: os *softwares* no âmbito da tributação incidente sobre o consumo 846
6 Conclusão 851
    Referências 852

DISFUNÇÕES DO SISTEMA ELEITORAL BRASILEIRO: O PAPEL DO JUDICIÁRIO NA PROTEÇÃO DA SOBERANIA POPULAR

Marluce Fleury Flores 855
1 Introdução 855
2 O ativismo judicial na transformação do sistema político 857
2.1 Os casos emblemáticos em matéria de reforma eleitoral julgados pelo STF 859
3 A atuação do Tribunal Superior Eleitoral na reforma eleitoral 861
3.1 Propostas do grupo de trabalho (GT) sobre a reforma do sistema eleitoral 862
4 Conclusão 864
    Referências 864

A FUNDAMENTALIDADE DO NÚCLEO DOS DIREITOS PREVIDENCIÁRIOS: UMA AFIRMAÇÃO DE GRANDE IMPACTO

Marcelo Leonardo Tavares, Odilon Romano Neto 867
1 Introdução 867
2 A afirmação 868
3 A dimensão fundamental da previdência e o valor moral da solidariedade 869
4 A dimensão contributiva da previdência e seu equilíbrio atuarial 870
5 A relação entre fraternidade, solidariedade e equilíbrio atuarial na estruturação dos direitos previdenciários 873
6 Conclusão 876
    Referências 876

PELA IGUALDADE ENTRE OS GÊNEROS: UMA BREVE ANÁLISE DA CONTRIBUIÇÃO DO MINISTRO LUÍS ROBERTO BARROSO PARA A CORREÇÃO DE POLÍTICAS PÚBLICAS INCONSTITUCIONAIS

Simone Trento, Nina Pencak 879
1 Introdução: sobre o homenageado e a escolha do tema 879
2 RE nº 778.889: a equiparação entre a licença-gestante e a licença-adotante ... 880
3 RE nº 576.967 e ADI nº 5.422: o pioneirismo do Ministro Luís Roberto Barroso na análise dos efeitos tributários sobre a igualdade de gênero 883

3.1	O RE nº 576.967: a inconstitucionalidade da imposição de óbices ao acesso da mulher ao mercado de trabalho	884
3.2	ADI nº 5.422 e o imposto de renda sobre pensão alimentícia: uma questão de gênero	887
4	Considerações finais e conclusões	889
	Referências	890

SOBRE OS AUTORES 891

PREFÁCIO

Reconheça-se: este livro de artigos jurídicos é o mais luminoso ponto de encontro entre pessoas que têm o que dizer e aquilo por elas efetivamente dito. Autores e temas a se atraírem por um modo como que irresistível, tal a familiaridade dos primeiros com os segundos e vice-versa. Eles, autores, merecidamente aplaudidos como os mais inspirados teóricos e ao mesmo tempo os mais preparados profissionais do direito. Também eles, os temas jurídicos aqui enfeixados, a se impor como os de maior atualidade e préstimo para o dinâmico enlace das funções essenciais à jurisdição e das decisões judiciais mesmas. Decisões judiciais em si, mormente as situadas no altiplano dos nossos Tribunais Superiores e do Supremo Tribunal Federal.

Tinha que ser assim, e de fato é assim: um livro que de tão excelso veio para ficar. Veio com todas as notas da definitividade, até porque especificamente destinado a celebrar os dez primeiros anos da luminosa judicatura de Luís Roberto Barroso no Tribunal Supremo do nosso Brasil. Feérica judicatura, em verdade, porquanto exercida por uma pessoa absolutamente diferenciada por cima. E diferenciada pelo que existe de mais alto, aclare-se, por ser o homenageado alguém exemplarmente ético. De coração tão aberto quanto de intelecto arejado. Da mais atualizada e até mesmo antecipada cognição das coisas jurídicas em especial e da vida em geral (exponencial jusfilósofo e constitucionalista que é). Cidadão em tempo integral e juiz de arregaçar as mangas da camisa para assegurar aos jurisdicionados o direito fundamental à "razoável duração do processo". A tudo provendo com fineza de trato e o máximo de atenção pessoal.

Mais: um tribuno e escritor inexcedível, um professor nato e um mestre na devida conciliação profissional entre firmeza e leveza. Método que invariavelmente maneja para coreografar a dança da unidade entre o seu mais aberto quociente emocional (QE) e o seu mais atilado quociente intelectual (QI) para se ver instantaneamente ejetado ao patamar da consciência. Esse verdadeiro topo ou ápice ou cume do ser humano.

A voo de pássaro ou em brevíssimas linhas, estão aqui as razões da publicação do presente livro e deste prefácio mesmo. Um e outro de louvor ao direito e a quem dele faz um honesto meio-de-vida e uma gloriosa razão de viver. Direito que em sua dimensão normativa (direito positivo, entenda-se) é tão mais digno de reverência quanto lastreado numa Constituição que erige a democracia a princípio dos princípios dela própria. Uma Constituição como a brasileira de 1988, que deixa clarissimamente posto que ela, democracia, é mesmo o princípio-continente de que todos ou outros são conteúdos (Federação, República, separação dos poderes, Ministério Público, defensorias públicas, Forças Armadas, órgãos de segurança pública, liberdade de imprensa, liberdade de iniciativa, e assim avante). Com o mérito ou a coerência de também deixar claro ser o mesmíssimo STF o guardião precípuo dela, Constituição. Guardião precípuo da Constituição, no plano formal. Guardião precípuo da democracia, no plano material ou substantivo. E um STF em que atua, entre outros luminares do direito, a portentosa figura do Ministro Luís Roberto Barroso, justamente.

Carlos Ayres Britto
Mestre em Direito do Estado e Doutor em Direito Constitucional pela Pontifícia Universidade Católica de São Paulo – PUC-SP. É membro da Academia Brasileira de Letras Jurídicas e da Academia Internacional de Direito e Economia.

APRESENTAÇÃO

10 ANOS DO MINISTRO LUÍS ROBERTO BARROSO NO SUPREMO TRIBUNAL FEDERAL

Uma homenagem

Celebramos, com esta obra, uma década de judicatura do Ministro Luís Roberto Barroso no Supremo Tribunal Federal. Este livro reúne artigos de seus colegas ministros e ministras do STF, de professores brasileiros e estrangeiros, e de seus assessores e juízes auxiliares ao longo desse período, escritos em sua homenagem. Trata-se de uma oportunidade única para refletirmos sobre a sua trajetória e o seu extraordinário legado para o direito constitucional e para o país.

Luís Roberto Barroso formou-se em Direito pela Universidade do Estado do Rio de Janeiro (UERJ) em 1980. Em 1981, começou a dar aulas de Direito Constitucional, experiência suspensa até 1987 pelo regime militar, em razão da sua militância no movimento estudantil. No mesmo ano, passou a advogar. Em 1984, foi aprovado em 1º lugar no concurso para o cargo de Procurador do Estado do Rio de Janeiro. Em 1990, concluiu seu mestrado na prestigiosa Yale Law School. No mesmo ano, tornou-se livre-docente pela UERJ. Em 1995, tornou-se Professor Titular de Direito Constitucional da UERJ. Em 2011, realizou estudos pós-doutorais na Harvard Kennedy School. Finalmente, em 26 de junho de 2013, tomou posse como ministro do Supremo Tribunal Federal. Em 27 de fevereiro de 2018, foi empossado como ministro efetivo do Tribunal Superior Eleitoral, tendo exercido a Presidência dessa Corte de 25 de maio de 2020 a 22 de fevereiro de 2022.

Não é por acaso que escolhemos comemorar os seus dez anos na Suprema Corte brasileira com uma produção acadêmica. Ainda como ministro, Luís Roberto Barroso é, em toda sua essência, professor. O Ministro Barroso nunca deixou de lecionar e de proferir centenas de palestras, em todo o Brasil e no exterior. Escreveu e segue escrevendo dezenas dos livros e artigos jurídicos mais lidos por diversas gerações. Dá aulas em turmas sempre lotadas e é a inspiração de muitos alunos. Mais do que isso: seu modo de atuação como juiz constitucional nos serve de lição.

Por uma década, o Ministro Barroso tem nos mostrado que, com competência, dedicação e integridade (além de uma boa dose de idealismo e alto astral), é possível cumprir todas as missões que se apresentam, com distinção e louvor. Como ele gosta de dizer, na vida a gente ensina sendo. E ele é.

Para quem o acompanha de perto, é impossível não se impressionar com a sua busca incansável por fazer o que é certo, justo e legítimo. Esses ideais são perseguidos obsessivamente em cada voto e trabalho. Não há fins de semana ou dias de descanso que o apartem da sua missão. A vida é extremamente civilizada e republicana ao seu redor. Não se concebem interferências indevidas. E há uma sincera preocupação com ética e justiça para com todas as pessoas – jurisdicionados, servidores, alunos.

Talvez por isso mesmo, o Ministro Luís Roberto Barroso já tenha conseguido registrar, na história da nossa Suprema Corte, sua marca: o compromisso inegociável em fazer do Brasil um país melhor, maior e para todos. Inspirado por esse objetivo, ao longo desses dez anos, o Ministro Barroso contribuiu decisivamente para impulsionar três importantes revoluções: a revolução dos direitos, a revolução do republicanismo e a revolução da eficiência.

A revolução dos direitos

Na última década, o Supremo Tribunal Federal tem apostado em uma atuação firme e expansiva para proteger direitos fundamentais. Em especial, casos relatados pelo Ministro Luís Roberto Barroso ou que contaram com sua contribuição decisiva avançaram no reconhecimento dos direitos de grupos especialmente vulneráveis, como: mulheres, negros, idosos, deficientes, indígenas, pessoas LGBTQIA+, pessoas em situação de rua e pessoas privadas de liberdade, entre outros. Entre suas decisões mais relevantes nesse campo, citamos as seguintes dez: (i) a constitucionalidade das cotas para pessoas negras em concursos públicos; (ii) a equiparação entre as licenças-maternidade da mãe-gestante e da mãe-adotante; (iii) a proteção da vida dos povos indígenas e de seus territórios; (iv) o reconhecimento do direito à herança de parceiros homossexuais em paridade com pessoas casadas; (v) a afirmação do direito à previdência como direito fundamental; (vi) a ampliação do direito das pessoas com deficiência à isenção de imposto de renda; (vii) a tutela do direito à educação inclusiva e plural, que contribua para a superação de estigmas (inclusive contra a população LGBTQIA+); (viii) a proteção à moradia durante a pandemia; (ix) a garantia de direitos dos presos, a partir de medidas de melhoria do sistema carcerário; e (x) o direito de pessoas negras que se candidatem a cargos eletivos ao recebimento de recursos públicos proporcionais às suas candidaturas (esta última, no TSE). O ministro cuidou, ainda, de questões contemporâneas de alta relevância para o sistema constitucional, como: o dever de atuação governamental diante das mudanças climáticas, a vedação de crueldade contra animais e a liberdade de expressão no contexto das novas tecnologias. Essas e outras decisões demonstram, pelo impacto profundo que produziram na vida das pessoas, a proporção da revolução dos direitos operada nesse período.

A revolução do republicanismo

A segunda revolução é a do republicanismo. O Ministro Barroso tem insistido, ao longo desses anos, em reforçar dois pilares do princípio republicano: de um lado, a possibilidade de responsabilização político-jurídica de todos os agentes públicos, a partir da garantia de um direito penal moderado, sério e igualitário, de outro, a proteção da democracia, por meio da garantia de eleições livres e justas.

Na seara criminal, entre muitos outros casos, Barroso defendeu o combate à impunidade e à seletividade penal em favor dos mais vulneráveis, tendo liderado entendimentos sobre a redução do alcance do foro especial por prerrogativa de função, a possibilidade de deferimento de cautelares para afastamento de membros de poderes imputados criminalmente, a aplicação do princípio da insignificância, e a limitação da competência presidencial na concessão de indulto.

Já quanto à tutela do regime democrático e à garantia da eletividade que decorre da ideia de república, o mandato do Ministro Luís Roberto Barroso à frente do TSE foi emblemático. Sua atuação firme e transparente como presidente dessa Corte Eleitoral serviu como um resistente anteparo às tentativas de abalar a confiança dos cidadãos no sistema de votação eletrônica e de retroceder ao sistema do voto impresso, que só produzia fraude. Às investidas contra o processo eleitoral brasileiro, Barroso respondeu com mais informação, mais transparência, amplas parcerias para desestruturar as campanhas desinformativas (inclusive, com todas as redes sociais e checadores de fato), e as necessárias medidas para permitir a investigação e repressão contra os ataques autoritários que o país vivenciava. Também o STF atuou como importante ponto de bloqueio para as investidas autoritárias, a exemplo das decisões de garantia de manutenção de transporte gratuito no dia das eleições, da limitação da imunidade parlamentar no caso de discursos dolosos e difamatórios voltados a abalar a independência dos poderes, e das investigações dos atos antidemocráticos.

É certo que a revolução do republicanismo ainda está em curso. Embora a luta contra a seletividade do direito penal seja uma missão inconclusa, não é possível ignorar as conquistas obtidas no último decênio, em especial com o fim de privilégios (como o foro por prerrogativa de função) e os esforços para superar o paradigma de uma justiça criminal leniente com os crimes de colarinho branco e excessivamente dura com crimes de menor potencial ofensivo. Por outro lado, a proteção da democracia é um projeto permanente, que não se restringe aos períodos eleitorais (como demonstrou o fatídico 8 de janeiro) e que exige permanente vigilância da Suprema Corte.

A revolução da eficiência

Por fim, desde sua posse, o Ministro Barroso tem propagado a chamada revolução da eficiência. Suas ideias nesse tópico voltam-se especialmente à melhoria do desenho institucional do STF. Elas contribuíram, nesses 10 anos, para o aperfeiçoamento do funcionamento do Tribunal, por meio de mudanças sistêmicas (embora por vezes pouco perceptíveis) como: a defesa da circulação prévia dos votos; a aprovação das teses firmadas em julgamentos de recursos extraordinários com repercussão geral e no controle concentrado; a racionalização da repercussão geral; a remessa automática de cautelares a referendo do Tribunal e outras medidas voltadas à redução da monocratização da Corte, recentemente incorporadas regimentalmente.

Em paralelo, durante sua Presidência no Tribunal Superior Eleitoral, o Ministro Luís Roberto Barroso deixou importantes legados no quesito eficiência: o investimento na gestão eficaz dos recursos públicos escassos e a mudança da percepção sobre a possibilidade de construção de parcerias com a iniciativa privada para a consecução de finalidades públicas. A título de ilustração, para as Eleições 2020, graças à parceria com diversas empresas nacionais, foi possível obter, a tempo e a hora e sem nenhum custo para o erário, todos os itens de segurança sanitária necessários para a realização do pleito em meio à pandemia da Covid-19.

Todas essas revoluções de grande repercussão são objeto de relato neste livro. A quantidade e a qualidade das contribuições e dos seus autores dão conta de um outro atributo valioso do Ministro Barroso: sua capacidade de construir uma rede ampla e permanente de interlocutores e de atravessar a vida com eles. De fato, entre os autores do livro, encontramos ex-professores do mestrado em Yale da década de 80, professores parceiros de longa data; ex-alunos e assessores que se tornaram grandes professores, juízes e advogados.

Entretanto, o mais admirável é a revolução do afeto que Luís Roberto Barroso tem sido capaz de promover. Alegre, leve e atencioso, com um olhar (e eventualmente uma piada) para todos os que o circundam. Por onde passa, o Ministro Barroso coleciona o carinho e a admiração de quem está a sua volta. É impossível exagerar a importância de ter alguém tão grande, que chegou tão alto, e que é um ser humano tão extraordinário. "O que vale a vida são os afetos", diz ele. De todas as suas lições, essa é seguramente a mais poderosa. Em nome de todos os que têm e tiveram o privilégio da experiência, nossa infinita gratidão por uma convivência tão rica e de tanto aprendizado.

Brasília, junho de 2023.

Aline Osorio
Luna Van Brussel Barroso
Patrícia Perrone

HOMENAGEM DOS SERVIDORES DO GABINETE DO MINISTRO LUÍS ROBERTO BARROSO

É uma honra e uma alegria acompanhar de perto a atuação do Ministro Luís Roberto Barroso no Supremo Tribunal Federal como servidores e integrantes de seu gabinete. A maioria de nós trabalha com o Ministro Barroso desde a sua posse na Corte, há dez anos. Muitos outros dos seus servidores estão lotados no gabinete desde que ingressaram no STF. Alguns poucos chegaram mais recentemente. Para todos nós, trabalhar com o Ministro Barroso é motivo de orgulho e grande gratidão. A baixíssima rotatividade da sua equipe é um bom indicativo de que estar ao seu lado constitui verdadeiro privilégio.

O Ministro Luís Roberto Barroso é uma pessoa especial, de alma iluminada, com uma energia que cativa todos, desde as pessoas que convivem com ele de forma mais próxima até as que o conhecem apenas pela imprensa ou pela TV. Sua presença na Suprema Corte humaniza o exercício do poder, ensinando-nos que integridade e autoridade não são opostos à leveza e à descontração. Trata-se de um verdadeiro humanista, de um jurista do mais alto quilate, que há uma década nutre em nossos corações a esperança de um país melhor, mais justo e mais solidário.

No gabinete, o aprendizado é constante graças à sabedoria, ao brilhantismo e à incansável dedicação do Ministro Barroso. Sua inteligência e oratória são capazes de desmistificar questões extremamente complexas e ser fonte de permanente inspiração. É difícil não se render à qualidade de seus argumentos e à clareza com que expõe até mesmo as mais complexas reflexões. De perto, testemunhamos o seu compromisso com o interesse público, com a moralidade e com a eficiência. Nas palavras do nosso querido professor (ousamos também dizer), "tudo que é certo, justo e legítimo tem que encontrar lugar no direito". O sucesso da sua gestão está estampado não apenas nas suas decisões em casos emblemáticos, especialmente naqueles voltados à proteção de direitos fundamentais de grupos vulneráveis, mas também nos números ao longo desse decênio, que demonstram sua preocupação em garantir uma prestação jurisdicional célere e eficaz. Não à toa, o seu acervo passou de mais de nove mil processos, em 2013, a cerca de 850, em junho de 2023.

No trato pessoal, o ministro impressiona todos nós com sua generosidade, humanidade e gentileza. Ele faz questão de conhecer bem cada membro da sua equipe (e até onde cada um senta!) e faz o possível para manter um bom ambiente de trabalho. Como diz, para ser selecionado para o gabinete, não basta ser bom, é preciso ser gente boa. Mais do que um grande jurista, o Ministro Luís Roberto Barroso é um grande ser humano. Ao fazermos parte de sua equipe, não recebemos apenas importantes ensinamentos de direito, de profissionalismo e de vida, mas também nos sentimos reconhecidos e valorizados. O Ministro Barroso não mede esforços para celebrar, com festa e cantoria, as pequenas e grandes conquistas da equipe. E sempre recebemos a sua empatia e sincera preocupação diante dos problemas e adversidades que enfrentamos em nossas vidas. Nutrimos, assim, profunda admiração e gratidão pelo chefe extraordinário que temos.

O vasto legado deixado pelo Ministro Barroso ao Supremo Tribunal Federal na última década é incalculável e certamente marcará a história dessa Corte. Registramos aqui nossos sinceros agradecimentos por fazer parte de sua equipe e poder compartilhar a crença em um país melhor e maior. Ganhamos nós, servidores, ganham o STF e o Brasil por tê-lo como ministro. Parabéns, Ministro Luís Roberto Barroso, pelos frutuosos dez anos na Suprema Corte brasileira. A nossa nação agradece ao seu espírito público e a todos os esforços na defesa dos direitos fundamentais de todas as pessoas e da nossa democracia.

Brasília, junho de 2023.

Anderson Clay Ribeiro França
Andre Luiz Silva Araujo
Arianne Tisbierek de Carvalho e Vasconcelos
Bernadette Maria Guanabara Leal Vitorino
Bruno Giordano Paiva Lima
Caroline Araujo Lopes
Cristiane Lopes Gonçalves
Felipe Justino de Farias
Gisele Landim de Souza
Janaína Nicolau Delgado
Júlio César Craveiro Devechi
Keila Cassiane Teixeira Pereira
Ludmila Aboudib Campos
Marluce Fleury Flores
Mônica Maria Xavier de Araujo
Renata Braga Cordeiro de Miranda
Renildo Roberto dos Santos
Rosana Braga da Silva
Suzana Luna Macêdo
Welney Marcos Figueiredo Vidal

PARTE I

HOMENAGENS DE MINISTROS DO STF

PROTEGENDO A LIBERDADE NA LUTA PELA DEMOCRACIA: REFLEXÕES A PARTIR DA EXPERIÊNCIA DO TRIBUNAL SUPERIOR ELEITORAL E DO SUPREMO TRIBUNAL FEDERAL

ROSA M. WEBER

1 Introdução

Ainda recentes na memória, os atos violentos de 8.1.2023 já entraram, na condição de registro infame, para a história da democracia brasileira. Nesse dia, uma multidão enfurecida tomou de assalto o Congresso Nacional, o Palácio do Planalto e o Supremo Tribunal Federal, sedes dos três poderes da República, respectivamente, o Legislativo, o Executivo e o Judiciário. Para além das janelas quebradas e móveis destruídos, dos equipamentos depredados e obras de arte vilipendiadas, os alvos simbólicos dos ataques foram as próprias instituições que asseguram o regime democrático de liberdades. Frustrados em seu intento dantesco, os perpetradores das ações destrutivas revelaram nutrir forte sentimento de ódio contra as instituições democráticas e seus integrantes. Significativamente, quando indagados sobre sua motivação, evidenciam que, de modo geral, esse sentimento não é baseado no conhecimento de fatos sobre as instituições ou na desaprovação das suas reais atividades. Os afetos condutores à prática desses atos de violência têm lastro em crenças ilusórias e teorias conspiratórias espalhadas, em profusão, por ambientes digitais: conteúdo enganoso sobre suposta opacidade do sistema eletrônico de votação, alegações infundadas de manipulação do resultado das últimas eleições, informações fabricadas sobre a atuação da Justiça Eleitoral, distorção do conteúdo de decisões judiciais do Supremo Tribunal Federal e afirmações falsas sobre a natureza da sua atividade jurisdicional, entre outros. Os diversos elementos desse ecossistema de desinformação, que não se esgota nas redes sociais, se entrelaçam e reforçam uns aos outros, construindo o que pode ser chamado de realidade paralela.

Teorias conspiratórias e notícias enganosas sempre existiram, mas a internet tornou a disseminação de desinformação mais fácil do que nunca ao ampliar sua velocidade e alcance ao mesmo tempo em que reduziu o seu custo. Estudo realizado em 2021 pelo

Índice Global de Desinformação (*Global Disinformation Index*), em parceria com o Instituto de Tecnologia e Sociedade (ITS), concluiu que, dos 35 *sites* de notícias mais visitados do Brasil, metade possui risco alto ou máximo de desinformar seus usuários e apenas três foram classificados como oferecendo risco baixo ou mínimo de desinformação (ALBU *et al.*, 2021). No WhatsApp, apenas quatro das 50 imagens mais compartilhadas entre agosto e outubro de 2018 (período imediatamente anterior às eleições presidenciais), em uma amostra de 347 grupos públicos de discussão política, analisados pela Agência Lupa em conjunto com a Universidade de São Paulo (USP) e a Universidade Federal de Minas Gerais (UFMG), foram consideradas comprovadamente verdadeiras. Mais da metade foi classificada como enganosa, incluindo a apresentação de informações manifestamente falsas, distorcidas, descontextualizadas ou insustentáveis (MARÉS; BECKER, 2018).

Nesse cenário, não surpreende que as chamadas *fake news* (informações falsas ou simplesmente desinformação) estejam no centro de controvérsias políticas, tenham sido objeto de Comissão Mista Parlamentar de Inquérito (CPMI), alvo de diferentes propostas legislativas e regulatórias, e até mesmo de inquérito no âmbito do Supremo Tribunal Federal. Compreender os mecanismos pelos quais a disseminação de desinformação opera, explorando preconceitos e vieses presentes na sociedade, é um fator central para a elaboração de uma estratégia de combate eficiente. Essa preocupação está no centro das iniciativas desenvolvidas no âmbito do Poder Judiciário, notadamente no Tribunal Superior Eleitoral (TSE) e no Supremo Tribunal Federal (STF).

2 O combate à desinformação comprometedora da integridade do processo eleitoral

Processos eleitorais têm sido alvos preferenciais de campanhas de desinformação ao redor do mundo. Para citar apenas alguns exemplos, o fenômeno foi identificado nas eleições presidenciais estadunidenses de 2016 e 2020, nas eleições na Colômbia em 2018, nas eleições presidenciais do Peru e legislativas do México em 2021. Informe da Comissão Europeia, datado de 26.4.2018, assinala que, até aquele ano, ao menos 18 processos eleitorais foram contaminados pela manipulação desinformativa naquela região (BRASIL, 2022).

No Brasil, os perigos da desinformação disseminados nas redes sociais para a higidez do processo eleitoral fizeram-se notar, pela primeira vez, nas eleições gerais de 2018, em que foram disputados os cargos de presidente e vice-presidente da República, senador da República, deputado federal, governador e deputado estadual. Na ocasião, sob a minha presidência, o Tribunal Superior Eleitoral instaurou, entre o primeiro e o segundo turnos das eleições, o chamado Gabinete Estratégico, grupo interinstitucional criado para responder ao fenômeno inédito, então identificado, da larga disseminação de notícias falsas, boatos e conteúdos enganosos sobre a justiça eleitoral e o sistema de votação brasileiro, as denominadas *fake news* (WEBER, 2020).

Em 2017, ainda na gestão do Ministro Gilmar Mendes, fora instituído no TSE, por meio da Portaria-TSE nº 949, de 7.12.2017, o Conselho Consultivo sobre Internet e Eleições, com o objetivo de desenvolver pesquisas sobre o tema e propor ações e metas voltadas ao aperfeiçoamento do quadro normativo (BRASIL, 2022). As atividades do Conselho deram início ao processo de aproximação entre o tribunal e estudiosos da temática *fake news*, meios de comunicação, agências de checagem da informação e plataformas digitais. No primeiro semestre de 2018, já sob a administração do Ministro Luiz Fux, o Tribunal Superior Eleitoral celebrou o Seminário Internacional *Fake News: Experiências e Desafios*, em parceria com a União Europeia (WEBER, 2020). Assumi a Presidência do TSE em 15.8.2018, data que marca a véspera do marco temporal autorizativo do início da propaganda eleitoral, quando os efeitos deletérios das ditas *fake news* já estavam no horizonte das preocupações da comunidade internacional e, de igual modo, da justiça eleitoral brasileira desde o que se observara na corrida presidencial de 2016 nos Estados Unidos, bem como o longo processo de saída do Reino Unido da União Europeia, o chamado *Brexit*.

Até então, a preparação do TSE mirava o enfrentamento à desinformação no contexto da propaganda eleitoral, em que as questões se resolvem, no que diz respeito à competência da justiça eleitoral, primordialmente pela via jurisdicional. Não obstante, o que se viu, no curso das eleições de 2018, foram ataques em massa contra o próprio sistema eleitoral brasileiro e a justiça eleitoral, buscando minar-lhes a credibilidade. Com efeito, ao se aproximar o dia da votação em primeiro turno daquelas eleições, descortinou-se cenário adverso, e imprevisto, de investidas voltadas a desacreditar as urnas eletrônicas e o sistema eletrônico de votação, por meio de redes sociais e aplicativos de mensagens, e que se fizeram acompanhar, em vertiginosa escalada, por ofensas e ameaças a autoridades e servidores da instituição. Foi esse grave ambiente de desinformação direcionada contra o próprio processo eleitoral que impôs a formação do Gabinete Estratégico, com vistas a assegurar a normalidade do segundo turno de votação e o regular desfecho do ciclo eleitoral.

Entre as ações promovidas a partir da criação do grupo, foram assinadas orientações conjuntas entre o Tribunal Superior Eleitoral e o, à época, Ministério da Segurança Pública, com o objetivo de uniformizar o atendimento, o registro e o encaminhamento de queixas relacionadas à desinformação sobre o processo eleitoral, além de padronizar o tratamento das ocorrências apresentadas pelos eleitores aos órgãos de polícia. Também foram promovidas ações de esclarecimento ao eleitor, sob os mantos da transparência e do respeito à liberdade de expressão, e sem prejuízo de medidas necessárias à identificação dos responsáveis pela fabricação e disseminação dos ataques e notícias falsas, o que contribuiu sobremaneira para a condução do processo eleitoral com a normalidade que o Estado democrático de direito requer e a todos os brasileiros impõe (WEBER, 2020). No intervalo de vinte e três dias entre o primeiro e o segundo turno das eleições de 2018, sob a coordenação da Assessoria de Comunicação do TSE, além de desmentidas dezenas de boatos contra a integridade da Justiça Eleitoral e do sistema eletrônico de votação, foi criada uma página *web* de esclarecimento aos eleitores sobre informações enganosas divulgadas nas redes sociais a respeito do processo eleitoral, bem como produzida uma série de vídeos informativos, próprios para serem compartilhados por aplicativos de mensagens (WEBER, 2020). Tendo como premissa combater a mentira com a verdade, a estratégia envolveu o uso da mesma linguagem e a ocupação dos mesmos espaços utilizados para a disseminação de desinformação – vídeos curtos, gravações de áudio e imagens com textos explicativos para serem compartilhados em redes sociais e por aplicativos como o WhatsApp (WEBER, 2020).

Pela primeira vez, as eleições brasileiras contaram com a presença no país de Missão de Observação Eleitoral da Organização dos Estados Americanos (MOE/OEA), cujo relatório final apontou os "esforços realizados conjuntamente pelo Tribunal Superior Eleitoral, meios de comunicação, plataformas on-line e sociedade civil para combater a difusão deste tipo de conteúdo [notícias falsas] com a iniciativa de verificação de informação" (ORGANIZAÇÃO DOS ESTADOS AMERICANOS, 2019, p. 13).

Encerrado o processo eleitoral de 2018, entraram em curso iniciativas de consolidação do conhecimento e experiência adquiridos, de modo a informar a definição de novas estratégias de enfrentamento da desinformação em disputas eleitorais futuras. No primeiro semestre de 2019, o TSE promoveu o Seminário Internacional *Fake News e Eleições*, com o apoio da União Europeia, e instituiu grupo de trabalho incumbido de elaborar propostas para as linhas de ação do Tribunal sobre desinformação e eleições. Em agosto daquele ano, ainda na minha gestão, foi lançado o Programa de Enfrentamento à Desinformação com Foco nas Eleições 2020, dedicado a desenvolver ações apoiadas em diferentes áreas do conhecimento para enfrentar os efeitos negativos provocados pela desinformação à realização das eleições e aos atores nelas envolvidos.

As sementes plantadas renderam frutos. Por meio da Portaria-TSE nº 510, de 4.8.2021, e já na gestão do Ministro Luís Roberto Barroso, o Tribunal Superior Eleitoral instituiu o Programa Permanente de Enfrentamento à Desinformação da Justiça Eleitoral (PPED), com o escopo de buscar a redução dos efeitos nocivos da desinformação relacionada à Justiça Eleitoral e aos seus integrantes, ao sistema eletrônico de votação, ao processo eleitoral em suas diferentes fases e aos atores nele envolvidos. O programa inclui o Sistema de Alerta de Desinformação Contra as Eleições, a Frente Nacional de Enfrentamento à Desinformação, a Página Fato ou Boato, a Coalizão para Checagem, o Boletim de Enfrentamento à Desinformação (PAUSE!!) e a série Democracia em Pílulas (BRASIL, 2022, p. 12).

O Sistema de Alerta de Desinformação Contra as Eleições é um canal para envio de denúncias de violação de termos de uso de plataformas digitais, especificamente relacionadas com a desinformação ou disparo em massa sobre o processo eleitoral. A Frente Nacional de Enfrentamento à Desinformação é uma rede formada por servidoras e servidores, colaboradoras e colaboradores da Justiça Eleitoral que realizam ações concretas para que a verdade sobre a Justiça Eleitoral e consequentemente sobre a integridade das eleições brasileiras prevaleça em um debate público cada vez mais influenciado pela desinformação. Evolução da página de esclarecimentos sobre desinformação criada nas eleições gerais de 2018, a Página Fato ou Boato, criada em 2020, centraliza a verificação de informações falsas relacionadas ao sistema eleitoral, fomenta a circulação de conteúdos verídicos e estimula a verificação por meio da divulgação de notícias checadas, recomendações e conteúdos educativos. A Coalizão para Checagem é formada por nove instituições de checagem e verificação de notícias falsas relacionadas ao processo eleitoral. São elas: Lupa, AFP, Aos Fatos, Boatos.org, Uol Confere, Estadão Verifica, Fato ou Fake, Comprova, E-Farsas. O PAUSE!! – Boletim de Enfrentamento à Desinformação – é um informativo que traz dicas e novidades sobre o combate às notícias falsas, além de dar visibilidade a iniciativas e boas práticas desenvolvidas pelo TSE e instituições parceiras. Por fim, a série Democracia em Pílulas oferece informações e esclarecimentos relevantes sobre o processo eleitoral para eleitoras e eleitores se protegerem das narrativas falsas impulsionadas pela desinformação (BRASIL, 2022).

O desafio do combate à desinformação sobre o processo eleitoral se intensificou à medida que se aproximou o pleito de 2022. Passo decisivo para a efetividade do combate à desinformação comprometedora da integridade do processo eleitoral foi a edição, pelo Plenário do TSE, em 20.10.2022, da Resolução nº 23.714/2022. A norma contempla três medidas principais. No art. 2º, autoriza o Tribunal Superior Eleitoral a determinar, em decisão fundamentada, que as plataformas de mídias digitais removam conteúdos sobre fatos sabidamente inverídicos ou gravemente descontextualizados que atinjam a integridade do processo eleitoral, inclusive os processos de votação, apuração e totalização de votos, sob pena de até R$150 mil por hora de descumprimento. O art. 3º da resolução autoriza a Presidência do TSE a determinar a extensão de decisão colegiada sobre desinformação proferida pelo Plenário do Tribunal para alcançar outras publicações com idêntico conteúdo, evitando que o tribunal tenha que julgar inúmeros pedidos de remoção de conteúdo idêntico, apenas hospedado em páginas distintas. A seu turno, o art. 4º da norma autoriza seja determinada a suspensão temporária de perfis, contas ou canais mantidos em mídias sociais quando identificada a produção sistemática de desinformação, assim entendida como a "publicação contumaz de informações falsas ou descontextualizadas sobre o processo eleitoral".

A constitucionalidade da Resolução-TSE nº 23.714/2022 foi reconhecida pelo Plenário do Supremo Tribunal Federal que, no julgamento da medida cautelar requerida na Ação Direta de Inconstitucionalidade (ADI) nº 7.261, proposta pelo procurador-geral da República, referendou a decisão do relator, Ministro Edson Fachin, negando o pedido cautelar. Ao rechaçar, por ampla maioria, a alegação de que a norma configuraria censura prévia, o Supremo Tribunal Federal entendeu que a disseminação de notícias falsas, no curso do processo eleitoral, pode ter o efeito de ocupar o espaço público de forma desproporcional, restringindo a circulação de ideias e o livre exercício do direito à informação. Como resultado, a própria formação livre e consciente da vontade do eleitor acaba sendo prejudicada.

3 O combate à desinformação e a preservação da liberdade de expressão no Supremo Tribunal

A edição da Resolução-TSE nº 23.714/2022 e o pronunciamento do Supremo Tribunal Federal sobre a sua constitucionalidade no julgamento da ADI nº 7.261, dado o ambiente de desinformação desenfreada hoje vivenciado, inspiram reflexão sobre como o combate às *fake news* se relaciona com os limites da liberdade de expressão. Para não comprometerem o exercício legítimo da liberdade de expressão protegida constitucionalmente, as estratégias para o enfrentamento do grave desafio relacionado à proliferação de desinformação sobre o processo eleitoral devem ser desenvolvidas com observância dos parâmetros constitucionais e implementadas com cuidado.

De fato, a persistência, entre nós, de um ambiente cultural e institucional – herança de um longo passado autoritário ainda não completamente superado –, em que a repressão do pensamento e da atividade da imprensa foi historicamente naturalizada, em particular em face de críticas dirigidas a autoridades públicas, torna compreensível que tanto a sociedade civil organizada quanto as instituições democráticas se mostrem reticentes diante de propostas de regulamentação de mídias sociais e outras medidas que tenham algum potencial de causar embaraço ao exercício do direito fundamental à liberdade de expressão. Consideradas as lições da história, o combate legítimo aos usos irresponsáveis das ferramentas de comunicação certamente deve se cercar dos cuidados necessários para não retroceder nos avanços das últimas décadas e tornar o Brasil um país avesso à liberdade de expressão.

No Estado democrático de direito, somente são legítimas as restrições às liberdades de manifestação do pensamento e de expressão da atividade intelectual que estejam contidas nos limites deontológicos, axiológicos e teleológicos da Constituição. É importante ressaltar que amplas liberdades de manifestação do pensamento, de criação, de expressão e de informação, sob qualquer forma, processo ou veículo, são asseguradas ostensivamente nos arts. 5º, incs. IV, IX e XIV, e 220, *caput*, da Constituição brasileira. Ao conferir elevado coeficiente de proteção a tais liberdades, o texto constitucional pátrio reverbera um dos sustentáculos dos regimes democráticos perenes, cuja imprescindibilidade a experiência política internacional se encarregou de consagrar.

Na história do constitucionalismo moderno, consoante amplamente conhecido, surgiu com a Primeira Emenda à Constituição dos Estados Unidos a ideia de que a existência de amplas interdições ao poder do Estado de interferir nas liberdades de expressão e de imprensa constitui premissa de uma comunidade política caracterizada pelo autogoverno e pela liberdade individual. No dizer de Anthony Lewis, emérito professor da Escola de Direito de Harvard, falecido em 2013, "liberdade para dizer e escrever o que se quer é uma necessidade inescapável da democracia" (LEWIS, 2011). Relembro ainda as palavras de Emma Goldman, escritora e ativista lituana, naturalizada estadunidense, proferidas durante interrogatório quando detida, em 1919, por ordem do Departamento de Justiça dos EUA, ao ser enquadrada como "radical" por professar ideias críticas ao envolvimento daquele país na Primeira Guerra Mundial: "A livre expressão das esperanças e aspirações de um povo é a maior e a única segurança em uma sociedade sadia" (LEWIS, 2011). Nesse contexto, é preciso pontuar que afirmações destemperadas, descuidadas, irrefletidas e até mesmo profundamente equivocadas são inevitáveis em um debate, e sua livre circulação enseja o florescimento das ideias tidas por efetivamente valiosas ou verdadeiras, na visão de cada um. Àquelas manifestações aparentemente indesejáveis estende-se necessariamente, pois, o escopo da proteção constitucional à liberdade de expressão, a despeito de seu desvalor intrínseco, sob pena de se desencorajarem o pensamento e a imaginação, em contradição direta com a diretriz insculpida na Constituição.

Em 2009, no histórico julgamento da Arguição de Descumprimento de Preceito Fundamental (ADPF) nº 130, o Plenário do Supremo Tribunal Federal, mais do que declarar a não recepção da antiga Lei de Imprensa, estabeleceu parâmetros amplos de orientação da atuação judicial relativamente às liberdades de expressão e de imprensa.

Na interpretação empreendida pela Corte constitucional brasileira, a imposição de restrições ao exercício das liberdades de expressão, opinião, manifestação do pensamento e imprensa que não estejam contidas nos limites materiais da própria Constituição não se harmoniza com o regime constitucional vigente no país. Do julgamento da ADPF nº 130 extrai-se, como diretriz para a Administração Pública e o Poder Judiciário, que o direito de emitir opinião crítica sem risco de represália integra o núcleo essencial do direito à liberdade de imprensa. A Constituição protege o juízo crítico sobre a narrativa de fatos, ainda quando ele não traduza a melhor interpretação dos acontecimentos narrados. Assegurada a livre circulação de diferentes ideias, opiniões e pontos de vista, a exposição ao contraditório é o método por excelência encarregado, em uma democracia, de refutar afirmações falsas e teses inverídicas, incapazes que são de resistir, no livre mercado das ideias, ao confronto com fatos verificados e bons argumentos. Não se destina a proteção constitucional apenas às ideias tidas como certas ou adequadas, mas, fundamentalmente, às que desagradam. O que se visa a proteger é a multiplicidade de opiniões e pontos de vista. Nas palavras do Juiz Learned Hand, a liberdade de expressão "pressupõe que conclusões corretas são mais prováveis de serem recolhidas a partir de uma multidão de línguas, do que através de qualquer tipo de seleção autorizada" (UNITED STATES, 1943). Proteger o debate livre implica necessariamente proteger afirmações eventualmente equivocadas.

No julgamento, em 15.6.2011, da Arguição de Descumprimento de Preceito Fundamental (ADPF) nº 187, o Plenário do Supremo Tribunal Federal afirmou exegese segundo a qual a proteção constitucional à liberdade de pensamento há de ser reconhecida como "salvaguarda não apenas das ideias e propostas prevalecentes no âmbito social, mas, sobretudo, como amparo eficiente às posições que divergem, ainda que radicalmente, das concepções predominantes em dado momento histórico-cultural, no âmbito das formações sociais", ressaltando-se que nem mesmo o princípio majoritário legitima "a supressão, a frustração ou a aniquilação de direitos fundamentais, como o livre exercício do direito de reunião e a prática legítima da liberdade de expressão, sob pena de comprometimento da concepção material de democracia constitucional". Esse julgado reverbera a sensibilidade política do pensamento de Rosa Luxemburgo (2017), para quem "liberdade é sempre a liberdade de quem pensa de modo diferente [...] porque tudo quanto há de vivificante, salutar, purificador na liberdade política depende desse caráter essencial e deixa de ser eficaz quando a liberdade se torna privilégio". Qualquer imposição heterônoma de assepsia do pensamento é, sem dúvida, incompatível com a observância da garantia constitucional.

Mais recentemente, no julgamento do mérito da Ação Direta de Inconstitucionalidade (ADI) nº 2.566, em 16.5.2018, o Plenário do STF, ao declarar a inconstitucionalidade de lei que vedava o proselitismo religioso na programação de emissoras de radiodifusão comunitária, reafirmou a "primazia da liberdade de expressão" na ordem constitucional pátria, ressaltando que essa proteção abrange "tanto o direito de não ser arbitrariamente privado ou impedido de manifestar seu próprio pensamento quanto o direito de receber informações e de conhecer a expressão do pensamento alheio". Assentou-se ainda que "a liberdade política pressupõe a livre manifestação do pensamento e a formulação de discurso persuasivo e o uso de argumentos críticos".

Em suma, no Estado democrático de direito a liberdade de expressão é a regra, mas não configura direito absoluto, admitida a sua restrição em situações excepcionais e nos termos da lei que, em qualquer caso, deverá observar os limites materiais emanados da Constituição. O núcleo essencial e irredutível do direito fundamental à liberdade de expressão do pensamento compreende não apenas os direitos de se manifestar, de informar, de ter e emitir opiniões, de fazer críticas como também o de estar genuinamente errado. Compreende o direito de ter acesso a informações confiáveis e não ser excessivamente exposto a tentativas de manipulação do pensamento.

Nesse quadro, restrições válidas à liberdade de expressão devem, em primeiro lugar, ser previstas em leis formalmente válidas. Além disso, devem elas atender a fins constitucionalmente legítimos. Por fim, e mais importante, a pretendida interferência nas liberdades de expressão e de imprensa deve traduzir, ao ser aplicada a um caso concreto, um limite necessário à preservação de uma sociedade democrática e plural. O critério da proporcionalidade autoriza a imposição de restrições à liberdade de expressão quando se mostram indispensáveis para proteger, por exemplo, os espaços digitais de deliberação pública onde o eleitor formará sua vontade livre e consciente a partir de reflexão sobre fatos verídicos, como decidiu o STF na ADI nº 7.261.

Os tratados internacionais de direitos humanos tipicamente admitem restrições à liberdade de expressão quando elas traduzem exigências da preservação da segurança, da ordem, da saúde ou da moral públicas ou dos direitos e das liberdades das demais pessoas. Encarregada de aplicar e interpretar o Pacto de San José da Costa Rica (Convenção Americana sobre Direitos Humanos), a Corte Interamericana de Direitos Humanos destacou, no caso Herrera Ulloa *v.* Costa Rica (CIDH, 2004), que manter a sociedade bem-informada é condição para que os indivíduos sejam capazes de fazer escolhas livres. Nesse quadro, a Constituição da República e os instrumentos internacionais comportam, como restrições legítimas à liberdade de expressão: (i) a vedação de discursos direcionados a manipular grupos vulneráveis; (ii) o emprego de táticas coercivas (uso de força, intimidação e ameaça) ou fraudulentas; e (iii) a incitação à violência. A desinformação deliberada consiste em um abuso essencialmente fraudulento da liberdade de expressão, desbordando assim dos seus limites. Além disso, conteúdo desinformativo é frequentemente direcionado à manipulação de grupos vulneráveis e costuma estar a serviço da legitimação de discurso de ódio, que é uma modalidade de incitação à violência.

Tampouco pode ser tido como lícito, em uma democracia constitucional, ameaçar, tramar, incitar ou cometer atos de violência, ou induzir outros a tais atos, e o que assim procede se expõe à justa e legítima repressão do Estado, que age em nome da sociedade. Nesse sentido, é possível afirmar que o direito objetivo – a lei – representa, por definição, uma limitação do direito do indivíduo de agir (exteriorizar um comportamento), ainda que esse comportamento assuma uma forma discursiva. A clássica distinção entre expressão e ação, entre falar e agir, tem se revelado insuficiente em muitos contextos contemporâneos. É o caso da desinformação, na medida em que traduz uma instrumentalização da expressão com o objetivo de manipular e causar dano.

Cabe ressaltar que, em agosto de 2021, o Supremo Tribunal Federal instituiu o Programa de Combate à Desinformação, com o objetivo de fazer frente às práticas desinformativas que, voltadas a minar a confiança das pessoas no STF, distorcem ou alteram o significado das decisões e colocam em risco direitos fundamentais e a estabilidade democrática. Apoiados no tripé explicar, traduzir e humanizar, os projetos, ações e produtos desenvolvidos no âmbito do Programa buscam contrapor o conteúdo desinformativo sobre o tribunal com informações corretas (explicar), esclarecer o funcionamento e a atuação do tribunal de forma acessível (traduzir), e aproximar o STF da sociedade (humanizar). O Programa de Combate à Desinformação observa o sistema de proteção das liberdades de comunicação previsto na Constituição Federal de 1988, bem como a Convenção Americana sobre Direitos Humanos, que determina que toda pessoa possui o direito a informações e ideias de toda natureza, mas ressalva a necessidade de coibir apologia ao ódio nacional, racial ou religioso que constitua incitação à discriminação, à hostilidade, ao crime ou à violência.

O Programa também se coaduna ao Marco Civil da Internet (Lei nº 12.965/2014) e à Lei Geral de Proteção de Dados (LGPD), tendo em vista que os efeitos negativos produzidos pela desinformação são potencializados pelo uso distorcido dos recursos proporcionados pelas tecnologias da informação e das comunicações (TICs), sobretudo a internet.

4 Conclusão

Mudanças políticas, sociais e econômicas demandam incessantemente o reconhecimento de novos direitos, impondo, de tempos em tempos, a redefinição da exata natureza e da extensão de proteções constitucionais. Impõe-se leitura atualizada e contextualizada da Constituição para impedir que o abuso de determinados direitos, por alguns, traduza violação de direitos de outros. Longe de ter seu significado usurpado, a Constituição escrita no mundo analógico há de ser traduzida para o mundo digital, de modo a perpetuar, neste, os interesses, os direitos e as liberdades que originalmente assegurava. Desse modo, o sentido das palavras da Constituição e o alcance da proteção constitucional são preservados em face da mudança do contexto. Qual é, por exemplo, o sentido de um texto constitucional que, no ano de 2020, protege o sigilo das comunicações telegráficas, mas não protege o sigilo das comunicações realizadas por aplicações de internet ou qualquer outro meio pelo qual as pessoas de fato se comunicam hoje? Não pode a Constituição ser lida como se fosse um museu de direitos regulando tecnologias obsoletas.

A cada estágio do desenvolvimento tecnológico, em que se torna materialmente possível a imposição de níveis de controle cada vez maiores sobre diferentes aspectos das vidas das pessoas, não apenas pelo Estado, mas também pelas interferências de particulares, renova-se a questão a ser respondida pelas Cortes quanto aos desenhos institucionais que vão assegurar, ou não, a prevalência dos direitos e liberdades individuais (LESSIG, 1996). Consagrada uma liberdade na Constituição, a chave hermenêutica para o seu devido dimensionamento, em face de transformações tecnológicas que alteram o modo como essa liberdade é exercida, há de buscar, tanto quanto possível, a sua máxima preservação. O Estado não pode ambicionar que a migração para uma plataforma diversa da anteriormente regulada signifique uma oportunidade para afrouxamento de garantias e liberdades. Ao mesmo tempo, não se pode permitir a corrosão das instituições democráticas garantidoras das liberdades devido ao apego dogmático a uma noção de liberdade de expressão que ameaça a dignidade de indivíduos (REICH et al., 2021). As expectativas razoáveis dos titulares dos direitos constitucionais devem ser mantidas.

De inegável relevância para a consolidação do Estado democrático de direito em nosso país, bem como para o dimensionamento e a concretização dos direitos fundamentais consagrados na Constituição de 1988, o desenvolvimento de uma estratégia efetiva de combate à desinformação tensiona valores fundamentais da ordem jurídica, conforme consagra o próprio preâmbulo da Constituição brasileira: liberdade e segurança, desenvolvimento e justiça. O necessário combate à desinformação precisa se desenvolver dentro de limites que não comprometam as conquistas alcançadas na proteção dos direitos fundamentais, mas também a partir de uma séria reflexão sobre as condições que ainda precisam ser satisfeitas para que as instituições democráticas brasileiras amadureçam.

Referências

ALBU, D.; GUIMARÃES, T.; DOYLE, A.; RODRIGUES, C.; FERNANDO, R.; BENELLI, A. C. Avaliação de riscos de desinformação: o mercado de notícias online no Brasil. *GDI – Global Disinformation Index*, 2021. Disponível em: www.disinformationindex.org. Acesso em: 6 fev. 2023.

BRASIL. Tribunal Superior Eleitoral. *Programa Permanente de Enfrentamento à Desinformação no âmbito da Justiça Eleitoral*: plano estratégico – Eleições 2022. Brasília: Tribunal Superior Eleitoral, 2022.

CIDH. Corte Interamericana de Direitos Humanos. *Caso Herrera Ulloa v. Costa Rica*. 2004.

LESSIG, L. Reading the Constitution in Cyberspace. *Emory Law Journal*, Atlanta, v. 45, n. 3, 1996.

LEWIS, A. *Liberdade para as ideias que odiamos*: uma biografia da Primeira Emenda à Constituição americana. São Paulo: Aracati, 2011.

LUXEMBURGO, Rosa. *A Revolução Russa*. São Paulo: Fundação Rosa Luxemburgo, 2017.

MARÉS, C.; BECKER, C. O (in)acreditável mundo do WhatsApp. *Lupa*, Rio de Janeiro, 17 out. 2018. Disponível em: https://lupa.uol.com.br/jornalismo/2018/10/17/whatsapp-lupa-usp-ufmg-imagens/. Acesso em: 6 fev. 2023.

ORGANIZAÇÃO DOS ESTADOS AMERICANOS. *Missão de Observação Eleitoral*. Eleições Gerais – Brasil: Relatório Final. Washington, D.C., 2019. Disponível em: http://www.oas.org/documents/por/press/MOE-Brasil-2018-Relatorio-Final-POR.pdf. Acesso em: 13 fev. 2023.

REICH, R.; SAHAMI, M.; WEINSTEIN, J. M., *System Error*: where big tech went wrong and how we can reboot. New York: HarperCollins Publishers, 2021.

UNITED STATES. *United States v. Associated Press. F. Supp. Southern District of New York*. 1943.

WEBER, R. Dos antecedentes do Gabinete Estratégico ao enfrentamento de novos desafios. *In*: WATERLOO, E. A. C. (Org.). *TSE nas eleições 2018*: um registro da atuação do gabinete estratégico pelo olhar de seus integrantes. Brasília: Tribunal Superior Eleitoral, 2020.

Informação bibliográfica deste texto, conforme a NBR 6023:2018 da Associação Brasileira de Normas Técnicas (ABNT):

WEBER, Rosa M. Protegendo a liberdade na luta pela democracia: reflexões a partir da experiência do Tribunal Superior Eleitoral e do Supremo Tribunal Federal. *In*: OSORIO, Aline; MELLO, Patrícia Perrone Campos; BARROSO, Luna van Brussel (Coord.). *Direitos e democracia*: 10 anos do Ministro Luís Roberto Barroso no STF. Belo Horizonte: Fórum, 2023. p. 37-46. ISBN 978-65-5518-555-3.

LIBERDADE DE EXPRESSÃO, REDES SOCIAIS E DEMOCRACIA: BREVES CONSIDERAÇÕES SOBRE DOIS PARADIGMAS DE REGULAÇÃO

GILMAR MENDES
VICTOR OLIVEIRA FERNANDES

Entre os dias 21 e 23.2.2023, a Unesco (Organização das Nações Unidas para a Educação, a Ciência e a Cultura) promoveu a conferência internacional *Internet for Trust*, voltada a discutir *guidelines* globais para a regulação de plataformas digitais, com vistas a preservar a liberdade de expressão e o acesso à informação nos ambientes virtuais. A iniciativa da Unesco reflete a centralidade do tema na agenda pública internacional.

Nos últimos anos, diversos governos democráticos têm apoiado iniciativas regulatórias que buscam lidar com os graves danos sociais decorrentes da difusão de conteúdos maliciosos em redes sociais e em mídias digitais em geral. Há autores que afirmam estarmos diante de "uma nova geração de abordagens legais e regulatórias baseadas em estruturais de responsabilidade que criam incentivos para que as plataformas estabeleçam processos efetivos de identificação e de remoção de conteúdos danosos" (tradução livre).[1] Os exemplos mais notáveis desse movimento são a *Netzwerkdurchsetzungsgesetz* alemã de 2017,[2] o *Digital Services Act* (DSA), aprovado pelo Parlamento Europeu em 2022,[3] e a proposta de *Online Safety Bill*, que está em discussão no Reino Unido.[4]

No Brasil, as discussões sobre regulação de plataformas adquiriam um renovado fôlego em razão dos espantosos episódios do dia 8.1.2023. A brutalidade das cenas de ataques às instituições democráticas foi antecedida da circulação de conteúdos *on-line* produzidos por grupos extremistas nos dias anteriores aos atos de massacre e de terrorismo. Há indícios de que os episódios cruéis vivenciados no início do

---

[1] MOORE, Martin; TAMBINI, Damian. *Regulating big tech*: policy responses to digital dominance. Oxford: Oxford University Press, 2022. p. 5.
[2] ALEMANHA. *Netzwerkdurchsetzungsgesetz*. 2017. Disponível em: https://www.loc.gov/item/global-legal-monitor/2021-07-06/germany-network-enforcement-act-amended-to-better-fight-online-hate-speech/.
[3] UNIÃO EUROPEIA. *Digital Services Act (DSA)*. 2020. Disponível em: https://digital-strategy.ec.europa.eu/en/policies/digital-services-act-package.
[4] REINO UNIDO. *Online Safety Bill*. 2023. Disponível em: https://bills.parliament.uk/bills/3137.

ano foram orquestrados virtualmente, sem que os intermediários que participam da difusão desses conteúdos tivessem adotado medidas mínimas para lidar com os riscos sistêmicos gerados por publicações odiosas. Nesse sentido, estudo realizado pelo NetLab da Universidade Federal do Rio de Janeiro (UFRJ) identificou grande quantidade de anúncios veiculados em uma importante rede social entre novembro de 2022 e janeiro de 2023, os quais não foram filtrados pelos mecanismos de moderação e que apresentavam conteúdos atentatórios à democracia, como contestações diretas ao resultado das eleições presidenciais, dúvidas sobre a integridade do processo eleitoral, pedidos de intervenção militar no país e convocações para manifestações em frente a quartéis do exército.[5]

Diante do alinhamento das conjunturas internacional e nacional, parece estar emergindo um consenso no Brasil de que o papel exercido pelos intermediários *on-line* na formação do discurso público requer uma política regulatória democrática que aprimore a responsabilidade desses intermediários na moderação de conteúdos *on-line* danosos.[6] Na construção de um novo modelo regulatório, é inevitável aprofundar o diálogo com as experiências estrangeiras, em especial com os desenvolvimentos recentes que sucederam a adoção do DSA na União Europeia.

Com base na literatura acadêmica recente sobre o tema, este breve artigo explora a existência de dois paradigmas de regulação da liberdade de expressão *on-line* que estão hoje em tensão no debate público internacional.[7] Esses paradigmas são arquetípicos, logo, representam simplificações da realidade aqui consideradas para fins didáticos.

O primeiro é o paradigma da proteção da neutralidade de conteúdo *on-line* (*content neutrality*), o qual é comumente associado à tradição de direitos negativos de liberdade de expressão. Esse primeiro paradigma foi crucial para o desenvolvimento da *web* 2.0 e para garantir a liberdade de expressão na internet nas últimas duas décadas. Ele se estrutura a partir de regimes jurídicos de responsabilidade fraca dos intermediários pelo conteúdo de terceiros. Nesse paradigma, a moderação do conteúdo *on-line* acaba sendo majoritariamente desempenhada por mecanismos de autorregulação das próprias plataformas. Em linhas gerais, o art. 19 do Marco Civil da Internet corresponde a essa concepção de neutralidade do conteúdo, ainda que com algumas exceções mais duras à responsabilidade pela veiculação de conteúdos específicos, que violem direitos do autor ou que envolvem imagens íntimas.

O segundo paradigma, que é de desenvolvimento mais recente, aponta para a regulação procedimental do discurso *on-line*. Esse paradigma nasce da presunção de que a liberdade de expressão na internet requer não apenas uma proteção contra a intervenção do Estado, mas a existência de condições mínimas de proteção da condição

---

[5] NETLAB. *Anúncios golpistas na biblioteca do Meta Ads*: novembro de 2022 a janeiro de 2023. 2023. Disponível em: https://www.netlab.eco.ufrj.br/blog/anuncios-golpistas-na-biblioteca-do-meta-ads-novembro-de-2022-a-janeiro-de-2023.

[6] Sobre a emergência dessa percepção política, cf. KELLER, Clara Iglesias; MENDES, Laura Schertel; FERNANDES, Victor Oliveira. Moderação de conteúdo em plataformas digitais: caminhos para a regulação no Brasil. *Cadernos Adenauer*, v. 24, n. 1, p. 63-87, 2023.

[7] A exploração desses dois paradigmas é desenvolvida em textos como TAMBINI, Damian. Reconceptualizing Media Freedom. *Regulating Big Tech*, p. 299-C16.P121, 2021; FROSIO, Giancarlo. Regulatory Shift in State Intervention: From Intermediary Liability to Responsibility. *In*: CELESTE, Edoardo (Ed.). *Constitutionalising Social Media*. New York: Hart Publishing, 2022. p. 151-176.

democrática de espaços virtuais, em benefício social da pluralidade. Tal paradigma está sendo aprofundado nas legislações europeias recentes. Ele se baseia na criação de obrigações positivas para a redes sociais, sobretudo para aprimorar a transparência nas decisões de moderação de conteúdo e na assunção de compromissos de maior cautela no tratamento de manifestações ilícitas na internet.

O contraste entre esses dois paradigmas de regulação é capaz de expor as oportunidades e desafios de um novo regime legal para as plataformas digitais no Brasil. Como resta claro, vivemos um ponto de inflexão no debate sobre liberdade de expressão no cenário nacional que, indubitavelmente, necessita de novos passos por parte dos poderes Executivo, Legislativo e Judiciário.

1 Proteção negativa da liberdade de expressão e regimes de autorregulação das plataformas

O primeiro paradigma de regulação das mídias sociais está relacionado à abordagem tradicional de irresponsabilidade do intermediário pelo conteúdo de terceiros. No contexto norte-americano, por exemplo, a Suprema Corte tradicionalmente tem adotado uma postura de exaltação do direito de liberdade de expressão consagrado na Primeira Emenda, estendendo a noção libertária de *free marketplace of ideas* como uma metáfora principiológica adequada para o tratamento da responsabilidade dos provedores de conteúdo no meio digital.[8]

Após reformas na legislação, a redação atual do §230 do *Communication Decency Act* (CDA) passou a garantir mais explicitamente uma imunidade quase que absoluta aos intermediários *on-line* pela veiculação de conteúdo de terceiros, excepcionada somente nas situações de violação de direitos autorais. Ainda assim, porém, a Suprema Corte norte-americana tem se deparado com casos em que os limites da imunidade prevista na legislação são colocados à prova.

Essa perspectiva de irresponsabilidade pelo conteúdo também era prevalecente no Direito Comunitário Europeu até 2022. Essa abordagem era adotada pela Diretiva de Comércio Eletrônico (ECD) – que também estabelecia um regime geral de privilégios de segurança para os provedores de conteúdo – e por decisões da Corte Europeia de Justiça. A posição prevalente no cenário europeu, tanto na doutrina quanto na jurisprudência, era de que o mero condutor da informação não poderia ser qualificado como um partícipe da atividade ilegal perpetrada pelo usuário.

A opção por regulações estatais que atenuam a responsabilidade dos intermediários, por sua vez, ampliou consideravelmente o papel de moderação de conteúdo realizada pelas próprias plataformas. Em vez de figurarem como agentes meramente passivos na intermediação de conteúdos produzidos por terceiros, empresas como Facebook, Google e Amazon são hoje capazes de interferir no fluxo de informações, por meio de

---

[8] Para uma discussão mais aprofundada, cf. POLLICINO, Oreste. Judicial protection of fundamental rights in the transition from the world of atoms to the word of bits: The case of freedom of speech. *European Law Journal*, v. 25, n. 2, p. 155-168, 2019. p. 163-164 e LAND, Molly K. A human rights perspective on US constitutional protection of the internet. *In*: POLLICINO, Oreste; ROMEO, Graziella (Ed.). *The internet and constitutional law*: The protection of fundamental rights and constitutional adjudication in Europe. Londres; Nova York: Routledge Taylor and Francis Group, 2016.

filtros, bloqueios ou reprodução em massa de conteúdos produzidos pelos seus usuários. Essa interferência no fluxo informacional também é caracterizada pelo uso intensivo de algoritmos e ferramentas de *big data*, que permitem às plataformas manipular e controlar a forma de propagação dos conteúdos privados de modo pouco transparente.[9]

Todas essas particularidades da atuação dos provedores de conteúdo denotam que tais agentes assumem hoje uma postura "não neutra" no tratamento da comunicação em suas redes.[10] As decisões privadas tomadas por essas empresas produzem impactos diretos nas possibilidades de realização de liberdades públicas. Tal realidade enseja duas implicações relevantes para a proteção de direitos relacionados à liberdade de expressão.

Em primeiro lugar, verifica-se que os atores privados da internet se tornam responsáveis por mediar situações de conflitos entre direitos fundamentais básicos, muitas vezes antes da própria autoridade estatal.[11] De fato, as plataformas digitais exercem uma função normativa importante ao estabelecer regulamentos e termos de uso dos seus serviços. Embora representem simples contratos entre as partes, em muitos casos, esses documentos adotam jargões típicos de textos constitucionais que projetam, na relação privada, direitos como o de livre acesso e compartilhamento de informações e o direito de estabelecer controle de privacidade sobre os seus dados.

Em segundo lugar, além de estabelecer as regras do jogo no tratamento de dados e de conteúdo dos usuários, os intermediadores também assumem a função de resolver conflitos entre os participantes da rede ou entre esses e a própria plataforma. Ao fazer cumprir os regulamentos e termos de uso pactuados, as empresas se engajam em uma verdadeira função adjudicatória de direitos. Nesse sentido, as plataformas digitais funcionam como verdadeiros tribunais, considerando que elas têm o poder de decidir pela exclusão ou manutenção de conteúdo ou mesmo pela permanência ou retirada de participantes da rede, sem a necessidade de qualquer interferência de um órgão administrativo ou judicial.[12]

Devido à centralidade que o poder privado das plataformas adquiriu na moderação de conteúdo *on-line*, muitas empresas passaram a incorporar discursos constitucionais na regulamentação privada do funcionamento dos seus serviços.[13] Todavia, essa articulação de estatutos internos acaba por ser insuficiente para a proteção integral dos direitos dos usuários relacionados à liberdade de expressão.

---

[9] BALKIN, Jack M. Free speech in the algorithmic society: big data, private governance, and new school speech regulation. *UC Davis Law Review*, p. 1149-1210, 2018.

[10] BASSINI, Marco. Fundamental rights and private enforcement in the digital age. *European Law Journal*, v. 25, n. 2, p. 182-197, 2019. p. 187 e MORELLI, Alessandro; POLLICINO, Oreste. Metaphors, judicial frames and fundamental rights in cyberspace. *American Journal of Comparative Law*, v. 2, p. 1-26, 2020. p. 26.

[11] PADOVANI, Claudia; SANTANIELLO, Mauro. Digital constitutionalism: fundamental rights and power limitation in the Internet eco-system. *International Communication Gazette*, v. 80, n. 4, p. 295-301, 2018. p. 4 ("private operators have been acquiring law-making and law enforcement powers, defining the boundaries of some fundamental rights").

[12] DENARDIS, Laura. *The Global War For Internet Governance*. New Haven and London: Yale University Press, 2014. p. 157-167 ("private intermediaries have increasingly become the arbiters of online expressive liberty") e BLOCH-WEHBA, Hannah. Global Platform Governance: Private Power in the Shadow of the State. *SMU Law Review*, p. 27-72, February 2019. p. 27 ("platforms are engaged in both rulemaking and adjudication").

[13] CELESTE, Edoardo. Terms of service and bills of rights: new mechanisms of constitutionalisation in the social media environment? *International Review of Law, Computers and Technology*, v. 33, n. 2, p. 122-138, 2018 (ao analisar a chamada Declaração de Direitos e Responsabilidade do Facebook, o autor diagnostica que essa plataforma adota terminologias típicas dos direitos constitucionais nos seus contratos privados).

Em primeiro lugar, a participação nas mídias sociais se afigura como instrumento essencial para o exercício de liberdades individuais. Esse diagnóstico coloca em debate até que ponto as redes sociais são espaços verdadeiramente privados ou se esses serviços, na realidade, mais se aproximariam a áreas públicas de circulação de conteúdo.

Em segundo lugar, uma compreensão mais apurada do modelo de negócio das plataformas revela que os seus filtros e algoritmos de recomendação contribuem para a polarização política e para a disseminação da desinformação. Esses algoritmos são geralmente programados para expor os usuários a conteúdos semelhantes e interações engajadoras, o que facilita a criação de bolhas e limita a exposição ao contraditório.[14]

Em terceiro lugar – e esse parece ser um ponto crucial – as preocupações com as restrições de liberdades individuais nas redes sociais estão sendo agora debatidas em um contexto mais amplo de governança das plataformas.[15] Reconhece-se aqui que o poder dos controladores de rede se exerce não apenas no eventual acionamento arbitrário das cláusulas contratuais privadas, mas, de modo mais vigoroso, no exercício pouco transparente dos seus interesses econômicos que informam os atos de moderação e policiamento dos seus usuários.[16] Como destacado por Giancarlo Frosio, a centralidade do modelo privado de moderação de conteúdo "desafia o Estado de Direito, coloca em risco diversos direitos fundamentais, além de impedir qualquer processo de constitucionalização da regulamentação digital" (tradução livre).[17]

Todas essas deficiências do paradigma de neutralidade do conteúdo colocam dúvidas sobre a suficiência do sistema jurídico brasileiro. No Brasil, o sistema jurídico de responsabilidade dos intermediários de conteúdos *on-line* se estruturou em torno do art. 19 do Marco Civil da Internet. Esse dispositivo foi fruto de um amplo debate legislativo com participação ativa de múltiplos *stakeholders* e de representantes da sociedade civil. Na redação atual, o dispositivo prevê que, em regra, o provedor de aplicações de internet "somente poderá ser responsabilizado civilmente por danos decorrentes de conteúdo gerado por terceiros se, após ordem judicial específica, não tomar as providências para tornar indisponível o conteúdo apontado como infringente". Ainda que o art. 19 do MCI não se amolde perfeitamente a um paradigma de neutralidade de conteúdo, em regra, ele prescreve uma lógica de irresponsabilidade ou de responsabilidade mitigada das plataformas pelo conteúdo de terceiros.

É possível afirmar que a doutrina nacional[18] tem interpretado que o art. 19 do MCI representou uma opção do legislador pelo modelo de responsabilização judicial, com

---

[14] TALISSE, Robert B. *Overdoing Democracy*: Why We Must Put Politics in its Place. Oxford: Oxford University Press, 2019. p. 86; 102 e BACHUR, João Paulo. Desinformação política, mídias digitais e democracia: Como e por que as fake news funcionam? *Direito Público*, v. 18, n. 99, p. 436-469, 2021. p. 447-448.

[15] Nesse sentido, cf. PASQUALE, F. Platform Neutrality: Enhancing Freedom of Expression in Spheres of Private Power. *Theoretical Inquiries in Law*, v. 17, n. 1, p. 487-513, 2016; LYNSKEY, O. Regulating "Platform Power". *LSE Legal Studies Working Paper*, n. 1, 2017. p. 31 e GILLESPIE, Tarleton. Content moderation, AI, and the question of scale. *Big Data & Society*, v. 1, n. 1, p. 1-5, 2020.

[16] GILLESPIE, T. Regulation of and by Platforms. *In*: BURGESS, Jean; MARWICK, Alice E.; POELL, Thomas (Ed.). *The Sage Handbook of Social Media*. London: Sage Reference, 2018. p. 255.

[17] FROSIO, Giancarlo. Regulatory Shift in State Intervention: From Intermediary Liability to Responsibility. *In*: CELESTE, Edoardo (Ed.). *Constitutionalising Social Media*. New York: Hart Publishing, 2022. p. 152.

[18] Por todos, cf. SOUZA, C. A. P. de. Responsabilidade civil dos provedores de acesso e de aplicações de internet: evolução jurisprudencial e os impactos da Lei 12.695/2014 (Marco Civil da Internet). *In*: LEITE, George Salomão; LEMOS, Ronaldo (Coord.). *Marco Civil da Internet*. São Paulo: Atlas, 2014. p. 810.

o intuito de preservar a liberdade de expressão na internet, ainda que em detrimento do controle absoluto do usuário sobre a informação. Essa escolha, porém, não significa necessariamente que o provedor esteja impedido de realizar a remoção do conteúdo na inexistência de ordem judicial. Caso, a partir de uma notificação extrajudicial de um usuário, a empresa constate que está diante de uma violação dos termos de uso da rede social, por exemplo, a empresa poderá proceder à retirada do conteúdo, ainda que sem ordem judicial. Assim, na realidade, o art. 19 do MCI não prevê que a única hipótese de remoção de conteúdo consiste na existência de ordem judicial, mas, ao contrário, explicita que, sempre que tal ordem existir, o conteúdo deve ser removido pela plataforma.

Diante desse desenho institucional adotado pelo MCI, é legítimo afirmar que boa parte do sistema de moderação de conteúdo *on-line* no Brasil está concentrado no exercício de estratégias de autorregulação por parte das plataformas. Isso porque são esses próprios agentes privados que, a partir da ordenação das regras das suas comunidades, implementam primariamente a atividade de moderação de conteúdo. A suficiência da autorregulação desregulada suscita, porém, controvérsias, diante da veiculação e impulsionamento massivo de conteúdos de terceiros potencialmente ilícitos.

Todos esses fatores levam a crer que, embora o art. 19 do MCI tenha sido de inegável importância para a construção de uma internet plural e aberta no país, hoje o dispositivo se mostra ultrapassado.[19] A corroborar esse diagnóstico, diversas iniciativas estrangeiras têm construído regimes de responsabilidade mais sofisticados para a operação de plataformas digitais. É importante buscar um meio do caminho entre um regime de liberdade total das plataformas e um regime de controle estatal completo do conteúdo. Essa tem sido, até aqui, a tentativa de jurisdições democráticas estrangeiras.

2 Regulação procedimental das plataformas

O segundo paradigma regulatório que merece nossa consideração corresponde à regulação procedimental das redes sociais. Nos últimos anos, diversas opções legislativas têm sido imaginadas para o combate de determinados comportamentos ilícitos praticados nos ambientes virtuais – como a difusão de discursos de ódio, de manifestações difamatórias ou ainda de notícias falsas (*fake news*). Uma nova onda de leis e regulações de plataformas estrangerias têm buscado impor balizas para a moderação de conteúdo. Essas novas legislações, de que são exemplos a NetzDG alemã e o DSA da União Europeia, adotam estratégias de regulação bastante sofisticadas.[20]

Essas leis não definem previamente o que é um conteúdo ilícito, justamente para não incidirem no risco de comprometer a liberdade de expressão, gerando um efeito de silenciamento nas redes sociais. Elas também não retiram das plataformas a função primordial de moderar o conteúdo. Por outro lado, elas elegem estratégias regulatórias

---

[19] KELLER, Clara Iglesias; MENDES, Laura Schertel; FERNANDES, Victor Oliveira. Moderação de conteúdo em plataformas digitais: caminhos para a regulação no Brasil. *Cadernos Adenauer*, v. 24, n. 1, p. 63-87, 2023. p. 68-70 (elencando três ordens de limitações para o modelo do art. 19 do Marco Civil da Internet).

[20] ERICKSON, Kristofer; KRETSCHMER, Martin. Empirical Approaches to Intermediary Liability. *Oxford Handbook of Online Intermediary Liability*, Oxford, 2020. p. 105-106.

processuais (*process-based regulations*) que colocam sob os ombros das plataformas a responsabilidade de desenhar os seus serviços de forma mais segura para impedir a circulação e o impulsionamento de conteúdos que podem comprometer direitos fundamentais e as condições democráticas da rede. Assim, o foco dessas novas legislações não incide propriamente sobre a demarcação material do conteúdo. Elas dispõem apenas sobre o "design dos serviços, sobre seus modelos de negócios e sobre a forma como essas plataformas gerenciam riscos e tratam a exposição dos usuários aos riscos da difusão de conteúdos danosos" (tradução livre).[21]

A estratégia de focar no procedimento, e não no aspecto material do conteúdo *on-line*, torna as novas leis de plataformas profundamente distintas das antigas normas que atribuem responsabilidade aos veículos de mídias tradicionais, como rádio e televisão. Devido ao fato de as plataformas funcionarem a partir de processos contínuos de submissão e revisão de conteúdos e devido ao alcance transnacional dos seus modelos de negócios, é muito difícil reproduzir, no mundo das plataformas, o tradicional binômio que separa "conteúdo" e "transmissão". Na realidade, o que essas novas regulações mostram é que é preciso focar na arquitetura tecnológica das plataformas, principalmente nas decisões que são tomadas sobre como tratar reclamações feitas por usuários e na publicização e transparência de seus critérios.[22]

Nas discussões sobre o tema no Reino Unido, por exemplo, tem se desenvolvido o conceito de "dever de cuidado" como um novo centro de gravidade do regime jurídico.[23] O conjunto de regras que compõe tal dever de cuidado não requer uma absoluta proteção contra todo e qualquer conteúdo ilegal *on-line*. Ao avaliar o cumprimento desse dever, o que se busca investigar é se a plataforma adota rotineiramente práticas razoáveis para impedir o surgimento e o espraiamento de riscos sistêmicos à ordem democrática.

De forma semelhante, o DSA da União Europeia, que entrará em vigor em 2024, exige que as plataformas realizem a retirada de conteúdos ilícitos tão logo tomem conhecimento e adotem medidas de transparência para deixar claro como funciona a sua tomada de decisões na moderação de conteúdo. Além disso, as plataformas têm a obrigação de "agir de forma diligente, objetiva e proporcional na aplicação e cumprimento das restrições"[24] estabelecidas nos termos e condições de uso dos seus serviços. O DSA exige ainda que as plataformas implementem estratégias de mitigação de riscos

---

[21] TAMBINI, Damian. Reconceptualizing Media Freedom. *In*: TAMBINI, Damian; MOORE, Martin (Ed.). *Regulating Big Tech*: Policy Responses to Digital Dominance. Oxford: Oxford University Press, 2022. p. 311. VERVEER, Phillip. Content Moderation in the United States and Europe: Similar Values, Different Approaches. *M-RCBG Associate Working Paper Series*, 2023. p. 25 (observando que o DSA Europeu condiciona a imunidade das plataformas à aderência a processos regulatórios detalhados, tanto interna quanto externamente).

[22] DE STREEL, A.; DEFREYNE, E.; JACQUEMIN, H. *et al*. Online platforms' moderation of illegal content online: laws, practices and options for reform. *European Parliament*, 2020. p. 78-80. Disponível em: https://data.europa.eu/doi/10.2861/831734.

[23] WOODS, Lorna; PERRIN, William. Obliging Platforms to Accept a Duty of Care. *In*: *Regulating Big Tech*: Policy Responses to Digital Dominance. Oxford: Oxford University Press, 2022. p. 93-109.

[24] UNIÃO EUROPEIA. Regulamento (UE) 2022/2065 do Parlamento Europeu e do Conselho de 19 de outubro de 2022 sobre um Mercado Único para Serviços Digitais e alteração da Diretiva 2000/31/EC (Lei de Serviços Digitais) (Texto relevante para o EEE), art. 14 (4). *Jornal Oficial da União Europeia*, L 277, 27 out. 2022. Disponível em: https://eur-lex.europa.eu/legal-content/EN/TXT/?uri=CELEX%3A32022R2065&qid=1666857835014.

sistêmicos, que podem incluir adaptações nos termos de serviço das plataformas, bem como processos de moderação de conteúdo em si.[25]

É importante deixar clara a flexibilidade que o modelo do DSA traz em uma lógica de diálogo regulatório com o setor. O seu art. 7º prescreve, por exemplo, que os prestadores de serviços podem manter a imunidade pelo conteúdo de terceiro quando, voluntariamente e de boa-fé, conduzem investigações próprias destinadas a identificar e retirar conteúdos ilegais.[26]

Esses são apenas alguns exemplos que mostram que leis de responsabilidade mais rígidas e modernas não precisam necessariamente se arvorar na exauriente regulação da liberdade de expressão na internet, tarefa certamente inglória para qualquer legislador. No Brasil, é fundamental que um novo regime jurídico aumente a confiabilidade e a previsibilidade na moderação de conteúdo, a partir de garantias processuais e de mecanismos de resolução de disputa mais transparentes nas plataformas. A opção de focar mais no processo e menos na substância do conteúdo parece de fato ser um caminho importante de debate. Adicionalmente, não podemos fugir do fato de que a demarcação da ilicitude de um conteúdo *on-line* possui íntima relação com a própria tutela penal já existente. A tipificação dos crimes contra o Estado Democrático de Direito, por exemplo, é exterior e precede qualquer iniciativa regulatória.

3 Conclusão

A contraposição dos dois paradigmas de regulação de plataformas mostra-nos que o regime jurídico do Marco Civil da Internet, embora tenha sido inegavelmente importante para a preservação da liberdade de expressão *on-line* no Brasil, precisa ser revisto. É inegável que a construção de um novo regime regulatório requer um amplo debate público, com a participação de todos os *stakeholders*, da sociedade civil e da iniciativa privada. Todavia, parece-me que é chegado o momento de colocar sob ressalvas as posições daqueles que não estão abertos a discutir novas formas de responsabilidade para as plataformas digitais. As condições de exercício da democracia *on-line* parecem hoje ser vivamente dependentes da criação de deveres positivos, ainda que procedimentais, para a moderação de conteúdo. Deixar tarefa tão central para a realização do direito fundamental de liberdade de expressão quase exclusivamente sob uma atuação privada opaca é que parece ser o caminho mais arriscado.

---

[25] UNIÃO EUROPEIA. Regulamento (UE) 2022/2065 do Parlamento Europeu e do Conselho de 19 de outubro de 2022 sobre um Mercado Único para Serviços Digitais e alteração da Diretiva 2000/31/EC (Lei de Serviços Digitais) (Texto relevante para o EEE), art. 33. *Jornal Oficial da União Europeia*, L 277, 27 out. 2022. Disponível em: https://eur-lex.europa.eu/legal-content/EN/TXT/?uri=CELEX%3A32022R2065&qid=1666857835014.

[26] UNIÃO EUROPEIA. Regulamento (UE) 2022/2065 do Parlamento Europeu e do Conselho de 19 de outubro de 2022 sobre um Mercado Único para Serviços Digitais e alteração da Diretiva 2000/31/EC (Lei de Serviços Digitais) (Texto relevante para o EEE), art. 7. *Jornal Oficial da União Europeia*, L 277, 27 out. 2022. Disponível em: https://eur-lex.europa.eu/legal-content/EN/TXT/?uri=CELEX%3A32022R2065&qid=1666857835014.

Informação bibliográfica deste texto, conforme a NBR 6023:2018 da Associação Brasileira de Normas Técnicas (ABNT):

MENDES, Gilmar; FERNANDES, Victor Oliveira. Liberdade de expressão, redes sociais e democracia: breves considerações sobre dois paradigmas de regulação. *In*: OSORIO, Aline; MELLO, Patrícia Perrone Campos; BARROSO, Luna van Brussel (Coord.). *Direitos e democracia*: 10 anos do Ministro Luís Roberto Barroso no STF. Belo Horizonte: Fórum, 2023. p. 47-55. ISBN 978-65-5518-555-3.

OS DIREITOS DOS POVOS INDÍGENAS NO BRASIL E A ADPF Nº 709

JOSÉ ANTONIO DIAS TOFFOLI

1 Introdução

Nesta justa homenagem aos 10 anos de atuação do eminente Ministro *Roberto Barroso* no Supremo Tribunal Federal, acolho a oportunidade de trazer, por meio da análise de relevante caso de relatoria de Sua Excelência, reflexões acerca dos direitos que foram reconhecidos aos povos originários brasileiros pelo Estado colonial, pelo Estado imperial, pelo Estado republicano e, finalmente, pelo Estado democrático de direito inaugurado pela Constituição de 1988.

Embora seja tema atual, cuja relevância se reforça a cada dia, compreender a relação histórica do Estado brasileiro com os povos indígenas se mostra essencial para o endereçamento de matérias que têm sido submetidas ao crivo da Corte. Sabe-se, assim, que, embora, desde os primeiros anos de colonização, tenhamos uma continuidade de atos normativos em que se buscava reconhecer direitos a essas populações, há também, desde sempre, uma contraditória prática estatal de desconsiderá-los.

O paradigma vigente sob o qual estamos atuando é norteado pelo art. 231 da Constituição Federal, que reconhece aos indígenas sua organização social, seus costumes, suas línguas, suas crenças e suas tradições, bem como os direitos originários sobre as terras que tradicionalmente ocupam. Como conceder normatividade a esse preceito, porém, é questão complexa e que exige do intérprete uma compreensão profunda sobre cada controvérsia a ser analisada, com atenção e sensibilidade às disparidades culturais envolvidas.

Esse tratamento respeitoso e dialógico se observa na atuação do Ministro *Roberto Barroso* na relatoria da Arguição de Descumprimento de Preceito Fundamental (ADPF) nº 709, a partir de um incansável esforço para estabelecer contatos entre atores diferentes, visando alcançar a melhor forma de sanar graves violações de direitos fundamentais.

Como se verá, reconhecidos formalmente os direitos dos povos originários, permanece o desafio de torná-los realidade, garantindo-lhes o exercício da cidadania, o usufruto de direitos fundamentais e o respeito por seus costumes e tradições.

2 História e evolução dos direitos dos povos indígenas

Há uma impropriedade em se afirmar que o Brasil foi descoberto em 1500, quando aportaram as caravelas lideradas por Pedro Álvares Cabral no sul da Bahia. Pindorama – país das palmeiras, em língua tupi – era, então, povoado por milhões de indígenas das mais diversas etnias, que, em sua pluralidade e complexidade, constituem nossos povos originários.

Os acontecimentos subsequentes ao encontro entre nativos e colonizadores a que se convencionou chamar "descobrimento", todavia, evidenciaram que, não apenas a força, mas também a religião, a cultura e o direito buscariam sobrepor uma visão eurocêntrica sobre meios de vida dos habitantes originários do Brasil, visando, quando não o extermínio ou a escravização, sua assimilação aos costumes do povo dominante.

O período colonial foi marcado por movimentos contraditórios da Coroa portuguesa em relação aos povos originários, pois, ao mesmo tempo que foram editadas legislações pelas quais se buscava regulamentar a liberdade dos indígenas e garantir-lhes o direito às terras que ocupavam, levou-se a cabo um projeto de ocupação e exploração do território colonizado, pelo qual se fazia útil e justificável o uso de mão de obra de indígenas escravizados e o esbulho de suas terras.

Em 1537, o Papa Paulo III emitiu a bula papal *Sublimis Deus*, em que declarava os índios como verdadeiros homens, detentores de alma, capazes de compreender a fé católica e ansiosos por recebê-la. A bula reconhecia, ainda, o pleno gozo da liberdade dos indígenas e o direito de possuir suas terras, não devendo, de modo algum, ser escravizados.[1]

Na época colonial, vigeram no Brasil leis com a da Liberdade dos Gentios, promulgada por Sebastião I de Portugal, em 1570, que dispunha acerca da política de escravização dos povos indígenas, pela qual todos seriam livres, salvo aqueles sujeitos à ideia de "guerra justa", a ser decretada com a licença do rei em desfavor dos povos que se rebelassem contra a Coroa.[2] Tal expediente seria acionado de forma mais ou menos rígida ao longo do período colonial, de forma a condicionar a liberdade dos povos indígenas ao grau de docilidade e cooperação para com as autoridades coloniais.[3]

Além disso, a subjetividade da noção de guerra justa deixou todos os tipos de brechas para que os colonos desconsiderassem a regra e capturassem indígenas de forma indiscriminada, o que se confirma pelas reiteradas tentativas de se proibir a escravização dos povos nativos em normas subsequentes, as quais, por sua vez, visavam assegurar a absorção do modelo civilizatório europeu e dos valores cristãos por parte daquelas populações, bem como a pacífica colaboração com o projeto colonial.[4]

---

[1] PAULO III. Bula Papal Sublimis Deus. *Papal Encyclicals Online*. Disponível em: https://www.papalencyclicals.net/paul03/p3subli.htm. Acesso em: 4 maio 2023.

[2] PORTUGAL. *Lei sobre a Liberdade dos Gentios, de 20 de março de 1570*. Disponível em: https://lemad.fflch.usp.br/sites/lemad.fflch.usp.br/files/2018-04/Lei_de_liberdade_dos_indios_de_1570.pdf. Acesso em: 6 mar. 2023.

[3] PORTUGAL. *Carta Régia de 13 de maio de 1808*. Disponível em: https://www2.camara.leg.br/legin/fed/carreg_sn/anterioresa1824/cartaregia-40169-13-maio-1808-572129-publicacaooriginal-95256-pe.html. Acesso em: 8 mar. 2023 e PORTUGAL. *Carta Régia de 1º de abril de 1809*. Disponível em: https://www2.camara.leg.br/legin/fed/carreg_sn/anterioresa1824/cartaregia-40045-1-abril-1809-571613-publicacaooriginal-94759-pe.html. Acesso em: 8 mar. 2023.

[4] SIQUEIRA, Maria Isabel de. Ordem em colônias: legislações para os índios no período filipino. *Revista Digital Estudios Historicos*, n. 6, p. 5, 2011.

Os missionários da igreja católica foram importantes atores nessa assimilação, tendo sido responsáveis pela administração de aldeamentos – nos quais se reuniam indígenas para que vivessem sob a tutela de religiosos e fossem doutrinados segundo o modo de vida cristão –, bem como pelo recrutamento da mão de obra nativa, o que foi regulamentado pelo Regimento das Missões, em 1686.[5]

De maneira paradoxal, observava-se que, ao menos formalmente, o direito aos territórios que ocupavam era reconhecido pela Coroa portuguesa aos indígenas brasileiros, embora as normas vigentes fossem constantemente contornadas na prática. Nesse sentido, desde 1609, há registros de atos normativos que visavam assegurar o domínio indígena sobre os respectivos territórios e o direito de viverem de acordo com seus costumes, o que fica explícito, por exemplo, no Alvará de 30 de julho daquele ano, segundo o qual os "ditos gentios" não poderiam ser expropriados das terras que ocupavam.[6]

A expansão colonial para o oeste foi determinante para o aumento da intensidade dos encontros entre nativos e colonizadores, bem como para a formação territorial e social do Brasil que conhecemos hoje.

O território brasileiro é bem diferente daquele que foi originalmente estipulado pelo Tratado de Tordesilhas, em 1494, quando nossa fronteira era considerada a linha das 370 léguas a partir das ilhas do Cabo Verde.

Sob a União Ibérica, entre 1580 e 1640, as possessões portuguesas e espanholas estavam sob controle de um mesmo governo, afastando a fiel observância ao Tratado de Tordesilhas e propiciando o fluxo de colonos portugueses para além das terras atribuídas a Portugal pelo acordo. Os bandeirantes, em suas andanças pelo interior, adentravam territórios espanhóis; inicialmente, a pé e depois em comboios de canoas (as chamadas "monções"). Esse sistema de transporte por meio de rios, por mais de cem anos, ligou São Paulo às regiões central e norte do país.

Esses movimentos de exploração resultaram, ainda, na miscigenação entre portugueses e indígenas, cujos filhos foram-se apossando de lugares muito além dos previstos pelo Tratado de Tordesilhas.

Em 1750, foi então assinado o Tratado de Madri, concebido por Alexandre de Gusmão, na época Secretário Particular de D. João V, pelo qual foi anulado o Tratado de Tordesilhas e estipulada a adoção do princípio do *uti possidetis*, ou seja, o direito de posse a quem ocupasse a região.

Assim, muitas terras que eram espanholas passaram ao domínio português, porque eram povoadas por mestiços de portugueses e indígenas, dilatando o território brasileiro muito além de Tordesilhas. Portugal garantiu, por exemplo, o controle das regiões da Amazônia, do Mato Grosso e do Sul, previamente ocupadas por espanhóis.[7]

---

[5] PORTUGAL. *Regimento das Missões do Estado do Maranhão e Grão-Pará, de 21 de dezembro de 1686.* Disponível em: https://purl.pt/15102/4/256097_PDF/256097_PDF_24-C-R0150/256097_0000_I-82_t24-C-R0150.pdf. Acesso em: 4 maio 2023.

[6] PORTUGAL. *Alvará de 30 de julho de 1609.* Disponível em: ICS (ul.pt). Acesso em: 4 maio 2023.

[7] GOES FILHO, Synesio Sampaio. *Alexandre de Gusmão (1695-1753)*: o estadista que desenhou o mapa do Brasil. Rio de Janeiro: Record, 2020. Livro digital.

Pela primeira vez, desenhava-se no papel a forma quase triangular do mapa do Brasil que hoje nos é familiar: 4.319 km de leste a oeste, 4.395 km de norte a sul.[8]

Em 1755, foi promulgado o Diretório dos Índios, política indigenista de Estado voltada a disciplinar a organização social dos indígenas e a afastar a administração dos missionários sobre as aldeias. Entre as inúmeras diretrizes ali estipuladas, destacam-se aquelas voltadas à ocidentalização e à cristianização dos povos originários, então considerados como bárbaros e incultos, como o ensino da língua portuguesa, a adoção de nomes portugueses, o uso de roupas e o incentivo ao casamento entre nativos e brancos. Ainda, destaca-se a regulamentação do trabalho remunerado dos indígenas e da tributação sobre suas atividades.[9]

O documento também reconheceu aos indígenas o direito à terra, da qual eram considerados "primários e naturais senhores", dando-lhes preferência sobre a concessão de sesmarias aos colonos.[10]

Proclamada a independência do Brasil, a Constituição imperial de 1824 silenciou sobre o tratamento a ser dispensado aos povos originários, embora o tema tenha sido suscitado na Assembleia Constituinte de 1823.

O Estado-Nação que surgia a partir de princípios absorvidos da Revolução Francesa era concebido como uma unidade territorial e cultural em busca de progresso e desenvolvimento, o que condicionaria a visão dos constituintes em relação ao reconhecimento de cidadania aos povos originários. Nesses termos, as discussões voltaram-se à ideia de que poderiam ser considerados cidadãos aqueles indígenas que estivessem devidamente integrados à sociedade brasileira.[11]

No âmbito infraconstitucional, o Decreto nº 426, de 24.7.1845, regulamentou as missões de catequese e civilização dos indígenas, verificando-se, portanto, uma continuidade na política de assimilação e aculturamento dos povos nativos.[12]

Por sua vez, a Lei nº 601, de 18.9.1850 (Lei de Terras) determinava a reserva de terras devolutas para a colonização dos indígenas,[13] as quais, nos termos do decreto regulamentador, seriam destinadas a seu exclusivo usufruto e possível propriedade plena, para fins de alienação, quando "assim o permitir o seu estado de civilização".[14]

Proclamada a República, perdurou o tratamento ambíguo do Estado em relação às populações indígenas observado desde a Colônia. A Constituição de 1891 manteve o silêncio acerca dos direitos dos povos indígenas. Todavia, sob aquele regime jurídico, em 1910, foi criado o Serviço de Proteção ao Índio (SPI), com o intuito de prestar-lhes

---

[8] GOES FILHO, Synesio Sampaio. *Navegantes, bandeirantes, diplomatas*: um ensaio sobre a formação das fronteiras do Brasil. Brasília: FUNAG, 2015. p. 27.

[9] CAMARGO, Angélica Ricci. Diretores/Diretório dos Índios. *Mapa*, set. 2013. Disponível em: http://mapa.an.gov.br/index.php/dicionario-periodo-colonial/167-diretor-diretorio-dos-indios. Acesso em: 6 mar. 2023.

[10] PORTUGAL. *Diretório dos Índios, de 3 de maio de 1757*. Disponível em: https://www.nacaomestica.org/diretorio_dos_indios.htm. Acesso em: 7 mar. 2023.

[11] PARAISO, Maria Hilda B. Construindo o Estado da Exclusão: os índios brasileiros e a Constituição de 1824. *Clio-Revista de Pesquisa Histórica*, v. 28.2, 2011.

[12] BRASIL. *Decreto nº 426, de 24 de julho de 1845*. Disponível em: https://www2.camara.leg.br/legin/fed/decret/1824-1899/decreto-426-24-julho-1845-560529-publicacaooriginal-83578-pe.html. Acesso em: 7 mar. 2023.

[13] BRASIL. *Lei nº 601, de 18 de setembro de 1850*. Disponível em: https://www.planalto.gov.br/ccivil_03/leis/l0601-1850.htm. Acesso em: 7 mar. 2023.

[14] BRASIL. *Decreto nº 1.318, de 30 de janeiro de 1854*. Disponível em: https://www2.camara.leg.br/legin/fed/decret/1824-1899/decreto-1318-30-janeiro-1854-558514-publicacaooriginal-79850-pe.html. Acesso em: 8 mar. 2023.

assistência, de garantir seus direitos e de assegurar a efetividade da posse dos territórios por eles ocupados, entre outras competências previstas no Decreto nº 8.072, de 20.6.1910.[15]

O início da República foi também marcado por conflitos instaurados contra populações indígenas em nome do progresso e da expansão da atividade produtiva pelo interior do país, de forma a garantir a instalação de ferrovias e linhas telegráficas e o assentamento de brasileiros e colonos estrangeiros para a produção agrícola. Esses conflitos interditavam largas faixas do território nacional, impedindo qualquer atividade econômica, em razão das lutas sangrentas que levavam tribos inteiras ao extermínio.[16]

De acordo com o Código Civil de 1916, os indígenas eram considerados relativamente capazes, sendo, portanto, sujeitos à tutela da União,[17] o que, embora tivesse um intuito protetivo, dificultava-lhes o acesso à justiça em nome próprio, para o qual dependiam da intermediação dos órgãos de proteção ao índio. Além disso, o instituto da emancipação era aplicável àqueles que fossem aculturados e integrados à sociedade, o que acabaria por justificar, também, a perda dos direitos sobre as respectivas terras que ocupavam na condição de povo originário.[18]

A Constituição de 1934 foi a primeira a elevar a questão indígena ao *status* constitucional, dispondo, em seu art. 129, que seria "respeitada a posse de terras de silvícolas que nelas se ach[ass]em permanentemente localizados, sendo-lhes, no entanto, vedado aliená-las". A norma também passou à competência da União a possibilidade de legislar sobre a "incorporação dos silvícolas à comunhão nacional" (art. 5º, inc. XIX, al. "m").[19] O mesmo regramento foi adotado pelas Constituições de 1937 e 1946.

A Constituição de 1967 atribuiu à União a propriedade das terras indígenas (art. 4º, inc. IV), assegurando a seus habitantes a posse permanente e o reconhecimento do direito ao usufruto exclusivo dos recursos naturais e de todas as utilidades nelas existentes (art. 186),[20] sendo as terras inalienáveis, conforme a Emenda Constitucional de 1969 (art. 198).[21]

No mesmo ano, o Serviço de Proteção ao Índio foi substituído pela Fundação Nacional do Índio (Funai), autarquia atualmente vinculada ao Ministério dos Povos Indígenas.[22]

---

[15] BRASIL. *Decreto nº 8.072, de 20 de junho de 1910.* Disponível em: https://www.planalto.gov.br/ccivil_03/decreto/1910-1929/d8072.htm#:~:text=DECRETO%20No%208.072%2C%20DE%2020%20DE%20JUNHO%20DE%201910.&text=Cr%C3%AAa%20o%20Servi%C3%A7o%20de%20Protec%C3%A7%C3%A3o,e%20approva%20o%20respectivo%20regulamento. Acesso em: 8 mar. 2023.

[16] RIBEIRO, Darcy. *A política indigenista brasileira.* Rio de Janeiro: Ministério da Agricultura, 1962. p. 7.

[17] BRASIL. *Lei nº 3.071, de 1º de janeiro de 1916.* Código Civil. Disponível em: https://www.planalto.gov.br/ccivil_03/leis/l3071.htm. Acesso em: 4 maio 2023.

[18] CUNHA, Manuela Carneiro da. Índios na Constituição. *Novos Estudos CEBRAP*, v. 37, p. 429-443, 2018.

[19] BRASIL. *Constituição da República dos Estados Unidos do Brasil, de 16 de julho de 1934.* Disponível em: https://www.planalto.gov.br/ccivil_03/constituicao/constituicao34.htm. Acesso em: 4 maio 2023.

[20] BRASIL. *Constituição da República Federativa do Brasil de 1967.* Disponível em: http://www.planalto.gov.br/ccivil_03/constituicao/constituicao67.htm. Acesso em: 4 maio 2023.

[21] BRASIL. *Emenda Constitucional nº 1, de 17 de outubro de 1969.* Disponível em: http://www.planalto.gov.br/ccivil_03/constituicao/emendas/emc_anterior1988/emc01-69.htm. Acesso em: 4 maio 2023.

[22] BRASIL. *Lei nº 5.371, de 5 de dezembro de 1967.* Disponível em: http://www.planalto.gov.br/ccivil_03/leis/1950-1969/l5371.htm. Acesso em: 4 maio 2023.

Sob aquele regime jurídico, foi sancionado o Estatuto do Índio (Lei nº 6.001, de 19.12.1973), com o "propósito de preservar a sua [dos indígenas] cultura e integrá-los, progressiva e harmoniosamente, à comunhão nacional".[23]

Enfim, o contexto que precedeu a promulgação da *Constituição de 1988*, destinada à redemocratização do país, foi auspicioso para o reconhecimento de direitos das populações indígenas. A Assembleia Nacional Constituinte de 1987-1988 foi formada a partir de um processo de ampla mobilização social, que contou com a representatividade de movimentos indígenas para a definição do regime jurídico a eles aplicável,[24] cujo resultado importou em verdadeira mudança de paradigma na disciplina constitucional dos povos originários.

3 Direitos dos povos indígenas na Constituição da República de 1988

A Constituição da República de 1988[25] superou a perspectiva que buscava integrar os indígenas à sociedade supostamente civilizada, reconhecendo formalmente a organização social, os costumes, as línguas, as crenças e as tradições daquelas populações. Conforme afirma a Professora Manuela Carneiro da Cunha, "pela primeira vez, celebrou-se a diversidade como um valor a ser preservado".[26]

Daí, extrai-se que a divisão entre indígenas integrados e não integrados se torna desnecessária para a definição da tutela jurídica sobre seus direitos, cabendo-lhes escolher entre a prática dos costumes tradicionais ou a busca por outras formas de vida, sem que lhes seja imposta uma identidade predefinida. Nesse sentido, já reconheceu o Supremo Tribunal Federal que "índios em processo de aculturação permanecem índios para o fim de proteção constitucional".[27]

Além disso, reafirmou-se o reconhecimento do direito dos povos originários sobre as terras que tradicionalmente ocupam, cabendo-lhes a posse permanente e o usufruto exclusivo das riquezas do solo, dos rios e dos lagos nelas existentes. Segundo a Constituição, as terras indígenas são bens da União, a quem compete sua demarcação e proteção. Ademais, elas são inalienáveis e indisponíveis, e os direitos sobre elas, imprescritíveis.

Quanto ao ponto, o Supremo Tribunal Federal também já assentou a natureza meramente declaratória dos atos de demarcação de terras indígenas, considerando o caráter originário do direito atribuído aos povos que as ocupam.

A norma constitucional também inova em relação a suas antecessoras ao definir o que seriam as terras tradicionalmente ocupadas pelos indígenas. Assim, ela as qualifica como as terras que são por eles habitadas em caráter permanente, as utilizadas para suas atividades produtivas, as imprescindíveis à preservação dos recursos ambientais

---

[23] BRASIL. *Lei nº 6.001, de 19 de dezembro de 1973*. Disponível em: http://www.planalto.gov.br/ccivil_03/leis/l6001.htm. Acesso em: 4 maio 2023.

[24] CUNHA, Manuela Carneiro da. Índios na Constituição. *Novos Estudos CEBRAP*, v. 37, p. 429-443, 2018.

[25] BRASIL. *Constituição da República Federativa do Brasil de 1988*. Disponível em: https://www.planalto.gov.br/ccivil_03/constituicao/constituicaocompilado.htm. Acesso em: 4 maio 2023.

[26] CUNHA, Manuela Carneiro da. A Constituição em perigo. *Combate Racismo Ambiental*, 9 out. 2013. Disponível em: https://acervo.racismoambiental.net.br/2013/10/09/a-constituicao-em-perigo/ Acesso em: 8 mar. 2023.

[27] BRASIL. Supremo Tribunal Federal (Tribunal Pleno). Pet. nº 3.388, Rel. Min. Carlos Britto. *DJe*, 1º jul. 2010.

necessários a seu bem-estar e as necessárias à sua reprodução física e cultural, segundo seus usos, costumes e tradições.

O texto constitucional buscou, também, proteger as terras indígenas do interesse de terceiros, estabelecendo a nulidade dos atos que tenham por objeto sua ocupação, domínio ou posse, bem como a exploração das riquezas naturais do solo, dos rios e dos lagos nelas existentes, salvo relevante interesse público da União. Além disso, o aproveitamento dos recursos hídricos, inclusive para fins energéticos, e a pesquisa e a lavra das riquezas minerais em terras indígenas só podem ser efetivados com autorização do Congresso Nacional e desde que ouvidas as comunidades afetadas.

Foi reconhecida, ainda, a capacidade jurídica dos indígenas para ingressarem em juízo em nome próprio para a defesa de seus direitos e interesses, mediante a fiscalização do Ministério Público, superando-se a necessidade de representação por meio de órgãos da União, como a Funai.

Além do que consta no texto constitucional, os direitos dos povos indígenas também são reforçados por meio de compromissos internacionais assumidos pelo Brasil, enquanto signatário de diversos tratados de direitos humanos, como o Pacto Internacional de Direitos Econômicos, Sociais e Culturais; o Pacto Internacional de Direitos Civis e Políticos; a Convenção para a Eliminação da Discriminação Racial; a Convenção nº 169 da Organização Internacional do Trabalho sobre Povos Indígenas e Tribais; a Convenção das Nações Unidas sobre os Direitos da Criança; a Convenção sobre Diversidade Biológica e a Declaração das Nações Unidas sobre Direitos dos Povos Indígenas.

4 A jurisprudência sobre direitos dos povos indígenas do Supremo Tribunal Federal

Não obstante o evidente avanço na disciplina jurídica dos direitos dos povos originários, a natureza controversa da relação entre o Estado e os indígenas não foi rompida com a promulgação da Constituição Cidadã. Embora o regime jurídico seja o mais favorável aos indígenas desde a Colônia, ainda há muito o que se fazer para garantir que os direitos previstos no texto constitucional tenham normatividade plena.

O censo demográfico de 2010[28] registrou um total de 896.917 pessoas que se autodeclararam indígenas, das quais 63,8% vivem na área rural e 57,7% habitam territórios indígenas oficialmente reconhecidos, confirmando o estreito vínculo com a terra até os dias de hoje. Embora estejam concentrados na Região Norte do Brasil, principalmente no Estado do Amazonas, há indígenas em todas as regiões do país, membros de 305 etnias e falantes de 274 línguas.[29]

---

[28] O censo de 2022 ainda não finalizou a coleta de dados dos indígenas, conforme consta em FARIAS, Jéssica. Com apoio do MPO, IBGE assina acordo de cooperação para finalizar Censo em território Yanomami. *Agência IBGE Notícias*, 3 mar. 2023. Disponível em: https://agenciadenoticias.ibge.gov.br/agencia-noticias/2012-agencia-de-noticias/noticias/36382-com-apoio-do-mpo-ibge-assina-acordo-de-cooperacao-para-finalizar-censo-em-territorio-yanomami. Acesso em: 15 mar. 2023.

[29] IBGE – INSTITUTO BRASILEIRO DE GEOGRAFIA E ESTATÍSTICA. *O Brasil Indígena*. Disponível em: https://indigenas.ibge.gov.br/images/pdf/indigenas/folder_indigenas_web.pdf. Acesso em: 15 mar. 2023.

A existência dos povos indígenas no território brasileiro, todavia, continua sendo marcada pela constante investida de terceiros sobre suas terras, mediante violência, discursos de ódio e atuação dos próprios representantes do Estado para enfraquecer ou retardar o usufruto dos direitos constitucionais reconhecidos àquelas populações.

Apenas em 2021, foram registrados 118 conflitos relativos a direitos territoriais e 305 ocorrências de invasões possessórias, exploração ilegal de recursos naturais e danos ao patrimônio, além de 176 homicídios perpetrados contra indígenas.[30]

Nesse contexto, o Supremo Tribunal Federal tem sido acionado para dirimir controvérsias constitucionais sobre a matéria, sendo palco de proveitosas discussões jurídicas sobre os direitos dos povos indígenas.

A questão fundiária tem sido o principal tema submetido ao Supremo Tribunal Federal quando se trata de direitos dos povos originários, da qual sobressai a judicialização dos complexos processos de demarcação de terras indígenas. É importante registrar que os titulares dos direitos aqui mencionados não são os principais demandantes do Poder Judiciário quanto aos temas que lhes dizem respeito, e sim aqueles que pretendem resistir ao reconhecimento das prerrogativas constitucionais dos povos indígenas.[31]

O caso mais emblemático que tratou da matéria foi aquele referente à demarcação da terra indígena Raposa Serra do Sol, cujo processo administrativo teve início no final dos anos setenta e foi homologado pelo Poder Executivo em 2005. O julgamento no STF, ocorrido em 2009 (Petição nº 3.388/RO),[32] repercute até os dias de hoje quando o assunto é o direito originário dos povos indígenas às terras que tradicionalmente ocupam.

Trata-se de terra indígena localizada no Estado de Roraima, na Região Norte do Brasil, e que é ocupada por cerca de 28 mil pessoas das etnias makuxi, taurepang, ingarikó, patamona e wapichana.[33]

O processo de demarcação havia sido questionado pelo Senador Augusto Affonso Botelho Neto em ação popular em que pedia a declaração de nulidade da portaria do Ministério da Justiça que havia definido os limites da terra indígena e do decreto presidencial que havia homologado a área demarcada.

No julgamento, o Supremo Tribunal Federal atestou a regularidade da demarcação da terra, reconhecendo o direito originário dos povos indígenas que ali habitavam e determinando a retirada dos demais ocupantes da área. Além disso, a Corte decidiu que não havia ofensa à soberania nacional ou à segurança territorial na demarcação de terras indígenas em área contígua e em faixa de fronteira; e reconheceu que o perímetro a ser demarcado deveria refletir os usos, os costumes e as tradições da etnia indígena, devendo abranger o local de habitação e das atividades produtivas imprescindíveis à

---

[30] CIMI – CONSELHO INDIGENISTA MISSIONÁRIO. *Relatório Violência contra os Povos Indígenas no Brasil*. Dados de 2021. Disponível em: https://cimi.org.br/wp-content/uploads/2022/08/relatorio-violencia-povos-indigenas-2021-cimi.pdf. Acesso em: 15 mar. 2023.

[31] MAGNANI, Nathércia Cristina Manzano. *Os direitos humanos e fundamentais dos povos indígenas e os juízes*: olhares presentes na jurisprudência da Corte Interamericana de Direitos Humanos e do Supremo Tribunal Federal. Dissertação (Mestrado em Direito) – Pontifícia Universidade Católica de São Paulo, São Paulo, 2013.

[32] BRASIL. Supremo Tribunal Federal (Tribunal Pleno). Pet. nº 3.388, Rel. Min. Carlos Britto. DJe, 1º jul. 2010.

[33] OLIVEIRA. José Carlos. Indígenas mostram "gestão modelo" na reserva Raposa Serra do Sol. *Câmara dos Deputados*. Disponível em: https://www.camara.leg.br/noticias/796317-indigenas-mostram-gestao-modelo-na-reserva-raposa-serra-do-sol/#:~:text=A%20Terra%20Ind%C3%ADgena%20Raposa%20Serra%20do%20Sol%20ocupa%20parte%20dos,%2C%20Ingarik%C3%B3%2C%20Patamona%20e%20Wapichana. Acesso em: 14 mar. 2023.

preservação dos recursos ambientais necessários ao bem-estar indígena e à reprodução física e cultural da comunidade.

Foram, ainda, estabelecidas 19 condicionantes para a manutenção da demarcação, relacionadas à forma com que se daria o usufruto da terra pelos indígenas.

A Corte estabeleceu também que o marco temporal para fins de demarcação de terras indígenas seria a data de promulgação da Constituição Federal de 1988, salvo se demonstrado o renitente esbulho por parte de não indígenas, a impedir a contínua ocupação dos habitantes originários.

Posteriormente, em embargos de declaração,[34] o STF viria a decidir que o precedente da terra indígena Raposa Serra do Sol não se aplicaria automaticamente a outros casos de demarcação, o que proporcionaria nova análise da controvérsia acerca do marco temporal para o reconhecimento do direito dos povos indígenas à terra, denotando a possibilidade de aperfeiçoamento e especialização por parte da Suprema Corte ao lidar com temas complexos que envolvem direitos dos povos originários.

No momento, a matéria atinente ao marco temporal para a demarcação de terras indígenas encontra-se em discussão em recurso extraordinário (RE nº 1.017.365 RG/SC) relativo à área declarada como de tradicional ocupação do povo indígena xokleng, que havia sido objeto de ação de reintegração de posse julgada procedente nas instâncias ordinárias.[35]

O julgamento, que se encontra pendente e pode fornecer precedente vinculante sobre a matéria, conta com voto do relator (Ministro *Edson Fachin*) no sentido de se revisitar a tese do marco temporal, de forma a reconhecer o direito originário dos povos indígenas às terras tradicionalmente ocupadas sempre que os estudos antropológicos assim o indicarem, ainda que se refiram a períodos anteriores à promulgação da Constituição Federal de 1988.

Em voto divergente, o Ministro *Nunes Marques* entendeu que o marco temporal é a solução que melhor concilia os interesses do país e dos indígenas. Segundo ele, esse parâmetro tem sido utilizado em diversos casos, e a revisão da jurisprudência ocasionaria insegurança jurídica e retorno à situação de conflito fundiário. O Ministro *Alexandre de Moraes*, que votaria em seguida, pediu vista dos autos e o julgamento foi suspenso, com previsão de retomada em junho de 2023.

Além das questões fundiárias, a Corte também abordou outros temas que dizem respeito aos povos indígenas.

Em 2006, o STF decidiu controvérsia jurídica suscitada no âmbito da primeira condenação pelo crime de genocídio promovida pelo Estado brasileiro (RE nº 351.487/RR).[36] O caso conhecido como Massacre de Haximú, ocorrido em 1993, que consistiu no homicídio de 12 indígenas yanomami por garimpeiros, trouxe ao Tribunal a controvérsia acerca da natureza jurídica do crime de genocídio – se crime contra a vida ou não –, com a finalidade de que fosse definida a competência para seu julgamento.

---

[34] BRASIL. Supremo Tribunal Federal (Tribunal Pleno). Pet. nº 3.388 ED, Rel. Min. Roberto Barroso. *DJe*, 4 fev. 2014.
[35] BRASIL. Supremo Tribunal Federal (Tribunal Pleno). RE nº 1.017.365 RG, Rel. Min. Edson Fachin, julgamento em andamento.
[36] BRASIL. Supremo Tribunal Federal (Tribunal Pleno). RE nº 351.487, Rel. Min. Cezar Peluso. *DJe*, 10 nov. 2006.

Naquela ocasião, por votação unânime, foi suscitada a Convenção para a Prevenção e a Repressão do Crime de Genocídio, em conjunto com a legislação doméstica, para se concluir que o crime contra a vida seria apenas um meio, entre outros, para a prática do genocídio, o qual seria verdadeiro crime contra a condição humana e contra os bens jurídicos coletivos que dizem respeito à existência de grupo nacional, étnico, racial ou religioso.

Assim, a Corte afastou a competência do tribunal do júri e reconheceu a competência da Justiça Federal para julgar o crime de genocídio. Cinco garimpeiros foram condenados pela Justiça Federal de Roraima a penas entre 19 e 20 anos de prisão.

Mais recentemente, o Tribunal debruçou-se sobre questão humanitária que diz respeito a uma miríade de violações de direitos dos povos indígenas, notadamente, o direito à saúde, tendo atuado cautelarmente para saná-las, sob a relatoria do Ministro Roberto Barroso, conforme se detalhará adiante.

5 A ADPF nº 709 e o direito à saúde dos povos indígenas

O contexto do ajuizamento da ADPF nº 709 diz respeito à pandemia de Covid-19, período em que a saúde indígena alcançou especial relevância diante da vulnerabilidade daqueles povos a doenças infectocontagiosas que podem levar a seu desaparecimento.

O pano de fundo da ADPF também perpassa a amplamente noticiada situação do povo yanomami, que, embora tenha atraído a atenção da mídia nacional e internacional no início de 2023, passou por um agravamento gradual como resultado do afrouxamento da fiscalização que evitava a invasão de garimpeiros na área demarcada e da desestruturação dos serviços de assistência à saúde indígena.

Embora ainda esteja em andamento, os autos da arguição constituem documento de valor histórico, no qual há registro de importantes acontecimentos que marcaram o cenário de descaso e de violação de direitos fundamentais por parte do Estado brasileiro em detrimento de nossos povos originários.

O que se observa da atuação do Supremo Tribunal Federal é o esforço contínuo para a implementação de um diálogo entre as partes envolvidas – entre as quais figuram representantes de povos indígenas afetados e membros de órgãos públicos com perspectivas diversas do problema –, visando acautelar uma situação que se mostrou dinâmica e com muitas intercorrências ao longo do tempo. Embora complexo e dificultoso, o intento de sanar as violações em curso, com atenção às capacidades institucionais e restrições orçamentárias, foi e ainda é objeto de constante dedicação por parte do relator.

Em julho de 2020, por iniciativa da Articulação dos Povos Indígenas do Brasil (APIB) e de seis partidos políticos (PSB, PSOL, PCdoB, Rede, PT, PDT), o Tribunal foi instado a se manifestar acerca de ações e omissões por parte do Poder Executivo no que se refere à proteção das populações indígenas no contexto pandêmico.

Na petição inicial, os requerentes noticiaram a inação do governo para conter invasões e para retirar invasores de terras indígenas; destacaram a ausência de atendimento de protocolos sanitários por parte das equipes de saúde, como o cumprimento de quarentena e a observância de medidas de prevenção ao contágio; mencionaram a decisão da Fundação Nacional do Índio (Funai) e da Secretaria de Saúde Indígena (Sesai) de restringir a assistência especializada à saúde aos indígenas residentes de terras homologadas, excluindo aqueles que estivessem em área urbana ou em terras pendentes de homologação; e pontuaram a inexistência de uma estratégia de proteção das comunidades indígenas na pandemia.

De início, o reconhecimento da legitimidade ativa da APIB reforçou uma tendência de relativização da jurisprudência defensiva do Supremo Tribunal Federal quanto ao conhecimento de arguições de descumprimento de preceito fundamental. Embora a jurisprudência da Corte adotasse um entendimento restritivo do que seriam as entidades de classe de âmbito nacional, conferindo-lhes conotação meramente econômica ou profissional, esse posicionamento tem sido alterado para reconhecer a legitimidade ativa de entidades cujo objetivo institucional seja a defesa de direitos humanos, como é o caso da APIB.

Após oportunizar a manifestação do presidente da República, da Advocacia-Geral da União e da Procuradoria-Geral da República, o relator concedeu medida cautelar, a qual foi referendada pelo Plenário,[37] estabelecendo, para tanto, três diretrizes:

> (i) os princípios da precaução e da prevenção, no que respeita à proteção à vida e à saúde; (ii) a necessidade de diálogo institucional entre o Judiciário e o Poder Executivo, em matéria de políticas públicas decorrentes da Constituição; e (iii) a imprescindibilidade de diálogo intercultural, em toda questão que envolva os direitos de povos indígenas.

Naquela oportunidade, determinou-se, quanto aos povos indígenas em isolamento ou de recente contato, a criação de barreiras sanitárias, visando impedir o ingresso de terceiros em seus territórios, e de sala de situação, no intuito de gerir as ações de combate à pandemia quanto a esses povos, composta por membros da Procuradoria-Geral da República, da Defensoria Pública da União, por indígenas indicados pela APIB e por autoridades indicadas pela União.

A instalação de uma sala de situação na qual membros de diferentes instituições do Estado brasileiro e representantes de povos indígenas debateriam acerca do enfrentamento da pandemia em relação aos povos isolados e de recente contato foi caracterizado pelo relator como "uma experiência pioneira de diálogo institucional (entre o Judiciário e o Executivo) e de diálogo intercultural (entre a nossa cultura e as tradições indígenas)".[38]

Quanto aos povos indígenas em geral, determinou-se a elaboração de um plano de enfrentamento e monitoramento da Covid-19, o qual deveria conter medida emergencial de contenção de invasores, bem como a extensão do atendimento do Subsistema Indígena de Saúde aos povos residentes em terras indígenas não homologadas e aos indígenas urbanos sem acesso ao Sistema Único de Saúde.

Todavia, o entendimento entre as partes se mostrou complexo e houve desacordo sobre o que deveria constar dos planos e estratégias a serem elaborados em cumprimento à medida cautelar, bem como sobre quais seriam as medidas prioritárias e sob quais

---

[37] BRASIL. Supremo Tribunal Federal (Tribunal Pleno). ADPF nº 709 MC-Ref, Rel. Min. Roberto Barroso. *DJe*, 7 out. 2020.

[38] BRASIL. Supremo Tribunal Federal (decisão monocrática). ADPF nº 709 MC, Rel. Min. Roberto Barroso. *DJe*, 24 jul. 2020.

critérios. O Plano de Barreiras Sanitárias para os Povos Indígenas Isolados e de Recente Contato e o Plano de Enfretamento e Monitoramento da Covid-19 para Povos Indígenas Brasileiros foram objeto de inúmeras correções e complementações.

Após o deferimento da medida cautelar, constatou-se que a Funai havia editado a Resolução nº 4/2021,[39] na qual eram definidos critérios de heteroidentificação para condicionar o direcionamento de políticas públicas a povos indígenas, o que poderia impactar o atendimento especializado em saúde dessas populações no contexto da pandemia, caso não estivessem vinculadas a alguma terra homologada. Em decisão referendada pelo Plenário,[40] o relator suspendeu a eficácia do ato normativo, ao fundamento de que a autodeclaração seria o critério para identificação de povos indígenas, a teor da Convenção nº 169 da Organização Internacional do Trabalho (OIT).[41]

Em maio de 2021, foi protocolado pedido de tutela provisória incidental, no qual se noticiava a escalada de conflitos violentos ocorridos em terras indígenas que haviam sido objeto de retirada de invasores, especialmente as terras indígenas Yanomami e Munduruku. Requeria-se a tomada de providências para proteção da vida e da segurança daqueles povos indígenas e a elaboração de plano para extrusão dos invasores.

Ao decidir sobre o pedido de tutela incidental provisória, o relator registrou o contexto no qual se desenvolveu a ADPF, qual seja, o de falta de transparência e de promoção de atos protelatórios por parte da União, o que viria a agravar o risco à vida, à saúde e à segurança dos povos indígenas envolvidos. Diante dessa grave situação, determinou à União a adoção imediata de todas as medidas necessárias à proteção dessas populações, destacando efetivo suficiente e permanecendo no local enquanto presentes tais riscos.[42]

Não cessaram, porém, as notícias de descumprimento da medida cautelar por parte da União. Em decisão monocrática, o relator registrou o contexto de deliberado retrocesso das políticas indigenistas, que culminou na negativa de assistência à saúde desses povos:

> Portanto, em síntese: (i) o Presidente da República declarou que não demarcará terras indígenas em seu governo, a despeito de se tratar de dever constitucional (e não de escolha política); (ii) atos administrativos da União buscaram "revisar" demarcações em curso e sustar a prestação de serviços a comunidades cujas terras ainda não tivesse sua regularização concluída (Parecer nº 001/2017/GAB/CGU/AGU); (iii) decisão judicial suspendeu a última providência (RE nº 1.017.365, Rel. Min. Edson Fachin); (iv) a União omitiu-se na prestação do serviço especial de saúde em terras não homologadas; (v) decisão judicial determinou a prestação do serviço (ADPF MC nº 709, Rel. Min. Luís Roberto Barroso); (vi) na sequência, a FUNAI editou resolução voltada à heteroidentificação de povos indígenas, com base na regularização de suas áreas (Resolução FUNAI nº 4/2021); (vii) nova decisão judicial

---

[39] BRASIL. Fundação Nacional do Índio. *Resolução nº 4, de 22 de janeiro de 2021*. Disponível em: https://www.in.gov.br/en/web/dou/-/resolucao-n-4-de-22-de-janeiro-de-2021-300748949. Acesso em: 4 maio 2023.

[40] BRASIL. Supremo Tribunal Federal (Tribunal Pleno). ADPF nº 709 MC-segunda-Ref, Rel. Min. Roberto Barroso. DJe, 24 mar. 2022.

[41] BRASIL. Supremo Tribunal Federal (decisão monocrática). ADPF nº 709 MC, Rel. Min. Roberto Barroso. DJe, 17 mar. 2021.

[42] BRASIL. Supremo Tribunal Federal (Tribunal Pleno). ADPF nº 709 TPI-Ref, Rel. Min. Roberto Barroso. DJe, 26 ago. 2021.

suspendeu a providência (ADPF 709, Rel. Min. Luís Roberto Barroso); (ix) não satisfeita, a FUNAI pratica novos atos por meio dos quais pretende que terras indígenas não homologadas fiquem desprovidas de proteção territorial (Ofício Circular nº 18/2021/CGMT/DPT/FUNAI e Parecer nº 00013/2021/COAF-CONS/PFEFUNAI/PGF/AGU). Fica clara a persistência dos recursos de que vem se valendo a FUNAI – fundação que deveria estar voltada à tutela dos direitos dos indígenas – para desassistir tais povos.[43]

Em junho de 2022, a Terra Indígena Yanomami foi suscitada novamente nos autos,[44] tendo a situação sido descrita pelo relator como um "quadro dantesco".[45]

A invasão do garimpo ilegal na Terra Indígena Yanomami teve por consequências o crescimento do desmatamento da floresta e a contaminação dos rios, o que afetou diretamente as atividades tradicionais de subsistência que proporcionavam fontes de alimento aos indígenas. Além disso, a chegada de garimpeiros está associada ao aumento de casos de doenças infectocontagiosas e à propagação da malária, em decorrência das crateras de água parada formadas pela mineração.

Reportou-se, ainda, o recrudescimento da violência contra os yanomami, incluindo a exploração sexual de mulheres e o aliciamento de jovens, o que se agravou diante do apoderamento pelos invasores da infraestrutura de atendimento daquele povo, dificultando a permanência de equipes médicas, a chegada de remédios e mantimentos para a comunidade e o tratamento dos enfermos.

A Corte Interamericana de Direitos Humanos também vislumbrou a situação de extrema gravidade e urgência decorrente da expansão da atividade mineradora na terra indígena, a demandar ações para evitar danos irreparáveis aos povos afetados. Por meio da Resolução de 1º.7.2022, a CIDH emitiu medidas cautelares em desfavor do Estado brasileiro, pelas quais requereu providências para proteger efetivamente a vida, a integridade física, a saúde e o acesso à alimentação e à água potável dos povos indígenas.[46]

Ainda assim, o balanço do período de 2019 a 2022 para a Terra Indígena Yanomami foi a morte de 570 crianças de até cinco anos por causas evitáveis, como desnutrição, pneumonia e diarreia. Além disso, entre 2020 e 2021, foram registrados mais de 40 mil casos de malária em uma população de cerca de 30 mil pessoas,[47] além de um avanço do desmatamento em 46% naquela área.[48]

---

[43] BRASIL. Supremo Tribunal Federal (decisão monocrática). ADPF nº 709 MC, Rel. Min. Roberto Barroso. *DJe*, 2 fev. 2022.

[44] BRASIL. Supremo Tribunal Federal (decisão monocrática). ADPF nº 709 MC, Rel. Min. Roberto Barroso. *DJe*, 13 jun. 2022.

[45] Consta, ainda, nos autos, notícia do desaparecimento do indigenista Bruno da Cunha Araújo Pereira e do jornalista Britânico Dom Phillips, em 5.6.2022, nos arredores da Terra Indígena do Vale do Javari, no Amazonas, área objeto de barreira sanitária determinada no bojo da arguição, sendo que, posteriormente, se descobriria que ambos foram vítimas de homicídio (BRASIL. Supremo Tribunal Federal (decisão monocrática). ADPF nº 709 MC, Rel. Min. Roberto Barroso. *DJe*, 13 jun. 2022).

[46] Disponível em: yanomami_se_01.pdf (corteidh.or.cr). Acesso em: 15 mar. 2023.

[47] SOUZA, Oswaldo Braga de. O que você precisa saber para entender a crise na Terra Indígena Yanomami. *Instituto Socioambiental*, 31 jan. 2023. Disponível em: https://www.socioambiental.org/noticias-socioambientais/o-que-voce-precisa-saber-para-entender-crise-na-terra-indigena-yanomami. Acesso em: 15 mar. 2023.

[48] ISA – INSTITUTO SOCIOAMBIENTAL. *Yanomami sob ataque!* Disponível em: https://site-antigo.socioambiental.org/pt-br/noticias-socioambientais/yanomami-sob-ataque. Acesso em: 15 mar. 2023.

O adoecimento da comunidade, a impossibilidade de exercer a própria subsistência diante da destruição dos recursos naturais e a violência imposta pelos invasores culminaram nas chocantes imagens de indígenas desnutridos e depauperados veiculadas na imprensa no início de 2023, quando, enfim, foi decretada emergência em saúde pública para o combate à crise humanitária[49] e anunciada operação para desmonte da estrutura de garimpo ilegal no território yanomami por parte do governo recentemente eleito.

Em janeiro de 2023, o relator da ADPF nº 709 intimou a Procuradoria-Geral da República a apurar eventual crime de desobediência em razão do reiterado descumprimento de decisões judiciais no âmbito da arguição, o qual, segundo Sua Excelência, "[pode] guardar parcial relação com a grave crise humanitária na Terra Indígena Yanomami".[50]

Além disso, em razão da mudança de governo, Sua Excelência intimou órgãos da União para a ciência do teor do processo e para a apresentação de "diagnóstico da situação das comunidades indígenas, planejamento e respectivo cronograma de execução das decisões pendentes de cumprimento", sem prejuízo das medidas emergenciais necessárias.

De outra sorte, a tragédia yanomami foi exposta ao público em um momento de renovação política no Brasil, no qual representantes dos povos indígenas lograram ocupar cargos eletivos e chefiar pastas da Administração Pública que lidam diretamente com seus direitos, como o Ministério dos Povos Indígenas, titularizado por Sônia Guajajara, e a Fundação Nacional dos Povos Indígenas (Funai), que passou a ser presidida por Joênia Wapichana.

Além disso, novo censo demográfico em vias de finalização fornecerá os dados necessários e atualizados para a formulação de políticas públicas em benefício das populações indígenas e para o combate de situações de violação de direitos humanos.[51]

Assim, o Brasil aguarda dias melhores para os seus povos originários, conforme preceitua a Constituição Federal de 1988, cuja guarda última compete ao STF.

6 Conclusão

Como se vê, o Estado brasileiro ainda não rompeu com a histórica ambiguidade em sua relação com os povos originários. De um lado, há um contexto normativo em que se reconhecem formalmente direitos, sendo o ordenamento vigente o mais favorável desde a colonização. De outro, há a prática de espoliação e de violações de direitos fundamentais, conforme se verifica no tratamento conferido, por exemplo, ao povo yanomami nos últimos anos.

---

[49] Portaria GM/MS nº 20 de janeiro de 2023 (Disponível em: https://www.in.gov.br/web/dou/-/portaria-gm/ms-n-28-de-20-de-janeiro-de-2023-459177294. Acesso em: 15 mar. 2023).

[50] BRASIL. Supremo Tribunal Federal (decisão monocrática). ADPF nº 709 MC, Rel. Min. Roberto Barroso. *DJe*, 1º fev. 2023.

[51] FARIAS, Jéssica. Com apoio do MPO, IBGE assina acordo de cooperação para finalizar Censo em território Yanomami. *Agência IBGE Notícias*, 3 mar. 2023. Disponível em: https://agenciadenoticias.ibge.gov.br/agencia-noticias/2012-agencia-de-noticias/noticias/36382-com-apoio-do-mpo-ibge-assina-acordo-de-cooperacao-para-finalizar-censo-em-territorio-yanomami. Acesso em: 15 mar. 2023.

Conferir efetividade ao art. 231 da Constituição Federal ainda se mostra um longo caminho a ser percorrido pelos três poderes do Estado brasileiro. A meu ver, compreender a história e a evolução dos direitos dos povos indígenas, bem como a forma com que esses direitos têm sido tratados na prática, é essencial para chegarmos mais perto desse objetivo.

Quanto ao ponto, tramitam, no Supremo Tribunal Federal, questões de premente importância, a exemplo da discussão sobre o marco temporal para demarcação de terras indígenas, que envolve interesses de diversos setores da sociedade e desperta discussões jurídicas acaloradas.

Além disso, permanece a necessidade de um diálogo institucional e intercultural – conforme proporcionado pelo Ministro *Roberto Barroso* na ADPF nº 709 – no intuito de superar as barreiras de acesso à saúde dos povos indígenas, tão vulnerabilizada pelo contexto da pandemia de Covid-19 e pela inoperância estatal em interromper as constantes investidas de criminosos sobre as terras que ocupam.

Para além de ser um relevante registro histórico da situação atual dos povos indígenas brasileiros, a ADPF nº 709 se torna um exemplo de como endereçar questões constitucionais complexas, com atores diversos e importante componente intercultural. Aqui, o trabalho realizado com incansável altivez por nosso homenageado mostra que o caminho possível é o diálogo, a escuta e a promoção de todas as capacidades institucionais do Estado brasileiro para cumprir o imperativo constitucional da proteção dos povos originários.

Referências

BRASIL. *Constituição da República dos Estados Unidos do Brasil, de 16 de julho de 1934*. Disponível em: https://www.planalto.gov.br/ccivil_03/constituicao/constituicao34.htm. Acesso em: 4 maio 2023.

BRASIL. *Constituição da República Federativa do Brasil de 1967*. Disponível em: http://www.planalto.gov.br/ccivil_03/constituicao/constituicao67.htm. Acesso em: 4 maio 2023.

BRASIL. *Constituição da República Federativa do Brasil de 1988*. Disponível em: https://www.planalto.gov.br/ccivil_03/constituicao/constituicaocompilado.htm. Acesso em: 4 maio 2023.

BRASIL. *Decreto nº 1.318, de 30 de janeiro de 1854*. Disponível em: https://www2.camara.leg.br/legin/fed/decret/1824-1899/decreto-1318-30-janeiro-1854-558514-publicacaooriginal-79850-pe.html. Acesso em: 8 mar. 2023.

BRASIL. *Decreto nº 426, de 24 de julho de 1845*. Disponível em: https://www2.camara.leg.br/legin/fed/decret/1824-1899/decreto-426-24-julho-1845-560529-publicacaooriginal-83578-pe.html. Acesso em: 7 mar. 2023.

BRASIL. *Decreto nº 8.072, de 20 de junho de 1910*. Disponível em: https://www.planalto.gov.br/ccivil_03/decreto/1910-1929/d8072.htm#:~:text=DECRETO%20No%208.072%2C%20DE%2020%20DE%20JUNHO%20DE%201910.&text=Cr%C3%AAa%20o%20Servi%C3%A7o%20de%20Protec%C3%A7%C3%A3o,e%20approva%20o%20respectivo%20regulamento. Acesso em: 8 mar. 2023.

BRASIL. *Emenda Constitucional nº 1, de 17 de outubro de 1969*. Disponível em: http://www.planalto.gov.br/ccivil_03/constituicao/emendas/emc_anterior1988/emc01-69.htm. Acesso em: 4 maio 2023.

BRASIL. Fundação Nacional do Índio. *Resolução nº 4, de 22 de janeiro de 2021*. Disponível em: https://www.in.gov.br/en/web/dou/-/resolucao-n-4-de-22-de-janeiro-de-2021-300748949. Acesso em: 4 maio 2023.

BRASIL. *Lei nº 3.071, de 1º de janeiro de 1916*. Código Civil. Disponível em: https://www.planalto.gov.br/ccivil_03/leis/l3071.htm. Acesso em: 4 maio 2023.

BRASIL. *Lei nº 5.371, de 5 de dezembro de 1967*. Disponível em: http://www.planalto.gov.br/ccivil_03/leis/1950-1969/l5371.htm. Acesso em: 4 maio 2023.

BRASIL. *Lei nº 6.001, de 19 de dezembro de 1973*. Disponível em: http://www.planalto.gov.br/ccivil_03/leis/l6001.htm. Acesso em: 4 maio 2023.

BRASIL. *Lei nº 601, de 18 de setembro de 1850*. Disponível em: https://www.planalto.gov.br/ccivil_03/leis/l0601-1850.htm. Acesso em: 7 mar. 2023.

BRASIL. Supremo Tribunal Federal (decisão monocrática). ADPF nº 709 MC, Rel. Min. Roberto Barroso. *DJe*, 24 jul. 2020.

BRASIL. Supremo Tribunal Federal (decisão monocrática). ADPF nº 709 MC, Rel. Min. Roberto Barroso. *DJe*, 17 mar. 2021.

BRASIL. Supremo Tribunal Federal (decisão monocrática). ADPF nº 709 MC, Rel. Min. Roberto Barroso. *DJe*, 2 fev. 2022.

BRASIL. Supremo Tribunal Federal (decisão monocrática). ADPF nº 709 MC, Rel. Min. Roberto Barroso. *DJe*, 13 jun. 2022.

BRASIL. Supremo Tribunal Federal (decisão monocrática). ADPF nº 709 MC, Rel. Min. Roberto Barroso. *DJe*, 1º fev. 2023.

BRASIL. Supremo Tribunal Federal (Tribunal Pleno). ADPF nº 709 MC-Ref, Rel. Min. Roberto Barroso. *DJe*, 7 out. 2020.

BRASIL. Supremo Tribunal Federal (Tribunal Pleno). ADPF nº 709 MC-segunda-Ref, Rel. Min. Roberto Barroso. *DJe*, 24 mar. 2022.

BRASIL. Supremo Tribunal Federal (Tribunal Pleno). ADPF nº 709 TPI-Ref, Rel. Min. Roberto Barroso. *DJe*, 26 ago. 2021.

BRASIL. Supremo Tribunal Federal (Tribunal Pleno). Pet. nº 3.388 ED, Rel. Min. Roberto Barroso. *DJe*, 4 fev. 2014.

BRASIL. Supremo Tribunal Federal (Tribunal Pleno). RE nº 1.017.365 RG, Rel. Min. Edson Fachin, julgamento em andamento.

BRASIL. Supremo Tribunal Federal (Tribunal Pleno). RE nº 351.487, Rel. Min. Cezar Peluso. *DJe*, 10 nov. 2006.

CAMARGO, Angélica Ricci. Diretores/Diretório dos Índios. *Mapa*, set. 2013. Disponível em: http://mapa.an.gov.br/index.php/dicionario-periodo-colonial/167-diretor-diretorio-dos-indios. Acesso em: 6 mar. 2023.

CIMI – CONSELHO INDIGENISTA MISSIONÁRIO. *Relatório Violência contra os Povos Indígenas no Brasil*. Dados de 2021. Disponível em: https://cimi.org.br/wp-content/uploads/2022/08/relatorio-violencia-povos-indigenas-2021-cimi.pdf. Acesso em: 15 mar. 2023.

CUNHA, Manuela Carneiro da. A Constituição em perigo. *Combate Racismo Ambiental*, 9 out. 2013. Disponível em: https://acervo.racismoambiental.net.br/2013/10/09/a-constituicao-em-perigo/ Acesso em: 8 mar. 2023.

CUNHA, Manuela Carneiro da. Índios na Constituição. *Novos Estudos CEBRAP*, v. 37, p. 429-443, 2018.

CUNHA, Manuela Carneiro da. Terra indígena: história da doutrina e da legislação. *In*: CUNHA, Manuela Carneiro da; BARBOSA, Samuel (Org.). *Direitos dos povos indígenas em disputa*. São Paulo: Editora Unesp, 2018.

FARIAS, Jéssica. Com apoio do MPO, IBGE assina acordo de cooperação para finalizar Censo em território Yanomami. *Agência IBGE Notícias*, 3 mar. 2023. Disponível em: https://agenciadenoticias.ibge.gov.br/agencia-noticias/2012-agencia-de-noticias/noticias/36382-com-apoio-do-mpo-ibge-assina-acordo-de-cooperacao-para-finalizar-censo-em-territorio-yanomami. Acesso em: 15 mar. 2023.

GOES FILHO, Synesio Sampaio. *Alexandre de Gusmão (1695-1753)*: o estadista que desenhou o mapa do Brasil. Rio de Janeiro: Record, 2020. Livro digital.

GOES FILHO, Synesio Sampaio. *Navegantes, bandeirantes, diplomatas*: um ensaio sobre a formação das fronteiras do Brasil. Brasília: FUNAG, 2015.

IBGE – INSTITUTO BRASILEIRO DE GEOGRAFIA E ESTATÍSTICA. *O Brasil Indígena*. Disponível em: https://indigenas.ibge.gov.br/images/pdf/indigenas/folder_indigenas_web.pdf. Acesso em: 15 mar. 2023.

ISA – INSTITUTO SOCIOAMBIENTAL. *Yanomami sob ataque!* Disponível em: https://site-antigo.socioambiental.org/pt-br/noticias-socioambientais/yanomami-sob-ataque. Acesso em: 15 mar. 2023.

MAGNANI, Nathércia Cristina Manzano. *Os direitos humanos e fundamentais dos povos indígenas e os juízes*: olhares presentes na jurisprudência da Corte Interamericana de Direitos Humanos e do Supremo Tribunal Federal. Dissertação (Mestrado em Direito) – Pontifícia Universidade Católica de São Paulo, São Paulo, 2013.

OLIVEIRA. José Carlos. Indígenas mostram "gestão modelo" na reserva Raposa Serra do Sol. *Câmara dos Deputados*. Disponível em: https://www.camara.leg.br/noticias/796317-indigenas-mostram-gestao-modelo-na-reserva-raposa-serra-do-sol/#:~:text=A%20Terra%20Ind%C3%ADgena%20Raposa%20Serra%20do%20Sol%20ocupa%20parte%20dos,%2C%20Ingarik%C3%B3%2C%20Patamona%20e%20Wapichana. Acesso em: 14 mar. 2023.

PARAISO, Maria Hilda B. Construindo o Estado da Exclusão: os índios brasileiros e a Constituição de 1824. *Clio-Revista de Pesquisa Histórica*, v. 28.2, 2011.

PAULO III. Bula Papal Sublimis Deus. *Papal Encyclicals Online*. Disponível em: https://www.papalencyclicals.net/paul03/p3subli.htm. Acesso em: 4 maio 2023.

PORTUGAL. *Alvará de 30 de julho de 1609*. Disponível em: ICS (ul.pt). Acesso em: 4 maio 2023.

PORTUGAL. *Carta Régia de 13 de maio de 1808*. Disponível em: https://www2.camara.leg.br/legin/fed/carreg_sn/anterioresa1824/cartaregia-40169-13-maio-1808-572129-publicacaooriginal-95256-pe.html. Acesso em: 8 mar. 2023.

PORTUGAL. *Carta Régia de 1º de abril de 1809*. Disponível em: https://www2.camara.leg.br/legin/fed/carreg_sn/anterioresa1824/cartaregia-40045-1-abril-1809-571613-publicacaooriginal-94759-pe.html. Acesso em: 8 mar. 2023.

PORTUGAL. *Diretório dos Índios, de 3 de maio de 1757*. Disponível em: https://www.nacaomestica.org/diretorio_dos_indios.htm. Acesso em: 7 mar. 2023.

PORTUGAL. *Lei sobre a Liberdade dos Gentios, de 20 de março de 1570*. Disponível em: https://lemad.fflch.usp.br/sites/lemad.fflch.usp.br/files/2018-04/Lei_de_liberdade_dos_indios_de_1570.pdf. Acesso em: 6 mar. 2023.

PORTUGAL. *Regimento das Missões do Estado do Maranhão e Grão-Pará, de 21 de dezembro de 1686*. Disponível em: https://purl.pt/15102/4/256097_PDF/256097_PDF_24-C-R0150/256097_0000_I-82_t24-C-R0150.pdf. Acesso em: 4 maio 2023.

RIBEIRO, Darcy. *A política indigenista brasileira*. Rio de Janeiro: Ministério da Agricultura, 1962.

SIQUEIRA, Maria Isabel de. Ordem em colônias: legislações para os índios no período filipino. *Revista Digital Estudios Historicos*, n. 6, p. 5, 2011.

SOUZA, Oswaldo Braga de. O que você precisa saber para entender a crise na Terra Indígena Yanomami. *Instituto Socioambiental*, 31 jan. 2023. Disponível em: https://www.socioambiental.org/noticias-socioambientais/o-que-voce-precisa-saber-para-entender-crise-na-terra-indigena-yanomami. Acesso em: 15 mar. 2023.

Informação bibliográfica deste texto, conforme a NBR 6023:2018 da Associação Brasileira de Normas Técnicas (ABNT):

TOFFOLI, José Antonio Dias. Os direitos dos povos indígenas no Brasil e a ADPF nº 709. *In*: OSORIO, Aline; MELLO, Patrícia Perrone Campos; BARROSO, Luna van Brussel (Coord.). *Direitos e democracia*: 10 anos do Ministro Luís Roberto Barroso no STF. Belo Horizonte: Fórum, 2023. p. 57-73. ISBN 978-65-5518-555-3.

RACIONALIDADE NO ACESSO À JUSTIÇA: UMA ANÁLISE DO RE Nº 631.240/MG

LUIZ FUX

Prólogo

É com desvanecimento que participo desta justa e merecida homenagem ao Ministro Luís Roberto Barroso, em razão dos seus 10 anos de judicatura constitucional no Supremo Tribunal Federal.

O homenageado conta com o prestígio e admiração de todos nós, porquanto notório o seu brilhantismo como professor respeitado nacionalmente e internacionalmente, advogado de causas paradigmáticas, jurista de escol e, há 10 anos, como um dos mais luminares juízes constitucionais da Suprema Corte brasileira.

Como *advogado*, teve atuação preponderante, tanto no âmbito público, na condição de procurador do Estado do Rio de Janeiro; bem como no âmbito privado, destacando-se pelo patrocínio de casos históricos no Supremo Tribunal Federal, a exemplo do reconhecimento das uniões homoafetivas, pesquisas com células-tronco embrionárias, proibição do nepotismo, direito à saúde e distribuição de medicamentos, entre tantos outros.

Como *professor*, conquistou notoriedade acadêmica mundialmente referenciada. Bacharel (1980) e Doutor (2008) em Direito pela Universidade do Estado do Rio de Janeiro, além de Mestre em Direito pela Universidade de Yale – EUA (1989), o Ministro Barroso trilhou sua carreira enquanto lente na UERJ, tornando-se Livre-Docente (1990) e Professor Titular (1995) de Direito Constitucional desta instituição. Sua atuação acadêmica alcançou diversas universidades ao redor do mundo, como a Universidade de Poitiers – França (2010), a Universidade de Wroclaw – Polônia (2009) e a Universidade de Harvard – EUA (2011).

Como *Ministro do Supremo Tribunal Federal*, foi autor de diversos julgados emblemáticos, contribuindo para o avanço e o desenvolvimento da jurisdição constitucional no Brasil. Em referência à sua importância para a evolução jurisprudencial, selecionamos dois julgados importantes de sua relatoria, que representam essa contribuição, tratando da relevante temática do acesso à justiça.

Deveras, de todos os seus atributos, toca-me de perto nossa amizade longínqua, que remonta aos bancos acadêmicos da Faculdade de Direito da UERJ. Somos amigos da vida toda, seremos, juntos, crianças de 100 anos, jovens dos cabelos brancos.

É, assim, com honra e amizade, que ofereço minha singela contribuição a essa justa e merecida homenagem prestada ao Ministro Luís Roberto Barroso, congratulando a iniciativa das organizadoras dessa obra: as Doutoras Aline Osorio, Patrícia Perrone Campos Mello e Luna van Brussel Barroso.

Introdução

A Constituição Federal de 1988 positivou pioneiramente uma série de direitos fundamentais e estabeleceu um arcabouço normativo voltado a efetivar esses direitos. Não por acaso, o seu art. 5º, XXXV, assenta a inafastabilidade do Poder Judiciário.

É o comando constitucional: "a lei não excluirá da apreciação do Poder Judiciário lesão ou ameaça a direito". Desse modo, o Poder Público deve apresentar políticas sociais e econômicas direcionadas ao acesso à justiça, mas, ao mesmo tempo, criar medidas para qualificá-lo e racionalizá-lo.[1]

A despeito desse inegável avanço normativo, não são raras as situações em que o Poder Judiciário tem de julgar as chamadas demandas frívolas, que representam ações cujo mérito tem baixa chance de procedência à luz do ordenamento pátrio, e são apresentadas com o fito de constranger a parte adversa, protelar procedimentos, entre outros.

Tais exemplos exprimem bem a necessidade de aperfeiçoar o conteúdo do acesso à justiça no Brasil, considerando que os seus custos ensejam em dispêndios desnecessários para o Estado e para as partes.[2]

Em 2014, o Supremo Tribunal Federal enfrentou controvérsia judicial relevante acerca da racionalização do acesso à justiça, durante o julgamento do Recurso Extraordinário nº 631.240/MG, da relatoria do Ministro Luís Roberto Barroso, que discutia a exigibilidade do prévio requerimento administrativo, perante o Instituto Nacional do Seguro Social – INSS, como requisito para o exercício do direito à postulação jurisdicional de benefício previdenciário.

Tratava-se de recurso extraordinário, com fundamento no art. 102, III, "a", da Constituição Federal, interposto contra acórdão da 1ª Turma do Tribunal Regional

---

[1] Analisando decisões da Suprema Corte dos Estados Unidos, Adan Steinman sumariza: "rationality is the appropriate touchstone: a case may proceed as a specific jurisdiction case as long as there is a rational basis for the courts of the forum state to adjudicate the availability of the requested remedies against the defendant in that particular litigation. This rationality standard coheres with the Supreme Court's approach to other areas of law where the permissible reach of a state's sovereign power is tested-such as the constitutional constraints on choice of law. It also fits with the Court's more general due process jurisprudence, which uses a rational basis standard when reviewing most forms of government action (such as laws that do not target fundamental rights)" (STEINMAN, Adam N. access to justice, rationality, and personal jurisdiction. *Vanderbilt Law Review*, v. 71, n. 5, 2018. p. 1407). Ver, também: CAPPELLETTI, Mauro; GARTH, Bryan. *Acesso à justiça*. Tradução de Ellen Gracie Northfleet. Porto Alegre: Sergio Antonio Fabris Editor, 1988; GORDILLO, Agustin. Access to justice, legal certainty and economic rationality. *Il diritto dell'economia*, v. 83, n. 1, 2014.

[2] HOLMES, Stephen; SUNSTEIN, Cass R. *The cost of rights*: why liberty depends on taxes. New York: W.W. Norton & Company, 2000; FONSECA, Rafael Campos Soares da; FONSECA, Gabriel Campos Soares da. A legitimidade política da execução fiscal na justiça federal brasileira. *Revista Acadêmica da Faculdade de Direito do Recife*, v. 89, n. 1, jan./jun. 2017.

Federal da 1ª Região que, conforme orientação jurisprudencial da Primeira Seção daquela Corte, reafirmou entendimento de que: "em matéria previdenciária, a não postulação administrativa do benefício não impede a propositura da ação judicial".

Alegava o recorrente ofensa aos arts. 2º e 5º, inc. XXXV, da Constituição Federal. Sustentara, em síntese, que a decisão recorrida havia garantido à parte autora o acesso ao Poder Judiciário sem que fosse demonstrado o indeferimento prévio do INSS ao seu requerimento na via administrativa.

Por tal razão, defendeu que o não exaurimento, *in casu*, das instâncias administrativas, violaria o princípio da separação de poderes, porquanto o Poder Judiciário estaria se substituindo nas funções do Poder Executivo, gerando mais gastos descabidos para o Estado.

Diante desse contexto, com base em revisão bibliográfica e análise documental, o presente artigo realiza um estudo de caso examinando os contornos teóricos e operacionais discutidos no acórdão proferido pelo Supremo Tribunal Federal no RE nº 631.240/MG.

Na primeira parte, serão elucidados os elementos constitucionais em torno do acesso à justiça e seus meios de racionalização, expressos nos instrumentos de filtragem das demandas frívolas. Em seguida, a segunda parte do texto aborda especificamente o Recurso Extraordinário nº 631.240/MG, sobretudo a ponderação necessária sobre o princípio da duração razoável do processo, como forma de condicionar o acesso desenfreado ao Poder Judiciário. O texto conclui com a exposição das premissas e das teses extraídas do julgamento do RE nº 631.240/MG.

1 Acesso à justiça e filtragem de demandas frívolas

Em 1982, o Professor Steven Shavell, da Harvard Law School, escreveu o célebre trabalho *The Social versus The Private Incentive to Bring Suit in a Costly Legal System*, em que analisa, de forma pioneira, os custos do acesso à justiça.[3]

Trata da diferença entre os investimentos público e privado para financiar tal direito fundamental, ao explicar que o seu exercício traria custos para o Estado, tendo que garantir os recursos para manter o regular funcionamento do Poder Judiciário, em detrimento de outras áreas fundamentais, como saúde e educação; enquanto os particulares teriam de arcar com custas processuais, advogados, produção de provas, entre outros.

Afirma, nesses termos, que o fenômeno da litigância só pode ser vislumbrado de forma positiva quando os benefícios sociais da operação do sistema de justiça, resultante de mecanismos estatais que fossem responsáveis pela aplicação da lei, fossem maiores do que os recursos consumidos na operação deste sistema judiciário.

Deveras, "nada obstante as tentativas de alinhamento entre o interesse público e o privado para a litigância, sempre existirá um descompasso entre eles: o incentivo para o ajuizamento de demandas é inevitavelmente exagerado ou insuficiente".[4] Considera-se,

---

[3] SHAVELL, Steven. The social versus private incentive to bring suit in a costly legal system. *Journal of Legal Studies*, v. 11, p. 333-339, 1982.
[4] FUX, Luiz; BODART, Bruno. *Processo civil e análise econômica*. 2. ed. Rio de Janeiro: Forense, 2020. p. 36.

assim, que "o máximo que reformas podem pretender é a diminuição do gap entre os incentivos sociais e privados".[5]

O Professor Neil Andrews, examinando a situação do Direito Processual na Inglaterra, identificou a existência de diversas ações que versavam, no território nacional, sobre questões de direito bastante similares.

Apelidou-as, então, de grupos de litigância massiva, que exprimiam o aumento exponencial dos incentivos privados para ingressar em juízo, alargando significativamente o financiamento de demandas insuscetíveis de tutela jurisdicional, e que, consectariamente, assoberbavam o Judiciário com o alto número de demandas.[6]

O Mestre Barbosa Moreira,[7] visando diagnosticar a questão no Brasil, apontou cinco requisitos básicos, que reputou como fundamentais para a resolução do problema da efetividade dos processos no Brasil:

- (a) "O processo deve dispor de todos os instrumentos de tutela adequados, na medida do possível, a todos os direitos (e outras posições jurídicas de vantagem) contemplados no ordenamento, quer resultem de expressa previsão normativa, quer se possam inferir do sistema";
- (b) "Esses instrumentos devem ser praticamente utilizáveis, ao menos em princípio, sejam quais forem os supostos titulares dos direitos (e das outras posições jurídicas de vantagem), de cuja preservação e reintegração se cogita";
- (c) "Impende assegurar condições propícias à exata e completa constituição dos fatos relevantes, a fim de que o convencimento do julgador corresponda, tanto quanto puder, à realidade";
- (d) "Em toda extensão da possibilidade prática, o resultado do processo há de ser tal que assegure à parte vitoriosa o gozo pleno da específica utilidade que faz jus segundo o ordenamento";
- (e) "Cumpre que se possa atingir semelhante resultado com o mínimo dispêndio de tempo e energias".

Parte, então, de duas premissas principais de investigação: a juridicidade das demandas que poderão ser objeto de apreciação por parte do Judiciário, além das circunstâncias processuais subjetivas das partes cujo direito poderá ser tutelado pela via jurisdicional.

A preocupação em identificar as categorias acionáveis para obtenção dessa tutela era ainda mais acentuada à época, máxime pela previsão do art. 75 do antigo Código

---

[5] FUX, Luiz; BODART, Bruno. *Processo civil e análise econômica*. 2. ed. Rio de Janeiro: Forense, 2020. p. 36.
[6] São suas palavras: "However, 'funding' is a fundamental problem in the field of multi-party litigation. In English civil litigation in general, 'economic access to justice' is no longer significantly supported by public expenditure on legal aid (see for example, comments in AB v. Ministry of Defence, 2012). There is a general shift within English modern civil litigation towards the 'privatised' conditional fee system ('CFA') or damages-based agreements ('damages-based agreements: introduced under the Legal Aid, Sentencing, and Punishment of Offenders Act 2012). This shift has also affected multi-party litigation. Formally, the rules and guidance permit public financial support of unusually deserving group litigation. In fact public funding for group litigation is seldom granted" (ANDREWS, Neil. Multi-party proceedings in England: representative and group actions. *Duke Journal of Comparative and International Law*, v. 11, 2001. p. 14).
[7] MOREIRA, José Carlos Barbosa. Notas sobre o problema da "efetividade" do processo. *In*: MOREIRA, José Carlos Barbosa. *Temas de direito processual* – Terceira série. São Paulo: Saraiva, 1984. p. 27 e ss.

Civil de 1916, que dispunha que "todo o direito corresponde uma ação, que o assegura", além do princípio da inafastabilidade do Poder Judiciário (atualmente previsto no art. 5º, XXXV, da Constituição Federal).

Em outro trabalho, ressalta a importância da avaliação e ponderação sobre quais técnicas processuais devem ser utilizadas, a fim de que seja assegurada eficácia prática ao processo:

> Neste ensejo, todavia, o que acima de tudo importa é denunciar a falsa ideia da oposição entre o empenho de efetividade e a convivência com a boa técnica. Os exemplos figurados, que se poderiam multiplicar *ad infinitum,* demonstram que efetividade e técnica não são valores contrastantes ou incompatíveis, que deem origem a preocupações reciprocamente excludentes, senão, ao contrário, valores complementares, ambos os quais reclamam a nossa mais cuidadosa atenção. Demonstram também que a técnica bem aplicada pode constituir instrumento precioso a serviço da própria efetividade. Tais os termos em que se deve formular a equação. Ponhamos em relevo o papel instrumental da técnica; evitemos escrupulosamente quanto possa fazer suspeitar de que, no invocá-la, se esteja dissimulando mero pretexto para a reentronização do velho e desacreditado formalismo; demos a cada peça do sistema o lugar devido, na tranquila convicção de que, no mundo do processo, há pouco espaço para absolutos, e muito para o equilíbrio recíproco de valores que não deixam de o ser apenas porque relativos.[8]

Assim, concebe-se a ideia dos filtros processuais,[9] por meio dos quais se garante uma maior racionalidade no acesso à justiça, permitindo que o magistrado realize uma triagem nas chamadas demandas frívolas. Estas demandas são aquelas com valor esperado negativo, que são introduzidas com a finalidade de coatar as partes adversas, sem que haja, no seu mérito, a perspectiva de procedência à luz do ordenamento jurídico.

São apresentadas, pela doutrina, diversas políticas que objetivam prevenir os efeitos dessa chamada *frivolous litigation*,[10] porquanto visam evitar dispêndios

---

[8] MOREIRA, José Carlos Barbosa. Efetividade do processo e técnica processual. *In*: MOREIRA, José Carlos Barbosa. *Temas de direito processual* – Sexta série. São Paulo: Saraiva, 1997. p. 28.

[9] "O filtro inicial do procedimento comum brasileiro é consideravelmente permissivo e praticamente não deixa margem de discricionariedade para o julgador decidir entre a rejeição imediata da causa ou a continuidade da marcha processual. Em contrapartida, o filtro intermediário, qual seja, o julgamento conforme o estado do processo, confere ao magistrado ampla discricionariedade para decidir sobre o encerramento imediato ou o prosseguimento a uma etapa adicional, pois possui a prerrogativa de indeferir 'diligências inúteis ou meramente protelatórias' (art. 370, parágrafo único, do CPC/2015). Pode-se dizer, então, que o rito padrão contemplado no Código de 2015 é um processo multifásico com filtro inicial permissivo e filtro intermediário restritivo, ao passo que o formato mais eficiente de processo se inicia com um filtro rigoroso seguido de filtros cada vez mais brandos. [...] O ordenamento processual brasileiro carece de instrumentos para a filtragem de demandas frívolas como a narrada logo ao início do procedimento. Regras que conferissem liberdade ao juiz para avaliar a conveniência da continuidade do processo caso a caso, dentro de certos parâmetros consequencialistas, contribuiriam para a eficiência do sistema de justiça. Um possível argumento contrário seria que regras como as propostas permitiriam abusos, com a extinção liminar de ações de forma arbitrária pelos juízes. Esse argumento, contudo, parece exagerado, tendo em vista a possibilidade de correção de abusos pela evolução da jurisprudência. Além disso, as estatísticas existentes parecem indicar que a extinção de processos em fase inicial é raríssima. Por exemplo, dados do Tribunal de Justiça do Rio de Janeiro demonstram que, entre os anos de 2016 e 2019, apenas 0,81% (oitenta e um décimos por cento) do total de sentenças proferidas pelos juízes de primeiro grau em todo aquele Estado foram de indeferimento da inicial" (FUX, Luiz; BODART, Bruno. *Processo civil e análise econômica*. 2. ed. Rio de Janeiro: Forense, 2020. p. 109).

[10] "So long as there are no barriers to bringing suit, it will generally be the case that some proportion of suits are frivolous. The reason for this is that if there were no frivolous suits brought, defendants would find it in their interest to offer substantial amounts in settlement. Such high offers, however, encourage the bringing of strike

desnecessários, além de conter a integração, no polo passivo dos processos, de pessoas cujo comportamento não é contrário ao direito.

Apresentamos, no sistema brasileiro, algumas dessas políticas:[11]

(a) a gestão dos custos de litigância, que desencoraja o cidadão a demandar judicialmente (tendo, como exemplo, os honorários recursais, previstos no art. 85, §1º, do CPC de 2015, ao dispor que "o tribunal, ao julgar recurso, majorará os honorários fixados anteriormente levando em conta o trabalho adicional realizado em grau recursal");

(b) as sanções por condutas desleais, determinando a responsabilidade por eventual dano processual, como é o caso do reconhecimento da litigância de má-fé (arts. 79-81 do CPC de 2015), assim como a multa pelo ajuizamento de novas demandas processuais manifestamente protelatórias (art. 1.021, §4º; art. 918, parágrafo único, do CPC de 2015);

(c) o controle judicial da autocomposição, evitando a frustração das partes por eventual imposição de tentativa de acordos;

(d) produção de provas em fase preliminar, incentivando a previsibilidade das partes antes de ingressarem em juízo, como é o caso das produções antecipadas de prova (arts. 381-383 do CPC de 2015);

(e) a redução dos erros judiciários, estimulando as partes a adotarem condutas processuais desejáveis a partir da padronização das respostas judiciais, de acordo com o direito, o que observamos nos casos de improcedência liminar do pedido por contrariedade à entendimentos uniformizados (art. 332 do CPC);

(f) os depósitos prévios, requisito estabelecido na decisão que será analisada no presente artigo, desestimulando o ajuizamento de demandas ilegítimas, em razão dos dispêndios anteriores ao seu ajuizamento.

Deveras, o desestímulo às demandas frívolas pertenceu, justamente, à *ratio decidendi* aplicada os julgados de relatoria do Ministro Barroso, que passam a ser, agora, analisados.

2 O Recurso Extraordinário nº 631.240/MG[12]

No caso em análise, havia a imbricação de uma matéria infraconstitucional que conduziu a uma solução constitucional: saber se exigir o interesse de agir viola o princípio da inafastabilidade ou do acesso à justiça.

---

suits. Moreover, the number of frivolous suits as a proportion of all suits is unaffected by the frequency of genuine claims in the population of potential plaintiffs" (KATZ, Avery. The effect of frivolous lawsuits on the settlement of litigation. *International Review of Law and Economics*, n. 10, 1990. p. 25). Ver, também: WADE, John W. On frivolous litigation: a study of tort liability and procedural sanctions. *Hofstra Law Review*, v. 14, n. 3, 1986; GUTHRIE, Chris. Framing frivolous litigation: a psychological theory. *University of Chicago Law Review*, n. 67, 2000.

[11] FUX, Luiz; BODART, Bruno. *Processo civil e análise econômica*. 2. ed. Rio de Janeiro: Forense, 2020. p. 96-107.

[12] O presente tópico representa uma versão revisada do voto proferido na mencionada ação.

O Supremo Tribunal Federal já havia decidido inúmeras vezes que as condições da ação são constitucionais.[13] Citamos, por todos, o entendimento do Ministro Celso de Mello no RHD nº 22, em que assentou:

> Ausente o interesse legitimador da ação, torna-se inviável o exercício desse remédio constitucional. - A prova do anterior indeferimento do pedido de informação de dados pessoais, ou da omissão em atendê-lo, constitui requisito indispensável para que se concretize o interesse de agir.

A questão, *in casu*, cingia-se à discussão sobre se a exigência de um requerimento prévio veda o acesso à justiça, de tal sorte que viola o já mencionado princípio da inafastabilidade do Poder Judiciário (art. 5º, XXXV, da Constituição Federal).

O acesso à justiça, na espécie, não seria o melhor meio de composição desses litígios, porquanto sua resolução seria muito mais simples se realizada no bojo das instâncias originárias, como as vias administrativas.

Lembramos, nesse sentido, do Professor Alberto dos Reis, que, ao tecer comentários sobre o interesse e a legitimidade das partes no ordenamento português,[14] nos ensina que o processo não foi feito para ser travado entre curiosos, não devendo ser movimentado se não há lastro normativo para tal. Esse é motivo pelo qual a Carta Constitucional estabeleceu que sem lesão ou ameaça à lesão não há atuação jurisdicional.

Por outro lado, exigir a atuação administrativa enquanto ela pende, condicionando o acesso em juízo, já era uma tese defendida há muito pelo Professor Celso Agrícola Barbi,[15] ao responder a constitucionalidade da regra do mandado de segurança, que determinava o não cabimento do ingresso judiciário se o *mandamus* fosse dirigido contra um ato passível de recurso, sem efeito suspensivo e sem exigência de caução.

In casu, em não havendo prejuízo, não haveria, *a fortiori*, o interesse de ingressar em juízo, porquanto ainda seria possível a interposição de recurso administrativo, sem nenhuma caução, tornando suspenso o ato normativo impugnado. Não se poderia vislumbrar, então, violação ao princípio da inafastabilidade jurisdicional.

Destarte, a abertura excessiva do acesso ao Poder Judiciário, ensejando na apreciação de demandas ilegítimas, ofende o princípio da duração razoável do processo, insculpido no art. 5º, inc. LXVIII, porquanto acarreta uma piora na prestação jurisdicional, dado o expressivo volume de feitos que passará a ter de ser apreciado pela cara e formal estrutura do Poder Judiciário.

Foram utilizados os dados acima apresentados, para comprovar que essa franquia imoderada e o uso vulgarizado da via judicial fez aumentar percentualmente, em um número alarmante, o número de ações judiciais, quando seria mais simples, para o cidadão, ingressar na via administrativa competente, que seria, naquele caso, o INSS.

De todos os milhares de decisões administrativas proferidas pelo INSS a respeito de pedidos de benefícios previdenciários, muito poucas são desconstituídas pelo Poder Judiciário. É fato notório que existem inúmeros processos judiciais resultantes

---

[13] Ver, também, RE nº 144.840/SP, Rel. Min. Moreira Alves. *DJ*, 8 nov. 1996; RE nº 452.692/SC, Rel. Min. Cezar Peluso. *DJ*, 5 set. 2005; e AI nº 440.708/SP, Rel. Min. Gilmar Mendes. *DJ*, 9 ago. 2004.

[14] REIS, Alberto dos. *Código de Processo Civil anotado*. 3. ed. Coimbra: Coimbra Editora, 1981. v. 1. p. 72-102.

[15] BARBI, Celso Agrícola. *Do mandado de segurança*. Rio de Janeiro: Forense, 1976.

de equívocos praticados pelo INSS, mas são equívocos dentro de um universo muito maior de acertos.

Caso o particular pudesse pedir, *ad exemplum*, sua aposentadoria ou um auxílio-doença diretamente em um juizado especial federal, sem antes formular o pedido no INSS, teríamos um crescimento desnecessário e exagerado do tamanho do Poder Judiciário, que passaria a substituir a Administração Pública no seu mister. Quando um segurado propõe uma ação sem, antes, requerer administrativamente o que foi postulado na seara judicial, a máquina judiciária é desnecessariamente movimentada.

Deveras, não se deve confundir a exigência de exaurimento da esfera administrativa para que o Poder Judiciário possa atuar, o que é vedado pela Constituição da República quando prevê a inafastabilidade do controle jurisdicional no seu art. 5º, inc. XXXV, com a necessidade de a Administração ser previamente provocada para se manifestar a respeito do tema, que deve ser observada, sem que isso possa ter uma conotação de restrição ao acesso à justiça.

A hipótese de o particular poder ajuizar uma ação sem antes provocar o INSS resultaria, do mesmo modo, em uma autêntica ofensa ao direito de acesso à justiça. É que seriam tantos os feitos, tantos os pedidos formulados em juízo, que as questões controvertidas seriam confundidas com ações desnecessárias, dificultando, sobremaneira, a tutela jurisdicional do cidadão que possua demandas legítimas.

Sob um enfoque jusfilosófico, a transferência do encargo da análise de todos os requerimentos administrativos para o Poder Judiciário certamente estimularia uma ofensa à isonomia e inviabilizaria a obtenção de uma mínima uniformidade na concessão dos benefícios. Os juízes decidem com base no seu entendimento acerca do ordenamento jurídico; atuam com independência funcional, o que pode dificultar, sobremaneira, uma uniformidade quanto ao reconhecimento dos benefícios previdenciários.

Melhor seria que a Administração decidisse com base nas normas gerais e abstratas por ela criadas com fundamento legal, restando, com o Poder Judiciário, a valiosa missão de dirimir os conflitos residuais.

O arcabouço constitucional de preservação da independência dos magistrados é relevante para que o juiz possa apreciar conflitos envolvendo particulares, e até mesmo o próprio Estado, com total imparcialidade. Não havendo, entretanto, qualquer provocação da Administração para sua manifestação acerca de um determinado requerimento, por que razão se deveria permitir o manejo do aparato judicial?

Sob a ótica do princípio da separação dos poderes, não é missão do Poder Judiciário, na sua função típica, criar e aplicar normas abstratas diretamente, mas a de, diante de um conflito, decidir pela solução mais justa. Caso o Poder Judiciário pudesse apreciar diretamente os pedidos que lhe são formulados, sem que antes a Administração tivesse a oportunidade de sobre eles se manifestar, teríamos um indevido inchaço do Poder Judiciário, em razão da usurpação de funções a serem desempenhadas pelo Poder Executivo.

Nesses termos, para que não haja um abuso do direito de demandar, é preciso que haja condições para obter uma solução do mérito, como o interesse de agir, que é, exatamente, a ocorrência de lesão ou ameaça, consoante previsto na Constituição Federal.

Conclusão

O presente artigo apresentou brevemente os elementos centrais em torno do julgamento do Recurso Extraordinário nº 631.240/MG, com ênfase nas principais justificativas invocadas para definir a constitucionalidade da exigência de prévio requerimento administrativo, perante o Instituto Nacional do Seguro Social – INSS, como requisito para o exercício do direito à postulação jurisdicional de benefício previdenciário.[16]

Com base no exposto ao longo do artigo, em primeiro lugar, pode-se concluir que a ausência de um prévio requerimento administrativo do benefício previdenciário ressoa ausente a resistência do INSS ao cumprimento voluntário da obrigação, o que impossibilita a demonstração do caráter necessário do provimento jurisdicional para o exercício do direito, o que resulta na ausência de interesse de agir (condicionante da ação). Se não há controvérsia, inexiste qualquer razão para o ingresso em juízo.

Sob o prisma do interesse de agir (ou interesse processual), poderá este ser observado quando há necessidade e utilidade no ajuizamento de uma ação. É preciso que a ação seja um meio necessário e útil para as partes do processo. A pretensão do autor somente pode ser satisfeita por meio do ingresso em juízo (necessidade) e a providência judicial requerida deve ser capaz de corrigir a situação conflituosa (adequação).

Nesses termos, pode-se afirmar que o princípio da inafastabilidade da jurisdição, abrigado pelo art. 5º, XXXV, da Constituição da República, impõe que a parte não seja

---

[16] Eis a ementa do julgado: "RECURSO EXTRAORDINÁRIO. REPERCUSSÃO GERAL. PRÉVIO REQUERIMENTO ADMINISTRATIVO E INTERESSE EM AGIR. 1. A instituição de condições para o regular exercício do direito de ação é compatível com o art. 5º, XXXV, da Constituição. Para se caracterizar a presença de interesse em agir, é preciso haver necessidade de ir a juízo. 2. A concessão de benefícios previdenciários depende de requerimento do interessado, não se caracterizando ameaça ou lesão a direito antes de sua apreciação e indeferimento pelo INSS, ou se excedido o prazo legal para sua análise. É bem de ver, no entanto, que a exigência de prévio requerimento não se confunde com o exaurimento das vias administrativas. 3. A exigência de prévio requerimento administrativo não deve prevalecer quando o entendimento da Administração for notória e reiteradamente contrário à postulação do segurado. 4. Na hipótese de pretensão de revisão, restabelecimento ou manutenção de benefício anteriormente concedido, considerando que o INSS tem o dever legal de conceder a prestação mais vantajosa possível, o pedido poderá ser formulado diretamente em juízo – salvo se depender da análise de matéria de fato ainda não levada ao conhecimento da Administração –, uma vez que, nesses casos, a conduta do INSS já configura o não acolhimento ao menos tácito da pretensão. 5. Tendo em vista a prolongada oscilação jurisprudencial na matéria, inclusive no Supremo Tribunal Federal, deve-se estabelecer uma fórmula de transição para lidar com as ações em curso, nos termos a seguir expostos. 6. Quanto às ações ajuizadas até a conclusão do presente julgamento (03.09.2014), sem que tenha havido prévio requerimento administrativo nas hipóteses em que exigível, será observado o seguinte: (i) caso a ação tenha sido ajuizada no âmbito de Juizado Itinerante, a ausência de anterior pedido administrativo não deverá implicar a extinção do feito; (ii) caso o INSS já tenha apresentado contestação de mérito, está caracterizado o interesse em agir pela resistência à pretensão; (iii) as demais ações que não se enquadrem nos itens (i) e (ii) ficarão sobrestadas, observando-se a sistemática a seguir. 7. Nas ações sobrestadas, o autor será intimado a dar entrada no pedido administrativo em 30 dias, sob pena de extinção do processo. Comprovada a postulação administrativa, o INSS será intimado a se manifestar acerca do pedido em até 90 dias, prazo dentro do qual a Autarquia deverá colher todas as provas eventualmente necessárias e proferir decisão. Se o pedido for acolhido administrativamente ou não puder ter o seu mérito analisado devido a razões imputáveis ao próprio requerente, extingue-se a ação. Do contrário, estará caracterizado o interesse em agir e o feito deverá prosseguir. 8. Em todos os casos acima – itens (i), (ii) e (iii) –, tanto a análise administrativa quanto a judicial deverão levar em conta a data do início da ação como data de entrada do requerimento, para todos os efeitos legais. 9. Recurso extraordinário a que se dá parcial provimento, reformando-se o acórdão recorrido para determinar a baixa dos autos ao juiz de primeiro grau, o qual deverá intimar a autora – que alega ser trabalhadora rural informal – a dar entrada no pedido administrativo em 30 dias, sob pena de extinção. Comprovada a postulação administrativa, o INSS será intimado para que, em 90 dias, colha as provas necessárias e profira decisão administrativa, considerando como data de entrada do requerimento a data do início da ação, para todos os efeitos legais. O resultado será comunicado ao juiz, que apreciará a subsistência ou não do interesse em agir" (RE nº 631.240 MG, Rel. Min. Luís Roberto Barroso, j. 3.9.2014).

obrigada a exaurir a via administrativa para ingressar em juízo. Contudo, não exime o interessado de comprovar a existência de uma pretensão junto à Administração, sob pena de manifesta carência de ação, por ausência de interesse de agir.

Referências

ANDREWS, Neil. Multi-party proceedings in England: representative and group actions. *Duke Journal of Comparative and International Law*, v. 11, 2001.

BARBI, Celso Agrícola. *Do mandado de segurança*. Rio de Janeiro: Forense, 1976.

BRASIL. *Constituição da República Federativa do Brasil*. Disponível em: https://www.planalto.gov.br/ccivil_03/constituicao/constituicaocompilado.htm. Acesso em: 23 mar. 2023.

BRASIL. *Lei 13.105, de 16 de março de 2015*. Código de Processo Civil. Disponível em: https://www.planalto.gov.br/ccivil_03/_ato2015-2018/2015/lei/l13105.htm. Acesso em: 23 mar. 2023.

BRASIL. *Lei 3.071, de 1º de janeiro de 1916*. Código Civil dos Estados Unidos do Brasil. Disponível em: https://www.planalto.gov.br/ccivil_03/leis/l3071.htm. Acesso em: 23 mar. 2023.

BRASIL. Supremo Tribunal Federal. AI: 440708 SP, Rel. Min. Gilmar Mendes, j. 28.6.2004. *DJ*, 9 ago. 2004.

BRASIL. Supremo Tribunal Federal. RE 631240 MG, Rel. Min. Luís Roberto Barroso, j. 3.9.2014.

BRASIL. Supremo Tribunal Federal. RE: 144840 SP, Rel. Min. Moreira Alves, j. 2.4.1996, Tribunal Pleno. *DJ*, 8 nov. 1996.

Brasil. Supremo Tribunal Federal. RE: 452692 SC, Rel. Min. Cezar Peluso, j. 5.9.2005. *DJ*, 19 set. 2005.

BRASIL. Supremo Tribunal Federal. RE-AgR: 271286 RS, Rel. Min. Celso de Mello, j. 12.9.2000, Segunda Turma. *DJ*, 24 nov. 2000.

BRASIL. Supremo Tribunal Federal. RHD: 22 DF, Rel. Min. Marco Aurélio, j. 19.9.1991, Tribunal Pleno. *DJ*, 1º set. 1995.

CAPPELETTI, Mauro; GARTH, Bryan. *Acesso à justiça*. Tradução de Ellen Gracie Northfleet. Porto Alegre: Sergio Antonio Fabris Editor, 1988.

FONSECA, Rafael Campos Soares da; FONSECA, Gabriel Campos Soares da. A legitimidade política da execução fiscal na justiça federal brasileira. *Revista Acadêmica da Faculdade de Direito do Recife*, v. 89, n. 1, jan./jun. 2017.

FUX, Luiz; BODART, Bruno. *Processo civil e análise econômica*. 2. ed. Rio de Janeiro: Forense, 2020.

GORDILLO, Agustin. Access to justice, legal certainty and economic rationality. *Il diritto dell'economia*, v. 83, n. 1, 2014.

GUTHRIE, Chris. Framing frivolous litigation: a psychological theory. *University of Chicago Law Review*, n. 67, 2000.

HOLMES, Stephen; SUNSTEIN, Cass R. *The cost of rights*: why liberty depends on taxes. New York: W.W. Norton & Company, 2000.

KATZ, Avery. The effect of frivolous lawsuits on the settlement of litigation. *International Review of Law and Economics*, n. 10, 1990.

MOREIRA, José Carlos Barbosa. Efetividade do processo e técnica processual. *In*: MOREIRA, José Carlos Barbosa. *Temas de direito processual* – Sexta série. São Paulo: Saraiva, 1997.

MOREIRA, José Carlos Barbosa. Notas sobre o problema da "efetividade" do processo. *In*: MOREIRA, José Carlos Barbosa. *Temas de direito processual* – Terceira série. São Paulo: Saraiva, 1984.

REIS, Alberto dos. *Código de Processo Civil anotado*. 3. ed. Coimbra: Coimbra Editora, 1981. v. 1.

SHAVELL, Steven. The social versus private incentive to bring suit in a costly legal system. *Journal of Legal Studies*, v. 11, p. 333-339, 1982.

STEINMAN, Adam N. access to justice, rationality, and personal jurisdiction. *Vanderbilt Law Review*, v. 71, n. 5, 2018.

WADE, John W. On frivolous litigation: a study of tort liability and procedural sanctions. *Hofstra Law Review*, v. 14, n. 3, 1986.

Informação bibliográfica deste texto, conforme a NBR 6023:2018 da Associação Brasileira de Normas Técnicas (ABNT):

FUX, Luiz. Racionalidade no acesso à justiça: uma análise do RE nº 631.240/MG. *In*: OSORIO, Aline; MELLO, Patrícia Perrone Campos; BARROSO, Luna van Brussel (Coord.). *Direitos e democracia*: 10 anos do Ministro Luís Roberto Barroso no STF. Belo Horizonte: Fórum, 2023. p. 75-85. ISBN 978-65-5518-555-3.

CONTROLE DE CONVENCIONALIDADE NA JURISPRUDÊNCIA DO STF: EXCERTO DE UMA DÉCADA

LUIZ EDSON FACHIN
CHRISTINE PETER DA SILVA

1 Introito

O controle de convencionalidade é lócus adequado para homenagear uma pessoa que vive e sempre viverá para além de suas próprias fronteiras. Um ser humano generoso, de inteligência incomum, com tantos predicados que as palavras não são suficientemente locucionárias para descrevê-lo.

A luz que emerge do Amigo, Professor, Ministro Luís Roberto Barroso é daquelas que produz combustão nos dias sombrios, aquece os corações nos dias frios, ilumina os caminhos acidentados e transforma nossas angústias em esperança de um porvir sempre primaveril.

O presente artigo foi escrito a quatro mãos, na busca de sintetizar duas gerações de juristas que têm a sorte de conviver e aprender diuturnamente com Luís Roberto Barroso, no trato de questões constitucionais de alta complexidade e beneficiando-se da acurácia de propostas e análises sempre originais, íntegras e trazidas ao debate de forma elegante.

O controle de convencionalidade remete ao presente do futuro,[1] ou seja, para aquele tempo em que já estamos experimentando teorias, conceitos e propostas, as quais, por sua vez, ainda estão em plena construção. Apresenta-se, nesse contexto, salutar relembrar que para a consolidação do Estado constitucional de direito multinível é preciso rever teorias, metodologias e a própria dogmática do direito constitucional clássico.

A contribuição que aqui trazemos tem o objetivo de apresentar um excerto da jurisprudência do Supremo Tribunal Federal, dos últimos dez anos, que se propôs a dialogar com a jurisprudência da Corte Interamericana de Direitos Humanos. Trata-se de uma pesquisa de amostragem exemplificativa, feita por meio de recortes escolhidos pelos

---

[1] Essa expressão pode ser encontrada em SANTAELLA, Lúcia. Presente do futuro: onde estamos? *YouTube*. Disponível em: https://www.youtube.com/live/dS6ymXbAbzY?feature=share. Acesso em: 5 maio 2023.

autores, com fundamento nos objetivos da obra em que está inserida, cuja apresentação dos resultados está feita por meio de linguagem essencialmente descritiva.

Não é demais lembrar que contamos aqui com a companhia de autores e autoras que há muito se comprometem e se dedicam a pensar e agir para a concretização dos direitos humanos e fundamentais, em perspectiva plural, aberta e multinível. Entre eles: Flávia Piovesan, José Luis Bolzan de Moraes, Markus Kotzur, Melina Fachin, Mireille Delmas-Marty, Peter Häberle, Sujit Choudhry e Valério Mazzuoli.

Vai-se, nesse diapasão, apresentar reflexões teóricas sobre os limites e possibilidades da soberania judicial, da transterritorialidade das normas de direitos humanos, dos principais desafios do controle de convencionalidade no Brasil e, por fim, da metodologia de análise proposta pelos diálogos constitucionais judiciais multinível.

Também serão descritas decisões proferidas em seis precedentes, julgados na última década pelo Supremo Tribunal Federal, em que a Corte Suprema brasileira utilizou-se, de forma expressa registrada na ementa, da jurisprudência da Corte Interamericana de Direitos Humanos como fundamento do julgado.

O trabalho é a proposta de mais diálogos sobre tema relevante do constitucionalismo contemporâneo, qual seja, o controle de convencionalidade, em que, para além do parâmetro nacional de controle para efetivação da soberania das constituições, também são relevantes os blocos de constitucionalidade, que incluem as convenções e tratados de direitos humanos como fundamentos vinculantes dos precedentes constitucionais, em perspectiva multinível.

2 Da soberania judicial ao controle de convencionalidade

2.1 Da soberania judicial: entre limites e possibilidades

A soberania, como atributo fundamental do conceito de Estado-Nação, deve ser considerada a partir de sua concepção instrumental, apta a justificar o exercício de poder, desde que reverbere a autodeterminação do ser humano como elemento central de sua própria natureza conceitual.[2]

Isso quer dizer que, assim como o Estado-Nação existe para o ser humano e o poder nele exercido deve estar dirigido e limitado pelos direitos humanos garantidos, tanto na ordem internacional, quanto na ordem constitucional, também a soberania deve curvar-se aos mesmos direitos, sob pena de esvaziar-se em conceito anacrônico e estéril.

A açodada constatação de que o Estado constitucional contemporâneo está em declínio, por conta de um crescente esvaziamento de um dos seus elementos, qual seja, a soberania, não se sustenta, diante da evidente importância de tal modelo político perante a geopolítica mundial. Outrossim, não há nada mais adequado para substituí-lo, de forma que seu ocaso não está no horizonte histórico.

---

[2] KOTZUR, Markus. La soberanía hoy. Palabras clave para un diálogo europeo-latinoamericano sobre un atributo del Estado constitucional moderno. In: HÄBERLE, Peter; KOTZUR, Markus. *De la soberanía al derecho constitucional común*: palabras clave para un diálogo Europeo-Latinoamericano. Tradução de Héctor Fix-Fierro. México: Instituto de Investigaciones Jurídicas de la Unam, 2003. p. 111. Disponível em: http://www.bibliojuridica.org/libros/libro.htm?l=545. Acesso em: 28 jan. 2008.

Entretanto, é preciso que exista, por parte do Estado-Nação, algum esforço no sentido de uma autorreflexão contínua, não mais considerando a legitimidade pela força de seus exércitos, mas a força de suas pautas culturais e institucionais influenciadoras de práticas genuinamente pluralistas e extraterritorializadas.

No âmbito da teoria constitucional, já é possível atestar o surgimento de uma nova compreensão como alternativa do conceito clássico de soberania, tendo em vista que a posição central do Estado-Nação, muito embora ainda esteja firmemente sustentada na formulação de hierarquia absoluta da Constituição, encontra-se confrontada com a perspectiva da soberania popular, no contexto de uma relação dinâmica e aberta entre os conceitos de soberania e povo, no ambiente constitucional.[3]

Nesse contexto, a legitimidade para o exercício da soberania passa a ter na Constituição uma forte aliada, por esta conter os anseios do povo que a constituiu como patamar normativo máximo, o qual congrega e acomoda sua pluralidade em dupla dimensão: enquanto povo e enquanto comunidade política detentora do poder no Estado-Nação. Mas é necessário compreender e problematizar o fato de que a relação entre Estado-Nação e povo conduz a questões sobre a decisão soberana que deposita sua legitimidade democrática na própria ideia de autodeterminação.

Como assevera Markus Kotzur, o Estado-Nação passa a ser "uma concretização do povo e de seu papel no exercício das funções estatais, pois é um modelo de ordem que permite ao povo atuar politicamente".[4] Nesses termos, é possível falar em uma soberania cidadã, focada na autodeterminação do ser humano, que conduz, no âmbito da sociedade internacional, a ações dirigidas pela vontade dos cidadãos, abandonando-se a vetusta visão do Estado-Nação independente, para abraçar a soberania como diretriz de políticas públicas pautadas na autodeterminação de cidadãos livres e iguais, sujeitos de direitos humanos protegidos tanto pela ordem jurídica nacional, quanto pelas ordens internacional e supranacional.

2.2 Da transterritorialidade das normas de direitos humanos

A ideia de que os direitos humanos merecem reconhecimento e proteção numa organização espacial livre dos limites do território nacional relacionado ao conceito de Estado-Nação já é compartilhada por muitos juristas. O ponto de vista territorial apresenta-se como categoria analítica cuja definição, sob a perspectiva de um processo em devir, revela-se urgente, sob pena de desnaturação das conquistas alcançadas em matéria de proteção dos direitos humanos.

É cada vez mais evidente a importância do referencial territorial nos processos transnacionais de reconhecimento e proteção de direitos humanos. Isso porque a cultura dos direitos humanos que se desloca, que se reorganiza, que se consolida nos

---

[3] Nesse sentido: SILVA, Christine Oliveira Peter da; SOUZA, Larissa Mello. Interpretação evolutiva do conceito de soberania à luz da internacionalização do Direito. *In*: CONGRESSO NACIONAL DO CONPEDI, XVII, 2009. Anais... Maringá: Conpedi, 2009. p. 3035-3036.

[4] KOTZUR, Markus. La soberanía hoy. Palabras clave para un diálogo europeo-latinoamericano sobre un atributo del Estado constitucional moderno. *In*: HÄBERLE, Peter; KOTZUR, Markus. *De la soberanía al derecho constitucional común*: palabras clave para un diálogo Europeo-Latinoamericano. Tradução de Héctor Fix-Fierro. México: Instituto de Investigaciones Jurídicas de la Unam, 2003. p. 100. Disponível em: http://www.bibliojuridica.org/libros/libro.htm?l=545. Acesso em: 28 jan. 2008.

espaços comuns de mais de um Estado-Nação, melhor se desenvolve nos espaços desterritorializados das organizações internacionais e multinacionais, podendo também ressurgir, ainda mais robusta, em espaços transterritorializados, porque dotada de uma maior capacidade de resiliência e adaptação às adversidades próprias das resistências contra ela dirigidas.

Os direitos humanos, na perspectiva transterritorial, rompem os limites físicos de suas adversidades, ganhando a força inibitória necessária ao cumprimento de sua função no âmbito dos ordenamentos nacionais, internacionais e transnacionais contemporâneos. Somente a partir de uma visão transterritorializada dos direitos humanos será possível compreendê-los em suas múltiplas dimensões.

As políticas públicas humanistas, as normas de internalização de direitos humanos, bem como as decisões judiciais transconstitucionais, em que se discutem problemas de aplicação de direitos humanos, somente cumprirão suas funções no ambiente institucional que comporte coordenação de expectativas transterritoriais, pois a concretização e máxima eficácia dos valores e bens resguardados pelas normas de direitos humanos, não raras vezes, dependem de uma confluência coordenada de políticas, projetos e ações, os quais não podem estar limitados a uma territorialidade específica.

Conforme alerta o Professor José Luis Bolzan de Morais, em trabalho sobre a transformação espacial dos direitos humanos,[5] não há como, no ambiente da pragmática jurídica, esquivar-se da análise da implementação dos direitos humanos que leva em consideração a desterritorialização e a reterritorialização geográfica e subjetiva de suas características. E justifica:

> [...] sobretudo quando visamos instrumentalizar para isso as práticas jurídicas e os operadores do Direito por elas responsáveis, em particular se pensarmos no conjunto de possibilidades e necessidades que se abrem a partir das estratégias de regionalização dos espaços via integração de países, da globalização econômica e das demais diversas fórmulas globais, da mundialização dos vínculos sociais, da universalização das pretensões, da constituição de lugares mundiais de controle/garantia (e.g. Tribunais Inter/Supranacionais), de um cosmopolitismo político-institucional, etc.[6]

Assim, se há um esforço teórico, metodológico, político e institucional no sentido de levar-se a sério a garantia e efetividade dos direitos humanos, tal esforço tem que assumir a transterritorialidade como premissa da vontade normativa de direitos humanos, pois de outra forma não logrará atender aos requisitos mínimos das suas próprias expectativas.

2.3 Do controle de convencionalidade e seus desafios no Brasil

O Supremo Tribunal Federal, na conformação institucional que lhe foi reconhecida pela Constituição de 1988, apresenta-se como uma Corte de guarda e proteção dos direitos humanos e fundamentais.

---

[5] MORAIS, José Luis Bolzan de. *As crises do Estado e da Constituição e a transformação espacial dos direitos humanos*. Porto Alegre: Livraria do Advogado, 2002.

[6] MORAIS, José Luis Bolzan de. *As crises do Estado e da Constituição e a transformação espacial dos direitos humanos*. Porto Alegre: Livraria do Advogado, 2002. p. 13-14.

Não obstante a sua jurisprudência ainda seja autocontida,[7] no que diz respeito ao reconhecimento do *status* constitucional das normas internacionais sobre direitos humanos, a decisão proferida por ocasião do julgamento conjunto dos recursos extraordinários nºs 349.703/RS, 466.343/SP e dos habeas corpus nºs 87.585/TO e 92.566/SP, concluída em 2008, teve o mérito de atualizar e rediscutir, também pela via do magistério jurisprudencial, o tema da hierarquia normativa dos tratados e convenções sobre direitos humanos no ordenamento jurídico-constitucional brasileiro.

Esse julgamento influenciou a doutrina pátria para o tema, de forma que se passou a falar, por sua inspiração, em controle de convencionalidade no ordenamento jurídico-constitucional pátrio. Valério Mazuolli foi doutrinador pioneiro em denominar a verificação de compatibilidade entre as normas jurídicas infraconstitucionais e as normas internacionais de direitos humanos de controle de convencionalidade.[8] Nesse sentido, vale a transcrição de suas conclusões:

> Pode-se também concluir que, doravante, a produção normativa doméstica conta com um duplo limite vertical material: a) a Constituição e os tratados de direitos humanos (1º limite) e b) os tratados internacionais comuns (2º limite) em vigor no país. No caso do primeiro limite, no que toca aos tratados de direitos humanos, estes podem ter sido ou não aprovados com o quórum qualificado de que o art. 5º, §3º, da Constituição prevê. Caso não tenham sido aprovados com essa maioria qualificada, seus status serão de norma (apenas) materialmente constitucionais, o que lhes garante serem paradigma de controle somente difuso de convencionalidade; caso tenham sido aprovados (e entrado em vigor no plano interno, após sua ratificação) pela sistemática do art. 5º, §3º, tais tratados servirão também de paradigma do controle concentrado (para além é claro do difuso) de convencionalidade.[9]

Muito embora tais conclusões não tenham sido integralmente confirmadas pela jurisprudência dominante do Supremo Tribunal Federal, a qual reconheceu o *status* de normas constitucionais somente às normas internacionais incorporadas nos termos da sistemática do art. 5º, §3º, da Constituição da República, a partir delas é possível falar em uma doutrina brasileira do controle de convencionalidade.

Hoje, talvez, já seja possível, *ex post facto*, afirmar que a principal consequência da decisão do Supremo Tribunal Federal, proferida no julgamento conjunto dos recursos extraordinários nºs 349.703/RS, 466.343/SP e dos habeas corpus nºs 87.585/TO e 92.566/SP, foi a de reconhecer que toda lei infraconstitucional incompatível com normas internacionais de direitos humanos não pode ser aplicada, em face da sua invalidade por inconvencionalidade, no ordenamento jurídico brasileiro.

A verificação de tal incompatibilidade não necessita de autorização, nem de outro procedimento especial, bastando que qualquer juiz ou tribunal, ao deparar-se com a

---

[7] Esta afirmação tem lastro nas possibilidades abertas pelos votos vencidos proferidos por ocasião do julgamento do RE nº 466.343/SP, Rel. Min. Cezar Peluso, Plenário. *DJe*, 5 jun. 2009.

[8] *Vide*: MAZZUOLI, Valério de Oliveira. Teoria geral do controle de convencionalidade no direito brasileiro. *Revista de Informação Legislativa*, ano 46, n. 181, p. 113-139, jan./mar. 2009.

[9] MAZZUOLI, Valério de Oliveira. Teoria geral do controle de convencionalidade no direito brasileiro. *Revista de Informação Legislativa*, ano 46, n. 181, p. 113-139, jan./mar. 2009. p. 137.

antinomia normativa, deixe de aplicar a norma interna em favor da norma internacional. É o que Valério Mazzuoli chama de controle difuso de convencionalidade.[10]

Outra importante e primordial consequência da referida decisão, para o ordenamento jurídico-constitucional brasileiro, foi o reconhecimento da força normativa e dos impactos práticos que as normas internacionais de direitos humanos possuem no ordenamento jurídico doméstico, como parte de um processo de expansão da ordem constitucional pátria em direção à concretização de direitos humanos.[11]

Por fim, registra-se como fundamental a consequência de que o Judiciário brasileiro, em todas as suas instâncias, deve estar vinculado às normas internacionais de direitos humanos, e que, por isso, os juízes e juízas já têm respaldo jurídico-constitucional para utilizar, na fundamentação de suas decisões, também o ordenamento jurídico-constitucional expandido. Conforme anota Melina Fachin, Ana Ribas e Lucas Cavassim, nesse sentido:

> a realização do controle de convencionalidade não está adstrita ao Judiciário apenas. Parte significativa das recomendações internacionais ao Brasil refere-se diretamente a atos que impactam a competência de órgãos do Poder Executivo responsáveis pela segurança pública e pelo sistema prisional.[12]

O Supremo Tribunal Federal, como instância de cúpula do Poder Judiciário, está em progressivo passo no caminho do compromisso com uma cultura brasileira dos direitos humanos. Se isso continuar a se confirmar, nos anos vindouros, quem sabe a Suprema Corte brasileira possa ser tida como referência para o constitucionalismo multinível, comprometido com a concretização dos direitos humanos e fundamentais como sua pauta principal.

2.4 Diálogos constitucionais judiciais multinível

A concretização dos direitos humanos e fundamentais, especialmente no âmbito da jurisdição constitucional, impõe a busca de métodos, ou seja, caminhos que facilitem

---

[10] MAZZUOLI, Valério de Oliveira. Teoria geral do controle de convencionalidade no direito brasileiro. *Revista de Informação Legislativa*, ano 46, n. 181, p. 113-139, jan./mar. 2009. p. 128 e ss.

[11] Nesse sentido compartilha a doutrina constitucionalista mais abalizada: FACHIN, Melina Giradi; RIBAS, Ana Carolina; CAVASSIN, Lucas Carli. Perspectivas do controle de convencionalidade do sistema interamericano de direitos humanos no Brasil: implicações para um novo constitucionalismo. In: BOGDANDY, Armin Von; ANTONIAZZI, Mariela Morales; PIOVESAN, Flávia (Coord.). *Ius Constitutionale Commune na América Latina*: diálogos jurisdicionais e controle de convencionalidade. Curitiba: Juruá, 2016. v. III. p. 284: "A abertura da ordem constitucional pátria aos direitos humanos corrobora e expande sua proteção local: expande em qualidade ao incorporar novos conteúdos; expande em obrigações ao incluir deveres correlatos; e, por fim, expande o número de indivíduos comprometidos com tal mister, em sua dúplice dimensão: extrínseca e intrínseca".

[12] FACHIN, Melina Giradi; RIBAS, Ana Carolina; CAVASSIN, Lucas Carli. Perspectivas do controle de convencionalidade do sistema interamericano de direitos humanos no Brasil: implicações para um novo constitucionalismo. In: BOGDANDY, Armin Von; ANTONIAZZI, Mariela Morales; PIOVESAN, Flávia (Coord.). *Ius Constitutionale Commune na América Latina*: diálogos jurisdicionais e controle de convencionalidade. Curitiba: Juruá, 2016. v. III. p. 296.

a fruição e consolidação desses direitos no mundo da vida dos cidadãos e cidadãs das diversas nações.[13]

A premissa aqui compartilhada é a de que a abertura da argumentação concretizadora dos direitos humanos pelas Cortes Constitucionais e Supremas Cortes às normas e decisões internacionais apresenta-se como um esforço interpretativo imprescindível para o ideal cooperativo de reconhecimento e consolidação dos direitos humanos e fundamentais nos diversos países.[14] É o que aqui se vai chamar de diálogos constitucionais judiciais multinível.

A utilização das normas internacionais, especialmente das convenções internacionais, apresenta-se como uma obrigação jurídico-constitucional, notadamente naqueles países em que há normas constitucionais expressas vinculando os agentes políticos e públicos, pois a vinculação dos estados-membros comumente são compromissos internacionais assumidos por autoridade nacional competente.

Nesse particular, revela-se importante refletir sobre quais são as condições de possibilidade dos métodos de vinculação à legislação internacional no âmbito da jurisdição constitucional dos direitos humanos.

A dinâmica dessa realidade, mais aberta e mais plural quando se está a falar de paradigmas constitucionais, pode ser evidenciada a partir de uma prática compartilhada, plural, reativa e evolutiva, em que o direito não mais se apresenta como o substituto das religiões e ideologias, nem como a panaceia para as mazelas humanas, mas, sim, como um elemento de harmonização dos diversos sistemas, que deverá seguir uma nova lógica, em termos de metodologia: a lógica de "pensar o múltiplo, sem com isso reduzi-lo à alternativa binária", ou seja, como uma fórmula que admite alternativas para além do "excluir ou impor identidades".[15]

Com o objetivo de analisar a utilização das normas constantes da Convenção Americana de Direitos Humanos na prática jurisdicional do Supremo Tribunal Federal, especialmente quanto à concretização das liberdades humanas e fundamentais, apresenta-se relevante conhecer e refletir sobre os métodos ou caminhos interpretativos que conduzirão a uma interpretação mais sustentável, tanto no tempo quanto no espaço, porque confrontada com realidades subjacentes, considerando que as situações humanas cada vez mais se interpenetram e se reproduzem em contextos culturais geograficamente distintos.

Os diálogos constitucionais judiciais multinível pressupõem e implicam a migração de ideias constitucionais,[16] para além das fronteiras do Estado-Nação, exigindo a busca por um arcabouço metodológico que possa induzir ao influxo positivo de novas ideias e críticas advindas desse contexto comparativo de múltiplas direções, fazendo com que

---

[13] Também esta é a premissa de: SCHEECK, Laurent. *Constitutional activism and fundamental rights in Europe*: common interests through transnational socialisation. Disponível em: www.polilexes.com/.../constitutional_activism.pd.... Acesso em: fev. 2013.

[14] O professor Sujit Choudhry faz referência, nesse ponto, ao trabalho de RAMSEY, Michael. International materials and domestic rights: reflections on Atkins and Lawrence. *American Journal of Internacional Law*, 69, 98, 2004 *apud* CHOUDHRY, Sujit (Org.). *The migration of constitutional ideas*. New York: Cambridge University Press, 2006. p. 2, nota 14.

[15] DELMAS-MARTY, Mireille. *Por um direito comum*. Tradução de Maria Ermantina de Almeida Prado Galvão. São Paulo: Martins Fontes, 2004. p. XVIII-XII.

[16] CHOUDHRY, Sujit (Org.). *The migration of constitutional ideas*. New York: Cambridge University Press, 2006.

os diálogos transnacionais ganhem o poder de redimensionar a função da interpretação constitucional e da teoria das fontes do direito.[17]

3 Jurisprudência do STF e os precedentes da Corte Interamericana de Direitos Humanos: um excerto desde 2013

A seleção de precedentes constitucionais do Supremo Tribunal Federal, que dialogam com os precedentes da Corte Interamericana de Direitos Humanos e com as opiniões da Comissão Interamericana de Direitos Humanos, partiu de uma busca no sítio eletrônico de pesquisa de jurisprudência da Suprema Corte brasileira, a partir da expressão "Corte Interamericana de Direitos Humanos".

O resultado foram 118 precedentes, entre os quais selecionamos aqueles que mencionavam expressamente a jurisprudência da Corte Interamericana de Direitos Humanos na ementa, o que resultou em um conjunto de 21 (vinte e um) precedentes, entre os quais, excluindo-se as repetições temáticas, serão descritos 6 (seis) deles, considerando o recorte temporal da última década de julgamentos, período em que o Ministro Luís Roberto Barroso, nosso homenageado, integra o Supremo Tribunal Federal.

3.1 Devido processo legal e transferência de preso para presídio federal[18]

Trata-se de um caso em que se discutia execução penal, diante da situação concreta em que um preso foi transferido para um presídio federal de segurança máxima, alegando-se que não foram observadas as formalidades legais para a transferência. No entanto, o Supremo Tribunal Federal entendeu que a transferência foi uma medida emergencial e excepcional, em virtude do histórico de rebeliões em Rondônia, do julgamento do Brasil e do Estado de Rondônia pela Corte Interamericana de Direitos Humanos, à interdição de presídio do estado-membro e à periculosidade do paciente.

A oitiva do recluso foi postergada, diante do fato de ser caso de emergência, conforme previsto no art. 5º, §6º, da Lei nº 11.671/2008. A ordem foi denegada pela Suprema Corte brasileira, por entender-se que não houve violação dos direitos fundamentais atinentes ao devido processo legal, ao contraditório, à ampla defesa e à dignidade humana.

Nesse julgamento, os diálogos com a jurisprudência da Corte Interamericana de Direitos Humanos foram expressos e centrais como razão de decidir do caso posto à apreciação da Suprema Corte brasileira. O caso da Chacina de Urso Branco[19] foi o primeiro em que o Brasil foi condenado, pelas práticas brutais de violações de direitos humanos.

---

[17] A migração de ideias constitucionais é uma metáfora que indica um método de procedimento da metodologia dos diálogos transnacionais. De todas as abordagens da interpretação comparativista que serão apresentadas, a mais adequada, segundo visão das autoras, é aquela que proporciona a migração dialógica das ideias constitucionais, tanto do plano interno para o internacional quanto do plano internacional para o plano interno. *Vide*: CHOUDHRY, Sujit (Org.). *The migration of constitutional ideas*. New York: Cambridge University Press, 2006.

[18] HC nº 115.539. Rel. Min. Luiz Fux, Primeira Turma, j. 3.9.2013.

[19] O caso retratava, de forma efetiva, a realidade do sistema penitenciário brasileiro e tinha como foco principal as mortes brutais de 37 detentos, por outros detentos, no período de janeiro a junho de 2002.

3.2 Demarcação e titulação das terras quilombolas[20]

A Ação Direta de Inconstitucionalidade (ADI) nº 3.239 foi julgada improcedente pelo Supremo Tribunal Federal (STF). O objeto da ação era o Decreto nº 4.887/2003, que regulamenta o procedimento para identificação, reconhecimento, delimitação, demarcação e titulação das terras ocupadas por remanescentes das comunidades dos quilombos. O STF entendeu que o decreto é um ato normativo autônomo e não invadiu a esfera reservada à lei. Além disso, o critério de autoatribuição para determinação da identidade quilombola foi considerado constitucionalmente legítimo. O STF também entendeu que a regularização do registro de terras ocupadas por quilombolas exige o procedimento expropriatório quando há título de propriedade particular legítimo incidente sobre elas.

O precedente mencionou expressamente os casos Moiwana *v.* Suriname (2005) e Saramaka *v.* Suriname (2007), em que a Corte Interamericana de Direitos Humanos reconheceu o direito de propriedade de comunidades formadas por descendentes de escravos fugitivos sobre as terras tradicionais com as quais mantêm relações territoriais, ressaltando o compromisso dos Estados-Partes (Pacto de San José da Costa Rica, art. 21) de adotar medidas para garantir o seu pleno exercício.

3.3 Proibição de dupla persecução penal e *ne bis in idem*[21]

O precedente do Supremo Tribunal Federal no HC nº 171.118 trata sobre a proibição de dupla persecução penal e *ne bis in idem*, que consiste em proteger os cidadãos de serem julgados duas vezes pelos mesmos fatos, conforme o art. 14.7 do Pacto Internacional sobre Direitos Civis e Políticos e o art. 8.4 da Convenção Americana de Direitos Humanos.

Há precedentes da Corte Interamericana de Direitos Humanos que reforçam essa proteção no sentido de "proteger os direitos dos cidadãos que tenham sido processados por determinados fatos para que não voltem a ser julgados pelos mesmos fatos".

Além disso, o Estado brasileiro é impedido de instaurar nova persecução penal sobre os mesmos fatos de ação penal já transitada em julgado sob jurisdição de outro Estado, considerando que o art. 8º do Código Penal deve ser interpretado em conjunto com o art. 5º do mesmo código. A ordem de *habeas corpus* foi concedida para trancar a ação penal.

Neste precedente, foram expressamente mencionados os casos Loayza Tamayo *v.* Peru de 1997; Mohamed *v.* Argentina de 2012; J. *v.* Peru de 2013 da Corte Interamericana de Direitos Humanos, em diálogo explícito daquela Corte Internacional com o Supremo Tribunal Federal.

3.4 Liberdade de expressão x crime de desacato[22]

A Arguição de Descumprimento de Preceito Fundamental (ADPF) nº 496 foi julgada improcedente pelo Supremo Tribunal Federal (STF). O objeto da ação era o art. 331 do

---

[20] ADI nº 3.239. Rel. Min. Cezar Peluso, Rel. p/ acórdão Min. Rosa Weber, Tribunal Pleno, j. 8.2.2018.
[21] HC nº 171.118. Rel. Min. Gilmar Mendes, Segunda Turma, j. 12.11.2019.
[22] ADPF nº 496. Rel. Min. Roberto Barroso, Tribunal Pleno, j. 22.6.2020.

Código Penal, que tipifica o crime de desacato. O STF entendeu que a criminalização do desacato não configura tratamento privilegiado ao agente estatal, mas proteção da função pública por ele exercida. Além disso, o STF fixou a tese de que a norma do art. 331 do Código Penal foi recepcionada pela Constituição de 1988.

No referido precedente o Supremo Tribunal Federal registrou o seguinte:

> de acordo com a jurisprudência da Corte Interamericana de Direitos Humanos e do Supremo Tribunal Federal, a liberdade de expressão não é um direito absoluto e, em casos de grave abuso, faz-se legítima a utilização do direito penal para a proteção de outros interesses e direitos relevantes.

Neste caso, importante ressaltar que se questionava a conformidade do art. 331 do Código Penal brasileiro com a Convenção Americana de Direitos Humanos, o que se apresenta como um típico exemplo de controle de convencionalidade.

3.5 Operações policiais nas comunidades do Rio de Janeiro[23]

A Arguição de Descumprimento de Preceito Fundamental (ADPF) nº 635 foi julgada pelo Supremo Tribunal Federal (STF) e teve sua medida cautelar deferida. O objeto da ação era a constitucionalidade em concreto da realização de operações policiais nas comunidades do Rio de Janeiro, durante a pandemia mundial.

O STF entendeu que o Estado do Rio de Janeiro falha em promover políticas públicas de redução da letalidade policial e determinou que não se realizem operações policiais em comunidades do Rio de Janeiro, durante a epidemia de Covid-19, salvo em hipóteses absolutamente excepcionais. Além disso, nos casos extraordinários de realização dessas operações durante a pandemia, a Suprema Corte determinou que deveriam ser adotados os cuidados excepcionais para não colocar em risco ainda maior a população daquelas comunidades.

Nesta ação, a Suprema Corte brasileira reafirmou que os relatos de operações que repetem padrões de violações já reconhecidos pela Corte Interamericana de Direitos Humanos respaldam e dão plausibilidade à tese segundo a qual o Estado do Rio de Janeiro falha em promover políticas públicas de redução da letalidade policial.

3.6 Superlotação em unidades de cumprimento de medidas socioeducativas para adolescentes[24]

O Habeas Corpus Coletivo (HC) nº 143.988 foi julgado pelo Supremo Tribunal Federal (STF) e teve sua ordem concedida. O objeto da ação era o cumprimento de medidas socioeducativas de internação em unidades superlotadas. O STF entendeu que a superlotação viola os direitos fundamentais dos adolescentes internados e determinou que as unidades de execução de medida socioeducativa de internação de adolescentes não ultrapassem a capacidade projetada de internação prevista para cada unidade. Além disso, o STF fixou parâmetros e critérios a serem observados pelos magistrados

---

[23] ADPF nº 635 MC-TPI-Ref. Rel. Min. Edson Fachin, Tribunal Pleno, j. 5.8.2020.
[24] HC nº 143.988. Rel. Min. Edson Fachin, Segunda Turma, j. 24.8.2020.

nas unidades de internação que operam com a taxa de ocupação dos adolescentes superior à capacidade projetada.

A jurisprudência da Corte Interamericana de Direitos Humanos foi invocada para relembrar que naquela Corte

> já se decidiu que a interação especial de sujeição estabelecida entre os adolescentes privados de liberdade e os agentes responsáveis pela custódia impõe ao Estado uma série de deveres, portanto, devem ser implementadas ações e iniciativas estatais com o fim de fortalecer e incentivar nesses internos o desenvolvimento dos seus projetos de vida, os quais não podem ser aniquilados em função da privação de liberdade.

Trata-se, pois, de precedente que dialoga com a jurisprudência da Corte Interamericana de Direitos Humanos.

4 Palavras de arremate

Os pactos internacionais de direitos humanos, bem como a Carta Europeia de Direitos Humanos e a Convenção Interamericana de Direitos Humanos, concretizam e dão mais força à ideia de soberania, de modo que, do ponto de vista da teoria dos direitos humanos e fundamentais, a soberania não está definida pela ausência de limitação ao poder do Estado-Nação, mas, sim, pela diligente atuação dos poderes internos do Estado em direção à concretização dos direitos humanos.

O lugar da declaração, da garantia e do controle de aplicação dos direitos humanos não pode estar limitado a um território confinado e atrelado ao território do Estado-Nação, pois a transterritorialidade é medida que se impõe para que se possa alcançar a máxima efetividade desses direitos. Somente na medida em que a concretização dos direitos humanos estiver transversalmente implementada nas diferentes esferas territoriais, ou melhor, na formulação espacial desterritorializada ou transterritorializada, é que se poderá considerar cumprida a promessa de sua eficácia.

A Suprema Corte brasileira caminha, passo a passo, para um compromisso, cada vez mais sustentável, com a cultura mundial de proteção dos direitos humanos. Por isso, há esperança de que, num futuro nem tão distante, esta Corte brasileira possa ser tida como referência para o constitucionalismo multinível, comprometido com a concretização dos direitos humanos e fundamentais, de forma aberta, plural e dialogal.

As pesquisas quantitativas demonstram que há mais de uma centena de julgados constitucionais brasileiros em que os diálogos do Supremo Tribunal Federal com a Corte Interamericana de Direitos Humanos estão expressamente registrados. A análise de uma pequena amostra desses julgados é apenas exemplificativa de todo o potencial que tem a Corte Suprema brasileira para os diálogos constitucionais judiciais multinível.

Referências

BRASIL. STF. *ADI 3239*. Rel. Min. Cezar Peluso, Rel. p/ acórdão Min. Rosa Weber, Tribunal Pleno, j. 8.2.2018.

BRASIL. STF. *ADPF 496*. Rel. Min. Roberto Barroso, Tribunal Pleno, j. 22.6.2020.

BRASIL. STF. *ADPF 635 MC-TPI-Ref*. Rel. Min. Edson Fachin, Tribunal Pleno, j. 5.8.2020.

BRASIL. STF. *HC 115.539*. Rel. Min. Luiz Fux, Primeira Turma, j. 3.9.2013.

BRASIL. STF. *HC 143.988*. Rel. Min. Edson Fachin, Segunda Turma, j. 24.8.2020.

BRASIL. STF. *HC 171.118*. Rel. Min. Gilmar Mendes, Segunda Turma, j. 12.11.2019.

BRASIL. STF. RE 466.343/SP. Rel. Min. Cezar Peluso, Plenário. *DJe*, 5 jun. 2009.

CHOUDHRY, Sujit (Org.). *The migration of constitutional ideas*. New York: Cambridge University Press, 2006.

DELMAS-MARTY, Mireille. *Por um direito comum*. Tradução de Maria Ermantina de Almeida Prado Galvão. São Paulo: Martins Fontes, 2004.

FACHIN, Melina Giradi; RIBAS, Ana Carolina; CAVASSIN, Lucas Carli. Perspectivas do controle de convencionalidade do sistema interamericano de direitos humanos no Brasil: implicações para um novo constitucionalismo. *In*: BOGDANDY, Armin Von; ANTONIAZZI, Mariela Morales; PIOVESAN, Flávia (Coord.). *Ius Constitutionale Commune na América Latina*: diálogos jurisdicionais e controle de convencionalidade. Curitiba: Juruá, 2016. v. III.

HÄBERLE, Peter; KOTZUR, Markus. *De la soberanía al derecho constitucional común*: palabras clave para un diálogo Europeo-Latinoamericano. Tradução de Héctor Fix-Fierro. México: Instituto de Investigaciones Jurídicas de la Unam, 2003. Disponível em: http://www.bibliojuridica.org/libros/libro.htm?l=545. Acesso em: 28 jan. 2008.

MAZZUOLI, Valério de Oliveira. Teoria geral do controle de convencionalidade no direito brasileiro. *Revista de Informação Legislativa*, ano 46, n. 181, p. 113-139, jan./mar. 2009.

MORAIS, José Luis Bolzan de. *As crises do Estado e da Constituição e a transformação espacial dos direitos humanos*. Porto Alegre: Livraria do Advogado, 2002.

SCHEECK, Laurent. *Constitutional activism and fundamental rights in Europe*: common interests through transnational socialisation. Disponível em: www.polilexes.com/.../constitutional_activism.pd.... Acesso em: fev. 2013.

SILVA, Christine Oliveira Peter da; SOUZA, Larissa Mello. Interpretação evolutiva do conceito de soberania à luz da internacionalização do Direito. *In*: CONGRESSO NACIONAL DO CONPEDI, XVII, 2009. *Anais*... Maringá: Conpedi, 2009.

Informação bibliográfica deste texto, conforme a NBR 6023:2018 da Associação Brasileira de Normas Técnicas (ABNT):

FACHIN, Luiz Edson; SILVA, Christine Peter da. Controle de convencionalidade na jurisprudência do STF: excerto de uma década. *In*: OSORIO, Aline; MELLO, Patrícia Perrone Campos; BARROSO, Luna van Brussel (Coord.). *Direitos e democracia*: 10 anos do Ministro Luís Roberto Barroso no STF. Belo Horizonte: Fórum, 2023. p. 87-98. ISBN 978-65-5518-555-3.

A LIBERDADE DO CANDIDATO E O RESPEITO AO ESTADO DEMOCRÁTICO DE DIREITO E À DIGNIDADE DA PESSOA HUMANA

ALEXANDRE DE MORAES

Os direitos políticos constituem o conjunto de regras que disciplina as formas de atuação da soberania popular, conforme preleciona o *caput* do art. 14 da Constituição Federal.

São direitos públicos subjetivos que investem o indivíduo no *status activae civitatis*, permitindo-lhe o exercício concreto da liberdade de participação nos negócios políticos do Estado, de maneira a conferir os atributos da cidadania.

Tradicional a definição de Pimenta Bueno:

> [...] prerrogativas, atributos, faculdades, ou poder de intervenção dos cidadãos ativos no governo de seu país, intervenção direta ou indireta, mais ou menos ampla, segundo a intensidade do gozo desses direitos. São o *Jus Civitatis*, os direitos cívicos, que se referem ao Poder Público, que autorizam o cidadão ativo a participar na formação ou exercício da autoridade nacional, a exercer o direito de vontade ou eleitor, o direito de deputado ou senador, a ocupar cargos políticos e a manifestar suas opiniões sobre o governo do Estado.[1]

Tais normas constituem um desdobramento do princípio democrático inscrito no art. 1º, parágrafo único, que afirma todo o poder emanar do povo, que o exerce por meio de representantes eleitos ou diretamente.[2]

O direito de sufrágio é a essência do direito político, expressando-se pela capacidade de eleger e de ser eleito. Assim, o direito de sufrágio apresenta-se em seus dois aspectos: (a) capacidade eleitoral ativa (direito de votar – *alistabilidade*); (b) capacidade eleitoral passiva (direito de ser votado – *elegibilidade*), conforme se depreende da leitura do art. 23 da Convenção Americana sobre Direitos Humanos (CADH):

---

[1] BUENO, Pimenta. *Direito Público brasileiro e análise da Constituição do Império*. Rio de Janeiro: Nova Edição, 1958. p. 459.
[2] BARACHO, José Alfredo de Oliveira. *Teoria geral da cidadania*". São Paulo: Saraiva, 1995. p. 3.

ARTIGO 23

Direitos Políticos

1. Todos os cidadãos devem gozar dos seguintes direitos e oportunidades:

a) de participar da direção dos assuntos públicos, diretamente ou por meio de representantes livremente eleitos;

b) de votar e ser eleitos em eleições periódicas autênticas, realizadas por sufrágio universal e igual e por voto secreto que garanta a livre expressão da vontade dos eleitores; e

c) de ter acesso, em condições gerais de igualdade, às funções públicas de seu país.

É importante ressaltar que os direitos políticos compreendem o direito de sufrágio, como seu núcleo, e este, por sua vez, compreende o direito de voto.

O *sufrágio* "é um direito público subjetivo de natureza política, que tem o cidadão de eleger, ser eleito e de participar da organização e da atividade do poder estatal".

Dessa forma, por meio do sufrágio, o conjunto de cidadãos de determinado Estado escolherá as pessoas que irão exercer as funções estatais, mediante o sistema representativo existente em um regime democrático.

A capacidade eleitoral ativa consiste em forma de participação da pessoa na democracia representativa, por meio da escolha de seus mandatários; enquanto a capacidade eleitoral passiva revela-se pela possibilidade de o cidadão se candidatar a determinados cargos políticos eletivos.

O direito de voto é o ato fundamental para o exercício do direito de sufrágio e manifesta-se tanto em eleições quanto em plebiscitos e referendos.

O direito de sufrágio, no tocante ao direito de eleger (capacidade eleitoral ativa), é exercido por meio do direito de voto, ou seja, o direito de voto é o *instrumento* de exercício do direito de sufrágio. O voto é um direito público subjetivo, sem, contudo, deixar de ser uma função política e social de soberania popular na democracia representativa. Além disso, aos maiores de 18 e menores de 70 anos é um dever, portanto, obrigatório.

Assim, a natureza do voto também se caracteriza por ser um dever sociopolítico, pois o cidadão tem o dever de manifestar sua vontade, por meio do voto, para a escolha de governantes em um regime representativo.

O voto, que será exercido de forma *direta*, apresenta diversas características constitucionais: *personalidade, obrigatoriedade, liberdade, sigilosidade, igualdade, periodicidade*.

A *liberdade no exercício do direito de voto* manifesta-se não apenas pela preferência a um candidato entre os que se apresentam, mas também pela faculdade até mesmo de optar pelo voto em branco ou em anulá-lo.

Essa liberdade deve ser garantida, e, por esta razão, a obrigatoriedade do direito de voto aos maiores de 18 e menores de 70 anos não pode significar senão o comparecimento do eleitor, o depósito da cédula na urna e a assinatura da folha individual de votação.

Importante destacar, entretanto, que a mais importante garantia da democracia, configurada na liberdade no exercício do direito de voto, está inter-relacionada tanto com o sigilo do voto, quanto com a possibilidade de o eleitor receber todas as informações possíveis sobre os candidatos e suas opiniões, seja por meio da imprensa, seja por informações dos próprios candidatos durante a campanha eleitoral.

As Constituições brasileiras de 1824 (art. 91 e ss.), 1891 (art. 70), 1934 (art. 109) e 1937 (art. 117) não previam em seus textos o voto secreto, que passou a ser consagrado no texto constitucional de 1946 (art. 134), com a finalidade de garantir a liberdade do eleitor em realizar suas escolhas.

O sigilo do voto e, consequentemente, a liberdade de escolha, devem ser garantidos antes, durante e depois do escrutínio, afastando-se qualquer potencialidade de identificação do eleitor. Os procedimentos de escrutínio que acarretem a mínima potencialidade de risco em relação ao sigilo do voto devem ser afastados, independentemente de o voto ser escrito, eletrônico ou híbrido (eletrônico com impressão).

A legislação eleitoral deve estabelecer mecanismos que impeçam que se coloque em risco o sigilo da votação, pois eventual possibilidade de conhecimento da vontade do eleitor pode gerar ilícitas pressões em sua liberdade de escolha ou futuras retaliações.

O eleitor necessita do sigilo de seu voto como garantia de liberdade na escolha de seus representantes, sem possibilidade de pressões anteriores ou posteriores ao pleito eleitoral.[3]

Além do absoluto sigilo, a liberdade no exercício do direito de voto exige a garantia de ampla liberdade de discussão e informação, no sentido de possibilitar ao eleitor uma escolha livre e consciente, bem como instrumentos que garantam o total sigilo da opção por ele realizada, impedindo qualquer coação ou pressão por grupos políticos, econômicos ou ideológicos.

A liberdade do direito de voto depende, preponderantemente, da ampla liberdade de discussão, de maneira que deve ser garantida aos candidatos a ampla liberdade de expressão e de manifestação (assim estabelecida no art. 13 da CADH: "1. Toda pessoa tem direito à liberdade de pensamento e de expressão. Esse direito compreende a liberdade de buscar, receber e difundir informações e idéias de toda natureza, sem consideração de fronteiras, verbalmente ou por escrito, ou em forma impressa ou artística, ou por qualquer outro processo de sua escolha"), possibilitando ao eleitor pleno acesso às informações necessárias para o exercício da livre destinação de seu voto.

Historicamente, a liberdade de discussão, a ampla participação política e o princípio democrático estão interligados com a liberdade de expressão,[4] que tem por objeto não somente a proteção de pensamentos e ideias, mas também opiniões, crenças, realização de juízo de valor e críticas a agentes públicos, no sentido de garantir a real participação dos cidadãos na vida coletiva.[5]

A Constituição protege a liberdade de expressão no seu duplo aspecto: o positivo, que é exatamente "o cidadão pode se manifestar como bem entender", e o negativo, que proíbe a ilegítima intervenção do Estado, por meio de censura prévia.

A liberdade de expressão, em seu aspecto positivo, permite posterior responsabilidade cível e criminal pelo conteúdo difundido, além da previsão do direito de resposta. No entanto, não há permissivo constitucional para restringir a liberdade de expressão

---

[3] STF. MS nº 35.265. Rel. Min. Alexandre de Moraes.
[4] WILLIAMS, George. Engineers is dead, long live the engineers. *In*: LOVELAND, Ian D. (Ed.). *Constitutional Law*. Abingdon: Routlegde, 2000. Second Series. Capítulo 15; DWORKIN, Ronald. *O direito da liberdade*. A leitura moral da Constituição norte-americana. São Paulo: Martins Fontes, 2006; KALVEN JR., Harry. The New York Times Case: A note on the central meaning of the first amendment. *In*: LOVELAND, Ian D. (Ed.). *Constitutional Law*. Abingdon: Routlegde, 2000. Second Series. Capítulo 14.
[5] Tribunal Constitucional espanhol: *S. 47/02, de 25 de febrero, FJ 3; S. 126/03, de 30 de junio, FJ 3; S. 20/02, de 28 de enero, FFJJ 5 y 6*.

no seu sentido negativo, ou seja, para limitar preventivamente o conteúdo do debate público em razão de uma conjectura sobre o efeito que certos conteúdos possam vir a ter junto ao público.

Será inconstitucional, conforme ressaltei no julgamento da ADI nº 4.451, toda e qualquer restrição, subordinação ou forçosa adequação programática da liberdade de expressão do candidato e dos meios de comunicação a mandamentos normativos cerceadores durante o período eleitoral, pretendendo diminuir a liberdade de opinião e de criação artística e a livre multiplicidade de ideias, com a nítida finalidade de controlar ou mesmo aniquilar a força do pensamento crítico, indispensável ao regime democrático; tratando-se, pois, de ilegítima interferência estatal no direito individual de informar e criticar.

No célebre caso *New York Times v. Sullivan*, a Suprema Corte norte-americana reconheceu ser "dever do cidadão criticar tanto quanto é dever do agente público administrar";[6] pois, como salientado pelo professor da Universidade de Chicago, Harry Kalven Jr., "em uma democracia o cidadão, como governante, é o agente público mais importante".[7]

A censura prévia desrespeita diretamente o princípio democrático, pois a liberdade política termina e o Poder Público tende a se tornar mais corrupto e arbitrário quando pode usar seus poderes para silenciar e punir seus críticos.[8]

Os legisladores não têm, na advertência feita por Dworkin, a capacidade prévia de "fazer distinções entre comentários políticos úteis e nocivos",[9] devendo-se, portanto, permitir aos candidatos a possibilidade de ampla discussão dos temas de relevância ao eleitor.

Tanto a liberdade de expressão quanto a participação política em uma democracia representativa somente se fortalecem em um ambiente de total visibilidade e possibilidade de exposição crítica das diversas opiniões sobre os principais temas de interesse do eleitor e também sobre os governantes, que nem sempre serão "estadistas iluminados", como lembrava o *Justice* Holmes ao afirmar, com seu conhecido pragmatismo, a necessidade do exercício da política de desconfiança (*politics of distrust*) na formação do pensamento individual e na autodeterminação democrática, para o livre exercício dos direitos de sufrágio e oposição; além da necessária fiscalização dos órgãos governamentais.

No célebre caso *Abrams v. United States*, 250 U.S. 616, 630-1 (1919), Oliver Holmes defendeu a liberdade de expressão por meio do *mercado livre das ideias* (*free marketplace of ideas*), em que se torna imprescindível o embate livre entre diferentes opiniões, afastando-se a existência de verdades absolutas e permitindo-se a discussão aberta das diferentes ideias, que poderão ser aceitas, rejeitadas, desacreditadas ou ignoradas; porém, jamais censuradas, selecionadas ou restringidas pelo Poder Público que deveria,

---

[6] 376 US, at. 282, 1964.

[7] KALVEN JR., Harry. The New York Times Case: A note on the central meaning of the first amendment. *In*: LOVELAND, Ian D. (Ed.). *Constitutional Law*. Abingdon: Routlegde, 2000. Second Series. Capítulo 14. p. 429.

[8] DWORKIN, Ronald. *O direito da liberdade*. A leitura moral da Constituição norte-americana. São Paulo: Martins Fontes, 2006. p. 319; KALVEN JR., Harry. The New York Times Case: A note on the central meaning of the first amendment. *In*: LOVELAND, Ian D. (Ed.). *Constitutional Law*. Abingdon: Routlegde, 2000. Second Series. Capítulo 14. p. 429.

[9] DWORKIN, Ronald. *O direito da liberdade*. A leitura moral da Constituição norte-americana. São Paulo: Martins Fontes, 2006. p. 326.

segundo afirmou em divergência acompanhada pelo *Justice* Brandeis, no caso *Whitney v. California*, 274 U.S. 357, 375 (1927), "renunciar a arrogância do acesso privilegiado à verdade".

Ronald Dworkin, mesmo não aderindo totalmente ao *mercado livre das ideias*, destaca:

> [...] a proteção das expressões de crítica a ocupantes de cargos públicos é particularmente importante. O objetivo de ajudar o mercado de ideias a gerar a melhor escolha de governantes e cursos de ação política fica ainda mais longínquo quando é quase impossível criticar os ocupantes de cargos públicos.[10]

No âmbito da democracia, a garantia constitucional da liberdade de expressão não se direciona somente à permissão de expressar as ideias e informações oficiais produzidas pelos órgãos estatais ou a suposta verdade das maiorias, mas sim garante as diferentes manifestações e defende todas as opiniões ou interpretações políticas conflitantes ou oposicionistas, que podem ser expressadas e devem ser respeitadas, não porque necessariamente são válidas, mas porque são extremamente relevantes para a garantia do pluralismo democrático.[11]

Todas as opiniões existentes são possíveis em discussões livres, uma vez que faz parte do princípio democrático "debater assuntos públicos de forma irrestrita, robusta e aberta".[12]

O direito fundamental à liberdade de expressão, portanto, não se direciona somente a proteger as opiniões supostamente verdadeiras, admiráveis ou convencionais, mas também aquelas que são duvidosas, exageradas, condenáveis, satíricas, humorísticas, bem como as não compartilhadas pelas maiorias.[13]

A Corte Europeia de Direitos Humanos afirma, em diversos julgados, que a liberdade de expressão:

> [...] constitui um dos pilares essenciais de qualquer sociedade democrática, uma das condições primordiais do seu progresso e do desenvolvimento de cada um. Sem prejuízo do disposto no nº 2 do art. 10º, ela vale não só para as informações ou ideias acolhidas com favor ou consideradas como inofensivas ou indiferentes, mas também para aquelas que ferem, chocam ou inquietam. Assim o exige o pluralismo, a tolerância e o espírito de abertura, sem os quais não existe *sociedade democrática*. Esta liberdade, tal como se encontra consagrada no art. 10º da Convenção, está submetida a excepções, as quais importa interpretar restritivamente, devendo a necessidade de qualquer restrição estar estabelecida de modo convincente. A condição de *necessário numa sociedade democrática* impõe ao Tribunal determinar se a ingerência litigiosa corresponde a *uma necessidade social imperiosa*.[14]

---

[10] DWORKIN, Ronald. *O direito da liberdade*. A leitura moral da Constituição norte-americana. São Paulo: Martins Fontes, 2006. p. 324.
[11] Cf. KALVEN JR., Harry. The New York Times Case: A note on the central meaning of the first amendment. *In*: LOVELAND, Ian D. (Ed.). *Constitutional Law*. Abingdon: Routlegde, 2000. Second Series. Capítulo 14. p. 435.
[12] *Cantwell v. Connecticut, 310 U.S. 296, 310 (1940), quoted 376 U.S at 271-72.*
[13] *Kingsley Pictures Corp. v. Regents, 360 U.S 684, 688-89, 1959.*
[14] ECHR. *Caso Alves da Silva v. Portugal.* Queixa 41.665/2007, j. 20.10.2009.

A democracia não existirá e a livre participação política não florescerá onde a liberdade de expressão for ceifada, pois esta constitui condição essencial ao pluralismo de ideias, que por sua vez é um valor estruturante para o salutar funcionamento do sistema democrático.

Lembremo-nos que, nos Estados totalitários no século passado – comunismo, fascismo e nazismo – as liberdades de expressão, comunicação e imprensa foram suprimidas e substituídas pela estatização e monopólio da difusão de ideias, informações, notícias e educação política, seja pela existência do serviço de divulgação da verdade do partido comunista (*pravda*), seja pela criação do comitê superior de vigilância italiano ou pelo programa de educação popular e propaganda dos nazistas, criado por Goebbels; com a extinção da multiplicidade de ideias e opiniões, e, consequentemente, da democracia.

Essa estreita interdependência entre a liberdade de expressão e o livre exercício dos direitos políticos, também, é salientada por Jonatas E. M. Machado, ao afirmar:

> [...] o exercício periódico do direito de sufrágio supõe a existência de uma opinião pública autônoma, ao mesmo tempo que constitui um forte incentivo no sentido de que o poder político atenda às preocupações, pretensões e reclamações formuladas pelos cidadãos. Nesse sentido, o exercício do direito de oposição democrática, que inescapavelmente pressupõe a liberdade de expressão, constitui um instrumento eficaz de crítica e de responsabilização política das instituições governativas junto da opinião pública e de reformulação das políticas públicas... O princípio democrático tem como corolário a formação da vontade política de baixo para cima, e não ao contrário.[15]

No Estado democrático de direito, não cabe ao Poder Público previamente escolher ou ter ingerência nas fontes de informação, nas ideias, nos métodos de divulgação de notícias, no controle do juízo de valor das opiniões dos candidatos ou dos meios de comunicação e na formatação de programas jornalísticos ou humorísticos a que tenham acesso seus cidadãos, por tratar-se de insuportável e ofensiva interferência no âmbito das liberdades individuais e políticas.

O funcionamento eficaz da democracia representativa exige absoluto respeito à ampla liberdade de expressão, possibilitando a liberdade de opinião, de criação artística, a proliferação de informações, a circulação de ideias; garantindo-se, portanto, os diversos e antagônicos discursos – moralistas e obscenos, conservadores e progressistas, científicos, literários, jornalísticos ou humorísticos, pois, no dizer de Hegel, é no espaço público de discussão que a verdade e a falsidade coabitam.

A liberdade de expressão permite que os candidatos e os meios de comunicação optem por determinados posicionamentos e exteriorizem seu juízo de valor; bem como autoriza programas humorísticos e sátiras realizados a partir de trucagem, montagem ou outro recurso de áudio e vídeo, como costumeiramente se realiza, não havendo nenhuma justificativa constitucional razoável para a interrupção durante o período eleitoral.

Note-se que, em relação à liberdade de expressão exercida inclusive por meio de sátiras, a Corte Europeia de Direitos Humanos referendou sua importância no livre debate de ideias, afirmando que "a sátira é uma forma de expressão artística e de comentário

---

[15] MACHADO, Jonatas E. M. *Liberdade de expressão*. Dimensões constitucionais da esfera pública no sistema social. Coimbra: Editora Coimbra, 2002. p. 80-81.

social que, além da exacerbação e a deformação da realidade que a caracterizam, visa, como é próprio, provocar e agitar". Considerando a expressão artística representada pela sátira, a Corte entendeu que:

> [...] sancionar penalmente comportamentos como o que o requerente sofreu no caso pode ter um efeito dissuasor relativamente a intervenções satíricas sobre temas de interesse geral, as quais podem também desempenhar um papel muito importante no livre debate das questões desse tipo, sem o que não existe sociedade democrática.[16]

Embora não se ignorem certos riscos que a comunicação de massa impõe ao processo eleitoral – como o fenômeno das *fake news* – revela-se constitucionalmente inidôneo e realisticamente falso assumir que o debate eleitoral, ao perder em liberdade e pluralidade de opiniões, ganharia em lisura ou legitimidade.

A plena proteção constitucional da exteriorização da opinião (aspecto positivo) não significa a impossibilidade posterior de análise e responsabilização de candidatos por eventuais informações injuriosas, difamantes, mentirosas, e em relação a eventuais danos materiais e morais, pois os direitos à honra, intimidade, vida privada e à própria imagem formam a proteção constitucional à dignidade da pessoa humana, salvaguardando um espaço íntimo intransponível por intromissões ilícitas externas, mas não permite a censura prévia pelo Poder Público.

Tal concepção encontra amparo na Convenção Americana sobre Direitos Humanos, da qual se extrai:

> O exercício do direito [à liberdade de pensamento e de expressão] não pode estar sujeito a censura prévia, mas a responsabilidades ulteriores, que devem ser expressamente fixadas pela lei e ser necessárias para assegurar: a. o respeito aos direitos ou à reputação das demais pessoas; b. a proteção da segurança nacional, da ordem pública, ou da saúde ou da moral públicas. (Art. 13)

O referido artigo estabelece ainda a necessidade de proibição de "toda propaganda a favor da guerra, bem como toda apologia ao ódio nacional, racial ou religioso que constitua incitação à discriminação, à hostilidade, ao crime ou à violência" (art. 13, 5).

A Constituição Federal, no mesmo sentido, não permite aos candidatos, inclusive em período de propaganda eleitoral, a propagação de discurso de ódio, ideias contrárias à ordem constitucional e ao Estado democrático (Constituição Federal, art. 5º, XLIV, e art. 34, III e IV), tampouco a realização de manifestações nas redes sociais ou através de entrevistas públicas visando ao rompimento do Estado de direito, com a extinção das cláusulas pétreas constitucionais – separação de poderes (CF, art. 60, §4º), com a consequente instalação do arbítrio.

A Constituição Federal consagra o binômio "liberdade e responsabilidade"; não permitindo de maneira irresponsável a efetivação de abuso no exercício de um direito constitucionalmente consagrado; não permitindo a utilização da "liberdade de expressão" como escudo protetivo para a prática de discursos de ódio, antidemocráticos, ameaças, agressões, infrações penais e toda a sorte de atividade ilícitas.

---

[16] ECHR. *Caso Alves da Silva v. Portugal*. Queixa 41.665/2007, j. 20.10.2009.

Liberdade de expressão não é liberdade de agressão!

Liberdade de expressão não é liberdade de destruição da democracia, das instituições e da dignidade e honra alheias!

Liberdade de expressão não é liberdade de propagação de discursos de ódio e preconceituosos!

A lisura do pleito deve ser resguardada, sob pena de esvaziamento da tutela da propaganda eleitoral,[17] e, portanto, as regras eleitorais que exigem comunicação prévia à Justiça Eleitoral do endereço eletrônico de *sites*, *blogs* e redes sociais, pelos candidatos, não ofendem a liberdade de expressão, pois não possuem "a finalidade de controlar ou mesmo aniquilar a força do pensamento crítico, indispensável ao regime democrático". Pelo contrário, viabilizam seu exercício, assegurando-se o interesse constitucional de se resguardar eleições livres e legítimas.[18]

A Constituição Federal não autoriza, portanto, a partir de ofensas e de ideias contrárias à ordem constitucional, à democracia e ao Estado de direito, que os candidatos propaguem inverdades que atentem contra a lisura, a normalidade e a legitimidade das eleições.

Nesse cenário, a livre circulação de pensamentos, opiniões e críticas visam a fortalecer o Estado democrático de direito e a democratização do debate no ambiente eleitoral, de modo que a intervenção da Justiça Eleitoral deve ser mínima em preponderância ao direito à liberdade de expressão dos candidatos. Ou seja, a sua atuação deve coibir práticas abusivas ou divulgação de notícias falsas, de modo a proteger o regime democrático, a integridade das instituições e a honra dos candidatos, garantindo o livre exercício do voto.[19]

É o que consagra o art. 30 da Convenção Americana sobre Direitos Humanos:

> As restrições permitidas, de acordo com esta Convenção, ao gozo e exercício dos direitos e liberdades nela reconhecidos, não podem ser aplicadas senão de acordo com leis que forem promulgadas por motivo de interesse geral e com o propósito para o qual houverem sido estabelecidas.

Logo, os excessos que a legislação eleitoral visa a punir, sem qualquer restrição ao lícito exercício da liberdade dos candidatos, dizem respeito aos seguintes elementos: a vedação ao discurso de ódio e discriminatório; atentados contra a democracia e o Estado de direito; o uso de recursos públicos ou privados, a fim de financiar campanhas elogiosas ou que tenham como objetivo denegrir a imagem de candidatos; a divulgação de notícias sabidamente inverídicas; a veiculação de mensagens difamatórias, caluniosas ou injuriosas ou o comprovado vínculo entre o meio de comunicação e o candidato.

Imprescindível lembrar que, numa sociedade democrática, "os direitos de cada pessoa são limitados pelos direitos dos demais, pela segurança de todos e pelas justas exigências do bem comum" (art. 32, 2, CADH).

---

[17] TSE. Representação nº 0601530-54/DF. Rel. Min. Luis Felipe Salomão. DJe, 18 mar. 2021.
[18] TSE. RO-EL nº 2247-73 e 1251-75. Red. p/ acórdão Min Alexandre de Moraes.
[19] TSE. REspe nº 0600025-25.2020 e AgR no AREspe nº 0600417-69. Rel. Min. Alexandre de Moraes.

A liberdade de expressão, portanto, não permite a propagação de discursos de ódio e ideias contrárias à ordem constitucional e ao Estado de direito,[20] inclusive pelos candidatos durante o período de propaganda eleitoral, uma vez que a liberdade do eleitor depende da tranquilidade e da confiança nas instituições democráticas e no processo eleitoral.[21]

Informação bibliográfica deste texto, conforme a NBR 6023:2018 da Associação Brasileira de Normas Técnicas (ABNT):

MORAES, Alexandre de. A liberdade do candidato e o respeito ao Estado democrático de direito e à dignidade da pessoa humana. *In*: OSORIO, Aline; MELLO, Patrícia Perrone Campos; BARROSO, Luna van Brussel (Coord.). *Direitos e democracia*: 10 anos do Ministro Luís Roberto Barroso no STF. Belo Horizonte: Fórum, 2023. p. 99-107. ISBN 978-65-5518-555-3.

---

[20] STF, Pleno. AP nº 1.044. Rel. Min. Alexandre de Moraes.
[21] TSE. RO-EL nº 0603975-98. Rel. Min. Luis Felipe Salomão. *DJe*, 10 dez. 2021.

BREVES REFLEXÕES SOBRE OS FLUXOS MIGRATÓRIOS, A DIGNIDADE HUMANA E A BUSCA PELA FELICIDADE

KASSIO NUNES MARQUES
MARCUS VINICIUS KIYOSHI ONODERA

The work of a judge is in one sense enduring and in another sense ephemeral. What is good in it endures. What is erroneous is pretty sure to perish. The good remains the foundation on which new structures will be built. The bad will be rejected and cast off in the laboratory of the years.[1]

1   A busca da felicidade ao longo dos séculos

A busca da felicidade é possivelmente um dos anseios mais antigos da civilização. Ao longo da história, muitos procuraram defini-la. Assim, conquanto se tenha apontado para diversas definições no curso dos séculos, o tema é, ainda hoje, motivo de acalorados debates, o que indica, também, sua profunda relevância para a humanidade.

Desde a Grécia Antiga, com Aristóteles e Epicuro, passando por Roma, com Sêneca, e Inglaterra, com Locke, a busca da felicidade sempre instigou a mente humana. E em 1776, na medida em que reconhece sua enorme relevância, Thomas Jefferson introduz, de forma bastante habilidosa, o conceito de *pursuit of happiness* na própria Declaração de Independência, ao lado dos direitos à vida e à liberdade: "Consideramos essas verdades evidentes por si mesmas, que todos os homens são criados iguais, que são dotados por seu Criador de certos direitos inalienáveis, que entre eles estão a vida, a liberdade e a *busca da felicidade*"[2] (grifos nossos).

É provável que Thomas Jefferson tenha sido influenciado pelas ideias de John Locke acerca da "busca inalterável da felicidade em geral", ou seja, da "necessidade de preferir e buscar a verdadeira felicidade como nosso maior bem", estabelecendo-a como

---

[1] CARDOZO, Benjamin. *The nature of the judicial process*. New Haven and London. Yale University Press, [s.d.]. p. 178.

[2] No original em inglês: "We hold these truths to be self-evident, that all men are created equal, that they are endowed by their Creator with certain unalienable Rights, that among these are Life, Liberty and the pursuit of Happiness" (Disponível em: https://www.archives.gov/founding-docs/declaration-transcript. Acesso em: 11 maio 2023).

"fundamento necessário de nossa liberdade".³ Assim, em seu *Ensaio sobre a natureza humana*, Locke aponta o seguinte:

> [...] Quanto mais laços fortes tivermos com uma busca inalterável da felicidade em geral, que é o nosso bem maior, e que, como tal, nossos desejos sempre seguem, mais estamos livres de qualquer determinação necessária de nossa vontade para qualquer ação particular, e de um cumprimento necessário de nosso desejo, estabelecido sobre qualquer bem particular e então aparentemente preferível, até que tenhamos examinado devidamente se ele tende a, ou é incompatível com, nossa felicidade real; e, portanto, até que estejamos tão informados sobre esta investigação quanto o peso do assunto e a natureza do caso exigem, somos, pela necessidade de preferir e buscar a verdadeira felicidade como nosso maior bem, obrigados a suspender a satisfação de nossos desejos em casos particulares.⁴

Em aprofundado estudo sobre o tema, Saul Tourinho Leal também reforça essa possível conexão:

> Os estudiosos do legado de Thomas Jefferson acreditam que a expressão "busca da felicidade" teria origem em antigas correspondências mantidas com John Locke. Também teria raiz na lei natural da Inglaterra, no século XVIII, inserida na temática de Locke ao tratar sobre o princípio da felicidade. Daí a importância de compreendermos bem essa conexão.⁵

É interessante, ainda, que Jefferson tenha utilizado não apenas a palavra *felicidade*, isoladamente, mas, sim, sua *busca*. Essa *busca da felicidade* era coerente e fundamental à Declaração de Independência que os *pais fundadores*, de forma corajosa, almejavam obter em relação à Coroa britânica; isto é, um direito do outrora imigrante a ter, em nova terra, no *Admirável Mundo Novo* (que mais tarde se tornaria os Estados Unidos da América), um *standard* de direitos e garantias, os quais viriam a constituir solo seguro para a *oportunidade* de lá obter a *verdadeira* e *real* felicidade.

Sob outro ângulo, o alcance da expressão *busca da felicidade* consolidou-se não apenas como um vetor na interpretação de direitos e garantias fundamentais, mas também como um dos principais objetivos para o fluxo migratório, o qual, desde o *Mayflower*, foi responsável pela colonização na América do Norte. Bem assim, milhares de imigrantes, vindos das mais diferentes partes da Europa, arriscavam-se pelos mares até o Novo Mundo, em busca de condições melhores e mais dignas, por vezes fugindo de perseguição religiosa e lutando para serem proprietários de alguma terra ou terem a chance de empreender em novos negócios que, de algum modo, lhes garantiria uma existência melhor. Enfim, essa busca, enquanto consequência natural da conquista de alguns direitos ou garantias que outrora não lhes eram assegurados na Europa, justificavam, aos novos colonos, arriscarem tudo.

Esse mesmo ideal, consistente no esforço por melhores e mais dignas condições de vida – que compreende rol de direitos e garantias fundamentais, como vida, liberdade e propriedade, mas a ele não se limita –, pode ser sintetizado pela feliz expressão "busca

---

³ LOCKE, John. *An Essay Concerning Human Nature*. 1690. E-book. p. 223-224.
⁴ LOCKE, John. *An Essay Concerning Human Nature*. 1690. E-book. p. 223-224.
⁵ LOCKE, John. *An Essay Concerning Human Nature*. 1690. E-book. p. 223-224.

da felicidade", *busca* que constitui, hoje em dia, causa ou propósito de muitos fluxos migratórios atualmente ao redor do mundo.

Retomaremos esse tema da busca da felicidade e sua relação com os fluxos migratórios logo mais. Antes disso, porém, é necessário estabelecer premissa lógica, por meio de sucintas ponderações acerca da evolução desse conceito e sua profunda conexão com outros direitos e garantias fundamentais, sobretudo a dignidade humana.

2 A evolução do conceito de busca da felicidade e a dignidade da pessoa humana

Nos Estados Unidos, o conceito de *pursuit of happiness* tem sido utilizado de forma ampla e flexível, pela Suprema Corte, em diversos precedentes. Embora a Declaração de Independência seja de 1776, talvez um dos primeiros precedentes que o tenha utilizado veio em 1886, no caso *Yick Wo v. Hopkins*,[6] em que se considerou inconstitucional tratamento discriminatório dado pela administração municipal a um cidadão chinês, em razão de lhe ser aplicada, de forma arbitrária, sanção administrativa quanto à lavanderia de sua propriedade. A Corte, assim, reconheceu-lhe, como um dos fundamentos, o direito de busca da felicidade (*pursuit of happiness*).

Alguns anos mais tarde, em 1923, no caso *Meyer v. Nebraska*, um professor, Robert Meyer, contestava a proibição, feita por lei estadual, de que as aulas fossem ministradas em língua estrangeira. A Corte reconheceu, por maioria, que o devido processo legal previsto pela 14ª Emenda abrangia não apenas a garantia de liberdade de locomoção, como também "o direito do indivíduo de contratar, de se envolver em qualquer uma das ocupações comuns da vida, de adquirir conhecimentos úteis, de casar, de estabelecer um lar e criar filhos, de adorar a Deus de acordo com os ditames de sua própria consciência" e, sobretudo, "desfrutar de privilégios reconhecidos pela *Common Law* como essenciais para a *busca ordenada da felicidade* por homens livres"[7] (grifos nossos).

Esses precedentes foram relevantes para casos que seriam julgados mais de cinquenta anos depois, em que um dos fundamentos era justamente a busca da felicidade.

Aí, aliás, cabe recordar trecho do famoso discurso de Martin Luther King Jr., *I have a dream*, em 1963, auge da luta pelos direitos civis:

> Quando os arquitetos de nossa república escreveram as magníficas palavras da Constituição e da Declaração de Independência, eles assinaram uma nota promissória da qual todo americano seria herdeiro. Esta nota era uma promessa de que todos os homens, sim, tanto os homens negros quanto os homens brancos, teriam garantidos os direitos inalienáveis da vida, da liberdade e da *busca da felicidade*.[8]

Em todo o mundo, a busca da felicidade, particularmente após a Segunda Guerra Mundial, foi gradativamente incorporada em outras Constituições. Bem assim, há expressa disposição de que configura um *direito constitucional à busca da felicidade*,

---

[6] 224 US 356 (1886).
[7] 262 US 390 (1923).
[8] Disponível em: https://www.amrevmuseum.org/dr-martin-luther-king-jr-and-the-promises-of-the-american-revolution. Acesso em: 4 maio 2023.

conforme previsto pela Constituição do Japão, promulgada em 1946, a qual dispõe, em seu art. 13: "Todas as pessoas devem ser respeitadas como indivíduos. Seu direito à vida, à liberdade e *à busca da felicidade* deve, na medida em que não interfira no bem-estar público, ser a consideração suprema na legislação e em outros assuntos governamentais"[9] (grifos nossos).

Da mesma forma, a Constituição da República da Coreia traz, em seu art. 10, expressa menção a referido direito: "Todos os cidadãos devem ter assegurado o valor e a dignidade humana e têm *o direito à busca da felicidade*. Será dever do Estado confirmar e garantir os direitos humanos fundamentais e invioláveis dos indivíduos"[10] (grifos nossos).

No Brasil, o Supremo Tribunal Federal, em precedente lapidar da relatoria do ilustre Ministro Celso de Mello, depois de construir importante histórico, reconheceu a relevância da busca da felicidade na jurisdição constitucional, mormente em direitos fundamentais, e o atrelou ao princípio da dignidade da pessoa humana:

> Reconheço que o direito à busca da felicidade - que se mostra gravemente comprometido, quando o Congresso Nacional, influenciado por correntes majoritárias, omite-se na formulação de medidas destinadas a assegurar, a grupos minoritários, a fruição dos direitos fundamentais - representa derivação do princípio da dignidade humana, qualificando-se como significativos postulados constitucionais implícitos cujas raízes mergulham, historicamente, na própria Declaração de Independência dos Estados Unidos da América, de 04 de julho de 1776.
>
> O texto dessa Declaração, fortemente influenciado pelas idéias iluministas, precedidas, no ponto, pelo pensamento de John Locke, resultou de projeto elaborado por Comissão designada pelo Segundo Congresso Continental dos Estados Unidos da América, constituída por Thomas Jefferson, seu principal autor, John Adams, Benjamim Franklin, Robert R. Livingston e Roger Sherman, ainda que alguns autores - como RAY RAPHAEL ("Mitos sobre a Fundação dos Estados Unidos: a verdadeira história da independência norte-americana", p. 125, traduzido por Maria Beatriz de Medina, Civilização Brasileira, 2006) mencionem o fato de que "Jefferson estava em condições de aproveitar o trabalho de muitos outros, inclusive o de George Mason, que acabara de redigir um documento muito parecido, a Declaração de Direitos da Virgínia" (grifei).
>
> Não é por outra razão que STEPHANIE SCHWARTZ DRIVER ("A Declaração de Independência dos Estados Unidos', p. 32/35, tradução de Mariluce Pessoa, Jorge Zahar Ed., 2006), referindo-se à Declaração de Independência dos Estados Unidos da América como típica manifestação do Iluminismo, qualificou o direito à busca da felicidade como prerrogativa fundamental inerente a todas as pessoas:
>
> "Em uma ordem social racional, de acordo com a teoria iluminista, o governo existe para proteger direito do homem de ir em busca da sua mais alta aspiração, que é, essencialmente, a felicidade ou bem-estar. [...]
>
> Nesse contexto, o postulado constitucional da busca da felicidade, que decorre, por implicitude, do núcleo de que se irradia o princípio da dignidade da pessoa humana, assume papel de extremo relevo no processo de afirmação, gozo e expansão dos direitos fundamentais, qualificando-se, em função de sua própria teleologia, como fator de neutralização de práticas ou de omissões lesivas cuja ocorrência possa comprometer, afetar ou, até mesmo, esterilizar direitos e franquias individuais.

---

[9] Disponível em: https://japan.kantei.go.jp/constitution_and_government_of_japan/constitution_e.html. Acesso em: 12 maio 2023.

[10] Disponível em: https://elaw.klri.re.kr/eng_service/lawView.do?hseq=1&lang=ENG. Acesso em: 12 maio 2023.

Registre-se, por oportuno, que o Supremo Tribunal Federal, por mais de uma vez (ADI 3.300 - MC/DE, Rel. Min. CELSO DE MELLO STA 223-AeR/PE, Rel. p/ o acórdão Min. CELSO DE MELLO, v.g.), *reconheceu, no princípio constitucional (implícito) da busca da felicidade, um "importante vetor hermenêutico relativo a temas de direitos fundamentais"*, como anota o ilustre Advogado SAUL TOURINHO LEAL, em precioso trabalho ('O Princípio da Busca da Felicidade como Postulado Universal").

Desnecessário referir a circunstância de que a Suprema Corte dos Estados Unidos da América tem aplicado esse princípio em alguns precedentes - como In Re Slaughter-House Cases (83 U.S. 36, 1872), Butchers' Union Co. v. Crescent city Co. (111 U.S. 746, 1884), Yick Wo v. Hopkins (118 U.S. 356, 1886), Meyer v. Nebraska (262 U.S. 390, 1923), Pierce v. Society of Sisters (268 U.S. 510, 1925), Griswold v. Connecticut (381 U.S. 479, 1965), Loving v. Virginia (388 U.S. 1, 1967), Zablocki v. Redhail (434 U.S. 374, 1978), v.g. -, nos quais esse Alto Tribunal, ao apoiar os seus "rulings" no conceito de busca da felicidade (*"pursuit of happiness"*), imprimiu-lhe significativa expansão, para, a partir da exegese da cláusula consubstanciadora desse direito inalienável, estendê-lo a situações envolvendo a proteção da intimidade e a garantia dos direitos de casar-se com pessoa de outra etnia, de ter custódia dos filhos menores, de aprender línguas estrangeiras, de casar-se novamente, de exercer atividade empresarial e de utilizar anticoncepcionais. (RE nº 477.554 AgR, Rel. Min. Celso de Mello, j. 16.8.2011) (Grifos nossos)

Na mesma linha do quanto sustentado pelo Ministro Celso de Mello, o ilustre Ministro Luís Roberto Barroso, que, nesta ocasião, completa 10 anos de brilhante magistratura constitucional, constrói, em obra fundamental a respeito do tema, importantes e harmônicas reflexões acerca da dignidade humana, ao estabelecer, sobre ela, três objetivos principais – realçar a relevância da dignidade nos cenários nacional e internacional, precisar sua natureza jurídica e demonstrar a utilidade de sua compreensão como vetor interpretativo em casos complexos –, do seguinte modo:

O primeiro deles é demonstrar a importância que a dignidade humana assumiu na jurisprudência nacional e internacional, assim como no discurso transnacional. Procura-se demonstrar, a esse propósito, que os Estados Unidos, embora ainda timidamente, têm se alinhado a essa tendência, e que não há motivos para que não devesse fazê-lo. O segundo objetivo é o de precisar a natureza jurídica da dignidade da pessoa humana – direito fundamental, valor absoluto ou princípio jurídico? – e definir o seu conteúdo mínimo, o qual, como aqui se sustenta, é composto por três elementos: o valor intrínseco de cada ser humano, a autonomia individual e o valor comunitário. O propósito visado é o de determinar as implicações jurídicas associadas a cada um desses elementos, isto é, estabelecer quais são os direitos fundamentais, os deveres e as responsabilidades que deles derivam.

O terceiro e último objetivo é mostrar como a definição da natureza jurídica e do conteúdo mínimo da dignidade humana pode ser útil para estruturar o raciocínio jurídico nos casos difíceis. Como exemplos para confirmar o argumento central do trabalho, são utilizados os casos do aborto, casamento de pessoas do mesmo sexo e do suicídio assistido.

A globalização do direito é uma característica essencial do mundo moderno, que promove, no seu atual estágio, a confluência entre Direito Constitucional, Direito Internacional e Direitos Humanos. As instituições nacionais e internacionais procuram estabelecer o enquadramento para a utopia contemporânea: um mundo de democracias, comércio justo e promoção dos direitos humanos. A dignidade humana é uma das ideias centrais desse cenário. Já passou o tempo de torná-la um conceito mais substantivo no âmbito do discurso jurídico, no qual ela tem frequentemente funcionado como um mero ornamento retórico, cômodo recipiente para um conteúdo amorfo.[11]

Em outra obra, o mesmo autor aponta a atual tendência, iniciada após a Segunda Guerra Mundial, do necessário resgate da concepção dos direitos naturais, mesclando-o ao positivismo jurídico, até então em alta. Tal terceiro movimento – pós-positivismo – busca a combinação de duas posições aparentemente antagônicas, com o propósito de conferir, em nosso sentir, ideal maior de acesso à justiça, de forma mais ampla, amadurecida e eficaz:

> A volta aos valores é a marca do pensamento jurídico que se desenvolve a partir da segunda metade do século XX. Foi, em grande parte, consequência da crise moral do positivismo jurídico e da supremacia da lei, após o holocausto e a barbárie totalitária do fascismo e do nazismo. No plano internacional, no contexto da reconstrução da ordem mundial do pós-guerra, foi aprovada a Declaração Universal dos Direitos Humanos, de 1948, na qual se materializou o consenso entre os povos acerca dos direitos e liberdades básicas a serem assegurados a todos os seres humanos. No âmbito interno, diferentes países reconhecem a centralidade da dignidade da pessoa humana e dos direitos fundamentais, que passam a ser protegidos por tribunais constitucionais. Tanto no direito europeu como nos Estados Unidos, diversos desenvolvimentos teóricos marcam a nova época, aí incluídos estudos seminais sobre teoria da justiça, normatividade dos princípios, argumentação jurídica e racionalidade prática, dando lugar a uma reaproximação entre o Direito e a filosofia. A volta aos valores está no centro da discussão metodológica contemporânea e do pensamento pós-positivista.[12]

O exercício desse novo modelo de jurisdição (constitucional) exige, assim, a compreensão da relevância dos direitos e garantias fundamentais pelas Cortes Constitucionais, como instrumento e meio de manutenção e desenvolvimento das democracias ocidentais.

3 Os fluxos migratórios e a busca da felicidade

Pois bem. Considerando-se que o propósito primordial deste artigo se prende a convidar o leitor à reflexão sobre a busca da felicidade e os fluxos migratórios, serão abordadas, pontualmente, questões relativas à União Europeia (notadamente Espanha e Ucrânia), ao Brasil e à Venezuela, casos que podem ser mais bem compreendidos à luz da busca da felicidade e dignidade humana.

3.1 União Europeia

Com o término da vigência, em dezembro de 2014, do Programa de Estocolmo para o Espaço de Liberdade, Segurança e Justiça (AFSJ), adotado em dezembro de 2009, a

---

[11] BARROSO, Luís Roberto. *A dignidade da pessoa humana no direito constitucional contemporâneo*: a construção de um conceito jurídico à luz da jurisprudência mundial. Tradução de Humberto Laport de Mello. 2. reimpr. Belo Horizonte: Fórum, 2013. p. 11-12.

[12] BARROSO, Luís Roberto. *Curso de direito constitucional contemporâneo*. 11. ed. São Paulo: SaraivaJur, 2023. p. 241.

Comissão do Parlamento Europeu definiu, naquele mesmo ano, orientações voltadas (art. 68º do Tratado sobre o Funcionamento da União Europeia – TFUE) ao aperfeiçoamento de instrumentos e medidas legais existentes com o objetivo de tornar mais adequada a migração regular e, ao mesmo tempo, debelar eficazmente a irregular, por meio de eficiente controle de fronteiras. Tais propósitos representavam um verdadeiro desafio, consistente em assegurar tratamento justo aos nacionais de países terceiros que residem legalmente nos Estados-Membros e, simultaneamente, reforçar as medidas de combate à criminalidade, incluindo-se aí a imigração irregular, o tráfico e o contrabando. Some-se a isso o princípio da solidariedade, previsto pelo Tratado de Lisboa, que aponta para a atribuição equitativa das responsabilidades entre os Estados-Membros.

Nesse contexto, o Novo Pacto foi publicado pela Comissão em setembro de 2020. A pretensão era "integrar o procedimento de asilo na gestão global da migração, ligando-o a pré-triagem e ao regresso, abrangendo também a gestão das fronteiras externas, uma previsão mais forte, preparação e resposta a crises associadas a um mecanismo de solidariedade e relações externas com os principais países terceiros de origem e de trânsito".[13]

Como informado pelo Parlamento Europeu, procurou-se, além de desenvolver caminhos legais complementares para a proteção (reassentamento e outras formas de admissão humanitária, como programas de patrocínio comunitário), incentivar a educação e o trabalho. Isso englobou o estímulo à concretização sobre a Diretiva "Cartão Azul", bem como à satisfação das necessidades de migração laboral entre os Estados-Membros, com revisão da Diretiva de Residentes de Longa Duração e da Diretiva Autorização Única.[14]

Entre as diversas alterações, a Diretiva nº 2009/50/CE, referente às condições de entrada e de residência de nacionais de países terceiros para efeito de emprego altamente qualificado, criou o "cartão azul UE", "procedimento acelerado para a emissão de uma autorização especial de residência e de trabalho, em termos mais favoráveis, para permitir aos trabalhadores de países terceiros o acesso a empregos altamente qualificados nos Estados-Membros". Em setembro de 2021, o Parlamento revisou e validou novos e mais flexíveis critérios, com um contrato de trabalho válido de, no mínimo, seis meses, além de reduzir o limite do salário mínimo para elegibilidade ao cartão azul.

Já a Diretiva de Autorização Única (2011/98/UE), que estabelecia um procedimento comum e simplificado para nacionais de países terceiros que solicitassem autorização de residência e trabalho num dos Estados-Membros, além de um conjunto comum de direitos a serem concedidos aos imigrantes regulares, também foi simplificada. Com o Novo Pacto, a Comissão propôs descomplicar o procedimento e torná-lo mais claro, mormente quanto às condições de admissão e residência dos trabalhadores pouco e medianamente qualificados.

Ainda, quanto à Diretiva nº 2014/36/UE, adotada em 2014 e mediante a qual regulamentadas as condições de entrada e residência de nacionais de países terceiros

---

[13] Disponível em: https://www.europarl.europa.eu/factsheets/en/sheet/152/immigration-policy. Acesso em: 10 maio 2023.

[14] Disponível em: https://www.europarl.europa.eu/factsheets/en/sheet/152/immigration-policy. Acesso em: 10 maio 2023.

para efeito de emprego como trabalhadores sazonais, o quadro foi alterado com a pandemia de Covid-19, o que implicou novas orientações.

Assim, de modo geral, pode-se notar uma tendência convergente à flexibilização e à simplificação de diversos procedimentos, de forma a facilitar os fluxos migratórios na União Europeia.

Contudo, em período recente, a situação da imigração na Europa foi sensivelmente marcada por dois fatos bastante relevantes. O primeiro foi, como já se anotou, a pandemia causada pelo novo coronavírus, que resultou no adiamento da adoção das novas orientações. O segundo diz respeito à mudança de fluxos migratórios decorrente do conflito entre Ucrânia e Rússia, que inspirou a adoção, em caráter emergencial, de medidas de proteção temporária, como será exposto a seguir.

3.2 Contexto atual da imigração na Espanha

De forma específica, o Governo espanhol aprovou, em 26.7.2022, profunda reforma, por meio do Decreto nº 629, com o objetivo de facilitar a regularização da situação de imigrantes no país, concedendo-lhes mais direitos e liberdades. Tal mudança se deu, principalmente, conforme notícia do *site France 24*, em razão "da falta de pessoal em diferentes setores como turismo ou agricultura, apesar da alta taxa de desemprego".

Essa reforma teve por objetivo "uma migração regular ordenada e segura", nas palavras do ministro da Segurança Social, José Luis Escrivá. Ainda conforme a mencionada reportagem:

> O texto facilita especialmente a regularização de imigrantes indocumentados que já estão em território espanhol há mais de dois anos. Quem se encontrar nesta situação poderá aceder legalmente a um emprego ou realizar formação em setores em que há muitas vagas por preencher.
>
> A reforma também simplifica o acesso ao emprego para estudantes estrangeiros, que poderão trabalhar até 30 horas semanais durante seus estudos, e até mesmo ingressar no mercado de trabalho posteriormente, sem necessariamente ter que morar na Espanha por três anos.
>
> O novo regulamento também favorece o reagrupamento familiar e a concessão de vistos de trabalho nos setores de atividade mais estressados, simplificando e uniformizando os processos administrativos a seguir.
>
> Estas medidas visam "melhorar o modelo migratório espanhol e os seus procedimentos, em muitos casos lentos e inadequados, o que gera períodos prolongados de irregularidade, com elevados custos sociais e económicos", sublinhou o ministério.
>
> Este fenômeno, que se agravou após a pandemia de covid-19, é regularmente apontado por empresas destes setores, que afirmam ter problemas na contratação de colaboradores, o que limita as suas perspectivas de crescimento.[15]

A reforma promovida pelo Decreto nº 629/22 buscou:

> adequar o quadro das autorizações de trabalho ao novo quadro de contratação estabelecido pelo Real Decreto-Lei 32/2021, de 28 dezembro, de medidas urgentes para a reforma

---

[15] Disponível em: https://www.france24.com/es/minuto-a-minuto/20220726-espa%C3%B1a-suaviza-las-reglas-de-inmigraci%C3%B3n-ante-la-falta-de-mano-de-obra.

trabalhista, a garantia da estabilidade no emprego e a transformação do mercado de trabalho, além de atualizar alguns elementos de figuras previstas no Regulamento de Imigração.

A par disso, lastreia-se em quatro principais elementos:

1) a necessidade de atualizar e melhorar a regulamentação vigente migração ligada ao local de trabalho, que está desatualizada para atender às necessidades e os atuais desequilíbrios do mercado de trabalho;

2) a transposição da Diretiva (UE) 2016/801 do Parlamento Europeu e do Conselho, de 11 de maio de 2016, sobre os requisitos de entrada e residência de nacionais de países terceiros para fins de investigação, estudos, estágios, voluntariado, programas de intercâmbio estudantil ou projetos educacionais e colocação de *au pair*;

3) a reforma do regime de trabalho por conta própria, com a reforma dos artigos 71, 72, 105 e 109 do Regulamento da Lei Orgânica 4/2000, de 11 de janeiro. Os regulamentos atuais não facilitam o empreendedorismo por estrangeiros; especialmente inicialmente. Somado aos obstáculos documentais está o fato de se ter considerado que o trabalhador por conta própria só podia estar vinculado a um grande investimento, evitando a figura do empresário individual que se limita ao investimento mínimo de acordo com as características do seu projeto de trabalho e cujo objetivo é o Empregado por conta própria. Ao mesmo tempo, foi determinado no campo das renovações, a máxima compatibilidade entre o trabalho remunerado e o trabalho por conta própria para incentivar o empreendedorismo entre os migrantes, enquanto sua validade é estendida até todos os quatro anos.

4) melhorar o tratamento dos expedientes através de uma nova unidade administrativa, criada por meio do Dispositivo Adicional Único. O processamento médio de uma autorização de residência e de trabalho dura vários meses. Soma-se a isso a limitação da capacidade dos Escritórios de Imigração para responder com rapidez e eficiência às demandas que a população estrangeira e as empresas exigem, tanto para autorizações iniciais bem como para as renovações das referidas autorizações".

3.3 A rota do Mediterrâneo ocidental

De qualquer modo, é preciso ponderar que a Espanha, embora tenha recentemente reformado sua política migratória, sofre com a imigração ilegal, particularmente de pessoas vindas da Argélia e de Marrocos, que se utilizam de vias terrestres (enclaves de Ceuta e Melilha, no Norte da África) e marítimas, também chamada de Rota do Mediterrâneo ocidental.

O pico desse fluxo foi atingido em 2018. Desde então, após investimento da EU em parceria com Marrocos, a fim de reforçar o controle de fronteiras e o combate ao tráfico de migrantes, verificou-se diminuição desses números, especialmente por conta:

- da intensificação dos esforços de Marrocos em enfrentar a migração ilegal;
- da cooperação estreita entre Marrocos, Espanha e EU; e
- da pandemia de Covid-19.

Para aperfeiçoar o controle nas fronteiras externas, a Agência Europeia da Guarda de Fronteiras e Costeira (Frontex) tem auxiliado a Espanha na fiscalização dos seus limites territoriais, por meio de operações marítimas, atuando principalmente na vigilância das fronteiras. Seus navios e aviões contribuem, ainda, para as operações de busca e salvamento na região. A agência tem colaborado com as autoridades espanholas não só no mar, mas também em vários portos marítimos e aeroportos internacionais.

O governo espanhol e a Frontex buscam, assim, combater e prevenir diversos crimes cometidos na faixa de fronteira com a Espanha, como se extrai do gráfico a seguir:

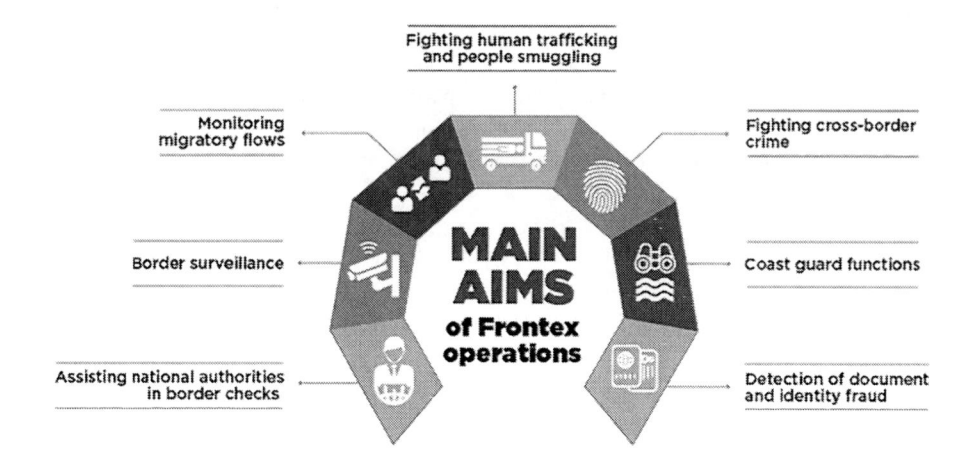

MAIN AIMS of Frontex operations

- Fighting human trafficking and people smuggling
- Monitoring migratory flows
- Fighting cross-border crime
- Border surveillance
- Coast guard functions
- Assisting national authorities in border checks
- Detection of document and identity fraud

Disponível em: https://frontex.europa.eu/what-we-do/operations/operations/.

Como, aliás, destacado no próprio *site* da agência, a Frontex disponibiliza na área, atualmente, mais de 180 agentes de vários países europeus, que ajudam a registrar migrantes e recolhem informações sobre redes criminosas de contrabando, as quais são partilhadas com as autoridades nacionais e a Europol em apoio às investigações criminais. Esse pessoal também fornece apoio na identificação de migrantes vulneráveis, como vítimas de tráfico, inclusive daqueles que precisam de proteção internacional. Por último, a agência também ajuda as autoridades espanholas na apreensão de drogas, armas e cigarros. São exemplos dessas operações conjuntas nas fronteiras marítimas espanholas as Operações Hera, Indalo e Minerva.[16]

Em síntese, a Espanha vive hoje situação bastante delicada. De um lado, tem de lidar com o tráfico ilegal de pessoas, que, em regra, é acompanhado por uma série de outros crimes. Sobre esse tema, aliás, importa rememorar infeliz evento ocorrido em junho de 2022, quando 23 pessoas morreram e outras 76 foram feridas ao tentar atravessar o enclave espanhol, pulando a cerca de arame que delimita a fronteira e sendo atacadas por autoridades marroquinas. Ao que consta do relatório do Alto Comissariado das Nações Unidas para os Direitos Humanos, elas estavam em busca de uma vida melhor.[17]

Por outro lado, aquele país precisa também incentivar e aumentar a imigração de pessoas, sobretudo jovens, a fim de constituir mão de obra como meio de garantir o próprio desenvolvimento social e econômico. Referida urgência, não custa relembrar, foi agravada com a pandemia causada pelo novo coronavírus.

---

[16] Disponível em: https://frontex.europa.eu/we-support/main-operations/operations-minerva-indalo-spain-/. Acesso em: 10 maio 2023.
[17] Disponível em: https://news.un.org/es/story/2022/06/1510992. Acesso em: 10 maio 2023.

O quadro é favorável, na medida em que os índices de natalidade em países menos desenvolvidos como os da África subsaariana são consideravelmente mais altos que os europeus. Isso indica que os movimentos imigratórios serão possíveis, mormente se incentivados de forma adequada.

3.4 Contexto atual da imigração ucraniana

Em que pese o artigo seja voltado principalmente a questões atinentes aos fluxos migratórios na União Europeia e no Brasil, a situação da Ucrânia e da Rússia será brevemente mencionada.

A disputa entre os dois países teve início em 24.2.2022 e motivou a fuga de milhões de pessoas da Ucrânia. Tal panorama fez com que a União Europeia viesse, pouco depois, a adotar o regime de proteção temporária, por meio da Decisão EU nº 2022/382, em conformidade com o art. 5º da Diretiva nº 2001/55/EC, de 4.3.2022.

A providência consiste em

> um mecanismo de emergência que pode ser aplicado no caso de afluxo maciço de pessoas e que visa conceder uma proteção imediata e coletiva (ou seja, sem necessidade de análise de pedidos individuais) a pessoas deslocadas, impossibilitadas de regressar ao seu país de origem. [Seu] objetivo é aliviar a pressão sobre os sistemas nacionais de asilo e permitir que as pessoas deslocadas se beneficiem de direitos harmonizados em toda a UE. Estes direitos incluem a residência, o acesso ao mercado de trabalho e à habitação, a assistência médica e o acesso das crianças à educação.[18]

A medida é voltada às pessoas que já eram residentes na Ucrânia na data do início da ofensiva da Rússia e que sejam:

a) nacionais ucranianos e familiares;
b) apátridas e nacionais de países terceiros que não a Ucrânia que se beneficiaram de proteção internacional na Ucrânia (ex.: refugiados) e seus familiares; ou
c) nacionais de países terceiros, que não a Ucrânia, titulares de autorização de residência permanente e cujo regresso seguro e duradouro ao país de origem seja impossível.

A par disso, também poderá ser aplicável a:

a) nacionais ucranianos que tenham fugido da Ucrânia pouco antes de 24.2.2022;
b) nacionais ucranianos que se encontravam no território da UE imediatamente antes daquela data; e
c) nacionais de países terceiros, que não a Ucrânia, titulares de autorização de residência não permanente e cujo regresso seguro e duradouro ao país de origem seja impossível.[19]

---

[18] Disponível em: https://www.consilium.europa.eu/pt/policies/eu-migration-policy/. Acesso em: 10 maio 2023.
[19] Disponível em: https://www.consilium.europa.eu/pt/press/press-releases/2022/03/04/ukraine-council-introduces-temporary-protection-for-persons-fleeing-the-war/. Acesso em: 10 maio 2023.

3.5 Contexto da imigração no Brasil

O Brasil tradicionalmente acolhe imigrantes das mais diversas nacionalidades. Felizmente, essa tradição tem se mantido.

Especificamente em relação ao contexto da Ucrânia, conforme art. 2º da Portaria Interministerial MJSP/MRE nº 36, de 13.3.2023, o "visto temporário para acolhida humanitária poderá ser concedido aos nacionais ucranianos e aos apátridas afetados ou deslocados pela situação de conflito armado na Ucrânia". Assim, até janeiro de 2023, haviam sido concedidos, segundo dados fornecidos pelo Ministério da Justiça e Segurança Pública, em parceria com a UNHCR/ACNUR, 38 vistos a pessoas reconhecidas como refugiadas de origem ucraniana.[20]

Contudo, a maior porcentagem do atual movimento imigratório no Brasil, com solicitações embasadas em grave e generalizada violação de direitos humanos (GGVDH), refere-se a venezuelanos. Nada menos que 53.307 pessoas foram reconhecidas como refugiadas[21] e 11.215 obtiveram registro de residência no país.[22] Em verdade, ante a crise em curso na Venezuela, levantamento feito até janeiro deste ano aponta que 70,63% das solicitações de refúgio em nosso país são de venezuelanos, seguidos por 5,15% dos pedidos referentes a sírios e 4,30% atinentes a senegaleses.[23]

4 Conclusões

A busca da felicidade e a dignidade humana revelam-se, no decorrer da história, grandes impulsionares dos fluxos migratórios, os quais derivam, em regra, da pretensão de ter uma vida melhor. Esses fluxos refletem, em boa medida, a situação socioeconômica dos países de origem e de destino. É claro que a admissão desses cidadãos deve ser feita de modo ordenado e, sempre que possível, planejado, a fim de evitar possíveis conflitos, tumultos e até episódios envolvendo crimes e/ou atos de terrorismo. Feitas tais ponderações, parece intuitivo que um refugiado marroquino persiga melhores condições na Espanha ao mesmo tempo que um cidadão venezuelano enxergue no Brasil a promessa de viver melhor e com mais dignidade.

Sem dúvida, sobretudo desde o fim do século XIX, nosso país tem tradicionalmente recebido povos das mais diversas nacionalidades, que compõem um profícuo mosaico de culturas e tradições do qual provém um desenvolvimento social e econômico bastante relevante no cenário mundial. Assim, é motivo de orgulho que o Brasil tenha recebido de braços abertos imigrantes italianos, alemães, japoneses, ucranianos, poloneses, russos e, mais recentemente, venezuelanos.

---

[20] Disponível em: https://portaldeimigracao.mj.gov.br/images/Informativos_Publica%C3%A7%C3%A3o/informe-migracao-ucraniama-mar2022_3.pdf. Acesso em: 10 maio 2023.
[21] Disponível em: https://www.acnur.org/portugues/dados-sobre-refugio/dados-sobre-refugio-no-brasil/. Acesso em: 10 maio 2023.
[22] Disponível em: https://portaldeimigracao.mj.gov.br/images/Obmigra_2020/OBMIGRA_2023/Informativos_Mensais/MAr%C3%A7o_2023_1.pdf. Acesso em: 15 maio 2023.
[23] Disponível em: https://app.powerbi.com/view?r=eyJrIjoiZTk3OTdiZjctNGQwOC00Y2FhLTgxYTctNDNlN2ZkNjZmMWVlIiwidCI6ImU1YzM3OTgxLTY2NjQtNDEzNC04YTBjLTY1NDNkMmFmODBiZSIsImMiOjh9&pageName=ReportSection. Acesso em: 10 maio 2023.

As políticas públicas migratórias devem compreender esse fenômeno humano, com o escopo de garantir um plexo de direitos e garantias fundamentais que, bem ou mal, têm sido compreendidos como universais desde ao menos o desfecho da Segunda Guerra Mundial. Entre eles, os direitos à vida, à liberdade, à propriedade e, em especial, à busca da felicidade.

O Brasil tem se mantido fiel a tais princípios, e cumpre à Suprema Corte também exercer prudente juízo de ponderação quanto à busca da felicidade na interpretação dos demais direitos e garantias constitucionais, mormente no que toca ao tema dos direitos fundamentais.

As breves reflexões aqui traçadas tiveram por objetivo maior prestigiar a sólida e brilhante atuação do Ministro Luís Roberto Barroso, que empresta à Corte Suprema brasileira sólidos intelecto e convicção para construir no país uma terra em que não apenas se busque, mas efetivamente se atinja a real e verdadeira felicidade.

Informação bibliográfica deste texto, conforme a NBR 6023:2018 da Associação Brasileira de Normas Técnicas (ABNT):

MARQUES, Kassio Nunes; ONODERA, Marcus Vinicius Kiyoshi. Breves reflexões sobre os fluxos migratórios, a dignidade humana e a busca pela felicidade. *In*: OSORIO, Aline; MELLO, Patricia Perrone Campos; BARROSO, Luna van Brussel (Coord.). *Direitos e democracia*: 10 anos do Ministro Luís Roberto Barroso no STF. Belo Horizonte: Fórum, 2023. p. 109-121. ISBN 978-65-5518-555-3.

SEGURANÇA JURÍDICA E EFICIÊNCIA NA LINDB: PRINCÍPIOS PARA A CONSTRUÇÃO DE UM ESTADO DE JUSTIÇA

ANDRÉ LUIZ DE ALMEIDA MENDONÇA

1 Introdução

Entre todos os *valores supremos* previstos no preâmbulo da Constituição brasileira de 1988, bem assim ao longo de todo o Texto Constitucional, a justiça pode ser considerada o verdadeiro valor "super-supremo". Isso porque é o único capaz de conciliar e harmonizar a coexistência equilibrada de todos os demais e, assim, garantir ou delimitar a condição de validade e legitimidade do poder estatal. De fato, todos os direitos e garantias fundamentais inscritos na Carta da República – no que se incluem, com especial destaque, a liberdade, a igualdade, o bem-estar, o desenvolvimento, a segurança e a própria vida – possuem como vetor comum e condição material de realização a observância de dado ideário de justiça. Esse ideário, que assume diversas feições ao longo da história e conforme a vertente filosófica, em maior ou menor medida, acaba por estabelecer uma dialética com dois princípios jurídicos fundamentais, a saber: a *segurança jurídica* e a *eficiência administrativa*.

Segurança jurídica, em linhas sintéticas, é o mapeamento racional prévio de condutas e consequências que, ao nortear as decisões dos sujeitos de direito, promove a estabilidade social fundamental para a sobrevivência e coexistência dos seres humanos sob determinada ordem jurídica. Nesse sentido, conforme pontua Karl Larenz:

> o ordenamento jurídico protege a confiança suscitada pelo comportamento do outro e não tem mais remédio que protegê-la, porque poder confiar [...] é condição fundamental para uma pacífica vida coletiva e uma conduta de cooperação entre os homens e, portanto, da paz jurídica.[1]

---

[1] LARENZ, Karl. *Derecho justo*: fundamentos de ética jurídica. Madrid: Civitas, 1985. p. 91.

Sem previsibilidade e estabilidade, perde-se a condição necessária para que o ordenamento jurídico seja efetivo, pois torna-se desinteressante, quiçá impossível, guiar-se pelas normas jurídicas quando não há mínimas garantias de que as interpretações e decisões estatais, administrativas ou judiciais, manterão algum grau de coerência e uniformidade. Não é por outra razão que o legislador fez inserir no Código de Processo Civil de 2015 regra cogente nesse sentido, destinada a todos os tribunais do país.[2]

Eficiência, por sua vez, relaciona-se com o alcance de resultados que atinjam a finalidade da ação, ou seja, é a entrega satisfatória daquilo que todos esperam dos órgãos e agentes públicos – e também dos agentes privados –[3] nas inúmeras relações jurídicas que permeiam a vida em sociedade. Se, de um lado, não se pode desconsiderar a crítica de Celso Antônio Bandeira de Mello, de que a eficiência administrativa "mais parece um simples adorno agregado ao art. 37 ou o extravasamento de uma aspiração dos que burilam no texto",[4] dada sua fluidez jurídica e dificuldade de controle; de outro, não se pode olvidar da possibilidade de conceituá-la, ainda que por aproximação. Assim, em síntese, a eficiência é a "aptidão para obter o máximo ou o melhor resultado ou rendimento, com a menor perda ou o menor dispêndio de esforços; associa-se à noção de rendimento, de produtividade; de adequação à função".[5]

2 O advento da Lei nº 13.655/2018

É inegável que tanto a segurança jurídica quanto a eficiência administrativa são princípios consagrados na Carta brasileira de 1988. Não obstante, deve-se reconhecer que o excesso analítico baseado em princípios – ainda que harmônicos no plano abstrato – frequentemente se confronta na aplicação concreta, permitindo interpretações díspares e, por vezes, com acentuado caráter subjetivo (próximo daquilo que a doutrina chama de *decisionismo*).[6] Essa realidade, e a demanda por uma justiça imparcial, impessoal e objetiva, acaba por exigir, no âmbito do Estado de direito, que a hermenêutica jurídica não prescinda dos marcos legislativos indispensáveis para o contínuo processo de construção de um verdadeiro Estado de justiça.

Assim, objetividade está diretamente relacionada à segurança jurídica e à justiça, assim como subjetividade à insegurança jurídica e à justiça parcial – ou, simplesmente, injustiça. Transplantando tais relações para a seara da responsabilidade dos gestores públicos, a insegurança jurídica, revelada notadamente na imprevisibilidade que decorre da ampla variação e criatividade de órgãos controladores, ministeriais e judiciais do Estado, acaba contribuindo, ainda que de modo (talvez) não intencional, para a potencialização de crises políticas e econômicas, comprometendo a atuação eficiente e justa do Poder Público na área social. Isso sem falar, é claro, que algumas

---

[2] Código de Processo Civil: "Art. 926. Os tribunais devem uniformizar sua jurisprudência e mantê-la estável, íntegra e coerente".
[3] A eficiência do setor privado é igualmente objeto de tutela jurídica como indicam, por exemplo, as normas de proteção do consumidor (art. 5º, XXXII e art. 170, IV da Constituição Federal e Lei nº 8.078/90).
[4] BANDEIRA DE MELLO, Celso Antônio. *Curso de direito administrativo*. ed. 12. São Paulo: Malheiros, 1999, p. 92.
[5] ZYLBERSZTAJN, Décio; SZTAJN, Rachel (Org.). *Direito e economia*. Rio de Janeiro: Campus, 2005. p. 83.
[6] Sobre decisionismo, ver ABBOUD, Georges. *Discricionariedade administrativa e judicial*. São Paulo: Revista dos Tribunais, 2014. p. 438.

sanções aplicadas em ambiente da insegurança jurídica, por não se enquadrarem minimamente na consideração racional que antecedeu a tomada de decisão, serão tidas como profundamente injustas por seus destinatários.

Um dos efeitos deste tipo de conduta é o surgimento do fenômeno que a doutrina acabou por denominar como "apagão das canetas"[7] ou "direito administrativo do medo", que é justamente uma reação dos gestores públicos à imprevisibilidade e insegurança geradas por determinadas decisões, de modo que optam pela apatia e inação como forma de não se submeterem ao risco de sanções desmedidas ou injustas.[8] Ou seja, a tentativa de evitar a responsabilização, gerada pelo medo de conduzir-se em um ambiente de incerteza decisória, ao invés de aproximar, acaba por afastar os agentes da consecução de princípios insculpidos no art. 37 da Constituição.

A ineficiência, por sua vez, em especial a administrativa, percebe-se muito facilmente a partir da baixa avaliação que a população confere aos serviços que recebe do Poder Público, consoante atestam diversas pesquisas de opinião. Em termos doutrinários, trata-se do oposto do que se espera do conhecido e difundido princípio do direito europeu chamado de princípio da "boa administração".[9]

Há, na verdade, a seguinte correlação: a insegurança jurídica contribui enormemente para a ineficiência administrativa, o que tem o condão de ensejar ainda maior insegurança jurídica. A insatisfação popular que decorre da ineficiência estatal atrai, compreensivelmente, a atenção e atuação de órgãos dotados de competências fiscalizatórias, investigativas e sancionatórias, os quais, porém, ao aplicarem punições eventualmente imprevistas, desproporcionais ou desarrazoadas em face do gestor, reforçam o cenário de insegurança jurídica e, indiretamente, estimulam a criação de *zonas de conforto inercial*. Na prática, embora com intenção oposta, o sistema de controle acaba, por vezes, incentivando a ineficiência administrativa, num ciclo vicioso absolutamente incompatível com os urgentes desafios econômicos e sociais do país.

Em um contexto distinto, mas no qual se discutia o papel das instituições e a importância da higidez do ordenamento para o desenvolvimento nacional, o eminente Ministro Luís Roberto Barroso, no julgamento das ADCs nºs 43, 44 e 54 afirmou:

---

[7] Em dissertação de mestrado apresentada à Escola de Direito do Rio de Janeiro da Fundação Getúlio Vargas, Felipe Ramirez Gullo adverte para o seguinte risco: "O que está em relevo é o risco de o próprio agente público ser responsabilizado por simplesmente decidir no exercício de cargo ou emprego público. [...]. E seus impactos são tão expressivos que nos parece interessante avaliarmos e compreendermos, pois as decisões dos administradores orientadas à sua própria proteção têm efeitos drásticos sobre a Administração Pública, pois o objetivo primeiro do gestor passa a ser de ordem subjetiva-protetiva (de ordem pessoal), e não objetivo-finalística (busca do interesse público). E tal forma de administrar desaparece completamente o que se entende por boa administração pública, pois o verdadeiro objetivo do agente público passa a ser esquivar-se de eventual responsabilização, mesmo que isso importe em má administração" (GULLO, Felipe Ramirez. "*Apagão das canetas*": análise econômica da responsabilidade da improbidade administrativa. Dissertação (Mestrado) –Escola de Direito, Fundação Getúlio Vargas, Rio de Janeiro, 2022. p. 108. Disponível em: https://bibliotecadigital.fgv.br/dspace/bitstream/handle/10438/31899/Disserta%C3%A7%C3%A3o%20-%20Felipe%20Ramirez%20Gullo%20Final.pdf?sequence=4&isAllowed=y. Acesso em: 21 maio 2023).

[8] SANTOS, Rodrigo Valga dos. *Direito administrativo do medo*. 2. ed. rev., atual. e ampl. São Paulo: Thomson Reuters Brasil, 2022. Livro eletrônico.

[9] Sobre o direito fundamental à boa administração, ver FREITAS, Juarez. As políticas públicas e o direito fundamental à boa administração. *Revista do Programa de Pós-Graduação em Direito – UFC*, v. 35 n. 1, jan./jun. 2015. Disponível em file:///C:/Users/terci/Downloads/2079-Texto%20do%20artigo-3469-3-10-20160220.pdf. Acesso em: 21 maio 2023.

Por fim, há uma questão que considero importante. Há décadas o Brasil tenta furar o cerco da renda média e se tornar um país verdadeiramente desenvolvido. Ser desenvolvido significa melhor educação, melhor saúde, melhores salários, melhor qualidade de vida para a população. Não é um objetivo desimportante. O clube das nações desenvolvidas é a OCDE, a Organização para a Cooperação e Desenvolvimento Econômico. Pois também me preocupa a percepção que o mundo desenvolvido tem do meu País. Essa não é uma questão supérflua. As sociedades capitalistas vivem da segurança jurídica, da confiança nas instituições e nos atores públicos e privados. É isso que determina o nível de investimento e o volume de negócios de um país e, consequentemente, seu nível de emprego e perspectivas de desenvolvimento.[10]

É certo que alguns avanços foram alcançados nos últimos anos. Cite-se, por exemplo, a Lei nº 13.460, de 26.6.2017, que estabeleceu normas básicas para participação, proteção e defesa dos direitos do usuário dos serviços públicos prestados direta ou indiretamente pela Administração Pública. No entanto, as normas jurídicas necessitam encontrar respaldo e aplicação na realidade, sob pena de se tornarem letra morta, como observa Miguel Reale:

> O certo é, porém, que não há norma jurídica sem um mínimo de eficácia, de execução ou aplicação no seio do grupo.
> O Direito autêntico não é apenas declarado mas reconhecido, é vivido pela sociedade, como algo que se incorpora e se integra na sua maneira de conduzir-se. A regra de direito deve, por conseguinte, ser formalmente válida e socialmente eficaz.[11]

Por essa razão, é possível afirmar que veio em boa hora a adição de dez artigos[12] à Lei de Introdução às Normas do Direito Brasileiro (LINDB), trazidos pela Lei nº 13.655, de 25.4.2018, dispondo justamente sobre "segurança jurídica e eficiência na criação e aplicação do direito público", conforme consta em sua ementa.

3 Os novos parâmetros interpretativos trazidos pela Lei nº 13.655/2018

A relevância dessa inovação legislativa, que recém completou 5 (cinco) anos, começa pela constatação de que a LINDB, dada a sua natureza, constitui marco diretivo da interpretação de todas as demais leis contidas no ordenamento jurídico brasileiro, devendo, pois, nortear a atuação de todos os poderes, órgãos e agentes, públicos e privados, do país. No âmbito da esfera pública, trata-se de guia geral para a tomada de decisões, verdadeiro Código de Direito Público, cuja observância vincula de forma paritária tanto os administradores no momento do planejamento, tomada de decisão e execução, quanto os diversos órgãos que, em momento futuro, vão analisar a regularidade dos atos.

---

[10] BRASIL. Supremo Tribunal Federal (Plenário). Ações Declaratórias nºs 43, 44 e 54, julgamento conjunto. Rel. Min. Marco Aurélio, j. 7.11.2019. p. 121-122.
[11] REALE, Miguel. *Lições preliminares de direito*. 19. ed. São Paulo: Saraiva, 1991. p. 113.
[12] O projeto de lei foi aprovado com onze artigos, porém um deles foi vetado pelo Presidente da República Michel Temer.

Relembre-se a justificativa para a apresentação do projeto de lei, da lavra do então Senador Antonio Anastasia:[13]

> Como fruto da consolidação da democracia e da crescente institucionalização do Poder Público, o Brasil desenvolveu, com o passar dos anos, ampla legislação administrativa que regula o funcionamento, a atuação dos mais diversos órgãos do Estado, bem como viabiliza o controle externo e interno do seu desempenho.
>
> Ocorre que, quanto mais se avança na produção dessa legislação, mais se retrocede em termos de segurança jurídica. O aumento de regras sobre processos e controle da administração têm provocado aumento da incerteza e da imprevisibilidade e esse efeito deletério pode colocar em risco os ganhos de estabilidade institucional. [...]
>
> O que inspira a proposta é justamente a percepção de que os desafios da ação do Poder Público demandam que a atividade de regulamentação e aplicação das leis seja submetida a novas balizas interpretativas, processuais e de controle, a serem seguidas pela administração pública federal, estadual e municipal. A ideia é incluir na Lei de Introdução às Normas do Direito Brasileiro (Decreto-lei 4.657/1942) disposições para elevar os níveis de segurança jurídica e de eficiência na criação e aplicação do direito público.
>
> Deve ser ressaltado que regras de interpretação são essenciais para manter a coerência interna de qualquer sistema jurídico, máxime no Brasil, que possui uma miríade de instâncias – administrativas, autônomas, controladoras e judiciais – aptas a emitir manifestações e decisões, inclusive de natureza gravosa, com o potencial de afetar a vida de milhões de pessoas.

Com efeito, ao estabelecer expressamente a insuficiência da invocação retórica de valores abstratos como fundamento de decisões estatais, exigindo a consideração das consequências práticas do que se estiver decidindo, o legislador equilibra a responsabilidade da instância decisória, tornando-a mais compatível com tamanho do seu poder. Afinal, em um Estado democrático de direito, a todo poder se contrapõe igual responsabilidade no seu exercício.

Nesse sentido, é didática a previsão expressa do art. 20 da LINDB:

> Art. 20. Nas esferas administrativa, controladora e judicial, não se decidirá com base em valores jurídicos abstratos sem que sejam consideradas as consequências práticas da decisão. (Incluído pela Lei nº 13.655, de 2018)
>
> Parágrafo único. A motivação demonstrará a necessidade e a adequação da medida imposta ou da invalidação de ato, contrato, ajuste, processo ou norma administrativa, inclusive em face das possíveis alternativas.

Ainda que não seja a sanatória geral dos problemas decisórios, a norma busca atacar a situação corriqueiramente vivenciada no ambiente jurídico nacional, bem descrita por Carlos Ari Sundfeld como "um ambiente de 'geleia geral' no direito público brasileiro, em que princípios vagos podem justificar qualquer decisão".[14]

Além disso, ao impor detida análise dos obstáculos e dificuldades reais do gestor, inclusive das circunstâncias práticas que porventura tenham imposto, limitado ou condicionado suas decisões, a lei propõe um louvável exercício de empatia, valor

---

[13] Disponível em: https://legis.senado.leg.br/sdleg-getter/documento?dm=2919883&disposition=inline. Acesso em 15 maio 2023.
[14] SUNDFELD, Carlos Ari. Princípio é preguiça. In: SUNDFELD, Carlos Ari. *Direito administrativo para céticos*. 2. ed. São Paulo: Malheiros, 2014. p. 205.

ético-humanitário que coloca o agente-apreciador na própria posição do agente-gestor, a fim de que sejam produzidas manifestações razoáveis, proporcionais e consentâneas com o Estado de justiça.[15]

A nova legislação optou, assim, por positivar e incorporar algumas características consequencialistas em seu texto, adotando-se aqui o conceito utilizado pelo Professor Ricardo Lobo Torres, para quem está compreendida a avaliação:

> [...] das influências e das projeções da decisão judicial – boas ou más – no mundo fático. Efeitos econômicos, sociais e culturais – prejudiciais ou favoráveis à sociedade – devem ser evitados ou potencializados pelo aplicador da norma, em certas circunstâncias. Depende, portanto, da permanente tensão entre valores e princípios, de um lado, e da facticidade, do outro.[16]

Por mais que se possa questionar a efetividade da nova previsão legal, tendo em vista que não necessariamente o incremento de um elemento de justificação conduzirá a um proporcional aumento na qualidade decisória, é certo que abordar as consequências do ato e incorporar outras reflexões ao julgamento é medida salutar, especialmente se comparado ao quadro até então vivenciado.[17]

Em artigo que aborda a aplicação da LINDB pelo Supremo Tribunal Federal, José Vicente Santos de Mendonça apresenta dados qualitativos coletados por Stela Porto e Felipe Romero que dão um panorama das referências aos arts. 20 a 30 da referida lei, entre 25.4.2018 a 31.12.2020. Trata-se de um quadro interessante, pois retrata a recepção e aplicação desta norma pela Suprema Corte do país, cujos resultados são os seguintes:

> Entre acórdãos e decisões monocráticas, há 326 decisões mencionando os artigos: 81 decisões no STF (22 acórdãos e 59 monocráticas), e 245 no STJ (24 acórdãos e 221 monocráticas). Um dado otimista: o número de referências aumenta ano a ano. Cresceu cerca de 35% de 2018 para 2019, e 55% em 2020. Um dado ambíguo: mais de 70% das decisões só mencionam a LINDB no relatório. É plausível supor que a LINDB esteja sendo trazida nos recursos, ainda sem adesão plena na fundamentação das cortes.
>
> Das decisões do STF mencionando as normas, 48 tratam de temas relacionados a Direito Constitucional e Administrativo, 17 de Direito Financeiro ou Previdenciário, 3 de Direito do Trabalho. Em 13 decisões, a discussão era processual. No STJ, 154 decisões tratam de Direito Público, 45 de Direito Privado, 24 de Direito Penal e 22 de Processo. O levantamento confirma a intuição: as alterações são percebidas mais como de Direito Público do que como de Direito Privado. O artigo mais citado nos dois tribunais é o art. 20 (a decisão baseada em valores abstratos deve considerar consequências práticas: 40,8%). Em segundo lugar, o art. 23 (necessidade de regime de transição: 18%). O que também não espanta: o art. 20 é, por sua natureza, de sobredireito. Vale destacar, contudo, que a maioria das decisões

---

[15] LINDB: "Art. 22. Na interpretação de normas sobre gestão pública, serão considerados os obstáculos e as dificuldades reais do gestor e as exigências das políticas públicas a seu cargo, sem prejuízo dos direitos dos administrados".

[16] TORRES, Ricardo Lobo. O consequencialismo e a modulação dos efeitos das decisões do Supremo Tribunal Federal. In: DERZI, Misabel Abreu Machado (Org.). *Separação de poderes e efetividade do sistema tributário*. Belo Horizonte: Del Rey, 2010. p. 20.

[17] LEAL, Fernando. Inclinações pragmáticas no direito administrativo: nova agenda, novos problemas. O caso do PL 349/15. In: LEAL, Fernando; MENDONÇA, José Vicente Santos de (Coord.). *Transformações do direito administrativo*: consequencialismo e estratégias regulatórias. Rio de Janeiro: UERJ/FGV-Rio, 2017. p. 27.

citam o art. 23 são de direito privado, contrariando a tendência da pesquisa. Os arts. 27 e 29 não foram mencionados em decisão alguma.[18]

O período analisado pelo artigo é curto, mas dá a dimensão do tema, especialmente porque o art. 20 foi citado em 40,8% das decisões nos dois tribunais de cúpula do Poder Judiciário, respondendo pela maior parte das referências à LINDB nas decisões. De fato, há de ser feito um aprofundamento para que se extraia uma análise qualitativa das decisões, a fim de averiguar se a fundamentação tem albergado efetivamente as inovações legislativas trazidas.

Apesar disso, já é possível afirmar que a menção constante a este dispositivo legal é indicativo suficiente de que a incorporação foi aceita e vem sendo aplicada. Ainda é cedo, porém, para se concluir se haverá, substancialmente, um aprofundamento das razões de decidir ou se as referências serão utilizadas apenas para cumprir a determinação prevista no texto legal, mas sem o devido esmero na fundamentação.

De todo modo, a efetiva mudança proposta passa, sem dúvida, pela fase natural de aceitação da inovação legislativa e incorporação ao universo jurídico brasileiro, o que faz com que, ao longo dos anos, se altere a cultura então vigente até se atingir o estágio em que a necessidade de analisar e perquirir as consequências da decisão passem a ser a regra, e não mais a exceção.

Fundamental, outrossim, que toda inovação interpretativa ou orientadora a respeito de norma de conteúdo indeterminado preveja regras de transição, de tal modo que a nova orientação possa ser cumprida de modo proporcional, equânime e eficiente.[19] Nesse particular, cabe registrar que normas jurídicas indeterminadas constituem importante instrumento para a melhor aplicação do direito, mas não servem para tornar as instâncias controladora, ministerial ou judicial substitutas do gestor.

É relevante anotar, ainda, que a revisão de entendimento sobre a validade jurídica de qualquer ato, contrato, processo ou norma administrativa que já tenha concluído seu ciclo de produção deverá preservar a estabilidade das relações constituídas sob a égide das orientações então vigentes, inclusive quanto à não responsabilização do gestor que, de boa-fé, praticou o ato na estrita conformidade da orientação geral da época.[20]

Trata-se, em síntese, da aplicabilidade do princípio do direito romano, *tempus regit actum*, também para o campo da interpretação da norma. Assim ao afastar a retroatividade da lei e do novo entendimento sobre ela, prestigia-se a preservação das relações jurídicas e garante-se a necessária estabilidade ao sistema.

---

[18] MENDONÇA, José Vicente Santos de. Aplicação da LINDB pelo Supremo e pelo STJ: o que os dados falam? *Jota*, 2022. Disponível em: https://sbdp.org.br/wp/wp-content/uploads/2021/10/05.10.21-Aplicacao-da-LINDB-pelo-Supremo-e-pelo-STJ_-o-que-os-dados-falam_JOTA.pdf. Acesso em: 17 maio 2023.

[19] LINDB: "Art. 23. A decisão administrativa, controladora ou judicial que estabelecer interpretação ou orientação nova sobre norma de conteúdo indeterminado, impondo novo dever ou novo condicionamento de direito, deverá prever regime de transição quando indispensável para que o novo dever ou condicionamento de direito seja cumprido de modo proporcional, equânime e eficiente e sem prejuízo aos interesses gerais".

[20] LINDB: "Art. 24. A revisão, nas esferas administrativa, controladora ou judicial, quanto à validade de ato, contrato, ajuste, processo ou norma administrativa cuja produção já se houver completado levará em conta as orientações gerais da época, sendo vedado que, com base em mudança posterior de orientação geral, se declarem inválidas situações plenamente constituídas".

Em conjunto com o princípio da não surpresa, consagrado também no art. 10 do Código de Processo Civil[21] e no art. 2º, parágrafo único, inc. XIII, da Lei nº 9.784/1999,[22] aos poucos vai se consolidando no Brasil um arcabouço normativo que tem por regra a pacificação jurídica, como ressaltado no início deste texto.

Também é oportuno ressaltar que a LINDB, seguindo essa linha de pacificação jurídica, passou a autorizar expressamente a celebração de compromisso com os interessados para eliminar irregularidade, incerteza jurídica ou situação contenciosa. Tal possibilidade está sintonizada com os novos tempos e prestigia a desejável construção de soluções conciliatórias, baseadas em regras de consensualidade, as quais se mostram bem mais adequadas e eficazes para a efetivação do interesse público, em detrimento da ultrapassada, morosa e antieconômica aposta no litígio.[23]

Ao contrário do que alguns autores argumentam, a possibilidade consensual terá o condão de trazer maior transparência aos atos praticados pela administração, prevenindo-se assim o arbítrio e a unilateralidade do exercício do poder estatal. A solução negociada, portanto, traz um novo caminho possível para a construção decisória que, ao cabo, reflete em maior efetividade e concretude ao alcance do interesse público.[24]

Outro importante avanço legislativo foi a definição de que a responsabilização do agente público por suas decisões ou opiniões técnicas, antes sujeita a subjetivismos exacerbados, submete-se agora à verificação concreta de que o agente tenha atuado com dolo ou erro grosseiro.[25] A despeito dos debates doutrinários acerca do alcance dessa última expressão, trata-se de inequívoca e louvável tentativa do legislador de conferir um patamar mínimo de proteção jurídica ao gestor público, a fim de não inibir a tomada de decisões necessárias para o avanço econômico e social do país.

Cabe, ainda, mencionar a possibilidade de autoridades administrativas se valerem de consultas públicas para a edição de atos normativos,[26] elogiável contributo à participação democrática, bem como o dever imposto às autoridades públicas no sentido de que o aumento da segurança jurídica no âmbito do direito público seja um compromisso perene de todos, estimulando-se a edição de regulamentos, súmulas administrativas e

---

[21] CPC: "Art. 10. O juiz não pode decidir, em grau algum de jurisdição, com base em fundamento a respeito do qual não se tenha dado às partes oportunidade de se manifestar, ainda que se trate de matéria sobre a qual deva decidir de ofício".

[22] Lei nº 9.784/99: "Art. 2º A Administração Pública obedecerá, dentre outros, aos princípios da legalidade, finalidade, motivação, razoabilidade, proporcionalidade, moralidade, ampla defesa, contraditório, segurança jurídica, interesse público e eficiência. Parágrafo único. Nos processos administrativos serão observados, entre outros, os critérios de: [...] XIII - interpretação da norma administrativa da forma que melhor garanta o atendimento do fim público a que se dirige, vedada aplicação retroativa de nova interpretação".

[23] LINDB: "Art. 26. Para eliminar irregularidade, incerteza jurídica ou situação contenciosa na aplicação do direito público, inclusive no caso de expedição de licença, a autoridade administrativa poderá, após oitiva do órgão jurídico e, quando for o caso, após realização de consulta pública, e presentes razões de relevante interesse geral, celebrar compromisso com os interessados, observada a legislação aplicável, o qual só produzirá efeitos a partir de sua publicação oficial".

[24] MARQUES NETO, F. A.; FREITAS, R. V. O artigo 26 da LINDB e o consenso na função de polícia administrativa. Conjur, 16 jul. 2018. Disponível em: https://www.conjur.com.br/2018-jul-16/opiniao-lindb-consenso-funcao-policia-administrativa#_ftn1. Acesso em: 17 maio 2023.

[25] LINDB: "Art. 28. O agente público responderá pessoalmente por suas decisões ou opiniões técnicas em caso de dolo ou erro grosseiro".

[26] LINDB: "Art. 29. Em qualquer órgão ou Poder, a edição de atos normativos por autoridade administrativa, salvo os de mera organização interna, poderá ser precedida de consulta pública para manifestação de interessados, preferencialmente por meio eletrônico, a qual será considerada na decisão".

respostas a consultas,[27] na linha do que já determinam os arts. 926 e 927 do Código de Processo Civil em relação ao Poder Judiciário.

4 Conclusão

A tão necessária melhora do ambiente institucional do Brasil, sem a qual não haverá a retomada da confiança e do desenvolvimento econômico, é única forma de viabilizar efetivação sustentável dos objetivos fundamentais da República. A construção desse melhor ambiente passa pela superação do quadro de insegurança jurídica e de ineficiência que, por diversas razões, se formou ao longo da história nacional, e que a Lei nº 13.655/2018 visa combater. Nessa busca, a ainda recente legislação aproxima o direito à realidade e a abstração teórica ao mundo dos fatos.

Não se pode olvidar de que o risco e o erro fazem parte da vida e da própria natureza humana, não sendo juridicamente exigível que o gestor domine todas as variantes futuras que poderão impactar negativamente a execução da política pública planejada. Todavia, o risco de uma decisão eventualmente equivocada, ressalvados casos de dolo ou erro grosseiro, será – ou deve ser – sempre menor do que o risco da paralisia ou da lentidão administrativa, e isso tanto pelo aspecto econômico quanto pelo social, já que o medo e a inércia prejudicam diretamente os que mais necessitam de um Estado eficiente.

Nesse contexto, as demandas da sociedade brasileira já não se contentam apenas com a observância de regramentos formais por parte dos agentes públicos. A transparência e a legalidade são condições necessárias, mas insuficientes para qualificar o sucesso de qualquer política pública. É crucial que a realidade seja efetiva e positivamente alterada pela atuação do Estado e, para isso, há que se substituir a cultura da inação – na qual o risco de responsabilização é baixo, mas a ineficiência é certa –, pela harmonização da integridade com a efetivação de resultados.

Nessa perspectiva, as inovações trazidas há cerca de 5 (cinco) anos pelos novos dispositivos da Lei de Introdução às Normas do Direito Brasileiro constituíram grande avanço para a ordem jurídica nacional. A progressiva introjeção dessas mudanças, naturalizando o uso cotidiano das normas por parte dos agentes e órgãos públicos, em especial dos integrantes do Sistema de Justiça, certamente contribuirá para o aperfeiçoamento do ambiente institucional e para o aumento da confiança, da previsibilidade e da estabilidade institucional, proporcionando maior segurança jurídica aos gestores e à sociedade. Do mesmo modo, terá o condão de incentivar posturas individuais, sociais e empresariais corretas, íntegras e capazes de dinamizar a economia do país e, por consequência, gerar crescimento sustentável, prosperidade, conquistas sociais e justiça para o povo brasileiro.

Referências

ABBOUD, Georges. Discricionariedade administrativa e judicial. São Paulo: Editora Revista dos Tribunais, 2014.

---

[27] LINDB: "Art. 30. As autoridades públicas devem atuar para aumentar a segurança jurídica na aplicação das normas, inclusive por meio de regulamentos, súmulas administrativas e respostas a consultas".

FREITAS, Juarez. As políticas públicas e o direito fundamental à boa administração. In Revista do Programa de Pós-Graduação em Direito – UFC, v. 35 n. 1 (2015): jan./jun. 2015. Disponível em file:///C:/Users/terci/Downloads/2079-Texto%20do%20artigo-3469-3-10-20160220.pdf.

GULLO, Felipe Ramirez. "Apagão das canetas": análise econômica da responsabilidade da improbidade administrativa. 2022, p. 108. Disponível em https://bibliotecadigital.fgv.br/dspace/bitstream/handle/10438/31899/Disserta%C3%A7%C3%A3o%20-%20Felipe%20Ramirez%20Gullo%20Final.pdf?sequence=4&isAllowed=y.

LARENZ, Karl. Derecho justo: fundamentos de ética jurídica. Madrid: Civitas, 1985.

LEAL, Fernando. Inclinações pragmáticas no Direito Administrativo: nova agenda, novos problemas. O caso do PL 349/15. In LEAL, Fernando (Coord.); MENDONÇA, José Vicente Santos de (Coord.). Transformações do Direito Administrativo: consequencialismo e estratégias regulatórias. Rio de Janeiro, UERJ/FGV-Rio, 2017.

MARQUES NETO, Floriano de Azevedo; FREITAS, Rafael Véras de. O artigo 26 da LINDB e o consenso na função de polícia administrativa. Conjur, 16 jul. 2018. Disponível em: https://www.conjur.com.br/2018-jul-16/opiniao-lindb-consenso-funcao-policia-administrativa#_ftn1.

MELLO, Celso Antônio Bandeira de. Curso de Direito Administrativo. São Paulo: Malheiros, 12. ed., 1999.

MENDONÇA, José Vicente Santos de. Aplicação da LINDB pelo Supremo e pelo STJ: o que os dados falam? Jota, 2022. Disponível em: https://sbdp.org.br/wp/wp-content/uploads/2021/10/05.10.21-Aplicacao-da-LINDB-pelo-Supremo-e-pelo-STJ_-o-que-os-dados-falam_JOTA.pdf

REALE, Miguel. Lições Preliminares de Direito. 19ª Ed. São Paulo: Saraiva, 1991.

SANTOS, Rodrigo Valga dos. Direito Administrativo do Medo [livro eletrônico]. 2. ed. rev., atual. e ampl. São Paulo: Thomson Reuters Brasil, 2022.

SUNDFELD, Carlos Ari. Princípio é preguiça. Direito administrativo para céticos. 2ª ed. São Paulo: Malheiros, 2014.

TORRES, Ricardo Lobo. O consequencialismo e a modulação dos efeitos das decisões do Supremo Tribunal Federal. In DERZI, Misabel Abreu Machado (org.). Separação de poderes e efetividade do sistema tributário. Belo Horizonte: Del Rey Editora, 2010

ZYLBERSZTAJN, Décio; SZTAJN, Rachel (Org.). Direito e economia. Rio de Janeiro: Campus, 2005.

Informação bibliográfica deste texto, conforme a NBR 6023:2018 da Associação Brasileira de Normas Técnicas (ABNT):

MENDONÇA, André Luiz de Almeida. Segurança jurídica e eficiência na LINDB: princípios para a construção de um Estado de justiça. In: OSORIO, Aline; MELLO, Patrícia Perrone Campos; BARROSO, Luna van Brussel (Coord.). *Direitos e democracia*: 10 anos do Ministro Luís Roberto Barroso no STF. Belo Horizonte: Fórum, 2023. p. 123-132. ISBN 978-65-5518-555-3.

DEMOCRACIA E DIREITOS FUNDAMENTAIS

RICARDO LEWANDOWSKI

> [...] *o poder constituinte é revolucionário nas suas raízes históricas e político na sua essência. Ele representa um momento pré-jurídico e, quando exercido em contexto democrático, expressa um momento de especial aglutinação e civismo do povo de um Estado. No caso da Constituição brasileira de 1988, o poder constituinte somente veio a ser exercido, fundado na soberania popular, após longo e penoso período de transição, que sucedeu a fase mais aguda da ditadura militar.*[1]

Vivemos atualmente em um mundo que nos causa profunda perplexidade, diante da crescente ausência de valores e parâmetros nos planos político, pessoal, filosófico e religioso, a qual atinge a todos nós indistintamente. As pessoas, ademais, são hoje reféns de certos fenômenos negativamente impactantes, que têm crescido sorrateira, mas constantemente, como a perda da privacidade, a massificação, a burocratização e o autoritarismo, público e privado, que contribuem para, pouco a pouco, sufocar individualidades.[2]

Com efeito, sente-se, por toda a parte, um mal-estar difuso, porém persistente, uma espécie de *malaise* sem causa específica, que se revela por medos, angústias, fobias, neuroses ansiedades em grande parte dos indivíduos. Alguns atribuem esse desconforto à chamada "pós-modernidade", conceito que ainda aguarda uma melhor definição por parte dos estudiosos.

Trata-se, numa primeira avaliação, de um novo comportamento das pessoas, cujos reflexos são sentidos no campo da filosofia, psicologia, sociologia, economia, política, do direito e até mesmo no âmbito das ciências exatas e naturais. Não obstante a falta de unanimidade quanto ao tema, é possível constatar, de plano, que se trata de um novo tipo de conduta, de um outro modo de ser das pessoas, antagônico àquele prevalecente na denominada Era Moderna, cujo advento representou o fim da cosmovisão medieval.

---

[1] BARROSO, Luís Roberto. *Interpretação e aplicação da Constituição*. 6. ed. São Paulo: Saraiva, 2004. p. 110 -111.
[2] Cf. BAUMAN, Zygmunt. *Modernidade líquida*. Rio de Janeiro: Zahar, 2001. p. 184. Nesse sentido o autor assenta: "Os fenômenos que todos esses conceitos tentam captar e articular é a experiência combinada da *falta de garantias* (de posição, títulos e sobrevivência), da *incerteza* (em relação à sua continuação e estabilidade futura) e de *insegurança* (do corpo, do eu e de suas extensões: posses, vizinhança, comunidade)".

Essa nova era inicia-se com o Iluminismo, no século XVII, e perdura aproximadamente até meados da centúria passada, findando com o término da Segunda Guerra Mundial. O espírito moderno, então inaugurado, tinha como nota distintiva a crença na prevalência da razão e da ciência como vetores do progresso da humanidade.

A pós-modernidade, ao revés, caracteriza-se por um profundo ceticismo com relação a tudo e a todos, sobrelevando um sistemático repúdio a quaisquer dogmas estabelecidos. As epistemologias que, desde os albores do modernismo, buscavam explicações abrangentes para o cosmos, o homem e a sociedade, começam a ser paulatinamente abandonadas, sendo substituídas por visões fragmentadas e, como regra, efêmeras da realidade.

Os indivíduos deixaram de ter as comunidades religiosas, científicas, étnicas, afetivas ou territoriais como pontos de referência, passando a predominar o individualismo, o consumismo, o hedonismo e o imediatismo nos contatos interpessoais. As relações sociais passam a caracterizar-se pela fugacidade, precariedade, impessoalidade e objetividade. Em resumo, transcorrem sem maior envolvimento pessoal de cunho subjetivo ou emocional.

Como bem aponta Luís Roberto Barroso, trata-se de uma era que, em suma, assim pode ser caracterizada: "A imagem acima do conteúdo. O efêmero e o volátil parecem derrotar o permanente e o essencial. Vive-se a angústia do que não pôde ser e a perplexidade de um tempo sem verdades seguras. Uma época aparentemente *pós-tudo*: pós-marxista, pós-kelseniana, pós-freudiana".[3]

Como pano de fundo dessas transformações, tem-se o processo de globalização, que vem ensejando a introjeção de valores artificiais e transitórios, resultantes de modismos que se sucedem frenética e desordenadamente. A comunicação instantânea pela internet potencializou a absorção desses modismos, os quais, mal digeridos, são imediatamente substituídos por outros.

Não bastassem as profundas mudanças comportamentais acarretadas pela pós-modernidade, constata-se que o próprio Estado-Nação, principal centro de referência das pessoas no tocante aos postulados humanistas desenvolvidos pela civilização ocidental – ao menos desde o século XV da nossa era – também se encontra profundamente abalado em seus alicerces, eis que vê a sua soberania minguar dia a dia, sobretudo em matéria econômica.[4] E a razão disso deve-se ao já citado processo de globalização, cujos impactos negativos vêm sendo aguçados pelas crises econômicas cíclicas que lhe são inerentes, as quais têm como exemplo esta vivenciada nos dias atuais.[5]

Na verdade, o capitalismo contemporâneo passou por uma importante transformação estrutural, deixando em segundo plano a sua mais conhecida face industrial para assumir uma natureza predominantemente financeira, etapa em que o capital especulativo, com origem em fundos sediados em paraísos fiscais, domina os mercados globais, levando-os a crises que se sucedem em ciclos repetitivos.

---

[3] BARROSO, Luís Roberto. *Interpretação e aplicação da Constituição*. 6. ed. São Paulo: Saraiva, 2004. 303-304.

[4] V. FUKUYAMA, Francis. *The origins of political order*: from prehuman times to the French Revolution. London: Profile Books, 2012. p. 478.

[5] Cf. LEWANDOWSKI, Enrique Ricardo. *Globalização, regionalização e soberania*. São Paulo: Juarez de Oliveira, 2004.

No passado recente, testemunhamos aquela que talvez tenha sido a maior de todas as crises, gerada pelo denominado *subprime* dos bancos americanos, ou seja, empréstimos baseados em hipotecas supervalorizadas, que geraram uma "bolha" de crédito, a qual, ao arrebentar, levou de roldão todo o sistema financeiro mundial, revelando que o "rei estava nu".

De fato, em setembro de 2008, o planeta mergulhou na mais profunda crise desde a *Grande Depressão* dos anos 30, da qual até hoje ainda não se recuperou. E o estopim foi a quebra de um dos maiores bancos de investimento dos EUA, o *Lehman Brothers*. Em poucos dias, outras grandes instituições financeiras do mundo seguiriam, num efeito dominó, o rastro do desastre provocado por aquele tradicional estabelecimento bancário.

A crise revelou que os países ricos em geral, tal como ocorreu com a mudança climática, foram os maiores beneficiários das vantagens desse sistema econômico eminentemente predatório. Em contrapartida, os pobres pagaram a maior parte da conta, sofrendo as piores consequências. E a fatura foi deveras alta: os indicadores de qualidade de vida, como o saneamento básico, a habitação popular, a educação fundamental, a saúde pública e a geração de empregos passaram a apresentar performances cada vez mais medíocres. E não apenas isso: os índices de criminalidade e de violência urbana cresceram vertiginosamente, sobretudo nos países que adotaram políticas recessivas para conter a crise, levando-os à instabilidade política.

A atual ordem (ou desordem) econômica mundial vive de crise em crise. Tudo indica que, longe de ser uma situação de anomia, corresponde ao seu modo de funcionamento normal, embora à toda evidência totalmente irracional. Trata-se de uma crise permanente, quiçá deliberada. Giorgio Agamben, nessa linha, explica: "'Crise' e 'economia' atualmente não são usadas como conceitos, mas como palavras de ordem, que servem para impor e para fazer com que se aceitem medidas e restrições que as pessoas não têm motivo algum para aceitar". E acrescenta: "'Crise' hoje em dia significa simplesmente 'você deve obedecer!'".[6]

Nesse contexto de crises permanentes, a economia passa a ser vista como um jogo de soma zero, em que cada um tenta salvar seu padrão de vida, imperando a "lei da selva". Cada vez mais os distintos países passam a proteger seus produtos, empregos e empreendimentos, bloqueando o movimento de estrangeiros e imigrantes. A consequência mais conspícua dessa situação é a queda do investimento e do consumo internos, com o consequente aumento do desemprego, somado ao crescente empobrecimento dos trabalhadores. Estabelece-se, assim, sobretudo à falta de políticas públicas consistentes, um terreno fértil para o surgimento de líderes populistas, ultraconservadores ou de extrema direita.

Achile Mbembe,[7] numa perspectiva pessimista, assevera que o mundo caminha para o que denomina de "autoritarismo liberal" ou, empregando um termo de Stuart Hall, um "populismo autoritário", sobretudo na Europa e em certas regiões da Ásia. As desigualdades, diz ele, continuarão a acentuar-se em toda a parte, e a antiga luta de classes

---

[6] AGAMBEN, Giorgio. Entrevista "Deus não morreu. Ele tornou-se dinheiro". *Instituto Humanitas Unisinus*, 30 ago. 2012. Disponível em: http://www.ihu.unisinos.br/noticias/512966-giorgio-agamben. Acesso em: 4 mar. 2023.

[7] MBEMBE, Achille. *La era del humanismo está terminando*. Disponível em: http://contemporaneafilosofia.blogspot.com.br/2016/12/achille-mbembe-la-era-del-humanismo.html?m=1. Acesso em: 4 maio 2023.

tomará a forma de racismo, sexismo, homofobia, chauvinismo e nacionalismo. Segue anotando que o combate ao terrorismo se converterá em uma luta de extermínio contra religiões e etnias, enfim, contra tudo aquilo que pareça ser diferente. E a destruição do meio ambiente planetário prosseguirá, não obstante os diversos tratados internacionais direcionados a deter o processo.

Prevê ainda o triunfo de uma espécie de "neodarwinismo social", sob o qual reaparecerá o *apartheid* travestido das mais diferentes modalidades, dando ensejo a novos separatismos, à construção de mais muros, à militarização de fronteiras, ao aumento da repressão policial interna com graves danos à democracia liberal. Para Mbembe, o grande confronto se dará entre o governo das finanças e o governo do povo, ou seja, entre o niilismo e o humanismo. Isso porque, segundo pensa, a racionalidade da democracia liberal não é compatível com a lógica interna do capitalismo financeiro. Afirma que, "apoiado pelo poder tecnológico e militar, o capital financeiro conseguiu sua hegemonia sobre o mundo mediante a anexação dos desejos humanos e, no processo, converteu-se ele mesmo na primeira teologia secular global".[8]

Acrescenta, ainda, que os mercados se transmudarão cada vez mais em estruturas e tecnologias algorítmicas derivadas da informática, com destaque para a inteligência artificial. Os dados estatísticos substituirão as pessoas de carne e osso, que serão desprezadas caso nada tenham a comprar ou vender. O indivíduo pensante, concebido a partir do Iluminismo, capaz de fazer opções políticas conscientes, passará a ser substituído pelo consumidor. "A transformação da política em um negócio coloca o risco da eliminação da própria política".[9]

Essa ideologia, lembra Mbembe, não pode ser confundida pura e simplesmente com o fascismo tradicional, salvo no que tange à implantação de um estado social de guerra permanente. Guerra contra os pobres, as minorias, os migrantes, os incapacitados, as mulheres, os islamitas. Enfim, guerra contra os diferentes. A política transformar-se-á numa peleja rasteira em que a razão pouco importará, nem assim os fatos. Ela será convertida em uma luta brutal pela sobrevivência em um ambiente ultracompetitivo. A dúvida que fica é se no século XXI a democracia poderá subsistir de alguma forma.

Não há assunto mais importante, neste difícil momento pelo qual passa o mundo e o país, em que as sociedades precisam dar um salto de qualidade para aperfeiçoar as instituições políticas, do que o tema da democracia.

O conceito, que surgiu na Grécia Antiga – onde significava essencialmente a arte de tomar decisões coletivas, depois de discutidas publicamente, como condição necessária para a vida da *polis* –,[10] passou por múltiplas transformações desde então, sobretudo no concernente à sua colocação em prática.

Alguns, ainda apegados a um passado recente, no qual o mundo se dividia em dois blocos ideológicos mutuamente excludentes, resumem-se a adjetivar a democracia, batizando-a, uns, de "liberal", outros, de "popular", estando em voga, nos dias que

---

[8] MBEMBE, Achille. *La era del humanismo está terminando*. Disponível em: http://contemporaneafilosofia.blogspot.com.br/2016/12/achille-mbembe-la-era-del-humanismo.html?m=1. Acesso em: 4 maio 2023.

[9] MBEMBE, Achille. *La era del humanismo está terminando*. Disponível em: http://contemporaneafilosofia.blogspot.com.br/2016/12/achille-mbembe-la-era-del-humanismo.html?m=1. Acesso em: 4 maio 2023.

[10] FINLEY, Moses I. *Démocratie antique et démocratie moderne*. Paris: Payot & Rivages, 2003. p. 59.

correm, rotulá-la de "participativa", expressão que sugere a superação do sistema representativo – em que mandatários eleitos representam os cidadãos – por uma presença maior e mais constante do povo na gestão da coisa pública.

Ocorre que, nos tempos atuais, quem pensa em democracia, seja qual for a sua opção político-ideológica, há que ter sempre como referência incontornável a plena fruição dos direitos fundamentais, compreendidos em suas várias gerações ou dimensões.

Dessa ideia não discrepa José Afonso da Silva, para quem "a democracia não é um mero conceito político abstrato e estático, mas é um processo de afirmação do povo e de garantia dos direitos fundamentais que o povo vai conquistando no correr da história".[11]

Norberto Bobbio, na obra *Era dos direitos*, divulgada pouco antes de sua morte, lembrava que estes, desenvolvidos ao longo de distintas "gerações", de há muito, encontram-se suficientemente estudados e, mais, compilados em diferentes constituições, tratados internacionais e leis ordinárias, o que representaria um sinal do progresso da humanidade, sendo agora – sublinhava ele – o momento de colocá-los efetivamente em prática.[12]

Seja como for, em matéria de direitos fundamentais, sobretudo quanto aos sociais, em que a atuação do Estado é decisiva, sobressai a regra da "proibição do retrocesso", materializada no art. 30 da *Declaração Universal dos Direitos do Homem*, vinda a lume sob a égide da Organização das Nações Unidas, pouco depois do fim da Segunda Guerra Mundial, a qual enumera – mas não esgota – as franquias essenciais para uma convivência minimamente civilizada entre as pessoas. A redação daquele artigo é a seguinte: "Nenhuma disposição da presente Declaração pode ser interpretada como o reconhecimento a qualquer Estado, grupo ou pessoa, do direito de exercer qualquer atividade ou praticar qualquer ato destinado à destruição de quaisquer dos direitos e liberdades aqui estabelecidos".

Em apertada síntese, pode-se afirmar, sem medo de errar, que, neste planeta conturbado no qual vivemos, andaremos bem se – no mínimo – fizermos coincidir a ideia de democracia com a efetivação dos direitos fundamentais da pessoa humana, sem quaisquer concessões ou recuos. A proibição do retrocesso há de ser um dos postulados básicos que deve reger este ideal multissecular, infelizmente ainda longe de ser alcançado em sua plenitude.

A Carta Magna brasileira, promulgada em 1988, resultante de inequívoca manifestação da soberania popular, reprimida por décadas pelo regime militar recém-superado, é sem dúvida o campo propício para que a democracia – com os seus necessários consectários – viceje em toda a plenitude em nosso país, sobretudo porque abriga em seu bojo uma das mais completas declarações de direitos e garantias, consideradas as constituições das distintas nações civilizadas.

Referências

ABBAGNANO, Nicola. Homem. *In*: ABBAGNANO, Nicola. *Dicionário de filosofia*. 5. ed. São Paulo: Martins Fontes, 2007.

---

[11] SILVA, José Afonso da. *Curso de direito constitucional positivo*. 32. ed. São Paulo: Malheiros, 2008. p. 14.
[12] BOBBIO, Norberto. *A era dos direitos*. Rio de Janeiro: Elsevier, 2014. p. 80.

AGAMBEN, Giorgio. Entrevista "Deus não morreu. Ele tornou-se dinheiro". *Instituto Humanitas Unisinus*, 30 ago. 2012. Disponível em: http://www.ihu.unisinos.br/noticias/512966-giorgio-agamben. Acesso em: 4 mar. 2023.

ATALIBA, Geraldo. *República e Constituição*. 2. ed. São Paulo: Malheiros, 2001.

AYALA SÁNCHES, Alfonso. *Igualdad y consciencia*: sesgos implícitos em constructores e intérpretes del derecho. México: Universidad Autónoma de México, 2008.

BARROSO, Luís Roberto. *Interpretação e aplicação da Constituição*. 6. ed. São Paulo: Saraiva, 2004.

BAUMAN, Zygmunt. *Modernidade líquida*. Rio de Janeiro: Zahar, 2001.

BLAINEY, Geoffrey. *Uma breve história do século XX*. 2. ed. São Paulo: Fundamento

BOBBIO, Norberto. *A era dos direitos*. Rio de Janeiro: Elsevier, 2014.

DALLARI, Dalmo de Abreu. *A Constituição na vida dos povos*: da Idade Média ao século XXI. São Paulo: Saraiva, 2010.

DALLARI, Dalmo de Abreu. *Elementos de teoria geral do Estado*. São Paulo: Saraiva, 1991.

DUVERGER, Maurice. *Os partidos políticos*. Rio de Janeiro: Zahar, 1970.

Educacional, 2011.

FINLEY, Moses I. *Démocratie antique et démocratie moderne*. Paris: Payot & Rivages, 2003.

FUKUYAMA, Francis. *The origins of political order*: from prehuman times to the French Revolution. London: Profile Books, 2012.

LEWANDOWSKI, Enrique Ricardo. *Globalização, regionalização e soberania*. São Paulo: Juarez de Oliveira, 2004.

LEWANDOWSKI, Enrique Ricardo. *Proteção dos direitos humanos na ordem interna e internacional*. Rio de Janeiro: Forense, 1984.

MBEMBE, Achille. *La era del humanismo está terminando*. Disponível em: http://contemporaneafilosofia.blogspot.com.br/2016/12/achille-mbembe-la-era-del-humanismo.html?m=1. Acesso em: 4 maio 2023.

PINHEIRO, Liliana. Dossiê 120 anos de República: sem povo e sem leis. *História Viva*, São Paulo, ano VI, n. 73.

RAIS, Diogo (Coord.). *Fake news*: a conexão entre a desinformação e o direito. São Paulo: Revista dos Tribunais, 2018.

SILVA, José Afonso da. *Curso de direito constitucional positivo*. 32. ed. São Paulo: Malheiros, 2008.

SMITS, Katherine. *Applying political theory*: issues and debates. London: Palgrave Macmillan, 2009.

SOWELL, Thomas. *Affirmative action around the world an empirical study*. New Haven; London: Yale University Press, 2004.

STRATERN, Paul. *Uma breve história da economia*. Rio de Janeiro: Zahar, 2003.

SUNSTEIN, Cass R. *Republic*: divided democracy in the age of social media. Princeton: Princeton University Press, 2017.

Informação bibliográfica deste texto, conforme a NBR 6023:2018 da Associação Brasileira de Normas Técnicas (ABNT):

LEWANDOWSKI, Ricardo. Democracia e direitos fundamentais. *In*: OSORIO, Aline; MELLO, Patrícia Perrone Campos; BARROSO, Luna van Brussel (Coord.). *Direitos e democracia*: 10 anos do Ministro Luís Roberto Barroso no STF. Belo Horizonte: Fórum, 2023. p. 133-138. ISBN 978-65-5518-555-3.

AINDA E SEMPRE A SEGURANÇA JURÍDICA

MARCO AURÉLIO MELLO

I   Introdução

Em artigo da década de 70,[1] o professor Barbosa Moreira chamava atenção para o tema da *coisa julgada*. Apesar da dedicação de muitos estudiosos, com vasta produção de material, avolumavam-se, paradoxalmente, discordâncias e perplexidades. A razão, apontou o mestre, residia na falta de uniformidade sobre o ponto de partida, dada a equivocidade do conceito de coisa julgada.

A contribuição valiosa do processualista carioca, intitulada "Ainda e sempre a coisa julgada", é inspiradora. Primeiro, porque o título, direcionado à segurança jurídica, revela a necessidade de promover e aperfeiçoar o princípio. Há de se manter o espírito irrequieto, embora a certeza do direito seja inalcançável. Segundo, surge inspiradora porque mostra a importância do consenso sobre o ponto de partida da discussão. É preciso identificar o significado e manifestações da segurança jurídica. Terceiro, porque o artigo de Barbosa Moreira refere-se justamente à coisa julgada – instituto de envergadura constitucional e de suma relevância para a segurança jurídica.

Longe de significar imutabilidade das normas, o que seria incompatível com a evolução do homem, da sociedade, em especial na era das rápidas transformações, a segurança jurídica associa-se às ideias de respeito à confiança, clareza, racionalidade, coerência, previsibilidade do ordenamento. Sem ela, perde-se a capacidade de fazer planos. Em períodos de guerra, exemplo extremo de instabilidade, a maioria das pessoas encontra-se no modo de sobrevivência, guiada por instintos fundamentais, sem poder escolher os rumos da própria vida.

Este trabalho versa a segurança jurídica, tão cara ao Estado democrático de direito. Inicialmente, abordam-se o significado e algumas concretizações no ordenamento. Após, analisa-se a inconstitucionalidade do art. 535, §8º, do Código de Processo Civil de 2015. De acordo com o preceito, cabe ação rescisória, a qualquer tempo, se, após o trânsito em julgado da decisão exequenda, sobrevier pronunciamento diverso do Supremo em

---

[1] MOREIRA, José Carlos Barbosa. Ainda e sempre a coisa julgada. *Revista dos Tribunais*, n. 416, jun. 1970.

controle abstrato ou difuso de constitucionalidade. O prazo decadencial de dois anos conta-se do trânsito em julgado do precedente do Supremo Tribunal Federal, e não do relativo à decisão rescindenda.

II Significado e algumas concretizações do princípio da segurança jurídica

Pilar do Estado Democrático de Direito, a segurança jurídica é a espinha dorsal da sociedade. É dever dos três Poderes da República – Legislativo, Executivo e Judiciário – promovê-la. Antes de praticar os atos, as pessoas devem estar cientes das consequências jurídicas, definindo *livremente* como agir, sem surpresas posteriores. Do contrário, a vida gregária será marcada por sobressaltos, receio, falta de liberdade. A Constituição da República consagra a segurança jurídica de forma implícita, ao estabelecer o Estado Democrático de Direito,[2] e explícita, na cabeça do art. 5º.[3] Há, ainda, diversas normas constitucionais e infraconstitucionais que a concretizam.[4]

Para haver segurança, na feliz expressão de Humberto Ávila, o direito deve ser *compreensível, estável e previsível*. O primeiro predicado significa que deve ser claro, passível de ser conhecido e entendido. Estável relaciona-se à confiança, ao efeito prospectivo das leis, ao respeito a atos praticados sob a disciplina vigente e a certa permanência da legislação. Previsível encerra obstáculo a mudanças drásticas e repentinas.[5]

Vigoram milhares de atos normativos, provenientes das mais diversas fontes. Legislam a União, os 26 estados, o Distrito Federal, os 5.568 municípios. Um sem-número de agências reguladoras, autarquias, órgãos e autoridades dispõe de competência para editar atos normativos. Há verdadeiro entulho de normas. Impõe-se reduzir a fúria normativa. Como costumo dizer, não precisamos de mais leis, mas de homens que observem as existentes. Se, para alguém com conhecimento especializado, com formação e experiência na área jurídica, muitas vezes é difícil dizer a disciplina observável, imaginem o cidadão comum. Extensão, obscuridades, contradições, revogações tácitas, alterações constantes da legislação colaboram para o quadro de irracionalidade, de falta de compreensão do direito, além de resultarem em judicialização excessiva.

É preciso legislar melhor para reduzir a insegurança. A avaliação de impacto normativo surge como instrumento útil. Recomendada, desde a década de 90, pela Organização para Cooperação e Desenvolvimento Econômico (OCDE), a ferramenta

---

[2] "A República Federativa do Brasil, formada pela união indissolúvel dos Estados e Municípios e do Distrito Federal, constitui-se em Estado Democrático de Direito e tem como fundamentos: [...]".

[3] "Art. 5º Todos são iguais perante a lei, sem distinção de qualquer natureza, garantindo-se aos brasileiros e aos estrangeiros residentes no País a inviolabilidade do direito à vida, à liberdade, à igualdade, à segurança e à propriedade, nos termos seguintes: [...]".

[4] Na Constituição: princípio da legalidade (art. 5º, II), princípio da legalidade estrita em matéria penal (art. 5º, inc. XXXIX), garantias do direito adquirido, ato jurídico perfeito e coisa julgada (art. 5º, inc. XXXVI), anterioridade e irretroatividade da lei penal (art. 5º, incs. XXXIX e XL), anualidade em matéria eleitoral (art. 16), publicidade, legalidade da Administração Pública (art. 37), princípios da legalidade, da moralidade, da irretroatividade, da anterioridade em matéria tributária (art. 150, incs. I e III, alíneas "a", "b" e "c"). No plano infraconstitucional: Lei nº 9.784/99, que disciplina o processo administrativo federal, e explicita o princípio da segurança jurídica, da boa-fé, a regra da vedação à retroatividade da interpretação nova maléfica ao administrado (art. 2º), semelhante à do Código Tributário Nacional (art. 146), a Lei de Introdução às Normas do Direito Brasileiro, antiga Lei de Introdução ao Código Civil etc.

[5] ÁVILA, Humberto. *Teoria da segurança jurídica*. 6. ed. São Paulo: Malheiros, 2021.

permite comparar a proposta com alternativas existentes, estimar custos e benefícios, antecipar desdobramentos indesejados. Possibilita ao Poder Legislativo, após a edição do ato, informar-se das distorções causadas, das dificuldades interpretativas e da concretização, ou não, do fim pretendido, corrigindo o que for necessário e evitando o surgimento de controvérsias que se arrastarão indefinidamente. A Lei de Liberdade Econômica impôs a adoção do mecanismo, para a edição dos atos normativos da Administração Pública.[6] Estendê-lo ao Poder Legislativo viabilizará racionalização e simplificação da legislação, contribuindo para a compreensão, estabilidade e previsibilidade do Direito.[7]

Essencial para a almejada segurança jurídica é o respeito ao significado de institutos, expressões e vocábulos jurídicos. Sendo o Direito verdadeira ciência, não pode o legislador ou o intérprete atribuir às palavras conotações arbitrárias, sob pena de prevalecer a babel. Há de observar o sentido técnico dos institutos consagrados no Direito, estabelecido com a passagem do tempo, quer por força de estudos acadêmicos, quer pelas práticas sociais, quer pela atuação dos Tribunais.

A segurança jurídica exige a adoção escorreita da linguagem, o respeito ao significado próprio dos institutos, expressões e vocábulos. Não é dado olvidá-lo, sob pena de prejudicar a inteligibilidade, a compreensão do Direito. Por mais óbvia que pareça, essa premissa nem sempre foi observada. Vale citar o julgamento do Recurso Extraordinário nº 390.840, em que o Supremo Tribunal Federal glosou o §1º do art. 3º da Lei nº 9.718/1998. O dispositivo ampliava, de forma inconstitucional, o conceito de *faturamento*. Em vez de tomar o sentido consagrado da expressão – a significar receita bruta obtida com a venda de mercadorias, de serviços ou de mercadorias e serviços –, o termo abrangia a totalidade das receitas auferidas por pessoas jurídicas, independentemente da origem. Receitas financeiras, por exemplo, estariam enquadradas no conceito. A Corte proclamou a necessidade de o legislador observar o significado de *faturamento*. O mesmo ocorreu quanto ao vocábulo *salário*. Ignorou-se ser a relação empregatícia pressuposto para configurá-lo. Se a legislação despreza o significado das palavras, como o Direito pode ser compreensível e confiável?[8]

---

[6] Art. 5º da Lei nº 13.874/19: "Art. 5º As propostas de edição e de alteração de atos normativos de interesse geral de agentes econômicos ou de usuários dos serviços prestados, editadas por órgão ou entidade da administração pública federal, incluídas as autarquias e as fundações públicas, serão precedidas da realização de análise de impacto regulatório, que conterá informações e dados sobre os possíveis efeitos do ato normativo para verificar a razoabilidade do seu impacto econômico. Parágrafo único. Regulamento disporá sobre a data de início da exigência de que trata o caput deste artigo e sobre o conteúdo, a metodologia da análise de impacto regulatório, os quesitos mínimos a serem objeto de exame, as hipóteses em que será obrigatória sua realização e as hipóteses em que poderá ser dispensada".

[7] Em cumprimento ao parágrafo único do art. 59 da CF/88, editou-se a Lei Complementar nº 95/1998, para dispor sobre a elaboração, a redação, a alteração e a consolidação das leis. O Decreto nº 9.191/2017, que a regulamenta, também prevê, no anexo, a avaliação de impacto para atos normativos elaborados no âmbito do Poder Executivo. A norma não pegou. Sobre a defesa do instrumento, conferir MELLO, Cristiana de Santis Mendes de Farias. *O revigoramento do Poder Legislativo*: uma agenda para o século XXI. 2011. 194 f. Dissertação (Mestrado em Direito Civil Constitucional) – Universidade do Estado do Rio de Janeiro, Rio de Janeiro, 2011.

[8] Cf. RE nº 166.772. Eis a ementa do acórdão proferido: "INTERPRETAÇÃO - CARGA CONSTRUTIVA - EXTENSÃO. Se é certo que toda interpretação traz em si carga construtiva, não menos correta exsurge a vinculação à ordem jurídico-constitucional. O fenômeno ocorre a partir das normas em vigor, variando de acordo com a formação profissional e humanística do intérprete. No exercício gratificante da arte de interpretar, descabe 'inserir na regra de direito o próprio juízo - por mais sensato que seja - sobre a finalidade que 'conviria' fosse por ela perseguida' - Celso Antônio Bandeira de Mello - em parecer inédito. Sendo o Direito uma ciência, o meio justifica o fim, mas

Quanto aos julgadores, cabe um registro. Ao aplicar a norma, ainda que discordem da solução, hão de observá-la. Se é certo que toda interpretação tem carga construtiva, não menos correta é a vinculação à ordem jurídico-constitucional. Sempre compreendi, desde os primeiros dias no ofício judicante, que o juiz, ao defrontar-se com uma lide, deve idealizar a solução mais justa, valendo-se, nessa primeira fase, da formação humanística que possua. A seguir, em respeito à segurança nas relações jurídicas, passa ao cotejo com os preceitos legais. Concluindo pela harmonia entre o resultado mais equânime e a ordem jurídica, consagra-o, e, com isso, concretiza a justiça na concepção mais ampla do termo. Não encontrando apoio na dogmática, despreza a solução que lhe pareceu mais justa e atua segundo as normas estabelecidas.

No âmbito do direito processual, feliz foi a introdução no Código da vedação à surpresa, a impedir juízes de decidir com base em fundamento jurídico sobre o qual as partes não tiveram oportunidade de manifestar-se, mesmo que se trate de matéria passível de ser conhecida de ofício.[9] A previsão evita que os litigantes sejam pegos de surpresa, fazendo valer os princípios constitucionais da ampla defesa e da segurança jurídica.

Andou bem o Código ao uniformizar, exceto para embargos declaratórios, os prazos recursais. São 15 dias, inclusive para agravo previsto em outras leis ou no regimento interno dos tribunais. A providência simplificou o sistema, favoreceu a fungibilidade recursal, concretizou a segurança. Em alguma medida, perde sentido a anedota do

---

não este àquele. CONSTITUIÇÃO - ALCANCE POLÍTICO - SENTIDO DOS VOCÁBULOS - INTERPRETAÇÃO. O conteúdo político de uma Constituição não é conducente ao desprezo do sentido vernacular das palavras, muito menos ao do técnico, considerados institutos consagrados pelo Direito. Toda ciência pressupõe a adoção de escorreita linguagem, possuindo os institutos, as expressões e os vocábulos que revelam conceito estabelecido com a passagem do tempo, quer por força de estudos acadêmicos quer, no caso do Direito, pela atuação dos Pretórios. SEGURIDADE SOCIAL - DISCIPLINA - ESPÉCIES - CONSTITUIÇÕES FEDERAIS - DISTINÇÃO. Sob a égide das Constituições Federais de 1934, 1946 e 1967, bem como da Emenda Constitucional nº 1/69, teve-se a previsão geral do tríplice custeio, ficando aberto campo propício a que, por norma ordinária, ocorresse a regência das contribuições. A Carta da República de 1988 inovou. Em preceitos exaustivos - incs. I, II e III do artigo 195 - impôs contribuições, dispondo que a lei poderia criar novas fontes destinadas a garantir a manutenção ou expansão da seguridade social, obedecida a regra do artigo 154, inciso I, nela inserta (§4º do artigo 195 em comento). CONTRIBUIÇÃO SOCIAL - TOMADOR DE SERVIÇOS - PAGAMENTOS A ADMINISTRADORES E AUTÔNOMOS - REGÊNCIA. A relação jurídica mantida com administradores e autônomos não resulta de contrato de trabalho e, portanto, de ajuste formalizado à luz da Consolidação das Leis do Trabalho. Daí a impossibilidade de se dizer que o tomador dos serviços qualifica-se como empregador e que a satisfação do que devido ocorra via folha de salários. Afastado o enquadramento no inciso I do artigo 195 da Constituição Federal, exsurge a desvalia constitucional da norma ordinária disciplinadora da matéria. A referência contida no §4º do artigo 195 da Constituição Federal ao inciso I do artigo 154 nela insculpido, impõe a observância de veículo próprio - a lei complementar. Inconstitucionalidade do inciso I do artigo 3º da Lei nº 7.787/89, no que abrangido o que pago a administradores e autônomos. Declaração de inconstitucionalidade limitada pela controvérsia dos autos, no que não envolvidos pagamentos a avulsos" (RE nº 166.772. Rel. Marco Aurélio, Tribunal Pleno, j. 12.5.1994. DJ, 16 dez. 1994 PP-34896 EMENT VOL-01771-04 PP-00703 RTJ VOL-00156-02 PP-00666).

[9] Questão interessante foi enfrentada pela 4ª Turma do Superior Tribunal de Justiça nos Embargos Declaratórios no REsp nº 1.280.825. Desde a origem, as partes debateram a prescrição, tendo o órgão julgador observado o prazo previsto em dispositivo que não fora articulado. A questão consistia em saber se a vedação do art. 10 do CPC alcança o fundamento legal ou o fundamento jurídico da demanda. A Turma seguiu o entendimento da ministra Isabel Gallotti, nos seguintes termos: "[...] 2. O 'fundamento' ao qual se refere o art. 10 do CPC/2015 é o fundamento jurídico – circunstância de fato qualificada pelo direito, em que se baseia a pretensão ou a defesa, ou que possa ter influência no julgamento, mesmo que superveniente ao ajuizamento da ação – não se confundindo com o fundamento legal (dispositivo de lei regente da matéria). A aplicação do princípio da não surpresa não impõe, portanto, ao julgador que informe previamente às partes quais os dispositivos legais passíveis de aplicação para o exame da causa. [...]" (EDcl no REsp nº 1.280.825/RJ. Rel. min. Maria Isabel Gallotti, Quarta Turma, j. 27.6.2017. DJe, 1º ago. 2017).

estudante de direito que, perguntado, em um exame, sobre os prazos recursais, respondeu que seriam de 24 horas. Surpreso, o professor o questionou, já que poderiam variar. Em resposta, o estudante esclareceu que, na dúvida, o melhor é recorrer em 24 horas. Com a alteração processual, certamente ficou aliviado.

O Código também foi ao encontro do princípio da segurança jurídica ao preconizar a obrigatoriedade do sistema de precedentes, aperfeiçoando o regime da repercussão geral do recurso extraordinário e do recurso especial repetitivo e instituindo o incidente de resolução de demandas repetitivas, IRDR. Com esses mecanismos, buscou-se evitar decisões conflitantes, garantindo-se a igualdade no tratamento de pessoas em situação jurídica idêntica, e viabilizou-se a celeridade processual. O jurisdicionado deixou de estar submetido a verdadeira loteria judicial, que tanta perplexidade e intranquilidade gerava.

Essenciais para a estabilização das relações sociais são os institutos da prescrição e da decadência. Diante do obscuro art. 37, §5º, da CF/88,[10] no julgamento do RE nº 669.069, caso-piloto do Tema nº 666 da Repercussão Geral, de relatoria do saudoso ministro Teori Zavascki, o Supremo, superando leitura anterior, fixou, corretamente, a tese: "é prescritível a ação de reparação de danos à Fazenda Pública decorrente de ilícito civil". Ilícito civil corresponde a atos que violem o direito privado. Posteriormente, o Tribunal assentou, no Tema nº 897 da Repercussão Geral (RE nº 852.475): "são imprescritíveis as ações de ressarcimento ao erário fundadas na prática de ato doloso tipificado na Lei de Improbidade Administrativa".[11] Com isso, reiterou-se ser regra a prescritibilidade das pretensões, de modo a garantir a segurança jurídica. Ao prever a imprescritibilidade, o constituinte foi explícito e exaustivo, fazendo-o no campo penal e unicamente quanto aos crimes de racismo e do praticado por grupos armados, civis ou militares, contra a ordem constitucional e o Estado democrático (art. 5º, incs. XLII e XIV). Também são imprescritíveis, mais uma vez por força de comando constitucional expresso (art. 231, §4º), os direitos sobre as terras tradicionalmente ocupadas pelos indígenas.[12] A tônica é a prescrição das pretensões, inclusive de ressarcimento ao erário. Configura exceção a baseada na prática de ato doloso tipificado na Lei de Improbidade, conforme posição vencedora.[13]

---

[10] "Art. 37. A administração pública direta e indireta de qualquer dos Poderes da União, dos Estados, do Distrito Federal e dos Municípios obedecerá aos princípios de legalidade, impessoalidade, moralidade, publicidade e eficiência e, também, ao seguinte: [...] §5º A lei estabelecerá os prazos de prescrição para ilícitos praticados por qualquer agente, servidor ou não, que causem prejuízos ao erário, ressalvadas as respectivas ações de ressarcimento".

[11] Tal entendimento fora sustentado pelo relator primitivo do caso, o ministro Teori Zavascki, no REsp nº 764.278 e, posteriormente, no referido RE nº 669.069, *leading case* do Tema nº 666 da Repercussão Geral. Antes da apreciação dos temas nºs 666 e 897, prevalecia a compreensão de imprescritibilidade da pretensão de ressarcimento ao erário, vencedora no MS nº 26.210, no qual fiquei vencido, por compreender, em leitura sistemática, não haver essa hipótese de imprescritibilidade.

[12] "Art. 231. São reconhecidos aos índios sua organização social, costumes, línguas, crenças e tradições, e os direitos originários sobre as terras que tradicionalmente ocupam, competindo à União demarcá-las, proteger e fazer respeitar todos os seus bens. [...] §4º As terras de que trata este artigo são inalienáveis e indisponíveis, e os direitos sobre elas, imprescritíveis".

[13] Como antecipado em nota anterior, sempre sustentei – inclusive no MS nº 26.210, em que o Tribunal firmou a tese ora superada de ausência de prazo para o Estado ajuizar ações de ressarcimento – estar a imprescritibilidade circunscrita às situações expressamente previstas constitucionalmente. Na minha óptica, não se poderia extrair da má redação do art. 37, §5º, da CF/88, hipótese implícita de imprescritibilidade. Por isso – na linha do que também defenderam os ministros Alexandre de Moraes, Ricardo Lewandowski e Gilmar Mendes – considerei haver prescrição mesmo quando se trata de atos dolosos de improbidade administrativa. Prevaleceu a óptica da

Ao apreciar o Tema nº 899 (RE nº 636.886), o Tribunal, por unanimidade, estabeleceu: "é prescritível a pretensão de ressarcimento ao erário fundada em decisão do Tribunal de Contas". No julgamento, reafirmou-se estar a única exceção no Tema nº 897 – pretensão de ressarcimento fundada em ato doloso de improbidade, que, para configurar-se, depende do crivo do Poder Judiciário. No julgamento da ADI nº 5.509, o Supremo rechaçou, uma vez mais, a óptica da imprescritibilidade da pretensão de ressarcimento ao erário, ao assentar estar em harmonia com o art. 37, §5º, da CF/88 a norma da Constituição do Estado do Ceará que fixa prazo para a atuação do Tribunal de Contas local. Avançando no exame, o Tribunal concluiu pela inconstitucionalidade da previsão, contida em lei estadual, segundo a qual o prazo prescricional conta-se da ocorrência do fato. Fiquei vencido no ponto, por reputar válida a opção político-normativa do legislador local. Prevaleceu o entendimento de que o marco inicial deve corresponder à data do conhecimento da irregularidade pelo órgão de controle.

O julgamento desses casos, aliado à ausência de regras claras e específicas sobre a contagem de prazos no Tribunal de Contas – a atrair a aplicação supletiva, por exemplo, da Lei nº 9.873/99, que rege a prescrição para o exercício da ação punitiva pela Administração Pública Federal – levou à edição da Resolução TCU nº 344/2022. Embora louvável a iniciativa de sistematizar os prazos à luz de precedentes do Supremo, para evitar incompreensões dos interessados, o adequado seria a regência da matéria por diploma que alterasse a Lei Orgânica do TCU, em respeito à legalidade e à segurança jurídica.

Questão interessante sobre a temática comporta discussão. O art. 2º da Lei nº 9.873/99, reproduzido na resolução, estabelece como causas interruptivas da "prescrição da ação punitiva": I – a notificação ou citação do indiciado ou acusado, inclusive por meio de edital e II – qualquer ato inequívoco que importe apuração do fato. Indaga-se: antes da ciência do interessado, pode haver interrupção da prescrição por ato que importe a apuração do fato? A resposta é, desenganadamente, negativa. O transcurso do tempo prejudica a defesa do cidadão. Depois de anos e anos, ninguém guarda documentos, lembra-se de fatos em minúcias ou consegue entrar em contato com as pessoas que os vivenciaram. Admitir a apuração do fato como causa interruptiva da prescrição antes mesmo da ciência do interessado poderá levar a longas tramitações processuais, período em que se esvaem os elementos de defesa. Ao final, o cidadão se verá surpreendido, sem poder valer-se efetivamente do devido processo legal, frustrando-se uma das razões do instituto da prescrição. A segurança jurídica, como garantia da cidadania diante de guinadas estatais, confere relevância à passagem do tempo. Esse princípio, aliado ao do contraditório e da ampla defesa, impõe a leitura sistemática da regência, em ordem a reconhecer a apuração do fato, como causa interruptiva, apenas depois de dar-se à parte o conhecimento da controvérsia.

---

maioria de que apenas nesse caso específico – dano decorrente de ato doloso de improbidade – a pretensão de ressarcimento do ente público pode ser deduzida a qualquer tempo, o que representa avanço significativo em relação ao entendimento anterior, de acordo com o qual em hipótese alguma haveria prazo. O avanço, em rigor, ocorreu no mencionado julgamento do Tema nº 666 da Repercussão Geral, RE nº 669.069, quando o Tribunal, em caso de acidente de trânsito, afirmou a prescritibilidade das pretensões da Fazenda Pública de reparação de danos decorrentes de ilícito civil.

O princípio da segurança jurídica é especialmente caro ao direito tributário, com múltiplas referências no texto constitucional. Em julgamento memorável, o Supremo assentou ser o dever de previsibilidade das alterações legislativas em matéria tributária, consagrado no art. 150, inc. III, "b" e "c", da CF/88, oponível ao constituinte derivado, conferindo-lhe a dimensão de cláusula pétrea. Na Ação Direta de Inconstitucionalidade nº 939/DF, da relatoria do ministro Sydney Sanches, o Tribunal julgou inconstitucional parte da Emenda nº 3/93, para afastar a cobrança imediata do tributo instituído – o então Imposto sobre Movimentação Financeira, IPMF. Exigiu a observância da anterioridade geral. Tomou-a como núcleo essencial da segurança jurídica, a impedir o constituinte derivado de retirar do contribuinte a garantia de não ser cobrado quanto a imposto instituído ou majorado no mesmo ano de publicação da norma de criação ou aumento, salvo as exceções previstas na própria Constituição.

Esse julgamento ocorreu em 1993, e jamais me desviei do sentido maior da anterioridade tributária como expressão da segurança jurídica. Interpretando a norma com essa extensão, vinculei à observância da anterioridade modificação legal que promoveu majoração *indireta* de imposto ao suspender o uso de créditos para apuração final do ICMS, sendo acompanhado, por unanimidade, no Plenário.[14]

Anos mais tarde, ao apreciar os Temas nºs 346 e 382 da Repercussão Geral,[15] fiquei vencido quando o Tribunal mitigou, em certa medida, a compreensão, ao assentar que "o princípio da anterioridade nonagesimal aplica-se somente para leis que instituem ou majorem tributos, não incidindo relativamente às normas que prorrogam a data de início da compensação de crédito tributário" e que "a postergação do direito do contribuinte do ICMS de usufruir de novas hipóteses de creditamento, por não representar aumento do tributo, não se sujeita à anterioridade nonagesimal prevista no art. 150, III, 'c', da Constituição". Em ambos os casos, compreendi frustrada a finalidade da norma constitucional. Contribuintes confiaram no direito de abater do tributo determinados créditos, tal como preconizava a legislação de regência. A partir daí, fizeram cálculos e avançaram na tomada de decisões. Com a alteração repentina, que resultou na majoração do valor do tributo que se esperava recolher, sem a antecedência preconizada no art. 150, foram surpreendidos, violando-se o dever de previsibilidade, limitador da atuação estatal. No afã de o Estado fazer frente a despesas sempre crescentes, o risco é a adoção de fórmulas cada vez mais engenhosas a resultarem na majoração indireta e abrupta dos tributos.

Importante alteração constitucional, a robustecer o princípio da anterioridade, adveio com a Emenda Constitucional nº 42/2003, que incluiu a alínea "c" no inc. III do art. 150. Com o objetivo de evitar mudanças repentinas, que possam surpreender o contribuinte, a alínea "b" do dispositivo sempre revelou ser vedado à União, aos estados, ao Distrito

---

[14] ADI – MC nº 2.325. Decisão: "O Tribunal, apreciando a questão do princípio da anterioridade, emprestou interpretação conforme à Constituição e sem redução de texto, no sentido de afastar a eficácia do artigo 7º da Lei Complementar nº 102, de 11 de julho de 2000, no tocante à inserção do §5º do artigo 20 da Lei Complementar nº 87/96, e às inovações introduzidas no artigo 33, II, da referida lei, bem como à inserção do inciso IV. Observar-se-á, em relação a esses dispositivos, a vigência consentânea com o dispositivo constitucional da anterioridade, vale dizer, terão eficácia a partir de 1º de janeiro de 2001".

[15] RE nº 601.967. Red. p/ acórdão: Alexandre de Moraes, Tribunal Pleno, j. 18.8.2020, e RE nº 603.917. Rel. Rosa Weber, Tribunal Pleno, j. 25.10.2019.

Federal e aos municípios cobrar tributo no mesmo exercício financeiro em que haja sido publicada a lei que o instituiu ou aumentou, exceto quanto a determinadas exações.[16] Por vezes, publicava-se o diploma no último dia do ano, ou seja, 31 de dezembro, para alcançar fatos geradores a partir do dia seguinte, 1º de janeiro. Com isso, surpreendia-se o contribuinte, em desrespeito ao objetivo da norma constitucional. Em boa hora, inseriu-se, em adição, a anterioridade nonagesimal – alínea "c". Ou seja, não basta a publicação da lei no exercício anterior, é preciso que ocorra com, no mínimo, 90 dias de antecedência, ressalvada a fixação da base de cálculo do IPVA e do IPTU. Garante-se, assim, prazo mínimo para o contribuinte adaptar-se à nova situação.

Outros tantos julgados, bem como normas constitucionais, infraconstitucionais e interpretações concretizadoras da segurança jurídica poderiam ser citados, como o princípio da legalidade estrita em matéria penal, a vedação à retroatividade da lei penal maléfica ao réu, a garantia do ato jurídico perfeito e do direito adquirido, o princípio da anualidade em matéria eleitoral, os princípios da proteção da confiança legítima, da boa-fé objetiva, a vedação à aplicação retroativa de nova orientação da Administração Pública,[17] a necessidade de regime de transição em determinadas situações,[18] além da garantia da coisa julgada, objeto do próximo tópico.

A esta altura, o leitor deve estar a perguntar: defende a segurança jurídica quem, em quase todos os casos, votou contra a modulação dos efeitos da declaração de inconstitucionalidade, proposta justamente com fundamento na segurança jurídica? Sim, sempre fui um crítico contundente à modulação dos efeitos da declaração, no plano abstrato, de inconstitucionalidade. Com a modulação, passa-se a mensagem: a *inconstitucionalidade compensa!* A supremacia e a rigidez da Constituição não são para valer, podendo variar conforme as nuances do caso e da época, sem critérios efetivamente definidos previamente. Enfim, com a modulação, promove-se a inconstitucionalidade útil e compromete-se aspecto central da segurança jurídica: a hierarquia do ordenamento, em cujo topo está a Constituição.

---

[16] As exceções à anterioridade são: empréstimo compulsório para atender a despesas extraordinárias, decorrentes de calamidade pública, de guerra externa ou sua iminência (art. 148, I, exceção que passou a constar expressamente do §1º do art. 150 com a EC nº 42/2003), imposto de importação, imposto de exportação, imposto sobre produtos industrializados, IOF (art. 153, I, II, IV e V), imposto criado pela União na iminência ou no caso de guerra externa, impostos extraordinários, compreendidos ou não em sua competência tributária (art. 154, II).

[17] A mudança de orientação interpretativa sobre aplicação da lei tributária pode ensejar o dever de o Estado indenizar o contribuinte, conforme acórdão formalizado no RE nº 131.741: "TRIBUTÁRIO - CONSULTA - INDENIZAÇÃO POR DANOS CAUSADOS. Ocorrendo resposta a consulta feita pelo contribuinte e vindo a administração pública, via o fisco, a evoluir, impõe-se-lhe a responsabilidade por danos provocados pela observância do primitivo enfoque" (RE nº 131.741. Rel. Marco Aurélio, Segunda Turma, j. 9.4.1996. DJ, 24 maio 1996, PP-17415 EMENT VOL-01829-02 PP-00243).

[18] Nessa linha, estabelece o art. 23 da Lei de Introdução às Normas de Direito Brasileiro (antiga Lei de Introdução ao Código Civil): "A decisão administrativa, controladora ou judicial que estabelecer interpretação ou orientação nova sobre norma de conteúdo indeterminado, impondo novo dever ou novo condicionamento de direito, deverá prever regime de transição quando indispensável para que o novo dever ou condicionamento de direito seja cumprido de modo proporcional, equânime e eficiente e sem prejuízo aos interesses gerais". Ainda sobre normas de transição, cogita-se, por exemplo, da tributação dos dividendos. Que a medida venha acompanhada de regras a suavizar as alterações, em observância à confiança daqueles que tomaram múltiplas decisões e deliberaram por realizar investimentos tão importantes à geração de emprego e renda.

III Inconstitucionalidade da ausência de prazo para ação rescisória – Art. 535, §8º, do CPC de 2015

Antes de abordar o art. 535, §8º, CPC, convém rememorar alguns julgados sobre a rescindibilidade de coisa julgada formada em sentido contrário a acórdão do Supremo Tribunal Federal.[19]

Na forma do atual art. 966, V, a decisão de mérito, transitada em julgado, pode ser rescindida "quando violar *manifestamente* norma jurídica". No CPC de 1973, o art. 485, V, aludia à violação *literal* de lei. O advérbio e o adjetivo evidenciam a exigência, para viabilizar a rescisão, de violação qualificada à norma. Nesse contexto, foram formalizados os precedentes que deram origem ao Verbete nº 343 da Súmula do Supremo Tribunal Federal – "não cabe ação rescisória por ofensa a literal disposição de lei quando a decisão rescindenda se tiver baseado em texto de interpretação controvertida nos tribunais". Se havia controvérsia à época da decisão rescindenda, inadmissível é a rescisória, por não se caracterizar, como *manifesta*, a transgressão à norma jurídica. Vigorava o entendimento de que o enunciado seria observável quando em jogo matéria legal. Se a rescisória estivesse fundada em afronta à Constituição, o óbice simplesmente não incidiria.[20]

Essa posição foi mitigada. Em outubro de 2014, no RE nº 590.809, piloto do Tema nº 136 da Repercussão Geral, de minha relatoria, firmou-se a tese de que "não cabe ação rescisória quando o julgado estiver em harmonia com o entendimento firmado pelo Plenário do Supremo à época da formalização do acórdão rescindendo, ainda que ocorra posterior superação do precedente". Cuidava-se de decisão rescindenda que reconhecera o direito do contribuinte ao creditamento do IPI relativo a insumo adquirido com alíquota zero, em sintonia com precedentes do Plenário do Supremo. Sobreveio nova óptica da Corte, a afastar o direito ao crédito, o que motivou a rescisória. Ao apreciá-la, o Tribunal Regional Federal da 4ª Região, após consignar a inaplicabilidade do Verbete nº 343/STF por estar envolvida questão constitucional, julgou procedentes os pedidos, para rescindir a decisão e negar o direito ao creditamento, ajustando a solução da controvérsia ao entendimento superveniente do Supremo. O contribuinte interpôs o extraordinário, que veio a ser conhecido e provido. Prevaleceu o entendimento de não ser dado recusar, de forma apriorística, a incidência do verbete apenas por se tratar de matéria constitucional, como se a rescisória servisse a conformar os pronunciamentos dos tribunais brasileiros com a posição, de último momento, do Supremo. É importante destacar: nos julgados, a Corte não exercera o controle de constitucionalidade de qualquer ato normativo, o que levaria a outro desfecho. Ao afirmar estar a rescisória reservada a situações excepcionalíssimas, não servindo de instrumento de uniformização de jurisprudência, o Tribunal emprestou relevo a coisa julgada.[21]

---

[19] Sobre o tema, vale conferir artigo "Regulamentação da ação rescisória no CPC/15 fere a Constituição", de Jorge Octávio Lavocat Galvão, que conclui pela inconstitucionalidade do dispositivo (GALVÃO, Jorge Octávio Lavocat. Regulamentação da ação rescisória no CPC/15 fere a Constituição. *Conjur*, 27 ago. 2016. Disponível em: https://www.conjur.com.br/2016-ago-27/regulamentacao-acao-rescisoria-cpc15-fere-constituicao).

[20] Nessa linha, os acórdãos prolatados nas ações rescisórias nºs 1.409/SC e 1.578/PR, de relatoria da Ministra Ellen Gracie.

[21] Alguns acórdãos, posteriores ao caso piloto, nos quais se observou o Verbete nº 343/STF em matéria constitucional: AR nº 1.415 AgR, Tribunal Pleno, Rel. Min. Luiz Fux, AR nº 2.512 AgR, Tribunal Pleno, Rel. Min. Dias Toffoli, public. 29.9.2017, AR nº 2.572 AgR, Tribunal Pleno, Rel. Min. Dias Toffoli, public. 21.3.2017. Em outros precedentes,

Novamente, em maio de 2015, prestigiou-se o instituto. À unanimidade, no RE nº 730.462, relativo ao Tema nº 733 da Repercussão Geral, relatado pelo saudoso ministro Teori Zavascki, fixou-se, em harmonia com a jurisprudência, a seguinte tese:

> A decisão do Supremo Tribunal Federal declarando a constitucionalidade ou a inconstitucionalidade de preceito normativo não produz a automática reforma ou rescisão das decisões anteriores que tenham adotado entendimento diferente. Para que tal ocorra, será indispensável a interposição de recurso próprio ou, se for o caso, a propositura de ação rescisória própria, nos termos do art. 485 do CPC, observado o respectivo prazo decadencial (CPC, art. 495).

Embora dotada de eficácia contra todos e efeito vinculante,[22] a declaração de constitucionalidade ou inconstitucionalidade produz efeitos no plano normativo. É inapta a desconstituir, por si só, a coisa julgada. Escoado o prazo para a rescisória, a coisa julgada prevalece, ainda que em sentido contrário à decisão do Supremo em controle de constitucionalidade.

A par da ação rescisória, o Tribunal admite embargos à execução e impugnação com eficácia rescisória, previstos, respectivamente, no parágrafo único do art. 741 e do §1º do art. 475-L, ambos do CPC anterior.[23] De acordo com os dispositivos, é inexigível o título fundado em lei ou ato normativo declarados inconstitucionais ou fundado em aplicação ou interpretação de ato normativo consideradas pelo Supremo incompatíveis com a Constituição. As duas medidas possuem prazo próprio para serem manejadas.

Em maio de 2016, no julgamento da ADI nº 2.418, ajuizada pelo Conselho Federal da OAB e de relatoria do saudoso ministro Teori Zavascki, os preceitos, embora revogados pelo novo Código de Processo Civil,[24] foram declarados juridicamente válidos, por maioria, com uma ressalva significativa, não explicitada nos dispositivos. Assentou-se que a decisão paradigma do Supremo, a fundamentar os embargos ou a impugnação, deve preceder o trânsito em julgado da condenação. Ou seja, concebeu-se haver três instrumentos juridicamente válidos dotados de eficácia rescisória: a ação rescisória, os embargos da Fazenda à execução (parágrafo único do art. 741) e a impugnação do art. 475-L. Na óptica da Corte, os dois últimos mecanismos apenas podem ser apresentados quando a decisão do Supremo for anterior ao trânsito em julgado do pronunciamento judicial em sentido contrário. Quando o paradigma for posterior, caberá a ação rescisória. Essa restrição temporal está consagrada na opção político-normativa do Código de Processo Civil de 2015.

Na apreciação do Tema nº 360 da Repercussão Geral, finalizada em 2018, RE nº 611.503, também da relatoria do saudoso Ministro Teori Zavascki, reiterou-se a validade da impugnação e dos embargos com efeitos rescisórios, declarando-se, inclusive, a

---

afastou-se o Enunciado nº 343/STF, porque a situação enfrentada diferia das balizas do Tema nº 136/RG (ex.: ARE nº 1.332.413 AgR-segundo, Rel. Rosa Weber, 1ª Turma. *DJe*, 24 jun. 2022).

[22] Derivada da eficácia executiva da decisão da jurisdição constitucional.

[23] Correspondentes, no Código de 2015, aos arts. 525, §1º, III e §§12 e 14, o art. 535, §5º. A CLT contém preceito semelhante – art. 884, §5º. Sobre o tema, conferir RE nº 590.880.

[24] Compreendeu-se não haver prejuízo à ação direta, em razão de o novo Código de Processo Civil, nos arts. 525, §§12 e 14, 535, §5º, veicular disposições normativas similares.

constitucionalidade dos dispositivos do novo Código.[25] Fiquei vencido nos julgamentos, por considerar ser a ação rescisória, prevista na própria Constituição, a única flexibilização da coisa julgada – cláusula pétrea essencial à segurança jurídica, ao restabelecimento da paz social momentaneamente abalada.[26]

Questão interessante foi enfrentada nos Temas nºs 881 e 885 da Repercussão Geral, RE nº 949.297 e RE nº 955.227, apreciados em 2023. Discutiu-se o alcance temporal da coisa julgada, nas relações de trato sucessivo, ante superveniente decisão do Supremo, em controle de constitucionalidade, em sentido contrário à transitada em julgado. Cuidava-se de saber se a coisa julgada obtida por determinado contribuinte obstaria a cobrança de tributos cujos fatos geradores fossem posteriores ao pronunciamento do STF. Eis a tese firmada:

> 1. As decisões do STF em controle incidental de constitucionalidade, anteriores à instituição do regime de repercussão geral, não impactam automaticamente a coisa julgada que se tenha formado, mesmo nas relações jurídicas tributárias de trato sucessivo. 2. Já as decisões proferidas em ação direta ou em sede de repercussão geral interrompem automaticamente os efeitos temporais das decisões transitadas em julgado nas referidas relações, respeitadas a irretroatividade, a anterioridade anual e a noventena ou a anterioridade nonagesimal, conforme a natureza do tributo.

Antes, em julgamento finalizado em abril de 2022, no ARE nº 1.243.237 AgR/SP, a 2ª Turma enfrentara matéria semelhante, com ligeiras diferenças. No precedente da Turma, a relação jurídica, embora sucessiva, não ostentava natureza tributária. Tratava-se de cobrança, por concessionária de rodovia, de preço público em razão do uso da faixa de domínio pela Companhia Paulista de Força e Luz, concessionária de distribuição e transmissão de energia elétrica. Diferentemente do caso apreciado pelo Pleno, a decisão transitada em julgado placitara a cobrança. Sobreveio pronunciamento, do Supremo, em ADI, pela inconstitucionalidade, dispensando as concessionárias de serviço público de distribuição e de transmissão de energia elétrica de pagar pelo uso de faixa de domínio

---

[25] No Tema nº 360 da RG/STF, o Tribunal estabeleceu a seguinte tese: "são constitucionais as disposições normativas do parágrafo único do art. 741 do CPC, do §1º do art. 475-L, ambos do CPC/73, bem como os correspondentes dispositivos do CPC/15, o art. 525, §1º, III e §§12 e 14, o art. 535, §5º. São dispositivos que, buscando harmonizar a garantia da coisa julgada com o primado da Constituição, vieram agregar ao sistema processual brasileiro um mecanismo com eficácia rescisória de sentenças revestidas de vício de inconstitucionalidade qualificado, assim caracterizado nas hipóteses em que (a) a sentença exequenda esteja fundada em norma reconhecidamente inconstitucional – seja por aplicar norma inconstitucional, seja por aplicar norma em situação ou com um sentido inconstitucionais; ou (b) a sentença exequenda tenha deixado de aplicar norma reconhecidamente constitucional; e (c) desde que, em qualquer dos casos, o reconhecimento dessa constitucionalidade ou a inconstitucionalidade tenha decorrido de julgamento do STF realizado em data anterior ao trânsito em julgado da sentença exequenda".

[26] Além da inconstitucionalidade material, compreendi presente vício de ordem formal, vez que tais instrumentos com eficácia rescisória foram introduzidos por medida provisória, sem estar satisfeito o requisito constitucional da urgência. A matéria também foi objeto da ADI nº 3.740, quando o Tribunal reafirmou o que decidido na ADI nº 2.418. Na ocasião, reiterei a posição pela inconstitucionalidade dos embargos à execução e da impugnação com efeitos rescisórios, por admitir apenas a ação autônoma da rescisória, que encontra fundamento constitucional. Fiquei vencido na companhia do ministro Celso de Mello.

das rodovias.²⁷ A 2ª Turma reputou, então, inexigíveis os preços pelo uso das faixas de domínio vencidos após a publicação da ata de julgamento da ADI.²⁸

O tema – eficácia temporal da coisa julgada nas relações de trato continuado diante da decisão superveniente do Supremo em controle de constitucionalidade em sentido contrário – é complexo, repleto de peculiaridades, a exigir maiores considerações, incompatíveis com este artigo, razão pela qual deixo de enfrentá-lo.

Alguns aspectos relacionados ao impacto, na coisa julgada, das decisões da jurisdição constitucional permanecem em aberto. Recentemente, no RE nº 586.068, Tema nº 100 da Repercussão Geral, o Tribunal assentou a possibilidade de desconstituir títulos provenientes dos juizados especiais quando sobrevier declaração de inconstitucionalidade da lei que os fundamenta. Nos juizados, é incabível a ação rescisória, ao passo que a impugnação e os embargos com efeitos rescisórios se destinam aos casos de controle de constitucionalidade anterior ao trânsito em julgado do pronunciamento condenatório. O problema surge quando a decisão da jurisdição constitucional é posterior ao trânsito em julgado do pronunciamento do Juizado. Para essa hipótese, o CPC prevê a rescisória, vedada pela Lei nº 9.099/95. O Supremo bem concluiu não fazer sentido conferir à decisão proferida em rito sumaríssimo garantia maior de imutabilidade em comparação à sentença prolatada em rito ordinário. Falta definir qual é o instrumento cabível, para afastá-la. O tema também está em apreciação na ADPF nº 615, tendo o relator, ministro Luís Roberto Barroso, proposto esta tese:

> A contrariedade entre decisão de Juizado Especial transitada em julgado e pronunciamento superveniente do Tribunal local em controle concentrado de constitucionalidade pode ser arguida mediante simples petição, a ser apresentada em prazo equivalente ao da ação rescisória.²⁹

---

²⁷ Essa foi a premissa adotada no acórdão proferido.

²⁸ Eis a ementa: "CONSTITUCIONAL E PROCESSUAL CIVIL. DECLARAÇÃO DE INCONSTITUCIONALIDADE DE LEI OU ATO NORMATIVO PELO SUPREMO TRIBUNAL FEDERAL. EFEITOS SOBRE SENTENÇAS PROFERIDAS ANTES DO PRONUNCIAMENTO. GARANTIA DA COISA JULGADA. RELAÇÃO JURÍDICA DE TRATO SUCESSIVO. CESSAÇÃO DA EFICÁCIA EXECUTIVA DA SENTENÇA TRANSITADA EM JULGADO, RELATIVAMENTE AOS EFEITOS FUTUROS. RECURSO EXTRAORDINÁRIO PARCIALMENTE PROVIDO. 1. As relações jurídicas de trato continuado proporcionam elemento normativo adicional à tensão entre o primado da Constituição e a garantia individual da coisa julgada, uma vez que nelas a solução inconstitucional da lide se protrai no tempo indefinidamente, com severas repercussões não apenas na higidez do ordenamento jurídico, mas também em outros direitos fundamentais, como o da isonomia. Há casos em que os pressupostos fáticos ou jurídicos são alterados após a coisa julgada e verifica-se total assincronia entre o momento da decisão e aquele em que se verifica a declaração de (in)constitucionalidade pelo Supremo Tribunal Federal, situando-se a relação jurídica de trato sucessivo vinculada à cláusula rebus sic stantibus, sem que ocorra a vulneração à coisa julgada. 2. Quando em jogo relações de trato continuado, a eficácia executiva da decisão do Supremo Tribunal Federal incide automaticamente sobre os efeitos futuros de pronunciamentos jurisdicionais anteriores, ainda que transitados em julgado, independentemente do prévio ajuizamento de ação rescisória. 3. Essa conclusão é plenamente adequada à situação dos autos, em que se discute a exigibilidade de preço público relativo ao uso de faixa de domínio em rodovia. A natureza continuada da relação é evidente, de modo que, diante da superveniente decisão do Supremo que declarou a inconstitucionalidade da pretensão da concessionária, mostra-se imperiosa a imediata paralisação da eficácia da sentença transitada em julgado, no que concerne aos efeitos futuros do pronunciamento. Por conseguinte, as tarifas vencidas após a publicação da ata de julgamento da ADI 3763 – 13/04/2021 – são inexigíveis, por força da decisão proferida pelo Plenário do Supremo Tribunal Federal. 4. Agravo regimental provido para dar parcial provimento ao recurso extraordinário".

²⁹ O RE nº 586.068, Tema nº 100 da Repercussão Geral, e a ADPF nº 615 foram pautados para julgamento virtual na sessão de 9.6.2023 a 16.6.2023. A ministra Rosa Weber pediu vista da arguição de descumprimento de preceito fundamental. Apenas se avançou no julgamento do RE, que já havia se iniciado anteriormente. A relatora do extraordinário, ministra Rosa Weber, negou provimento ao recurso do INSS e propôs a fixação da seguinte

Questão essencial a ser enfrentada refere-se ao prazo para o ajuizamento da ação rescisória contra pronunciamento fundado em lei ou interpretação tida como inconstitucional pelo Supremo. No mencionado Tema nº 733 da Repercussão Geral, o Tribunal reiterou: a declaração de inconstitucionalidade da norma produz efeitos no plano do ordenamento jurídico, sem alcançar automaticamente as decisões judiciais proferidas. Para tanto, é essencial a interposição do recurso próprio, se ainda cabível, ou o ajuizamento da ação rescisória em dois anos, a contar do trânsito em julgado da decisão rescindenda, na forma do art. 495 do Código anterior. Passado o prazo, a decisão torna-se insuscetível de rescisão.

O Código de Processo Civil de 2015 inovou. De acordo com o art. 535, §8º, cabe ação rescisória se, após o trânsito em julgado da decisão exequenda, sobrevier pronunciamento contrário do Supremo em controle abstrato ou mesmo difuso de constitucionalidade. O prazo para rescisória? Dois anos. A novidade está no marco inicial da contagem – dois anos a partir do trânsito em julgado do precedente do Supremo. Pela disciplina instituída, não se sabe quando a decisão coberta pela coisa julgada se tornará insuscetível de rescisão. Podem se passar anos, décadas e, simplesmente, num belo dia, abrir-se o prazo para a desconstituição do pronunciamento jurisdicional há muito transitado em julgado. O legislador foi longe demais. A insegurança é total.

Se, de um lado, cabe ao legislador disciplinar o instituto – definir o que é coisa julgada, preconizar o momento em que é formada, estabelecer os casos de rescisão,

---

tese: "A regra da impugnação de inexigibilidade de título executivo judicial fundado em lei ou ato normativo declarados inconstitucionais pelo Supremo Tribunal Federal, ou fundado em aplicação ou interpretação da lei ou ato normativo tidas pelo Supremo Tribunal Federal como incompatíveis com a Constituição Federal (artigo 741, parágrafo único, e art. 475-L, §1º, do CPC 1973), tem aplicabilidade no âmbito dos Juizados Especiais". S Exa., que foi acompanhada pelos ministros Cármen Lúcia e Edson Fachin, em manifestação complementar, reiterou o voto proferido, enfatizando a observância às balizas do processo. Com isso, manteve a decisão do Juizado contrária à proferida pela Jurisdição Constitucional. Em divergência, o ministro Gilmar Mendes deu provimento ao recurso da autarquia e propôs esta tese: "1) é possível aplicar o artigo 741, parágrafo único, do CPC/73, atual art. 535, §5º, do CPC/2015 aos feitos submetidos ao procedimento sumaríssimo, desde que o trânsito em julgado da fase de conhecimento seja posterior a 27.8.2001; e 2) é admissível a invocação como fundamento da inexigibilidade de ser o título judicial fundado em 'aplicação ou interpretação tida como incompatível com a Constituição' quando houver pronunciamento jurisdicional, contrário ao decidido pelo Plenário do Supremo Tribunal Federal, seja no controle difuso, seja no controle concentrado de constitucionalidade; 3) o art. 59 da Lei 9.099/1995 deve ser interpretado conforme à Constituição para afastar sua incidência quando o título executivo judicial se amparar em contrariedade à interpretação ou sentido da norma conferida pela Suprema Corte, anterior ou posterior ao trânsito em julgado, admitindo, respectivamente, o manejo de impugnação ao cumprimento de sentença, inclusive mediante simples petição, ou de ação rescisória". S. Exa. foi acompanhado pelos ministros Alexandre de Moraes e Dias Toffoli. Em divergência à relatora e em divergência parcial à posição sustentada pelo ministro Gilmar Mendes – apenas quanto ao item 3 da tese sugerida, votou o ministro Luís Roberto Barroso. Quanto ao ponto objeto da discordância, S. Exa. fez a seguinte proposta "3) O art. 59 da Lei 9.099/1995 não impede a desconstituição da coisa julgada quando o título executivo judicial se amparar em contrariedade à interpretação ou sentido da norma conferida pela Suprema Corte, anterior ou posterior ao trânsito em julgado, admitindo, respectivamente, o manejo (i) de impugnação ao cumprimento de sentença, ou (ii) de simples petição, a ser apresentada em prazo equivalente ao da ação rescisória", tendo sido acompanhado pelos ministros Nunes Marques, André Mendonça e Luiz Fux. O julgamento foi suspenso para fixação da tese em assentada posterior.

Outra controvérsia concernente à repercussão das decisões da jurisdição constitucional na coisa julgada refere-se ao alcance dos arts. 525, §§12 e 15 e 535, §8º, do CPC/2015. Os dispositivos aludem à inexigibilidade da obrigação reconhecida em título executivo judicial, ou seja, os instrumentos destinam-se, em princípio, aos devedores da obrigação imposta pelo comando judicial. Cumpre perquirir se os credores também podem manejar os instrumentos, com o objetivo de alcançar condenação ainda mais benéfica a si. A questão não é teórica, mas prática. Por exemplo, com a declaração de inconstitucionalidade dos índices utilizados para atualizar condenações judiciais, por não refletirem a inflação, os credores têm interesse potencial em rescindir os julgados, para alcançar fator de correção mais favorável.

estipular o procedimento e outras condições para a desconstituição –, de outro, é-lhe vedado esvaziar a garantia constitucional, a qual se qualifica como cláusula pétrea, oponível até mesmo ao constituinte derivado. Ao deixar em aberto o início do prazo para a propositura de ação rescisória em caso de discrepância com posterior pronunciamento da jurisdição constitucional, o legislador tornou letra morta a coisa julgada.

É inadmissível a prevalência da incerteza. Barbosa Moreira já lecionava ser a coisa julgada instituto de função essencialmente prática, destinado a assegurar a estabilidade à tutela jurisdicional dispensada pelo Estado.[30] Daí a importância dessa qualidade que confere imutabilidade aos efeitos da decisão, ainda que *injusta*. A falta de prazo, certo e determinado, para a rescisória corresponde à verdadeira espada de Damocles, que pode cair a qualquer momento sobre a cabeça dos beneficiários da decisão judicial transitada em julgado. Ficam, de maneira perene, sujeitos a ver rescindida a coisa julgada que lhes foi favorável. A paz social não será restabelecida, frustrando-se o objetivo da atividade jurisdicional. Salta aos olhos a inconstitucionalidade do §8º do art. 535 do Código de Processo Civil, por afronta, entre outros preceitos, ao art. 5º, incs. XXXV e XXXVI, da CF/88, bem como ao princípio da segurança jurídica.

IV Conclusão

Essencial no Estado Democrático de Direito, a segurança jurídica associa-se às ideias de respeito à confiança, clareza, racionalidade, coerência, previsibilidade do ordenamento. As pessoas devem estar cientes das consequências jurídicas dos atos antes de praticá-los, para que possam definir livremente como agir. Sem segurança, não há liberdade. É preciso manter o espírito irrequieto para aprimorá-la. São múltiplas as concretizações desse princípio basilar no ordenamento jurídico, como a imperiosa observância do significado de institutos e expressões, a hierarquia das normas, a vedação a surpresas, o sistema de precedentes, os institutos da prescrição e da decadência, os princípios da anterioridade em matéria tributária e da anualidade em eleitoral, a garantia do ato jurídico perfeito, do direito adquirido, da coisa julgada etc.

O Supremo, em diversas oportunidades, manifestou-se sobre o impacto, na coisa julgada, de decisões da jurisdição constitucional. Certamente, enfrentará a validade do §8º do art. 535 do CPC de 2015, que estabelece ser o trânsito em julgado da decisão paradigma o marco inicial do prazo para rescisória fundada em superveniente pronunciamento contrário em controle abstrato ou mesmo difuso de constitucionalidade. Pelo preceito, a coisa julgada fica em aberto, não se sabendo quando se tornará insuscetível de rescisão. É incompatível com a ordem constitucional que as partes e futuras gerações vivam em estado de incerteza. A falta de prazo, certo e determinado, frustra um dos objetivos da prestação jurisdicional – a pacificação social. Em nome da prevalência máxima do princípio da supremacia da Constituição, compromete-se a própria norma constitucional, no que impõe o respeito à coisa julgada e à segurança jurídica.

É tempo de dizer algo sobre o homenageado. Estudioso do Direito, no que voltado à paz social, honrou a Procuradoria do Estado do Rio de Janeiro. Mais ainda:

---

[30] MOREIRA, José Carlos Barbosa. *Direito processual civil*. [s.l.]: [s.n.], [s.d.]. p. 135.

destacou-se no patrocínio e na emissão de parecer em memoráveis causas. Dado de maior relevância: esteve e ainda está na formação de enorme contingente de bacharéis, mestres e doutores. Autor de obras importantes e titular de Direito Constitucional da Universidade do Estado do Rio de Janeiro, é professor admirado, contribuindo para o surgimento de artífices do direito – defensores públicos, membros do Ministério Público, advogados, magistrados. Esse contexto resultou na feliz lembrança do nome de S. Exa., pela presidente Dilma Rousseff, para uma das cadeiras mais importantes da República – as do Supremo Tribunal Federal. Dirigiu com serenidade o Tribunal Superior Eleitoral. Vice-Presidente do Supremo, será alçado em breve à Chefia do Poder Judiciário, conciliando as artes de julgar e administrar. Independe de otimismo a certeza de que muito contribuirá, em momento de indesejável antagonismo, para o engrandecimento da nação brasileira. É viver e constatar o resultado da atuação de um homem virtuoso.

Informação bibliográfica deste texto, conforme a NBR 6023:2018 da Associação Brasileira de Normas Técnicas (ABNT):

MELLO, Marco Aurélio. Ainda e sempre a segurança jurídica. *In*: OSORIO, Aline; MELLO, Patrícia Perrone Campos; BARROSO, Luna van Brussel (Coord.). *Direitos e democracia*: 10 anos do Ministro Luís Roberto Barroso no STF. Belo Horizonte: Fórum, 2023. p. 139-153. ISBN 978-65-5518-555-3.

PARTE II

HOMENAGENS DA ACADEMIA

II.1 ACADÊMICOS(AS) INTERNACIONAIS

IN HONOR OF JUSTICE LUÍS ROBERTO BARROSO, ON HIS TENTH YEAR ON THE BRAZILIAN SUPREME COURT

HAROLD HONGJU KOH

The spring of 1989 marked the end of my fourth year of teaching at Yale Law School. In the back of my International Business Transactions classroom that term sat a brilliant, charismatic young Brazilian law graduate, Luis Roberto Barroso, who was completing his Masters of Law degree that year. I remember feeling privileged to meet a young lawyer of such energy, imagination, charm, and global vision. Roberto, as he was then known, was admired and beloved by his classmates, and was warm, personable, and deeply insightful. We became friends, for we were nearly the same age. He seemed thrilled to study at Yale Law School, which gave him a pragmatic approach to law and policy that helped him overcome the formalism of his Latin American legal training. His time at Yale Law School seemed to inspire him to embrace the notion of using law to make the lives of ordinary citizens better, not just to expound upon abstract theories without real-world impact. If the law cannot serve as an instrument of liberation and humanization–promoting individual freedoms, bringing people together, and creating democratizing opportunities–he seemed to say, there is no point in practicing it. I knew then that he had an extraordinary future ahead of him, as a lawyer, and as a person. At his graduation, I wished him a warm *au revoir*, knowing that I was sure to see him again down the road. I simply could not wait to see what he would do.

And so, I was not surprised when, several decades later, I met him again when I was serving as Dean of Yale Law School. I was presiding over our Global Constitutionalism seminar, our annual gathering of the leading constitutional court justices of the world. While Roberto's youthful appearance was almost exactly as it was in the 1980s, he had clearly grown to global stature in law. I was thrilled to see Roberto's familiar face and voice, now as a leading Justice of the Supreme Federal Court of Brazil, sparring with–and more than holding his own– on urgent issues of constitutional jurisprudence with *inter alia*, Justice Stephen Breyer of the US Supreme Court, Justice Rosalie Abella of the Supreme Court of Canada, and Lady Brenda Hale of the Supreme Court of the United Kingdom. Roberto's participation in our seminar showed that he genuinely believes in reasoned dialogue: that even with respect to the most difficult issues, he thinks that judges thrive when they engage in honest, respectful dialogue with those who have different views and backgrounds. He believes that people who disagree are not enemies, but partners in the construction of a plural world, where friendship can be more powerful than ideology.

Over meals and side conversation on his many return visits since, I learned that after Yale, Justice Barroso had earned his Ph.D. from his alma mater, Universidade do Estado do Rio de Janeiro (UERJ), had become a Professor of Constitutional Law at that university, and then President of Brazil's Superior Electoral Court, even while returning to America to conduct post-doctoral studies in the Harvard Law School. I learned that as a scholar, Justice Barroso had written prolifically and thoughtfully on the most difficult issues in today's public law: including human dignity in transnational discourse; the role of constitutional courts in democracies; the limits of law in a rapidly changing world of technological revolution, democratic recession and climate change: and a searing existential question: how to save the Amazon? He is a clear and cogent writer, who believes that anything worth saying can be said simply and accessibly. His writing is consistently sharp and precise, always finding the right word for everything that must be said. And he sees language as a tool for human liberation and fulfillment, never as a tool of oppression or power.

To survey his extensive writings is to understand that despite his remarkable accomplishments, Roberto has never rested on his laurels. To best play the role he chooses to play, whether as a teacher, judge, or public intellectual, he is constantly studying, learning and growing, expanding his horizons and trying to understand how complex global movements, natural and manmade, fit together. Roberto sees the process of knowledge and learning as a lifetime's endeavor, in which a committed lawyer may play many roles, all in service of expanding human dignity. And so he has been a committed lawyer fighting for recognition of the right to homosexual marriage and to abortion of anencephalic fetuses. As a Justice, he has voted to criminalize homophobia. He has been one of the world's most courageous judges in dealing with the challenges of climate change. And as President of the Superior Electoral Court, he played a decisive role in defending the Brazilian electoral system against Bolsonaro's incessant attacks and attempts to amend the Constitution in an undemocratic fashion. He is fueled by a burning passion for making his country better and its democracy stronger.

It is therefore so fitting that this commemorative volume now honors Roberto's 10 years of service on the Brazilian Federal Supreme Court. I am honored to join many in paying tribute to him, including distinguished international and Brazilian scholars who have been important interlocutors in his legal dialogues, as well as other Justices of the Court and his clerks. But this is a great lawyer who is only in mid-career. His life's work has many more chapters to go. While he temporarily occupies the role of a Supreme Court Justice, he was truly born to be a professor. Throughout all the years that he has been at the Court, he has travelled weekly from Brasilia to Rio to teach law school, Masters, and PhD students at the Rio de Janeiro State University. It is with his students that he is happiest, and where he truly shines.

And so it was with great joy, when this past spring of 2023, my 38th year teaching at Yale Law School, I looked up at Roberto's chair in my International and Transnational Law class to see a familiar face: Roberto's daughter, Luna van Brussel Barroso, now many years later a talented Brazilian LLM student at Yale Law School. Like her father, Luna has a brilliant future ahead. But tragically, at the start of the semester, her beloved mother passed away after over 30 years of battling cancer. In talking about her father's love for her mother, Luna told me:

> [M]y dad was relentless by her side. No matter how busy his life got, he was present in every important doctor's appointment, helped her in everything she needed, and was proud to walk into every room with her by his side. The last two years were especially difficult, and she spent many weeks in the hospital. He was there every day – worked from the hospital room, zoomed in to court hearings whenever this was possible. It was a lesson on what it means to truly love someone – a love of choice, a partnership that allows each one to pursue their own freedom and dreams, that strengthens each other's individual qualities, and shows up whenever needed.

Luna confided that in fact, her father was himself also a blessed cancer survivor. In August 2012, he was diagnosed with a frightening disease, which according to doctors, gave him only a year to live. Yet, Luna said, he took this news "with the serenity of someone who knew they had lived a fulfilling life, but the strength of someone who was ready to take this opportunity to unlock the doors that only open from the inside. To rethink convictions and reinvent himself spiritually." Miraculously, less than one year later, Justice Barroso was cured, to the surprise of all doctors, and took office as Justice in the Brazilian Federal Supreme Court. He has now served on that court with great distinction for a decade, and I know he has many more fruitful years to contribute.

In writing about Justice Barroso, Luna put it best. She said:

> My dad always knows for whom and for what his heart beats. No one is too good, no one is good alone. Be grateful to those who help you along the way. Do what is right even when no one is watching. And be optimistic about the prospects for a better world, never give in to cynicism. Be realistic about the difficulties, but optimistic about your capability to overcome them.

This same spirit infuses Luna, and Roberto's many students and admirers. Despite all the challenges he has faced and surmounted, he remains optimistic and joyous about the future. And he has so much more still to contribute. The Justice has many miles to go and many more young lawyers to inspire, including his own brilliant daughter. And he has deeply inspired his old teacher! So today, on your tenth anniversary, congratulations, Mr. Justice! May you have only happiness ahead. Just as I felt thirty-four years ago, I simply cannot wait to see what you will do!

Informação bibliográfica deste texto, conforme a NBR 6023:2018 da Associação Brasileira de Normas Técnicas (ABNT):

KOH, Harold Hongju. In honor of Justice Luís Roberto Barroso, on his tenth year on the Brazilian Supreme Court. In: OSORIO, Aline; MELLO, Patrícia Perrone Campos; BARROSO, Luna van Brussel (Coord.). *Direitos e democracia*: 10 anos do Ministro Luís Roberto Barroso no STF. Belo Horizonte: Fórum, 2023. p. 157-159. ISBN 978-65-5518-555-3.

THE SPIRIT OF BRAZILIAN LAW – FOR LUIS ROBERTO BARROSO

PAULO BARROZO

For Luís Roberto Barroso

Preface

In Brazil, it is common in both academic and popular circles to criticize the discord between the abstraction of legislation and the concreteness of country conditions, between formalist aspirations and lived experience, between ideal and reality. This criticism fails to comprehend the spirit of Brazilian law,[1] and sends legal thought in the country down the wrong road.

Where rigor and cultural self-esteem prevail, only a much-qualified version of this criticism survives scrutiny. There is thus reason for hope, for in Brazil we witness a profound transformation, centuries in the making, in the relationship between intellectuals and the country. There, confident theoretical introversion and self-reference[2] is reaching the critical mass that is a pre-condition for the appearance in a country, generation after generation, of original works of universal relevance. In jurisprudence, this cultural

---

[1] An evocation of the titles of Montesquieu's De l'esprit de lois and of Jhering's *Geist des römischen Rechts auf den verschiedenen Stufen seiner Entwicklung*. In a way, in this chapter I am embarked in a search similar to theirs. A more extensive treatment of the themes in this essay is found in Paulo Barrozo, *The Rise and Maturity of the Spirit of Brazilian Law*. Forthcoming, REVISTA DA AGU, 2023. I acknoledge the excellent assistance of Carolina Quintana Cardoso, J.D. Candidate, Boston College Law School.

[2] This confident self-regard has of course existed before, *vide*, for example, the *Recife School* of jurisprudence (in which I include not only Tobias Barreto, Sylvio Romero, and Farias Brito but also Clovis Bevilaqua. For an argument why I include him see the legal evolutionism in his *Juristas Filósofos*. Magalhães: Salvador, 1897 & *Criminologia e Direito*. Magalhães: Salvador, 1896) or the various contributions of Miguel Reale (to mention only two: *100 Anos de Ciencia do Direito no Brasil*. Sao Paulo: Saraiva, 1973; and *Figuras da Inteligencia Brasileira*. São Paulo: Siciliano, 1994) that display an incipient version of this culturally confident attitude. What is new is that this attitude is no longer an isolated endeavor. Self-referential and culturally confident articles, books, theses, and dissertations are now common in number and of much higher caliber in quality. See, for examples of recent general works, those by Paulo Margutti, Ivan Domingues, and Julio Cabrera. For examples of recent jus-historical work, see, among others mentioned elsewhere in this essay, those by José Reinaldo de Lima Lopes.

self-confidence will in time reveal that what is so often condemned as a discord between the country's advanced laws and its social reality is in fact a misapprehension of the original spirit of Brazilian law.

This chapter can offer no more than a first approximation of what in my view is the kernel of this spirit. But even this first excursus should suffice to show that once properly understood in its originalism, the common criticism of the distance between legal aspiration and sociological reality is refuted in its assumptions, diagnosis, predictions, and, as a consequence, in the intellectual agenda it sets for legal theory.

From here I proceed in three sections. The first section presents the spirit of Brazilian law. Section two takes a step back to explain the institutional and ideational structure that Brazilian legal thought shares with other modern traditions of jurisprudence. This structure, for as long as it stands, conditions the theorization of the spirit as well as the kind of agency Brazilian law requires. The last section has a word to say about such agency as required by the spirit of Brazilian law in the age of its maturity.

The Spirit of Brazilian Legal Thought

In the *The Idealism of the Constitution*, Oliveira Vianna contrasted two kinds of legal idealism during the first 120 years of Brazil's independence:

> A) *utopic* idealism, which does not consider the data of experience;
>
> B) *organic* idealism, which is made only of reality, finds support only in experience, is guided only by the observation of the people and its environment.

He further described utopic idealism as

> any and all doctrinal system, any and all set of political aspirations in intimate disagreement with the real and organic conditions of the society that it intends to govern and direct. What really characterizes and denounces the presence of utopian idealism in a constitutional system is the disparity that exists between the greatness and the impressive eurythmy of its structure and the insignificance of its effective yield [...]. A given society has, majestically installed at its apex, as in a crowning of glory, a powerful machinery, capable of producing a lot of useful and beautiful things: capable of producing peace, justice, order, tranquility; capable of producing prosperity, progress, civilization; capable of producing the government of the people by the people, the regime of opinion, democracy, freedom, equality, fraternity: – and yet this formidable apparatus, capable of producing so many useful and beautiful things, does not produce them, precisely because of the utopian character of its organization – because, as a norm, it produces the opposite of this...[3]

---

[3] Oliveira Vianna, *O Idealismo da Constituicao*. Rio de Janeiro: Companhia Editora Nacional, 1939. Pages XI-XIII, in my translation, with emphases omitted. Oliveira Vianna joined many others in Brazil in the 19th and 20th centuries accusing especially liberals of importing from the United States and Europe ideas and institutions with roots that could not grow in Brazil. See, for another example, Alberto Torres, *A Organização Nacional*. São Paulo: Companhia Editora Nacional, 1938. For an overview of Brazilian thought that is dedicated to or includes jurisprudence see Miguel Reale, *100 Anos de Ciência do Direito no Brasil*. São Paulo: Saraiva, 1973 & *Figuras da Inteligência Brasileira*. São Paulo: Siciliano, 1994; Wanderley Guilherme dos Santos, *Ordem Burguesa e Liberalismo Politico*. São Paulo: Duas Cidades, 1978; Gildo Marcal Brandao, *Linhagens do Pensamento Político Brasileiro*. São Paulo: Hucitec, 2011; and Christian Lynch, *Saquaremas e Luzias: A Sociologia do Desgosto com o Brasil*. Rio de Janeiro: Insight Inteligência, 2011. Available online here: https://inteligencia.insightnet.com.br/saquaremas-e-luzias-a-sociologia-do-desgosto-com-o-brasil/ &

Oliveira Vianna, himself a proponent of organic idealism, held the predominance of the utopian kind of idealism responsible for the lack of effective national progress on all fronts in Brazil. One of the favorite targets of Oliveira Vianna was the most recognizable Brazilian jurist of all time: Rui Barbosa.

Barbosa (1849-1923), whose life spanned monarchical and republican periods of Brazilian history, contrived, beginning in the 19th century, an entire institutional framework for public life in Brazil and later on, now already in the 20th century, basic principles for the international order.[4] Coming out of the 19th century liberal mold, Barbosa addressed the whole range of themes in the legal agenda of his time: education, political economy, forms of state (unitarianism or federalism?), forms of government (monarchy or republic? Parliamentary or constitutional supremacy), political regimes (democracy or oligarchy, liberalism or authoritarianism), rights (including socio-economic rights, of which he was an early proponent[5]), separation of powers, and so on. He also had the heaviest of all hands in the project of what became the first republican constitution (1891) and in later expounding and litigating it. Among other constitutional contributions, he inserted in the constitutional draft a uniquely expansive conception of *Habeas Corpus*, which gave rise to a further unique *habeas* doctrine that extended the remedy to all state action infringing upon individual rights.[6] Importantly, also through his hands the 1891 constitution codified judicial review to accompany the doctrine of constitutional supremacy which, again, he put to test before the courts like no other lawyer had before him.

Despite all that, Barbosa did not systematize his legal theory, although his thought is eminently systematizable because it is principled. Perhaps above all, Barbosa was a legal pedagogue;[7] the pedagogue of the legal form that he hoped would one day materialize in social substance.

Barbosa exemplified a kind of agent, and called for more agents like him willing to play the long game. That is why when writing to the 1920 graduating class of the University of Sao Paulo's Faculty of Law, he addressed the kind of agents and agency which legal visions depend upon for their materialization. In the speech which was read on his behalf in the ceremony which he was unable to attend, Barbosa urged the soon-to-be new lawyers to be "militants of justice" for:

> Legality and freedom are the pillars of the vocation of the lawyer. They contain, for him, the synthesis of all commandments: Do not desert justice, nor court it. [...] Do not flee from legality to violence, nor exchange order for anarchy. Do not place the powerful before

---

Idealismo e Realismo na Teoria Política e no Pensamento Brasileiro: Três Modelos de História Intelectual. Rev. Bras. Ciênc. Polít. (34) 2021. Available online here: https://doi.org/10.1590/0103-3352.2021.34.237103.

[4] As the head of the Brazilian delegation, he was one of the key participants in the 1907 Hague peace conference. There he pioneered the concept of legal equality among all States as subjects of international law in the institutional and diplomatic context of treaty making.

[5] See, in Portuguese, his 1919 discourse on "The Social and Political Question in Brazil" available here: http://antigo.casaruibarbosa.gov.br/dados/DOC/artigos/rui_barbosa/p_a5.pdf

[6] Those familiar with United States law may get a sense of this expansive *habeas* doctrine by imagining Section 1983 (without the immunities doctrine) enacted as a constitutional amendment.

[7] See Christian Lynch, "A Utopia Democrática: Rui Barbosa entre o Império e a República" *in* Marta de Senna (Ed.), *Rui Barbosa em Perspectiva: seleção de textos fundamentais.* 67. ed. Rio de Janeiro: Fundação Casa de Rui Barbosa, 2007.

the helpless, nor recuse to represent these against those. Do not serve justice without independence, nor abandon truth in the face of power. Do not collaborate in persecution or attacks, nor plead for iniquity or immorality. Do not refuse to defend unpopular or dangerous causes, when just. Wherever a grain of true law can be found, do not deny the violated the consolation of judicial protection. [...] Do not turn legal practice into a bargain, or science into a commodity. Do not be servile to the great, nor arrogant to the miserable. Serve the powerful with independence and dignity and the needy with charity. Love one's country, respect one's neighbor affectionately, keep faith in God, in truth and in the good.[8]

Barbosa's ideas fell behind none in offer by the liberal legal architectures and programs of his time (I will have more to say about this architecture in the next section), and he pioneered several ideals and institutional designs that would later become accepted. Most importantly for our purposes, his attitude was certainly neither a compromise with Brazil's legal institutions and ideas or realities of the past nor a picture of the country of his time; they were rather a summons, a profession of faith for the country to become something entirely else in the future.

Thus, unsurprisingly, Oliveira Vianna took aim at Barbosa, accusing him of being a "constitutional idealist," of suffering from "juridicism" and condemned to be "politically marginal" because of his disconnect with the real country.[9] For Barbosa and utopian idealists like him, Oliveira Vianna reserved the demeaning stamp of peripheric intellectuals, those who live "between two cultures: one – that of their own people, which form their collective subconscious; the other – the European or North American, which provide them the ideas, direction of thinking, the constitutional paradigms, and the criteria of political judgement".[10]

Oliveira Vianna was indeed correct about the predominance of utopian idealism in Brazilian legal ideas and attitudes. Indeed, this idealism is the spirit of Brazilian law, much like pragmatism is the spirit of American law. Neither is absolute, of course, and their reign is constantly under attack. Nonetheless, though embattled, both idealism and pragmatism shape the curvature of the spaces in which other approaches to law operate in Brazil and the United States respectively. *In Brazil, the time of legal attitudes and ideas is the future, while in the United States they subsist in a permanent state of debriefing.* The objective here is not to submit that one or the other of these attitudes is always right or wrong, but merely to render both clearer through contrasting them to one another.

Perhaps, putting the matter differently, once correctly understood, *utopian* idealism is now *organic* in Brazil. There, while merely incipient in the 18th century, over time the view gained strength that *in* and *through* law the country would will itself into a better future; that law would not push but, more precisely, and already standing from the

---

[8] Rui Barbosa, *Oração aos moços*. Brasília: Edições do Senado Federal, 2019. P. 67-68. My translation. Speaking in the Senate in 1896, Barbosa had already spelled out his "political creed," a Portuguese version of which can be accessed here: http://antigo.casaruibarbosa.gov.br/dados/DOC/artigos/rui_barbosa/FCRB_RuiBarbosa_Credo_politico.pdf

[9] For a defense of Rui Barbosa against criticism from the right and the left, see Bolívar Lamounier, *Rui Barbosa e a Construção Institucional da Democracia Brasileira*. Rio de Janeiro: Nova Fronteira, 1999.

[10] Oliveira Vianna, *Instituições Políticas Brasileiras*. São Paulo: José Olympio, 1939. P. 17.

future, law would pull history toward it; that not in socio-economic-cultural immanence but in transcendence *as* law rested the densest ontological core of the nation.[11]

To emphasize, it is not bold progress in the content of enacted law or advances in legal theory that is distinctive of the spirit of Brazilian law, it is its attitude, whatever the content of laws or legal ideas. It is certainly true though that this attitude has found greater resonance with the liberal and socio-democratic legal ideals; and it is also true that in Brazil evolutionist, historicist, jusculturalist, or interpretive legal theories were the most favored by jurists. The spirit of Brazilian law has a quarrel with none of them. As an attitude, the spirit operates from below, behind and above all of them. The point of the attitude that I am trying to capture here consists in juridically creating or acting on a comprehensive vision for the country, which creation and action is believed or hoped to be the cause of a future reality to match it.[12]

Consider how distinctive is the theoretical aspect of the spirit of Brazilian law: *the first task of its theoretical expression is not to drown in immanence, it is not to know how law functions or what deep extra-legal traditions it expresses; its first call is to transcend, is to know the country through legal categories and through them to jurisgenerate it. In this tradition of thought, and through the agency that it enables and empowers, form is to cause its substance.*

Brazilian legal history documents the risks inherent in the spirit of Brazilian law. In truth, "it is not uncommon the formal and useless existence of constitutions which invoke that which is not present, affirm that which is not true, and promise that which will never be fulfilled".[13] At its best, the spirit of Brazilian law persists not at the price of closing its eyes, but because they are wide open, for "a profound and silent revolution took place here. A toast to the future".[14]

***

Almost half a century after Oliveira Vianna's *The Idealism of the Constitution*, Mangabeira Unger would have much to say about the interaction of immanence and transcendence in the historical emergence of legal systems (as a type of law distinct, in his terminology, from "interactionist or customary law" and "bureaucratic law"). A legal order or system, he specified, "was committed to being general and autonomous as well as public and positive".[15] By contrast, bureaucratic law although public and

---

[11] Nowhere else in the Americas is this the case, which in part explains the fact that Brazilian jurisprudence has the most sophisticated concept of State there. This also in part explains why, in relation at least to South America, the institutions of the Brazilian State possess a higher order of legal organization and effective bureaucratic operation. But this is a topic for another time.

[12] It is easy to imagine how "unmusical" all of this will sound to jurists socialized in contexts in which pragmatism is the prevailing spirit. An exercise may help make the utopian idealist spirit more concrete: imagine the American constitution drafted without the compromises with the evil of slavery or the Model Penal Code published without compromises with what was at the time known to be technically obsolete or brutish and harsh; imagine ideas and agency unwilling to split the difference between a rejected past and an idealized future, where the uncompromising long game replaces pragmatic trade-offs in the present. Again, the point here is not to submit that one or the other of these attitudes is always right or wrong, the point is to render them mutually intelligible.

[13] Luís Roberto Barroso, O Direito Constitucional e a Efetividade de suas Normas: Limites e Possibilidades da Constituição Brasileira. Limits and Possibilities of the Brazilian Constitution. Rio de Janeiro: Renovar, 2026. P. 60. My Translation.

[14] Luis Roberto Barroso, *op. cit*. Nota Previa. My Translation.

[15] Roberto Mangabeira Unger, *Law in Modern Society: Toward a Criticism of Social Theory*. New York: The Free Press, 1977. P. 52. I have elsewhere supplemented Mangabeira Unger's definition of legal systems, writing that his "list of attributes of legal systems is correct, but incomplete. The addition of the following features is necessary. First,

positive never sufficiently gained autonomy (or significantly differentiated) vis-à-vis rulers or the ruling elite.

The social – hence immanent – condition for the historical appearance of legal systems is the presence in society of a group pluralism in which no single group is able to stabilize hegemonic control over the others. This unstable political polycentrism is the raw material of liberal societies, which Mangabeira Unger described as those in "which there is a structure of group, and specifically of class, domination, a structure not sufficiently stable and comprehensive to win the spontaneous allegiance of its members. The social hierarchy is too volatile and uncertain [...]".[16] One consequence of this situation is that while the separation between society and state was already present in "bureaucratic law", spontaneously irreducible polycentric group pluralism opens up an opportunity for the public and positive law of the state – with its agents and institutions – to increasingly gain autonomy not only from the social groups competing for influence over it but, over time, also from the executive ruler and his ministries. Thus, the power contest among influent social groups creates the conditions for legal autonomization as a mechanism to achieve the possible equilibrium among those groups.

However, although a condition of lack of voluntary conciliation of the groups vying for power was historically necessary for legal systems to emerge, this condition was insufficient for the stabilization or legal orders. Why would any powerful social group settled for compromise when there might be hope for complete victory? Without more, legal orders as a structure of domination *qua* equilibrium would be too fragile to endure in the face of disequilibrium factors. "Thus, paradoxically, the weaker the structure of domination becomes, the stronger the felt need to justify and to limit what remains of it".[17] Therefore, immanent conditions require the complement of transcending ideas in the form of parameters of legitimation to preserve legal systems over time; ideally, a parameter whose authority rested, as it were, above the fray of political competition on the ground. Historically, natural law provided that transcending parameter.

Significantly for the argument of this chapter, that process of legal system emergence and endurance was stunted in Portugal. True, the Portuguese had a precocious nation-state, usually dated from the Avis Revolution of 1383-85.[18] There, national identity (forged in the wars against the Muslim occupation of the Iberian Peninsula from the 8th century), a dynastic monarchy, a state bureaucracy, and an incipient but entrepreneurial bourgeoisie consolidated early for European standards. This early start explains why Portugal assumed the leadership in the investment-intensive public-private partnership

---

a legal system is *systemic* in the sense that its formal sources of law observe a reciprocal hierarchical relation, and are subjected to both a *reductio ad unum* and to criteria of belonging (for instance, constitutional supremacy with law-invalidating judicial review authority). Without the attribute of hierarchy that includes apex sources that allow for control of norm membership in the system, modern western legal system would look very different. Second, legal systems have autopoietic capabilities. That is, they operate in significantly self-referential, self-reproducing, and self-validating ways. Thirdly, legal systems are autotelic, in the sense that their general purposes and the purpose of any of their parts significantly face inward due to the way systemic formality operates." Paulo Barrozo, "Comparative Law as a Way of Life: For William P. Alford." *In Tribute to William P. Alford*. HARVARD INTERNATIONAL LAW JOURNAL Online (2020). https://harvardilj.org/2020/12/9299/.

[16] Roberto Mangabeira Unger, Law in Modern Society: Toward a Criticism of Social Theory. P. 68.
[17] Roberto Mangabeira Unger, Law in Modern Society: Toward a Criticism of Social Theory. P. 68.
[18] Portugal's territory had already been consolidated since 1249, with the final reconquest of the Algarve region from the Muslims who at the time had been left to occupy only small enclaves in the region.

of global maritime exploration and in the research and development in navigation and cartography that preceded and accompanied it.

So centralized was the Portuguese state, however, that the crown fully controlled the state bureaucracy and the nobility alike. For example, the crown took from the feudal nobility the privilege to bequest feuds to their descendants, thus creating a condition of transgenerational dependence for a social class who elsewhere in Europe usually played the role of counter-balance to the power of monarchs. For bureaucrats, the predicament was worse, for they lacked the gloss of nobility titles (even if subject to the arbitrariness of royal favors) and the social network that went with it. In Portugal, the entire nobility and bourgeois classes depended on the unchecked power of the monarch for the maintenance of their statuses and offices. Thus, an irreducible competitive group pluralism was never the case in Portugal: the king had all the power, and, consequently, the question of social coordination among classes was very early resolved, top-down. The monarch, through "bureaucratic law', wrote the script of social life.

Nevertheless, because of its state formation precocity, Portugal was a modern pioneer in codifications or restatements of the law, the so called *Ordenacoes do Reino de Portugal,* of which there were three.[19] All three were examples of bureaucratic law; the first, *Ordenacoes Alfonsinas*, was finalized in 1446. Setting the precedent for the next Ordenacoes, the *Alfonsinas* was divided into five books dealing, respectively with: administrative law; the Church, secular jurisdictions, and the status of Jews and Muslims; the judiciary and judicial procedures; contracts, succession, and the rest of civil law; and crime and punishment.

With the introduction of the press in Portugal later in the 15th century, King Manuel, hoping for the much wider access to the *Ordenacoes* that printing promised, ordered a significant updating and expansion which resulted in the *Ordenacoes Manuelinas* which first completed publication occurred in 1514 (the final version dating to 1521).[20] Unlike the *Ordenacoes Alfonsinas* which copied-and-pasted as originally enacted all the pre-existing laws it compiled, the *Manuelinas* re-issued, in typical bureaucratic law style, all laws in the decretal form, that is, as if enacted anew. And yet, this Portuguese type of bureaucratic law marks a historical transition from restatements such as Justinian's *Corpus Juris Civiles* (subsidiarily applied to all Ordenacoes) and the *Ordenacoes Alfonsinas* to the modern conception of a code of law, typical of legal systems.

The last of the *Ordenacoes*, the *Filipinas*, was finalized in 1595 and became effective when it reached the presses in 1603. Although at the time the Renaissance had elsewhere began its attack on the paradigm of legal thought we owe to Thomas Aquinas, King Felipe I ordered the new *Ordenacoes* to remain within the confines of natural law and the Portuguese legal tradition. So, when in 1808 the Portuguese Court and many of the institutions of the Portuguese state moved to Brazil escaping the Napoleonic invasion of that country, there the *Ordenacoes Filipinas* had already been the law of the land for two centuries. In Brazil, the *Filipinas* would be replaced only after independence by the

---

[19] See Antonio Manuel Hespanha, *Historia das instituicoes: epocas medieval e moderna.* Coimbra: Almedina, 1982. A good summary is found in Ignacio Poveda Velasco, *Ordenacoes do Reino de Portugal.* Available online here: https://core.ac.uk/download/pdf/268355952.pdf.

[20] Seeking to avoid confusion, King Manuel ordered the destruction of all copies of the 1514 edition.

extraordinary reinstatement of the law named *Consolidacao das Leis Civis*, undertaken by the 19th century genius of Teixeira de Freitas,[21] who also would subsequently author the first draft of what would in 1916 become the first Brazilian Civil Code. Significantly, the *Consolidacao* was also an example of bureaucratic law, in this case enacted by Emperor Pedro II.

In 1815 Brazil officially ceased being a colony, becoming a co-equal to Portugal in the newly established United Kingdom of Portugal, Brazil and Algarves. This change in status was not fictional; it reflected the realities of the time. In 1818, after the death of Queen Maria I in Rio de Janeiro in 1816, her son (who was already the acting ruler since 1792) was acclaimed (the Portuguese monarchy did not crown their queens and kings, who were rather elevated to the position of monarch), also in Rio, King Joao VI. In 1822, Joao VI's son, who would later that year become Pedro I, Brazil's first emperor, declared Brazil's independence (technically a secession) from the United Kingdom with Portugal. Brazil was first recognized as an independent country by the United States in 1824, the year of the country's first constitution.

Thus, at least up until 1822, Brazil shared with Portugal an absolutist monarchy that dominated over its landed enslaving nobility and state bureaucracy and governed through bureaucratic law. Therefore, set against Mangabeira Unger's account of the emergence of legal systems, both Portugal and Brazil constitute poor proofs of concept. Nonetheless, the terms of his analysis can still be useful in understanding the spirit of Brazilian law, provided that we invert the causal order in which he presented them. *In Brazil (and in Portugal), polycentric, non-hegemonic group pluralism was a creation rather than a social pre-condition of a legal system.*

In a moment I will refer to an account of the synergy between immanence and transcendence in law that supersedes, through rectification and supplementation, and absorbs Mangabeira Unger's now classical articulation. For the moment, though, let his account serve to accentuate the nature of the utopian idealism of jurists who imagined and constituted their society *as* transcendent law believing this to be the best means to bring that society into its immanent reality. *In Brazil, rational codification of the public and private spheres detached from tradition or conditions on the ground took the place of natural law as the axiological steering for the functional creation of a legal order only in time to be reflected in a society moving slowly to catch up with it. Put in temporal terms, law, from the future, was constantly wrestling into the present a society encastled in its past.*

Let me repeat for the sake of clarity and precision: what is most distinctive about this attitude toward the law is not that it is solely liberal or democratic-socialist as

---

[21] Augusto Teixeira de Freitas, *Consolidação das Leis Civis*. Brasilia: Senado federal, 2003. Teixeira de Freita's jurisprudence is an example that the spirit of Brazilian law is plural. In his case, it manifested as a version of the historical school: "real life does not exist for systems, on the contrary, systems are devised for real life." Teixeira de Freitas, *Esboço do Código Civil*. Rio de Janeiro: Ed. do Governo Federal, 1952, Vol. I. P. 18. *Apud* Miguel Reale, *Filosofia do* Direito. Sao Paulo: Saraiva, 2002. P. 421, my translation. A great systematizer who added much rigor and coherence to the organization of private law inherited both from the *Corpus Juris Civilis* and from the Brazilian and Portuguese private law doctrine of his time, Teixeira de Freitas recognized that "the civil laws are dominated by the political organization" (p. XXXIII, my translation) of a people, that is, the system of private relations must match the form of government and the political regime. He was, however, unwilling to move too far ahead of the "genius" particular to the different peoples (p. LXXXVII). See Nelson Saldanha, "Historia e sistema em Teixeira de Freitas". Revista de informação legislativa, v. 22, n. 85, p. 237-256, jan./mar. 1985.

opposed to conservative or solely utopian as opposed to organic. These legal ideas all rest their hopes for the country on getting its laws right. *What most differentiates the spirit of Brazilian law is its belief in the normative, cognitive and causal autonomy of legal reason. Autonomously, refusing to realism-as-fate, legal thought is able to obtain cognition of the right legal order; and once enacted, the law it imagined, as if a crane floating in space, can autonomously lift a country into existence.*

At this point, many readers, especially those socialized in United States legal thought, will rest their case. Nothing else needs to be said to indict and convict the spirit of Brazilian law as "metaphysical nonsense".[22] He would be wrong to do so. And the proof of that was made empirical by the 1988 constitution and its ongoing transformation of Brazil. Surely, the lineage of utopian idealist thinkers – from Jose Bonifacio in the 18th century to Tavares Bastos, Joaquim Nabuco, and Rui Barbosa in the 19th and early 20th centuries – could have dreamed of no bolder exercise of legal transcendence than the last of the Brazilian constitutions, a creation of legal imagination acting through demiurgic agency upon an entire highly complex modern society to will it into a vastly transformed future.

Of course, no single thinker or body of law perfectly embodies the spirit of Brazilian law. The spirit is carried out here and there in incomplete, truncated, and often contradictory ways. Remember, though, that what characterizes the spirit of Brazilian legal thought is not a set of substantive commitments such as a conception of justice or freedom. What marks it is a particular way to see the relationship of law with reality in which the former is the denser normative, ontological and causal term.

In any event, the 1988 constitution owes what success in design and implementation it has already achieved to the spirit of Brazilian law that, as an animating presence, suffuses thinking about and acting through law in Brazil.

And yet, the very success of the 1988 constitution and its transformation of Brazilian society creates a vast challenge. The spirit of Brazilian law is now challenged to do two things: it has a constitutional order to ever more fully materialize and it must at last develop grand, systematic formulations of its unique conception of the relationship between law and reality. Further progress on the former is now dependent on the latter.

The second of these challenges is familiar to jurists, for they inhabit the oldest tradition of grand and systematic theorization. In theoretical terms, a fuller articulation, with the necessary specifications and implications in all areas of legal theory, of the spirit of Brazilian law is still to come. But the prerequisite moment of greater cultural self-confidence and affirmation is already there. The specific difficulty in the current context lies in that theoretically owning the spirit of the law has to be such as for it to act as the mind of an interpretive practice.[23] *The reason for that is unmysterious: social reality has caught up sufficiently with the law to predicate future progress in this regard in a body of thought capable of governing a constitutional order no longer at war with its immediate past.*

---

[22] This phrase is a reference, deployed by those who have not read or understood it, to Felix S. Cohen, *Transcendental Nonsense and the Functional Approach*, 35 Colum. L. Rev. 809, 809-849 (1935).

[23] A point of departure could well be a *tour de force* with the view of legal interpretation that emerges from Miguel Reale's tridimensionalism in his *Teoria Tridimensional do Direito* (Sao Paulo: Saraiva, 1994) which to my knowledge offers the most sophisticated treatment of legal interpretation to be found anywhere.

Both tasks – materialization and theorization – pose the question of the *agent* and of the kind of *agency* they require. Narrowing the problem to the post-1988 constitutional order, who are the agents to constantly imagine, theorize, teach, litigate, and adjudicate the Brazilian legal system?

To this question I return in the last section. Next follows a brief clarification about the intellectual context of jurisprudence in our time.

History, Reason and Democracy

Let us begin with a fact that hides behind being obvious: law and human associations are coeval and coevolving. We can think of the law of today as a highly abstract, general, and systematic version of what first began as the norms of coexistence of the members of the first stable human associations. This link between human associations and law is determinative of law's ontology ever since.

From the beginning, albeit in inchoate manifestation and unformed expression, three constitutive elements were already present in the experience of normativity. First, a temporal element in which the norms inherited from the past – first orally, then in written form – rendered predictable the future through compliance with the norms in the present. Second, there was a rationalizing element through which norms, though primitively sustained as taboo, could be taught generation after generation by the use of what we would call axiological and functional justificatory discourses. That is, the pedagogy of customs deployed rationalizing resources. The last element was that of volition. Again, although first still as taboo, those norms required individual and collective decisions for their endurance and adaptations. Later, for bureaucratic law to appear, the volitional element of law had to become the law-making will of rulers. In our times, the will that matters is that of the people and their representatives.

History, reason and will were therefore constitutive of law's ontology from the moment human history started to partially differentiate from natural history. In fact, normativity is the cause and first sign of this differentiation. The conclusion to take from history is that law both constitutes and is the medium of collective life. As such, *law is a phenomenon of intersection, finding its ontological nucleus where history, reason, and will meet.*[24] Importantly, *what is special about law is that the vector resulting from that intersection is, or at least can be, authoritative.*

If according to the spirit of Brazilian law the densest ontological moment of the country's existence is found in a law that wills it forward from an imagined point in the future, the densest ontological nucleus of law in general is found where history, reason and will normatively meet. The way these ontologies cross paths raises deeply intricate problems, only one of which I mention here.

The ontological problem to flag is the one that ultimately bears on legal agency. Here is a way to approach it. Assume that the variables in law's ontology are the *what* and the *how* of history, reason and will across place and time. Consider first the example

---

[24] See generally for this section of the essay Paulo Barrozo, *The Great Alliance: History, Reason and Will in Modern Law*, 78 Law & Contemp. Probs. 1 (2015); and Paulo Barrozo, *Law in Time: Legal Theory and Legal History*, 31 Yale J.L. & Human. 316, 344 (2021).

of *will*. In our times, the volitional element of law is democracy: the *will* of the people which can be stated directly or indirectly through elected office holders with legally provided competence to create or apply the law. In other places and times, the *will* was that of the divine as revealed through prophets, the will of princes, and so on. History and reason also have their *what* and *how*. *History* may refer to certain traditional ideas or instead to some watershed experience such as the foundation or refoundation of the polity, war, revolution, regime change, and so on. *Reason*, on its turn, may take the form of goal-oriented instrumental reasoning, of the cognitive rationality of evidence-based assessments, the relatively more precise and coherent articulation of principles or values, and so on.

It would be a mistake, however, to think that law's ancient and intimate core made of history, reason, and will is a peaceful and stable one. On the contrary, the centripetal forces operating upon this triad are constantly counterbalanced, when not overwhelmed, by centrifugal forces. The balance is one under permanent stress, tested at every point of inflection in the life of a legal order. When a legal order fails, it does because history, reason and will conflagrate.

Thus, as societies became ever more complex over time, mechanisms evolved to assist in keeping law together in its tripartite intersecting ontology. The most successful among such mechanisms are what I have elsewhere called paradigms of law and legal thought. *Paradigms* of law are the work of high legal theory that in time decant toward more concrete or doctrinal legal discourse. They present a compelling and enduring conception of the relative place of history, reason, and will in law.

Our current paradigm of law and legal thought is the product of the coming together in the 19th century of a political experience and a theoretical achievement. The political experience was that of profound instability often translating into open social l chaos or war. In the course of the 19th century, the masses of the West entered the political stage with a thunderous step. In Brazil it was not different. Between the "Cabanada Movement" early in the century in the north to the "Federalist Revolution" at the end of the century in the south of the country, Brazil counted more than three dozen revolts: civilian or military, conservative or liberal, secular or religious, of free or enslaved peoples. Any minimally attentive person living in the 19th century in Brazil, the United States or Europe must have felt the ground shake under their feet. The political elites certainly did.

Of course, human history has copyrighted instability. Nonetheless, until the 19th century the masses would occasionally insurrect and then sooner or later return to their assigned seat in society. That changed during the 19th century. Its masses came onto the proscenium to stay. The only question left for the elites of the time was whether they could influence the terms of the occupation. Would it be unruly and thus unpredictable or ordered and tame? Noninstitutionalized or institutionalized?

In high legal thought, two currents of ideas which in the 18th century had been radicalized began a rapprochement that would indeed order, tame, and institutionalize the political participation of the masses first in the West and later on throughout the world with mixed success. On one pole was *historicism*, on the opposite one *rationalism*.

The rapprochement occurred more or less everywhere in the West, but the terms of it that became universal were crafted by Savigny and Hegel.

Savigny, a historicist, argued that the materials of legal experience and the laws that emerge from it were not the product of concentrated will but rather that of an unauthoral, organic, and long-unfolding process akin to the process of creation of a natural language.[25] Who authored Portuguese or English or German? No one. Despite this position on jurisgenesis, Savigny conceded that without the conceptual and organizational finishing work of legal science, the law originating in the spirit of a people would be lost. It was therefore the province of reason not to create *ab nihil* but to save from oblivion the law of a people.

Hegel, a rationalist, made the journey to the middle coming from the opposite pole. Reason is sovereign, and every time a rational being walks with it, reason leaves its small or large imprint on the ground of history. But reason's manifestation is not instantaneous. It necessarily passes through stages of development, in each stage leaving behind a type of law. Thus, from the viewpoint of humanity, sovereign reason not only solely manifests in history but depends on history to unfold through its developmental stages. The culmination of this process is a kind of rational legal order that, according to Hegel, at last became historical in Western constitutional orders of 19th century.[26]

Under the influence of the partial realignment of legal historicism and rationalism, constitutional orders of the 19th century which were deemed exemplary (usually by the metric of England) were thus justified both historically and rationally. Historically, they passed the test of authenticity. Rationally, they passed the test of the evolution of the rationality of institutions. They thus passed the test of time as well as that of logic.

But what about those thunderous masses no longer leaving the political stage? They had to be brought into the pact celebrated at the level of high legal thought. By and large, they were. Representative, tripartite government; a free civil society in the spheres of the family, the market, and culture, including religious culture; socio-economic distributive mechanisms; the loosening of conditions of eligibility for office and of participation in elections; individual justiciable rights; etc. So compelling at the level of ideas, promising at the level of life experiences and opportunities, and potentially peaceful and secure were these features of the constitutional orders passing the tests of time and logic, that the masses joined in the compact.

Ever since, the terms of the 19th century great alliance between history, reason, and democracy is the paradigm of law and legal thought that for good and bad constrains legal doctrine and theory almost everywhere in the world. Of course, this paradigm is flexible enough to accommodate various schools of jurisprudence and approaches to legal doctrine. But flexibility is not illimitation. The spirit of Brazilian law was born and matured under this great alliance and must continue to operate under it. Therefore, *its agents must be able to connect in theory as well as in practice the causation of legal form*

---

[25] Frederick Charles von Savigny, Of the Vocation of Our Age for Legislation and Jurisprudence 41-181 (Abraham Hayward trans., The Lawbook Exchange, Ltd., 2002) (1831).

[26] Georg Wilhelm Fredrich Hegel, Hegel: Elements of the Philosophy of Right (A. W. Wood ed., H. B. Nisbet trans., Cambridge University Press) (1991). Hegel, I should note, wrote some of the most effective criticism of Savigny.

characteristic of the spirit of Brazilian law with the specific accommodation between history, reason and will achieved by the current paradigm of law and legal thought.

Spirit and Agency

In order to endure, every legal order depends on being sustained over time. What agency sustains them?

Legal orders are sustained by intragenerational conjunctural legal commentary, by the practical use of law in the small and large scale processing of social conflict, competition or cooperation, by empirical and historical studies, by treatises that organize doctrine, by the constant formation of legal experts,[27] by equal doses of institutional memory and constant improvement, by general faith in the government by law, and by theory.

All of this is facilitated as well as limited by the paradigm of law and legal thought that Brazil shares with the world. However, during the course of the 20th and especially now in the 21st century, the country's legal order had to be both imagined and sustained. Uniquely there, I tried to show, appeared a spirit of law that engendered its own conception of the value and force of the legal form, of the future as the causal time of law, and of the resulting relationship between law and reality. It was a success. One-sided criticism of this spirit is both to misunderstand the nature of law and of the country.

In its age of maturity, the legal order symbolized by the 1988 constitution challenges the spirit of Brazilian law to govern it as a vibrant interpretive practice.

I am confident that we understand the kind of agency the spirit of Brazilian law needs. Rui Barbosa exemplified it for us, with the sophistication to match the complexities of his time. And agents are being avidly recruited all the time. In this task, examples helpful for the mature phase of the Brazilian legal order are needed. In my view, no single person has done cumulatively more to inspire, theorize, teach, litigate, adjudicate, caution, test, reinvigorate, and embody the spirit of Brazilian law in this phase of its maturity than Luis Roberto Barroso.

Informação bibliográfica deste texto, conforme a NBR 6023:2018 da Associação Brasileira de Normas Técnicas (ABNT):

BARROZO, Paulo. The spirit of Brazilian Law – For Luis Roberto Barroso. *In*: OSORIO, Aline; MELLO, Patrícia Perrone Campos; BARROSO, Luna van Brussel (Coord.). *Direitos e democracia*: 10 anos do Ministro Luís Roberto Barroso no STF. Belo Horizonte: Fórum, 2023. p. 161-173. ISBN 978-65-5518-555-3.

---

[27] Common also is the criticism of the number of faculties of law in Brazil, of which there are many hundreds. This is another mistake. Legal education in Brazil is the functional equivalent of liberal arts education in the United States. This is explained by the fact that the first higher education degree-granting institutions in Brazil were law and medical faculties. Although both maintain their grip on the dreams of those in Brazil in higher education, law schools are logistically easier to replicate than medical schools. Thus, only a fraction of law graduates in Brazil will become practicing lawyers. Most attend in order to receive an education and enhance their station and chances in society, much like the liberal arts education in the United States. Of course, the university system in contemporary Brazil is just like that of, to keep the comparison, the United States in terms of the various degrees and specializations offered.

CONSTITUTIONAL UNAMENDABILITY IN BRAZIL AND THE WORLD

RICHARD ALBERT [1]
BRUNO SANTOS CUNHA [2]
MATHEUS DE SOUZA DEPIERI [3]

Introduction – Unamendability in Constitutional Design

The late political scientist John Burgess correctly described constitutional amendment rules as "the most important part of a constitution".[4] These rules serve fundamental functions in a constitutional democracy.[5] They offer a way to repair imperfections in the constitutional text, to distinguish constitutional from ordinary law, to protect higher law from easy repeal or revision, and to create a predictable and transparent procedure for constitutional change.[6] Constitutional amendment rules also promote democratic engagement, heighten public awareness, pacify constitutional change, help manage diversity, and double as a mechanism to check the exercise of judicial power.[7] In addition, constitutional amendment rules play a valuable symbolic function: they express the values that define a community constituted under a supreme charter of law.[8]

Constitutional amendment rules hold the key to making and unmaking a constitution. Political actors have used these procedures to achieve ends that might be considered positive or negative, depending on one's constitutional values: divesting courts of their powers, guaranteeing equality for all persons under law, abolishing

---

[1] Author of Introduction, Part I, and Conclusion.
[2] Co-author of Parts II and III.
[3] Co-author of Parts II and III.
[4] John Burgess, *Political Science and Comparative Constitutional Law, Volume I* (Boston: Ginn & Company, 1893) at 137.
[5] Richard Albert, *Constitutional Amendments: Making, Breaking, and Changing Constitutions* (Oxford: Oxford University Press, 2019) at 39-49.
[6] Ibid.
[7] Ibid.
[8] Richard Albert, "The Expressive Function of Constitutional Amendment Rules" (2013) 59 *McGill Law Journal* 225 at 247-57.

term limits for chief executives, and restructuring legislative powers from a bicameral to a unicameral system. Whatever the content of a given constitutional reform, the successful deployment of amendment rules confers legal authority on it, whether the reform enhances the constitution or destroys its core commitments.[9] Here, then, is the problem: political actors can both strengthen and undermine the constitution using the constitution's own amendment rules.[10]

This duality of constitutional amendment rules – namely that they may be used for both good and ill – presents a challenge for constitutionalism. Constitutional amendment rules are indispensable for the proper functioning of a constitutional democracy, yet these same procedures open the door to the destruction of constitutional democracy itself. How, then, can we protect constitutional democracy from the misuse of its own devices?

Constitutional designers have turned to one solution with increasing frequency: unamendability. Constitutional designers have codified unamendable rules for many different purposes but in most cases they have intended them to endure as an eternal constraint on the state and its citizens, hence the phrase *eternity clause* that some scholars have used to describe them.[11] Unamendable rules are impervious to the amendment procedures in a constitutional text and they are legally immune to constitutional revision even by the largest legislative and popular majorities.

Constitutional unamendability was once rare but today it is increasingly frequent in constitutional design. Constitutional designers entrench a variety of rules against amendment. Germany, for example, makes human dignity unamendable.[12] The Algerian and Ukrainian Constitutions declare all of their constitutional rights unamendable.[13] The Constitution of Madagascar makes the territorial integrity of the state unamendable.[14] In Turkey and Togo, secularism is unamendable,[15] as is theocracy in Afghanistan,[16] socialism in Cuba,[17] unitarism in Indonesia and Kazakhstan,[18] monarchism in Bahrain and Kuwait,[19] republicanism in Haiti and Italy,[20] the separation of powers in Greece,[21] presidential term limits in El Salvador and Guatemala,[22] and political pluralism in

---

[9] Richard Albert, "Constitutional Amendment and Dismemberment" (2018) 43 *Yale Journal of International Law* 1.

[10] David Landau, "Abusive Constitutionalism" (2013) 47 *University of California at Davis Law Review* 189.

[11] *See, e.g.*, Donald P. Kommers, "German Constitutionalism: A Prolegomenon" (1991) 40 *Emory Law Journal* 837 at 846; Ulrich K. Preuss, "*The Implications of Eternity Clauses: The German Experience*" (2011) 44 *Israel Law Review* 429 at 429; Manfred Zuleeg, "What Holds a Nation Together? Cohesion and Democracy in the United States of America and in the European Union" (1997) 45 *American Journal of Comparative Law* 505 at 510.

[12] German Basic Law, arts. 1(1), 79(3) (1949).

[13] Constitution of Algeria, art. 234(6) (2020); Constitution of Brazil, art. 60 (1988); Constitution of Ukraine, art. 157 (1996).

[14] Constitution of Madagascar, art. 163 (2010).

[15] Constitution of Togo, art. 144 (1992); Constitution of Turkey, arts. 2, 4 (1982).

[16] Constitution of Afghanistan, art. 149 (2004).

[17] Constitution of Cuba, art. 229 (2019).

[18] Constitution of Indonesia, art. 37(5) (1945); Constitution of Kazakhstan, art. 91(2) (1995).

[19] Constitution of Bahrain, art. 120(c) (2002); Constitution of Kuwait, art. 175 (1962).

[20] Constitution of Haiti, art. 284 (1987); Constitution of Italy, art. 139 (1948).

[21] Constitution of Greece, art. 110 (1975).

[22] Constitution of El Salvador, art. 248 (1983); Constitution of Guatemala, art. 281 (1985).

Portugal and Romania.[23] This list of unamendable rules is just a sampling of the many examples of eternity clauses we see in the constitutions of the world.

In this chapter prepared for a commemorative book to mark the tenth anniversary of Justice Luís Roberto Barroso's distinguished service on the Supreme Federal Tribunal of Brazil, we shine a light on unamendability in Brazil and the world. Unamendability is worth studying in the context of this special anniversary because the Brazilian Constitution codifies a fascinating menu of unamendable rules that are as diverse in their subject-matter as they are comprehensive in their coverage.[24] These unamendable rules take multidimensional forms that are rooted equally in the codified and uncodified parts of the Brazilian Constitution. Yet what is of particular interest to us in this chapter is that Justice Barroso has helped delineate the scope of these unamendable rules in the course of his distinguished career as a scholar, lawyer, and judge.

We begin this chapter by explaining the many functions of unamendable rules. We then examine the unamendable rules in the Brazilian Constitution. We focus first on the Constitution's unamendable structures and rights, and then on how unamendability is applied in practice. What follows, we hope, is a rich overview of constitutional unamendability and an analysis of Justice Barroso's impact on the application and interpretation of unamendability in Brazil, where he has served the people and the Constitution with distinction and devotion.

I The Functions of Unamendability

It is far from a global expectation in constitutional design that a constitution must include an unamendable rule. It is a responsible choice in either direction, whether to codify one or more unamendable rules or to leave them out of the constitutional text altogether. The question is therefore worth asking: why do constitutional designers choose to codify unamendable rules? The answer is that unamendability serves many different functions – we outline seven in total – that aid in achieving a variety of constitutional objectives. These objectives may be grouped into three categories: identity, stability, and emergency.

A) Identity

Unamendable rules have three functions in relation to constitutional identity: they may preserve something fundamental about the constitution, they may seek to transform something fundamental about the constitution, and they may express the constitution's most basic values.

Consider the first of these three identitarian functions. Constitutional designers have made certain principles, values, structures, or other rules unamendable because these rules can be seen as reflecting a deep domestic truth. The purpose of unamendable rules when deployed to fulfill this function is to preserve something distinctive about

---

[23] Constitution of Portugal, art. 288(i) (1976); Constitution of Romania, art. 152(1) (1991).
[24] Constitution of Brazil, art. 60 (1988).

the state and its peoples. Preservational unamendability aims to freeze some historical conception of the state, looking backward into the past for direction to pilot the state into the future. Preservational unamendability reflects the judgment of the authoring generation that a given rule is centrally important at the time of the adoption of the constitution and that successor generations should respect the sacredness of both this founding judgment and the unamendable rule itself. For instance, the Iranian Constitution establishes Islam as the official religion, and makes this unification of Church and State unamendable.[25] The Beninese Constitution makes the very opposite value unamendable: it commits the country and the institutions of the state to secularism.[26] Both seek to preserve something constitutive of the state.

Second, unamendability may be used as part of a larger effort to transform the state and its surrounding society. Constitutional designers can reinforce their project of social and political reconstruction by codifying forms of unamendability intended to turn the page permanently on the tragic horrors of an earlier time in their history. This form of unamendability – transformational unamendability – seeks to repudiate the past and to create a new future. It casts its gaze forward to what the state could be, imagining what might be possible if the constitution's unamendable rule takes root in law, politics, and culture. For instance, the Constitution of Bosnia and Herzegovina seeks to create a new tomorrow by setting an unamendable floor for civil and political rights.[27] Specifically, the Constitution makes all civil and political rights undiminishable in their scope and makes that safeguard unamendable.

A third identitarian purpose of unamendability is to express constitutional values. Codifying an unamendable rule is the ultimate expression of importance that constitutional designers can communicate in the constitutional text. For example, the French Constitution's absolute entrenchment of republicanism is a statement of this principle's highest significance.[28] It is worth noting that this expressive purpose of unamendability need not necessarily reflect a repudiation of the past; it may instead declare new values without reference to an old or superseded reality.

B) Stability

Unamendable rules have two additional functions in relation to constitutional stability: they may seek to give reassurance to political actors and they may also seek to settle a divisive matter.

The use of unamendability as reassurance is not concerned with resolving a disagreement between opposing parties. It is intended to give a guarantee that a state of affairs will remain unchanged. When a contentious subject divides parties and threatens to derail the constitution-making process, progress on other matters is unlikely unless the contentious subject is dealt with in a way that gives those divided parties some assurance that the ultimate decision will be pushed to the future, and that, for now,

---

[25] Constitution of Iran, art. 177 (1979).
[26] Constitution of Benin, art. 156 (1990).
[27] Constitution of Bosnia and Herzegovina Const., art. X, s. 2 (1995).
[28] Constitution of France, art. 89 (1958).

the status quo remains undisturbed. This guarantee in turn liberates parties to proceed with their negotiations in order ultimately to enact the constitution. The most useful illustration of this reassurance function of unamendability is also its most reprehensible: the unamendable guarantee in the U.S. Constitution that Congress will not interfere with the international slave trade into and out of the slave-holding southern states in the country.[29]

Constitutional designers have used unamendability for another purpose related to stability: to incorporate time for a constitutional settlement to take root in the aftermath of a particularly charged moment in the life of the state. Using unamendability in the service of settlement means prohibiting amendments for a defined period. There are many dramatic occasions when political actors and the people may become intensely engaged in constitutional politics, and after which a respite may be useful to calm passions, to plan next steps, and to give time for clarity to emerge from the intensity or upheaval of the moment. For instance, constitutions might disable the amendment procedure for a fixed number of years beginning immediately upon the ratification of a new constitution, as we see in the Cape Verdean Constitution.[30] Constitutions might also prohibit lawmakers from reintroducing a defeated amendment proposal until the passage of a fixed number of months or years, as is true of the Estonian Constitution.[31] The Portuguese Constitution offers another example of unamendability in the service of settlement: it prohibits subsequent amendments within a defined period of time after the successful amendment of the constitution.[32]

C) Emergency

Finally, unamendable rules have two functions connected to emergency: they may be used to manage crises and they may be used also to bring opposing sides together in peace.

Constitutional designers have turned to unamendability to help manage moments of crisis or to prevent crises from worsening. What they make unamendable here is neither a principle, value, nor a structure but rather a rule that prohibits the use of the constitution's amendment procedures. The effect of this unamendable rule is to disable the formal amendment process altogether. Spurred by fears that the amendment process could be hijacked by nefarious influences, rushed in a national emergency, or compromised during times of war, the use of unamendability in crisis management is intended to take the power of formal amendment away from reformers when the state is at its most vulnerable. For instance, the Constitution of Montenegro disables the amendment process during an emergency, martial law, or a state of siege or war.[33]

---

[29] Constitution of the United States, art. V (1789).
[30] Constitution of Cape Verde, art. 309 (1980).
[31] Constitution of Estonia, s. 168 (1992).
[32] Constitution of Portugal, art. 284 (1976).
[33] Constitution of Montenegro, art. 156 (2007).

Constitutions also disable the amendment process during periods of regency or succession, as in Luxembourg.[34]

There is a second emergency-related function of unamendability, though we could well categorize it as a stability-related function: to reconcile opposing parties. Here the objective is to unify competing groups under a shared vision for the future. The immediate aim of this use of unamendability as reconciliation is to end a conflict between previously conflicting groups, and its longer-term aim is to convert former adversaries into allies, foes into friends, and competitors into collaborators. Unamendability as reconciliation makes peace possible between enemies by conferring irrevocable amnesty for prior conduct. The impetus for using unamendability as reconciliation is to strengthen the likelihood that the state will survive a period of conflict that could threaten to collapse the project of constitution-building. This form of reconciliatory unamendability absolves persons of prior wrongdoing and renounces future claims to criminal or other penalties. For example, constitutional designers in Niger codified an unamendable rule of amnesty for aggressors in violent coups,[35] specifying that the amnesty could never be amended.[36]

Having reviewed the functions of unamendability in world constitutions, we turn next to examining the design, interpretation, and enforcement of unamendability in Brazil.

II Unamendable Structures and Rights in Brazil

Eight constitutions have governed Brazil since its independence from Portugal in 1822. The country's first constitution was enacted in 1824, and the subsequent constitutions were promulgated in 1891, 1934, 1937, 1946, 1967, 1969,[37] and 1988. Each previous constitution reflected the country's historical context and political developments at the time of their drafting, and each brought a particular formula of (un)amendability. This section of the work intends to examine the unamendable rules in Brazil since its first constitution. The goal is to provide a concise historical summary of previous constitutions, coupled with a comprehensive exploration of the Constitution of 1988, offering detailed insights and analysis.

A) Unamendable Rules in Brazil Before 1988

The Constitution of 1824 established the general procedures of constitutional change in articles 174-177 (voting order, quorum, time lapses for deliberations and approval). Article 178, in its turn, fixed its most crucial provision regarding constitutional amendments - in a literal translation, it stated that "it is only constitutional that which concerns the limits and respective attributions of the Political Powers, the Political

---

[34] Constitution of Luxembourg, art. 115 (1868).
[35] Constitution of Niger, art. 141 (1999).
[36] *Ibid.* art. 136.
[37] For most Brazilian scholars, Constitutional Amendment n 1/1969 is regarded not as an amendment to the constitutional regime of 1967, but as a whole new constitutional order. The main reason for such a conclusion is that the amendment replaced the entire text of the 1967 Constitution. *See* Virgílio Afonso da Silva, *Direito constitucional brasileiro* (São Paulo, Edusp, 2021) 74.

Rights and Individual Rights of the Citizens. Everything that is not constitutional can be changed, without the formalities mentioned above, by the ordinary Legislatures". Despite only one formal amendment in 1834, the Constitution of 1824 underwent a series of changes through a succession of ordinary laws that led to an extensive alteration of the original document. Contrary to what became a tradition in the following constitutions, no unamendability rules existed in the text of the 1824 Constitution. As a result, its entire text could be changed through amendments, including aspects such as the federal system, form and regime of government, and voting rights.[38] According to Octaciano Nogueira, the Constitution of 1824 possessed a greater degree of flexibility and adaptability than any other Brazilian constitution.[39]

The Constitution of 1824 governed Brazil until 1889, when Marshal Deodoro da Fonseca orchestrated a military coup that removed Emperor Pedro II from power and established the Brazilian Republic. Following this event, the Constitution of 1891 signaled the formal shift from a monarchical to a republican form of government in Brazil. This change was marked by a presidential system, a federal structure, and the establishment of judicial review of legislation.[40] Overall, the Constitution of 1891 served as a foundational document for the Brazilian Republic, setting the stage for the country's political, social, and economic development in the years to come. Regarding amendment procedures, article 90, §4º, inaugurated the idea of unamendable rules outlined in the constitution's text. It proclaimed that propositions aimed at abolishing the republican form of government, the federal system, and the equality of representation among the States in the Senate could not be admitted for deliberation in Congress.[41] These were the first codified unamendable rules in Brazilian constitutional history.

Another coup, led by Getúlio Vargas, overthrew the constitutional government in 1930. It took nearly three years to call for and elect a Constituent Assembly tasked with drafting a new constitution for the country. The third Brazilian constitution was promulgated in 1934, one year after the assembly's formation. It provided two distinct models of constitutional change: constitutional amendments and revisions (article 178). In addition to establishing the formal procedures for reforming the constitution, there were two specific clauses dealing with unamendability rules. First - and following the previous Constitution of 1891 -, any proposal which sought to eliminate the federal system and the republican form of government was expressly prohibited from being admitted for discussion in Congress (article 178, §5º). Second, no reform would be carried out during a state of siege (article 178, §4º).

The Constitution of 1934 was short-lived. Under its clauses, Vargas was not eligible to run for a second term of office, and new elections were scheduled for 1938. Before the scheduled elections, a "coup within the coup" was the solution brought by Vargas to keep power in his hands. As Virgilio Afonso da Silva pointed out, on November 10, 1937, Vargas exploited the excuse of tackling a communist danger to suspend the Constitution

---

[38] Bruno Cunha, "The Codification of Constitutional Amendments in Brazil" in Richard Albert (ed), *The Architecture of Constitutional Amendments* (Oxford: Hart Publishing, 2023) 81.
[39] Octaciano Nogueira, *Constituições Brasileiras: 1824* (3rd edn, Brasília, Senado Federal, 2012) 12.
[40] Da Silva (n 34) 17.
[41] Cunha (n 35) 82.

of 1934 and set up an authoritarian regime with fascist tendencies. Simultaneously, he granted a new constitution for Brazil: the Constitution of 1937.[42]

The Constitution of 1937 provided for a strong executive power in Vargas' hands and a weak, almost non-operational legislative branch. Resembling Nazi Germany and Fascist Italy, the authoritarian regime eliminated individual freedoms, censored the press, and suppressed political opposition. The procedures for amending the constitution reflected the executive's political dominance (article 174).[43] There were no unamendability rules formally expressed in the text, with no limits to the President's authority on the subject. The sweeping powers provided to the executive, who could also rule by decree and dissolve Congress at will, put the whole Constitution of 1937 and its fate in the hands of the President.

As the dictatorial regime weakened, new general elections were called for at the end of 1945. Before that, Vargas was forced by the military to resign.[44] With Vargas' backing, General Eurico Gaspar Dutra was elected as the President of Brazil, and a new constitution was approved on September 18, 1946. The fifth Brazilian constitution restored democratic principles and a more balanced separation of powers while maintaining the basic features of the federal republic in place since 1891. It also reestablished amendment procedures that followed the general terms (including limitations) set out in the Constitution of 1934.[45] These procedures included two basic unamendability rules. First, the constitution would not be reformed during a state of siege (article 217, §5º). Second, any amendment initiative seeking to eliminate the federal system or the republican form of government would not be considered for discussions within the National Congress (article 217, §6º).

After almost 20 years governed by the Constitution of 1946 and a period of reasonable political and institutional stability, João Goulart's democratic government was ousted by a military coup under the accusation of being communist by a faction of the population and the military.[46] As da Silva points out, "on 1 April 1964, a military coup, strongly supported by the United States, extinguished the fragile democratic experience under the 1946 Constitution. A period of more than 20 years of authoritarianism, violence, torture, censorship and general lack of freedom began".[47] The military dictatorship led by President Marshal Castello Branco summoned the National Congress to convene an extraordinary session to deliberate and vote on a new draft constitution. On January 24, 1967, the Congress approved the sixth Brazilian constitution.

The Constitution of 1967, like its predecessor, fixed two basic unamendability rules in its text. First, constitutional amendments seeking to eliminate the federation, or the republican form of government would not be considered for deliberation (article 50, §1º). Second, the constitution would not be reformed during a state of siege (article 50, §2º). Compared to the former Constitution of 1946, the Constitution of 1967 presented

---

[42] Da Silva (n 34) 18.
[43] Cunha (n 35) 83.
[44] Da Silva (n 34) 19.
[45] Cunha (n 35) 84.
[46] Boris Fausto, *História Concisa do Brasil* (2nd edn, São Paulo, Edusp, 2010) 254-59.
[47] Da Silva (n 34) 19-20.

only minor changes in the legislative procedures of constitutional amendments.[48] Most of the modifications made to the Constitution of 1967 were implemented through 'Institutional Acts' (*Atos Institucionais*) rather than regular constitutional amendments. The executive branch (i.e., the military government) approved these acts without the involvement of the National Congress in a demonstration of the power and authority of the dictatorial regime.

'Institutional Act' n. 5 ('AI-5'), enacted on December 13, 1968, virtually dismantled the whole constitutional order of the time and granted absolute power for the President to close down the National Congress.[49] With no Congress in session, many of its members removed from office by the government, and the presidency under a military junta due to the illness of President Marshal Costa e Silva, the only constitutional amendment under the Constitution of 1967 was adopted directly by the junta on October 17, 1969.

Constitutional Amendment n 1/1969 rewrote the entire text of the Constitution of 1967 and is considered an autonomous constitutional order in Brazil: the Constitution of 1969, the seventh in Brazil's history.[50] When it comes to unamendability rules, the Constitution of 1969 brought the same two rules already mentioned in the previous constitutions: the state of siege limitation (article 47, §2º) and the prohibition of constitutional amendments aiming to extinguish the federation or the republican form of government (article 47, §1º).

As the military regime began to wane and exhibit its vulnerabilities in the late 1970s and early 1980s, the idea of (re)democratization through a new constitution gained momentum to replace the authoritarian regime of 1969. On November 27, 1985, CA 26/1985 was ratified, proposing a Constituent Assembly to commence in 1987.

B) Constitutional Amendments in the Brazilian National Constituent Assembly of 1987-88

As explained by Justice Barroso, "the absence of a basic draft and the desire for participation by all segments of civil society, arbitrarily excluded from the political process for more than twenty-five years, significantly hindered the rationalization and systematization of the constituent works".[51]

Before the Brazilian National Constituent Assembly of 1987-88 started its work, the executive created a commission (known as the "Afonso Arinos Commission", after the former congressman who presided over the initiative) to draft a proposal for a new constitution.[52] Even though this draft proposal was not officially delivered to the Brazilian Constituent Assembly,[53] legislative consultant Fernando Trindade (who

---

[48] Cunha (n 35) 84.
[49] Da Silva (n 34) 21.
[50] Cunha (n 35) 85.
[51] Luís Roberto Barroso, *Dez anos da Constituição de 1988* (1998) R. Dir. Adm., Rio de Janeiro, 214, 1-25.
[52] The draft proposed by the Commission is available at: https://www.senado.leg.br/publicacoes/anais/constituinte/AfonsoArinos.pdf (accessed 20 April 2023).
[53] Former Brazilian President José Sarney stated in an interview that he did not formally send the draft to Congress to avoid a political crisis. Ulysses Guimarães, President of the Constituent National Assembly, told José Sarney he would not accept the document. Cristovam Buarque, a Senator who was a member of the "Afonso Arinos

advised the Brazilian Communist Party at that time) argued that the document had a significant influence on the Constituent Assembly since it was available in public sources and Afonso Arinos later became a member of the Constituent Assembly (presiding its Systematization Commission).[54]

The influence could also be noted by the similarities between Afonso Arinos's draft, the amendments presented during the Constituent Assembly, and the final text approved.[55] One key difference was the proposals about unamendability rules. The Commission's draft only provided one specific unamendability rule (stating that "no proposal shall be considered which is aimed at abolishing the federative form of the State or the republican form of government"), while all drafts and discussions on the Constituent Assembly also included individual rights and guarantees as an eternity clause.

The reason why the Constituent Assembly considered individual rights and guarantees as an eternity clause was described by the rapporteur of the sub-commission of the Legislative Power[56] as an "obvious reason". After all, Brazil had just experienced a military dictatorship in which the authoritarian government tried to give an appearance of legality to its arbitrary actions trumping individual rights and guarantees.[57] In this historical context, discussions about the structure of constitutional amendments were of paramount importance and a fertile ground for debate and deliberations at the Constituent Assembly.

In the draft of the sub-commission of Constitutional Guarantee, Reform, and Amendment, the rapporteur stated that one of its goals was to avoid the constitution being altered with ease and to "provide causality in dealing with the most important issues for the country's institutions".[58] In light of the authoritarian background they

---

Commission", also stated that there was political pressure from members of the Constituent Assembly not to send the text to Congress. At that time, this was seen as an interference from the executive in the Constituent Power. See https://www12.senado.leg.br/noticias/materias/2008/10/01/comissao-afonso-arinos-elaborou-anteprojeto-de-constituicao (Accessed 20 April 2023).

[54] Senado Notícias. "Comissão Afonso Arinos elaborou anteprojeto de Constituição" (1 October 2008), https://www12.senado.leg.br/noticias/materias/2008/10/01/comissao-afonso-arinos-elaborou-anteprojeto-de-constituicao (accessed 20 April 2023).

[55] Regarding constitutional amendments, the main similarities between the Commission's draft and the approved Constitution of 1988 can be seen as both texts established that (i) constitutional amendments can be proposed by a majority of members of the Chamber of Deputies or the Senate, by the President, or by more than half of the State Assemblies, each of which by a simple majority of its members; (ii) the proposal should be discussed and voted upon in each House of the National Congress in two rounds; (iii) an approved amendment should be promulgated by the Directing Boards of the Chamber of Deputies and the Federal Senate; (iv) the constitution cannot be amended during a state of siege; and (v) the matter dealt with in an amendment's proposal that is rejected or considered impaired should be the subject of another proposal in the same legislative session.

[56] More information about the sub-commission of the Legislative Power is available at: https://www2.camara.leg.br/atividade-legislativa/legislacao/Constituicoes_Brasileiras/constituicao-cidada/o-processo-constituinte/comissoes-e-subcomissoes/copy_of_comissao-da-organizacao-dos-poderes-e-sistemas-de/subcomissao3a (accessed 20 April 2023).

[57] *See* Alynne Nayara and Rafael Viotti, "The extent of states' constituent power according to the Brazilian Supreme Federal Court: case-law during the military regime (1964-85)" (2019) 278 Administrative Law Review, Rio de Janeiro; and Leonardo Augusto de Andrade Barbosa. *História Constitucional Brasileira. Mudança constitucional, autoritarismo e democracia no Brasil pós-1964* (Brasília: Centro de Documentação e Informação Edições Câmara, 2012).

[58] More information about the sub-commission of Constitutional Guarantee, Reform and Amendment can be found at https://www.camara.leg.br/internet/constituicao20anos/DocumentosAvulsos/vol-137.pdf (accessed 20 April 2023).

were trying to overcome, the Constituent Assembly aimed to create instruments that provided "stability, inspection, control, and preservation of the [Constitutional] text itself, to make it durable and effective". The idea was to "find the optimal point that lies between the convenience of temporal stability [...] and the need for its modification in the face of social demands and indispensable improvements".[59]

Following the initial drafts delivered by the rapporteurs of the sub-commissions that dealt with constitutional amendments, heated discussions were held at the Constituent Assembly, as its members exposed different perspectives. One example of these points of view can be seen in the debates on constitutional rigidity. On the one hand, some members of the Constituent Assembly proposed to suppress the provisions for constitutional amendments, arguing that "they are not a part of the legislative process".[60] On the other hand, members of the sub-commission of Constitutional Guarantee, Reform, and Amendment proposed to institute a semi-rigid constitution model, with more accessible paths to amend some of the constitutional provisions in light of "the tendency to create an analytical constitution, which will certainly contain [...] matters that are not exactly constitutional, such as those related to the economic order, tax organization, and many others".[61]

The rigidity of the constitution was even reflected in the fact that "some [members of the Constituent Assembly] suggested that every amendment should have to be ratified by more than half of the State Assemblies, while the vast majority recommended a popular referendum"[62] for all constitutional amendments to be enacted.

Another controversy was related to the legitimacy of proposing constitutional amendments. One of the suggestions - which ended up being rejected - was to give the people the right to trigger the process of constitutional amendments. According to the rapporteur's draft of the sub-commission of Constitutional Guarantee, Reform and Amendment, "half a percent (0.5%) of the voters of [...] more than half of the States" should be one of the legitimate parties to propose a constitutional amendment.[63]

Similarly, debate existed on the possibility of federal entities, such as States and Municipalities, proposing constitutional amendments. Some proposals to the Constituent Assembly advocated for the competence of State Legislative Assemblies or Municipalities (through the Association of Brazilian Municipalities or the Association of Councilors of Brazil) to propose amendments based on the argument that "in a democratic federal state, with deconcentrated political power and constitutional sharing of competences, it

---

[59] Ibid.
[60] Amendment No. 3A0298-0, proposed by Constituent Leopoldo Bessone (PMDB) on 18/05/1987, available at: https://www.camara.leg.br/internet/constituicao20anos/DocumentosAvulsos/vol-107.pdf (accessed 20 April 2023).
[61] Amendment No. 4C0051-3, proposed by Constituent Vilson Souza (PMDB), available at: https://www.camara.leg.br/internet/constituicao20anos/DocumentosAvulsos/vol-138.pdf (accessed 20 April 2023).
[62] Draft presented by the rapporteur at the *sub-commission of Constitutional Guarantee, Reform and Amendment, available at:* https://www.camara.leg.br/internet/constituicao20anos/DocumentosAvulsos/vol-137.pdf (accessed 20 April 2023).
[63] Ibid.

is unjustifiable that the federative units are excluded from the process of constitutional amendments".[64]

Amidst the rich constituent debate on amendments and after more than eighteen months of discussions, the Constituent Assembly passed Brazil's eighth and present constitution on October 5, 1988.

C) Amendment Rules and Unamendability in the Constitution of 1988

The Brazilian Constitution of 1988 is known for being extensive and having many provisions dealing in detail with non-constitutional matters. A significant number of proposals to change the Constitution still aim to give constitutional status to non-constitutional rules, with the primary goal of providing a higher degree of protection and stability to the interests of certain political groups.[65]

Justice Barroso points out the problems that derive from this peculiar phenomenon, mainly because "any relevant change in reality or the political conjuncture requires an amendment to the constitution", so "ordinary policy in Brazil ends up being made by constitutional amendments".[66] However, he explains that the set of materially constitutional norms - i.e., those relating to the separation of powers, organization of the federation and fundamental rights - underwent few changes over the period and therefore remained relatively stable".[67]

Though the constitution's core remains virtually unchanged, its text is somehow unstable. Justice Barroso once stated that "Brazil likely holds the world record for constitutional amendments".[68] In little more than 30 years, there have been 137 amendments to the Brazilian Constitution of 1988: 128 regular constitutional amendments enacted through the ordinary procedures outlined in article 60, and six based on an expedited procedure of constitutional revision brought by article 3 of the Temporary Constitutional Provisions Act.[69] The other three came from international human rights treaties and conventions approved following the procedures of article 5, §3º, which are equivalent to constitutional amendments.

---

[64] Amendment No. 4C0013-1 of the *sub-commission of Constitutional Guarantee, Reform and Amendment*, proposed by Constituent Evaldo Gonçalves (PFL-PB), available at: https://www.camara.leg.br/internet/constituicao20anos/DocumentosAvulsos/vol-138.pdf (accessed 20 April 2023); Amendment No. 3A0046-4 of the *sub-commission of the Legislative Power*, proposed by Constituent Lúcio Alcântara (PFL), available at: https://www.camara.leg.br/internet/constituicao20anos/DocumentosAvulsos/vol-107.pdf (accessed 20 April 2023).

[65] Matheus de Souza Depieri and Juliano Zaiden Benvindo, "O Congresso e os 30 anos da Constituição: análise dos players políticos no processo de emendas constitucionais entre 2015 e 2018" (2021) 8 *Journal of Constitutional Research* 489.

[66] Luís Roberto Barroso. "O legado de 30 anos de democracia e os desafios pela frente" In: *A Vida, o Direito e algumas ideias para o Brasil* (Migalhas, 2016) 183-184.

[67] Ibid.

[68] Luís Roberto Barroso. "Constitutional Reform and its Limits" in Luís Roberto Barroso & Richard Albert (eds), *The 2020 International Review of Constitutional Reform* (2021) 7.

[69] The distinct procedure for the revision amendments was brought by article 3 of the Temporary Constitutional Provisions Act, as follows: 'The revision of the constitution shall be effected after five years as of its promulgation, by the vote of the absolute majority of the members of the National Congress in a unicameral session.' It was a temporary opportunity to revisit and revise the constitution on its fifth anniversary with a lower quorum for approving amendments.

Within these continuous changes, the STF plays a vital role in the endurance of the fundamental core of the democratic order by protecting the constitution's eternity clauses. After all, "constitutional amendments, unlike in many other jurisdictions, are subject to judicial review by the [Brazilian] Supreme Court".[70]

The STF's attributions to protect the eternity clauses fall within what Justice Barroso defined as the counter-majoritarian, representative, and enlightened roles of Constitutional Courts in democracies.[71] These roles are verified because the STF is often summoned to intervene in the political game to protect fundamental rights or the baseline rules of democracy; meet social demands not granted by the other branches; and "promote certain social advances that have not yet gained majority acceptance, but are requirements of the civilizing process".[72] Therefore, the STF, through judicial review, plays an important role in protecting, defining, and interpreting the unamendability clauses.

These unamendable rules – codified and interpretative – are a cornerstone of Brazilian constitutionalism and were construed by decades of judicial review, legislative initiatives, and scholarly research.

According to Albert, "the most common form of unamendability appears in codified constitutions" since unamendable provisions are "written, visible, and vested with the authority that derives from the process of constitutional enactment".[73] In Brazil, a set of constitutional rules establishes the structural limits of constitutional amendments. In addition to the codified unamendability rules, Brazil also has a rich background of interpretive unamendability, which occurs when "a rule becomes unamendable as a result of a binding declaration by the authoritative interpreter of the constitution".[74]

Article 60 of the constitution outlines the procedural and substantive regulations for constitutional amendments in Brazil. It starts by establishing those who may propose it for deliberation in the National Congress. Briefly, amendments can be proposed by one-third of the members of either the Chamber of Deputies or the Senate (at least 171 out of 513 representatives or 27 out of 81 senators), the President of the Republic, or more than half of the State Assemblies (at least 14 out of 27, each of them by a simple majority of its members). The proposal shall be discussed and voted upon in each House of the National Congress in two rounds. It shall be considered approved if it obtains, in both rounds, three-fifths of the votes of the respective members (article 60, §2º), which amounts to 308 out of 513 representatives and 49 out of 81 senators.

The central constitutional norms dealing with the limits or prohibitions about constitutional amendments are found in article 60, §1º, §4º, and §5º. First, §1º provides that the constitution shall not be amended while a federal intervention,[75] a state of

---

[70] Barroso (n 65) 10.
[71] Luís Roberto Barroso, "Countermajoritarian, Representative, and Enlightened: The Roles of Constitutional Courts in Democracies" (2019) 67 *American Journal of Comparative Law* 109.
[72] Ibid.
[73] Albert (n 2) 140.
[74] Ibid 149.
[75] Constitution of Brazil, art. 34-36 (1988).

defense,⁷⁶ or a state of siege⁷⁷ is in force. Second, §4º indicates that no proposal shall be considered which is aimed at abolishing: (1) the federative form of the State; (2) the direct, secret, universal, and periodic vote; (3) the separation of powers; or (4) individual rights or guarantees. These provisions are considered eternity or entrenched clauses under the Brazilian Constitution of 1988 and fall within the framework of Albert's proposed models for unamendable rules as an example of codified unamendability.⁷⁸ Third, §5º establishes that the matter dealt with in an amendment's proposal that is rejected or considered impaired shall not be the subject of another proposal in the same legislative session. According to article 57, a legislative session comprises two legislative periods, the first from 2 February to 17 July and the second from 1 August to 22 December.

Beyond the codified unamendable rules mentioned above, other clauses or provisions in the Brazilian constitution may also be considered unamendable. Commonly referred to by Brazilian legal scholars as unwritten or implicit eternity clauses, these provisions may be characterized as interpretive unamendable rules under Albert's framework already mentioned.⁷⁹ The primary source for the declaration or recognition of these unamendable clauses is the interpretation given to them by the Supreme Federal Court.⁸⁰

The idea that amendments shall not aim to abolish the codified eternity clauses established by the constitution gets an expansive interpretation by the STF. The list of these codified unamendable rules (article 60, §4º) is the gateway for the STF to interpret that other parts of the constitution are also unamendable. In other words, the recognition by the STF of new unamendable rules within the Brazilian constitution is carried out through constitutional interpretation that has as its starting point the existing codified eternity or entrenched clauses.

One point still worth mentioning is how the STF exercises its integrative role in recognizing these unwritten or implicit eternity clauses. The ordinary and basic idea for such recognition is that any approved amendment is subject to judicial review. Brazil has a mix of two distinct models of constitutional review that coexist: the American model and the European-Kelsenian model. Considering that, individuals can challenge constitutional amendments in courts in a decentralized, diffuse, incidental, concrete, or *inter partes* manner. So, any single judge in the country can refrain from applying a constitutional amendment in a particular case, declaring it invalid on constitutional grounds for directly or indirectly infringing upon an eternity clause (either explicit or implicit). That is a clear example of the American model.

Nevertheless, another form of judicial review of constitutional amendments takes place through the European-Kelsenian model. Also referred to as the concentrated, centralized, principaliter, abstract, and *erga omnes* model of constitutional review, the existence of a specific court characterizes it, the Supreme Federal Court (STF), responsible for ruling on the constitutionality of laws and acts (which includes constitutional

---

⁷⁶ Constitution of Brazil, art. 136 (1988).
⁷⁷ Constitution of Brazil, art. 137-139 (1988).
⁷⁸ Albert (n 2) 140.
⁷⁹ *Ibid.*
⁸⁰ *Ibid.*

amendments) brought to the Court's analysis mainly by direct actions. As stated by article 102, I, a, of the Constitution of 1988, the Supreme Federal Court has responsibility for safeguarding the constitution, with the power to preside over and try, under its original jurisdiction, direct actions of unconstitutionality of federal or state laws or normative acts, and declaratory actions of constitutionality of federal laws or normative acts.

Though the constitution provides that only federal law, state law, or normative acts may be subject to this kind of judicial review by the STF, the use of direct actions to challenge constitutional amendments is well established in precedents dating back at least to 1993. In the judgment of ADI 829/DF, on April 14, 1993, only seven months after the enactment of Constitutional Amendment n 2/1992, the STF was called upon to rule on the constitutionality of an amendment for the first time under the Constitution of 1988. Deciding on the matter, the Court expressed that "there is no doubt that, given our constitutional system, the STF has the power to examine the constitutionality, in diffuse or concentrated control, of a constitutional amendment challenged for violating an explicit or implicit eternity clause of the Constitution".[81]

Generally, the same idea was accurate even before the Constitution of 1988. On September 27, 1926, a few days after the only constitutional amendment approved during the 40 years under the Constitution of 1891, the STF examined and confirmed the validity of a constitutional amendment for the very first time,[82] setting a precedent that would be reaffirmed and confirmed several times in Brazilian constitutional history. In that particular case, the STF asserted that judicial review of constitutional amendments was permissible, whether it was based on formal or substantive grounds.

The examples above illustrate both models of constitutional review (diffuse or concentrated) in the so-called repressive form. In each case, the amendment's constitutionality is assessed only after approval. But there is another relevant rule regarding the constitutionality of an amendment in the Brazilian legal system: the idea of preventive constitutional review of the amendments' proposal. Long before the Constitution of 1988, the STF had recognized that any individual member of the National Congress may challenge the constitutionality of a proposed constitutional amendment. Through a *writ of mandamus* (*Mandado de Segurança*), they may seek injunctive relief from the STF during the amendment's process within Congress to stop deliberations on topics that may infringe upon eternity clauses (explicit or implicit).

The pivotal case regarding this matter took place in 1980. Then senators Itamar Franco (who later became the President of Brazil between 1992 and 1994) and Antonio Mendes Canale sought an injunction from the STF to prevent any deliberations on two proposed amendments intended to extend for two years the terms of office of mayors and city councilors. According to the senators, the proposals aimed to extinguish the republican form of government (Article 47, §1º, of the Constitution of 1969, then in place), as they infringed upon the temporary nature of political appointments (terms of office). Though the STF did not issue the requested injunction order in the case

---

[81] Federal Supreme Court, ADI 829, judgment of 14 April 1993, https://redir.stf.jus.br/paginadorpub/paginador.jsp?docTP=AC&docID=266553 (accessed 20 April 2023).

[82] Federal Supreme Court, HC 18.178, judgment of 27 September 1926, https://portal.stf.jus.br/processos/detalhe.asp?incidente=1413954 (accessed 20 April 2023).

and later found that the proposal had no significant impact on the republican form of government, it expressly recognized that members of Congress had legal standing to challenge the proposed amendment through a *writ of mandamus*, in what was called a typical exercise of preventive judicial review.[83] The same line of reasoning is still in effect until today under the Constitution of 1988. The STF has repeatedly affirmed that members of the National Congress have a subjective right to the due constitutional process of amendments.[84] By exercising this subjective right, members of Congress can ensure that unamendability rules are fully respected.

The STF has always adopted a precautionary approach on that matter. Justice Barroso has consistently pointed out that the idea of judicial review of constitutional amendments "is exceptional and requires unequivocal violation of an eternity clause of the constitution",[85] as the judiciary "should not hinder the deliberation of any subject of national importance",[86] and "should only interfere with the legislative decision-making process under serious circumstances of unambiguous violations of the fundamental core of the constitution".[87] Even more cautious should be the Court in preventing the very processing of a constitutional amendment proposal. Although preventive judicial review is an available tool in such cases, "Congress, as a reforming constituent power, is the correct instance for the public debates about the political choices to be made by the State and the Brazilian society when it comes to changes to the constitution's text".[88]

III Unamendable Rules in Practice

Unamendable rules and eternity clauses have become a focal point of research in Brazil, generating extensive debate in legal academia. Despite the breadth of the analyses, the crux of the discussions remains the practical interpretation of these provisions in judicial settings. Assessed through concentrated or diffuse judicial review, in a preventive or repressive manner, the unamendable rules (codified or interpretive) form an essential component of Brazil's constitutional system. The interpretation of these constitutional norms is a product of a collaborative effort involving the judiciary, the legislative branch, and the academia, serving as a foundation of the Constitution of 1988's structure.

The high rates of judicial disputes in Brazil give rise to numerous situations in which constitutional amendments are evaluated in light of eternity clauses to ensure their constitutionality. The uprising participation of the judiciary in the definition of the extension of the eternity clauses is one of the most striking features of Brazilian constitutionalism. According to Justice Barroso, this "phenomenon is manifested in

---

[83] Federal Supreme Court, Mandado de Segurança 20.257/DF, judgment of 8 October 1980, https://redir.stf.jus.br/paginadorpub/paginador.jsp?docTP=AC&docID=85046 (accessed 20 April 2023).

[84] Federal Supreme Court, Mandado de Segurança 24.041/DF, judgment of 29 August 2001, https://redir.stf.jus.br/paginadorpub/paginador.jsp?docTP=AC&docID=86075 (accessed 20 April 2023).

[85] Federal Supreme Court, Mandado de Segurança 37.721/DF, judgment of 26 September 2022, https://redir.stf.jus.br/paginadorpub/paginador.jsp?docTP=TP&docID=763471733 (accessed 20 April 2023).

[86] *Ibid.*

[87] Federal Supreme Court, Mandado de Segurança 34.474/DF MC, judgment of 26 October 2016, https://portal.stf.jus.br/processos/downloadPeca.asp?id=310630404&ext=.pdf (accessed 20 April 2023).

[88] *Ibid.*

the amplitude of constitutional jurisdiction, in the judicialization of social, moral and political issues, as well as some degree of judicial activism".[89]

For this chapter, we will focus on cases dealing with two examples of unamendable rules within the Brazilian legal framework under the Constitution of 1988: (1) the republican form of government; and (2) individual rights and guarantees (article 60, §4º, IV). We then finish by addressing a recurring question about the limits of constitutional amendments: the (im)possibility of a double constitutional revision in Brazil. While several other disputes involving constitutional amendments and eternity clauses in Brazil could have been provided, the themes presented here were specially chosen to showcase the different dimensions of unamendable rules in the Brazilian Constitution of 1988.

A) The Republican Form of Government

The Brazilian Constitution of 1988 contains no explicit clause prohibiting a constitutional amendment from modifying or abolishing the republican form of government. Unlike the Constitutions of 1891, 1934, 1946, 1967, and 1969, article 60, §4º, of the Constitution of 1988, where the core of the eternity clauses is now established, does not mention the republican form of government as an unamendable provision. Proposals were made during the Constituent Assembly of 1987-88 to establish the republican form of government as an eternity clause formally entrenched in the constitutional text.[90] None of these proposals were successful, and there is a constitutional reason for that.

When drafting the Constitution of 1988, the framers wanted to leave open the possibility of a change in the form of government soon. The idea was to have the people decide one of the main features of the constitutional framework: the form of government. Even though Brazil had been governed as a republic since 1891, article 2 of the Temporary Constitutional Provisions Act stated that "on September 7, 1993, the electors will define, through a plebiscite, the form (republic or constitutional monarchy) and the system of government (parliamentary or presidential) that should be in force in the country". This provision indicates that the republican form of government was not intended as an eternity clause precisely because it might be subject to change through popular vote in the future.

Considering the possibility of a change in the form and system of government following the plebiscite, article 3 of the Temporary Constitutional Provisions Act set forth that a revision of the constitution would occur after five years of its promulgation. One of the main goals of the revision was to suit the constitution to the outcome of the popular vote, considering that several articles would have to be amended if the people decided for a monarchy or parliamentarian government, for instance.

---

[89] Luís Roberto Barroso. *Constituição, democracia e supremacia judicial: direito e política no Brasil contemporâneo* (2013) Pensar, Fortaleza, v. 18, n. 3. 864-939.
[90] For instance, the rapporteur's draft of the sub-commission of Constitutional Guarantee, Reform and Amendment, available at: https://www.camara.leg.br/internet/constituicao20anos/DocumentosAvulsos/vol-137.pdf (accessed 20 April 2023).

The plebiscite was rescheduled to an earlier date due to CA n. 2/1992, and took place on April 21, 1993. Following nationwide participation and debate, the people chose the republican form of government (86,6% of votes for republic, 13,4% for monarchy) and presidentialism as the system of government (69,2% of votes for presidentialism, 30,8% for parliamentarism).[91] After the plebiscite of 1993, the possibility to change the form of government ceased to exist under the Constitution of 1988. Therefore, the republican form of government became an implicit unamendable rule in the Brazilian constitution.

This implicit eternity clause can be corroborated by the procedures implemented during the constitutional revision (as outlined in article 3 of the Temporary Constitutional Provisions Act). After the people chose the republican form of government, the National Congress issued Resolution n. 1 of 1993 to regulate the constitutional revision process.[92] Its article 4, §3º, IV, established that any revision proposals that "contradict the republican form of State and the presidential system of government" would be prohibited. Since the plebiscite did not change the form and system of government already in place (republic and presidentialism), the constitutional revision was not so broad, with only six amendments approved.[93]

More recently, Geraldo Ataliba argued that the republican form of government is an implicit unamendable rule. Based on a historical approach, he advocates that Ruy Barbosa's views on republicanism and federalism have been the cornerstone of Brazil's political history since the first republic in 1891. He then argued that both principles are indissociable in our constitutional history, so it would not be possible to overcome the republican form of government without violating or causing setbacks to the Brazilian federation, which is a codified eternity clause.[94]

Scholars have also asserted that the Brazilian Republic might be defined as an opposition to absolute power. In other words, it encompasses the idea of a fair government in which the political power is not concentrated on a single individual or a class, being, on the contrary, exercised democratically with checks and balances in place.[95] Therefore, some of the other codified eternity clauses (such as the universal and periodical vote, the federative form of the State, and the individual rights and guarantees) would protect the republican form of government from being replaced.[96]

In a nutshell, there are strong arguments to support that the republican form of government is an unamendable rule in Brazil today. The only way one might change it would be through a revolution, as no constitutional amendment would legitimately change such a fundamental feature of the Constitution of 1988.

---

[91] Tribunal Superior Eleitoral. *Plebiscito sobre forma e sistema de governo completa 20 anos* (2022), available at: https://www.tse.jus.br/comunicacao/noticias/2013/Abril/plebiscito-sobre-forma-e-sistema-de-governo-completa-20-anos.

[92] Available at: https://legis.senado.leg.br/norma/589229/publicacao/15784462 (accessed 20 April 2023).

[93] Agência Senado. *O fracasso da revisão constitucional de 1994* (2008), available at: https://www12.senado.leg.br/noticias/materias/2008/08/19/o-fracasso-da-revisao-constitucional-de-1994 (accessed 20 April 2023).

[94] Geraldo Ataliba, *República e Constituição* (3rd edn, Editora Malheiros, São Paulo, 2022, p. 44-45) 44-45

[95] Luiz Edson Fachin and Christine Oliveira Peter da Silva, República, Democracia e Autonomia: entre pilares e lápides (2021) R. Fac. Dir. Univ. São Paulo, 195 - 219.

[96] Wolgran Junqueira Ferreira. *Comentários à Constituição de 1988* (São Paulo, Julex Livros, 1989) vol 1, 588.

B) Individual Rights and Guarantees

According to article 60, §4º, IV, of the Constitution of 1988, "individual rights and guarantees" are eternity clauses, and no amendment to abolish such rights shall be subject to deliberation. Following some international examples, this codified unamendable rule is cast at a high level of generality.[97] This constitutional provision has been ground for discussion in the past decades.

One of the central debates about this clause is related to the extent of the unamendable rule since including all fundamental rights in the list of material limits (express or implied) of unamendability remains controversial. The cornerstone question, then, is the following: does the codified eternity clause of article 60, §4º, IV, encompass only the "individual" rights and guarantees, or it also protects second and third-generation rights, such as social, collective, or solidarity rights?

Throughout the last three decades, some scholars have denied these material limits to constitutional reform on the part of fundamental social rights.[98] This perspective is mainly supported by the literal interpretation of the constitution, which has fostered the view that only "individual" rights and guarantees are protected against constitutional amendments. The consequence of the adoption of this strictly literal interpretation is that social rights (articles 6 to 11), cultural and environmental rights (articles 215 and 225), among other collective rights, would inevitably be excluded from the protection granted by the unamendable rule.[99]

But the literal argument does not prevail under the constitutional regime currently in force in Brazil. This is because "a constitutional reform can never threaten the identity and continuity of the constitution" and, as pointed out by Sarlet, "the existence of material limits exerts a protective function, hindering not only the destruction of the constitutional order but also prohibiting the reform of its essential elements".[100]

The preamble to the Brazilian Constitution of 1988 expressly defines as permanent objectives of the democratic state the guarantee of individual and social rights, equality, and justice. The constitution, then, has always had as a primary feature the protection of the three elements of human dignity, defined by Justice Barroso as the intrinsic worth of every human being, individual autonomy, and community value.[101] In addition, the constitution, as a historical counterpoint to the previous military dictatorship, aimed to institute a social state and facilitate a transition to a democracy in which fundamental and human rights must always be respected.

Another fundamental tenet of Brazilian democracy under the Constitution of 1988 is the "principle of non-regression of the rights of citizens", widely recognized both

---

[97] Albert (n 2) 140.
[98] Ingo Wolfgang Sarlet. "Os Direitos Fundamentais Sociais e o Problema de sua Proteção contra o Poder de Reforma na Constituição de 1988" in Ingo Wolfgang Sarlet (ed), *Direitos Fundamentais Sociais: Estudos de Direito Constitucional, Internacional e Comparado* (Rio de Janeiro, Renovar, 2003) 18-19.
[99] Ibid.
[100] Ibid.
[101] Luís Roberto Barroso. "Here, There and Everywhere': Human Dignity in Contemporary Law and in the Transnational Discourse" (2012) 35 *Boston College International and Comparative Law Review* 331.

by courts and legal academia from the outset of the new constitutional order.[102] This principle means that the essential core of rights already enacted through legislative measures must be considered constitutionally guaranteed, "being unconstitutional any measures that, without the creation of another alternative or compensatory schemes, represents an 'annulment', 'revocation' or pure 'annihilation' of the essential core of the right".[103] According to Justice Barroso, this principle derives from the principle of dignity being one of the main cornerstones of the Brazilian constitutional state. Therefore, based on this principle's essential core, all materially fundamental rights receive protection against amendments.[104]

The STF has also issued decisions recognizing that social and collective rights are protected by the unamendable provisions in article 60, §4º, IV. One example is the right to an ecologically balanced environment in article 225 of the constitution. The Court has often recognized the unconstitutionality of laws when there is an "offense to the principle of socio-environmental non-retrogression or when they threaten the essential core of the fundamental right to an ecologically balanced environment".[105] In such context, Justice Barroso has already expressed the importance of Courts in protecting forests through judicial review to ensure the safeguard of fundamental rights.[106]

This makes clear that codifying unamendable rules, such as the one about individual rights and guarantees, cannot exclude other limitations of constitutional reform. Therefore, not only individual rights are protected against constitutional reform, but also any of the material fundamental rights associated with the human dignity principle.[107]

Even if some fundamental rights are not expressly enshrined in the constitutional text, they can be "qualified as implicit material limits (immanent or unwritten)" and not subject to amendments.[108] In other words, these limits are recognized in Brazil as interpretive unamendable rules.[109] They represent fundamental rights and are "considered – even though not expressly provided for in the list of "eternity clauses" – authentic material limits [...] to constitutional reform".[110]

C) Double Constitutional Revision

The idea of a double constitutional revision (or the double amendment thesis or theory) is neither a new phenomenon nor an issue limited to Brazil. The fundamental concept underlying the theory is the following: if unamendable provisions are not self-entrenched, then unamendable principles could easily be circumvented through a

---

[102] Federal Supreme Court, Recurso Extraordinário 878.694/MG, judgment of 10 May 2017, https://redir.stf.jus.br/paginadorpub/paginador.jsp?docTP=TP&docID=14300644.

[103] José Gomes Canotilho. *Direito Constitucional e Teoria da Constituição* (2nd edn, Lisboa, Almedina, 1998) 320-321.

[104] Luís Roberto Barroso. Curso de Direito Constitucional (2nd edn, Editora Saraiva, 2010) 188

[105] Federal Supreme Court, ADI 4.717, judgment of 5 April 2018, https://redir.stf.jus.br/paginadorpub/paginador.jsp?docTP=TP&docID=749158743.

[106] Luis Roberto Barroso and Patrícia Perrone Campos Mello, *In Defense of the Amazon Forest: The Role of Law and Courts* (2021) 62 Harvard International Law Journal 1.

[107] *Ibid.*

[108] Canotilho (n 100) 320-321.

[109] Albert (n 2) 140.

[110] Sarlet (n 95) 15.

dual amendment process.¹¹¹ As its name indicates, the process comprises two steps (or two amendments): the first step is an amendment repealing the provision prohibiting certain amendments; the second step is an amendment changing the previously unamendable provision, "since after the first amending stage, the articles intended for alteration no longer belongs to the unchangeable core of the constitution".¹¹²

The design of the unamendable rules in the Brazilian Constitution of 1988 follows most other constitutions worldwide. Article 60, §4º establishes various substantive limitations or constraints that restrict the capacity to amend the constitution. It states that no proposal of amendment shall be subject to deliberation if it is aimed at abolishing: (1) the federative form of the State; (2) the direct, secret, universal, and periodic suffrage; (3) the separation of powers; and (4) individual rights and guarantees. As da Silva explains for the Brazilian case, "the main argument supporting the double amendment thesis is the fact that art. 60, §4º is not itself protected against constitutional changes. This would result in a constitutional gap that allows the procedure in two stages".¹¹³

From a practical angle and to prevent the occurrence of double revision, Roznai indicates that a "clever constitution-maker would draft self-entrenched unamendable provisions, i.e., unamendable provisions that by their express terms not only prohibit amendments of certain subjects but also prohibit amendments to themselves".¹¹⁴ Likewise, Albert explains that this design flaw can be corrected, as constitutional designers should make the amendment rule itself unamendable.¹¹⁵ According to him, this would be an "essential improvement to achieve the objective of making a constitutional rule formally unamendable".¹¹⁶

Though the double amendment thesis may find supporters in other jurisdictions, there is a consensus among legal scholars in Brazil that the idea is not valid or acceptable when it comes to constitutional reform within the Constitution of 1988. Summarizing the arguments against the double revision thesis, da Silva asserts that there would be no function to the limits of the amending power if these limits could be overruled by the same quorum prescribed for all regular constitutional amendments.

One of the primary purposes of an unamendable rule is to protect rights that the constituent power deemed fundamental within the legal system. In that case, there is no logic, reason, or even constitutional basis to think that the same quorum required for regular constitutional amendments could potentially abolish these rights.¹¹⁷ As Mazzone points out, a purposive interpretation of unamendable provisions implicitly acknowledges their self-entrenchment and should therefore be adopted.¹¹⁸ In other words, "prohibiting repeal of a substantive provision includes a prohibition on repeal

---

¹¹¹ Yaniv Roznai, 'Amending 'Unamendable' Provisions' (*Constitution Making & Constitutional Change*, 20 October 2014) <https://www.constitutional-change.com/amending-unamendable-provisions/> accessed 23 April 2023.
¹¹² Virgílio Afonso da Silva, "A Fossilised Constitution?" (2004) 17 *Ratio Juris* 454 at 457.
¹¹³ *Ibid*.
¹¹⁴ Roznai (n 108).
¹¹⁵ Albert (n 2) 202.
¹¹⁶ *Ibid*.
¹¹⁷ Da Silva (n 109) 469.
¹¹⁸ Jason Mazzone, "Unamendments" (2005) 90 *Iowa Law Review* 1747 at 1818.

by first removing the entrenchment rule. On this view, the effort to un-entrench in order to allow for amendment is itself a violation of entrenchment".[119]

Conclusion – The Future of Unamendability in Brazil

As is now clear, the evolution of the Brazilian Constitution has been closely connected with the interpretation, application, and enforcement of the unamendable rules both codified and not in the country's constitutional order. From unamendable structures to unamendable rights and everything in between, Brazilian constitutionalism offers a rich landscape for constitutional analysis, both in the theoretical foundations of unamendable rules and in their practical uses in the daily lives of Brazilians. And one of the foremost intellectual and jurisprudential architects of the Brazilian Constitution in this regard – and in so many others – has been Justice Luís Roberto Barroso. On this special anniversary to commemorate his tenth anniversary on the Supreme Federal Tribunal of Brazil, we acknowledge his unique contributions to shaping our understanding of unamendability, perhaps the most fascinating constitutional design in modern constitutions.

Informação bibliográfica deste texto, conforme a NBR 6023:2018 da Associação Brasileira de Normas Técnicas (ABNT):

ALBERT, Richard; CUNHA, Bruno Santos; DEPIERI, Matheus de Souza. Constitutional Unamendability in Brazil and the World. *In*: OSORIO, Aline; MELLO, Patrícia Perrone Campos; BARROSO, Luna van Brussel (Coord.). *Direitos e democracia*: 10 anos do Ministro Luís Roberto Barroso no STF. Belo Horizonte: Fórum, 2023. p. 175-196. ISBN 978-65-5518-555-3.

---

[119] *Ibid.*

JUDICIAL REVIEW FOR DEFECTIVE DEMOCRACIES

ROBERTO GARGARELLA

In previous works, I have advocated for a dialogic approach to constitutionalism and, particularly, to judicial review (Gargarella 2016, 2019). Herein, I want to continue developing that view, in a way that is sensitive to contextual considerations, assuming that constitutionalism in general, and judicial review in particular, needs to be adjusted so as to respond to the needs and ideals of a particular time and place.

Let me offer a few examples of (theoretically oriented, but also) contextually adjusted approaches to Constitutional Law. For instance: by the end of the 18th Century, James Madison suggested that the main purpose of constitutionalism was "to break and control the violence of faction" (*Federalist Papers* n. 10), and consequently he proposed to shape the new Constitution in line with that goal. At the mid-19th Century, the Latin American legal scholar Juan Bautista Alberdi proposed to organize the Constitution so as to confront economic backwardness (the Constitution that he proposed for Argentina, in 1852, came then to promote civil, rather than political liberties). In the early 20th Century, the Mexican revolutionaries proposed a new Constitution that was mostly dedicated to address the "social question" (the "revolutionary" 1917 Constitution. Seemingly, by the end of the 20th Century, many others suggested the inclusion of different human rights into their Constitutions, so as to overcome a decade of massive human rights violations. In our time, I submit, a central task of constitutionalism, and also an important mission for judges, should be that of confronting the institutional and social difficulties derived from decades of pervasive inequality. The inequalities I am thinking about are those that erode the foundations of our life in common and transform our democracies in very imperfect political systems –inequalities that go from an unequal access to political positions to economic oppression.

For this view, public officers, in general, and magistrates in particular, should confront the main problems generated by inequality, which seems both an extremely important and also a difficult task. In fact, in this way we will be demanding officers to repair the same boat they use, while they are navigating; and also we will be asking public officers to help overcome social injustices from which many of them actually take advantage.

In spite of those serious practical obstacles (I will say something more about them below), I want to concentrate my attention on the consequences of the "drama of our time" –as suggested, pervasive inequalities– which should be addressed by using all our constitutional energies. In particular, I want to concentrate my attention on two difficulties generated by pervasive inequalities, which are the following: i) problems that affect the division of powers and the structure of controls; and ii) problems that undermine the value of the public debate, and/or prevent certain voices to take part in it. Let me give some additional details concerning these two primary judicial tasks.

i) First, I will be thinking about the way in which social exclusions and the concentration of economic and political powers have gradually damaged contemporary constitutional democracies, particularly in what regards the division of powers and the system of checks and balances. My suggestion would be that public officers, in general, and judges in particular, should make a particular effort directed at counter-acting the tendencies that are undermining the worth of our constitutional and democratic organization. Note that some influential theories about judicial review, such as the procedural approach advanced by John Ely, have already suggested –in line with the mission described by the US Court in *Carolene* Products' famous footnote 4– that judges should dedicate a central part of their efforts at guarding the "rules of the (democratic) game". In a way, what I am suggesting here is that judges should fulfill that mission by being particularly attentive to the deficiencies that have already damaged the organization of powers in our defective democratic systems, and continue undermining their proper functioning.

ii) Second, I will be thinking about the way in which political debates (for instance, within Congress) tend to be captured by interest groups, thus preventing political representatives to impartially address and solve problems that affect the common good. In addition, I will be taking into consideration other difficulties that have been undermining the worth of our public debates, typically as a result of the systematic exclusion of certain voices from those debates. Recall, again, John Ely's "representation-reinforcing" approach to judicial review, which requires judges to keep the "channels" of political competition open, and also requires them to provide special protection to "discrete and insular minorities". The approach I am recommending here suggests that judges should develop those tasks by being particularly attentive not only to the requirements of a deliberative democracy, but also of the particular shortcomings that have come to characterize our defective deliberative systems.

In sum –I shall maintain- judges should honor the duties that are reserved to them in a deliberative democracy, and also –and for that same reason- pay particular attention to the problems that have been seriously undermining the deliberative and inclusive character of the institutional system.

Required, possible but unlikely

Before proceeding with the analysis of how judicial review should be exercised in our defective deliberative democracies, let me insist with this clarifying and cautionary note: I acknowledge that judges not only lack incentives for engaging in a dialogic exercise, but also find more limits than opportunities to act in such conversational way. They could opt for deciding according to what a dialogic theory requires, or not, but nothing in the institutional system induces them to make their decisions according to the principles and methods that a deliberative theory would demand. To begin with, the function of judges is not well-defined and the scope and limits of their mission remains unclear. When we say that judges have to "guard to Constitution" we say, on the one hand, too little, because judges need much more specific instructions, but also too much, because the Constitution potentially compromises all relevant public issues. Things turn to be much more complicated when we realize that we do not have (and will not have) widely shared interpretative formulas. By contrast, there are interpretative responses and interpretative theories of all kinds, which may allow judges to decide in one or the contrary, and always do so by invoking the support of the law. The question is, then: why would judges tie their own hands; intervene only in a limited range of cases; and decide in a "narrow and shallow" way (say, according to the requirements of a dialogic theory)? (Sunstein 2001) Why if they could do just the opposite (decide about everything in "broad and deep" way)? Why would they adopt the path of self-restriction if, by adopting the opposite path, they could expand their own powers, or increase their capacities to "threaten" political authorities? (Raising a similar point see Straus 2018 questioning whether "judges" could be "trusted" to recognize their limits in this respect).

Maybe, at a time when many of their colleagues –in other tribunals, local and international- decide to explore dialogic (or other kind of) strategies, judges may find motivations to imitate and follow what their peers do, so as to share the prestige that may come attached to this or that other behavior. At a certain point of time, it may be fashionable to behave in one way or another. Also, at a moment when political and judicial institutions are seen as part of a distant elite, public officers may find it attractive to look for alternatives that allowed them to re-gain some of the lost public respect. In certain contexts, dialogic alternatives became popular, among judges, as a strategy for recovering the popular legitimacy and consideration that they had lost in the way. Moreover, it may well happen, for example, that judges engage in a dialogic relationship with the political branches (i.e., by requiring Congress to assume or re-assume certain duties), but mostly as a way of eluding certain responsibilities, or avoiding the adoption of certain political costly decisions.

Judges do not want to incur in reputational costs; they also don't want to pay political costs (lose the legitimacy they need to stabilize the decisions they produce); and –more significantly- they tend to fear formal and informal sanctions coming from the political branches. All these motivational elements are important for understanding their behavior or predicting their reactions but, again, none of them suggest that they will consistently engage in the desired conversational exercise. In the context of weak institutional systems judges may tend to act more prudently towards the current government (and more aggressively towards the coalition that left power) but that does not say much about their motivation to engage in a cooperative conversation with the political branches (Helmke 2012).

In sum, I understand that it may seem unreasonable to think that judges will limit themselves to act in the ways required by, say, a dialogic theory; or renounce to act in more expansive and non-conversational ways, whenever they wanted or found it necessary: they are not irrational. In the end, and taking into account the institutional powers typically assigned to high judicial positions, we could predict that judges will not stick to a dialogic or similar approach, even though they will be open to adopt it occasionally, probably out of convenience or a result of a self-interested calculation (i.e., as a way to re-gain legitimacy).

Judicial review in defective deliberative democracies

In what follows, let me begin examining, with some detail, the particular tasks that could be reserved to judges –judges that are motivated to decide in ways that honor their constitutional and democratic duties- in the context of our defective deliberative democracies. The list of judicial tasks that I shall present is not-exhaustive, and refers to actions that may be finally required from the different branches of powers, according to their peculiar institutional position and democratic credentials. I shall only focus on the possible interventions of the judicial branch and, whenever I can, I shall illustrate my claims with judicial decisions and doctrinal opinions that will also help us recognize that we are talking about a "feasible" judicial world.

I. Restoring, rather than merely protecting, the system of "checks and balances"
a) *A presumption against the concentration of powers*
Since their origins, many Latin American constitutional systems allowed the concentration political authority in the hands of a few, and erected controversial hyper-presidential systems. This fact is consistent with what has been happening in many other regions of the world, in recent years.[1] In fact, with the coming to power of authoritarian leaders, in the United States, Hungary, Poland, Turkey, etc., numerous authors began to call the attention about the risks posed by situations of "democratic backsliding" (Ginsburg & Huq 2018; Levitsky & Ziblatt 2018; Sunstein 2018; Luo & Przeworski 2019). This concentration of powers is in part responsible of some of the worst institutional evils affecting the region. To mention the two most important: the system of concentrated authority favored political instability (and military coups), which generated the most serious violations of human rights, during the 20th Century;

---

[1] Some of the problems I am thinking about are closely related to the development of so-called "hyper-presidentialist systems, which –according to Carlos Nino- are typical in Latin American countries. In Latin America, hyper-presidentialism has contributed to generate serious difficulties (i.e., political instability; restriction of rights). In addition, the (extreme) concentration of powers has tended to undermine the working of the entire system of "checks and balances", which is based on the existence of a relative equilibrium in the powers of the different branches. These kinds of problems, as I have already suggested, tend to be more common in Latin American countries, but they are not exclusive of them. For instance, and referring to the case of the US, researchers Tom Ginsburg and Aziz Huq, have maintained that "the most formidable motor of erosion [of the entire institutional system] would be the presidency, which over time has acquired a plethora of institutional, political, and rhetorical powers above and beyond the meager list set out in Article II of the Constitution" (Ginsburg & Huq 2018, 141).

and these conditions provoked the gradual erosion of the entire system of "checks and balances".

As I mentioned above, the system of "checks and balances", which seeks to align the power of the different branches of government, seems logically inconsistent with having one of those branches assigned much more powers than the rest (through a hyper-president, or an authoritarian president). In such conditions, to entire schema of controls becomes thus under threat: predictably, the most powerful branch will begin to use its threating powers so as to thwart the will of the rest and impose its own authority. This is why judges need to work, not so much, or not only for preserving the system of "checks and balances" or preventing its deterioration –not simply, as John Ely put it, following the famous footnote 4, "to keep the channels of political change open". Mostly, they should work for the restoration of the system.

History has taught us about the tremendous risks posed by the concentration of powers over democracy, and constitutionalism needs to be configured and re-configured with an eye posed in history. Therefore, in countries deeply damaged by the evils of hyper-presidentialism, judges should definitely work against its worst consequences and, more generally, work for preventing the expected, recurrent emergence of such risks. Similarly, they should be alert and react against the President's gradual attempts to undermine the structure of democratic controls. Perhaps, they should examine with a "strict scrutiny" or a high presumption of invalidity those actions by the Executive (or those at the peak of power) aimed at expanding their own powers or remaining in power in defy of what the law established (i.e., searching for re-election beyond the cases recognized by the Constitution). Thinking about the U.S. during the Trump years, Professor David Strauss wrote that "If there [is] a significant risk that the administration's actions reflected a systematic undermining of liberal democratic values, then the courts [should] rule in a way that limited the president's powers. The courts may have [] reasons to think there was the kind of threat to democratic institutions that justified them in choosing, among the legally plausible conclusions, the one that limited executive power, irrespective of whether that would otherwise have been the better view of the law" (Strauss 2018, 373; Stone 2018).[2]

Fortunately, we may find numerous examples of courts properly fulfilling their accountability function, in the context of new democracies (Gloppen et al 2003).[3] One illuminating illustration for this subject may come, again, from the case of Colombia. In fact, and since its creation, the Colombian Constitutional Court upheld the constitutionality of many norms that unduly expanded the Executive's power, while it also managed to curtail the authority of the President in many different and significant opportunities.[4] In particular, the Court issued many decisions limiting the President's capacity to declare "states of siege" or "states of exceptions". Decision C-004, 1992, was the first one to control a declaration of a state of emergency. In 1994, the

---

[2] I want to thank Adam Przeworski for illuminating discussions about this point.
[3] Not surprisingly, however, and given the potential importance of their accountability function, courts tend to be the first institutional victims in systems defined by the presence of hyper-powerful presidents.
[4] Similarly, see cases related to the application of the "basic structure" doctrine in India, by the Supreme Court, in the face of the emergency measures adopted by Indira Gandhi during the 1970s. See, for example, in Landau 2013, 235-6.

Court went some steps further, and invalidated President Gaviria's decree establishing a state of internal commotion. This was the first time in Colombia's history, in which a Colombian Court disallowed a President to use its emergency powers. The Court repeated a decision of the like one year later. Also, in Decision C-327, 2003, the tribunal limited the President's possibility of renewing an existing state of internal commotion and, later on, it invalidated legislation that enabled the President to grant general amnesties or individual pardons during a state of exception; and regulated the cases in which the President could declare an emergency. Decisions of the kind generated repeated tensions between the Court and political power. More significantly, in 2005, the Court approved a constitutional amendment that authorized President Alvaro Uribe's re-election, which was not allowed by the 1991 Constitution. However, in 2010, the Court blocked President Uribe's bid for a third term, by rejecting as unconstitutional a proposed referendum that would have asked voters whether to allow him to seek a new re-election. From the perspective that has been here defended, this courageous decision represents an important step forward in the defense of democracy. However, I understand that a proper approach to that case required, from the Court, a different theoretical approach: not a conception that lacks foundations both in theory and in the law –like the so-called theory of the "substitution of the Constitution" (which came to prevent the enactment of "unconstitutional constitutional reforms") – but rather a (procedural and contextually informed) theory that is driven against the concentration of powers, and which advises to resist (typically, but not only) the Executive's attempts to expand its own powers and capacities.[5]

b) *Democratic reconstruction*

Another possibility that I want to explore refers to judicial actions directed at repairing democratic failures that are able to erode the legitimacy of our constitutional democracies. So far, we know about theories that require judges to assume a *representation-reinforcing* approach to judicial review. In addition, we know about proposals suggesting judges to use the powers at their disposal in order to confront situations of structural injustice -thus, for example, in Owen Fiss' view about structural injunctions (Fiss 1978). Procedural approaches to judicial review ask judges to safeguard, rather than reconstruct, the democratic system. Meanwhile, structural injunctions are mainly directed at repairing the damages derived from violation of rights. In other words, we have neither properly studied proposals favoring democratic reconstruction, nor

---

[5] This point relates to the broad doctrinal discussion about "unconstitutional constitutional amendments". Bernal-Pulido, for instance, defends judicial activism in this respect for reasons similar to the ones I advanced here, namely the importance of containing the authoritarian impulses of hyper-presidents. See Bernal 2013. See also Isacharoff 2011, and a discussion on the topic in Albert 2009, Landau 2013 and Roznai 2017. In relation to this debate, it should be remembered that what we are here proposing is a restrictive approach to judicial review, which is mainly concentrated on procedural issues, and also one that excludes most other judicial interventions usually justified by alternative theories of judicial review. In addition, also in the cases I justify judicial intervention, I do it in a particular way, which does not imply recognizing their right to pronounce the "last word", which always remains in the hands of "We the people". In any case, by recognizing the people's final authority I do not deny but affirm that democratic decisions need to be based on procedures, which should be under judicial supervision (a supervision that could eventually, and in extreme case, be surpassed by a collective, deliberated claim). This principle of popular sovereignty is also compatible with the adoption of additional "safety valves" or "security" mechanisms (like "tiered constitutional amendment thresholds", Landau 2013, 224). Unfortunately, however, all this constitutional engineering tends to become useless or appear completely malleable in the cases we need it the most. Finally, institutional design/institutional reform seems to be unhelpful in extreme situations.

examined the use of structural remedies so as to repair those democratic failures. In my view, judges could use the means and remedies under their control in order to "repair" or restore sections of our democratic organization that are not anymore working in the required way. The idea would be to recuperate the damaged character of our constitutional democracies –in other words, make possible that the people at large recover their republican capacity to directly decide and control what their agents do –as Thomas Jefferson once proposed. Judges could, in this sense, and for example, require affected groups to be consulted directly when their interests are seriously affected by relevant public decisions; or organize public hearings so as to ensure that affected groups participate in the elaboration of those programs addressing their fundamental interests.

One interesting although controversial illustration in this respect is the one provided by the Colombian Constitutional Court and the so-called institution of the unconstitutional state of affairs or *"estado de cosas inconstitucional"*, which it created. This institution, which is related to the U.S. model of structural injunctions, come to allow wide interventions by the Court, in the face of grave and massive violation of rights –violations that are not attributable to a single authority, but are rather the product of long-standing structural problems. In those cases, the Court may adopt "structural" remedies, which do not only benefit the plaintiffs in an individual *tutela*, but also other persons who share the same situation. This doctrine was first advanced by the Court in its Decision T-153, of April 28, 1998, where the tribunal had the chance to examine the living conditions of inmates within national prisons. More significantly, the Court declared an unconstitutional state of affairs in the case of the situation faced by the forcedly displaced population. It responses in the case were then not limited to the plaintiff, but instead referred to the entire displaced population in Colombia. In the words of Manuel Cepeda, former president of the Court, in that opportunity the Court "issued orders for remedying the budgetary and administrative capacity shortfalls and established minimum mandatory levels of protection of [internally displaced population's] rights that were to be secured in an effective and timely fashion" (Cepeda 2005). From the perspective that was here presented, initiatives of the kind seem well-directed in order to begin confronting problems that are so entrenched that require the cooperative effort of different sections of the government in order to deal with them. It should be noted, however, that these remarkable initiatives promoted by the Court were fundamentally directed at confronting grave situations of massive violations of rights, but not to help restore or radically strengthen the basic foundations of the democratic system. In fact in Colombia, more than in other countries, democratic politics has historically been affected by numerous factors, from severe political violence, to radical inequality, narco-criminal activities, and the pressure of powerful elites. In front of such extreme circumstances, the Court could have made a much significant contribution to democracy, fulfilling not just a *representation-reinforcing* function, but also a *democratic-reconstructing* function.

II. Ensuring deliberative democracy in the context of unequal societies

a) *Deliberation: Against "naked interests"*

John Ely's "participation-oriented" or *"representation-reinforcing"* approach implied providing a special protection to the rights of speech, press, assembly, petition and political association, which are central to the functioning of a representative democracy. In other words, for Ely, judges should examine all expressive restrictions (i.e., limitations imposed upon political discourse) with the highest scrutiny, presuming that the restrictions promoted by those in power are, in principle, contrary to the Constitution. The same goes for voting rights and cases of political "gerrymandering" (which basically occurs when voting districts are redrawn to benefit one party over another during elections).

One of the problems that affect this approach is that it is based on a narrow (pluralist) conception of democracy (Sunstein 1993). Judges should instead act –I submit- under the guidance of a different understanding of democracy. This implies, in my view, that they should read the Constitution from the perspective of a deliberative democracy, with an eye posed on the profound maladies that affect the actual functioning of our democracies (maladies that make an inclusive deliberation almost impossible). From such a perspective, judges should not only help promote public debate,[6] but also work to prevent that public decisions became the mere product of "naked interests": they should ensure that the law expresses public interests, rather than private demands (Sunstein 1985).[7]

For instance, Courts may require legislators to open the decision-making process to the public, in order to avoid or reduce the influence of interest groups; or require political authorities to call public hearings to supervise crucial aspects of the application of the law. More radically, the Court may scrutinize the legislative process, so as to ensure that the legislative debate is not a mere façade of a decision actually made by interest groups.

The Colombian Constitutional Court may also serve as to illustrate what a Court could do in order to take the requirements of democratic debate seriously. In numerous opportunities, in fact, the Court challenged legislative decisions that had not been the object of a careful deliberative process, and that appeared, instead, as mere expressions of "naked interests". For instance, in an important 2004, it objected to the so-called Anti-terrorist statute, which represented a crucial part of the (then recently re-elected and extremely powerful) President Uribe's political agenda. In spite of the complexity of the case, the Court rejected the legislative's initiative after recognizing that more than

---

[6] In recent years, some "activist" Courts seemed to have adopted an approach of the kind. For instance, scholars Scott and Macklem have studied and described the jurisprudence of the Indian Court, paying particular focus on the "continuing interplay" or conversation amongst the branches, stimulated by the Highest Court. For them, "the Indian experience suggests that it may be appropriate to allow the judiciary to advocate certain solutions in order to prod the other branches into general debates and concrete responses that in the long run are more democratically legitimate and effective" (Scott & Macklem 1992, 130). I believe that, in certain occasions, the Indian Court went beyond the demands and limits suggested by a deliberative scheme, and assumed responsibilities that it should have left to the political branches. However, I still think that this Court is capable of offering us unique examples of how a tribunal that is committed to a deliberative view could decide.

[7] In a famous article on "Interest Groups in American Public Law", legal scholar Cass Sunstein explored this issue and remarked that in American law, "the Court requires some independent 'public interest' to justify regulation. A reference to political power is, by itself, insufficient. In no modern case has the Court recognized the legitimacy of pluralist compromise as the exclusive basis for legislation...Representatives must deliberate rather than respond mechanically to constituent pressures; but decisions to redistribute resources or opportunities, or to adapt the preexisting structure of entitlements and preferences, may well be based on an effort to promote the public good" (Sunstein 1985, 49-51). According to this view, Courts may play a significant role in ensuring that legal norms are the product of an exchange of reasons, rather than the mere imposition of one interest group or sector of society upon the rest. They may engage in this crucial oversight of the democratic procedure in many different ways.

a dozen of the representatives who voted for the polemic statute had changed their views on the topic from one day to the next, without giving any public explanation about their change of views. The Colombian Court offered many other examples of its commitment to open deliberation. For instance, in SC-668 (2004), declared that article 16 of Law n. 1, 2003 was unconstitutional, as a consequence of the lack of debate in the Plenary of the House of Representatives (García Jaramillo 2008). Now, it is also true that, in recent years, the Court did not protect the basis of a deliberative democracy with the force, courage and precision that I had used in previous years. In fact, the Court gradually abandoned the doctrine that it had used in order to carry on its "deliberative control", namely the so-called doctrine of the *elusión del debate*.

b) *Inclusion: Recovering the voices of the marginalized*

Judges may contribute to collective dialogue by different means and in different ways. One crucial contribution would be that of expanding the political conversation, so as to ensure that the decision-making process does not remain encapsulated or under the exclusive control of the dominant political elites. Informed by present situations of social exclusion, judges could ensure that the process does not unjustly exclude the voices of disadvantaged minorities or affected groups, this is to say the voices of those who are usually unheard, as a result of their situation of marginalization or social exclusion. More particularly, the judiciary could guarantee that the decision-making process does not ignore the viewpoints of potentially affected individual or groups occupying a socially disadvantaged position; and also that it does not exclude arguments that are worth considering for the sake of impartiality; or that it does not include arguments that are constitutionally impermissible. A good example of these possibilities appears in Doctors for Life, a case that was decided by the active and always creative South African Constitutional Court.

In Doctors for Life, a Doctors' organization brought a complaint to the Court, claiming that the National Council of Provinces ("NCOP"), "in passing certain health bills, failed to invite written submissions and conduct public hearings on these Bills as required by its duty to facilitate public involvement in its legislative processes and those of its committees". The Court was asked to reflect upon the constitutional obligation of legislators to facilitate public involvement in its legislative processes. And the Court said:

In the overall scheme of our Constitution, the representative and participatory elements of our democracy should not be seen as being in tension with each other. They must be seen as mutually supportive. General elections, the foundation of representative democracy, would be meaningless without massive participation by the voters. The participation by the public on a continuous basis provides vitality to the functioning of representative democracy. It encourages citizens of the country to be actively involved in public affairs, identify themselves with the institutions of government and become familiar with the laws as they are made. It enhances the civic dignity of those who participate by enabling their voices to be heard and taken account of. It promotes a spirit of democratic and pluralistic accommodation calculated to produce laws that are likely to be widely accepted and effective in practice. It strengthens the legitimacy of legislation in the eyes of the people. Finally, because of its open and public character it acts as a counterweight to secret lobbying and influence peddling. Participatory democracy is of special importance to those who are relatively disempowered in a country like ours where great disparities of wealth and influence exist.

This decision was interesting for different reasons, but particularly because of the centrality that some members of the tribunal attributed to the elements of voice and discussion in the decision-making process and, more specifically, for the importance that some of those judges attributed to the voices of the "disempowered".

Similar criteria should also move judges to revise the decisions they tend to take in cases related to social protests. And this should be so in the face of the fact that so many individuals and groups are victims of grave violations of their constitutional rights; and at the same time confront serious difficulties for democratically expressing their complains and demands. In those situations, then, judges should start taking social protests more seriously, instead of simply treating them as illegal actions, or expressions that are directed against democracy. In fact, in unjust contexts characterized by the lack of appropriate institutional channels, people may fell forced to go to the streets, or occupy public spaces in ways that affect third parties, so as to make their demands audible.

Conclusion and final reflections

In this work, I have reflected on the ways in which the judiciary could contribute to democratic dialogue in the context of very imperfect institutional systems. In particular, I examined different ways in which judges could help us restoring, rather than merely protecting, the system of "checks and balances"; and also ways in which they could safeguard and bolster deliberative democracy, given the (still) elitist and exclusive character of many of our societies.

At this point, however, someone could ask us: how to defend such a significant judicial role, from a position that wants to affirm, at the same time, the priority of democratic debate? As I understand it, several reasons can be alleged in support of my view. First of all, I have referred here to tasks that, in principle, must be shared by all the different branches of power, together with the citizenship in general. Second, I have also affirmed that each of the participating actors must assume its tasks, in this shared enterprise, according to its own capabilities, and in accordance with the limits of its democratic credentials. Third, I would add that, in countries of the "global south", such as Colombia, South Africa or India, the high courts have been able, in most cases, to assume essential tasks such as those referred to here, without imposing their authority on democratic politics, and without taking the place of it. In the end, the main task I have suggested for judges to assume was that of activators (and protectors) of democratic debate. Take, for instance, issues of "structural reform": the content of these reforms must be defined by the democratic discussion, and justice can contribute to this, above all by forcing the responsible bodies to carry out their mission, or by organizing the collective debate around those matters. Finally, I would clarify that I have not here assumed, in any way, the epistemic superiority, much less the greater democratic authority, of the judicial bodies over political bodies –much less over the people at large.

As already stated, all the previous considerations do not mean to imply that the judiciary is in some way shielded from the problems that affect all other branches of government. On the contrary, I have already pointed out that the judicial power acts within a framework of incentives that do not help it to act in the direction suggested by the deliberative ideal. Moreover, I have also affirmed that the judicial branch - precisely because of its great power of influence and impact - tends to be the first victim of the advances of an Executive Power, who is always eager to expand its own capacities vis a vis the other branches. Worse yet, members of the Judiciary, particularly in the context of unequal societies, tend to be recruited from the more affluent sectors of society. Hence, the judicial branch is usually composed (everywhere, and particularly in weakly democratic countries) by officials who are affected by strong biases (in terms of class, gender, etc.), and who tend to act in agreement with non-democratic incentives. In sum, the suggestions that we have advanced in this work are not based on a naive or undue reliance on the role of judges but rather on a certain democratic anguish, related to the dramas that our defective institutional system poses to us. What I have presented here should instead be understood, as a series of proposals that could be followed by judges who wonder, in good faith, how to act in line with the democratic-deliberative ideal. Hopefully, the proposals that were here advanced could contribute to the noble but difficult purpose of repairing the democratic boat from within, in the midst of the storm that we are crossing.

Bibliography

Albert, R. (2009), "Nonconstitutional Amendments", 22 *Canadian J.L.& Jur.* 5.

Bernal-Pulido, C. (2013), "Unconstitutional Constitutional Amendments in the Case Study of Colombia", 11 *International Journal of Constitutional Law* 339.

Cepeda, M. (2004), "Judicial Activism in a Violent Context: The Origin, Role, and Impact of the Colombian Constitutional Court", *Washington University Global Studies Law Review* 3: 259.

Ely, J. (1980), *Democracy and Distrust*, Cambridge: Harvard University Press.

Fiss, O. (1978), *The Civil Rights Injunction*, Bloomington: Indiana University Press.

García Jaramillo, L. (2008) "Recepción de postulados deliberativistas en la jurisprudencia constitucional", en *Revista Argentina de Teoría Jurídica*, vol. 10 (2008)

Gargarella, R. (2016), "Scope and Limits of Dialogic Constitutionalism", in T. Bustamante & Bernardo Goncalvez eds., *Democratizing Constitutional Law*, Switzerland: Springer (2016), 119-147, ISBN 978-3-319-28369-2.

Gargarella, R. (2019), "Why do we care about dialogue", in K. Young, ed., *The Future of Social and Economic Rights*, Cambridge: Cambridge University Press, 212-232.

Ginsburg, T.; Huq, A. (2018), *How to save a Constitutional Democracy*, Chicago: The University of Chicago Press.

Gloppen, S., et al (2004), *The Accountability Function of Courts in New Democracies*, London: Frank Cass.

Helmke, G. (2012), *Courts under Constraints: Judges, Generals, and Presidents in Argentina*, Cambridge: Cambridge University Press.

Isacharoff, S. (2011), "Constitutional Courts and Democratic Hedging", 99 *Geo.L.J.* 961 (2011).

Landau, D. (2013), "Abusive Constitutionalism", 47 *UC Davis Law Review* 189.

Levitsky, S.; Ziblatt, D. (2018), *How Democracies Die*, New York: Crown.

Luo, Z. & Przeworski, A. (2019), "Subversion by Stealth: Dynamics of Democratic Backsliding", manuscript in file with the author.

Scott, C. y P. Macklem, 1992, "Constitutional Ropes of Sand or Justiciable Guarantees? Social Rights in a New South African Constitution", en 1 *University of Pennsylvania Law Review* 141, 1-148.

Stone, G. (2018), "It Can't Happen Here. The Lessons of History", in C. Sunstein ed., *Can it happen here? Authoritarianism in America*, New York: Library of Congress, 429-450.

Strauss, D. (2018), "Law and the Slow-Motion Emergency", in C. Sunstein ed., *Can it happen here? Authoritarianism in America*, New York: Library of Congress.

Sunstein, C. (1985), "Interest Groups in American Public Law", *Stanford Law Review*, vol. 38, n. 1 (Nov.), 29-87.

Sunstein, C. (1993), *The Partial Constitution*, Cambridge: Harvard University Press.

Sunstein, C. (2001), "Social and Economic Rights? Lessons from South Africa", *Chicago Unbound*, University of Chicago Law School.

Sunstein, C., ed. (2018), *Can it happen here? Authoritarianism in America*, New York: Library of Congress.

Informação bibliográfica deste texto, conforme a NBR 6023:2018 da Associação Brasileira de Normas Técnicas (ABNT):

GARGARELLA, Roberto. Judicial review for defective democracies. *In*: OSORIO, Aline; MELLO, Patrícia Perrone Campos; BARROSO, Luna van Brussel (Coord.). *Direitos e democracia*: 10 anos do Ministro Luís Roberto Barroso no STF. Belo Horizonte: Fórum, 2023. p. 197-208. ISBN 978-65-5518-555-3.

JUDGES IN A DEMOCRACY – IN HONOR OF JUSTICE LUÍS ROBERTO BARROSO – BRAZILIAN SUPREME COURT

ROSALIE SILBERMAN ABELLA

It's a great honor to be asked to contribute to this publication honoring Justice Barroso's first 10 years on the Brazilian Federal Supreme Court. I consider him to be an outstanding jurist, an outstanding person, and an outstanding friend. I cherish him for all of those reasons. And I cherish his deep commitment to justice and democracy. So this article is not only a tribute to him, it is a tribute to his tenacious and principled commitment to his values.

I graduated from law school in 1970 and I've been proud every day since of being a lawyer. My father was a lawyer, as are our 2 sons, and I've always seen lawyers as democracy's warriors, the people who protect rights, and by protecting rights, protect justice.

But more and more, justice is in crisis because more and more people have decided, like the Red Queen in *Alice in Wonderland*, that the law and democracy are what they say they are. There is seemingly no longer a consensus about what justice means or what democracy means or even what law is for.

How do we fix it if, like me, you think it's at risk? There are so many parts to this Venn diagram that it would take hours to even start to address them, but the ones I want to engage in this paper in honor of Justice Barroso are judicial justice and global justice.

Let's start with the judicial role. The underlying principles of democracy and the rule of law have become so contested that the Ahab-like perennial quest for the white whale of the judicial enterprise- "What is the role of a judge in a democracy?"- is more elusive than ever.

Everyone knows that courts have the authority to decide questions of law, everyone knows that judicial decisions about rights are inevitably polarizing, and everyone knows that no matter how polarizing, all judges see themselves as independent and impartial. But that doesn't mean that that's how the *public* sees them.

My strong belief is that only time will judge how successfully judges and courts will be seen to have acted in the best interests of the court's legitimacy and authority, which means that judges have to stay true to their own integrity and not keep their finger on the fluctuations of the national pulse.

But the reality is there will always be those who think that what judges are doing in their own rhetorically daedalian fashion is *ex cathedra,* or political, or illegitimate, or just plain wrong. And sometimes they'll be right. But sometimes they won't be. The public is by now totally confused about whether their judges are doing what they're supposed to do.

And no wonder. For the last 2 or 3 decades, we've been hearing from a very boisterous and vociferous segment of the public warning that there was an anti-democratic, socially hazardous turbulence in the air, most notably during judicial flights.

The critics made their arguments skillfully, and unhappily, too persuasively. They called the good news of an independent judiciary the bad news of judicial autocracy. They called minorities seeking the right to be free from discrimination, special interest groups seeking to jump the queue. They called efforts to reverse discrimination, "reverse discrimination." They trumpeted the rights of the majority and ignored the fact that minorities are people who want rights too. They said courts should interpret, not make law, thereby ignoring the entire history of common law. They called advocates for equality and human rights "biased" and defenders of the status quo "impartial". They said judges who strike down legislation are activists, unless they didn't like the legislation. They claimed a monopoly on truth, frequently used invectives to assert it, then accused their detractors of personalizing the debate.

Significantly, they wanted judges to be directly responsive to public opinion- particularly theirs- without understanding that when we speak of an independent judiciary we are talking about a judiciary free from precisely this kind of influence.

Public opinion, in its splendid indeterminacy, is not evidence and it is not law. It is a fluctuating, idiosyncratic behemoth, incapable of being cross-examined about the basis for its opinion and susceptible to wild mood swings. In framing its opinions, the public is not expected to weigh all relevant information, or to be impartial, or to be right. The same cannot be said of judges.

There is no doubt that the public's views have- and should have- a seat at the justice system's table. What they do not have- and should not have- is a veto. Judges who do their job properly in a democracy not only have the right to disregard the majority's opinion, they have a *duty* to do so if it conflicts with basic legal and democratic principles. Independent judges who are not politically compliant are not anti-democratic, they are doing their job.

Time, not public opinion, will always be the ultimate judge of how well judges fulfilled their duty in protecting rights. And time too will judge the governments of the day for their willingness-or unwillingness- to contribute to public respect for the judiciary's independent responsibility to patrol the borders between legislative action and the public's right to rights.

And if judges don't do their job fearlessly, neither civil rights, nor human rights, nor the democracies they serve, have a chance.

And that brings me finally to global justice and what I see as the fragility of justice in too many parts of the world, where democratic institutions and values are thrown under the bus, victims not just of polarization, but of global indifference, and where, far too often, political expediency triumphs over truth.

We're at the edge of a future unlike any I've seen in my lifetime. It's divisive, polarized, self-righteous, macho and very dangerous. We're in a global moral climate polluted by bombastic insensitivity, antisemitism, racism, sexism, islamophobia, homophobia, and discrimination generally, things we thought we'd fixed- and were fixing- after we signed the Universal Declaration of Human Rights in 1948.

It's a mean-spirited moral free-for-all. Everyone is talking to their own silo and no one is listening except in that silo. We're in a world now where too often law and justice are in a dysfunctional relationship and a world where prejudice and hate kill, torture, imprison or silence people. Too many governments have interfered with the independence of their judges and media, too many people have died, and too many people have lost hope. It's a new status quo where anger triumphs over respect, indignity triumphs over decency, and injustice is tolerated and tolerance is not.

We're forgetting our compassion and penalizing the vulnerable in a world that was supposed to have learned the horrendous cost of discrimination in World War II. We made a commitment to humanity then that we would protect the world from inhumanity, but instead have allowed it to flourish, making justice and democracy its victim.

We need to put justice back in charge, and to do that we need to put compassion back in the service of law, and law in the service of humanity. Otherwise, what's the point of law? Or lawyers? Or a legal system?

And to make justice happen, we can never forget what the world looks like to those who are vulnerable. It's what I consider to be the law's majestic purpose and the legal profession's noble mandate.

My life started in 1946 in Germany, in a country where there had been no democracy, no rights, no justice. No one with this history does not feel lucky to be alive and free. No one with this history takes anything for granted. And no one with this history does not feel that we have a particular duty to our children to ensure that we will do everything humanly possible to keep the world safer for them than it was for their grandparents, a world where *all* children, regardless of race, color, religion or gender, can wear their identities with dignity, with pride, and in peace.

Informação bibliográfica deste texto, conforme a NBR 6023:2018 da Associação Brasileira de Normas Técnicas (ABNT):

ABELLA, Rosalie Silberman. Judges in a democracy – In honor of Justice Luís Roberto Barroso – Brazilian Supreme Court. *In*: OSORIO, Aline; MELLO, Patrícia Perrone Campos; BARROSO, Luna van Brussel (Coord.). *Direitos e democracia*: 10 anos do Ministro Luís Roberto Barroso no STF. Belo Horizonte: Fórum, 2023. p. 209-211. ISBN 978-65-5518-555-3.

BARROSO AND RESPONSIVE JUDICIAL REVIEW

DANIEL BOGÉA
ROSALIND DIXON

I Introduction

Justice Barroso is a leading judicial voice in Brazil and globally. As a scholar, he has produced some of the most cited works in the Brazilian field of constitutional law, such as "Neoconstitutionalism and the Constitutionalization of Law" (1999), "Reason Without Vote: The Representative and Majoritarian Function of Constitutional Courts" (2017), and influential books on constitutional interpretation and fundamental rights. As a prominent constitutional lawyer, he argued several leading cases before the Supreme Court, including the defense of same-sex unions (ADI No. 4,255 and ADPF 132), the defense of a law that permitted the use of embryonic stem cells for scientific research (ADI No. 3,510), and the prohibition of nepotism in the judicial system (ADC No. 12). Sitting on the bench for a decade, he has performed a central role in other landmark cases.

In these contexts, Barroso has also offered a distinct vision of judicial review as involving courts in forms of countermajoritarian rights protection, democratic representation and "enlightenment",[1] and developed a constitutional jurisprudence that reflects and advances these ideas.

In this short essay, we assess Barroso's theory and caselaw against the idea of "responsive judicial review" (RJR), a closely related theory of judicial review developed by one of us (Dixon) in a recent monograph. Responsive judicial review is an account of judicial review that seeks to reconcile commitments to strong and active forms of judicial review with commitments to democratic self-government. It starts with the premise that courts can and should play a role in countering three broad sources of democratic dysfunction: democratic blind spots, burdens of inertia and (anti)democratic forms of electoral and institutional monopoly. But it also holds that judicial review can create new risks to democracy – of reverse democratic inertia, democratic backlash and debilitation. The premise of RJR, therefore, is that judicial review should be carefully

---

[1] Luís Roberto Barroso, 'Countermajoritarian, Representative, and Enlightened: The Roles of Constitutional Courts in Democracies' (2019) 67(1) *American Journal of Comparative Law* 109.

calibrated to balancing these competing risks, through a calibrated approach to judicial implications and proportionality analysis. It further suggests that courts should combine elements of "weak" and "strong" judicial review.

How does this compare to Barroso's own vision? In proposing a counter-majoritarian function for courts, Barroso explicitly advocates a role for courts in the protection of electoral and institutional pluralism, or what one of us (with David Landau) has called the "democratic minimum core". He links this to the "protection of the basic rules of the democratic game and of the channels of political participation for all".[2] In arguing for courts' representative role, Barroso likewise contemplates a role for courts in promoting responsiveness to majoritarian "social desires and demands",[3] in ways that resemble the idea of courts helping overcome legislative blind spots and burdens of inertia.[4]

At the same time, Barroso proposes additional functions that involve courts protecting "fundamental rights", which "correspond to the ethical minimum and to a political community's reserve of justice", and notions of the democratic minimum core that involve quite thick understandings of democratic deliberation and rights protection.[5] He likewise suggests that courts have a role to play in promoting "enlightened reason", namely values of "pluralism and tolerance", ensuring that each individual in a society can "live by their own [values] and profess their convictions, limited only by respect for the convictions of others".[6]

These are functions that, except where the text of the constitution clearly authorizes this role, or there is evidence of majority or growing plurality support for these positions, RJR suggests a case for greater judicial restraint.

Overall, therefore, the essay offers an account both of the synergies between Barroso's approach and the idea of RJR, and the potential tensions. Some of these tensions may be reconciled by re-reading Barroso's decisions as more in line with RJR than the idea of ambitious judicial minority rights protection or enlightenment. But another possibility is that the tension remains, in ways that point us to the courage of Barroso's approach – but also remaining questions about how that courage fits within a broader matrix of commitments to democratic self-government in Brazil.

II Barroso's Constitutional Jurisprudence

In his decisions and extra-judicial writing, Barroso endorses three broad roles for the constitutional judiciary: countermajoritarian rights protection, democratic representation and "enlightenment".[7] Thus, Barroso envisages a counter-majoritarian judicial role that involves courts protecting minority rights in quite broad and robust ways that guard against "tyranny of the majority" or "oppression of minorities".[8] He notes the important role courts can play in the "protection of the basic rules of the democratic

---

[2] Ibid 126.
[3] Ibid 129.
[4] Barroso (n 1).
[5] Ibid 125–6.
[6] Ibid 135.
[7] Barroso (n 1).
[8] Ibid 126.

game and of the channels of political participation for all".[9] And he contemplates an "enlightenment" role for courts. This role is not synonymous with the enforcement of enlightenment values of reason and tolerance, but it comes close.

In ADI No. 4,650, Barroso puts it this way:

> [...] There is another competence that Constitutional Courts play - and which, in the Brazilian case, has become important in many situations - which, alongside the countermajoritarian function, is a *representative function*, it is the function of interpreting and seeking to materialize certain desires of society that are paralyzed in the majoritarian political process. Because the majoritarian political process, which is what unfolds in Congress, often encounters impasses, encounters difficulties in producing consensus; It's not just in Brazil, it's all over the world.
>
> And it is for this reason that, in situations involving the protection of minorities, or in situations involving certain impasses that stall history, the intervention of the Federal Supreme Court ends up being indispensable, not countermajoritarian, but *representative*. It is to *make history go on*, when it has stopped. (our emphasis)

Each of these approaches can also be observed in his jurisprudence. Barroso entered the Court during the criminal trial of a corruption scandal known as *Mensalão* against members of the governing coalition (ED AP No. 470). In his first participation as a constitutional judge, he made a case for political reform, alerting to an "incapacity of institutional politics to vocalize the desires of the society" and pointing out a number of flaws in the political system that gave prominence to the role of money and vested interests. Thus, the then-newly-seated Justice argued that the "criminalization of politics" was not enough and that criminal persecution against corrupt elected officials had to be complemented with legal reforms.

Following this point of departure, sitting both at the apex court and the Electoral Superior Court (acronym TSE), Barroso's trajectory involved a leading role in several cases on electoral governance. In an impactful individual provisional decision, Barroso suspended a legislative deliberation arguing that Congress could not sustain the political mandate of an elected official that was imprisoned (MC MS No. 32,326). Before a final decision on the merits, Congress reexamined the matter and decided to reconsider its own decision and extinct the official's mandate, in what Barroso claimed was a "kind of institutional dialogue" that "shows that the relationship between the Legislative Branch and the Supreme Federal Court can be marked by a healthy complementarity" (MS No. 32,326).

Another case signaled his emphasis on the need for political reform; this time driven by the Judiciary. In an action on the constitutionality of private financing of political campaigns (ADI No. 4,650), while not the rapporteur, he presented an influential opinion that argues for the necessity to "recover the functionality and representativeness of the Legislative Branch," in what sounded like a representation-enforcement thesis. But then, he assumes that eliminating the undue influence of money in politics is a task for the Judiciary, claiming that "the model itself needs to be transformed and that it is up to the Federal Supreme Court *to push history in this direction*" (our emphasis).

---

[9] Ibid.

Other important cases on electoral governance show less interventive takes. In ADI No. 5,081, Justice Barroso reported a case on the constitutionality of a party-switching practice by elected officials, making a distinction between proportional (federal and state representatives) and majoritarian (president, state governors, federal senators) offices. While the latter had to follow the Supreme Court precedent, Barroso decided that expanding the constitutional argument for majoritarian offices would be detrimental to popular sovereignty. The more deferential take followed a thorough argumentation on the multiple dysfunctionalities of the Brazilian electoral system.

In a more classic vein of judicial review, Barroso also has a central role in cases that protect minorities' fundamental rights and liberties. In a symbolic case (HC 124,306), the Justice rendered a decision to prohibit the imprisonment of a woman that had an abortion in the first trimester of gestation. Arguing that "practically no democratic and developed country in the world treats the termination of pregnancy during the first trimester as a crime," Barroso made a compelling summarization of the judicial role in preventing the criminalization of women in such circumstances:

> criminalization is incompatible with the following fundamental rights: *the sexual and reproductive rights of women*, who cannot be forced by the State to have an unwanted pregnancy; *the autonomy of women*, who must retain the right to make their existential choices; *the physical and psychological integrity of the pregnant woman*, who is the one who suffers, in her body and psyche, the effects of pregnancy; and *women's equality*, since men do not get pregnant and, therefore, full gender equality depends on respecting women's will in this matter.

Perhaps at no other time did Justice Barroso perform a more decisive constitutional role than during the tragic period of the Covid-19 pandemic. The Supreme Court as a whole acted as an important check on the Executive's omissions that deepened the tragic contours of the pandemic in Brazil. In important cases, Barroso was the rapporteur and set the tone of the judicial branch intervention. A first set of cases addressed more explicitly the problematic interbranch relations with an Executive Office, while a second group of cases dealt more directly with the societal level.

Barroso was the rapporteur of a writ of mandamus filed by two senators (MS No. 37,760) to force the hand of Congressional leadership to set up an investigative committee on the federal government's role in addressing the Covid-19 crisis. The case involved a requirement filed before the Presidency of the House of Representatives compliant with the three prerequisites set forth by Article 58 of the Constitution. The claim was that there was no room for political discretion on whether to set up the investigative committee immediately or not since it involved a constitutional right of the parliamentarian minority.

Barroso's decision to grant the injunction took as its core argumentative effort solid legal grounds, citing previous decisions and doctrine that establish the fulfillment of constitutional procedural requirements as sufficient conditions for the mandatory set up of an investigative committee. Additionally, Barroso affirmed that the decision was given within a global context of democratic recession, reaffirming "the role of Supreme Courts in protecting democracy and fundamental rights as an essential act of democratic resistance." The emphasis on this contextual observation reinforces the role of the Court in granting the minority the right to perform its investigative task on the government's role, assuming that judicial intervention was necessary to put the Constitution beyond any circumstantial political interests to the contrary.

The protection of minorities did not restrict itself to the institutional level of interbranch conflict. In a second set of cases, the judicial interventions delved more deeply into the societal level of vulnerabilities during the pandemic. In a central case reported by Justice Barroso, a number of political parties and a civil society organization for the protection of original peoples filed a constitutional review action (ADPF 709) for specific protection measures. The scope of the injunction rendered by Barroso encompassed the implementation of a situation room to address the issue of original peoples, and the establishment of "sanitary barriers" to protect peoples with less contact with other societies. More importantly, the judicial order forced the Executive Office to develop and present a program that had to be examined and approved by the Court.

Another important constitutional action filed by an opposition political party (ADPF No. 828) against the federal and state governments was assigned to Justice Barroso. The petitioner argued for the protection of the right to housing and healthcare of vulnerable people in the context of the pandemic. On June 3rd, 2021, Barroso granted an urgent injunction for the immediate suspension of any proceedings for the eviction of vulnerable populations and collective occupations during that sensible period. Here, the argumentation rested on the necessary protection of unassisted minorities under grave circumstances, restricting the power of public authorities in promoting further harm to these populations in the grave context of the pandemic.

III Responsive Judicial Review and Its Relatives

How does this compare to the idea of "responsive judicial review" (RJR)? In a responsive theory of judicial review, courts play an important role in protecting the structural basis for constitutional democracy, or the "democratic minimum core". The minimum core consists in three broad institutional ideas or arrangements: a commitment to (i) regular free and fair, multiparty elections, (ii) the protection of core political rights and freedoms, and (iii) a set of institutional checks and balances capable of maintaining the other parts of this system. And while there may be disagreement at the margins of what these ideas entail, there is little scope for reasonable disagreement as to their relationship to democratic forms of government: they reflect an overlapping consensus among all reasonably democratic theories, and an overlap in practice in the extant practices of existing constitutional democracies.

Hence, the premise of *RJR* is that – even given a concern about democracy and reasonable disagreement – courts should seek to protect the minimum core as part of the exercise of their constitutional functions. They can only realistically do so where they have the independence, political and legal support, and remedies necessary to do so. Otherwise, they risk engaging in judicial review that, at best, is ineffective, and at worst actively undermines commitments to constitutional democracy.[10] But where

---

[10] Rosalind Dixon, *Responsive Judicial Review: Democracy and Dysfunction in the Modern Age* (Oxford University Press, 2023) ('*RJR*'). See also, Rosalind Dixon and David Landau, 'Abusive Judicial Review: Abusive Borrowing

these conditions are met, the idea of RJR is that courts should seek actively to counter any risk of electoral and institutional monopoly, as and when it arises.

Barroso endorses a similar role for courts in the context of what he calls a court's counter-majoritarian role, noting the important role courts can play in the "protection of the basic rules of the democratic game and of the channels of political participation for all".[11]

But what about a broader role for courts in protecting minority rights, or promoting a judge's preferred vision of constitutional morality? Barroso envisages a counter-majoritarian judicial role that involves courts protecting minority rights in quite broad and robust ways that guard against "tyranny of the majority" or "oppression of minorities".[12]

The premise of RJR is that courts can and do routinely help promote a reconciliation between minority rights claims and democratic majoritarian attitudes – by helping overcome democratic blockages in the form of "blind spots" and "burdens of inertia".

Legislative blind spots can arise in a range of circumstances, even in the most well-functioning democracies: the limited time available to legislators, and ordinary forms of "bounded rationality" on their part, can lead them to have *blind spots of application* as to the full range of ways in which legislation may adversely affect rights and other constitutional norms. The limited expertise of legislators in a given area may lead them to overlook possible means of accommodating rights, or other interests, at minimal or no cost to the relevant legislative objective, thereby causing them to suffer from *blind spots of accommodation*. And they may have limited life experiences, and means of connecting with a more diverse range of voters, which cause them to suffer from *blind spots of perspective*.

Democratic burdens of inertia can arise in two broad circumstances; when limits on time and legislative capacity mean that issues simply do not make it to the top of the legislative agenda ('priority- driven inertia'), or internal political party dynamics are such that all major parties have an incentive to keep an issue off the agenda ('coalition-driven inertia'). Dysfunctional parties and politics- and especially public choice or interest group dynamics – can make both these problems worse. But they can also arise in well-functioning democracies: legislative time and capacity constraints are inevitable in any democratic system. And a key premise of RJR is that political parties – and their commitment to debate, contestation and long-term interest in their own reputation, and survival of the democratic system – are a core part of a well-functioning constitutional democracy.[13]

Courts, however, are well placed to counter the effects of both blind spots and burdens of inertia – simply be hearing a case, which can help draw broader media and public attention to an issue, or interpreting laws so as to promote greater attention to or accommodation of constitutional guarantees. By exercising the power of judicial review – or the power to invalidate or read in language into legislation – some courts

---

by and of Constitutional Courts' in Rosalind Dixon and David Landau (eds), *Abusive Constitutional Borrowing: Legal Globalization and the Subversion of Liberal Democracy* (Oxford University Press, 2021).

[11] Barroso (n 1) 126.
[12] Ibid.
[13] Dixon, *RJR* (n 10). See also Rosalind Dixon and David Landau, 'Constitutional End Games: Making Presidential Term Limits Stick' (2020) 71(2) *Hastings Law Journal* 359.

can also directly help counter various forms of legislative inertia. And the idea of RJR is that this function should be a core part of what courts seek to do, in the exercise of open-ended constructional choices.

This also accords with Barroso's notion of courts representative function: like RJR, Barroso notes that "representative bodies may not reflect the will of the majority", and hence that "a judicial decision that contradicts an act of congress may not be countermajoritarian" but rather "counterlegislative, countercongressional, or counterparliamentary".[14] And while there is nothing structural to guarantee that courts will adopt this kind of pro-majoritarian, representative role, there is significant evidence that they do in fact do so, in ways that can be seen to enhance the functioning of democracy.[15]

An important difference between RJR and Barroso's theory of counter-majoritarian rights protection, however, is the emphasis it places on reasonable disagreement about the scope and meaning of minority rights protections.

In construing a written constitution, judges must start with the language of the relevant document. This is essential part of the idea of a *constitutional* or rule of law democracy. And sometimes, this may also lead to clear answers to a constitutional question. Often, however, constitutional language will be indeterminate in its scope or meaning in ways that call for an exercise of *constructional choice* by judges. Constructional choice of this kind can be informed by a range of other legal sources or modalities, including the history and structure of a constitution, or given constitutional provision, and prior case law or jurisprudence in a country. It may also be informed by attention to the general principles or values embodied in these broader structures and decisions.[16] This is the essence of what one of us (Dixon) and others have called a "functionalist" approach to constitutional interpretation.[17]

But again, even this broader list of constitutional modalities will often "run out" or fail to provide determinate answers to questions of constitutional construction – including about the scope and meaning of relevant constitutional values, and how they are to be interpreted or *balanced* in particular concrete contexts.

For instance, the text and history of a constitution may make clear that there is a strong commitment to protecting rights to individual dignity, equality and autonomy, including the values of equal concern and respect, and anti-subordination that lie behind these rights. But it may still be unclear how those ideas are to apply to concrete issues or cases, such as those involving access to abortion, same-sex marriage, or the constitutionality of affirmative action measures. The idea of human dignity clearly supports access to a range of reproductive rights, including rights of access to abortion, but it can also be construed to support limits on these rights designed to protect the

---

[14] Barroso (n 1) 130.
[15] Ibid.
[16] Rosalind Dixon, 'Functionalism and Australian Constitutional Values' in Rosalind Dixon (ed), *Australian Constitutional Values* (Hart Publishing, 2018) 3 ('Functionalism'). For how this is similar to but also differs from Dworkinian notions of "fit", see Jonathan Crowe, 'Functions, Context and Constitutional Values' in Rosalind Dixon (ed), *Australian Constitutional Values* (Hart Publishing, 2018) 61.
[17] Dixon, 'Functionalism' (n 16). Cf Aharon Barak, *Purposive Interpretation in Law* (Princeton University Press, 2005).

dignity of fetal life.[18] The idea of equality and dignity for all supports access to marriage for opposite and same-sex couples, and transgender individuals, but some opponents of LBTQI marriage claim it undermines the dignity of their own marriages, as they understand them. Programs that aim to overcome historical disadvantage, and provide access to opportunity for historically marginalized groups, are arguably not just consistent with notions of substantive equality. They are required by them.[19] But those excluded as a result of affirmative action programs may also claim that these programs impose an unfair burden on their own equality of opportunity, or a sense of dignitarian harm.

Further, scholars such as Jeremy Waldron have argued that disagreement about these questions is both legally and morally reasonable, given individuals' diverse life experiences, and freedom to make up their own minds on these questions. Against this background, Waldron and other political constitutionalists argue, there is also a clear tension between judicial review and commitments to democracy: the most principled way to resolve moral disagreements, among free and equal citizens, is to adopt a principle of majority rule. This is the approach that most closely approximates an ideal of equality among citizens in the process of self-government. And the difficulty with courts is that they do not generally operate according to this logic of majoritarian decision-making.

As noted above, one answer to this concern is that in fact courts can and do promote majoritarian outcomes in a range of cases – including by forcing legal change to recognize evolving majoritarian understandings of constitutional rights. David Strauss called this the "modernizing" function of judicial review. Barroso has called it the "representation function", and RJR highlights the role of courts in overcoming "blind spots" and "burdens of inertia".

But RJR also takes seriously the idea of protecting and promoting commitments to freedom, dignity and equality, especially where those ideas are reflected in the text of a written constitution. But it suggests that courts should take reasonable disagreement – and hence the scope for reverse democratic inertia – seriously in this context; and be sensitive to concerns about democratic backlash and debilitation. This also implies a more limited role in protecting minority rights not supported by a democratic majority, namely a role based in an express constitutional mandate or else a concern to prevent animus as the basis for democratic majority decision-making.

Barroso likewise contemplates an "enlightenment" role for courts. This is not synonymous with the enforcement of enlightenment values of reason and toleration, but it comes close. And RJR, in this context, seeks to adopt an account that is sufficiently pluralist that it can appeal to judges and lawyers from a broad range of Western and non-Western traditions. It also emphasizes the scope for reasonable disagreement about these kinds of values, and in light of this the need for judges to take a relatively restrained role in enforcing their preferred vision of constitutional morality.

Like Alexander Bickel, it contemplates that judges may seek to advance their preferred constitutional vision in some limited circumstances, where there is no clear

---

[18] See Bundesverfassungsgericht [German Constitutional Court], 1 BvF 1/74, 25 February 1975 reported in (1975) 39 BVerfGE 1; Bundesverfassungsgericht [German Constitutional Court], 2 BvF 2/90 28 May 1993 reported in (1993) 88 BVerfGE 203; Rosalind Dixon and Martha Craven Nussbaum, 'Abortion, Dignity and a Capabilities Approach' (Public Law and Legal Theory Working Paper No 345, University of Chicago Law School, 2011).

[19] See discussion in *Minister of Finance v Van Heerden* [2004] 6 SA 121, [135]–[157] (Sachs J) (Constitutional Court).

majority position on an issue.[20] Here, the hope is that vision will in time come to command majority support, and the premise is that if it does not, there are adequate mechanisms for overriding or limiting the effect of a court decision. But it rejects a broader form of judicial values-enforcement – in part because of a concern about democratic backlash and reverse inertia.

What does this suggest for Barroso's jurisprudence? It suggests strong support for electoral cases as instances of the Court protecting the democratic minimum core. It supports the Court's role in various COVID cases as examples of a court countering potential blind spots of perspective and accommodation. The dramatic omission of officials in charge of policy-making toward indigenous peoples' healthcare during the pandemic is an exemplar case. The Court's intervention led by Barroso's opinion was a response to recurring missteps by Bolsonaro's government. The neglect of these populations generated very low levels of vaccination,[21] the prolonged absence of specific policies,[22] and even a claim of genocide by a NGO before international courts.[23] Even a law passed in 2021 by Congress to protect original peoples in face of the pandemic had 16 provisions vetoed by the Executive Office[24]. And it provides clear support for the Court's role in a range of areas involving minority rights protection, including cases governing access to abortion.

But here it also suggests a potential note of caution: decisions such as the abortion case on HC No. 124,306 are strongly grounded in express guarantees of dignity, equality and security of the person in the Constitution of Brazil. But the concrete meaning of these guarantees is both the subject of disagreement in Brazil,[25] and open to reasonable disagreement. In this context, RJR would also suggest a focus for courts on representation-reinforcement, or countering democratic burdens of inertia. It would reject an overly strong minority rights or enlightenment approach, as potentially ignoring the fact of reasonable disagreement, and hence the risks of reverse democratic inertia and democratic backlash.

---

[20] Alexander M Bickel, *The Least Dangerous Branch: The Supreme Court at the Bar of Politics* (Bobbs-Merrill, 1962).

[21] See Diego Junqueira and Isabel Harari, 'Governo Bolsonaro Vacinou Contra Covid Apenas 44% dos Indígenas', *Fol De S.Paulo* (online, 10 December 2021) <https://www1.folha.uol.com.br/equilibrioesaude/2021/12/governo-bolsonaro-vacinou-apenas-44-dos-indigenas-contra-covid-19-apos-10-meses.shtml>.

[22] A specific committee to address the impact on indigenous populations was created more than two years after the beginning of the pandemic, in January 2022. See: 'Após quase 2 anos, Bolsonaro cria comitê anticovid para povos indígenas', *UOL* (online, 11 January 2022) <https://noticias.uol.com.br/saude/ultimas-noticias/redacao/2022/01/11/apos-2-anos-bolsonaro-cria-comite-anticovid-para-povos-indigenas.htm>.

[23] On the case brought by an entity for the protection of indigenous peoples before Hague, see: Naiara Galarraga Gortázar, 'Bolsonaro é denunciado por genocídio em Haia, em processo guiado por advogado indígena', *El País* (online, 9 August 2021) <https://brasil.elpais.com/brasil/2021-08-09/bolsonaro-e-denunciado-por-genocidio-em-haia-em-processo-guiado-por-advogado-indigena.html>.

[24] In an unusual move, Congress voted to deny the presidential vetoes to the Bill of Law No.1,142 of 2020. See: Da Redação, 'Congresso derruba vetos de Bolsonaro à lei que protege indígenas na pandemia' *Senado Notícias* (online, 19 August 2020) <https://www12.senado.leg.br/noticias/materias/2020/08/19/congresso-derruba-vetos-de-bolsonaro-a-lei-que-protege-indigenas-na-pandemia>.

[25] Fernanda Nunes and Francisco Ricci, 'A opinião pública e o futuro do aborto na América Latina', *Pindograma* (online, 31 January 2021) <https://pindograma.com.br/2021/01/31/aborto.html>; Isabella Menon, 'Datafolha: Cai parcela da população que quer proibir aborto em qualquer caso', *Folha De S.Paulo* (online, 3 June 2022) <https://www1.folha.uol.com.br/cotidiano/2022/06/datafolha-cai-parcela-da-populacao-que-quer-proibir-aborto-em-qualquer-caso.shtml>.

The Court, in HC No 124, 306 also took exactly this approach: it granted narrow relief to abortion clinic owners being investigated for a breach of the criminal law, and avoided any broader question of legal access to abortion. The decision also involved concrete rather than abstract review, and was decided by a panel rather than full bench of the Court. Barroso's theory of enlightenment, however, might suggest a broader approach, whereas RJR would suggest the need for a more cautious, incremental and representation-reinforcing approach in this area.

IV Conclusion

Barroso is a leading contributor to constitutional decision-making in Brazil, and has offered a unique theorization of that role – as advancing three broad functions. Two of those are also consistent with the idea of RJR: the protection of the *democratic minimum core*, and countering of democratic blockages, such as legislative blind spots and burdens of inertia, which may otherwise impair the realization of both minority rights and majoritarian constitutional understandings. In this sense, Barroso also offers a vision of judicial review that is at once ambitious, pragmatic and democracy-sensitive. As we show in part II, decisions in this vein have also made a significant contribution to enhancing the resilience and performance of Brazilian democracy in recent years.

Yet at times, Barroso suggests a broader enlightenment function for courts, which may raise greater democratic questions or challenges. Few of his actual decisions ultimately call to be justified on these grounds; and hence almost all are democratically and constitutionally defensible. But to the extent that Barroso's writing suggest scope for a broader, more ambitious role for the Supreme Court, that idea should be assessed with caution.

A role of this kind may be justifiable in some cases, especially given the connection between meaningful political participation and economic empowerment and dignity for all Brazilians. But it is also a role that should be assessed with caution. And that is the actual legacy of Barroso's time on the bench, but not necessarily his framing of that legacy.

In "reading" Barroso, therefore, it is important to emphasize both what he says and what he has done. Doing so is the only way to achieve a true synthesis between concerns for minority rights protection and political change, and a deep commitment to democratic decision-making at all levels in Brazil.

Informação bibliográfica deste texto, conforme a NBR 6023:2018 da Associação Brasileira de Normas Técnicas (ABNT):

BOGÉA, Daniel; DIXON, Rosalind. Barroso and Responsive Judicial Review. In: OSORIO, Aline; MELLO, Patrícia Perrone Campos; BARROSO, Luna van Brussel (Coord.). *Direitos e democracia*: 10 anos do Ministro Luís Roberto Barroso no STF. Belo Horizonte: Fórum, 2023. p. 213-222. ISBN 978-65-5518-555-3.

PUBLIC LAW AND PUBLIC JUDGING

SAMUEL ISSACHAROFF

The customary tributes to a leading jurist generally entail an examination of his or her great opinions, of the jurisprudential background of the approach taken to resolving the difficult questions of the day, and of the difficult balance of wisdom and decisiveness that defines the judicial role. Looking at the craft of Justice Barroso from afar, it is difficult for a non-Brazilian to engage fully the difficult questions of particular cases taken from a fraught national setting. It would be easier to engage the more academic or philosophical summaries of the role of the judge, and indeed, Justice Barroso and I have profited from engaging these issues in print previously.

I fear, however, that the standard form of tribute misses the mark of the role of the constitutional judge in a time of democratic retreat. The issue of our day for constitutional courts, or apex tribunals of any structure, is the complicated relationship between the constitutional order and the sustained capacity for democratic governance.

Consider the summary analysis of the *Democracy Report 2023*, published yearly by the Swedish V-Dem Institute. Drawing comparisons over fixed data points for year-over-year changes, the report concludes, "[a]dvances in global levels of democracy made over the last 35 years have been wiped out". That means that the "level of democracy enjoyed by the average global citizen in 2022 is down to 1986 levels".[1] This point cannot be overstated. One may quibble with methodology, of course. But applied consistently over time, the data point to a retrocession to a period when South Africa was still under apartheid, when the Soviet empire was still intact, and when Brazil was only a year into civilian government, Argentina only a few years more, and when Augusto Pinochet still ruled Chile. The democracy that stood triumphant at the new millennium certainly yields no current sense of historical inevitability. The stand-out characteristic of our time is that democracy stands in deep peril in country after country.

The current perils place a new and difficult challenge for constitutional judges. With only a little hindsight, we can identify three basic periods of judicial response to the problem of new (and increasingly older) democracies. In the immediate period of

---

[1] V-Dem Institute, Democracy Report 2023: Defiance In The Face Of Autocratization, at 6, available at /https://v-dem.net/documents/29/V-dem_democracyreport2023_lowres.pdf.

democratic restoration, Samuel Huntington's "third wave" of democratization,[2] the challenge for the newly formed powerful courts was holding at bay the restorationist forces of the old autocracies, be they Soviet allies or the former military dictators. To a large measure, the image was still of tanks in the street and illegal detention centers. For this, the language of human rights could well capture the need to restore citizen dignity to the social order.

As civilian government consolidated, a more difficult set of issues presented themselves. The promise of a new social order severely taxed the political capabilities of the new democracies. Whether addressing land redistribution in South Africa, or rights to health care in Latin America, or drought relief in India, courts were forced to balance the social services needs of precarious populations against the limited capacities of the states to deliver needed relief. Here the courts confronted a new domain of social rights litigation that challenged institutional capabilities not because of the presence of powerful state actors but because of the frailty of the political institutions in nascent democracies. To a large measure, the courts were filling gaps left by the political liabilities of nascent democratic states, coupled with the perennial problems of the capture of state resources by well-positioned special interests.

Of late, and the dating may begin with the post-2008 financial crisis and the accelerated disintegration of historic institutions in the face of the social media mobilization of the population, courts confront a very different type of democratic pathology. In this latest phase, democratic state weakness may be exploited by increasingly authoritarian elected strongmen. Fragile state institutions face capture not from without as with the need to resist military overthrow, nor from internal breakdown as with the inability to muster the political will to confront citizen needs, but from being overtaken from within by those elected to hold power. Here the major threat is that the duly elected executive will take an otherwise legitimate democratic result and undermine the institutional foundations on which it rests. The challenge to apex courts in this era is to protect democracy as against the duly elected heads of state. It is an odd pairing of our era that the unelected branch of government must assume the role of protector of democratic governance against elected officials. No one would claim this to be the first best world, but life is a constant swirl of second-best options.

Two relatively recent articles by Justice Barroso present the most lucid of accounts of a judiciary having to navigate the tortuous channels for successful judicial intervention on behalf of challenged democracies. The first, on the countermajoritrian obligation to address the risk of captured political institutions,[3] remains the most sophisticated argument for why courts not only may but must engage fraught questions of social benefits. This article bears the sweeping subtitle of *The Role of Constitutional Courts in Democracies*, and provides a forceful account of how courts may address the failures of compromised democratic institutions to meet the popular demands for social benefits. The second, *Populism, Authoritarianism, and Institutional Resistance*, written only three

---

[2] Samuel P. Huntington, The Third Wave: Democratization in the Late Twentieth Century, 2 J. of Democracy 12 (1991).

[3] Luís Roberto Barroso, Counter-Majoritarian, Representative and Enlightened: The Roles of Constitutional Courts in Democracies, 67 Am. J. Comp. L. 109 (2019).

years later, presents a world not of democratic opportunity but of bunkered democratic institutions holding out against the new wave of populist authoritarianism.[4] What unites the two accounts is the sense of the judiciary as an independent institutional actor on a basis far broader than the mere resolution of individual cases. But, by contrast with the earlier affirmative obligation to ensure that democracies fulfilled their end of the social contract, the picture is much bleaker. On the modern telling, in the era of a Trump in the U.S. or a Bolsonaro in Brazil, the judicial mission becomes protective rather than transformative.

In the first of these articles, Justice Barroso boldly staked out a position that the expanded sphere of judicial engagements weakened any claim to a strong line between law and politics and left the judiciary in need to engage "extrajudicial factors" in performing their functions.[5] Instead, "[j]udicialization is the process whereby some of the great political, moral, and social issues of our time unfold some of their crucial chapters before the courts".[6] The fear was not that the courts would overly insert themselves politically, but rather that the customary judicial reticence when confronting the political branches would yield valuable space to the manifest disabilities of democratic politics. Even so, on this account, the presumptive legitimacy of democratic politics through the public's ability to participate in the selection of their leaders had to confront the "(i) failures of the electoral and party system, (ii) party minorities that function as "veto players", obstructing the prevailing will of the parliamentary majority, and (iii) the eventual trapping by special interests".[7] The consequence, for Barroso is a "democratic deficit of political representation", in turn serving as an invitation for judges to assert a vision of the public good "not subject to the short-term volatilities of electoral politics".[8] For advocates of this expansive vision of judicial capabilities, including not only Barroso but the German theorist Robert Alexy, constitutional judging becomes a form of popular representation above and beyond electoral politics.[9]

Of course, this account of the judicial role was far from uncontroversial. Some critics went so far as to claim it violated the rule of law by substituting judicial fiat for orderly democratic processes.[10] I also expressed skepticism about the likelihood that the judiciary could long assert this role, or that the judicial intervention in social issues such as health care would likely produce the desired results.[11] Here again, Justice Barroso engaged the debates at the highest level. He argued in one dissent for example, that courts should abandon the simple approach of determining whether there was a "right" to a prohibitively expensive medication. Instead, courts should draw in state regulators who had failed to perform their customary administrative functions and,

---

[4] Luís Roberto Barroso, Populism, Authoritarianism, and Institutional Resistance, 57 Tex. Int'l L. J. 259 (2022).
[5] 67 Am. J. Comp. L. at 124.
[6] Id. at 142.
[7] Id. at 129.
[8] Id.
[9] Robert Alexy, Balancing, Constitutional Review, and Representation, 3 Int'l J. Constit. L. 572, 578 (2005).
[10] Thomas Bustamante, Emílio Peluso Neder Meyer, Evanilda De Godoi Bustamante, Luís Roberto Barroso's Theory of Constitutional Adjudication: A Philosophical Reply, 69 Am. J. Comp. L. 798 (2022).
[11] See Samuel Issacharoff, Judicial Review in Troubled Times: Stabilizing Democracy in a Second-Best World, 98 North Carolina L. Rev. 1 (2019).

under the watchful eye of the judiciary, force state officials to provide reasons in terms of the efficacy of alternative medications, the availability of lower cost substitutes, and a range of other considerations that might channel the judicial rights inquiry into the more traditional pathways of cost-benefit regulatory oversight.[12] More central to this inquiry, however, is the second approach offered by Justice Barroso. Rather than rushing to implement a remedy under the broad mantle of rights jurisprudence, Barroso urges courts to draw in state regulators, including experts from the public health system, to focus government attention on the health issues before the courts. This approach follows a focus on court intervention to "open up public institutions that have chronically failed to meet their obligations and that are substantially insulated from the normal processes of political accountability.[13]

The aim here is not to relive the debates over the institutional capacity of the judiciary in Latin America or elsewhere to take on the difficult questions of social rights in societies still riven by vast inequalities. Rather it is to signal the importance of political accountability in defining the exercise of judicial authority. This is not political accountability in the crass sense of measuring the degrees of countermajoritarian freedom a court may claim before running afoul of the power of the political branches. Rather it is the accountability of the judiciary for the success of the democratic political enterprise. Only a few years back that may have appeared centrally in ensuring that the most politically vulnerable were not forgotten. Today it is ensuring the ongoing viability of democratic politics as a way of organizing state power. We have moved very far from the Kelsenian formulations of constitutional courts, or from last century's Hart-Fuller debates about the ultimate sources of law.

As one would expect from such a shrewd observer, the more recent writings of Justice Barroso look to constitutional law not so much as the guarantees that a liberal society must offer but as the fundamental restraints on the exercise of power. In his insightful look at *The Rise of Authoritarian Populism*, Barroso presents a vital yet strikingly more constrained assessment of the constitutional project as focused on the "rule of law, limited power, and respect for fundamental rights".[14] Not only is the constitutional dimension more protective, but so is the role of apex courts as reflecting the need of democracies to "reserve a portion of political power for a body whose members are not elected, but that derives its legitimacy from technical competence and impartiality".[15]

Whereas the earlier work on *The Roles of Constitutional Roles in Democracies* focused on the public choice and other impediments to the realization of the popular will in electoral regimes, the tone and urgency in the new work on *Populism* reveals a different concern. The classic public choice insight turns on the ability of discrete and dedicated minorities to outfox the passive and internally divided majorities for the spoils of a representative system. By contrast, under populism "the process of democratic subversion took place at the hands of presidents and prime ministers initially elected by popular

---

[12] See paras. 3-4 of Barroso's opinion in STF, RE No. 566471 RN.
[13] See Charles F. Sabel & William H. Simon, Destabilization Rights: How Public Law Litigation Succeeds, 117 Harv. L. Rev. 1016, 1020 (2004).
[14] 57 Tex. Int'l L. J. at 260.
[15] Id.

vote".[16] Put another way, democracies are most vulnerable to interest group pressures in the legislative arena, where agenda setting and other tools of cycling preferences can dictate outcomes. But the modern populist era has seen a dramatic shift of power to the executive branch, rule by decree, and the claims of the rights of pure majorities to exercise unadulterated power. Moreover, the current antiliberal regimes have learned to pursue their agenda consistent with the letter of the law, if not the spirit, such that an increasingly autocratic regime emerges in which "each brick is individually placed without any clear direct violation of the constitutional order".[17]

Why the change in focus in only three years between the two articles? The answer is transparently obvious. There is no escaping that 2019 was the year that Jair Bolsonaro assumed office and Brazil had to face the clearest challenge to maintaining a democracy since the end of the military dictatorship. The challenge of the day was not so much fulfilling the upside social obligations of a democracy, but preserving the core commitment to rotation in office and limited government. The times change and so do the demands upon a constitutional court. The attacks against institutional restraints were ever-present, particularly as the 2022 presidential election loomed, and at the forefront of the populist assault was the judiciary.

As with the resistance to Trump in the U.S., Brazil's institutions largely closed ranks against a threatened insurrection should Bolsonaro be defeated, as indeed he was. But hindsight should not blind one to the precariousness of democratic institutions when power is contested. Constitutional courts necessarily become players in what Barroso aptly terms "the Game of Power".[18]

Two issues immediately come to the fore. First, the modern caudillos of the Bolsonaro sort are elected through democratic processes. That is a great source of strength in being able to claim popular approbation as the choice of the people. It is also a source of weakness if the same population votes out the populist leaders, exacting retribution for malevolence, corruption, poor administration, or all of the above. That leads to the second issue, the persistent confrontation of the elected caudillos with the electoral processes that put them in power and might one day remove them. Once in office it seems almost mandatory for the new heads of state to try to dismantle the independent administration of election Whether in Mexico or Poland or Brazil or the U.S., the claim is always that of fraud, conspiracies, a deep state retaliation or some local variant of the same. But the upshot is a demand to take control of the electoral mechanism and integrate it into a subordinated state apparatus. As political scientist Nadia Urbinati writes, populists in power "treat procedures and political cultures as a matter of property and possession".[19]

Thus, both Trump and Bolsonaro took aim at the electoral process and the claim of likely fraud to deprive them of victory in 2020 and 2022, respectively. In each case, malevolent charges were brought against the ability of election officials to resist the entreaties of malign forces seeking to deny the "people" their legitimate electoral due.

---

[16] Id. at 262.
[17] Id. at 263.
[18] Id. at 284.
[19] Nadia Urbinati, Me the People: How Populism Transforms Democracy 12 (2019).

In both cases, the incumbent lost, and in each case there was violence directed against the institutions of state, particularly the formal processes of ratification of the election results and orderly transfer of power. The January 6, 2021 assault on the U.S. Congress showed little sign of broad organization and was limited to trying to stop the largely symbolic formalization of the results of the Electoral College tabulations.

In the U.S., as I describe more fully in my recent *Democracy Unmoored*,[20] the preexisting local election institutions largely held their ground against the repeated claims of fraud. The judiciary could afford to play a relatively passive role in reviewing one after another lawsuit that charged that voting results were corrupted by acts as far-fetched as the undetected depositing of thousands or additional ballots, to the importation of fake Chinese ballots (to be detected by traces of bamboo in the paper fibers), to electronic commands from the Italian air force that would switch the levers on voting machines from Trump to Biden. Courts were able to process these suits in the ordinary workings of the legal system with demands for evidentiary proof, which was never forthcoming.

But what would have happened if the U.S. institutions had not held? The U.S. relies on bipartisan local election administration in which both sides understand that what goes around, comes around. Trumps efforts to exploit the partisan divide in election administration failed in critical states like Michigan and Arizona, and most spectacularly in Georgia where his demand that the Secretary of State "find" thousands of extra votes was recorded and now serves as the basis for a grand jury criminal investigation. When the institutions basically hold, the ordinary functions of judicial oversight of administrative processes are sufficient to sort out fact from political fantasy. Fortunately nothing further was required in 2020. Whether that remains the case in 2024 is far from certain.

By contrast, and from afar, the Brazilian assault on January 8, 2023 on the three symbols of government in Brasilia – the Congress, the presidential palace, and the Supreme Judicial Tribunal – was more coordinated, more violent, and exposed potential fractures in the institutions securing the government. Bolsonaro had courted the military throughout his tenure in office, going so far as to praise the dictatorship in order to indict all of democracy. The January 8 riots revealed at least a reluctance on the part of local military officials to rally to the defense of the democratic order. And yet, despite the rampage against the Brasilia institutions, the rebellion was put down relatively quickly and order restored.

This account is far too limited to give meaning to the "game of power" demands on the judiciary. Brazil entrusts the judiciary with special administrative and review powers for the electoral system. In particular, the Superior Electoral Court is comprised of designated judges drawn from the two highest courts who rotate through this exceptional tribunal, and who also serve as the executive and administrative overseers of the entire national electoral system. In the run-up to the 2022 presidential election, Justice Barroso served as the President of this Tribunal, which in effect made him the CEO of the national election system. Moreover, again in parallel fashion to the Trump

---

[20] Samuel Issacharoff, Democracy Unmoored: Populism and The Corruption of Popular Sovereignty (2023).

assault on voting integrity in the U.S., Bolsonaro fastened upon the mechanics of voting to claim that there was inherent fraud in the system – despite being the same system that in place when he was initially elected.

The particularly Brazilian aspect of this now-familiar saga is that Brazil had gone over to all-electronic voting, something designed to limit the risk of human intervention into the counting process, and thereby reduce the risk or error or fraud. In the campaign period, President Bolsonaro claimed that the electronic voting system had been tampered with and was a source of fraud, and that the tampering was aimed at ensuring that he would be defeated. The stage was set, as it had in the U.S. prior to the 2020 election, for supporters to be mobilized in opposition to putative electoral fraud. In the periods preceding and following the presidential election of 2022, the Electoral Court invited Brazil's military to inspect the country's voting machinery for evidence of fraud, tampering, or security weaknesses. The reports of the military overseers found no evidence or fraud or tampering, and gave no ammunition to those attempting to overturn the elections by other means.

There is simply nothing in the many jurisprudential debates over the role of constitutional courts that can anticipate this shrewd move. Allowing the military to serve as the backstop for the stability of the core democratic function of voting and tabulating the ballots both helped dispel conspiratorial claims of malfeasance, and brought Bolsonaro's hoped for ally is assailing democracy into the democratic establishment. In an era of democratic insecurity, courts become part of the institutional structure that both can firm up democracy and then become a focal point of attack.

From afar, it was disheartening to see the attack on all the centers of governance on January 8, including the Supreme Federal Court, and including even the very hall where I have had the privilege of speaking at the invitation of Justice Barroso. But democracy held and there was a successful transfer of power from the defeated incumbent to the challenger. Brazil's institutions held in a moment of existential conflict. In no small measure, a pivotal role was played by the judiciary overall, and by Justice Barroso in particular. The demands of public order in our era demand public judging in the service of maintaining democracy. There is no more thoughtful steward of this important service than Justice Barroso.

Informação bibliográfica deste texto, conforme a NBR 6023:2018 da Associação Brasileira de Normas Técnicas (ABNT):

ISSACHAROFF, Samuel. Public Law and Public Judging. In: OSORIO, Aline; MELLO, Patrícia Perrone Campos; BARROSO, Luna van Brussel (Coord.). *Direitos e democracia*: 10 anos do Ministro Luís Roberto Barroso no STF. Belo Horizonte: Fórum, 2023. p. 223-229. ISBN 978-65-5518-555-3.

II.2 ACADÊMICOS(AS) NACIONAIS

HATE SPEECH E POLARIZAÇÃO AFETIVA: QUANDO O ÓDIO SE TORNA ILEGAL?

ADEMAR BORGES

Nota introdutória sobre o homenageado e o tema: a liberdade de expressão na obra do Ministro Luís Roberto Barroso

A vida acadêmica e profissional do Ministro Luís Roberto Barroso pode ser caracterizada como uma espécie de tradução ou de síntese dos principais desenvolvimentos do direito constitucional brasileiro. A atribuição de efetividade à Constituição de 88, a ampliação da força normativa dos seus princípios e a difusão de novas metodologias de argumentação foram algumas das suas mais notáveis contribuições para o novo direito constitucional brasileiro. Ao completar dez anos como juiz constitucional, e às vésperas de se tornar presidente da Corte, o Ministro Luís Roberto Barroso produziu um legado de enorme importância para a defesa de direitos fundamentais de grupos vulnerabilizados e para a proteção do regime democrático. As grandes questões do direito constitucional brasileiro têm sido objeto de atenção do Ministro Luís Roberto Barroso há mais de três décadas. A variedade de temas objeto desta obra – idealizada em boa hora pelas professoras Patrícia Perrone, Aline Osorio e Luna Van Brussel Barroso – é prova do longo alcance da obra do Ministro Luís Roberto Barroso e da sua essencialidade para o estágio atual de maior sofisticação da teoria constitucional e da jurisdição constitucional brasileiras.

Ao buscar um tema para a elaboração deste ensaio dedicado ao ciclo de justas homenagens pela comemoração do decênio do Ministro Luís Roberto Barroso no STF, resolvi dialogar com uma das suas principais preocupações científicas atuais: os desafios contemporâneos da liberdade de expressão. Não há dúvida de que a produção acadêmica e jurisprudencial do Ministro Luís Roberto Barroso iluminou o caminho da crescente valorização da liberdade de expressão no Brasil e contribuiu para alguns dos principais avanços no combate à cultura censória que desde muito longe marcou a vida nacional.

No campo doutrinário, o Ministro Luís Roberto Barroso produziu diversos artigos científicos sobre o direito fundamental à liberdade de expressão, sua trajetória histórica e seus principais desafios práticos na realidade brasileira.[1] Em seu conjunto, esses trabalhos, além de promoverem uma verdadeira reorganização dogmática do tema no direito constitucional brasileiro, demonstram a destacada importância que o Ministro Luís Roberto Barroso emprestou à liberdade de expressão no contexto da sua vasta produção acadêmica. Tal como ocorreu em tantas outras áreas do direito público no Brasil, esses trabalhos acadêmicos repercutiram de maneira decisiva em quase todos os trabalhos científicos relevantes que abordaram a questão da liberdade de expressão nas últimas duas décadas. Prova disso é a importância que os textos sobre liberdade de expressão do Ministro Luís Roberto Barroso tiveram na obra de professores e alunos da Escola de Direito Constitucional da UERJ – *e.g.*, Daniel Sarmento,[2] Gustavo Binenbojm,[3] Aline Osorio,[4] Luna Barroso[5] e na minha própria tese de doutorado por ele orientada.[6]

Em suas decisões e votos no STF, o Ministro Luís Roberto Barroso se notabilizou pelo reconhecimento de que a liberdade de expressão merece proteção especialmente reforçada em nossa ordem jurídica. Nesse sentido, vale a menção aos votos históricos por ele proferidos no julgamento da ADI nº 5.970, em que ficou vencido ao defender a inconstitucionalidade da interpretação segundo a qual os showmícios gratuitos estavam proibidos pela lei eleitoral;[7] e no julgamento da ADI nº 4.851, em que se afirmou a inconstitucionalidade da vedação à publicação de biografias sem a anuência do biografado. Nesse último voto, o Ministro Luís Roberto Barroso enfatizou que, embora não se revista de caráter absoluto, a liberdade de expressão desfruta de uma posição preferencial em nosso sistema constitucional, quando em tensão com outros princípio e valores.[8]

---

[1] BARROSO, Luís Roberto. Liberdade de expressão, censura e controle da programação de televisão na Constituição de 1988. *Revista dos Tribunais*, v. 90, n. 790, p. 129-152, ago. 2001; BARROSO, Luís Roberto. Colisão entre liberdade de expressão e direitos da personalidade: critérios de ponderação: interpretação constitucionalmente adequada do código civil e da lei de imprensa. *Revista de Direito Administrativo – RDA*, n. 235, p. 1-36, jan./mar. 2004; BARROSO, Luís Roberto. Liberdade de expressão e limitação a direitos fundamentais. Ilegitimidade de restrições à publicidade de refrigerantes e sucos. *Revista de Direito Público da Economia*, v. n. 7, p. 109-141, jul./set. 2004; BARROSO, Luís Roberto. Liberdade de expressão versus direitos da personalidade: colisão de direitos fundamentais e critérios de ponderação. *In*: BARROSO, Luís Roberto. *Temas de direito constitucional*. 2. ed. Rio de Janeiro: Renovar, 2006. v. 3. p. 79-129; BARROSO, Luís Roberto. Constituição. Liberdade de expressão e classificação indicativa. Invalidade da imposição de horários para a exibição de programas televisivos. *Revista de Direito do Estado – RDE*, n. 11, p. 337-370, jul./set. 2008; BARROSO, Luís Roberto. Da caverna à internet: evolução e desafios da liberdade de expressão. *Publicum*, v. 6, n. 1, p. 1-12, 2020.

[2] SARMENTO, Daniel. A liberdade de expressão e o problema do hate speech. *Revista de Direito do Estado – RDE*, n. 4, p. 53-105, out./dez. 2006; SARMENTO, Daniel. Liberdade de expressão, pluralismo e o papel promocional do Estado. *Revista Latino-Americana de Estudos Constitucionais*, n. 17, p. 391-434, jul. 2015.

[3] BINENBOJM, Gustavo. Autobiografias e heterobiografias: liberdade de expressão, pluralismo e direito à informação. *Revista Brasileira de Direito Público – RBDP*, v. 12, n. 45, p. 21-32, abr./jun. 2014.

[4] OSORIO, Aline. *Direito eleitoral e liberdade de expressão*. Belo Horizonte: Fórum, 2022; OSORIO, Aline. Liberdade de expressão e democracia: nos trinta anos da Constituição de 1988. *In*: FUX, Luiz; MELLO, Fernando Pessôa da Silveira; BODART, Bruno (Coord.). *A Constituição da República segundo ministros, juízes auxiliares e assessores do STF*. Salvador: JusPodivm, 2019. p. 483-512.

[5] BARROSO, Luna van Brussel. *Liberdade de expressão e democracia na era digital*: o impacto das mídias sociais no mundo contemporâneo. Belo Horizonte: Fórum, 2022.

[6] SOUSA FILHO, Ademar Borges de. *O controle de constitucionalidade de leis penais no Brasil*: graus de deferência ao legislador, parâmetros materiais e técnicas de decisão. Belo Horizonte: Fórum, 2019.

[7] STF. ADI nº 5.970. Rel. Min. Dias Toffoli, Tribunal Pleno. *DJe*, 8 mar. 2022.

[8] Nas palavras do Ministro Luís Roberto Barroso, "embora não haja hierarquia entre direitos fundamentais, tais liberdades possuem uma posição preferencial (preferred position), o que significa dizer que seu afastamento é excepcional, e o ônus argumentativo é de quem sustenta o direito oposto. Consequentemente, deve haver forte

A contribuição do Ministro Luís Roberto Barroso para essa "virada" da Corte, que passou a assumir legítimo papel de protagonismo na tutela da liberdade de expressão, foi muito além dos seus votos históricos que tornaram concreto o caráter preferencial dessa indispensável liberdade fundamental. Foi do Ministro Barroso o voto condutor de um dos mais importantes precedentes acerca do cabimento de reclamação constitucional por violação à decisão tomada pelo STF no julgamento da ADPF nº 130 como o objetivo de fazer frente "à rotineira providência de juízes e tribunais no sentido de proibirem ou suspenderem a divulgação de notícias e opiniões, num 'ativismo antiliberal' que precisa ser contido".[9]

De fato, em um país onde ainda são numerosos os episódios de censura à imprensa – praticada, inclusive, pelo Poder Judiciário –, é comum chegarem à Corte reclamações em face de ordens judiciais que impuseram restrições desarrazoadas às liberdades comunicativas, utilizando-se, como acórdão paradigma, do precedente firmado pelo STF no âmbito da ADPF nº 130, que julgou inconstitucional a Lei de Imprensa elaborada durante a ditadura militar. A rigor, nesses casos, não há identidade perfeita entre a decisão reclamada – proferida em outro contexto fático e normativo – e o julgado referente à ADPF nº 130, mas, como bem salientou o Ministro Luís Roberto Barroso, o direito em jogo é tão importante para o ordenamento constitucional brasileiro que a Suprema Corte entende por bem não seguir à risca o requisito de aderência estrita para fins de cabimento de reclamação.[10] Essa postura mais deferente ao cabimento de reclamação constitucional, nas palavras do Ministro Luís Roberto Barroso, é indicativa "da relevância da liberdade de expressão e da liberdade de imprensa para o sistema constitucional, na medida em que constituem pré-condições para o exercício de outros direitos e liberdades, bem como para o adequado funcionamento do processo democrático". Afinal, "[a] liberdade de expressão ainda não se tornou uma ideia suficientemente enraizada na cultura do Poder Judiciário de uma maneira geral".[11]

Mais recentemente, e sem perder de vista a necessidade de expurgar a cultura censória da vida nacional, o Ministro Luís Roberto Barroso fez um registro contundente acerca do fato de que as novas tecnologias criadas com a Revolução Digital têm contribuído para a difusão do ódio, da mentira deliberada, da desinformação, de teorias conspiratórias e de campanhas de destruição de reputações.[12] Na visão do Ministro Luís Roberto Barroso, "o desafio atual é o de preservar a integridade da livre manifestação do pensamento em face das ameaças do mundo digital; sem, contudo, interferir irrazoavelmente no seu exercício".[13] É precisamente nesse contexto bem delineado pelo Ministro Luís Roberto Barroso – em que a liberdade de expressão tem sido exercida de maneira abusiva para colocar em risco o regime democrático e os

---

suspeição e necessidade de escrutínio rigoroso de todas as medidas restritivas de liberdade de expressão" (STF. Rcl nº 22.328-MC. Rel. Min. Roberto Barroso. *DJe*, 26 nov. 2015).

[9] STF. Rcl nº 22.328. Rel. Min. Roberto Barroso, 1ª Turma. *DJe*, 10 maio 2018 (grifos nossos).

[10] Cf., *e.g.*, Rcl nº 31.130-AgR. Rel. Min. Alexandre de Moraes, 1ª Turma. Red. p/ ac. Min. Roberto Barroso. *DJe*, 17 dez. 2020.

[11] STF. Rcl nº 22.328. Rel. Min. Roberto Barroso, 1ª Turma. *DJe*, 10 maio 2018 (grifos nossos).

[12] BARROSO, Luís Roberto. Liberdade de expressão, imprensa e mídias sociais: jurisprudência, direito comparado e novos desafios. *Revista Jurídica da Presidência*, Brasília, v. 25, n. 135, jan./abr. 2023. p. 20-48.

[13] BARROSO, Luís Roberto. Liberdade de expressão, imprensa e mídias sociais: jurisprudência, direito comparado e novos desafios. *Revista Jurídica da Presidência*, Brasília, v. 25, n. 135, jan./abr. 2023. p. 41.

direitos fundamentais – que surge o debate sobre se a categoria do *hate speech* deve ou não ser empregada para lidar com novos fenômenos como o partidismo e a extrema polarização afetiva. O tema foi enfrentado pelo próprio Ministro Luís Roberto Barroso no TSE[14] e expõe uma nova fronteira do inadiável desafio de equilibrar a liberdade de expressão com o regime democrático e as liberdades comunicativas de grupos minoritários. Daí a pertinência de desenvolvê-lo neste ensaio em homenagem aos dez anos do Ministro Luís Roberto Barroso no STF e no ensejo de reconhecer, ao lado de tantos outros colegas que por ele foram decisivamente influenciados em suas vidas profissionais e acadêmicas, a sua grandiosa contribuição para a construção de um direito constitucional mais democrático e justo no nosso país.

1 Delimitação do tema: o desafio atual da discriminação baseada em identidades políticas

Existe um consenso praticamente universal em relação à importância da liberdade de expressão nos sistemas políticos democráticos. A livre manifestação e comunicação do pensamento, assim como o fluxo desimpedido de informações e opiniões, tem sido reconhecida como condição indispensável de praticamente todas as formas de liberdade e como um pressuposto central das sociedades políticas abertas, pluralistas e democráticas. Apesar do extenso reconhecimento de uma posição preferencial da liberdade de expressão nas democracias, a comunidade internacional tem excluído do âmbito de proteção desse direito algumas formas particularmente abusivas de discurso, como a incitação pública e direta ao genocídio, a propaganda de guerra, a apologia ao ódio que incita a violência e a pornografia infantil. O *discurso de ódio* é uma das mais conhecidas exceções a essa proteção reforçada de que goza a liberdade de expressão em boa parte dos regimes democráticos. Embora não haja uniformidade no tratamento do tema nos mais diversos quadrantes – o conceito de *discurso de ódio* tem diferentes amplitudes e chega a ser quase incondicionalmente admitido nos EUA –, é majoritária no mundo democrático a visão de que essa forma abusiva de manifestação não é protegida pela liberdade de expressão.

No âmbito da proteção internacional de direitos humanos, as tentativas de delimitar o alcance do discurso de ódio vão desde proibições mais restritivas de discursos que consubstanciem *incitação à violência* (Convenção Americana de Direitos Humanos, art. 13.5) até vedações mais amplas, que proíbem *qualquer apologia do ódio* que constitua *incitação à discriminação, à hostilidade ou à violência* (Pacto Internacional sobre Direitos Civis e Políticos – PIDCP, art. 20). Em ambos, contudo, os grupos protegidos contra discursos de ódio são os *grupos nacionais, raciais e religiosos*. A proteção internacional mais abrangente contra as mais diversas formas de discriminação é encontrada no art. 26 do PIDCP, que define que a lei deverá proibir

> qualquer forma de discriminação e garantir a todas as pessoas proteção igual e eficaz contra qualquer discriminação por motivo de raça, cor, sexo, língua, religião, opinião política ou

---

[14] Tribunal Superior Eleitoral. Recurso Especial Eleitoral nº 060007223. Rel. Min. Luís Roberto Barroso. Rel. designado Min. Tarcísio Vieira de Carvalho Neto. *DJe*, 10 set. 2021.

de outra natureza, origem nacional ou social, situação econômica, nascimento ou qualquer outra situação.

O PIDCP é o único tratado internacional que menciona, especificamente, a proibição de discriminação baseada na *opinião política*. Essa dimensão específica do âmbito de proteção da norma convencional não recebeu, até aqui, maior atenção da doutrina ou da jurisprudência nem no âmbito doméstico nem no sistema internacional de proteção de direitos humanos. O aumento da desconfiança e da hostilidade em relação às identidades políticas adversárias – conhecido como partidismo – é um fenômeno que se reproduz nas democracias constitucionais contemporâneas, e que começou a se tornar mais visível no Brasil nos últimos anos. Nesse contexto, surgiram propostas teóricas que defendem a inclusão dessa particular manifestação de polarização afetiva – o partidismo – na tradicional categoria do discurso de ódio com o objetivo de coibir a discriminação baseada na identidade política. Depois de apresentar uma síntese da compreensão dessas categorias, defendo, em linha com a postura adotada pelo Ministro Luís Roberto Barroso, que o discurso de ódio não se mostra apropriado para responder aos desafios da polarização afetiva.

O presente ensaio destina-se a responder a uma inquietante pergunta que ressoa na atual conjuntura: *a tradicional dogmática desenvolvida para coibir o discurso de ódio pode ser validamente empregada para responder às novas modalidades de discriminação baseada em identidades políticas?* Para responder a essa pergunta, estruturei este ensaio em três partes. *Na primeira*, procurarei apresentar o atual estado da arte sobre a tese da *polarização afetiva* e as preocupações mais recentes com o crescimento do chamado *partidismo*. *Na segunda*, tentarei demonstrar as razões pelas quais alguns autores têm defendido a necessidade de transpor para o campo da *polarização afetiva* as restrições à liberdade de expressão construídas para coibir o *discurso de ódio*. *Na terceira e última parte*, apresentarei uma conclusão sobre o problema que rejeita a adoção da fórmula do *hate speech* para lidar com o *partidismo* e a *polarização afetiva* e propõe uma solução minimalista para proibir apenas algumas formas mais danosas de *discriminação com base na opinião política*.

2   A polarização afetiva e o fenômeno do partidismo

A tese da *polarização afetiva* é bastante recente e só ganhou seus contornos teóricos atuais – a partir de sólido referencial empírico – há pouco mais de dez anos. Para chegar até aqui, vale a pena fazer um pequeno resumo da trajetória histórica dessas ideias. O livro *Guerras culturais*,[15] que tentava explicar a polarização da sociedade norte-americana a partir da divisão em torno dos temas morais, inaugurou o tratamento do tema. A partir de então, sua tese principal passou a ser desafiada por uma série de investigações apoiadas em pesquisas de opinião. De maneira bastante simplificada, as pesquisas mais recentes sobre o tema chegaram a uma conclusão (hoje amplamente aceita) de que a antiga forma de investigar esse fenômeno da polarização, a partir de escalas de opinião acerca de determinadas políticas públicas e questões morais, não se mostrava adequada para descrever a realidade contemporânea. O estado da arte sobre o tema mostra que as

---

[15]   HUNTER, James Davison. *Culture Wars*: The Struggle to Define America. New York: Basic Books, 1991.

pesquisas sobre polarização deixaram de enfatizar as divisões baseadas em diferenças de pontos de vista sobre políticas públicas e se concentraram, mais e mais, no estudo das identidades políticas.[16] Essa importante virada metodológica pode ser descrita pela progressiva desvalorização das tentativas de identificar e quantificar o fenômeno da polarização com base nas opiniões políticas e pela correspondente valorização de um parâmetro ligado exclusiva ou majoritariamente às identidades políticas.[17]

Não é nova a ideia de que as dinâmicas de grupo influenciam decisivamente o modo como as pessoas tendem a forjar suas identidades. Mas só recentemente essa tradição foi recuperada para explicar o fenômeno da polarização contemporânea, conhecida nos últimos anos como polarização afetiva. Aplicada ao campo da política, essa categoria tem sido útil para mostrar que as identidades políticas são efetivamente a chave de leitura para entender o modo como a polarização é construída nas democracias contemporâneas. Ou seja, o que move a polarização é a dinâmica de grupo ou a sensação de pertencimento a determinado agrupamento político, avaliando positivamente as pessoas que dele também fazem parte e desenvolvendo uma hostilidade em relação ao grupo adversário. A polarização é, portanto, resultado, primordialmente, da carga afetiva associada a identidades políticas.[18]

É grande o número de evidências empíricas de que, nos últimos anos, têm crescido não só o grau de avaliação positiva das pessoas que integram a mesma identidade política, mas também a intensidade da hostilidade em relação ao grupo opositor.[19] A gravidade com que esse sentimento de hostilidade tem se enraizado nos grupos em oposição levou muitos autores a identificar uma espécie de negação global da validade da identidade política contrária. Uma das formas mais conhecidas de ilustrar essa realidade consiste em identificar um percentual elevado de pessoas que se sentiriam infelizes, contrariadas ou até ofendidas pelo fato de um filho ou uma filha se casar com alguém que possui uma identidade política contrária à sua. Tanto no Brasil como nos EUA, por exemplo, cerca de um terço dos eleitores se sentiriam infelizes ou muito infelizes caso tivessem um filho ou filha casado com um membro do grupo adversário.[20] Outras experiências

---

[16] Até então, a polarização política estava baseada em resultados estatísticos sobre se as opiniões se concentravam em polos ou não. Cf., a esse respeito, DIMAGGIO, Paul; EVANS, John; BRYSON, Bethany. Have Americans' social attitudes become more polarized? *American Journal of Sociology*, v. 102, n. 3, p. 690-755, 1996.

[17] Cf., nesse sentido, IYENGAR, S.; SOOD, G.; LELKES, Y. Affect, not ideology social identity perspective on polarization. *Public Opinion Quarterly*, Oxford, v. 76, n. 3, p. 405-431, 2012.

[18] O argumento foi demonstrado em seminal trabalho de MASON, Lilliana. *Uncivil Agreement*: How Politics Became Our Identity. Chicago: University of Chicago Press, 2018. Antes disso, aliás, a mesma autora publicou artigo que estabeleceu um novo marco metodológico nos estudos sobre polarização: MASON, Lilliana. 'I Disrespectfully Agree': The Differential Effects of Partisan Sorting on Social and Issue Polarization. *American Journal of Political Science*, v. 59, n. 1, p. 128-145, 2015.

[19] Embora menor do que pesquisas realizadas durante o ciclo eleitoral puderam captar, a mais recente pesquisa sobre o tema da polarização política no Brasil concluiu que "[q]uando olhamos para a relação entre identidades e opiniões, encontramos alinhamento entre as opiniões sobre temas morais e as identidades de esquerda e direita, embora esse alinhamento não seja crescente (polarização enquanto processo). Finalmente, em 2017, encontramos polarização afetiva na correlação da identidade esquerda/direita com a escala gostar/desgostar de identidades adversárias no subgrupo das pessoas engajadas. Essa polarização afetiva existe para as identidades de comunista, petista e apoiador do regime militar" (ORTELLADO, Pablo; RIBEIRO, Marcio Moretto; ZEINE, Leonardo. Existe polarização política no Brasil?: análise das evidências em duas séries de pesquisas de opinião. *Opinião Pública*, Campinas, v. 28, n. 1, p. 62-91, 2022).

[20] A esse respeito, recente pesquisa realizada em 2022 indicou que "1 a cada 3 eleitores de Bolsonaro ou Lula se sentiriam infelizes ou muito infelizes caso tivessem filho ou filha casado com um membro do grupo adversário,

mostram que, nos EUA, uma parcela também crescente da população está disposta a abandonar o critério do merecimento acadêmico ou profissional em função justamente da identidade política de um candidato a um posto de trabalho ou a uma vaga para uma bolsa de estudos.[21]

Esse quadro de intensificação da animosidade e da desconfiança em relação à identidade política oposta é particularmente importante por vários motivos. *Primeiro*, porque o fenômeno da *polarização afetiva* – fundada nas identidades políticas – é muito mais forte do que a mera *polarização política*.[22] A diferença de opiniões sobre questões morais ou sobre políticas públicas não conduzia, geralmente, à radicalização das divisões sociais e, tampouco, necessariamente, à efetiva discriminação ou exclusão das pessoas com opiniões contrárias em situações cotidianas como a escolha de um candidato para um emprego ou uma bolsa de estudos. Já a polarização afetiva tem se mostrado suficientemente forte tanto para provocar fraturas irreparáveis nas dinâmicas familiares e nos ciclos de amizades como também para influenciar decisivamente uma série de decisões alocativas na esfera pública.[23]

Segundo, porque, embora esses fenômenos da polarização afetiva e da polarização política sejam relativamente autônomos, eles têm se fundido com grande sucesso nos últimos anos. Isso porque a criação de identidades políticas cada vez mais intensas – associada à crescente ojeriza à identidade política oposta – tem feito com que as pessoas façam opções sobre as políticas públicas baseadas primariamente na prévia definição da sua identidade política. As dificuldades tradicionais que as pessoas enfrentavam para consolidar opiniões políticas com identidades políticas têm cedido a uma impressionante *superposição* das principais decisões sobre temas morais e políticas públicas, bem como à formação de *identidades políticas cada vez mais homogêneas*.[24] É o que se convencionou chamar de *corroboração de identidades políticas* que estão passando por um processo de alinhamento e de reforço mútuo, produzindo, assim, uma intensificação da polarização política. Esse fenômeno mostra que quanto mais bem definida é a identidade política mais ela é responsável pela tomada de decisões.[25]

---

sendo que esse número é maior entre os eleitores de Lula do que de Bolsonaro: 43% entre lulistas, contra 28%. Para que se tenha referência de comparação, estamos tão polarizados afetivamente quanto estão os norte-americanos, onde 38% dos Republicanos e Democratas se sentiriam infelizes com o casamento de seus filhos com alguém do grupo rival" (Disponível em: https://oglobo.globo.com/blogs/pulso/post/2022/07/felipe-nunes-a-polarizacao-da-intolerancia.ghtml. Acesso em: 7 abr. 2023).

[21] SUNSTEIN, Cass R. Partyism (December 14, 2014). *University of Chicago Legal Forum*, Forthcoming. Disponível em: https://ssrn.com/abstract=2536084. Acesso em: 5 out. 2022. Sobre os impactos do partidismo no mercado de trabalho, cf. GIFT, Karen; GIFT, Thomas. Does politics influence hiring? Evidence from a randomized experiment. *Political Behavior*, v. 37, p. 653-75, 2015.

[22] Sobre essa diferença entre divisão ideológica e polarização afetiva, cf. IYENGAR, S.; SOOD, G.; LELKES, Y. Affect, not ideology social identity perspective on polarization. *Public Opinion Quarterly*, Oxford, v. 76, n. 3, p. 405-431, 2012.

[23] Para um contexto geral dos efeitos nas relações políticas e pessoais desse fenômeno, cf. DRUCKMAN, James N.; LEVY, Jeremy. Chapter 18: Affective polarization in the American public. *In*: RUDOLPH, Thomas J. (Ed.). *Handbook on Politics and Public Opinion*. Cheltenham, UK: Edward Elgar Publishing, 2022. p. 257-270.

[24] Cf., a esse respeito, MASON, Lilliana. Ideologues without issues: the polarizing consequences of ideological identities. *Public Opinion Quarterly*, v. 82, Special Issue, p. 280-301, 2018.

[25] Essa dinâmica tem sido estudada também sob o rótulo do identitarismo, entendido como "uma prática em que a performance individual de um repertório fechado de ideias, shibboleths, palavras de ordem, referências, preferências estéticas, figuras de admiração e repulsa, etc. diante de um público de pares é mais importante para definir um perfil militante que a atuação em espaços coletivos. Essa transformação, estimulada pela hipervisibilidade de

Tudo isso, vale lembrar, tem resultado não apenas em um reforço à própria identidade – com a valorização ou a avaliação positiva de quem compartilha essa identidade –, mas também em um grave processo de *rechaço* e *hostilidade* em relação à *identidade política adversária*.[26] Isso quer dizer que esse senso de identidade político-partidária – que, em grau moderado, era visto como um fator positivo para organizar a representação democrática – se desenvolveu em uma medida tão intensa a ponto de constituir uma forma de preconceito ou de discriminação interpessoal.

A partir dessa percepção de que as preferências ligadas a identidades políticas têm produzido uma reação afetiva forte o suficiente para se equiparar a antigas formas de discriminação, Cass Sunstein cunhou, em 2014, uma expressão para denominar esse tipo de preconceito relacionado à adesão a partidos políticos nos EUA: "partidismo é uma forma de hostilidade e preconceito que opera através de linhas políticas". Como sustentou Sunstein, "a ideia central é que pela mera identificação com um partido político, uma pessoa torna-se hostil ao partido político oposto e disposta a acreditar que os seus membros têm uma série de características ruins".[27] Esse crescimento do *partidismo* está diretamente associado a uma radicalização dos sentimentos de hostilidade e até mesmo de ódio em relação àqueles que compartilham da identidade política oposta. Como afirmou Sunstein, ao menos nos EUA, preferências raciais eram superadas quando um dos candidatos era claramente melhor do que o outro, ao passo que as preferências partidárias levavam as pessoas a escolher um candidato claramente inferior.

A preocupação central do trabalho de Sunstein era a exasperação do sistema bipartidário que produziria um crescente aprofundamento das diferenças de identidades políticas, o que estava levando à perda de razoabilidade, de cooperação entre adversários e até mesmo de algum tipo de reserva social de prudência e pragmatismo. Outros trabalhos mais recentes, contudo, têm enfatizado outros tipos de dano provocados pelo *partidismo* e pela exasperação dessa *polarização afetiva*. São efeitos negativos que estão relacionados à promoção de discursos negativos com características de *aviltamento* ou de simples *negação* de pessoas externas ao grupo, bem como o comprometimento das condições de manutenção de um sistema democrático *pluripartidário*.[28] É precisamente nesse contexto em que começam a surgir as primeiras propostas de aproximação entre a categoria do discurso de ódio e da polarização afetiva. Os motivos dessa aproximação serão resumidos, a seguir, na segunda parte deste trabalho.

---

uma visa social cada mais midiatizada, valoriza a afirmação abstrata de princípios acima do desenvolvimento da capacidade de aplicar esses princípios ao mundo [...]" (NUNES, Rodrigo. *Do transe à vertigem*: ensaios sobre bolsonarismo e um mundo em transição. São Paulo: Ubu Editora, 2022. p. 131).

[26] No Brasil, esse fenômeno tem sido assim dimensionado: "o que agora sabemos sobre a polarização no Brasil confirma, em grande medida, nossas expectativas iniciais: 1) há um aumento da polarização, mas é uma polarização predominantemente afetiva e mais intensa em relação aos candidatos; 2) embora já se observe alguns indícios em 2014, essa polarização afetiva só adquire contornos mais claros em 2018; 3) na dimensão simbólica da ideologia, não há claros indícios de polarização, mas sim de um crescimento e radicalização da direita. Nesse sentido, temos, no máximo, um estágio inicial de polarização ideológica; 4) na dimensão operacional da ideologia, embora os brasileiros estejam mais divididos hoje em relação a assuntos públicos, isso não assume a forma de clivagem partidária" (FUKS, Mario; MARQUES, Pedro Henrique. Polarização e contexto: medindo e explicando a polarização política no Brasil. *Opinião Pública*, Campinas, v. 28, n. 3, p. 560-593, 2022).

[27] SUNSTEIN, Cass R. Partyism (December 14, 2014). *University of Chicago Legal Forum*, Forthcoming. Disponível em: https://ssrn.com/abstract=2536084. Acesso em: 5 out. 2022.

[28] Cf., por todos, WESTWOOD, Sean J. *et al*. The tie that divides: Cross-national evidence of the primacy of partyism. *European Journal of Political Research*, v. 57, p. 333-354, 2018.

3 Aproximações entre discurso de ódio e partidismo

Como antecipei na seção anterior, parece importante identificar as razões pelas quais alguns autores têm defendido a necessidade de transpor para o campo da *polarização afetiva* as restrições à liberdade de expressão construídas para coibir o *discurso de ódio*. Essa aproximação entre as duas categorias está baseada, fundamentalmente, em três argumentos.

Em primeiro lugar, como visto, o *partidismo* está primordialmente baseado na *profunda hostilidade* contra um grupo de pessoas pelo simples fato de compartilharem determinada *identidade política*. Nos últimos anos, foi se tornando cada vez mais clara a progressiva *irrelevância* das diferenças de pontos de vista sobre *políticas públicas* ou *questões morais*. Estas são cada vez mais secundárias em face da prevalência de uma *ligação identitária* que se constitui como mera *extensão afetiva*.[29] Essa polarização baseada em critérios afetivos tem sido responsável, também de maneira crescente, pelo real emprego de *práticas discriminatórias* em espaços públicos e privados.[30] Decisões relevantes da vida social passam a ser orientadas *preferencialmente* pela *visão negativa e hostil* em relação a pessoas pelo simples fato de possuírem *identidade política* considerada adversária. Exatamente por isso há quem enxergue uma semelhança entre o preconceito de origem político-partidária e o preconceito de origem religiosa: "a preferência político-partidária envolve, sobretudo, a formação de um grupo identitário, fruto de uma polarização afetiva, tal qual um grupo religioso".[31] Para quem pensa dessa forma, não é por acaso que o Pacto Internacional de Direitos Civis e Políticos coloca ao lado da discriminação por motivo de raça, cor, sexo, língua, religião, origem nacional ou social, a discriminação motivada pela *opinião política* (arts. 2º e 26).

De acordo com essa perspectiva, há duas características principais do *partidismo* que o aproximam do *discurso de ódio*: (i) a adoção de *práticas discriminatórias* em atividades corriqueiras ou cotidianas fundadas em meras *identidades políticas construídas com base em laços afetivos*; e (ii) o *fomento ao ódio contra o opositor político* que passa a ser visto não como um adversário, mas como um *inimigo* a ser eliminado.

Em segundo lugar, defende-se que o *partidismo* está cada vez mais associado a riscos concretos de engajamento em atos de *violência física* ou *psicológica* contra pessoas que partilham da identidade política opositora. Cogita-se, de um lado, que a exposição a manifestações de ódio e desprezo por razões de opinião política – ou motivada exclusivamente pela identidade política – pode abalar a autoestima dos seus destinatários, levá-los a evitar contatos com os não membros do seu grupo identitário e até mesmo buscar esconder suas características identitárias de natureza política para evitar o preconceito e a discriminação. Nessa perspectiva, esse tipo de *dano psicológico*

---

[29] Cf., nesse sentido, FUKS, Mario; MARQUES, Pedro Henrique. Polarização e contexto: medindo e explicando a polarização política no Brasil. *Opinião Pública*, Campinas, v. 28, n. 3, p. 560-593, 2022.

[30] O caráter discriminatório de práticas levadas a efeito em contexto não político, mas baseadas nessa polarização afetiva, foi apontado em diversos trabalhos recentes. Cf., por todos, HUBER, Gregory A.; MALHOTRA, Neil. Political Homophily in Social Relationships: Evidence from Online Dating Behavior. *The Journal of Politics*, v. 79, Issue 1, p. 269-283, 2017.

[31] MARTINS, João Victor Nascimento. *Partidismo, discursos de ódio e liberdade de expressão*. Tese (Doutorado em Direito) – Programa de Pós-Graduação em Direito, Universidade Federal de Minas Gerais, Belo Horizonte, 2019. p. 177.

é semelhante àquele experimentado por quem sofre preconceito e discriminação por motivo religioso ou de origem étnica, por exemplo. Além disso, já não se pode desprezar o *crescente risco* de que as *manifestações discursivas de hostilidade* contra pessoas em função da sua identidade política desencadeiem episódios de *violência física concreta*.

No Brasil, os vários episódios de agressão e até de assassinatos praticados em claro contexto de violência política são prova de que a propaganda de ódio contra identidades políticas específicas pode atingir níveis de radicalização propícios à prática de gravíssimas modalidades de violência física.[32] Nessa medida, a promoção do ódio pode assumir uma ligação mais estreita com formas explícitas ou sub-reptícias de *incitação à violência*, o que, mais uma vez, pode aproximar manifestações extremadas de polarização afetiva do discurso de ódio.

Em terceiro lugar, identificam-se efeitos antidemocráticos mais concretos como resultado de algumas dessas manifestações extremadas de polarização afetiva. Isso porque o crescimento da *hostilidade* e do *preconceito* dirigidos a certas *identidades políticas* tem aptidão para produzir um preocupante *efeito silenciador*.[33] Afinal, manifestações políticas agressivas, realizadas em contexto de defesa de ódio contra opositores, criam um *clima de medo* capaz de *deprimir a participação política* tanto pela *inibição do livre debate de ideias*, como também – em casos mais agudos de polarização afetiva radical – pelo *receio* até mesmo de *exercer o direito de voto*. Argumenta-se, assim, pela utilização da dogmática do discurso de ódio nesse campo da polarização afetiva e do partidismo em razão do fato de que ambos geram um preocupante efeito silenciador, comprometendo o próprio funcionamento da democracia. Isso para não mencionar a circunstância de que a intensificação do partidismo, no Brasil, tem contribuído para a adesão, majoritariamente em um dos polos, a ideias antidemocráticas e a teorias conspiratórias contra o sistema eleitoral.[34]

Feito esse resumo das razões que levam parte da doutrina a defender a inclusão do *partidismo* e da *polarização afetiva* no terreno do *discurso de ódio* – ou, quando menos, a importância da sua dogmática para *coibir a discriminação baseada na identidade política* –, passo a explorar, na terceira e última parte deste ensaio, os motivos que me levam

---

[32] Dados do Observatório da Violência Política e Eleitoral no Brasil mostram um crescimento substancial da violência com motivação política. De acordo com as informações disponíveis, somente em 2022, foram notificados 214 casos de violência contra pessoas com liderança política; desses, 45 teriam sido homicídios (Disponível em: http://giel.uniriotec.br/files/Boletim%20Trimestral%20n.%2010%20-%20Abril-Maio-Junho%202022.pdf. Acesso em: 4 out. 2022).

[33] Além da gravidade dos episódios de violência em si mesmos, não se pode desprezar o *efeito silenciador* que eles projetam sobre parcelas significativas da sociedade brasileira, especialmente os *grupos minoritários* tradicionalmente sujeitos a toda sorte de violência (inclusive estatal). Como alertou uma pesquisa recente sobre violência política no Rio de Janeiro, "[p]ara além das agressões e hostilidades diretamente sofridas por nossas/os entrevistadas/os, a ostensividade da violência no cotidiano da política produz o efeito perverso de articular o medo com a limitação do pleno exercício das atividades da vida pública" (VIOLÊNCIA política na Baixada Fluminense e na Baía da Ilha Grande. *Observatório de Favelas*. p. 70. Disponível em: https://br.boell.org/sites/default/files/2022-09/pesquisa_violencia_politica_baixada_ilha_grande.pdf. Acesso em: 4 out. 2022).

[34] Como demonstrou pesquisa Genial/Quaest de julho de 2022, "[e]mbora em menor número no total de eleitores de Bolsonaro, 59% dos polarizados no campo do presidente dizem que as chances de votar pela reeleição aumentaram após a reunião com os embaixadores na qual as urnas eletrônicas e todo o processo de votação do TSE foram questionados sem fundamento. Somente 8% dos polarizados bolsonaristas disseram que o encontro diminui a intenção de voto e 31% afirmaram que a reunião não faz diferença" (Disponível em: https://oglobo.globo.com/blogs/pulso/post/2022/08/a-polarizacao-dos-afetos-numeros-ineditos-revelam-comportamento-dos-anti-lula-e-anti-bolsonaro.ghtml. Acesso em: 4 out. 2022).

a considerar equivocada essa formulação. Na minha visão, o instrumental construído para lidar com o discurso de ódio não se mostra apropriado para responder aos desafios da polarização afetiva. Além disso, defendo que, salvo circunstâncias excepcionais, as desvantagens que decorrem da restrição à liberdade de expressão para combater o partidismo e a polarização afetiva não sobrepujam os ganhos obtidos com eventual redução de ataques odiosos de caráter discursivo baseados em identidades políticas.

4 Por que o regime jurídico do discurso de ódio não serve para lidar com o partidismo?

Apesar da relevância dos motivos que levam alguns a defender a importação para o campo da *polarização afetiva* das restrições à liberdade de expressão construídas para coibir o *discurso de ódio*, eu considero essa solução equivocada e perigosa. Eu rejeito, portanto, a utilização da fórmula do *hate speech* para lidar com o *partidismo* e a *polarização afetiva*. Mas, antes de chegar a essa conclusão, eu gostaria de abrir um parêntese para contextualizar melhor o ambiente em que esse debate está inserido.

A liberdade de expressão está sob enorme pressão no Brasil. *De um lado*, não superamos a *cultura censória* dos tempos da ditadura. O próprio Poder Judiciário, notadamente nas instâncias ordinárias no âmbito dos Estados, funciona, eventualmente, como canal institucional de reafirmação da censura e da repressão contra as mais variadas formas de expressão. *De outro lado*, surgiu um outro risco que antes estava apenas na periferia da nossa vida social: os discursos autoritários e antidemocráticos tiveram um crescimento extraordinário nos últimos quatro anos e passaram a ameaçar concretamente a estabilidade do pacto constitucional brasileiro.[35]

Como demonstrou de maneira incontestável a intentona de 8.1.2023, os ataques discursivos às instituições democráticas e à própria legitimidade e higidez do processo eleitoral resultaram em uma tentativa de golpe de estado que deu impressionante configuração imagética ao projeto autoritário implementado pelo Governo Bolsonaro. Os perigos do uso abusivo da liberdade de expressão para a supressão de direitos fundamentais básicos e para a erosão do regime democrático deixaram de ser marginais e passaram a frequentar o *mainstream* da vida institucional brasileira. Por outro lado, embora menos relevante no cenário atual, não se pode desprezar a preocupação manifestada por parte da sociedade civil brasileira de que a ampliação das restrições à liberdade de expressão – seja pela via de uma interpretação extensiva da categoria do *hate speech*, seja por meio da simples afirmação de uma nova exceção baseada em uma categoria pouco definida de *discursos antidemocráticos* – possa produzir um resfriamento do debate público e a exclusão de certos pontos de vista (ainda que abjetos ou repugnantes) da esfera pública.

Diante desse contexto – pertinente ao Brasil, mas que também é encontrado em outras partes do mundo –, pode-se questionar, primeiro e de maneira mais geral, se a categoria do *hate speech* pode se prestar a restringir ou proibir a manifestação de pontos de vista particularmente agressivos à dignidade das pessoas e, consequentemente, à

---

[35] Cf., sobre a crise atual da liberdade de expressão no Brasil, OSORIO, Aline. *Direito eleitoral e liberdade de expressão*. Belo Horizonte: Fórum, 2022.

manutenção das condições para a cooperação democrática. A resposta a essa pergunta é inegavelmente positiva. Foi, aliás, exatamente para isso que o conceito de *hate speech* foi criado e desenvolvido nas democracias contemporâneas.[36] Como a história já registrou no passado, os discursos de ódio contra grupos vulneráveis podem efetivamente convencer maiorias. E é exatamente por isso que são proibidos por grande parte dos regimes democráticos.[37] No Brasil, por exemplo, é crime, tipificado no art. 20 da Lei nº 7.716/1989, "praticar, induzir ou incitar a discriminação ou preconceito de raça, cor, etnia, religião ou procedência nacional", punível com reclusão de um a três anos e multa.

Partindo desse consenso de que discursos de ódio devem ser proibidos e seus autores punidos, sempre que a lei autorizar, pelo sistema de justiça criminal, deve-se questionar como devemos delimitar o conteúdo dessa categoria, à luz da necessidade de reafirmar a posição preferencial da liberdade de expressão e, ao mesmo tempo, de proteger suficientemente a dignidade humana e o regime democrático. Penso que é preciso recuperar o núcleo convergente das principais formulações teóricas sobre o *hate speech* para defini-lo como *o uso de palavras deliberadamente insultantes, ameaçadoras ou inferiorizantes dirigidas a membros de minorias vulneráveis, para instigar o ódio contra elas*.[38] O foco na vulnerabilidade de grupos minoritários (em sentido qualitativo, claro) é um caráter distintivo entre o discurso de ódio e outras modalidades de agressão discursiva dirigidas a pessoas específicas ou grupos majoritários não vulnerabilizados que até podem receber algum tipo de reação dos sistemas jurídicos nacionais, mas não ingressam nesse terreno do discurso de ódio em que a proteção à liberdade de expressão não chega.[39]

Sob essa ótica, parece correto afirmar que o discurso de ódio consubstancia um tipo de manifestação comunicativa especialmente agressiva que mina a dignidade dos indivíduos pertencentes a minorias vulneráveis, fragilizando o *status* de membros da sociedade em condições de igualdade. O objetivo do discurso de ódio é negar, a esses

---

[36] Cf., a propósito, SARMENTO, Daniel. *A liberdade de expressão e o problema do hate speech*. Disponível em: http://professor.pucgoias.edu.br/sitedocente/admin/arquivosupload/4888/material/a-liberdade-de-expressao-e-o-problema-do-hate-speech-daniel-sarmento.pdf. Acesso em: 10 nov. 2022.

[37] Sabe-se que a tradição norte-americana, a esse respeito, é bastante diversa e tolera quase todos os tipos de discurso de ódio desde que não demonstrem um risco real e iminente de violência, critério que já foi interpretado de maneira excessivamente restritiva pela Suprema Corte em múltiplas oportunidades. Mesmo nos EUA, que possui uma tradição de proteção quase absoluta da liberdade de expressão, o fato de que discursos de ódio e antidemocráticos transitaram, durante o Governo Trump, da periferia do sistema para o seu centro e produziram uma das mais chocantes tentativas de ruptura democrática da história do país não passou despercebido pela academia e pela crítica em geral. Dificilmente se pode negar, a essa altura, que abusos extremos no uso da liberdade de expressão podem realmente produzir danos gravíssimos ao Estado de direito e à democracia nos EUA. Tanto lá como aqui, o modo como enxergamos a legitimidade de restrições à liberdade de expressão depende do grau ou da intensidade dos riscos que podem resultar dessas modalidades especialmente abusivas do seu exercício.

[38] Essa visão coincide com o conceito proposto por WALDRON, Jeremy. *The harm in hate speech*. Cambridge: Harvard University Press, 2012. p. 16. Em sentido semelhante, a Corte Constitucional da Colômbia definiu o discurso de ódio como uma "mensagem oral, escrita ou simbólica que excede à simples emissão de uma palavra ou opinião e que é dirigido contra pessoas ou grupos que são sistematicamente discriminados e que é capaz de produzir um dano" (Corte Constitucional da Colômbia. Sentencia SU355/19, Sala Plena, Magistrado Ponente Luis Guillermo Guerrero Pérez, 6 ago. 2019). Ainda, o Tribunal Europeu de Direitos Humanos: "el término 'discurso del odio' abarca cualquier forma de expresión que propague, incite, promueva o justifique el odio racial, la xenofobia, el antisemitismo u otras formas de odio basadas en la intolerancia que se manifiestan a través del nacionalismo agresivo y el etnocentrismo, la discriminación y la hostilidad contra las minorías y los inmigrantes o personas de origen inmigrante" (STEDH. Caso Feret c. Belgica, 16, jul. 2009, §44).

[39] A jurisprudência do Tribunal Europeu de Direitos Humanos tem trilhado esse caminho, como mostram as seguintes decisões: STEDH. Caso Otegi Mondragón c. España, 15 mar. 2011 (§54); STEDH. Caso Delfi As c. Estonia, 16 jun. 2015.

grupos minoritários, a garantia implícita de que seus integrantes são respeitados como indivíduos dotados de dignidade e de que podem viver suas vidas em segurança. Essa visão foi defendida pelo Ministro Luís Roberto Barroso em importante voto vencido, por meio do qual defendeu a necessidade de receber denúncia ofertada pela PGR contra o então Deputado Federal e candidato à Presidência Jair Bolsonaro pelo crime de racismo em razão de manifestações preconceituosas – acompanhadas de incitação à violência – em desfavor de homossexuais e quilombolas.[40]

A partir dessa premissa, que demarca o campo do discurso de ódio a partir da identificação da qualidade do grupo atingido (*minorias vulneráveis*) e do método de agressão utilizado (*manifestação discursiva gravemente inferiorizante com aptidão para causar danos psicológicos, medo ou vergonha nas vítimas*), já se pode antecipar o primeiro motivo pelo qual não se deve transpor a proibição de *hate speech* para os fenômenos do partidismo e da polarização afetiva. É que as vítimas dos ataques discursivos baseados em identidades políticas não podem ser categorizadas, geralmente, como pertencentes a *minorias em situação de vulnerabilidade social*. Ao contrário, em geral, a polarização afetiva é um fenômeno que costuma colocar em disputa duas identidades políticas compreensivas e que abrangem, cada uma, parcelas importantes da sociedade. Mesmo em cenários não bipartidários, como no Brasil, a *polarização afetiva* se dá, por exemplo, entre *petistas* e *bolsonaristas*,[41] identidades políticas compartilhadas por grupos que representam, cada um deles, quase um terço dos cidadãos brasileiros.[42] Mas esse argumento numérico não seria suficiente para afastar a qualidade de minorias sub-representadas ou vulnerabilizadas. O mais importante é que os dois grupos são dominantes na esfera política nacional e exercem grande influência nas instituições e nas suas bases sociais. Não há sustentação teórica possível para categorizar qualquer desses grupos como *minorias vulneráveis*.

A literatura tradicional sobre *hate speech* já tem sido alvo de críticas importantes baseadas no argumento de que não se deveria criar um só conceito de discurso de ódio para igualar inúmeras formas de discursos discriminatórios contra grupos minoritários.[43]

---

[40] O Ministro Luís Roberto Barroso afirmou, na ocasião, o seguinte: "E aqui me parece inequivocamente claro um tipo de discurso de ódio que o Direito Constitucional Brasileiro não admite, porque é o ódio contra grupos minoritários, grupos historicamente violentados e grupos historicamente vulneráveis" (Supremo Tribunal Federal. Inq. nº 4.694. Rel. Min. Marco Aurélio, 1ª Turma. *Diário de Justiça Eletrônico*, 31 jul. 2019). O correto enquadramento das falas do ex-parlamentar como *discurso de ódio*, tal como proposto pelo Ministro Luís Roberto Barroso, poderia ter funcionado como substrato teórico para afastar a alegada imunidade parlamentar. Essa é uma tarefa inconclusa da jurisdição constitucional brasileira: delimitar as fronteiras da imunidade material em face de discursos autoritários e das manifestações de *hate speech*.

[41] A rigor, já se demonstrou, com boa base empírica, que petismo e antipetismo funcionavam como as duas principais identidades políticas no país: SAMUELS, David; ZUCCO, Cesar. *Partisans, antipartisans, and nonpartisans*: voting behavior in Brazil. New York: Cambridge University Press, 2018. A realidade pode ter sofrido significativa mudança nos últimos anos, notadamente diante de um aparente alinhamento entre o antipetismo e o movimento político de extrema-direita conhecido como bolsonarismo.

[42] Em abril de 2023, depois do último ciclo eleitoral, esse número diminuiu: 30% dos eleitores se definem como petistas e 22% como bolsonaristas (Disponível em: https://www1.folha.uol.com.br/poder/2023/04/datafolha-30-se-dizem-petistas-e-22-bolsonaristas.shtml. Acesso em: 7 abr. 2023).

[43] Cf., por todos, a crítica de Mary Matsuda a respeito da necessidade de tratar o discurso de ódio baseado em gênero de maneira apartada, tendo em vista a natureza complexa e violenta da subordinação de gênero e da maneira específica com que o sexo opera como critério de opressão (MATSUDA, Mary. Public Response to Racist Speech: considering the victim's story. *Michigan Law Review*, v. 87, p. 2320-2381, Aug. 1989). Formulações semelhantes já foram feitas em favor de minorias raciais e de minorias baseadas na orientação sexual ou na identidade de gênero.

Argumenta-se, a esse respeito, que há problemas relacionados tanto ao reconhecimento de cada grupo vitimizado como também questões estratégicas sobre o modo mais eficaz de responder a cada tipo de discriminação comunicativa. Apesar dessas críticas, pode-se afirmar que a categoria do discurso de ódio – se bem delimitada – desempenha função importante nos sistemas jurídicos nacionais e no sistema internacional de proteção de direitos humanos. Não só porque permite desenvolver um patamar mínimo de tutela de direitos fundamentais básicos para diferentes grupos minoritários – mesmo quando apenas alguns deles são protegidos expressamente por leis específicas contra o discurso de ódio. Mas também porque possibilita a discussão sobre os critérios de legitimidade exigidos para a incidência dessa forte e excepcional restrição à liberdade de expressão.

Contudo, não se pode perder de vista que uma ampliação demasiada do âmbito de incidência do *hate speech* levaria à sua completa disfuncionalidade. Essa categoria só pode exercer eficazmente a função de tutelar formas específicas (e particularmente graves) de discursos inferiorizantes que produzem danos a grupos sociais subalternizados, se não estiver mobilizada para combater fenômenos de divisão social tão abrangentes que simplesmente caracterizem um estado geral de fragmentação e polarização sociais. O arsenal teórico desenvolvido para dar substância e especial significado jurídico ao instrumental do *hate speech* (incluindo, a partir da tutela penal) só deve ser mobilizado para a proteção de minorias vulneráveis e não como instrumento de uma batalha travada entre dois grupos majoritários. É especialmente preocupante, nesse sentido, que a banalização da categoria do *hate speech* – além de profundamente ineficaz para lidar com os desafios contemporâneos da polarização afetiva – produza uma fragilização mais ampla da sua própria validade como mecanismo de proteção de minorias historicamente vitimizadas por graves e discriminatórios ataques discursivos.

Embora o partidismo e a polarização afetiva que o acompanha se expressem na sociedade por meio de atos concretos de discriminação e exclusão, não se pode afirmar que o critério de discriminação por eles veiculados importe em *subalternidade de grupos minoritários vulnerabilizados socialmente, nem* que as estratégias de difusão de hostilidade contra determinadas identidades políticas produzam uma *barreira grave à participação das pessoas que delas compartilham na vida social e política*. Isso não significa que o partidismo e a polarização afetiva sejam fenômenos que devem ser tolerados com passividade, tampouco que devam ser incentivados. A revitalização dos valores democráticos depende da criação de canais de comunicação amplos que são incompatíveis com o grau de intolerância introjetado no tecido social pelo partidismo. Esse objetivo, porém, não pode – nem deve – ser alcançado às custas da ampliação da categoria do *hate speech* para fora do território da proibição das manifestações discursivas a disseminar o ódio e a intolerância contra membros de minorias vulneráveis.

No Brasil, os problemas da expansão não controlada dessa categoria podem ser ilustrados por caso julgado pelo Tribunal Superior Eleitoral, em que se considerou como discurso de ódio manifestação feita em rede social que imputava a pecha de nazista ao ex-governador do Maranhão, Flávio Dino.[44] Na oportunidade, o Ministro Edson Fachin sustentou a existência de discurso de ódio nos seguintes termos:

---

[44] Tribunal Superior Eleitoral. Recurso Especial Eleitoral nº 060007223. Rel. Min. Luís Roberto Barroso. Rel. designado Min. Tarcísio Vieira de Carvalho Neto. *Diário de Justiça Eletrônico*, 10 set. 2021.

Atribuir o adjetivo "nazista" a um candidato corporifica inadmissível discurso de ódio. Apor a alguém a pecha de nazista busca atribuir a um ser humano características como a de rejeição a determinados extratos sociais, de adoção de pontos de vista ideologicamente extremados e antidemocráticos, além de buscar lhe vestir de toda a rejeição e reprovação que a história mundial assentou sobre todos os homens que perfilharam o ideal do nazismo durante a Segunda Guerra Mundial. Essa percepção é compartilhada pela sociedade brasileira como bem se viu no episódio que culminou com a demissão de Secretário de Cultura da República Federativa do Brasil em razão de ter feito discurso assemelhado a discurso proferido pelo Ministro da Cultura da Alemanha durante o período do regime nazista. Em uma sociedade que rejeita com veemência a aproximação de seus governantes de condutas e ideologias outrora empregadas pelo Partido Nacional-Socialista dos Trabalhadores Alemães – Nationalsozialistische Deutsche Arbeiterpartei – sinaliza-se a adoção de óbice intransponível de rejeição por qualquer forma de discurso que possa ser associado ao nazismo. Essa peculiar condição, harmônica com o substrato da sociedade brasileira, autoriza conceber que, entre nós, a designação de um cidadão como "nazista" vocifera inadmissível discurso de ódio. (Voto Min. Edson Fachin)

Concordo, no ponto, com a conclusão a que chegou o Ministro Luís Roberto Barroso, que rejeitou a utilização da categoria do *hate speech* para lidar com o problema da radicalização da polarização política no país:

As ofensas à honra são reprováveis e há meios jurídicos adequados no processo criminal e no processo civil para repeli-las. Apenas não considerei propaganda política antecipada negativa e, de parte disso, para, pedindo todas as vênias, não banalizar uma expressão que é importante, que é do discurso de ódio, como chamar alguém de corrupto, comunista, fascista. Pode ser injusto, pode ser cruel, mas não é discurso de ódio, como se tem percebido até aqui. A ideia do hate speech – do discurso de ódio – é o ataque a grupos vulneráveis, é a manifestação de racismo, é a manifestação de antissemitismo, é a manifestação de homo ou transfobia, esses são classicamente os discursos de ódio. Os discursos de crítica política, de reprovação política, negativos como sejam, injustos como sejam, não são tipificados, classicamente, pelo menos, como discursos de ódio e, portanto, eu reservaria essa expressão [para os casos de] desqualificação de uma pessoa pelo que ela é sem ter tido escolha. Você criticar uma pessoa por ser negro, por ser judeu, por ser gay ou por ser latino-americano é lançar sobre ela uma pecha acerca de uma característica que não é de livre escolha, não é uma opção, é uma circunstância da vida. É aí que repousam os discursos de ódio. Uma valoração negativa da posição política de alguém pode ser perversa, pode ser injusta, mas, a meu ver, não constitui discurso de ódio.

Exemplo caricato da preocupante banalização da categoria do discurso de ódio na disputa eleitoral em curso é o pedido do candidato Jair Bolsonaro dirigido ao TSE para censurar propaganda eleitoral gratuita que veiculava matéria jornalística sobre a compra de diversos imóveis por ele e por sua família com altos volumes de dinheiro em espécie. A petição defendeu que a acusação de desonestidade dirigida ao candidato revelaria a prática de discurso de ódio. A tese, felizmente, foi prontamente rechaçada pelo TSE.[45]

---

[45] Tribunal Superior Eleitoral. Direito de Resposta nº 060096296. Rel. Min Paulo de Tarso Vieira Sanseverino. *Diário de Justiça Eletrônico*, 29 set. 2022.

Por fim, muito embora eu rejeite a adoção da fórmula teórica do *hate speech* para tentar dissolver a radicalização provocada pela polarização afetiva, considero necessário estabelecer um limite a certas manifestações extremistas do partidismo: os discursos que veiculam instigação ou incentivo ao uso da violência contra opositores políticos devem ser prontamente proibidos, seja na seara eleitoral seja na esfera penal. Nos casos em que o risco de conversão do discurso em violência esteja configurado, é possível identificar, em situações mais graves, a realização de um tipo específico de discurso de ódio que consubstancia o tipo penal de violência política[46] e, em casos menos graves, a prática de ilícitos eleitorais ou do delito de incitação ao crime.[47]

Apesar de considerar excessivamente restritivo o critério do perigo claro e iminente de violência utilizado pela Suprema Corte dos EUA para identificar casos de *hate speech* não protegidos pela liberdade de expressão, penso que um parâmetro mais próximo ao do *clear and present danger* norte-americano[48] pode ser validamente utilizado para coibir as versões mais extremadas de polarização afetiva e que possuam aptidão para induzir à prática de violência. Tal aptidão, contudo, não pode ser extraída apenas de uma mera tendência ou inclinação de determinada expressão contribuir para uma possível futura conduta lesiva, mas sim de uma *incitação* intencional ao cometimento de ações violentas.[49] De acordo com as Recomendações da Comissão Europeia contra o Racismo e a Intolerância, esse elemento da *incitação* implica "a existência de uma intenção clara de provocar a prática de atos de violência, intimidação, hostilidade ou discriminação ou um risco iminente de tais atos ocorrerem como consequência do particular 'discurso de ódio' usado".[50] A avaliação do risco iminente de dano levará em consideração, na linha da jurisprudência europeia sobre o tema, elementos como o maior ou menor impacto de difusão pública da mensagem,[51] as circunstâncias pessoais (inclusive seu arsenal de poder e influência) de quem realiza a conduta,[52] a eventual coincidência temporal com a prática de atos criminosos concretos[53] e o contexto de violência em que inserida a manifestação.[54]

---

[46] BRASIL. Código Penal (Decreto-Lei nº 2.848/1940). Art. 359-P: "Restringir, impedir ou dificultar, com emprego de violência física, sexual ou psicológica, o exercício de direitos políticos a qualquer pessoa em razão de seu sexo, raça, cor, etnia, religião ou procedência nacional: Pena - reclusão, de 3 (três) a 6 (seis) anos, e multa, além da pena correspondente à violência".

[47] BRASIL. Código Penal (Decreto-Lei nº 2.848/1940). Art. 286: "Incitar, publicamente, a prática de crime: Pena - detenção, de três a seis meses, ou multa".

[48] Esse critério que exige um risco concreto, claro e presente de violência subsequente para que um discurso possa ser objeto de restrição foi acolhido pela Suprema Corte dos EUA, por exemplo, em Brandenburg v. Ohio (EUA. Suprema Corte. Brandemburg v. Ohio, 1969).

[49] Esse parâmetro tem sido aplicado em inúmeros casos pela Corte Europeia de Direitos Humanos. Cf. a respeito, SOTTIAUX, Stefan. Conflicting Conceptions of Hate Speech in the ECtHR's Case Law. *German Law Journal*, v. 23, n. 9, p. 1193-1211, 2022.

[50] Council of Europe's European Commission against Racism and Intolerance (ECRI), General Policy Recommendation n. 15, EUR. CONSULT. (Dec. 8, 2015) ("The element of incitement entails there being either a clear intention to bring about the commission of acts of violence, intimidation, hostility or discrimination or an imminent risk of such acts occurring as a consequence of the particular 'hate speech' used").

[51] SSTEDH. Caso Gerger c. Turquía, 8 jul. 1999 (§50); SSTEDH. Caso Leroy c. Francia, 2 out. 2008 (§45).

[52] SSTEDH. Caso Castells c. España, 23 abr. 1992 (§42); SSTEDH. Caso Faruk Temel c. Turquía, 1 fev. 2011 (§55); SSTEDH. Caso Otegi Mondragón c. España, 15 mar. 2011 (§50); SSTEDH. Caso Hogefeld c. Alemania, 20 jan. 2000.

[53] SSTEDH. Caso Zana c. Turquía, 25 nov. 1997 (§56); SSTEDH. Caso Leroy c. Francia, 2 out. 2008 (§45).

[54] STEDH. Caso Öztürk c. Turquía, 28 set. 1999 (§69).

Conclusão

Encerro, assim, este ensaio em homenagem ao Ministro Luís Roberto Barroso com três proposições conclusivas:

1) Partidismo e polarização afetiva no campo político têm produzido não apenas um reforço à própria identidade – com a valorização ou a avaliação positiva de quem compartilha essa identidade –, mas também um grave processo de *rechaço* e *hostilidade* em relação à *identidade política adversária*. Isso quer dizer que esse senso de identidade político-partidária – que, em grau moderado, era visto como um fator positivo para organizar a representação democrática e até para manter a política aquecida – se desenvolveu em uma medida tão intensa a ponto de constituir uma forma de *preconceito* ou de *discriminação interpessoal*.

2) Há três motivos principais que sustentam a tese de que a categoria do *hate speech* deveria ser mobilizada para lidar com o problema da polarização afetiva no campo político: (i) a polarização afetiva baseada na identidade política já não se confunde com a tradicional – e até benfazeja – valoração negativa, mesmo intensa, das posições políticas dissonantes, mas tem se constituído como uma hostilidade afetiva grave que tende a tornar o detentor da identidade política adversária um inimigo a ser eliminado ou uma pessoa não detentora da mesma dignidade; (ii) é crescente o risco de conversão dos discursos hostis a identidades políticas em atos de violência concreta; (iii) e é também crescente o efeito silenciador e até o bloqueio à participação política decorrentes do clima de medo e intimidação criados pela exasperação da polarização afetiva no campo político.

3) Apesar da relevância desses argumentos, considero equivocada a tentativa de mobilização do instrumental teórico do *hate speech* para lidar com manifestações discursivas de hostilidade – e até de sentimento de ódio – fundadas na discriminação contra identidades políticas. *Primeiro,* porque, em geral, a polarização afetiva se estabelece entre identidades políticas dominantes, ou seja, não há uma minoria subalternizada ou inferiorizada a ser protegida. E o discurso de ódio serve para proteger minorias em situação de vulnerabilidade social. *Segundo,* porque a banalização da utilização dessa categoria do discurso de ódio no campo da polarização afetiva pode resultar na redução da eficácia do instrumental na defesa dos grupos minoritários que realmente precisam dessa especial e excepcional proteção do sistema jurídico. E, *por fim,* porque não podemos esquecer que a *ampliação excessiva da categoria do discurso de ódio* no campo da política pode resultar no seu *resfriamento* e na redução da participação popular no processo político de maneira geral. Política também é afeto, emoção, e, portanto, é preciso confinar as exceções ou limites à liberdade de expressão no campo da política às manifestações tradicionais do discurso de ódio e, particularmente no campo da polarização afetiva, apenas aos casos mais graves de discursos que contenham risco iminente e grave de conversão em violência política.

Referências

DIMAGGIO, Paul; EVANS, John; BRYSON, Bethany. Have Americans' social attitudes become more polarized? *American Journal of Sociology*, v. 102, n. 3, p. 690-755, 1996.

DRUCKMAN, James N.; LEVY, Jeremy. Chapter 18: Affective polarization in the American public. In: RUDOLPH, Thomas J. (Ed.). *Handbook on Politics and Public Opinion*. Cheltenham, UK: Edward Elgar Publishing, 2022. p. 257-270.

FUKS, Mario; MARQUES, Pedro Henrique. Polarização e contexto: medindo e explicando a polarização política no Brasil. *Opinião Pública*, Campinas, v. 28, n. 3, p. 560-593, 2022.

GIFT, Karen; GIFT, Thomas. Does politics influence hiring? Evidence from a randomized experiment. *Political Behavior*, v. 37, p. 653-75, 2015.

HUBER, Gregory A.; MALHOTRA, Neil. Political Homophily in Social Relationships: Evidence from Online Dating Behavior. *The Journal of Politics*, v. 79, Issue 1, p. 269-283, 2017.

HUNTER, James Davison. *Culture Wars*: The Struggle to Define America. New York: Basic Books, 1991.

IYENGAR, S.; SOOD, G.; LELKES, Y. Affect, not ideology social identity perspective on polarization. *Public Opinion Quarterly*, Oxford, v. 76, n. 3, p. 405-431, 2012.

MARTINS, João Victor Nascimento. *Partidismo, discursos de ódio e liberdade de expressão*. Tese (Doutorado em Direito) – Programa de Pós-Graduação em Direito, Universidade Federal de Minas Gerais, Belo Horizonte, 2019.

MASON, Lilliana. 'I Disrespectfully Agree': The Differential Effects of Partisan Sorting on Social and Issue Polarization. *American Journal of Political Science*, v. 59, n. 1, p. 128-145, 2015.

MASON, Lilliana. Ideologues without issues: the polarizing consequences of ideological identities. *Public Opinion Quarterly*, v. 82, Special Issue, p. 280-301, 2018.

MASON, Lilliana. *Uncivil Agreement*: How Politics Became Our Identity. Chicago: University of Chicago Press, 2018.

MATSUDA, Mary. Public Response to Racist Speech: considering the victim's story. *Michigan Law Review*, v. 87, p. 2320-2381, Aug. 1989.

NUNES, Rodrigo. *Do transe à vertigem*: ensaios sobre bolsonarismo e um mundo em transição. São Paulo: Ubu Editora, 2022.

ORTELLADO, Pablo; RIBEIRO, Marcio Moretto; ZEINE, Leonardo. Existe polarização política no Brasil?: análise das evidências em duas séries de pesquisas de opinião. *Opinião Pública*, Campinas, v. 28, n. 1, p. 62-91, 2022.

OSORIO, Aline. *Direito eleitoral e liberdade de expressão*. Belo Horizonte: Fórum, 2022.

SAMUELS, David; ZUCCO, Cesar. *Partisans, antipartisans, and nonpartisans*: voting behavior in Brazil. New York: Cambridge University Press, 2018.

SARMENTO, Daniel. *A liberdade de expressão e o problema do hate speech*. Disponível em: http://professor.pucgoias.edu.br/sitedocente/admin/arquivosupload/4888/material/a-liberdade-de-expressao-e-o-problema-do-hate-speech-daniel-sarmento.pdf. Acesso em: 10 nov. 2022.

SOTTIAUX, Stefan. Conflicting Conceptions of Hate Speech in the ECtHR's Case Law. *German Law Journal*, v. 23, n. 9, p. 1193-1211, 2022.

Informação bibliográfica deste texto, conforme a NBR 6023:2018 da Associação Brasileira de Normas Técnicas (ABNT):

BORGES, Ademar. Hate speech e polarização afetiva: quando o ódio se torna ilegal?. *In*: OSORIO, Aline; MELLO, Patrícia Perrone Campos; BARROSO, Luna van Brussel (Coord.). *Direitos e democracia*: 10 anos do Ministro Luís Roberto Barroso no STF. Belo Horizonte: Fórum, 2023. p. 233-250. ISBN 978-65-5518-555-3.

ANÁLISE DE IMPACTO REGULATÓRIO NA LEI DE LIBERDADE ECONÔMICA E NA SUA REGULAMENTAÇÃO

ALEXANDRE SANTOS DE ARAGÃO

1 Nota prévia: homenagem e gratidão a pessoa decisiva

Durante boa parte da minha trajetória no direito, tive a feliz oportunidade de ter meus caminhos interseccionados aos de Luís Roberto Barroso, homenageado deste livro. Muito antes de "estar" ministro do Supremo Tribunal Federal, como costuma dizer,[1] a primeira vez que nossos itinerários se cruzaram foi ainda em 1991, na graduação da Faculdade de Direito da UERJ, naquela que foi a primeira turma na qual Barroso exerceria a sua grande vocação de professor de Direito Constitucional. Desde então, por sorte, não foram poucas as vezes que eles voltaram a se entrelaçar.

Além de grande influência na escolha pela carreira de procurador do Estado do Rio de Janeiro, Barroso foi novamente meu professor no curso de mestrado da UERJ e fez parte da banca que me conferiu o título de Doutor em Direito do Estado pela USP. Já como ministro do Supremo Tribunal Federal, Barroso ainda presidiu a banca do concurso para professor titular de Direito Administrativo da UERJ, no qual tive a honra de ser aprovado em 2015. Prefaciou também, entre outros, meu primeiro livro, antes mesmo do mestrado, sobre a autonomia universitária, pela Ed. Lumen Juris.

Barroso é daquelas pessoas que podemos dizer serem decisivas para nossas escolhas, e para o que nos tornamos hoje, ensinando-nos e influenciando sempre por sua temperança, espírito de liderança agregadora e paixão pelo direito público. No meu caso, tal influência veio como autor de livros que nos formaram, professor de graduação, professor da pós, colega de magistério, coordenador do departamento de direito do estado, colega da PGE-RJ, chefe do Centro de Estudos Jurídicos da PGE-RJ, sempre nos encorajando e incentivando.

Ao longo de sua atuação como ministro do Supremo Tribunal Federal na última década – ocasião que se celebra com a presente obra –, Barroso reafirmou-se como

---

[1] BRASIL. STF, Plenário. RE nº 597.854/DF. Rel. Min. Edson Fachin, j. 20.4.2017.

importante defensor das liberdades em geral (inclusive econômica) e como um grande expoente da geração de juristas que interpreta o direito sempre à luz da realidade posta e pessoa essencial, ainda como jovem professor, para a efetividade da CF/88; valores estes que encontram plena relação com o objeto deste artigo, conforme passamos a demonstrar.

2 Introdução

Em seu voto na ADPF nº 449/DF, o Min. Luís Roberto Barroso colacionou de forma eloquente que a "livre iniciativa é um princípio específico da ordem econômica brasileira, e isso significa uma opção pela economia de mercado, que significa uma economia que gravita em torno da lei da oferta e da procura, com pontuais intervenções do Estado para corrigir falhas do mercado".[2]

Essa excepcionalidade da intervenção do Estado justifica-se, pois a regulação estatal pode gerar efeitos negativos no desenvolvimento da economia, especialmente se aumentar desproporcionalmente os custos e a burocracia necessária à exploração das atividades econômicas, inibindo o desenvolvimento de pequenas e médias empresas, ou, ainda, indiretamente criando vantagens competitivas para algum participante do mercado, entre outras externalidades negativas.

Há o risco, também, de a regulação estatal apresentar-se desatualizada, morosa e excessiva, em prejuízo dos consumidores e empresários, razão pela qual o Estado, conquanto possa (e às vezes deva) "incentivar ou desincentivar comportamentos onde o livre mercado não realiza adequadamente os valores constitucionais", não pode, também segundo o ministro, "afetar o núcleo essencial da livre iniciativa, privando os agentes econômicos do direito de empreender, inovar, competir", como também ressalvou o Ministro Barroso no julgado acima referenciado.[3]

É na busca desse objetivo de preservar a livre iniciativa, mas ao mesmo tempo interesses curados pelo Estado, que ganham relevância os procedimentos de análise de impactos regulatórios, na medida em que obrigam os agentes públicos a previamente demonstrarem a razoabilidade de suas virtuais decisões, os seus prováveis custos diretos e indiretos, os benefícios esperados e a razão pela qual não foram escolhidos outros meios para atingir o mesmo propósito.

Trata-se, portanto, de uma análise prévia da proporcionalidade da regulação, com a necessária participação dos administrados, em linha com o consequencialista art. 20, recentemente incluído na LINDB pela Lei nº 13.655/18, cuja redação previu que "nas esferas administrativa, controladora e judicial, não se decidirá com base em valores jurídicos abstratos sem que sejam consideradas as consequências práticas da decisão".[4]

O nome do instituto, de certa forma, já explica sua função: analisar o impacto de determinada política nos setores regulados e também na própria sociedade, genericamente

---

[2] BRASIL. STF. ADPF nº 449/DF. Rel. Min. Luiz Fux, j. 8.5.2019.
[3] BRASIL. STF. ADPF nº 449/DF. Rel. Min. Luiz Fux, j. 8.5.2019.
[4] Nesse mesmo sentido, fixou o parágrafo único do dispositivo que "a motivação demonstrará a necessidade e a adequação da medida imposta ou da invalidação de ato, contrato, ajuste, processo ou norma administrativa, inclusive em face das possíveis alternativas".

considerada. Assim, antes de se editar uma norma, realizam-se estudos, em grande parte econométricos, para se tentar prever as consequências econômicas daquela proposta de norma caso adentre o direito positivo. A análise de impacto regulatório é, exatamente, esse estudo prévio sobre medidas a serem tomadas.

Esses novos institutos defluem do movimento geral da teoria e da metodologia do direito; de uma tendência jurisprudencial a adotar o consequencialismo, inclusive no Supremo Tribunal Federal.[5] Conforme ressalta o Min. Luís Roberto Barroso em seu voto na ADPF nº 811, "não se aplica o Direito em abstrato, fora de uma realidade concreta. É preciso levar em conta a normatividade dos fatos, ou seja, a sua influência sobre o sentido e o alcance das normas jurídicas".[6]

A análise de impacto regulatório entra no movimento geral da metodologia da ciência do direito de virada de legitimação. O direito sempre se legitimou através do esquema da subsunção, do encaixe numa norma superior. Charles-Albert Morand, autor suíço que escreve sobre esta matéria, fala que o direito, hoje, deve se legitimar muito mais pela realização de seus objetivos do que pela mera subsunção a uma norma superior, anterior, formal.[7]

O direito deixa de ser aquela ciência preocupada apenas com a realização lógica dos seus preceitos; desce do seu pedestal para aferir se esta realização lógica está sendo apta a realizar os seus desígnios na realidade da vida em sociedade. Uma interpretação/aplicação da lei que não esteja sendo capaz de atingir concreta e materialmente os seus objetivos não pode ser considerada a interpretação/aplicação mais correta. Note-se que essas mudanças metodológicas evidenciam a queda do mito da interpretação como atividade meramente declaratória do que já estava na lei, da única interpretação possível, já que os resultados práticos desta ou daquela forma de aplicação da norma terão relevante papel na determinação de qual, entre as diversas interpretações plausíveis existentes, deverá ser adotada, opção que, posteriormente, pode inclusive vir a ser alterada diante da comprovada mudança dos dados da realidade, que devam ser acompanhados de uma nova estratégia regulatória.

Nesse sentido, Enrique Groisman observa:

> a mera juridicidade da atuação estatal como elemento de legitimação se tornou insatisfatória a partir do momento em que começou também a ser exigida a obtenção de resultados. Não se considera mais suficiente que os governantes não violem a lei: exige-se deles a redução do desemprego, o crescimento econômico, o combate à pobreza, solução para os problemas

---

[5] A título ilustrativo, destaca-se a famosa decisão que asseverou a penhorabilidade do bem de família do fiador em face da necessidade de garantias ao mercado de locação. Em suas razões, o Min. Relator Cesar Peluso afirmou: "O Estado pode concretizar, conformar esse direito de moradia com várias modalidades de prestações, inclusive a de uma prestação de tipo normativo como essa, ou seja de estabelecer uma exceção à impenhorabilidade do bem de família num caso em que se exige garantia como condição de acesso ao mercado de locação. À medida que restringirmos o conceito de direito de moradia, iremos restringir o acesso de muitas pessoas ao mercado de moradia, mediante locação, porque os locadores – como sabemos, e isso é fato público e notório – não dão em locação sem garantia, ou, então, exigem garantias que sobrecarregam essa classe, que é a grande classe dos despossuídos" (BRASIL. STF, Plenário. RE nº 407.688/SP. Rel. Min Cesar Peluso, j. 8.2.2016).

[6] BRASIL. STF, Plenário. ADPF nº 811/SP. Rel. Min. Gilmar Mendes, j. 8.4.2021.

[7] Segundo Morand, as normas "passam a ter o seu critério de validade aferido não apenas em virtude da higidez do seu procedimento criador, como da sua aptidão para atender aos objetivos da política pública, além da sua capacidade de resolver os males que esta pretende combater" (MORAND, Charles-Albert. *Le droit neo-moderne des politiques publiques*. Paris: LGDJ, 1999. p. 95).

de habitação e saúde. A discussão sempre se coloca em relação a quais são as políticas mais adequadas para atingir estes fins, mas não há dúvida de que a lei deixou de ser apenas um meio para impedir a arbitrariedade para se converter em ponto de partida para uma série de atividades nas quais há uma maior margem de delegação e de discricionariedade e um crescente espaço para a técnica.[8]

Essa visão pragmática da atuação estatal possui, como observa o homenageado, duas características principais:

> (i) o contextualismo, a significar que a realidade concreta em que situada a questão a ser decidida tem peso destacado na determinação da solução adequada; e (ii) o consequencialismo, na medida em que o resultado prático de uma decisão deve merecer consideração especial do intérprete. Dentro dos limites e possibilidades dos textos normativos e respeitados os valores e direitos fundamentais, cabe ao juiz [e, semelhantemente, ao regulador] produzir a decisão que traga as melhores consequências possíveis para a sociedade como um todo.[9]

A busca por essas virtuais consequências oriundas das ações estatais, naturalmente, constitui exercício de prognose e, consequentemente, tem suas inevitáveis falhas. A ideia, porém, é que será muito mais fácil falhar caso não se tente medir previamente as consequências de determinadas políticas – editando-se determinada norma apenas de maneira voluntarista, por uma convicção ou desejo pessoal, do que realizando estudos prévios e direcionados à obtenção da melhor política.

Tem-se construído, inclusive, uma obrigação até de as propostas legislativas terem em vista tal análise de impacto.[10] Destacamos o "até" tendo em vista a premissa de serem as propostas legislativas de lei ordinária e de lei complementar uma expressão inclusive da soberania popular. Mas, na verdade, até por mais fortes razões, devem também os representantes ter esse cuidado.

A análise de impactos regulatórios e todas as fases e procedimentos nela incluídos são inclusive formas por excelência de motivação da medida regulatória, bem como de concretização do princípio da eficiência, já que permitem que se demonstrem as razões para a sua edição, a sua comparação com outras possíveis medidas, as consequências esperadas da sua aplicação e os ônus sociais e econômicos que dela serão derivados.

Nesse sentido, Rafael Carvalho Rezende Oliveira, enumera os fundamentos da análise de impacto regulatório, destacando como tais (i) o princípio da eficiência; (ii)

---

[8] GROISMAN, Enrique. Crisis y actualidad del derecho administrativo económico. *Revista de Derecho Industrial*, v. 42. p. 894, passagem na qual o autor lembra que "esta situação suscitou o comentário paradoxo de que 'o direito não pertence mais aos juristas'". Antonio Martínez Marín assevera que "a legitimidade democrática da origem não basta para justificar o poder público. Também é imprescindível a legitimidade do exercício" (MARTÍNEZ MARÍN, Antonio. *El buen funcionamiento de los servicios públicos*. Madri: Ed. Tecnos, 1990. p. 13). No mesmo sentido, IANNOTTA, Lucio. Princípio di legalità e amministrazione di risultato. *In*: PINELLI, C. (Curatore). *Amministraziolle e legalità* – Fonti normativi e ordinamenti (Atti dei Convegno, Macerata, 21 e 22 de maio de 1999). Milão: Giuffre, 2000. p. 45; MANGANARO, Francesco. *Princípio di legalità e simplificazione dell'attivittà amministrativa*: i profili critici e principi ricostruttivi. Nápoles: Edizioni Scientifiche Italiane, 2000. p. 174; BOBBIO, Norberto. *Dalla strutura alia funzione*: nuovi studi di teoria dei diritto. Milão: Edizioni di Comunità, 1977. p. 56.

[9] BRASIL. STF, Tribunal Pleno. HC nº 126.292/SP. Rel. Min. Teori Zavascki, j. 17.2.2016.

[10] BARCELLOS, Ana Paula de. Lei da Liberdade Econômica, análise de impacto regulatório e a Constituição. *Revista Jurídica da Escola Superior de Advocacia da OAB-PR*, ano 5, n. 1, abr. 2020.

o pluralismo jurídico e visão sistêmica do direito; e (iii) a legitimidade democrática.[11] Na mesma linha, Rafael Freitas e Sergio Guerra aduzem que a AIR, "por avaliar as consequências atuais e futuras da regulação, tem fundamento nos princípios da eficiência e economicidade (artigos 70 da CFRB), estando em consonância, também, com o atual conceito de Administração de Resultados".[12]

3 Breve histórico

A análise de impacto regulatório já vem sendo realizada nos Estados Unidos, ao menos desde o Governo Reagan, tendo como marco as *Executive Orders* nºs 12.291 e 12.498, que, em síntese, submeteram os atos das agências reguladoras locais à prévia aprovação do *Office of Management and Budget* (OMB), diretamente vinculado ao presidente.

Posteriormente, com o Governo do Presidente Bill Clinton, foi editada a *Executive Order* nº 12.886/93 – *Regulatory Planning and Review*, que estabeleceu procedimentos obrigatórios para as agências, no sentido de que, antes de iniciarem os seus procedimentos regulatórios, deveriam comunicar a sua intenção a um órgão central do Governo – o *Regulatory Working Group* – incumbido de alertá-las para as regulações desnecessárias, dúplices ou contraditórias entre si ou com a política governamental.[13]

No âmbito da Organização para a Cooperação e Desenvolvimento Econômico – OCDE, a análise de impacto regulatório é adotada desde 1974, em formatos variados. Seguindo recomendação dessa organização, o Governo Federal, em 2007, instituiu, por meio do Decreto nº 6.062/2007, o Programa para o Fortalecimento da Capacidade Institucional para Gestão em Regulação – PRO-REG. Com o referido programa, buscou-se fortalecer o sistema regulatório de modo a facilitar o pleno exercício de funções por parte de todos os atores; robustecer a capacidade de formulação e análise de políticas públicas em setores regulados; aperfeiçoar a coordenação e o alinhamento estratégico entre políticas setoriais e processo regulatório; ampliar a autonomia, a transparência e o desempenho das agências reguladoras; e desenvolver e aperfeiçoar mecanismos para o exercício do controle social e transparência no âmbito do processo regulatório (art. 2º).

Novas previsões que lastreiam a necessidade de observância da AIR pelos órgãos e entidades do Estado foram surgindo. Em 2018, o Comitê Interministerial de Governança (CIG), criado pelo Decreto 9.203, de 22.11.2017, aprovou o Guia Orientativo para Elaboração de análise de impacto regulatório – AIR e respectivas diretrizes, recomendando sua utilização por toda a Administração Pública Federal.

Nesse contexto, a recém-editada Lei nº 13.848/2019 – Lei das Agências Reguladoras também veio a estabelecer em seu texto a obrigatoriedade de análise de impacto regulatório como mecanismo de esteio à decisão regulatória ao impor que:

---

[11] OLIVEIRA, Rafael Carvalho Rezende. Governança e análise de impacto regulatório. *Revista de Direito Público da Economia – RDPE*, Belo Horizonte, ano 9, n. 36, p. 173203, out./dez. 2011.
[12] FREITAS, Rafael Véras de; GUERRA, Sérgio. O modelo institucional do setor portuário: os institutos da análise de impacto regulatório (AIR) e da conferência de serviços como mecanismos de equalização do controle político sobre as agências reguladoras. *In*: RIBEIRO, Leonardo Coelho; FEIGESON, Bruno; FREITAS, Rafael Véras de (Coord.). *A nova regulação da infraestrutura e da mineração*: portos: aeroportos: ferrovias: rodovias. Belo Horizonte: Fórum, 2015. p. 95-119.
[13] CARBONEL, Eloísa; MUGA, José Luis. *Agencias y procedimiento administrativo en Estados Unidos de América*. Madrid: Marcial Pons, 1996. p. 4347.

> Art. 6º A adoção e as propostas de alteração de atos normativos de interesse geral dos agentes econômicos, consumidores ou usuários dos serviços prestados serão, nos termos de regulamento, precedidas da realização de Análise de Impacto Regulatório (AIR), que conterá informações e dados sobre os possíveis efeitos do ato normativo.
>
> §1º Regulamento disporá sobre o conteúdo e a metodologia da AIR, sobre os quesitos mínimos a serem objeto de exame, bem como sobre os casos em que será obrigatória sua realização e aqueles em que poderá ser dispensada. [...]
>
> §5º Nos casos em que não for realizada a AIR, deverá ser disponibilizada, no mínimo, nota técnica ou documento equivalente que tenha fundamentado a proposta de decisão. [...].

Logo em seguida, a Lei nº 13.874/2019 também cuidou expressamente do tema, reservando um capítulo para a análise de impacto regulatório. Em seu texto, a Lei de Liberdade Econômica previu:

> Art. 5º As propostas de edição e de alteração de atos normativos de interesse geral de agentes econômicos ou de usuários dos serviços prestados, editadas por órgão ou entidade da administração pública federal, incluídas as autarquias e as fundações públicas, serão precedidas da realização de análise de impacto regulatório, que conterá informações e dados sobre os possíveis efeitos do ato normativo para verificar a razoabilidade do seu impacto econômico.
>
> Parágrafo único. Regulamento disporá sobre a data de início da exigência de que trata o caput deste artigo e sobre o conteúdo, a metodologia da análise de impacto regulatório, os quesitos mínimos a serem objeto de exame, as hipóteses em que será obrigatória sua realização e as hipóteses em que poderá ser dispensada.

Os dois dispositivos acima transcritos foram regulamentados pelo Decreto nº 10.411/2020, que dispôs, entre outros termos, sobre os contornos gerais do procedimento de elaboração da AIR, os quesitos mínimos a serem objeto de exame, as hipóteses em que a análise será obrigatória e as hipóteses em que a AIR poderá ser dispensada (art. 1º).

Assentado o conceito e expostas brevemente as previsões normativas atinentes à análise de impacto regulatório no direito brasileiro, passaremos a analisar os pressupostos para o seu desenvolvimento adequado, bem como o passo a passo para a sua efetiva operacionalização.

4 Pressupostos de um sistema geral de AIR

Inicialmente, é possível estabelecer três pressupostos essenciais para a implantação de sistemas eficientes de análise de impacto regulatório.

O primeiro pressuposto é a necessidade de coordenação. Não se pode admitir a existência de várias instâncias regulatórias, independentes ou não, cada uma atuando sem ter atenção em relação às outras. Isso pode gerar várias consequências indesejáveis, como a contradição de normas administrativas, que gera insegurança jurídica e conflitos judiciais e administrativos; atrasos nas tomadas de decisões – porque um agente público não sabe o que o outro está fazendo –; conflitos internos etc.

Haveria também, sem a coordenação, a possibilidade de não atendimento ao princípio constitucional da eficiência. Pode, por exemplo, ocorrer que um órgão já tenha feito estudos estatísticos da situação e o outro vai realizar de novo o mesmo estudo estatístico para saber como agir. Pode haver riscos de desperdício de tempo, dinheiro e pessoal, em razão de uma instância institucional não saber o que a outra está fazendo.

O segundo pressuposto é o da manutenção da independência das instâncias reguladoras que tenham recebido aquela autonomia reforçada setorialmente (ex.: as agências reguladoras independentes).

O grande desafio no ponto é coordenar sem tirar a independência. Temos o princípio da proporcionalidade atuando aqui, pelo qual se deve escolher um meio adequado para realizar o fim visado. No nosso tema, o meio adequado para realizar a necessidade de coordenação, mas restringindo o menos possível a autonomia do regulador e respeitando a sua lei instituidora.

Deve-se, com efeito, manter, ao máximo possível, a independência das agências reguladoras que já forem especialmente autônomas. Dar ou não independência não vai ser uma decisão do órgão responsável pela AIR. Trata-se de decisão legislativa já tomada.

O terceiro pressuposto que podemos aventar é o da ampla abrangência da AIR: a obrigação de se realizar análises de impacto regulatório não pode ser uma imposição apenas para as agências reguladoras independentes. Deve ser uma instância de coordenação de todas as instâncias regulatórias. Do contrário, torna-se apenas uma instância de controle de agências independentes, desvirtuando-se o seu caráter.

Estabelecidos os pressupostos mínimos para o exercício eficiente de um sistema geral de análise de impacto regulatório, cumpre operacionalizá-la.

5 Etapas essenciais da AIR

A Lei de Liberdade Econômica não disciplina o procedimento de elaboração da Análise de Impacto Regulatório. Nem mesmo o Decreto nº 10.411/2020, regulamentador do instituto, descreve em detalhes as etapas que devem ser seguidas durante a elaboração da análise. Acerca do tema, a Lei das Agências Reguladoras estabelece que "o regimento interno de cada agência disporá sobre a operacionalização da AIR em seu âmbito" (art. 6º, §2º).

Conquanto não haja uma disciplina uniforme em relação ao tema, é possível conceber um modelo procedimental geral para essa análise, com as etapas essenciais que deverão ser observadas pelos reguladores em geral – inclusive aqueles que, ao contrário das agências reguladoras, não se encontram expressamente obrigados por lei a disciplinar as etapas da AIR.

Em síntese, é preciso que, primeiramente, a Administração Pública identifique um problema. Conforme dispõe o art. 5º do Decreto nº 10.411/2020, "a AIR será iniciada após a avaliação pelo órgão ou pela entidade competente quanto à obrigatoriedade ou à conveniência e à oportunidade para a resolução do problema regulatório identificado".

Em seguida, deve-se tentar buscar no ordenamento jurídico vigente a existência de algum instrumento hábil para a sua solução. Essa segunda etapa é importante, pois, muitas vezes, na proposição de alternativas regulatórias para determinado problema, discutem-se as mais diversas propostas para tratar de tema já disciplinado normativamente.[14] O segundo passo, portanto, é identificar se no ordenamento jurídico vigente já existe um instrumento para aquele objetivo.

Não havendo esse instrumento preexistente, o terceiro passo para a promoção de uma análise de impacto regulatório adequada perpassa pelo levantamento de todos os possíveis instrumentos para a consecução daquele objetivo regulatório de interesse público. Em um primeiro momento, nenhuma possibilidade deve ser excluída *a priori* desse momento da AIR. A escolha da política mais adequada deve ser feita apenas na última etapa da AIR, com base nos critérios que analisaremos a seguir.

A partir do quarto passo, os critérios começam a se assemelhar àqueles trazidos pelo princípio da proporcionalidade: identificar, entre esses instrumentos administrativos que foram levantados como, em tese, aptos a atender àqueles objetivos, quais deles geram menos ônus para as liberdades.

Essa avaliação de impacto *ex ante* sob a ótica da proporcionalidade, considerando os custos e os benefícios para os consumidores e os agentes regulados, integra o núcleo duro, por exemplo, das definições da OCDE no que se refere à AIR:

> 4.1 Adotar práticas de avaliação de impacto ex ante que sejam *proporcionais* à importância da regulação, e incluir análises de custo-benefício que considerem os impactos sociais da regulação levando em conta critérios econômicos, sociais e impactos ambientais, incluindo os efeitos distributivos ao longo do tempo, identificando quem provavelmente e beneficiará e quem poderá estar susceptível aos custos. (Grifos nossos)

O próprio art. 5º da Lei de Liberdade econômica, aliás, prevê que a AIR conterá "informações e dados sobre os possíveis efeitos do ato normativo para verificar a *razoabilidade* do seu impacto econômico".

Assim, identificados os possíveis instrumentos adequados e necessários aos objetivos públicos visados, é preciso ponderar qual destes mais "vale a pena": deve-se verificar se qual solução, entre os instrumentos escolhidos, guarda uma relação de custo-benefício que a justifique, diante da restrição a ser imposta aos particulares.

Nessa busca pelo instrumento mais razoável, o art. 7º do Decreto nº 10.411/2020 prevê algumas metodologias específicas possíveis para viabilizar essa aferição:

> Art. 7º Na elaboração da AIR, será adotada uma das seguintes metodologias específicas para aferição da razoabilidade do impacto econômico, de que trata o art. 5º da Lei nº 13.874, de 2019:
>
> I - análise multicritério;
>
> II - análise de custo-benefício;
>
> III - análise de custo-efetividade;
>
> IV - análise de custo;
>
> V - análise de risco; ou
>
> VI - análise risco-risco.

---

[14] Neste caso, o problema seria de outra natureza. Aquela norma não está sendo cumprida em razão de outro problema e, por isso, deveria ser revista.

Independentemente do critério escolhido, contudo, o ponto fulcral de qualquer AIR é a contraposição entre os ônus e os riscos a agentes econômicos e consumidor, de um lado, e os benefícios da reforma de marcos regulatórios para o interesse público de outro.

Nesse último ponto, é preciso estar atento para o seguinte: colocamos aqui o "interesse público" de um lado e os "interesses particulares" de outro. Essa dicotomia, porém, não é tão clara. Trazemos essa divisão por objetivos meramente didáticos, mas é evidente que haverá sempre vários interesses públicos a serem sopesados e, por vezes, interesses privados também em contraposição entre si: grandes consumidores, pequenos consumidores, usuários etc. Concretamente, todos eles devem ser sopesados na definição da política regulatória escolhida.

Nos termos do art. 6º do Decreto nº 10.411/2020, todas essas avaliações devem ser necessariamente publicizadas no relatório final de AIR. Em outras palavras, no documento que encerrará a análise de impacto regulatório devem constar, entre outros elementos, o problema regulatório identificado (inc. II); a descrição das alternativas possíveis para o enfrentamento dele, considerada inclusive a opção de não ação (inc. VI); a exposição dos possíveis impactos das alternativas identificadas (inc. VII); e um comparativo entre as alternativas capazes de justificar a escolha pela solução considerada a mais adequada (inc. XI).

De maneira sintética, portanto, podemos operacionalizar a AIR como um estudo detalhado por meio do qual, essencialmente, (i) identifica-se um problema; (ii) verifica-se a (in)existência de instrumento regulatório já preexistente hábil a solucioná-lo; (iii) caso já não existam, levantam-se as alternativas regulatórias para a consecução do objetivo; (iv) verifica-se quais das alternativas levantadas imporão o menor ônus aos administrados; e (v) ponderam-se os diferentes interesses envolvidos para, ao fim, decidir pela implementação ou não de determinado instrumento administrativo.

Destaca-se, nesse ponto, que, além das etapas essenciais da AIR acima descritas, é possível que o procedimento de elaboração da análise de impacto regulatório seja composto de outras fases. O art. 8º do Decreto nº 10.411/2020 estabelece, por exemplo, que o relatório que conclui a AIR poderá ser objeto de participação social específica, a ser realizada antes da decisão sobre a melhor alternativa para enfrentar o problema regulatório identificado ou mesmo da edição da norma decorrente da análise, quando a melhor alternativa for uma solução normativa.

Mesmo antes da conclusão do procedimento de AIR, é possível que, a depender do caso, as etapas essenciais acima descritas sejam complementadas por outros estágios procedimentais. No âmbito da Agência Nacional de Vigilância Sanitária – Anvisa, por exemplo, a Portaria nº 162/2021 recomenda a submissão do que chama de Relatório Parcial (documento anterior à conclusão da AIR, com resultados ainda preliminares) a discussões públicas antes mesmo "da decisão da Diretoria Colegiada sobre a melhor alternativa para enfrentar o problema regulatório identificado e antes da elaboração de eventual minuta de ato normativo a ser editado" (art. 28).[15]

---

[15] Disciplina semelhante era trazida pelo Regimento Interno da Agência Nacional do Petróleo, Gás Natural e Biocombustíveis – ANP, cujo antigo teor dispunha que "o Relatório Preliminar de Análise de Impacto Regulatório realizada pela ANP será submetido à Consulta Pública pelo prazo mínimo de quarenta e cinco dias, nos termos deste Regimento Interno". Tal previsão, todavia, foi suprimida pela Portaria ANP nº 29, de 26.7.2021, visando

Todas as etapas, há de se destacar, devem estar devidamente motivadas. Não basta que, ao percorrer o caminho acima traçado, o regulador decida em um sentido ou outro. É necessário que reúna e apresente fundamentos suficientes para lastrear suas conclusões em cada uma das etapas. Mesmo quando não for exigida a AIR em razão de uma das hipóteses de dispensa descritas no art. 4º do Decreto nº 10.411/2020, é preciso que as razões pelas escolhas sejam descritas em nota técnica ou documento equivalente que fundamente a proposta de edição ou de alteração do ato normativo, conforme exige o §1º do art. 4º do referido decreto.

6 Institutos afins

É preciso destacar que a AIR não se confunde com outros instrumentos utilizados pelos agentes regulatórios no aperfeiçoamento das suas decisões e na participação da coletividade e em seu processo.

Nesse contexto, as notas técnicas e meros pareceres exarados pelas entidades da Administração Pública indireta não demonstram ser verdadeiras análises de impacto regulatório. Estes estudos, como podemos resumir, são procedimentos muito mais aprofundados e detalhados do que aqueles que comumente verificamos no dia a dia das agências reguladoras, por exemplo. Muitas vezes, tais entidades alegam a realização de uma análise de impacto regulatório, quando, na verdade, o que existe é apenas uma nota técnica.

A análise de impacto regulatório no direito comparado demonstra de maneira clara essa disparidade. A título ilustrativo, as análises promovidas pela da agência reguladora de energia da Inglaterra são verdadeiras obras multidisciplinares. É um estudo robusto e bastante fundamentado que busca traçar, com base em dados concretos, as consequências da alteração normativa na sociedade.

O instituto também não se confunde com as consultas e audiências públicas, que são mecanismos de participação social. Na verdade, a análise de impacto regulatório tem que estar previamente disponibilizada para audiência ou consulta pública propriamente dita, de modo inclusive a oferecer maiores subsídios à população e possibilitar uma melhor participação na consulta e na audiência pública.

A AIR também diverge das chamadas tomadas de contribuições, institucionalizadas em várias agências reguladoras e demais órgãos da Administração (além de entes como a ANP, que frequentemente realiza tomadas de contribuições, entidades como o Banco Central e até mesmo a própria Casa Civil já se valeram do instituto).

A tomada de contribuições é apenas uma manifestação de uma intenção, em tese, da agência reguladora, ou de quem quer editar a norma, seguida do levantamento de sugestões, comentários e opiniões da sociedade como um todo. Diverge, nesse ponto, da análise de impacto regulatório que, geralmente, deve preceder a tomada de contribuições.

O trânsito normal, portanto, é: análise de impacto regulatório, tomada de contribuições e realização de audiência ou consulta pública. Naturalmente, se houver uma

---

desobrigar a agência do dever por ela própria criado de submeter o chamado "Relatório Preliminar de AIR" a discussões públicas.

mudança de rumo grande nas pretensões regulatórias no meio desse procedimento, tem que se reabrir o processo de contribuições e a análise de impacto regulatório.

A análise de impacto regulatório também se difere da análise de resultados regulatórios, que se traduz em uma análise posterior à edição da norma e consubstancia uma espécie de rechecagem *ex post* da eficiência da análise de impacto regulatório. Questiona-se, na análise de resultados, se os objetivos esperados para a norma foram materialmente alcançados.

Finalmente, cumpre trazer à baila outro instrumento semelhante, mas diverso, que também havia sido previsto no projeto de lei de conversão da MP que gerou a Lei de Liberdade Econômica: o acompanhamento de normas experimentais. O art. 29, §3º, da última proposta, que não prosseguiu, previa que

> sempre que possível, proceder-se-á à experimentação regulatória, mediante a limitação territorial da vigência do ato normativo, constante monitoramento de seus efeitos e nova avaliação do impacto, para fins de se decidir pela extensão do âmbito da regulação ou seu aperfeiçoamento ou sua regulação.

O acompanhamento de normas experimentais consiste em limitar a incidência imediata de determinada política regulatória para verificar, em um universo menor, quais consequências decorrerão na prática daquela norma. Este mecanismo pode ser feito por diversas formas, que não a limitação territorial, como muitas vezes se verificou na prática. O pregão (modalidade de citação), por exemplo, seguiu esse *pari passu*: primeiro, admitiu-se o pregão só para as agências reguladoras; segundo, só para autarquias federais; terceiro, só para a Administração Pública Federal; e, quarto, para a Administração como um todo. Verificando-se os resultados estatísticos da melhora dos preços de aquisição, foi-se ampliando seu âmbito de incidência.

Embora trate-se, materialmente, de uma observação empírica dos resultados regulatórios de determinada norma ou política, o acompanhamento de normas experimentais também não reúne as características expostas anteriormente capazes de atrair o conceito de análise de impacto regulatório: a AIR tenta prever quais serão os resultados práticos, sem eles existirem ainda; enquanto o acompanhamento de normas experimentais se baseia diretamente em resultados empíricos, já existentes, ainda que parciais.

7 A disciplina (ou a insuficiência de disciplina) na Lei de Liberdade Econômica

Com um capítulo próprio para o tema, integrado por um artigo, a nova Lei de Liberdade Econômica disciplinou a análise de impacto regulatório da seguinte maneira:

> Art. 5º As propostas de edição e de alteração de atos normativos de interesse geral de agentes econômicos ou de usuários dos serviços prestados, editadas por órgão ou entidade da administração pública federal, incluídas as autarquias e as fundações públicas, serão precedidas da realização de análise de impacto regulatório, que conterá informações e dados sobre os possíveis efeitos do ato normativo para verificar a razoabilidade do seu impacto econômico.

Parágrafo único. Regulamento disporá sobre a data de início da exigência de que trata o caput deste artigo e sobre o conteúdo, a metodologia da análise de impacto regulatório, os quesitos mínimos a serem objeto de exame, as hipóteses em que será obrigatória sua realização e as hipóteses em que poderá ser dispensada.

Verifica-se de pronto que o regramento trazido pela Lei nº 13.874/2016 dá com uma mão, mas retira com a outra quando trata dos detalhes da análise de impacto regulatório.

Em primeiro lugar, embora o legislador preveja expressamente a obrigação de realização da análise de impacto regulatório, limita a incidência da norma aos órgãos e entidades da União.

A já mencionada Lei das Agências Reguladoras, por exemplo, não limitou o dever de realização da análise de impacto regulatório a quaisquer entes federativos. Na verdade, deu a entender que tal obrigação seria extensível a todas as agências reguladoras que se submetessem ao diploma.

O ponto positivo é que a Lei de Liberdade Econômica não excepciona da previsão a chefia do Executivo nem a Administração direta.

A Lei de Liberdade Econômica teve a oportunidade estender a necessidade de observância da AIR também aos demais entes federativos, mas preferiu não o fazer, talvez porque muitos municípios e estados não estivessem capacitados para proceder à realização de tais estudos.

Além dos já mencionados institutos de análise de resultado regulatório e acompanhamento de normas experimentais, que, embora previstos no projeto de lei de conversão, não foram recepcionados pela redação final do diploma, destacamos, a título ilustrativo, outro importante instituto cuja previsão foi suprimida pela versão final da norma: a análise de impacto social.

Com efeito, referido projeto previa em seu que texto:

> §1º Entre os custos e benefícios a serem avaliados, na forma do inciso III deste artigo, serão considerados obrigatoriamente os sociais, assim entendidos, entre outros, os que afetam pessoas com necessidades especiais, a qualidade de vida e de trabalho, o meio ambiente, bem como sobre os efeitos sobre a desigualdade social, estruturas de mercado, condutas de agentes econômicos, integração nacional e desenvolvimento regional.

Os economistas debatem sobre um conceito de economia mais ou menos amplo, em que geralmente se discute se o social estaria ou não dentro do econômico. Nada obstante a controvérsia, o referido dispositivo vinha para pacificar a discussão, pelo menos no âmbito da análise de impacto regulatório, prevendo que, nos estudos econômicos promovidos pelos entes públicos, deveriam ser observadas as repercussões sociais da política regulatória discutida. Tal disposição não foi refletida nem mesmo no regulamento (Decreto nº 10.411/2020).

8 Conclusões

Como remédio aos efeitos negativos que podem decorrer de uma regulação, e à luz da necessidade de motivação da medida regulatória, bem como de concretização do princípio da eficiência, o direito brasileiro incorporou o instituto da análise de impacto regulatório na definição de políticas públicas econômicas e dos instrumentos a serem adotados na sua implementação.

Nesse sentido, os procedimentos de análise de impactos regulatórios obrigam os agentes públicos a demonstrarem previamente a razoabilidade de suas pretensões decisórias, os seus prováveis custos diretos e indiretos, os benefícios esperados e a razão pela qual não foram escolhidos outros meios para atingir o mesmo propósito.

Previsto em alguns diplomas normativos brasileiros, é possível sustentar três pressupostos fundamentais para um sistema geral eficaz de análise de impacto regulatório, quais sejam: (i) necessidade de coordenação; (ii) a ideia de que essa necessidade de coordenação não pode servir de biombo para outras modalidades de interferência e de controle, alcançando-se os objetivos de coordenação com a menor interferência possível na independência das agências reguladoras que já a possuírem; e (iii) que a AIR deve ser pensada de forma global, seja universal para todas as áreas em que haja a edição de atos de efeitos gerais ou abstratos, não apenas para determinadas espécies de entidades, como as agências reguladoras.

Reunidos os requisitos, podemos definir a AIR de maneira sintética como um estudo detalhado e multidisciplinar por meio do qual, essencialmente, (i) identifica-se um problema; (ii) verifica-se se já há instrumento regulatório apto a solucioná-lo; (iii) na sua inexistência, levantam-se as alternativas regulatórias para a solução daquele problema; (iv) verifica-se qual das alternativas levantadas imporá o menor ônus aos administrados; e (v) ponderam-se os diferentes interesses envolvidos para, ao fim, decidir pela implementação ou não de determinada política.

Este instituto, ainda incipiente no cotidiano regulatório brasileiro, não se confunde com outros instrumentos utilizados pelos entes reguladores na definição de suas políticas, trata-se de procedimento muito mais aprofundado e detalhado do que alguns outros a ele similares, como as notas técnicas.

Embora tenha avançado a Lei de Liberdade Econômica, ao prever em seu art. 5º a obrigação de a Administração Pública efetuar AIR, a disciplina do tema, mesmo após a sua complementação pelo regulamento, poderia ter ido além dos limites que, ao fim, ficaram positivados na norma, sobretudo no que diz respeito à extensão da obrigação de elaborar a AIR e no que concerne à avaliação dos impactos sociais das medidas regulatórias analisadas. Caberá ao legislador, no futuro, portanto, suprir essas relevantes lacunas.

Referências

BARCELLOS, Ana Paula de. Lei da Liberdade Econômica, análise de impacto regulatório e a Constituição. *Revista Jurídica da Escola Superior de Advocacia da OAB-PR*, ano 5, n. 1, abr. 2020.

BOBBIO, Norberto. *Dalla struttura alla funzione*: nuovi studi di teoria dei diritto. Milão: Edizioni di Comunità, 1977.

BRASIL. STF, Plenário. ADPF nº 811/SP. Rel. Min. Gilmar Mendes, j. 8.4.2021.

BRASIL. STF, Plenário. RE nº 407.688/SP. Rel. Min Cesar Peluso, j. 8.2.2016.

BRASIL. STF, Plenário. RE nº 597.854/DF. Rel. Min. Edson Fachin, j. 20.4.2017.

BRASIL. STF. ADPF nº 449/DF. Rel. Min. Luiz Fux, j. 8.5.2019.

CARBONEL, Eloísa; MUGA, José Luis. *Agencias y procedimiento administrativo en Estados Unidos de América*. Madrid: Marcial Pons, 1996.

FREITAS, Rafael Véras de; GUERRA, Sérgio. O modelo institucional do setor portuário: os institutos da análise de impacto regulatório (AIR) e da conferência de serviços como mecanismos de equalização do controle político sobre as agências reguladoras. *In*: RIBEIRO, Leonardo Coelho; FEIGESON, Bruno; FREITAS, Rafael Véras de (Coord.). *A nova regulação da infraestrutura e da mineração*: portos: aeroportos: ferrovias: rodovias. Belo Horizonte: Fórum, 2015. p. 95-119.

GROISMAN, Enrique. Crisis y actualidad dei derecho administrativo económico. *Revista de Derecho Industrial*, v. 42.

IANNOTTA, Lucio. Princípio di legalità e amministrazione di risultato. *In*: PINELLI, C. (Curatore). *Amministraziolle e legalità* – Fonti normativi e ordinamenti (Atti dei Convegno, Macerata, 21 e 22 de maio de 1999). Milão: Giuffre, 2000.

MANGANARO, Francesco. *Principio di legalità e semplificazione dell'attività amministrativa*: i profili critici e principi ricostruttivi. Nápoles: Edizioni Scientifiche Italiane, 2000.

MARTÍNEZ MARÍN, Antonio. *El buen funcionamiento de los servicios públicos*. Madri: Ed. Tecnos, 1990.

MORAND, Charles-Albert. *Le droit neo-moderne des politiques publiques*. Paris: LGDJ, 1999.

OLIVEIRA, Rafael Carvalho Rezende. Governança e análise de impacto regulatório. *Revista de Direito Público da Economia – RDPE*, Belo Horizonte, ano 9, n. 36, p. 173203, out./dez. 2011.

Informação bibliográfica deste texto, conforme a NBR 6023:2018 da Associação Brasileira de Normas Técnicas (ABNT):

ARAGÃO, Alexandre Santos de. Análise de impacto regulatório na Lei de Liberdade Econômica e na sua regulamentação. *In*: OSORIO, Aline; MELLO, Patrícia Perrone Campos; BARROSO, Luna van Brussel (Coord.). *Direitos e democracia*: 10 anos do Ministro Luís Roberto Barroso no STF. Belo Horizonte: Fórum, 2023. p. 251-264. ISBN 978-65-5518-555-3.

DELIBERAÇÕES LEGISLATIVAS BEM-INFORMADAS E CONSCIENTES E A CONSTITUIÇÃO

ANA PAULA DE BARCELLOS

Introdução: o que e o como

Dez anos já transcorreram desde que o Professor e então Advogado Luís Roberto Barroso passou a servir à sociedade brasileira na posição de ministro do STF, oferecendo ao país em tempo integral seu tempo, energia, conhecimento, criatividade, espírito público e um incansável desejo de contribuir para a construção de soluções e para tornar melhor a vida das pessoas. Alguns perderam a convivência mais próxima com ele (como eu): a coletividade, porém, ganhou sob muitos aspectos.

Para além das diversas contribuições do ministro sobre o *que* – discussões jurídicas da maior relevância, várias das quais examinadas nos textos deste livro, inclusive neste pequeno artigo –, eu gostaria também de destacar as contribuições do Ministro Luís Roberto Barroso sobre o *como*. Em primeiro lugar, e independente *do que* seja tratado, o ministro se dedica a ser claro em suas manifestações e tem se empenhado em agregar clareza às decisões finais tomadas pelo STF, ciente de que elas se dirigem à sociedade e precisam ser compreendidas e gerar certezas, e não dúvidas, até para que possam ser cumpridas. Não é pouca coisa, muito ao contrário.

Em segundo lugar, o ministro se preocupa em dialogar com os fatos e argumentos que sugerem uma solução contrária àquela que ele sustentará em seus votos, ao invés de ignorar estrategicamente tais elementos e limitar-se a discursar sobre sua própria posição, valendo-se de sua autoridade decisória. Também não é pouca coisa. Em uma cultura de justificação, sobre a qual se tratará adiante, o exercício da autoridade deve caminhar junto com a apresentação de razões, e o ministro pratica o que prega. Por fim, e em terceiro lugar, o ministro se caracteriza por manifestar respeito e consideração relativamente a quem pensa diferente, às partes e participantes dos processos, aos demais órgãos e entidades do Estado brasileiro, aos diversos grupos sociais e à sociedade. Na realidade, os dois aspectos anteriores são manifestações específicas desse respeito às pessoas.

A importância das contribuições do Ministro Luís Roberto Barroso sobre *o que* não deve obscurecer a relevância de suas contribuições sobre o *como*. Até porque não é incomum que *o que* passe e seja alterado com o tempo – as disposições constitucionais mudam afinal –, mas o *como* permanece. Ser claro, preocupar-se com a compreensão do que é decidido e com seus efeitos e examinar com respeito os argumentos com os quais se discorda decorrem de uma virtude essencial para a vida em uma sociedade democrática: ver e tratar o outro, sobretudo quem pensa diferente, não como um inimigo, mas como um ser humano, com igual dignidade, que merece respeito independente das visões, posições, interesses e experiências de vida de cada um. Essa é uma contribuição importante do ministro para o Brasil. Cabe agora passar ao *o que*.

Este artigo pretende examinar três manifestações do ministro que contribuíram e contribuem para um tema em particular: os papéis possíveis do direito constitucional na criação de condições capazes de fomentar deliberações bem-informadas e conscientes por parte do Poder Legislativo, um dos objetivos básicos do devido processo legislativo. De forma específica, trata-se (i) de seu voto na ADI nº 5.127, ocasião na qual o STF decidiu que emendas parlamentares em projeto de conversão de medida provisória sem pertinência temática passavam a ser consideradas formalmente inconstitucionais; (ii) de seu voto como relator na ADI nº 6.303, que considerou aplicável a todos os entes federados a exigência do art. 113 do ADCT; e (iii) de sua decisão na ADI nº 7.222-MC, que suspendeu a eficácia da Lei nº 14.434/2002, que fixou o piso nacional mínimo para profissionais de enfermagem, até que sejam prestadas informações acerca de avaliações a serem feitas pelo Congresso Nacional. Confira-se.

As três manifestações do Ministro Luís Roberto Barroso e seu contexto

Em outubro de 2015, o STF iniciou o julgamento da ADI nº 5.127,[1] na qual se discutia se emendas a projetos de conversão de medidas provisórias sem pertinência temática com o conteúdo original da medida editada pelo chefe do Poder Executivo – os chamados "contrabandos legislativos" – seriam válidas ou não. A Corte decidiu, por maioria, com o voto do Ministro Luís Roberto Barroso, que a partir de sua decisão as normas eventualmente resultantes de tal prática parlamentar seriam consideradas formalmente inconstitucionais. Mas qual seria o fundamento normativo para tal decisão? Esse é o ponto relevante a observar e que o voto do ministro sublinha.

No âmbito dos debates, um dos argumentos suscitados, tanto pela corrente vencedora, quanto pela vencida, foi a existência de norma regimental sobre o ponto: a Resolução nº 1/2002 do Congresso Nacional, que integra o Regimento comum. A norma expressamente veda o "contrabando legislativo", atribuindo ao presidente da comissão mista a competência para o indeferimento liminar de emendas que versem sobre matéria estranha ao tratado na medida provisória e regulando a possibilidade de recurso dessa decisão a ser decidido pelo plenário da comissão.[2] Nada obstante a previsão regimental, havia um costume parlamentar que a ignorava.

---

[1] STF. ADI nº 5.127. Rel. p/ acordão Min. Edson Fachin. *DJe*, 11 maio 2016.

[2] Resolução nº 1/2020, do Congresso Nacional: "Art. 4º Nos 6 (seis) primeiros dias que se seguirem à publicação da Medida Provisória no Diário Oficial da União, poderão a ela ser oferecidas emendas, que deverão ser protocolizadas

Para o Ministro Toffoli, que restou vencido, a existência de previsão regimental sinalizava se tratar de assunto interno do Poder Legislativo, não devendo ser sindicado pelo Poder Judiciário. Embora citado, o dispositivo regimental não foi considerado pela maioria como o fundamento normativo de sua decisão. O fundamento seria a Constituição genericamente. Mas o que, exatamente, uma vez que não há norma constitucional regulando o tema específico de limites ao poder de emenda parlamentar no âmbito do processo legislativo das medidas provisórias? A Ministra Rosa Weber, relatora originária, já havia sinalizado impactos negativos sobre o devido processo legal e o sobre princípio democrático. Em seu voto, o Ministro Luís Roberto Barroso acrescenta um fundamento aos indicados pela ministra, identificando, assim, três impactos negativos sobre o sistema constitucional desencadeados pela prática parlamentar dos "contrabandos legislativos". Vale transcrever trecho do voto que trata do tema:

> Admitir que um parlamentar apresente, a uma medida provisória encaminhada pelo Executivo, uma emenda que não tenha nenhuma pertinência temática viola a Constituição em três momentos. Em primeiro lugar, subtrai do Presidente da República a competência para fazer a avaliação da urgência e da relevância, que é uma competência dele, atribuída pela Constituição. Portanto, é uma usurpação de poder. Em segundo lugar – e também observou a Ministra Rosa Weber –, há uma clara violação ao devido processo legal, porque existe um modo normal e ordinário de produção legislativa. A medida provisória é a exceção, e a exceção para casos específicos. Quem apresenta uma emenda sem pertinência temática a uma medida provisória está burlando o devido processo legal, que tem uma tramitação diversa. E, em terceiro lugar – e também observado pela Ministra Rosa Weber –, há um problema de violação do princípio democrático, porque a medida provisória suprime uma parcela importante do debate público e do processo deliberativo que deve transcorrer no âmbito do Congresso Nacional.

Ou seja: o voto do Ministro Luís Roberto, assim como o da Ministra Rosa Weber antes dele, deixa claro que o sistema constitucional visa a garantir que o processo legislativo observe um "devido processo legal". O Ministro Luís Roberto Barroso é explícito em outras partes de seu voto no sentido de que, de fato, não há previsão constitucional expressa sobre o ponto das emendas em projeto de conversão de medida provisória. Nada obstante, sua conclusão foi a de que a unidade temática da proposição, no contexto do processo legislativo extraordinário das MPs, é necessária para que haja um tempo mínimo de avaliação acerca do que se vai decidir, elemento essencial para a

---

na Secretaria-Geral da Mesa do Senado Federal. §1º Somente poderão ser oferecidas emendas às Medidas Provisórias perante a Comissão Mista, na forma deste artigo. §2º No prazo de oferecimento de emendas, o autor de projeto sob exame de qualquer das Casas do Congresso Nacional poderá solicitar à Comissão que ele tramite, sob a forma de emenda, em conjunto com a Medida Provisória. §3º O projeto que, nos termos do §2º, tramitar na forma de emenda à Medida Provisória, ao final da apreciação desta, será declarado prejudicado e arquivado, exceto se a Medida Provisória for rejeitada por ser inconstitucional, hipótese em que o projeto retornará ao seu curso normal. §4º É vedada a apresentação de emendas que versem sobre matéria estranha àquela tratada na Medida Provisória, cabendo ao Presidente da Comissão o seu indeferimento liminar. §5º O autor da emenda não aceita poderá recorrer, com o apoio de 3 (três) membros da Comissão, da decisão da Presidência para o Plenário desta, que decidirá, definitivamente, por maioria simples, sem discussão ou encaminhamento de votação. §6º Os trabalhos da Comissão Mista serão iniciados com a presença, no mínimo, de 1/3 (um terço) dos membros de cada uma das Casas, aferida mediante assinatura no livro de presenças, e as deliberações serão tomadas por maioria de votos, presente a maioria absoluta dos membros de cada uma das Casas".

garantia de um devido processo legislativo, de modo que o debate público e a própria deliberação possam ocorrer de forma adequada, o que seria afinal fraudado pelos contrabandos legislativos.

Passando ao segundo caso, em março de 2022, o STF concluiu o julgamento da ADI nº 6.303, relator o Ministro Luís Roberto Barroso, na qual se fixou a seguinte tese de julgamento: "É inconstitucional lei estadual que concede benefício fiscal sem a prévia estimativa de impacto orçamentário e financeiro exigida pelo art. 113 do ADCT". As normas estaduais impugnadas, originárias do Estado de Roraima, versavam sobre a concessão de isenção do imposto sobre a propriedade de veículos automotores (IPVA) às motocicletas, motonetas e ciclomotores com potência de até 160 cilindradas, e foram aprovadas sem observar a exigência do art. 113 do ADCT.

O art. 113 do ADCT foi introduzido pela EC nº 95/2016, que instituiu o Novo Regime Fiscal, e passou a exigir que toda proposição legislativa criando despesa obrigatória ou renúncia de receita seja acompanhada de estimativa do impacto orçamentário e financeiro. O art. 114 do ADCT, também introduzido pela EC nº 95/2016, confere à minoria parlamentar – via requerimento de um quinto dos membros da Casa – o poder de suspender a tramitação de proposições legislativas (salvo medidas provisórias) por até 20 dias, para análise de sua compatibilidade com o Novo Regime Fiscal, que inclui a observância ao art. 113 do ADCT. O que se discutia de forma específica na ADI nº 6.303 era se o dispositivo constitucional seria aplicável apenas à União ou a todos os entes federados. A conclusão da Corte, na linha do voto do relator, foi no sentido da aplicabilidade da previsão a União, estados, DF e municípios.

Em seu voto, além de outros argumentos, o ministro invocou a relação do art. 113 do ADCT com a necessidade de o legislador compreender a extensão financeira do benefício fiscal que se pretende conceder, de modo a tomar decisões conscientes e bem-informadas. O ministro considera que tal exigência do art. 113 do ADCT não atenta contra a autonomia financeira dos entes federados, como se alegava na ADI, sendo na verdade um dever lógico associado ao poder de decidir sobre benefícios fiscais, próprio de todos os entes federativos. Confira-se trecho do voto:

> O art. 113 do ADCT foi introduzido pela Emenda Constitucional nº 95/2016, que se destina a disciplinar "o Novo Regime Fiscal no âmbito dos Orçamentos Fiscal e da Seguridade Social da União". A regra em questão, porém, não se restringe à União, conforme a sua interpretação literal, teleológica e sistemática. 3. Primeiro, a redação do dispositivo não determina que a regra seja limitada à União, sendo possível a sua extensão aos demais entes. Segundo, a norma, ao buscar a gestão fiscal responsável, concretiza princípios constitucionais como a impessoalidade, a moralidade, a publicidade e a eficiência (art. 37 da CF/1988). Terceiro, a inclusão do art. 113 do ADCT acompanha o tratamento que já vinha sendo conferido ao tema pelo art. 14 da Lei de Responsabilidade Fiscal, aplicável a todos os entes da Federação. 4. A exigência de estudo de impacto orçamentário e financeiro não atenta contra a forma federativa, notadamente a autonomia financeira dos entes. Esse requisito visa a permitir que o legislador, como poder vocacionado para a instituição de benefícios fiscais, compreenda a extensão financeira de sua opção política. 5. Com base no art. 113 do ADCT, toda "proposição legislativa [federal, estadual, distrital ou municipal] que crie ou altere despesa obrigatória ou renúncia de receita deverá ser acompanhada da

estimativa do seu impacto orçamentário e financeiro", em linha com a previsão do art. 14 da Lei de Responsabilidade Fiscal.

A terceira manifestação do Ministro Luís Roberto Barroso que se quer discutir neste texto foi proferida em 4.9.2022, na ADI nº 7.222-MC, e referendada pelo Plenário em 19.9.2022. A decisão suspendeu a Lei nº 14.434/2002, que fixou o piso nacional mínimo para profissionais de enfermagem até que sejam prestadas informações acerca da avaliação feita pelo Congresso Nacional sobre (i) a situação financeira de estados e municípios; (ii) a empregabilidade; e (iii) a qualidade dos serviços de saúde. Isso porque a lei prevê um piso nacional mínimo de vigência imediata para o setor público e privado, incrementando os custos de forma imediata de todos os demais entes federativos e do setor privado de saúde suplementar. A decisão destaca tanto a importância e legitimidade da demanda da categoria de trabalhadores, quanto a necessidade de que o Legislativo avalie os impactos da lei, que podem ser da maior gravidade, deliberando de forma informada e consciente sobre o tema. Confira-se trecho da ementa:

> 2. As questões constitucionais postas nesta ação são sensíveis. De um lado, encontra-se o legítimo objetivo do legislador de valorizar os profissionais, que, durante o longo período da pandemia da Covid-19, foram incansáveis na defesa da vida e da saúde dos brasileiros. De outro lado, estão os riscos à autonomia dos entes federativos, os reflexos sobre a empregabilidade no setor, a subsistência de inúmeras instituições hospitalares e, por conseguinte, a própria prestação dos serviços de saúde. 3. É preciso atenção, portanto, para que a boa intenção do legislador não produza impacto sistêmico lesivo a valores constitucionais, à sociedade e às próprias categorias interessadas. [...]
> II. NECESSÁRIA AVALIAÇÃO DOS IMPACTOS DA MEDIDA LEGISLATIVA 6. Antes de tudo, porém, valores e bens jurídicos constitucionais substantivos impõem a avaliação prévia acerca (a) do impacto financeiro e orçamentário sobre Estados e Municípios e os riscos para sua solvabilidade (CF, art. 169, §1º, I); (b) do impacto sobre a empregabilidade no setor, tendo em vista as alegações plausíveis de demissões em massa trazidas aos autos (CF, art. 170, VIII); e (c) do impacto sobre a prestação dos serviços de saúde, pelo alegado risco de fechamento de hospitais e de redução nos quadros de enfermeiros e técnicos (CF, art. 196). [...].[3]

Cultura constitucional de justificação e devido processo legislativo no sistema constitucional brasileiro

A preocupação externada nos votos do Ministro Luís Roberto Barroso mencionados acima – a saber: com uma deliberação potencialmente bem-informada e consciente por parte do Legislativo, que inclua uma avaliação dos impactos que se imagina que a medida terá sobre diferentes aspectos considerados relevantes – tem crescido associada ao debate sobre uma "cultura de justificação" nas democracias contemporâneas.

---

[3] Após a decisão referida, o debate retornou ao Legislativo. Em 22.12.2022, foi aprovada a EC nº 127/2022 tratando do assunto. Em 30.12.2022, o Ministro Luís Roberto Barroso solicitou informações ao Senado Federal e à Câmara dos Deputados acerca da tramitação de projeto de lei regulamentadora da EC nº 127/2022. Até a conclusão deste texto, o STF não havia tomado outra decisão no feito. É certo, porém, que a decisão da Corte estimulou amplos debates no âmbito parlamentar sobre o assunto.

Nas democracias, cabe às maiorias parlamentares, eleitas pelo povo, e por meio do voto, tomar decisões dentro dos limites constitucionais. Nada obstante, a essa autoridade/competência para decidir devem ser associadas também justificações dirigidas aos destinatários da decisão.[4] A cultura de justificação não altera a autoridade competente para a tomada de decisão, mas exige, adicionalmente, explicações, até porque, em sociedades plurais, muitas pessoas não concordarão com as decisões tomadas, mas, ainda assim, sofrerão seus efeitos.

Um passo preliminar para a cultura de justificação é a deliberação consciente e bem-informada por parte de quem tenha a competência decisória, até para que seja possível apresentar explicações sobre o que foi deliberado. Determinadas condições procedimentais devem ser então observadas para que a presunção de que os parlamentares deliberam de forma consciente e bem-informada seja consistente.

No âmbito do Legislativo, portanto, a cultura de justificação alimenta o desenvolvimento do chamado *devido processo legislativo* que tem, como um de seus objetivos elementares, exatamente assegurar condições para que os parlamentares deliberem bem-informados e conscientes, sabendo do que se trata a proposição em votação, bem como quais são suas consequências esperadas.[5] Note-se que há uma conexão inafastável entre deliberação consciente e bem-informada e avaliação das consequências e impactos da proposição, já que as razões pelas quais se considera determinada proposição uma boa ideia precisam envolver necessariamente os impactos que se imagina que ela terá sobre o mundo real: trata-se de elementos essenciais a uma deliberação consciente.

Mas qual são essas condições procedimentais necessárias a assegurar deliberações potencialmente bem-informadas e conscientes? As três decisões referidas acima sinalizam duas delas. A primeira diz respeito ao tempo envolvido no processo legislativo e à unidade temática das proposições: os dois aspectos se relacionam intimamente. E a segunda condição procedimental envolve a avaliação do impacto em termos de custos que a proposição terá. Essas duas preocupações não são estranhas ao sistema constitucional.

Diversas disposições constitucionais exigem que temas sejam regulados por lei "específica", isto é, lei que trate apenas daquele assunto, ou vedam a introdução de dispositivos sobre temas diversos em determinadas leis. A preocupação histórica com as "caudas" orçamentárias, reproduzida no art. 165, §8º, da Constituição, continua a vedar que a lei orçamentária contenha dispositivos que versem sobre tema estranho a estimativa de receita e previsão de despesa. O art. 150, §6º, da Constituição, prevê que lei específica tratará exclusivamente da renúncia de receitas. Outros diversos exemplos exigem também lei específica para a disciplina dos temas mencionados (*e.g.*, arts. 37, VII,

---

[4] MÖLLER, Kai. Justifying the culture of justification. *LSE Law, Society and Economy Working Papers*, v. 19, 2018. Disponível em: https://papers.ssrn.com/sol3/papers.cfm?abstract_id=3288704. Acesso em: 9 maio 2023; e MUREINIK, Etienne. A bridge to where? Introducing the Interim Bill of Rights. *South African Journal of Human Rights*, v. 10, issue 1, p. 31-48, 1994.

[5] BARCELLOS, Ana Paula de. *Direitos fundamentais e direito à justificativa*. Devido procedimento na elaboração normativa. 3. ed. Belo Horizonte: Fórum, 2020; ROSE-ACKERMAN, Susan; EGIDY, Stefanie; FOWKES, James. *Due process of lawmaking*: the United States, South Africa, Germany and the European Union. Cambridge: Cambridge University Press, 2015; BARBOSA, Leonardo Augusto de Andrade. *Processo legislativo e democracia*. Belo Horizonte: Del Rey, 2010; e OLIVEIRA, Marcelo Andrade Cattoni de. *Devido processo legislativo*: uma justificação democrática do controle jurisdicional de constitucionalidade das leis e do processo legislativo. Belo Horizonte: Mandamentos, 2006.

X e XIX; 42, §§1º e 2º). O art. 7º, I, da LC nº 95/1998 prevê que "excetuadas as codificações, cada lei tratará de um único objeto"; mas, como se sabe, não há hierarquia entre ela e quaisquer outras leis que deixem de observá-la, de modo que sua eficácia é limitada.

Qual o objetivo de tais previsões? Criar melhores condições para que os parlamentares saibam do que se trata a proposição – que terá um único tema afinal – e obtenham informações sobre ela e suas consequências esperadas. A unidade temática está diretamente relacionada ao tempo necessário para um exame adequado da questão submetida à deliberação parlamentar: uma variedade de temas incluídos em uma única proposição demandaria mais tempo e tornaria mais complexo (e confuso) o processo. Proposições com múltiplos temas tornam menos provável que os parlamentares se informem adequadamente e decidam conscientemente sobre todos eles: o tema principal será objeto de algum debate, e os outros acabam ficando à sombra deliberativa sem receber atenção específica, daí a expressão cunhada pelo STF de "contrabando legislativo". Esse risco é potencializado no caso de procedimentos deliberativos com prazo fixo – e curto – como acontece com as medidas provisórias, tema da decisão referida acima.

Também a preocupação com a avaliação dos impactos e custos da proposição normativa faz parte do sistema constitucional. O art. 113 do ADCT não é o único nem o primeiro a tratar da avaliação de custos associados a determinadas proposições normativas: os arts. 169, §1º e 195, §5º, da Constituição, já o faziam em contextos mais específicos. No plano da lei orçamentária, a Constituição já exigia a demonstração regionalizada do impacto de renúncias de receita (art. 165, §6º). Por isso mesmo, a fiscalização de que cuida o art. 70 deve incluir "a aplicação de subvenções e renúncia de receitas". Há inclusive uma curiosa previsão que, ao tratar da possibilidade de fiscalização do ITR (imposto territorial rural) por municípios, veda que essa delegação veicule qualquer forma de renúncia fiscal (art. 153, §4º, III).

Na realidade, ao menos desde 2000, com a Lei de Responsabilidade Fiscal (LC nº 101 – LRF), a ordem infraconstitucional tentou criar estímulos para que Legislativo e Executivo passassem a considerar os custos das proposições. Normas nesse sentido constam dos arts. 14 a 17 e 24 da LRF, cuja constitucionalidade foi confirmada pelo STF (ADI nº 2.238), mas a Corte entendeu que sua violação, no âmbito do processo legislativo, não afetava a validade da norma editada, sendo matéria infraconstitucional.[6] No plano infralegal, o Decreto nº 4.176/2002 tratava do tema, e o Decreto nº 9.191/2017 continua a fazê-lo, impondo ao Executivo Federal que suas proposições – encaminhadas ao Congresso ou editadas diretamente – indiquem estimativa de custos. O descumprimento de tais previsões, porém, ao menos até o momento, não desencadeia consequências sobre a validade da proposição encaminhada. O art. 113 do ADCT constitucionalizou a exigência.

---

[6] STF. RE nº 545.830. Rel. Min. Dias Toffoli. *DJe*, 22 jun. 2011: "Por outro lado, observo que o exame do cumprimento dos requisitos estabelecidos pelo artigo 14 da Lei Complementar nº 101/2000, notadamente a existência de estimativa do impacto orçamentário-financeiro e de medidas de compensação da renúncia de receita, demandariam a prévia análise da referida legislação infraconstitucional, bem como o exame de fatos e provas, o que não se situa na competência desta Corte em sede de recurso extraordinário. No mesmo sentido, destaco os seguintes julgados que trataram da mesma matéria destes autos: RE nº 550.041/RN, Relator o Ministro Ricardo Lewandowski, DJ de 1º/8/07; RE nº 550.075/RN, Relator o Ministro Eros Grau, DJ de 10/12/07, e RE nº 544.847/RN, Relatora a Ministra Ellen Gracie, DJe de 8/5/09".

Deliberação consciente e bem-informada e incentivos

O direito não tem a capacidade de efetivamente fazer com que os parlamentares se informem e deliberem de forma consciente sobre as proposições legislativas: é fundamental ter humildade para reconhecer essa evidência. O direito tem potencialidades, mas também limites. Nada garante que todos os parlamentares votaram conscientes uma proposição monotemática e não há qualquer garantia de que a avaliação exigida pelo art. 113 do ADCT, por exemplo, produzirá uma avaliação real dos custos, garantirá a alocação de recursos para a efetiva execução da lei, ou levará a opções orientadas por uma lógica de responsabilidade fiscal.

Ademais, seria um equívoco ignorar a complexidade da deliberação política ou tentar projetar nela algo similar ao padrão deliberativo da adjudicação judicial. Além da proposição em si e das informações sobre ela, muitos outros elementos serão relevantes na avaliação política de cada parlamentar em cada votação e, como é próprio em sociedades plurais e democráticas, negociação e compromisso integram a lógica da deliberação política.[7]

O que o direito pode e deve fazer, nesse contexto, é criar incentivos para que os parlamentares se informem e deliberem de forma consciente, sabendo do que se trata a proposição em votação, bem como quais são suas consequências esperadas. Assume-se que precedentes judiciais, em particular do STF no caso brasileiro, além de sua eficácia imediata, criam incentivos e orientam comportamentos no âmbito da sociedade, inclusive por parte dos demais poderes.[8] Esse é um potencial importante do direito constitucional.

As três decisões mencionadas neste estudo usam a mesma técnica de decisão como incentivo para convidar o Legislativo a observar os parâmetros constitucionais: a inconstitucionalidade formal das proposições aprovadas em desacordo com esses parâmetros ou, no caso da Lei nº 14.434/2002, a suspensão provisória de sua eficácia até que a avaliação necessária seja apresentada pelo Congresso. Existe já inclusive evidência acerca do Congresso Nacional no sentido de que o Legislativo tende a adequar seu comportamento a decisões do STF para evitar a eventual invalidação de seus atos. É o que tem acontecido, por exemplo, exatamente, no caso da vedação a emendas que constituam "contrabandos legislativos" e no caso da exigência de comissões mistas para exame das medidas provisórias.[9] Incentivos não são pouca coisa.

---

[7] NASCIMENTO, Roberta Simões. A legislação baseada em evidências empíricas e o controle judicial dos fatos determinantes da decisão legislativa. *Revista Eletrônica da Procuradoria Geral do Estado do Rio de Janeiro – PGE-RJ*, Rio de Janeiro, v. 4 n. 3, set./dez. 2021.

[8] MELLO, Patrícia Perrone Campos; BARROSO, Luís Roberto. Trabalhando com uma nova lógica: a ascensão dos precedentes no direito brasileiro. *Revista da AGU*, Brasília, v. 15, n. 3, p. 9-52, jul./set. 2016.

[9] BEDRITICHUK, R. R. *Medida provisória, uma moeda inflacionada*: a inclusão das comissões no rito de tramitação das medidas provisórias e o aumento dos custos de aprovação, Monografia (Especialização em Ciência Política) – Instituto Legislativo Brasileiro – ILB, 2015. Disponível em: https://www2.senado.leg.br/bdsf/bitstream/handle/id/516859/TCC_Rodrigo%20Ribeiro%20Bedritichuk.pdf?sequence=1&isAllowed=y. Acesso em: 8 maio 2023; e LAAN, Cesar Rodrigues Van Der. Um panorama recente da apresentação de emendas sem pertinência temática a medidas provisórias pós-ADI 5.127. *Textos para discussão*, n. 244, Brasília, 2018. Disponível em: https://www12.senado.leg.br/publicacoes/estudos-legislativos/tipos-de-estudos/textos-para-discussao/td244. Acesso em: 8 maio 2023.

A inconstitucionalidade formal parece ser uma boa solução para produzir o incentivo adequado sem interferir excessivamente na deliberação parlamentar. Há, como se sabe, ampla crítica ao Poder Judiciário quando ele avança sobre o mérito das leis, por vezes sobre temas socialmente sensíveis, para considerar inválido aquilo que foi decidido pelas instâncias majoritárias e pelo Legislativo em particular. A situação parece diversa, porém, no caso da intervenção judicial que não se imiscui no tema de fundo e manifesta respeito pela autoridade competente (o Legislativo), mas visa a contribuir – como no caso das decisões mencionadas – para o reforço procedimental do processo legislativo e para a melhoria das condições da deliberação democrático-majoritária a ser levada a cabo pelos próprios representantes eleitos pela população.[10]

Referências

ANDRADE, Aparecida de Moura; SANTANA, Héctor Valverde. Avaliação de políticas públicas versus avaliação de impacto legislativo: uma visão dicotômica de um fenômeno singular. *Revista Brasileira de Políticas Públicas* v. 7, n. 3, p. 781-798, 2017.

ANDRADE, Gabriel Cesar de. *Análise de impacto regulatório no processo legislativo*: relevância nas proposições legislativas aprovadas em 2020 pela Câmara dos Deputados. Trabalho Conclusão de Curso (Bacharelado em Direito) – Centro de Ciências Jurídicas, Universidade Federal de Santa Catarina, Florianópolis, 2021. Disponível em: https://repositorio.ufsc.br/bitstream/handle/123456789/228520/TCC%20-%20Gabriel%20Cesar%20-%20Repositorio%20UFSC.pdf?sequence=1&isAllowed=y. Acesso em: 30 out. 2022.

BARBOSA, Leonardo Augusto de Andrade. *Processo legislativo e democracia*. Belo Horizonte: Del Rey, 2010.

BARCELLOS, Ana Paula de. *Direitos fundamentais e direito à justificativa*. Devido procedimento na elaboração normativa. 3. ed. Belo Horizonte: Fórum, 2020.

BEDRITICHUK, R. R. *Medida provisória, uma moeda inflacionada*: a inclusão das comissões no rito de tramitação das medidas provisórias e o aumento dos custos de aprovação, Monografia (Especialização em Ciência Política) – Instituto Legislativo Brasileiro – ILB, 2015. Disponível em: https://www2.senado.leg.br/bdsf/bitstream/handle/id/516859/TCC_Rodrigo%20Ribeiro%20Bedritichuk.pdf?sequence=1&isAllowed=y. Acesso em: 8 maio 2023.

BOBBIO, Norberto; MATTEUCCI, Nicola; PASQUINO, Gianfranco. *Dicionário de Política*. Verbete: corporativismo. Brasília: Editora UNB, 1999. v. 1. p. 287-291.

BUSTAMANTE, Thomas; BUSTAMANTE, Evanilda de Godoi. Jurisdição constitucional na Era Cunha: entre o passivismo procedimental e o ativismo substancialista do STF. *Revista Direito & Praxis*, Rio de Janeiro, v. 7, n. 13, p. 346-388, 2016. Disponível em: https://www.e-publicacoes.uerj.br/index.php/revistaceaju/article/view/17530. Acesso em: 8 maio 2023.

LAAN, Cesar Rodrigues Van Der. Um panorama recente da apresentação de emendas sem pertinência temática a medidas provisórias pós-ADI 5.127. *Textos para discussão*, n. 244, Brasília, 2018. Disponível em: https://www12.senado.leg.br/publicacoes/estudos-legislativos/tipos-de-estudos/textos-para-discussao/td244. Acesso em: 8 maio 2023.

---

[10] OLIVEIRA, Marcelo Andrade Cattoni de. *Devido processo legislativo*: uma justificação democrática do controle jurisdicional de constitucionalidade das leis e do processo legislativo. Belo Horizonte: Mandamentos, 2006; BARBOSA, Leonardo Augusto de Andrade. *Processo legislativo e democracia*. Belo Horizonte: Del Rey, 2010; BARCELLOS, Ana Paula de. *Direitos fundamentais e direito à justificativa*. Devido procedimento na elaboração normativa. 3. ed. Belo Horizonte: Fórum, 2020; BUSTAMANTE, Thomas; BUSTAMANTE, Evanilda de Godoi. Jurisdição constitucional na Era Cunha: entre o passivismo procedimental e o ativismo substancialista do STF. *Revista Direito & Praxis*, Rio de Janeiro, v. 7, n. 13, p. 346-388, 2016. Disponível em: https://www.e-publicacoes.uerj.br/index.php/revistaceaju/article/view/17530. Acesso em: 8 maio 2023; SCHIER, Paulo Ricardo. Armadilhas no devido processo legislativo em contextos democráticos. *Revista de Direito Público Contemporâneo*, ano 2, v. 1, n. 2, p. 60-73, jan./jun. 2017; e SALGADO, Eneida Desiree; ARAÚJO, Eduardo Borges Espínola. Controle judicial do processo legislativo. Do minimalismo à garantia do devido procedimento legislativo. *RIL*, Brasília, ano 56, n. 224, p. 79-104, out./dez. 2019.

LOBO, Valéria Marques. Corporativismo à brasileira: entre o autoritarismo e a democracia. *Estudos Ibero-Americanos*, Porto Alegre, v. 42, n. 2, p. 527-552, maio/ago. 2016.

MANCUSO, Wagner Pralon; MOREIRA, Davi Cordeiro. Benefícios tributários valem a pena? Um estudo de formulação de políticas públicas. *Revista de Sociologia e Política*, v. 21, n. 45, p. 107-121, mar. 2013.

MELLO, Patrícia Perrone Campos; BARROSO, Luís Roberto. Trabalhando com uma nova lógica: a ascensão dos precedentes no direito brasileiro. *Revista da AGU*, Brasília, v. 15, n. 3, p. 9-52, jul./set. 2016.

MENEGUIN, Fernando Boarato; SILVA, Rafael Silveira e (Org.). *Avaliação de impacto legislativo*: cenários e perspectivas para sua aplicação. Brasília: Senado Federal, 2017.

MÖLLER, Kai. Justifying the culture of justification. *LSE Law, Society and Economy Working Papers*, v. 19, 2018. Disponível em: https://papers.ssrn.com/sol3/papers.cfm?abstract_id=3288704. Acesso em: 9 maio 2023.

MUREINIK, Etienne. A bridge to where? Introducing the Interim Bill of Rights. *South African Journal of Human Rights*, v. 10, issue 1, p. 31-48, 1994.

NASCIMENTO, Roberta Simões. A legislação baseada em evidências empíricas e o controle judicial dos fatos determinantes da decisão legislativa. *Revista Eletrônica da Procuradoria Geral do Estado do Rio de Janeiro – PGE-RJ*, Rio de Janeiro, v. 4 n. 3, set./dez. 2021.

OLIVEIRA, Marcelo Andrade Cattoni de. *Devido processo legislativo*: uma justificação democrática do controle jurisdicional de constitucionalidade das leis e do processo legislativo. Belo Horizonte: Mandamentos, 2006.

RODRIGUES, Carolina de Resende Pires Miranda. A proposição legislativa e a estimativa de impacto: uma limitação para a concessão dos benefícios fiscais. *Cadernos de Finanças Públicas*, v. 18, n. 2, 2020.

ROSE-ACKERMAN, Susan; EGIDY, Stefanie; FOWKES, James. *Due process of lawmaking*: the United States, South Africa, Germany and the European Union. Cambridge: Cambridge University Press, 2015.

SALGADO, Eneida Desiree; ARAÚJO, Eduardo Borges Espínola. Controle judicial do processo legislativo. Do minimalismo à garantia do devido procedimento legislativo. *RIL*, Brasília, ano 56, n. 224, p. 79-104, out./dez. 2019.

SCHIER, Paulo Ricardo. Armadilhas no devido processo legislativo em contextos democráticos. *Revista de Direito Público Contemporâneo*, ano 2, v. 1, n. 2, p. 60-73, jan./jun. 2017.

Informação bibliográfica deste texto, conforme a NBR 6023:2018 da Associação Brasileira de Normas Técnicas (ABNT):

BARCELLOS, Ana Paula de. Deliberações legislativas bem-informadas e conscientes e a Constituição. *In*: OSORIO, Aline; MELLO, Patrícia Perrone Campos; BARROSO, Luna van Brussel (Coord.). *Direitos e democracia*: 10 anos do Ministro Luís Roberto Barroso no STF. Belo Horizonte: Fórum, 2023. p. 265-274. ISBN 978-65-5518-555-3.

A REPARAÇÃO NÃO PECUNIÁRIA DOS DANOS MORAIS À LUZ DO DIREITO CONSTITUCIONAL, DO DIREITO CIVIL E DO DIREITO PROCESSUAL CIVIL

ANDERSON SCHREIBER

1 Uma palavra sobre o homenageado

Embora a presente obra se destine a celebrar os 10 anos do Ministro Luís Roberto Barroso no Supremo Tribunal Federal, permito-me destacar um outro aspecto: o professor exemplar, que inspirou gerações e gerações de acadêmicos. O exercício do oneroso cargo de ministro do Supremo Tribunal Federal, mesmo em períodos especialmente turbulentos do país, jamais o impediu de lecionar nas salas de aula da Faculdade de Direito da UERJ. Quer na graduação, quer na pós-graduação (mestrado e doutorado), Barroso sempre esteve presente ao *campus* do Maracanã. Seu compromisso com o magistério é inderrogável. Sua abnegada dedicação ao ensino público e suas aulas magistrais o tornaram um ídolo em um tempo tão escasso de heróis. Luís Roberto Barroso sempre esteve lá para os seus alunos. Eis a corte suprema, que o celebrou, que o celebra e que sempre o celebrará.

2 A reparação dos danos morais e o dilema suscitado pelo julgamento do Recurso Extraordinário nº 580.252/MS

A reparação dos danos morais no Brasil tem sido cercada de desafios. O problema da quantificação das indenizações tem atormentado, desde sempre, a nossa doutrina e a nossa jurisprudência. As diferentes metodologias propostas para o cálculo das indenizações não têm logrado satisfazer, de um lado, o anseio pela reparação integral da vítima à luz das características individuais da lesão, e, de outro lado, a busca por alguma uniformidade no tratamento das situações lesivas. Em nosso país, em regra, o resultado das ações reparatórias são indenizações de baixo valor se comparadas aos sacrifícios impostos aos interesses existenciais da vítima.

Este problema revela-se ainda mais grave quando se está diante de lesões em massa – aquilo que a prática do *common law* denomina de *mass damages*. O dilema que aí se apresenta não se limita ao embate entre uniformidade das indenizações e individualidade da lesão, mas se estende também a uma questão fática demasiadamente importante: a capacidade financeira do réu em arcar com a reparação integral do dano causado. Tal aspecto ganha ainda maior importância quando se está diante de danos causados pelo Estado, danos cuja reparação compete, por definição, a todos nós.

O Brasil conta com um exemplo emblemático, verdadeiro *leading case* examinado pelo Supremo Tribunal Federal no âmbito do Recurso Extraordinário nº 580.252, oriundo do Estado do Mato Grosso do Sul. O referido recurso havia sido interposto no âmbito de uma ação indenizatória proposta por um detento do presídio de Corumbá, condenado a 20 anos de reclusão, que logrou demonstrar, por meio do trabalho da Defensoria Pública do Estado, a condição degradante a que se encontrava submetido em virtude da falta de infraestrutura básica e da superlotação do estabelecimento prisional.[1]

Diante dos danos morais que lhe eram diariamente impostos, o detento pleiteou indenização no montante de um salário mínimo por mês em que continuasse sujeito às péssimas condições comprovadas no curso do processo judicial. Em primeira instância, o Juízo da 2ª Vara Cível da Comarca de Corumbá indeferiu o pedido com base na teoria da reserva do possível. Em síntese, a sentença de improcedência afirmou que a condição prisional decorria da deliberação democrática em torno de políticas públicas, de modo que, tendo havido plena utilização do orçamento reservado para o sistema carcerário pelo Poder Legislativo estadual, as condições do estabelecimento prisional eram as condições possíveis e nenhuma indenização era devida.

Em segunda instância, o Tribunal de Justiça do Estado do Mato Grosso do Sul reformou, por maioria, a sentença de primeiro grau, condenando a Fazenda Pública ao pagamento da quantia total de R$2.000,00, a título de reparação dos danos morais sofridos. Opostos embargos com efeitos infringentes, o mesmo Tribunal reverteu o próprio entendimento anterior para manter a sentença de improcedência baseada na reserva do possível, sob o argumento de que, para fazer cessar o dano, seria necessária uma reformulação da verba orçamentária. O acórdão, então, foi alvo de recurso extraordinário, com fundamento na violação aos arts. 5º, III, X e XLIX, e 37, §6º, todos da Constituição da República.[2]

Em 3.12.2014, o Plenário do Supremo Tribunal Federal iniciou o julgamento do Recurso Extraordinário nº 580.252. O Ministro Relator Teori Zavascki votou no sentido de que o acórdão efetivamente violava dispositivos da Constituição e que a condenação por danos morais fixada originariamente pela Tribunal de Justiça do Estado de Mato Grosso do Sul deveria ser restaurada. O voto atestou a responsabilidade civil do Estado pela violação do dever de prover tratamento digno aos seus prisioneiros, afastando a teoria da reserva do possível.[3] E o Plenário do Supremo Tribunal, de forma unânime,

---

[1] STF, Sessão Plenária. Recurso Extraordinário nº 580.252. Rel. do acórdão Min. Gilmar Mendes, j. 16.2.2017.

[2] "Art. 5º [...] III - ninguém será submetido a tortura nem a tratamento desumano ou degradante; [...] X - são invioláveis a intimidade, a vida privada, a honra e a imagem das pessoas, assegurado o direito a indenização pelo dano material ou moral decorrente de sua violação; [...] XLIX - é assegurado aos presos o respeito à integridade física e moral [...]. Art. 37. [...] §6º As pessoas jurídicas de direito público e as de direito privado prestadoras de serviços públicos responderão pelos danos que seus agentes, nessa qualidade, causarem a terceiros, assegurado o direito de regresso contra o responsável nos casos de dolo ou culpa".

[3] "Aqui, a matéria jurídica se situa no âmbito da responsabilidade civil do Estado de responder pelos danos causados por ação ou omissão de seus agentes, nos termos previstos no art. 37, §6º, da Constituição. Conforme

concordou com a tese de que a teoria da reserva do possível não tinha o condão de afastar o dever do Estado de assegurar tratamento digno aos detentos em seus estabelecimentos prisionais.[4]

Entretanto, em voto parcialmente divergente, o Ministro Luís Roberto Barroso alertou que, na prática, a solução que se estava propondo para solucionar o caso concreto afigurava-se flagrantemente insuficiente, já que a vítima receberia R$2.000,00 pelos danos morais resultantes de cinco anos de reclusão em condições degradantes. Ao mesmo tempo, ainda que em tão reduzido valor, o deferimento da reparação pecuniária aos presos traria prejuízo considerável aos estados da Federação em virtude dos potenciais efeitos multiplicadores da decisão.

O Brasil conta atualmente com uma população carcerária de quase um milhão de pessoas.[5] Tendo em vista que a maioria dos estabelecimentos prisionais padece de problemas relacionados à superlotação ou à falta de infraestrutura básica, o Poder Público poderia ser chamado a responder por indenizações em valor total de quase dois bilhões de reais, sem contar, ainda, juros e correção monetária.

Pior: as indenizações pecuniárias não impediriam nem ao menos mitigariam os problemas estruturais que envolvem o sistema carcerário no país, uma vez que o dinheiro não se converteria em reformas das instalações prisionais. Na precisa conclusão do Ministro Barroso:

> [...] a indenização pecuniária neste caso não tem como funcionar bem. Ela é ruim do ponto de vista fiscal, é ruim para o preso e é ruim para o sistema prisional. Brevemente vou dizer cada uma dessas razões. É ruim para o preso, porque ele recebe dois mil reais e continua preso no mesmo lugar, nas mesmas condições degradantes. Portanto, essa indenização não tem o condão de, minimamente, afetar a situação real em que ele vive.[6]

Diante disso, um verdadeiro dilema se impunha: como tutelar os direitos fundamentais dos detentos e, ao mesmo tempo, promover uma reforma do sistema carcerário para que respeitasse os valores constitucionais?

Enfrentando corajosamente o dilema, o Ministro Luís Roberto Barroso decidiu abordar a reparação do dano moral sob outro ângulo. Ao invés de seguir a proposta da reparação pecuniária, solução habitualmente reservada aos casos de dano moral no Brasil, propôs reparar o dano moral de outra forma: uma forma não pecuniária. A

---

antes afirmado, trata-se de preceito normativo autoaplicável, não sujeito a intermediação legislativa ou a providência administrativa de qualquer espécie. Ocorrendo o dano e estabelecido o seu nexo causal com a atuação da Administração ou dos seus agentes, nasce a responsabilidade civil do Estado" (trecho do voto do Min. Teori Zavascki em STF, Sessão Plenária. Recurso Extraordinário nº 580.252. Rel. do acórdão Min. Gilmar Mendes, j. 16.2.2017).

[4] Posteriormente, a orientação consolidou-se no Tema nº 365 do Supremo Tribunal Federal: "Considerando que é dever do Estado, imposto pelo sistema normativo, manter em seus presídios os padrões mínimos de humanidade previstos no ordenamento jurídico, é de sua responsabilidade, nos termos do art. 37, §6º, da Constituição, a obrigação de ressarcir os danos, inclusive morais, comprovadamente causados aos detentos em decorrência da falta ou insuficiência das condições legais de encarceramento".

[5] ABBUD, Bruno. Pandemia pode ter levado Brasil a ter recorde histórico de 919.651 presos. *O Globo*, 5 jun. 2022. Disponível em: https://oglobo.globo.com/brasil/noticia/2022/06/pandemia-pode-ter-levado-brasil-a-ter-recorde-historico-de-919651-presos.ghtml. Acesso em: 9 maio 2023.

[6] STF, Sessão Plenária. Recurso Extraordinário nº 580.252. Rel. do acórdão Min. Gilmar Mendes, j. 16.2.2017 (inteiro teor do acórdão, p. 145).

proposta consistia em conceder ao preso uma reparação não pecuniária sob a forma de redução da pena pelo tempo que fosse mantido no cárcere em condições degradantes.

Para tanto, o Ministro Barroso sugeriu a remição da pena como meio reparatório, em aplicação analógica do art. 126 da Lei de Execução Penal,[7] que concede redução de pena ao preso que trabalha ou estuda. O tempo remido a título de reparação dos danos morais seria considerado para o cumprimento da pena e progressão do regime, conforme determina o art. 128 da Lei de Execução Penal.[8] Nesse caso, a proporção entre os dias cumpridos em condições impróprias e os dias remidos seria elaborada pelo Juízo da Vara de Execução Penal, que deveria levar em consideração a extensão dos danos sofridos pelo detento na instalação penal. Neste cenário, a reparação pecuniária dos danos morais tornava-se subsidiária, devendo ser aplicada apenas aos detentos que tivessem cumprido integralmente a pena e aos presos provisórios que tivessem sido submetidos às condições degradantes e desumanas das instalações penais.

A proposta contida no voto do Ministro Barroso mostrava-se mais efetiva em duas frentes distintas: de um lado, reparava de modo mais efetivo os danos morais que vinham sendo infligidos a cada detento, subtraindo-o mais celeremente do tratamento desumano e degradante; de outro lado, permitia ao Estado preservar recursos que poderiam ser investidos na melhoria do sistema prisional, com vistas a efetivamente reverter o quadro precário dos presídios brasileiros.

Apesar da abordagem inovadora, o voto do Ministro Barroso não obteve adesão da maioria dos ministros na sessão plenária do Supremo Tribunal Federal durante o julgamento do RE nº 580.252. Houve objeções de direito material e de direito processual à reparação não pecuniária do dano moral. Em minha opinião, tais objeções são tecnicamente infundadas e a reparação não pecuniária oferece potencialidades que o direito brasileiro ainda precisa aprender a explorar. É o que se passa a examinar.

3 A reparação exclusivamente em dinheiro: insuficiências e ineficácias

O Brasil despatrimonializou o dano, mas não a reparação. Como já tive a ocasião de afirmar, abrimos as portas da ordem jurídica brasileira para a reparação dos danos morais – a que alguns preferem denominar "compensação" –, calcados no reconhecimento da relevância jurídica dos interesses extrapatrimoniais, mas continuamos a reservar uma resposta exclusivamente monetária a estes danos.[9] Todavia, o apego a um remédio exclusivamente pecuniário para a reparação dos danos morais traz uma séria de desvantagens.

Em primeiro lugar, induz à conclusão de que a lesão a interesses existenciais é a todos autorizada, desde que se esteja disposto a arcar com o "preço" correspondente. Assim, em uma construção canhestra, mas rigorosamente lógica, conclui-se que quem tem patrimônio suficiente para arcar com a indenização pode causar dano moral à vontade.

---

[7] "Art. 126. O condenado que cumpre a pena em regime fechado ou semiaberto poderá remir, por trabalho ou por estudo, parte do tempo de execução da pena".

[8] "Art. 128. O tempo remido será computado como pena cumprida, para todos os efeitos".

[9] Sobre o tema, seja permitido remeter a SCHREIBER, Anderson. *Novos paradigmas da responsabilidade civil*: da erosão dos filtros da reparação à diluição dos danos. 6. ed. São Paulo: Atlas, 2015. p. 195-200.

Tal construção, embora nem sempre admitida abertamente, floresce no mercado, onde decisões empresariais são muitas vezes tomadas com base em relações de custo-benefício que levam em consideração o montante global das indenizações pagas ano a ano. Há mais de um precedente evidenciando como certos agentes econômicos acabam optando por manter, conscientemente, uma prática lesiva quando a soma das indenizações pagas se revela menor que o investimento necessário a evitar os prejuízos dali decorrentes.[10]

A exclusividade da reparação em pecúnia acaba por corroborar a tese daqueles que sustentam que a responsabilidade civil por dano moral atua como instrumento de mercantilização, quantificando o inquantificável. Sem alarde, tal filosofia vem prosperando em toda parte, alcançando até mesmo as salas de audiência dos juizados especiais, onde a vítima deveria se sentir mais protegida. Não raro, na celeridade do cotidiano, os magistrados acabam lidando com os abusos sofridos pela vítima com excessivo pragmatismo: o preposto do réu oferece uma quantia, o autor é estimulado a aceitá-la para encerrar o litígio, melhorando as estatísticas, e tudo acaba se passando como um novo ato de comércio, em que o ofensor, sem expressar qualquer arrependimento, literalmente "paga" pelo dano causado ao autor da demanda. Tal metodologia só faz crescer na vítima o sentimento de desamparo e de descrença no Poder Judiciário. Muitos autores acabando deixando as salas de audiência mais humilhados do que entraram: além de terem sofrido o dano, "renderam-se" ao aceitar uma quantia menor do que a pleiteada, oferecida sem constrangimento ou desagravo, renovando-se – agora com o aval da Justiça – a superioridade econômica e social do causador do dano. Esvai-se a "luta pelo direito". Mercantiliza-se o humano.

O remédio exclusivamente pecuniário também produz um outro efeito inato ao meio monetário: tudo equipara, em alguma medida. A redução da reparação a dinheiro induz uma perigosa "precificação" dos atributos humanos e das tragédias que os afetam, colocando em xeque a essência do dano moral, que é pessoal e singular, por definição. A reparação pecuniária tende a equiparar, por exemplo, lesões físicas semelhantes, enquanto a doutrina destaca que, bem ao contrário, "especial será o dano ao ouvido de um esportista ainda que não profissional que ama nadar ou para quem se dileta a ouvir música; assim como será especial o dano na perna de quem mora em um dos últimos andares de um edifício sem elevador".[11]

Há, ainda, o problema do incentivo a demandas frívolas, que, no Brasil, se convencionou denominar de "indústria do dano moral". A verdade é que nosso país está muito longe de ter uma indústria desta natureza. O que é produzido em escala industrial no

---

[10] O próprio dano moral passa, assim, a ser visto como fator interno ao mercado. Neste sentido, confira-se a lição de Messinetti: "La conversione della produzione e del mercato da soddisfacimento dei bisogni materiali al soddisfacimento dei bisogni immateriali comporta, con molto più di una semplice appossimazione, la trasposizione del danno alla persona dalla perdita della capacità di soddisfare quelli che erano per tradizione i bisogni materiali, e cioè la perdita della vecchia capacità di reddito, alla perdita della capacità di soddisfare quelli che erano per tradizione i bisogni immateriali, e cioè appunto la perdita dell'essere in salute come condizione per partecipare al grande circuito della società opulenta" (MESSINETTI, Davide. Recenti orientamenti sulla tutela della persona. La moltiplicazione dei diritti e dei danni. *Rivista Critica di Diritto Privato*, 1992. p. 192).

[11] PERLINGIERI, Pietro. *Perfis do direito civil*. Tradução de Maria Cristina De Cicco. Rio de Janeiro: Renovar, 1999. p. 174. Na mesma direção, Maria Celina Bodin de Moraes afirma que o dano sofrido por uma vítima "é diferente do dano sofrido por qualquer outra vítima, por mais que os eventos danosos sejam iguais, porque as condições pessoais de cada vítima diferem e, justamente porque diferem, devem ser levadas em conta" (MORAES, Maria Celina Bodin de. *Danos à pessoa humana*. Rio de Janeiro: Renovar, 2003. p. 159-161).

Brasil não são, ao menos por enquanto, os pedidos indenizatórios infundados, mas sim os abusos a consumidores e a outras classes de pessoas vulneráveis, abusos dos quais apenas uma pequena, embora crescente, parcela chega efetivamente às cortes judiciais. Apesar disso, não há dúvida de que ações judiciais infundadas são propostas em número cada vez maior, às vezes por razões puramente mercenárias. Juristas têm procurado identificar as causas deste fenômeno quase sempre fora do direito (intensificação da vitimização social, baixo custo de acesso ao Poder Judiciário etc.). A maior causa, contudo, está nas próprias entranhas do direito e, em particular, do direito civil: continuamos a responder às ações judiciais de reparação unicamente com dinheiro.

A exclusividade da indenização pecuniária estimula uma associação entre a responsabilidade civil e a entrega de dinheiro ao autor da demanda. No imaginário popular, os danos morais vão sendo cada vez mais confundidos com o valor monetário da indenização. Em uma realidade de carência e desigualdade econômica, é difícil evitar essa associação. O ciclo só pode ser rompido com a desconstrução da visão monetária da responsabilidade civil, por meio do fim do primado exclusivo da indenização pecuniária. Outros remédios devem ser oferecidos, para evidenciar que a função da responsabilidade civil não é o "pagamento de dinheiro", mas sim a integral reparação do dano sofrido, sob a forma que se mostrar mais apropriada para tanto.

Em suma, reparar danos morais exclusivamente com a entrega de dinheiro, além da evidente insuficiência do remédio, provoca diversos efeitos nocivos, como (i) a propagação da lógica de que os danos morais podem ser causados desde que seja possível "pagar" por eles; (ii) o estímulo ao "tabelamento" judicial das indenizações; (iii) a crescente "precificação" dos atributos humanos; e (iv) o incentivo a demandas frívolas, propostas de modo aventureiro por pessoas que pretendem simplesmente enriquecer. A fim de evitar todos estes inconvenientes, necessário se faz desenvolver os chamados meios não pecuniários de reparação.

4 Reparação não pecuniária dos danos morais

As infindáveis dificuldades em torno da quantificação da indenização por dano moral revelaram a inevitável insuficiência do valor monetário como meio de pacificação dos conflitos decorrentes de lesões a interesses extrapatrimoniais, e fizeram a doutrina e a jurisprudência de toda parte despertarem para a necessidade de desenvolvimento de meios não pecuniários de reparação. Tais meios não necessariamente vêm substituir ou eliminar a compensação em dinheiro, mas, muitas vezes, se conjugam com ela no sentido de efetivamente aplacar o dano moral sofrido.

As formas não patrimoniais de reparação, longe de atenderem a uma preocupação exclusivamente econômica vinculada ao custo das reparações, satisfazem, na maior parte dos casos, de forma mais plena os anseios da vítima. Por exemplo, o empregado que é humilhado no ambiente de trabalho pode receber uma indenização pelo assédio moral que sofreu, mas muito provavelmente será mais integralmente reparado em sua honra se o empregador, em paralelo ao dever de indenizar, restar condenado a afixar um pedido público de desculpas nas paredes da fábrica ou escritório onde o assédio efetivamente ocorreu.

Ao atribuir resposta não patrimonial à lesão de um interesse não patrimonial, escapa-se à crítica de que o mesmo direito que reconhece a necessidade de tutela dos interesses existenciais acaba por patrimonializá-los. Evita-se, assim, que os casos de ressarcimento de danos morais sejam vistos como "quotidianos exemplos de um exercício de quantificação e de tradução em dinheiro exatamente daquilo que o dinheiro não pode comprar".[12]

Interessante, ainda, notar que, mesmo em matéria de dano patrimonial, a análise da jurisprudência recente revela uma tendencial preferência dos tribunais por soluções que, embora patrimoniais, revelam-se não pecuniárias. Em diversos países, as cortes têm, de fato, privilegiado, sempre que possível, a solução *in natura*, em desfavor da conversão da obrigação em perdas e danos, que vai deixando o posto de remédio principal mesmo em setores que transcendem a responsabilidade obrigacional. O Código Civil brasileiro consagra expressamente, por exemplo, a preferência pela execução específica das obrigações de fazer e não fazer, como se pode ver de seus arts. 249, 251 e 463, entre tantos outros.[13]

Vive-se um inegável ocaso da antiga convicção segundo a qual a responsabilidade civil resulta sempre, ou principalmente, em uma indenização em dinheiro. Na agenda da tutela de interesses existenciais, vai ocupando espaço cada vez mais significativo a discussão acerca dos remédios aptos à sua efetiva proteção.[14] A gradual abertura das cortes a outros remédios que se somem à indenização pecuniária do dano moral – como a retratação pública e a retratação privada, além da imposição de obrigações de fazer – vai reforçando o interesse da responsabilidade civil por meios não pecuniários de reparação.

Registre-se que as Cortes Internacionais já se valem com frequência do instrumento. A Corte Interamericana de Direitos Humanos, por exemplo, já condenou a Guatemala a elaborar políticas públicas de difusão de tradições culturais em virtude do massacre de comunidade indígena maia, localizada na aldeia de Plan de Sánchez, por integrantes do Exército e colaboradores civis.[15] A Corte também já condenou o Peru a renomear rua, parque ou escola em memória de Bernabé Baldeón-García, um camponês detido

---

[12] No original: "quotídiani esempi di um esercizio di commisurazione e traduzione in danaro próprio di 'ciò che il danaro non può comprare" (MARELLA, Maria Rosaria. *La riparazione del danno in forma specifica*. Pádua: Cedam, 2000. p. 289).

[13] "Art. 249. Se o fato puder ser executado por terceiro, será livre ao credor mandá-lo executar à custa do devedor, havendo recusa ou mora deste, sem prejuízo da indenização cabível. Parágrafo único. Em caso de urgência, pode o credor, independentemente de autorização judicial, executar ou mandar executar o fato, sendo depois ressarcido. [...] Art. 251. Praticado pelo devedor o ato, a cuja abstenção se obrigara, o credor pode exigir dele que o desfaça, sob pena de se desfazer à sua custa, ressarcindo o culpado perdas e danos. Parágrafo único. Em caso de urgência, poderá o credor desfazer ou mandar desfazer, independentemente de autorização judicial, sem prejuízo do ressarcimento devido. [...] Art. 463. Concluído o contrato preliminar, com observância do disposto no artigo antecedente, e desde que dele não conste cláusula de arrependimento, qualquer das partes terá o direito de exigir a celebração do definitivo, assinando prazo à outra para que o efetive".

[14] PERLINGIERI, Pietro. Riflessioni finali sul danno risarcibile. *In*: GIANDOMENICO, Giovanni di (Coord.). *Ill danno risarcibile per lesione di interessi legittimi*. Nápoles: ESI, [s.d.]. Coleção da Unimol – Università degli studi del Molise, n. 20. p. 288: "Sí che, la tipicità del sistema della responsabilità civile deve coniugarsi con la valutazione degli interessi e dei valori che l'ordinamento giuridico considera prevalenti e, quindi, da proteggere: sarebbe un'assurdità, una discrasia, a riconoscere nell'ordinamento diritti fondamentali della persona e altri diritti di estrema importanza e poi negare ad essi tutela. La problematica va allora rivista in chiave di rimedi. Occorre riconoscere quei rimedi necessari per la tutela degli interessi che sono appunto degni di essere protetti".

[15] CIDH – CORTE INTERAMERICANA DE DIREITOS HUMANOS. *Caso Masacre Plan de Sánchez Vs. Guatemala*. Disponível em: https://www.corteidh.or.cr/docs/casos/articulos/seriec_116_esp.pdf. Acesso em: 15 maio 2023.

e torturado por agentes militares no início da década de 1990.[16] Soluções como estas podem parecer meramente simbólicas, mas alcançam, muitas vezes, espaços que o instrumento pecuniário não alcança, justamente porque não são espaços próprios do dinheiro, e sim da existencialidade humana.

5 Aspectos processuais da reparação não pecuniária

Cumpre acrescentar uma palavra sobre os aspectos processuais da reparação não pecuniária. Seu cabimento parece, hoje, fora de dúvida quando o autor da demanda formula expressamente o pedido de execução específica ou outra medida equivalente de natureza não monetária. O que dizer, todavia, daqueles casos em que o autor da demanda se limita a pleitear a indenização em dinheiro? Poderia o juiz, nestes casos, acrescentar, em sua decisão condenatória, uma medida não pecuniária de reparação? A doutrina tradicional do direito processual responde negativamente. Submetido ao princípio da congruência, o magistrado estaria adstrito à resposta pecuniária, condenando o réu à indenização em dinheiro ou deixando de condená-lo. Em outras palavras, para a maior parte dos processualistas, o juiz, nessas circunstâncias, ou dá dinheiro ou não dá nada.

Entretanto, mesmo no campo processual, todavia, tem crescido o número de autores que defende a posição de que o juiz tem amplos poderes para alcançar o bem da vida demandado em juízo por meio da "tutela específica" (arts. 497 a 499 do Código de Processo Civil).[17] Trata-se, em outras palavras, de permitir ao juiz a adoção das medidas mais efetivas para tutelar o direito material em jogo.[18] Nessa direção, vale destacar o entendimento de Luiz Guilherme Marinoni e Sérgio Cruz Arenhart: "Admite-se expressamente, assim, que, além de a sentença poder impor a multa de ofício, o juiz deixe de atender ao pedido formulado pelo autor para determinar providência diversa, desde que voltada à efetiva tutela do direito material".[19]

---

[16] CIDH – CORTE INTERAMERICANA DE DIREITOS HUMANOS. *Case of Baldeón-García v. Perú*. Disponível em: https://www.corteidh.or.cr/docs/casos/articulos/seriec_147_ing.pdf. Acesso em: 15 maio 2023.

[17] "Art. 497. Na ação que tenha por objeto a prestação de fazer ou de não fazer, o juiz, se procedente o pedido, concederá a tutela específica ou determinará providências que assegurem a obtenção de tutela pelo resultado prático equivalente. Parágrafo único. Para a concessão da tutela específica destinada a inibir a prática, a reiteração ou a continuação de um ilícito, ou a sua remoção, é irrelevante a demonstração da ocorrência de dano ou da existência de culpa ou dolo. Art. 498. Na ação que tenha por objeto a entrega de coisa, o juiz, ao conceder a tutela específica, fixará o prazo para o cumprimento da obrigação. Art. 499. A obrigação somente será convertida em perdas e danos se o autor o requerer ou se impossível a tutela específica ou a obtenção de tutela pelo resultado prático equivalente. Parágrafo único. Tratando-se de entrega de coisa determinada pelo gênero e pela quantidade, o autor individualizá-la-á na petição inicial, se lhe couber a escolha, ou, se a escolha couber ao réu, este a entregará individualizada, no prazo fixado pelo juiz".

[18] Como defende Cruz e Tucci: "Por meio da denominada ação mandamental lato sensu procura-se obter tutela jurisdicional específica, em absoluta simetria ao bem da vida a que se obrigara o demandado ou, pelo menos, a alguma determinação que atenda, de forma equivalente, às expectativas do autor. Em decorrência de novas exigências e do consequente aperfeiçoamento que permeia a ciência processual, os especialistas concluíram que o tradicional modelo da execução por meio da sub-rogação enseja, em muitas situações, enorme frustração ao credor vitorioso. E, por isso, já há alguns anos, a nossa melhor doutrina influenciou o legislador pátrio a adotar, com maior ênfase, a técnica da tutela específica, para satisfazer, de forma efetiva, o interesse do credor" (CRUZ E TUCCI, José Rogério. Art. 497. In: MARINONI, Luiz Guilherme; ARENHART, Sérgio Cruz; MITIDIERO, Daniel (Coord.). *Comentários ao Código de Processo Civil*: Arts. 485 ao 538. 3. ed. São Paulo: Revista dos Tribunais, 2021. v. VIII. p. 165).

[19] MARINONI, Luiz Guilherme; ARENHART. Sérgio Cruz. *Curso de processo civil*: processo de conhecimento. São Paulo: Revista dos Tribunais, 2007. v. 2. p. 439.

Tal orientação aplica-se inteiramente ao campo das ações de responsabilidade civil. Nestes casos, o direito material do autor da demanda consiste na reparação do dano sofrido. A partir do momento em que se compreende que a indenização é apenas *um dos* meios de se alcançar tal reparação, resta claro que o magistrado tem ampla liberdade para combinar o remédio pecuniário com outros que, sem exprimirem valor monetário, permitem o mais amplo atendimento do seu direito material, qual seja, a integral reparação do dano. Tal poder se mostra ainda mais relevante na reparação do dano moral:

> [...] no caso do dano não patrimonial, o ressarcimento na forma específica é o único remédio que permite que o dano não seja monetizado e que o direito, assim, encontre uma forma efetiva de reparação. Na realidade, o direito à tutela jurisdicional efetiva tem como corolário a regra de que, quando possível, a tutela deve ser prestada na forma específica. Isso porque o direito do credor à obtenção de uma utilidade específica sempre prevalece sobre a eventualidade da conversão do direito em um equivalente.[20]

Conclui-se, assim, que, longe de representar um obstáculo à evolução da responsabilidade civil, o direito processual brasileiro, visto sob o olhar mais moderno, parece caminhar no mesmíssimo sentido do direito material.

6 À guisa de conclusão: a vitória de um voto vencido

Em 6.5.2015, o Ministro Luís Roberto Barroso proferiu o voto vencido em que defendeu a aplicação de reparação não pecuniária aos danos morais sofridos por detentos submetidos a condições degradantes, por meio da remição da pena. A maioria do STF encaminhou-se em sentido contrário.

Pouco mais de três anos depois, em novembro de 2018, a Corte Internacional de Direitos Humanos analisou o caso dos detentos do Instituto Penal Plácido de Sá Carvalho, localizado no Rio de Janeiro. Após diversas denúncias de que o referido instituto submetia os detentos a condições degradantes e desumanas, a Corte Interamericana de Direitos Humanos editou uma resolução que determinou ao Estado brasileiro a adoção imediata de medidas capazes de assegurar a vida e integridade pessoal das pessoas ali encarceradas. Entre tais medidas, foi determinado o seguinte:

> o Estado deverá arbitrar os meios para que, no prazo de seis meses a contar da presente decisão, se compute em dobro cada dia de privação de liberdade cumprido no IPPSC, para todas as pessoas ali alojadas, que não sejam acusadas de crimes contra a vida ou a integridade física, ou de crimes sexuais, ou não tenham sido por eles condenadas.[21]

Em junho de 2021, a 5ª Turma do Superior Tribunal de Justiça foi chamada a examinar o recurso de um detento que requeria a contagem em dobro da pena cumprida no

---

[20] MARINONI, Luiz Guilherme; ARENHART. Sérgio Cruz. *Curso de processo civil*: processo de conhecimento. São Paulo: Revista dos Tribunais, 2007. v. 2. p. 434.
[21] CIDH – CORTE INTERAMERICANA DE DIREITOS HUMANOS. *Resolução de 22 de novembro de 2018*. Disponível em: https://www.corteidh.or.cr/docs/medidas/placido_se_03_por.pdf. Acesso em: 1º maio 2023.

Instituto Penal Plácido de Sá Carvalho desde a ciência do Estado brasileiro da resolução editada pela Corte Interamericana de Direitos Humanos. O Ministro Reynaldo Soares da Fonseca, então relator do recurso, após enfatizar a adesão do Estado brasileiro à Convenção Americana de Direitos Humanos (Pacto de San José da Costa Rica), apontou a necessidade de interpretar as normas internas da ordem jurídica brasileira com o intuito de assegurar aos cidadãos brasileiros a dignidade humana prometida pela Constituição da República e, nessa esteira, aplicou a remição como meio de reparação aos detentos, sem qualquer referência analógica às normas penais ou processuais penais do direito brasileiro.[22]

Em outras palavras: aproximadamente seis anos após o emblemático voto vencido do Ministro Luís Roberto Barroso no RE nº 580.252/MS, a reparação não pecuniária dos danos morais acabou sendo aplicada pelo Superior Tribunal de Justiça em hipótese bastante semelhante. Pode-se dizer, nesse sentido, que o voto vencido acabou por vencer. A ordem jurídica brasileira está aberta aos meios não pecuniários de reparação do dano moral, que devem ser explorados em todas as suas potencialidades como instrumento de obtenção da reparação integral dos danos sofridos.

Referências

ABBUD, Bruno. Pandemia pode ter levado Brasil a ter recorde histórico de 919.651 presos. *O Globo*, 5 jun. 2022. Disponível em: https://oglobo.globo.com/brasil/noticia/2022/06/pandemia-pode-ter-levado-brasil-a-ter-recorde-historico-de-919651-presos.ghtml. Acesso em: 9 maio 2023.

CASTRONOVO, Carlo. *La nuova responsabilità civile*. Milão: Dott. A. Giuffré, 1997.

CRUZ E TUCCI, José Rogério. Art. 497. *In*: MARINONI, Luiz Guilherme; ARENHART, Sérgio Cruz; MITIDIERO, Daniel (Coord.). *Comentários ao Código de Processo Civil*: Arts. 485 ao 538. 3. ed. São Paulo: Revista dos Tribunais, 2021. v. VIII.

MARELLA, Maria Rosaria. *La riparazione del danno in forma specifica*. Pádua: Cedam, 2000.

MARINONI, Luiz Guilherme; ARENHART. Sérgio Cruz. *Curso de processo civil*: processo de conhecimento. São Paulo: Revista dos Tribunais, 2007. v. 2.

MESSINETTI, Davide. Recenti orientamenti sulla tutela della persona. La moltiplicazione dei diritti e dei danni. *Rivista Critica di Diritto Privato*, 1992.

MORAES, Maria Celina Bodin de. *Danos à pessoa humana*. Rio de Janeiro: Renovar, 2003.

PERLINGIERI, Pietro. *Perfis do direito civil*. Tradução de Maria Cristina De Cicco. Rio de Janeiro: Renovar, 1999.

PERLINGIERI, Pietro. Riflessioni finali sul danno risarcibile. *In*: GIANDOMENICO, Giovanni di (Coord.). *Ill danno risarcibile per lesione di interessi legittimi*. Nápoles: ESI, [s.d.]. Coleção da Unimol – Università degli studi del Molise, n. 20.

SCHREIBER, Anderson. *Novos paradigmas da responsabilidade civil*: da erosão dos filtros da reparação à diluição dos danos. 6. ed. São Paulo: Atlas, 2015.

---

[22] STJ, 5ª Turma. Agravo Regimental no Recurso em Habeas Corpus nº 136.961. Rel. Min. Reynaldo Soares da Fonseca, j. 15.6.2021.

Informação bibliográfica deste texto, conforme a NBR 6023:2018 da Associação Brasileira de Normas Técnicas (ABNT):

SCHREIBER, Anderson. A reparação não pecuniária dos danos morais à luz do direito constitucional, do direito civil e do direito processual civil. *In*: OSORIO, Aline; MELLO, Patrícia Perrone Campos; BARROSO, Luna van Brussel (Coord.). *Direitos e democracia*: 10 anos do Ministro Luís Roberto Barroso no STF. Belo Horizonte: Fórum, 2023. p. 275-285. ISBN 978-65-5518-555-3.

O MIN. BARROSO E A LIBERDADE DE EXPRESSÃO: DA DOUTRINA À PRÁTICA[1]

ANDRÉ CYRINO
RAFAEL LORENZO-FERNANDEZ KOATZ
ALICE VORONOFF

I   Registros iniciais e apresentação do estudo

Com muito orgulho, nós três fomos alunos do Professor Luís Roberto Barroso na Faculdade de Direito da UERJ. Aprendemos com ele como o direito pode ser um instrumento de mudança; ferramenta efetiva para tirar do papel as promessas constitucionais e transformar o país em um lugar melhor e mais justo. Com Barroso, aprendemos e reafirmamos o compromisso com o desenvolvimento de um projeto democrático para o Brasil, calcado no respeito inegociável com as garantias de um Estado de direito.

Como alunos aplicados, temos a satisfação de seguir aprendendo com ele sobre os mais diversos assuntos. Não mais na sala de aula, mas por meio de seus votos. Neste estudo, selecionamos um tema que é especialmente caro ao ministro: a proteção das liberdades de expressão e de imprensa. Assunto com o qual o homenageado lidou como professor,[2] autor,[3] advogado parecerista[4] e, agora, como juiz.

---

[1] Este trabalho foi elaborado com o valioso apoio de Marcella Simões Penello Meirelles e Maria Beatriz Pinho de Sá, que auxiliaram com pesquisas e com a cuidadosa revisão do texto e de suas referências.

[2] A experiência de ser aluno do Prof. Barroso reserva lembranças afetivas de debates em sala de aula sobre o tema deste artigo. Num ambiente de efetiva liberdade na prática, permitia-se o dissenso. Inclusive com as posições do professor, sempre aberto a ouvir os questionamentos e perplexidades dos seus alunos.

[3] Destacamos, entre tantos escritos, os seguintes: "BARROSO, Luís Roberto. Da caverna à internet: evolução e desafios da liberdade de expressão. *Revista Publicum*, Rio de Janeiro, v. 6, n. 1, p. 1-12, 2020; e BARROSO, Luís Roberto. Liberdade de expressão, imprensa e mídias sociais: jurisprudência, direito comparado e novos desafios. *Revista Jurídica da Presidência*, v. 25, n. 135, p. 20-48, 2023.

[4] Foram muitos os pareceres, alguns publicados. BARROSO, Luís Roberto. Liberdade de expressão, censura e controle da programação de televisão na Constituição de 1988. *Revista dos Tribunais* (São Paulo), Rio de Janeiro, v. 790, 2001; "BARROSO, Luís Roberto. Liberdade de expressão, direito à informação e banimento da publicidade de cigarro. *Revista de Direito Administrativo*, v. 224, p. 31-50, 2001; BARROSO, Luís Roberto. Colisão entre liberdade de expressão e direitos da personalidade. Critérios de ponderação. Interpretação constitucionalmente adequada do Código Civil e da Lei de Imprensa. *Revista de Direito Administrativo*, v. 235, p. 1-36, 2004; BARROSO, Luís Roberto. Liberdade de expressão e limitação a direitos fundamentais. Ilegitimidade de restrições à publicidade de refrigerantes e sucos. *Revista de Direito Público da Economia – RDPE*, Belo Horizonte, ano, v. 2, p. 109-141,

O objetivo deste estudo é sistematizar e catalogar as posições do Min. Barroso sobre as liberdades de expressão e de imprensa. Para tanto, fizemos um levantamento dos votos do ministro como relator de causas relacionadas ao tema ao longo dos 10 anos de sua atuação no Supremo Tribunal Federal.

A pesquisa foi dividida em três etapas. Na primeira, por meio da ferramenta de busca disponibilizada pelo STF, foram levantadas todas as ações de controle concentrado e temas de repercussão geral relacionados aos seguintes termos: "liberdade de expressão", "liberdade de informação", "liberdade de imprensa", "manifestação artística", "livre manifestação" e "censura". Na segunda, foram divididos os processos encontrados na primeira fase entre aqueles de relatoria do Min. Roberto Barroso e os de relatoria de outros magistrados, para que se levantassem todas as decisões de mérito proferidas nas ações em que foi relator. Na terceira, foram utilizados os mesmos termos de pesquisa no sistema de busca por jurisprudência do STF e inseridos filtros para separar apenas as decisões proferidas em controle incidental, que tenham tido o Min. Barroso como relator.

Como se verá, seus votos podem ser organizados em duas fases. Numa primeira, eles refletem uma defesa firme (quase intransigente) das liberdades de expressão e de imprensa como instrumentos necessários à proteção individual e à democracia. Também evidenciam o esforço do ministro de delimitar os contornos da liberdade de expressão, a partir de seu convívio, no sistema constitucional, com outros princípios e valores fundamentais – a exemplo da liberdade acadêmica e do regime aplicável ao serviço público. Numa segunda fase, inaugurada a partir de 2021 e que coincide com a atuação do ministro no âmbito do Tribunal Superior Eleitoral (TSE), as decisões passam a refletir os desafios trazidos pelo universo digital e pelos sistemáticos ataques à democracia e a valores constitucionais relevantes. Um cenário que, antes, não se colocava, ou que era embrionário (ou desconhecido). Mudanças em relação às quais o direito constitucional ainda busca soluções. Com elas, verifica-se, nas decisões do ministro, uma postura mais cautelosa, em que os contornos da liberdade de expressão passam a ser buscados não apenas à luz do confronto, em tese, com outros princípios e valores constitucionais, mas com a realidade posta e os danos verificados pela disseminação indiscriminada de conteúdo falso – inclusive, e notadamente, para a democracia.

Este trabalho tem um propósito preponderantemente descritivo. Nada obstante, busca inspirar reflexões sobre o futuro da liberdade de expressão no Brasil. Seguiremos, assim, o seguinte roteiro. Nos próximos tópicos (II e III), estruturaremos a visão corrente da literatura sobre a liberdade de expressão, a qual está em linha com a visão do Ministro Barroso. Na sequência (tópico IV), apresentaremos a evolução da perspectiva do Min. Barroso como julgador no Supremo Tribunal Federal. Por fim (o tópico V), teceremos uma breve conclusão.

2004; BARROSO, Luís Roberto. Constituição, liberdade de expressão e classificação indicativa. Invalidade da imposição de horários para a exibição de programas televisivos. *Revista de Direito do Estado*, v. 3, n. 11, p. 337-370, 2008. Destacamos, ainda, sua atuação como advogado parecerista em favor da TV Globo no caso envolvendo a empresa e Raul Fernando do Amaral Street (conhecido como "Doca Street"), no qual a Quinta Câmara Cível do TJRJ (Apelação nº 0102079-50.2003.8.19.0001) liberou a exibição do programa "Linha Direta", com fundamento na liberdade de informação e de imprensa.

II A liberdade de expressão na Constituição de 1988

Ao longo de nossa história, todas as cartas constitucionais asseguraram, em maior ou menor grau, e ao menos no papel, proteção às liberdades de expressão e de imprensa.[5] Apesar disso, na conturbada biografia constitucional do país, nunca houve um ambiente muito propício à garantia da *efetividade* dessas liberdades no Brasil.[6] Não até o advento da Constituição de 1988.[7]

A Carta de 1988 foi pródiga em disposições que, direta ou indiretamente, estão relacionadas ao tema.[8] Isso, todavia, não impediu, sobretudo nos primeiros anos de vigência, um descompasso entre a vontade constitucional e a realidade social. A abrangência e a importância dessas liberdades foram, num primeiro momento, mal compreendidas, o que obrigou – e ainda obriga – que o STF reiteradamente se pronuncie sobre o assunto. E foi assim que se construiu, notadamente a partir do julgamento da ADPF nº 130,[9] [10] uma, digamos, *doutrina brasileira da liberdade de expressão*,[11] que se

---

[5] A saber: 1824 (art. 179, IV); 1891 (art. 72, §12); 1934 (art. 113.9), 1937 (art. 122.15); 1946 (art. 141, §5º); 1967 (art. 150, §8º), 1969 (art. 153, §8º). Entre elas, foi a Constituição de 1937, conhecida por seu viés fascista, que dispôs mais detidamente sobre o funcionamento da imprensa, sem maiores preocupações democráticas.

[6] Sobre o tema, veja-se: BARROSO, Luís Roberto. *O direito constitucional e a efetividade de suas normas*: limites e possibilidades da Constituição brasileira. 4. ed. Rio de Janeiro: Renovar, 2000.

[7] Ciente dos inúmeros abusos e arbitrariedades cometidos durante o regime de exceção, uma das preocupações centrais da Constituinte de 1987-88 foi a de proibir e proscrever toda forma de censura. Daí a elevada importância que a liberdade de expressão (dos cidadãos e dos meios de comunicação social) ganhou nas discussões constituintes, o que acabou por se refletir no seu texto.

[8] Com efeito, ela assegura a livre manifestação do pensamento e a liberdade de expressão intelectual, artística, científica e de comunicação, independentemente de censura ou licença (art. 5º, IV e IX), o direito de resposta proporcional ao agravo (art. 5º, V), a liberdade de consciência e de crença (art. 5º, VI), o acesso à informação, com as garantias que lhe são inerentes, entre as quais o resguardo do sigilo da fonte, quando necessário ao exercício profissional (art. 5º, XIV e XXXIII), as liberdades de aprender, ensinar, pesquisar e divulgar o pensamento, a arte e o saber (art. 206, II), bem como o respeito ao pluralismo de ideias e de concepções pedagógicas, como princípios reitores do ensino (art. 206, III), o pleno exercício dos direitos culturais e o acesso às fontes da cultura nacional, além de apoio e incentivo à valorização e à difusão das manifestações culturais (art. 215), a livre manifestação do pensamento, a criação, a expressão e a informação, sob qualquer forma, processo ou veículo (art. 220), a plena liberdade de informação jornalística em qualquer veículo de comunicação social, observado o disposto na Constituição (art. 220, §1º), e veda toda e qualquer censura de natureza política, ideológica ou artística (arts. 5º, IX e 220, §2º). Além disso, contém dispositivo voltado a impedir a formação, direta ou indireta, de monopólios ou oligopólios (art. 220, §5º), o que reflete, inegavelmente, uma preocupação com a formação de uma imprensa livre e plural. Não se trata, por óbvio, de rol taxativo, tendo em vista o disposto no art. 5º, §2º, da CRFB. Assim, também integram a ordem jurídica brasileira os diversos tratados e convenções internacionais de que o Brasil é signatário, entre os quais: (i) a Declaração Universal dos Direitos Humanos (art. 19); (ii) o Pacto Internacional dos Direitos Civis e Políticos (art. 19); e (iii) a Convenção Americana de Direitos Humanos (art. 13).

[9] ADPF nº 130, Rel. Min. Carlos Britto, Tribunal Pleno, j. 30.4.2009. DJe-208, 6 nov. 2009.

[10] Sobre a jurisprudência do STF sobre liberdade de expressão, na vigência da Constituição de 1988, anterior e posterior à ADPF nº 130, veja-se: KOATZ, Rafael Lorenzo Fernandez. As liberdades de expressão e de imprensa na jurisprudência do Supremo Tribunal Federal. In: SARMENTO, Daniel (Org.). *Direitos fundamentais na jurisprudência do STF*: balanço e crítica. Rio de Janeiro: Lumen Juris, 2011.

[11] A referência é uma alusão à doutrina brasileira do *habeas corpus*. Como se sabe, durante os primeiros anos da República, o STF viveu um momento de efervescência e de busca de afirmação de seu poder. Era ele constantemente provocado a manifestar-se sobre a legalidade de atos praticados às margens da ordem jurídica, que o governo desejava punir severa e exemplarmente para garantir a manutenção da ordem e da estabilidade social. Ao longo desse período, instado por inúmeros HCs, muitos dos quais impetrados por Rui Barbosa, o STF desenvolveu o que se convencionou chamar de a "doutrina brasileira do habeas corpus". Por obra da ousadia do jurista baiano, o escopo da garantia constitucional foi paulatinamente alargado pelo STF para abranger todos os casos de violência, coação ou iminente perigo por ilegalidade ou abuso de poder, e não apenas os atentatórios à liberdade de locomoção. Sobre o período, Rodrigo Brandão escreveu: "Apesar dos diversos tipos de reações políticas às decisões judiciais, o período de 1891 a 1926 foi um momento áureo da jurisprudência do STF. Neste período, [...] o STF engendrou uma das mais – senão a mais – importante construção jurisprudencial da sua história: a

pode afirmar liberal, e que vem afirmando e reconhecendo a importância dessa garantia para o sucesso do projeto democrático brasileiro.

Na quadra atual, porém, o desafio do STF tem se mostrado ligeiramente diverso: o discurso em defesa da liberdade de expressão foi, em parte, *capturado* por argumentos ideológicos. Uma parcela dos agentes políticos tem se ancorado nessa garantia para defender uma ampla e irrestrita *imunidade* para todo e qualquer tipo de discurso, mesmo que possam comprometer e fazer ruir a democracia brasileira, ou colocar em xeque a dignidade humana ou o exercício pleno de outros direitos fundamentais. Atualmente, portanto, o desafio que o Supremo tem enfrentado – potencializado pelo universo digital[12] – tem sido o de "separar o joio do trigo", isto é, garantir ampla liberdade, sem dar salvaguarda a discursos que possam comprometer a própria democracia e o Estado de direito constitucional.

Os casos nos quais o Min. Barroso foi chamado a se pronunciar refletem, em boa medida, essa tensão. Antes, porém de apresentá-los, convém fazer uma pequena digressão teórica sobre o tema.

III Aportes teóricos sobre as liberdades de expressão e de imprensa. Perspectivas substantiva e instrumental

Do ponto de vista teórico, a proteção às liberdades de expressão e de imprensa se justifica a partir de duas perspectivas: uma *substantiva* e outra *instrumental*. A partir da perspectiva *substantiva*, a liberdade de expressão possui um valor intrínseco e constitui elemento essencial para o desenvolvimento da personalidade humana. Nesse sentido, a liberdade de expressão deve ser protegida porque constitui um direito *substantivo* ou *moral* dos cidadãos; real emanação do princípio da dignidade da pessoa humana, que reconhece que a realização individual depende, em grande medida, do intercâmbio de impressões e experiências, o que pressupõe liberdade comunicativa.[13] A proteção está calcada na ideia de que negar a outrem o direito de se manifestar compromete o próprio desenvolvimento da personalidade, na medida em que uma das características mais marcantes da condição humana é a capacidade que os indivíduos têm de se verem e de se entenderem enquanto seres pensantes.[14] Essa perspectiva parte da premissa de que os indivíduos são capazes de discernir entre o que é bom e o que é ruim, e, portanto,

---

doutrina brasileira do habeas corpus" (BRANDÃO, Rodrigo. *Supremacia judicial versus diálogos institucionais*: a quem cabe a última palavra sobre o sentido da Constituição? Rio de Janeiro: Lumen Juris, 2012. p. 100).

[12] Sobre o tema, v. BARROSO, Luna Van Brussel. *Liberdade de expressão e democracia na era digital*. O impacto das mídias sociais no mundo contemporâneo. Belo Horizonte: Fórum, 2022.

[13] SCANLON, Thomas. A theory of freedom of expression. *In*: DWORKIN, Ronald (Ed.). *The philosophy of law*. Oxford: Oxford University Press, 1977. p. 153 e ss.

[14] Daniel Sarmento salienta que "a possibilidade de cada um de exprimir as próprias ideias e concepções, de divulgar suas obras artísticas, científicas ou literárias, de comunicar o que pensa e o que sente, é dimensão essencial da dignidade humana. Quando se priva alguém destas faculdades, restringe-se a capacidade de realizar-se como ser humano e de perseguir na vida os projetos e objetivos que escolheu. Trata-se de uma das mais graves violações à autonomia individual que se pode conceber, uma vez que nossa capacidade de comunicação – nossa aptidão e vontade de exprimir de qualquer maneira o que pensamos, o que sentimos e o que somos – representa uma das mais relevantes dimensões de nossa própria humanidade". Cf. SARMENTO, Daniel. A liberdade de expressão e o problema do "hate speech". *In*: SARMENTO, Daniel. *Livres e iguais*: estudos de direito constitucional. Rio de Janeiro: Lumen Juris, 2006. p. 242.

têm o direito de definir suas escolhas.[15] Daí que, a partir de uma perspectiva *substantiva*, toda e qualquer forma de censura com base no *conteúdo* é, em regra, incompatível com a responsabilidade dos cidadãos enquanto agentes morais autônomos.

A perspectiva *instrumental*, por seu turno, busca justificar a proteção às liberdades de expressão e de imprensa, externamente, a partir de outros valores constitucionais. Nessa visão, a proteção das liberdades comunicativas tem seu fundamento no fato de que, por meio delas (daí seu caráter *instrumental*), se promovem outros valores que a sociedade considera essenciais, como a democracia.[16] [17] A razão é simples. Não há como se construir um regime democrático sem o embate livre de ideias. A noção de autogoverno se baseia num processo dialético, de troca de impressões e confronto de visões, informado pelo pluralismo e pela isonomia, em que os cidadãos tenham possibilidade de se influenciar reciprocamente. A formação da vontade coletiva pressupõe que as pessoas tenham acesso às diversas manifestações de pensamento que circulam no meio político, isto é, a um "mercado de ideias",[18] e possam escolher as correntes com as quais se identificam, inclusive para tentar influenciar seus semelhantes.

Essas perspectivas – instrumental e substantiva –, embora partam de premissas diversas e assegurem graus de proteção distintos às liberdades de expressão e de imprensa, não são incompatíveis ou excludentes; são complementares. E a Constituição

---

[15] DWORKIN, Ronald. Why speech must be free?. *In*: DWORKIN, Ronald. *Freedom's law*: the moral reading of the American Constitution. Cambridge: Harvard University Press, 1996. p. 200.

[16] Owen Fiss, por exemplo, defende que o discurso é valorizado pela Constituição, "não porque ele é uma forma de auto-expressão, mas porque ele é essencial à autodeterminação coletiva" (FISS, Owen M. *A ironia da liberdade de expressão*: Estado, regulação e diversidade na esfera pública. Tradução de Gustavo Binenbojm e Caio Mário da Silva Pereira Neto. Rio de Janeiro: Renovar, 2005. p. 30). Veja-se, ainda, SUNSTEIN, Cass R. *Democracy and the problem of free speech*. New York: Free Press, 1995; MICHELMAN, Frank. Relações entre democracia e liberdade de expressão: discussão de alguns argumentos. *In*: SARLET, Ingo Wolfgang (Org.). *Direitos fundamentais, informática e comunicação*. Porto Alegre: Livraria do Advogado, 2007. p. 49 ss.; e LOWE, Peter; JONSON, Annemarie. 'There is no such thing as free speech': an interview with Stanley Fish. *Australian Humanities Review*, 1998. Disponível em: http://australianhumanitiesreview.org/1998/02/01/there-is-no-such-thing-as-free-speech-an-interview-with-stanley-fish/. Acesso em: 12 maio 2023.

[17] Alexander Meiklejohn, precursor da perspectiva instrumental nos EUA, defendia que o discurso público só é protegido contra regulações inconsistentes com a democracia. Para o referido autor, se o discurso público, livre e aberto, foi idealizado para alcançar objetivos democráticos, então o Estado pode intrometer-se quando o discurso desrespeitar ou excluir membros do debate. Meiklejohn posiciona o Estado como um moderador neutro do debate público. Nas palavras do autor, "The principle of the freedom of speech [is] not a Law of Nature or of Reason in the abstract. It is a deduction from the basic American agreement that public issues shall be decided by universal suffrage" (MEIKLEJOHN, Alexander. Free speech and its relation to self-government. 1948. p. 39 *apud* STONE, Geoffrey R.; SEIDMAN, Louis M.; SUNSTEIN, Cass R.; TUSHNET, Mark V.; KARLAN, Pamela S. *The First Amendment*. 2. ed. New York: Aspen Publishers, 2003. p. 11). Tradução livre para o vernáculo: "o princípio da liberdade de expressão não é um direito natural ou da razão em abstrato. Ele é uma dedução do acordo básico americano de que questões públicas devem ser decididas pelo sufrágio universal".

[18] A ideia de que a liberdade de expressão protege o "mercado de ideias" surgiu a partir do voto dissidente proferido por Oliver Wendell Holmes, no caso *Abrahams v. United States* – 250 U.S. 616 (1919) – julgado pela Suprema Corte norte-americana, em 1919. De acordo com Holmes, "o melhor teste para a verdade é o poder do pensamento de se fazer aceito na competição do mercado". A ideia pressupõe, por isso mesmo, a noção de *laissez-faire*, ou seja, de que o mercado seria capaz de se autorregular. No entanto, como observam Jónatas Machado e Gomes Canotilho, opinião com a qual estamos inteiramente de acordo, "o facto de o mercado das ideias se apresentar estruturado com base num mercado de bens e serviços e assentar na procura do lucro não justifica, de forma alguma, a subtracção da actividade dos meios de comunicação audiovisual ao âmbito normativo da liberdade de expressão". Cf. CANOTILHO, J. J. Gomes; MACHADO, Jónatas E. M. *"Reality shows" e liberdade de programação*. Coimbra: Coimbra Editora, 2003. p. 42.

de 1988 mirou ambas.[19] Daí por que, na análise de casos envolvendo essas liberdades, nenhuma dimensão deverá ser desconsiderada. As manifestações do Ministro Barroso, como se passa a expor, refletem cada uma delas.

IV As liberdades de expressão e de imprensa segundo o Ministro Barroso

No levantamento realizado, identificamos 14 ações que envolviam as liberdades de expressão e de imprensa, nas quais o Min. Barroso atuou como relator.[20][21] A primeira deu-se em 2015, em caso que discutia a liberdade de expressão de parlamentar. O último caso identificado é de 2023 e teve como discussão as denominadas *fake news*.

Esses dois julgados são interessantes porque ilustram duas fases do posicionamento do Min. Barroso: a *primeira*, na qual defendia um espaço mais amplo de liberdade, em linha com a jurisprudência do STF inaugurada com o julgamento da ADPF 130, bem como a intenção de densificar, por seus votos, os contornos e limites da liberdade de expressão, à luz de outros princípios e valores constitucionais. E a *segunda*, quando a Corte se deparou com um fenômeno que está longe de ser resolvido, relacionado ao universo digital e à disseminação das *fake news*. Isso deflagrou uma postura mais cautelosa por parte do STF, refletida em precedentes da relatoria do Min. Barroso que evidenciam preocupações voltadas a combater o uso abusivo e de má-fé da liberdade de se expressar. Na sequência, fazemos anotações sobre essa trajetória.

---

[19] Os incs. IV e IX do art. 5º da Constituição protegem, fundamentalmente, a liberdade de expressão em sua dimensão *substantiva*, eminentemente negativa, de proteção individual contra interferências estatais. Ao afirmar, *v.g.*, ser "livre a expressão da atividade intelectual, artística, científica e de comunicação, independentemente de censura ou licença", a Constituição pôs em maior relevo a dimensão substantiva da liberdade de expressão, proibindo que o Estado se intrometa no processo criativo ou crie padrões estéticos e artísticos. Com isso, assegura-se o direito à autodeterminação individual. Isso não significa, contudo, que tais incisos não tenham também um conteúdo *instrumental*. Eles o têm, ainda que de forma mediata. Os arts. 220 e ss., por sua vez, refletem, em maior medida, a dimensão *instrumental*, como meio de promoção de outros direitos fundamentais. Veja-se que, ao vedar, no art. 220, §2º, "toda e qualquer censura de natureza política, ideológica ou artística", a Constituição buscou proteger, primordialmente, o espaço público de debate, proibindo a exclusão de qualquer ideia com base em seu conteúdo. Assim, deixa-se aberta a possibilidade de os indivíduos se influenciarem mutuamente para chegarem a uma decisão a respeito da melhor forma de exercício do autogoverno. Nos arts. 220 e ss., embora o Constituinte tenha dado maior destaque ao caráter instrumental da liberdade de expressão, isso também não significa que tal previsão não robusteça, ainda que mediatamente, a dimensão substantiva.

[20] Em nossa pesquisa também identificamos declarações de voto proferidas pelo ministro enquanto vogal (*e.g.* ADI nº 5.136; ADIs nº 5.415, 5.418 e 5.436; ADIs nº 5.423, 5.488 e 5.491; ADI nº 5.970; ADI nº 6.281; ADPF nº 572; e RE com RG nº 1.070.522). Não obstante, buscamos, no presente artigo, nos debruçar somente sobre as decisões de sua relatoria.

[21] Estão ainda pendentes de julgamento no Supremo Tribunal Federal três temas de repercussão geral que envolvem a temática das liberdades de expressão e de imprensa e que são de relatoria do Min. Barroso: (*i*) Tema nº 778 (RE nº 845.779), relativo a recurso extraordinário em que se discute, à luz dos arts. 1º, III, 5º, V, X, XXXII, LIV e LV, e 93 da CRFB, se a abordagem de transexual para utilizar banheiro do sexo oposto ao qual se dirigiu configura ou não conduta ofensiva à dignidade da pessoa humana e aos direitos da personalidade, indenizável a título de dano moral; (*ii*) Tema nº 837 (RE nº 662.055), relativo a recurso extraordinário em que se discute, à luz dos arts. 5º, IV e IX, e 220, *caput*, §1º e §2º, da CRFB, a definição dos limites da liberdade de expressão, ainda que do seu exercício possa resultar relevante prejuízo comercial, bem como fixar parâmetros para identificar hipóteses em que a publicação deve ser proibida e/ou o declarante condenado ao pagamento de danos morais, ou ainda a outras consequências jurídicas que lhe possam ser legitimamente impostas; e (*iii*) Tema nº 912 (ARE nº 905.149), relativo a recurso extraordinário em que se discute, à luz do art. 5º, II, IV e XVI, da CRFB e dos princípios constitucionais da razoabilidade e da proporcionalidade, acerca dos limites da liberdade de manifestação do pensamento e de reunião, notadamente sobre a possibilidade de lei proibir o uso de máscaras em manifestações públicas.

O início daquilo que denominamos *primeira fase* – momento em que o Min. Barroso proferiu uma série de decisões em busca da consolidação da liberdade de expressão e delimitação, em tese, de seus contornos – ocorreu com o julgamento do RE nº 600.063,[22] proferido em 25.2.2015. O processo envolvia ação ordinária por meio da qual se buscava indenização por danos morais decorrentes de pronunciamento realizado por vereador no âmbito de Câmara Municipal. Em sede de apelação, o Tribunal de Justiça do Estado de São Paulo entendeu que as manifestações proferidas pelo agente político, no exercício de seu mandato, não são protegidas pela imunidade parlamentar prevista no art. 29, VIII, da Constituição da República[23] quando extrapolarem os limites do bom senso e ofenderem a honra de outrem.

Em seu voto, o Min. Barroso associou a liberdade de expressão à própria democracia (dimensão *instrumental* da liberdade): eventual ameaça de persecução cível e penal aos discursos parlamentares geraria um efeito resfriador (*chilling effect*), de modo a prejudicar a livre exposição de pensamentos na esfera legislativa, que é vocacionada ao debate público. Conforme entendimento manifestado na ocasião, a liberdade de expressão já protege manifestações não ofensivas de parlamentares. A imunidade material dos parlamentares, de sua vez, visa justamente conferir uma "proteção adicional"[24] a todas as manifestações relacionadas ao exercício do respectivo mandato.

Por essa razão, o ministro votou no sentido de dar provimento ao recurso extraordinário, para julgar improcedente o pedido formulado na ação, reconhecendo que a manifestação do vereador se encontrava dentro da seara constitucionalmente protegida da liberdade de expressão.

No julgamento da ADI nº 5.487,[25] o Min. Barroso mais uma vez associou a liberdade de expressão à democracia, em especial, ao acesso do público ao mais amplo e plural debate eleitoral. A ADI,[26] proposta pelo Partido Socialismo e Liberdade (PSOL) e pelo Partido Verde (PV), questionava as alterações realizadas pela minirreforma eleitoral (Lei nº 13.165/2015) na Lei dos Partidos Políticos (Lei nº 9.504/1997). Os requerentes pediram, entre outros pontos, a declaração de inconstitucionalidade do art. 46, §5º, da Lei nº 9.504/1997, com a redação dada pela Lei nº 13.165/2015, regra que permitia a fixação do número de participantes dos debates pelos próprios candidatos competidores.[27]

---

[22] RE nº 600.063, Rel. Min. Marco Aurélio, Rel. p/ Acórdão Min. Roberto Barroso, Tribunal Pleno, j. 25.2.2015. *DJe*, 15 maio 2015.

[23] "Art. 29. O Município reger-se-á por lei orgânica, votada em dois turnos, com o interstício mínimo de dez dias, e aprovada por dois terços dos membros da Câmara Municipal, que a promulgará, atendidos os princípios estabelecidos nesta Constituição, na Constituição do respectivo Estado e os seguintes preceitos: [...] VIII - inviolabilidade dos Vereadores por suas opiniões, palavras e votos no exercício do mandato e na circunscrição do Município; [...]".

[24] P. 4 do voto do Min. Barroso.

[25] ADI nº 5.487, Rel. Min. Rosa Weber, Rel. p/ Acórdão Min. Roberto Barroso, Tribunal Pleno, j. 25.8.2016. *DJe*, 18 dez. 2017.

[26] A referida ação direta foi julgada em conjunto com as ADI nº 5.423, 5.488 e 5.491, de relatoria do Ministro Dias Toffoli, e a ADI nº 5.577, de relatoria da Ministra Rosa Weber.

[27] "Art. 46. Independentemente da veiculação de propaganda eleitoral gratuita no horário definido nesta Lei, é facultada a transmissão por emissora de rádio ou televisão de debates sobre as eleições majoritária ou proporcional, sendo assegurada a participação de candidatos dos partidos com representação superior a nove Deputados, e facultada a dos demais, observado o seguinte: [...] §5º Para os debates que se realizarem no primeiro turno das eleições, serão consideradas aprovadas as regras, inclusive as que definam o número de participantes, que obtiverem

A Suprema Corte, por maioria, julgou parcialmente procedente o pedido para conferir interpretação conforme aos dispositivos questionados, a fim de assegurar que os candidatos aptos não deliberassem pela exclusão dos debates (*i.e.*, pela não participação) de candidatos cuja participação fosse facultativa, quando a emissora tenha optado por convidá-los.[28] Na ocasião, o Min. Barroso entendeu que tal "regra eleitoral cria um conflito de interesses incompatível com os princípios democrático, com a isonomia entre os candidatos e com a liberdade de expressão", já que gera (i) a exclusão arbitrária de "correntes políticas da arena do debate público, de forma contrária ao pluralismo político e ao princípio democrático", (ii) prejuízo na "possibilidade de competitividade entre candidatos representativos das diferentes correntes políticas em situação de igualdade de oportunidades, afrontando-se a paridade de armas e o princípio da isonomia", e (iii) violação ao "direito à informação dos eleitores e liberdade de expressão, que pressupõe que os cidadãos tenham acesso a opiniões e pontos de vista divergentes sobre as diversas questões, de modo que possam formar as suas próprias convicções e exercer a sua decisão de voto".[29]

O RE nº 443.953 ED,[30] julgado em 19.6.2017, também teve por objeto discussão acerca de imunidade parlamentar. Nele, o Min. Barroso reafirmou a jurisprudência do Supremo Tribunal Federal no sentido de que a imunidade parlamentar material incide de forma absoluta sobre declarações proferidas no recinto do Parlamento. Atos praticados em local distinto, a seu turno, somente escapam à proteção absoluta da imunidade quando não guardem pertinência com o desempenho das funções do mandato parlamentar. Mais uma vez, o ministro caracterizou a imunidade como uma proteção adicional à liberdade de expressão, que visa assegurar a fluência do debate público e, em última análise, a própria democracia.

Já em 2018, o Min. Barroso foi relator de cinco reclamações que envolviam pedidos de retirada do conteúdo de publicações de sítios eletrônicos (Rcls. nº 28.299,[31] 24.760,[32] 18.638,[33] 22.328[34] e 31.315).[35] Nesses julgados, o ministro ressaltou: (i) a maior flexibilidade do STF na admissão de reclamações em matéria de liberdade de expressão, em razão da sua persistente vulneração, tendo por parâmetro a ADPF nº 130; e (ii) a posição preferencial da liberdade de expressão no Estado democrático brasileiro, como uma pré-condição para o exercício esclarecido dos demais direitos e liberdades constitucionais. E concluiu que (iii) o uso abusivo da liberdade de expressão não deve

---

a concordância de pelo menos 2/3 (dois terços) dos candidatos aptos, no caso de eleição majoritária, e de pelo menos 2/3 (dois terços) dos partidos ou coligações com candidatos aptos, no caso de eleição proporcional".

[28] No julgamento, ficaram vencidos a Ministra Rosa Weber e os ministros Ricardo Lewandowski e Teori Zavascki, que julgavam improcedente o pedido, além dos ministros Marco Aurélio e Celso de Mello, que o julgavam procedente.

[29] P. 21 do voto do Min. Barroso.

[30] RE nº 443.953 ED, Rel. Min. Roberto Barroso, 1ª T., j. 19.6.2017. *DJe*, 30 jun. 2017. Tratou-se de embargos de declaração recebidos como agravo interno em recurso extraordinário.

[31] Rcl. nº 28.299, Rel. Min. Luís Roberto Barroso, decisão monocrática, j. 26.4.2018. *DJe*, 2 maio 2018.

[32] Rcl. nº 24.760, Rel. Min. Luís Roberto Barroso, 1ª T., j. 26.4.2018. *DJe*, 4 maio 2018.

[33] Rcl nº 18.638, Rel. Min. Luís Roberto Barroso, decisão monocrática, j. 2.5.2018. *DJe*, 4 maio 2018.

[34] Rcl. nº 22.328, Rel. Min. Luís Roberto Barroso, 1ª T., j. 6.3.2018. *DJe*, 10 maio 2018.

[35] Rcl. nº 31.315 TP, Rel. Min. Luís Roberto Barroso, decisão monocrática, j. 8.8.2018. *DJe*, 10 ago. 2018.

ser reparado por meio de retirada de publicações, mas, preferencialmente, por meio de retificações, direitos de resposta ou indenizações.

Nas ADIs nº 5.537, 5.580 e 6.038,[36] embora a liberdade de expressão não tenha sido objeto de amplo debate, o Min. Barroso realizou relevante distinção entre esse direito e a liberdade acadêmica. Tais ações tinham por objeto a declaração de inconstitucionalidade da Lei nº 7.800/2016, do Estado de Alagoas, que fundou, no sistema educacional estadual, programa que previa, entre outros princípios, a neutralidade política, ideológica e religiosa, e o direito dos pais de que seus filhos recebessem "educação moral livre de doutrinação".

Assim foi que, em 2020, a Suprema Corte, por maioria,[37] julgou procedente o pedido formulado nas ações para declarar inconstitucional a integralidade da lei questionada. O Min. Barroso apontou a existência de inconstitucionalidade formal e material, a justificar a derrubada da lei.[38] Ao analisar a inconstitucionalidade material, o STF observou, entre outros pontos, que a lei seria incondizente com a liberdade de ensinar, de aprender e com o pluralismo de ideias, uma vez que criaria pretensa neutralidade aos docentes e medidas coercitivas para aqueles que não se adequassem à suposta neutralidade. Distinguiu, nesse ponto, a liberdade de expressão da liberdade acadêmica:

> Tampouco se pretende equiparar a liberdade acadêmica à liberdade de expressão. A liberdade acadêmica tem o propósito de proteger o avanço científico, por meio da proteção à liberdade de pesquisa, de publicação e de propagação de conteúdo dentro e fora da sala de aula. É assegurada, ainda, com o fim de permitir ao professor confrontar o aluno com diferentes concepções, provocar o debate, desenvolver seu juízo crítico. Tem relação com a expertise do professor, ainda que não se restrinja a ela, porque as fronteiras de cada disciplina são elas próprias bastante indefinidas. Tem o propósito de assegurar uma educação abrangente. A liberdade de expressão, por sua vez, volta-se à preservação de valores existenciais, à livre circulação de ideias e ao adequado funcionamento do processo democrático. Não tem relação com expertise técnica, não tem compromisso com standards acadêmicos, mas com a condição de cidadão e com o direito de participar do debate público. No espaço público, todos somos iguais. Na sala de aula, o professor forma pessoas e avalia os alunos. São, portanto, direitos distintos, finalidades distintas, não necessariamente sujeitos aos mesmos limites.

---

[36] As ADIs foram propostas, respectivamente, pela Confederação Nacional dos Trabalhadores em Estabelecimento de Ensino (CONTEE), pela Confederação Nacional dos Trabalhadores em Educação (CNTE) e pelo Partido Democrático Trabalhista (PDT) (ADI nº 5.537, Rel. Min. Luís Roberto Barroso, Tribunal Pleno, j. 24.8.2020. *DJe*, 17 set. 2020); ADI nº 5.580, Rel. Min. Luís Roberto Barroso, Tribunal Pleno, j. 24.8.2020. *DJe*, 17 set. 2020); e ADI nº 6.038, Rel. Min. Luís Roberto Barroso, Tribunal Pleno, j. 24.8.2020. *DJe*, 17 set. 2020).

[37] Vencido apenas o Min. Marco Aurélio que votou pela improcedência do pedido.

[38] No âmbito formal, foram identificados quatro vícios: (i) violação à competência privativa da União para legislar sobre diretrizes e bases da educação nacional (art. 22, XXIV, CRFB), uma vez que a liberdade de ensinar e o pluralismo de ideias são princípios e diretrizes do sistema (art. 206, II e III, CRFB); (ii) usurpação da competência da União para estabelecer normas gerais sobre o tema (art. 24, IX e §1º, CRFB), já que houve afronta aos dispositivos da Lei de Diretrizes e Bases da Educação; (iii) violação à competência privativa da União para legislar sobre direito civil (art. 22, I, CRFB), devido ao fato de a norma impugnada prever normas contratuais a serem observadas pelas escolas confessionais; e (iv) afronta à iniciativa privativa do chefe do Poder Executivo para deflagrar o processo legislativo (art. 61, §1º, "c" e "e", ao art. 63, I, todos da CRFB), pois "não é possível, mediante projeto de lei de iniciativa parlamentar, promover a alteração do regime jurídico aplicável aos professores da rede escolar pública, a alteração de atribuições de órgão do Poder Executivo e prever obrigação de oferta de curso que implica aumento de gastos".

Também em 2020, no julgamento da ADPF nº 496,[39] a Suprema Corte, por maioria,[40] entendeu pela compatibilidade do crime de desacato com a liberdade de expressão, nos termos do voto do Min. Barroso. A ação foi ajuizada pelo Conselho Federal da Ordem dos Advogados do Brasil, com o objetivo de questionar a conformidade do art. 331 do Código Penal,[41] que tipifica o crime de desacato, com o art. 13 da Convenção Americana de Direitos Humanos[42] e a recepção do dispositivo pela Constituição de 1988.

Em uma análise mais detida do art. 13 da Convenção, o Min. Barroso chamou a atenção para o fato de que, apesar da robusta proteção conferida à liberdade de expressão, o dispositivo ressalva a possibilidade de responsabilização ulterior daqueles que, a pretexto de exercerem essa liberdade, violem "o respeito aos direitos ou à reputação das demais pessoas" (art. 13.2, "a") ou a "a proteção da segurança nacional, da ordem pública, ou da saúde ou da moral pública" (art. 13.2, "b"). Diante disso, o ministro defendeu, inclusive com base na jurisprudência da própria Corte Interamericana:

> a lei de cada Estado-Parte pode garantir ao servidor público a proteção necessária para o adequado exercício da função de que foi incumbido, não como um privilégio em seu benefício – o que seria evidentemente indevido –, mas como um instrumento de proteção do serviço público por ele prestado e, em última instância, do público destinatário do serviço.[43]

Quanto ao pleito de não recepção do dispositivo pela Constituição de 1988, o Min. Barroso destacou que, em que pese a firme jurisprudência do STF na proteção da liberdade de expressão, tal direito não é ilimitado. Chamou atenção para o regime diferenciado de deveres e prerrogativas a que agentes públicos estão submetidos e sustentou que é razoável que haja tipos penais protetivos da atuação dos agentes públicos, a fim de "proteger a função pública exercida pelo funcionário, por meio da garantia, reforçada pela ameaça de pena, de que ele não será menosprezado ou humilhado enquanto se desincumbe dos deveres inerentes ao seu cargo ou função públicos".[44] Não obstante, apontou que "os agentes públicos em geral estão mais expostos ao escrutínio e à crítica dos cidadãos, devendo demonstrar maior tolerância à reprovação

---

[39] ADPF nº 496, Rel. Min. Luís Roberto Barroso, Tribunal Pleno, j. 22.6.2020. *DJe*, 24 set. 2020.

[40] Ficaram vencidos os ministros Edson Fachin e Rosa Weber, que votaram pela procedência da ação.

[41] "Art. 331. Desacatar funcionário público no exercício da função ou em razão dela: Pena - detenção, de seis meses a dois anos, ou multa".

[42] "ARTIGO 13 Liberdade de Pensamento e de Expressão 1. Toda pessoa tem direito à liberdade de pensamento e de expressão. Esse direito compreende a liberdade de buscar, receber e difundir informações e ideias de toda natureza, sem consideração de fronteiras, verbalmente ou por escrito, ou em forma impressa ou artística, ou por qualquer outro processo de sua escolha. 2. O exercício do direito previsto no inciso precedente não pode estar sujeito a censura prévia, mas a responsabilidades ulteriores, que devem ser expressamente fixadas pela lei a ser necessária para assegurar: a) o respeito aos direitos ou à reputação das demais pessoas; ou b) a proteção da segurança nacional, da ordem pública, ou da saúde ou da moral pública. 3. Não se pode restringir o direito de expressão por vias ou meios indiretos, tais como o abuso de controles oficiais ou particulares de papel de imprensa, de freqüências radioelétricas ou de equipamentos e aparelhos usados na difusão de informação, nem por quaisquer outros meios destinados a obstar a comunicação e a circulação de idéias e opiniões. 4. A lei pode submeter os espetáculos públicos à censura prévia, com o objetivo exclusivo de regular o acesso a eles, para proteção moral da infância e da adolescência, sem prejuízo do disposto no inciso 2º. 5. A lei deve proibir toda propaganda a favor da guerra, bem como toda apologia ao ódio nacional, racial ou religioso que constitua incitação à discriminação, à hostilidade, ao crime ou à violência".

[43] P. 8 do voto do Min. Barroso.

[44] P. 18 do voto do Min. Barroso.

e à insatisfação, sobretudo em situações em que se verifica uma tensão entre o agente público e o particular". Por isso, devem ser relevados "eventuais excessos na expressão da discordância, indignação ou revolta com a qualidade do serviço prestado ou com a atuação do funcionário público".[45] [46]

Para os fins da catalogação ora proposta, a *segunda fase* de decisões de relatoria do Min. Barroso foi inaugurada em 2021, no julgamento da Rcl. nº 47.212,[47] quando a Corte passou a se deparar com o fenômeno das *fake news*.[48] Referida reclamação foi ajuizada contra decisão do Tribunal de Justiça do Estado do Paraná, que determinou a remoção de trecho de vídeo de debate jornalístico, postado em canal do *YouTube*, por conter conteúdo falso e ofensivo à honra de ex-autoridade pública. O ministro, embora tenha reafirmado o entendimento de que a liberdade de expressão desfruta de posição preferencial no Estado brasileiro, negou seguimento à reclamação, sob o fundamento de que o embate entre a liberdade de expressão e o direito à honra de vítimas de *fake news* configuraria uma situação nova, que não fora apreciada pelo STF na ADPF nº 130.

O mesmo raciocínio foi adotado pelo Min. Barroso recentemente, no julgamento da Rcl. nº 51.514 AgR,[49] proferido em 22.2.2023, no qual, mais uma vez, o ministro frisou que, "sequer de passagem", o STF apreciou o conflito entre liberdade de expressão e o direito à honra de vítimas de *fake news*.

Como se observa de tais decisões, a Corte e, especificamente, o ministro, optaram por um caminho de maior cautela, indicativo das preocupações subjacentes ao cenário novo e desafiador da comunicação digital. Um universo em que a expressão humana é potencializada e se dissemina em velocidade inalcançável, para o bem e para o mal. E que, sabe-se, não se colocava quando entendimentos mais deferentes à liberdade de expressão pautaram a jurisprudência da Corte. Afinal, nas palavras do Min. Barroso, "o confronto entre liberdade de expressão e o direito à honra de vítimas em razão da

---

[45] P. 21 do voto do Min. Barroso.
[46] Para além desses parâmetros, o Min. Barroso destacou que o tipo penal deve ser interpretado restritivamente, de forma que apenas seja aplicável em casos em que (i) o autor do desacato atue com o objetivo principal de aviltar a autoridade do agente que exerce a função pública, (ii) o crime seja praticado na presença do funcionário público – ofensas por meio da imprensa ou de redes sociais estariam, portanto, resguardadas pela liberdade de expressão – e (iii) o ato tenha relação com o exercício da função e seja capaz de perturbar ou obstruir a execução das funções do funcionário público. Observados esses requisitos, o tipo penal estaria em plena consonância com o sistema de liberdade de expressão previsto na Constituição de 1988.
[47] Rcl nº 47.212, Rel. Min. Roberto Barroso, 1ª T., J. 20.9.2021. *DJe*, 29 set. 2021.
[48] É, igualmente, notória a atuação do Min. Barroso contra a desinformação eleitoral no âmbito do TSE, que passou a integrar em setembro de 2014, como ministro substituto. O primeiro biênio como membro efetivo da Corte Eleitoral começou em 27.2.2018. Naquele mesmo ano, em agosto, foi eleito vice-presidente do TSE, sendo empossado presidente do Tribunal no dia 25.5.2020. A gestão do ministro na Presidência do TSE foi marcada pela organização e realização, com segurança e transparência, das Eleições Municipais de 2020, em plena pandemia de Covid-19, bem como pelo combate à desinformação acerca da Justiça Eleitoral e do sistema eletrônico de votação, que é adotado no Brasil. Além disso, nesse período, o TSE firmou acordos de cooperação com agências de checagem de fatos e com plataformas digitais e redes sociais (Twitter, TikTok, Facebook, WhatsApp, Google, Instagram, YouTube e Kwai), a fim de promover a divulgação de conteúdos verdadeiros e conter a disseminação de notícias falsas que pudessem colocar em risco a legitimidade e a estabilidade do processo eleitoral brasileiro. Neles, as plataformas se comprometeram com o combate à desinformação (os memorandos assinados estão disponíveis no *site* do TSE: https://www.tse.jus.br/comunicacao/noticias/arquivos/assinatura-de-acordos-plataformas-digitais). Mais que isso: foi durante a sua presidência que foi instituído o Programa Permanente de Enfrentamento à Desinformação (Portaria TSE nº 510/2021).
[49] Rcl nº 51.514 AgR, Rel. Min. Roberto Barroso, 1ª T., j. 22.2.2023. *DJe*, 28 fev. 2023.

divulgação de notícias falsas injuriosas configura uma situação recente, que não foi sequer apreciada na ADPF 130".[50]

A liberdade de expressão nos ambientes virtuais, combinada com a sua enorme capacidade de difusão do engano e da mentira, modificaram a percepção do Tribunal sobre os contornos desse direito. Direitos não são ilimitados e seu alcance é de certa forma dinâmico, já que moldado não apenas pelo sopesamento em tese com os demais valores e princípios constitucionais, mas, também, à luz das mudanças fáticas e tecnológicas. Aqui era preciso olhar para a democracia e para seus desafios. Ou melhor: entender que a função instrumental da liberdade de expressão não pode ser um cavalo de Troia para esvaziar o regime democrático que visa tutelar. Sem dúvida, os votos mais recentes do Min. Barroso são sensíveis a tais preocupações.

V Encerramento

Desde a promulgação da Constituição de 1988, o STF deu importantes passos em defesa das liberdades de expressão e de imprensa. Uma postura vigilante. Na medida em que nos distanciamos historicamente da ditadura militar que assolou o país, corremos o risco de esquecer o que significa ausência de liberdade, o que representa a censura e os graves danos que ela causa.[51] Por isso, é importante que a defesa intransigente dessas liberdades siga vívida. E o STF não só pode, como deve continuar desempenhando importante papel nesse processo de consolidação.

Mas isso não significa imutabilidade. A defesa intransigente das liberdades de expressão e de imprensa passa, também, pela conformação desses direitos diante das mudanças da vida e das novas demandas sociais. E a genialidade do julgador está em apreender tais sutilezas.

Eis o caso do Ministro Barroso: um juiz à altura de seu tempo. Um magistrado que, em sua trajetória na Corte Constitucional, pôde claramente contribuir para: (i) reafirmar a posição preferencial dessas liberdades e, com isso, torná-las mais efetivas (como nos precedentes relacionados à imunidade parlamentar, à ampliação do debate nas eleições e à vedação, como regra, da supressão de conteúdos publicados); (ii) delimitar os contornos da liberdade de expressão à luz de outros direitos e valores constitucionais (o que foi feito nos casos que tangenciavam a liberdade acadêmica e o interesse da boa prestação do serviço público); e, mais recentemente, (iii) destacar a relevância de uma leitura da liberdade de expressão que, conectada aos novos desafios postos, a preserve como um direito que é instrumental da democracia e parte da autodeterminação humana; mas que, ao mesmo tempo, reconheça que há usos indevidos e de má-fé dessa liberdade, abusivos, que corroem as bases do Estado democrático de direito e afetam direitos básicos do ser humano.

---

[50] STF, Rcl nº 47.212, Rel. Min. Roberto Barroso, 1ª T., j. 20.9.2021. *DJe*, 29 set. 2021.

[51] Clèmerson Merlin Clève salienta que "[...] periodicamente a tentação da censura reaparece, de maneira sorrateira, de modo manso, quase imperceptível, no contexto de regimes democráticos e, mais, supostamente para a defesa de valores comunitários ou consensualmente compartilhados". Por essa razão, devemos estar atentos a todas as formas veladas de censura e repudiá-las com veemência (CLÈVE, Clèmerson Merlin. Liberdade de expressão, de informação e propaganda comercial. *In*: SARMENTO, Daniel; GALDINO, Flávio (Org.). *Direitos fundamentais*: estudos em homenagem ao Professor Ricardo Lobo Torres. Rio de Janeiro: Renovar, 2006. p. 220).

Referências

BARROSO, Luís Roberto. Colisão entre liberdade de expressão e direitos da personalidade. Critérios de ponderação. Interpretação constitucionalmente adequada do Código Civil e da Lei de Imprensa. *Revista de Direito Administrativo*, v. 235, p. 1-36, 2004.

BARROSO, Luís Roberto. Constituição, liberdade de expressão e classificação indicativa. Invalidade da imposição de horários para a exibição de programas televisivos. *Revista de Direito do Estado*, v. 3, n. 11, p. 337-370, 2008.

BARROSO, Luís Roberto. Da caverna à internet: evolução e desafios da liberdade de expressão. *Revista Publicum*, Rio de Janeiro, v. 6, n. 1, p. 1-12, 2020.

BARROSO, Luís Roberto. Liberdade de expressão e limitação a direitos fundamentais. Ilegitimidade de restrições à publicidade de refrigerantes e sucos. *Revista de Direito Público da Economia – RDPE*, Belo Horizonte, ano, v. 2, p. 109-141, 2004.

BARROSO, Luís Roberto. Liberdade de expressão, censura e controle da programação de televisão na Constituição de 1988. *Revista dos Tribunais* (São Paulo), Rio de Janeiro, v. 790, 2001.

BARROSO, Luís Roberto. Liberdade de expressão, direito à informação e banimento da publicidade de cigarro. *Revista de Direito Administrativo*, v. 224, p. 31-50, 2001.

BARROSO, Luís Roberto. Liberdade de expressão, imprensa e mídias sociais: jurisprudência, direito comparado e novos desafios. *Revista Jurídica da Presidência*, v. 25, n. 135, p. 20-48, 2023.

BARROSO, Luís Roberto. *O direito constitucional e a efetividade de suas normas*: limites e possibilidades da Constituição brasileira. 4. ed. Rio de Janeiro: Renovar, 2000.

BARROSO, Luna Van Brussel. *Liberdade de expressão e democracia na era digital*. O impacto das mídias sociais no mundo contemporâneo. Belo Horizonte: Fórum, 2022.

BINENBOJM, Gustavo. Meios de comunicação de massa, pluralismo e democracia deliberativa: as liberdades de expressão e de imprensa nos Estados Unidos e no Brasil. *Revista da EMERJ*, v. 6, n. 23, p. 360-380, 2003.

BRANDÃO, Rodrigo. *Supremacia judicial versus diálogos institucionais*: a quem cabe a última palavra sobre o sentido da Constituição? Rio de Janeiro: Lumen Juris, 2012.

CANOTILHO, J. J. Gomes; MACHADO, Jónatas E. M. *"Reality shows" e liberdade de programação*. Coimbra: Coimbra Editora, 2003.

CLÈVE, Clèmerson Merlin. Liberdade de expressão, de informação e propaganda comercial. *In*: SARMENTO, Daniel; GALDINO, Flávio (Org.). *Direitos fundamentais*: estudos em homenagem ao Professor Ricardo Lobo Torres. Rio de Janeiro: Renovar, 2006.

DWORKIN, Ronald. Why speech must be free?. *In*: DWORKIN, Ronald. *Freedom's law*: the moral reading of the American Constitution. Cambridge: Harvard University Press, 1996.

FISS, Owen M. *A ironia da liberdade de expressão*: Estado, regulação e diversidade na esfera pública. Tradução de Gustavo Binenbojm e Caio Mário da Silva Pereira Neto. Rio de Janeiro: Renovar, 2005.

KOATZ, Rafael Lorenzo Fernandez. As liberdades de expressão e de imprensa na jurisprudência do Supremo Tribunal Federal. *In*: SARMENTO, Daniel (Org.). *Direitos fundamentais na jurisprudência do STF*: balanço e crítica. Rio de Janeiro: Lumen Juris, 2011.

LOWE, Peter; JONSON, Annemarie. 'There is no such thing as free speech': an interview with Stanley Fish. *Australian Humanities Review*, 1998. Disponível em: http://australianhumanitiesreview.org/1998/02/01/there-is-no-such-thing-as-free-speech-an-interview-with-stanley-fish/. Acesso em: 12 maio 2023.

MICHELMAN, Frank. Relações entre democracia e liberdade de expressão: discussão de alguns argumentos. *In*: SARLET, Ingo Wolfgang (Org.). *Direitos fundamentais, informática e comunicação*. Porto Alegre: Livraria do Advogado, 2007.

SARMENTO, Daniel. A liberdade de expressão e o problema do "hate speech". *In*: SARMENTO, Daniel. *Livres e iguais*: estudos de direito constitucional. Rio de Janeiro: Lumen Juris, 2006.

SCANLON, Thomas. A theory of freedom of expression. *In*: DWORKIN, Ronald (Ed.). *The philosophy of law*. Oxford: Oxford University Press, 1977.

STONE, Geoffrey R.; SEIDMAN, Louis M.; SUNSTEIN, Cass R.; TUSHNET, Mark V.; KARLAN, Pamela S. *The First Amendment*. 2. ed. New York: Aspen Publishers, 2003.

SUNSTEIN, Cass R. *Democracy and the problem of free speech*. New York: Free Press, 1995.

Informação bibliográfica deste texto, conforme a NBR 6023:2018 da Associação Brasileira de Normas Técnicas (ABNT):

CYRINO, André; KOATZ, Rafael Lorenzo-Fernandez; VORONOFF, Alice. O Min. Barroso e a liberdade de expressão: da doutrina à prática. *In*: OSORIO, Aline; MELLO, Patrícia Perrone Campos; BARROSO, Luna van Brussel (Coord.). *Direitos e democracia*: 10 anos do Ministro Luís Roberto Barroso no STF. Belo Horizonte: Fórum, 2023. p. 287-300. ISBN 978-65-5518-555-3.

CONSULTA NA JUSTIÇA ELEITORAL: DE ATIVIDADE ADMINISTRATIVA À FUNÇÃO JURISDICIONAL

ANTONIO DO PASSO CABRAL

1 Introdução

Procedimentos consultivos existem há muito tempo no Brasil. Nossa legislação é previdente de inúmeras hipóteses em que consultas podem ser endereçadas à Administração Pública. O objetivo da consulta é incrementar a segurança jurídica para o indivíduo. A pronúncia estatal, ainda que não imperativa, mas meramente opinativa, ao externar uma interpretação sobre a questão jurídica duvidosa, aumenta a previsibilidade sobre o sistema jurídico, preservando as expectativas de incidência e aplicabilidade das normas na esfera jurídica do consulente.[1]

No Judiciário, também há disciplina de consultas endereçadas para o Conselho Nacional de Justiça e para a Justiça Eleitoral. Todavia, sempre se lhes atribuiu natureza não jurisdicional. Mas tudo muda com as alterações de 2018 à Lei de Introdução às Normas do Direito Brasileiro (LINDB). O art. 30 da LINDB, como sustentamos em trabalho de maior fôlego, passou a permitir amplamente o exercício de *jurisdição consultiva*.[2]

Vejamos como o tema foi tratado historicamente na Justiça Eleitoral brasileira, em que o homenageado exerceu profícua atividade judicante, e como os ventos da mudança parecem ter chegado, no sentido de consagrar uma verdadeira função jurisdicional de consulta.

---

[1] CABRAL, Antonio do Passo. *Jurisdição sem decisão*: non liquet e consulta jurisdicional no direito processual civil. São Paulo: JusPodivm, 2023. No prelo. Item 2.6.2.

[2] Passanante afirma que Nicola Jaeger foi o primeiro a usar o termo "jurisdição consultiva" (PASSANANTE, Luca. *Il precedente impossibile*: contributo allo studio del diritto giurisprudenziale nel processo civile. Torino: G. Giappichelli, 2018. p. 61). Talvez a afirmação faça sentido para a discussão no sistema italiano, mas o tema da jurisdição consultiva precede em muito o artigo de Jaeger, que data dos anos 1950, e provém de debate mais antigo a respeito no constitucionalismo anglo-americano.

2 A função consultiva da Justiça Eleitoral. Previsão normativa, utilidade e escopo

A função consultiva da Justiça Eleitoral é o exemplo mais notório de consulta a órgãos judiciários no Brasil. De fato, o Código Eleitoral prescreve expressamente função de consulta para o Tribunal Superior Eleitoral, desde que o consulente seja órgão *nacional* de partido político ou autoridade pública com atribuições federais (art. 23, XII da Lei nº 4.737/65).[3] Além disso, o art. 30, VIII, do Código Eleitoral disciplina função de consulta exercida também pelos Tribunais Regionais Eleitorais quando não for hipótese de competência do TSE, isto é, quando o interessado for qualquer outra autoridade pública ou partido político, não restringindo a lei em vista a abrangência de atuação do consulente ser nacional, federal ou local.[4]

Entende-se que o procedimento de consulta eleitoral teria como finalidade prestar esclarecimento e orientação às autoridades públicas e aos partidos políticos a respeito da interpretação das normas eleitorais[5] Esse escopo orientador cumpriria objetivos de prevenção de conflitos, na medida em que a resposta às consultas fomenta adequação de comportamento dos atores eleitorais às balizas definidas pela Justiça Eleitoral, evitando o ajuizamento de vários processos alusivos a situações análogas àquela objeto da consulta.[6]

No âmbito da Justiça Eleitoral, essa necessidade de prevenção de conflitos seria ainda mais premente porque a composição dos tribunais eleitorais muda a cada dois anos,[7] e os prazos processuais são curtos. Nesse quadro, a consulta representaria instrumento para emprestar ao processo eleitoral mais celeridade.

De outro lado, deve-se recordar que a Justiça Eleitoral tem outras peculiaridades, porque exerce atividades mais intensamente imiscuídas em funções tipicamente conferidas ao Legislador ou ao Executivo. Por exemplo, a Justiça Eleitoral tem função legiferante, expedindo instruções normativas e resoluções, e ainda tem funções executivas, como a organização do cadastramento, fiscalização de propaganda e realização do próprio pleito.[8] Trata-se de um plexo de atribuições essenciais para a governança das eleições, que compreende funções menos afetas àquelas tradicionalmente cometidas aos

---

[3] "Art. 23. Compete, ainda, privativamente, ao Tribunal Superior: [...] XII - responder, sobre matéria eleitoral, as consultas que lhe forem feitas em tese por autoridade com jurisdição federal ou órgão nacional de partido político".

[4] "Art. 30. Compete, ainda, privativamente, aos Tribunais Regionais: [...] VIII - responder, sobre matéria eleitoral, as consultas que lhe forem feitas em tese por autoridade pública ou partido político". Tramita no Congresso Nacional um projeto de lei complementar para a edição de um novo Código Eleitoral (PLP nº 112/2021), e em tal projeto as consultas eleitorais não são contempladas.

[5] CASTRO, Edson de Resende. *Teoria e prática do direito eleitoral*. 4. ed. Belo Horizonte: Mandamentos, 2008. p. 61-62; MACHADO, Marcelo Passamani. A Justiça Eleitoral. *In*: CAGGIANO, Mônica Herman S. (Coord.). *Direito eleitoral em debate* – Estudos em homenagem a Cláudio Lembo. São Paulo: Saraiva, 2013. p. 282.

[6] JARDIM, Torquato. *Direito eleitoral positivo*. 2. ed. Brasília: Brasília Jurídica, 1998. p. 183.

[7] GOMES, Jairo José. *Direito eleitoral*. 14. ed. São Paulo: Atlas, 2018. p. 100-101; CASTRO, Edson de Resende. *Teoria e prática do direito eleitoral*. 4. ed. Belo Horizonte: Mandamentos, 2008. p. 47.

[8] JORGE, Flávio Cheim; LIBERATO, Ludgero; RODRIGUES, Marcelo Abelha. *Curso de direito eleitoral*. Salvador: JusPodivm, 2016. p. 219-220, 251-253; MARQUES, José Frederico. *Instituições de direito processual civil*. 4. ed. Rio de Janeiro: Forense, 1971. v. I. p. 87.

juízes.[9] E talvez por essa razão muitos autores não associem a resposta a consultas às funções jurisdicionais da Justiça Eleitoral, como veremos no próximo tópico.

2.1 Posição da doutrina e da jurisprudência tradicionais: natureza não jurisdicional da consulta eleitoral

Tanto na doutrina do direito eleitoral, quanto na jurisprudência especializada, costumeiramente se afirma que a função consultiva da Justiça Eleitoral não tem natureza jurisdicional.[10]

Com efeito, frequentemente se a qualifica como função administrativa,[11] mas alguns posicionam a consulta entre as "funções normativas" da Justiça Eleitoral.[12] Adiante veremos que essa concepção parece estar mudando, mas ainda de modo muito paulatino.

2.2 Pressupostos de cabimento da consulta eleitoral

De acordo com a jurisprudência do TSE, a consulta eleitoral tem alguns pressupostos de cabimento, sem os quais sequer pode ser conhecida. Entre eles, apontam-se: (a) pertinência da questão jurídica à matéria eleitoral; (b) legitimidade do consulente; (c) formulação precisa (determinada) e em abstrato das questões que o consulente quer ver respondidas.

A pertinência da matéria eleitoral é a nota a atrair a competência da jurisdição especializada. Se a consulta versar sobre questões administrativas, não poderá ser

---

[9] GRAEFF, Caroline Bianca; BARRETO, Alvaro Augusto de Borba. O modelo de governança eleitoral brasileiro e a judicialização das regras político-eleitorais. *Revista Debates*, v. 11, n. 1, jan./abr. 2017. p. 113-114.

[10] Nesse sentido, STF, RMS nº 21.185, Rel. Min. Moreira Alves, j. 14.12.1990; MS nº 26.604, Rel. Min. Cármen Lúcia, j. 4.10.2007. Em posição minoritária, mas em nosso entendimento correta, considerando tratar-se de função jurisdicional, JORGE, Flávio Cheim; LIBERATO, Ludgero; RODRIGUES, Marcelo Abelha. *Curso de direito eleitoral*. Salvador: JusPodivm, 2016. p. 235; 240-241.

[11] TSE, AgR em MS nº 3710, Rel. Min. Caputo Bastos, j. 20.5.2008: "Mandado de segurança. Ato. Tribunal Superior Eleitoral. Res.-TSE nº 22.585/2007. Resposta. Consulta nº 1.428. Não-cabimento. 1. Conforme já decidiu o Supremo Tribunal Federal [...], a resposta dada a consulta em matéria eleitoral não tem natureza jurisdicional, mas, no caso, é ato normativo em tese, sem efeitos concretos, por se tratar de orientação sem força executiva com referência a situação jurídica de qualquer pessoa em particular. 2. Esta Corte Superior, em casos similares, já assentou que não cabe mandado de segurança contra pronunciamento de tribunal em sede de consulta". Na doutrina, por todos, OLIVEIRA, Marcelo Roseno. O controle dos atos da Justiça Eleitoral pelo Conselho Nacional de Justiça. *Estudos Eleitorais*, v. 5, n. 3, set./dez. 2010. p. 100 e ss.; FERRAZ JÚNIOR, Vitor Emanuel Marchetti. *Poder Judiciário e competição política no Brasil*: uma análise das decisões do TSE e do STF sobre as regras eleitorais. Tese (Doutorado) – Pontifícia Universidade Católica de São Paulo, São Paulo, 2008. p. 46.

[12] COSTA, Tito. *Recursos em matéria eleitoral*. 8. ed. São Paulo: Revista dos Tribunais, 2004. p. 36; PINTO, Emmanuel Roberto Girão de Castro. *O poder normativo da Justiça Eleitoral*. Dissertação (Mestrado) – Universidade Federal do Ceará, 2008. p. 115 e ss.; GRAEFF, Caroline Bianca; BARRETO, Alvaro Augusto de Borba. O modelo de governança eleitoral brasileiro e a judicialização das regras político-eleitorais. *Revista Debates*, v. 11, n. 1, jan./abr. 2017. p. 109. Nesse sentido, ainda que sem aprofundamento acerca da função consultiva, MACEDO, Elaine Harzheim. A função normativa da Justiça Eleitoral brasileira no quadro da separação de poderes. *Revista do Instituto de Direito Brasileiro da Universidade de Lisboa*, ano 2, n. 12, 2013. p. 13872. Note-se que, às vezes, a prática mostrou que o Tribunal Superior Eleitoral, após responder a consultas, edita em momento posterior resolução para regular o ponto que se mostrava duvidoso. Essa peculiaridade das funções normativas da Justiça Eleitoral levanta críticas. Há autores que afirmam que a resposta à consulta seria inconstitucional porque não poderia inovar na ordem jurídica, efetivamente criando norma. Confira-se a crítica de SALGADO, Eneida Desirée. *Princípios constitucionais estruturantes do direito eleitoral*. Tese (Doutorado) – Universidade Federal do Paraná, Curitiba, 2010. p. 308-311. Discordamos da autora. O que pode representar qualquer inovação de caráter normativo são as resoluções do TSE, essas sim poderiam ter sua constitucionalidade questionada. Mas as consultas, por seu caráter não cogente, não poderiam jamais ter esse efeito.

conhecida e respondida pela Justiça Eleitoral.[13] Por vezes, analisando-se esse pressuposto, já se decidiu que a função de consulta tem que se restringir a resolver questões de direito, não podendo versar sobre questões fáticas.[14]

A legitimidade do consulente respeita as diferenças previstas nos arts. 23 e 30 do Código Eleitoral, cabendo ao TSE responder a consultas de autoridades públicas com funções *federais*, ou órgão *nacional* de partido político.[15] Se esses legitimados não estiverem presentes, a consulta será de competência dos TREs.[16] Não há consulta eleitoral na primeira instância.

O terceiro pressuposto é que a formulação da pergunta a ser respondida deve ser feita em tese,[17] com abstração de casos concretos.[18] Afirma-se que a consulta não pode versar sobre casos ou conflitos específicos,[19] sob pena de representar uma "antecipação" da análise jurisdicional, o que seria indevido.[20]

Essa abstração é justificada pela relação que se faz frequentemente entre o exercício da função consultiva e posterior desempenho de funções normativas pela Justiça Eleitoral (p. ex., edição de resoluções do TSE, ou a expedição de instruções, como previsto no art. 61 da Lei nº 9.096/95 e no art. 105 da Lei nº 9.504/97). Diz-se ainda que a análise de casos concretos não seria adequadamente solucionada pela consulta, porque a resposta corresponderia a um mero aconselhamento, sem imperatividade.[21]

Para controlar a abstração da pergunta formulada, entende-se que haveria impeditivo de que o tribunal conheça da consulta quando houver "expectativa de judicialização", aferida pela concretude da narrativa, que remeteria a uma demanda já particularizada, em "estado de gestação" ou na iminência de ser ajuizada.[22]

---

[13] JORGE, Flávio Cheim; LIBERATO, Ludgero; RODRIGUES, Marcelo Abelha. *Curso de direito eleitoral*. Salvador: JusPodivm, 2016. p. 68. Na jurisprudência, TSE, Consulta nº 0601217-25.2020.6.00.0000, Rel. Min. Og Fernandes, 25.10.2020.

[14] Nesse sentido, TRE-MG, Consulta nº 93/2009.

[15] O TSE já decidiu que o suplente não tem as mesmas prerrogativas do titular do mandato eletivo, por isso carece de legitimidade ativa para formular consulta perante a Justiça Eleitoral: TSE, Cta nº 0601403-48.2020.6.00.0000, Rel. Min. Alexandre de Moraes, 19.11.2020; Cta nº 45.046/DF, Rel. Min. Luiz Fux. *DJe*, 8 ago. 2014; Cta nº 0600030-79/DF, Rel. Min. Tarcisio Vieira. *DJe*, 28 fev. 2020.

[16] Em alguns casos, o TSE tem inadmitido a consulta por falta de legitimidade, quando talvez devesse declinar da competência. Assim, o tribunal afirma que prefeito ou vereador não são autoridades federais e não podem formular consultas ao Tribunal Superior Eleitoral, decidindo pelo não conhecimento da consulta: TSE, Cta nº 06003035820206000000, Rel. Min. Luís Roberto Barroso, 30.4.2020; Cta nº 0600030-79.2020.6.00.0000, Rel. Min. Tarcisio Vieira, 3.2.2020.

[17] TSE, Cta nº 06006364420196000000, Rel. Min. Luís Roberto Barroso, 20.8.2020. Na doutrina, JORGE, Flávio Cheim; LIBERATO, Ludgero; RODRIGUES, Marcelo Abelha. *Curso de direito eleitoral*. Salvador: JusPodivm, 2016. p. 67; CASTRO, Edson de Resende. *Teoria e prática do direito eleitoral*. 4. ed. Belo Horizonte: Mandamentos, 2008. p. 47.

[18] Em diversos TREs, consultas nem chegam a ser conhecidas por este motivo. TRE-AM, Consulta nº 060012768, de 14.7.2020; TRE-MS, Consulta nº 28-67.2016.6.12.0000; TRE-SE, Consulta nº 20.738; Consulta nº 4.458, de 8.6.2016; Consulta nº 40, de 20.5.2008; TRE-TO, Consulta nº 94.018, de 9.9.2014.

[19] CARVALHO, Jeferson Moreira de. Organização e jurisdição eleitoral. *Cadernos Jurídicos*, ano 17, n. 42, jan./mar. 2016. p. 9-16.

[20] PINTO, Emmanuel Roberto Girão de Castro. *O poder normativo da Justiça Eleitoral*. Dissertação (Mestrado) – Universidade Federal do Ceará, 2008. p. 126; PEREIRA, Brenda de Quadros; MIGLIAVACCA, Carolina Moraes. O ativismo judicial na Justiça Eleitoral: análise de casos e mecanismos de legitimação democrática. *Justiça & Sociedade*, v. 3, n. 1, 2018. p. 302-303.

[21] Por todos, GOMES, Jairo José. *Direito eleitoral*. 14. ed. São Paulo: Atlas, 2018. p. 100-101.

[22] Segundo o Tribunal Superior Eleitoral, "as inquirições que embalam os procedimentos em tela têm de ser construídas em termos abstratos e não singulares, em ordem a ensejar respostas que possam, no futuro, ser aproveitadas de forma genérica e, preferencialmente, em escala iterativa. O instituto das consultas é inviável ante formulações

O TSE ainda menciona o requisito da "objetividade" da consulta, que significaria uma determinação mínima da formulação feita pelo consulente, externando sua dúvida a respeito da questão jurídica, de modo que a pergunta formulada não seja tão ampla ao ponto de dar azo a múltiplas respostas possíveis.[23]

2.3 Eficácia e estabilidade processual da resposta à consulta eleitoral. A questão da vinculatividade

Certos setores doutrinários veem com reserva a função consultiva da Justiça Eleitoral, reduzindo sua importância ao defini-la como um mero "ato de opinião sem efeitos jurídicos".[24] Não tendo efeitos concretos, afirma-se que não poderia ser impugnada por mandado de segurança.[25]

Outro entendimento que reduz a importância prática da consulta eleitoral é aquele que nega vinculatividade à consulta.[26] Ou seja, de um lado, a consulta não conteria um *dictum* que se imponha autoritariamente ao consulente, que pode não respeitar a opinião externada na resposta sem que essa conduta possa ser vista como um ilícito. De outro lado, nem a própria corte que emitiu o pronunciamento ficaria vinculada a adotar aquela conclusão no julgamento de um caso em que a mesma questão seja submetida à cognição do tribunal em outro processo.[27]

Nesse sentido, afirmava-se que a resposta à consulta não vincula ninguém, nem o órgão que emitiu a opinião. A resposta à consulta não seria coberta pela coisa julgada, e seu conteúdo poderia ser reconsiderado ou modificado no futuro.[28]

---

com acento tópico, porquanto essas, em virtude do alto grau de especificidade e da proeminente improbabilidade de repetição, denotam o acobertamento de alguma conexão factual" (TSE, Consulta nº 0600597-47.2019.6.00.0000, Rel. Min. Edson Fachin, 23.4.2020).

[23] TSE, Cta nº 0600306-47.2019.6.00.0000, Rel. Min. Luís Roberto Barroso, de 25.8.2020; Cta nº 06004355220196000000, Rel. Min. Luís Roberto Barroso, de 30.4.2020; Cta nº 246-31/DF, Rel. Min. Rosa Weber, de 30.6.2016. Na doutrina, JORGE, Flávio Cheim; LIBERATO, Ludgero; RODRIGUES, Marcelo Abelha. *Curso de direito eleitoral*. Salvador: JusPodivm, 2016. p. 67.

[24] DI PIETRO, Maria Sylvia Zanella. *Direito administrativo*. 26. ed. São Paulo: Atlas, 2013. p. 204-205; COSTA, Rafael Antonio. As funções da Justiça Eleitoral. *Revista Brasileira de Direito Eleitoral*, ano 8, n. 15, jul./dez. 2016. p. 134, nota n. 8.

[25] STF, ROMS nº 21.185/DF, Rel. Min. Moreira Alves, j. 14.12.1990. Nesse sentido, TSE, AgR em MS nº 3710, Rel. Min. Caputo Bastos, j. 20.5.2008: "Mandado de segurança. Ato. Tribunal Superior Eleitoral. Res. TSE nº 22.585/2007. Resposta. Consulta nº 1.428. Não-cabimento. 1. Conforme já decidiu o Supremo Tribunal Federal [...], a resposta dada a consulta em matéria eleitoral não tem natureza jurisdicional, mas, no caso, é ato normativo em tese, sem efeitos concretos, por se tratar de orientação sem força executiva com referência a situação jurídica de qualquer pessoa em particular. 2. Esta Corte Superior, em casos similares, já assentou que não cabe mandado de segurança contra pronunciamento de tribunal em sede de consulta". Na doutrina, confira-se ainda OLIVEIRA, Marcelo Roseno. O controle dos atos da Justiça Eleitoral pelo Conselho Nacional de Justiça. *Estudos Eleitorais*, v. 5, n. 3, set./dez. 2010. p. 100 e ss.

[26] TSE, Cta nº 238-54.2016.6.00.0000-DF, Rel. Min. Luciana Lossio, 1º.7.2016. Nesse sentido, na doutrina, JORGE, Flávio Cheim; LIBERATO, Ludgero; RODRIGUES, Marcelo Abelha. *Curso de direito eleitoral*. Salvador: JusPodivm, 2016. p. 67; COSTA, Tailaine Cristina. Justiça Eleitoral e sua competência normativa. *Paraná Eleitoral*, v. 2, 2013. p. 104.

[27] Nesse sentido, com o qual não se concorda, ZILIO, Rodrigo López. *Direito eleitoral*. 5. ed. Porto Alegre: Verbo Jurídico, 2016. p. 50-51; LIMA, Jairo Néia; BEÇAK, Rubens. Judicialização da "mega política": um estudo de caso a partir do alcance normativo da consulta eleitoral do Tribunal Superior Eleitoral. *Revista Brasileira de Teoria e Constituição*, v. 2, n. 2, jul./dez. 2016. p. 1143.

[28] PINTO, Emmanuel Roberto Girão de Castro. *O poder normativo da Justiça Eleitoral*. Dissertação (Mestrado) – Universidade Federal do Ceará, 2008. p. 128.

3 As alterações à LINDB no ano de 2018. Previsão genérica para função estatal de consulta. Direito do jurisdicionado e dever judicial de resposta opinativa

Como mencionado anteriormente, o sistema brasileiro já prevê há muitos anos consulta que pode ser formulada não apenas a órgãos da Administração Pública, como também a órgãos judiciários. Porém, essas modalidades consultivas sempre foram compreendidas como não jurisdicionais (ou de natureza administrativa, como mais frequentemente se sustenta, ou relacionadas a atividades normativas, que tampouco são afetas tipicamente ao exercício da jurisdição).

Mas há um divisor de águas nessa história: o art. 30 da LINDB, a partir do qual é possível enxergar fundamento normativo genérico no ordenamento jurídico para que os juízes exerçam jurisdição consultiva.[29] O art. 30 da LINDB dispõe, *in verbis*:

> Art. 30. As *autoridades públicas devem* atuar para aumentar a segurança jurídica na aplicação das normas, inclusive por meio de regulamentos, súmulas administrativas e *respostas a consultas*.
> Parágrafo único. Os instrumentos previstos no *caput* deste artigo terão caráter vinculante em relação ao órgão ou entidade a que se destinam, até ulterior revisão. (Grifos nossos)

Como se sabe, a LINDB é uma norma de sobredireito que regula a produção normativa e a aplicação das normas no direito brasileiro.

O art. 30 foi inserido na LINDB pela Lei nº 13.655/18, juntamente com um bloco de regras cujo objetivo foi conferir à interpretação do direito mais segurança jurídica. Esta finalidade, já reconhecida na doutrina, é estampada em inúmeros institutos relevantes trazidos pela LINDB, como a previsão genérica da edição de regras de transição na mudança normativa (arts. 23 e 24), a consideração das consequências práticas da adoção de uma postura interpretativa (arts. 20 e 21), a previsão de um negócio jurídico público que tem entre suas finalidades o escopo de eliminar incerteza jurídica (o "compromisso", regulado no art. 26), e também a previsão do art. 30, que nos interessa particularmente, pois revela que a resposta a consultas é um dos instrumentos de que se podem valer as autoridades estatais para assegurar mais certeza e segurança jurídica.

De outro lado, é relevante observar que o art. 30 fala genericamente em "autoridades públicas", termo amplo que abrange qualquer agente estatal, de qualquer dos poderes, e que inclui os membros do Poder Judiciário. Note-se que a própria LINDB, em alguns dispositivos, limitou seu âmbito de abrangência às "autoridades administrativas", restringindo a aplicação daqueles dispositivos a instituições, entidades, órgãos e agentes públicos exercentes de funções típicas da Administração Pública (assim, p. ex., veja-se a dicção dos arts. 26 e 29 da LINDB). Em outros dispositivos, porém, o legislador teve clara intenção de adotar expressão mais ampla, como é o caso do art. 30. Uma interpretação

---

[29] Essa natureza jurisdicional dos procedimentos consultivos já era defendida na doutrina estrangeira por JAEGER, Nicola. Nozioni, caratteri, autorità della giurisdizione consultiva. *Rivista Trimestrale di Diritto e Procedura Civile*, ano XI, 1957. p.994-995. Mas normalmente se atribui essa função estatal não imperativa, por alerta, indução, ou comunicações exortativas, à Administração Pública. Por todos, KORMANN, Karl. *System der rechtsgeschäftlichen Staatsakte*: Verwaltungs- und prozeβrechtliche Untersuchungen zum allgemeinen Teil des öffentlichen Rechts. Berlin: Springer, 1910. p.125 e ss.; SANDULLI, Aldo. Il procedimento. *In*: CASSESE, Sabino (Coord.). *Trattato di Diritto Amministrativo*: diritto amministrativo generale. Milão: Giuffré, 2000. t. 2. p. 1014 e ss.; 1160 e ss.

sistemática e teleológica da LINDB denota que, ao usar o termo "autoridade pública", a lei pretendeu incluir a atividade jurisdicional. Portanto, o art. 30 da LINDB consagra a função jurisdicional consultiva no direito brasileiro.[30]

Lembremos ainda que a atipicidade das formas de tutela jurisdicional traz repercussões para a interpretação das normas que regulam as competências estatais. Em nome da consecução da promessa constitucional de um efetivo acesso à justiça, toda vez que um poder normativo for atribuído genericamente por lei a qualquer agente estatal, sem exceção, e seu exercício for aderente às finalidades da jurisdição sem imiscuir-se em funções exclusivas de outros poderes, deve-se garantir uma interpretação ampliativa da legislação, no sentido de reconhecer que tais competências também possam ser desempenhadas pelos juízes.[31]

De outro ângulo, e se a lei determina que os agentes estatais *devem* usar "resposta a consultas" como formas de assegurar a segurança jurídica na aplicação do direito, é natural que consideremos a provocação da consulta um *direito* dos interessados. Afinal de contas, não se "responde" sem que tenha sido formulada a provocação consultiva; e não há dever de resposta sem um direito correlato de consultar.

E, se o art. 30 da LINDB genericamente prevê o mecanismo de resposta a consultas como sendo utilizável por qualquer autoridade estatal, o jurisdicionado passou a poder formular consulta direcionada ao Estado-Juiz. Trata-se, por conseguinte, de *função jurisdicional*, cuja previsão está consagrada no direito brasileiro.

4 Mudança de entendimento do TSE a respeito da natureza jurisdicional da consulta eleitoral

A previsão inserida na LINDB impõe uma renovada reflexão sobre a natureza das consultas previstas especificamente na lei, em especial a função consultiva da Justiça Eleitoral.

A doutrina mais atualizada já vem defendendo natureza jurisdicional da consulta eleitoral, mas ainda de forma tímida, relacionando-a à jurisdição voluntária.[32]

E, após o advento do art. 30 da LINDB, em especial seu parágrafo único, o Tribunal Superior Eleitoral também vem ensaiando mudança de entendimento, admitindo

---

[30] Defendendo a possibilidade de jurisdição consultiva, VOGT, Fernanda Costa. *Cognição do juiz no processo civil*: flexibilidade e dinamismo dos fenômenos cognitivos. Salvador: JusPodivm, 2020. p. 231; TOSCAN, Anissara. *Coisa julgada*: contribuição para uma nova teoria. Tese (Doutorado) – Universidade Federal do Paraná, Curitiba, 2021. p. 246.

[31] Abordamos a questão propondo uma "fórmula de equivalência funcional". Se o acesso à justiça deve ser amplo, para atender às necessidades dos jurisdicionados, deve-se reconhecer a atipicidade das funções jurisdicionais e dos instrumentos processuais correlatos, que podem ser aplicados a tipos funcionais estatais orientados ao desempenho de atividades similares (CABRAL, Antonio do Passo. *Jurisdição sem decisão*: non liquet e consulta jurisdicional no direito processual civil. São Paulo: JusPodivm, 2023. No prelo. Item 1.3.4).

[32] JORGE, Flávio Cheim; LIBERATO, Ludgero; RODRIGUES, Marcelo Abelha. *Curso de direito eleitoral*. Salvador: JusPodivm, 2016. p. 235; 240-241, ao argumento de que a consulta pode ter lugar quando não há conflito. Como ressaltamos em outra sede, a possibilidade de exercício de função judicial preventiva ao surgimento dos conflitos não é impeditivo de se reconhecer sua natureza jurisdicional. Cf. CABRAL, Antonio do Passo. *Jurisdição sem decisão*: non liquet e consulta jurisdicional no direito processual civil. São Paulo: JusPodivm, 2023. No prelo. Item 2.6.2.2.

o caráter vinculativo da consulta para a própria corte. Não obstante, a questão tem aparecido em julgados do TSE sem muito aprofundamento.[33]

Urge que a jurisprudência daquele tribunal superior enfrente especificamente o tema e analise o impacto da mudança legislativa nas características da consulta eleitoral consagradas no TSE. Para ficar com um exemplo, o parágrafo único do art. 30 da LINDB dispõe que a resposta à consulta terá caráter vinculante em relação ao órgão ou entidade que a externou, até ulterior revisão. Embora não seja imperativa ao consulente (podendo não obstante persuadi-lo e influenciar seu comportamento), a LINDB parece clara no sentido de que a resposta vincula o órgão consultado. Ora, diante dessa norma, não se pode mais manter o entendimento de que a opinião externada na resposta à consulta não vincula nem mesmo o órgão jurisdicional que a emitiu. Mas este é apenas um dos aspectos que têm encontro marcado com o Tribunal Superior Eleitoral.[34]

5 Conclusão e perspectivas para desenvolvimento do tema

Diante do art. 30 da LINDB, é preciso repensar a consulta eleitoral no quadro mais geral da consagração legislativa de uma função jurisdicional de consulta. Trata-se de um tema do futuro, que certamente faz brilhar os olhos dos acadêmicos que, como o Professor e Ministro Luís Roberto Barroso, sempre estiveram à frente do seu tempo, pesquisando e teorizando sobre as últimas fronteiras do direito. Mas é também um tema do presente que tem enorme apelo prático, o que é uma recorrente preocupação do homenageado.

Devemos lançar novos olhares sobre as manifestações opinativas (não imperativas) do Judiciário, analisando criticamente os argumentos que historicamente foram usados para rejeitar a função jurisdicional de consulta (muitos deles reflexo de importação equivocada do debate norte-americano), colocando-os em perspectiva *vis-à-vis* as necessidades contemporâneas de segurança jurídica e a crescente relevância, no Estado de direito, de mecanismos normativos não impositivos (*soft law*) para condicionar comportamentos.

Em face do permissivo introduzido na LINDB, faz-se ainda necessário desvendar como procedimentalizar a consulta no Judiciário brasileiro, aproveitando-se do instrumental já positivado nas leis processuais. Temas como legitimidade, competência, objeto possível, efeitos da admissão e da resposta, estabilidade da opinião externada, recursos e meios de impugnação, relação da consulta com outros procedimentos declarativos, custos e oportunidades de autocomposição, são apenas algumas das controvérsias mais candentes e desafiadoras, que devem ser enfrentadas para organizar dogmaticamente o tema e viabilizar, na prática, o processo jurisdicional de consulta. São sem dúvida muitas questões, que não podem com propriedade ser desenvolvidas em texto como

---

[33] TSE, Cta nº 0600244-41/DF, Rel. designado Min. Luiz Fux, 18.5.2018; Cta nº 23.494, Rel. Min. Napoleão Nunes Maia Filho, 29.5.2018.

[34] Reconhecendo a vinculação do tribunal após a edição da LINDB: TSE, Cta nº 0601984-34.2018.6.00.0000, Rel. Min. Tarcisio Vieira, 21.2.2019.

este, com limitações de espaço. Remetemos o leitor, portanto, a outro livro em que aprofundamos nossa análise.[35]

Por ora, basta consignar que a resposta à consulta é uma atividade judicial de crescente importância no mundo atual, prevista em muitos países e que representa verdadeira função jurisdicional. Trata-se de uma forma não imperativa de fornecer orientação para os comportamentos humanos, uma ferramenta para sinalizar acerca das expectativas de incidência e aplicação das normas, que pode resolver disputas e até prevenir o surgimento de conflitos, podendo contribuir para o aprimoramento do sistema de justiça.

Referências

CABRAL, Antonio do Passo. *Jurisdição sem decisão*: non liquet e consulta jurisdicional no direito processual civil. São Paulo: JusPodivm, 2023. No prelo.

CARVALHO, Jeferson Moreira de. Organização e jurisdição eleitoral. *Cadernos Jurídicos*, ano 17, n. 42, jan./mar. 2016.

CASTRO, Edson de Resende. *Teoria e prática do direito eleitoral*. 4. ed. Belo Horizonte: Mandamentos, 2008.

COSTA, Rafael Antonio. As funções da Justiça Eleitoral. *Revista Brasileira de Direito Eleitoral*, ano 8, n. 15, jul./dez. 2016.

COSTA, Tailaine Cristina. Justiça Eleitoral e sua competência normativa. *Paraná Eleitoral*, v. 2, 2013.

COSTA, Tito. *Recursos em matéria eleitoral*. 8. ed. São Paulo: Revista dos Tribunais, 2004.

DI PIETRO, Maria Sylvia Zanella. *Direito administrativo*. 26. ed. São Paulo: Atlas, 2013.

FERRAZ JÚNIOR, Vitor Emanuel Marchetti. *Poder Judiciário e competição política no Brasil*: uma análise das decisões do TSE e do STF sobre as regras eleitorais. Tese (Doutorado) – Pontifícia Universidade Católica de São Paulo, São Paulo, 2008.

GOMES, Jairo José. *Direito eleitoral*. 14. ed. São Paulo: Atlas, 2018.

GRAEFF, Caroline Bianca; BARRETO, Alvaro Augusto de Borba. O modelo de governança eleitoral brasileiro e a judicialização das regras político-eleitorais. *Revista Debates*, v. 11, n. 1, jan./abr. 2017.

JAEGER, Nicola. Nozioni, caratteri, autorità della giurisdizione consultiva. *Rivista Trimestrale di Diritto e Procedura Civile*, ano XI, 1957.

JARDIM, Torquato. *Direito eleitoral positivo*. 2. ed. Brasília: Brasília Jurídica, 1998.

JORGE, Flávio Cheim; LIBERATO, Ludgero; RODRIGUES, Marcelo Abelha. *Curso de direito eleitoral*. Salvador: JusPodivm, 2016.

KORMANN, Karl. *System der rechtsgeschäftlichen Staatsakte*: Verwaltungs- und prozeβrechtliche Untersuchungen zum allgemeinen Teil des öffentlichen Rechts. Berlin: Springer, 1910.

LIMA, Jairo Néia; BEÇAK, Rubens. Judicialização da "mega política": um estudo de caso a partir do alcance normativo da consulta eleitoral do Tribunal Superior Eleitoral. *Revista Brasileira de Teoria e Constituição*, v. 2, n. 2, jul./dez. 2016.

MACEDO, Elaine Harzheim. A função normativa da Justiça Eleitoral brasileira no quadro da separação de poderes. *Revista do Instituto de Direito Brasileiro da Universidade de Lisboa*, ano 2, n. 12, 2013.

MACHADO, Marcelo Passamani. A Justiça Eleitoral. In: CAGGIANO, Mônica Herman S. (Coord.). *Direito eleitoral em debate* – Estudos em homenagem a Cláudio Lembo. São Paulo: Saraiva, 2013.

---

[35] CABRAL, Antonio do Passo. *Jurisdição sem decisão*: non liquet e consulta jurisdicional no direito processual civil. São Paulo: JusPodivm, 2023. No prelo. Capítulo 2.

MARQUES, José Frederico. *Instituições de direito processual civil*. 4. ed. Rio de Janeiro: Forense, 1971. v. I.

OLIVEIRA, Marcelo Roseno. O controle dos atos da Justiça Eleitoral pelo Conselho Nacional de Justiça. *Estudos Eleitorais*, v. 5, n. 3, set./dez. 2010.

PASSANANTE, Luca. *Il precedente impossibile*: contributo allo studio del diritto giurisprudenziale nel processo civile. Torino: G. Giappichelli, 2018.

PEREIRA, Brenda de Quadros; MIGLIAVACCA, Carolina Moraes. O ativismo judicial na Justiça Eleitoral: análise de casos e mecanismos de legitimação democrática. *Justiça & Sociedade*, v. 3, n. 1, 2018.

PINTO, Emmanuel Roberto Girão de Castro. *O poder normativo da Justiça Eleitoral*. Dissertação (Mestrado) – Universidade Federal do Ceará, 2008.

SALGADO, Eneida Desirée. *Princípios constitucionais estruturantes do direito eleitoral*. Tese (Doutorado) – Universidade Federal do Paraná, Curitiba, 2010.

SANDULLI, Aldo. Il procedimento. *In*: CASSESE, Sabino (Coord.). *Trattato di Diritto Amministrativo*: diritto amministrativo generale. Milão: Giuffré, 2000. t. 2.

TOSCAN, Anissara. *Coisa julgada*: contribuição para uma nova teoria. Tese (Doutorado) – Universidade Federal do Paraná, Curitiba, 2021.

VOGT, Fernanda Costa. *Cognição do juiz no processo civil*: flexibilidade e dinamismo dos fenômenos cognitivos. Salvador: JusPodivm, 2020.

ZILIO, Rodrigo López. *Direito eleitoral*. 5. ed. Porto Alegre: Verbo Jurídico, 2016.

Informação bibliográfica deste texto, conforme a NBR 6023:2018 da Associação Brasileira de Normas Técnicas (ABNT):

CABRAL, Antonio do Passo. Consulta na Justiça Eleitoral: de atividade administrativa à função jurisdicional. *In*: OSORIO, Aline; MELLO, Patrícia Perrone Campos; BARROSO, Luna van Brussel (Coord.). *Direitos e democracia*: 10 anos do Ministro Luís Roberto Barroso no STF. Belo Horizonte: Fórum, 2023. p. 301-310. ISBN 978-65-5518-555-3.

O DIREITO ADMINISTRATIVO DE PUNIR O TEMPO LEVA

CARLOS ARI SUNDFELD

Em celebração aos 10 anos de judicatura de Luís Roberto Barroso no Supremo Tribunal Federal.

Introdução[1]

Os privados podem ser protegidos contra quatro tipos de passividade administrativa na aplicação de sanções. O primeiro é a inércia em *instaurar o processo* administrativo sancionador no prazo, levando à perda do direito de exercer a pretensão de punir (perda em geral chamada de prescrição e, por vezes, de decadência). O segundo tipo é a demora excessiva em *realizar por inteiro o processo e concluí-lo com o julgamento*, excedendo globalmente o prazo extintivo que havia sido interrompido e reiniciado com a instauração (nesse caso, há algo como a extinção intercorrente do direito de punir, que se pode também nomear como decadência ou prescrição intercorrente por duração excessiva do processo). O terceiro tipo é a inércia em *dar andamento* ao *processo em suas várias fases* (aqui ocorre a prescrição intercorrente por paralisação pura e simples do processo). O quarto tipo é, após o fim do processo administrativo, a inércia em *executar* a decisão, com a consequente prescrição da *execução administrativa* das sanções não pecuniárias ou, quanto às pecuniárias, a prescrição da *execução judicial* posterior ao processo administrativo.

No direito brasileiro, já existe amplo conjunto de leis focadas tratando dessas soluções, com prazos máximos para, no exercício de autotutela administrativa (independentemente de processo judicial), as administrações públicas aplicarem sanções a particulares. Mas não há lei de caráter universal regulando a extinção temporal por inércia ou excesso de prazo quanto a todas as competências punitivas administrativas e para todos os órgãos e entes administrativos nas várias esferas da Federação – e algumas leis específicas não têm regras sobre todos os tipos.

---

[1] O autor registra e agradece a fundamental participação do pesquisador e advogado João Domingos Liandro, da Sociedade Brasileira de Direito Público – sbdp, na ampla pesquisa que conduziu a este trabalho, bem como em sua revisão final.

A mais ampla é a Lei nº 9.873, de 1999 (alterada pela Lei nº 11.941, de 2009), sobre prescrição da ação punitiva da Administração federal no exercício do poder de polícia (em 5 anos, salvo o caso de crime), o qual é contado da prática do ato ou, na infração permanente ou continuada, do dia em que cessar (art. 1º, *caput*), em contagem sujeita a interrupções (art. 2º) e suspensões (art. 3º). A lei prevê interrupção da prescrição tanto com o início da apuração ou do processo, quanto com a decisão condenatória recorrível. Isso significa que o prazo recomeça imediatamente após o ato interruptivo inicial e, se uma condenação não ocorrer em 5 anos, a prescrição ocorrerá ainda no curso do processo. Há também a prescrição intercorrente por paralisação pura e simples se o processo ficar travado por mais de 3 anos em uma de suas fases, no aguardo de julgamento ou despacho (art. 1º, §1º). Há, ainda, regras sobre prescrição da ação judicial executória (art. 1º-A) e sobre interrupção (art. 2º-A) ou suspensão (art. 3º).[2]

Outra lei, de incidência temática igualmente focada (sanção disciplinar para servidores), e também apenas para o âmbito federal, é a Lei nº 8.112, de 1990, cujo art. 142 prevê a prescrição com prazos de 180 dias a 5 anos, segundo a gravidade da infração, a partir do dia em que o fato se tornar conhecido. A abertura de sindicância ou de processo disciplinar é causa de interrupção continuada, a qual, em solução estranha, além de diversa do regime da Lei nº 9.873, de 1999, persiste desde a abertura até a decisão administrativa final – regra que obsta a prescrição intercorrente.

A primeira norma geral com alguma unificação nacional, embora ainda com foco temático (para ilícitos em licitações e contratações públicas), surgiu em 2021 com a nova Lei de Contratações Públicas (Lei federal nº 14.133). O prazo é de 5 anos a partir da ciência da infração pela Administração, sujeito à interrupção pela instauração do processo e a suspensões (art. 158, §4º). Não há regra expressa de prescrição intercorrente. A norma vale tanto para União, como para estados, Distrito Federal e municípios (art. 1º, *caput*).

Considerando essas e outras soluções legislativas, e sobretudo o desenvolvimento da jurisprudência dos tribunais superiores e as contribuições da literatura, o primeiro objetivo do presente estudo é avaliar se há uma tendência a reconhecer a necessidade de extinção temporal por inércia ou demora em relação a todas as pretensões sancionadoras da Administração Pública no Brasil. O segundo objetivo é entender em que medida ela inclui a tentativa de construir um regime *multissetorial* (aplicável a sanções contratuais, disciplinares, regulatórias, ambientais, urbanísticas, de polícia administrativa etc.), *interorgânico* (aplicável aos diversos órgãos e poderes de cada ente da Federação), além de *multinível* (federal, estadual, distrital e municipal). O terceiro objetivo da pesquisa é saber como se vem tentando solucionar os silêncios normativos quanto a prazos e demais aspectos do regime de extinção temporal.

O tema é diretamente ligado à compreensão do conteúdo e efeitos da segurança jurídica como valor constitucional, a que Luís Roberto Barroso tem se dedicado extensamente. Escrevendo como acadêmico, sustentou que, no "plano subjetivo, a segurança jurídica tutela a proteção da confiança das pessoas, isto é, as expectativas legítimas e a preservação de determinados efeitos de atos praticados no passado, ainda

---

[2] Tramita o Projeto de Lei da Câmara de Deputados nº 4.888, de 2019, dos deputados Eduardo Cury e Alessandro Molon, que dispõe sobre a Governança da Ordenação Pública Econômica, cujo art. 4º estende a incidência da Lei nº 9.873, de 1999, para os demais entes da Federação.

que venham a ser reputados inválidos".[3] No Supremo Tribunal Federal – STF, o Juiz Barroso tem, em diversas situações, sido enfático em vincular ao princípio da segurança jurídica a necessidade de existirem prazos de prescrição e, em consequência, tem atuado para preservar as normas sobre o tema, bem como unificar prazos e garantir sua ampla aplicação – e isso tanto em favor das pessoas[4] como dos poderes públicos.[5]

Antecipando os achados da pesquisa que será exposta no decorrer deste estudo, pode-se dizer que as palavras de Barroso são representativas da missão que o STF assumiu na última década, justamente o período de sua destacada atuação no tribunal: a construção jurisdicional paulatina de um regime o mais possível universal de extinção temporal por inércia ou demora administrativa (um regime multissetorial, interorgânico e multinível). Outro achado é que a adesão do Superior Tribunal de Justiça – STJ a esse objetivo, embora exista, é ainda parcial e relativamente contraditória, como se verá.

Além desta introdução, o estudo se divide em quatro itens e uma conclusão.

O primeiro item assenta premissas lógicas quanto à possibilidade e necessidade de existirem limites (inclusive temporais) às pretensões administrativas de punir, além de apresentar as normas constitucionais sobre segurança jurídica que podem fundamentar o reconhecimento desses limites.

O segundo item é sobre a impressionante evolução, ocorrida na última década, da jurisprudência constitucional do STF sobre prescrição administrativa fora do Executivo (em tribunais de contas e em processos judiciais de responsabilização por danos à administração).

O terceiro item é sobre a jurisprudência constitucional quanto à prescrição no âmbito do Executivo, que evoluiu no tocante à autotutela de invalidação e também quanto à autotutela sancionadora, embora o STF ainda não tenha tido oportunidade para tratar das lacunas das normas sancionadoras, em especial dos entes subnacionais.

O quarto item é sobre as incoerências na jurisprudência do STJ quanto à prescrição das autotutelas de invalidação e sancionadora da administração, bem como sobre a incompatibilidade desta última com as novas orientações constitucionais do STF relatadas nos itens 2 e 3.

---

[3] BARROSO, Luís Roberto. *Curso de direito constitucional contemporâneo*: os conceitos fundamentais e a construção do novo modelo. 10. ed. São Paulo: Saraiva, 2022. p. 230.

[4] Afora os votos e manifestações relativos à autotutela administrativa de invalidação ou sancionadora que serão mencionados adiante, vale a síntese de sua orientação, feita por ele próprio em voto recente: "Em nome da segurança jurídica, consolidaram-se diversos institutos, como o direito adquirido e a coisa julgada. E, nesse mesmo âmbito, firmou-se e difundiu-se o conceito de prescrição, vale dizer, da estabilização das situações jurídicas potencialmente litigiosas por força do decurso do tempo. Em qualquer dos campos do Direito, a prescrição tem como fundamento axiológico, portanto, o princípio geral de segurança das relações jurídicas. Como tal, a prescritibilidade é a regra; a imprescritibilidade é situação verdadeiramente excepcional" (STF. ADI nº 5.384/MG, Plenário, Rel. Alexandre de Moraes, maioria, j. 30.5.2022, sobre a constitucionalidade de norma legal estadual de prescrição e decadência no âmbito de tribunal de contas estadual).

[5] Analisando a constitucionalidade de norma sobre decadência da revisão de benefício previdenciário já deferido, afirmou: "É legítimo que o Estado-legislador, ao fazer a ponderação entre os valores da justiça e da segurança jurídica, procure impedir que situações geradoras de instabilidade social e litígios possam se eternizar. Especificamente na matéria aqui versada, não é desejável que o ato administrativo de concessão de um benefício previdenciário possa ficar indefinidamente sujeito à discussão, prejudicando a previsibilidade do sistema como um todo" (STF. RE nº 626.489/SE, Plenário, Rel. Roberto Barroso, unânime, j. 16.10.2013).

1 A pretensão concreta de sancionar e a segurança jurídica constitucional

A literatura brasileira especializada ainda é econômica no debate da extinção temporal na aplicação de sanções administrativas.[6] Mas sua tendência é afirmar que o sistema processual administrativo tem de incluir, tanto para o caso da invalidação como das sanções, a previsão de prazos máximos. Quanto às sanções, tende-se a reconhecer a proteção contra os quatro tipos de inércia ou demora excessiva da Administração Pública: na instauração do processo administrativo, na conclusão do processo com o julgamento, na tramitação em cada uma de suas fases e na execução administrativa ou judicial da decisão. A visão majoritária, relativamente a processos administrativos sancionadores, é no sentido de aceitar a extinção temporal mesmo sem regra legal expressa.[7]

Na experiência jurídica acumulada no campo privado, é normal que os direitos subjetivos sejam limitados pelo tempo, o que em princípio sugere que também as pretensões estatais concretas de sancionar devam ser temporalmente circunscritas. Os institutos da prescrição e da decadência são a solução jurídica tradicional para isso, impedindo a abertura discricionária temporal do direito de o Estado punir.

No campo criminal, a prescritibilidade da pretensão de punir tem sido prevista como regra. A existência de normas expressas nesse sentido foi propiciada pela codificação dos direitos penal e processual penal. Mas o mesmo não se deu no campo administrativo, em que a legislação tem sido pulverizada e, apesar dos avanços mais recentes, ainda é muito incompleta, em especial nos entes subnacionais. Em consequência, quando, no decorrer do século 20, foram aparecendo debates sobre a existência ou não de prazo fatal para punições no campo administrativo, pareceu natural aos intérpretes afirmar sua imprescritibilidade. Mas isso veio mudando aos poucos, embora o movimento ainda esteja inconcluso.

A titularidade do poder administrativo abstrato de sancionar (o que os espanhóis denominam como *potestade sancionadora* e os brasileiros como *competência sancionadora*) nasce com a edição da lei que o tiver outorgado e só se extinguirá se ela for revogada.

---

[6] O mais abrangente estudo geral sobre prescrição administrativa no direito brasileiro é o de Elody Nassar (*Prescrição na Administração Pública*. 2. ed. São Paulo: Saraiva, 2009), que o presente trabalho, embora focado na prescrição de pretensões sancionadoras, procura atualizar e aprofundar.

[7] São exemplos BACELLAR FILHO, Romeu Felipe. Prescrição no processo administrativo disciplinar e segurança jurídica. *Revista Brasileira de Direito Municipal – RBDM*, Belo Horizonte, n. 62, p. 169-195, out./dez. 2016. p. 184; OSÓRIO, Fábio Medina. *Direito administrativo sancionador*. 2. ed. São Paulo: Saraiva, 2006. p. 541; e MELLO, Rafael Munhoz de. *Princípios constitucionais do direito administrativo sancionador*. São Paulo: Malheiros, 2007. p. 252. Não obstante, especificamente quanto à prescrição intercorrente, tem-se entendido que ela não incide no processo administrativo fiscal. Isso porque o Código Tributário Nacional confere, à impugnação do auto de infração pelo particular, o efeito de suspender a exigibilidade do crédito (art. 151, III), e a Lei nº 9.873, de 1999, que prevê a prescrição intercorrente, excluiu sua aplicação aos processos e procedimentos de natureza tributária (art. 5º). Mas, com base no direito constitucional à duração razoável do processo, autores importantes (como Marco Aurélio Greco e Hugo de Brito Machado) vêm discutindo a matização desse entendimento. A proposta é de, mesmo sem previsão legal, reconhecer a "preclusão do direito da Fazenda" nos casos em que se configure o "abandono do processo tributário", crítica essa que vem merecendo algum acolhimento dos Tribunais de Justiça, como o do Rio de Janeiro, segundo relato de Bruno Renaux e Rachel Delvecchio (RJ: vanguarda sobre prescrição intercorrente no processo administrativo tributário. Jota, 3 ago. 2018. Disponível em: https://www.jota.info/opiniao-e-analise/artigos/rj-vanguarda-sobre-prescricao-intercorrente-no-processo-administrativo-tributario-03082018). Ampliar esse debate em ROCHA, Sérgio André. Sobre o direito a um processo administrativo com duração razoável. *Revista Fórum de Direito Tributário – RFDP*, Belo Horizonte, n. 72, p. 35-49, nov./dez. 2014; e LESSA, Vinícius Rocha Braga. A prescrição intercorrente no processo administrativo fiscal municipal, estadual e federal. *Revista Brasileira de Direito Municipal – RBDM*, Belo Horizonte, n. 53, p. 59-72, jul./set. 2014.

Assim, à semelhança da esfera penal, a *competência sancionadora administrativa* é inesgotável, inalienável e irrenunciável.

Quando ocorridas infrações concretas, essa competência dá nascimento a *direitos subjetivos públicos*, que se concretizam nas pretensões de impor e executar *sanções administrativas específicas* em relação a *sujeitos determinados*. Conquanto a competência (abstrata) seja inesgotável, o direito subjetivo (concreto) de sancionar não precisa sê-lo. Por razões lógicas, os direitos subjetivos públicos podem ser finitos; pretensões não precisam durar para sempre. No campo dos direitos subjetivos, mesmo de titularidade da Administração Pública, a passividade pode ter consequências extintivas,[8] como ocorre com os créditos tributários, que o Código Tributário Nacional sujeitou à decadência e à prescrição.

A imprescritibilidade relativamente a pretensões sancionadoras não pode, portanto, ser afirmada como produto da essência ontológica do direito administrativo. Por isso, nas situações para as quais ela é defendida pelos intérpretes, os argumentos têm sido outros: a *ausência de norma legal expressa e específica* que fixe limites temporais ao exercício da pretensão de punir e, de modo subsidiário, a ideia de *supremacia dos interesses públicos*.

Mas tal fundamento, para ser juridicamente resistente, teria de responder à contradita de que, por razões de *segurança jurídica*, a simples falta de prazo legal máximo para o exercício do direito de a Administração aplicar sanções poderia ser vista como um caso de *lacuna normativa*, eficazmente solucionável por analogia. O fato é que, nos tempos iniciais do debate a respeito, essa contradita não foi examinada com muita simpatia, e a imprescritibilidade era aceita quase por inércia.

A análise da legislação, da literatura e da jurisprudência mostra, porém, que as ideias sobre limites de tempo para a ação estatal e sobre extinção temporal por inércia ou demora no campo administrativo têm se alterado bastante no Brasil – provavelmente em função do impressionante acréscimo no volume e profundidade da atividade sancionadora não penal, típica do estado administrativo contemporâneo.[9] São tendências que parecem vir a reboque desses fatos estruturais, em guinada cuja compreensão supõe uma perspectiva realista do direito público.[10]

Quanto às fontes jurídicas das novas ideias, a Constituição tem sido relevante. Mas qual a extensão constitucional do poder administrativo de aplicar punições?

Como ocorre com qualquer direito, o exercício do direito subjetivo público de a Administração sancionar tem de se compatibilizar com os direitos gerais que o ordenamento confere aos privados. Em especial, os direitos à "legalidade" (Constituição – CF, arts. 5º, II, e 37, *caput*), à "segurança jurídica" (CF, art. 5º, *caput*) e a só ser sancionado por processo administrativo que assegure o "contraditório e a ampla defesa" (CF, art. 5º, LV), bem como o direito à "razoável duração do processo e os meios que garantam a celeridade de sua tramitação" (CF, art. 5º, LXXVIII).

---

[8] GARCÍA DE ENTERRÍA, Eduardo; FERNANDEZ, Tomas-Ramon. *Curso de direito administrativo*. Tradução brasileira. Revisão técnica de Carlos Ari Sundfeld. São Paulo: Revista dos Tribunais, 2014. v. I. p. 451; 453.

[9] MOREIRA, Egon Bockmann. Notas sobre o estado administrativo: de omissivo a hiperativo. *Revista Estudos Institucionais*, Rio de Janeiro, v. 3, n. 1, p. 154-179, 2017.

[10] Aprofundar em BOLONHA, Carlos; FORTES, Pedro Rubim Borges; LUCAS, Daniel de Souza. Realismos jurídicos, direito em ação e o estudo empírico das instituições. *Revista Estudos Institucionais*, Rio de Janeiro, v. 6, n. 1, p. i-vii, jan./abr. 2020.

Disso podem decorrer diversos condicionamentos ao direito subjetivo público de a Administração punir sujeito específico em virtude de infração concreta.[11] Entre eles, os condicionamentos formais e temporais.

Reconhece-se à Administração Pública o direito à *autotutela sancionadora*. Ela pode impor sanções por simples atos administrativos, após apuração feita na via extrajudicial, por processos administrativos. Quanto às sanções não patrimoniais, a execução dos atos administrativos sancionadores também pode ocorrer na via extrajudicial. Já a execução compulsória das sanções administrativas patrimoniais (ex.: multa) é reservada aos processos judiciais (CF, art. 5º, LIV).

Existem, em contrapartida, os condicionamentos constitucionais formais desse direito: a legalidade e o devido processo legal. Mas seria só isso? O sistema tenderia a ser aberto demais se fossem ilimitadas no tempo as pretensões de instaurar processos administrativos sancionadores, de lhes dar tramitação, de julgá-los e de executar as sanções aplicadas – se assim fosse, o direito de punir assumiria, pelo ângulo temporal, verdadeiro caráter discricionário, até arbitrário.

Como reação à excessiva abertura, vem crescendo no campo administrativo a convicção de que essa discricionariedade temporal não deve existir, pois ela soa contraditória com o caráter constitucionalmente circunscrito da ação pública.

Mas o que nosso regime constitucional diz de mais específico a respeito? Existem normas constitucionais que, de forma geral, limitem temporalmente esses direitos de punir administrativamente (prescrição da autotutela sancionadora) e sejam aplicáveis aos diversos níveis federativos e aos distintos órgãos do Estado?

A segurança jurídica e a estabilidade, além de valores constitucionais de caráter geral, são asseguradas como direitos aos sujeitos privados pelo art. 5º, *caput* da Constituição de 1988 ("garantindo-se aos brasileiros e aos estrangeiros residentes no País a inviolabilidade do *direito* [...] *à segurança*").

Em face de diversas outras normas constitucionais, a inviolabilidade constitucional da segurança privada não se restringe à segurança física, incluindo ainda a *proteção da estabilidade das situações jurídicas individuais*, que são resguardadas, entre outros, pelo inc. XXXVI do mesmo art. 5º (proteção do direito adquirido, do ato jurídico perfeito e da coisa julgada). Faceta da estabilidade das situações individuais é que também o Estado tenha de se sujeitar a prazos extintivos, no exercício da autotutela administrativa e na busca da tutela judicial de seus direitos subjetivos públicos.

Na Constituição, a regra geral da prescritibilidade, mais focada em tutela judicial, foi encampada, por exemplo, no art. 37, §5º (sobre a necessidade de as leis garantirem a prescritibilidade da sanção de ilícitos de agentes públicos e privados), bem como nos incs. XLII e XLIV do art. 5º (que previram a imprescritibilidade, *a título de exceção*, nos crimes de racismo e de grupos armados contra a ordem democrática).

Tem sido com base nessas normas, portanto, que a prescritibilidade vem avançando no campo do direito público, antes relativamente refratário a ela. Aos poucos, ela vem sendo vista como regra e a imprescritibilidade como exceção.

---

[11] BINENBOJM, Gustavo. O direito administrativo sancionador e o estatuto constitucional do poder punitivo estatal: possibilidades, limites e aspectos controvertidos da regulação do setor de revenda de combustíveis. *Revista de Direito Administrativo Contemporâneo – ReDAC*, São Paulo, v. 2, n. 11, p. 11-35, ago. 2014.

2 A jurisprudência constitucional sobre prescrição em matéria administrativa fora do Executivo

Fora do Executivo, os controles públicos – controle judicial e controle de contas – também lidam com matéria administrativa. Uma hipótese é o julgamento e punição de infrações envolvendo recursos públicos, ações administrativas, agentes públicos ou relações com a Administração. Outra é a imposição da obrigação de reparar danos à Administração. Mais uma é o juízo de validade de atos ou ajustes administrativos.

Para a esfera judicial, as leis processuais civis preveem prazos máximos para tais medidas, e as dúvidas propriamente constitucionais quanto à sua interpretação são pouco frequentes. Já as normas sobre controle de contas tradicionalmente silenciavam a respeito – e, há alguns anos, isso passou a suscitar dúvidas quanto à necessidade ou não de existirem prazos máximos para o controlador de contas.

Uma questão constitucional sobre prazo para tutela judicial em matéria administrativa foi discutida pelo STF em 2018. O debate era se havia ou não no §5º do art. 37 da Constituição um caso constitucional de imprescritibilidade. Para além das divergências quanto ao ponto, de menor interesse no presente estudo, o tribunal entendeu de modo homogêneo: que "imprescritibilidade é a manifesta exceção no sistema jurídico brasileiro" (Roberto Barroso); que "prescrição [é] uma dimensão relevante, específica, do princípio da segurança jurídica" (Edson Fachin); que "a imprescritibilidade de um direito ofende a noção de segurança jurídica" (Gilmar Mendes); que a "imprescritibilidade suprime o direito ao devido processo legal e, especialmente, ao da ampla defesa", e que a prescrição "não é só uma questão de segurança jurídica ou de garantia de direitos ou interesses particulares", mas "também o da Justiça, abrigando dilemas inerentes ao interesse público primário" (Ricardo Lewandowski).[12]

Relativamente aos prazos do controle de contas, três situações foram julgadas pelo STF (sanção, ressarcimento e registro de atos), com inovações importantes no tema da prescrição.

Quanto ao limite temporal da *ação punitiva* do Tribunal de Contas da União, em decisão de 2017, constatando o silêncio da lei específica, o STF reconheceu de modo inovador a necessidade do regime de prescrição e considerou aplicáveis prazos e regras da Lei federal nº 9.873, de 1999. E o fez considerando que a "aplicação de multas pelo TCU se insere evidentemente no exercício da competência sancionatória da Administração Pública", de modo que "o exercício da competência sancionatória do TCU é temporalmente limitado" em função do "princípio geral da segurança das relações jurídicas", do que decorre "a regra da prescritibilidade".[13]

---

[12] STF. RE nº 852.475/SP, Plenário, Rel. Alexandre de Moraes, maioria, j. 8.8.2018. Essas afirmações de princípio são coerentes com decisão anterior, relativa ao mesmo dispositivo, em que o tribunal assentara a tese de que "é prescritível a ação de danos à Fazenda Pública decorrente de ilícito civil" (STF. RE nº 669.069/MG, Plenário, Rel. Teori Zavascki, maioria, j. 3.2.2016). Vale mencionar, indo além do debate constitucional, que a aplicação de conceitos semelhantes a outras situações de interesse público levadas a juízo tem sido consistente na jurisprudência, citando-se a utilização do prazo prescricional da ação popular (5 anos) também na ação civil pública, em relação à qual a lei específica havia sido silente. V., p. ex., STJ. REsp nº 1.089.206/RS, 1ª Turma, Rel. Luiz Fux, unânime, j. 23.6.2009.

[13] STF. MS nº 32.201/DF, 1ª Turma, Rel. Roberto Barroso, maioria, j. 21.3.2017.

Na ocasião, a afirmação da incidência da Lei nº 9.873, de 1999, quanto à ação punitiva do TCU, incluiu as duas regras sobre extinção intercorrente: a prescrição pela passagem de mais de 5 anos entre a interrupção (quando da instauração do processo) e o julgamento, e a prescrição pela paralisação pura e simples do processo por mais de 3 anos em uma de suas fases.[14]

Assim, ficou reconhecido que o regime constitucional da prescrição do controle de contas, exigido pelo princípio de segurança jurídica, necessariamente inclui regras de extinção intercorrente.[15] Quanto ao ponto, posteriormente, em 2022, em outro julgamento, adotando postura coerente com essa orientação, o STF rejeitou alegação de inconstitucionalidade material de normas estaduais que tinham instituído, para processos punitivos de tribunal de contas estadual, um amplo regime de decadência ou prescrição, incluindo a intercorrente.[16]

Outro exemplo da inflexão nas ideias, relativamente próximo da ação sancionadora (*responsabilização por dano*), é a decisão de 2020 em que, também sem norma específica, o STF fixou, em caráter geral, a tese de que "é prescritível a pretensão de ressarcimento ao erário fundada em decisão de Tribunal de Contas". O STF não chegou a enunciar a regra de prazo a observar.[17] Foi uma solução pragmática, ainda em construção – para, como possível, resolver a crise pelo crescimento dos processos de responsabilização no TCU.[18]

Também houve evolução quanto ao tempo máximo para a *atuação revisional de atos previdenciário-funcionais* – tema conexo ao da prescrição, embora estranho ao poder de punir. Segundo a Constituição, o TCU exerce função de controle, por meio de registro, de atos administrativos de concessão de pensão, reforma ou aposentadoria de servidores (art. 71, III). Nunca houve norma específica limitando o tempo para negar o registro – e, por isso, o TCU se considerava autorizado a fazê-lo muitos anos após. O STF, em decisão também de 2020, e invocando a "segurança jurídica e a proteção da confiança", acabou por impor um prazo: se o TCU não se manifestar em 5 anos, os atos estarão registrados de modo tácito e definitivo.[19]

---

[14] O relator foi expresso: "27. A solução que se afigura mais adequada, a meu ver, não é a criação de um regime híbrido para regular a prescrição da pretensão administrativa sancionadora exercida pelo TCU, mas a aplicação integral da regulação estabelecida pela Lei nº 9.783/1999" (p. 6 do voto).

[15] O relator destacou que a Lei nº 9.783, de 1999, "representa a regulamentação mais adequada", inclusive por conter, ao contrário de outras leis, a "previsão de prescrição intercorrente" (itens 22 e 26, p. 5 e 6 do voto).

[16] STF. ADI nº 5.384/MG, Plenário, Rel. Alexandre de Moraes, maioria, j. 30.5.2022.

[17] STF. Tema nº 899: "É prescritível a pretensão de ressarcimento ao erário fundada em decisão de Tribunal de Contas" (RE nº 636.886/AL, Plenário, Rel. Alexandre de Moraes, unânime, j. 20.4.2020). Sobre as razões da abstenção do tribunal, v. BRAGA, André de Castro O. P. Como o TCU reagirá ao fim da imprescritibilidade? Decisão recente do STF exigirá adaptação dos órgãos de controle. *Jota*, 22 abr. 2020. Disponível em: https://www.jota.info/opiniao-e-analise/colunas/controle-publico/como-o-tcu-reagira-ao-fim-da-imprescritibilidade-22042020. Sobre o que o controlador de contas fez como resposta ao STF, v. BRAGA, André de Castro O. P.; RIBEIRO, Pedro José. Prescrição no TCU: um balanço dos últimos seis meses. Resolução 344 trouxe avanços notáveis, mas caminho da segurança jurídica é longo. *Jota*, 12 abr. 2023. Disponível em: https://www.jota.info/opiniao-e-analise/colunas/controle-publico/prescricao-no-tcu-um-balanco-dos-ultimos-seis-meses-12042023.

[18] SUNDFELD, Carlos Ari; ROSILHO, André (Org.). *Tribunal de Contas da União no direito e na realidade*. São Paulo: Almedina, 2020.

[19] STF. Tema nº 445: "Em atenção aos princípios da segurança jurídica e da confiança legítima, os Tribunais de Contas estão sujeitos ao prazo de 5 anos para o julgamento da legalidade do ato de concessão inicial de aposentadoria, reforma ou pensão, a contar da chegada do processo à respectiva Corte de Contas" (RE nº 636.553/RS, Plenário, Rel. Gilmar Mendes, maioria, j. 19.2.2020). Sobre a evolução dos debates e da jurisprudência, v. MODESTO, Paulo.

Portanto, parece claro que se está consolidando a jurisprudência constitucional sobre controle público (tanto judicial como de contas) em torno da ideia de que o regime de prescrição é decorrência necessária da proteção da segurança jurídica.

3 A jurisprudência constitucional sobre extinção temporal das pretensões sancionadora e de invalidação no Executivo

Mas será essa visão aplicável também à autotutela no âmbito do Executivo (Administração Pública direta e indireta)? Será que estamos no caminho de reconhecer um direito individual, de base constitucional, à extinção temporal por inércia ou demora no exercício da autotutela administrativa no âmbito do Executivo, tanto em matéria de invalidação, como de sanção? Será este um direito essencial à *segurança jurídica* e à garantia *da celeridade dos processos administrativos* (CF, art. 5º, LXXVIII), um elemento necessário do conceito constitucional de *devido processo legal* (CF, art. 5º, LIV e LV)?

Quanto ao tema da autotutela administrativa de invalidação, em 1969, o STF reconheceu em caráter geral o direito de as próprias administrações públicas invalidarem seus atos ilegais (Súmula nº 473), mas sem tratar do prazo para isso. Em evolução posterior, fixou tese exigindo processo administrativo prévio no exercício da autotutela de invalidação que tiver reflexo em *interesses individuais*, também sem entrar no debate sobre a prescrição da invalidação administrativa.[20]

Suprindo essa omissão para o âmbito federal, a Lei de Processo Administrativo, Lei nº 9.784, de 1999, limitou a viabilidade desse processo administrativo de autotutela de invalidação: fixou o prazo extintivo em 5 anos (chamado pela lei de prazo *decadencial*).

Antes, a Lei paulista nº 10.177, de 1998, fixara prazo maior (10 anos), aplicável a todos os casos de autotutela de invalidação. Mas o STF, em decisão de 2021, veio a considerar inconstitucional, por violação da igualdade, a existência desse prazo maior, pois o prazo extintivo de 5 anos já teria se consolidado como marco geral nas relações entre poderes públicos e particulares.[21] Assim, o tribunal afirmou não só a existência, implícita na Constituição, de uma regra geral, aplicável a toda a Administração Pública brasileira, de extinção temporal da pretensão de invalidar, como afirmou a necessidade de seu prazo ser nacionalmente uniforme.

E quanto à extinção temporal da pretensão administrativa sancionadora no âmbito do Executivo? Na vigência da Constituição de 1988, ainda não existe resposta direta do STF para casos envolvendo o Executivo, em especial nas esferas subnacionais, que se assemelhe aos julgamentos relativos à prescrição no âmbito dos controles públicos, vistos no item 2 deste artigo.

Mas nem por isso o tópico parece estar em aberto, pois a justificativa da primeira decisão incluiu o reconhecimento expresso de que, no direito brasileiro, "as sanções administrativas estão sujeitas, em suas linhas gerais, a um regime jurídico único, um

---

O tempo de controle das aposentadorias e pensões pelos tribunais de contas. *Conjur*, 25 jun. 2020. Disponível em: https://www.conjur.com.br/2020-jun-25/interesse-publico-tempo-controle-aposentadorias-pelos-tribunais-contas.

[20] STF. Tema nº 138: "Ao Estado é facultada a revogação de atos que repute ilegalmente praticados; porém, se de tais atos já tiverem decorrido efeitos concretos, seu desfazimento deve ser precedido de regular processo administrativo" (RE nº 594.296/MG, Plenário, Rel. Dias Toffoli, unânime, j. 21.9.2011).

[21] STF. ADI nº 6.019/SP, Plenário, Rel. Roberto Barroso, maioria, j. 12.5.2021.

verdadeiro estatuto constitucional do poder punitivo estatal"; de que o "princípio geral da segurança das relações jurídicas [...] tem por decorrência, salvo hipóteses excepcionais, a regra da prescritibilidade, em qualquer ramo jurídico"; de que a Lei nº 9.783, de 1999, "regula a ação punitiva da Administração Pública no exercício do poder administrativo sancionador – e não [apenas] no exercício do poder de polícia"; e, ainda, de que essa lei, em comparação com outras, "representa a regulamentação mais adequada a ser aplicada por analogia".[22]

Essa clara doutrina jurisprudencial reafirmou, agora com força constitucional, uma interpretação legal em que, ainda na vigência da Carta de 1969, o tribunal já havia sugerido a existência de um princípio geral quanto a isso. Disse ele, à época: "no direito administrativo do Brasil, a regra, em matéria de prescrição da pretensão punitiva da Administração Pública no que se refere a sanções disciplinares, é a da sua prescritibilidade", não se podendo opor a essa regra o argumento do "interesse superior da boa ordem do serviço público".[23]

4 A jurisprudência do STJ sobre extinção temporal das pretensões sancionadora e de invalidação

O STJ ainda hesita em reconhecer a extinção temporal por inércia ou demora como regra geral de caráter nacional na autotutela administrativa sancionadora, embora já o tenha feito quanto à autotutela de invalidação.

Relembrando, quanto à autotutela sancionadora, há quatro tipos de passividade administrativa capazes de, em tese, gerar a perda do direito de punir: a inércia em iniciar a apuração ou o processo;[24] o excesso de prazo entre o início do processo e o julgamento;[25] a paralisação pura e simples em alguma fase do processo;[26] e a inércia

---

[22] STF. MS nº 32.201/DF, 1ª Turma, Rel. Roberto Barroso, maioria, j. 21.3.2017 (itens 14, 4, 15 e 22, nas p. 3, 1, 4 e 5 do voto do relator).

[23] STF. MS nº 20.069/DF, Plenário, Rel. Cunha Peixoto, maioria, j. 24.11.1976, também em *Revista de Direito Administrativo*, Rio de Janeiro, v. 135, p. 64-80, 1979. Encontra-se nesse acórdão importante e extensa discussão a respeito da evolução das ideias doutrinárias e das normas a respeito, no direito comparado e no Brasil.

[24] Para manter a coerência com a teoria geral do direito e evitar confusões com a prescrição da ação judicial executória, o relevante acórdão do STJ no Caso Ibama – 2010 (v. adiante) preferiu denominar como "decadência" a extinção temporal da pretensão de sancionar na via administrativa, e isso apesar de a Lei nº 9.873, de 1999, ter usado para esse fim o termo "prescrição". É uma solução terminológica possível para, em caráter geral, designar o *esgotamento temporal do direito à autotutela administrativa* (que seria a *decadência*), diferenciando-o do *esgotamento temporal do direito à tutela judicial* (*prescrição*). Algumas normas legais do mundo público seguem essa opção. Exemplo é o Código Tributário Nacional (arts. 156, V, 173 e 174), que chama de "decadência" a extinção do direito da Fazenda constituir o crédito na via administrativa (em autotutela tributária), e chama de "prescrição" a extinção da ação para cobrá-lo (tutela judicial do crédito público). Outro exemplo é a Lei Federal de Processo Administrativo, que denomina como "decadência" o esgotamento do direito da própria administração anular seus atos inválidos, em autotutela de invalidação (Lei federal nº 9.784, de 1999, art. 54); essa terminologia foi seguida pelo STJ, em sua Súmula nº 633. Porém, há leis com outra opção terminológica. Como dito, a Lei nº 9.873, de 1999, chamou de "prescrição" as duas modalidades de esgotamento temporal do direito subjetivo público: tanto a autotutela administrativa sancionadora (art. 1º, que fala em "prescrição da ação punitiva"), quanto a tutela judicial do crédito público por multa administrativa (art. 1º-A, que fala em "prescrição da ação de execução").

[25] Quanto ao ponto, v. SUNDFELD, Carlos Ari; CÂMARA, Jacintho Arruda. Os procedimentos do Cade e a prescrição intercorrente administrativa. In: CAMPILONGO, Celso; PFEIFFER, Roberto (Org.). *Evolução do antitruste no Brasil*. São Paulo: Singular, 2018. p. 1221-1230.

[26] Sobre o objetivo e o conceito da prescrição intercorrente por paralisação, explicou-se no STJ que se trata de "punir a negligência do titular de direito e também prestigiar o princípio da segurança jurídica, que não se coaduna com

em iniciar a execução administrativa das sanções não pecuniárias impostas no processo administrativo ou, para as sanções pecuniárias, em iniciar a execução judicial posterior ao processo administrativo.

As extinções dos três primeiros tipos dizem respeito à *autotutela administrativa*. Já as do último tipo podem se referir à *tutela judicial do crédito público* (no caso das sanções administrativas patrimoniais) ou à *autotutela administrativa* (quando, não tendo caráter patrimonial, a sanção administrativa puder ser autoexecutória, isto é, executável na própria via administrativa).

A Primeira Seção do STJ, em acórdão unânime de 2010 no *Caso Ibama*, que se tornaria uma referência para as decisões a partir de então, distinguiu os tipos de inércia ou demora, e suas consequências.[27] Estava em pauta a aplicação da já citada Lei federal nº 9.873, de 1999, que estabelecera limites temporais ao exercício da ação punitiva pela Administração federal e fora recentemente alterada pela Lei federal nº 11.941, de 2009.

O acórdão do *Caso Ibama – 2010* principiou por chamar atenção para o fato de que a jurisprudência anterior do STJ vinha examinando tema bem específico, ligado apenas à tutela judicial. Tratava-se de discutir os efeitos da *inércia em dar início à execução judicial da multa imposta em processo administrativo sancionador*.

Por um lado, a jurisprudência era unânime em reconhecer a prescritibilidade da execução judicial nesse caso; seu fundamento implícito era que direitos subjetivos creditícios públicos não são eternos.

Por outro lado, examinando a questão do prazo, a jurisprudência afirmava (por larga maioria) que, como regra geral, os créditos da Fazenda ante os privados não deveriam ter vigência superior à dos créditos privados em face da Fazenda; nesse aspecto, a *ratio decidendi*, citada expressamente, era o princípio de isonomia no acesso à tutela judicial. A conclusão era que a vigência dos créditos constituídos em processos administrativos sancionadores já encerrados estaria limitada ao mesmo prazo das ações de particulares contra a Fazenda Pública, isto é, o do art. 1º do Decreto federal nº 20.910, de 1932 (5 anos a contar da constituição do crédito), e não ao prazo mais amplo do Código Civil (20 anos, à época).

Quanto a esse tópico, a novidade do acórdão do *Caso Ibama – 2010* foi reconhecer a evolução legislativa. Constatou-se que o art. 1º-A da Lei federal nº 9.873, de 1999, incluído pouco tempo antes pela Lei nº 11.941, de 2009, havia acolhido a orientação do STJ de tratar com isonomia a cobrança judicial de créditos públicos e de créditos privados e, por isso, positivara em lei o prazo extintivo de 5 anos para a ação executória do crédito de multa constituído em processo administrativo.

---

a eternização de pendências administrativas ou judiciais. Assim, quando determinado processo administrativo ou judicial fica paralisado por um longo tempo, por desídia da Fazenda Pública, embora interrompido ou suspenso o prazo prescricional, este começa a fluir novamente. [...] Portanto, a prescrição intercorrente é aquela que diz respeito ao reinício da contagem do prazo extintivo após ter sido interrompido" (STJ. REsp nº 1.100.156/RJ, 1ª Seção, Rel. Teori Zavascki, unânime, j. 10.6.2009).

[27] STJ. REsp nº 1.115.078/RS, 1ª Seção, Rel. Castro Meira, unânime, j. 24.3.2010, sob a sistemática dos recursos repetitivos. A decisão segue sendo observada pelo tribunal (ex.: AgInt no AREsp nº 1.894.193/MG, 1ª Turma, Rel. Sérgio Kukina, unânime, j. 22.11.2022; AgInt no REsp nº 2.006.414/SP, 1ª Turma, Rel. Benedito Gonçalves, unânime, j. 28.11.2022; e AREsp nº 1.979.679/SP, 2ª Turma, Rel. Francisco Falcão, unânime, j. 7.2.2023).

Mas o acórdão do *Caso Ibama – 2010* foi além, para deixar claro não ser esse o único limite temporal ao poder administrativo de sancionar. Tratou também da questão anterior: dos limites da *autotutela administrativa sancionadora*.

Lendo o art. 1º, *caput* e §1º, e o art. 2º da Lei federal nº 9.873, de 1999, o acórdão chamou atenção para a existência de *limites temporais também para a constituição administrativa do crédito por meio de autotutela*, no processo administrativo. Segundo notou, o art. 1º, *caput*, tratara da inércia ou demora em iniciar ou concluir a ação punitiva na via administrativa; sua consequência é, na linguagem da lei, a *prescrição da ação punitiva* (que o acórdão preferiu designar como *decadência*) a qual ocorre em 5 anos a contar da infração (ou da interrupção na forma do art. 2º).

Mas não só. Em virtude do §1º do art. 1º da Lei federal nº 9.873, de 1999, o acórdão do *Caso Ibama – 2010* reconheceu ainda que, sempre no exercício da autotutela sancionadora, a Administração estaria sujeita a outro limite temporal: a *prescrição intercorrente pela paralisação pura e simples do processo administrativo sancionador* por mais de 3 anos, sem decisão.

Quanto a esses dois aspectos (extinções da autotutela administrativa sancionadora em si), a importância do acórdão do *Caso Ibama – 2010* foi eliminar possíveis dúvidas quanto ao posicionamento do STJ. Isso em função de divergência pontual ocorrida em 2008 na 2ª Turma.[28]

No caso de 2008, a maioria parecia haver entendido que o art. 1º, *caput* da Lei federal nº 9.873, de 1999, tratara apenas de tutela judicial, isto é, de *prescrição da ação executória*, e não propriamente da autotutela sancionadora, isto é, da *extinção temporal da pretensão de punir, em virtude de inércia ou excesso de prazo*. Assim, poderia remanescer alguma dúvida, após a nova lei, sobre a existência ou não das prescrições (ou decadências) da autotutela sancionadora.

Para dirimir a dúvida, o acórdão do *Caso Ibama – 2010* fez questão de frisar que a mudança operada pela Lei nº 11.941, de 2009, acabara por dar razão à minoria daquele caso de 2008, que vira no art. 1º regras sobre prescrição da autotutela administrativa, nas duas modalidades: prescrição (ou decadência) da pretensão de punir na via administrativa e prescrições intercorrentes no processo administrativo. A conclusão foi que, depois da nova lei, tornara-se ainda mais clara a existência de prazos legais para as *extinções temporais da autotutela administrativa*.

Assim, a Lei nº 9.873, de 1999, e a Lei nº 11.941, de 2009, que a alterou (tal como interpretadas pelo acórdão do STJ no *Caso Ibama – 2010*), resolveram de modo explícito e adequado o problema das quatro inércias ou demoras administrativas em matéria sancionadora em geral.[29] Isso para o âmbito federal.

---

[28] STJ. REsp nº 1.102.193/RS, 2ª Turma, Rel. para o acórdão Eliana Calmon, maioria, j. 16.12.2008, vencidos Mauro Campbell e Herman Benjamin.

[29] É verdade que, tratando do âmbito material de incidência da lei, seu art. 1º, após indicar "a ação punitiva da Administração Pública Federal", pareceu querer limitar esse âmbito quando acresceu tratar-se da ação punitiva realizada "no exercício do poder de polícia", o que poderia sugerir a discussão sobre qual foi o conceito de poder de polícia mirado pelo texto: se o conceito amplo, no sentido de fiscalização administrativa em geral (de modo que se poderia falar em poder de polícia no âmbito de relações de sujeição especial, incluindo a atuação de licitantes, de contratados da administração ou de alunos em estabelecimentos públicos) ou o conceito restrito (que se limitaria à fiscalização pública sobre o exercício das liberdades e das propriedades, nas relações de sujeição geral). Mas a discussão talvez não seja pertinente pois, a seguir, a própria lei, no art. 5º, indicou as

No entanto, grande parte dos legisladores dos entes subnacionais ainda permanece inerte quanto à matéria, o que põe a dúvida: aplicam-se a eles as regras de extinção temporal da autotutela administrativa adotadas para o âmbito federal?

Não há dificuldade quanto ao prazo de prescrição da tutela judicial, isto é, da ação judicial para os entes subnacionais executarem os créditos constituídos em processo administrativo sancionador. Para a hipótese, buscando isonomia, o STJ já vinha aplicando por analogia integrativa o prazo de 5 anos do art. 1º do Decreto nº 20.910, de 1932, e continuou a fazê-lo. Não se trata, aqui, de extensão analógica, para esses entes, de norma de cunho administrativo da Administração federal. Trata-se, isto sim, de extensão analógica, para as ações das Fazendas dos entes subnacionais em face dos privados, de norma de processo civil nacional cujo objeto específico era inverso: ações de privados em face das Fazendas públicas (federal, estadual, distrital e municipal). A razão da analogia é que, em ambos os casos, o tema é o mesmo: *limites temporais da tutela judicial*.

Como se sabe, acabaram por se tornar idênticos, de 5 anos, os prazos do art. 1º do Decreto nº 20.910, de 1932 (que o STJ vinha utilizando, e continuou a fazê-lo, como prazo para execução judicial das multas estaduais, distritais e municipais por infração administrativa) e do art. 1º-A da Lei nº 9.873, de 1999, alterada pela Lei nº 11.941, de 2009 (prazo para execução judicial das multas por infração administrativa impostas pela Administração federal). A isonomia quanto a isso ficou garantida.

Por essa razão, o STJ, em 2010, veio a editar sua Súmula nº 467 dispondo que, sem distinção quanto à esfera federativa, "prescreve em 5 anos, contados do término do processo administrativo, a pretensão da administração pública de promover a execução da multa por infração ambiental".[30] Ficaram resolvidas as discussões sobre a *tutela judicial* das sanções administrativas – isto é, para a prescrição da ação de execução judicial das multas constituídas administrativamente.

Todavia, até agora não se conseguiu construir jurisprudência consistente sobre a omissão, no âmbito estadual, distrital ou municipal, quanto aos prazos extintivos da *autotutela sancionadora*, isto é, os prazos de *decadência ou prescrição para a instauração, tramitação ou julgamento* do processo administrativo sancionador. Seria a imprescritibilidade a consequência dessa omissão?

Na solução do problema, o *Caso Ibama – 2010* passou a ser (indevidamente) mencionado como paradigma por várias decisões do próprio STJ. Dessas novas decisões resultaram as seguintes orientações, bastante problemáticas: nos processos

---

modalidades de ação punitiva que quis excluir: as relativas a "infrações de natureza funcional" e a "processos e procedimentos de natureza tributária". Assim, parece que ela se inclinou pelo conceito amplo. Aliás, foi este o entendimento do STF ao examinar o ponto: "é mais correto dizer, a rigor, que a Lei nº 9.783/1999 regula a ação punitiva da Administração Pública no exercício do poder administrativo sancionador – e não no exercício do poder de polícia" (STF. MS nº 32.201/DF, 1ª Turma, Rel. Roberto Barroso, maioria, j. 21.3.2017, item 15, p. 4, do voto do relator).

[30] Esta súmula segue vigente. E sua *ratio* também vem sendo usada para reconhecer a prescrição, no mesmo prazo de 5 anos, da pretensão executória de obrigações meramente patrimoniais previstas em termos de ajustamento de conduta em matéria ambiental (STJ. AREsp nº 1.941.907/RJ, 1ª Turma, Rel. Benedito Gonçalves, unânime, j. 9.8.2022). Todavia, encontra-se pendente de julgamento no STF a discussão sobre a prescritibilidade da "execução da prestação pecuniária oriunda da conversão de condenação penal relativa a crime ambiental" (repercussão geral definida no STF. Tema nº 1.194. ARE nº 1.352.872 RG/SC, Plenário, Rel. Luiz Fux, unânime, j. 3.2.2022). O tribunal deverá analisar a compatibilidade da prescrição nesse caso em face do Tema nº 999 de repercussão geral (STF. RE nº 654.833/AC, Plenário, Rel. Alexandre de Moraes, maioria, j. 20.4.2020), no qual havia sido firmada a tese de que "é imprescritível a pretensão de reparação civil de dano ambiental".

administrativos dos entes subnacionais não se deve fazer analogia integrativa com a norma sobre prescrição da autotutela dos processos administrativos sancionadores federais (art. 1º, da Lei nº 9.873, de 1999); desse modo, no exercício de autotutela semelhante, estados, Distrito Federal e municípios possuem na prática o privilégio da inércia ou demora, apesar de ele ter sido negado por lei à Administração federal; também não se deve fazer analogia integrativa com o sistema legal do Decreto nº 20.910, de 1932, pois este não conteria norma sobre prescrição da autotutela; e a não incidência da prescrição da autotutela sancionadora não violaria direitos dos privados.

Exemplo é decisão monocrática de 2017 afirmando haver

> entendimento jurisprudencial desta Corte, consolidado no julgamento do [*Caso Ibama – 2010*] [...] segundo o qual não se aplica a lei 9.873/99 aos processos administrativos punitivos estaduais ou municipais, em razão da limitação da incidência da referida lei à Administração Pública Federal, direta ou indireta, no exercício do poder de polícia.[31]

Tal solução se baseou apenas na máxima *inclusio unius alterius exclusio* (o que a lei não incluiu é porque desejou excluir, não devendo o intérprete incluí-la) ou, em outras palavras, na ideia de *silêncio legal eloquente*.[32]

No entanto, soa exagerado falar em "entendimento consolidado" sobre a autotutela sancionadora nos entes subnacionais pois, no *Caso Ibama – 2010*, nem se discutia especificamente extinção temporal da autotutela sancionadora (o tema central era tutela judicial, isto é, a prescrição da execução judicial da sanção administrativa já imposta em prazo adequado); nem estava em pauta sanção estadual, distrital ou municipal (o caso era de sanção do Ibama, uma autarquia federal).

No *Caso Ibama – 2010*, em virtude da alteração realizada pela (então recente) Lei nº 11.941, de 2009, na Lei nº 9.873 – e da necessidade de rediscutir orientações anteriores sobre prescrição da ação de execução –, o relator Castro Meira sistematizara para seus pares o conteúdo consolidado dessas leis. Leu e organizou os textos legais; nada mais. Foi nesse contexto que o acórdão afirmara: "Sob o prisma negativo, a Lei 9.873/99 não

---

[31] Decisão monocrática STJ. REsp nº 1.665.491/PR, Rel. Assusete Magalhães, j. 4.5.2017 (decisão semelhante a outras, por ela relacionadas). Esta decisão foi mantida no AgInt no REsp nº 1.665.491/PR, 2ª Turma, Rel. Assusete Magalhães, unânime, j. 21.11.2017.

[32] Veja-se o argumento no STJ. REsp nº 685.983/RS, 2ª Turma, Rel. Castro Meira, unânime, j. 12.5.2005 (repetido no AgRg no REsp nº 1.566.304/PR, 2ª Turma, Rel. Herman Benjamin, unânime, j. 10.3.2016). No REsp nº 685.983-RS, em que se usou essa máxima ao ensejo da decisão sobre a prescrição intercorrente do processo administrativo sancionador, aventou-se também a questão da existência de efeito suspensivo em certos recursos administrativos contra sanções (a questão surgiu também no STJ. REsp nº 840.111/RJ, 1ª Turma, Rel. Luiz Fux, unânime, j. 2.6.2009, relativo à multa tributária). Aqui é preciso tomar cuidado, para evitar confusões. A prescrição intercorrente, que se destina a desonerar o privado da incerteza eterna, só pode incidir no processo administrativo sancionador que ainda esteja em fase processual anterior à decisão; nesse caso, a prescrição será efeito da passividade administrativa completa, seja em aplicar sanção, seja em reconhecer a ausência de ilícito. Porém, depois de constituída a sanção, isto é, já na fase de exame do recurso administrativo, a proteção jurídica do privado contra eventual ilegalidade será (ao menos em princípio) assegurada pelo efeito suspensivo, se houver. Se, porém, o efeito do recurso administrativo for apenas devolutivo, a execução da sanção já será viável e aí, contra eventual ilegalidade da decisão, estará aberto ao privado o caminho da tutela judicial. Desse modo, ao contrário do que sugerido vagamente nos referidos acórdãos, a não incidência da prescrição intercorrente em processo administrativo sancionador que já esteja na fase recursal *nada tem a ver com silêncio legal eloquente*. A razão seria outra: é que a decisão sancionadora já existe – e são distintas as normas legais que oferecem proteção aos privados contra as ilegalidades administrativas ativas.

se aplica: (a) às ações administrativas punitivas desenvolvidas por estados e municípios, pois o âmbito espacial da lei se limita ao plano federal".

Tratava-se de simples leitura, pura constatação; a lei realmente não foi editada diretamente para os entes subnacionais. Mas vai daí uma enorme distância até a afirmação de *desnecessidade* e *inviabilidade* de, no caso de estes não terem lei semelhante, fazer-se a aplicação analógica das normas federais sobre autotutela sancionadora, incluídas as normas sobre prescrição intercorrente (§1º do art. 1º).

O acórdão do STJ no *Caso Ibama – 2010*, apesar de sofisticado na discussão de seu tema específico, não se debruçou: sobre a consequência da omissão das leis subnacionais a respeito da prescrição intercorrente na autotutela sancionadora (isto é, se essa omissão violaria algum direito mais amplo dos privados, caracterizando-se como *lacuna normativa*); nem sobre o eventual modo de suprir a lacuna normativa (isto é, se deveria ou não ser feita analogia integrativa com o art. 1º da Lei federal nº 9.873, de 1999, ou com alguma outra norma, como as do Decreto nº 20.910, de 1932, e do Decreto-Lei nº 4.597, de 1942, que o complementou).

Portanto, é excessivo ver no *Caso Ibama – 2010* a consolidação dos entendimentos jurisprudenciais sobre esse assunto, que o STJ continua sem realmente discutir em profundidade. Decisões vêm sendo adotadas, é verdade, mas há nelas clara insuficiência de motivação. O STJ precisa encarar novamente o assunto. Estará preparado para fazê-lo?

Uma evolução recente quanto à jurisprudência do tribunal a respeito de tema conexo, a *autotutela administrativa de invalidação*, parece sugerir que sim. Em 2019, o STJ editou a Súmula nº 633 assentando sua jurisprudência a respeito, com *ratio decidendi* que, em termos lógicos, deveria ser aplicável também à discussão sobre a extinção temporal da autotutela nos processos sancionadores dos entes subnacionais.

Em muitos deles não há lei que fixe prazo máximo para a autotutela administrativa de invalidação. O que fazer? Teriam eles o privilégio da vigência eterna de sua pretensão de invalidar? A resposta do STJ, que se consolidou na Súmula nº 633, foi negativa. Disse ele:

> A lei 9.784/99, especialmente no que diz respeito ao prazo decadencial para a revisão de atos administrativos no âmbito da Administração Pública federal, pode ser aplicada, de forma subsidiária, aos estados e municípios, se inexistente norma local e específica que regule a matéria.

A *ratio decidendi* da Súmula nº 633 está clara nos precedentes que a geraram. Exemplo:

> Não pode o administrado ficar sujeito indefinidamente ao poder de autotutela do Estado, sob pena de desestabilizar um dos pilares mestres do Estado Democrático de Direito, qual seja, o princípio da segurança das relações jurídicas. Assim, no ordenamento jurídico brasileiro, a prescritibilidade é a regra, e a imprescritibilidade exceção.[33]

É o reconhecimento de um direito individual à extinção temporal da autotutela.

A semelhança é que ambas as discussões são sobre os *limites temporais da autotutela administrativa que tenha reflexo em interesses individuais*. A diferença, sem relevância

---

[33] STJ. REsp nº 645.856/RS, 5ª Turma, Rel. Laurita Vaz, unânime, j. 24.8.2004.

para fins de segurança jurídica, é que, enquanto a Súmula nº 633 do STJ diz respeito à *autotutela de invalidação*, na outra hipótese se trata de *autotutela sancionadora*. Para o STJ, a ausência de prazo para a invalidação em norma subnacional específica é hipótese de lacuna normativa, justificando a aplicação da lei federal "por analogia integrativa", orientada pelos "princípios da razoabilidade e da proporcionalidade".[34]

Em síntese, segundo essa jurisprudência consolidada: é imposição da *segurança jurídica*, da *estabilidade*, da *razoabilidade* e da *proporcionalidade* a exigência de prazos máximos para o exercício da autotutela da Administração subnacional (autotutela de invalidação) que tenha reflexos em interesses individuais; a ausência desses prazos para a autotutela em lei subnacional específica é caso de *lacuna normativa*; e essa lacuna tem de ser suprida por meio de *analogia integrativa com a lei federal* que tenha tratado de situação semelhante.

À vista dessa evolução, posterior ao *Caso Ibama – 2010*, já seria de esperar que o STJ, em se debruçando de modo detido sobre o tema da extinção temporal da pretensão sancionadora, por inércia ou demora – o que não tem acontecido –, reveja o posicionamento que adotou a respeito no passado, o qual não é logicamente conciliável com a orientação mais nova, de que a autotutela de invalidação tem necessariamente de se sujeitar à decadência ou prescrição.

Além da Súmula STJ nº 633, há dois outros bons motivos supervenientes para a revisão.

Um é o art. 158, §4º, da Lei nº 14.133, de 2021, que instituiu norma geral, agora para as administrações públicas de todos os entes da Federação, sobre a extinção temporal da pretensão de impor sanções administrativas (em licitações e contratos administrativos). Embora essa lei tenha silenciado quanto à prescrição intercorrente – um problema sério, a ser suprido pela extensão da Lei nº 9.783, de 1999 – ela é significativa por haver adotado a doutrina jurisprudencial do STF quanto à necessidade de observância, em âmbito nacional, de "um regime jurídico único, um verdadeiro estatuto constitucional do poder punitivo estatal".

Outro motivo para a revisão está justamente na impressionante evolução da jurisprudência do STF, posterior ao *Caso Ibama – 2010*, relatada nos itens 2 e 3 do presente estudo, cuja *ratio* é incompatível com a leitura (equivocada) que o STJ vem fazendo de sua própria decisão nesse caso. O STF reconheceu valor constitucional também ao regime da prescrição intercorrente nos processos administrativos sancionadores e deixou claro que, em caso de lacuna quanto ao regime geral da prescrição, ou de simples omissão pontual de lei específica quanto a um de seus aspectos, a Lei nº 9.783, de 1999, "representa a regulamentação mais adequada a ser aplicada por analogia".[35]

Conclusão

É crescente a força da visão em defesa do *efeito extintivo da longa inércia ou demora* da Administração Pública em exercer seus diversos tipos de *pretensões públicas desfavoráveis aos privados*. Essa visão tem se inspirado em normas constitucionais e em princípios gerais

---

[34] STJ. REsp nº 1.251.769-SC, 2ª Turma, Rel. Mauro Campbell, unânime, j. 6.9.2011.
[35] STF. MS nº 32.201/DF, 1ª Turma, Rel. Roberto Barroso, maioria, j. 21.3.2017 (item 22, p. 5, do voto do relator).

de direito. O próximo passo pode ser o reconhecimento de que, no direito administrativo sancionador em geral, sanções são sempre prescritíveis (ou sujeitas a decadência, caso se prefira a expressão), mesmo que não exista lei específica a respeito.

Adotado esse pressuposto, será natural caracterizar como *lacuna normativa* a falta de regra específica com prazos máximos para exercício de quaisquer das pretensões sancionadoras, impondo-se o uso da *analogia integrativa* para efetivar a proteção adequada dos privados.

Parece fazer sentido. Nem no processo administrativo de invalidação, nem no processo sancionador, a Administração é terceira desinteressada, juíza imparcial. Ela também é parte, titular do interesse e do direito subjetivo de invalidar, ou de punir. Assim, para, no interior dos processos administrativos, por meio de autotutela, obter a realização de seus direitos, ela tem de suportar os ônus correspondentes, em especial o *ônus de agir a tempo*, como ocorre com qualquer sujeito interessado.

Quanto ao problema específico das prescrições intercorrentes, que incidem já depois de instaurado o processo administrativo sancionador, parece incoerente reconhecer, com base em princípios ou regras constitucionais e legais, a necessidade de prazo geral extintivo para o exercício, por autotutela administrativa, do direito subjetivo público de invalidar ou sancionar, mas de outro lado liberar a Administração dos *ônus processuais que lhe são próprios*, negando efeito extintivo à sua própria passividade em continuar tramitando o correspondente processo administrativo, bem como ao excesso de prazo para concluí-lo.

Sem prazo máximo para os processos administrativos caminharem, é possível, por meio de artifício, a Administração ir evitando a extinção temporal de quaisquer de seus direitos. Basta que os funcionários instaurem processos mesmo sem terem elementos suficientes, ou sem pretenderem levá-los adiante. Isso tende a comprometer, na prática, a eficácia da figura legal da prescrição e a segurança jurídica.

Parece ser questão de tempo a revisão da solução que – antes da Súmula STJ nº 633, bem como da evolução da jurisprudência do STF relatada nos itens 2 e 3 deste estudo – havia sido adotada pelo STJ, de negar incidência à decadência ou prescrição da autotutela em processos administradores sancionadores não abrangidos pela Lei federal nº 9.873, de 1999.

Com a Súmula STJ nº 633, o STJ negou aos legisladores subnacionais a possibilidade de, mantendo-se em silêncio, deixar os privados sem proteção contra a inércia ou demora prolongada da Administração em exercer a autotutela dos direitos subjetivos públicos. Rejeitando a tese do "silêncio legal eloquente", o tribunal qualificou como *lacuna normativa* a omissão da lei quanto à proteção dos interesses individuais, e mandou superá-la por meio da *analogia integrativa*. Seguindo o mesmo raciocínio para o caso dos processos administrativos sancionadores, independentemente do seu âmbito federativo (federal, estadual, distrital ou municipal), ou do órgão competente para seu processamento (o Executivo, o Judiciário, o Legislativo ou os órgãos constitucionais autônomos, como tribunais de contas e ministérios públicos), todos eles teriam de se sujeitar à incidência das distintas modalidades de extinção temporal da pretensão. Em caso de lacuna das leis subnacionais, a saída é aplicar as soluções e limites da lei federal sobre o mesmo tema.

A questão remanescente é saber qual norma federal usar para essa analogia. A solução mais direta e próxima – além de mais completa, em linha com as tendências normativas contemporâneas, – parece estar na Lei federal nº 9.873, de 1999, que trata do assunto, como reconheceu o STF.

Em suma, mesmo sem norma legal de caráter universal, parece que já se está – inclusive por conta das tendências recentes do STF, com relevante participação do juiz Barroso – caminhando para o reconhecimento, em caráter universal, de que 5 anos é o prazo máximo para o Poder Público exercer direitos subjetivos públicos sobre os sujeitos privados, e de que a prescrição intercorrente é parte necessária do sistema.

Interessante: talvez esteja chegando a hora de a autoridade pública, antes fútil e imune ao tempo como Dorian Gray, passar a encarar sua verdadeira face.

Referências

BACELLAR FILHO, Romeu Felipe. Prescrição no processo administrativo disciplinar e segurança jurídica. *Revista Brasileira de Direito Municipal – RBDM*, Belo Horizonte, n. 62, p. 169-195, out./dez. 2016.

BARROSO, Luís Roberto. *Curso de direito constitucional contemporâneo*: os conceitos fundamentais e a construção do novo modelo. 10. ed. São Paulo: Saraiva, 2022.

BINENBOJM, Gustavo. O direito administrativo sancionador e o estatuto constitucional do poder punitivo estatal: possibilidades, limites e aspectos controvertidos da regulação do setor de revenda de combustíveis. *Revista de Direito Administrativo Contemporâneo – ReDAC*, São Paulo, v. 2, n. 11, p. 11-35, ago. 2014.

BOLONHA, Carlos; FORTES, Pedro Rubim Borges; LUCAS, Daniel de Souza. Realismos jurídicos, direito em ação e o estudo empírico das instituições. *Revista Estudos Institucionais*, Rio de Janeiro, v. 6, n. 1, p. i-vii, jan./abr. 2020.

BRAGA, André de Castro O. P. Como o TCU reagirá ao fim da imprescritibilidade? Decisão recente do STF exigirá adaptação dos órgãos de controle. *Jota*, 22 abr. 2020. Disponível em: https://www.jota.info/opiniao-e-analise/colunas/controle-publico/como-o-tcu-reagira-ao-fim-da-imprescritibilidade-22042020.

BRAGA, André de Castro O. P.; RIBEIRO, Pedro José. Prescrição no TCU: um balanço dos últimos seis meses. Resolução 344 trouxe avanços notáveis, mas caminho da segurança jurídica é longo. *Jota*, 12 abr. 2023. Disponível em: https://www.jota.info/opiniao-e-analise/colunas/controle-publico/prescricao-no-tcu-um-balanco-dos-ultimos-seis-meses-12042023.

GARCÍA DE ENTERRÍA, Eduardo; FERNANDEZ, Tomas-Ramon. *Curso de direito administrativo*. Tradução brasileira. Revisão técnica de Carlos Ari Sundfeld. São Paulo: Revista dos Tribunais, 2014. v. I.

LESSA, Vinícius Rocha Braga. A prescrição intercorrente no processo administrativo fiscal municipal, estadual e federal. *Revista Brasileira de Direito Municipal – RBDM*, Belo Horizonte, n. 53, p. 59-72, jul./set. 2014.

MELLO, Rafael Munhoz de. *Princípios constitucionais do direito administrativo sancionador*. São Paulo: Malheiros, 2007.

MODESTO, Paulo. O tempo de controle das aposentadorias e pensões pelos tribunais de contas. *Conjur*, 25 jun. 2020. Disponível em: https://www.conjur.com.br/2020-jun-25/interesse-publico-tempo-controle-aposentadorias-pelos-tribunais-contas.

MOREIRA, Egon Bockmann. Notas sobre o estado administrativo: de omissivo a hiperativo. *Revista Estudos Institucionais*, Rio de Janeiro, v. 3, n. 1, p. 154-179, 2017.

NASSAR, Elody. *Prescrição na Administração Pública*. 2. ed. São Paulo: Saraiva, 2009.

OSÓRIO, Fábio Medina. *Direito administrativo sancionador*. 2. ed. São Paulo: Saraiva, 2006.

RENAUX, Bruno; DELVECCHIO, Rachel. RJ: vanguarda sobre prescrição intercorrente no processo administrativo tributário. *Jota*, 3 ago. 2018. Disponível em: https://www.jota.info/opiniao-e-analise/artigos/rj-vanguarda-sobre-prescricao-intercorrente-no-processo-administrativo-tributario-03082018.

ROCHA, Sérgio André. Sobre o direito a um processo administrativo com duração razoável. *Revista Fórum de Direito Tributário – RFDP*, Belo Horizonte, n. 72, p. 35-49, nov./dez. 2014.

SUNDFELD, Carlos Ari; CÂMARA, Jacintho Arruda. Os procedimentos do Cade e a prescrição intercorrente administrativa. *In*: CAMPILONGO, Celso; PFEIFFER, Roberto (Org.). *Evolução do antitruste no Brasil*. São Paulo: Singular, 2018. p. 1221-1230.

SUNDFELD, Carlos Ari; ROSILHO, André (Org.). *Tribunal de Contas da União no direito e na realidade*. São Paulo: Almedina, 2020.

Informação bibliográfica deste texto, conforme a NBR 6023:2018 da Associação Brasileira de Normas Técnicas (ABNT):

SUNDFELD, Carlos Ari. O direito administrativo de punir o tempo leva. *In*: OSORIO, Aline; MELLO, Patrícia Perrone Campos; BARROSO, Luna van Brussel (Coord.). *Direitos e democracia*: 10 anos do Ministro Luís Roberto Barroso no STF. Belo Horizonte: Fórum, 2023. p. 311-329. ISBN 978-65-5518-555-3.

A CONTRIBUIÇÃO DO STF EM PROL DA EVOLUÇÃO DA IMUNIDADE DE JURISDIÇÃO

CARMEN TIBURCIO

Introdução

O tema das imunidades tem passado por profundas transformações nas últimas décadas. Não só a imunidade nasceu como norma eminentemente *intuitu personae* e foi em grande medida deslocada para uma ótica *ratione materiae* – em função do ato praticado pelo ente protegido – como também a imunidade, antes absoluta, passou a relativa, sendo flexibilizada em algumas hipóteses.

Nesta seara, lado a lado com o trabalho desenvolvido pelas organizações e tribunais internacionais, destaca-se a importância da legislação nacional e de decisões judiciais proferidas por tribunais estatais, que, com frequência, antecederam as regras internacionais.[1] A rigor, os maiores avanços em matéria de imunidade de jurisdição se originaram de decisões judiciais internas e não de tribunais internacionais, que pouco contribuíram para a evolução do tema.

Importantíssimos julgados foram mais recentemente proferidos em matéria de ilícitos e no tocante à execução de bens. Exemplo dessa vanguarda é o caso *Ferrini*, que admitiu a execução de bem de Estado estrangeiro por violação de direitos humanos, decidido pela Corte de Cassação italiana.[2] Decisão posterior da Corte Internacional de Justiça da Haia, todavia, sustentou que o princípio da imunidade deveria prevalecer no caso, registrando-se o voto vencido do Juiz brasileiro Antonio Augusto Cançado Trindade, recentemente falecido.[3]

Ratificando a afirmação de que os Estados nacionais e os respectivos judiciários estão na dianteira dessa flexibilização é a decisão da Corte Constitucional italiana

---

[1] Para um relato detalhado da jurisprudência francesa, belga e inglesa anterior a 1971 V. N.C.H. Dunbar, Controversial Aspects of Sovereign Immunity in the Case Law of Some States, *Recueil des Cours*, v. 132, p. 203-351 (1971).

[2] *Ferrini v. Republica Federale di Germania, Corte di Cassazione*, 6 Nov. 2003 – 11 Mar. 2004, n. 5044. V. Pasquale De Sena and Francesca De Vittor, State Immunity and Human Rights: The Italian Supreme Court Decision on the Ferrini Case, *The European Journal of International Law (EJIL)*, v. 16, p. 89-112 (2005).

[3] *Jurisdictional Immunities of the State (Germany v. Italy: Greece intervening)*, 3 de fevereiro de 2012. Disponível em: http://www.icj-cij.org/docket/index.php?p1=3&p2=3&case=143&code=ai&p3=4.

(outubro de 2014), recusando-se a cumprir o julgado da CIJ e afirmando que o respeito aos direitos humanos é regra fundamental da Constituição italiana.[4]

Nesse contexto se insere a decisão do STF, proferida no contexto de ilícito praticado no Brasil por Estado estrangeiro (Alemanha) no período da 2ª Guerra Mundial e que causou danos materiais e morte da tripulação do barco Changri-lá. Após inúmeras decisões de primeira e segunda instâncias, que concluíram que o ato praticado estava coberto pelo princípio da imunidade de jurisdição – não sendo, portanto, passível de julgamento pelo Judiciário brasileiro – o STF aprovou tese de repercussão geral no sentido de que atos ilícitos praticados por Estados estrangeiros em violação de direitos humanos não gozam da imunidade de jurisdição.[5] Ou seja, podem ser julgados pelo Judiciário brasileiro.

O Ministro Luís Roberto Barroso, ora merecidamente homenageado, integrou a maioria do tribunal que aprovou essa importante tese, sendo parte dessa louvável mudança de orientação do direito brasileiro.[6]

1 A imunidade de jurisdição

A imunidade de jurisdição é princípio[7] de direito internacional público que limita a possibilidade de submissão de ente protegido pelo direito internacional à jurisdição estrangeira. Sob o fundamento da imunidade, Estados estrangeiros e seus representantes (ministros, chefes de Estado e de governo, agentes diplomáticos e consulares, por exemplo), organizações internacionais, assim como, em casos especiais, navios e aeronaves públicas, bem como tropas estrangeiras que se encontram em território nacional, gozam – em maior ou menor extensão – de imunidade à jurisdição local.[8]

A lógica da imunidade é que um Estado não pode exercer sua jurisdição – atividade que envolve o poder soberano na sua manifestação interna – com relação a outro ente de direito internacional igualmente soberano (ou que represente o ente soberano ou

---

[4] Decisão 318/2014 da Corte Constitucional Italiana, de 22.10.2014. Destaca-se trecho da decisão: "Come si è già osservato, il totale sacrificio che si richiede ad uno dei principi supremi dell'ordinamento italiano, quale senza dubbio è il diritto al giudice a tutela di diritti inviolabili, sancito dalla combinazione degli artt. 2 e 24 della Costituzione repubblicana, riconoscendo l'immunità dello Stato straniero dalla giurisdizione italiana, non può giustificarsi ed essere tollerato quando ciò che si protegge è l'esercizio illegittimo della potestà di governo dello Stato straniero, quale deve ritenersi in particolare quello espresso attraverso atti ritenuti crimini di guerra e contro l'umanità, lesivi di diritti inviolabili della persona". Disponível em: http://www.cortecostituzionale.it/actionSchedaPronuncia.do?anno=2014&numero=238.

[5] Tema nº 944, no contexto da ARE nº 954.858. DJe, 24 set. 2021, Rel. Min. Edson Fachin.

[6] Vale também observar que o tema das imunidades já havia sido objeto de reflexão acadêmica por parte do homenageado em coautoria com a ora autora: Imunidade de jurisdição: o Estado Federal e os Estados-membros. In: O direito constitucional internacional. 2013.

[7] Emprega-se aqui a expressão "princípio" como norma de fundamental importância. V. TROOBOFF, Peter D. Foreign State Immunity: Emerging Consensus on Principles. Recueil des Cours, v. 200, p. 254, 1986. Defendendo que a imunidade é princípio, e não regra, V. FINKE, Jasper. Sovereign immunity: rule, comity or something else? European Journal of International Law, v. 21, p. 853, 2010. No mesmo sentido, YANG, Xiaodong. State Immunity in International Law. 2012. p. 1. A rigor, a imunidade deriva dos princípios da soberania e igualdade entre os Estados.

[8] MATTOS, Adherbal Meira. Direito Internacional Público. 2010. p. 103: "A imunidade ou isenção de jurisdição (local) importa em que, em razão de seus cargos ou funções, determinados estrangeiros não ficam sujeitos à jurisdição (civil e penal) do Estado em que se encontram. Tal restrição se denominou, antigamente, extraterritorialidade e dela gozam, ainda hoje, entre outros, os chefes de Estado, os agentes diplomáticos e certos cônsules, sempre em razão das funções que exercem".

seus interesses no caso das organizações internacionais). Trata-se, portanto, de benefício fundado na soberania, não do Estado que pretende exercer a jurisdição, mas do outro ente sobre o qual (ou seus representantes) não se exercerá a jurisdição local. Portanto, de um lado situa-se a soberania do Estado do foro, na sua vertente interna, e do outro, a soberania do ente estrangeiro protegido, ou seja, a soberania na sua vertente externa.[9] Some-se a isso a circunstância de que, como o princípio da reciprocidade é um dos mais importantes do direito internacional, o próprio Estado do foro tem interesse no respeito ao princípio, pois isso será uma garantia de que tampouco será julgado alhures, em respeito à sua soberania (externa).

2 Relativização do princípio

Até o final do século XVIII, prevalecia a identificação do Estado com a pessoa do soberano, cujos atos ficavam acima do exame das cortes locais, com base na premissa tradicional segundo a qual *the king can do no wrong*. Em decorrência das revoluções liberais e do surgimento do Estado de direito, os ordenamentos internos passaram a admitir o julgamento dos entes de direito público interno locais.

Entretanto, a ideia da intangibilidade dos atos do soberano era tão forte que teve repercussões no âmbito internacional, originando a doutrina da imunidade absoluta dos Estados estrangeiros. Para fundamentar essa prática, recorreu-se ao adágio medieval *par in parem non habet imperium*, de acordo com o qual os senhores feudais só respondiam aos seus superiores, não aos seus iguais. Transportada para os Estados soberanos, iguais perante a sociedade internacional, tornou-se a regra *par in parem non habet iudicium* ou *iurisdictionem*.

No entanto, não tardou até que se iniciasse uma forte reação da parte daqueles que detectavam, na imunidade estatal absoluta, a existência de uma injusta desvantagem para os que mantinham relações comerciais de caráter internacional com Estados, já que, nestes casos, estes em nada se diferenciavam dos particulares, e não deveriam merecer o reconhecimento da prerrogativa imunitória pelos tribunais nacionais.[10]

Nascia assim, já no final do século XIX, a doutrina da imunidade de jurisdição relativa ou restrita dos Estados, que preconizava a restrição do reconhecimento de imunidade aos Estados estrangeiros aos casos em que estes agiam na titularidade de seus poderes soberanos, *i.e.*, na prática de atos *iure imperii*. Ao contrário, se o Estado pratica um ato que não revela a sua condição de ente soberano, atuando como qualquer

---

[9] BOBBIO, Norberto. *Estado, governo, sociedade*: por uma teoria geral da política. 1987. p. 101-104: "A soberania tem duas faces, uma voltada para o interior, outra para o exterior. Correspondentemente, vai ao encontro de dois tipos de limites: os que derivam das relações entre governantes e governados, e são os limites internos, e os que derivam da relação entre os Estados, e são os limites externos. [...]" *apud* VASCONCELLOS, Raphael Carvalho de. *Teoria geral do estado aplicada à unidade sistêmica do direito internacional*. Orientador: Paulo Borba Casella. Tese (Doutorado) – USP.

[10] "No século passado os Estados passaram a atuar em setores econômicos considerados até então como exclusivamente 'privados'. E apesar de sua freqüente competição com indivíduos e entidades privadas, os governos continuaram exigindo o direito de invocar imunidade em processos judiciais decorrentes de questões surgidas de suas atividades competitivas. Não tardou a reação dos que consideravam que esta imunidade redundava numa injusta desvantagem para os particulares e às pessoas jurídicas de direito privado que transacionavam com os governos" (DOLINGER, Jacob. A imunidade jurisdicional dos Estados. *Revista de Informação Legislativa do Senado Federal*, v. 76, p. 10, 1982.

particular, pratica ato *iure gestionis*, não se aplicando, nestes casos, a imunidade jurisdicional do Estado.[11]

Na linha dessa concepção, a Resolução do Instituto de Direito Internacional de Hamburgo, 1891, adotou a doutrina da imunidade de jurisdição relativa em seus arts. 4º e 5º.[12] Seguiu-se a elaboração do Código de Havana (Bustamante), em 1928, art. 335, ratificado pela maioria dos Estados latino-americanos.

Após a 2ª Guerra Mundial, a imunidade restrita passou a ser largamente aceita, sobrepondo-se à imunidade absoluta. Prosseguiu a tendência com a Resolução de Aix-en-Provence, do Instituto de Direito Internacional, em 1954,[13] e com a Convenção Europeia sobre Imunidades dos Estados, de 1972,[14] cujo art. 5º excluiu as questões trabalhistas do âmbito daquelas protegidas pela imunidade, além de várias outras medidas no mesmo sentido. A influência de tal iniciativa resultou no *Foreign Sovereign Immunities Act* (FSIA), dos EUA (1976), e no *State Immunity Act* (SIA), do Reino Unido (1978), além de leis semelhantes em outros países.

De todo modo, a doutrina e a jurisprudência internacional e comparada são hoje pacíficas na aceitação de uma norma internacional costumeira que determina a abstenção do exercício de jurisdição nacional sobre Estados estrangeiros sem a autorização destes, salvo nas hipóteses em que o próprio direito internacional público não mais exige essa abstenção – hipóteses englobadas pelo que se convencionou chamar, em um primeiro momento, de *acta iure gestionis*.

A evolução da prática internacional com respeito à imunidade de jurisdição do Estado tende a dar ao princípio uma consistência jurídica mais sólida na medida em que, ao deixar de ser absoluta para ser restrita, demonstra também o deslocamento do foco central da imunidade, que antes era concedida *ratione personae*, para tornar-se eminentemente *ratione materiae*. De fato, se antes a imunidade era reconhecida *ipso facto* ao seu titular pelo simples fato de tratar-se do Estado, hodiernamente há que se indagar do tipo de ato praticado por este ente protegido, a fim de que se estabeleça se lhe é ou não devida a proteção imunitória. Esse é o critério adotado pela Resolução do Instituto de Direito Internacional de 1991, ao listar uma série de hipóteses nas quais não haverá imunidade e o Estado do foro poderá exercer sua jurisdição, bem como outras hipóteses nas quais haverá imunidade.[15]

---

[11] Para uma diferenciação entre os atos, v. BADR, Gamal Moursi. *State immunity*: an Analytical and Prognostic View. 1984. p. 68-69: "There is not one but four differences between a public act and a private act of a foreign state. They concern (a) the formation of each, (b) the parties to each, (c) the contents of each, and (d) the sanctions attaching to each one of these two categories of acts of the foreign state" e p. 94: "States do not exercise their sovereign authority by concluding contracts; they exercise it through legislative enactments and executive action. Section 4, 6, 6 and 5 of the above mentioned Acts respectively, provide that there is no immunity in respect of proceedings relating to a contract of employment concluded with a national or a resident. There is no distinction here between an individual employed, say, to promote tourism in the foreign state and an individual employed to fight in the ranks of the army of the foreign state or to translate official documents in its embassy".

[12] Resolução do Instituto de Direito Internacional, Hamburgo, 1891, arts. 4º e 5º. Disponível em: http://www.idi-iil.org/app/uploads/2017/06/1891_ham_01_fr.pdf. V. VALLADÃO, Haroldo. *Direito internacional privado*. 1978. v. 3. p. 153.

[13] Arts. 3º e 4º da Resolução de Aix-en-Provence, 1954. Disponível em: https://www.idi-iil.org/app/uploads/2017/06/1954_aix_02_fr.pdf.

[14] Promovida pelo Conselho da Europa, em vigor desde 1976. Disponível em: https://rm.coe.int/16800730b1.

[15] Resolução adotada na Sessão da Basileia, 1991. Disponível em: https://www.idi-iil.org/app/uploads/2017/06/1991_bal_03_en.pdf.

O maior problema existente hoje em relação à imunidade de jurisdição do Estado relaciona-se com a distinção – ou, mais especificamente, com os critérios que são utilizados para operar a distinção – entre atos de império (*acta iure imperii*), isto é, quando o Estado estrangeiro goza do benefício, e atos de gestão (*acta iure gestionis*), quando a ele não faz jus.

De qualquer forma, vale ressaltar que a tendência é que se chegue à uniformização dessas regras, o que é justamente o que se está tentando lograr com a aprovação de textos convencionais a respeito, como o trabalho iniciado pela Comissão de Direito Internacional da ONU (CDI), de 1991, sobre imunidade jurisdicional de Estados e seus bens, que se transformou na Convenção aprovada em 2004.[16] Seguindo o mesmo critério, a Resolução do Instituto de Direito Internacional da Basileia, de 1991.

No direito internacional, há claramente uma lista – não exaustiva – de situações que excluem a imunidade, sistema este que já fora adotado nas Resoluções do Instituto de Direito Internacional de 1891 e de 1954.[17] Essas exceções incluem as atividades comerciais, as ações reais ou pessoais decorrentes da propriedade ou sucessão de imóveis ou móveis situados no foro.[18] Também se incluem nessa categoria as ações que derivem de ilícitos praticados no foro e as questões trabalhistas. A Resolução do Instituto de 1991 aumentou as hipóteses nas quais não prevalece a imunidade e enumera também hipóteses nas quais ainda vigora a imunidade.

Nota-se também um crescente abandono no direito internacional e estrangeiro ao recurso às expressões ato de gestão e ato de império, tendo em vista a enorme dificuldade de qualificá-las.[19]

Em conclusão: no direito comparado hoje coexistem dois sistemas. O primeiro, com base na lei interna ou convenção em vigor no país, no qual se deve buscar se a hipótese concreta está listada expressamente como não beneficiária da imunidade. Como regra, não estando a situação compreendida numa das exceções mencionadas, entende-se que o privilégio imunitório prevalece.

O segundo sistema, do qual o Brasil faz parte, baseia-se no costume internacional sobre a matéria, que compreende a jurisprudência internacional e estrangeira, bem como a legislação estrangeira e internacional que, na sua maior parte, abandonou a distinção entre ato de gestão e ato de império. Portanto, entre nós, no julgamento das questões concretas envolvendo o Estado estrangeiro e suas subdivisões políticas e administrativas, o julgador deve analisar a legislação e jurisprudência, internacional

---

[16] A CDI começou a tratar do tema da imunidade do Estado em 1977, quando o inscreveu entre as preocupações de seus trabalhos vindouros. SOARES, Guido Fernando Silva. *Órgãos dos estados nas relações internacionais: formas da diplomacia e as imunidades*. 2001. p. 189-190. O texto final foi adotado pela Comissão de Direito Internacional na sua quadragésima terceira sessão, em 1991, e submetido à Assembleia-Geral como parte do relatório da Comissão sobre os trabalhos efetuados na mesma sessão. O texto final da Convenção foi aprovado em 2004.

[17] *Vide* arts. 4º e 5º da Resolução do Instituto de Direito Internacional, Hamburgo, 1891; e arts. 3º e 4º da Resolução de Aix-en-Provence, 1954, já mencionados.

[18] SUCHARITKUL, Sompong. Immunities of foreign states before national authorities. *Recueil des cours*, v. 149, p. 210, 1976.

[19] MANIRUZZAMAN, A. F. M. State Enterprise Arbitration and Sovereign Immunity Issues: A Look at Recent Trends. *Dispute Resolution Journal*, v. 60, p 1-8, 2005, cita inúmeros exemplos nos quais a qualificação foi diferente em diferentes jurisdições.

e estrangeira, e verificar se a hipótese sob julgamento está excluída do benefício da imunidade. Em caso negativo, como regra, deve o julgador decidir pela imunidade.[20]

3 Exceções às imunidades tradicionalmente aceitas no direito internacional

3.1 Imunidade de jurisdição nas relações trabalhistas

Frequentemente, o Estado estrangeiro celebra contratos de trabalho com nacionais do Estado acreditado visando à prestação do serviço neste país. Atualmente, há consenso de que não é possível ao Estado beneficiar-se da imunidade nesse contexto. Essa exceção já foi incorporada ao direito convencional. Dispõem nesse sentido a Convenção Europeia sobre Imunidade[21] e a Convenção da ONU sobre Imunidade dos Estados e seus Bens, de 2004.[22]

No Brasil, até bem recentemente, os Estados estrangeiros gozavam de imunidade absoluta de jurisdição e os tribunais se recusavam sistematicamente a julgar demandas em que eles fossem parte. Até a Constituição Federal de 1988, o Supremo Tribunal Federal (STF) seguia o entendimento que os consulados e as embaixadas gozavam de completa imunidade de jurisdição, mesmo nas hipóteses de reclamações trabalhistas propostas por brasileiros aqui domiciliados, com base em serviço aqui prestado, não podendo a Justiça brasileira submeter os Estados estrangeiros a julgamento sem que eles concordassem.[23]

Após a promulgação da CF de 1988, o STF alterou radicalmente a sua posição sobre esta questão, passando a adotar a teoria da imunidade relativa de jurisdição do Estado estrangeiro. Essa alteração foi firmada a partir da decisão proferida na Ap. Cível nº 9.696.[24]

Posteriormente a essa decisão, os tribunais têm perfilhado a teoria da imunidade relativa de jurisdição, entendendo que em litígios trabalhistas envolvendo Estado estrangeiro e brasileiros aqui domiciliados o ente público estrangeiro não pode alegar imunidade de jurisdição para se eximir de se submeter à jurisdição nacional.[25]

---

[20] V. STJ. Recurso Ordinário nº 39, Rel. Min. Jorge Scartezzini. *DJ*, 6.3.2006. Trata-se de caso no qual brasileiro pleiteava dos Estados Unidos promessa de recompensa de 25 milhões de dólares por informações relativas ao paradeiro de Saddam Hussein. O STJ determinou a citação/notificação do Estado estrangeiro para se manifestar sobre eventual renúncia e adiantou que a hipótese estava coberta pela imunidade. No mesmo sentido, decisão do STJ que considerou que ação de revisão de pensão concedida pela Alemanha a título de indenização por danos considerados pelo regime nazista estava coberta pela imunidade, STJ. REsp nº 436.711, Rel. Min. Humberto Gomes de Barros. *DJ*, 22.5.2006. Também caso no qual se ajuizou ação no Brasil em face de Estado estrangeiro por recusa à autenticação consular, STJ. Rel. Min. João Otávio de Noronha. *DJ*, 8.9.2009.

[21] Art. 5. 1. Disponível em: https://www.idi-iil.org/app/uploads/2017/06/1991_bal_03_en.pdf.

[22] Article 11. Disponível em: https://treaties.un.org/doc/source/RecentTexts/English_3_13.pdf.

[23] Ilustram a afirmação as seguintes decisões: STF. Apelação Cível nº 9.684, Rel. Min. Rafael Mayer. *DJ*, 4.3.1983; STF. Apelação Cível nº 9.704-8, Rel. Min. Carlos Madeira. *DJ*, 10.6.1987; STF. Apelação Cível nº 9.688, Rel. Min. Aldir Passarinho. *DJ*, 28.3.1985.

[24] STF. Apelação Cível nº 9.696, Rel. Min. Sydney Sanches. *DJ*, 12.10.1990: "Não há imunidade judiciária para o Estado estrangeiro, em causa de natureza trabalhista. [...]".

[25] STJ. Apelação Cível nº 2, Rel. Min. Barros Monteiro. *DJ*, 7.8.1990, com a seguinte ementa: "Sofrendo o princípio da imunidade absoluta de jurisdição certos temperamentos em face da evolução do direito consuetudinário internacional, não é ele aplicável a determinados litígios decorrentes de relações rotineiras entre Estado estrangeiro e súditos do país em que o mesmo atua, de que é exemplo a reclamação trabalhista. Precedentes do STF e do STJ. Apelo a que se nega provimento"; TRT. RO nº 13.824/90, Rel. Juiz Gerson Conde. *DJ*, 4.12.1992, p. 926, cuja ementa estabelece: "Não há imunidade de jurisdição para o Estado Estrangeiro, em causa de natureza trabalhista,

Ressalte-se que o STJ decidiu que vigora ainda o princípio da imunidade de jurisdição para algumas relações trabalhistas. Segundo o tribunal, em relações de trabalho envolvendo empresa estatal estrangeira com nacional deste Estado estrangeiro sem qualquer outro vínculo com o Brasil além do local da prestação do trabalho, ainda vigora o benefício da imunidade de jurisdição.[26]

Assim, a questão relativa aos contratos de trabalho está longe de ser simples, como parece à primeira vista. A aplicação da regra da não imunidade é polêmica, principalmente no que tange a contratos de trabalho com consulados e embaixadas. Constata-se que, geralmente, os altos postos ou postos de cunho político são ocupados por nacionais do Estado de origem – nos quais a imunidade prevalece –, enquanto os demais postos costumam ser exercidos por empregados que moram do Estado do foro. Isso vale para tradutores, secretárias, motoristas, bibliotecários, encanadores, marceneiros, lavadeiras, cozinheiros. Não parece razoável incluí-los na regra da imunidade.[27]

A rigor, deve-se levar em conta o direito que rege a relação trabalhista em questão: no caso de servidores ou funcionários estrangeiros removidos por ato administrativo do país de origem, trata-se de relação regida pelo direito administrativo estrangeiro e consequentemente coberta pela imunidade; na hipótese de contratados locais, trata-se de relação jurídica regida pela legislação trabalhista local, sem incidência de imunidade para o Estado empregador.

---

que deve ser processada e julgada por esta Justiça especializada"; STJ. Apelação Cível nº 7, Rel. Min. Eduardo Ribeiro. *DJ*, 30.4.1990; STF. Agravo Regimental em Agravo de Instrumento nº 139.671-8, Rel. Min. Celso de Mello. *DJ*, 20.6.1995. Note-se ainda que, conforme noticiado pelo Ministro Celso de Mello no voto por ele proferido em sede do Agravo Regimental no Recurso Extraordinário nº 222.368-4/PE, o Ministério das Relações Exteriores comunicou, às Missões Diplomáticas acreditadas em Brasília, por meio da Nota Circular nº 560/DJ/DPI/CJ, de 14.2.1991, a nova orientação dos tribunais brasileiros referida no corpo do texto no sentido de se pautarem pela doutrina da imunidade jurisdicional restrita dos Estados estrangeiros, nos seguintes termos: "O Ministério das Relações Exteriores cumprimenta as Missões Diplomáticas acreditadas em Brasília e, a fim de atender às freqüentes consultas sobre processos trabalhistas contra Representações Diplomáticas e Consulares, recorda que: a) Em virtude do princípio da independência dos Poderes, consagrado em todas as Constituições brasileiras, e que figura no artigo segundo da Constituição de 1988, é vedada ao Poder Executivo qualquer iniciativa que possa ser interpretada como interferência nas atribuições de outro Poder. b) A Convenção de Viena sobre Relações Diplomáticas de 1961, assim como a de 1963, sobre Relações Consulares, não dispõe sobre matéria de relações trabalhistas entre Estado acreditante e pessoas contratadas no território do Estado acreditado. c) Ante o exposto na letra 'b', *os Tribunais brasileiros, em sintonia com o pensamento jurídico atual*, que inspirou, aliás, a Convenção Européia sobre Imunidade dos Estados, de 1972, o 'Foreign Sovereign Immunity Act', dos Estados Unidos da América, de 1976, e o 'State Immunity Act', do Reino Unido, de 1978, *firmaram jurisprudência no sentido de que as pessoas jurídicas de direito público externo não gozam de imunidades no domínio dos 'atos de gestão', como as relações de trabalho estabelecidas localmente*. d) A Constituição brasileira em vigor determina, em seu art. 114, ser da competência da Justiça do Trabalho o conhecimento e julgamento desses litígios" (grifos nossos). STF. Ag. Reg. no Recurso Extraordinário nº 222.368-4, Rel. Min. Celso de Mello. *DJ*, 14.2.2003, p. 365-366. Além disso, veja-se: STJ, RO nº 23, Rel. Min. Aldir Passarinho Jr. *DJ*, 19.12.2003; STJ, RO nº 33, Rel. Min. Nancy Andrighi. *DJ*, 20.6.2005.

[26] "Imunidade de Jurisdição. Empresa Estatal Estrangeira. Representante no Brasil. Designação e desligamento efetuado mediante ato administrativo de governo estrangeiro. Inaplicabilidade da C.L.T. As relações jurídicas entre empresa estatal argentina e cidadão daquela nacionalidade, designado para representá-la no Brasil e seu posterior desligamento, ambos mediante atos administrativos do Governo daquele País, não estão sujeitas à legislação trabalhista brasileira. Hipótese em que não compete à Justiça brasileira solucionar a controvérsia, mesmo porque incide a regra 'par in parem non habet imperium' reconhecendo-se a imunidade de jurisdição da parte promovida. Apelação conhecida, mas improvida" (STJ. AC nº 10, Rel. Min. Claudio Santos. *DJ*, de 20.5.1991).

[27] Nesse sentido, Cf. GARNETT, Richard. The Precarious Position of Embassy and Consular Employees in the United Kingdom. *The International and Comparative Law Quarterly*, v. 54, p. 706, nota 3, 2005.

Registre-se que o STJ já afastou a imunidade em caso envolvendo prestação de serviços advocatícios no Brasil ao consulado angolano por se tratar de relação jurídica regida pelo direito civil do foro.[28]

3.2 Imunidade de jurisdição em litígios de natureza comercial

É pacífica no direito convencional a exceção à imunidade para atos de natureza comercial. Nesse sentido dispõem o art. 7º da Convenção Europeia[29] e art. 10 da Convenção da ONU.[30] Também as leis norte-americana,[31] canadense[32] e a do Reino Unido[33] seguem a mesma linha.

O STJ, após a flexibilização da imunidade pelo STF em matéria trabalhista, decidiu que a relativização da imunidade absoluta não prevalece somente no âmbito das relações trabalhistas, mas também em outras situações. Em caso envolvendo contrato de fornecimento de vidros para a então embaixada tcheca e eslovaca em Brasília, o Tribunal entendeu que, como a relação jurídica era indubitavelmente de natureza comercial, não prevalece o princípio da imunidade absoluta e, assim, o Estado estrangeiro poderia ser acionado no país.[34]

3.3 Imunidade de jurisdição em atos ilícitos

O direito estrangeiro, bem como as convenções, apresenta a prática de ato ilícito no território do foro como uma das exceções à regra da imunidade.[35] Nesse sentido dispõem a Convenção Europeia[36] e a Convenção da ONU.[37] Também preveem a exceção a lei norte-americana,[38] canadense[39] e do Reino Unido.[40] Tradicionalmente, e sem prejuízo de sua aplicação a outras hipóteses, esta exceção tem sido aplicada a casos de acidentes de trânsito.

Na Grécia, vítimas do massacre ocorrido na cidade grega de Distomo durante a 2ª Guerra Mundial ajuizaram ação reparatória contra a Alemanha, também julgada

---

[28] STJ. Recurso Ordinário nº 42-RJ, Rel. Min. Carlos Alberto Direito. *DJ*, 23.4.2007.

[29] Disponível em: https://www.idi-iil.org/app/uploads/2017/06/1991_bal_03_en.pdf.

[30] Disponível em: https://treaties.un.org/doc/source/RecentTexts/English_3_13.pdf.

[31] 28 U.S. CODE §1605 – GENERAL EXCEPTIONS TO THE JURISDICTIONAL IMMUNITY OF A FOREIGN STATE (a) (2). Disponível em: http://codes.lp.findlaw.com/uscode/28/IV/97/1605.

[32] *State Immunity Act, 1985, Commercial activity (5)* Disponível em: http://laws-lois.justice.gc.ca/eng/acts/S-18/FullText.html.

[33] *State Immunity Act, 1978, section 3*. Disponível em: http://www.legislation.gov.uk/ukpga/1978/33/part/I/crossheading/exceptions-from-immunity.

[34] "Estado estrangeiro. Imunidade de jurisdição. Inocorrência. Precedentes. Competência da Justiça brasileira. Recurso desprovido. O Direito Internacional Público atual não tem prestigiado como absoluto o princípio da imunidade de jurisdição de Estado Estrangeiro, impondo-se à confirmação a erudita decisão que deu pela competência da Justiça brasileira" (STJ. Agravo de Instrumento nº 757, Rel. Min. Sálvio de Figueiredo. *DJ*, 1º.10.1990).

[35] O'KEEFE, Roger. State Immunity and Human Rights: Heads and Walls, Hearts and Minds. *Vanderbildt Journal of Transnational Law*, v. 44, p. 1011, 2011.

[36] Article 11. Disponível em: https://www.idi-iil.org/app/uploads/2017/06/1991_bal_03_en.pdf.

[37] Article 12. Disponível em: https://treaties.un.org/doc/source/RecentTexts/English_3_13.pdf.

[38] 28 U.S. CODE §1605 – *GENERAL EXCEPTIONS TO THE JURISDICTIONAL IMMUNITY OF A FOREIGN STATE (a) (5)*. Disponível em: http://codes.lp.findlaw.com/uscode/28/IV/97/1605.

[39] *State Immunity Act, 1985, section 6*. Disponível em: http://laws-lois.justice.gc.ca/eng/acts/S-18/FullText.html.

[40] Section 5. Disponível em: http://www.legislation.gov.uk/ukpga/1978/33/part/I/crossheading/exceptions-from-immunity.

procedente, mas que acabou sendo inefetiva. O caso chegou à Corte Europeia, na fase de execução, e esta entendeu que a imunidade é um princípio do direito internacional, de modo que os Estados podem legitimamente negar jurisdição/execução (no caso da Grécia) e se negar a se submeter à jurisdição estrangeira com base neste fundamento (no caso da Alemanha), mesmo no caso de ilícito ocorrido no foro.[41] É importante observar, porém, que a decisão da Corte Europeia tratou essencialmente da imunidade de execução, tradicionalmente menos flexibilizada.

Em caso semelhante, na Itália, em 2004, a Corte de Cassação italiana decidiu que não havia imunidade do Estado alemão. No caso, um italiano, Luigi Ferrini, fora sequestrado na Itália e levado para um campo de concentração em agosto de 1944 e, por isso, ajuizou ação indenizatória contra a Alemanha. O Tribunal local extinguiu o processo, por falta de jurisdição, com base no argumento de que os atos foram *ius imperii*. Ferrini apelou para a Corte de Apelação de Florença, que manteve a decisão inferior. Todavia, a Corte de Cassação concluiu que a Alemanha não poderia alegar imunidade no caso de crimes perpetrados no Estado do foro, pouco importando a distinção entre atos *ius imperii* ou *ius gestionis*, eis que parte dos ilícitos alegados havia ocorrido na Itália. Após essa decisão da Corte de Cassação, mais de duzentas ações foram ajuizadas na Itália contra a República Federal da Alemanha com base em violações de direitos humanos durante a guerra, com desfechos contraditórios.[42] [43]

Em dezembro de 2008, a Alemanha ingressou perante a Corte Internacional de Justiça da Haia contra a Itália, alegando desrespeito ao princípio da imunidade. Em fevereiro de 2012, a Corte proferiu decisão favorável à imunidade da Alemanha, sob o principal fundamento de que os atos foram praticados pelas forças armadas, configurando-se exceção à hipótese de ilícito no foro.[44] [45] Como já se mencionou, a Corte Constitucional italiana, em 2014, recusou-se a cumprir a decisão da CIJ sob o fundamento de que os tribunais italianos devem observância à Constituição italiana, que prevê o respeito aos direitos humanos.[46]

Destaque-se que a lei de Cingapura[47] e do Reino Unido,[48] bem como alguns casos decididos por tribunais domésticos estrangeiros e internacionais, também consideram que atos praticados pelas forças armadas estão cobertos pela imunidade.[49]

---

[41] *European Court of Human Rights, Kalogeropoulou et al. x Greece and Germany*, 21 December 2002, 59021/00.

[42] MONETA, Francesco. *State Immunity for International Crimes*: The Case of Germany versus Italy before the ICJ, Jurisdictional Immunities of the State (Germany v. Italy). Disponível em: http://www.haguejusticeportal.net/Docs/Commentaries%20PDF/Moneta_Germany-Italy_EN.pdf.

[43] FOCARELLI, Carlo. State Immunity and Serious Violations of Human Righsts: Judgement no 238 of 2014 of the Italian Constitutional Court seven Years on. *The Italian Review of Internacional and Comparative Law*, v. 7, p. 29-58.

[44] Caso *Germany v. Italy, Greece intervening*, de fevereiro de 2012. Disponível em: http://www.icj-cij.org/docket/index.php?p1=3&p2=2&case=143&code=ai&p3=4.

[45] V. O'KEEFE, Roger. State Immunity and Human Rights: Heads and Walls, Hearts and Minds. *Vanderbildt Journal of Transnational Law*, v. 44, p. 1011, 2011. O autor afirma que se pode concluir que em matéria de atos praticados pelas forças armadas estrangeiras abre-se uma exceção à flexibilização da imunidade para ilícitos no foro.

[46] Decisão 318/2014 da Corte Constitucional Italiana, de 22.10.2014. Disponível em: http://www.cortecostituzionale.it/actionSchedaPronuncia.do?anno=2014&numero=238.

[47] *State Immunity Act, 1979*, section 19 (2). Disponível em: https://sso.agc.gov.sg/Act/SIA1979.

[48] *State Immunity Act, 1978*, section 16. Disponível em: https://www.legislation.gov.uk/ukpga/1978/33.

[49] *Greek Citizens v. Federal Republic of Germany* (Distomo Massacre) Bundesgerichtshof [BGH] [Federal Court of Justice] June 26, 2003 (Ger.), reproduzida em 129 I.L.R. 556, 560–61 (2003); *Margellos v. Federal Republic of Germany*, Anotato Eidiko Dikastirio [A.E.D.] [Special Supreme Court] 6/2002 (Greece), translated in 129 I.L.R. 525, 531-32

Em caso julgado pelo STF, foi ajuizada ação indenizatória contra o Reino Unido, em decorrência de atropelamento causado por um de seus servidores diplomáticos. O Estado estrangeiro invocou sua imunidade nos termos da Convenção de Viena de 1961. Da decisão que julgou o pedido improcedente, sob o fundamento de que o servidor diplomático não agiu culposamente, ambas as partes recorreram: os autores reafirmando a ação culposa do servidor e o Estado-Réu exigindo o reconhecimento de sua imunidade de jurisdição. Na decisão do STF,[50] que manteve o julgado de primeira instância, destaca-se o voto do Min. Relator Pádua Ribeiro, que afastou o argumento da imunidade de jurisdição, por não ser essa mais considerada absoluta. Ademais, argumentou que em caso de responsabilidade civil não se aplica à imunidade de jurisdição, com base na Convenção Europeia de 1972 e no *State Immunity Act* do Reino Unido.[51]

O caso mais notório envolveu ação ajuizada pela família do Ex-Presidente João Goulart para requerer a condenação dos EUA ao pagamento de danos materiais e morais, em virtude da participação de autoridades norte-americanas na sua deposição. Tratava-se de novidade entre nós. Na primeira instância, o juiz federal entendeu que os EUA não poderiam figurar como réus nessa ação em virtude do princípio da imunidade, sob o fundamento de que o comportamento do réu se caracterizaria como de império, e extinguiu o processo sem julgamento de mérito. O Superior Tribunal de Justiça confirmou esse entendimento quanto à natureza do ato, e admitiu a citação do Estado-Réu para que pudesse se pronunciar acerca de uma eventual renúncia ao benefício.[52] A decisão infelizmente não atentou para a exceção decorrente de ilícito ocorrido no foro. No mesmo equívoco incorreram as decisões de instâncias inferiores sobre precedentes também envolvendo o caso Changri-lá.[53]

---

para. 14; McElhinney v. Ireland, 123 I.L.R. 73, 85 para. 38 (Eur. Ct. H.R. 2001). Casos citados por O'KEEFE, Roger. State Immunity and Human Rights: Heads and Walls, Hearts and Minds. *Vanderbildt Journal of Transnational Law*, v. 44, p. 1011, 2011.

[50] STF. Agravo de Instrumento nº 36493, Rel. Min. Hermes Lima. *DJ*, 26.10.1966. No mesmo sentido, STJ. Apelação Cível nº 14, Rel. Min. Antônio de Pádua Ribeiro. *DJ*, 15.8.1994.

[51] Caso interessante foi a decidido no STF. Ação Cível Originária nº 575, Decisão Monocrática, Rel. Min. Celso de Mello. Partes: Distrito Federal e República dos Camarões. *DJ*, 18.9.2000.

[52] STJ. RO nº 57, Rel. Min. Aldir Passarinho Junior. *DJ*, 14.7.2009: "Internacional, civil e processual. Ação de indenização movida contra os Estados Unidos da América do Norte. Intervenção de caráter político e militar em apoio à deposição do Presidente da República do Brasil. Danos morais e materiais. Demanda movida perante a justiça federal do Estado do Rio de Janeiro. Ato de império. Imunidade de jurisdição. Possibilidade de relativização, por vontade soberana do estado alienígena. Prematura extinção do processo ab initio. Descabimento. Retorno dos autos à vara de origem para que, previamente, se oportunize ao Estado suplicado a eventual renúncia à imunidade de jurisdição. I. Enquadrada a situação na hipótese do art. 88, I, e parágrafo único, do CPC, é de se ter como possivelmente competente a Justiça brasileira para a ação de indenização em virtude de danos morais e materiais alegadamente causados a cidadãos nacionais por Estado estrangeiro em seu território, decorrentes de ato de império, desde que o réu voluntariamente renuncie à imunidade de jurisdição que lhe é reconhecida. II. Caso em que se verifica precipitada a extinção do processo de pronto decretada pelo juízo singular, sem que antes se oportunize ao Estado alienígena a manifestação sobre o eventual desejo de abrir mão de tal prerrogativa e ser demandado perante a Justiça Federal brasileira, nos termos do art. 109, II, da Carta Política. III. Precedentes do STJ. IV. Recurso ordinário parcialmente provido, determinado o retorno dos autos à Vara de origem, para os fins acima".

[53] STJ. RO nº 66, Rel. Min. Fernando Gonçalves. *DJ*, 19.5.2008: "Direito internacional. Ação de indenização. Vítima de ato de guerra. Estado estrangeiro. Imunidade absoluta. 1 – A imunidade acta jure imperii é absoluta e não comporta exceção. Precedentes do STJ e do STF. 2 – Não há infelizmente como submeter a República Federal da Alemanha à jurisdição nacional para responder a ação de indenização por danos morais e materiais por ato de império daquele País, consubstanciado em afundamento de barco pesqueiro no litoral de Cabo Frio – RJ, por um submarino nazista, em 1943, durante a Segunda Guerra Mundial [...]". No mesmo sentido, STJ. RO nº 72, Rel. Min. João Otávio de Noronha. *DJ*, 8.9.2009; STJ. RO nº 134, Rel. Min. João Otávio de Noronha. *DJ*, 13.8.2013; STJ.

4 A imunidade de jurisdição em violações de direitos humanos

Tema relativamente recente em matéria de imunidade diz respeito a situações envolvendo violações de direitos humanos. Diante da relevância do assunto, que concerne a direitos fundamentais, questiona-se se prevalece o benefício imunitório do Estado. Registre-se que a dúvida envolve a prática de ilícito fora do território do foro, pois, como se viu, a prática de ilícito no foro, gerando danos, configura-se em exceção já aceita em matéria de imunidade. Aplica-se também no caso de ilícito no foro praticado por forças armadas estrangeiras, já que, como se viu, há quem entenda que ilícito no foro praticado por forças armadas estrangeiras seria uma exceção na qual vigoraria a regra geral da imunidade. No caso de se aceitar a exceção à imunidade quando envolver grave violação de direitos humanos, isso valeria também para atos praticados por forças armadas estrangeiras, praticadas no foro ou não.

Decisões americanas e canadenses enfrentaram a questão e, ainda que em grau de recurso, acabaram por privilegiar a imunidade, não reconhecendo a existência dessa exceção que envolve graves violações de direitos humanos.[54][55][56]

Interessante observar que o FSIA norte-americano foi alterado em 1997, nele incluindo-se mais um parágrafo na alínea (a) da Seção 1605. A nova seção 1605 (a)(7) criou uma hipótese atípica entre as exceções à imunidade de jurisdição do Estado, passando a admitir o exercício de jurisdição sobre países tidos como patrocinadores de ações terroristas.

De acordo com este dispositivo, o Estado estrangeiro não terá imunidade perante cortes dos Estados Unidos em ações indenizatórias por danos pessoais ou morte resultantes de ato de tortura, de morte não decorrente de condenação judicial, de sabotagem de aeronave, de sequestro, ou por fornecimento de suporte material ou de recursos para tais fins, se o ato é realizado por um oficial, empregado ou agente do Estado estrangeiro atuando a mando de suas respectivas agências ou departamentos.

Ag Rg no RO nº 129, Rel. Min. Mauro Buzzi. *DJ*, 2.10.2014. Em sentido contrário, vale menção ao voto vencido proferido no julgamento de apelação nos autos do Processo nº 2005.71.08.005065-9, originário do TRF 4, que tinha por objeto pedido de indenização por danos morais e materiais, bem como pensão, em face da Alemanha, pelos terrores provocados pelo regime nazista. A decisão por maioria reconheceu a imunidade de jurisdição, entendendo tratar-se de ato de império (guerra). Mas, no voto vencido, não era reconhecida a imunidade de jurisdição do Estado "pois não se há que falar em jus imperii elevando à condição de direito do Estado estrangeiro a utilização truculenta da força bruta. Atos que tipificados como crimes contra a humanidade não podem ser considerados nem administrativos nem jurídicos. Não são, pois, atos de império nem atos de gestão; são aberrações que como tais não podem freqüentar o universo do direito; são tão írritos quanto merecedores de repulsa" (j. jun. 2006).

[54] Decisão da *US Court of Appeals for the District of Columbia Circuit*, publicado no *International Legal Materials*, v. 33, p. 1483, e p. 1486 (1994). *Princz v. Germany* – IILJ. Disponível em: http://iilj.org/courses/documents/princzv.germany.pdf.

[55] Decisão da *US District Court for the District of Columbia*, julgada em 4 de outubro de 2001. *Civil Action* 00-02233 (HHK).

[56] *Kazemi Estate v. Islamic Republic of Iran*, decisão em 10.10.2014, [2014] 3 SCR 176: "Despite the tragic fate of Ms. Kazemi, the current state of the law does not allow the appellants to sue the respondents for damages in a Canadian court. Foreign states, as well as their heads of state and public officials, are immune from civil suit in Canada except as expressly provided in the SIA. The SIA does not withdraw immunity in cases alleging acts of torture committed abroad. Put differently, the Parliament of Canada has chosen to embrace principles of comity and state sovereignty over the interests of individuals wishing to sue a foreign state in Canadian courts for acts of torture committed abroad. I conclude that this choice is not contrary to international law, the Canadian Bill of Rights... or the Canadian Charter of Rights and Freedoms. Accordingly, I would dismiss the appeal".

Para isto, entretanto, é preciso que o Estado estrangeiro em questão seja considerado *sponsor of terrorism* [§1605 (a) (7) (A)] e que, alternativamente, a vítima tenha dado a oportunidade a que o Estado-Réu, onde ocorreu o ilícito, aceite levar o caso à arbitragem (a) (7) (B) (i), ou que o autor ou a vítima seja nacional dos Estados Unidos à época do fato (a) (7) (B) (ii). Em virtude dessa alteração legislativa, Joseph Cicippio, sequestrado no Líbano por terroristas iranianos, teve êxito em ação indenizatória movida contra o Irã.[57] Note-se que essa nova regra pôde ser aplicada a fatos ocorridos antes de sua vigência – Cicippio havia ajuizado a ação antes da emenda do FSIA, não tendo obtido sucesso.[58]

A mudança pode apontar para um novo rumo no âmbito da imunidade de jurisdição estatal, tal como se processa com as imunidades penais de chefes de Estado (v. caso *Pinochet et alia*) e talvez de imunidades consulares e diplomáticas, em favor dos direitos humanos.[59] Vale observar, porém, que a decisão proferida pela CIJ no caso *Alemanha v. Itália* não considerou que o fato de haver violação de direitos humanos confere solução diversa à imunidade.[60] Em janeiro de 2014, a 4ª Câmara da Corte Europeia de Direitos Humanos decidiu no mesmo sentido. Em caso envolvendo alegação de tortura ocorrida na Arábia Saudita por oficiais locais, o Reino Unido extinguiu o processo que requeria reparação civil com base na imunidade. A questão foi levada à Corte Europeia, que, numa primeira decisão, considerou que o Reino Unido não violou o direito de acesso à justiça ao negar prosseguimento da demanda com base na imunidade de jurisdição.[61] Na mesma linha, a decisão da Corte Europeia no caso envolvendo Bélgica e a Santa Sé em caso de responsabilidade civil por abusos sexuais, na qual lamentavelmente prevaleceu a imunidade.[62]

Assim, muito tem sido escrito a respeito, sem que se chegue a parâmetros definitivos sobre a matéria. Parte da doutrina já se manifestou no sentido de que não se aplica o benefício imunitório a violações individuais de direitos humanos, diversamente do que ocorre em casos de violações em massa, quando o Estado violador age como poder soberano,[63] o que não parece razoável. Com essa orientação, o Estado estrangeiro que

---

[57] *Cicippio v. Islamic Republic of Iran*, 18 F. Supp. 2d 62 (D.D.C. 1998).

[58] *Cicippio v. Islamic Republic of Iran*, 30 F.3d 164 (D.C. Circ. 1994).

[59] Neste sentido, MOLL, Leandro de Oliveira. Imunidade de jurisdição do estado e denegação de justiça em violações de direitos fundamentais: o Caso Al-Adsani v. Reino Unido. *Revista Forense*, v. 370, p. 101, 2003: "A análise dos interesses envolvidos aponta para a prevalência do princípio da não-denegação de justiça sobre o princípio da imunidade de jurisdição em casos envolvendo a violação de direito humano fundamental, também porque a garantia de um remédio contra estes abusos é de interesse fundamental para a comunidade internacional como um todo".

[60] Disponível em: http://www.icj-cij.org/docket/index.php?p1=3&p2=2&case=143&code=ai&p3=4.

[61] *Jones and Others v. the United Kingdom* (application nos. 34356/06 and 40528/06). "[...] 3. Holds, by six votes to one, that there has been no violation of Article 6 §1 of the Convention as regards Mr Jones' claim against the Kingdom of Saudi Arabia; 4. Holds, by six votes to one, that there has been no violation of Article 6 §1 of the Convention as regards the applicants' claims against the named State officials".

[62] Caso *J.C. et autres contre Belgique*, caso 11625/17, decidido em 12.10.2021. Disponível em: https://hudoc.echr.coe.int/eng#{%22itemid%22:[%22001-212635%22]}.

[63] "These restrictions ensure that national courts could entertain proceedings against a foreign state regarding governmental conduct which constitutes a tort under domestic law and – in addition – a violation of international jus cogens human rights only in cases where the violations can be qualifies as "individualized" violations, thus keeping the impact of such proceedings on the defendant state's sovereignty at a level no different from that resulting from other proceedings against foreign states which are possible under the international state immunity rules as they stand de lege lata. Recourse to the immunity defence is available in all other cases in

provocou danos a várias vítimas será protegido pelo benefício da imunidade, o que não faz sentido, já que sua violação será muito mais grave.

Note-se que o esforço de se tentar vislumbrar nessa categoria – violação de direitos humanos – uma nova exceção ao benefício imunitório, distinta da exceção de ilícitos no foro, até o momento tem tido poucos resultados,[64] apesar dos esforços de parte da doutrina que milita nesse sentido.[65] Exemplo dessa contradição de decisões é o que ocorre na Coreia do Sul com relação a disputas envolvendo ações movidas no país pelas chamadas *confort women* em face do Japão. Há decisões em favor e contra a imunidade do Japão. E, na esfera dos trabalhos forçados impostos por japoneses, a Corte Suprema coreana determinou o arresto de bens da Nippon Steel.[66]

Por outro lado, registre-se, como apontado, a decisão da Corte Constitucional italiana, em 2014, que se recusou a cumprir a decisão da Corte Internacional de Justiça da Haia por conta de respeito aos direitos humanos.[67]

Como afirma o Juiz Antônio Augusto Cançado Trindade, em seu voto dissidente no caso *Alemanha v. Itália*, decidido pela Corte Internacional de Justiça, não há que se falar na caracterização de ato de império para crimes de enorme gravidade:

> They are not acta jure imperii, as the Court repeatedly characterizes them; they are unlawful acts, delicta imperii, atrocities, international crimes of the utmost gravity, engaging the responsibility of the State and of the individuals that perpetrated them. The traditional distinction between acts jure imperii and jure gestionis, as I have already indicated, is immaterial here, in a case of the gravity of the present one.[68]

---

which damages are sought under national law for death or personal injury, - if the injury was directed against a foreign state and not against an individual as such, as is the case in armed conflicts; and/or - if the legality of the actions in question – also- depends on preliminary questions of international law (e.g. prohibition of the use of force, self-defence etc.) or - if the injury of the individual is per definitionem part of a massive violation scheme because the activity of the foreign state also violates other norms of international law designed to protect large groups of individuals, for example the prohibition of genocide" (BRÖHMER, Jürgen. *State immunity and the violation of human rights*. 1997. p. 213.

[64] O'KEEFE, Roger. State Immunity and Human Rights: Heads and Walls, Hearts and Minds. *Vanderbildt Journal of Transnational Law*, v. 44, p. 1045, 2011. V. também GRUENBAUM, Daniel. A imunidade de jurisdição do Estado alemão em matéria civil face ações decorrentes de atos praticados durante a Segunda Guerra Mundial. *Revista de Direito do Estado – RDE*, v. 10, p. 387-396, 2008.

[65] Vale registrar o voto dissidente do Juiz Antônio Augusto Cançado Trindade, no caso *Alemanha v. Itália*, que defende posição divergente, com referências inclusive a resoluções da *International Law Association (ILA)*: "52. In sum and conclusion, contemporary international legal doctrine, including the work of learned institutions in international law, gradually resolves the tension between State immunity and the right of access to justice rightly in favour of the latter, particularly in cases of international crimes. It expresses its concern with the need to abide by the imperatives of justice and to avoid impunity in cases of perpetration of international crimes, thus seeking to guarantee their non-repetition in the future. It is nowadays generally acknowledged that criminal State policies and the ensuing perpetration of State atrocities cannot at all be covered up by the shield of State immunity".

[66] Disponível em: https://www.voanews.com/a/east-asia-pacific_s-korean-court-dismisses-lawsuit-filed-against-japan-comfort-women/6204850.html.

[67] Decisão 318/2014 da Corte Constitucional Italiana, de 22.10.2014. Disponível em: http://www.cortecostituzionale.it/actionSchedaPronuncia.do?anno=2014&numero=238.

[68] Voto dissidente do Juiz Antônio Augusto Cançado Trindade, parágrafo 290 do voto.

Conclusões

Deve ser louvada a iniciativa do STF de reconhecer como exceção à imunidade de jurisdição de Estados estrangeiros situações que envolvem graves violações de direitos humanos. Trata-se de um notável avanço nesse contexto, principalmente levando-se em conta que o Brasil tardou a flexibilizar a imunidade absoluta de jurisdição. Somente em 1989 a Corte reconheceu que não havia mais imunidade em matéria trabalhista, exceção que era reconhecida desde há muito por outros países.

No caso concreto, o Tribunal reconheceu que havendo ilícito no foro praticado por Estado estrangeiro, ainda que praticado por Forças Armadas estrangeiras, não se reconhecerá a imunidade se houver violação a direitos humanos: "Tese no Tema 944: *Os atos ilícitos praticados por Estados estrangeiros em violação a direitos humanos, dentro do território nacional, não gozam de imunidade de jurisdição*". Assim, o tribunal aplicou a exceção tradicionalmente reconhecida em matéria de imunidade – ilícito no foro que tenha gerado dano material e/ou pessoal – e desconsiderou aqueles que entendem que não se aplica nessa exceção atos praticados por exércitos estrangeiros, posição correta e na linha do que foi aprovado na mais recente convenção sobre o tema, a Convenção da ONU de 2005.[69] Ademais, enfatizou que havendo violações de direitos humanos não há que se falar em imunidade, seguindo o que o saudoso Juiz Cançado Trindade defendeu em seu voto vencido no caso decidido pela Corte Internacional de Justiça da Haia. O STJ já tem proferido decisões na linha do que foi decidido pelo STF.[70]

Informação bibliográfica deste texto, conforme a NBR 6023:2018 da Associação Brasileira de Normas Técnicas (ABNT):

TIBURCIO, Carmen. A contribuição do STF em prol da evolução da imunidade de jurisdição. *In*: OSORIO, Aline; MELLO, Patrícia Perrone Campos; BARROSO, Luna van Brussel (Coord.). *Direitos e democracia*: 10 anos do Ministro Luís Roberto Barroso no STF. Belo Horizonte: Fórum, 2023. p. 331-344. ISBN 978-65-5518-555-3.

---

[69] Article 12. Disponível em: https://treaties.un.org/doc/source/RecentTexts/English_3_13.pdf.
[70] STJ. RO nº 76/RJ, Rel. Min. Luis Felipe Salomão. *DJe*, 17.6.2022; STJ. RO nº 109/RJ, Rel. Min. Luis Felipe Salomão. *DJe*, 17.6.2022.

A DUPLA FEIÇÃO DO PRINCÍPIO CONSTITUCIONAL DA LAICIDADE: CONTRIBUIÇÕES DO MINISTRO ROBERTO BARROSO PARA A ARGUMENTAÇÃO JURÍDICA

CLÁUDIA BEECK MOREIRA DE SOUZA
ESTEFÂNIA MARIA DE QUEIROZ BARBOZA
GUSTAVO BUSS

Introdução

O princípio constitucional da laicidade é usualmente associado à neutralidade que deve pautar a relação entre Estado e expressões religiosas. No entanto, o sentido exato dessa postura neutra impõe dificuldades práticas. Para além da feição estritamente negativa da laicidade, interpretada enquanto abstenção, por vezes a laicidade aparece enquanto fundamento para a promoção religiosa, especialmente em contextos que demandam proteção individualizada de expressões religiosas minoritárias. Assim, a laicidade parece ostentar, também, uma feição positiva, no sentido de demanda por maior intervenção estatal protetiva.

Dois casos paradigmáticos julgados pelo Supremo Tribunal Federal (STF) permitem ilustrar a tensão oriunda das contrapostas feições assumidas pela laicidade no texto constitucional: (i) a Ação Direta de Inconstitucionalidade (ADI) nº 4.439, que cuidou do julgamento acerca da possibilidade de ensino confessional, ministrado por autoridades pertencentes à hierarquia religiosa, em escolas públicas; e (ii) o Recurso Extraordinário (RE) nº 494.601, que discutiu a validade da proteção especial conferida às religiões de matriz africana para autorizar o sacrifício animal em seus rituais.

Em particular, pretende-se destacar os votos proferidos pelo Ministro Roberto Barroso no julgamento de ambas as ações. Em uma análise superficial, as posições adotadas parecem estar em contradição, ora prezando pela neutralidade do Estado e ora autorizando a proteção especial de expressões religiosas. No entanto, sustenta-se que o raciocínio jurídico disposto em cada ocasião, embora implique resultados distintos, está harmonizado sob a ótica da exigência de coerência na argumentação jurídica defendida por Barroso. A análise dessa compatibilidade não pode estar restrita à mera conformação normativa do princípio da laicidade, exigindo considerações de ordem prática, para que o valor da proteção ao pluralismo religioso seja concretamente tutelado.

Destarte, o presente artigo se desenvolverá em duas etapas. De início, a etapa inaugural consistirá em uma retomada das propostas do Ministro Barroso acerca da argumentação jurídica e da busca pela melhor fundamentação das decisões judiciais. Em seguida, serão traçadas as bases para a oposição entre as feições negativa e positiva da laicidade, tomando como substrato os julgamentos proferidos na ADI nº 4.439 e no RE nº 494.601, com particular destaque aos votos proferidos pelo ministro em cada caso. Finalmente, a conclusão proporá a identificação do eixo de coerência entre os votos, centrado na efetivação concreta do pluralismo religioso, para que se supere a aparente contradição nas posições sustentadas em cada ocasião.

As propostas do Ministro Roberto Barroso sobre a argumentação jurídica

Luís Roberto Barroso, em sua produção acadêmica, preocupa-se com o estudo da argumentação jurídica considerando a necessidade de que os magistrados elaborem a fundamentação das decisões judiciais a partir de razões que possam ser compreendidas e validadas, diante de um contexto de linguagem, racionalidade e convencimento.[1] Para ele, especialmente diante dos casos difíceis,[2] o julgador deve reforçar a qualidade dos argumentos para favorecer o controle da racionalidade da decisão perante seus pares, as partes, os acadêmicos e a sociedade.

Considerando os complexos desafios da atividade de julgamento e que pessoas diferentes a partir de diferentes argumentos podem chegar a conclusões opostas sobre o mesmo problema jurídico enfrentado, Barroso recomenda em seu *Curso de direito constitucional contemporâneo*, em caráter ilustrativo, a observância de três critérios que favorecem a produção de decisões judiciais mais bem fundamentadas, considerando a qualidade da argumentação: "a) a necessidade de fundamentação normativa; b) a necessidade de respeito à integridade do sistema; e c) o peso (relativo) a ser dado às consequências concretas da decisão".[3]

Os critérios não são capazes de garantir a melhor decisão ou uma decisão inquestionável, mas exemplificam escolhas e posturas às quais o magistrado pode aderir no momento de elaboração e exposição das razões que justificam a decisão, favorecendo celeridade e estabilidade ao sistema. Decisões bem fundamentadas são mais bem aceitas

---

[1] BARROSO, Luís Roberto. *Curso de direito constitucional contemporâneo*. 11. ed. São Paulo: Saraiva, 2023. Edição do Kindle, posição 6159.

[2] Sobre a distinção: "nos casos fáceis a aplicação da lógica dedutiva pode ser suficiente, enquanto os casos difíceis dependem de argumentação reforçada, para justificar as premissas escolhidas" (SOUZA, Claudia Beeck Moreira. *Por que os juízes decidem?* Um estudo sobre legitimidade, argumentação e o controle das decisões judiciais. Curitiba: Appris, 2021. p. 76). A distinção entre casos fáceis e casos difíceis ou casos problemáticos e não problemáticos é compartilhada por diversos autores. Nesse sentido, aderem à distinção, por exemplo, Aarnio (AARNIO, Aulis. *Le rationnel comme raisonnable*: La justification en droit. Bruxelles: Story-Scientia, 1992) e MacCormick (MACCORMICK, Neil. *Retórica e Estado de direito*. Tradução de Conrado Hübner Mendes. Rio de Janeiro: Elsevier, 2008). O tema ficou mais evidenciado, especialmente na doutrina de Dworkin (DWORKIN, Ronald. *Levando os direitos a sério*. Tradução de Nelson Boeira. São Paulo: Martins Fontes, 2002).

[3] BARROSO, Luís Roberto. *Curso de direito constitucional contemporâneo*. 11. ed. São Paulo: Saraiva, 2023. Edição do Kindle, posição 6205.

mesmo pelos perdedores, reduzem a hipótese de recursos e são capazes, pela sua qualidade argumentativa, de convencer em alguma medida as partes e a comunidade em geral a respeito de sua conclusão. Isso faz com que a decisão, além de resolver com eficiência o caso julgado, possa contribuir para o aprimoramento dos debates, a redução dos conflitos e a elaboração de decisões futuras.

O primeiro critério, pertinente à necessidade de fundamentação normativa, exige do intérprete que ele seja capaz de apresentar como razão da sua decisão (justificativa aceitável do seu raciocínio e da sua conclusão) fundamento que possa ser considerado um elemento jurídico compartilhado.[4] Esse critério tem uma relação direta com o respeito ao Estado democrático, pois deposita sua importância no direito que é conjuntamente elaborado e aperfeiçoado a partir das normas jurídicas, das decisões judiciais e da produção teórica dos juristas – normas democraticamente elaboradas, juízes regularmente investidos e teóricos comprometidos em ambientes de debate. Isso porque as normas constitucionais escritas dependem de densificação de seu conteúdo, como no caso tratado no presente artigo, não há uma definição prévia do conteúdo da laicidade, República, igualdade ou liberdade religiosa.

Com esse critério Barroso busca afastar que o julgador, quando da elaboração da decisão, opte por justificá-la em um entendimento ou experiência pessoal.[5] A importância que Barroso confere para esta noção de aderência à fundamentação normativa está presente em sua obra, também em outros textos. Em artigo produzido em parceria com Barcellos, os autores ressaltam que as decisões judiciais são fundamentadas nos fatos e igualmente no direito, de modo que não basta que a argumentação seja convincente, é necessário que a argumentação seja jurídica: "Embora óbvia, essa exigência tem sido deixada de lado substituída por concepções pessoais embaladas em uma retórica de qualidade".[6]

A argumentação jurídica é relevante em uma democracia, uma vez que parte de razões que são universalmente e abstratamente compartilhadas na comunidade (em primeiro lugar, inclusive, na Constituição) e, por isso, podem ser aceitas validamente por toda a comunidade. Nessa linha, não basta que a argumentação na decisão judicial possa ser convincente para apenas uma parcela da comunidade, ainda que seja a maioria.[7] A argumentação jurídica tem como causa auxiliar a tarefa judicial da proteção dos cânones democráticos, considerando que a decisão deve refletir razões públicas e não razões abrangentes, meramente. Sobre a atribuição do juiz: "Seu papel é velar pelas regras do jogo democrático e pelos direitos fundamentais, funcionando como um fórum [...] de razão pública – não de doutrinas abrangentes".[8]

---

[4] SOUZA, Claudia Beeck Moreira. *Por que os juízes decidem?* Um estudo sobre legitimidade, argumentação e o controle das decisões judiciais. Curitiba: Appris, 2021. p. 100.

[5] BARROSO, Luís Roberto. *Curso de direito constitucional contemporâneo.* 11. ed. São Paulo: Saraiva, 2023. Edição do Kindle, posição 6213.

[6] BARROSO, Luís Roberto; BARCELLOS, Ana Paula. O começo da história: a nova interpretação constitucional e o papel dos princípios no direito brasileiro. *Revista da EMERJ*, Rio de Janeiro, v. 6, n. 23, p. 25-65, 2003. p. 45.

[7] Nesse sentido, como explica Rawls, a razão pública não é uma razão pessoal nem razão geral, mas uma razão que tem relação com os valores da comunidade. Ver RAWLS, John. *Liberalismo político.* Tradução de Sérgio Rene Madero Baez. México: Fondo de Cultura Econômica, 2006. p. 219.

[8] BARROSO, Luís Roberto. Judicialização, ativismo judicial e legitimidade democrática. *Revista do Tribunal Regional Eleitoral do Ceará*, Fortaleza, v. 5, n. 8, p. 11-22, jan./dez. 2009. p. 17. O argumento está também no texto seguinte:

O outro critério relevante recomendado por Barroso, para o aperfeiçoamento das decisões judiciais em casos difíceis, diz respeito à preservação da integridade do sistema.[9] Essa recomendação implica o fato de que o magistrado, ao fundamentar uma decisão, seja capaz de garantir que a argumentação utilizada é coerente com a argumentação que tem sido utilizada nos casos semelhantes, julgados anteriormente. Além disso, deve ser capaz de garantir que o raciocínio elaborado seja também possivelmente utilizado em outros casos semelhantes que venham a ser apresentados ao Judiciário no futuro: "Suas decisões, portanto, não devem ser casuísticas ou idiossincráticas, mas universalizáveis a todos os casos em que estejam presentes as mesmas circunstâncias".[10] Os tribunais, a partir de suas decisões e argumentos publicamente expostos, colaboram com o entendimento que a comunidade constrói em relação a determinado tema. Decisões que destoam sem motivação suficiente das decisões anteriores ou que são casuísticas, e não podem ser replicadas em casos futuros, criam interrupções nessa construção de significado, que causam, inclusive, perda de credibilidade para o próprio tribunal.

Para justificar a recomendação do critério, Barroso aponta como relevante a elaboração da doutrina do romance em cadeia, aludida por Dworkin.[11] O julgador, ao analisar um caso, precisa ter conhecimento das decisões anteriormente emitidas nas situações correlatas, deve trazer tais decisões ao contexto atual, atualizando-as para as peculiaridades do caso e do momento que tem em mãos e, ainda, precisa estar consciente de que a decisão por ele criada terá impacto para os julgadores que, no futuro, se verão diante de casos semelhantes.

Adotando-se a integridade nas decisões, Barroso defende também o respeito e promoção do princípio da igualdade, não apenas ao tratar casos semelhantes da mesma maneira, mas de forma mais ampla, de tratá-los de acordo com os mesmos princípios. Deste modo, os jurisdicionados, quando se submetem ao Poder Judiciário solicitando a apreciação de suas questões jurídicas, merecem receber tratamento semelhante para situações semelhantes, afinal, trata-se de um desmembramento da ideia mais essencial de que cada indivíduo merece igual respeito e consideração diante do Estado.[12] Ademais, o critério também está imbricado com a noção de segurança jurídica, considerando que os cidadãos se pautam nas decisões cotidianas pelas expectativas que têm em relação a como entender e como atuar de acordo com o direito.[13] Em outro texto, escrito juntamente

---

BARROSO, Luís Roberto. Os três papéis desempenhados pelas Supremas Cortes nas democracias constitucionais contemporâneas. *Revista da EMERJ*, Rio de Janeiro, v. 21, n. 3, p. 11-35, set./dez. 2019. p. 11.

[9] BARROSO, Luís Roberto. *Curso de direito constitucional contemporâneo*. 11. ed. São Paulo: Saraiva, 2023. Edição do Kindle, posição 6213.

[10] BARROSO, Luís Roberto. *Curso de direito constitucional contemporâneo*. 11. ed. São Paulo: Saraiva, 2023. Edição do Kindle, posição 6213.

[11] DWORKIN, Ronald. *O império do direito*. Tradução de Jefferson Luiz Camargo. São Paulo: Martins Fontes, 1999. p. 276. Tratando sobre a noção de romance em cadeia, Barboza e Demétrio indicam: "o direito é entendido como uma concepção interpretativa, argumentativa, evolutiva e em conexão com o passado [...] Visto sob essa ótica, cada nova história não desconstrói textos anteriormente escritos, mas agrega novos capítulos e sentidos à obra" (BARBOZA, Estefânia Maria de Queiroz; DEMÉTRIO, Andre. O constitucionalismo não escrito do common law e a Constituição viva. *Direito e Práxis*, Rio de Janeiro, v. 13, n. 4, p. 2623-2647, 2022. p. 2636).

[12] BARROSO, Luís Roberto. Os três papéis desempenhados pelas Supremas Cortes nas democracias constitucionais contemporâneas. *Revista da EMERJ*, Rio de Janeiro, v. 21, n. 3, p. 11-35, set./dez. 2019. p. 16.

[13] "É um critério preocupado com a harmonia do sistema e visa atender aos básicos postulados do Estado de Direito, que são a igualdade entre os jurisdicionados, a segurança jurídica, a uniformidade das decisões" (SOUZA, Claudia Beeck Moreira. *Por que os juízes decidem?* Um estudo sobre legitimidade, argumentação e o controle das decisões

com Mello, Barroso demonstra preocupação de que essa complexa tarefa atribuída ao magistrado (no que se refere à consideração dos julgados anteriores e posteriores) seja ainda complementada com a preocupação de conferir ao jurisdicionado a razoável duração do processo.[14]

O último critério por ele apontado diz respeito à necessidade de que o magistrado, muito embora busque um raciocínio forjado por fundamentos jurídicos e preocupado com a coerência e uniformidade do direito, não se esgote nos limites retóricos jurídicos, devendo estar também preocupado com os impactos que a decisão poderá causar no mundo: "o intérprete constitucional não pode perder-se no mundo jurídico desconectando-se da realidade e das consequências práticas da sua decisão".[15] As consequências não devem ser o único nem o principal fundamento de uma decisão, mas não podem ser ignoradas.

Segundo ele próprio sugere, a noção de consequencialismo trabalhada não está relacionada com o pragmatismo, mas consiste em um raciocínio aliado ao proposto na obra de MacCormick.[16] Trata-se de considerar que o juiz tem um dever de cautela considerando os efeitos decorrentes da repetição sistemática e contínua da decisão por ele proferida. Essa preocupação demanda redobrado cuidado argumentativo, pois o juízo sobre as consequências que podem advir da decisão também precisa ser demonstrado por razões convincentes e públicas: "a avaliação das consequências prováveis pode consubstanciar-se em um imperativo de boa aplicação do Direito considerado em seu conjunto, e não em uma indagação inteiramente metajurídica".[17]

Assim, considerar as consequências da decisão implica, de certa maneira, expor a decisão à influência de elementos aparentemente extrajurídicos.[18] Barroso já se pronunciou quanto à relação entre os elementos extrajurídicos e as decisões judiciais, reconhecendo que o magistrado não é alheio a tais elementos, especialmente nos casos difíceis: "constata-se, então, que a complexidade da atividade de interpretação

---

judiciais. Curitiba: Appris, 2021. p. 110). Neste sentido, ver também BARBOZA, Estefânia Maria de Queiroz. *Precedentes judiciais e segurança jurídica*: fundamentos e possibilidades para a jurisdição constitucional brasileira. São Paulo: Saraiva, 2014.

[14] "É nesse ambiente que o papel da jurisprudência e o uso pragmático de precedentes se tornam indispensáveis para a entrega de uma prestação jurisdicional que possa conciliar justiça do caso concreto com duração razoável do processo" (MELLO, Patrícia Perrone Campos; BARROSO, Luís Roberto. Trabalhando com uma nova lógica: a ascensão dos precedentes no direito brasileiro. *Conjur*. Disponível em: https://www.conjur.com.br/dl/artigo-trabalhando-logica-ascensao.pdf. Acesso em: 1º maio 2023).

[15] BARROSO, Luís Roberto. *Curso de direito constitucional contemporâneo*. 11. ed. São Paulo: Saraiva, 2023. Edição do Kindle, posição 6222.

[16] MACCORMICK, Neil. *Retórica e Estado de direito*. Tradução de Conrado Hübner Mendes. Rio de Janeiro: Elsevier, 2008.

[17] BARROSO, Luís Roberto. *Curso de direito constitucional contemporâneo*. 11. ed. São Paulo: Saraiva, 2023. Edição do Kindle, posição 6.232.

[18] Diz-se aparentemente, pois em última análise esses elementos apenas são considerados diante do interesse e da obrigação do magistrado de consagrar fins jurídicos. Por exemplo, se uma decisão pode resultar impactos muito profundos nos cofres do Estado, ainda que juridicamente válida, quando o magistrado se preocupa com esses impactos não está unicamente preocupado com um elemento extrajurídico (os cofres estatais), mas com a capacidade destes cofres de realizarem as demandas constitucionais pela realização de direitos e serviços, que, em última análise, nesse caso, não fins jurídicos.

constitucional acaba trazendo à tona elementos extrajurídicos que motivam e influenciam as decisões judiciais, especialmente nos casos difíceis".[19]

Portanto, nota-se na doutrina de Barroso a preocupação com a indicação de critérios, trabalhados a partir de outros autores (como Rawls, Dworkin e MacCormick), com a finalidade de viabilizar, praticamente, a conformação de decisões judiciais, em casos difíceis, que sejam fundamentadas por argumentos de qualidade, que estejam de acordo com o ordenamento jurídico e sejam capazes de convencer ou, ao menos, de serem aceitos como argumentos democraticamente válidos. Esses critérios visam direcionar o julgador ao respeito pela democracia, pela separação de poderes, pela igualdade e pela segurança jurídica. No entanto, a elaboração de decisões judiciais que estejam atentas aos critérios mencionados demonstra complexidades práticas.

A tensão entre as duas feições do princípio da laicidade

As manifestações do STF quanto ao sentido da liberdade religiosa e da laicidade oferecem um espaço profícuo para as contradições e, de certa forma, para a quebra do ideal de coerência com o qual se trabalhou na primeira parte deste artigo. No entanto, é preciso que se lance um olhar mais detalhado, pois alguns posicionamentos aparentemente contraditórios podem se revelar, em segundo plano, muito mais harmônicos do que se aparentava. Em particular, propõe-se destacar os votos do Ministro Roberto Barroso nos casos envolvendo a laicidade e liberdade religiosa, para evidenciar como um mesmo raciocínio jurídico pode resultar em diferentes posições concretas.

A ADI nº 4.439, em que o Ministro Barroso atuou como relator, provocou inquietação e grande apelo midiático ao enfrentar a constitucionalidade da oferta de ensino religioso confessional em escolas públicas.[20] De um lado, a própria Constituição de 1988 autoriza o ensino religioso em escolas públicas, de presença facultativa. Entretanto, as considerações acerca da laicidade, enquanto valor constitucional fundamental, poderiam apontar para a necessidade de limitação à participação de religiões dominantes na formação de crianças e adolescentes. O cerne da discussão proposta na ADI residiu na possibilidade de que o ensino religioso assuma feição confessional, sendo ministrado por representantes de religiões específicas.

Inicialmente, cumpre frisar que a garantia de um Estado laico não significa exatamente a aderência a uma proposta de secularização oriunda das ciências sociais.[21] Enquanto a secularização indica um caminho de racionalização e superação do saber religioso, a laicidade possui uma dimensão mais institucional, preocupada com as relações entre o Estado e as manifestações religiosas. Sob a perspectiva da secularização,[22] fala-se

---

[19] BARROSO, Luís Roberto. Constituição, democracia e supremacia judicial: direito e política no Brasil contemporâneo. *Revista Jurídica da Presidência*, Brasília, v. 12, n. 96, p. 1-50, fev./maio 2010. p. 5. No mesmo sentido, seria possível fazer uma analogia com os *background moral values* da teoria de Dworkin (DWORKIN, Ronald. *Levando os direitos a sério*. Tradução de Nelson Boeira. São Paulo: Martins Fontes, 2002. p. 231-234).

[20] BRASIL. Supremo Tribunal Federal. *Ação Direta de Inconstitucionalidade nº 4.439/DF*. Rel. Min. Roberto Barroso. Inteiro Teor do Acórdão. Brasília, 27.9.2017.

[21] RANQUETAT JÚNIOR, Cesar Alberto. Laicidade, laicismo e secularização: definindo e esclarecendo conceitos. *Revista Sociais e Humanas*, v. 21, n. 1, p. 67-75, 2008.

[22] BAUBÉROT, Jean. Sécularisation, laïcité, laïcisation. *Empan*, v. 90, n. 2, p. 31-38, 2013. p. 32.

na marginalização da religião. Já a laicidade dialoga com uma exigência de neutralidade, que pode significar uma negativa de intervenção do Estado sobre assuntos religiosos, ou que ele se coloque de forma imparcial ao tutelar diferentes formas de expressão religiosa.

Em seu voto sobre a constitucionalidade do ensino religioso confessional em escolas públicas, Barroso reconhece que a liberdade religiosa é importante enquanto vetor de promoção da tolerância democrática, porém aduz que o ensino confessional acabaria por violar a exigência de isonomia entre as manifestações religiosas, ao favorecer correntes majoritárias.[23] Assim, a laicidade interpretada enquanto neutralidade assume diferentes funções, impedindo que o Estado:

> (i) favoreça, promova ou subvencione religiões ou posições não-religiosas (neutralidade como não preferência); (ii) obstaculize, discrimine ou embarace religiões ou posições não-religiosas (neutralidade como não embaraço); e (iii) tenha a sua atuação orientada ou condicionada por religiões ou posições não-religiosas (neutralidade como não interferência).[24]

O argumento desvendado no voto inaugural demonstra atenção às diferentes camadas exigidas pela coerência. Assim, ainda que a laicidade guarde uma dimensão de proteção à liberdade religiosa na condução do ensino confessional, a solução para a ADI nº 4.439 proposta pelo Ministro Roberto Barroso caminhou no sentido da consideração prática dessa eventual autorização. Isso porque, ao se garantir o ensino religioso confessional, há uma quebra de isonomia entre as religiões já majoritárias e dominantes, que ocuparão prontamente o espaço institucional, em detrimento de expressões religiosas minoritárias, que não ostentarão condições de igual participação na formação das crianças e adolescentes.[25]

No entanto, a corrente majoritária entendeu pela possibilidade do ensino confessional em escolas públicas. O ponto-chave para o entendimento prevalente restou ancorado na garantia à liberdade religiosa compreendida enquanto liberdade para que as religiões definam o conteúdo da disciplina de ensino religioso.[26] Apontou-se uma aparente violação caso o Estado se propusesse a ensinar um ensino religioso de caráter científico e neutro, em substituição às próprias autoridades religiosas. Por conta disso, a esfera de proteção à liberdade de oposição seria protegida exclusivamente pela fórmula da facultatividade. Isso significa dizer que poderá haver o ensino confessional aos que assim desejarem, garantido o direito de não participação.[27]

---

[23] BRASIL. Supremo Tribunal Federal. *Ação Direta de Inconstitucionalidade nº 4.439/DF*. Rel. Min. Roberto Barroso. Inteiro Teor do Acórdão. Brasília, 27.9.2017. p. 51.

[24] BRASIL. Supremo Tribunal Federal. *Ação Direta de Inconstitucionalidade nº 4.439/DF*. Rel. Min. Roberto Barroso. Inteiro Teor do Acórdão. Brasília, 27.9.2017. p. 51.

[25] Sobre o tema, também é relevante a manifestação do Ministro Celso de Mello (BRASIL. Supremo Tribunal Federal. *Ação Direta de Inconstitucionalidade nº 4.439/DF*. Rel. Min. Roberto Barroso. Inteiro Teor do Acórdão. Brasília, 27.9.2017. p. 283).

[26] BRASIL. Supremo Tribunal Federal. *Ação Direta de Inconstitucionalidade nº 4.439/DF*. Rel. Min. Roberto Barroso. Inteiro Teor do Acórdão. Brasília, 27.9.2017. p. 78.

[27] BRASIL. Supremo Tribunal Federal. *Ação Direta de Inconstitucionalidade nº 4.439/DF*. Rel. Min. Roberto Barroso. Inteiro Teor do Acórdão. Brasília, 27.9.2017. p. 93. Diz o Ministro Alexandre de Moraes: "Em todas essas hipóteses, e no ensino das demais confissões religiosas, insisto, a neutralidade não existe, pois os ensinamentos e o aprendizado se baseiam, fundamentalmente, nos dogmas de fé, que não podem ser substituídos por narrativas gerais, meramente descritivas, neutras e contraditórias".

Enquanto a corrente majoritária enfatizou a necessidade de integração das expressões religiosas no campo público, a posição vencida, inaugurada pelo Ministro Barroso, defendeu que haveria uma quebra de isonomia ao se autorizar a participação sem garantia de igual extensão às religiões minoritárias. Em particular, destacou-se que as expressões de religiosidade são dimensões da esfera privada de cada indivíduo, daí porque não seria possível a confusão e intromissão no espaço público educacional.[28] A prevalência, sob essa ótica, é a de uma imposição de neutralidade ao Estado, para que não termine por privilegiar religiões dominantes, cedendo um espaço público para a manutenção da desigualdade religiosa já existente na sociedade brasileira.

O próprio julgamento da ADI nº 4.439 torna evidente a existência de uma tensão na conformação do princípio da laicidade, com complexidades práticas. Historicamente, muitas correntes buscaram caracterizar a laicidade enquanto um valor meramente negativo, centrado na separação entre Estado e autoridades religiosas.[29] No entanto, para a tutela efetiva da liberdade religiosa, muitas vezes é imperativo o fomento à participação plural de religiões através de políticas públicas inclusivas. Dessa forma, em certos momentos o Estado pode assumir uma posição que não é meramente negativa, contrariando o ideal moderno de neutralidade, sob o argumento de promoção da dimensão positiva da laicidade.

No julgamento do RE nº 494.601, relatado pelo Ministro Marco Aurélio, a colisão entre a dimensão negativa e positiva da laicidade foi colocada em escrutínio quando da análise da possibilidade de sacrifício de animais nas práticas religiosas de matriz africana.[30] Todos os ministros admitiram a prática do sacrifício em contextos religiosos, a divergência de posições, entretanto, se edificou quanto à possibilidade de que tal autorização seja concedida apenas às religiões de matriz africana, sem igual garantia para outras manifestações de crença.

A posição sustentada pelo relator caminhou no sentido de que a isonomia implicada no princípio da laicidade vedaria qualquer pretensão de discriminação entre correntes religiosas, mesmo que para assegurar a uma religião minoritária proteção especial quanto aos seus específicos rituais.[31] No entanto, a posição majoritária do STF se perfilou ao voto proferido pelo Ministro Edson Fachin, para autorizar o tratamento protetivo diferenciado dispensado às religiões afro-brasileiras.[32] Ao compreender a laicidade em sua dimensão positiva, inclusive com repercussões culturais e históricas sensíveis, a proteção de religiões minoritárias seria justificada como medida para assegurar a isonomia corrigindo desigualdades históricas.

---

[28] BRASIL. Supremo Tribunal Federal. *Ação Direta de Inconstitucionalidade nº 4.439/DF*. Rel. Min. Roberto Barroso. Inteiro Teor do Acórdão. Brasília, 27.9.2017. p. 100. Diz o Ministro Roberto Barroso: "A minha convicção é a de que a religião é um espaço da vida privada e, portanto, não deve ter um locus no espaço público".

[29] RANQUETAT JÚNIOR, Cesar Alberto. Laicidade, laicismo e secularização: definindo e esclarecendo conceitos. *Revista Sociais e Humanas*, v. 21, n. 1, p. 67-75, 2008.

[30] BRASIL. Supremo Tribunal Federal. *Recurso Extraordinário nº 494.601/RS*. Rel. Min. Marco Aurélio. Inteiro Teor do Acórdão. Brasília, 28.3.2019.

[31] BRASIL. Supremo Tribunal Federal. *Recurso Extraordinário nº 494.601/RS*. Rel. Min. Marco Aurélio. Inteiro Teor do Acórdão. Brasília, 28.3.2019. p. 14. Diz o Ministro Marco Aurélio: "No Estado laico, não se pode ter proteção excessiva a uma religião em detrimento de outra. À autoridade estatal é vedado, sob o ângulo constitucional, distinguir o conteúdo de manifestações religiosas, procedendo à apreciação valorativa das diferentes crenças".

[32] BRASIL. Supremo Tribunal Federal. *Recurso Extraordinário nº 494.601/RS*. Rel. Min. Marco Aurélio. Inteiro Teor do Acórdão. Brasília, 28.3.2019. p. 27.

A laicidade, em acepção meramente negativa, advogaria pela absoluta impossibilidade de predileção a esta ou aquela religião. Isso, porém, não assegura necessariamente a igualdade, especialmente quando a manutenção do *status quo* está associada ao favorecimento de expressões religiosas já consolidadas. É justamente a exigência de respeito e tolerância que pauta a divergência instaurada. Para o Ministro Roberto Barroso, não há que se falar em privilégio às religiões afro-brasileiras, "na verdade, a lei fez questão de destacar as religiões de matriz africana, porque ali residia o preconceito".[33]

Ainda que a neutralidade se coloque como uma exigência imposta pelo princípio da laicidade, não é possível ignorar a necessidade de promoção da igualdade substantiva, assim como da laicidade substantiva, na proteção do pluralismo religioso. Segundo pontuado por Barroso em seu voto, "proteger a liberdade de culto de uma comunidade religiosa específica é assegurar a liberdade religiosa, e não quebrar a laicidade do Estado".[34] Isso significa reconhecer que, para além da laicidade negativa, a garantia da liberdade religiosa enquanto um direito fundamental de matriz constitucional exige uma laicidade que seja também positiva, e que exija do Estado garantias para que a igualdade de crenças se efetive.

O princípio da laicidade pode ser ressignificado para que represente mais do que um ideal meramente neutralizador que se resume à exclusão estatal. Tanto a liberdade quanto a igualdade estão em jogo na densificação do sentido constitucional da proteção religiosa. Para que o Estado possa ser efetivamente neutro em relação às religiões, é preciso primeiro que todas as manifestações religiosas compitam em igualdade de condições.[35] A oposição entre os julgamentos proferidos pelo STF na ADI nº 4.439 e no RE nº 494.601 busca apenas cristalizar a complexidade prática desse conflito de dimensões inerentes à tutela das expressões religiosas em nosso país. No entanto, o passo final deste artigo cuidará da demonstração da coerência nos votos proferidos por Barroso em cada uma das ocasiões, que em sua aparente contradição revelam a manutenção de uma mesma baliza argumentativa.

Conclusão

No julgamento da ADI nº 4.439, o voto proferido pelo Ministro Barroso caminhou no sentido de negar uma tutela privilegiada das expressões religiosas sob o argumento de que a neutralidade exige a distinção entre crenças privadas e a função pública do Estado na condução de suas atividades educacionais. No entanto, seu voto quando do julgamento do RE nº 494.601 parece, em uma análise superficial, negar as premissas anteriormente traçadas quanto à imposição de neutralidade, para admitir ao Estado a proteção especial de práticas religiosas minoritárias sob o argumento da tolerância. Entretanto, para que se possa avaliar a coerência dos argumentos sustentados por Barroso

---

[33] BRASIL. Supremo Tribunal Federal. *Recurso Extraordinário nº 494.601/RS*. Rel. Min. Marco Aurélio. Inteiro Teor do Acórdão. Brasília, 28.3.2019. p. 55.

[34] BRASIL. Supremo Tribunal Federal. *Recurso Extraordinário nº 494.601/RS*. Rel. Min. Marco Aurélio. Inteiro Teor do Acórdão. Brasília, 28.3.2019. p. 56-57. Adiciona o Ministro Roberto Barroso: "Por que creio que a referência apenas às religiões de matriz africana não é privilégio neste caso? Porque, aqui, não se trata de dar um privilégio, mas, ao contrário, de assegurar os mesmos direitos que eram e sempre foram assegurados às outras religiões".

[35] BUSS, Gustavo. *Laicidade, democracia e Constituição*. Rio de Janeiro: Lumen Juris, 2022. p. 144.

em cada ocasião, é preciso avaliá-las em suas três dimensões: de fundamentação, de respeitabilidade e de consequências práticas.

A posição divergente inaugurada por Barroso na ADI nº 4.439 é consciente acerca da complexidade do sentido atribuído à laicidade que se inscreve enquanto princípio na ordem constitucional. A garantia à liberdade religiosa, de um lado, e a imposição de um Estado laico, de outro, apontam para conflitos importantes acerca do sentido desses conceitos, interpretados ora como neutralidade abstencionista e ora como dever de intervenção substantiva. O pano de fundo para a interpretação da laicidade está na própria concepção de pluralismo que dialoga diretamente com a ideia de mercado religioso.[36] Se para a proteção do direito à liberdade religiosa todas as religiões devem ser respeitadas, o sentido da igualdade, conforme destacado por Barroso, passa a ser indispensável para que se assegure não a mera chancela a religiões dominantes, mas um efetivo afloramento da liberdade religiosa de feição plural.

A aparente contradição nos votos destacados é, portanto, meramente aparente. A compreensão do fundamento de neutralidade insculpido no princípio da laicidade não pode operar em nível meramente retórico nem em nível meramente casuístico. Conforme destacado na primeira parte deste artigo, a coerência exige, também, a compreensão acerca dos efeitos concretos da decisão que se está tomando e se há coerência entre os princípios mais abstratos que fundamentam a decisão. Daí porque a posição do Ministro Roberto Barroso parece particularmente coerente. Em ambos os casos, a conclusão partiu dos mesmos fundamentos jurídicos, mas cada uma alcançando resultados diversos, porque as circunstâncias e consequências concretas assim o demandavam. Do mesmo modo que em ambas as decisões o princípio busca a efetivação do princípio da igualdade, quer seja protegendo as religiões minoritárias contra o domínio das religiões majoritárias, quer seja blindando as religiões minoritárias contra diferentes formas de discriminação.

O ministro identificou, de forma categórica, que ambos os casos dialogavam com um problema similar, o do privilégio de algumas religiões em detrimento de outras. No entanto, sua resposta buscou empregar a laicidade enquanto fundamento para a promoção ativa da igualdade religiosa. Às religiões já dominantes, que se favoreceriam do ensino religioso confessional para manutenção de privilégios, impôs a laicidade em feição negativa, sustentando a neutralidade estatal. Já às religiões afro-brasileiras, historicamente perseguidas, admitiu uma proteção legal especial, ancorado na mesma laicidade, porém em sua feição positiva, que conclama a intervenção do Estado para correção de desigualdades estruturais e promoção de verdadeira igualdade religiosa.

Referências

AARNIO, Aulis. *Le rationnel comme raisonnable*: La justification en droit. Bruxelles: Story-Scientia, 1992.

BARBOZA, Estefânia Maria de Queiroz. *Precedentes judiciais e segurança jurídica*: fundamentos e possibilidades para a jurisdição constitucional brasileira. São Paulo: Saraiva, 2014.

BARBOZA, Estefânia Maria de Queiroz; DEMÉTRIO, Andre. O constitucionalismo não escrito do common law e a Constituição viva. *Direito e Práxis*, Rio de Janeiro, v. 13, n. 4, p. 2623-2647, 2022.

---

[36] PIERUCCI, Antônio Flávio. De olho na modernidade religiosa. *Tempo Social*, v. 20, n. 2, p. 9-16, 2008. p. 13.

BARROSO, Luís Roberto. Constituição, democracia e supremacia judicial: direito e política no Brasil contemporâneo. *Revista Jurídica da Presidência*, Brasília, v. 12, n. 96, p. 1-50, fev./maio 2010.

BARROSO, Luís Roberto. *Curso de direito constitucional contemporâneo*. 11. ed. São Paulo: Saraiva, 2023. Edição do Kindle.

BARROSO, Luís Roberto. Judicialização, ativismo judicial e legitimidade democrática. *Revista do Tribunal Regional Eleitoral do Ceará*, Fortaleza, v. 5, n. 8, p. 11-22, jan./dez. 2009.

BARROSO, Luís Roberto. Os três papéis desempenhados pelas Supremas Cortes nas democracias constitucionais contemporâneas. *Revista da EMERJ*, Rio de Janeiro, v. 21, n. 3, p. 11-35, set./dez. 2019.

BARROSO, Luís Roberto; BARCELLOS, Ana Paula. O começo da história: a nova interpretação constitucional e o papel dos princípios no direito brasileiro. *Revista da EMERJ*, Rio de Janeiro, v. 6, n. 23, p. 25-65, 2003.

BAUBÉROT, Jean. Sécularisation, laïcité, laïcisation. *Empan*, v. 90, n. 2, p. 31-38, 2013.

BRASIL. Supremo Tribunal Federal. *Ação Direta de Inconstitucionalidade nº 4.439/DF*. Rel. Min. Roberto Barroso. Inteiro Teor do Acórdão. Brasília, 27.9.2017.

BRASIL. Supremo Tribunal Federal. *Recurso Extraordinário nº 494.601/RS*. Rel. Min. Marco Aurélio. Inteiro Teor do Acórdão. Brasília, 28.3.2019.

BUSS, Gustavo. *Laicidade, democracia e Constituição*. Rio de Janeiro: Lumen Juris, 2022.

DWORKIN, Ronald. *Levando os direitos a sério*. Tradução de Nelson Boeira. São Paulo: Martins Fontes, 2002.

DWORKIN, Ronald. *O império do direito*. Tradução de Jefferson Luiz Camargo. São Paulo: Martins Fontes, 1999.

MACCORMICK, Neil. *Retórica e Estado de direito*. Tradução de Conrado Hübner Mendes. Rio de Janeiro: Elsevier, 2008.

MELLO, Patrícia Perrone Campos; BARROSO, Luís Roberto. Trabalhando com uma nova lógica: a ascensão dos precedentes no direito brasileiro. *Conjur*. Disponível em: https://www.conjur.com.br/dl/artigo-trabalhando-logica-ascensao.pdf. Acesso em: 1º maio 2023.

PIERUCCI, Antônio Flávio. De olho na modernidade religiosa. *Tempo Social*, v. 20, n. 2, p. 9-16, 2008.

RANQUETAT JÚNIOR, Cesar Alberto. Laicidade, laicismo e secularização: definindo e esclarecendo conceitos. *Revista Sociais e Humanas*, v. 21, n. 1, p. 67-75, 2008.

RAWLS, John. *Liberalismo político*. Tradução de Sérgio Rene Madero Baez. México: Fondo de Cultura Econômica, 2006.

SOUZA, Claudia Beeck Moreira. *Por que os juízes decidem?* Um estudo sobre legitimidade, argumentação e o controle das decisões judiciais. Curitiba: Appris, 2021.

Informação bibliográfica deste texto, conforme a NBR 6023:2018 da Associação Brasileira de Normas Técnicas (ABNT):

SOUZA, Cláudia Beeck Moreira de; BARBOZA, Estefânia Maria de Queiroz; BUSS, Gustavo. A dupla feição do princípio constitucional da laicidade: contribuições do Ministro Roberto Barroso para a argumentação jurídica. In: OSORIO, Aline; MELLO, Patrícia Perrone Campos; BARROSO, Luna van Brussel (Coord.). *Direitos e democracia*: 10 anos do Ministro Luís Roberto Barroso no STF. Belo Horizonte: Fórum, 2023. p. 345-355. ISBN 978-65-5518-555-3.

AUTORITARISMO, GOVERNABILIDADE E DEMOCRACIA NO BRASIL CONTEMPORÂNEO

CLÈMERSON MERLIN CLÈVE

> *O combate da luz/Contra os monstros da sombra:*
> *Assim tua poesia/É alvorada e angústia.*
> (DRUMMOND. O combate da luz. *Amar se aprende amando*)

1 Prolegômenos

O Brasil vem, na última década, enfrentando problemas de governabilidade, instabilidade política, inflação normativa e deterioração das contas públicas. Experimenta-se, nesse período, uma sucessão de contingências no campo político que podem explicar, pelo menos em parte, o quadro de insegurança jurídica e de *déficit* na satisfação dos direitos fundamentais reclamados pela Constituição.

O país passou pelo *Mensalão*,[1] pelo *Petrolão*, pelas descobertas assombrosas e excessos da *Lava Jato*,[2] pelas incompreendidas *Jornadas de 2013*,[3] pelo polêmico *impeachment* da Presidente Dilma, pela maior queda do PIB na história das democracias ocidentais em tempos de paz, pela eleição de um presidente de extrema-direita e pelo tensionamento entre os poderes que se aguçou com o verbo malicioso e as práticas iliberais de um chefe do Executivo pouco comprometido com os valores democráticos e civilizatórios. A erosão da legitimidade e da funcionalidade das agências de controle e dos poderes constituídos reclamou a resistência das instituições atacadas e a proteção da normatividade constitucional implicando, vez ou outra, uso de *hardball*[4] contra as manifestações de golpismo explícito.[5] O contexto explica e, mais do que isto, justifica o

---

[1] SUPREMO TRIBUNAL FEDERAL. *Corte Suprema do Brasil inicia o julgamento do mensalão*. Disponível em: https://www2.stf.jus.br/portalStfInternacional/cms/destaquesNewsletter.php?sigla=newsletterPortalInternacionalNoticias&idConteudo=214544. Acesso em: 12 dez. 2022. Ver: Ação Penal nº 470/MG, Rel. Min. Joaquim Barbosa.
[2] OPERAÇÃO Lava-Jato. *Folha de S. Paulo*. Disponível em: http://arte.folha.uol.com.br/poder/operacao-lava-jato/. Acesso em: 12 dez. 2022.
[3] SINGER, André. Brasil, junho de 2013, classes e ideologias cruzadas. *Novos Estudos CEBRAP*, p. 23-40, 2013.
[4] TUSHNET, Mark. Constitutional hardball. *J. Marshall L. rev.*, v. 37, p. 523, 2004.
[5] GUGLIANO, Monica. Vou intervir! *PIAUÍ*, n. 167, p. 22-25, ago. 2020. Disponível em: https://piaui.folha.uol.com.br/materia/vou-intervir/. Acesso em: 3 maio 2023; BASTAM um soldado e um cabo para fechar STF, disse filho de

renascimento da *democracia militante*[6] operada para prevenir ou remediar as arremetidas do populismo extremista. A harmonia entre os poderes ficou arranhada e a república testemunhou, entre apreensão e alívio, o manejo de inventivas técnicas de autodefesa pelo Supremo Tribunal Federal, especialmente em função da instauração do (assim chamado) *Inquérito do Fim do Mundo*.[7]

Aqueles comprometidos com a normatividade constitucional e com o Estado democrático de direito perceberam que os problemas de governabilidade do país alcançaram novo patamar, inspirando maior preocupação, durante o último mandato presidencial. A Lei Fundamental foi gravemente desafiada pelos sucessivos ensaios autocráticos, pelas violações à cláusula constitucional da separação dos poderes e aos direitos fundamentais de grupos vulneráveis derivadas, sobretudo, do desmantelamento das agências responsáveis pela sua satisfação.

A democracia brasileira, agredida, mostrou-se resiliente em um tempo de viragem dos humores políticos, de crescimento de experiências iliberais[8] em muitos países (Polônia, Hungria, Turquia, Índia etc.) e de multiplicação de escolhas eleitorais populistas em lugares antes inimagináveis. Há – ninguém desconhece (é um tema recorrente nos debates constitucionais contemporâneos) – uma ampla literatura demonstrando que o processo de esgarçamento, sufocamento e amesquinhamento das democracias não se opera, nos dias que correm, apenas por meio de golpes clássicos, com o uso da força, mas, antes, através da erosão contínua dos seus pilares de sustentação.[9] Daí a necessidade da vigilância dos poderes constituídos e da sociedade civil. O Ministro (e sempre Professor) Luís Roberto Barroso, um dos homens públicos mais preparados deste país, homenageado justamente no momento em que completa dez anos de magnífica atuação na Excelsa Corte, tem, nestes tempos sombrios, concentrado os seus esforços acadêmicos na discussão do tema da crise das democracias constitucionais e orientado a sua atuação jurisdicional no sentido de proteger a normatividade constitucional contra os processos de ascensão do extremismo, do populismo e do autoritarismo.[10]

Bolsonaro em vídeo. *Folha de S. Paulo*, 21 out. 2018. Disponível em: https://www1.folha.uol.com.br/poder/2018/10/basta-um-soldado-e-um-cabo-para-fechar-stf-disse-filho-de-bolsonaro-em-video.shtml. Acesso em: 3 maio 2023.

[6] PONTES, J. G. M. *Democracia militante em tempos de crise*. Rio de Janeiro: Lumen Juris, 2020; CATTONI, Marcelo; MEGALI NETO, Almir. A democracia constitucional entre militantes contra a democracia e a democracia militante. *Empório do Direito*. Disponível em: https://emporiododireito.com.br/leitura/a-democracia-constitucional-entre-militantes-contra-a-democracia-e-a-democracia-militante. Acesso em: 13 dez. 2022.

[7] Inquérito nº 4.781. Rel. Min. Alexandre de Moraes. Ver ADPF nº 542.

[8] SAJÓ, András; UITZ, Renata; HOLMES, Stephen (Ed.). *Routledge Handbook of Illiberalism*. Nova York: Routledge, 2021.

[9] LEVITSKY, Steven; ZIBLATT, Daniel. *Como as democracias morrem*. São Paulo: Companhia das Letras, 2018; GRABER, Mark A.; LEVINSON, Sanford; TUSHNET, Mark (Ed.). *Constitutional democracy in crisis?* Oxford: Oxford University Press, 2018; GINSBURG, Tom; HUQ, Aziz Z. *How to save a constitutional democracy*. Chicago: University of Chicago Press, 2018; MEYER, Emilio Peluso Neder. *Constitutional erosion in Brazil*. Oxford: Bloomsbury Publishing, 2021.

[10] BARROSO, Luís Roberto. Liberdade de expressão, imprensa e mídias sociais: jurisprudência, direito comparado e novos desafios. *Revista Jurídica da Presidência*, v. 25, n. 135, p. 20-48, 2023; BARROSO, Luís Roberto. Populismo, autoritarismo e resistência democrática: as cortes constitucionais no jogo do poder. *Revista Direito e Práxis*, 2022; BARROSO, Luís Roberto. A democracia sob pressão: o que está acontecendo no mundo e no Brasil. *CEBRI – Revista: Brazilian Journal of International Affairs*, n. 1, p. 33-56, 2022.

2 Desenho constitucional, reforma e inflação normativa

O tempo histórico, a conjuntura política e o processo de elaboração do texto pesaram na escolha do desenho institucional adotado pela nossa Lei Fundamental. O Constituinte buscou consenso numa sociedade dividida e plural, compartilhou valores que eram dominantes no momento imediatamente anterior à queda do muro de Berlim, jogou para o legislador ordinário a tarefa de completar o quadro normativo de direitos e instituições negociados apenas em parte, manteve institutos provenientes de cartas pretéritas, legou ao país um catálogo admirável de direitos fundamentais e, ao mesmo tempo, criou privilégios e benefícios injustificáveis para algumas categorias, destruindo com uma mão a promessa de igualdade concedida pela outra. É a Constituição de um tempo determinado, de um país periférico com pretensão de protagonismo na cena internacional, de uma comunidade política unida pelo sonho de prosperidade e desunida pelas injustas diferenças que apartam a sua gente. Isso tudo contribuiu para a extensão da nossa Carta (65.000 palavras, 250 artigos no corpo permanente, alguns com muitos incisos, e uma extensa lista de dispositivos no *Ato das Disposições Transitórias*, vários deles, curiosamente, emendados e vigentes mais de trinta anos depois), uma das mais longas do mundo, e para o detalhamento do seu texto, um documento que confere estatura constitucional para temas que poderiam ser tratados no plano normativo ordinário. É claro que o consenso, a negociação e a desconfiança atravessaram o processo constituinte, qualificando as condições de possibilidade da obra em construção.

Uma Constituição assim detalhista, exigente de integração normativa em muitos dispositivos, favorece a aceleração ou a motorização da atividade normativa do Congresso e, também, do Executivo, neste caso através de medidas provisórias e do elasticemento das possibilidades da edição de atos infralegais.[11] Ao mesmo tempo, a nossa Constituição, porque congelou normativamente muitos temas, reclama atualização constante, significando isso a provocação recorrente do poder constituinte derivado. A Carta foi, até 2022, emendada quase cento e trinta vezes (seis delas por ocasião do processo especial e único de *Revisão* previsto no ADCT), significando isso uma média de 3,5 (três e meio) emendas por ano.[12] O número de leis, medidas provisórias e decretos promulgados tem sido imenso, manifestando aquilo que, há muito tempo, embora com significado distinto, Carnelutti chamou de *inflação legislativa*,[13] trazendo insegurança jurídica, custos adicionais para a sociedade civil, sendo muitos desses atos normativos necessários, embora outros tenham sido providenciados para proteger interesses de grupos influentes, excepcionando a incidência de regras gerais, mazelas de um Estado patrimonialista não poucas vezes capturado por grupos bem posicionados no palco da disputa política. Sendo justo, no meio dessa poluição normativa toda, aparece, também,

---

[11] Em relação ao governo Bolsonaro (2019-2022), termos como "unilateralismo legislativo" e "infralegalismo autoritário" foram associados às normas infralegais, notadamente, os decretos (INÁCIO, Magna. Poder executivo: presidência e gabinete. *In*: AVRITZER, Leonardo et al. (Org.). *Governo Bolsonaro*: retrocesso democrático e degradação da política. Belo Horizonte: Autêntica, 2021. p. 67-82; VIEIRA, O. V.; GLEZER, R.; BARBOSA, A. L. P. Entre a estabilidade precária e a crise institucional: uma análise da performance do governo Bolsonaro. *In*: LUNARDI, Soraya; GLEZER, Rubens; BISPO, Nikolay Henrique (Org.). *Desafios à estabilidade constitucional*. Belo Horizonte: Arraes, 2020. p. 25-44).

[12] Somente em 2022, a Constituição foi emendada quatorze vezes.

[13] CARNELUTTI, Francesco. *Como nasce o direito*. [s.l.]: Pillares, 2016.

este ou aquele acerto em determinada área, alguma ação governamental sincera voltada à real satisfação do interesse público.

3 Democracia e governabilidade

O sistema político presidencialista desenhado pelo constituinte, por conta da fragmentação partidária, ora em processo de correção, tem reclamado dos eleitos determinadas estratégias para a manutenção da governabilidade. Desde a promulgação da Constituição, os governos que descuidaram disso caíram. Outros, encontraram distintas fórmulas para cumprir o mandato com êxito. Não à toa, o nosso sistema presidencial foi chamado por Sérgio Abranches, nome depois adotado pela melhor literatura, de *presidencialismo de coalizão*.[14] A coalização pode, como nos parlamentarismos vitoriosos, produzir governabilidade séria, construída a partir de princípios e objetivos amplamente negociados, ou circunstancial, dependente dos arranjos casuísticos e da partilha, eventualmente com porteira fechada, de ministérios, agências ou departamentos do Executivo. No Brasil tem, infelizmente, prevalecido o segundo tipo, chegando mesmo, em momentos graves, a coalizão a se transformar em simples cooptação, através da concessão de vantagens indevidas aos parlamentares para constituir frágil grupo de apoio ocasional. O presidencialismo de coalizão, quando articulado em torno de arranjos transparentes e legítimos, pode funcionar bem, como lembra Fernando Limongi,[15] possibilitando a aprovação dos atos legislativos e das emendas necessárias para as reformas reclamadas pela sociedade. O problema, portanto, sabe-se, não é a coalizão, quase obrigatória num sistema fragmentado de representação parlamentar que impossibilita o governo de partido, mas o modo como ela é articulada.

4 Democracia e tentação autocrática

Os *movimentos de contestação de 2013*, a *Lava Jato* e o processo do *impeachment* da Presidente Dilma Rousseff colocaram em questão a legitimidade do sistema político brasileiro. Desnudamento de corrupção governamental sistêmica e desvio de poder dos órgãos de persecução criminal, exigência de serviços públicos de qualidade (*Padrão Fifa*, diziam os protestos) e a crise política prolongada abriram caminho para a crítica simplória e direta (quando não mal-intencionada) às instituições, aos partidos políticos, aos poderes da República e aos seus ocupantes. A *caixa de pandora* foi aberta. Contextos dessa natureza constituem terreno fértil para a emergência de autocratas, populistas, extremistas radicais de esquerda ou de direita. Entre nós, a extrema direita traduziu a linguagem das ruas, armou-se com uma tecnologia de comunicação agressiva, espalhou a mensagem de combate ao sistema e venceu a eleição presidencial de 2018.[16] O governo, tão logo tomou posse, procurou armar a população, promover determinados valores

---

[14] ABRANCHES, Sérgio. *Presidencialismo de coalizão*: raízes e evolução do modelo político brasileiro. São Paulo: Companhia das Letras, 2018.

[15] LIMONGI, Fernando. A democracia no Brasil: presidencialismo, coalizão partidária e processo decisório. *Novos estudos CEBRAP*, p. 17-41, 2006; LIMONGI, Fernando; FIGUEIREDO, Argelina. Bases institucionais do presidencialismo de coalizão. *Lua Nova*, p. 81-106, 1998.

[16] AVRITZER, Leonardo. *Política e antipolítica*: a crise do governo Bolsonaro. [s.l.]: Todavia, 2020.

religiosos e adotar pauta de costumes que, mais do que conservadora, era nitidamente reacionária. É preciso reconhecer que a emergência da extrema-direita entre nós, tal como na grande república do norte, revelou um grupo de pessoas antes subestimado que, compartilhando mundividência peculiar e preocupante, não se via representada no e pelo sistema político.

O ex-presidente, empossado em janeiro de 2019, manifestando ímpetos autocráticos, desrespeito à liturgia do cargo e à linguagem escrita e não escrita, sobretudo normativa, que orienta a ação governamental, inaugurou momento preocupante de tensionamento político e de conflito entre os poderes. Levado à cadeira presidencial por um pequeno partido, não dispunha de maioria parlamentar. Imaginou, inicialmente, que a gramática da guerra, o empurrar deputados e senadores contra a parede, poderia constituir modo de governar. Ledo engano. Sob o risco de sofrer *impeachment*, mal superado o primeiro ano de governo, opera surpreendente giro, formando aliança com o antes renegado grupo de parlamentares conhecido como *Centrão* e garantindo maioria parlamentar de apoio suficiente para a aprovação alguns dos projetos de seu interesse. As críticas antes endereçadas ao Congresso são desviadas para o Supremo Tribunal Federal, para as urnas eletrônicas adotadas pela Justiça Eleitoral e, durante a pandemia, para os prefeitos e os governadores. Formado em escola militar, mostrava desconhecer as virtudes da interlocução, da troca de ideias e de argumentos para o convencimento e a formação de acordo negociado ou de consenso. Adotou o idioma da luta, da imposição, em uma palavra, da violência verbal. Esteve sempre levantando armas contra alguma autoridade, contra o Judiciário, contra os direitos de alguma minoria ou algum moinho de vento. A linguagem amigo/inimigo, em síntese. Manteve, assim, mobilizada aquela parcela da sociedade que o apoiava. Mostrou habilidade na utilização das redes sociais, na propagação da desinformação, das meias verdades e das mentiras inteiras (*fake news*). Embora despreparado para o cargo que ocupou, trata-se de político carismático e, por isso, não deve ser subestimado.

A tentação autocrática, reitere-se, acompanha o discurso e os atos dele decorrentes. As palavras constituem o prenúncio de ação futura, quando as condições objetivas eventualmente permitirem, e os atos, comissivos e omissivos, foram eloquentes: desmantelamento das agências governamentais (de proteção de direitos ou de controle), captura de outras, o uso das forças armadas como meio de intimidação (a convocação do golpe pairando no ar),[17] a liberação das armas por meio de decretos presidenciais que, claramente, desatenderam a legislação em vigor,[18] e a desastrada gestão das políticas de combate à pandemia. A resistência da sociedade civil, do Judiciário, sobretudo do Supremo Tribunal Federal e do Tribunal Superior Eleitoral (por ocasião da eleição presidencial realizada em 2022) e de parcelas importantes da Câmara dos Deputados e do Senado Federal, evitou um processo mais robusto e irreversível de erosão constitucional e da democracia. A sociedade civil chegou cansada, machucada, mas altiva ao fim do mandato desse presidente (derrotado na tentativa de recondução ao cargo). Embora

---

[17] GUGLIANO, Monica. Vou intervir! *PIAUÍ*, n. 167, p. 22-25, ago. 2020. Disponível em: https://piaui.folha.uol.com.br/materia/vou-intervir/. Acesso em: 3 maio 2023.

[18] Alguns dos exemplos são os Decreto nº 9.845/19; Decreto nº 9.847/19; Decreto nº 1.030/19. São discutidos no STF, por meio das ADIs nºs 6.139, 6.466 e 6.119, Rel. Min. Fachin. O Ministro da Justiça do governo eleito em 2022, Flávio Dino, os denominou como parte de um "novo entulho autoritário".

as eleições tenham transcorrido em relativo clima de paz, o país testemunhou nos dias que antecederam a posse do novo presidente da República, sustentados pelo silêncio suspeito da autoridade vencida, manifestações de grupos radicais que, descontentes com o resultado eleitoral, suplicavam, em frente aos quartéis, sem alcançar o surrealismo da situação, a intervenção dos militares no processo político para, agitando verdade alternativa, evitar a posse do candidato eleito e o "risco de implantação do comunismo [sic]". Isso para não falar da gravidade do ocorrido no dia 8.1.2023. Não se pode negar, portanto, que, sofrendo de dissonância cognitiva coletiva, circunscritos às suas bolhas sectárias, esses grupos extremistas vivem em uma realidade paralela!

O direito constitucional, nos dias de hoje, ensina o Ministro Luís Roberto Barroso,

> tem por tarefa não apenas fazer avançar o processo civilizatório, como também proteger o que já foi conquistado [...]. O retrocesso e as ameaças institucionais trouxeram preocupações que se imaginavam terem ficado em um passado mais distante. Velhas assombrações de golpe de Estado e quebra da legalidade voltaram a assustar a sociedade brasileira. Apesar de tudo, as instituições resistiram aos ataques, mas os precedentes de desrespeito aos valores democráticos e civilizatórios deixarão marcas duradouras.[19]

Essas marcas compõem o plexo dos desafios a serem enfrentados pelo governo sucessor.[20]

Bolsonaro não conseguiu governar fazendo oposição ao sistema político e confrontando o Congresso. Viu-se compelido a negociar e, na negociação, perdeu os anéis. Mesmo assim, passo a passo, e de modo surpreendente, edificou, apesar da instabilidade, o apoio necessário para aprovar projetos de lei e emendas à Constituição. Aliás, os parlamentares da base de apoio chegaram a recuperar antigos projetos em tramitação para, uma vez reorientados, atender às demandas do Executivo, prescindindo, assim, aqui e ali, da iniciativa formal deste. Para tanto, cedeu espaço no ministério para determinados parlamentares do grupo conhecido como *Centrão*, aceitou o controle de importante parcela do orçamento público da União e, por fim, tolerou medida que pode ter comprometido o nosso modelo de governo presidencial. Os números assombram. Em 2014, o Congresso manejava livremente cerca de 4% (quatro por cento) do orçamento federal, enquanto em 2022, cerca de 24% (vinte e quatro por cento) ficaram sob o seu controle. A quantia causa espécie. Nos Estados Unidos, por exemplo, o montante é consideravelmente menor.[21] Ora, a mudança, ainda que parcial, da gestão orçamentária pode conferir nova coloração ao sistema presidencial. O país já conhecia as emendas

---

[19] BARROSO, Luís Roberto. *Curso de direito constitucional contemporâneo*: os conceitos fundamentais. São Paulo: Saraiva Educação, 2022, nota à décima edição.

[20] BENVINDO, Juliano Zaiden; MENDES, Conrado Hübner. Symposium on the Challenges of the Lula Government in Reversing Democratic Erosion in Brazil: Introduction. *Int'l J. Const. L. Blog*, 10 fev. 2023. Disponível em: http://www.iconnectblog.com/2023/02/symposium-on-the-challenges-of-the-lula-government-in-reversing-democratic-erosion-in-brazil-introduction/. Acesso em: 10 mar. 2023; GALF, Renata. Revogação é só um dos passos para combater infralegalismo autoritário, dizem pesquisadores. *Folha de S. Paulo*, 18 dez. 2022. Disponível em: https://www1.folha.uol.com.br/poder/2022/12/revogacao-e-so-um-dos-passos-contra-infralegalismo-autoritario-de-bolsonaro-dizem-pesquisadores.shtml. Acesso em: 21 fev. 2023.

[21] ORÇAMENTO nas mãos do Congresso: parlamentares já dominam um quarto dos recursos livres do governo. *O Globo*, 2022. Disponível em: https://oglobo.globo.com/economia/noticia/2022/07/orcamento-nas-maos-do-congresso-parlamentares-ja-dominam-um-quarto-dos-recursos-livres-do-governo.ghtml. Acesso em: 20 set. 2022.

parlamentares impositivas introduzidas através de emenda constitucional. Embora sujeitas a críticas, não permitem, em virtude dos valores limitados, o desvirtuamento do desenho constitucional relativo à organização dos poderes da República. Tudo muda com a inconstitucional prática conhecida, pelo grande público, como *orçamento secreto*, prática esta que autoriza o relator da lei orçamentária como iniciativa sua, sem a nominação do interessado, a atender às indicações de dispêndio encaminhadas pelos parlamentares, sobretudo os amigos leais à base de apoio, mediante critérios pouco republicanos.[22] Não há, portanto, aqui, transparência, coordenação central dos gastos para o atendimento de prioridades nacionais ou critério racional de escolha baseado em análise de custos e benefícios ou decorrente de previsão constitucional envolvendo políticas públicas obrigatórias, mas, ao contrário, manifestação de clientelismo puro. Parcela importante do orçamento está, basicamente, em mãos do Congresso e, em particular, daqueles que designam o relator da lei orçamentária que, por seu turno, lhes deve favor. Fica, assim, comprometido o poder presidencial diante da insignificância dos dispêndios discricionários do Executivo. Provocada, em sede de controle abstrato,[23] a Suprema Corte, corretamente, reconheceu a inconstitucionalidade das práticas orçamentárias que viabilizaram o assim chamado *orçamento secreto*, do qual é instrumento a categoria das emendas do relator.

Com as emendas do relator, o *presidencialismo de coalizão*, quase sem fazer alarde, transformou-se naquilo que Juliano Zaiden Benvindo, em estimulante artigo, chamou de *semipresidencialismo de cooptação informal*.[24] Tenho dúvidas se o país chegou a tanto. Estou certo, todavia, que estava caminhando para isso. Assegurada a cooptação do Congresso, o presidente conseguia aprovar as medidas de seu interesse e, ao mesmo tempo, sentia-se livre para a prossecução das suas jornadas iliberais de combate a tudo aquilo que estivesse a brilhar como luz, fosse racional ou configurasse conquista civilizatória. Tratava-se, afinal, de um presidente pouco afeito ao cotidiano da gestão pública e avesso à política enquanto prática de diálogo e negociação. Sentia-se mais à vontade agitando os seus apoiadores, levantando narrativas sem fundamento, promovendo valores contrários àqueles consolidados pela vida cívica e manejando as redes sociais para difundir as suas verdades alternativas. Em síntese, tratava-se de um presidente que gostava de comício, mas não, propriamente, do enfado que a rotina de governar implica. Praticou o poder como símbolo e agitação. Ao mesmo tempo, porém, ficou à espreita para aproveitar a primeira oportunidade favorável ao tiro fatal nas instituições democráticas. Nesse governo, foram aprovadas mais de sete emendas constitucionais por ano. Para isso, o chefe do Executivo não precisou de nenhum dos meios conhecidos de erosão constitucional nas democracias em risco, como a reeleição sucessiva sem limite para a presidência, a mudança das competências ou da composição das cortes constitucionais, o controle dos meios de comunicação e das redes sociais, a

---

[22] SCAFF, F. F.; MARTYNYCHEN, Marina de Macedo. Inconstitucionalidades do orçamento secreto. *Conjur*, 6 dez. 2022. Disponível em: https://www.conjur.com.br/2022-dez-06/contas-vista-inconstitucionalidades-orcamento-secreto. Acesso em: 15 dez. 2022.

[23] ADPFs nºs 850, 851, 854 e 1.014, Rel. Min. Rosa Weber.

[24] BENVINDO, Juliano Zaiden. Brazil's frenetic pace of constitutional change under bolsonaro: why and what next? *ConstitutionNet, International IDEA*, 26 ago. 2022. Disponível em: https://constitutionnet.org/news/brazils-frenetic-pace-constitutional-change-under-bolsonaro-why-and-what-next. Acesso em: 25 set. 2022.

suspensão de direitos fundamentais, inclusive dos direitos políticos e a supressão de partidos. A cooptação de parcela majoritária do Congresso, através da aceitação da prática ilegítima do *orçamento secreto*, foi suficiente para a satisfação dos seus intentos. O Congresso – assim funcionava o governo – dispunha sobre parcela significativa do orçamento e o presidente ficava livre para as suas estripulias e, perdurando a entendimento, a salvo de sofrer *impeachment*.

Os governos podem ser melhores ou piores do que aqueles que os comandam. Por outro lado, nenhum governo, por pior que seja, será ruim por inteiro. Eventualmente, trará à luz, em função da relativa autonomia de alguns setores e da diligência da burocracia qualificada, uma iniciativa, uma política, uma providência dirigida à satisfação do interesse público e, mais do que isso, ajustada aos comandos normativos constitucionais. Alguma coisa boa, cumpre reconhecer, foi aprovada durante o mandato presidencial encerrado em dezembro de 2022. É o caso, por exemplo, do Marco Legal das Ferrovias,[25] do Marco Legal do Saneamento,[26] do Marco Legal das Startups,[27] do Marco Legal do Gás[28] e da nova regulação do transporte marítimo de cabotagem,[29] para citar apenas estas providências. Mas é responsável, também, por muita ação, comissiva ou omissiva, censurável, naquelas áreas mais suscetíveis às investidas do chefe do Executivo. Foi um governo que, sendo breve, contaminou o país com um clima nervoso, de apreensão contínua, de tempestade, sombra e incivilidade.

5 Erosão democrática e Administração Pública

Alguns órgãos de controle ou voltados à realização de políticas públicas setoriais foram, pelo menos parcialmente, mas de modo importante, cooptados ou enfraquecidos em virtude de interferências indevidas. É o caso da Polícia Federal, da Controladoria-Geral da União, do Ibama e da Funai, por exemplo. Mesmo ministérios relevantes, como o da Educação e o da Saúde, ficaram reduzidos a uma condição comprometedora das finalidades para as quais deveriam servir. Viu-se negligência e intencional omissão por todo lado. No caso do Congresso Nacional, a articulação com o *Centrão* e o, assim chamado, *orçamento secreto*, permitiram mesmo a desfiguração do *presidencialismo de coalizão*.[30] Além da conivência do Congresso com a gramática agressiva do chefe do Executivo, testemunhou-se, particularmente, na Câmara dos Deputados, o abuso das prerrogativas da presidência da mesa diretora na condução do processo legislativo, comprometendo o seu significado substantivo. Além da imprensa e da parcela da sociedade civil consciente dos seus deveres cívicos, sobra o Judiciário e, nele, sobretudo

---

[25] Lei nº 14.273/2021.
[26] Lei nº 14.026/2020.
[27] Lei Complementar nº 182/2021.
[28] Lei nº 14.134/2021.
[29] Lei nº 14.301/2022.
[30] BENVINDO, Juliano Zaiden. Informal Co-Optation Semi-Presidentialism: Bolsonaro's Most Successful Autocratizing Strategy. *Int'l J. Const. L. Blog*, 12 maio 2022. Disponível em: http://www.iconnectblog.com/2022/05/informal-co-optation-semi-presidentialism-bolsonaros-most-successful-autocratizing-strategy. Acesso em: 13 dez. 2022; BENVINDO, Juliano Zaiden. Brazil's frenetic pace of constitutional change under bolsonaro: why and what next? *ConstitutionNet, International IDEA*, 26 ago. 2022. Disponível em: https://constitutionnet.org/news/brazils-frenetic-pace-constitutional-change-under-bolsonaro-why-and-what-next. Acesso em: 25 set. 2022.

o Supremo Tribunal Federal e o Tribunal Superior Eleitoral. Este foi, durante o processo eleitoral, ativo no combate à manipulação da informação e na defesa da lisura do pleito contra as reiteradas campanhas de desinformação. O Supremo Tribunal Federal, por seu turno, obteve, não sem custos, êxito no controle das investidas autoritárias e dos riscos para a democracia, muitas vezes, inclusive, através de decisões que, à luz das exigências mais comezinhas do *Estado de direito*, apenas se justificaram no contexto difícil então experimentado. Empossado o novo presidente, supõe-se que as águas voltem a correr nos canais apropriados. A separação de poderes é uma exigência do desenho constitucional adotado pela Lei Fundamental da República. Só a circunstância, portanto, explica a atuação da Excelsa Corte contra as medidas autoritárias agitadas com o objetivo de desestabilizar o sistema político vigente.[31] No período mencionado, atuou fortemente na defesa dos direitos das minorias, embora naquilo que se refere aos direitos sociais da classe trabalhadora não possa ficar isento de críticas. Decidiu[32] muito bem no contexto da crise sanitária, reconhecendo a *competência comum* dos entes federados para o enfrentamento do mal pandêmico.[33] Em relação ao processo legislativo, entretanto, tem adotado, em geral, uma postura de relativa deferência, deixando de exercer o controle sobre os atos regimentais e, mesmo, sobre aqueles da mesa que atropelam o regimento, criando exceções ou atalhos e desvirtuando o regular andamento do processo legislativo. Liminar concedida pelo Ministro Barroso em sede de controle de constitucionalidade, suspendendo temporariamente as normativas que criaram o piso nacional para os profissionais de enfermagem, constitui auspiciosa exceção à regra, tendo mesmo assim sido prolatada com cuidadosa motivação e com tempo definido de duração.[34] Viu-se, naquele período, a reiterada manipulação não só do processo legislativo ordinário,[35] mas, também, o que é muito mais grave, do processo de elaboração de emendas à Constituição. Cuida-se, aqui, de questão deveras preocupante quando se fala em proteção do Estado democrático de direito contra a agressão praticada por aqueles que, eleitos, deveriam respeitá-lo.

6 A tramitação de uma proposta de emenda constitucional como exemplo eloquente

Um exemplo basta para ilustrar o que, neste texto, tem sido retratado. Fala-se da Emenda Constitucional nº 123,[36] conhecida primeiro como *PEC Kamikaze*, depois como *PEC do Desespero*, *PEC do Golpe*, tendo, finalmente, sido apelidada pelo governo de *PEC dos Benefícios*. A emenda constitucional constitui exemplo típico de *constitucionalismo*

---

[31] TUSHNET, Mark. Constitutional hardball. *J. Marshall L. rev.*, v. 37, p. 523, 2004.
[32] ADI nº 6.341, Rel. Min. Marco Aurélio, 15.4.2020.
[33] GLEZER, Rubens. As razões e condições dos conflitos federativos na pandemia de Covid-19: coalizão partidária e desenho institucional. *Suprema – Revista de Estudos Constitucionais*, v. 1, n. 2, p. 395-434, 2021.
[34] ADI nº 7.222, Rel. Min. Roberto Barroso, j. 4.9.2022.
[35] Houve, também, abuso na produção infralegal; conferir: VIEIRA, O. V.; GLEZER, R.; BARBOSA, A. L. P. Entre a estabilidade precária e a crise institucional: uma análise da performance do governo Bolsonaro. *In*: LUNARDI, Soraya; GLEZER, Rubens; BISPO, Nikolay Henrique (Org.). *Desafios à estabilidade constitucional*. Belo Horizonte: Arraes, 2020. p. 25-44.
[36] EC nº 123, de 14.7.2022 (Disponível em: http://www.planalto.gov.br/ccivil_03/constituicao/emendas/emc/emc123.htm).

abusivo,[37] de orientada corrosão do sistema constitucional por meios supostamente legais, ampliando benefícios em período eleitoral, conquistando simpatia em vasta porção da sociedade civil e, sobretudo, entre a população menos favorecida, colocando contra a parede a oposição que fica incapaz de dizer não ao despautério, especialmente em período que antecede importantes eleições e, mais, deixando o Judiciário numa posição extremamente difícil, compelindo-o a não fazer mero juízo de compatibilidade em sede de controle abstrato, na circunstância de provocação por legitimado ativo, mas antes a ponderar, estrategicamente, o momento, a força dos poderes violadores unidos, a superlativa aceitação popular do benefício agressor das virtudes democráticas do sistema normativo definido pela Lei Fundamental. Em síntese, aqui, como em outras situações, o Supremo pode se ver compelido a fazer estudo político de risco,[38] medir o tempo e o modo de decidir,[39] deixar na gaveta para, eventualmente, decretar a inconstitucionalidade (certamente modulando os efeitos da decisão) depois do exaurimento da eficácia da norma impugnada, aliás, como já fez por ocasião do *Plano Collor*[40] no momento em que Collor, então presidente da República, gozava de imensa popularidade. Cumpre reconhecer que aqui, como em casos análogos, para a sobrevivência da sua autoridade, especialmente quando é atacado nas redes sociais por aqueles que pretendem desestabilizar o sistema político, o Supremo faz e deve mesmo fazer *Política* (com *P* maiúsculo). A sua atuação, em conjunturas de crise, não substancia atividade para formalistas, ingênuos e amadores.

A Emenda Constitucional nº 123/22 (decorrente das PECs nºs 15/22 e 1/22) é flagrantemente inconstitucional. Jurisprudência pacífica da Colenda Corte, a exemplo da ADI nº 829-3/DF,[41] admite a possibilidade do controle das emendas nas hipóteses de vício no processo legislativo definido em norma constitucional e de violação de *cláusula pétrea*. Pois bem, a emenda, que instituiu um *estado de emergência*, até o dia 31.12.2022, conferiu, entre outras providências, benefícios temporários, em pleno momento pré-eleitoral, para os caminhoneiros, os taxistas, além de ampliar o vale-gás e o valor mensal pago através do Programa Auxílio Brasil para os grupos vulneráveis, de R$400 (quatrocentos reais) para R$600 (seiscentos reais). Tem-se, aqui, clara manipulação da ordem jurídica por meio de reforma constitucional para, criando ou majorando, temporariamente, benefícios sociais, reforçar as possibilidades de reeleição presidencial. Envolve aquilo que, sobretudo com Landau e Dixon,[42] a literatura aponta como *constitucionalismo abusivo*. Ora, a emenda em questão foi aprovada contemplando 1) violação do *devido processo legislativo* ao afastar a prerrogativa parlamentar de apresentar emenda (aditiva, modificativa ou supressiva) ao texto da proposição em tramitação, 2) violação do direito (essencial ao Estado democrático de direito) ao voto direto, secreto, universal e periódico,

---

[37] LANDAU, David. Abusive constitutionalism. *UCDL Rev.*, v. 47, p. 189, 2013.
[38] CLÈVE, Clèmerson M.; LORENZETTO, Bruno Meneses. *Corte Suprema, agir estratégico e autoridade constitucional compartilhada*. Belo Horizonte: Fórum, 2021.
[39] ARGUELHES, Diego Werneck; RIBEIRO, Leandro Molhano. 'The Court, it is I'? Individual judicial powers in the Brazilian Supreme Court and their implications for constitutional theory. *Global Constitutionalism*, v. 7, n. 2, p. 236-262, 2018.
[40] ADI nº 534 MC/DF, Rel. Min. Celso de Mello, j. 26.8.1992. No caso, a ação foi julgada prejudicada.
[41] Rel. Min. Moreira Alves, j. 14.4.1993.
[42] DIXON, Rosalind; LANDAU, David E. *Abusive Constitutional Borrowing*: legal globalization and the subversion of liberal democracy. Oxford: Oxford University Press, 2021.

protegido em *cláusula pétrea* contemplada no art. 60, §4º, II da Lei Fundamental; 3) violação à garantia constitucional (art. 16, CRFB/88) da estabilidade do processo eleitoral (e, portanto, do próprio voto protegido pelo art. 60, §4º, IV da CRFB), lembrando que, aqui, cuida-se da *anualidade* enquanto *cláusula pétrea* e direito fundamental e, por fim, 4) violação da própria ordem constitucional por *desvio de finalidade* ao reconhecer hipótese de *estado de emergência* apenas para superar as restrições estabelecidas na Lei de Responsabilidade Fiscal (art. 65 da LRF) e no Código Eleitoral (art. 73, §10, da Lei nº 9.504/97). Há parâmetros constitucionais objetivos suficientes para a decretação da inconstitucionalidade da emenda. Aforadas ações diretas,[43] distribuídas para o Ministro André Mendonça, não foi concedida a pleiteada liminar. Mas a situação era tão grave (criou e ampliou benefícios, medidas com forte apelo popular) que um dos proponentes de ação direta pleiteou liminar apenas para impedir a publicidade dos benefícios de modo a reduzir os danos causados pela medida no período eleitoral. Enfim, as eleições foram realizadas, os danos ocorreram, mas, apesar disso, a oposição ganhou o pleito eleitoral. O expediente, todavia, continua a merecer severa crítica, afinal não se pode normalizar iniciativas constitucionais abusivas mesmo quando carregadas de bondade. Elas são perigosas para a democracia porque gozam de ampla aceitação.

Questão igualmente grave é o modo como o presidente da Câmara dos Deputados, Arthur Lira, autoridade que viu crescer o seu peso político com as distorções do manejo orçamentário, manipula o processo legislativo, ordinário ou constitucional, para a satisfação dos seus propósitos. Ora, a Câmara dos Deputados, lembra Beatriz Key,[44] sofre ataque institucional endereçado pelo seu próprio presidente. Lira atua de duas maneiras. A primeira é atropelando o processo legislativo, em clara e evidente violação das regras estabelecidas na Lei Fundamental e no regimento interno. Eram frequentes as manobras antirregimentais operadas para a rápida aprovação de projetos de interesse governamental. Tratava-se de ilegítima espécie de *fast track*. O exemplo mais emblemático de afronta regimental ocorreu durante a aprovação da *PEC Kamikaze*. A jurisprudência do Supremo, neste particular, em geral deferente, reclama importante reflexão. Sejam enfatizados, aqui, os corolários do *devido processo legislativo* e do *direito fundamental ao devido processo legislativo*. Apontada, tradicionalmente, pela doutrina como mera *questão interna corporis*, importa compreender, como propõe Barcellos,[45] que o Judiciário, especialmente naquilo que envolve o indispensável contraditório (por isso, trata-se de *processo* e não de simples *procedimento*) e o direito de participação da minoria, pode e deve interferir para dar efetivo cumprimento à normativa constitucional. A revisão judicial, aqui, assume incomensurável importância nos momentos de crise política e de ensaios contínuos de erosão democrática através de arranjos políticos indevidos.

---

[43] ADIs nºs 7.212 e 7.213, Rel. Min. André Mendonça.
[44] KEY, Beatriz; GUIMARÃES, Gustavo. Como Arthur Lira atropela o processo legislativo. *Jota*, 26 jul. 2022. Disponível em: https://www.jota.info/opiniao-e-analise/artigos/como-arthur-lira-atropela-o-processo-legislativo-26072022.
[45] BARCELLOS, Ana Paula de. O STF e os parâmetros para o controle dos atos do poder legislativo: limitações do argumento das questões interna corporis. *Revista de Investigações Constitucionais*, v. 8, p. 435-456, 2021.

7 Concluindo

São tempos estranhos! Presenciou-se a defesa, no último quadriênio, com absoluta naturalidade, daquilo que é indefensável. Ora, a mentira não pode ser verdade. Desinformar não constitui um direito fundamental. A liberdade de expressão não autoriza o dizer sem limites. Os fatos são fatos; não podem ser alternativos. Conhecer não significa apenas escolher a narrativa conveniente.[46] O mundo não se reduz ao universo da tribo. A falta de educação, de civilidade e a transgressão voluntária do código não escrito da experiência de vivência coletiva não significa autenticidade. Não, as forças militares não constituem um poder moderador e o art. 142 da Constituição não autoriza intervenção militar no processo político. A Constituição não se resume a quatro linhas, apresentando-se, antes, como uma ordem fundamental normativa contemplando os valores, princípios e regras que orientam a vida em comunhão da cidadania na república democrática. Há, igualmente, uma normatividade escrita ou tácita, mas fundamental, reclamando certa liturgia no exercício dos cargos públicos, em particular dos eletivos, respeito pelas ideias e argumentos contrários lançados na arena pública, reconhecimento aos direitos das minorias e grupos vulneráveis e vedação do tratamento do adversário como inimigo. O Estado é plural e laico e, assim, deve continuar.

Sim, há, como foi ressaltado, algumas inovações legislativas aprovadas pelo governo que findou em 2022 dignas de menção positiva. Mas, a bondade de certas iniciativas não é suficiente para imunizar um período governamental desastroso contra as críticas mais severas, especialmente quando esse período é pródigo na criação de eventos que colocaram seriamente em risco a comunhão democrática prometida pela Lei Fundamental.

Importa, portanto, fazendo uso da linguagem de Ferrajoli e Tushnet, atravessar a selvageria e o populismo grosseiro,[47] superar o extremismo, repelir as consequências do ódio discursivo, retomar o que a civilização ensinou à política (*fair play*) e recobrar a fé em um mundo melhor, em um Brasil de todos e para todos, uma verdadeira associação política formada por cidadãs e cidadãos livres e iguais. Sintetizando, importa recuperar a Constituição naquilo que diz respeito ao desenho constitucional da separação dos poderes e aos direitos fundamentais, Constituição esta que foi sequestrada, afrontada, violada e, informalmente, reescrita, transgredindo os elementos constitutivos do nosso trintenário *presidencialismo de coalizão*, por um projeto político nefasto que deve ser, veementemente, condenado. Toda a atenção é necessária para prevenir a ressurgência do populismo autoritário e impedir que eventual brasa latente se transforme, novamente, em fogo ardente.

Referências

ABRANCHES, Sérgio. *Presidencialismo de coalizão*: raízes e evolução do modelo político brasileiro. São Paulo: Companhia das Letras, 2018.

---

[46] BARROSO, Luís Roberto. Liberdade de expressão, imprensa e mídias sociais: jurisprudência, direito comparado e novos desafios. *Revista Jurídica da Presidência*, v. 25, n. 135, p. 20-48, 2023; BARROSO, Luís Roberto. *Sem data vênia*: um olhar sobre o Brasil e o mundo. Rio de Janeiro: História Real, 2020.

[47] FERRAJOLI, Luigi. *Poderes selvagens*: a crise da democracia italiana. São Paulo: Saraiva, 2017.

ARGUELHES, Diego Werneck; RIBEIRO, Leandro Molhano. 'The Court, it is I'? Individual judicial powers in the Brazilian Supreme Court and their implications for constitutional theory. *Global Constitutionalism*, v. 7, n. 2, p. 236-262, 2018.

AVRITZER, Leonardo. *Política e antipolítica*: a crise do governo Bolsonaro. [s.l.]: Todavia, 2020.

BARCELLOS, Ana Paula de. O STF e os parâmetros para o controle dos atos do poder legislativo: limitações do argumento das questões interna corporis. *Revista de Investigações Constitucionais*, v. 8, p. 435-456, 2021.

BARROSO, Luís Roberto. A democracia sob pressão: o que está acontecendo no mundo e no Brasil. *CEBRI – Revista: Brazilian Journal of International Affairs*, n. 1, p. 33-56, 2022.

BARROSO, Luís Roberto. *Curso de direito constitucional contemporâneo*: os conceitos fundamentais. São Paulo: Saraiva Educação, 2022.

BARROSO, Luís Roberto. Liberdade de expressão, imprensa e mídias sociais: jurisprudência, direito comparado e novos desafios. *Revista Jurídica da Presidência*, v. 25, n. 135, p. 20-48, 2023.

BARROSO, Luís Roberto. Populismo, autoritarismo e resistência democrática: as cortes constitucionais no jogo do poder. *Revista Direito e Práxis*, 2022.

BARROSO, Luís Roberto. *Sem data vênia*: um olhar sobre o Brasil e o mundo. Rio de Janeiro: História Real, 2020.

BENVINDO, Juliano Zaiden. Brazil's frenetic pace of constitutional change under bolsonaro: why and what next? *ConstitutionNet, International IDEA*, 26 ago. 2022. Disponível em: https://constitutionnet.org/news/brazils-frenetic-pace-constitutional-change-under-bolsonaro-why-and-what-next. Acesso em: 25 set. 2022.

BENVINDO, Juliano Zaiden. Informal Co-Optation Semi-Presidentialism: Bolsonaro's Most Successful Autocratizing Strategy. *Int'l J. Const. L. Blog*, 12 maio 2022. Disponível em: http://www.iconnectblog.com/2022/05/informal-co-optation-semi-presidentialism-bolsonaros-most-successful-autocratizing-strategy. Acesso em: 13 dez. 2022.

BENVINDO, Juliano Zaiden; MENDES, Conrado Hübner. Symposium on the Challenges of the Lula Government in Reversing Democratic Erosion in Brazil: Introduction. *Int'l J. Const. L. Blog*, 10 fev. 2023. Disponível em: http://www.iconnectblog.com/2023/02/symposium-on-the-Challenges-of-the-Lula-government-in-reversing-democratic-erosion-in-brazil-introduction/. Acesso em: 10 mar. 2023.

CARNELUTTI, Francesco. *Como nasce o direito*. [s.l.]: Pillares, 2016.

CATTONI, Marcelo; MEGALI NETO, Almir. A democracia constitucional entre militantes contra a democracia e a democracia militante. *Empório do Direito*. Disponível em: https://emporiododireito.com.br/leitura/a-democracia-constitucional-entre-militantes-contra-a-democracia-e-a-democracia-militante. Acesso em: 13 dez. 2022.

CLÈVE, Clèmerson M.; LORENZETTO, Bruno Meneses. *Corte Suprema, agir estratégico e autoridade constitucional compartilhada*. Belo Horizonte: Fórum, 2021.

DIXON, Rosalind; LANDAU, David E. *Abusive Constitutional Borrowing*: legal globalization and the subversion of liberal democracy. Oxford: Oxford University Press, 2021.

FERRAJOLI, Luigi. *Poderes selvagens*: a crise da democracia italiana. São Paulo: Saraiva, 2017.

GALF, Renata. Revogação é só um dos passos para combater infralegalismo autoritário, dizem pesquisadores. *Folha de S. Paulo*, 18 dez. 2022. Disponível em: https://www1.folha.uol.com.br/poder/2022/12/revogacao-e-so-um-dos-passos-contra-infralegalismo-autoritario-de-bolsonaro-dizem-pesquisadores.shtml. Acesso em: 21 fev. 2023.

GINSBURG, Tom; HUQ, Aziz Z. *How to save a constitutional democracy*. Chicago: University of Chicago Press, 2018.

GLEZER, Rubens. As razões e condições dos conflitos federativos na pandemia de Covid-19: coalizão partidária e desenho institucional. *Suprema – Revista de Estudos Constitucionais*, v. 1, n. 2, p. 395-434, 2021.

GRABER, Mark A.; LEVINSON, Sanford; TUSHNET, Mark (Ed.). *Constitutional democracy in crisis?* Oxford: Oxford University Press, 2018.

GUGLIANO, Monica. Vou intervir! *PIAUÍ*, n. 167, p. 22-25, ago. 2020. Disponível em: https://piaui.folha.uol.com.br/materia/vou-intervir/. Acesso em: 3 maio 2023.

KEY, Beatriz; GUIMARÃES, Gustavo. Como Arthur Lira atropela o processo legislativo. *Jota*, 26 jul. 2022. Disponível em: https://www.jota.info/opiniao-e-analise/artigos/como-arthur-lira-atropela-o-processo-legislativo-26072022.

LANDAU, David. Abusive constitutionalism. *UCDL Rev.*, v. 47, p. 189, 2013.

LEVITSKY, Steven; ZIBLATT, Daniel. *Como as democracias morrem*. São Paulo: Companhia das Letras, 2018.

LIMONGI, Fernando. A democracia no Brasil: presidencialismo, coalizão partidária e processo decisório. *Novos estudos CEBRAP*, p. 17-41, 2006.

LIMONGI, Fernando; FIGUEIREDO, Argelina. Bases institucionais do presidencialismo de coalizão. *Lua Nova*, p. 81-106, 1998.

PONTES, J. G. M. *Democracia militante em tempos de crise*. Rio de Janeiro: Lumen Juris, 2020.

SAJÓ, András; UITZ, Renata; HOLMES, Stephen (Ed.). *Routledge Handbook of Illiberalism*. Nova York: Routledge, 2021.

SCAFF, F. F.; MARTYNYCHEN, Marina de Macedo. Inconstitucionalidades do orçamento secreto. *Conjur*, 6 dez. 2022. Disponível em: https://www.conjur.com.br/2022-dez-06/contas-vista-inconstitucionalidades-orcamento-secreto. Acesso em: 15 dez. 2022.

SINGER, André. Brasil, junho de 2013, classes e ideologias cruzadas. *Novos Estudos CEBRAP*, p. 23-40, 2013.

TUSHNET, Mark. Constitutional hardball. *J. Marshall L. rev.*, v. 37, p. 523, 2004.

VIEIRA, O. V.; GLEZER, R.; BARBOSA, A. L. P. Entre a estabilidade precária e a crise institucional: uma análise da performance do governo Bolsonaro. *In*: LUNARDI, Soraya; GLEZER, Rubens; BISPO, Nikolay Henrique (Org.). *Desafios à estabilidade constitucional*. Belo Horizonte: Arraes, 2020. p. 25-44.

Informação bibliográfica deste texto, conforme a NBR 6023:2018 da Associação Brasileira de Normas Técnicas (ABNT):

CLÈVE, Clèmerson Merlin. Autoritarismo, governabilidade e democracia no Brasil contemporâneo. *In*: OSORIO, Aline; MELLO, Patrícia Perrone Campos; BARROSO, Luna van Brussel (Coord.). *Direitos e democracia*: 10 anos do Ministro Luís Roberto Barroso no STF. Belo Horizonte: Fórum, 2023. p. 357-370. ISBN 978-65-5518-555-3.

LIBERALISMO, DEMOCRACIA E A PROTEÇÃO JUDICIAL DE GRUPOS OPRIMIDOS: A FILOSOFIA CONSTITUCIONAL DE LUÍS ROBERTO BARROSO E O ART. 103, IX, DA CONSTITUIÇÃO

DANIEL SARMENTO

1 Introdução

Pela relevância das suas contribuições para o direito e para a sociedade brasileira, Luís Roberto Barroso é o mais importante jurista em atividade no país. São mais de quatro décadas de intensa atividade acadêmica e profissional – o seu primeiro livro, *Direito constitucional brasileiro: o problema da federação*,[1] é de 1982 –, e dez anos de transformadora judicatura no Supremo Tribunal Federal. Por isso, esta homenagem não poderia ser mais justa e oportuna. Merecem efusivos parabéns não só o homenageado, como também as organizadoras que conceberam esta obra: Aline Osorio, Patrícia Perrone Campos de Mello e Luna van Brussel Barroso.

Como advogado público e privado – função que exerceu antes de chegar ao STF –, Barroso contribuiu, de modo decisivo, para alguns dos julgamentos mais importantes da história do Supremo, como os casos do reconhecimento da união homoafetiva, da afirmação do direito ao aborto de fetos anencéfalos, da proibição de nepotismo nos tribunais e da validação de pesquisas científicas com células-tronco embrionárias. Como professor, além de escrever obras verdadeiramente seminais, que transformaram o direito constitucional brasileiro, e de divulgar o conhecimento jurídico em milhares de palestras eletrizantes proferidas no mundo inteiro – e aqui o "milhares" é literal e não mera força de expressão (haja fôlego!) –, Barroso formou e inspirou várias gerações de juristas, o que continua a fazer até hoje, de modo generoso e incansável. Falando ou escrevendo, ele é insuperável: ensina, emociona, por vezes diverte e é sempre muito claro. Aliás, com a sua obsessão pela clareza, nosso homenageado tem contribuído,

---

[1] BARROSO, Luís Roberto. *Direito constitucional brasileiro*: o problema da federação. Rio de Janeiro: Forense, 1982.

pelo exemplo e influência, para alterar o modo um tanto pernóstico, obscuro e prolixo com que juristas, advogados e magistrados brasileiros tradicionalmente se comunicam.

Como ministro do STF e ex-presidente do TSE, Barroso vem defendendo com brilhantismo e coragem os direitos fundamentais, os valores republicanos e a democracia, inclusive em momentos de grave crise democrática, em que foi injustamente atacado e ameaçado por forças do obscurantismo. Com a sua profunda compreensão sobre o funcionamento e os problemas do Supremo e do Judiciário brasileiro, seu empreendedorismo e seus valores humanistas e democráticos, ele será, certamente, um gigante na presidência do STF e do CNJ.

Neste artigo, além de render as justas homenagens ao meu querido mestre e amigo, pretendo, em síntese: (i) realizar uma brevíssima análise do que me parece ser a filosofia constitucional de Luís Roberto Barroso, que perpassa tanto a sua produção acadêmica como a sua atuação jurisdicional no STF; e (ii) discutir uma das suas mais relevantes contribuições à jurisdição constitucional brasileira, promovida quando ele capitaneou a mudança do entendimento da Corte sobre a legitimidade ativa de entidades da sociedade civil para provocar o exercício do controle concentrado de constitucionalidade, abrindo com isso as portas do STF para grupos historicamente discriminados, como os povos indígenas, os quilombolas e as minorias sexuais.

Na sucinta apresentação da filosofia constitucional do homenageado, não me furtarei de apontar alguns pontos em que divergimos. Faço isso com o conforto de saber que, como um acadêmico de verdade, profundamente comprometido com a democracia e com o pluralismo de ideias, Barroso aceita e aprecia divergências intelectuais respeitosas. Contudo, por mais que me esforçasse, não conseguiria ser crítico em relação à linha decisória que, na sequência, comentarei: considero-a importantíssima e os seus argumentos, impecáveis.[2]

2 Breves notas sobre a filosofia constitucional de Luís Roberto Barroso

É evidente que a passagem do tempo e as mudanças sociais tiveram reflexos no pensamento de Barroso. Afinal, ele é um homem atento ao que se passa no país e no mundo, interessado pelos processos e câmbios históricos, sempre aberto ao aprendizado. Identifico, porém, algumas permanências nas suas ideias e práticas, que revelam grande coerência ao longo do tempo.

Em primeiro lugar, os seus compromissos substantivos mais fundamentais são basicamente os mesmos. Barroso é um adepto do liberalismo político, herdeiro de uma tradição que, no país, remonta a Rui Barbosa,[3] passando por Raimundo Faoro.[4] Isso significa, acima de tudo, a adoção de posições fortes em favor da contenção do arbítrio

---

[2] Tratei do tema em SARMENTO, Daniel. Dar voz a quem não tem voz: uma nova leitura do art. 103, IX, da Constituição. In: VIEIRA, Oscar Vilhena; GLEZER, Rubens (Org.). *A razão e o voto*: diálogos constitucionais com Luís Roberto Barroso. São Paulo: Editora FGV, 2017. p. 384-403.

[3] Veja-se, no mesmo sentido, LYNCH, Christian; MENDONÇA, José Vicente Santos de. Por uma história constitucional brasileira: uma crítica pontual a doutrina da efetividade. *Revista Direito e Práxis*, v. 8, n. 2, p. 974-1007, 2017.

[4] Veja-se FAORO, Raymundo. *Os donos do poder*: formação do patronato político brasileiro. São Paulo: Companhia das Letras, 2021. O próprio Barroso escreveu texto recente sobre a Faoro e sua contribuição para as suas ideias: BARROSO, Luís Roberto. Os donos do poder: a perturbadora atualidade de Raymundo Faoro. *Revista Brasileira de Políticas Públicas*, v. 12, n. 3, p. 19-34, 2022.

estatal e da proteção de direitos individuais – como as liberdades de expressão e de religião –, o que se revela tanto na sua influente produção acadêmica, como nas suas primorosas decisões e votos no STF.

O seu liberalismo tem um componente adicional importante, que é a visão progressista sobre temas morais e culturais. Isso faz de Barroso um aliado natural de grupos vulnerabilizados, em questões como os direitos sexuais e reprodutivos das mulheres e a proteção da população LGBTQIA+. Essa visão progressista e cosmopolita também se revela na sua preocupação com a defesa do meio ambiente e dos direitos de povos indígenas e de comunidades tradicionais. Trata-se, portanto, de um liberalismo sensível à diferença e atento aos novos desafios que se impõem à humanidade.

O liberalismo de Barroso, além de político, possui também uma clara faceta econômica. Em textos acadêmicos[5] e votos,[6] ele sempre se mostrou um forte defensor da livre iniciativa, crítico do que enxerga como excesso de estatismo no país. Nessa área, Barroso, como juiz constitucional, frequentemente se alinha a visões festejadas pelo mercado, em matérias como direitos trabalhistas e austeridade fiscal. Contudo, esse liberalismo econômico está longe do extremismo e da defesa do absenteísmo estatal na economia – que seria, de resto, francamente incompatível com a Constituição de 88. Trata-se de um liberalismo temperado por preocupações sociais. Barroso sempre defendeu, na academia e no STF, a garantia de direitos sociais básicos, bem como medidas com significativo impacto distributivo, como as políticas de ação afirmativa no acesso a universidades, a cargos públicos e a candidaturas políticas.[7]

De todo modo, diferentemente do que ocorre em tantos outros temas, nessa questão econômica não ocupamos a mesma posição no espectro ideológico: eu me aproximo mais de compreensão associada à esquerda, no apoio à intervenção mais forte do Estado na economia, com vistas à promoção da igualdade material. Parto da premissa de que o mercado, conquanto bom para produzir riquezas, é péssimo para distribuí-las. E que, para reduzir a desigualdade – maior problema nacional e objetivo fundamental da Constituição –, em nada ajudam as soluções ortodoxas do neoliberalismo, como o corte drástico de gastos públicos e a fragilização de direitos trabalhistas, mesmo quando temperadas com algum condimento social. Na minha ótica, para atacar esse problema central da nossa civilização, o Estado tem que cobrar mais tributos dos ricos, gastar mais e melhor com os pobres, e regular a economia e as relações sociais, não apenas

---

[5] Veja-se, *e.g.*, BARROSO, Luís Roberto. Estado, sociedade e direito: diagnósticos e propostas para o Brasil. *In*: BARROSO, Luís Roberto. *A vida, o direito e algumas ideias para o Brasil*. Ribeirão Preto: Migalhas, 2016. p. 139-157.

[6] Vejam-se, por exemplo, os votos proferidos por Barroso, na qualidade de relator, na ADPF nº 324, que tratou das terceirizações, e na Medida Cautelar no Mandado de Segurança nº 534.507, em que foi abordada a constitucionalidade do teto de gastos.

[7] Nesse sentido, veja-se a sua defesa do direito ao mínimo existencial (BARROSO, Luís Roberto. *A dignidade da pessoa humana no direito constitucional contemporâneo*: a construção de um conceito jurídico à luz da jurisprudência mundial. Belo Horizonte: Fórum, 2013. p. 84-87), bem como da adoção de medidas de ação afirmativa para correção de desigualdades estruturais (BARROSO, Luís Roberto; OSÓRIO, Aline. "Sabe com quem está falando?". Notas sobre o princípio da igualdade no Brasil contemporâneo. *Revista Direito e Práxis*, v. 7, n. 1, p. 204-231, 2016). Confiram-se, ainda, os seus votos, como relator, na ADC nº 41, que tratou de cotas para candidatos negros no serviço público, e na Consulta nº 0600306-47.2019.6.00.000 (caso julgado no TSE), que analisou a questão das ações afirmativas nas candidaturas de mulheres e de pessoas negras.

para corrigir "falhas do mercado", como também para proteger os mais vulneráveis da opressão privada dos mais poderosos.[8]

Além de liberal, Barroso é também um ardoroso defensor de valores e práticas republicanas, como o combate ao patrimonialismo, a recusa a qualquer tipo de conchavo e a responsabilização dos poderosos pelos atos ilícitos que pratiquem. Nessa perspectiva republicana – que pauta não só os seus textos e decisões, como também o cotidiano da sua atuação como ministro –, ele sempre se insurgiu contra privilégios na submissão à lei, seja de governantes e da classe política, seja de integrantes da elite econômica.

Calhou de Barroso chegar ao STF exatamente no momento em que a agenda penal ganhara centralidade na atuação da Corte, primeiramente com o Mensalão, e depois com os desdobramentos da Operação Lava Jato. Em tal contexto, crítico da histórica impunidade dos poderosos, ele acabou adotando postura mais rigorosa no combate à criminalidade do colarinho branco.[9] No campo penal, o liberalismo político se confunde com o garantismo. Contudo, nessa matéria, o republicanismo de Barroso prevaleceu sobre o seu liberalismo: ele não se tornou um juiz penal garantista, especialmente em casos envolvendo corrupção. Com isso, acabou respaldando alguns aspectos controversos da Operação Lava Jato. Este é outro ponto em que temos compreensões por vezes diferentes, que envolvem interpretações distintas sobre alguns problemas do país e sobre determinadas garantias constitucionais, como a presunção de inocência. Não temos, contudo, desacordo quanto à gravidade do problema da corrupção e necessidade de combatê-la.

De todo modo, é preciso que se registre – porque isso faz toda a diferença – que, diferentemente do que ocorreu com tantos outros agentes do nosso sistema de justiça, Barroso nunca adotou interpretações e posturas politicamente seletivas no campo penal. Observadores argutos da recente história brasileira já diagnosticaram que o nosso sistema de justiça adotou atitudes muito diferentes diante da corrupção no âmbito da Operação Lava Jato: foi mais duro inicialmente, quando a responsabilização atingia governantes da esquerda e seus aliados, e foi se tornando mais suave e amigável, quando o foco da operação se voltou contra políticos do centro e da direita.[10] Essa crítica, porém, não pode ser endereçada à atuação penal de Luís Roberto Barroso, que nunca deixou que as suas eventuais preferências políticas ou relações pessoais exercessem qualquer influência sobre a sua atuação judicial. Ainda na seara criminal, é importante destacar que Luís Roberto Barroso sempre revelou grandes preocupações com os direitos humanos da principal clientela do sistema penal brasileiro: os pobres, negros, favelados e periféricos. Daí os seus votos eloquentes em temas como as violações sistemáticas de

---

[8] Veja-se, a propósito, SARMENTO, Daniel. Igualdade constitucional: uma leitura. *In*: CRUZ, Adriana; SARMENTO, Daniel; RIOS, Roger Raupp (Org.). *Desigualdade*: o flagelo do Brasil. Ribeirão Preto: Migalhas, 2022.

[9] Veja-se, nesse sentido, os artigos "Nós, o Supremo", e "O sequestro da narrativa", publicados originariamente em revistas e reproduzidos em BARROSO, Luís Roberto. *Revolução tecnológica, crise da democracia e Constituição*: direito e políticas públicas num mundo em transformação. Belo Horizonte: Fórum, 2021, respectivamente, p. 221-229; 231-233.

[10] Como observou Oscar Vilhena Vieira, "à medida que a operação foi avançando sobre figuras do PMDB e do PSDB, o balanço no Supremo foi se alterando. A formação de uma nova maioria na Segunda Turma do Supremo, composta pelos ministros Gilmar Mendes, Dias Toffoli e Lewandowski, levou à contestação e revisão de diversas estratégias judiciais que estruturam a Operação Lava Jato, como as conduções coercitivas e a execução provisória das sentenças condenatórias de segunda instância" (VIEIRA, Oscar Vilhena. *A batalha dos poderes*: da transição democrática ao mal-estar constitucional. São Paulo: Companhia das Letras, 2018. p. 50).

direitos fundamentais nas nossas prisões (*e.g.*, ADPF nº 347 e RE nº 580.252) e os efeitos dramáticos da criminalização das drogas sobre grupos socialmente desfavorecidos (RE nº 635.659).

Outra característica marcante do pensamento e da atuação jurisdicional de Barroso é o pragmatismo. Refiro-me aqui não à corrente da filosofia política de mesmo nome,[11] mas à preocupação com os efeitos concretos das suas teses e decisões sobre a realidade. Para Barroso, importam muito os princípios morais adotados pela Constituição. Porém, mais do que proclamá-los, é preciso retirá-los do papel e da retórica vazia, para que possam operar no mundo concreto. Em outras palavras, não basta o discurso constitucional grandiloquente: acima de tudo, as soluções propostas devem funcionar. Em resumo, Barroso busca colocar o pragmatismo e o consequencialismo à serviço de valores humanistas. Há quem considere que tal convívio seja impossível, mas este certamente não é o meu caso.

Deixei para o final deste item outra característica central do pensamento de Luís Roberto Barroso – talvez até a mais marcante delas, se considerarmos toda a sua trajetória intelectual e profissional: a aposta na atuação jurisdicional para garantia dos direitos fundamentais e proteção da democracia.

Logo após a promulgação da Constituição de 88, Luís Roberto Barroso foi o principal nome de corrente conhecida como doutrina constitucional da efetividade, que se propunha, basicamente, a implantar no país a ideia fundamental e transformadora de que a Constituição não é apenas uma proclamação retórica, dirigida aos poderes políticos, mas uma autêntica norma jurídica, que, quando inobservada, pode e deve ser garantida pelo Poder Judiciário. O marco fundamental dessa corrente foi a sua tese de livre-docência na UERJ, intitulada *O direito constitucional e a efetividade de suas normas*,[12] cuja 1ª edição foi publicada em 1991. Como disse o próprio autor em texto recente, o cerne da tese envolvia uma tentativa de "aproximação entre o direito constitucional e o processo civil, visando dar efetividade à Constituição, pela tutela dos direitos nela abrigados".[13] Tratava-se de uma espécie de "positivismo de combate". Se até então os juristas empenhados na construção de sociedade mais justa buscavam os elementos para a sua luta fora do direito positivo – visto como intrinsecamente conservador –, a doutrina da efetividade defendia que o uso da Constituição na esfera judicial também poderia colaborar para esse objetivo.

Essa proposta tinha precedentes importantes no constitucionalismo brasileiro. Na República Velha, Rui Barbosa também tinha se voltado para o Judiciário, notadamente para o STF, para defender a Constituição dos ataques governamentais, embora em geral com pouco êxito, pelo contexto adverso que enfrentava. Em direção similar, José

---

[11] Sobre o pragmatismo na filosofia, veja-se, *e.g.*, POGREBINSKI, Thamy. *Pragmatismo*: teoria social e política. Rio de Janeiro: Campus, 2011.

[12] BARROSO, Luís Roberto. *O direito constitucional e a efetividade das suas normas*. Rio de Janeiro: Renovar, 1991. Vale destacar que, antes da publicação deste livro, a doutrina da efetividade já fora esboçada pelo autor, em: BARROSO, Luís Roberto. A efetividade das normas constitucionais: por que não uma Constituição para valer. *Anais do Congresso Nacional de Procuradores de Estado*, 1986. Ressalte-se, ainda, que a doutrina da efetividade foi avaliada retrospectivamente pelo próprio Barroso: *vide*, BARROSO, Luís Roberto. A doutrina brasileira da efetividade. *In*: BARROSO, Luís Roberto. *Temas de direito constitucional*. Rio de Janeiro: Renovar, 2005. v. 3.

[13] BARROSO, Luís Roberto. Apresentação à segunda edição. *In*: VIEIRA, Oscar Vilhena. *A Constituição e sua reserva de justiça*: uma teoria sobre os limites materiais ao poder de reforma. São Paulo: Martins Fontes, 2023. p. XII.

Afonso da Silva, no auge do regime militar, publicara influente obra sustentando a maior aplicação das normas constitucionais pelo Judiciário.[14] Contudo, o fato é que, na cultura jurídica até então dominante, a Constituição ainda era enxergada mais como um documento político do que como norma propriamente jurídica. Juízes e tribunais não tinham o hábito de empregar as normas constitucionais para resolver litígios. Essa era uma das múltiplas causas da enorme distância que separava as promessas generosas da Constituição da realidade concreta do país.

Após a promulgação da Constituição, essa cultura foi paulatinamente se modificando. Para isso, pesaram vários fatores, como o ambiente mais democrático, em que juízes passaram a contar com maior independência para decidir contra governos, bem como mudanças na composição do STF, com a chegada de ministros nomeados após a redemocratização do país, mais sintonizados com os valores da nova Constituição. Pode-se dizer, de todo modo, que um desses fatores de mudança foi a ampla difusão da doutrina da efetividade, que teve grande impacto na nossa cultura jurídica. O fato de que a afirmação da normatividade da Constituição soe hoje como uma obviedade quase tautológica prova o grande sucesso dessa teoria entre nós, e não há dúvida de que Barroso teve papel fundamental nessa história.

Depois da consagração da doutrina da efetividade, Barroso se engajou em outra agenda de pesquisa, na qual passa a discutir o pós-positivismo e o neoconstitucionalismo.[15] Nesse cenário, ele incorporou aos seus trabalhos preocupações mais robustas no campo da filosofia política – por exemplo, no debate sobre a legitimidade democrática da jurisdição constitucional –, bem como na seara da metodologia jurídica, neste particular, com o objetivo central de delinear limites e parâmetros para a atuação judicial.[16]

Nesse contexto, sem jamais negar a importância da política para a vida democrática, Barroso advogou teses que fortalecem o papel da jurisdição constitucional, notadamente a exercida pelo STF.[17] Em texto influente e polêmico,[18] ele defendeu, por exemplo, que além do papel contramajoritário, pelo qual devem proteger direitos de minorias diante do arbítrio ou do descaso das maiorias políticas, as cortes constitucionais exerceriam também uma função representativa, pois se abririam aos argumentos de todos os grupos da sociedade, e muitas vezes conseguiriam captar o sentimento social de forma até

---

[14] SILVA, José Afonso da. *Aplicabilidade das normas constitucionais*. 6. ed. São Paulo: Malheiros, 2003. A 1ª edição do livro é de 1968.

[15] Dois textos icônicos deste período, que tiveram grande penetração na cultura jurídica brasileira, são BARROSO, Luís Roberto. Fundamentos teóricos e filosóficos do novo direito constitucional brasileiro: pós-modernidade, teoria crítica e pós-positivismo. In: BARROSO, Luís Roberto (Org.). *A nova interpretação constitucional*: ponderação, direitos fundamentais e relações privadas. Rio de Janeiro: Renovar, 2003; e BARROSO, Luís Roberto. Neoconstitucionalismo e constitucionalização do direito: o triunfo tardio do direito constitucional no Brasil. *Revista de Direito Administrativo – RDA*, n. 240, p. 1-42, 2005.

[16] No campo metodológico, veja-se, *e.g.*, BARROSO, Luís Roberto; BARCELLOS, Ana Paula de. O começo da história: a nova interpretação constitucional e o papel dos princípios no direito brasileiro. In: BARROSO, Luís Roberto. *A nova interpretação constitucional*: ponderação, direitos fundamentais e relações privadas. Rio de Janeiro: Renovar, 2003; e MELLO, Patrícia de Campos; BARROSO, Luís Roberto. Trabalhando com uma nova lógica: a ascensão dos precedentes no direito brasileiro. *Revista da AGU*, v. 15, n. 3, p. 9-52, 2016.

[17] Cf., *e.g.*, BARROSO, Luís Roberto. Constituição, democracia e supremacia judicial: direito e política no Brasil contemporâneo. *Revista de Direito do Estado – RDE*, n. 16, p. 3-42, 2009.

[18] BARROSO, Luís Roberto. A razão sem voto: o Supremo Tribunal Federal e o governo da maioria. In: VIEIRA, Oscar Vilhena; GLEZER, Rubens (Org.). *A razão e o voto*: diálogos constitucionais com Luís Roberto Barroso. São Paulo: Editora FGV, 2017. p. 25-77.

mais adequada do que o Poder Legislativo. Além disso, em circunstâncias especiais, o STF poderia ainda desempenhar o papel de "vanguarda iluminista, encarregada de empurrar a história quando ela emperra".[19]

Essa visão judicial "ativista" – e uso aqui a palavra em sentido neutro, sem qualquer conotação crítica – não correspondia apenas à posição teórica de um grande jurista, enunciada nas suas aulas, escritos e palestras. Até 2013, ela inspirara também a atuação de Barroso na advocacia, especialmente em ações propostas perante o STF em defesa de direitos fundamentais. A partir daquele ano, com a sua nomeação para o Supremo, essa filosofia passou a guiar igualmente a atuação do novo juiz constitucional. Um juiz que, de modo coerente com o que sempre defendera na academia, adotou, desde o início, uma compreensão expansiva sobre os poderes do STF e sobre o papel do Tribunal na defesa dos direitos fundamentais e dos pressupostos de funcionamento da democracia.

Evidentemente, essa compreensão expansiva da jurisdição constitucional suscita críticas, especialmente daqueles que alegam que, por meio dela, o STF – formado por juízes que não foram eleitos – acabaria usurpando poderes que, em uma democracia, deveriam caber a instituições cujos membros sejam diretamente escolhidos pelo povo. Não se trata – dizem os críticos – de discutir o cabimento ou não da jurisdição constitucional no Brasil, o que já foi resolvido afirmativamente pelo poder constituinte originário. Cuida-se, isto sim, de analisar o modo do seu adequado exercício, se mais autocontido ou proativo. Para esses críticos, em temas muito controversos, que não encontrem no texto constitucional uma resposta inequívoca, as decisões deveriam caber ao Poder Legislativo e não ao Supremo. Por seus influentes textos acadêmicos, mas também por suas posições judiciais ousadas e progressistas em temas moralmente controvertidos, como a legalização do aborto e a descriminalização da maconha – com as quais, aliás, estou de acordo –, Barroso se tornou alvo preferencial dos críticos do "ativismo judicial".

Não pretendo adentrar, neste artigo, no complexo debate sobre as tensões e sinergias entre a jurisdição constitucional e a democracia, que é um dos assuntos mais discutidos na teoria constitucional. Minha posição no tema,[20] conquanto também favorável a uma forte atuação judicial em favor dos direitos de grupos excluídos e da garantia dos pressupostos para o funcionamento da própria democracia, tem nuances que a diferenciam de algumas ideias de Barroso. Não concordo, por exemplo, com a ideia de que o STF possa exercer, mesmo que de forma pontual e episódica, um papel de "vanguarda iluminista", para "empurrar a história" na direção certa, pois me parece que essa autorização pode legitimar o paternalismo e o voluntarismo judiciais.

Prefiro compreender a legitimidade da jurisdição constitucional a partir de outra chave teórica, que também valoriza o seu papel, mas sempre preconizando a sua permeabilidade aos influxos da sociedade civil, notadamente dos movimentos

---

[19] BARROSO, Luís Roberto. A razão sem voto: o Supremo Tribunal Federal e o governo da maioria. In: VIEIRA, Oscar Vilhena; GLEZER, Rubens (Org.). *A razão e o voto*: diálogos constitucionais com Luís Roberto Barroso. São Paulo: Editora FGV, 2017. p. 59-60.

[20] Cf. SARMENTO, Daniel; SOUZA NETO, Cláudio Pereira de. Controle de constitucionalidade e democracia: algumas teorias e parâmetros de ativismo. In: SARMENTO, Daniel (Coord.). *Jurisdição constitucional e política*. Rio de Janeiro: GEN/Forense, 2015. p. 73-114.

sociais que reivindicam direitos e dignidade para grupos subalternizados.[21] Nas suas mobilizações, esses movimentos defendem uma leitura da Constituição convergente com seus valores e interesses, em geral disputando com outros atores, que sustentam pautas muitas vezes opostas. Essas disputas podem ser travadas em múltiplas arenas: na esfera pública informal, no Legislativo, na Administração Pública, na imprensa. E também, naturalmente, na jurisdição constitucional. Mobilizações dessa natureza foram promovidas, por exemplo, pelo movimento negro, e resultaram nas cotas raciais, garantidas pelo Legislativo e depois validadas pelo STF. Foram realizadas pelo movimento LGBTQIA+, que conquistou, com o apoio decisivo do STF, o direito ao casamento entre pessoas do mesmo sexo. Têm sido conduzidas por movimentos feministas contra a criminalização do aborto, até o momento em que escrevo, infelizmente sem sucesso. O protagonismo constitucional, nessas e em tantas outras lutas, não me parece que seja dos ministros iluministas do STF, mas dos movimentos sociais que reivindicam direitos.

Sem embargo, do ponto de vista da história recente do país, não há dúvida de que o Supremo teve um papel fundamental na contenção do autoritarismo do governo Bolsonaro, protegendo, na medida do possível, os direitos fundamentais e a democracia dos ataques insidiosos do bolsonarismo. Não à toa, o Tribunal tornou-se alvo prioritário do ódio do ex-presidente e da extrema-direita brasileira. E Barroso, pelas suas posturas firmes no STF e no TSE, foi uma das maiores vítimas desse assédio abjeto. Isso mostra que, apesar da complexidade das discussões teóricas envolvidas, na prática, as cortes constitucionais podem, sim, atuar como aliadas indispensáveis da democracia.

De todo modo, para que tribunais constitucionais possam desempenhar, com legitimidade, papéis centrais na sociedade, no mínimo eles precisam atuar de forma democrática e inclusiva. Para que o STF possa defender adequadamente os direitos de grupos excluídos, ele tem que escancarar as suas portas – que nem sempre estiveram abertas – a esses mesmos grupos. É vital, por exemplo, que a Corte contribua para dar voz a quem costuma ser silenciado na sociedade e nos espaços institucionais da política majoritária. Grupos discriminados e oprimidos devem poder acessar a Corte, e as suas vozes devem ser ouvidas e respeitadas no Tribunal. Como não poderia deixar de ser, também aqui Barroso tem desempenhado um papel essencial no STF. É disso que tratará a parte restante deste artigo.

3 Sociedade civil e jurisdição constitucional: uma nova interpretação do art. 103, IX, da Constituição

A Constituição de 88 promoveu importantíssima mudança na jurisdição constitucional brasileira, ao alargar o rol dos legitimados ativos para a deflagração do controle abstrato de constitucionalidade. Como se sabe, antes da Carta de 88, a fiscalização abstrata de constitucionalidade só podia ser provocada por um único legitimado:

---

[21] Essa compreensão se aproxima da sustentada por autores da corrente norte-americana do chamado "constitucionalismo democrático", como Jack Balkin, Robert Post, Reva Siegel. Veja-se, a propósito, BALKIN, Jack. *Constitutional redemption*: political faith in an unjust world. Cambridge: Harvard University Press, 2011; e POST, Robert; SIEGEL, Reva. Roe Rage: democratic constitutionalism and backlash. *Harvard Civil Rights – Civil Liberties Law Review*, n. 42, 2007.

o procurador-geral da República, que, àquela época, era agente público livremente nomeado pelo presidente da República e a ele subordinado. O constituinte de 87/88 ampliou o elenco de entidades legitimadas – apesar do *lobby* em sentido contrário feito pelos ministros do STF, que à época pugnaram pela manutenção do *status quo*.[22] Além de outorgar legitimidade ativa a vários outros órgãos estatais e aos partidos políticos com representação congressual, o constituinte decidiu estendê-la também a entidades da sociedade civil: Conselho Federal da OAB (art. 103, VII, CF), e "confederação sindical e entidades de classe de âmbito nacional" (art. 103, IX, CF).

A democratização da jurisdição constitucional, com a pluralização dos debates travados em seu âmbito, foi também um dos objetivos perseguidos pelo legislador federal, na disciplina das ações do controle concentrado de constitucionalidade (leis nºs 9.868/99 e 9.882/99). Neste sentido, destacam-se a previsão da atuação do *amicus curiae* nesses processos, bem como da realização de audiências públicas. Foram providências importantes, na direção da maior abertura da jurisdição constitucional à participação social.

Contudo, desde 88, o Supremo passou a lançar mão de diferentes expedientes de *jurisprudência defensiva*, ora para evitar a sobrecarga de trabalho – realmente avassaladora –, ora para se evadir ao desempenho de competências politicamente delicadas e provavelmente indesejadas pelos ministros.[23] Um destes expedientes consistiu na adoção de uma interpretação extremamente restritiva sobre o conceito de "entidades de classe de âmbito nacional", previsto no art. 103, IX, CF, que excluía todas aquelas que não representam categorias profissionais e econômicas homogêneas.

O *leading case* na matéria foi a ADI nº 42, julgada em 1992, em que a Corte assentou, por maioria, que "entidade de classe" é apenas a que reúne pessoas que exerçam a mesma atividade profissional ou econômica. Com base na mesma orientação restritiva, o STF, no julgamento da ADI nº 894-MC, chegou a negar a legitimidade ativa até da União Nacional dos Estudantes (UNE), sob o argumento de que o art. 103, IX, ao aludir à "classe", não quis fazer referência a segmento social, mas sim a profissão, e estudante não seria atividade profissional.

Tal orientação bloqueava o acesso ao STF dos movimentos sociais e dos grupos vulnerabilizados. Uma entidade nacional de mulheres, por exemplo, não podia questionar na Corte uma norma de teor misógino. O movimento LGBTQIA+ não tinha acesso direto ao Tribunal para questionar políticas estatais de caráter discriminatório. Além de comprometer a legitimidade democrática da jurisdição constitucional, esta limitação contribuía também para distorcer e empobrecer a sua agenda. Por conta dela, tinham ampla predominância na pauta do Supremo temas atinentes a conflitos federativos, ou a interesses econômicos ou corporativos de certos grupos bem posicionados, como

---

[22] Veja-se, a propósito, ARGUELLES, Diego Werneck. Poder não é querer: preferências restritivas e redesenho institucional no Supremo Tribunal Federal. *In*: SARMENTO, Daniel (Coord.). *Jurisdição constitucional e política*. Rio de Janeiro: GEN/Forense, 2015. p. 211-242.

[23] O exemplo talvez mais grave e injustificável de evasão foi a recusa da Corte em apreciar, em sede de fiscalização abstrata de constitucionalidade, as normas editadas durante o regime militar – provavelmente muito mais afrontosas à Carta do que as elaboradas pelo novo Congresso – sob o argumento de que o conflito entre a Constituição e o direito anterior envolveria revogação, e não inconstitucionalidade. Para uma crítica a esta posição, veja-se, SOUZA NETO, Cláudio Pereira de; SARMENTO, Daniel. *Direito constitucional*: teoria, história e métodos de trabalho. 2. ed. Belo Horizonte: Fórum, 2014. p. 560-564.

segmentos empresariais e categorias da elite do serviço público. Raramente eram julgadas questões muito mais importantes sob o prisma constitucional, ligadas à defesa de direitos humanos de grupos socialmente oprimidos. Do ponto de vista empírico, essa conclusão foi corroborada por pesquisa realizada pelos professores Alexandre Araújo Costa e Juliano Zaiden Benvindo, que analisou todas as ADIs ajuizadas no país entre 1988 e 2012, e concluiu:

> o perfil geral das decisões e dos atores mostra que a combinação do perfil político dos legitimados com a jurisprudência restritiva do STF em termos de legitimidade conduziu a um modelo de controle concentrado que privilegia a garantia dos interesses institucionais ou corporativos.[24]

Com isso, surgia um fosso entre o discurso de legitimação da jurisdição constitucional – sempre focado na defesa de direitos fundamentais e proteção das minorias – e a efetiva prática institucional do STF, muito mais centrada em temas de interesse da Administração Pública ou de grupos poderosos.

Não havia qualquer razão legítima que justificasse esta interpretação restritiva do Supremo. Ela não era postulada pela interpretação literal, pois a palavra "classe" – empregada no art. 103, IX, da CF/88, é altamente vaga, comportando leituras muito mais generosas. Ela não se conciliava com a interpretação teleológica da Constituição, por frustrar o objetivo constitucional, que é o de democratizar o acesso ao controle concentrado de constitucionalidade. Ela ofendia a interpretação histórica da Lei Maior, pois o constituinte pretendeu expandir para a sociedade civil o poder de provocar o STF, e não o contrário. Como destacou Plínio de Arruda Sampaio, relator da subcomissão da Assembleia Constituinte responsável pelo capítulo que trata da organização do Judiciário e do Ministério Público, na ocasião havia "um clima [de] que era importante dar peso à sociedade civil. No Brasil, o partido só ainda era uma coisa muito limitada. A ideia era não subordinar isso a interesses, deixar o mais possível aberto".[25] E mais, tal exegese colidia frontalmente com a interpretação sistemática da Carta, afrontando o postulado de unidade da Constituição.

Com efeito, inexiste na Constituição de 88 uma priorização dos direitos e interesses ligados às categorias econômicas e profissionais, em detrimento dos demais. Pelo contrário, a Constituição revelou preocupação no mínimo equivalente com a garantia de outros direitos fundamentais. Ela cuidou, ademais, da proteção de minorias e grupos vulneráveis, como crianças e adolescentes, pessoas com deficiência, povos indígenas, afrodescendentes, quilombolas, mulheres etc. – grupos que têm interesses comuns, que não se reconduzem à profissão ou à economia. A Carta de 88 se abriu, por outro lado, para múltiplas demandas por justiça, não só no campo econômico da distribuição, como também na esfera cultural do reconhecimento, por admitir que as ofensas à dignidade humana também decorrem de práticas estigmatizadoras e opressivas, que desdenham

---

[24] COSTA, Alexandre Araújo Costa; BENVINDO, Juliano Zaiden. *A quem interessa o controle concentrado de constitucionalidade?* O descompasso entre teoria e prática na defesa de direitos fundamentais. Brasília: UnB, 2014. p. 77.

[25] CARVALHO NETO, Ernani Rodrigues de. Ampliação dos legitimados ativos na Constituinte de 1988: revisão judicial e judicialização da política. *Revista Brasileira de Estudos Políticos*, v. 96, 2007. p. 8.

os grupos portadores de identidades não hegemônicas. Tais questões não têm, via de regra, qualquer ligação com categorias profissionais ou econômicas específicas. Não há, assim, porque permitir o acesso à jurisdição constitucional para atores que encarnam os interesses das profissões e categorias econômicas, mas não para os que representam outros grupos, portadores de direitos e interesses de natureza distinta, que são valorados, no mínimo, com o mesmo peso pela ordem jurídica.

Uma visão crítica dessa exegese restritiva do conceito de "entidades de classe de âmbito nacional" já vinha ganhando espaço no STF. Na ADI nº 4.029, julgada em 2012, e proposta pela Associação Nacional dos Servidores do Ibama, a Corte afirmara que a interpretação do art. 103, IX, da Constituição não poderia ser excessivamente restritiva, para não desestimular a atuação da sociedade civil no controle abstrato de constitucionalidade. Em 2015, em decisão monocrática proferida no âmbito da ADI nº 5.291, que tratou da legitimidade ativa de entidade ligada à defesa dos consumidores, o Ministro Marco Aurélio também apontou a necessidade de correção daquela interpretação restritiva, de forma a incluir no rol dos legitimados as entidades da sociedade civil voltadas à proteção de direitos fundamentais.

De todo modo, a decisão que de forma mais analítica e consistente reconheceu a superação daquela orientação restritiva foi proferida pelo Ministro Luís Roberto Barroso em 2018, no âmbito da ADPF nº 527. Tal ação fora ajuizada em defesa de grupos sociais estigmatizados: a requerente é a Associação Brasileira de Lésbicas, Gays, Bissexuais, Travestis e Transexuais (ABGLT). Nela se impugnou resolução que tratava do acolhimento de pessoas transexuais em estabelecimentos prisionais. A decisão do Ministro Barroso reconheceu a legitimidade ativa da ABGLT, com base em três fundamentos: (i) a superação das razões que ensejaram a adoção da interpretação restritiva de "classe" pelo STF; (ii) a incompatibilidade dessa interpretação com a teologia e com o sistema constitucional, que se voltam à mais ampla e célere proteção de direitos fundamentais; e (iii) a constatação de que a exegese restritiva do art. 103, IX, da Constituição viola o princípio da igualdade, por gerar impactos negativos desproporcionais sobre grupos sociais vulnerabilizados.

Quanto ao primeiro argumento, a decisão aduziu que a interpretação restritiva do STF fora originariamente concebida para evitar a sobrecarga da Corte pelo excesso de processos, bem como o risco de julgamento de questões espinhosas, que pudessem comprometer a própria estabilidade do regime democrático recém-instalado. Contudo, todos os dados evidenciam que a sobrecarga do Tribunal não se liga às ações do controle concentrado de constitucionalidade, de que trata o art. 103 da Constituição, mas a outros instrumentos processuais, como recursos extraordinários e *habeas corpus*. E, por outro lado, com a consolidação da democracia brasileira, perdera o sentido qualquer temor de que o julgamento de ações diretas propostas pela sociedade civil pudesse gerar instabilidade no regime.

O segundo argumento – talvez o mais relevante – é o de que a interpretação restritiva do art. 103, IX, frustrava o objetivo do constituinte de abrir a jurisdição concentrada mais amplamente à sociedade civil, comprometendo com isso a garantia ampla e célere de direitos fundamentais, especialmente pelos grupos sociais vulnerabilizados. De acordo com o voto:

O ethos da Constituição de 1988 liga-se a uma densa proteção dos direitos fundamentais, sobretudo de grupos minoritários e vulneráveis, e à ampliação da interlocução direta entre o Poder Público e a sociedade civil. Portanto, a interpretação que restringe o acesso de associações representativas dos direitos de grupos vulneráveis ao Supremo Tribunal Federal está em desacordo com o sistema constitucional.

[...] o controle concentrado da constitucionalidade é uma via essencial para que a Corte exerça a proteção de direitos fundamentais com efetividade. Trata-se, contudo, de proteção que só pode ser exercida se for provocada. Se, todavia, as associações de defesa de tais direitos não detêm legitimidade para propor tais ações – por não representarem uma classe econômica ou profissional – o principal autor de tais demandas estará afastado do controle concentrado.

Nessas condições, será preciso contar com a acolhida de tais interesses pelo Ministério Público, pela Ordem dos Advogados ou por algum outro legitimado universal para que certas violações sejam levadas ao Supremo. Todavia, nessas circunstâncias, a instituição que proporá a ação e defenderá tais direitos, se o fizer, não será aquela composta por quem experimenta as suas violações. O legitimado não terá uma perspectiva própria sobre a experiência de vulnerabilidade, discriminação e invisibilidade que se pretende corrigir. Nessas condições, os grupos minoritários, que já não têm voz nas instâncias majoritárias, perdem o seu "lugar de fala" também no Judiciário.

Finalmente, o terceiro argumento, como dito, foi o de que a interpretação restritiva produziria impactos desproporcionais sobre grupos minorizados, ofendendo com isso o princípio da igualdade. Por essa interpretação, integrantes de camadas sociais hegemônicas, que já têm maior poder na esfera política, conseguiriam proteger seus direitos no STF, porque suas entidades de classe, organizadas em torno de segmentos econômicos e profissionais, possuem legitimidade ativa para provocar a Corte. Isso, porém, não ocorre com a maior parte dos grupos vulneráveis, ligados entre si pela defesa de valores existenciais. Como consignou o voto:

> trata-se de ônus desproporcional porque a conceituação em tais termos mantém o acesso de entidades que têm trânsito na seara majoritária e que poderiam defender seus interesses nesse ambiente, ao passo em que sacrifica o acesso de grupos que só logram adquirir voz e acolhida no Judiciário.

Ainda não foi finalizado o julgado da ADPF nº 527. Porém, o voto de mérito do Ministro Barroso já foi submetido ao Plenário, em 2021. No momento em que escrevo este texto, dez votos foram colhidos – incluindo o do relator –, com empate no que concerne ao tema de fundo. Ocorre que, pelo que consta da ata do julgamento, nenhum desses votos discordou do relator no que concerne à legitimidade ativa da ABGLT, o que indica concordância com a superação da interpretação restritiva do art. 103, IX, da Constituição Federal.

A consagração definitiva deste entendimento se deu em 2020, no referendo, pelo Plenário, da medida cautelar proferida na ADPF nº 709 pelo Ministro Luís Roberto Barroso, relator da ação. A arguição fora proposta pela Articulação dos Povos Indígenas do Brasil – APIB, em litisconsórcio com vários partidos políticos, e impugnava as gravíssimas falhas e omissões do governo federal no combate à pandemia da Covid entre os povos indígenas. A APIB liderava todo o processo, mas por decisão estratégica – da qual participei, como um dos advogados da causa, ao lado de diversos advogados indígenas

–, optou-se por incluir no polo ativo também alguns partidos políticos de oposição ao governo Bolsonaro, já que ainda não estava consolidada a superação jurisprudencial da interpretação restritiva do art. 103, IX, da CF/88.

Não obstante, a afirmação da legitimidade ativa da APIB era fundamental para os povos indígenas, que queriam obter o reconhecimento do seu poder de defender seus direitos no STF, sem a necessidade de intermediação das instituições dos brancos. E ainda havia um obstáculo adicional para essa pretensão, de cunho formal: embora solidamente organizada em todo o território nacional, a APIB não estava formalmente constituída de acordo com a "lei dos brancos". Ela não fora criada como pessoa jurídica e naquela época sequer possuía CNPJ.

O voto do Ministro Barroso – seguido, nesta parte, por todos os demais integrantes da Corte – reconheceu a legitimidade ativa da APIB, superando inclusive o problema formal acima referido, com base no direito dos povos indígenas ao respeito dos seus modos de organização, próprios de sua cultura. Quanto a essa última questão, o voto consignou:

> Vale observar, ademais, que a Constituição assegurou aos indígenas a representação judicial e direta de seus interesses (CF, art. 232), bem como o respeito à sua organização social, crenças e tradições (CF, art. 231). Por essa razão, entendo, ainda, que o fato de a APIB não estar constituída como pessoa jurídica não é impeditivo ao reconhecimento da sua representatividade. Não se pode pretender que tais povos se organizem do mesmo modo que nos organizamos. Assegurar o respeito a seus costumes e instituições significa respeitar os meios pelos quais articulam a sua representação à luz da sua cultura.

A partir deste importantíssimo precedente do Plenário, várias outras ações têm sido ajuizadas por entidades que representam grupos sociais vulnerabilizados. O próprio Plenário voltou a confirmar a orientação, ao julgar a ADPF nº 742, que cuidou do enfrentamento da Covid-19 pelo Estado brasileiro em relação às comunidades quilombolas. A ação tinha como autora a Coordenação Nacional de Articulação das Comunidades Negras Rurais Quilombolas (Conaq), ladeada por diversos partidos. A legitimidade ativa da Conaq foi reconhecida por praticamente todos os julgadores, vencido nesta questão apenas o Ministro Nunes Marques.

Essa guinada jurisprudencial representa um dos mais importantes avanços da jurisdição constitucional brasileira nos últimos tempos. Ela contribui para a legitimação democrática da atuação do STF, ao mesmo tempo em que empodera grupos tradicionalmente excluídos, na sua luta por voz e direitos, dentro de um espaço institucional que é cada dia mais relevante na vida nacional.

4 Conclusão

Como professor e magistrado – e no passado, também como advogado –, Luís Roberto Barroso deu contribuições inestimáveis ao direito e à sociedade brasileira. Seria difícil exagerar a importância que teve e tem no constitucionalismo brasileiro, desde a redemocratização do país. A democracia, os valores republicanos e os direitos fundamentais tiveram, em Barroso, um grande defensor, inclusive nos momentos mais difíceis.

Nosso homenageado desempenhou papel decisivo também na superação de uma jurisprudência equivocada e excludente do STF, que limitava gravemente a atuação da sociedade civil – especialmente dos seus segmentos vulnerabilizados – no processo constitucional. Evidentemente, seria pueril supor que a abertura desse canal de atuação seja suficiente para equalizar as oportunidades dos diferentes grupos e atores na jurisdição constitucional brasileira. O STF é uma instituição humana e falível, cujo funcionamento também é atravessado pelas assimetrias estruturais de poder e de recursos que marcam a nossa sociedade. Isso não significa, contudo, que não seja legítimo festejar um importante avanço.

Referências

ARGUELLES, Diego Werneck. Poder não é querer: preferências restritivas e redesenho institucional no Supremo Tribunal Federal. *In*: SARMENTO, Daniel (Coord.). *Jurisdição constitucional e política*. Rio de Janeiro: GEN/Forense, 2015. p. 211-242.

BALKIN, Jack. *Constitutional redemption*: political faith in an unjust world. Cambridge: Harvard University Press, 2011.

BARROSO, Luís Roberto. *A dignidade da pessoa humana no direito constitucional contemporâneo*: a construção de um conceito jurídico à luz da jurisprudência mundial. Belo Horizonte: Fórum, 2013.

BARROSO, Luís Roberto. A doutrina brasileira da efetividade. *In*: BARROSO, Luís Roberto. *Temas de direito constitucional*. Rio de Janeiro: Renovar, 2005. v. 3.

BARROSO, Luís Roberto. A efetividade das normas constitucionais: por que não uma Constituição para valer. *Anais do Congresso Nacional de Procuradores de Estado*, 1986.

BARROSO, Luís Roberto. A razão sem voto: o Supremo Tribunal Federal e o governo da maioria. *In*: VIEIRA, Oscar Vilhena; GLEZER, Rubens (Org.). *A razão e o voto*: diálogos constitucionais com Luís Roberto Barroso. São Paulo: Editora FGV, 2017.

BARROSO, Luís Roberto. Apresentação à segunda edição. *In*: VIEIRA, Oscar Vilhena. *A Constituição e sua reserva de justiça*: uma teoria sobre os limites materiais ao poder de reforma. São Paulo: Martins Fontes, 2023.

BARROSO, Luís Roberto. Constituição, democracia e supremacia judicial: direito e política no Brasil contemporâneo. *Revista de Direito do Estado – RDE*, n. 16, p. 3-42, 2009.

BARROSO, Luís Roberto. *Direito constitucional brasileiro*: o problema da federação. Rio de Janeiro: Forense, 1982.

BARROSO, Luís Roberto. Estado, sociedade e direito: diagnósticos e propostas para o Brasil. *In*: BARROSO, Luís Roberto. *A vida, o direito e algumas ideias para o Brasil*. Ribeirão Preto: Migalhas, 2016.

BARROSO, Luís Roberto. Fundamentos teóricos e filosóficos do novo direito constitucional brasileiro: pós-modernidade, teoria crítica e pós-positivismo. *In*: BARROSO, Luís Roberto (Org.). *A nova interpretação constitucional*: ponderação, direitos fundamentais e relações privadas. Rio de Janeiro: Renovar, 2003.

BARROSO, Luís Roberto. Neoconstitucionalismo e constitucionalização do direito: o triunfo tardio do direito constitucional no Brasil. *Revista de Direito Administrativo – RDA*, n. 240, p. 1-42, 2005.

BARROSO, Luís Roberto. *O direito constitucional e a efetividade das suas normas*. Rio de Janeiro: Renovar, 1991.

BARROSO, Luís Roberto. Os donos do poder: a perturbadora atualidade de Raymundo Faoro. *Revista Brasileira de Políticas Públicas*, v. 12, n. 3, p. 19-34, 2022.

BARROSO, Luís Roberto. *Revolução tecnológica, crise da democracia e Constituição*: direito e políticas públicas num mundo em transformação. Belo Horizonte: Fórum, 2021.

BARROSO, Luís Roberto; BARCELLOS, Ana Paula de. O começo da história: a nova interpretação constitucional e o papel dos princípios no direito brasileiro. *In*: BARROSO, Luís Roberto. *A nova interpretação constitucional*: ponderação, direitos fundamentais e relações privadas. Rio de Janeiro: Renovar, 2003.

BARROSO, Luís Roberto; OSÓRIO, Aline. "Sabe com quem está falando?". Notas sobre o princípio da igualdade no Brasil contemporâneo. *Revista Direito e Práxis*, v. 7, n. 1, p. 204-231, 2016.

CARVALHO NETO, Ernani Rodrigues de. Ampliação dos legitimados ativos na Constituinte de 1988: revisão judicial e judicialização da política. *Revista Brasileira de Estudos Políticos*, 2007.

COSTA, Alexandre Araújo Costa; BENVINDO, Juliano Zaiden. *A quem interessa o controle concentrado de constitucionalidade?* O descompasso entre teoria e prática na defesa de direitos fundamentais. Brasília: UnB, 2014.

FAORO, Raymundo. *Os donos do poder*: formação do patronato político brasileiro. São Paulo: Companhia das Letras, 2021.

LYNCH, Christian; MENDONÇA, José Vicente Santos de. Por uma história constitucional brasileira: uma crítica pontual a doutrina da efetividade. *Revista Direito e Práxis*, v. 8, n. 2, p. 974-1007, 2017.

MELLO, Patrícia de Campos; BARROSO, Luís Roberto. Trabalhando com uma nova lógica: a ascensão dos precedentes no direito brasileiro. *Revista da AGU*, v. 15, n. 3, p. 9-52, 2016.

POGREBINSKI, Thamy. *Pragmatismo*: teoria social e política. Rio de Janeiro: Campus, 2011.

POST, Robert; SIEGEL, Reva. Roe Rage: democratic constitutionalism and backlash. *Harvard Civil Rights – Civil Liberties Law Review*, n. 42, 2007.

SARMENTO, Daniel. Dar voz a quem não tem voz: uma nova leitura do art. 103, IX, da Constituição. *In*: VIEIRA, Oscar Vilhena; GLEZER, Rubens (Org.). *A razão e o voto*: diálogos constitucionais com Luís Roberto Barroso. São Paulo: Editora FGV, 2017. p. 384-403.

SARMENTO, Daniel. Igualdade constitucional: uma leitura. *In*: CRUZ, Adriana; SARMENTO, Daniel; RIOS, Roger Raupp (Org.). *Desigualdade*: o flagelo do Brasil. Ribeirão Preto: Migalhas, 2022.

SARMENTO, Daniel; SOUZA NETO, Cláudio Pereira de. Controle de constitucionalidade e democracia: algumas teorias e parâmetros de ativismo. *In*: SARMENTO, Daniel (Coord.). *Jurisdição constitucional e política*. Rio de Janeiro: GEN/Forense, 2015.

SILVA, José Afonso da. *Aplicabilidade das normas constitucionais*. 6. ed. São Paulo: Malheiros, 2003.

SOUZA NETO, Cláudio Pereira de; SARMENTO, Daniel. *Direito constitucional*: teoria, história e métodos de trabalho. 2. ed. Belo Horizonte: Fórum, 2014.

STF, Tribunal Pleno. ADC nº 41, Rel. Min. Luís Roberto Barroso, j. 8.6.2017. *DJe*, 17 ago. 2017.

STF, Tribunal Pleno. ADPF nº 324, Rel. Min. Luís Roberto Barroso, j. 30.8.2018. *DJe*, 6 set. 2019.

TSE. Consulta nº 06003064720196000000, Rel. Min. Luís Roberto Barroso, j. 25.8.2020. *DJe*, 5 out. 2020.

VIEIRA, Oscar Vilhena. *A batalha dos poderes*: da transição democrática ao mal-estar constitucional. São Paulo: Companhia das Letras, 2018.

Informação bibliográfica deste texto, conforme a NBR 6023:2018 da Associação Brasileira de Normas Técnicas (ABNT):

SARMENTO, Daniel. Liberalismo, democracia e a proteção judicial de grupos oprimidos: a filosofia constitucional de Luís Roberto Barroso e o art. 103, IX, da Constituição. *In*: OSORIO, Aline; MELLO, Patrícia Perrone Campos; BARROSO, Luna van Brussel (Coord.). *Direitos e democracia*: 10 anos do Ministro Luís Roberto Barroso no STF. Belo Horizonte: Fórum, 2023. p. 371-385. ISBN 978-65-5518-555-3.

MUDANÇA CLIMÁTICA E PROTEÇÃO AO MEIO AMBIENTE: IMPACTO TRANSFORMADOR DO VOTO DO MINISTRO BARROSO NA ADPF Nº 708

FLAVIA PIOVESAN

1 Introdução

A Arguição de Descumprimento de Preceito Fundamental nº 708 (ADPF nº 708) foi proposta em face da não alocação de recursos pela União relativamente ao Fundo Nacional sobre a Mudança do Clima, deixando de proteger o meio ambiente e de enfrentar as mudanças climáticas, no período de 2019 e 2020. O objetivo da ADPF é assegurar a retomada do funcionamento do Fundo Nacional sobre a Mudança do Clima (Fundo Clima), com o reconhecimento do dever da União de alocação dos recursos necessários, bem como com a determinação de que se abstenha de novas omissões, vedando-se, ainda, o contingenciamento de tais valores. O fundamento é a proteção ao direito constitucional ao meio ambiente.

Ressalte-se que, em face da complexidade e relevância do caso, foi convocada audiência pública pelo Ministro Barroso, relator, contando com a participação de diversos órgãos e entidades de distintas esferas do governo, organizações multilaterais, entes da sociedade civil, institutos, clínicas e *experts* em matéria ambiental. Também foi deferido o ingresso na causa, a título de *amici curiae*, de entidades e organizações da sociedade civil, tendo em vista sua representatividade e expertise na matéria. Os institutos da audiência pública e do *amici curiae* são capazes de revelar "a sociedade aberta dos intérpretes da Constituição" e sua contribuição para a interpretação como um processo aberto e pluralista, por meio da democratização da interpretação constitucional, como sustenta Peter Häberle.[1]

Em julho de 2022, a ação foi julgada procedente pelo Supremo Tribunal Federal para reconhecer a omissão da União, em razão da não alocação integral dos recursos do Fundo Clima, bem como determinar à União que se abstenha de se omitir na destinação

---

[1] HÄBERLE, Peter. *Hermenêutica constitucional* – A sociedade aberta dos intérpretes da Constituição. Porto Alegre: Sergio Antonio Fabris Editor, 1997.

de recursos, vedando o contingenciamento das receitas que integram o Fundo. Para o Supremo Tribunal Federal, restou caracterizada a violação à ordem constitucional e à ordem internacional protetiva do meio ambiente.

A tese firmada pelo Supremo foi:

> O Poder Executivo tem o dever constitucional de fazer funcionar e alocar anualmente os do Fundo Clima, para fins de mitigação das mudanças climáticas, estando vedado seu contingenciamento, em razão do dever constitucional de tutela ao meio ambiente (CF, art. 225), de direitos e compromissos internacionais assumidos pelo Brasil (CF, art. 5º, parágrafo 2º), bem como do princípio constitucional da separação dos poderes (CF, art. 2º, c/c o art. 9, parágrafo 2º, LRF).

Ambiciona este artigo enfocar a argumentação desenvolvida no primoroso voto do Ministro Barroso, na qualidade de relator, com ênfase do impacto transformador deste julgado paradigmático no fortalecimento da proteção ambiental e no enfrentamento às mudanças climáticas.

2 Argumentos centrais do voto do Ministro Barroso

Ao enfrentar o desafio de um tema complexo e emergente na agenda global contemporânea de direitos humanos, o voto proferido pelo Ministro Barroso fez história, deixando um relevante legado ao patrimônio jurisprudencial protetivo de direitos no que se refere às mudanças climáticas e à proteção ambiental.

Três são os argumentos centrais desenvolvidos no voto do Ministro Barroso, a seguir destacados.

2.1 Violação do dever internacional do Estado brasileiro de proteger o meio ambiente e de combater as mudanças climáticas

O ponto de partida do voto do Ministro Barroso atém-se à apresentação do contexto marcado pelas mudanças climáticas. Reconhece que "a questão ambiental é uma das questões definidoras de nosso tempo, [...] com imenso impacto sobre as nossas vidas e das futuras gerações", sobretudo em razão da mudança climática e do aquecimento global.

Desafios globais demandam respostas globais, enfatizando o voto que "a solução do problema depende do esforço de todos e cada um dos países e passa por repensar o modo de produção e consumo [...], de forma a incorporar o conceito de 'desenvolvimento sustentável'".

Sob esta perspectiva, o primeiro argumento desenvolvido no voto baseia-se nos compromissos internacionais assumidos pelo Brasil, à luz do regime jurídico transnacional para o enfrentamento das mudanças climáticas. Nesta direção, merecem especial menção a Convenção-Quadro (que entrou em vigor em 1994), o Protocolo de Kyoto (que entrou em vigor em 1997) e o Acordo de Paris (que entrou em vigor em 2016). Adicione-se, ainda, compromissos climáticos voluntários assumidos pelo Estado brasileiro em 2009.

Ao interpretar o alcance da cláusula de abertura constitucional prevista no art. 5º, §2º, sustenta o primoroso voto que "tratados sobre direito ambiental constituem espécie do gênero tratados de direitos humanos". Deste modo, apresentam um *status* hierárquico privilegiado na ordem jurídica, sendo recepcionados pela cláusula aberta do art. 5º, §2º, que lhes confere o regime jurídico próprio dos tratados de direitos humanos.

Considerando o contexto de grave desmatamento ambiental e colapso das políticas públicas de combate às mudanças climáticas, com base em consistentes dados, estatísticas e pesquisas empíricas, o voto aponta que o Brasil estaria a caminhar em sentido contrário aos compromissos internacionalmente assumidos. A consequência da omissão no enfrentamento das mudanças climáticas não apenas viola o direito ao meio ambiente, mas coloca em risco os direitos à vida, à saúde e à segurança alimentar da população.

2.2 Violação do dever constitucional da União de proteger o meio ambiente e de combater as mudanças climáticas

Não bastando a violação aos deveres internacionalmente contraídos pelo Estado brasileiro, configura-se, ainda, a violação aos deveres constitucionais em matéria ambiental.

No que tange ao alcance do dever estatal em matéria ambiental, o voto é preciso em sustentar que a "tutela ambiental não se insere em juízo político, de conveniência e oportunidade do Chefe do Executivo. Trata-se de obrigação a cujo cumprimento está vinculado".

Com efeito, a Constituição Federal de 1988 consagra que "todos tem o direito ao meio ambiente ecologicamente equilibrado, bem de uso comum do povo e essencial à sadia qualidade de vida, impondo-se ao Poder Público e à coletividade o dever de defendê-lo e preservá-lo para as presentes e futuras gerações", nos termos do art. 225.

Extrai-se da Constituição o dever estatal de defender e preservar o meio ambiente, o que envolve um pacto intergeracional, ao invocar a responsabilidade das gerações presentes em relação às gerações futuras.

Neste sentido, caracteriza-se como inconstitucional o comportamento passivo e omissivo da União, por manter inoperante o Fundo Clima em 2019 e 2020, deixando de destinar recursos às mudanças climáticas em violação ao dever constitucional de proteger o meio ambiente e combater as mudanças climáticas.

2.3 Vedação ao retrocesso em matéria ambiental e vedação à proteção insuficiente

A respeito da vedação ao retrocesso em matéria ambiental, o voto é contundente ao proibir o contingenciamento dos valores do Fundo do Clima, considerando o grave contexto ambiental brasileiro, bem como a relação de interdependência a envolver o direito ao meio ambiente e demais direitos fundamentais

Em conclusão lapidar, afirma o Ministro Barroso:

> em contextos com esse, é papel das supremas cortes e dos tribunais constitucionais atuar no sentido de impedir o retrocesso. O princípio da vedação do retrocesso é especialmente proeminente quando se cuida de proteção ambiental. E ele é violado quando se diminui o nível de proteção do meio ambiente por meio da inação ou se suprimem políticas públicas relevantes sem a devida substituição por outras igualmente adequadas.

Além da vedação ao retrocesso em matéria ambiental, o voto acrescenta o argumento da violação ao princípio da proporcionalidade por vedação à proteção deficiente.

Realça o voto que "o Fundo esteve inoperante, por decisão deliberada da União em mantê-lo inoperante", reiterando que "o Executivo tem o dever – e não a livre escolha – de dar funcionamento ao Fundo Clima e de alocar recursos para seus fins".

Uma vez mais, enfatiza o Ministro Barroso em seu histórico voto que a "alocação de recursos do Fundo do Clima concretiza o dever constitucional de tutela e restauração do meio ambiente (e dos direitos fundamentais que lhe são interdependentes). Suas receitas são vinculadas por lei a determinadas atividades".

3 Impacto transformador

Mudanças climáticas emergem como tema de elevada complexidade na agenda contemporânea dos direitos humanos. Reitere-se a visão do Ministro Barroso, "a questão ambiental é uma das questões definidoras de nosso tempo, [...] com imenso impacto sobre as nossas vidas e das futuras gerações", sobretudo em razão da mudança climática e do aquecimento global.

O histórico voto do Ministro Barroso na ADPF nº 708 apresenta um impacto transformador no fortalecimento da proteção do meio ambiente e no enfrentamento às mudanças climáticas.

Ao incorporar o *human rights approach* como eixo transversal argumentativo, o voto reconhece o direito ao meio ambiente como um direito autônomo, que, por sua vez, impacta demais direitos fundamentais, como os direitos à vida, à saúde e à segurança alimentar. Adota, assim, uma visão integral e holística dos direitos humanos, a envolver a interdependência, a inter-relação e a indivisibilidade dos direitos ambientais, sociais, econômicos, civis e políticos. A violação ao direito ao meio ambiente é uma violação em si mesma que afeta o exercício dos demais direitos.

Nesse sentido, inova o voto ao compreender os tratados ambientais como tratados de direitos humanos, conferindo-lhes um regime jurídico especial e diferenciado, nos termos do art. 5º, §2º da Constituição Federal. Esta cláusula de abertura constitucional[2] permite conjugar o processo de internacionalização do direito constitucional ao processo de constitucionalização do direito internacional. A estes processos somam-se os processos de internacionalização dos direitos humanos e de humanização do direito internacional, fomentando a emergência de um novo paradigma jurídico radicado no sistema multinível, aberto a diálogos jurisdicionais, sob a inspiração do princípio maior da dignidade humana.[3] [4]

---

[2] MORALES ANTONIAZZI, Mariela. El Estado abierto como objetivo del ius constitutionale commune: aproximación desde el impacto de la Corte Interamericana de Derechos Humanos. *In*: BOGDANDY, Armin von; MORALES ANTONIAZZI, Mariela; FIX FIERRO, Héctor. *Ius constitutionale commune en América Latina. Rasgos, potencialidades y desafios*. México: Unam, 2014. p. 262. Disponível em: www.juridicas.unam.mx.

[3] PIOVESAN, Flavia. *Direitos humanos e o direito constitucional internacional*. 20. ed. São Paulo: Saraiva, 2022. Consultar também BOGDANDY, Armin von; MORALES ANTONIAZZI, Mariela; FERRER, Eduardo MacGregor; PIOVESAN, Flávia, SOLEY, Ximena (Coord.). *Transformative Constitutionalism in Latin America*. Oxford: Oxford University Press, 2017.

[4] Em 22.3.2022, foi lançado o "Pacto Nacional do Judiciário pelos Direitos Humanos", tendo por objetivo central o fortalecimento da cultura de direitos humanos no Poder Judiciário, com especial enfoque no controle de

É sob esta perspectiva, desenvolvendo uma interpretação cosmopolita, que o voto tece diálogos com a ordem protetiva internacional, com ênfase nos deveres internacionais contraídos pelo Estado brasileiro em matéria ambiental. Adicione-se, ainda, a Opinião Consultiva da Corte Interamericana nº 23, de 2017,[5] acerca do alcance das obrigações estatais relativamente ao direito ao meio ambiente, com destaque à obrigação de prevenção, ao princípio da precaução e à obrigação de cooperação, bem como às obrigações procedimentais a envolver o acesso à informação, a participação pública e o acesso à justiça. Na jurisprudência interamericana também merece menção o caso Lhaka Honhat, que ineditamente trata da violação autônoma do direito ao meio ambiente saudável, conferindo centralidade às vítimas, em sentença paradigmática da Corte Interamericana de 6.2.2020.[6] Ressalte-se, ademais, a Resolução nº 3/2021 emitida pela Comissão Interamericana de Direitos Humanos a respeito da "emergência climática", com ênfase no alcance das obrigações interamericanas em matéria de direitos humanos.[7]

À proteção internacional do direito ao meio ambiente soma-se a proteção constitucional. Densifica o voto a força normativa da Constituição[8] ao impor o dever estatal de defender e preservar o meio ambiente, ressaltando a sua natureza jurídica vinculante. A Constituição "juridifica", assim, os domínios da política em matéria ambiental, esvaziando o âmbito de discricionariedade administrativa quando há o dever jurídico-constitucional de proteger o meio ambiente. A consequência jurídica faz-se clara ao apontar a flagrante violação aos deveres constitucionais em matéria ambiental, acentuada pela violação aos deveres internacionalmente contraídos pelo Estado brasileiro.

É neste quadro de graves e diretas violações à ordem constitucional e à ordem internacional em matéria ambiental, que o voto ainda acrescenta o argumento a favor da integridade da proteção do meio ambiente, com realce ao princípio da vedação ao retrocesso e da vedação à proteção insuficiente em matéria ambiental.

Se, "em contextos com esse, é papel das supremas cortes e dos tribunais constitucionais atuar no sentido de impedir o retrocesso", o histórico voto proferido pelo Ministro Barroso consolida a vocação maior da jurisdição constitucional em combater abusos omissivos e comissivos do Estado, permitindo que direitos triunfem, sob a inspiração do princípio da prevalência da dignidade humana.

---

convencionalidade. A iniciativa se inspira na Recomendação CNJ nº 123, de 7.1.2022, que recomenda aos órgãos do Poder Judiciário a observância dos tratados internacionais de direitos humanos e o uso da jurisprudência da Corte Interamericana de Direitos Humanos, bem como a necessidade de controle de convencionalidade (CONSELHO NACIONAL DE JUSTIÇA. *Recomendação CNJ n. 123*. Disponível em: https://atos.cnj.jus.br/files/original1519352022011161dda007f35ef.pdf). A respeito do Pacto Nacional do Judiciário pelos Direitos Humanos e da execução destas ações, consultar www.cnj.jus.br.

[5] CORTE IDH. *Opinión Consultiva OC-23/17 de 15 de noviembre de 2017, solicitada por la República de Colombia, Medio Ambiente y Derechos Humanos.*

[6] CORTE IDH. *Caso Comunidades Indígenas Miembros de la Asociación Lhaka Honhat (Nuestra Tierra) v. Argentina.* Sentença de 6.2.2020.

[7] CIDH – COMISSÃO INTERAMERICANA DE DIREITOS HUMANOS. *Resolução n. 03/2021*. "Emergência Climática: alcance das obrigações interamericanas em matéria de direitos humanos", 31.12.2021.

[8] HESSE, Konrad. *A força normativa da Constituição*. Porto Alegre: Sergio Antonio Fabris Editor, 1991.

Referências

BOGDANDY, Armin von; MORALES ANTONIAZZI, Mariela; FERRER, Eduardo MacGregor; PIOVESAN, Flávia, SOLEY, Ximena (Coord.). *Transformative Constitutionalism in Latin America*. Oxford: Oxford University Press, 2017.

BOGDANDY, Armin von; MORALES ANTONIAZZI, Mariela; PIOVESAN, Flávia (Coord.). *Direitos humanos, democracia e integração jurídica na América do Sul*. Rio de Janeiro: Lumen Juris, 2010.

BOGDANDY, Armin von; MORALES ANTONIAZZI, Mariela; PIOVESAN, Flávia (Coord.). *Direitos humanos, democracia e integração jurídica*: avançando no diálogo constitucional e regional. Rio de Janeiro: Lumen Juris, 2011.

BOGDANDY, Armin von; MORALES ANTONIAZZI, Mariela; PIOVESAN, Flávia (Coord.). *Direitos humanos, democracia e integração*: a emergência de um novo direito público. Rio de Janeiro: Elsevier, 2013.

BOGDANDY, Armin von; MORALES ANTONIAZZI, Mariela; PIOVESAN, Flávia (Coord.). *Ius Constitutionale Commune na América Latina* – Marco conceptual. Curitiba: Juruá, 2016. v. I.

BOGDANDY, Armin von; MORALES ANTONIAZZI, Mariela; PIOVESAN, Flávia (Coord.). *Ius Constitutionale Commune na América Latina* – Pluralismo e inclusão. Curitiba: Juruá, 2016. v. II.

BOGDANDY, Armin von; MORALES ANTONIAZZI, Mariela; PIOVESAN, Flávia (Coord.). *Ius Constitutionale Commune na América Latina* – Diálogos jurisdicionais e controle de convencionalidade. Curitiba: Juruá, 2016. v. III.

BOGDANDY, Armin von; MORALES ANTONIAZZI, Mariela; PIOVESAN, Flávia (Coord.). *Constitucionalismo transformador, inclusão e direitos sociais*. Salvador: JusPodivm, 2019.

CIDH – COMISSÃO INTERAMERICANA DE DIREITOS HUMANOS. *Resolução n. 03/2021*. "Emergência Climática: alcance das obrigações interamericanas em matéria de direitos humanos", 31.12.2021.

CORTE IDH. *Caso Comunidades Indígenas Miembros de la Asociación Lhaka Honhat (Nuestra Tierra) v. Argentina*. Sentença de 6.2.2020.

CORTE IDH. *Opinión Consultiva OC-23/17 de 15 de noviembre de 2017, solicitada por la República de Colombia, Medio Ambiente y Derechos Humanos*.

HÄBERLE, Peter. *Hermenêutica constitucional* – A sociedade aberta dos intérpretes da Constituição. Porto Alegre: Sergio Antonio Fabris Editor, 1997.

HESSE, Konrad. *A força normativa da Constituição*. Porto Alegre: Sergio Antonio Fabris Editor, 1991.

MORALES ANTONIAZZI, Mariela. El Estado abierto como objetivo del ius constitutionale commune: aproximación desde el impacto de la Corte Interamericana de Derechos Humanos. *In*: BOGDANDY, Armin von; MORALES ANTONIAZZI, Mariela; FIX FIERRO, Héctor. *Ius constitutionale commune en América Latina. Rasgos, potencialidades y desafios*. México: Unam, 2014. Disponível em: www.juridicas.unam.mx.

PIOVESAN, Flavia. *Direitos humanos e justiça internacional*. 9. ed. São Paulo: Saraiva, 2019.

PIOVESAN, Flavia. *Direitos humanos e o direito constitucional internacional*. 20. ed. São Paulo: Saraiva, 2022.

PIOVESAN, Flavia. *Temas de direitos humanos*. 12. ed. São Paulo: Saraiva, 2023.

SLAUGHTER, Anne-Marie. The Future of International Law is Domestic. *Faculty Scholarship at Penn Carey Law*, n. 962, 2006. Disponível em: https://scholarship.law.upenn.edu/cgi/viewcontent.cgi?article=1958&context=faculty_scholarship.

Informação bibliográfica deste texto, conforme a NBR 6023:2018 da Associação Brasileira de Normas Técnicas (ABNT):

PIOVESAN, Flavia. Mudança climática e proteção ao meio ambiente: impacto transformador do voto do Ministro Barroso na ADPF nº 708. *In*: OSORIO, Aline; MELLO, Patrícia Perrone Campos; BARROSO, Luna van Brussel (Coord.). *Direitos e democracia*: 10 anos do Ministro Luís Roberto Barroso no STF. Belo Horizonte: Fórum, 2023. p. 387-392. ISBN 978-65-5518-555-3.

AUTONOMIA DO BANCO CENTRAL, INSTRUMENTALIDADE DE FORMAS LEGISLATIVAS E AUTOCONTENÇÃO JUDICIAL

GUSTAVO BINENBOJM

I   Nota prévia

Luís Roberto Barroso foi meu professor há exatos 33 anos, quando o mundo parecia outro. De lá para cá, muita coisa realmente mudou. Mas algumas coisas não mudam. O talento singular, a oratória inigualável e o caráter reto são características que sempre observei no antigo mestre e que só se apuraram, como os bons vinhos, na personalidade do hoje ministro. Celebrar seus dez anos de judicatura no Supremo Tribunal Federal é uma honra para qualquer advogado militante na Corte. Mas para um sempre aluno, como eu, celebrá-los é também um imenso orgulho.

Peço licença, no entanto, para quebrar o protocolo. É que estive presente no casamento do Ministro Barroso com sua saudosa esposa Tereza Cristina van Brussel Barroso, de memória mais que abençoada, tendo acompanhado a trajetória familiar do casal. Por sua alegria solar, que iluminava qualquer ambiente, refletida hoje no sorriso da filha Luna van Brussel Barroso (minha ex-orientanda de Mestrado na UERJ), Tereza foi também uma presença marcante na vida dos amigos do Professor Barroso. É a ela que dedico este artigo.

II   A autonomia do Banco Central: justificativas políticas e objeções constitucionais

A Lei Complementar nº 179/2021 promoveu a transformação do Banco Central do Brasil numa agência independente, a exemplo do *Federal Reserve*, nos Estados Unidos, e do Banco Central Europeu, criado nos moldes do Banco Central da Alemanha, também dotado de autonomia. Pela nova lei, presidente e diretores do Bacen passaram a ser nomeados para o cumprimento de mandatos fixos, por indicação do presidente da República e com a aprovação do Senado Federal. Essas nomeações passaram a recair obrigatoriamente sobre técnicos de notório saber econômico-financeiro ou comprovados conhecimentos que os qualifiquem para a função, além de reputação ilibada. Também por previsão da Lei Complementar nº 179/2021, o Bacen deixou de ser uma autarquia comum, vinculada e submetida à supervisão do Ministério da Economia, para tornar-se uma autarquia especial, dotada de autonomia reforçada, e não submetida ao controle político do Poder Executivo.

O que a sociedade ganharia com isso? Para os defensores do novo modelo, a política de juros, essencial para o controle da inflação, ficaria protegida de pressões políticas imediatistas, permitindo que medidas mais adequadas sejam adotadas, ainda quando impopulares no curto prazo. Governos populistas costumam financiar a expansão de seus gastos com inflação, sendo essa mais uma razão para tratar-se a autoridade monetária como instituição de Estado. Além da vacina contra o populismo, o descolamento do processo eleitoral eleva a estabilidade da moeda a patamar mais seguro, a salvo da insegurança e dos sobressaltos dos períodos de transição entre governos. Por fim, a supervisão e a fiscalização do sistema bancário, voltadas ao controle de riscos sistêmicos, ganham maior credibilidade com a autonomia técnica, fortalecendo a economia do país como um todo.

Pois bem. Logo que a Lei Complementar nº 179/2021 foi publicada, o PT e o PSOL ajuizaram perante o STF a Ação Direta de Inconstitucionalidade – ADI nº 6.696, distribuída à relatoria do Ministro Ricardo Lewandowski. Em voto proferido no Plenário Virtual, o eminente relator não conheceu da ação no que se referia às alegações de inconstitucionalidade material da lei, diante da ausência de questionamentos específicos quanto à legitimidade jurídico-constitucional de cada um de seus artigos. De fato, a jurisprudência do STF chancela, desde o surgimento das chamadas "agências reguladoras independentes", a constitucionalidade do modelo de autarquias especiais, com dirigentes indicados pelo presidente da República e confirmados pelo Senado, os quais exercem mandatos fixos, com hipóteses muito restritas de destituição (ADI nº 1.949/RS, Rel. Min. Dias Toffoli, julgamento em 17.9.2014).

O problema, no entanto, é que a Lei Complementar nº 179/2021 acabou sendo aprovada a partir de um projeto de lei complementar originário do Senado Federal, o PLP nº 19/2019, de autoria do Senador Plínio Valério, posteriormente substituído por substitutivo apresentado pelo Senador Telmário Mota, o qual incluiu diversos outros temas no projeto de lei complementar, inclusive os temas constantes do PLP nº 112/2019, de iniciativa do chefe do Poder Executivo, que tramitava na Câmara dos Deputados. Assim, foi o projeto de lei do Senado que acabou prosperando, sendo aprovado em ambas as casas legislativas e recebendo a sanção presidencial.

Mencionei "problema" porque, diante do referido malabarismo legislativo, os partidos políticos autores da ADI nº 6.696 alegam também um vício formal de inconstitucionalidade por vício de iniciativa, que resultaria da violação do art. 61, §1º, inc. II, alíneas "c" e "e", da Constituição Federal. Tais dispositivos instituem uma iniciativa legislativa privativa do chefe do Poder Executivo para tratar sobre regime jurídico de servidores públicos e criação e extinção de ministérios e órgãos da Administração Pública. De fato, foi o PLP nº 19/2019, de iniciativa parlamentar, que acabou sendo aprovado no Senado, depois na Câmara e finalmente sancionado e promulgado como a Lei Complementar nº 179/2021.

O Ministro Ricardo Lewandowski proferiu seu voto acolhendo a alegação de vício formal, nos termos também sugeridos pelo parecer do Procurador-Geral da República. O julgamento foi interrompido por pedido de vista formulado pelo Ministro Luís Roberto Barroso. O Supremo teria que decidir se privilegiava a forma ou a substância. A favor da forma, tinha-se uma jurisprudência que considerava que nem mesmo a sanção poderia sanar o vício de iniciativa. Contra ela, três fatos: (I) o projeto de lei não versava exatamente sobre regime de servidores públicos, mas sobre agentes políticos que exercem mandato no Bacen; (II) o projeto de lei não criou ou extinguiu ministério ou órgão da Administração, tendo se limitado a reconfigurar a governança do Bacen, que era e continua sendo uma autarquia federal; (III) finalmente, o fato de que o PLP nº 19/2019, ao receber um substitutivo, acabou por incorporar os temas constantes do PLP nº 112/2019, na mesma linha, de iniciativa do chefe do Poder Executivo. A existência de um projeto de lei sobre o mesmo tema, enviado pelo presidente da República, demonstraria a sua inequívoca intenção de iniciar o processo legislativo sobre a matéria, no mesmo sentido do projeto de iniciativa parlamentar que acabou aprovado.

III O voto do Ministro Luís Roberto Barroso: instrumentalidade de formas legislativas e autocontenção judicial

O voto do Ministro Luís Roberto Barroso abriu a divergência em relação ao voto do Ministro Ricardo Lewandowski e acabou formando maioria. Há duas partes bem distintas do voto que pretendo aqui destacar: (III.1) a primeira, na qual o ministro afasta a alegação de inconstitucionalidade formal, adotando, subsidiariamente, o que chamei aqui de *instrumentalidade de formas legislativas*, para salvar a validade do projeto de lei; e (III.2) a segunda, na qual são expostas apenas as correntes políticas contrárias e favoráveis à adoção do modelo de banco central autônomo, mas que não chegou a ser constitucionalizado, como o foi, por exemplo, na Alemanha. Assim, ao ver do ministro, tratava-se de matéria sujeita à livre conformação legislativa e sujeita, portanto, ao dever de autocontenção judicial no exercício do controle de constitucionalidade.

A seguir, destaco diferentes trechos do acordão do Ministro Barroso que falou pela Corte e, a meu sentir, resolveu os pontos controvertidos na ADI nº 6.696 com desassombro, inovação e prudência.

III.1 A instrumentalidade de formas legislativas

Na qualidade de redator do acordão, o Ministro Barroso adotou o entendimento de que a matéria versada na Lei Complementar nº 179/2021 não se enquadra entre aquelas que exigem a iniciativa legislativa privativa do chefe do Poder Executivo. Isso porque o projeto de lei transcendeu ao regime jurídico dos servidores públicos para tratar do Banco Central como uma instituição de Estado. Mas, ainda que assim não fosse, o acordão avançou pela discussão da higidez do processo legislativo. Veja-se a ementa do acordão no que se refere a esses pontos:

> 3. Primeiro: não se exige reserva de iniciativa na matéria. A disciplina do Sistema Financeiro Nacional deve se dar mediante lei complementar (CF, art. 192), mas não se exige iniciativa

privativa do Presidente da República. Justamente ao contrário, o art. 48, XIII, da Constituição prevê, expressamente, a competência do Congresso Nacional para dispor sobre matéria financeira, cambial e monetária, que compõem o cerne da atuação do Banco Central. A LC nº 179/2021 transcende o propósito de dispor sobre servidores públicos ou criar órgão público. Ela dá configuração a uma instituição de Estado – não de governo –, que tem relevante papel como árbitro neutro, cuja atuação não deve estar sujeita a controle político unipessoal. Precedentes.

4. Segundo: houve iniciativa presidencial. A sanção do Presidente da República não convalida o vício de iniciativa, na linha da jurisprudência do Supremo Tribunal Federal. Porém, o envio de mensagem presidencial, durante a tramitação da matéria, com projeto de lei substancialmente idêntico ao que se encontrava em curso no Congresso Nacional, configura situação diversa. Isso porque revela inequívoca vontade política do chefe do Executivo em deflagrar o processo legislativo, ficando atendida a exigência constitucional da iniciativa.

5. Terceiro: foi observado o Regimento Interno da Câmara dos Deputados. A Câmara dos Deputados cumpriu os preceitos regimentais que regulamentam a matéria ao apensar os dois projetos de conteúdo praticamente idêntico e ao atribuir precedência à proposição do Senado sobre a da Câmara (arts. 142 e 143 do Regimento Interno da Câmara dos Deputados). Tal decisão somente seria passível de censura se visasse a contornar ou frustrar eventual reserva de iniciativa presidencial, o que não é o caso. É pacífica a jurisprudência do Supremo Tribunal Federal no sentido de não interferir em questões interna corporis das casas legislativas. (MS nº 34.099-AgR, Rel. Min. Celso de Mello, j. 5.10.2018)

Interessa-nos aqui, sobremaneira, a visão do Ministro Barroso acerca da *instrumentalidade das formas legislativas*: no caso em questão, havia um projeto de lei de iniciativa da Chefia do Poder Executivo, a demonstrar a inequívoca manifestação de vontade do presidente da República em sentido idêntico ao que foi objeto da proposta legislativa de origem parlamentar. Ademais, a decisão da casa legislativa de atribuir precedência à proposição do Senado Federal sobre a da Câmara dos Deputados cumpriu os dispositivos regimentais pertinentes, somente sendo passível de censura se tivesse visado a contornar ou frustrar eventual reserva de iniciativa presidencial, o que não foi o caso. Ou seja, em vez de enrijecer as formas legislativas, o ministro prestigiou a substância do processo legislativo, a partir da verificação da existência de manifestações de vontade dos órgãos competentes e do respeito às normas regimentais aplicáveis.

Vale enfatizar que a jurisprudência do Supremo Tribunal Federal não foi formalmente desafiada. Explico: a tese de que a sanção presidencial não convalida eventual vício de iniciativa não foi superada. No caso, houve de fato sanção, mas o Ministro Barroso não se apegou a esse detalhe para construir o seu voto que acabou prevalecendo no Colegiado. Ao contrário, a tese foi reiterada. O que se demonstrou foi a existência da manifestação de vontade *inicial* do presidente da República, que apresentara ao Congresso Nacional um projeto de lei complementar em sentido (praticamente) idêntico ao que foi objeto de deliberação legislativa.

III.2 A autocontenção judicial

Quanto ao mérito da discussão – isto é, a própria decisão política consubstanciada na lei acerca da atribuição de autonomia ao Banco Central –, o acordão adotou posição de saudável *autocontenção*, assim registrada na ementa:

7. Caso o Tribunal venha a conhecer da arguição de inconstitucionalidade material, é fato induvidoso que a questão da autonomia do Banco Central divide opiniões. Há visões como a dos autores da ação, segundo a qual ela retira de governos eleitos o controle sobre a política econômica e monetária. E há visões opostas, professadas por economistas e atores institucionais, como a OCDE e o Banco Mundial, de que a política monetária deve ser preservada das interferências políticas, muitas vezes motivadas por interesses eleitorais de curto prazo e que cobram um preço alto no futuro.

8. Como se percebe, trata-se de questão essencialmente política, que não se situa no âmbito da interpretação constitucional, mas sim no plano da liberdade de conformação legislativa do Congresso Nacional. Como consequência, deve o Supremo Tribunal Federal ser deferente para com as escolhas políticas do Poder Legislativo.

Em vez de adentrar o espinhoso campo das disputas políticas acerca da autonomia do Banco Central, o ministro apenas procurou demonstrar em seu voto a inexistência de violação a qualquer norma constitucional, o que aponta para um típico caso de *liberdade de conformação legislativa*. Ou seja, a matéria envolvia um indiferente constitucional, algo de que pouco se fala no Brasil, talvez por preconceito, talvez por ignorância. Mas, há matérias que a Constituição simplesmente não proíbe e sobre as quais não impõe qualquer comportamento.

Com a sabedoria de uma década de judicatura constitucional – e de uma vida dedicada ao magistério e à prática da advocacia do direito constitucional – o Ministro Barroso entendeu que o consenso se daria pela defesa de um ponto de vista minimalista sobre a questão, como uma espécie de *zona de interseção* entre as diferentes opiniões existentes acerca do mérito.

IV Conclusão

O Presidente Lula disse, em 2023, que "a autonomia do Banco Central é uma *bobagem*". Segundo Lula, o Bacen nunca teria deixado de cumprir fielmente seu papel em suas gestões anteriores, mesmo subordinado politicamente ao presidente da República. Bem, sem adentrar o mérito histórico dessa assertiva, o ponto é que o desenho das instituições não deve ser concebido a partir de exemplos individuais, mas de experiências reiteradas, impessoais e comprovadas. No caso brasileiro, a história tem dado testemunho da necessidade de se conferir algum grau de autonomia às autoridades monetárias. Deixar a taxa de juros sujeita a pressões políticas imediatistas pode abrir as portas para a inflação, expediente sempre usado pelos populistas para financiar a expansão de gastos. O descolamento do processo político e eleitoral põe a estabilidade da moeda em lugar mais seguro, a salvo dos clamores de curto prazo e dos sobressaltos dos períodos de transição entre governos.

O modelo de agência autônoma não é universal, nem panaceia. Em 1967, a *Federal Aviation Administration* (FAA), que era independente, foi reintegrada ao Departamento de Transportes do governo federal dos Estados Unidos, diante da necessidade de comando e coordenação com outros órgãos da Administração Pública. Mas, no que se refere às autoridades monetárias, há um razoável consenso no sentido de que o seu insulamento do ciclo político-eleitoral produz melhores resultados. O caso do Banco

Central da Turquia, cuja independência foi suprimida pelo governo, é um exemplo com consequências desastrosas já catalogado pela literatura.

O modelo de regulação independente tem se mostrado útil: (I) em setores de infraestrutura, nos quais a estabilidade das regras em médio e longo prazos seja essencial para a atração e manutenção de investimentos privados (custos afundados, de amortização alongada); (II) em setores de preços administrados (como tarifas públicas), nos quais os incentivos políticos possam levar ao populismo tarifário e à retração progressiva de investimentos; e (III) em setores cuja regulação tenha na independência técnica condição de sua confiabilidade e imparcialidade, como na gestão da moeda e defesa da concorrência. Tal modelo, usado com parcimônia e nos casos indicados, está longe de ser uma bobagem.

Lula pode manifestar insatisfação com a política de juros elevados do Bacen, assim como já o fizera Bolsonaro no período eleitoral. Ambos desejariam que os juros fossem reduzidos numa *canetada*, mesmo que os efeitos mediatos sobre a economia fossem desastrosos. Pretender curar a febre pondo o termômetro na geladeira – isto, sim, é uma bobagem.

O voto do Ministro Luís Roberto Barroso proferido na ADI nº 6.696, que acabou chancelado pela maioria dos ministros do Supremo Tribunal Federal e rendeu-lhe a posição de redator para o acórdão, revela não apenas o saber de um dos grandes constitucionalistas brasileiros a serviço da Suprema Corte de seu país, mas sobretudo a sabedoria adquirida pelo mestre em seus celebrados dez anos de profícuo exercício da judicatura constitucional.

Informação bibliográfica deste texto, conforme a NBR 6023:2018 da Associação Brasileira de Normas Técnicas (ABNT):

BINENBOJM, Gustavo. Autonomia do Banco Central, instrumentalidade de formas legislativas e autocontenção judicial. *In*: OSORIO, Aline; MELLO, Patrícia Perrone Campos; BARROSO, Luna van Brussel (Coord.). *Direitos e democracia*: 10 anos do Ministro Luís Roberto Barroso no STF. Belo Horizonte: Fórum, 2023. p. 393-398. ISBN 978-65-5518-555-3.

A LAICIDADE NO STF: UM CONCEITO CONSTITUCIONAL EM DISPUTA

JANE REIS GONÇALVES PEREIRA
DANIELLE DE CARVALHO PACHECO DE MELO

A tensão entre laicidade estatal e o papel da religião no espaço público é, desde suas origens, uma preocupação central no constitucionalismo moderno. Na paisagem política contemporânea, a discussão sobre o conteúdo jurídico do princípio da laicidade estatal integra o eixo de várias disputas relevantes, merecendo cada vez mais atenção na literatura e nos tribunais.

Incorporada ao sistema constitucional como um princípio estruturante da República, a laicidade, tanto pelo seu caráter fundamental, quanto pelas ambiguidades que encerra, tem seu significado, alcance e efeitos reiteradamente debatidos em controvérsias levadas aos tribunais. No contexto recente de acirrado antagonismo, o STF se tornou palco frequente de contestação de políticas públicas que são atravessadas por leituras distintas quanto ao significado da laicidade estatal.

A partir desse panorama, o presente ensaio busca identificar as leituras sobre laicidade que aparecem em dois julgamentos recentes relatados pelo Ministro Luís Roberto Barroso, homenageado neste volume. Os dois casos analisados são representativos da cada vez mais complexa relação entre Estado e religião, bem como sobre os questionamentos que gravitam em torno da ideia de laicidade.[1] Nosso singelo objetivo, aqui, é identificar tensões e apontar para potenciais agendas de pesquisa no espectro temático.

É comum na literatura a associação da laicidade à ideia de separação entre Estado e religião. Não obstante, boa parte das discussões acerca da laicidade chama a atenção para a importância de compreender não exatamente como esta separação ocorre, ou em que grau ela se operaria, mas, sim, a própria relação que envolve, atualmente, o Estado e as diversas religiões.

Um deslocamento do foco da compreensão do conceito de laicidade para as relações entre Estado e religião deriva da constatação de que nunca se operou uma separação completa entre eles, ou mesmo o estabelecimento de um grau zero de regulação da religião por parte do Estado. Entender a relação entre Estado e religião seria muito

---

[1] Os temas referidos neste artigo estão sendo desenvolvidos em tese de doutorado junto ao Programa de Pós-Graduação em Direito da Universidade do Estado do Rio de Janeiro.

importante, ainda, porque o regime de separação jamais teria sido apto a produzir de forma efetiva uma posição neutra do Estado laico em relação à religião.[2]

Esse desafio tem sido abordado em discussões teóricas sofisticadas, entre as quais é representativa a travada entre Rawls e Habermas,[3] a respeito da possibilidade – ou mesmo da pertinência – da determinação restritiva do uso de argumentos de natureza religiosa na esfera estatal. No debate sobre o alcance da laicidade, há até mesmo autores que chegam a sustentar "a existência de Deus" como um dado incontornável na esfera do discurso público, buscando, assim questionar a ideia de neutralidade estatal diante da religião.[4] Partindo de uma perspectiva que busca compreender todas essas variações, Emerson Giumbelli vem defendendo que o modelo de separação seja considerado apenas uma das formas de relação, justamente porque o Estado moderno em nenhum momento se desinteressou completamente da religião.[5]

Para além da discussão acerca da relação entre Estado e religião e o debate sobre a neutralidade, a própria definição da laicidade vem ocupando boa parte dos estudos mais recentes. Vale lembrar que a disputa política sobre o conteúdo da laicidade não é nova, mas remete à história do protestantismo na França e também à Revolução Francesa. O termo, por sua vez, teria surgido na segunda metade do século XIX, na França, a partir da origem do neologismo *laïcité* e de sua derivação *laïque*, que significa "separado da religião".[6]

No âmbito das ciências sociais, Emerson Giumbelli aponta para uma dupla abordagem da laicidade, destacando que ora é referida como ideologia ou posicionamento que surge nas discussões sobre o lugar da religião na esfera pública, ora como uma configuração, utilizada para definir as relações entre agentes estatais e religiosos, ou entre os agentes religiosos ante outros atores sociais. Em ambos os casos, a laicidade é compreendida como uma limitação.[7]

A literatura jurídica, por sua vez, refere-se ao termo como um princípio, isto é, uma norma eleita pelo poder constituinte como fundamental para a ordem jurídica. Esta referência da laicidade como princípio, que é, sob este viés, objeto de estudo no direito brasileiro e também no comparado, como ocorre, por exemplo, direito constitucional do sul da Europa, em grande parte, por influência francesa,[8] não afasta as discussões acerca do seu próprio significado.

---

[2] BURITY, J. Republicanismo e o crescimento do papel público das religiões: comparando Brasil e Argentina. *Contemporânea*, São Carlos, v. 1, n. 1, p. 199-227, jan./jun. 2011. Disponível em: https://www.contemporanea.ufscar.br/index.php/contemporanea/article/view/26. Acesso em: 27 maio 2022.

[3] HABERMAS, Jürgen. *Entre naturalismo e religião*: estudos filosóficos. Tradução de Flávio Beno Siebeneichler. Rio de Janeiro: Tempo Brasileiro, 2007.

[4] MACHADO, Jónatas E. M. *Estado constitucional e neutralidade religiosa*: entre o teísmo e o (neo)ateísmo. Porto Alegre: Livraria do Advogado, 2013.

[5] GIUMBELLI, Emerson. *O fim da religião*: dilemas da liberdade religiosa no Brasil e na França. São Paulo: Attar, 2002. p. 50.

[6] BLANCARTE, Roberto. ¿Por qué la religión "regresó" a la esfera pública en un mundo secularizado?. *Estudios Sociológicos de El Colegio de México*, v. 33, n. 99, p. 659-673, 2015. p. 665. DOI: 10.24201/es.2015v33n99.1394. Disponível em: https://estudiossociologicos.colmex.mx/index.php/es/article/view/1394. Acesso em: 18 mar. 2022.

[7] GIUMBELLI, Emerson. O que é um ambiente laico? Espaços (inter)religiosos em instituições públicas. *Revista Cultura y Religión*, v. 7, n. 2, p. 32-47, 8 mar. 2014. p. 32. Disponível em: https://www.revistaculturayreligion.cl/index.php/revistaculturayreligion/article/view/386. Acesso em: 6 mar. 2023.

[8] MACHADO, Jónatas E. M. *Estado constitucional e neutralidade religiosa*: entre o teísmo e o (neo)ateísmo. Porto Alegre: Livraria do Advogado, 2013.

Os antagonismos e embates na arena política exigem que o Estado assuma posições institucionais em temas decisivos de grande impacto social, como aborto, células-tronco, relações homoafetivas e políticas públicas (especialmente no campo da saúde e educação). Todas essas discussões trazem embutidas acirradas disputas pelo significado da laicidade defendidas por distintos atores sociais – religiosos e laicos – ou entre estes e o próprio Estado. Em meio a estes movimentos, agentes sociais e estatais procuram, a cada momento, redefinir e adequar o alcance e sentido da laicidade aos seus interesses e posições sociais e institucionais. Em geral, os argumentos sustentados em várias frentes políticas invocam a defesa da laicidade estatal, mas, quanto ao significado que atribuem a esse conceito, revelam-se antagônicas e inconciliáveis entre si.[9]

O acirramento desses confrontos, que demandam que o Estado adote posições institucionais em questões morais e religiosas, traz a necessidade de novas reflexões acerca do sentido e alcance da laicidade. São reflexões que migram da literatura e, principalmente, do espaço público, para os tribunais, em geral, e o STF, em particular. Tratamos, a seguir, de algumas decisões que aparecem como grandes exemplos deste cenário.

Com efeito, em 2020, o Supremo Tribunal Federal foi instado a se manifestar acerca da adoção de medidas de proteção relacionadas ao combate à pandemia por Covid-19 em favor de comunidades indígenas. Tratava-se, no caso, da arguição de descumprimento de preceito fundamental, de relatoria do Ministro Roberto Barroso, proposta pela Articulação dos Povos Indígenas do Brasil – APIB e diversos partidos.[10]

O objeto da ação consistia em um conjunto de ações e omissões estatais relativas ao combate à pandemia que, por implicar alto risco de contágio e extermínio de povos indígenas, estaria violando a dignidade da pessoa humana, o direito à vida e à saúde, bem como o direito desses povos de viverem em seus territórios conforme suas culturas e tradições.

Entre os argumentos utilizados para fundamentar seus pedidos, os requerentes alegavam a maior vulnerabilidade imunológica dos indígenas, por estarem historicamente mais suscetíveis a doenças infectocontagiosas diante de sua menor exposição à patologias; sua vulnerabilidade sociocultural, marcada pelo seu modo de vida tradicional, que leva a um maior compartilhamento de habitações e utensílios e a uma maior probabilidade de propagação do vírus; bem como sua vulnerabilidade política, que desfavorece a viabilidade de sua representação pelos meios reconhecidos pelo Estado, dificultando seu acesso aos serviços públicos essenciais.

Quanto aos atos comissivos e omissivos imputados ao Poder Público, estava em questão a contenção de invasões a terras indígenas ou a não remoção dos invasores que objetivavam a prática de grilagem, garimpo ilegal e extração ilegal de madeira por meio do contato forçado com a tribo; o ingresso de agentes de saúde em terras indígenas sem o cumprimento de quarentena ou observação de medida de prevenção de contágio; a decisão da Fundação Nacional do Índio – Funai e da Secretaria Especial de Saúde Indígena – Sesai de prestar assistência de saúde a povos que residissem em

---

[9] MARIANO, Ricardo. Laicidade à brasileira: católicos, pentecostais e laicos em disputa na esfera pública. *Civitas: Revista de Ciências Sociais*, v. 11, n. 2, p. 238-258, 2011. DOI: 10.15448/1984-7289.2011.2.9647. Disponível em: https://revistaseletronicas.pucrs.br/ojs/index.php/civitas/article/view/9647. Acesso em: 10 mar. 2023.

[10] BRASIL. Supremo Tribunal Federal. ADPF nº 709 MC. Rel. Min. Roberto Barroso, Tribunal Pleno, j. 2.3.2022, Processo Eletrônico *DJe*-056, divulg. 23.3.2022, public. 24.3.2022.

terras indígenas homologadas e remeter indígenas urbanos ao SUS geral; bem como a falta de elaboração de um plano estratégico de proteção das comunidades indígenas e um cronograma de implementação que contasse com a participação das comunidades indígenas.

Diante dessas alegações, o Supremo Tribunal Federal se manifestou pelo deferimento parcial da medida em favor da proteção dos povos indígenas em isolamento ou povos indígenas de recente contato, determinando, entre outras medidas, a criação de barreiras sanitárias para impedir o ingresso de terceiros em seus territórios e a criação de sala de situação para a gestão de ações de combate à pandemia. Em relação aos povos indígenas em geral, as providências adotadas incluíram a inclusão, no Plano de Enfrentamento e Monitoramento da Covid-19 para os Povos Indígenas, de medida emergencial de contenção e isolamento dos invasores em relação às comunidades indígenas ou providência alternativa, apta a evitar o contato.

A decisão, proferida pelo Ministro Barroso e posteriormente ratificada pelo plenário, baseou-se em três premissas, sendo a primeira delas o princípio da prevenção ou da precaução, voltado para a proteção da vida e da saúde dos grupos, que considerou o risco de extinção da etnia, caso a doença se espalhasse de forma descontrolada. A segunda premissa foi o estabelecimento de um diálogo institucional entre o Judiciário e o Executivo, na medida em que a concretização das políticas públicas necessárias ao caso dependia de forma direta da atuação da União, através do Ministério da Saúde e das Forças Armadas, para a determinação de medidas de enfrentamento da pandemia e a instalação de barreira sanitária que impedisse o ingresso de pessoas não pertencentes às comunidades indígenas. E a terceira premissa, por fim, foi o estabelecimento de um diálogo intercultural entre a nossa cultura e a indígena, com atenção para o fato de que os índios possuem cultura e tradições diferentes, tendo o direito de apresentar seus interesses e pretensões.

A decisão proferida no julgamento da ADPF nº 709 serviu de base para o deferimento parcial da medida cautelar na Ação Direta de Inconstitucionalidade nº 6.622, distribuída por prevenção para o Ministro Roberto Barroso, em 2021.[11] Neste segundo caso, a discussão central era a permanência de missões de cunho religioso em áreas com presença confirmada de povos indígenas isolados durante a pandemia da Covid-19.

A medida proposta pela Articulação dos Povos Indígenas do Brasil – APIB, juntamente com o Partido dos Trabalhadores – PT, sustentava a inconstitucionalidade do art. 13, §1º, da Lei nº 14.021/2020, que autorizava, tanto a entrada, quanto a permanência de missões religiosas em terras de povos indígenas isolados na pandemia. Nesse contexto, afirmando a sua vulnerabilidade imunológica, bem com o direito à sua autodeterminação e permanência em isolamento, mediante sua escolha, inclusive com base na Convenção 169 da OIT, alegou-se a impossibilidade de que prevalecesse a liberdade de religião de missionários, ante a violação da dignidade humana e dos direitos à saúde e à vida.

A Advocacia-Geral da União sustentou a constitucionalidade do dispositivo, diante do direito à liberdade religiosa e do direito à autodeterminação indígena, previstos na própria Constituição.

---

[11] BRASIL. Supremo Tribunal Federal. ADI nº 6.622 MC. Rel. Min. Roberto Barroso, Tribunal Pleno, j. 23/09/2021, Processo Eletrônico *DJe*-192, divulg. 24.9.2021, public. 27.9.2021.

Nesse contexto, indicando a urgência quanto à análise do ingresso de novas missões religiosas em terras indígenas de povos isolados ante o risco de contágio, a decisão proferida pelo Ministro Barroso foi no sentido de proibir o ingresso de terceiros em área de povos indígenas isolados e determinar a instituição de barreiras sanitárias com tais propósitos.

Para esta conclusão, o Supremo Tribunal Federal utilizou como base o entendimento manifestado na medida cautelar deferida na ADPF nº 709. Assim, chamando a atenção para o contexto da primeira decisão, a decisão do Ministro Barroso destacou que a vedação quanto ao ingresso em terras de povos indígenas isolados, bem como o contato recente com quaisquer terceiros seria de caráter geral, abrangendo integrantes de missões religiosas ou não.

Apesar da razoabilidade da decisão diante do seu amplo alcance, bem como da determinação quanto à prevalência do direito à saúde e à própria vida ante a liberdade religiosa, na medida em que evidente o risco de contágio em razão da vulnerabilidade imunológica desses povos que, de fato, existe, as decisões não deixaram de ser alvo de críticas.

Em nota de repúdio à medida deferida pelo Ministro Roberto Barroso,[12] a Frente Parlamentar Evangélica do Congresso Nacional – FPE afirmou que a decisão do Supremo Tribunal Federal relativa à ADPF nº 709 partiu de premissas equivocadas e distorceu princípios constitucionais. De acordo com a nota, a decisão teria agredido frontalmente a liberdade religiosa e, a pretexto de proteger a vida e a saúde contra a disseminação da Covid-19, teria negado o acesso dos povos indígenas aos instrumentos das missões religiosas que efetivam tais direitos, além de isolar os povos indígenas e ignorar outras decisões do Poder Executivo, que, detendo melhores instrumentos para avaliação da efetividade das políticas públicas, reconhecem a imprescindibilidade das missões religiosas.

Com base em tais argumentos, a FPE afirma que a vedação das atividades missionárias junto aos povos indígenas constituiria perseguição às missões religiosas e à própria garantia constitucional da liberdade religiosa, consistindo em uma decisão orientada por uma ideologia anticristã e antidemocrática.

Há, ainda, a decisão proferida na Ação Direta de Inconstitucionalidade nº 4.439,[13] que objetivou conferir interpretação conforme a constituição a dispositivos da Lei de Diretrizes e Bases da Educação Nacional – LBD e do Acordo Brasil-Santa Sé, para declarar que o ensino religioso em escolas públicas somente poderia ter natureza não confessional, sendo proibida a admissão de professores na qualidade de representantes das confissões religiosas.

Embora a Procuradoria-Geral da República, na condição de requerente, tivesse sustentado que a única forma de compatibilizar o caráter laico do Estado brasileiro com o ensino religioso nas escolas públicas seria a partir da adoção do modelo não confessional, o Supremo Tribunal Federal afirmou a constitucionalidade dos dispositivos

---

[12] Disponível em: https://www.conjur.com.br/2021-set-24/barroso-proibe-entrada-missoes-religiosas-terras-indigenas. Acesso em: 21 mar. 2023.
[13] BRASIL. Supremo Tribunal Federal. ADI nº 4.439. Rel. Min. Roberto Barroso, Rel. p/ acórdão Min. Alexandre de Moraes, Tribunal Pleno, j. 27.9.2017. Processo Eletrônico *DJe*-123 divulg. 20.6.2018, public. 21.6.2018.

que previam o ensino religioso confessional como disciplina facultativa dos horários normais das escolas públicas de ensino fundamental.

Para fundamentar tal decisão, o acórdão destacou que a matéria alcança a própria liberdade de expressão de pensamento sob a luz da tolerância e diversidade de opiniões. Nesse contexto, a previsão pela constituição do caráter voluntário da matrícula para o ensino religioso, respeitando agnósticos e ateus, bem como da impossibilidade de que o Poder Público crie de modo artificial seu próprio ensino religioso, com um determinado conteúdo estatal para a disciplina, reflete de forma adequada o binômio laicidade do Estado/consagração da liberdade religiosa, que são noções interdependentes e complementares e servem de base para esta interpretação.

É interessante notar, no entanto, a conclusão em sentido diverso a que chegou o Ministro Roberto Barroso por meio de seu voto, que restou vencido. Segundo destacou em sua decisão, ao longo do tempo, a religião ocupou diversos lugares no universo social no que tange à sua centralidade, tendo acompanhado a evolução da condição humana e das civilizações, tanto para o bem, quanto para o mal. Nesse contexto, embora o advento do Estado moderno, da revolução científica e do iluminismo levassem a crer que o sentimento religioso acabaria empurrado para a margem da história, não foi isso que aconteceu, uma vez que o desenvolvimento das ciências e o avanço tecnológico não foram capazes de atender às demandas espirituais da condição humana.

Chamando a atenção para a necessidade humana por algum grau de espiritualidade e para a noção de religiosidade sem uma divindade, seu voto destaca que a decisão do indivíduo em relação a religião – seja para aderir a uma, seja para rejeitar todas – ainda constitui uma das escolhas existenciais mais importantes da sua vida. Além disso, não é possível ignorar o fato de que o pluralismo e a diversidade quanto às religiões constituem características do mundo contemporâneo, em que pese a proeminência das religiões tradicionais. Segundo o ministro, esses pontos atribuem ao Estado dois papéis decisivos, tornando essencial que o Estado assegure a liberdade religiosa e, por outro lado, conserve uma posição de neutralidade ante as diferentes religiões.

Assim, a partir do confronto das normas sobre o ensino religioso, sobre a liberdade religiosa e o princípio da laicidade, cujo conteúdo poderia ser repartido em separação formal entre Igreja e Estado, neutralidade estatal em matéria religiosa e respeito à liberdade religiosa e ao direito de não ter qualquer religião, o Ministro Roberto Barroso conclui que o ensino religioso nas escolas públicas deveria ser não confessional e facultativo, sendo esta a maneira mais adequada de reconciliar e ensino religioso e a laicidade estatal.

As referidas decisões evidenciam como a presença da religião e do sentimento religioso nos espaços públicos demanda constante atribuição de sentido à laicidade, bem como sua permanente acomodação com o pluralismo. Cabe observar que, abstraídas as várias nuances, os votos do Ministro Barroso – em especial o que trata da questão sobre o ensino religioso nas escolas públicas – estão em sincronia com o sentido da laicidade que a concebe mais como uma relação, do que como separação. Nesse contexto, a análise das decisões em questão aponta para uma agenda de pesquisa que busque responder se essa perspectiva da laicidade, do ponto de vista normativo, é apta a assegurar que o conceito opere como um dispositivo democrático e, sob um ângulo empírico, se se presta a conferir efetividade ao ideal de promoção da diversidade de crenças e proteção das minorias religiosas.

As questões enfrentadas nos referidos votos não apenas não se limitam a solucionar os conflitos então em pauta, mas também fornecem importantes sinalizações sobre as controvérsias futuras envolvendo a relação entre Estado e religião. O conteúdo constitucional da laicidade estatal – em sua interação com questões políticas e sociais complexas –, segue em disputa por variados setores da sociedade, que continuarão a buscar no Judiciário mediação e atribuição de sentido.

Referências

BLANCARTE, Roberto. ¿Por qué la religión "regresó" a la esfera pública en un mundo secularizado?. *Estudios Sociológicos de El Colegio de México*, v. 33, n. 99, p. 659-673, 2015. DOI: 10.24201/es.2015v33n99.1394. Disponível em: https://estudiossociologicos.colmex.mx/index.php/es/article/view/1394. Acesso em: 18 mar. 2022.

BRASIL. Supremo Tribunal Federal. ADI nº 4.439. Rel. Min. Roberto Barroso, Rel. p/ acórdão Min. Alexandre de Moraes, Tribunal Pleno, j. 27.9.2017. Processo Eletrônico *DJe*-123 divulg. 20.6.2018, public. 21.6.2018.

BRASIL. Supremo Tribunal Federal. ADI nº 6.622 MC. Rel. Min. Roberto Barroso, Tribunal Pleno, j. 23/09/2021, Processo Eletrônico *DJe*-192, divulg. 24.9.2021, public. 27.9.2021.

BRASIL. Supremo Tribunal Federal. ADPF nº 709 MC. Rel. Min. Roberto Barroso, Tribunal Pleno, j. 2.3.2022, Processo Eletrônico *DJe*-056, divulg. 23.3.2022, public. 24.3.2022.

BURITY, J. Republicanismo e o crescimento do papel público das religiões: comparando Brasil e Argentina. *Contemporânea*, São Carlos, v. 1, n. 1, p. 199-227, jan./jun. 2011. Disponível em: https://www.contemporanea.ufscar.br/index.php/contemporanea/article/view/26. Acesso em: 27 maio 2022.

GIUMBELLI, Emerson. *O fim da religião*: dilemas da liberdade religiosa no Brasil e na França. São Paulo: Attar, 2002.

GIUMBELLI, Emerson. O que é um ambiente laico? Espaços (inter)religiosos em instituições públicas. *Revista Cultura y Religión*, v. 7, n. 2, p. 32-47, 8 mar. 2014. Disponível em: https://www.revistaculturayreligion.cl/index.php/revistaculturayreligion/article/view/386. Acesso em: 6 mar. 2023.

HABERMAS, Jürgen. *Entre naturalismo e religião*: estudos filosóficos. Tradução de Flávio Beno Siebeneichler. Rio de Janeiro: Tempo Brasileiro, 2007.

MACHADO, Jónatas E. M. *Estado constitucional e neutralidade religiosa*: entre o teísmo e o (neo)ateísmo. Porto Alegre: Livraria do Advogado, 2013.

MARIANO, Ricardo. Laicidade à brasileira: católicos, pentecostais e laicos em disputa na esfera pública. *Civitas: Revista de Ciências Sociais*, v. 11, n. 2, p. 238-258, 2011. DOI: 10.15448/1984-7289.2011.2.9647. Disponível em: https://revistaseletronicas.pucrs.br/ojs/index.php/civitas/article/view/9647. Acesso em: 10 mar. 2023.

Informação bibliográfica deste texto, conforme a NBR 6023:2018 da Associação Brasileira de Normas Técnicas (ABNT):

PEREIRA, Jane Reis Gonçalves; MELO, Danielle de Carvalho Pacheco de. A laicidade no STF: um conceito constitucional em disputa. *In*: OSORIO, Aline; MELLO, Patrícia Perrone Campos; BARROSO, Luna van Brussel (Coord.). *Direitos e democracia*: 10 anos do Ministro Luís Roberto Barroso no STF. Belo Horizonte: Fórum, 2023. p. 399-405. ISBN 978-65-5518-555-3.

DIREITO, CONSENSO CIENTÍFICO E CONTROLE: APONTAMENTOS SOBRE O VOTO DO MIN. BARROSO NA ADI Nº 6.421-MC

JOSÉ VICENTE SANTOS DE MENDONÇA
FELIPE ROMERO

1 Introdução

Um dos autores deste texto escreveu, em coautoria, em 2016, o seguinte: "Pelos propósitos, abrangência e impacto da obra, ele é, talvez, o constitucionalista brasileiro, desde Rui Barbosa, que mais importância teve e tem para o direito constitucional".[1] Estávamos, então, apenas no terceiro ano do Ministro Barroso no Supremo Tribunal Federal, mas sua importância e destaque na Corte se confirmaram desde então.

Os dez anos da judicatura de Luís Roberto Barroso no Supremo Tribunal Federal tiveram enorme impacto para o país. Relator e votante em casos relevantes no Supremo, e, de 2020 a 2022, também presidente do TSE, Luís Roberto teve argúcia e coragem; delicadeza e força para deixar sua marca na jurisdição constitucional, de um lado; e, de outro, resistindo e avançando, na higidez do sistema político-eleitoral. Não foram, contudo, anos fáceis.

Em certo sentido, o Brasil dos últimos anos é o país que simultaneamente gestou, permitiu, precisou, agradeceu e criticou os votos e a postura pública do Professor Luís Roberto. Aliás, em passagem polêmica, Luís Roberto Barroso afirmou que o Supremo desempenharia, ocasionalmente, a função de "vanguarda iluminista".[2] Choveram críticas. Ora, todo texto é sempre sobre nós mesmos. Nosso homenageado não escrevia sobre o Supremo, não teria como; falava sobre si próprio; e, aqui, não estava errado.

É um vanguardista, não no sentido niilista das vanguardas europeias, mas no da coragem dosada, da estratégia *in actio*. Desafiou uma constituição para valer – venceu. Ousou sonhar uma escola de direito público ali onde só existia uma faculdade de

---

[1] LYNCH, Christian Edward Cyril; MENDONÇA, José Vicente Santos de. Por uma história constitucional brasileira: uma crítica pontual à doutrina da efetividade. *Direito e Práxis*, v. 8, n. 2, 2017. p. 982.
[2] BARROSO, Luís Roberto. A razão sem voto: o Supremo Tribunal Federal e o governo da maioria. *Revista Brasileira de Políticas Públicas*, v. 5, p. 23-50, 2015.

direito – construiu. Nem todas as vitórias foram definitivas, nem todas as batalhas valeram a pena; mas ninguém duvida de que houve *movimento*.

Pois é reconhecendo a singularidade do homenageado que se destaca caso incomum, julgado numa época estranha, e cujo resultado, adequado para a época e o contexto, permite-nos refletir, agora com mais de calma, sobre as relações entre ciência e direito.

Pois bem. O artigo se debruça sobre a discussão proposta por Luís Roberto Barroso em seu voto como relator no julgamento da medida cautelar na ADI nº 6.421, apreciada pelo Tribunal Pleno do STF em maio de 2020.[3] As ações foram ajuizadas por diversos partidos políticos de oposição, à época, ao Governo Federal, e pela Associação Brasileira de Imprensa. Questionava-se a constitucionalidade da Medida Provisória nº 966/2020.[4]

A MP, editada no auge da pandemia da Covid-19, tratava da responsabilização de agentes públicos por ações sanitárias e econômicas relacionadas ao enfrentamento da crise. Conforme sua exposição de motivos, buscava-se "salvaguardar os atos praticados de boa fé" a partir da instituição de regime de responsabilização adequado ao cenário criado pela disseminação do vírus.

O texto da MP reproduzia, com poucas inovações, o que previa a Lei de Introdução às Normas do Direito Brasileiro – LINDB –, e seu decreto, acerca da responsabilização de agentes públicos em caso de dolo ou erro grosseiro.[5] A MP ratificava que agentes públicos seriam pessoalmente responsabilizados apenas em caso de dolo ou erro grosseiro, caracterizados de acordo com as circunstâncias de fato que houvessem limitado ou condicionado a ação estatal – tal como a LINDB estabelecia.[6]

O contexto e a autoria da MP, no entanto, levantavam suspeitas. Temia-se que pudesse ser usada como escudo por autoridades negacionistas, que se recusassem a seguir a orientação de especialistas quanto a medidas de prevenção e tratamento da doença.[7]

Nas ADIs, os requerentes defendiam que a MP seria inconstitucional, entre outras razões, por limitar o regime de responsabilização do agente público previsto no art. 37, §6º, da Constituição, o qual admitiria a responsabilização na modalidade culposa. Os requerentes alegavam, ainda, que a MP violaria o princípio republicano, ao prever

---

[3] STF, Tribunal Pleno. ADI nº 6.421, Rel. Min. Roberto Barroso, j. 21.5.2020. Na mesma oportunidade, o STF julgou, conjuntamente, as ADIs nº 6.422, 6.424, 6.425, 6.427, 6.428 e 6.431.

[4] Compunha o objeto de uma das ações o art. 28 do Decreto-Lei nº 4.657 (a LINDB, ou Lei de Introdução às Normas do Direito Brasileiro) e outra ação também tratava do Decreto nº 9.830/19, que regulamentou tal dispositivo. A constitucionalidade desses artigos, contudo, não foi analisada.

[5] A única inovação propriamente dita no regime proposto na MP estava nos incs. III e V do art. 3º, que afirmavam que o erro grosseiro seria caracterizado levando em consideração a circunstância de incompletude de informações causada pela pandemia e o contexto de incerteza acerca das medidas mais adequadas para enfrentamento do vírus. É possível argumentar, contudo, que tais circunstâncias já estariam abrangidas pela obrigação de se considerar os obstáculos e dificuldades reais do agente público, já prevista na LINDB (nesse caso, a MP não traria qualquer inovação).

[6] É o conteúdo, por exemplo, dos arts. 22 e 28 da LINDB.

[7] O ponto é refletido na seguinte passagem do voto do Min. Barroso: "Penso, porém, que tal Medida Provisória não eleva a segurança dos agentes públicos. E, ainda, passou a impressão – possivelmente equivocada – de que se estava querendo proteger coisas erradas. Essa foi a percepção do sentido e do alcance dessa norma". Note-se que, pouco antes da decisão, havia sido divulgado, pelo Governo Federal, um protocolo regulando o uso precoce da cloroquina e da hidroxicloroquina, além de editado decreto que incluía salões de beleza e academias de ginástica no rol de serviços essenciais autorizados a funcionar durante a pandemia. Era justamente esse tipo de medida que estava sob a mira do STF no julgamento da medida cautelar na ADI nº 6.421.

um regime de responsabilização mais brando em comparação ao regime geral de responsabilidade civil, que igualmente admite a responsabilização culposa.

No julgado, o Tribunal Pleno do STF examinava o pedido de medida cautelar para suspensão dos dispositivos da MP, tendo em vista a urgência e o perigo de dano decorrentes da pandemia. Como delimitado pelo Min. Barroso, a questão posta envolvia a discussão acerca do processo decisório de agentes públicos em contextos de incerteza e urgência, bem como dos parâmetros de controle de tal atuação. Essa discussão é o objeto deste estudo.

Em seu voto, o relator argumentou que gestores públicos deveriam observar parâmetros científicos e técnicos estabelecidos por entidades reconhecidas no plano nacional e internacional, com destaque para a Organização Mundial da Saúde – OMS. Em tais casos, também deveriam ser respeitados os princípios da precaução e da prevenção, os quais determinariam uma preferência a favor do direito à saúde em situações nas quais os riscos de determinada medida fossem incertos ou desconhecidos.

A decisão do STF, tomada por maioria, nos termos do voto do relator,[8] manteve em vigor os dispositivos da MP, concedendo-lhes interpretação conforme a Constituição para afirmar (i) que a inobservância de critérios científicos e dos princípios da prevenção e da precaução configura erro grosseiro para fins de responsabilização de agentes públicos; e (ii) que pareceres técnicos que embasem decisões de gestores públicos devem analisar a incidência, ao caso concreto, desses dois parâmetros decisórios.

O consenso científico seria, portanto, guia "decisivo" para a ação estatal, nas palavras de Luís Roberto Barroso. Rosa Weber vai além e fala, inclusive, em natureza vinculante.

A decisão foi celebrada por diversos professores de direito administrativo (incluindo um dos autores deste artigo), que viram, ali, sinalização favorável do STF ao regime proposto pela LINDB, alvo de críticas de alguns agentes de controle quando de sua entrada em vigor.[9] O caso, de fato, suscita debates sobre o chamado "direito administrativo do medo",[10] a progressiva consolidação de um direito administrativo global,[11] e sobre o conteúdo e eficácia dos princípios da prevenção e precaução.[12]

Aqui, contudo, iremos tratar do emprego de consensos científicos como parâmetro de controle da atuação de gestores públicos, a partir de apontamentos sobre questões suscitadas pelo voto de Luís Roberto Barroso, relacionados à natureza epistêmica de consensos científicos e sua relação com o direito (tópico 2). O tópico 3 aborda alguns

---

[8] Ficaram vencidos os ministros Alexandre de Moraes e Cármen Lúcia, que concediam a medida cautelar em maior extensão do que a proposta do Min. Barroso, e o Min. Marco Aurélio, que propunha simplesmente suspender a eficácia da MP até o julgamento final.

[9] SUNDFELD, Carlos Ari; JORDÃO, Eduardo; MOREIRA, Egon Bockmann; MARQUES NETO, Floriano de Azevedo; BINENBOJM, Gustavo; CÂMARA, Jacintho Arruda; MENDONÇA, José Vicente Santos de; JUSTEN FILHO, Marçal; MONTEIRO, Vera. Surpresa positiva do STF no julgamento da MP 966. *Jota*, 21 maio 2020. Disponível em: https://www.jota.info/opiniao-e-analise/artigos/supresa-positiva-do-stf-no-julgamento-da-mp-966-21052020.

[10] V., por ex., VALGAS, Rogério. *Direito administrativo do medo*: risco e fuga da responsabilização dos agentes públicos. 2. ed. São Paulo: Revista dos Tribunais, 2022.

[11] V. CASSESE, Sabino. Global administrative law: The state of the art. *International Journal of Constitutional Law*, v. 13, n. 2, p. 465-468, 2015. p. 466.

[12] V., por exemplo, LEAL, Fernando. A cláusula geral do erro administrativo e o dever de precaução. *A&C – Revista de Direito Administrativo & Constitucional*, v. 21, n. 84, 2021; e BAPTISTA, Patrícia; NETTO, Leonardo. A. S. O direito administrativo do risco: os desafios da decisão pública em ambiente de risco e incerteza. In: BAPTISTA, Patrícia; PEREIRA, Jane Reis Gonçalves; BARBOZA, Heloisa Helena; MELLO, Cleyson de Moraes; SIQUEIRA, Gustavo Silveira (Org.). *O futuro do direito*: direito público. Rio de Janeiro: Processo, 2022. v. 1. p. 233-262.

desafios relacionados à incorporação de parâmetros científicos ao controle da ação estatal. O tópico 4 é o encerramento do texto.

2 Direito e consenso científico

Afirma-se tradicionalmente que o direito busca a pacificação social por meio da prolação de decisões que, em certo momento, tornam-se definitivas e, em regra, imutáveis.[13] Enquanto o texto normativo é resultado de consenso político circunstancial, a norma definida em cada caso concreto por juízes e tribunais resulta, não de consenso, mas de um exercício de fundamentação argumentativo-persuasivo, tão racional quanto possível, tendo como premissa o direito positivo.

A pretensão de pacificação social do direito só se torna factível por meio da limitação da capacidade de as partes interessadas questionarem as decisões judiciais. A imutabilidade da coisa julgada funda, para o direito, uma espécie de consenso formal, que se impõe sobre a sociedade e sobre os fatos.

A ciência, a seu turno, não pretende criar estabilidade, mas identificar causas e prever desdobramentos de eventos naturais, biológicos ou sociais. O conhecimento científico é indissociável de seu método de observação, análise e comprovação ou refutação de hipóteses. Consensos científicos surgem da exposição exaustiva de uma hipótese à contestação e ao debate por uma comunidade científica, em que, ou bem é refutada, ou se torna a teoria prevalente para explicação do fenômeno.[14] Quanto mais rigoroso for o processo que dá origem ao consenso, mais confiável ele se torna. Seja como for, e por mais robustecida que esteja por resultados, uma verdade científica é sempre provisória.

Há, contudo, certa incompreensão acerca do estatuto epistêmico de consensos científicos. É disseminada a ideia de que o conhecimento científico seria um dado objetivo, neutro e descritivo. Tal constatação aparece, inclusive, em precedente do STF, reproduzido pelo Min. Barroso em seu voto.[15]

Ora: consensos científicos são, em alguma medida, histórica e socialmente situados, de modo que não existe algo como um consenso permanente "da Ciência".[16] Eles subsistem até serem superados, e isso ocorre, por vezes, quando seus defensores são substituídos. O consenso científico é sempre o consenso de uma comunidade científica delimitada, influenciada, inclusive, por fatores psicossociais, sociopolíticos e institucionais.[17]

Há, portanto, algum resquício de subjetividade também inerente à ciência,[18] mais ou menos acentuado a depender do ramo do conhecimento de que se esteja tratando

---

[13] NADER, Paulo. *Introdução ao estudo do direito*. Rio de Janeiro: Forense, 2021.
[14] JASANOFF, Sheila. What judges should know about the sociology of Science. *Jurimetrics*, n. 3, 1992. p. 347.
[15] O voto do Min. Barroso reproduz a ementa do acórdão que julgou a ADI nº 4.066, de relatoria da Min. Rosa Weber, em que se lê a seguinte passagem: "A tarefa da Corte – de caráter normativo – há de se fazer inescapavelmente embasada nas conclusões da comunidade científica – de natureza descritiva".
[16] KUHN, Thomas S. *A estrutura das revoluções científicas*. São Paulo: Perspectiva, 1998, posição 118.
[17] OLIVA, Alberto. *Filosofia da ciência*. 3. ed. Rio de Janeiro: Zahar, 2003. p. 344.
[18] Harry Collins *et al.* notam, nesse sentido, que "claims about replication and non-replication turn into arguments about the competence of the scientists involved and these will resemble judgements of competing views in

e da complexidade do problema. Ciências sociais, ciências exatas e ciências biológicas possuem níveis diferentes de precisão metodológica.[19] O raciocínio é intuitivo: é possível prever com precisão a trajetória de corpos celestes, com menos precisão as condições atmosféricas, com menos ainda o comportamento humano. Consensos nessas diferentes áreas do saber científico possuem significados distintos.

Tal constatação, em si mesma singela, acerca do caráter *social* dos consensos científicos, pode, no entanto, ser deturpada. A incorporação de perspectivas realistas acerca da produção do conhecimento científico abre margem à contestação infundada do trabalho de especialistas,[20] e ao negacionismo, rótulo que abrange a manipulação de hipóteses sem provas e sua disseminação como verdade científica.[21] Também em resposta a esse movimento, cresce o que se convencionou chamar de "políticas públicas baseadas em evidências",[22] postura que defende a aproximação entre ciência e política e está no plano de fundo da discussão posta perante o STF.

Pois bem. A proposta vencedora do julgamento, tal como consta no voto do Min. Barroso, incorpora, ao conceito de erro grosseiro, a atuação anticientífica. Revela, na conexão entre esses dois conceitos, uma tensão entre o direito e a ciência. É que a pretensão de estabilidade do direito entra em confronto com a dúvida metódica e a possibilidade, inerente à ciência, da superação de consensos.[23]

É dizer: considerando que consensos científicos são naturalmente sujeitos à contestação, e podem, no limite, ser manipulados, fabricados ou distorcidos – até mesmo por entidades de especialistas –, a conclusão do STF carece de parâmetros materiais que possam efetivamente guiar a atuação dos afetados pela decisão.

Uma hipótese ajuda a identificar o problema: um dos consensos realçados pelo Min. Barroso em seu voto era, justamente, a ineficácia da hidroxicloroquina no tratamento da

---

non- scientific areas of life" (COLLINS, Harry *et al*. *Experts and the will of the people*: society, populism and science. Cham: Palgrave Pivot, 2019, posição 1124-1128).

[19] KRISHNA, Daya. On the distinction between the natural sciences, the social sciences and the humanities. *International Social Science Journal*, v. 16, n. 4, 1964. p. 514.

[20] Na linha de algo como "se os consensos científicos são influenciados por fatores sociais e históricos, então esta conclusão específica terá sido manipulada". Trata-se de um *non sequitur* e de um exagero: nem aquela conclusão terá sido necessariamente afetada; e se está falando de macroprocessos sociais, que muito provavelmente nada têm a ver com a verdade ou inverdade daquela conclusão.

[21] Aqui há, por vezes, um desdobramento curioso da dúvida metódica, elemento essencial à ciência: se todos os consensos científicos são provisórios, por que aceitar que a Terra é redonda? Ora, a resposta é simples: há boa e má ciência; há bons e maus métodos de verificação; há bons e maus experimentos etc. Nem tudo que assume o formato hipótese-verificação por provas-conclusão é boa ciência. Até hoje, todos os experimentos, mais a observação *in loco*, levam à conclusão de que a Terra é redonda (na verdade, *geoide*). Gastar energia nesse tipo de questão é transformar dúvida metódica em paranoia.

[22] V. BARON, Jon. A brief history of evidence-based policy. *The Annals of the American Academy of Political and Social Science*, v. 678, 2018.

[23] A problemática foi capturada pelo Min. Fux em caso diverso, em que se discutia a possibilidade de se desconstituir a coisa julgada em ações de investigação de paternidade diante de avanços da ciência relacionados aos testes de DNA. Na hipótese, traduzindo a posição então dominante no STJ (pela prevalência da coisa julgada), o Min. Fux destacou que tal tese defendia que "não seria lícito [...] submeter a coisa julgada a renovados ataques a cada descoberta científica, com sensível impacto na estabilidade por que devem se pautar as relações sociais". O voto do Min. Fux foi, contudo, contrário a essa tese, defendendo que seria possível desconstituir a coisa julgada em prol do direito ao reconhecimento da paternidade, dentro do prazo da ação rescisória (STF, Tribunal Pleno. RE nº 363.889/DF, Rel. Min. Dias Toffoli, j. 2.6.2011).

Covid-19, como a OMS já havia reconhecido.[24] Com base na decisão do STF, supunha-se, então, que gestores que dispendessem recursos públicos na compra e administração do medicamento incidiriam em erro grosseiro.

Um mês antes da decisão do STF, entretanto, o Conselho Federal de Medicina divulgou parecer técnico propondo que médicos considerassem o medicamento no tratamento de pacientes com sintomas leves. Nesse caso, seguindo os fundamentos da decisão do STF, um gestor que agisse com base no parecer do CFM incidiria em erro grosseiro? A posição do CFM, aqui, vale como "consenso médico", ou, mais do que isso, é "decisiva" e "vinculante" para a ação estatal? Como diferenciar entre recomendações técnicas confiáveis e não confiáveis, e entre estas e teses pseudocientíficas? O Judiciário é capaz de assumir essa tarefa?

Ao final, como aponta Rachel Herdy,[25] sem a incorporação de critérios capazes de responder a tais perguntas, o parâmetro de controle definido pelo STF também serviria para respaldar gestores negacionistas – precisamente o que se buscava combater.

3 Incorporando parâmetros científicos ao controle da ação estatal

A despeito de apontar a direção correta, ao afirmar que políticas públicas devem ser sustentadas, o tanto quanto possível, em evidências, a decisão do STF levanta questionamentos quanto ao recurso genérico a consensos científicos. Abordaremos, aqui, duas dificuldades que a tese firmada pelo STF cria ao controlador, seja em âmbito judicial ou administrativo: (i) o problema da *identificação* do consenso científico e (ii) o problema de estabelecer seus *efeitos* sobre a ação estatal.[26]

Identificar consensos científicos não é fácil. Primeiro porque, pela natureza do conhecimento científico, qualquer teoria ou evidência, por mais aceita que seja, pode ser alvo de contestação, em maior ou menor intensidade e rigor. O consenso científico não é, em alguns casos, facilmente perceptível por não especialistas.

Longe de simplesmente incorporarem à decisão as conclusões descritivas da ciência, controladores atuam positivamente, em primeiro lugar, ao estabelecer barreiras epistemológicas para determinar quais especialistas e que tipo de raciocínio científico

---

[24] A própria OMS, cujas recomendações são frequentemente avalizadas pelo Supremo, possui posições controversas sobre, por exemplo, a chamada medicina alternativa e integrativa. Sobre o tema, v. WHO global report on traditional and complementary medicine 2019. Disponível em: https://www.who.int/publications/i/item/978924151536, e críticas feitas pelo editorial publicado na revista especializada *Scientific American* (The World Health Organization Gives the nod to traditional chinese medicine. Bad Idea. *Scientific American*. Disponível em: https://www.scientificamerican.com/article/the-world-health-organization-gives-the-nod-to-traditional-chinese-medicine-bad-idea/). Em especial, a publicação aponta: "To include TCM [medicina tradicional chinesa] in the ICD is an egregious lapse in evidence-based thinking and practice. Data supporting the effectiveness of most traditional remedies are scant, at best. An extensive assessment was done in 2009 by researchers at the University of Maryland: they looked at 70 review papers evaluating TCM, including acupuncture. None of the studies proved conclusive because the data were either too paltry or did not meet testing standards".

[25] HERDY, Rachel. Precedente do STF pode beneficiar negacionistas. *Questão de Ciência*, 1º jun. 2021. Disponível em: https://www.revistaquestaodeciencia.com.br/index.php/artigo/2021/06/01/precedente-do-stf-pode-beneficiar-negacionistas.

[26] Algumas dessas ideias foram previamente exploradas por um dos autores deste artigo tratando de contexto diverso, em ROMERO, Felipe. *Agências reguladoras e Poder Legislativo*: a regulação entre a política e a técnica. Belo Horizonte: Fórum, 2023. No prelo.

merece consideração, e quais serão descartados.[27] Nessa tarefa, não é suficiente apelar a organizações de especialistas reconhecidas pela lei, pois não raro haverá discordância entre elas (como na oposição entre OMS e CFM quanto ao uso da cloroquina, *supra*). Além disso, instituições científicas não são imunes à captura por grupos de pressão, o que pode redundar em recomendações fundadas em conflitos de interesse.[28]

Do mesmo modo, como observa Sheila Jasanoff, o fato de o direito não apresentar critérios claros para distinguir o centro da periferia do debate científico abre margem para que defensores de estratégias pseudocientíficas utilizem o Judiciário para avançar seus interesses.[29] A percepção social acerca do que constitui, de fato, o conhecimento científico pode ser largamente influenciada por fatores extracientíficos, como posições veiculadas na mídia ou em canais oficiais. O hermetismo de ambientes acadêmicos e a ignorância do público acerca de debates científicos pode ser usada, nestes casos, como trunfo por grupos de pressão interessados em influenciar controladores.

Nesse cenário, os controladores terão três opções: seguir sua própria percepção acerca do que é o consenso científico sobre certo assunto; recorrer a instituições formalmente reconhecidas pelo direito; convocar especialistas para debater o tema. Todos esses caminhos enfrentam dificuldades. O primeiro (talvez o mais recorrente, considerando a ausência de custos e autoconfiança natural que todos depositamos em nossas impressões) pode levar a conclusões enganosas, já que, em regra, controladores serão leigos acerca do debate científico relativo ao caso sob julgamento. O segundo e o terceiro reforçam a necessidade de se estabelecer critérios de seleção de instituições e especialistas admitidos no debate, bem como de critérios materiais pelos quais seja possível aferir a confiabilidade de determinada posição.

Nos EUA, onde o debate jurisprudencial sobre o tema está mais avançado, os tribunais construíram parâmetros diversos para balizar a incorporação de evidências científicas aos julgamentos, não sem grande contestação e ceticismo.[30] Em termos simples, entende-se que a opinião de um especialista sobre determinado assunto é confiável e pode ser aceita como fundamento de uma decisão judicial quando o método empregado for amplamente aceito pela comunidade científica relevante; quando as conclusões tiverem sido publicadas em periódicos especializados e submetidas à revisão de pares; quando a margem de erro for conhecida; e quando a pesquisa tiver sido conduzida de forma independente de seu propósito prescritivo.[31]

Dado o estado da arte da discussão no Brasil, pode-se supor que o debate também chegará à jurisprudência do STF,[32] mas a empreitada não deve ser guiada por uma

---

[27] JASANOFF, Sheila. Science, common sense & judicial power in U.S. courts. *Daedalus*, v. 147, n. 4. p. 15-27, out. 2018. p. 16.

[28] Não é implausível supor que um Judiciário que adote integralmente as conclusões de determinada organização científica acabe por gerar, em casos de grande impacto econômico, político ou social, uma espécie de *contencioso técnico de segunda ordem* junto à organização.

[29] JASANOFF, Sheila. What judges should know about the sociology of Science. *Jurimetrics*, n. 3, 1992. p. 345.

[30] JASANOFF, Sheila. What judges should know about the sociology of Science. *Jurimetrics*, n. 3, 1992. p. 354.

[31] SAKS, Michael J.; FAIGMAN, David L. Expert evidence after Daubert. *Annual Review of Law and Social Science*, v. 1, 2005.

[32] O art. 473, III, do Código de Processo Civil, oferece um primeiro parâmetro legal, contido na exigência de que laudos periciais demonstrem que a metodologia utilizada é predominantemente aceita pelos especialistas da área do conhecimento da qual se originou.

ingênua intenção de transformar o Judiciário em uma espécie de laboratório revisor de evidências científicas.[33] Nesses casos, sempre haverá um *trade-off* entre a complexidade do parâmetro de controle e sua utilidade.[34]

Seja como for, constatações como essas sugerem, para o Judiciário, um temperamento da postura de deferência absoluta aos consensos científicos, incorporando a tal *ethos* um juízo mais crítico.

A segunda discussão proposta pela ADI nº 6.421-MC diz respeito aos *efeitos* que serão reconhecidos ao consenso científico. Como antecipado, o Min. Barroso comenta que eles seriam *decisivos* para a ação pública, enquanto a Min. Rosa Weber sugere que, em alguns casos, podem até mesmo ser *vinculantes*.

O primeiro problema está no fato de que, em geral, evidências científicas não predeterminam os caminhos da ação pública. Como afirmam Cass Sunstein e Richard Pildes, "considerações puramente científicas não permitirão dizer qual é a escolha política mais racional no cenário regulatório".[35] Da mesma forma, Thomas Kuhn reconhece "a insuficiência das diretrizes metodológicas para ditarem, por si só, uma única conclusão substantiva para várias espécies de questões científicas".[36]

Haverá, em muitos casos, um problema de incomensurabilidade entre a racionalidade científica e a racionalidade da ação pública.[37] Em termos simples, "julgamentos sobre valores não podem contradizer julgamentos sobre a realidade".[38]

Mesmo a demanda por políticas públicas baseadas em evidências não retira do gestor uma ampla margem de discricionariedade na determinação dos meios e fins da ação estatal. A mera identificação dos riscos de determinada medida a partir de evidências científicas não elimina a margem substancial de incerteza sobre como enfrentá-los de maneira eficiente, ou sobre como sopesá-los com outros valores contrastantes, mas igualmente relevantes à ação estatal.[39] Nas palavras de Alexandre de Moraes, em caso que também tratava da avaliação de políticas públicas diante de evidências científicas,

---

[33] BREYER, Stephen. The interdependence of science and law. *Science*, v. 280, 1998.

[34] Desenvolver em JORDÃO, Eduardo. *Controle judicial de uma administração pública complexa*: a experiência estrangeira na adaptação da intensidade do controle. São Paulo: SBDP, 2016.

[35] O trecho é tradução livre de: "Purely scientific considerations will not permit us to say which is the right way to resolve what rational policy choice ought to mean in the regulatory setting" (PILDES, Richard H.; SUNSTEIN, Cass R. Reinventing the Regulatory State. *University of Chicago Law Review*, v. 62, n. 1, 1995. p. 48).

[36] KUHN, Thomas S. *A estrutura das revoluções científicas*. São Paulo: Perspectiva, 1998, posição 678.

[37] Sobre incomensurabilidade em geral, cf. D'AGOSTINO, Fred. *Incommensurability and commensuration*. Hampshire: Ashgate Publishing, 2003; CHANG, Ruth (Ed.). *Incommensurability, incomparability, and practical reason*. Cambridge: Harvard University Press, 1997.

[38] KELSEN, Hans. Science and politics. *The American Political Science Review*, v. 45, n. 3, p. 641-661, set. 1951. p. 642. Kelsen complementa: "The judgment that something is true or false is essentially different from the judgment that something is good or bad, which is the most general formula of a value judgment. Truth means conformity with reality, not conformity with a presupposed value".

[39] Nesse sentido, Roberta Nascimento comenta: "Nem sempre a evidência empírica e os critérios estritamente técnicos serão determinantes, o que, por seu turno, igualmente acarreta problemas no controle judicial. Por mais que tais dados sejam importantes e devessem ser considerados no processo de tomada de decisão, os respectivos pesos vão acabar variando em cada caso" (NASCIMENTO, Roberta Simões. A legislação baseada em evidências empíricas e o controle judicial dos fatos determinantes da decisão legislativa. *Revista Eletrônica da Procuradoria Geral do Estado do Rio de Janeiro*, Rio de Janeiro, v. 4, n. 3, set./dez. 2021. p. 26).

"a mera existência do risco não interdita a atuação do Estado em prol de determinada atividade".[40]

Se isso é verdade para as ciências naturais e biológicas, é ainda mais para as ciências sociais. O ponto também foi abordado pelo STF na ocasião do julgamento da medida cautelar na ADI nº 6.421, uma vez que o art. 1º da MP tratava da responsabilidade de agentes públicos por erro grosseiro não só com relação à implementação de ações voltadas à preservação da saúde pública (inc. I), mas também quanto ao "combate dos efeitos econômicos e sociais decorrentes da pandemia" (inc. II).

As posições dos ministros variaram entre uma desconfiança quanto à abrangência do dispositivo, que poderia ser interpretado como uma salvaguarda excessiva, e uma pretensa equiparação entre as ciências médicas/biológicas e as ciências sociais. Para o Min. Lewandowski, por exemplo, recomendações de entidades como a Organização Internacional do Trabalho e a Organização dos Estados Americanos também constituiriam parâmetro para a aferição de erro grosseiro na conduta de agentes públicos.[41]

Considerações como essas suscitam riscos adicionais aos já tratados acima, decorrentes do caráter ainda mais contingente de teses econômicas, e ao componente de incerteza inerente a seus resultados.[42] Há um *risco de tradução*, dada a linguagem própria de cada ciência social; um *risco de importação*, derivado da incompatibilidade entre a pretensão normativa do direito e os métodos das demais ciências; e um *risco de translação*, consistente na incompreensão pelo julgador das premissas que pautam teorias produzidas por outras ciências.[43]

O risco maior, contudo, é o de se partir da exigência contextual de um controle pragmático trazida pela LINDB para se concluir com uma afirmação fundacionalista do papel da ciência. A decisão do STF toma partido do lado certo, mas a Corte está diante de um longo percurso, cujos obstáculos ainda não foram mensurados em toda a extensão.

---

[40] A manifestação foi feita no julgamento da ADIn nº 5.592, que tratava da análise da constitucionalidade da autorização legislativa do uso de aeronaves para pulverização de substância inibidora da proliferação do mosquito da dengue, desde que aprovado pela autoridade sanitária, após comprovação científica da eficácia do método. A relatora, Cármen Lúcia, invocara em seu voto o princípio da precaução para julgar a norma inconstitucional. Alexandre de Moraes inaugurou a divergência, defendendo que o princípio da precaução não seria suficiente para interditar a ação estatal.

[41] Para Alexandre de Moraes, a cláusula do inc. II seria "extremamente aberta", extrapolando os limites da razoabilidade. Gilmar Mendes, por outro lado, defendeu a constitucionalidade do dispositivo, diante do risco de paralisia de políticas públicas de caráter econômico. Lewandowski comentou que "também na área econômica e social existem organizações internacionais e nacionais especializadas, que têm apresentado pesquisas e consensos a respeito da atuação governamental no combate aos efeitos econômicos e sociais decorrentes da pandemia da covid-19 [...]. Assim, parece-me que as recomendações de tais entidades não poderão ser ignoradas pelos agentes públicos responsáveis pela elaboração e execução de políticas para o combate aos efeitos econômicos e sociais decorrentes da pandemia da covid-19, sob pena de configuração de dolo ou erro grosseiro".

[42] Além disso, como afirmou Gilmar Mendes, políticas econômicas muitas vezes respondem a uma lógica de tentativa e erro, e a insegurança jurídica decorrente da adoção de parâmetros de controle genéricos (i.e., consensos científicos, ou recomendação de organizações de especialistas) poderia contribuir para uma "paralisia sistemática da Administração Pública".

[43] O debate foi abordado por um dos autores deste artigo, em conjunto com Patrícia Baptista. Cf. MENDONÇA, José Vicente Santos de; BAPTISTA, Patrícia. Dogmática jurídica e interdisciplinaridade: caminhos para um diálogo útil. *Revista Quaestio Juris*, v. 15, n. 4, dez. 2022.

4 Encerramento

O art. 28 da LINDB, cujo teor foi incorporado pela MP nº 966/2020, representou um contraponto à recente inflação do controle administrativo e judicial da ação estatal, em benefício da ação de gestores que pratiquem erros atuando de boa-fé. A cláusula geral do erro administrativo é um reconhecimento pelo legislador de que administrar é mais do que *aplicar a lei de ofício*.[44]

A decisão do Tribunal Pleno do STF na ADI nº 6.421-MC, relatada pelo Min. Barroso, representou a primeira validação, por parte da Suprema Corte, acerca da constitucionalidade da opção legislativa. Em tempos pandêmicos, a tese vencedora pode soar audaciosa: não há espaço no Estado democrático de direito para o negacionismo científico e o obscurantismo. Apesar de oportuna e contundente, a afirmação é porta de entrada de um debate bem-vindo acerca da natureza de consensos científicos e de como incorporá-los ao controle da ação estatal.

Recomendações de organizações técnicas são bons indicadores do estado da arte do conhecimento científico, mas atribuir-lhes valor absoluto, papel "decisivo" ou efeito "vinculante" parece temerário. O risco é imaginar que o gestor, sem achar a resposta na lei, deva, em seu lugar, *aplicar a ciência de ofício*.

Sem a pretensão de transformar o controlador em um revisor de evidências científicas, o controle público precisa incorporar olhar crítico para a análise de debates científicos. Sem isso, o caminho será sempre um equilíbrio instável entre a ingenuidade da adesão incondicionada e o obscurantismo de deduzir verdades científicas das próprias pré-compreensões.

Entender como o consenso científico é construído e quais os fatores que influenciam esse processo pode contribuir para um aprimoramento da jurisprudência acerca da responsabilização de gestores públicos por políticas negacionistas.

Nesse sentido, o voto de Luís Roberto Barroso é um primeiro passo. E, como sempre, na direção de vanguarda.

Referências

BAPTISTA, Patrícia; NETTO, Leonardo. A. S. O direito administrativo do risco: os desafios da decisão pública em ambiente de risco e incerteza. *In*: BAPTISTA, Patrícia; PEREIRA, Jane Reis Gonçalves; BARBOZA, Heloisa Helena; MELLO, Cleyson de Moraes; SIQUEIRA, Gustavo Silveira (Org.). *O futuro do direito*: direito público. Rio de Janeiro: Processo, 2022. v. 1.

BARON, Jon. A brief history of evidence-based policy. *The Annals of the American Academy of Political and Social Science*, v. 678, 2018.

BARROSO, Luís Roberto. A razão sem voto: o Supremo Tribunal Federal e o governo da maioria. *Revista Brasileira de Políticas Públicas*, v. 5, p. 23-50, 2015.

BINENBOJM, Gustavo; CYRINO, André. A. O art. 28 da LINDB – A cláusula geral do erro administrativo. *Revista de Direito Administrativo*, p. 203-224, 2018. Edição Especial.

BREYER, Stephen. The interdependence of science and law. *Science*, v. 280, 1998.

---

[44] BINENBOJM, Gustavo; CYRINO, André. A. O art. 28 da LINDB – A cláusula geral do erro administrativo. *Revista de Direito Administrativo*, p. 203-224, 2018. Edição Especial.

CASSESE, Sabino. Global administrative law: The state of the art. *International Journal of Constitutional Law*, v. 13, n. 2, p. 465-468, 2015.

CHANG, Ruth (Ed.). *Incommensurability, incomparability, and practical reason*. Cambridge: Harvard University Press, 1997.

COLLINS, Harry et al. *Experts and the will of the people*: society, populism and science. Cham: Palgrave Pivot, 2019.

D'AGOSTINO, Fred. *Incommensurability and commensuration*. Hampshire: Ashgate Publishing, 2003.

HERDY, Rachel. Precedente do STF pode beneficiar negacionistas. *Questão de Ciência*, 1º jun. 2021. Disponível em: https://www.revistaquestaodeciencia.com.br/index.php/artigo/2021/06/01/precedente-do-stf-pode-beneficiar-negacionistas.

JASANOFF, Sheila. Science, common sense & judicial power in U.S. courts. *Daedalus*, v. 147, n. 4. p. 15-27, out. 2018.

JASANOFF, Sheila. What judges should know about the sociology of Science. *Jurimetrics*, n. 3, 1992.

JORDÃO, Eduardo. *Controle judicial de uma administração pública complexa*: a experiência estrangeira na adaptação da intensidade do controle. São Paulo: SBDP, 2016.

KELSEN, Hans. Science and politics. *The American Political Science Review*, v. 45, n. 3, p. 641-661, set. 1951.

KRISHNA, Daya. On the distinction between the natural sciences, the social sciences and the humanities. *International Social Science Journal*, v. 16, n. 4, 1964.

KUHN, Thomas S. *A estrutura das revoluções científicas*. São Paulo: Perspectiva, 1998.

LEAL, Fernando. A cláusula geral do erro administrativo e o dever de precaução. *A&C – Revista de Direito Administrativo & Constitucional*, v. 21, n. 84, 2021.

LYNCH, Christian Edward Cyril; MENDONÇA, José Vicente Santos de. Por uma história constitucional brasileira: uma crítica pontual à doutrina da efetividade. *Direito e Práxis*, v. 8, n. 2, 2017.

MENDONÇA, José Vicente Santos de; BAPTISTA, Patrícia. Dogmática jurídica e interdisciplinaridade: caminhos para um diálogo útil. *Revista Quaestio Juris*, v. 15, n. 4, dez. 2022.

NADER, Paulo. *Introdução ao estudo do direito*. Rio de Janeiro: Forense, 2021.

NASCIMENTO, Roberta Simões. A legislação baseada em evidências empíricas e o controle judicial dos fatos determinantes da decisão legislativa. *Revista Eletrônica da Procuradoria Geral do Estado do Rio de Janeiro*, Rio de Janeiro, v. 4, n. 3, set./dez. 2021.

OLIVA, Alberto. *Filosofia da ciência*. 3. ed. Rio de Janeiro: Zahar, 2003.

PILDES, Richard H.; SUNSTEIN, Cass R. Reinventing the Regulatory State. *University of Chicago Law Review*, v. 62, n. 1, 1995.

ROMERO, Felipe. *Agências reguladoras e Poder Legislativo*: a regulação entre a política e a técnica. Belo Horizonte: Fórum, 2023. No prelo.

SAKS, Michael J.; FAIGMAN, David L. Expert evidence after Daubert. *Annual Review of Law and Social Science*, v. 1, 2005.

SUNDFELD, Carlos Ari; JORDÃO, Eduardo; MOREIRA, Egon Bockmann; MARQUES NETO, Floriano de Azevedo; BINENBOJM, Gustavo; CÂMARA, Jacintho Arruda; MENDONÇA, José Vicente Santos de; JUSTEN FILHO, Marçal; MONTEIRO, Vera. Surpresa positiva do STF no julgamento da MP 966. *Jota*, 21 maio 2020. Disponível em: https://www.jota.info/opiniao-e-analise/artigos/supresa-positiva-do-stf-no-julgamento-da-mp-966-21052020.

VALGAS, Rogério. *Direito administrativo do medo*: risco e fuga da responsabilização dos agentes públicos. 2. ed. São Paulo: Revista dos Tribunais, 2022.

Informação bibliográfica deste texto, conforme a NBR 6023:2018 da Associação Brasileira de Normas Técnicas (ABNT):

MENDONÇA, José Vicente Santos de; ROMERO, Felipe. Direito, consenso científico e controle: apontamentos sobre o voto do Min. Barroso na ADI nº 6.421-MC. *In*: OSORIO, Aline; MELLO, Patrícia Perrone Campos; BARROSO, Luna van Brussel (Coord.). *Direitos e democracia*: 10 anos do Ministro Luís Roberto Barroso no STF. Belo Horizonte: Fórum, 2023. p. 407-418. ISBN 978-65-5518-555-3.

O DIREITO ADMINISTRATIVO, OS DIREITOS FUNDAMENTAIS E A ATUAÇÃO DO MINISTRO ROBERTO BARROSO

MARÇAL JUSTEN FILHO

Seria muito difícil superestimar a relevância do Supremo Tribunal Federal para a constitucionalização do direito administrativo brasileiro. Ao longo dos anos, o STF produziu uma quantidade significativa de decisões que acarretaram a modernização de concepções até então prevalentes na doutrina e na prática do direito administrativo.

O presente artigo visa destacar a atuação significativa do STF para a adequação do direito administrativo brasileiro à Constituição de 1988. Trata-se de extrair ilações sobre os critérios adotados para a construção de novos paradigmas quanto à relação entre os direitos fundamentais e a atividade administrativa estatal, especialmente tomando em vista a questão da separação de poderes. Não pretende promover uma revisão do processo histórico verificado a partir da promulgação da atual Constituição. O enfoque é muito mais prospectivo. Examina especificamente alguns votos do Ministro Luís Roberto Barroso, que versaram sobre temas fundamentais para o direito administrativo, como paradigma da orientação prevalente no STF. A análise de decisões do Barroso permite levar avante a reconstrução do direito administrativo, seguindo as trilhas preconizadas pelo STF.

1 Ainda a constitucionalização do direito administrativo

O direito administrativo anterior à Constituição de 1988 refletia as concepções político-institucionais vigentes à época do regime militar – e que tinham sido desenvolvidas em vista de evolução histórica da sociedade brasileira.

1.1 Ainda os vínculos entre o direito constitucional e o direito administrativo

É desnecessário assinalar a existência de vínculos entre o direito constitucional e o direito administrativo. Há muito o tema foi objeto de destaque pelo pensamento jurídico.¹ O direito administrativo versa sobre a função administrativa, cuja composição e cujas finalidades são estritamente referidas à modelagem constitucional.

Como decorrência, a relação entre aparato administrativo estatal e sociedade é definida pela disciplina constitucional. Logo, uma Constituição democrática implica a democratização da atuação administrativa. E o inverso também é evidentemente verdadeiro.

1.2 O enfoque prevalente quanto à "supremacia do interesse público"

Anteriormente à Constituição de 1988, prevalecia a concepção da supremacia do Estado sobre a sociedade brasileira. Essa orientação refletia a ausência de consistência democrática da organização política e social. Afinal e como destacado, o Brasil conheceu períodos democráticos muito limitados no tempo, desde a sua independência.

O direito administrativo anterior a 1988 apresentava uma consistência autoritária, que se refletia na concepção fundamental da supremacia do interesse público.

É indispensável destacar o conteúdo ideológico que a expressão apresentava à época. A supremacia do interesse público era interpretada na acepção da diferenciação entre o Estado (como sujeito dominante) e o particular (como sujeito dominado e axiologicamente inferior). Nesse contexto, o interesse público era atribuído privativamente ao Estado, o qual se impunha como sujeito supremo. A supremacia do interesse público não envolvia a existência de um "interesse público" de conteúdo autônomo. Cabia ao Estado determinar o conteúdo do "interesse público" no caso concreto. As decisões dos agentes públicos, invocando a existência de um "interesse público", eram reconhecidas como supremas em face dos particulares.²

1.3 A Constituição de 1988 e a supremacia dos direitos fundamentais

A Constituição de 1988 estrutura-se sobre o postulado da intangibilidade e da indisponibilidade dos direitos fundamentais.³ Reconhece a eficácia imediata dos direitos fundamentais, inclusive e especialmente em face do Estado. Consagra direitos fundamentais de cunho prestacional, que implicam a execução pelo Estado de prestações positivas em favor dos particulares. Enfim, a Constituição de 1988 é orientada a promover a dignidade humana, em tratamento equivalente e igualitário relativamente a todos os indivíduos.

---

[1] Nesse sentido, confiram-se as obras de MEDAUAR, Odete. *Direito administrativo moderno*. 20. ed. São Paulo: Revista dos Tribunais, 2016. p. 56; BINENBOJM, Gustavo. *Temas de direito administrativo e constitucional*. Rio de Janeiro: Renovar, 2008; e CARVALHO FILHO, José dos Santos. *Manual de direito administrativo*. 35. ed. Barueri: Atlas, 2021. p. 10.

[2] A propósito do tema, consulte-se: JUSTEN FILHO, Marçal. Conceito de interesse público e a "personalização" do direito administrativo. *Revista Trimestral de Direito Público – RTDP*, São Paulo, v. 26, p. 115-136, 1999.

[3] O presente artigo não versa especificamente sobre os direitos fundamentais. Portanto, não cabe maior aprofundamento sobre o tema, o qual é objeto de tratamento amplo pela doutrina.

1.4 A revisão do conceito de "interesse público"

A edição da Constituição de 1988 não implicou a eliminação do conceito de "interesse público". Impôs, no entanto, alteração radical do conteúdo semântico e axiológico da expressão.

Tornou-se evidente que o "interesse público" não comporta uma definição abstrata e apriorística, mas envolve uma avaliação entre uma pluralidade de alternativas e exige uma definição em vista do caso concreto. Não há apenas um interesse público, mas interesses públicos, que podem ser complexos e muitas vezes até contraditórios entre si.[4]

Mais ainda, o "interesse público" não é colonizado pelo Estado. A identificação do interesse público envolve a identificação de valores de conteúdo autônomo em vista do Estado. O Estado serve ao interesse público, não o oposto.

1.5 A eliminação do conceito de supremacia estatal

A Constituição de 1988 consagrou uma concepção democrática quanto à organização política e social. Isso impede a afirmação de uma distinção hierárquica apriorística entre Estado e sociedade. Não é compatível com a Constituição reputar que o Estado se colocaria como sujeito dominante da sociedade ou como titular de posição intrinsecamente superior ao indivíduo.[5]

1.6 A eliminação da "supremacia" do "interesse público"

Se o conceito de "interesse público" não foi eliminado pela Constituição de 1988, diferentemente se passou com a questão da "supremacia". Em face do atual sistema constitucional, é muito problemático admitir uma posição de preponderância intrínseca do Estado ou da própria sociedade em face do sujeito individual.[6]

Não se trata de adotar um enfoque individualista, em que o interesse individual se sobreporia ao interesse da coletividade. O aspecto fundamental reside na tutela à dignidade e aos direitos individuais de cada pessoa. Nenhum direito fundamental assegurado a um indivíduo comporta sacrifício mediante o argumento simplista da

---

[4] A respeito do tema, consulte-se CASSESE, Sabino. *Le basi del diritto amministrativo*. Torino: Einaudi, 1989. p. 284.

[5] Sobre o tema, confira-se: "Em definitivo temos que da ordem jurídica constitucional nascem direitos em igualdade de situação e em equilíbrio necessário os direitos dos indivíduos e as atribuições do Estado; que estas últimas não têm, em nenhum caso, características suprajurídicas de 'soberania' ou 'império': são simplesmente atribuições ou direitos reconhecidos pela ordem jurídica e carentes de toda peculiaridade estranha ou superior ao Direito" (GORDILLO, Agustín A. *Princípios gerais de direito público*. Tradução de Marco Aurélio Greco. São Paulo: Revista dos Tribunais, 1977. p. 67).

[6] Gustavo Binenbojm, a propósito da análise da QO no RE nº 148.754, de relatoria do Min. Carlos Velloso, destacou que: "Interessante notar no acórdão, ao dar inconstitucionalidade do dispositivo, faz questão de mencionar que a decisão era fundada nos princípios da isonomia, da razoabilidade, da proporcionalidade, e da *supremacia do interesse público*. O *interesse público*, na espécie, recomendava a preservação da isonomia formal, em resguardo dos interesses dos particulares, e não a chancela automática e apriorística da prerrogativa do Poder Público. Ademais, o juízo cognitivo pelo qual esse *interesse público* foi alcançado percorreu o *iter* do postulado da proporcionalidade, que buscou realizar uma ponderação entre os interesses em jogo, e não uma mera identificação do interesse público com o estatal. Resta comprovado, assim, que não há prevalência a priori do coletivo sobre o individual, nem do estado sobre o particular" (BINENBOJM, Gustavo. Supremacia do interesse público ao dever de proporcionalidade: um novo paradigma para o direito administrativo. *In*: BINENBOJM, Gustavo. *Temas de direito administrativo e constitucional*. Rio de Janeiro: Renovar, 2008. p. 89).

satisfação dos interesses do Estado ou da realização dos direitos da maioria.[7] Qualquer restrição a direitos fundamentais é norteada pela proporcionalidade. Pode haver casos em que haja limitação ao direito fundamental de um indivíduo. Mas isso não deriva de qualquer "supremacia do interesse público". Decorre da exigência da máxima realização concomitante dos direitos fundamentais de todos os integrantes da sociedade.[8]

1.7 A Constituição de 1988 e a sobrevivência do direito administrativo anterior

Apesar das considerações anteriores, a consagração de uma nova ordem constitucional não produziu alterações imediatas na organização do direito administrativo brasileiro.[9]

Essa situação implicou um paradoxo apenas na aparência. Decorreu, primeiramente, da continuidade histórica e daquilo que se poderia qualificar como hermenêutica retrospectiva. Agentes públicos e sujeitos privados continuaram a vivenciar os institutos de direito administrativo segundo a experiência anterior à Constituição de 1988. Não é possível subestimar os efeitos do condicionamento produzido pela evolução histórica da sociedade brasileira, caracterizada pela já apontada supremacia do Estado sobre o sujeito privado.

A isso se somou uma circunstância inerente ao exercício do poder político. De modo genérico, o exercente do poder político não está disposto a reconhecer espontaneamente limites à sua atuação. Essa rejeição se passa especialmente em relação aos sujeitos privados, não investidos formalmente de competências públicas. Portanto, os ocupantes de funções administrativas mantiveram o culto à "supremacia do interesse público", que lhes assegurava uma posição de dominação sobre o universo social. A promulgação da nova Constituição, por si só, não foi suficiente para produzir a alteração nos paradigmas espontâneos quanto ao exercício das competências administrativas.

1.8 A atuação decisiva do STF

A efetiva constitucionalização do direito administrativo – entendida a expressão no sentido da compatibilização desse subordenamento jurídico com a disciplina da Constituição de 1988 – demorou mais de uma década para iniciar-se.

Alguns doutrinadores iniciaram, no final dos anos 1990, a revisão dos conceitos até então prevalentes no direito administrativo.[10] No entanto, a reconstrução do direito

---

[7] GOANE, René Mario. Estado, bien común e interés público. *In*: MARIENHOFF, Miguel S. *et al. El derecho administrativo argentino hoy*. Buenos Aires: Ciencias de la Administración, 1996. p. 36-48.

[8] Nessa linha, enfatiza Virgílio Afonso da Silva: "Se se aceita a possibilidade de que o exercício dos direitos fundamentais possa sofrer restrições em alguns casos, é necessário um instrumento para controlar essas restrições, que nunca poderão ser excessivas. [...] Não é a intuição ou o costume o critério decisivo para identificar uma restrição compatível com a Constituição ou não. É o teste da proporcionalidade" (SILVA, Virgílio Afonso da. *Direito constitucional brasileiro*. São Paulo: Editora Universidade de São Paulo, 2021. p. 120).

[9] Para uma abordagem ampla do tema, confira-se BARROSO, Luís Roberto. Neoconstitucionalismo e a constitucionalização do direito (O triunfo tardio do direito constitucional no Brasil). *Revista de Direito Administrativo – RDA*, Rio de Janeiro, v. 240, p. 1-42, abr./jun. 2005.

[10] Certamente, uma das manifestações primordiais foi o estudo de Humberto Ávila "Repensando o princípio da supremacia do interesse público sobre o particular" (*In*: SARLET, Ingo Wolfgang (Org.). *O direito público em tempos de crise*. Porto Alegre: Livraria do Advogado, 1999). A partir de então, diversos outros doutrinadores levaram

administrativo em vista da Constituição de 1988 foi produzida especialmente pela atuação do Supremo Tribunal Federal.[11] Há uma quantidade muito significativa de decisões, sobretudo da lavra dos ministros Celso de Mello, Marco Aurélio e Gilmar Mendes.

É inviável expor todas as decisões do STF, que impuseram a concepção da centralidade dos direitos fundamentais no âmbito da atividade administrativa. Até porque cada uma das decisões versou sobre temas específicos. No seu conjunto, no entanto, essas decisões foram impondo continuamente limites à atuação concreta da Administração Pública e espraiando os seus efeitos para o restante do sistema judiciário.

No entanto, é cabível aludir a um precedente marcante, cuja ementa está adiante reproduzida:

> ARGUIÇÃO DE DESCUMPRIMENTO DE PRECEITO FUNDAMENTAL. A QUESTÃO DA LEGITIMIDADE CONSTITUCIONAL DO CONTROLE E DA INTERVENÇÃO DO PODER JUDICIÁRIO EM TEMA DE IMPLEMENTAÇÃO DE POLÍTICAS PÚBLICAS, QUANDO CONFIGURADA HIPÓTESE DE ABUSIVIDADE GOVERNAMENTAL. DIMENSÃO POLÍTICA DA JURISDIÇÃO CONSTITUCIONAL ATRIBUÍDA AO SUPREMO TRIBUNAL FEDERAL. INOPONIBILIDADE DO ARBÍTRIO ESTATAL À EFETIVAÇÃO DOS DIREITOS SOCIAIS, ECONÔMICOS E CULTURAIS. CARÁTER RELATIVO DA LIBERDADE DE CONFORMAÇÃO DO LEGISLADOR. CONSIDERAÇÕES EM TORNO DA CLÁUSULA DA 'RESERVA DO POSSÍVEL'. NECESSIDADE DE PRESERVAÇÃO, EM FAVOR DOS INDIVÍDUOS, DA INTEGRIDADE E DA INTANGIBILIDADE DO NÚCLEO CONSUBSTANCIADOR DO 'MÍNIMO EXISTENCIAL'. VIABILIDADE INSTRUMENTAL DA ARGUIÇÃO DE DESCUMPRIMENTO NO PROCESSO DE CONCRETIZAÇÃO DAS LIBERDADES POSITIVAS (DIREITOS CONSTITUCIONAIS DE SEGUNDA GERAÇÃO). (ADPF nº 45 MC/DF, decisão monocrática. Rel. Min. Celso de Mello, j. 29.4.2004. *DJ*, 4 maio 2004)[12]

Decorridas algumas décadas, a jurisprudência pacífica e reiterada do STF refletiu-se no restante da comunidade jurídica brasileira. A doutrina do direito administrativo incorporou grande parte das concepções constitucionais – ainda que permaneçam resistências especialmente ao interno dos órgãos administrativos. Até por isso, não é viável afirmar que as concepções políticas e doutrinárias anteriores a 1988 tenham sido definitivamente superadas.

2 A atuação afirmativa do Poder Judiciário e suas implicações

A generalização da intervenção jurisdicional, orientada a assegurar a prevalência dos direitos fundamentais no âmbito da atividade administrativa do Estado, produziu uma pluralidade de dificuldades teóricas e práticas.

---

avante o enfoque. O próprio signatário foi influenciado pelo pensamento de Ávila (e de outros protagonistas), o que conduziu a uma concepção ampla exposta no *Curso de direito administrativo* (1. ed. São Paulo: Saraiva, 2005).

[11] Sobre as funções de uma suprema corte, inclusive no tocante à renovação dos paradigmas vigentes, consulte-se BARROSO, Luís Roberto. Revolução tecnológica, crise da democracia e mudança climática: limites do direito num mundo em transformação. *In*: BARROSO, Luís Roberto. *Revolução tecnológica, crise da democracia e Constituição*: direito e políticas públicas num mundo em transformação. Belo Horizonte: Fórum, 2021. p. 84-87.

[12] Disponível em: https://jurisprudencia.stf.jus.br/pages/search/despacho120879/false. Acesso em: 7 maio 2023.

2.1 A questão da separação de poderes

Um ponto relevante envolve a separação de poderes. Na concepção tradicional, não incumbe ao Poder Judiciário instituir políticas públicas, nem exercitar função administrativa típica.

É evidente que a atribuição ao Poder Judiciário da função de controle de constitucionalidade apresenta implicações inevitáveis. Na concepção do séc. XVII da separação de poderes, competência dessa ordem não era prevista. Ao exercitar o controle de constitucionalidade, pode surgir situação em que a função administrativa é exercitada pelo Poder Judiciário. O problema reside em identificar limites para a atuação do Poder Judiciário – ou, em último caso, reconhecer que tais limites não existem e que a separação de poderes é uma questão superada.

2.2 A questão da alocação de recursos escassos

Outro aspecto fundamental versa sobre a alocação de recursos escassos. O tema surge, por um lado, na vertente orçamentária, relacionada com a ausência de autonomia do Poder Executivo para instituir inovações do tocante ao destino dos recursos financeiros. Mas também se põe sob o prisma da reserva do possível, em que surge o argumento da ausência de recursos suficientes para satisfazer os custos inerentes às ações necessárias ao cumprimento de decisões do Poder Judiciário.

2.3 O enfrentamento amplo das questões pelo Ministro Roberto Barroso

Essas questões (inclusive os seus desdobramentos) foram enfrentadas em diversas oportunidades pelo Ministro Roberto Barroso. As suas manifestações servem para encaminhar soluções para as controvérsias existentes e para reduzir o nível de incerteza existente.

3 Oito votos do Ministro Roberto Barroso

Para esse fim, é interessante examinar oito votos específicos do Ministro Roberto Barroso, alguns proferidos em recursos de relatoria de outros ministros. Nos diversos casos, existiam algumas questões constitucionais e administrativas de idêntica natureza. O cotejo das manifestações do Ministro Roberto Barroso permite apreender a orientação por ele preconizada quanto ao relacionamento entre a Constituição e a Administração – tal como entre o Poder Judiciário e os demais poderes.

3.1 O RE nº 592.581-RS

O RE nº 592.581-RS envolveu a condenação do Estado do Rio Grande do Sul a executar obras em estabelecimento prisional para assegurar a dignidade dos detentos.

3.1.1 A causa

O Ministério Público do Estado do Rio Grande do Sul promoveu ação civil pública para que o Poder Executivo promovesse obras em presídio. O pedido foi acolhido pela sentença. A apelação foi provida, sob o fundamento de não competir ao Poder Judiciário emitir determinações ao Poder Executivo, em vista da separação de poderes. O acórdão afirmou, ademais, que os direitos fundamentais apresentam natureza programática.

3.1.2 O recurso extraordinário

O recurso extraordinário sustentou a autoaplicabilidade e a eficácia imediata dos direitos fundamentais, que se sobrepõem a questões de ordem orçamentária. O RE nº 592.581-RS foi distribuído ao Ministro Ricardo Lewandowski.

3.1.3 A repercussão geral (Tema nº 220)

Em 22.10.2009, o STF reconheceu a repercussão geral da questão constitucional. Passou a constituir o Tema nº 220.[13]

3.1.4 O julgamento do recurso extraordinário

Em 13.8.2015, o recurso foi levado a julgamento perante o Plenário e provido por unanimidade, nos termos do voto do ministro relator.

3.1.5 O voto do Ministro Roberto Barroso

Em seu voto, o Ministro Roberto Barroso apontou a existência de três questões fundamentais a serem equacionadas. A primeira versava sobre a separação de poderes. A segunda envolvia a questão da reserva do possível. A terceira referia-se à natureza da intervenção do Poder Judiciário em tais situações, quando se reputasse cabível a sua ocorrência.

Quanto ao primeiro ponto, o voto firmou a regra geral de incumbir aos representantes eleitos pelo voto a produção de decisões políticas. Por isso, a judicialização não deve substituir a política, que deve preponderar quando apta a produzir consensos e resultados efetivos. No caso concreto, reputou cabível a intervenção judicial por se tratar de tutela a direitos de minorias incapazes de exercitá-los por si sós. "Logo, quem tem que ser o intérprete daqueles que não podem falar é evidentemente o Poder Judiciário". Ademais, existia problema sistêmico, incumbindo ao Poder Judiciário intervir para eliminar omissão reiterada do Poder Executivo. Enfim, cabia ao Judiciário assegurar a integridade das pessoas em geral e, de modo específico, das minorias.

No tocante ao segundo tópico, afirmou que "a cláusula da reserva do possível não pode ser um artifício retórico". Defendeu a relevância da reserva do possível por implicar a observância de princípios orçamentários mínimos. A alocação de recursos escassos deve observar a reserva do possível. Mas "a ideia de reserva do possível se aplica às escolhas políticas, mas não às escolhas que já tenham sido feitas pela Constituição". Por isso, a garantia ao núcleo essencial dos direitos fundamentais (que correspondem à dignidade humana) se sobrepõe à reserva do possível.

---

[13] Tema nº 220: "Competência do Poder Judiciário para determinar ao Poder Executivo a realização de obras em estabelecimentos prisionais com o objetivo de assegurar a observância de direitos fundamentais dos presos" (RE nº 592.581 RG/RS, Pleno. Rel. Min. Ricardo Lewandowski, j. 22.10.2009. *DJe*, 20 nov. 2009).

O terceiro ponto foi reputado como o mais relevante pelo Ministro Roberto Barroso. Envolveu a afirmativa de que o Poder Judiciário não disporia de melhores condições para reformar o sistema penitenciário do que o Poder Executivo. "Em um modelo ideal, quem tem que tomar essas decisões e implementá-las é o Poder Executivo". Rejeitou a proposta de amplo governo pelo Judiciário, a quem não incumbe nem mesmo a formulação de políticas públicas. Na sequência, o voto consignou entendimento que merece transcrição mais longa:

> [...] diante dessa premissa, que considero relevante, e que diz respeito à separação dos Poderes e às capacidades institucionais de cada Poder, o Judiciário pode atuar quando haja inércia inconstitucional, quando haja omissão inconstitucional do Executivo, mas eu penso que, como regra geral [...], a melhor intervenção do Judiciário, em situações como esta, é a seguinte: o Judiciário pode impor ao Poder Executivo que realize o diagnóstico da situação e que apresente um plano adequado para sanar aquela omissão sob monitoramento do Poder Judiciário – isso como regra geral e não no caso concreto, porque o caso concreto tem uma situação específica. Acho que essa é a forma adequada de convivência entre os Poderes e de um certo diálogo institucional, em que o Judiciário diz: "há uma inércia prolongada, a competência é sua, apresente um plano, e eu vou monitorar este plano"; porque a ideia de, como regra geral, determinar-se a apresentação de um plano, permite, naturalmente, a realização de um cronograma, a estimativa de custos e um exame de como se vai custear aquela demanda social, inclusive com recursos estaduais ou com recursos federais.
>
> Portanto, [...] a decisão do Judiciário não deve ser a de ele se sobrepor ao Executivo e determinar como deve ser feito. O Executivo é que tem que apresentar o seu plano para reforma ou do presídio, ou do sistema estadual, fazer um diagnóstico, um plano, um cronograma, uma estimativa de custos, como ele pretende obter o dinheiro, e aí o Judiciário monitora. Acho que em situações-limite o Judiciário pode até determinar a inclusão de verba em orçamento, mas o Judiciário não pode ele próprio dizer como é que deve ser a obra do presídio, porque acho que nós não somos capacitados para isso. Esta fórmula que eu proponho – diagnóstico, projeto e monitoramento da execução [...]. (RE nº 592.581 RG/RS, Pleno, Rel. Min. Ricardo Lewandowski, trecho do voto do Min. Roberto Barroso, repercussão geral – mérito, j. 13.8.2015. *DJe*, 29 jan. 2016)

3.2 O RE nº 566.471-RN

O RE nº 566.471-RN versou sobre o fornecimento compulsório pelo Estado de medicamentos não incorporados no Sistema Único de Saúde – SUS.

3.2.1 A causa

Pretendia-se a condenação do Estado do Rio Grande do Norte à obrigação de fornecer gratuitamente medicamento de custo expressivo e que, à época, não era fornecido pelo SUS. O pedido foi julgado procedente em primeiro grau, por sentença confirmada em apelação.

3.2.2 O recurso extraordinário

O recurso extraordinário do Estado do Rio Grande do Norte sustentou que a questão envolvia a reserva do possível. Em vista da escassez de recursos, caberia ao

Estado aplicar os seus recursos em políticas públicas orientadas ao atendimento a parcelas mais numerosas da população. O RE nº 566.471-RN foi distribuído ao Ministro Marco Aurélio.

3.2.3 A repercussão geral (Tema nº 6)

Em decisão de 3.12.2007, o plenário virtual do STF reconheceu a repercussão geral da questão constitucional, que passou a constituir o Tema nº 6.[14]

3.2.4 O julgamento do recurso extraordinário

Em 15.9.2016, o recurso foi levado a julgamento pelo relator, que votou pelo seu desprovimento. O Ministro Roberto Barroso pediu vista.

3.2.5 O voto-vista do Ministro Roberto Barroso

O voto-vista do Ministro Roberto Barroso iniciou com a fixação de premissas filosóficas específicas. A primeira consistiu no reconhecimento da existência de limites à realização do direito fundamental à saúde. Como afirmou, "Há escolhas trágicas a serem feitas, trágicas, mas inexoráveis".

A segunda envolveu o reconhecimento da necessidade de desjudicializar o debate sobre saúde no Brasil. Esse debate deveria ser transferido para o Parlamento (no tocante ao orçamento) e para as instâncias técnicas da Administração Pública. Asseverou que "O Poder Judiciário não é a instância adequada para a definição de políticas públicas de saúde".

A terceira versou sobre o reconhecimento de que a controvérsia não envolvia o direito à saúde e à vida, por um lado, e a separação de poderes e regras orçamentárias, de outro. O aspecto fundamental residia na destinação de recursos estatais limitados. Logo, "a ponderação termina sendo entre a vida e saúde de uns *versus* vida e saúde de outros".

A partir desses pressupostos, o voto assinala que a tentativa de promover o atendimento à saúde por meio da intervenção judicial pode resultar em comprometimento das políticas públicas e a alocação racional de recursos. "No limite, o casuísmo da jurisprudência brasileira pode impedir que políticas coletivas, dirigidas à promoção da saúde pública, sejam devidamente implementadas". Isso conduziria inclusive a benefícios para alguns, em detrimento da generalidade.

Sintetizando o enfoque, o voto destaca a inviabilidade de qualquer sistema de saúde fornecer a todas as pessoas todos os remédios, independentemente de seu custo. Por isso, é indispensável fixar critérios e limites para a alocação dos recursos. Mas tais critérios devem ser fixados pelos órgãos estatais competentes para a elaboração das políticas públicas. Essa competência não é atribuída ao Poder Judiciário.

---

[14] Tema nº 6: "Dever do Estado de fornecer medicamento de alto custo a portador de doença grave que não possui condições financeiras para comprá-lo" (RE nº 566.471 RG/RN, Pleno. Rel. Min. Marco Aurélio, j. 15.11.2007. *DJe*, 6 dez. 2007).

O voto conectou a questão com o tema da legitimidade democrática. A alocação dos recursos públicos importa inevitável opção quanto à satisfação e ao sacrifício de certos bens e valores. "Não é o Judiciário o órgão que tem a legitimação democrática própria para fazer estas escolhas".

Houve destaque a outra dimensão do problema, relacionada com a frustração de políticas sociais de abrangência mais ampla. A dimensão individualista inerente a um processo judicial específico implicaria uma abordagem individualista e elitista da assistência sanitária. Isso comprometeria a universalização do serviço público e agravaria as desigualdades econômicas e sociais. "A transferência, pelo Estado, de recursos que seriam aplicados em prol de todos os beneficiários do SUS para o cumprimento de decisões judiciais prejudica sobretudo os mais pobres, que constituem a clientela preferencial do sistema".

O último aspecto versado relacionou-se com as capacidades institucionais. "Em matéria de formulação e implementação de políticas públicas de saúde, não há dúvida de que o Poder Executivo está mais habilitado a produzir uma melhor decisão". O voto aponta que a atividade do juiz é orientada à solução mais satisfatória ("justa") para o caso concreto. A decisão judicial não considera outras necessidades relevantes atinentes a demandas universais da sociedade. Há um trecho em que estão sintetizadas conclusões sobre o tema:

> 29. Por tudo isso, não tenho dúvida de que, em regra, juízes e tribunais devem ser autocontidos e deferentes aos outros Poderes em questões técnicas complexas ou que envolvam a formulação e a implementação de políticas públicas. Nesses casos, muitas vezes faltam ao Poder Judiciário a capacidade institucional e a *expertise* para decidir e avaliar o efeito sistêmico de suas decisões. A judicialização jamais deverá substituir a política, nem pode ser o meio ordinário de se resolverem as questões de alocação de recursos, em princípio, reservadas à Administração Pública.

Em tópico posterior, o voto preconiza critérios para orientar a intervenção judicial atinente ao fornecimento de medicamentos. Quanto a isso, cabe uma diferenciação inicial entre as hipóteses de medicamentos já incorporados ao SUS e aqueles que ainda não o tenham sido.

No primeiro caso, não existem controvérsias mais profundas. A inclusão do medicamento na lista de dispensação do SUS produz o dever de fornecimento a todos que dele necessitarem. Em caso de ausência de satisfação desse dever, a intervenção do Judiciário voltar-se-ia apenas a dar efetividade a políticas públicas consagradas formalmente. O deferimento da pretensão do particular dependeria apenas da comprovação de requisitos do interesse de agir (adequação do medicamento e provocação administrativa do interessado).

As dificuldades envolvem os medicamentos não incorporados no SUS. O voto propôs cinco requisitos cumulativos e um parâmetro procedimental.

Os requisitos cumulativos propostos foram os seguintes:

a) incapacidade financeira do requerente para arcar com o custo correspondente;
b) demonstração de que a não incorporação do medicamento não resultou de decisão expressa dos órgãos competentes;

c) inexistência de substituto terapêutico incorporado pelo SUS;
d) comprovação da eficácia do medicamento em vista do conhecimento científico;
e) propositura da demanda em face da União.

O parâmetro procedimental consistia na "realização de diálogo interinstitucional entre o Poder Judiciário e entes ou pessoas com expertise técnica na área da saúde".

Na sequência, o voto examinou com mais profundidade cada um dos requisitos e o parâmetro procedimental preconizados. Embora o restante do voto apresente abordagens muito interessantes, os dados acima expostos são suficientes à formulação das ilações pertinentes.

3.3 O RE nº 888.815-RS

O RE nº 888.815-RS referiu-se à educação domiciliar (*homeschooling*).

3.3.1 A causa

O recurso extraordinário foi interposto contra decisão do Tribunal de Justiça do Rio Grande do Sul, que negou a existência de direito líquido e certo à educação domiciliar, em virtude da ausência de previsão legal sobre o tema.

3.3.2 A repercussão geral (Tema nº 822)

Em 4.6.2015, o STF reconheceu a repercussão geral da questão constitucional. Passou a constituir o Tema nº 220.[15]

3.3.3 O julgamento do recurso extraordinário

O recurso extraordinário foi julgado em 12.9.2018. O Ministro Barroso, como relator, dava-lhe provimento. Ficou vencido, prevalecendo o entendimento do Ministro Alexandre de Moraes – que foi designado redator do acórdão.

Foi adotado o entendimento de que, embora a Constituição não vede o ensino domiciliar, inexiste direito público subjetivo a essa solução. A sua implementação depende da edição de lei federal.

3.3.4 O voto do Ministro Barroso

Em seu voto, o Ministro Barroso apontou a omissão da Constituição em tratar do processo educacional desenvolvido fora de instituições de ensino e no ambiente doméstico. Destacou que "para muitas situações, não existe, na Constituição, claramente uma solução pré-pronta. Portanto, cabe ao intérprete procurar construir argumentativamente a melhor solução para a situação que se lhe apresenta".

O voto assinalou que:

---

[15] Tema nº 822: "Possibilidade de o ensino domiciliar (homeschooling), ministrado pela família, ser considerado meio lícito de cumprimento do dever de educação, previsto no art. 205 da Constituição Federal" (RE nº 888.815 RG/RS, Pleno. Rel. Min. Roberto Barroso, j. 4.6.2015. *DJe*, 15 jun. 2015).

A característica do direito, diferentemente de outros domínios, é que você não pode fazer experiências em laboratórios para ver se alguma política pública vai dar certo, você não tem como fazer testes clínicos em matéria de Direito. Portanto, a alternativa é verificar como as fórmulas que você cogita adotar são praticadas no mundo e que efeitos elas produziriam.

Nessa linha, o voto sublinhou que, em outros países com estágios civilizatórios similares ao brasileiro, a educação domiciliar é admitida e produz bons resultados.

A síntese do voto se encontra na passagem em que é afirmado que "[...] é perfeitamente possível a concordância prática entre esses dois dispositivos: interesse dos pais de educarem os filhos como melhor lhes aprouver e o dever do Estado de assegurar o pleno desenvolvimento da criança".

3.4 A ADI nº 6.241 MC/DF (e outras conexas)

Sete ações diretas de inconstitucionalidade, questionando a Medida Provisória nº 966/2020, foram distribuídas ao Ministro Barroso.[16]

3.4.1 A causa

As ADIs questionaram a constitucionalidade da Medida Provisória nº 966/2020, que disciplinou a responsabilidade de agentes públicos quanto a condutas relacionadas com a Covid-19.

Basicamente, a controvérsia envolvia a disciplina atinente a "dolo ou erro grosseiro", tema previsto no art. 28 do Decreto-Lei nº 4.657/1942 (Lei de Introdução às Normas do Direito Brasileiro – LINDB). O art. 2º da MP nº 966/2020 previu que "considera-se erro grosseiro o erro manifesto, evidente e inescusável praticado com culpa grave, caracterizado por ação ou omissão com elevado grau de negligência, imprudência ou imperícia".

3.4.2 O julgamento das ADIs

A medida cautelar foi levada a julgamento do Plenário, em sessão por videoconferência realizada em 21.5.2020. Houve o deferimento parcial, por maioria de votos, de cautelar para atribuir interpretação conforme para os arts. 1º e 2º da MP nº 966/2020 nos termos do voto do relator.

3.4.3 O voto do Ministro Barroso

O voto do Ministro Barroso reputou que não caberia examinar a constitucionalidade do art. 28 da LINDB, tema remetido ao julgamento do mérito. Restringiu-se à avaliação dos dispositivos da MP nº 966/2020.

O voto afirmou que "a realidade [...] é sempre parte da normatividade. Não se interpreta o Direito fora de um dado momento e de um dado lugar para produzir as consequências sobre pessoas – não abstrações, pessoas – que estão vivendo aqui e agora".

---

[16] ADIs nºs 6.421, 6.422, 6.424, 6.425, 6.427, 6.428 e 6.431. Algumas delas questionaram a constitucionalidade de outros dispositivos normativos, mas a questão não apresenta relevância.

Em outra passagem, o voto destacou a existência de dois extremos na atuação administrativa. Um deles é a corrupção. O outro é o temor da responsabilização. "Qualquer um desses dois extremos é muito ruim – tanto o administrador desonesto que leva vantagem, como o administrador honesto que tem medo de decidir e tem medo de fazer o que precisa ser feito".

O voto apontou que a questão nuclear residia na "qualificação do que seja erro grosseiro".

O núcleo do entendimento adotado constou do seguinte trecho:

> [...] as autoridades às quais compete decidir devem exigir que toda e qualquer opinião técnica sobre o tema explicite tais standards e evidências, bem como esclareça acerca da observância dos princípios da precaução e da prevenção. A não exigência de tais elementos torna a autoridade corresponsável pelos danos decorrentes da decisão, por faltar com dever de diligência imprescindível a lidar com bens de tamanha relevância. Nesse sentido, vale anotar que o dever de diligência e de cuidado da autoridade é proporcional à relevância dos bens em jogo e à gravidade da situação que lhe é dada enfrentar.

3.5 A ADPF nº 709 MC-REF/DEF

A ADPF nº 709-DF, de relatoria do Ministro Barroso, envolveu a adoção pelo STF de provimentos destinados à proteção de povos indígenas quanto ao risco de contágio pela Covid-19.

3.5.1 A causa

A ADPF questionou ações e omissões do Poder Público, relativas ao combate à pandemia por Covid-19, que produziam risco de contágio e extermínio de povos indígenas.

3.5.2 A ação de descumprimento de preceito fundamental

Foram deferidas diversas medidas cautelares. Entre elas, houve a determinação da criação de plano pela União para estabelecimento de barreiras sanitárias. Também foi prevista a instalação de Sala de Situação, a ser integrada inclusive por representantes das comunidades indígenas, Procuradoria-Geral da República e Defensoria Pública da União. Também foi determinada a elaboração de um Plano de Enfrentamento da Covid-19 para os Povos Indígenas Brasileiros.

3.5.3 O julgamento da ação de descumprimento de preceito fundamental

Em 5.8.2020, as medidas cautelares foram referendas pelo Plenário do STF,[17] por maioria de votos.

---

[17] Observe-se que houve um segundo referendo a medidas cautelares incidentais deferidas em momento posterior. Esse segundo referendo ocorreu em 2.3.2022.

3.5.4 O voto do Ministro Barroso

O voto do Ministro Barroso compreendeu uma pluralidade de tópicos. Para a presente análise, interessa destacar a preocupação externada quanto ao estabelecimento de um diálogo institucional entre o Poder Judiciário e o restante da comunidade. Como afirmou, "não tem como o Judiciário elaborar esses planos e dar-lhes execução, e, por essa razão, o diálogo institucional entre os Poderes Judiciário e Executivo é imperativo".

Foi assinalada a preocupação em evitar manifestações teóricas, desacompanhadas de providências concretas e aptas a produzir resultados efetivos. Em vez de impor diretamente a instituição de barreiras (relativamente a povos indígenas em isolamento ou contato recente), foi determinado à União a apresentação de um plano sobre o assunto. "Não me pareceu dentro da capacidade institucional em medida cautelar do Poder Judiciário fixar todas essas necessidades e demandas". O voto apontou a complexidade do tema da invasão das terras indígenas, cuja solução não dependia de uma decisão voluntarista.

Também houve o destaque à necessidade de participação das populações indígenas. "A participação das comunidades indígenas, a meu ver, além de decorrer de um princípio de justiça natural – porque estamos tratando da vida, da terra e da cultura deles – também decorre de tratados internacionais [...]".

3.6 A ADI nº 6.586-DF

A ADI nº 6.586-DF versou sobre a constitucionalidade da vacinação compulsória contra a Covid-19 prevista na Lei nº 13.979/2020.

3.6.1 A causa

A discussão central envolvia a situação de menores, cujos pais se opunham à vacinação, invocando a liberdade individual.

3.6.2 A ação de descumprimento de preceito fundamental

Houve várias ADIs versando sobre o mesmo tema. As ações foram distribuídas ao Ministro Ricardo Lewandowski.

3.6.3 O julgamento da ação de descumprimento de preceito fundamental

O julgamento ocorreu em 17.12.2020 e concluiu, por maioria, pela atribuição de interpretação conforme à Constituição ao art. 3º, III, "d", da Lei nº 13.979/2020.

3.6.4 O voto do Ministro Barroso

O Ministro Barroso acompanhou o relator, reconhecendo a prevalência da obrigatoriedade da vacinação sobre a liberdade individual. Apontou a tensão entre direitos fundamentais. Afirmou:

> em muitas situações, não é possível essa harmonização, e o intérprete, então, terá que fazer escolhas para que um direito prevaleça circunstancialmente sobre outro naquela situação

concreta. Em tais situações, em que ele vai determinar a precedência de um direito sobre o outro, cabe ao juiz constitucional expor as razões pelas quais estará procedendo assim, estabelecendo a precedência em concreto de um direito fundamental sobre o outro.

O voto contempla a seguinte passagem:

[...] a dignidade protege também [...] o próprio indivíduo, eventualmente, contra a sua desinformação ou a sua escolha equivocada, impondo a ele a imunização que irá preservar a sua vida ou a sua saúde. Esse é um dos raros casos, na vida jurídica, a meu ver, em que o paternalismo se justifica. Paternalismo entendido como o Estado se sobrepondo à vontade individual relativamente a condutas autorreferentes [...].

O voto nega a legitimidade de um direito individual ser invocado para frustrar o direito da coletividade. Mas essa afirmativa envolveu especificamente a consideração de que a fruição da liberdade de não se vacinar implicava riscos da disseminação da doença e de danos aos demais integrantes da comunidade.

Ademais, o voto negou a existência de um poder parental que implicasse risco à integridade da saúde do menor. Nesse sentido, "[...] é muito fácil perceber a distinção entre as escolhas existenciais que alguém faça para si e as escolhas existenciais que alguém faça como responsável por outrem, como é o caso dos pais em relação aos filhos menores".

Em síntese, "estou decidindo pela precedência do direito à vida e à saúde coletivas e à proteção prioritária da criança".

3.7 A ADPF nº 622-DF

A ADPF nº 622-DF, de relatoria do Ministro Barroso, referiu-se à modificação da disciplina da constituição e do funcionamento do Conselho Nacional da Criança e do Adolescente – Conanda.

3.7.1 A causa

A inicial sustentou que as alterações normativas adotadas a propósito do Conanda obstaculizavam a participação da sociedade civil. Isso resultaria na frustração das finalidades do órgão colegiado e impediria a participação da sociedade civil na formulação das políticas públicas.

3.7.2 O julgamento da ação de descumprimento de preceito fundamental

Foram deferidas diversas medidas cautelares, envolvendo inclusive a suspensão de dispositivos de decretos e o restabelecimento do mandato de antigos conselheiros. A causa foi levada diretamente a julgamento do Plenário (sessão virtual de 19 a 26.2.2021), que julgou procedente em parte a ação, por maioria de votos.

3.7.3 O voto do Ministro Barroso

O voto do relator referiu-se a práticas governamentais infringentes do modelo democrático, orientado a impedir a divergência, a enfraquecer os demais poderes e a negar tutela a grupos minoritários ou vulneráveis.

Acrescentou que os atos discricionários do presidente da República encontram limite na Constituição e nas leis. O controle de constitucionalidade não se confunde com um juízo político. "Não há dúvida, portanto, de que a participação de entidades representativas da sociedade civil na hipótese constitui mandamento constitucional". Essa determinação teria sido frustrada por medidas infralegais adotadas pelo Poder Executivo.

3.8 A ADPF nº 708-DF

A ADPF nº 708-DF, distribuída ao Ministro Barroso, visou a edição pelo STF de provimentos para constranger a União a retomar a operação do Fundo Nacional sobre Mudança do Clima (Fundo Clima).

3.8.1 A causa

Em ação direta de inconstitucionalidade por omissão, a inicial sustentou que a União havia deixado, a partir de 2019, de destinar recursos para o funcionamento do Fundo Clima. Isso inviabilizara o exercício de atribuições relacionadas à proteção do meio ambiente e ao combate a mudanças climáticas.

A causa foi distribuída para o Ministro Roberto Barroso, que recebeu a inicial como ADPF e negou os provimentos cautelares pleiteados.

3.8.2 O julgamento

O relator convocou audiência pública. Na sequência, a causa foi levada a julgamento perante o Plenário. Em 1º.7.2022, o pedido foi julgado procedente por maioria.[18] O STF reconheceu a omissão da União em alocar os recursos destinados ao Fundo Clima em 2019 e determinou à União a retomada das operações do Fundo Clima, assim como vedou o contingenciamento das receitas a ele destinadas.

3.8.3 O voto do Ministro Barroso

O voto afirmou existir um poder-dever do Poder Público de proteção ao meio ambiente, consagrado constitucionalmente. "A tutela ambiental não se insere em juízo político, de conveniência e oportunidade, do Chefe do Poder Executivo". Evidenciada a ausência de medidas do Poder Público para tutela ao meio ambiente, "é papel das supremas cortes e dos tribunais constitucionais atuar no sentido de impedir o retrocesso".

A título de *obter dictum*, houve apreciação da questão de alocação dos recursos financeiros. O voto reconheceu que, em princípio, o Poder Judiciário deve ser deferente às

---

[18] Ficou vencido o Ministro Nunes Marques e o Ministro Edson Fachin acompanhou o relator com ressalva.

escolhas alocativas promovidas pelos representantes eleitos quanto a políticas públicas. Mas formulou a seguinte ressalva:

> Caso, todavia, se constate que tais escolhas estão eivadas por vícios de desvio de finalidade, não verossimilhança dos motivos que as determinaram ou violação da proporcionalidade, implicando grave prejuízo ao núcleo essencial de direitos fundamentais, pode e deve o Tribunal exercer o controle sobre tais atos alocativos. Isso porque, em tal caso, se trata de controle de legalidade e não do mérito ou conveniência política de tais atos.

3.9 Síntese

As diversas manifestações do Ministro Roberto Barroso, ao longo dos anos, refletiram um enfoque uniforme quanto a questões que dão identidade ao direito administrativo brasileiro. Examinando litígios diversos, as soluções foram norteadas por parâmetros de igual consistência. Isso permite uma avaliação mais ampla quanto às concepções hermenêuticas adotadas pelo julgador.

4 A supremacia dos direitos fundamentais

O pressuposto adotado em todos os julgamentos foi a supremacia dos direitos fundamentais.

4.1 O reconhecimento de um eventual "direito natural"

É relevante assinalar que, em pelo menos uma passagem na ADPF nº 709-DF, Barroso atribuiu aos direitos fundamentais um *status* de *direito natural*. Essa passagem deve ser interpretada na acepção da transcendência dos direitos fundamentais relativamente às circunstâncias sociopolíticas. Evidentemente, a construção de Barroso não envolve o reconhecimento de uma origem divina para os direitos fundamentais. Tratou-se de admitir que os direitos fundamentais, produzidos como experiência concreta, não comportam negação ou desconsideração.

Justamente por isso, a consolidação da aplicação concreta de direito fundamental não comporta retrocesso.[19] Não existe fundamento de validade para uma decisão específica que implique desconsiderar o estágio atingido quanto à eficácia concreta de direitos fundamentais.

4.2 A preocupação com soluções efetivas e concretas

A atribuição de hierarquia superior aos direitos fundamentais nunca se traduziu em manifestações puramente retóricas de Barroso. Uma das características de sua atuação judicante consiste na preocupação com a realidade concreta do mundo. Rejeita de modo decidido a formulação de considerações teóricas dissociadas da adoção de providências aptas a produzir resultados efetivos.

---

[19] A respeito do princípio do não retrocesso social, consulte-se CANOTILHO, José Joaquim Gomes. *Direito constitucional*. 6. ed. Coimbra: Almedina, 1993. p. 468.

Para Barroso, o aspecto fundamental reside não na simples afirmativa da preponderância dos direitos fundamentais, mas exige a edição de providências que produzam, de modo consistente, a modificação da situação indesejada e a concretização efetiva dos valores traduzidos na Constituição. Não basta o chamado *wishful thinking*, o desejo de que as coisas se realizem do melhor modo. É indispensável uma atuação material apta a produzir os resultados pretendidos.

Mesmo em sua produção acadêmica, Barroso já destacou que:

> [...] prevaleceu até muito recentemente, a concretização de um direito fundamental dependeria ou da intermediação do legislador ou de uma atuação discricionária da Administração. Desse modo, mesmo que incorporados à Constituição, não seriam mais do que princípios morais, sem valor jurídico. Pessoalmente, dediquei grande energia acadêmica à superação desse modo de pensar e praticar o direito constitucional. Nos dias atuais, já não se nega o caráter jurídico e, pois, a exigibilidade e acionabilidade dos direitos fundamentais, na sua múltipla tipologia.[20]

Por isso, as decisões de Barroso contemplam, usualmente, propostas e determinações para implementar, de modo concreto, soluções necessárias à realização dos direitos fundamentais.

4.3 A atividade interpretativa e o contexto concreto da realidade

Outro aspecto fundamental do pensamento de Barroso reside no reconhecimento da relevância do contexto concreto sobre a aplicação do direito. Nenhuma interpretação é produzida de modo dissociado das circunstâncias da realidade.

4.3.1 As implicações no tocante à atividade administrativa

Evidentemente, essa consideração se aplica não apenas à uma atividade puramente "interpretativa" – se é que tal hipótese existiria. A aplicação concreta do direito, que se verifica inclusive na atividade administrativa estatal, envolve a compreensão dos fatos e da disciplina jurídica e é condicionada pela circunstância em que se insere.

4.3.2 A inviabilidade do controle de validade em abstrato

Por decorrência, é inviável promover o controle da validade da atividade administrativa sem tomar em vista a circunstância concreta. Pode-se extrair que decisões administrativas de conteúdo similar ou equivalente comportam avaliação distinta em vista do contexto em que se inserem.

---

[20] BARROSO, Luís Roberto. *Curso de direito constitucional*: os conceitos fundamentais. 9. ed. São Paulo: Saraiva, 2020. p. 504.

4.3.3 Os limites da interpretação e da discricionariedade

Nos julgados examinados, Barroso não formulou diferenciação entre as figuras da interpretação e da discricionariedade. A diferenciação entre as hipóteses não é pacífica.[21] De todo modo, pode-se inferir que, em princípio, Barroso não diferencia o tratamento a ser adotado relativamente aos dois casos.

Mas parece inquestionável que Barroso rejeita a possibilidade de descaracterização de ilicitude dolosa mediante a invocação do contexto existente. As suas considerações versam sobre as escolhas não afetadas pela consciência e vontade de infringir a ordem jurídica.

4.4 O enquadramento do "interesse público" no contexto dos direitos fundamentais

De modo genérico, o critério de validade da atuação administrativa adotado por Barroso nunca foi o interesse público – ao menos, não ao interesse público tal como vocalizado tradicionalmente pela doutrina do direito administrativo. Sempre houve a referência aos direitos fundamentais como fundamento da legitimidade e da validade da atuação administrativa.

4.4.1 A referência ao interesse público objetivo e autônomo

Em uma passagem, Barroso aludiu ao "interesse público", mas para desvinculá-lo das avaliações da autoridade administrativa. Vale reproduzir o texto:

> De modo geral, tais medidas foram declaradas inconstitucionais pelo [sic] essa Corte, tendo-se assinalado que geravam risco de captura de tais órgãos e violavam o direito à participação da cidadania e das organizações da sociedade civil em temas de relevante interesse público. (ADPF nº 708/DF, Pleno, Rel. Min. Roberto Barroso, j. 4.7.2022. *DJe*, 27 set. 2022)

No caso, tratou-se precisamente de evitar que as conveniências do administrador comprometessem a realização dos interesses difusos e coletivos. Foi reconhecida a existência de um "interesse público" dotado de autonomia em vista da Administração Pública.

Essa circunstância não significa a negativa da existência de competências administrativas específicas e insuprimíveis, que não comportam supressão pelo Poder Judiciário. A questão nuclear consiste em que o critério de controle da ação administrativa é o conteúdo e a eficácia dos direitos fundamentais. Nenhuma conveniência administrativa é invocável para legitimar ação ou omissão do Poder Público que comprometa a realização de direitos fundamentais.

---

[21] Sobre o tema, confira-se ÁVILA, Humberto. *Teoria da indeterminação do direito* – Entre a indeterminação aparente e a determinação latente. São Paulo: Malheiros/JusPodivm, 2022. Para a opinião pessoal do autor, confira-se *Introdução ao estudo do direito*. 2. ed. Rio de Janeiro: Forense, 2022. p. 331.

4.4.2 O controle das ponderações realizadas pela autoridade administrativa

Nesse contexto, torna-se evidente a superação do conceito de "interesse público", tal como tradicionalmente concebido no direito administrativo. É inafastável avaliar o conteúdo do dito "interesse público" para controlar a ponderação de interesses individuais e coletivos que fundamentou a decisão da instância administrativa.

Portanto, o "interesse público" desvincula-se de modo definitivo dos interesses dos agentes políticos e das conveniências do aparato estatal. Somente pode ser reconhecida como "interesse público" a necessidade compartilhada pelos diversos setores da sociedade e compatível com a tutela aos direitos fundamentais.

4.4.3 Atividade administrativa, direitos fundamentais e Poder Judiciário

Um aspecto fundamental reside em que, quando a atividade administrativa envolver direitos fundamentais, é inafastável o controle pelo Poder Judiciário da decisão adotada. Nesse ponto, torna-se muito evidente a distinção entre "interesse público" e "direitos fundamentais" como fundamento de validade da atividade administrativa.

No contexto tradicional do direito administrativo, incumbia à autoridade administrativa promover a definição do "interesse público" no caso concreto. O controle judicial encontrava limite no dito mérito do ato administrativo. No cenário da supremacia dos direitos fundamentais, a avaliação adotada pela Administração sempre se sujeita à fiscalização do Poder Judiciário – ainda que restrita à preservação do núcleo fundamental desses direitos fundamentais. Portanto e sob esse ângulo, torna-se superada a disputa sobre o mérito do ato administrativo.

5 A eficácia dos direitos fundamentais e as competências não jurisdicionais

Barroso reconheceu, nas várias hipóteses, que a eficácia dos direitos fundamentais não implica soluções únicas e inequívocas. Existe uma margem de autonomia de escolhas no âmbito da Administração Pública.

5.1 O poder-dever de tutela à Constituição

No entanto, a função de defesa da Constituição impõe ao STF um poder-dever de revisão da ação administrativa, sempre que estejam em jogo os valores tutelados pelos direitos fundamentais.

Não se trata propriamente de um controle de legalidade do ato administrativo pelo Poder Judiciário. Há um enfoque distinto, que não pode ser reconduzido às clássicas disputas do direito administrativo pertinentes ao controle do mérito do ato administrativo.

O controle de constitucionalidade desenvolve-se num nível distinto e segundo uma abordagem inconfundível com a questão clássica do controle de legalidade. Ainda que haja alusão a uma margem de discricionariedade administrativa, o aspecto fundamental reside em que o sistema jurídico exclui a validade de qualquer medida estatal que infrinja a tutela assegurada pelos direitos fundamentais. Ou seja, não é cabível opor o "mérito" do ato administrativo como obstáculo ao controle de constitucionalidade fundado nos direitos fundamentais.

5.2 As novas concepções sobre "legalidade" administrativa

Sob um certo ângulo, a questão se relaciona com uma nova concepção de legalidade administrativa, imposta pela intangibilidade dos direitos fundamentais.

5.2.1 A legitimidade administrativa clássica

A concepção clássica da legalidade administrativa envolvia o postulado de que a Administração somente está autorizada a fazer ou deixar de fazer aquilo que esteja previsto em lei. Esse enfoque pressupunha que a lei era o fundamento direto e insuprimível da validade da atuação administrativa.

Por decorrência, a inexistência de previsão legislativa (ainda que implícita) acarretava a vedação à atuação administrativa.

5.2.2 A supremacia dos direitos fundamentais e suas implicações sobre a Administração

Mas a afirmação da supremacia dos direitos fundamentais produz implicações muito significativas quanto à legalidade administrativa. Assim se passa porque os direitos fundamentais produzem, de modo autônomo e direto, deveres para a Administração Pública.[22]

Portanto, é vedado à Administração permanecer omissa, invocando a ausência de lei, quando determinada ação (ou omissão) for imposta diretamente pela Constituição.

5.2.3 A restrição à margem de autonomia administrativa

Por outro lado, a supremacia dos direitos fundamentais produz a redução da margem de autonomia da Administração. Não lhe é facultado ignorar a Constituição, como é evidente. Mas também lhe é interdito invocar uma competência discricionária para deixar de realizar os direitos fundamentais. Inexiste cabimento de juízos de conveniência e oportunidade relativamente a situações delimitadas pela incidência dos direitos fundamentais.

5.3 O regime variável em vista da relevância dos bens jurídicos

Barroso reiterou o entendimento de que a relevância dos bens jurídicos afetados pela atuação administrativa condiciona o regime jurídico aplicável.

5.3.1 As decisões administrativas pertinentes a bens jurídicos fundamentais

Nas hipóteses em que estejam em jogo bens jurídicos fundamentais, tal como a vida, a saúde e o meio ambiente, as decisões administrativas devem ser norteadas pelos princípios da precaução e da prevenção.

---

[22] Gustavo Binenbojm, nessa mesma linha, ensina que: "Em uma palavra: a atuação administrativa só será válida, legítima e justificável quando condizente, muito além da simples legalidade, como o sistema de princípios e regras delineado na Constituição, de maneira geral, e como os direitos fundamentais, em particular" (BINENBOJM, Gustavo. *Uma teoria do direito administrativo*. 2. ed. Rio de Janeiro: Renovar, 2008. p. 132).

5.3.2 A restrição à autonomia para correr riscos

Isso significa inexistir margem de discricionariedade para a Administração adotar soluções que comportem ampliação de riscos aos bens jurídicos fundamentais. Ainda que incumba à Administração a competência para produzir decisões fundadas em conveniência e oportunidade, existirá um limite intransponível para optar por solução que envolva riscos superiores ao mínimo possível.

5.3.3 A ausência de autonomia para avaliar os riscos e as soluções

Por outro lado, a Administração não dispõe de autonomia para escolher critérios de conveniência e oportunidade quanto à identificação dos riscos e à formulação das soluções. Talvez se pudesse aludir, nesse ponto, a uma discricionariedade técnica.[23] Ou seja, a decisão concreta a ser adotada subordina-se ao conhecimento técnico-científico.

5.3.4 Ainda a subordinação ao conhecimento técnico-científico prevalente

Nem existe cabimento de a Administração optar por manifestações de especialistas que não tenham sido respaldadas pelo pensamento científico dominante e consagrado no nível mais amplo possível.

Essa questão é relevante porque, em muitos casos, existem divergências entre os especialistas quanto à identificação dos problemas e à determinação das soluções. Em tais hipóteses, cabe observar a posição que se revele como a prevalente no ambiente científico local e mundial.

Pode-se extrapolar o entendimento de Barroso para reputar que, num contexto de divergência entre especialistas, devem ser observados os princípios da prevenção e da precaução. Diante da existência de entendimentos distintos e contraditórios, que tenham merecido adesão por parcelas igualmente respeitáveis da ciência, cabe optar por aquele que envolva os menores riscos para a integridade dos bens jurídicos fundamentais.

5.3.5 A violação ao conhecimento técnico-científico e o "erro grosseiro"

Isso significa que uma decisão administrativa que infrinja o conhecimento técnico-científico prevalente e que ignore os princípios da precaução e da prevenção configura "erro grosseiro". Pode-se extrapolar que existe um dever objetivo de diligência especial que recai sobre o agente público, consistente em evitar decisões que criem, ampliem ou deixem de prevenir riscos para a comunidade. Esse dever impõe ao agente público realizar escolhas fundadas em critérios fornecidos pela ciência. A violação a esse dever enquadra-se na categoria do "erro grosseiro".

---

[23] Acerca do conceito de discricionariedade técnica, consulte-se obra clássica a respeito do tema: GIANNINI, Massimo Severo. *Diritto administrativo*. 3. ed. Milano: A. Giuffrè, 1993. v. 2. p. 55-56. Também podem ser conferidas a obra do signatário *Curso de direito administrativo*. 14. ed. Rio de Janeiro: Forense, 2023. p. 93, e DI PIETRO, Maria Sylvia Zanella. Discricionariedade técnica e discricionariedade administrativa. *Revista Brasileira de Direito Público – RBDP*, n. 17, p. 75-96, abr./jun. 2007.

5.4 A questão da reserva do possível

A intangibilidade dos direitos fundamentais, quando dotados de determinação suficiente, afasta inclusive a invocação à reserva do possível.

5.4.1 As determinações constitucionais

Existindo determinação constitucional quanto à realização de determinadas condutas ou quanto ao atingimento de fins específicos, incumbe ao aparato estatal adotar as providências cabíveis para a sua implementação.

5.4.2 As escolhas "trágicas"

Barroso reconhece que, em determinadas situações, a ausência de recursos imporá escolhas "trágicas". Essa questão foi apreciada especificamente a propósito do fornecimento de medicamentos. Admite que, em determinadas situações, inexistem recursos materiais suficientes para um atendimento à universalidade das demandas individuais e coletivas.

Em tais hipóteses, caberá adotar soluções norteadas pela proporcionalidade, que envolvam a máxima realização possível dos valores envolvidos e assegurem um mínimo de eficácia aos direitos fundamentais.

5.5 As soluções "democráticas"

Nesse contexto, Barroso admite que a solução deve ser adotada segundo os parâmetros democráticos.

5.5.1 A decisão dos representantes eleitos pelo povo

Em princípio, isso significa incumbir aos representantes eleitos pelo povo a competência para formular as decisões.[24] Não cabe ao Poder Judiciário assumir atribuições que foram reservadas aos sujeitos escolhidos mediante sufrágio.

5.5.2 A função contramajoritária

No entanto, o Ministro Roberto Barroso reconhece também nesse ponto a titularidade pelo STF de uma função contramajoritária – essencial a uma democracia efetiva. Ele assinala que, especialmente no tocante às escolhas "trágicas", trata-se de uma disputa entre os diversos grupos de interesse. A alocação dos recursos públicos e a atuação dos poderes públicos refletem decisões sobre as pessoas e os grupos que serão beneficiados.

Pode-se inferir que, como decorrência, a manifestação dos representantes eleitos pelo povo não será vinculada necessariamente ao atendimento aos mais vulneráveis. Existem aqueles que não tem "voz" na disputa pelos benefícios da atuação administrativa.

---

[24] Sobre o papel do Legislativo e a eficácia dos direitos fundamentais, confira-se SCHULMAN, Gabriel. Eficácia interprivada: horizontes de aplicação dos direitos fundamentais. *In*: CLÈVE, Clèmerson Merlin. *Direito constitucional brasileiro* – Teoria da Constituição e direitos fundamentais. São Paulo: Revista dos Tribunais, 2014. v. I. p. 347-349.

Nesse caso, incumbe ao Poder Judiciário intervir para neutralizar não apenas o interesse das maiorias, mas especialmente das parcelas menos privilegiadas.

5.5.3 A ausência de necessidade de provocação pelo próprio interessado

A proteção constitucional independe inclusive de manifestação do próprio interessado. O Poder Público – abrangendo tanto a Administração como o próprio Poder Judiciário – dispõe de um poder-dever de intervir para assegurar a dignidade e para proteger os interesses individuais e coletivos, de modo independente à sua manifestação.

6 A atuação subsidiária do Estado

Por outro lado, a tutela reforçada aos direitos fundamentais não elimina uma atuação subsidiária do Estado, decorrente diretamente do princípio da igualdade.

6.1 A tutela aos grupos vulneráveis

Barroso reconhece que a intervenção do Estado (e do STF) para realização dos direitos fundamentais é orientada especialmente (ainda que não apenas) à proteção dos sujeitos em situação de vulnerabilidade.

6.2 As diferentes capacitações dos sujeitos para autossatisfação

Esse enfoque pressupõe o reconhecimento da distinta capacitação dos sujeitos para promover a autossatisfação de suas necessidades e para a realização de seus direitos fundamentais. Portanto, os sujeitos dotados de maior capacitação (especialmente econômica) não necessitam da intervenção estatal. Os recursos públicos devem ser reservados para a promoção dos direitos fundamentais dos sujeitos que não disponham de condições para, de modo individual ou isolado, obterem as prestações a tanto necessárias.

Sob certo ângulo, esse foi o entendimento adotado no caso do RE nº 888.815 (em que Barroso ficou vencido). Reputou cabível a educação domiciliar inclusive por reputar que o fornecimento de utilidades diretamente pelo Estado aos particulares nem sempre é necessário para a realização de direitos fundamentais.[25]

6.3 A atuação estatal para a defesa dos vulneráveis

Logo, a eficácia dos direitos fundamentais apresenta uma dimensão diferenciada em face do Estado, relativamente aos sujeitos vulneráveis. Não significa negar a supremacia dos direitos fundamentais, mas se trata de reconhecer que, em muitas situações, o indivíduo dispõe de condições autônomas para realizar a própria dignidade.

---

[25] Esse não foi o entendimento prevalente. O Min. Roberto Barroso ficou vencido nesse julgamento.

6.4 Ainda o problema da isonomia

Sob esse ângulo, a questão se relaciona diretamente com a garantia de um tratamento isonômico. Não se admite que o Estado adote tratamento equivalente e uniforme para todos os sujeitos, relativamente a todas as questões. Os sujeitos não se encontram em situação idêntica e uniforme, no tocante à capacidade de implementar medidas para assegurar os próprios direitos fundamentais.

6.5 A variação da solução em vista das circunstâncias

Isso não significa adotar distinções amplas e imutáveis no tocante ao tratamento praticado relativamente aos particulares. Cabe avaliar, em vista de cada situação, a necessidade da intervenção protetora do Estado. Haverá casos em que não há necessidade de medidas estatais para a realização dos direitos fundamentais de certos sujeitos. Em outros casos, diversamente se passará.

7 A preservação das competências não jurisdicionais e a intervenção judicial

A identificação de insuficiências, defeitos ou vícios na atuação administrativa não autoriza, ao ver de Barroso, a adoção pelo Poder Judiciário de medidas diretas de cunho satisfativo. Essa competência incumbe prioritariamente à Administração Pública.[26]

7.1 Ainda a separação de poderes

O controle de constitucionalidade da atuação da Administração Pública não conduz à eliminação da separação de poderes. A identificação de defeitos na atividade administrativa autoriza a intervenção do Judiciário, mas não legitima a assunção por ele das atribuições estranhas à atividade jurisdicional.

7.2 Ainda a questão da legitimidade democrática

Assim se passa, por um lado, em virtude da legitimidade democrática. O sistema constitucional prevê incumbir aos representes eleitos pelo povo o exercício de certas escolhas e atribuições – respeitados, sempre, os direitos fundamentais.

Logo, as decisões fundamentais de cunho infraconstitucional são reservadas ao Poder Legislativo e ao Poder Executivo. Não cabe ao Poder Judiciário exercitar escolhas de titularidade do povo.

7.3 Ainda a questão da ausência de expertise

Mais ainda, o Poder Judiciário não detém nem formação nem vocação para o desempenho de funções não jurisdicionais. O magistrado não possui conhecimento

---

[26] Sobre o tema, merece destaque BARROSO, Luís Roberto. Constitucionalismo democrático como ideologia vitoriosa do século XX. In: BARROSO, Luís Roberto. *Revolução tecnológica, crise da democracia e Constituição*: direito e políticas públicas num mundo em transformação. Belo Horizonte: Fórum, 2021. p. 67-92.

técnico específico nem é apto a avaliar as implicações e consequências de suas decisões. Cabe ao Poder Judiciário autoconter-se em face dos demais poderes, deferindo a eles o exercício das escolhas e a construção das soluções concretas necessárias e adequadas para a realização dos direitos fundamentais.

7.4 A autocontenção do Poder Judiciário

Barroso preconiza a autocontenção do Poder Judiciário, especificamente no tocante à concepção e implementação de soluções materiais para os casos difíceis. Reconhece a necessidade de deferência aos demais poderes, de modo a evitar que o magistrado assuma atribuições para cujo exercício não dispõe nem de legitimidade, nem de conhecimento.[27]

8 A difusão de processos estruturais

As manifestações do Ministro Barroso sempre apontaram para a adoção do modelo dos processos estruturais.[28]

8.1 As inovações provenientes da experiência estadunidense

A figura do processo estrutural foi teorizada especialmente em vista da atuação da Suprema Corte dos EUA.[29] A intervenção do Poder Judiciário para a concretização de direitos fundamentais, em vista da omissão ou da oposição de entidades estatais e não estatais, produziu o surgimento de novas soluções processuais.

Em modo sintético, a expressão "processo estrutural" tem sido utilizada para indicar processos orientados à produção de uma pluralidade de providências concretas, usualmente a cargo de instituições administrativas, adotadas de modo consensual ou por determinação do Poder Judiciário, reputadas como necessárias à concretização de direitos fundamentais de sujeitos indeterminados.

Nesse modelo, não incidem institutos típicos do processo ordinário e normal. Não se aplica a preclusão, admitem-se variações no tocante ao pedido e às decisões judiciais, promove-se amplamente a participação da sociedade civil, buscam-se soluções consensuais.

Ademais, a atividade de execução efetiva de providências desenvolve-se sob o controle do Poder Judiciário e comporta modificações em vista das circunstâncias identificadas. Usualmente, a fase de implementação das soluções é muito mais complexa e problemática do que aquela que antecede a decisão sobre o "mérito" do litígio.

---

[27] Para mais acerca do tema, confira-se BARROSO, Luís Roberto. *Curso de direito constitucional contemporâneo*: os conceitos fundamentais. 9. ed. São Paulo: Saraiva, 2020. p. 439.

[28] A expressão "processo estrutural" comporta discussão. Talvez seja mais pertinente aludir a litígios estruturais. No entanto, ocorreu a difusão da expressão na doutrina brasileira.

[29] Acerca do tema do processo estrutural, consultem-se as obras de ARENHART, Sérgio Cruz; JOBIM, Marco Félix (Org.). *Processos estruturais*. 2. ed. Salvador: JusPodivm, 2019; e DIDIER JR., Fredie; ZANETI JR., Hermes; OLIVEIRA, Rafael Alexandria de. Elementos para uma teoria do processo estrutural aplicada ao processo civil brasileiro. *Revista do Ministério Público do Estado do Rio de Janeiro*, v. 75, jan./mar. 2020. Merece especial referência o trabalho de MENEGAT, Fernando. *Direito administrativo e processo estrutural* – Técnicas processuais para o controle de casos complexos envolvendo a Administração Pública. Rio de Janeiro: Lumen Juris, 2023.

Os processos estruturais são orientados a promover alterações significativas em situações sociais e econômicas caracterizadas por insuficiências e falhas graves. A decisão judicial reconhece a necessidade de intervenções amplas sobre a realidade, visando a atingir um fim que nem sempre comporta definição precisa. A atuação necessária à alteração dessas circunstâncias é promovida em sede não jurisdicional, ainda que sob controle do Judiciário. A evolução dos fatos pode exigir inovações e modificações nas soluções cogitadas em momento anterior. Em muitos casos, a execução dessas medidas exige o decurso de longo tempo.

Não existe um modelo único e rígido para os processos estruturais. As características de cada caso condicionam as etapas procedimentais a serem adotadas. Como afirma Menegat, "Com o uso da locução 'processo estrutural' e suas correlatas, destarte, pretende-se essencialmente sublinhar uma formatação não ortodoxa para se pensar o desenvolvimento da relação jurídico-processual e o manejo das técnicas processuais em concreto". [30]

8.2 A introdução de processos estruturais no Brasil

Vem-se verificando a introdução de processos estruturais no Brasil. Um caso marcante foi a ação civil pública ajuizada em 1993 perante a 4ª Vara Federal de Criciúma, tendo por objeto a recuperação do passivo ambiental decorrente da exploração de recursos carboníferos. Durante o trâmite do processo, foram sendo adotadas providências diversas e variadas.

O próprio STF passou a se valer de instrumentos peculiares aos processos estruturais – inclusive nos processos referidos neste artigo. O enfoque se manifestou, por exemplo, pela generalização de audiências públicas e pela emissão de provimentos determinando à Administração a concepção de soluções para situações incompatíveis com direitos fundamentais.

Mais recentemente, a alusão a processo estrutural foi expressamente incorporada em decisão do STF, tal como adiante indicado:

> [...] OMISSÃO ESTRUTURAL DO PODER PÚBLICO NA ADOÇÃO DE MEDIDAS DE REDUÇÃO DA LETALIDADE POLICIAL. GRAVE VIOLAÇÃO DE DIREITOS HUMANOS. NECESSIDADE DE ELABORAÇÃO DE PLANO PARA A REDUÇÃO DA LETALIDADE. DECISÃO DA CORTE INTERAMERICANA DE DIREITOS HUMANOS. MORA INCONSTITUCIONAL. NECESSIDADE DA MEDIDA ESTRUTURAL. [...] 1. A arguição de descumprimento de preceito fundamental, ao admitir diversas medidas de natureza cautelar, instrumentaliza a jurisdição constitucional para enfrentar os litígios estruturais que se configuram quando houver (i) uma violação generalizada de direitos humanos; (ii) uma omissão estrutural dos três poderes; e (iii) uma necessidade de solução complexa que exija a participação de todos os poderes. Isso porque é típico dessas ações a adoção de ordens flexíveis, com a manutenção da jurisdição, para assegurar o sucesso das medidas judiciais determinadas. Precedentes. [...]. 7. A existência de legislação que concreta e especificamente determina a aquisição e instalação de câmeras e equipamentos de GPS nos

---

[30] Anote-se que Fernando Menegat adota um conceito muito amplo para processos estruturais. Muitos doutrinadores optam por uma configuração mais restrita. No entanto e para os fins do presente trabalho, cabe optar pela posição de Menegat, especialmente tomando em vista o estágio de elaboração doutrinária sobre o assunto.

uniformes e viaturas policiais obriga que o Poder Executivo, máxime quando não assegure outras medidas de redução da letalidade, dê-lhe imediato cumprimento, garantido o acesso posterior às imagens pelo Ministério Público e observada a necessária priorização das unidades de polícia responsáveis pelas operações nas comunidades pobres. 8. A imposição legal e a exigência de prestação de serviços médicos aos feridos em decorrência da atuação dos agentes de segurança do Estado obriga [sic] a disponibilização de ambulâncias em operações policiais previamente planejadas em que haja a possibilidade de confrontos armados. 9. Embargos de declaração acolhidos em parte. (ADPF nº 635 MC-ED/RJ, Pleno, Rel. Min. Edson Fachin, j. 3.2.2022. DJe, 25 maio 2022)

8.3 A orientação de Barroso

Em manifestações anteriores, Barroso já apontava para a solução de atribuir à Administração a competência para conceber e executar os planos necessários e adequados ao enfrentamento dos problemas e à realização efetiva dos direitos fundamentais.

8.3.1 A rejeição à emissão de provimento "satisfativo"

De modo generalizado, Barroso sempre rejeitou adotar provimentos jurisdicionais dotados de cunho "satisfativo". Uma orientação reiterada em seus votos foi o reconhecimento de que as autoridades administrativas dispunham de melhores condições para identificar as soluções e para adotar as medidas concretas apropriadas para atingir os resultados pretendidos.

Por isso, a preferência de Barroso nunca foi de editar, desde logo, provimento contemplando uma solução a ser adotada pela autoridade administrativa.

8.3.2 A convocação da comunidade e do Poder Público para a discussão

Em diversas oportunidades, Barroso convocou a comunidade e os agentes políticos e administrativos para debater os problemas e para avaliar as alternativas. Buscou obter o consenso entre os participantes da vida social – o que nem sempre se evidenciou como possível.

8.3.3 A fixação dos fins e a determinação da indicação dos meios

Na maioria dos casos, Barroso identificou os fins últimos a serem atendidos e atribuiu à autoridade administrativa o encargo de conceber os meios para o seu atingimento. Estabeleceu prazos para a Administração elaborar planos adequados.

9 As implicações para o direito administrativo

As considerações expostas não apresentam cunho exaustivo. É evidente que a jurisprudência do STF contempla muitos outros julgados sobre as relações entre a Constituição e o direito administrativo. Também é inquestionável que essa jurisprudência foi produzida por uma pluralidade de ministros, antes e durante a judicatura de Barroso.

Enfim, é óbvio que o próprio Barroso produziu muitas outras decisões sobre os temas ora examinados.

No entanto, este estudo permite aprofundar a orientação adotada no STF quanto a diferentes ângulos relacionados aos critérios de validade de provimentos administrativos. Essa orientação prevalente é significativamente enriquecida pelas considerações produzidas por Barroso.

Ademais, a jurisprudência do STF evidencia uma significativa dissociação entre as práticas da Administração e as concepções jurídicas prevalentes. Trata-se precisamente do fenômeno da constitucionalização do direito administrativo.

De modo contínuo, o direito administrativo brasileiro se atualiza e incorpora outros paradigmas. Essa evolução é caracterizada, entre outros aspectos, pela submissão da atividade administrativa aos imperativos constitucionais.

Essa modificação foi influenciada de modo intenso pela atuação do STF. E, certamente, Barroso tem um papel muito relevante quanto a isso. A análise das decisões escolhidas permite identificar um modelo de raciocínio jurídico e um padrão quanto ao exercício da judicatura, sobretudo no tocante aos temas de direito administrativo. As suas manifestações se constituíram em um fator relevante para a revisão dos conceitos doutrinários tradicionais. Há muito ainda a ser realizado, mas não é justo ignorar tudo o que já foi conquistado, inclusive por meio da atuação do Ministro Barroso.

Referências

ARENHART, Sérgio Cruz; JOBIM, Marco Félix (Org.). *Processos estruturais*. 2. ed. Salvador: JusPodivm, 2019.

ÁVILA, Humberto. Repensando o princípio da supremacia do interesse público sobre o particular. *In*: SARLET, Ingo Wolfgang (Org.). *O direito público em tempos de crise*. Porto Alegre: Livraria do Advogado, 1999.

ÁVILA, Humberto. *Teoria da indeterminação do direito* – Entre a indeterminação aparente e a determinação latente. São Paulo: Malheiros/JusPodivm, 2022.

BARROSO, Luís Roberto. Neoconstitucionalismo e a constitucionalização do direito (O triunfo tardio do direito constitucional no Brasil). *Revista de Direito Administrativo – RDA*, Rio de Janeiro, v. 240, p. 1-42, abr./jun. 2005.

BARROSO, Luís Roberto. Revolução tecnológica, crise da democracia e mudança climática: limites do direito num mundo em transformação. *In*: BARROSO, Luís Roberto. *Revolução tecnológica, crise da democracia e Constituição*: direito e políticas públicas num mundo em transformação. Belo Horizonte: Fórum, 2021.

BINENBOJM, Gustavo. Supremacia do interesse público ao dever de proporcionalidade: um novo paradigma para o direito administrativo. *In*: BINENBOJM, Gustavo. *Temas de direito administrativo e constitucional*. Rio de Janeiro: Renovar, 2008.

BINENBOJM, Gustavo. *Temas de direito administrativo e constitucional*. Rio de Janeiro: Renovar, 2008.

BINENBOJM, Gustavo. *Uma teoria do direito administrativo*. 2. ed. Rio de Janeiro: Renovar, 2008.

CANOTILHO, José Joaquim Gomes. *Direito constitucional*. 6. ed. Coimbra: Almedina, 1993.

CARVALHO FILHO, José dos Santos. *Manual de direito administrativo*. 35. ed. Barueri: Atlas, 2021.

CASSESE, Sabino. *Le basi del diritto amministrativo*. Torino: Einaudi, 1989.

DI PIETRO, Maria Sylvia Zanella. Discricionariedade técnica e discricionariedade administrativa. *Revista Brasileira de Direito Público – RBDP*, n. 17, p. 75-96, abr./jun. 2007.

DIDIER JR., Fredie; ZANETI JR., Hermes; OLIVEIRA, Rafael Alexandria de. Elementos para uma teoria do processo estrutural aplicada ao processo civil brasileiro. *Revista do Ministério Público do Estado do Rio de Janeiro*, v. 75, jan./mar. 2020.

GIANNINI, Massimo Severo. *Diritto administrativo*. 3. ed. Milano: A. Giuffrè, 1993. v. 2.

GOANE, René Mario. Estado, bien común e interés público. *In*: MARIENHOFF, Miguel S. *et al*. *El derecho administrativo argentino hoy*. Buenos Aires: Ciencias de la Administración, 1996.

GORDILLO, Agustín A. *Princípios gerais de direito público*. Tradução de Marco Aurélio Greco. São Paulo: Revista dos Tribunais, 1977.

JUSTEN FILHO, Marçal. Conceito de interesse público e a "personalização" do direito administrativo. *Revista Trimestral de Direito Público – RTDP*, São Paulo, v. 26, p. 115-136, 1999.

JUSTEN FILHO, Marçal. *Curso de direito administrativo*. 1. ed. São Paulo: Saraiva, 2005.

JUSTEN FILHO, Marçal. *Curso de direito administrativo*. 14. ed. Rio de Janeiro: Forense, 2023.

JUSTEN FILHO, Marçal. *Introdução ao estudo do direito*. 2. ed. Rio de Janeiro: Forense, 2022.

MEDAUAR, Odete. *Direito administrativo moderno*. 20. ed. São Paulo: Revista dos Tribunais, 2016.

MENEGAT, Fernando. *Direito administrativo e processo estrutural* – Técnicas processuais para o controle de casos complexos envolvendo a Administração Pública. Rio de Janeiro: Lumen Juris, 2023.

SCHULMAN, Gabriel. Eficácia interprivada: horizontes de aplicação dos direitos fundamentais. *In*: CLÈVE, Clèmerson Merlin. *Direito constitucional brasileiro* – Teoria da Constituição e direitos fundamentais. São Paulo: Revista dos Tribunais, 2014. v. I. p. 347-349.

SILVA, Virgílio Afonso da. *Direito constitucional brasileiro*. São Paulo: Editora Universidade de São Paulo, 2021.

Informação bibliográfica deste texto, conforme a NBR 6023:2018 da Associação Brasileira de Normas Técnicas (ABNT):

JUSTEN FILHO, Marçal. O direito administrativo, os direitos fundamentais e a atuação do Ministro Roberto Barroso. *In*: OSORIO, Aline; MELLO, Patrícia Perrone Campos; BARROSO, Luna van Brussel (Coord.). *Direitos e democracia*: 10 anos do Ministro Luís Roberto Barroso no STF. Belo Horizonte: Fórum, 2023. p. 419-448. ISBN 978-65-5518-555-3.

INCONSTITUCIONALIDADE DA INCIDÊNCIA DO TIPO PENAL DO ABORTO NO CASO DE INTERRUPÇÃO VOLUNTÁRIA DA GESTAÇÃO NO PRIMEIRO TRIMESTRE: O LEGADO DO MINISTRO LUÍS ROBERTO BARROSO NO HC Nº 124.306

MARINA BONATTO
MELINA GIRARDI FACHIN

1 O contexto: o tema do aborto na região e o papel da jurisdição constitucional

A América Latina possui a maior taxa de abortos inseguros do mundo,[1] isto se dá por um complexo conjunto de motivos, como a alta moralidade religiosa da região, a ausência de educação sexual, o machismo estrutural, tudo somado à desigualdade social. A questão do aborto é muito complexa e controversa em diversos países da América Latina e do mundo, envolvendo questões éticas, religiosas, culturais e políticas, no entanto, é possível observar que nos últimos anos tem havido movimentos em alguns países da América Latina no sentido de ampliar o acesso ao aborto seguro e legal.

Em 2018, milhares foram às ruas em Buenos Aires lutar pela descriminalização do aborto até o primeiro trimestre de gestação. Por mais que o projeto de lei argentino tenha sido barrado pelo Senado após sua aprovação na Câmara de Deputados do país, o mesmo resultado não se repetiu em 2020, tornando lei o aborto legal até a 14ª semana de gestação. A Argentina tornou-se o quarto país da região a permitir o procedimento em amplas circunstâncias, junto com Cuba, Guiana e Uruguai.[2]

Cuba, Uruguai e Guiana são países da América Latina que já possuem leis que permitem o acesso ao aborto em amplas circunstâncias. Em Cuba, o aborto é legal desde

---

[1] ORGANIZAÇÃO MUNDIAL DA SAÚDE (OMS). *Tendências e estimativas do aborto inseguro*: 2019. Genebra: OMS, 2020. Disponível em: https://apps.who.int/iris/bitstream/handle/10665/336854/9789240019396-eng.pdf. Acesso em: 4 maio 2023.

[2] ARGENTINA legalizes abortion in landmark moment for women's rights. *The Guardian*, 30 dez. 2020. Disponível em: https://www.theguardian.com/world/2020/dec/30/argentina-legalises-abortion-in-landmark-moment-for-womens-rights. Acesso em: 4 maio 2023.

1965, sendo permitido em qualquer fase da gestação e em condições que coloquem em risco a saúde ou a vida da mãe. No Uruguai, o aborto foi legalizado em 2012, sendo permitido até a 12ª semana de gestação e em situações específicas, como risco de morte da mãe ou anomalias fetais incompatíveis com a vida. Já na Guiana, o aborto é legal desde 1995, sendo permitido em caso de risco de vida da mãe, anomalias fetais graves e casos de estupro ou incesto.

Por sua vez, em setembro de 2021, a Suprema Corte do México decidiu que a criminalização do aborto é inconstitucional, abrindo o caminho para que mais mulheres possam ter acesso ao procedimento legalmente em todo o país. A decisão não descriminaliza nacionalmente o aborto imediatamente, mas estabelece a importância da jurisdição na defesa do direito ao aborto seguro, como precedente para permitir a interrupção da gravidez sem penalização em casos específicos.

Também, na mesma esteira, a Colômbia, mais recentemente em 2022, descriminalizou o procedimento até a 24ª semana de gestação. A decisão foi tomada pela Corte Constitucional da Colômbia, por uma maioria de cinco votos a favor e quatro contra, após mais de oito horas de debate. Esta Corte Constitucional avaliou que a proibição total do aborto é uma medida desproporcional em relação ao objetivo de proteger a vida em gestação, uma vez que coloca em risco a vida e a saúde das mulheres. Além disso, a descriminalização do aborto até a 24ª semana de gestação é uma medida proporcional para equilibrar os interesses em conflito entre a proteção da vida em gestação e a proteção da saúde e dos direitos das mulheres.[3]

A judicialização do aborto tem sido tema de grande importância no Brasil, sobretudo na última década. Apesar de ser um assunto controverso e muitas vezes tabu, a interrupção da gravidez é uma realidade em diversos países da região e muitas mulheres têm buscado na justiça o direito de realizar o procedimento de forma segura e legal.

A judicialização do aborto no Brasil tem ocorrido principalmente por meio de ações individuais ou coletivas que buscam garantir o direito das mulheres à interrupção da gravidez nos casos previstos em lei. No entanto, essa prática ainda é limitada, sobretudo pelas dificuldades do acesso à justiça, e muitas mulheres continuam recorrendo a métodos inseguros e clandestinos para realizar o procedimento. A judicialização do aborto tem sido uma forma de garantir o acesso das mulheres ao procedimento em condições seguras e legais, e tem sido um importante instrumento de luta pelos direitos reprodutivos das mulheres na região.

Ao analisar os precedentes da Suprema Corte brasileira acerca do tema, é dada progressiva ênfase aos direitos da mulher, para que ela seja vista, de fato, como sujeito político da sociedade. Sobre isso:

> [...] cabe a cada pessoa, e não ao Estado ou a qualquer outra instituição pública ou privada, o poder de decidir os rumos de sua própria vida [...] esta é uma ideia essencial ao princípio da dignidade humana. (Habeas Corpus nº 84.025/RJ. Rel. Min. Joaquim Barbosa, 4.3.2004)

---

[3] CORTE CONSTITUCIONAL DA COLÔMBIA. *Sentencia T-291 de 2022*. 20.4.2022. Disponível em: https://www.corteconstitucional.gov.co/relatoria/2022/t-291-22.htm. Acesso em: 4 maio 2023.

Como marco da luta pela descriminalização do aborto, temos a ADPF nº 54, que garantiu, em 2012, a legalidade do procedimento em casos em que o feto fosse diagnosticado com anencefalia. Por mais que a redação que autorizou a interrupção da gestação nesses casos tenha sido bastante tímida e cuidadosa, ainda é notória a aprovação em face de um país majoritariamente cristão e da pressão de diversos grupos religiosos contrários à ação.

Ainda que decidindo sobre aborto, destaca-se que o acórdão não fala explicitamente sobre, destacando-se a linguagem *antecipação terapêutica do parto*. Atendeu-se, assim, parcialmente às reivindicações de grupos feministas não atendidas, porém não as enfrentando diretamente. A preocupação da Corte se traduz em votos que se esforçam para manifestar a não antagonização da religião, relembrando sempre a laicidade do Estado. Neste sentido:

> A questão posta neste processo – inconstitucionalidade da interpretação segundo a qual configura crime a interrupção de gravidez de feto anencéfalo – não pode ser examinada sob os influxos de orientações morais religiosas. Essa premissa é essencial à análise da controvérsia. (ADPF nº 54. Rel. Min. Marco Aurélio, 12.4.2012)

A decisão da ADPF nº 54 teve um importante impacto para a defesa do direito das mulheres à saúde, à dignidade e à autonomia reprodutiva. Ao reconhecer que a criminalização do aborto em casos de fetos anencéfalos viola direitos fundamentais garantidos pela Constituição Federal, o STF estabeleceu um importante precedente jurídico para a descriminalização do aborto em outros casos. A decisão também trouxe à tona a necessidade de se discutir a política pública de atendimento às mulheres em situação de abortamento e de se garantir o acesso à saúde e à informação sobre métodos contraceptivos. Apesar de a decisão não ter descriminalizado o aborto em geral, ela representa um importante passo para o reconhecimento do direito das mulheres ao aborto em casos específicos. Desde então, a discussão sobre a descriminalização do aborto tem sido cada vez mais presente na sociedade brasileira e tem sido debatida em diversos espaços, como na mídia, na academia e nos movimentos sociais.

Vale mencionar também a ADI nº 3.510, anterior à própria ADPF supracitada, julgada improcedente em 2008, pelo voto condutor do Relator Ministro Carlos Ayres Britto, reconhecendo, portanto, a constitucionalidade da lei de biossegurança e admitindo a pesquisa com células tronco embrionárias. Mesmo que não versando diretamente sobre o aborto, a decisão mais uma vez criou precedente para o entendimento de que a vida não se inicia na concepção, já que o objeto de pesquisa seriam células resultado de um óvulo já fecundado. Embora o direito à pesquisa com células-tronco embrionárias seja diferente do direito ao aborto, ambos envolvem questões éticas e jurídicas relacionadas ao início da vida humana e à proteção dos direitos fundamentais. Neste sentido, a decisão da ADI nº 3.510 pode abrir caminho para uma maior discussão sobre o direito da mulher ao aborto e para a busca de soluções que protejam os direitos fundamentais de todas as partes envolvidas.

Este é o contexto[4] que recebe no Supremo Tribunal Federal o *habeas corpus* em questão, cujo mérito será mais bem analisado a seguir.

2 O feito: HC nº 290.341/RJ e o voto do Ministro Luís Roberto Barroso

Em 18.9.2014 chegou ao Supremo Tribunal Federal o *habeas corpus* com pedido de concessão de medida cautelar, em face de acórdão da Sexta Turma do STJ, que não conheceu do *writ* constitucional interposto na corte regional. Os pacientes a quem foram impetrados mantinham clínica de aborto e foram presos em flagrante em 14.3.2013 pelos crimes previstos nos arts. 126 (provocar aborto com o consentimento da gestante) e 288 (associação criminosa). Após o início do processo, foi concedida liberdade provisória aos réus, entretanto, o Ministério Público recorreu da decisão, tendo seu recurso sido aceito e a prisão preventiva deferida.

Em face da prisão preventiva, foi protocolado o HC nº 290.341/RJ, o qual não foi conhecido pela 6ª Turma do STJ, sendo então protocolado o HC nº 124.306 ante a 1ª Turma do STF. No contexto deste julgamento, o Ministro Relator Marco Aurélio, diferentemente do entendimento do STJ, admitiu o HC como impetração substitutiva ao recurso especial, por estar em jogo a liberdade de ir e vir.

Quanto ao mérito, o relator reprisou o argumentado quando concedeu liminar em 8.12.2014, afirmando não existir risco ao processo em razão da liberdade dos pacientes, tanto que ele estava transcorrendo normalmente, assim, restaurar a prisão preventiva levaria em conta apenas a gravidade da imputação, não observando o princípio da não culpabilidade. Votou-se, portanto, pelo afastamento definitivo da custódia provisória em favor dos pacientes e corréus.

Por sua vez, o Ministro Luís Roberto Barroso pediu vista dos autos para uma melhor análise da matéria. Em primeiro tempo, o ministro observou em seu voto a ausência dos requisitos necessários para o decreto de prisão preventiva nos termos do art. 312 do Código de Processo Penal, argumentando que tal decreto havia se baseado apenas na invocação genérica da gravidade do delito, apoiando-se na reprovação moral de grande parte da sociedade brasileira quanto a matéria do aborto.

Dito isso, o Ministro Luís Roberto Barroso passa a discorrer sobre a inconstitucionalidade da proibição da interrupção da gravidez no primeiro trimestre da gestação, motivo esse que tornaria ainda mais prudente a concessão da ordem de afastamento da prisão preventiva. Ao longo do voto-vista são pontuados os diversos direitos das mulheres violados, entre eles, o direito à dignidade, à autonomia da mulher, à integridade física e psíquica, à igualdade de gênero e aos direitos sexuais e reprodutivos da mulher, além da evidente discriminação social trazida pela criminalização do aborto no 1º trimestre, que atinge com mais contundência as mulheres pobres, que se submetem a procedimentos perigosos para interromper a gestação.

---

[4] Vale ressaltar que nesta época importantes demandas, como a ajuizada em 2017 pelo Partido Socialismo e Liberdade perante o STF, a ADPF nº 442, a qual busca dar eficácia *erga omnes* à legalidade da interrupção da gravidez voluntária no primeiro trimestre da gestação, ainda não estavam no cenário da Suprema Corte. Esta ação, por mais que ambiciosa e polêmica, espera uma resposta positiva da Suprema Corte, em razão da sequência de decisões que tendem a concordar com o arguido. A ADPF se encontra no momento conclusa para a relatora, Ministra Rosa Weber.

O Estado, ao impor que a mulher leve a termo sua gestação, lhe rouba sua autonomia. Pensa nesse sentido, também, Ronald Dworkin, jurista e filósofo estadunidense que argumenta que o emprego de meios coercitivos ou obscuros para incutir no indivíduo uma moral comunitária faria da ação coletiva um totalitarismo, em suas palavras "it is preposterous that I should think of myself as sharing integrated collective responsibility within a group that denies my capacity to judge for myself".[5]

O Ministro Luís Roberto Barroso ainda afirma que até o primeiro trimestre de gestação o feto não possui possibilidade de sobrevivência fora do útero da mãe, nesse sentido, há de se verificar o princípio da proporcionalidade, separado em três subprincípios: adequação, necessidade e proporcionalidade em sentido estrito. A proteção à vida do nascituro é obviamente relevante, porém deve ter sua proteção ampliada à medida que a gestação progrida, pois, a proteção de um feto que ainda não desenvolveu seu sistema nervoso e não possui consciência não deve se sobrepor à proteção da mulher.

Nesse sentido, o Ministro Luís Roberto Barroso ainda questiona a adequação e necessidade da proibição, informando que as taxas de aborto são semelhantes em países onde ele é legal e onde é ilegal (sendo em alguns casos taxas de aborto superiores onde existe a proibição), que a criminalização não produz impacto relevante. Tendo isso em vista, a proibição não se mostra a melhor medida na procura da proteção do feto em termos de proporcionalidade, tal qual decidiu a Corte colombiana, acima citada.

Salienta-se em seu voto, de modo bastante enfático, que não se busca a disseminação do procedimento, mas sim que este seja raro e seguro. Diante dos dados que demonstram a ineficácia da criminalização, é claro que existe a necessidade de se buscar outros meios, como a educação sexual, distribuição de contraceptivos e amparo à mulher que deseja levar a cabo a gestação, mas se encontra em dificuldades.

Por todo o exposto, o Ministro Luís Roberto Barroso votou pela concessão de ofício a ordem de *habeas corpus* para afastar a prisão preventiva dos pacientes, estendendo-a aos corréus.

3 O fundamento: as violações de direitos das mulheres decorrentes da tipificação do aborto

Na fundamentação do voto-vista, o Ministro Luís Roberto Barroso considerou que, embora a vida do feto seja um bem jurídico relevante, a tipificação da interrupção voluntária da gravidez durante os três meses iniciais da gestação acarreta uma série de violações de direitos fundamentais das mulheres. Para justificar essa conclusão, o voto-vista transitou por breve incursão histórica sobre direitos fundamentais e sobre a colisão entre princípios e regras.

No intuito de resolver questões que figuram no campo da colisão de direitos fundamentais, o Ministro Luís Roberto Barroso optou pela metodologia utilizada pelo Tribunal Constitucional Federal da Alemanha e explanada na obra de Robert Alexy, bastante popularizada no Brasil. Ou seja: a técnica da ponderação subsidiada pela

---

[5] DWORKIN, Ronald. Equality, democracy, and constitution: We the People in Court. *Alberta Law Review*, v. 28, n. 2, p. 324-346, 1990. p. 341.

máxima da proporcionalidade e suas submáximas, da adequação, da necessidade e da proporcionalidade em sentido estrito.

O argumento de proporcionalidade tem sido utilizado em alguns países para tomar decisões favoráveis em relação ao aborto. O argumento de proporcionalidade envolve avaliar os benefícios e danos associados ao aborto em relação aos benefícios e danos associados à manutenção da gravidez. Isso pode incluir considerações sobre a saúde física e mental da mulher, o risco de complicações durante a gravidez e o parto, a capacidade da mulher de cuidar de um bebê, as implicações financeiras e sociais da gravidez e da paternidade, entre outros fatores.

Não significa dizer que se ignora a vida do feto. Na necessidade de analisar a proporcionalidade em sentido estrito e de assegurar a razoabilidade e a ponderação, inclusive dos atos do Estado, foi levado em consideração que no primeiro trimestre da gestação não há possibilidade de sobrevida do embrião fora do útero materno, contra que os efeitos de uma gravidez forçada são incompatíveis com os *direitos sexuais e reprodutivos* da mulher; *a autonomia* da mulher; *a integridade física e psíquica* da gestante; *a igualdade de gênero;* e a *discriminação social e impacto desproporcional sobre mulheres pobres.*

Segundo a argumentação, o direito à *autonomia*, protegido pelo princípio da dignidade humana (art. 1º, III, CF/88), é o que garante à mulher o poder de controlar o próprio corpo, sem que o Estado interfira na tomada de suas decisões particulares ou que imponha uma gestação não desejada, a fim de qualificar o útero à serviço da sociedade. Além disso, o direito à *integridade física e psíquica* (art. 5º, *caput* e III, CF/88) é abalado porque é o corpo da mulher que sofrerá transformações e interferências relacionadas a sua saúde, segurança, corpo e mente. Portanto, há integral violação ao direito posto diante de uma gestação forçada.

Também são violados os direitos *sexuais e reprodutivos*, que representam o direito de a mulher decidir se e quando deseja ter filhos. O Ministro Luís Roberto Barroso entendeu que manter a gestação prejudica a saúde reprodutiva porque aumenta complicações resultantes da falta de acesso à assistência médica e de saúde adequada. Já a violação à *igualdade de gênero*, segundo o ministro, reforça a posição histórica de subordinação das mulheres em relação aos homens. Conforme argumento no voto-vista, a equiparação ou paridade de gênero nesse contexto somente estará presente quando for reconhecido o direito de a mulher decidir acerca da manutenção da gravidez ou não, já que o homem (leia-se, homem cis) não engravida. Por fim, o Ministro Luís Roberto Barroso faz um recorte social para afirmar a presença da evidente *discriminação social e do impacto desproporcional sobre mulheres pobres* ao afirmar que a tipificação do aborto atinge, substancialmente, as mulheres vulneráveis socioeconomicamente, visto que estas não possuem acesso a médicos e clínicas particulares, o que as submete a procedimentos precários, com grave exposição a perigo de morte.

Posto isso, em vista de que não há direito fundamental absoluto, nota-se que, diante de uma mulher que objetiva a interrupção da gestação, o direito à vida intrauterina, também protegido pelo ordenamento jurídico brasileiro, se encontra relativizado na colisão em que se encontra o caso em comento.

Apesar de não ter efeitos vinculantes para além do caso concreto, é certo que há um conjunto importante de inquietações que derivam do julgamento do presente *habeas corpus*, sobretudo, no sentido de se compreender se um julgamento majoritário de órgão fracionário da Corte poderia figurar como um precedente sobre a matéria. De todo modo, considerando o recrudescimento da pauta de costumes e a inviabilidade cada vez maior de estes temas serem debatidos ao público com bases racionais e inclusivas, a sua existência é, quando menos, relevante para dar a medida da complexidade dos debates envolvendo a questão na jurisdição constitucional pátria.

Em que pese não estar expresso no texto da Constituição, o direito ao acesso ao aborto seguro está relacionado a inúmeros direitos reconhecidos explícita e implicitamente e decorrentes da cláusula de abertura adotada por esta e cuja garantia é essencial ao funcionamento do Estado democrático de direito. Muito além de uma discussão sobre o início da vida como um direito fundamental, ou até mesmo sobre o direito à vida em si, a questão da descriminalização do aborto exige uma interpretação constitucional sistemática que permita a compatibilização e ponderação de todos os direitos fundamentais envolvidos.

Especificamente no que diz respeito ao *status* jurídico do embrião durante a fase inicial da gestação, como pontuado pelo próprio Ministro Luís Roberto Barroso em seu voto-vista, não há solução jurídica para esta controvérsia, que dependerá sempre de uma escolha religiosa ou filosófica de cada um a respeito da vida. Ainda assim, é inconteste que nesta fase de sua formação o embrião dependerá integralmente do corpo da mulher, o que é tomado pelo ministro como premissa para a análise dos direitos fundamentais em questão.

A incompatibilidade da criminalização do aborto com a Constituição, da forma como é apontada no *habeas corpus*, se deve, já de início, à sua incompatibilidade com a dignidade da pessoa humana, considerada pelo ministro não só como princípio de *status* constitucional, mas como fundamento e objetivo do próprio constitucionalismo democrático.[6]

Para o Ministro Luís Roberto Barroso, a dignidade humana identifica o valor intrínseco de todos os seres humanos, que no plano jurídico estaria na origem de uma série de direitos fundamentais, entre os quais se destacam o direito à vida, o direito à igualdade, o direito à integridade física e o direito à integridade moral ou psíquica.[7] Além disso, para o ministro, a dignidade humana tem como elemento ético, no plano filosófico, a autonomia. A dignidade como autonomia, por sua vez, "envolve a capacidade de autodeterminação do indivíduo, de decidir os rumos da própria vida e de desenvolver livremente a sua personalidade", bem como, nas palavras de Barroso, "significa o poder de fazer valorações morais e escolhas existenciais sem imposições externas indevidas".[8]

Em artigo que trata especificamente da relação entre a dignidade da pessoa humana e o aborto, o Ministro Barroso já asseverou que, como o feto depende da mãe, "se a mulher fosse forçada a manter o feto, ela se transformaria em um meio para a

---

[6] BARROSO, Luís Roberto. *Curso de direito constitucional contemporâneo*: os conceitos fundamentais e a construção do novo modelo. São Paulo: Saraiva, 2015. p. 284.

[7] BARROSO, Luís Roberto. *Curso de direito constitucional contemporâneo*: os conceitos fundamentais e a construção do novo modelo. São Paulo: Saraiva, 2015. p. 287.

[8] BARROSO, Luís Roberto. *Curso de direito constitucional contemporâneo*: os conceitos fundamentais e a construção do novo modelo. São Paulo: Saraiva, 2015. p. 287.

satisfação de outra vontade e não seria tratada como um fim em si mesma".[9] Assim, segundo Barroso, no que diz respeito à autonomia, como um dos elementos que forma a dignidade da pessoa humana, está dentro dos limites da autonomia da mulher e da essência de sua liberdade básica decidir por si mesma quanto à realização ou não de um aborto.[10]

Nessa mesma linha de raciocínio, considerando o direito à realização do aborto como um eixo central da autonomia das mulheres e que, em razão disso, está diretamente relacionado a uma série de outros direitos fundamentais das mulheres, essenciais à garantia de sua dignidade, a Professora Flávia Biroli defende que tolher da mulher a capacidade de controlar sua capacidade reprodutiva é comprometer fundamentalmente sua autonomia na definição de sua trajetória de vida.[11]

Deve se destacar, ainda, como feito por Flávia Biroli em sua análise, que os efeitos da criminalização do aborto somam-se a outras violações de direitos das mulheres decorrentes de uma realidade ainda marcada pela violência, pela desigualdade e por condições sociais de precariedade.[12]

É preciso ter em mente que a discussão sobre a criminalização ou não do aborto tem como plano de fundo uma realidade marcada por profundas desigualdades, de gênero, raça e classe. Por tal razão, inclusive, o Ministro Luís Roberto Barroso trouxe em seu voto dois fenômenos cuja análise é indispensável ao debate que aqui se propõe, quais sejam, a histórica posição de subordinação das mulheres em relação aos homens, que institucionalizou a desigualdade socioeconômica entre os gêneros e promoveu visões excludentes, discriminatórias e estereotipadas da identidade feminina e do seu papel social, e a desigualdade social entre as mulheres, que faz com que a tipificação do aborto produza também discriminação social e prejudique de forma desproporcional as mulheres pobres. Da mesma forma, defende a Professora Flávia Biroli:

> A recusa ao direito ao aborto, por sua vez, mantém na legislação concepções diferenciadas de indivíduo e do direito ao próprio corpo, à integridade física. E psíquica e à dignidade. O acesso a esses direitos, quando se criminaliza o aborto, é distinto na letra da lei segundo o sexo dos indivíduos. Da criminalização do aborto decorrem ainda mais distinções de classe e raça, uma vez que a integridade física e psíquica das mulheres negras e pobres é comprometida de forma aguda.[13]

A criminalização do aborto nas doze primeiras semanas representa, como apontado por Virgílio Afonso da Silva, a equivocada suposição de que a única forma de proteger um direito seria por meio da ameaça penal de detenção ou reclusão. Diferente disto, defende o autor que parte considerável dos direitos fundamentais são protegidos de outras formas, que não implicam punição penal, e pontua que é exatamente por isso

---

[9] BARROSO, Luís Roberto. "Aqui, lá e em todo lugar": a dignidade humana no direito contemporâneo e no discurso transnacional. *Revista do Ministério Público*, Rio de Janeiro, n. 50, out./dez. 2013. p. 138.
[10] BARROSO, Luís Roberto. "Aqui, lá e em todo lugar": a dignidade humana no direito contemporâneo e no discurso transnacional. *Revista do Ministério Público*, Rio de Janeiro, n. 50, out./dez. 2013. p. 138.
[11] BIROLI, Flávia. *Gênero e desigualdades*: limites da democracia no Brasil. 1. ed. São Paulo: Boitempo, 2018. p. 135.
[12] BIROLI, Flávia. *Gênero e desigualdades*: limites da democracia no Brasil. 1. ed. São Paulo: Boitempo, 2018. p. 145.
[13] BIROLI, Flávia. *Gênero e desigualdades*: limites da democracia no Brasil. 1. ed. São Paulo: Boitempo, 2018. p. 139.

que não existe uma "correlação necessária entre a descriminalização do aborto até certo momento da gestação e um aumento do número de abortos".[14]

As lentes constitucionais são necessárias para que se compreenda o direito à interrupção da gravidez como direito fundamental das mulheres e que gera deveres estatais para sua garantia. Neste mesmo sentido, Daniel Sarmento, que considera a revisão da legislação como verdadeiro imperativo constitucional, destaca que "os efeitos dissuasórios da legislação repressiva são mínimos: quase nenhuma mulher deixa de praticar o aborto voluntário em razão da proibição legal".[15] Diferentemente de resguardar a vida potencial dos fetos, pontua o professor, a legislação em vigor "retira a vida e compromete a saúde de muitas mulheres".

Como alternativa à atual criminalização, o Ministro Luís Roberto Barroso defendeu que o Estado deve garantir uma rede de proteção e de apoio à grávida, para ter acesso às creches e à assistência social, bem como a garantia de informação e de acessos a métodos contraceptivos. Nesse sentido, reitera a importância da promoção de programas de planejamento familiar, com distribuição gratuita de anticoncepcionais e assistência especializada à gestante.

Ao tratar os aspectos jurídicos da questão do aborto, a Professora Miriam Ventura pontua que as restrições à autonomia reprodutiva, inclusive a criminalização do aborto, "são incompatíveis com as normas éticas e jurídicas reconhecidas como legítimas, ao menos em uma sociedade que se pretende democrática, pluralista e fundamentada em direitos humanos".[16]

É necessário destacar, ainda, que, por força da cláusula de abertura do §2º do art. 5º da Constituição Federal, a interpretação constitucional sistemática relativa à descriminalização do aborto deve ser realizada englobando também os direitos humanos das mulheres previstos em diferentes tratados internacionais ratificados pelo Brasil.

A decisão do *Habeas Corpus* nº 124.306 faz direta referência à Conferência Internacional de População e Desenvolvimento, realizada em 1994 no Cairo, e à IV Conferência Mundial sobre a Mulher, realizada em 1995 em Pequim, que figuram como importantes marcos internacionais na proteção dos direitos sexuais e reprodutivos das mulheres.

O Plano de Ação da Conferência Internacional sobre População e Desenvolvimento do Cairo, de 1994, destaca, inclusive, que são direitos humanos básicos: "decidir livremente e responsavelmente sobre o número, o espaçamento e a oportunidade de ter filhos" e o "acesso à informação e aos meios para decidir e gozar do mais elevado padrão de saúde sexual e reprodutiva, livre de discriminações, coerções ou violências". Tendo sido enfatizada em nível mundial, em 1995, quando da realização da IV Conferência Mundial da Mulher, a importância da garantia da autodeterminação, da igualdade e da segurança sexual e reprodutiva para a afirmação dos direitos reprodutivos.

Como alternativa à criminalização, o direito internacional dos direitos humanos exige dos Estados garantias de proteção e apoio à saúde das mulheres, bem como

---

[14] SILVA, Virgílio Afonso da. *Direito constitucional brasileiro*. 1. ed. São Paulo: EDUSP, 2021. p. 159.

[15] SARMENTO, Daniel. Legalização do aborto e Constituição. *Mundo Jurídico*. p. 2. Disponível em: http://www.clam.org.br/bibliotecadigital/uploads/publicacoes/982_342_abortosarmentodaniel.pdf. Acesso em: 4 maio 2023.

[16] VENTURA, Miriam. A questão do aborto e seus aspectos jurídicos. *In*: ROCHA, M. I. B.; BARBOSA, R. M. (Org.). *Aborto no Brasil e países do Cone Sul*: panorama da situação e dos estudos acadêmicos. Campinas: Unicamp, 2009. p. 176-205. p. 197.

a garantia de informação e de acessos a métodos contraceptivos, ressaltando-se a importância da promoção de programas de planejamento familiar, com distribuição gratuita de anticoncepcionais e assistência especializada à gestante.

Assim, com fundamento nos direitos à liberdade, autonomia, vida e saúde, deve-se conferir às mulheres papel de plenos sujeitos de direito, capazes de determinar, a partir de suas próprias convicções morais e religiosas, a liberdade de escolha quanto à interrupção da gravidez indesejada.

Defender o direito de realizar voluntariamente a interrupção da gravidez não significa reconhecer nesta prática extrema algo de bom. O aborto é, nas palavras de Silvia Pimentel, uma decisão grave, de última instância, a que as mulheres chegam em virtude das mais variadas razões, por não se sentirem aptas naquele momento a dar à luz um filho seu.[17] Garantir a descriminalização do aborto e sua mirada como uma questão afeta aos direitos humanos significa que o Estado não pode condenar como criminosa uma mulher pelo fato de ela ter interrompido uma gravidez que não pode suportar. Exatamente neste sentido aponta o voto-vista do Ministro Luís Roberto Barroso.

4 Um caminho possível: a inconstitucionalidade da tipificação do aborto no caso de interrupção voluntária da gestação no primeiro trimestre

Como não há direitos absolutos, recorrentemente o intérprete constitucional se vê diante de tensões internas presentes na própria Constituição, essas tensões, como pontua Virgílio Afonso da Silva, são "inerentes a um texto complexo e que trata de temas sobre os quais há divergências morais e políticas tão profundas".[18] Por tal razão o autor destaca a importância da "unidade da Constituição" como ideia guia na interpretação constitucional, da qual advém o dever de interpretação sistemática, que pode exigir "não apenas que a Constituição seja interpretada como um todo unitário, mas que outras fontes normativas sejam também levadas em consideração".[19]

Especificamente no que diz respeito ao aborto, pontua o autor:

> [...] Se não houvesse nenhum outro direito ou interesse envolvido, mesmo o mais frágil dever de proteção estatal ao nascituro seria suficiente para garantir sua incolumidade de forma absoluta. Mas há diversos direitos e interesses envolvidos, o que torna a questão necessariamente complexa. E o contexto brasileiro, de enorme desigualdade, apenas torna a questão ainda mais complexa do que já é em países igualitários.[20]

O entrechoque de normas constitucionais, como asseverado pelo Ministro Luís Roberto Barroso em outra oportunidade, é decorrência da complexidade e do pluralismo das próprias sociedades modernas, que levaram ao abrigo da Constituição valores, interesses e direitos variados. Assim, é um fenômeno característico do documento

---

[17] PIMENTEL, Silvia. Aborto: um direito da mulher. *Lua Nova: Revista de Cultura e Política*, v. 2, p. 18-20, 1985.
[18] SILVA, Virgílio Afonso da. *Direito constitucional brasileiro*. 1. ed. São Paulo: EDUSP, 2021. p. 55.
[19] SILVA, Virgílio Afonso da. *Direito constitucional brasileiro*. 1. ed. São Paulo: EDUSP, 2021. p. 55.
[20] SILVA, Virgílio Afonso da. *Direito constitucional brasileiro*. 1. ed. São Paulo: EDUSP, 2021. p. 157.

dialético e compromissório que é a Constituição, e que revela exatamente que os valores tutelados por ela não são absolutos, devendo, portanto, coexistir.[21]

Especialmente no que concerne aos direitos fundamentais, em virtude de serem geralmente estruturados como princípios e exatamente por não serem absolutos e por terem seu exercício sujeito a limites, que o Ministro Luís Roberto Barroso destaca a necessidade de protegê-los contra a abusividade de leis restritivas e fornecer parâmetros ao intérprete judicial.[22] Como consequência, salienta o ministro, "a interpretação constitucional viu-se na contingência de desenvolver técnicas capazes de produzir uma solução dotada de racionalidade e de controlabilidade diante de normas que entrem em rota de colisão".[23]

No caso do HC nº 124.306, como se verifica do voto-vista, há uma aplicação direta do princípio da proporcionalidade.

Da fundamentação exposta, nota-se que o princípio da proporcionalidade se propõe a assegurar a razoabilidade dos atos estatais buscando pelo justo equilíbrio. De acordo com o entendimento clássico, a proporcionalidade divide-se em três subprincípios, são eles: (i) adequação; (ii) necessidade; e (iii) proporcionalidade em sentido estrito.

Do *primeiro ponto*, o voto-vista buscou responder se a criminalização do aborto protege o direito do feto. Ao constatar que as pesquisas não mostram que a tipificação penal converte na proteção do feto, o ministro afirma que, na realidade, o que muda é a quantidade de abortos seguros.

Notadamente, no que toca à adequação, parece emergir um consenso de que a criminalização – ainda mais considerando o *estado de coisas inconstitucional* que há no sistema prisional brasileiro – não se mostra medida apropriada. O aborto não é matéria de prisão, mas sim de cuidado, de prevenção, de saúde. Para o fim a que se destinam as motivações da interrupção da gestação, não importa qual, o Estado não tem meios para proibir sua realização, o que coloca em xeque a proteção do feto. O que existe, portanto, é uma criminalização ineficaz.

O *segundo ponto* é em relação à necessidade, expressa a vedação do excesso. Para este fim, o Ministro Luís Roberto Barroso aponta como exemplos as soluções dadas por outros países como Alemanha, Bélgica, França e Portugal, em que o aborto é permitido dentro do primeiro trimestre gestacional, desde que cumpra com alguns requisitos, como por exemplo, o aconselhamento prévio no período de espera para o procedimento. Considerando que o período em que se encontra a mulher que deseja abortar é sensível e delicado, o ministro aponta a criação de uma rede de apoio à gestante e sua família como um exemplo de ação do Poder Público. Inobstante, considerando a impossibilidade financeira de criar filhos, aponta pelo acesso humanizado de acesso a creches, métodos contraceptivos e educação sexual. Em resumo, o Ministro Barroso nos coloca que a resposta prisional é excessiva, havendo alternativas à criminalização.

---

[21] BARROSO, Luís Roberto. *Curso de direito constitucional contemporâneo*: os conceitos fundamentais e a construção do novo modelo. São Paulo: Saraiva, 2015. p. 368.

[22] BARROSO, Luís Roberto. *Curso de direito constitucional contemporâneo*: os conceitos fundamentais e a construção do novo modelo. São Paulo: Saraiva, 2015. p. 368.

[23] BARROSO, Luís Roberto. *Curso de direito constitucional contemporâneo*: os conceitos fundamentais e a construção do novo modelo. São Paulo: Saraiva, 2015. p. 373.

Por fim, o *terceiro ponto* diz respeito à proporcionalidade em sentido estrito, em que se questiona se as diversas violações de direitos fundamentais, supramencionadas e extraídas do voto-vista, que são causadas pela criminalização do aborto, são ou não compensadas pela proteção do feto. De acordo com o Ministro Luís Roberto Barroso, há uma proteção deficiente aos direitos sexuais e reprodutivos, à autonomia, à integridade psíquica e física, assim como à saúde da mulher gestante, com reflexos substanciais no que diz respeito à igualdade de gênero e socioeconômico. Do mesmo modo, verificou-se que a criminalização não promove a proteção do feto, uma vez que o Poder Judiciário não consegue proibir tal procedimento.

Contudo, pondera que a proteção do feto varia de acordo com o período gestacional. Ao passo que a gestação aumenta, o direito do feto também aumenta progressivamente. Deste modo, a solução encontrada, depois de crítica análise a partir da proporcionalidade de regras e princípios, foi a possibilidade de se reconhecer a tipificação penal da cessação da gravidez quando o feto estiver mais desenvolvido. Significa que a interrupção voluntária durante o primeiro trimestre da gestação não deve ser criminalizada, por entender que, nesta fase, os direitos fundamentais da mulher não se relativizam sobre o direito do feto, já que, neste período, o córtex cerebral ainda não foi formado, não havendo potencial de vida fora do útero.

5 O legado: a importância do voto-vista do HC nº 124.306 da lavra do Ministro Luís Roberto Barroso

A mobilização legal dos movimentos feministas avançou na judicialização e no enquadramento de demandas por meio de marcos discursivos que incorporam e interpretam conceitos constitucionais protetivos da condição feminina. Portanto, a jurisprudência das cortes constitucionais teve – e tem – um papel fundamental na interpretação de direitos com a finalidade de garantir a igualdade de gênero material.

É preciso enfrentar o tema dentro da sua contextualização: se afeta prioritariamente mulheres, abrangendo desproporcionalmente as grávidas, com impacto maior sobre mulheres pobres e negras, para fins de garantir equidade, é fundamental que este desbalanceamento seja considerado na sua deliberação. Se a lei – como no caso as normas restritivas sobre a prática do aborto – impacta sobre as mulheres de modo desproporcional para restringir suas liberdades e tratá-las de maneira desbalanceada, então devem as Cortes apontar a sua inconstitucionalidade porque não atendem parâmetros de igualdade material preconizados nas Constituições e nos tratados internacionais de direitos humanos.

A proibição do aborto esbarra em importante questão relativa à igualdade constitucional, porque fere a equidade de gêneros, na medida em que as mulheres são subjugadas a ônus que não seriam impostos em nenhum contexto ao homem, sendo que seus impactos atingem de modo ainda mais desbalanceado aquelas que estão nas camadas sociais mais desfavorecidas.

Destarte, na ausência de normas acompanhadas de políticas públicas que abracem os direitos fundamentais e humanos das mulheres, a via judicial se coloca como legítima construtora de interpretação constitucional que busque reparar a desproporcionalidade de leis que criminalizam o aborto e restringem a liberdade da mulher sobre seu corpo, sua vida e seu futuro.

Ainda que a hiperjudicialização não seja parte do projeto constitucional emancipatório – e atualmente observam-se em diversos sistemas os efeitos adversos que daí podem advir – não se pode esquecer da vocação contramajoritária do Poder Judiciário, em especial na proteção de direitos humanos de grupos vulneráveis. Em sociedades androcêntricas e fundadas no patriarcado, como as latino-americanas, com os poderes legislativos de composição majoritária conservadora, as pautas dos direitos das mulheres não são apenas desconsideradas, quando não retrocedidas nos progressos alcançados.

Na via judicial, mecanismos de deliberação participativa podem e devem ser utilizados pelas Cortes quando confrontadas com a matéria para superação do argumento da legitimidade democrática. A justiça dialógica e seus procedimentos devem ser chamados nesse percurso de construção e legitimação do procedimento.

Independentemente da porta dos poderes constituídos pela qual adentrar, é fundamental que o tema entre na agenda constitucional. Silenciar, ainda que seja sob a justificativa deferente do espaço legislativo para esta deliberação, é consentir com milhares de mortes de mulheres e meninas.

O reconhecimento e a garantia de direito humano às mulheres pela possibilidade de interrupção voluntária da gravidez são tema próprio da agenda constitucional e, neste cenário, a jurisdição constitucional tem um papel fundamental na interpretação deste direito com a finalidade de garantir a igualdade de gênero material.

O Ministro Luís Roberto Barroso tem se destacado no Supremo Tribunal Federal como um defensor incansável dos direitos humanos e dos grupos vulneráveis. Ao longo de sua carreira como magistrado, Barroso tem se dedicado a lutar pela garantia dos direitos fundamentais previstos na Constituição Federal, especialmente no que se refere à promoção da igualdade, da liberdade e da dignidade humana. O voto-vista ora analisado não é exceção, o legado do Ministro Barroso no Supremo Tribunal Federal é inegável, especialmente na defesa dos direitos humanos e dos grupos vulneráveis. Sua atuação tem sido fundamental para a consolidação de importantes avanços sociais e jurídicos, que têm contribuído para a construção de uma sociedade mais justa e igualitária.

Referências

ARGENTINA legalizes abortion in landmark moment for women's rights. *The Guardian*, 30 dez. 2020. Disponível em: https://www.theguardian.com/world/2020/dec/30/argentina-legalises-abortion-in-landmark-moment-for-womens-rights. Acesso em: 4 maio 2023.

BARROSO, Luís Roberto. "Aqui, lá e em todo lugar": a dignidade humana no direito contemporâneo e no discurso transnacional. *Revista do Ministério Público*, Rio de Janeiro, n. 50, out./dez. 2013.

BARROSO, Luís Roberto. *Curso de direito constitucional contemporâneo*: os conceitos fundamentais e a construção do novo modelo. São Paulo: Saraiva, 2015.

BIROLI, Flávia. *Gênero e desigualdades*: limites da democracia no Brasil. 1. ed. São Paulo: Boitempo, 2018.

CORTE CONSTITUCIONAL DA COLÔMBIA. *Sentencia T-291 de 2022*. 20.4.2022. Disponível em: https://www.corteconstitucional.gov.co/relatoria/2022/t-291-22.htm. Acesso em: 4 maio 2023.

DWORKIN, Ronald. Equality, democracy, and constitution: We the People in Court. *Alberta Law Review*, v. 28, n. 2, p. 324-346, 1990.

ORGANIZAÇÃO MUNDIAL DA SAÚDE (OMS). *Tendências e estimativas do aborto inseguro*: 2019. Genebra: OMS, 2020. Disponível em: https://apps.who.int/iris/bitstream/handle/10665/336854/9789240019396-eng.pdf. Acesso em: 4 maio 2023.

PIMENTEL, Silvia. Aborto: um direito da mulher. *Lua Nova: Revista de Cultura e Política*, v. 2, p. 18-20, 1985.

SARMENTO, Daniel. Legalização do aborto e Constituição. *Mundo Jurídico*. Disponível em: http://www.clam.org.br/bibliotecadigital/uploads/publicacoes/982_342_abortosarmentodaniel.pdf. Acesso em: 4 maio 2023.

SILVA, Virgílio Afonso da. *Direito constitucional brasileiro*. 1. ed. São Paulo: EDUSP, 2021.

VENTURA, Miriam. A questão do aborto e seus aspectos jurídicos. *In*: ROCHA, M. I. B.; BARBOSA, R. M. (Org.). *Aborto no Brasil e países do Cone Sul*: panorama da situação e dos estudos acadêmicos. Campinas: Unicamp, 2009. p. 176-205.

Informação bibliográfica deste texto, conforme a NBR 6023:2018 da Associação Brasileira de Normas Técnicas (ABNT):

BONATTO, Marina; FACHIN, Melina Girardi. Inconstitucionalidade da incidência do tipo penal do aborto no caso de interrupção voluntária da gestação no primeiro trimestre: o legado do Ministro Luís Roberto Barroso no HC nº 124.306. *In*: OSORIO, Aline; MELLO, Patrícia Perrone Campos; BARROSO, Luna van Brussel (Coord.). *Direitos e democracia*: 10 anos do Ministro Luís Roberto Barroso no STF. Belo Horizonte: Fórum, 2023. p. 449-462. ISBN 978-65-5518-555-3.

O ESVAZIAMENTO DE CONSELHOS DA ADMINISTRAÇÃO PÚBLICA NO INFRALEGALISMO AUTORITÁRIO: O CASO DO CONANDA E A ADPF Nº 622

OSCAR VILHENA VIEIRA
ANA LAURA PEREIRA BARBOSA

Introdução

A democracia brasileira foi submetida a um rigoroso teste de resiliência entre 2019 e 2022, com a eleição de um presidente expressamente hostil à Constituição de 1988. A despeito do grande receio de erosão democrática, das efetivas estocadas autoritárias implementadas no período e do fato de que o bolsonarismo segue presente, as instituições resistiram e Bolsonaro foi derrotado nas eleições. A sobrevivência às investidas de Bolsonaro se deve, em parte, ao modelo de democracia altamente consensual desenhado pela Constituição Federal, que demanda a formação de consensos amplos para poder governar.[1] Em parte, contudo, a sobrevivência do regime decorreu da forte mobilização de atores políticos, institucionais e sociais na fiscalização e oposição a Bolsonaro. A sociedade civil e os partidos de oposição estiveram vigilantes no acompanhamento e oposição às mudanças, mesmo com as dificuldades de falta de transparência. Servidores resistiram na implementação das políticas.[2] E o Poder Judiciário, em especial o Supremo Tribunal Federal, provocado por esses atores políticos e sociais ou de maneira proativa, foi uma instituição fundamental e diligente na imposição de limites a um governante desleal à Constituição.

No caso do Supremo Tribunal Federal, a reação foi, inicialmente, mais comedida. No primeiro ano de governo, menos ações foram ajuizadas contra Bolsonaro e, nelas,

---

[1] VIEIRA, Oscar Vilhena; GLEZER, Rubens; BARBOSA, Ana Laura Pereira. Infralegalismo autoritário: uma análise do governo Bolsonaro nos dois primeiros anos de governo. *In*: GOUVÊA, Catarina Barbosa; CASTELO BRANCO, Pedro H. Villas Bôas; CUNHA, Bruno Santos (Org.). *Democracia, constitucionalismo e crises*. [s.l.]: [s.n.], 2023.
[2] LOTTA, Gabriela; FERNANDEZ, Michelle; KUHLMANN, Ellen *et al.* Covid-19 vaccination challenge: what have we learned from the Brazilian process? *The Lancet Global Health*. Disponível em: https://www.thelancet.com/journals/langlo/article/PIIS2214-109X(22)00049-3/fulltext. Acesso em: 4 maio 2023.

o STF tomou mais tempo para decidir.³ O Tribunal parecia buscar compreender como lidar com os métodos de erosão institucional promovidos por Bolsonaro, o que não impediu disputas relevantes neste primeiro período do governo.⁴ Uma das principais reações do STF às estocadas autoritárias de Bolsonaro no ano de 2019 foi a decisão monocrática proferida pelo Ministro Luís Roberto Barroso em sede da ADPF nº 622. Na decisão, o ministro suspendeu trechos do Decreto nº 10.003/19, que criava diversos entraves à participação da sociedade civil no Conselho Nacional dos Direitos da Criança e do Adolescente. A decisão enfrentou diretamente um dos pilares do método de Bolsonaro, que consistia no esvaziamento de colegiados e da participação social na Administração Pública federal.

O caso da ADPF nº 622 ilustra como as estratégias do infralegalismo se desenrolaram para viabilizar o enfraquecimento da participação social nas políticas públicas, e como o Supremo Tribunal Federal – neste caso, em uma tese capitaneada pelo ministro Roberto Barroso – teve um papel relevante na contenção dos danos das modificações infralegais impostas por Bolsonaro.

Este artigo será dividido em quatro seções. Inicialmente, contextualizamos o método de Bolsonaro para atacar a democracia. Em seguida, explicamos como este método incidia sobre colegiados da Administração Pública. Na terceira seção, narramos as mudanças no Conselho Nacional dos Direitos da Criança e do Adolescente. Por fim, descrevemos a reação judicial.

1 Infralegalismo autoritário

Uma onda de recessão na democracia nos últimos anos⁵ levou acadêmicos do direito constitucional e da ciência política a retomarem um antigo debate sobre o emprego de estruturas jurídicas para viabilizar a repressão,⁶ desenvolvendo conceitos para explicar o fenômeno que vem ocorrendo em países como Hungria, Venezuela e Polônia. Para descrever as estratégias sinuosas adotadas por esses novos autocratas, a literatura propõe terminologias. O conceito de legalismo autoritário se refere ao uso de mandatos eleitorais e de mudanças legislativas para a promoção de uma agenda iliberal, capaz de desvirtuar a natureza do regime.⁷ Já o constitucionalismo abusivo consistiria no emprego da mudança constitucional para erodir a democracia.⁸ Nesses dois casos, o roteiro trilhado pelo autocrata implica a passagem pelo legislativo, que contribui para

---

[3] VIEIRA, Oscar Vilhena; GLEZER, Rubens; BARBOSA, Ana Laura Pereira. Supremocracia e infralegalismo autoritário: o comportamento do Supremo Tribunal Federal durante o governo Bolsonaro. *Novos Estudos CEBRAP*, v. 41, p. 591-605, 2023.

[4] Outros exemplos de atuações importantes são a limitação da extinção e esvaziamento de colegiados na Administração Pública e a tentativa de bloqueio das modificações de Bolsonaro na política armamentista (cf. VIEIRA, Oscar Vilhena; GLEZER, Rubens. *Armamentismo inconstitucional*: STF e Congresso no controle à subversão infralegal ao estatuto do desarmamento. No prelo).

[5] DIAMOND, Larry. Democratic regression in comparative perspective: scope, methods, and causes. *Democratization*, v. 28, n. 1, p. 22-42, 2021.

[6] PEREIRA, Anthony W. *Ditadura e repressão*. 1. edição. São Paulo: Paz & Terra, 2012. p. 36.

[7] SCHEPPELE, Kim Lane. Autocratic legalism. *The University of Chicago Law Review*, v. 85, p. 545-583, 2018.

[8] LANDAU, David. Abusive Constitutionalism. *U.C. Davis Law Review*, v. 47, p. 189, 2013. p. 191.

a alteração das estruturas institucionais, resultando no paulatino enfraquecimento da oposição e dos mecanismos de controle do poder, como o Judiciário.

No Brasil, a ascensão Jair Bolsonaro à presidência (2019-2022) consistiu no maior risco às instituições democráticas desde a redemocratização. Seu discurso hostil ao pluralismo, às instituições democráticas e aos direitos constitucionalmente assegurados foi revertido em ataques à democracia, por meio de um método que se assemelha às estratégias empregadas por novos autocratas para atacar a democracia de dentro para fora, mas inova no repertório. Este método foi intitulado *infralegalismo autoritário*.[9] Diferentemente das estratégias de novos autocratas mapeadas pela literatura, o infralegalismo autoritário independe da passagem pelo Poder Legislativo. Uma análise do desempenho de Bolsonaro a partir das métricas tradicionais da ciência política, isto é, as taxas de sucesso e dominância, demonstram um consistente fracasso de Bolsonaro na arena legislativa durante todo o mandato de Bolsonaro na presidência.[10] Ao construir coalizões com menos frequência que outras presidências, Bolsonaro consegue se esquivar da moderação e manter a intensidade de seus ataques.

Diante da inviabilidade de implementação de sua agenda na arena legislativa, o caminho trilhado foi outro. O método que denominamos infralegalismo autoritário consistiu no emprego das competências próprias do presidente da República para avançar em uma agenda iliberal de forma incremental e fragmentada, burlando a chancela do Poder Legislativo.[11]

A Constituição confere ao presidente da República o poder para nomear e exonerar ministros de estado; exercer a direção superior da Administração federal; expedir decretos e regulamentos para a execução da lei; e extinguir funções ou cargos públicos (art. 84), e, aos ministros de estado nomeados pelo presidente da República, a função de exercer a orientação, coordenação e supervisão dos órgãos e entidades da Administração Pública e expedir instruções para a execução de leis, decretos e regulamentos (art. 87). O infralegalismo autoritário opera por meio da subversão dessas atribuições, que são essenciais para a execução de políticas públicas. A pretexto de conferir fiel execução às leis, o infralegalismo autoritário altera, incrementalmente, o regime jurídico das áreas afetadas; a pretexto de reorganizar a administração, cria entraves burocráticos ou obstáculos à deliberação de órgãos do executivo que podem levar até mesmo à sua paralisia, dificultando a execução e o controle popular de políticas públicas; a pretexto de gerir as pastas e a Administração Pública, nomeia pessoas avessas aos objetivos institucionais dos respectivos órgãos, prejudicando a consecução das políticas.

---

[9] VIEIRA, Oscar Vilhena; GLEZER, Rubens; BARBOSA, Ana Laura Pereira. Supremocracia e infralegalismo autoritário: o comportamento do Supremo Tribunal Federal durante o governo Bolsonaro. *Novos Estudos CEBRAP*, v. 41, p. 591-605, 2023.

[10] VIEIRA, Oscar Vilhena; GLEZER, Rubens; BARBOSA, Ana Laura Pereira. Infralegalismo autoritário: uma análise do governo Bolsonaro nos dois primeiros anos de governo. *In*: GOUVÊA, Catarina Barbosa; CASTELO BRANCO, Pedro H. Villas Bôas; CUNHA, Bruno Santos (Org.). *Democracia, constitucionalismo e crises*. [s.l.]: [s.n.], 2023.

[11] Empregamos a definição de democracia liberal como um regime marcado não apenas pela alternância de poder em eleições livres e competitivas, como também o Estado de direito, a separação de poderes, o pluralismo político e a proteção de liberdades básicas, como a liberdade de expressão, religião, reunião e propriedade. Propósitos iliberais, em contraste, consistiriam em uma agenda oposta a esses elementos (ZAKARIA, Fareed. The Rise of Illiberal Democracy. *Foreign Affairs*, v. 76, n. 6, p. 22-43, 1997. p. 22).

Por ser exercido de forma incremental e fragmentada, mapear essas estratégias não é uma tarefa fácil. Essas estocadas autoritárias só podem ser observadas por meio da conexão de diversos episódios isolados. É por isso que não se trata de mera ilegalidade, ou atos pontualmente inconstitucionais. Trata-se de uma estratégia concertada para burlar o processo legislativo a serviço de uma agenda contrária ao pluralismo político, por meio de atos infralegais.

2 As intervenções em colegiados

Um dos pilares do infralegalismo autoritário foi a fragilização de colegiados da Administração Pública. Esses órgãos consistem em instâncias de diálogo entre a sociedade civil e o governo para a elaboração de políticas públicas. Nos colegiados, a sociedade civil participa, ao lado de representantes do governo, da definição de prioridades para a agenda pública, e na formulação, acompanhamento, e execução de políticas públicas.[12] [13] É por isso que esses órgãos materializam a combinação da representação eleitoral com outras formas de representação envolvendo a sociedade civil que colaboram para legitimar o governo e as políticas públicas.[14]

A organização administrativa dos colegiados de políticas públicas é denominada dual, porque conta com um conjunto de membros da sociedade civil ou do governo, em relação de horizontalidade, ao lado de uma estrutura burocrática subordinada à hierarquia governamental, em cargos efetivos ou comissionados, que tem o dever de oferecer suporte técnico para as deliberações dos colegiados.[15] Sempre existiu uma heterogeneidade na organização desses colegiados, com graus distintos de institucionalização. Enquanto alguns foram criados por lei, outros tinham previsão em decretos e até mesmo portarias. Enquanto alguns possuíam caráter deliberativo, e, portanto, possuíam a prerrogativa de editar resoluções vinculantes, outros tinham caráter meramente consultivo, emitindo apenas recomendações.[16] Em algumas áreas, além disso, a Constituição prevê expressamente a contribuição da sociedade na garantia do respectivo direito. O Conselho Nacional dos Direitos da Criança e do Adolescente era um dos mais institucionalizados.[17]

---

[12] LIMA, Paula Pompeu Fiuza et al. Conselhos nacionais: elementos constitutivos para sua institucionalização. Rio de Janeiro: Ipea, 2014.
[13] LOTTA, Gabriela Spanghero; VAZ, José Carlos. Arranjos institucionais de políticas públicas: aprendizados a partir de casos do Brasil. Revista do Serviço Público, v. 66, n. 2, p. 171-194, 2015. p. 183.
[14] AVRITZER, Leonardo. Sociedade civil, instituições participativas e representação: da autorização à legitimidade da ação. Dados, v. 50, p. 443-464, 2007.
[15] AVELINO, Daniel Pitangueira de; ALENCAR, Joana Luiza Oliveira; COSTA, Pedro Caio Borges. Colegiados nacionais de políticas públicas em contexto de mudanças: equipes de apoio e estratégias de sobrevivência. Rio de Janeiro: Ipea, 2017. p. 14-15.
[16] LIMA, Paula Pompeu Fiuza et al. Conselhos nacionais: elementos constitutivos para sua institucionalização. Rio de Janeiro: Ipea, 2014. p. 20.
[17] Relatório do Ipea de 2014 identificou que os seis conselhos mais institucionalizados seriam o Conselho Nacional de Saúde, o Conselho Nacional de Assistência Social, Conselho Nacional do Meio Ambiente, Conselho Nacional dos Direitos da Mulher, o Conselho Nacional dos Direitos da Criança e do Adolescente, e Conselho Nacional dos Recursos Hídricos (cf. FONSECA, Igor Ferraz; POMPEU, João Cláudio. Conselhos de direitos humanos e agenda política. In: AVELINO, Daniel Pitangueira de Pompeu; FONSECA, Igor Ferraz da; POMPEU, João Cláudio Basso (Ed.). Conselhos nacionais de direitos humanos: uma análise da agenda política. Brasília: Ipea, 2020. p. 9.). Este relatório criou um índice de institucionalização, a partir do espaço concedido ao colegiado na esfera

Os colegiados de política pública possuem raízes pré-constitucionais, e remontam ao início do século XX. Mas foi a partir da Constituição de 1988 que os caminhos foram abertos para uma institucionalização da participação da sociedade civil nas políticas públicas por meio de conselhos, comissões, comitês e outros colegiados. Em consequência, a partir de 1988, houve uma proliferação desses órgãos.[18]

Inicialmente, esses espaços, heterogêneos e previstos nas respectivas políticas setoriais, não possuíam uma regulamentação unificada. A partir de 2011, o Governo Federal começou a gerir esses espaços de participação social como uma categoria única, com a organização do Fórum Interconselhos e, posteriormente, com o Fórum Governamental de Participação Social. Em 2014, o Decreto nº 8.243, editado por Dilma Rousseff, instituiu a chamada Política Nacional de Participação Social, conceituando conselhos de políticas pública e consolidando diretrizes para a criação de conselhos. Este decreto sofreu forte oposição no Legislativo. Logo depois de publicado, os parlamentares José Mendonça Filho e Ronaldo Caiado apresentaram um projeto de decreto legislativo (PDL nº 1.491/14). Este projeto chegou a ser aprovado na Câmara dos Deputados, mas perdeu força no Senado (PDS nº 147/14).[19]

Foi nesse contexto que, logo no início de seu mandato, em 11 de abril, Bolsonaro editou o Decreto nº 9.759/19, revogando o Decreto nº 8.243/14, que unificava conselhos, comitês, comissões, grupos, juntas e outros órgãos sob a expressão "colegiados" e estabelecia que, a partir de 28.6.2019, todos os colegiados deveriam ser extintos, exceto aqueles previstos em regimento interno ou estatuto de instituição federal de ensino ou aqueles criados a partir de 1º.1.2019. Ou seja: em um único ato, Bolsonaro extinguiu todas as instâncias de participação social que foram se institucionalizando desde a redemocratização, estabelecendo a possibilidade de recriação, mediante proposta formal e justificada, com diversas limitações.

A reação a este decreto foi uma ação direta de inconstitucionalidade (ADI nº 6.121), ajuizada pelo Partido dos Trabalhadores. Seu trâmite foi rápido: em 13 de maio, a ação foi liberada por seu relator, o Ministro Marco Aurélio Mello. Em 20 de maio, a deliberação foi agendada pelo presidente, Dias Toffoli, para dia 12 de junho. Antes do início do julgamento, contudo, em 30 de maio, Bolsonaro editou um novo decreto (Decreto nº 9.812/19), estabelecendo que a extinção dos órgãos se aplicaria "aos colegiados instituídos por ato infralegal, cuja lei em que são mencionados nada conste sobre a competência ou a composição". A edição de um novo decreto parecia uma tentativa de frustrar o

---

governamental, da quantidade de recursos e da experiência do órgão. Todos esses colegiados mencionados obtiveram um índice superior a 8 (LIMA, Paula Pompeu Fiuza et al. Conselhos nacionais: elementos constitutivos para sua institucionalização. Rio de Janeiro: Ipea, 2014).

[18] Em diversos artigos, a Constituição prevê a colaboração da comunidade ou da sociedade. É o caso do direito à educação, que deve ser promovido "com a colaboração da sociedade" (art. 205); a proteção do patrimônio cultural (art. 216, §1º), meio ambiente (art. 225), direitos das crianças e adolescentes (art. 227) e das pessoas idosas (art. 230) (LIMA, Paula Pompeu Fiuza et al. Conselhos nacionais: elementos constitutivos para sua institucionalização. Rio de Janeiro: Ipea, 2014. p. 7). Como um compromisso maximizador, a Constituição Federal se encarregou de regular de modo detido diversas políticas, o que pode ter incentivado essa demanda por maior coordenação na construção de políticas públicas.

[19] AVELINO, Daniel Pitangueira de; ALENCAR, Joana Luiza Oliveira; COSTA, Pedro Caio Borges. Colegiados nacionais de políticas públicas em contexto de mudanças: equipes de apoio e estratégias de sobrevivência. Rio de Janeiro: Ipea, 2017. p. 17. Em novembro de 2015, chegou a ser pautado na Comissão de Constituição e Justiça, mas foi retirado de pauta e, ao final da legislatura, foi arquivado (Trâmite do PDS nº 147/14. Disponível em: https://www25.senado.leg.br/web/atividade/materias/-/materia/118766).

julgamento da ação, cavando uma perda de objeto; e a nova redação parece ter sido deliberadamente elaborada para causar confusões sobre seu âmbito de aplicação. Duas estratégias que, ao longo do mandato, foram reiteradamente empregadas pelo método do infralegalismo autoritário. A sucessiva edição de atos infralegais busca criar uma espécie de alvo móvel, dificultando a sua neutralização.

Mesmo com a alteração na redação do decreto questionado, o STF manteve o agendamento da deliberação para 12 de maio o STF. No julgamento, os ministros consideraram que a ação não teria perdido objeto, pois a mudança implementada pelo Decreto nº 9.812 consistiria em mera alteração redacional. Mesmo que fizesse menção expressa aos colegiados criados por ato infralegal, o decreto continuava abrindo espaço para a extinção de colegiados criados por lei, pois abarcava também outros colegiados nos quais a lei não explicitasse seu funcionamento e composição. No mérito, o STF concluiu que o decreto de Bolsonaro não poderia se aplicar aos colegiados previstos em lei, pois para isso seria necessária a chancela do Poder Legislativo. Ficaram vencidos os ministros Roberto Barroso, Edson Fachin, Rosa Weber, Cármen Lúcia e Celso de Mello, para quem, além de se restringir a decretos, o ato também não poderia extinguir todos os colegiados indiscriminadamente; seria necessária uma motivação que explicitasse por qual razão esses órgãos deveriam ser extintos.

A tentativa inicial de Bolsonaro, portanto, foi parcialmente frustrada pelo STF. Diante da impossibilidade de extinguir, indiscriminadamente, todos os colegiados criados por lei, a alternativa escolhida por Bolsonaro foi o enfraquecimento desses órgãos e centralização de seu processo decisório nas mãos do Poder Executivo, por meio da modificação das regras internas de funcionamento. Bolsonaro, portanto, se aproveitou dos conhecidos desafios de institucionalização dessas arenas, encontrando seu ponto fraco para desestabilizar sua capacidade decisória.

A Figura 1 indica a quantidade de decretos de reestruturação da Administração Pública que afetaram colegiados ao longo do mandato de Bolsonaro. Ela mostra que houve um pico na quantidade de decretos voltados a reestruturar colegiados justamente em junho de 2019, mês no qual ocorreu a decisão do STF que impediu Bolsonaro de extinguir colegiados criados por lei.

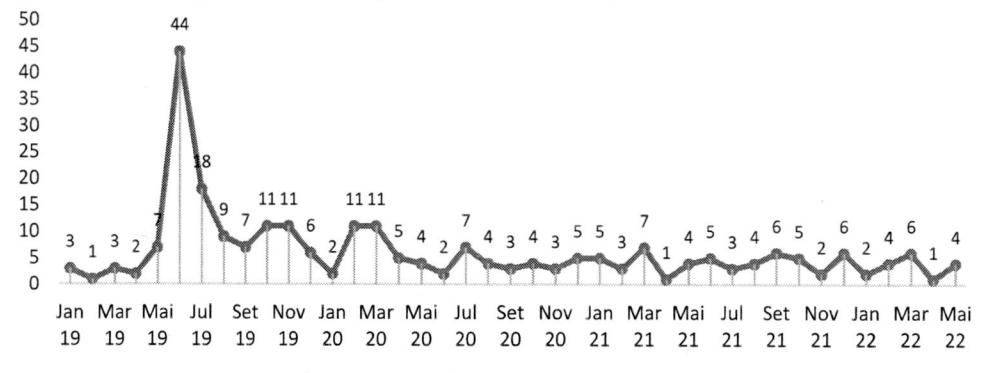

Figura 1 – Distribuição dos decretos de reestruturação da Administração Pública que afetavam colegiados editados por Bolsonaro entre janeiro de 2019 e maio de 2022

A estratégia de Bolsonaro também foi refletida nos números gerais de decretos editados durante seu mandato, quando comparados com outros governos. Bolsonaro editou mais decretos que Lula, Dilma e Fernando Henrique Cardoso. Em quase quatro anos de governo, Bolsonaro editou 1.426 decretos, contra 839 no primeiro mandato de Dilma, 1.230 no primeiro mandato de Lula e 1.249 no primeiro mandato de Fernando Henrique Cardoso.[20] A Figura 2 mostra que o tema mais frequente entre os decretos de Bolsonaro foi o de reestruturação da Administração Pública, com 314 decretos.[21] Nas outras presidências, os decretos relacionados às relações exteriores ou de organização administrativa superavam os decretos de reestruturação da administração.[22]

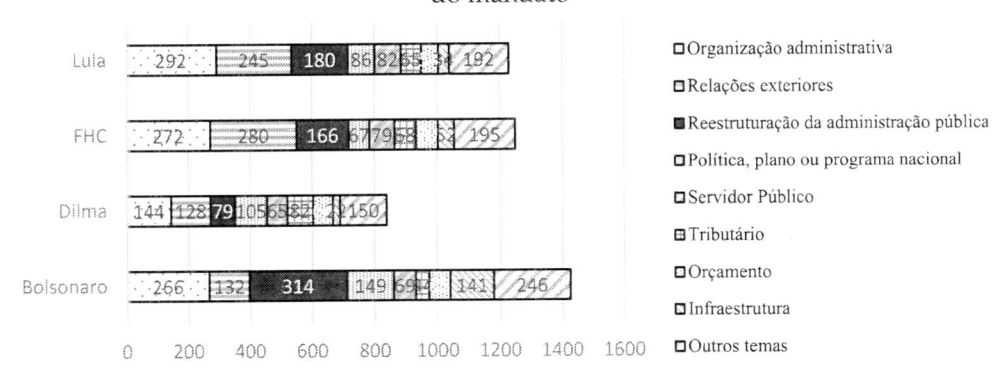

Figura 2 – Distribuição de temas dos decretos editados por FHC, Lula, Dilma e Bolsonaro, entre janeiro do primeiro ano do mandato e final de maio do último ano do mandato[23]

Presidente	Organização administrativa	Relações exteriores	Reestruturação da administração pública	Política, plano ou programa nacional	Servidor Público	Tributário	Orçamento	Infraestrutura	Outros temas
Lula	292	245	180	86	82	55	34		192
FHC	272	280	166	67	79	58	32		195
Dilma	144	128	79	105	65	82	12		150
Bolsonaro	266	132	314	149	69		141		246

---

[20] Estes dados foram obtidos a partir de banco de dados construído pelos autores, decretos editados entre 1º de janeiro do primeiro ano de mandato até o final de maio do último ano de mandato (ou seja: 1º.1.1995 a 28.5.1998; 1º.1.2011 e 31.5.2014; 1º.1.2003 a 29.5.2006, e 1º.01.2019 a 24.5.2022). As categorias temáticas foram elaboradas indutivamente, a partir das respectivas ementas dos decretos. Esta mesma pesquisa já gerou outros produtos, publicados em VIEIRA, Oscar Vilhena; GLEZER, Rubens; BARBOSA, Ana Laura Pereira. Entre a estabilidade precária e a crise institucional: uma análise da performance do governo Bolsonaro. In: LUNARDI, Soraya; GLEZER, Rubens; HENRIQUE, Nikolay. Desafios à estabilidade constitucional. 1. ed. Belo Horizonte: Arraes, 2020; e VIEIRA, Oscar Vilhena; GLEZER, Rubens; BARBOSA, Ana Laura Pereira. Infralegalismo autoritário: uma análise do governo Bolsonaro nos dois primeiros anos de governo. In: GOUVÊA, Catarina Barbosa; CASTELO BRANCO, Pedro H. Villas Bôas; CUNHA, Bruno Santos (Org.). Democracia, constitucionalismo e crises. [s.l.]: [s.n.], 2023.

[21] Esta categoria inclui decretos que estabelecem alterações estruturais em órgãos da Administração Pública direta, autárquica e fundacional, bem como em colegiados da Administração Pública. São decretos que criam ou extinguem órgãos, alteram regras de funcionamento, competência ou composição, ou que alteram a vinculação de determinado órgão.

[22] Decretos categorizados como de organização administrativa são relacionados ao funcionamento da Administração Pública, mas sem relação com a reestruturação de órgãos. Ela inclui o remanejamento, alteração no quantitativo ou criação de cargos em comissão, regras de comunicação de atos da Administração Pública, estabelece diretrizes gerais para Administração Pública direta, autárquica e fundacional, cede servidores, dispõe sobre tecnologia da informação, documentação ou acesso a informações públicas, diretrizes sobre regime de contratação, diretrizes para a elaboração de atos administrativos, acesso a informações públicas, regras de trabalho remoto para servidores da Administração, limites e diretrizes de gastos e uso de veículos públicos, possibilidade de transação pela Administração Pública e quaisquer diretrizes ou regras destinadas à Administração Pública de modo geral. Já os decretos relativos a relações exteriores são aqueles decretos editados no exercício das competências do art. 84, VII e VIII. Promulgação de acordo internacional; instalação de embaixada, consulado ou órgão brasileiro no exterior; imposição de embargos a outros países.

[23] Foram aglutinados na categoria "outros" os seguintes temas: mercado, empresas públicas, regulação, meio ambiente, segurança pública, seguridade social, contratos administrativos, bens públicos, calamidade pública/Covid, direito do trabalho. Estes mesmos dados também serão publicados em VIEIRA, Oscar Vilhena. Democracia defensiva: a experiência brasileira. Journal of Democracy. No prelo.

Ainda que os decretos de alteração de competência, composição ou funcionamento sejam predominantes entre os decretos de reestruturação da Administração Pública em todas as presidências analisadas, os números de Bolsonaro ultrapassam em muito os outros governos, como revela a Figura 3: 168 decretos de alteração da competência, composição ou funcionamento de órgão, contra 108 no governo de Lula, 92 de Fernando Henrique Cardoso e 49 de Dilma.

Figura 3 – Natureza da reestruturação operada pelos decretos classificados como "reestruturação da Administração Pública"

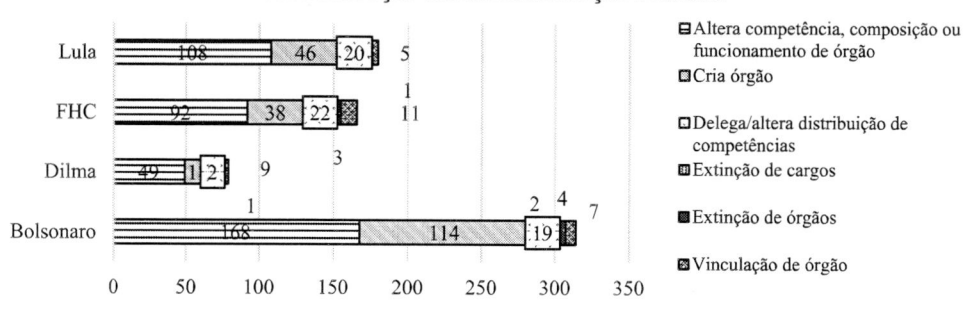

Esses decretos de reestruturação da Administração Pública afetavam, predominantemente, colegiados. Ainda que esses sejam os órgãos mais afetados em todos os governos, os decretos editados por Bolsonaro superaram outras presidências, seja em números brutos, seja proporcionalmente: quase 80% dos decretos de reestruturação da Administração Pública editados por Bolsonaro afetavam colegiados da Administração Pública, contra 68,4% no primeiro mandato de Dilma, 52% em Fernando Henrique Cardoso e 66% em Lula. É o que mostra a Figura 4.

Figura 4 – Tipo de órgão afetado pela reestruturação[24]

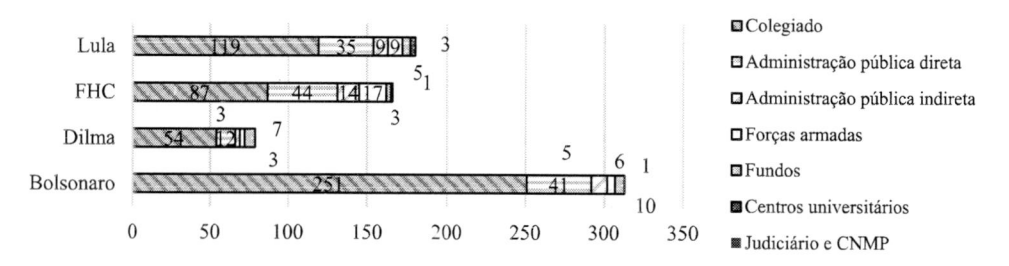

---

[24] Estes mesmos dados também serão publicados em VIEIRA, Oscar Vilhena. Democracia defensiva: a experiência brasileira. *Journal of Democracy*. No prelo.

A estimativa é que esses decretos tenham afetado cerca de 700 colegiados.[25] Dados do Cebrap revelaram que 75% dos colegiados teriam sido extintos ou esvaziados pelos decretos de Bolsonaro.[26]

3 As modificações no Conselho Nacional dos Direitos da Criança e do Adolescente

As estocadas de Bolsonaro afetaram até mesmo os conselhos com alto grau de institucionalização. O caso do Conselho Nacional dos Direitos da Criança e do Adolescente (Conanda) ilustra como o método do *infralegalismo autoritário* operou sobre colegiados. No caso do Conanda, a reação da oposição e do STF foi rápida e efetiva. Mas outros colegiados, sobretudo aqueles menos institucionalizados, não tiveram a mesma sorte.

A existência de conselhos municipais, estaduais e nacional foi prevista no art. 88, II do Estatuto da Criança e do Adolescente (Lei nº 8.069/90), mas o Conanda foi efetivamente instituído em outubro de 1991 com a Lei nº 8.242/91, como um órgão colegiado permanente, de caráter deliberativo e composição paritária entre os membros eleitos de entidades não governamentais e aqueles escolhidos pelo governo.[27] O primeiro decreto a regulamentar esta lei foi o nº 408/91. Enxuto, ele se limitava a discriminar a composição e a forma de seleção de seus membros, deixando o resto para o regimento interno. Em 2004, o Decreto nº 5.089 trouxe uma regulamentação um pouco mais extensa sobre seu funcionamento interno e recursos orçamentários. Esse decreto foi sucessivamente modificado ao longo dos anos, sobretudo em razão de reestruturações de ministérios ou mudança de quais entidades faziam parte do colegiado. Em 2018, o Decreto nº 9.579, de Michel Temer, consolidou atos editados na matéria de criança e adolescente, com modificações predominantemente redacionais.

Desde o início de 2019, entidades da sociedade civil relatavam que o governo Bolsonaro demonstrava certo desdém perante o Conanda, impondo dificuldades para a viabilização de suas reuniões.[28]

Em abril de 2019, Bolsonaro editou o já discutido Decreto nº 9.759/19, que procurou extinguir todos os colegiados da Administração Pública. Em 21 de maio, o Conanda publicou manifestação contrária a este decreto, indicando preocupação com as implicações deste decreto para outros conselhos que são relevantes para a construção de políticas

---

[25] SACONI, Paulo; ALEIXO, Isabela; MAIA, Gustavo. Decreto do governo Bolsonaro mantém apenas 32 conselhos consultivos. *O Globo*, 29 jun. 2019. Disponível em: https://oglobo.globo.com/politica/decreto-do-governo-bolsonaro-mantem-apenas-32-conselhos-consultivos-23773337. Acesso em: 3 maio 2023.

[26] PESQUISA mostra que 75% dos conselhos e comitês nacionais foram extintos ou esvaziados no governo Bolsonaro. *Jornal Nacional*, 25 out. 2021. Disponível em: https://g1.globo.com/jornal-nacional/noticia/2021/10/25/pesquisa-mostra-que-75percent-dos-conselhos-e-comites-nacionais-foram-extintos-ou-esvaziados-no-governo-bolsonaro.ghtml

[27] É o que estabelecia o art. 4º da lei.

[28] Esses relatos foram narrados em petição de manifestação de *amicus curiae*, em sede da ADPF nº 622, apresentada conjuntamente pelas entidades Instituto Alana, Avante – Educação e Mobilização Social, Casa de Cultura Ilé Asé d'Osoguiã, Central Única dos Trabalhadores (CUT), Confederação Nacional dos Trabalhadores Rurais Agricultores e Agricultoras Familiares (Contag), Conselho Federal de Psicologia (CFP). Conselho Federal de Serviço Social (CFESS), Gabinete de Assessoria Jurídica a Organizações Populares (Gajop), Instituto Fazendo História, Associação Internacional Mailê Sara Kalí (AMSK), Centro de Educação e Cultura Popular (Cecup) (DANTAS *et al*. *Petição de manifestação de amicus curiae na ADPF 622 – STF*. Documento 7, 18.9.2019. p. 34).

públicas para crianças e adolescentes.[29] No mesmo mês, o conselho emitiu uma nota ao Ministério da Mulher, Família e dos Direitos Humanos, na qual denunciava dificuldades de funcionamento do colegiado, em razão de ações e omissões do governo federal. Esta nota destacou que o governo havia extinguido cargos técnicos relevantes, como aqueles que acompanhavam a tramitação de propostas legislativas e que monitoravam o Fundo Nacional da Criança e do Adolescente; deixado de contratar jornalista para atualizar o *site* do conselho; estava atuando com morosidade nos procedimentos para a XI Conferência Nacional dos Direitos da Criança e do Adolescente; havia contingenciado recursos; e estava faltando com transparência sobre a disponibilidade e execução de recursos financeiros. Em função deste contingenciamento de recursos, a Secretaria Nacional dos Direitos da Criança e do Adolescente não teria mais recursos disponíveis para o custeio do deslocamento dos conselheiros.[30]

As dificuldades impostas pelo governo continuariam nos meses seguintes.[31] A convocação da 283ª assembleia ordinária do Conanda, que ocorreria de 17 a 19 de junho, ocorreu com pouca antecedência. Na ocasião, o governo comunicou a ausência de custeio das passagens e diárias para conselheiros. Em reação, os conselheiros responderam formalmente que seria impossível atender à chamada. Uma nova convocação ocorreu em 1 de julho, para a data de 14 e 15 de julho, reforçando a ausência de custeio do deslocamento presencial e, por isso, também frustrada. Uma nova chamada foi realizada em 12 de agosto, para ocorrer em 21 e 22 de agosto. Com recursos próprios, a sociedade civil se deslocou até Brasília para a realização da assembleia. Mas a presença em peso da sociedade civil não bastou para que a deliberação fosse bem-sucedida. Em razão da ausência da maior parte dos representantes do Poder Executivo Federal, não foi possível atingir o quórum de maioria qualificada, necessário para deliberar matérias relevantes. A ata da assembleia e a lista de presença demoraram muito tempo para que estivessem disponíveis.

O ápice dos obstáculos ocorreu em 4.9.2019, quando Bolsonaro editou o Decreto nº 10.003/19, revogando o Decreto nº 9.589/18 e estabelecendo diversas mudanças na composição e funcionamento do Conanda. A Tabela 1 compara esses decretos, expondo as principais modificações.

---

[29] Foram citados na nota o Comitê Intersetorial de Acompanhamento para a População em Situação de Rua, Comissão Nacional para Erradicação do Trabalho Escravo (Conatrae), Comissão Intersetorial de Enfrentamento à Violência Sexual contra Crianças e Adolescentes, Comissão Intersetorial para Promoção, Defesa e Garantia do Direito de Crianças e Adolescentes à Convivência Familiar e Comunitária, Comissão Intersetorial de Acompanhamento do Sistema Nacional de Atendimento Socioeducativo, Comitê Nacional de Enfrentamento ao Tráfico de Pessoas (Conatrap) e Comitê de Acompanhamento pela Sociedade Civil para a Classificação Indicativa (CASC-Classind) (cf. CONANDA. *Manifestação do Conanda Sobre o Decreto 9759 de 2019*. 21.5.2019. Disponível em: https://www.gov.br/mdh/pt-br/acesso-a-informacao/participacao-social/conselho-nacional-dos-direitos-da-crianca-e-do-adolescente-conanda/manifestos/manifestacao-do-conanda-sobre-o-decreto-9759.pdf).

[30] CONANDA. *Nota ao Ministério da Mulher, Família e dos Direitos Humanos sobre a inviabilização do funcionamento do Conselho Nacional dos Direitos da Criança e do Adolescente*. 2019. Disponível em: https://www.gov.br/mdh/pt-br/acesso-a-informacao/participacao-social/conselho-nacional-de-direitos-humanos-cndh/2019.06.13ConandaentregaNotaPblicaaCNDH.pdf. Para a íntegra, cf. https://prioridadeabsoluta.org.br/wp-content/uploads/2016/05/descontingenciamento-conanda.pdf.

[31] DANTAS et al. *Petição de manifestação de amicus curiae na ADPF 622 – STF*. Documento 7, 18.9.2019. p. 34.

Tabela 1 – Modificações do Decreto nº 10.003/19 no Conanda

	Decreto nº 9.589/18	**Decreto nº 10.003/19**
Quantidade total de participantes	28 (art. 78)	18 (art. 78)
Composição – Governo	14 (art. 78)	9 (art. 78)
Composição – Sociedade civil	14 (art. 78)	9 (art. 78)
Forma de seleção da sociedade civil	Eleição em assembleia específica, disciplinada pelo Regimento Interno do Conanda (art. 79)	Processo seletivo elaborado pelo Ministério da Mulher, da Família e dos Direitos Humanos (art. 79)
Mandato	Recondução por até 3 mandatos	Vedava a recondução
Desempate	Votação era suspensa e a matéria apreciada na assembleia subsequente. Permanecendo o empate, matéria seria declarada prejudicada e enviada para Mesa Diretora (Resolução nº 217/18, art. 16)	Presidente possuía voto de qualidade (art. 80)
Periodicidade das reuniões	Mensais e extraordinariamente, a requerimento da maioria simples (art. 80 e Resolução nº 217/18)	Trimestralmente, ou convocado pelo ministro de estado da mulher, família e direitos humanos (art. 80)
Definição do presidente	Na forma do regimento (art. 81)	Designado pelo presidente da República (art. 81)
Quórum de funcionamento	Em primeira chamada, maioria absoluta; em segunda chamada, com qualquer quórum (Regimento interno – Resolução nº 217/18)	Maioria absoluta (art. 80, 1º)
Comissões permanentes e grupos temáticos	Sem limitação (art. 84)	Limitação a 3 grupos temáticos e 5 membros por grupo, com duração máxima de 1 ano (arts. 84 e 85)
Presença dos membros	Possibilidade de custeio da presença dos membros (art. 86)	Deixa de possibilitar o custeio (revoga art. 86)

O Decreto nº 10.003/19 destituiu os membros do Conanda no curso de seu mandato. Ainda que tenha mantido a paridade em números – prevista em lei –, diminuiu significativamente a quantidade de membros e proibiu a recondução de conselheiros. Mudanças na forma de seleção aumentaram a influência do Poder Executivo na definição de quem seriam os membros a compor o conselho. Além disso, mudanças na estrutura de deliberação tiveram como consequência a criação de entraves à tomada de decisão, a exemplo das mudanças nas regras de quórum, diminuição da periodicidade das reuniões, ausência de custeio das despesas com deslocamento dos membros e limitação da formação de comissões. Também houve um aumento do protagonismo do presidente do colegiado, que passou a ter o poder de desempatar votações. Na prática, as mudanças implementadas pelo Decreto nº 10.003/19 esvaziavam o colegiado e dificultavam sua atuação.

4 A reação judicial

Poucos dias depois da edição do Decreto nº 10.003/19, a então procuradora-geral da República, Raquel Dodge, o questionou perante o STF, em um dos últimos atos praticados no exercício de seu mandato – a ação foi distribuída no dia 17.9.2019, data em que Raquel Dodge deixava o cargo. No pedido, argumentava que, a pretexto de alterar as regras de composição e funcionamento, Bolsonaro teria esvaziado o órgão. Consequentemente, alegava risco às políticas voltadas a crianças e adolescentes, e lesão aos preceitos fundamentais da participação popular, proibição do retrocesso, direito à igualdade, e da proteção de crianças e adolescentes do art. 227, CF.[32]

O Ministro Luís Roberto Barroso foi sorteado como relator do caso, e deu rápido andamento ao processo. Essa prontidão destoava da postura mais comedida adotada pelo Supremo Tribunal Federal durante o primeiro ano de mandato de Bolsonaro, e foi o prenúncio de uma postura mais responsiva que iria se consolidar a partir do início de 2020.[33] Em 19.12.2019, o ministro deferiu liminar, monocraticamente, para suspender parte dos dispositivos impugnados. Foram suspensos "i) os artigos 79; 80, caput e §3º, e 81 do Decreto nº 9.579/2018, com a redação dada pelo Decreto 10.003/2019; bem como (ii) o art. 2º do Decreto 10.003/2019". Na decisão, o ministro afirmou que a participação da sociedade civil nas ações voltadas à proteção da criança e do adolescente tem exigência constitucional expressa no art. 204, II e no art. 227 da Constituição Federal. Além da garantia da paridade na representação do poder público da sociedade civil, a lei criadora do Conanda atribuiu ao próprio conselho a liberdade para definir suas regras de funcionamento. Diante disso, o ministro considerou que o decreto de Bolsonaro feria a Constituição, e deferiu liminar para restabelecer o mandato dos antigos conselheiros até o termo final, assegurar a eleição dos representantes das entidades da sociedade civil em assembleia específica, e não a nomeação pelo Poder Executivo, as reuniões mensais, o custeio do deslocamento de conselheiros, e a eleição do presidente do conselho por seus pares, tal qual previsto no regimento interno.

O mérito da ação foi julgado apenas em 2021. Na ocasião, o ministro votou pela ratificação da cautelar, e estabeleceu a tese de que "É inconstitucional norma que, a pretexto de regulamentar, dificulta a participação da sociedade civil em conselhos deliberativos". Em trecho de seu voto, afirmou:

> as medidas promovidas pelo Decreto nº 10.003/2019 acabam por conferir ao Executivo o controle da composição e das decisões do Conanda, o que o neutraliza como instância crítica de controle. Trata-se, portanto, de norma que frustra o comando constitucional que

---

[32] STF. ADPF nº 622, petição inicial, p. 5.
[33] VIEIRA, Oscar Vilhena; GLEZER, Rubens; BARBOSA, Ana Laura Pereira. Supremocracia e infralegalismo autoritário: o comportamento do Supremo Tribunal Federal durante o governo Bolsonaro. *Novos Estudos CEBRAP*, v. 41, p. 591-605, 2023.

assegurou participação às entidades representativas da sociedade civil na formulação e no controle das políticas públicas para crianças e adolescentes.

Seu voto foi acompanhado pela maioria dos ministros, com exceção de Marco Aurélio Mello, que ficou vencido. A decisão inaugurou um entendimento que seria aplicado em outras ações no STF.[34] Na ADPF nº 623, em 17.12.2021, a Ministra Rosa Weber deferiu medida cautelar do Decreto nº 9.806/19, que alterava a composição e o funcionamento do Conselho Nacional do Meio Ambiente (Conama).[35] Em 28.4.2022, na ADPF nº 651, o tribunal declarou a inconstitucionalidade do art. 5º do Decreto nº 10.224/2020, que havia extinguido a participação da sociedade civil do Conselho Deliberativo do Fundo Nacional do Meio Ambiente e do decreto que havia extinguido o Comitê Orientador do Fundo Amazônia, além de vedar a exclusão de governadores do Conselho Nacional da Amazônia Legal.[36] Por fim, na ADPF nº 708, vedou a não alocação de recursos ao Fundo Clima, considerando que esta conduta seria parte de um projeto maior de enfraquecimento de colegiados da Administração Pública e diminuição do espaço concedido à sociedade civil.[37] Essas decisões, seguindo o precedente aberto pelo voto do Min. Roberto Barroso na ADPF nº 622, partiram da premissa da impossibilidade de restrição do espaço da sociedade civil nos conselhos setoriais de políticas públicas, e foram elementos relevantes para a contenção dos ímpetos autoritários de Bolsonaro.

Conclusão

Neste artigo, utilizamos o caso da ADPF nº 622, envolvendo as mudanças de Bolsonaro na estrutura e funcionamento do Conselho Nacional da Criança e do Adolescente, para ilustrar como Bolsonaro atuava para desmobilizar a participação social em políticas públicas e como o Supremo Tribunal Federal reagiu, de modo diligente, barrando essas modificações. A reação judicial a este aspecto do método foi necessariamente limitada, porque dependia da provocação dos atores, que deveriam questionar judicialmente, de modo individualizado, as mudanças impostas a cada colegiado. Essas dificuldades foram impostas pelo método do infralegalismo autoritário, que opera de modo fragmentado, dificultando o mapeamento dos ataques e uma reação coordenada. Ainda assim, o caso da ADPF nº 622 demonstra uma reação diligente: menos de quatro meses depois da edição do decreto que alterou as regras de funcionamento

---

[34] Mapeamos 12 ações envolvendo atos de intervenção em colegiados da Administração Pública por meio de decretos, no universo de ações ajuizadas entre 1º.1.2019 e 30.5.2022 e que surgiram na busca avançada de notícias oficiais do portal do STF (estes dados foram obtidos a partir do banco de dados construído para a pesquisa publicada em VIEIRA, Oscar Vilhena; GLEZER, Rubens; BARBOSA, Ana Laura Pereira. Supremocracia e infralegalismo autoritário: o comportamento do Supremo Tribunal Federal durante o governo Bolsonaro. *Novos Estudos CEBRAP*, v. 41, p. 591-605, 2023). Cronologicamente, a primeira dessas ações consiste na ADI nº 6.121. Em três outras, o STF determinou a suspensão ou a derrubada da norma (ADPF nºs 622 e 623). Em duas, houve negativa de seguimento por questões formais relacionadas à legitimidade das partes (ADPF nº 814 e ADI nº 7.091). Em uma, houve perda de objeto em razão de edição de novo decreto que restabelecia a participação da sociedade civil no conselho (ADPF nº 614). Outras três decisões não contam com uma decisão no momento do fechamento desta pesquisa (ADI nº 7.003, ADPF nº 936, ADPF nº 936).

[35] ADPF nº 623. Rel. Min. Rosa Weber, decisão monocrática, 17.12.2021.

[36] ADPF nº 651. Rel. Min. Cármen Lúcia, Tribunal Pleno, 28.4.2022.

[37] ADPF nº 708. Rel. Min. Roberto Barroso, Tribunal Pleno, 4.7.2022.

do Conanda, decisão monocrática do Ministro Roberto Barroso vedou a maior parte das modificações, assegurando o mandato dos conselheiros empossados no governo anterior e vedando as principais mudanças que inviabilizavam as reuniões.

Um aspecto relevante e ainda pouco explorado na reação do STF a Bolsonaro é como essa oposição operou dentro da dinâmica do colegiado. Alguns ministros davam indícios de que desejavam uma reação mais combativa desde o primeiro ano de governo, como o Ministro Roberto Barroso. Já no julgamento da ADI nº 6.121, em maio de 2019, Barroso defendia uma tese mais aguerrida de que Bolsonaro teria o dever de justificar a extinção de colegiados, fossem eles criados por lei, fossem eles criados por atos infralegais. Depois, ainda em 2019, foi o Ministro Barroso quem proferiu, de forma monocrática, uma das decisões mais relevantes daquele ano para conter a tentativa de Bolsonaro de excluir a participação da sociedade civil do Conanda, inaugurando a tese de que decretos não podem, a pretexto de reorganizar colegiados, inviabilizar ou dificultar a participação da sociedade civil. Independentemente desta profícua agenda de pesquisa ainda em aberto, o caso da ADPF nº 622 também ilustra como a postura responsiva e eventualmente combativa do Supremo Tribunal Federal foi fundamental para limitar os ataques implementados por Bolsonaro durante seu mandato.

Referências

AVELINO, Daniel Pitangueira de; ALENCAR, Joana Luiza Oliveira; COSTA, Pedro Caio Borges. *Colegiados nacionais de políticas públicas em contexto de mudanças*: equipes de apoio e estratégias de sobrevivência. Rio de Janeiro: Ipea, 2017.

AVRITZER, Leonardo. Sociedade civil, instituições participativas e representação: da autorização à legitimidade da ação. *Dados*, v. 50, p. 443-464, 2007.

DIAMOND, Larry. Democratic regression in comparative perspective: scope, methods, and causes. *Democratization*, v. 28, n. 1, p. 22-42, 2021.

FONSECA, Igor Ferraz; POMPEU, João Cláudio. Conselhos de direitos humanos e agenda política. *In*: AVELINO, Daniel Pitangueira de Pompeu; FONSECA, Igor Ferraz da; POMPEU, João Cláudio Basso (Ed.). *Conselhos nacionais de direitos humanos*: uma análise da agenda política. Brasília: Ipea, 2020.

LANDAU, David. Abusive Constitutionalism. *U.C. Davis Law Review*, v. 47, p. 189, 2013.

LIMA, Paula Pompeu Fiuza *et al*. *Conselhos nacionais*: elementos constitutivos para sua institucionalização. Rio de Janeiro: Ipea, 2014.

LOTTA, Gabriela Spanghero; VAZ, José Carlos. Arranjos institucionais de políticas públicas: aprendizados a partir de casos do Brasil. *Revista do Serviço Público*, v. 66, n. 2, p. 171-194, 2015.

LOTTA, Gabriela; FERNANDEZ, Michelle; KUHLMANN, Ellen *et al*. Covid-19 vaccination challenge: what have we learned from the Brazilian process? *The Lancet Global Health*. Disponível em: https://www.thelancet.com/journals/langlo/article/PIIS2214-109X(22)00049-3/fulltext. Acesso em: 4 maio 2023.

PEREIRA, Anthony W. *Ditadura e repressão*. 1. edição. São Paulo: Paz & Terra, 2012.

SACONI, Paulo; ALEIXO, Isabela; MAIA, Gustavo. Decreto do governo Bolsonaro mantém apenas 32 conselhos consultivos. *O Globo*, 29 jun. 2019. Disponível em: https://oglobo.globo.com/politica/decreto-do-governo-bolsonaro-mantem-apenas-32-conselhos-consultivos-23773337. Acesso em: 3 maio 2023.

SCHEPPELE, Kim Lane. Autocratic legalism. *The University of Chicago Law Review*, v. 85, p. 545-583, 2018.

VIEIRA, Oscar Vilhena; GLEZER, Rubens. *Armamentismo inconstitucional*: STF e Congresso no controle à subversão infralegal ao estatuto do desarmamento. No prelo.

VIEIRA, Oscar Vilhena; GLEZER, Rubens; BARBOSA, Ana Laura Pereira. Entre a estabilidade precária e a crise institucional: uma análise da performance do governo Bolsonaro. *In*: LUNARDI, Soraya; GLEZER, Rubens; HENRIQUE, Nikolay. *Desafios à estabilidade constitucional*. 1. ed. Belo Horizonte: Arraes, 2020.

VIEIRA, Oscar Vilhena; GLEZER, Rubens; BARBOSA, Ana Laura Pereira. Infralegalismo autoritário: uma análise do governo Bolsonaro nos dois primeiros anos de governo. *In*: GOUVÊA, Catarina Barbosa; CASTELO BRANCO, Pedro H. Villas Bôas; CUNHA, Bruno Santos (Org.). *Democracia, constitucionalismo e crises*. [s.l.]: [s.n.], 2023.

VIEIRA, Oscar Vilhena; GLEZER, Rubens; BARBOSA, Ana Laura Pereira. Supremocracia e infralegalismo autoritário: o comportamento do Supremo Tribunal Federal durante o governo Bolsonaro. *Novos Estudos CEBRAP*, v. 41, p. 591-605, 2023.

ZAKARIA, Fareed. The Rise of Illiberal Democracy. *Foreign Affairs*, v. 76, n. 6, p. 22-43, 1997.

Informação bibliográfica deste texto, conforme a NBR 6023:2018 da Associação Brasileira de Normas Técnicas (ABNT):

VIEIRA, Oscar Vilhena; BARBOSA, Ana Laura Pereira. O esvaziamento de conselhos da Administração Pública no infralegalismo autoritário: o caso do Conanda e a ADPF nº 622. *In*: OSORIO, Aline; MELLO, Patrícia Perrone Campos; BARROSO, Luna van Brussel (Coord.). *Direitos e democracia*: 10 anos do Ministro Luís Roberto Barroso no STF. Belo Horizonte: Fórum, 2023. p. 463-477. ISBN 978-65-5518-555-3.

O STF E O DIREITO ADMINISTRATIVO DO CIDADÃO COMUM: O PODER DE POLÍCIA DE TRÂNSITO NA JURISPRUDÊNCIA CONSTITUCIONAL

PATRÍCIA BAPTISTA
LEONARDO ANTOUN

1 Introdução: o direito administrativo se constitucionalizou e a Constituição precisa da Administração

Passados trinta e quatro anos de vigência da Constituição de 1988, não deve haver mais surpresas na afirmação de que muitas matérias tradicionais do campo do direito administrativo se "constitucionalizaram", seja por decisão deliberada nesse sentido do legislador constituinte, seja pela própria força atrativa do texto constitucional para lá de expansivo.[1] Com isso, quer-se dizer que os conteúdos tradicionais da disciplina jurídica da Administração Pública brasileira (i.e., serviços públicos, poderes administrativos, fomento, intervenção do estado, patrimônio público) foram aos poucos passando por filtragem, sofrendo releituras, merecendo novas compreensões à luz dos preceitos constitucionais de 1988.[2] Tratou-se, porém, de processo lento e, até aqui, inconcluso.[3]

Por outro lado, é preciso que se compreenda que ocorreu e continua a se dar, simultaneamente, também um processo reverso: a Constituição, para se realizar, precisa se materializar concretamente na vida cotidiana do cidadão, se fazer sentir, se fazer existir para ele. Do contrário, ela não será mais do que discurso, simples instrumento de retórica. E, ante o Estado, a interação mais próxima do cidadão se dá com a Administração Pública, que lhe presta serviços públicos, que lhe confere ou disciplina direitos. É, por meio dessas atividades, portanto, que o Estado de direito constitucional precisa se

---

[1] BAPTISTA, Patrícia; ACCIOLY, João Pedro. A Administração Pública na Constituição de 1988, trinta anos depois: disputas, derrotas e conquistas. *Revista de Direito Administrativo*, Rio de Janeiro, v. 277, maio/ago. 2018.

[2] BAPTISTA, Patrícia. *Transformações do direito administrativo*. 2. ed. Rio de Janeiro: Lumen Juris, 2018. p. 40; BINENBOJM, Gustavo. *Uma teoria do direito administrativo*: direitos fundamentais, democracia e constitucionalização. 3. ed. Rio de Janeiro: Renovar, 2014. p. 61.

[3] Por exemplo, ainda há capítulos, como em matéria de desapropriação, intervenção do Estado na propriedade, cujas interpretações mais tradicionais demandam atualização à luz das normas constitucionais vigentes.

materializar para o cidadão comum e por meio delas que as pessoas podem, em boa parte dos casos, sentir e experimentar a existência da ordem constitucional.[4]

Pois bem, esses dois processos estão presentes no julgamento do RE nº 658.570, em 2015, quando o STF examinou, em sede de repercussão geral, a constitucionalidade do exercício do poder de polícia de trânsito e aplicação de multas pelas guardas municipais. A Suprema Corte tratou de enfrentar, à luz do regime de 1988, o mais comezinho e clássico dos institutos do direito administrativo: o *vetusto* poder de polícia. E, dentro do largo espectro do poder de polícia, justo o mais tradicional deles: o poder de polícia de trânsito, aquele que afeta a vida cotidiana do cidadão de forma mais visível. E a Corte o fez para pacificar um conflito que envolvia milhares de processos postos em instâncias inferiores envolvendo centenas de milhares de multas de trânsitos aplicadas a cidadãos país afora.

Note-se que ali não estava em causa nenhum grande conflito a respeito de liberdade fundamental ou questão constitucional dessas que desperta acalorados debates entre constitucionalistas. Não. O problema era de outra dimensão, muito mais banal, mas ainda assim de grande repercussão. Milhares de pequenas causas de multa de trânsito esperando decisão definitiva da Justiça. Todas a demandar também um veredito final da Corte Superior acerca da interpretação constitucional de norma atributiva de competência.

A Justiça da mais alta Corte do país é frequentemente chamada a resolver as questões de grande indagação de uma sociedade, aquelas que envolvem desacordos morais razoáveis, como, por exemplo, as discussões sobre interrupção voluntária de gestação ou uso de drogas. No entanto, no país – graças ao expansionismo do texto constitucional a que antes se aludiu –, por vezes, também lhe são postas matérias que, não sendo nem filosófica nem moralmente tão impactantes, ainda assim afetam a vida cotidiana de muita gente.

Vamos chamá-las aqui de causas do direito administrativo do cidadão comum. Elas podem até não movimentar paixões, mas afetam multidões e nisso reside a sua relevância. Esse o caso do julgamento do RE nº 658.570, em 2015, que abriu caminho para o julgamento, em 2020, do RE nº 633.782, ambos sobre competência e limites de delegação do exercício do poder de polícia de trânsito em âmbito municipal, como se verá adiante.

2 O julgamento do RE nº 658.570: a pacificação judicial de uma movimentada controvérsia

2.1 Breve retrospectiva histórica da disputa

Na vigência da Constituição de 1988, a União, com fundamento na competência legislativa privativa do art. 22, XI, editou a Lei Federal nº 9.503, de 23.9.1997, delegando parcela relevante do exercício do poder de polícia de trânsito aos municípios (art. 24).[5]

---

[4] O tema se encontra desenvolvido em BAPTISTA, Patrícia; CAPPECHI, Daniel. Se o direito administrativo fica, o direito constitucional não passa: perspectivas do direito público contemporâneo sobre uma velha questão. *Revista de Direito da Cidade*, v. 8, n. 4, 2017. p. 1938-1960.

[5] "Art. 24. Compete aos órgãos e entidades executivos de trânsito dos Municípios, no âmbito de sua circunscrição: (Redação dada pela Lei nº 13.154, de 2015)".

Aos municípios, assim como a outros entes integrantes do sistema nacional de trânsito, a lei atribuiu expressamente o poder de auto-organização de sua execução (art. 8º).[6] No exercício dessa competência delegada, muitos municípios brasileiros, dadas as características próprias da atividade de polícia de trânsito, conferiram, dentro da sua estrutura organizacional, essa competência às suas guardas municipais, instituídas nos termos do art. 144, §8º da Constituição Federal de 1988. Destacando-se, ainda, que em diversos municípios, inclusive, as guardas municipais foram instituídas com personalidade jurídica própria, como entes da Administração Pública indireta. Com isso, guardas municipais de todo país passaram a exercer o poder de polícia de trânsito nas vias públicas, aplicando, diretamente, multas e outras sanções aos cidadãos que infringissem as normas federais.

A opção política de atribuir esta função às guardas municipais – e não a outro órgão ou entidade da Administração Pública – deu-se por razões de praticidade e eficiência. De fato, as guardas, ora órgãos, ora entes autônomos, já existiam em boa parte dos municípios brasileiros. Além disso, gozavam de alguma *expertise* e proximidade necessária do cidadão para o exercício da nova atribuição, que possuía natureza afim com o seu leque de atividades. A rigor, o aproveitamento da estrutura administrativa e de pessoal já existente poderia ser enquadrado no espaço de discricionariedade do gestor, no exercício da autoadministração municipal.

Pois bem, foi justamente nesse contexto que se instaurou um grande conflito. A partir de (i) premissas de direito administrativo tradicional – quanto à indelegabilidade do exercício do poder de polícia administrativo e exclusividade de exercício em regime público, entre outras de ordem similar –; e (ii) ainda de direito constitucional – acerca da interpretação conferida ao art. 144, §8º da Constituição Federal de 1988, no que se refere aos limites das competências conferidas às guardas municipais –, foram propostas milhares de demandas questionando a validade de autos de infração e multas de trânsito aplicadas por guardas municipais país afora. Esse autêntico contencioso de massa, como não poderia deixar de ser, acabou batendo às portas dos Tribunais Superiores, e, em especial, do Supremo Tribunal Federal.

Em alguns poucos casos, ainda, a discussão se estabeleceu em controle abstrato de constitucionalidade de legislação local delegatória de competência a guardas municipais ou a outros entes municipais para o exercício de poder de polícia de trânsito, tão presente no dia a dia da vida urbana.

Particularmente, o caso que a Corte decidiu afetar para julgamento, em repercussão geral, no RE nº 658.570, envolvia o Município de Belo Horizonte que, em 2007, havia editado a Lei municipal nº 9.319/07 e o Decreto nº 12.615/07, com o objetivo de atribuir à sua guarda municipal a fiscalização, o controle e a orientação do trânsito e do tráfego.

A legislação, acima citada, do Município de Belo Horizonte, como, de resto, se verificou em diversas outras municipalidades, foi amplamente impugnada. Em controle abstrato de constitucionalidade, o procurador-geral de Justiça de Minas Gerais ajuizou representação de inconstitucionalidade, ao passo que, por meio de demandas individuais,

---

[6] "Art. 8º Os Estados, o Distrito Federal e os Municípios organizarão os respectivos órgãos e entidades executivos de trânsito e executivos rodoviários, estabelecendo os limites circunscricionais de suas atuações".

ajuizadas por cidadãos multados pela estrutura administrativa municipal, também foi suscitada a questão constitucional em sede de controle incidental.

O Tribunal de Justiça do Estado de Minas Gerais julgou improcedente a representação de inconstitucionalidade, o que ensejou a interposição do Recurso Extraordinário nº 658.570, pelo procurador-geral de Justiça, para discutir especificamente a constitucionalidade da legislação no que tocava à delegação, à Guarda Municipal de Belo Horizonte, de atribuições estranhas àquelas previstas no art. 144, §8º da Constituição Federal de 1988. Paralelamente, os processos individuais também chegaram ao Supremo Tribunal Federal, levando à afetação do Tema de Repercussão Geral nº 472, de relatoria do Ministro Marco Aurélio de Mello, com idêntico objeto, e do Tema de Repercussão Geral nº 532, de relatoria do Ministro Luiz Fux, em que se controvertia acerca da delegação de parcela do poder de polícia, por meio de convênio, à sociedade de economia mista (BHTrans) para aplicação de multas de trânsito.

Como se observa, a opção política por um desenho institucional em que parcela do poder de polícia de trânsito seria exercida pela guarda municipal, com auxílio de sociedade de economia mista, foi objeto de intenso questionamento judicial em Belo Horizonte. A insegurança jurídica, portanto, era enorme. De um lado, eventual revés da Administração Pública municipal representaria o risco de anulação de todas as sanções aplicadas pela guarda municipal. De outro lado, a persistência no tempo de um sistema que fosse posteriormente reputado inconstitucional significaria indevido prolongamento de restrição aos direitos fundamentais dos cidadãos em um dos aspectos mais caros de sua relação com o Estado à luz da Constituição Federal, a saber, o exercício do poder de polícia. O decurso de vários anos sem a solução definitiva da questão afetava, portanto, a vida do cidadão comum e gerava intenso debate entre os atores políticos e sociais.

Em síntese, defendia-se que, por sua própria topologia, seria adequado interpretar apenas que, no âmbito do serviço de segurança pública, as guardas municipais estavam adstritas à atividade de proteção de seus próprios bens, serviços e instalações. Isso, porém, em absoluto, significaria que os municípios, uma vez criando guardas municipais, estivessem impedidos de atribuir atividades outras entre aquelas que lhes são constitucional ou legalmente próprias. No caso específico do poder de polícia de trânsito, conforme já dito acima, os arts. 21 e 24 do Código de Trânsito Brasileiro expressamente autorizavam o exercício desta competência municipal.

O exercício de parcela do poder de polícia de trânsito levado a efeito pelas guardas municipais – e, por conseguinte, a interpretação administrativa do ordenamento jurídico – estava assim sob o fogo cruzado da intensa judicialização.

Nesse contexto, ainda antes do julgamento da matéria pela Suprema Corte, mas já como reflexo da intensa judicialização do tema, foi editada a Emenda Constitucional nº 82, em 16.7.2014, que acrescentou o §10 ao art. 144 da Constituição Federal de 1988. Na ocasião, explicitou o constituinte que a segurança viária "compete, no âmbito dos Estados, do Distrito Federal e dos Municípios, aos respectivos órgãos ou entidades executivos e seus agentes de trânsito, estruturados em Carreira, na forma da lei". Em nível infraconstitucional, o Congresso Nacional aprovou, em seguida, em 8.8.2014, o Estatuto Geral das Guardas municipais (Lei federal nº 13.022/14). O diploma normativo disciplinou amplamente as atribuições da categoria profissional, e, em seu art. 5º, inc.

VI, positiva como uma de suas competências específicas "exercer as competências de trânsito que lhes forem conferidas, nas vias e logradouros municipais, [...] ou de forma concorrente, mediante convênio celebrado com órgão de trânsito estadual ou municipal".

A disciplina normativa posterior, embora aumentasse a clareza, não solucionava por completo a discussão porque restava decidir sobre o passivo imenso e, ainda, efetivamente sobre os limites interpretativos que cabia dar ao art. 144, §8º, bem como sobre os limites do próprio exercício do poder de polícia de trânsito e de sua delegabilidade. A bola, de alguma forma, continuava com o Supremo Tribunal Federal.

Com o paulatino amadurecimento da discussão, a legislação de Belo Horizonte finalmente passou a ser analisada, sob o prisma de sua constitucionalidade formal e material, pelo plenário da Suprema Corte na sessão de 13.5.2015, tendo sido concluída na sessão de 6.8.2015. Como dito acima, no regime de 1988, as questões de direito administrativo, de um jeito ou outro, passaram a ter quase sempre um ângulo qualquer constitucional. Portanto, os ministros do STF puderam, enfim, se debruçar sobre a validade da delegação de parcela do poder de polícia de trânsito às guardas municipais, tema afeto a um direito administrativo mais conectado com o cotidiano do cidadão comum.

2.2 A construção da decisão colegiada e as premissas comuns das duas correntes de julgamento

O Ministro Relator Marco Aurélio de Mello apresentou seu voto, que dava parcial provimento ao recurso extraordinário interposto pelo procurador-geral de Justiça, para declarar a invalidade da delegação de parcela de poder de polícia de trânsito às guardas municipais. Em suma, concluiu ser constitucional a delegação desta função estatal aos entes municipais, porém indevido o seu exercício pelas guardas municipais, que apenas poderiam atuar nos termos e nos limites do art. 144, §8º da Constituição Federal de 1988, destinada "à proteção de seus bens, serviços e instalações, conforme dispuser a lei".

A linha argumentativa de seu voto apresentava três premissas – compartilhadas, diga-se, pela corrente que apresentou o voto divergente – que balizaram o restante do julgamento: (i) os entes municipais têm competência para exercer fiscalização, orientação e controle do trânsito, inclusive com aplicação de sanções, na forma do art. 24, inc. XI da Constituição Federal, respeitados os limites estabelecidos pela legislação; (ii) não se extrai do art. 144, §5º, da Constituição Federal competência exclusiva da Polícia Militar para a autuação e a aplicação de multas de trânsito; e (iii) a autoadministração dos municípios, signo decorrente de sua autonomia federativa, autoriza a atribuição desta função estatal a estruturas da Administração local titulares de outras competências não relacionadas ao trânsito.

A partir dessas premissas, porém, entendeu o ministro relator, que às guardas municipais não era permitido o exercício de parcela do poder de polícia de trânsito, em afronta às suas atribuições definidas exaustivamente pela Constituição Federal de 1988. Nessa perspectiva, compreendeu o ministro relator que seria constitucional "restringir a atribuição da guarda municipal para exercer a fiscalização e o controle do trânsito aos casos em que existir conexão entre a atividade a ser desempenhada e a proteção de bens, serviços e equipamentos municipais". Portanto, embora entendesse válida a delegação constitucional e legal aos municípios, o ministro relator não admitia que seu exercício se desse plenamente pelas guardas municipais, dado que adotou interpretação textualista quanto aos limites da atuação dessas.

A proposta inicial de tese para o Tema de Repercussão Geral nº 472 encaminhada pelo relator é indicativa da interpretação encampada:

> É constitucional a lei local que confira à guarda municipal a atribuição de fiscalizar e controlar o trânsito, com a possibilidade de imposição de multas, desde que observada a finalidade constitucional da instituição de *proteger bens, serviços e equipamentos públicos* (art. 144, §8º, da Carta de 1988) e limites da competência municipal em matéria de trânsito, estabelecidos pela legislação federal (art. 22, inc. XI, da Constituição Federal).

O voto do Ministro Marco Aurélio foi, então, acompanhado pelos ministros Teori Zavascki, Rosa Weber, Ricardo Lewandowski e Cármen Lúcia.

A expressiva adesão ao entendimento do relator, no caso, reflete bem como interpretações textualistas, de acento mais formalista ou tendentes a seguir a literatura tradicional – em especial em temas clássicos, como é o caso do poder de polícia – ainda encontram forte ressonância entre membros de Tribunais, especialmente de Tribunais Superiores (possivelmente, em função de sua formação e trajetória profissional).

O julgamento do RE nº 658.570 estava destinado, porém, a ter um desfecho diverso. O voto do relator acabou vencido pela divergência inaugurada pelo Ministro Luís Roberto Barroso, afinal majoritária, conforme se verá a seguir.

3 A divergência majoritária à luz do direito administrativo contemporâneo

Ao longo de sua trajetória acadêmica e profissional, o Ministro Luís Roberto Barroso buscou se alinhar a perspectivas contemporâneas e, que, de algum modo, fizessem avançar o direito para além do conhecimento convencional, particularmente no campo do direito público. No Supremo Tribunal Federal não tem sido diferente. Na interpretação do texto constitucional, seus votos com frequência manifestam preocupação com os resultados práticos das decisões e menor apego a formalismos.[7]

O voto proferido nos autos do Recurso Extraordinário nº 658.570/MG, que inaugurou a divergência e introduziu a corrente vencedora no julgamento do Tema de Repercussão Geral nº 472, ilustra este ponto. Na oportunidade, o Ministro Luís Roberto Barroso entendeu que as guardas municipais podem exercer poder de polícia de trânsito, não divisando qualquer incompatibilidade com o art. 144, §8º, da Constituição Federal de 1988. Em síntese feliz, constante de seu voto, "o poder de polícia não corresponde ao poder da polícia", sendo válida sua delegação às guardas municipais.

Na fundamentação do voto condutor da maioria formada no órgão plenário da Suprema Corte, o ministro estabeleceu a diferença conceitual, essencialmente de direito

---

[7] Recurso Extraordinário nº 1.054.110/SP, Plenário. Rel. Min. Luís Roberto Barroso, j. 8.5.2019. *DJe*, 6.9.2019 (2019 – Aplicativo de Transporte – Lei Municipal); Medida Cautelar na Ação Direta de Inconstitucionalidade nº 6.421/DF, Plenário. Rel. Min. Luís Roberto Barroso, j. 21.5.2020. *DJe*, 12.11.2020 (2020 – LINDB – Erro grosseiro – Responsabilização do gestor); Ação Direta de Inconstitucionalidade nº 6.019/SP, Plenário. Rel. Min. Luís Roberto Barroso, j. 12.5.2021. *DJe*, 6.7.2021 (2021 – Ato Administrativo – Prazo decenal de anulação – Inconstitucionalidade); Ação Direta de Inconstitucionalidade nº 5.371/DF, Plenário. Rel. Min. Luís Roberto Barroso, j. 2.3.2022. *DJe*, 31.3.2022 (2022 – Agência reguladora – Publicidade – Processos administrativos sancionadores).

administrativo, entre poder de polícia e serviço de segurança pública, destacando que apenas este último é prerrogativa exclusiva das entidades policiais, por expressa opção do constituinte. Nessa linha de raciocínio, a fiscalização do trânsito com aplicação das respectivas sanções administrativas, por constituir mero exercício de parcela do poder de polícia, de competência comum dos entes federativos (CRFB, arts. 22, inc. XI e 23, inc. XII), pode ser desempenhado por entidades não policiais.

Há, assim, espaço de conformação legislativa para atribuição de outras funções às guardas municipais para além dos rígidos limites do art. 144, §8º da Constituição Federal de 1988. E nenhuma razão, atalhamos aqui os autores, que não meramente formalista para excluir desses organismos a possibilidade de exercícios de outras atribuições. Com isso, compreendeu o ministro ser absolutamente legítima a opção política positivada no art. 280, §4º, do Código de Trânsito Brasileiro e nos arts. 3º, inc. III, e 5º, inc. VI, da Lei federal nº 13.022/14. Da mesma forma, à luz do princípio da autonomia federativa, para ele não haveria óbice a que os municípios atribuíssem às guardas municipais essa nova atividade estatal. No ponto, manifestando sensibilidade com a complexa realidade federativa do país, o ministro destacou que "deve-se interpretar o preceito sistematicamente, à luz, sobretudo, do princípio constitucional da eficiência, considerando-se as diferentes realidades sociais e orçamentárias dos Estados e Municípios brasileiros".

O voto foi acompanhado pelos ministros Luiz Fux, Dias Toffoli, Celso de Mello, Gilmar Mendes e Edson Fachin, e sedimentou a seguinte tese no Tema de Repercussão Geral nº 472: "[é] constitucional a atribuição às guardas municipais do exercício de poder de polícia de trânsito, inclusive para imposição de sanções administrativas legalmente previstas". A maioria apertada e a transcrição das sessões em que se deu o julgamento dão conta da intensidade dos debates entre os ministros em torno do tema e acentuam, ainda mais, a habilidade do Ministro Luís Roberto Barroso na construção do consenso possível no órgão colegiado da Suprema Corte, em um caso de grande impacto para o direito administrativo do cidadão comum, como acima se mencionou.

Além do desapego ao formalismo textualista, a tese vencedora manifestou ainda um senso prático com as realidades municipais, na medida em que privilegiou a delegação de competência a estruturas já existentes e aparelhadas para o exercício da atividade de polícia administrativa. Em administrações públicas em que quase sempre são escassos os recursos, não faria sentido exigir das municipalidades que estruturassem novos recursos materiais e humanos, com mais dispêndio, para executarem tarefas de que os guardas municipais, já estando habitualmente nas ruas, poderiam se desincumbir perfeitamente (como também de outros tipos de poder de polícia municipais, como a ordenação do espaço urbano e do exercício de atividades econômicas).

Assim, a Suprema Corte consolidou importante entendimento no sentido da viabilidade do exercício de parcela do poder de polícia de trânsito pela guarda municipal, pavimentando a construção de caminhos para um direito administrativo mais flexível e compromissado com o princípio da eficiência. Prova disso é que, na transcrição das sessões em que se deu o julgamento, já havia registro de debate entre os ministros[8]

---

[8] Observe-se excerto da transcrição em que a divergência entre os ministros é evidenciada: "O SENHOR MINISTRO RICARDO LEWANDOWSKI (PRESIDENTE) – Agora surge uma questão interessante, a partir do voto de ambos os Ministros, justamente uma questão que preocupa vários municípios e os cidadãos de modo geral: se pessoas

acerca de outro ponto de extrema relevância na configuração do alcance e dos limites do exercício do poder de polícia no Brasil. Trata-se do Tema de Repercussão Geral nº 532, afetado por meio do Recurso Extraordinário nº 633.782, de relatoria do Ministro Luiz Fux, que cuidava da possibilidade de aplicação de multa de trânsito por sociedade de economia mista, também no Estado de Minas Gerais.

A questão não foi enfrentada diretamente no julgamento descrito neste trabalho, mas é possível depreender de sua transcrição que persistia, então, a resistência de parte dos ministros,[9] em 2015, quanto à possibilidade do exercício de parcela do poder de polícia de trânsito por pessoas jurídicas de direito privado. Afinal, essa era a orientação de longa data assentada acerca do tema, na literatura tradicional,[10] como na jurisprudência.[11]

Anos mais tarde, contudo, em outubro de 2020, após maior amadurecimento acadêmico e jurisprudencial deste debate, com a profusão de trabalhos científicos e de decisões judiciais sobre a matéria, e decerto com a influência do precedente firmado no Tema de Repercussão Geral nº 472, consubstanciado no voto do Ministro Luís Roberto Barroso, o Supremo Tribunal Federal tornou a se debruçar sobre a questão e deu mais um passo na discussão do direito administrativo do cidadão comum.

Naquela ocasião, por uma maioria (bem mais folgada) de 9 votos a 2, vencidos apenas os ministros Marco Aurélio de Mello e Edson Fachin, fixou-se a seguinte tese:

> É constitucional a delegação do poder de polícia, por meio de lei, a pessoas jurídicas de direito privado integrantes da Administração Pública indireta de capital social majoritariamente público que prestem exclusivamente serviço público de atuação própria do Estado e em regime não concorrencial. (Tema nº 597)

---

ou mesmo entidades que não sejam agentes estatais, agentes públicos, podem aplicar essas sanções. O SENHOR MINISTRO MARCO AURÉLIO (RELATOR) – Vamos decidir matéria que está sob a relatoria, com repercussão geral admitida, do ministro Luiz Fux? O SENHOR MINISTRO RICARDO LEWANDOWSKI (PRESIDENTE) – Pois é, então não vamos adentrar neste momento. O SENHOR MINISTRO MARCO AURÉLIO (RELATOR) – Sim. O SENHOR MINISTRO RICARDO LEWANDOWSKI (PRESIDENTE) – Neste momento, nós simplesmente estamos tratando da guarda municipal. O SENHOR MINISTRO MARCO AURÉLIO (RELATOR) – Sinalizei, quando consignei: para dizer o mínimo, de constitucionalidade duvidosa essa outorga à pessoa jurídica de direito privado. O SENHOR MINISTRO RICARDO LEWANDOWSKI (PRESIDENTE) – Pois é, empresas privadas que estabelecem pontos, onde montam radares para surpreender os motoristas. Não estamos tratando disso. O SENHOR MINISTRO LUÍS ROBERTO BARROSO (RELATOR) – Não, mas aqui é a guarda municipal especificamente. O SENHOR MINISTRO RICARDO LEWANDOWSKI (PRESIDENTE) – Simplesmente aqui eu quero justamente frisar esse aspecto, por isso que eu trouxe à baila esta questão, nós não estamos tratando dessa outra que está sob a relatoria do Ministro Fux, que será analisada oportunamente pelo Plenário. Hoje é apenas a guarda municipal. O SENHOR MINISTRO LUIZ FUX – É importante essa premissa, essa guarda municipal foi instituída por lei".

[9] O Ministro Marco Aurélio de Mello registra expressamente em seu voto que tal desenho institucional, embora não fosse o objeto específico daquele processo, era "de duvidosa constitucionalidade". O Ministro Ricardo Lewandowski, igualmente, apontou a preocupação com "empresas privadas que estabelecem pontos, onde montam radares para surpreender os motoristas".

[10] Por todos, cf. BANDEIRA DE MELLO, Celso Antonio. *Curso de direito administrativo.* 36. ed. Belo Horizonte: Fórum, 2023. p. 754.

[11] "DIREITO CONSTITUCIONAL E ADMINISTRATIVO. AÇÃO DIRETA DE INCONSTITUCIONALIDADE DO ART. 58 E SEUS PARÁGRAFOS DA LEI FEDERAL Nº 9.649, DE 27.05.1998, QUE TRATAM DOS SERVIÇOS DE FISCALIZAÇÃO DE PROFISSÕES REGULAMENTADAS. [...] a interpretação conjugada dos artigos 5º, XIII, 22, XVI, 21, XXIV, 70, parágrafo único, 149 e 175 da Constituição Federal, leva à conclusão, no sentido da indelegabilidade, a uma entidade privada, de atividade típica de Estado, que abrange até poder de polícia, de tributar e de punir, no que concerne ao exercício de atividades profissionais regulamentadas, como ocorre com os dispositivos impugnados. 3. Decisão unânime" (ADI nº 1.717/DF. Rel. Min. Sydney Sanches, Tribunal Pleno, j. 7.11.2002, public. 28.3.2003).

Esta construção jurisprudencial é manifestação evidente de um fenômeno mais abrangente de interseção da jurisdição constitucional com o direito administrativo.

Note-se que, no julgamento do Tema nº 597, a maioria formada no STF – como já havia feito no Tema nº 472 – foi além do formalismo superficial para decidir matéria típica de poder de polícia administrativa. Sem abandonar o entendimento consolidado de que o exercício do poder de polícia (de trânsito) não pode se dar integralmente no regime jurídico de direito privado, reconheceu, porém, que a sociedade de economia mista municipal belo-horizontina, por suas características, não pode ser equiparada realmente a uma empresa privada.

De fato, foi preciso ir além do rótulo para admitir que, em casos de empresas prestadoras de serviço público com capital majoritariamente público, a forma aparente pode até ser privada, mas a essência é pública. Portanto, o Tribunal não apenas consentiu com o exercício de poder de polícia delegado nesse caso, como validou os autos de infração emitidos.

A decisão se formou no sentido que a literatura mais contemporânea em direito administrativo já vinha há tempos apontando.[12] O exercício do poder de polícia compreende um processo de diversas etapas em que, respeitados os direitos constitucionais dos cidadãos, deve ser assegurada flexibilidade de execução visando ao alcance dos objetivos finalísticos da ação pública.

4 A jurisprudência entre permanência e inovação

A exposição em detalhes do processo de construção, pelo Supremo Tribunal Federal, dos precedentes consolidados nos temas nºs 472 e 597, põe em evidência a ambiguidade dos papéis que a jurisprudência pode encarnar em relação ao desenvolvimento do direito administrativo.

Como muito bem diagnosticado por José Vicente Mendonça, a jurisprudência muitas vezes atua como força cristalizadora das posições doutrinárias anti-inovação. Pode operar, neste caso, para usar as palavras do autor, como uma *trava institucional ao novo*. Aliás, o exemplo trazido por ele é precisamente o de que neste texto também se tratou: "basta ver decisões judiciais que, proclamam, contra os fatos, a indelegabilidade do poder de polícia a entidades privadas".[13]

Por outro lado, o mesmo autor reconhece a possibilidade de a jurisprudência, sem um custo social tão elevado ou um processo deliberativo tão complexo como o legislativo, incorporar "uma dinâmica de revisão".[14] O Judiciário, assim, reuniria condições de avançar em determinadas matérias a um custo social mais baixo e, eventualmente, mais

---

[12] Cf., entre outros, MOREIRA NETO, Diogo de Figueiredo. *Novas mutações juspolíticas* – Regulação, poder estatal e controle social sob a perspectiva da nova hermenêutica. Belo Horizonte: Fórum, 2016. p. 109-110; BINENBOJM, Gustavo. *Poder de polícia, ordenação, regulação*: transformações político-jurídicas, econômicas e institucionais do direito administrativo ordenador. Belo Horizonte: Fórum, 2016. p. 250; e FONTE, Felipe de Melo. Revisitando os fundamentos do poder de polícia no Brasil. In: BRANDÃO, Rodrigo; BAPTISTA, Patrícia (Org.). *Direito público* – Direito UERJ 80 Anos. Rio de Janeiro: Freitas Bastos, 2015. p. 223.

[13] MENDONÇA, José Vicente Santos de. Direito administrativo e inovação: limites e possibilidades. *Revista de Direito da Procuradoria-Geral*, Rio de Janeiro, v. 72, 2018. p. 310-311.

[14] MENDONÇA, José Vicente Santos de. Direito administrativo e inovação: limites e possibilidades. *Revista de Direito da Procuradoria-Geral*, Rio de Janeiro, v. 72, 2018. p. 312.

fácil de retroceder. Além disso, os Tribunais poderiam avançar em matérias que não atraem o interesse político do legislador ou em que o custo da atuação deste último seria muito elevado, mas acerca das quais há demanda social por novas compreensões. Novamente, aqui, parece que o poder de polícia administrativa se enquadra nessa hipótese e isso pode muito bem ter influenciado a maioria dos ministros nos dois precedentes estudados no presente texto.

Impulsionada no primeiro julgamento pelo voto do Ministro Luís Roberto Barroso, a maioria formada, percebendo a existência de demanda sociopolítica relevante e de espaço para avanço a um custo relativamente baixo, acabou pendendo em favor das interpretações menos formalistas e mais comprometidas com a exequibilidade prática das competências municipais. A jurisprudência, assim, formou-se em favor da inovação e não da conservação (mas, lembre-se, no primeiro caso, por muito pouco).

Entretanto, como o processo de construção das decisões na jurisdição constitucional é discursivo e sofre influência de inúmeros fatores,[15] persiste sendo incerta a repetição de vereditos pró-mudança em novos e futuros encontros do Supremo Tribunal Federal com o direito administrativo do cidadão comum.

Referências

BANDEIRA DE MELLO, Celso Antonio. *Curso de direito administrativo*. 36. ed. Belo Horizonte: Fórum, 2023.

BAPTISTA, Patrícia. *Transformações do direito administrativo*. 2. ed. Rio de Janeiro: Lumen Juris, 2018.

BAPTISTA, Patrícia; ACCIOLY, João Pedro. A Administração Pública na Constituição de 1988, trinta anos depois: disputas, derrotas e conquistas. *Revista de Direito Administrativo*, Rio de Janeiro, v. 277, maio/ago. 2018.

BAPTISTA, Patrícia; CAPPECHI, Daniel. Se o direito administrativo fica, o direito constitucional não passa: perspectivas do direito público contemporâneo sobre uma velha questão. *Revista de Direito da Cidade*, v. 8, n. 4, 2017.

BARROSO, Luís Roberto. *A judicialização da vida e o papel do Supremo Tribunal Federal*. Belo Horizonte: Fórum, 2018.

BARROSO, Luís Roberto; MELLO, Patrícia Perrone Campos. O papel criativo dos tribunais – Técnicas de decisão em controle de constitucionalidade. *Revista da Ajuris*, Porto Alegre, v. 46, n. 146, jun. 2019.

BINENBOJM, Gustavo. *Poder de polícia, ordenação, regulação*: transformações político-jurídicas, econômicas e institucionais do direito administrativo ordenador. Belo Horizonte: Fórum, 2016.

BINENBOJM, Gustavo. *Uma teoria do direito administrativo*: direitos fundamentais, democracia e constitucionalização. 3. ed. Rio de Janeiro: Renovar, 2014.

FONTE, Felipe de Melo. Revisitando os fundamentos do poder de polícia no Brasil. *In*: BRANDÃO, Rodrigo; BAPTISTA, Patrícia (Org.). *Direito público* – Direito UERJ 80 Anos. Rio de Janeiro: Freitas Bastos, 2015.

MENDONÇA, José Vicente Santos de. Direito administrativo e inovação: limites e possibilidades. *Revista de Direito da Procuradoria-Geral*, Rio de Janeiro, v. 72, 2018.

MOREIRA NETO, Diogo de Figueiredo. *Novas mutações juspolíticas* – Regulação, poder estatal e controle social sob a perspectiva da nova hermenêutica. Belo Horizonte: Fórum, 2016.

---

[15] BARROSO, Luís Roberto; MELLO, Patrícia Perrone Campos. O papel criativo dos tribunais – Técnicas de decisão em controle de constitucionalidade. *Revista da Ajuris*, Porto Alegre, v. 46, n. 146, jun. 2019. p. 324-325; BARROSO, Luís Roberto. *A judicialização da vida e o papel do Supremo Tribunal Federal*. Belo Horizonte: Fórum, 2018. p. 53-54.

Informação bibliográfica deste texto, conforme a NBR 6023:2018 da Associação Brasileira de Normas Técnicas (ABNT):

BAPTISTA, Patricia; ANTOUN, Leonardo. O STF e o direito administrativo do cidadão comum: o poder de polícia de trânsito na jurisprudência constitucional. *In*: OSORIO, Aline; MELLO, Patrícia Perrone Campos; BARROSO, Luna van Brussel (Coord.). *Direitos e democracia*: 10 anos do Ministro Luís Roberto Barroso no STF. Belo Horizonte: Fórum, 2023. p. 479-489. ISBN 978-65-5518-555-3.

BARROSO 10 ANOS: O FRASISTA, O PROFESSOR, O ADVOGADO, O JUIZ

PATRÍCIA PERRONE CAMPOS MELLO
TERESA MELO

Introdução

Este artigo tem por objetivo tratar das principais contribuições do Ministro Luís Roberto Barroso para o desenvolvimento do direito constitucional, a partir das diferentes funções que desempenhou em sua vida profissional, bem como possibilitar que o leitor conheça um pouco mais da pessoa que ele é para além de tais contribuições. Com esse propósito, começamos com dois breves relatos. O primeiro: certo dia, estávamos reunidas com o ministro para debater temas de futuras pesquisas. Após algumas ideias iniciais, ouvimos dele a seguinte frase: "– Pessoal, é preciso pensar *na fronteira*. Tentar identificar as discussões que ainda não chegaram, propor as soluções que ainda não foram propostas, atuar de forma criativa. A gente não quer escrever sobre o que os outros já escreveram". Essa observação, por meio da qual pretendia nos orientar na eleição de assuntos de pesquisa, não deixa de ser uma síntese daquilo que o move em sua vida profissional, como ficará claro nesse trabalho.

O segundo relato: quem convive com o Ministro Barroso sabe que ele é fascinado por música, já quis ser compositor e é um fã das letras de Chico Buarque. Assim, no processo de reflexão sobre este artigo e sobre os "diferentes Barrosos" que conhecemos, nos veio à mente a publicação de uma coletânea que reúne quatro diferentes "personas" de Chico: *Chico 50 anos: o Político, o Amante, o Cronista, o Malandro*. Daí surgiu a ideia do presente artigo, que se propõe a tratar de quatro diferentes personas do ministro: *Barroso 10 anos: o Frasista, o Professor, o Advogado, o Juiz*. Tais personas permitem descrever as distintas dimensões e perspectivas de atuação do ministro e enxergar, por meio delas, um pouquinho mais da pessoa que ele é.

O artigo se divide em quatro diferentes seções, correspondentes às quatro diferentes personas já descritas. Parte da hipótese de que a busca por "trabalhar na fronteira" é o que confere uma narrativa comum às distintas atuações do ministro; bem como de que suas diferentes personas, produções e experiências explicam, em boa medida, o juiz cuja atuação podemos acompanhar hoje no Supremo Tribunal Federal. O trabalho tem respaldo em extensa bibliografia sobre comportamento judicial e ciências cognitivas e comportamentais, e demonstra que os juízes, assim como as pessoas em geral, são profundamente influenciados, em suas decisões, por seu *background* e por suas visões de mundo.[16] [17] Mãos à obra.

I Barroso 10 anos: o Frasista

O Ministro Barroso tem suas próprias ideias sobre "comunicação". Não gosta de palavras rebuscadas, linguagem barroca ou juridiquês. Quando um assessor entra em seu gabinete, recebe um manual sobre como escrever com simplicidade e uma lista das palavras que não pode – em absoluto – usar. Estão banidos dos textos produzidos pela assessoria, entre outros, os seguintes termos: "*concessa venia*", "pretório excelso", "no bojo de", "acórdão vergastado", "deveras", assim como adjetivações em geral. Segundo o ministro, hoje em dia, "quem se expressa assim é uma reminiscência jurássica".[18] A orientação para a redação das ementas das suas decisões é: "Escrevam como jornalistas, para todas as pessoas, para que todos os cidadãos consigam entender"; "não escrevam para engenheiros nucleares". O maior elogio que um trabalho pode receber é: "– Está bom". O segundo é: "– Está simples". O terceiro é: "– Está curto". E dificilmente um acontecerá sem o outro. A maior crítica é "– Não compreendi sequer a ementa". A segunda maior: "– Já se passaram cinco minutos e não consegui entender o caso".

Deve-se falar e escrever com profundidade, mas também com clareza e objetividade. Tanto assim que o ministro conclamou os juristas, em um de seus artigos, a promoverem uma "revolução da brevidade";[19] procura votar os casos sob sua relatoria em até trinta minutos; e aqueles da relatoria dos demais ministros, em aproximadamente dez minutos. Para ele, escrever menos páginas gera mais chance de ser lido. Falar por menos tempo favorece a quem quer ser ouvido. Nada mais coerente com os tempos atuais das

---

[16] BAUM, Lawrence. *Judges and their audiences*: a perspective on judicial behavior. Nova Jersey: Princeton University, 2008. p. 26-28; ASHENFELTER, Orley; EISENBERG, Theodore; SCHWAB, Stewart. Politics and the judiciary: the influence of judicial background on case outcomes. *Journal of Legal Studies*, v. 24, p. 257, 1995. Disponível em: http://scholarship.law.cornell.edu/cgi/viewcontent.cgi?article=1411&context=facpub. Acesso em: 15 mar. 2018; GROSSMAN, Joel B. Social backgrounds and judicial decision-making. *Harvard Law Review*, Cambridge, v. 79, 1966; SISK, Gregory C.; HEISE, Michael; MORRISS, Andrew P. Charting the influences on the judicial mind: an empirical study of judicial reasoning. *New York University Law Review*, New York, v. 73, 1998. p. 1457; PERESIE, Jennifer. Female judges matter: gender and collegial decision-making in the Federal Appellate Courts. *Yale Law Journal*, New Haven, v. 114, n. 7, p. 1786-1787, maio 2005. Disponível em: https://www.yalelawjournal.org/note/female-judges-matter-gender-and-collegial-decisionmaking-in-the-federal-appellate-courts. Acesso em: 30 abr. 2023; COX, Adam; MILES, Thomas. *Judging the Voting Rights Act*. Disponível em: https://chicagounbound.uchicago.edu/cgi/viewcontent.cgi?article=8033&context=journal_articles. Acesso em: 30 abr. 2023.

[17] Na literatura nacional: MELLO, Patrícia Perrone Campos. *Nos bastidores do Supremo Tribunal Federal*. Rio de Janeiro: Forense, 2015. p. 127-144; MELLO, Patrícia Perrone Campos. A vida como ela é: comportamento estratégico nas cortes. *Revista Brasileira de Políticas Públicas*, v. 8, n. 2, p. 689-719, 2019; MELO, Teresa. *Novas técnicas de decisão do STF*: entre inovação e democracia. Belo Horizonte: Fórum, 2022; NOJIRI, Sérgio. *Emoção e intuição*. Belo Horizonte: Arraes, 2021; NOJIRI, Sérgio. *O direito e suas interfaces com a psicologia e a neurociência*. Curitiba: Appris, 2019; HORTA, Ricardo. Por que existem vieses cognitivos na tomada de decisão judicial? A contribuição da psicologia e das neurociências para o debate jurídico. *Revista Brasileira de Políticas Públicas*, v. 9, n. 3, p. 84-122, 2019.

[18] BARROSO, Luís Roberto. A revolução da brevidade. *Consulex*, v. 12, n. 279, ago. 2008. Disponível em: https://oab-ms.jusbrasil.com.br/noticias/70514/a-revolucao-da-brevidade-luis-roberto-barroso. Acesso em: 30 abr. 2022.

[19] BARROSO, Luís Roberto. A revolução da brevidade. *Consulex*, v. 12, n. 279, ago. 2008. Disponível em: https://oab-ms.jusbrasil.com.br/noticias/70514/a-revolucao-da-brevidade-luis-roberto-barroso. Acesso em: 30 abr. 2022.

redes sociais, dos *blogs*, dos *feeds* personalizados, das notificações e dos algoritmos de recomendação. Ainda nas suas palavras:

> Quem sabe um dia chegaremos à capacidade de síntese do aluno a quem a professora determinou que escrevesse uma redação sobre religião, sexo e nobreza, mas que fosse breve. Seguindo a orientação, o jovem produziu o seguinte primor de concisão: "Ai, meu Deus, como é bom, disse a princesa ainda ofegante"![20]

De acordo com o Ministro, "Nem tudo na vida é erudição. Ser espirituoso é fundamental".[21] Quem frequenta suas palestras sabe disso. Nossa antiga chefe de gabinete, Renata Saraiva, que o acompanhava – pacientemente – de norte a sul, em todas as palestras, eventualmente exigia: "– Faça-me o favor de fazer palestra com piada nova. Já estou cansada das velhas!". De fato, o ministro é um cunhador de frases e piadas – "pílulas de filosofia" – que sintetizam suas visões de mundo e estão presentes em quase todos os seus textos – possíveis reminiscências da vontade de se tornar compositor.[22] Segundo ele, "Tudo que merece ser feito, merece ser bem-feito".[23] "Não há dinheiro, não há sucesso no mundo capaz de neutralizar a insuportável rotina das coisas que se fazem sem fé e amor".[24] Não há meio de caminho. Nada deve ser feito mecanicamente. O que nos propomos a fazer, deve ser feito com cuidado, dedicação e interesse.

Também de acordo com o ministro: "Na vida a gente deve ser janela, e não espelho". Na medida do possível, não devemos reproduzir o comportamento dos outros, mas sim tentar oferecer-lhes diferentes visões e perspectivas. Entretanto, reconhece: "Ninguém escapa ao próprio tempo".[25] Somos produto das nossas vivências, das influências recebidas, do contexto e da cultura. Ideias e pessoas envelhecem. Por fim, ele sempre diz a seus assessores que, com a carga de trabalho com a qual vivemos, ou somos bons em conjunto ou não somos bons. Todos dependem de todos. Trabalhamos e existimos coletivamente. Em suas palavras: "Na vida institucional, como na vida em geral, ninguém é bom demais e, sobretudo, ninguém é bom sozinho".[26]

II Barroso 10 anos: o Professor

A experiência como professor foi a primeira de sua trajetória profissional. Segundo gosta de dizer, ele esteve advogado, está ministro, mas é mesmo professor. Desde o momento em que ingressou na docência, pelas mãos de Jacob Dolinger, nunca mais deixou o magistério superior. Leciona na graduação e na pós-graduação da Universidade do Estado do Rio de Janeiro – UERJ; e na pós-graduação do Centro Universitário de Brasília – CEUB. Fundou, em conjunto com Ricardo Lobo Torres e Paulo Galvão, a

---

[20] BARROSO, Luís Roberto. A revolução da brevidade. *Consulex*, v. 12, n. 279, ago. 2008. Disponível em: https://oab-ms.jusbrasil.com.br/noticias/70514/a-revolucao-da-brevidade-luis-roberto-barroso. Acesso em: 30 abr. 2022.
[21] MATOS, Miguel. *Migalhas de Luís Roberto Barroso*. São Paulo: Migalhas, 2016, frase 773.
[22] Há inclusive uma publicação que as reúne e indica sua fonte acadêmica. V. MATOS, Miguel. *Migalhas de Luís Roberto Barroso*. São Paulo: Migalhas, 2016.
[23] MATOS, Miguel. *Migalhas de Luís Roberto Barroso*. São Paulo: Migalhas, 2016, frase 132.
[24] MATOS, Miguel. *Migalhas de Luís Roberto Barroso*. São Paulo: Migalhas, 2016, frase 9.
[25] MATOS, Miguel. *Migalhas de Luís Roberto Barroso*. São Paulo: Migalhas, 2016, frase 542.
[26] MATOS, Miguel. *Migalhas de Luís Roberto Barroso*. São Paulo: Migalhas, 2016, frase 306.

linha de Direito Público do Programa de Pós-Graduação em Direito da UERJ. Formou diversos professores.[27] Além disso, pode-se dizer que é professor *full time* na vida: nas orientações aos assessores, nas reuniões do gabinete do STF, na forma como profere os votos no Plenário do Tribunal. Explica conceitos e ideias, das mais simples às mais complexas, didática e pausadamente, com exemplos, analogias e classificações de até três categorias – três, impreterivelmente.[28]

Como acadêmico, contribuiu para a formulação de – claro – três conjuntos de teorias essenciais para a compreensão do direito constitucional tal como é praticado hoje no Brasil. A *primeira* delas, hoje consolidada, foi a doutrina da *efetividade das normas constitucionais*. Em linhas gerais, ela pregava que normas constitucionais são espécies de normas jurídicas e, nessa qualidade, devem ser cumpridas, inclusive com recurso ao Poder Judiciário se necessário. Embora soe como lugar comum atualmente, os antecedentes históricos da Constituição de 1988 mostram que as constituições brasileiras eram compreendidas até então como meros instrumentos retóricos: repletos de promessas que não eram honradas ou implementadas, nem mesmo judicialmente. Em tais condições, a doutrina da efetividade desempenhou a tarefa – fundamental para o constitucionalismo brasileiro – de elevar as normas constitucionais à categoria de normas "para valer", capazes de interferir no mundo real, de conformar comportamentos e de se fazerem cumprir.[29] [30]

A *segunda* formulação que marcou a trajetória acadêmica do professor foi o detalhamento e a organização dos *princípios específicos de interpretação constitucional*. Para tal, observou que os métodos e elementos clássicos de interpretação do direito em geral – gramatical, histórico, sistemático e teleológico – eram insuficientes para os desafios postos pela interpretação da Constituição, desafios que envolviam a definição do conteúdo de cláusulas gerais e abertas, bem como da compatibilidade de normas infraconstitucionais com a Carta. Nessa linha, propôs como princípios condicionantes da interpretação constitucional: os princípios da supremacia da Constituição, da presunção da constitucionalidade das leis e atos do Poder Público, da interpretação conforme a Constituição, da unidade da Constituição, da razoabilidade e da proporcionalidade e da efetividade das normas constitucionais. A interpretação da Constituição passou, então,

---

[27] Daniel Sarmento, Gustavo Binenbojm, Ana Paula de Barcellos, Jane Reis, Anderson Schreiber, Antônio Cabral, Rodrigo Brandão, Flávia Hill, André Cyrino e José Vicente Santos de Mendonça, entre outros, além das autoras.

[28] Segundo o ministro, classificações devem facilitar a memória "fotográfica" e por isso não podem passar de três. A propósito, brinca que tudo ia bem no direito tributário até substituírem a classificação tripartite dos tributos pela quinquipartite, quando tudo se tornou irremediavelmente confuso.

[29] A tese foi defendida no livro: *O direito constitucional e a efetividade de suas normas*, que lhe rendeu o primeiro lugar no concurso de provas e títulos para professor livre-docente da UERJ, em 1990. V. BARROSO, Luís Roberto. A doutrina brasileira da efetividade. *In*: BONAVIDES, Paulo; LIMA, Francisco Gérson Marques de; BEDÊ, Fayga Silveira (Coord.). *Constituição e democracia*: estudos em homenagem ao Professor J. J. Gomes Canotilho. São Paulo: Malheiros, 2006. p. 436; 439.

[30] Sobre a consagração da efetividade das normas constitucionais, escreveu: "ambos os objetivos que haviam movido a mim próprio e a minha geração – dar ao Direito Constitucional uma nova linguagem e um sentido normativo – realizaram-se amplamente". Entretanto, ressalva: "não se deve ter a ingenuidade – ou, mais grave, a pretensão – de supor que a realidade se transforme drasticamente porque assim se escreveu ou desejou. Os processos históricos amadurecem e eclodem em sua hora". V. BARROSO, Luís Roberto. A doutrina brasileira da efetividade. *In*: BONAVIDES, Paulo; LIMA, Francisco Gérson Marques de; BEDÊ, Fayga Silveira (Coord.). *Constituição e democracia*: estudos em homenagem ao Professor J. J. Gomes Canotilho. São Paulo: Malheiros, 2006. p. 440.

a gozar de instrumentos e categorias próprias e ordenadas, que foram amplamente difundidas. Tais categorias permitiram preservar sua superioridade hierárquica, acomodar o sentido das normas constitucionais quando aparentemente conflitantes e compatibilizar o significado das leis com a Constituição quando possível (ou afastar sua aplicação em caso de impossibilidade).[31]

A *terceira fase* de suas formulações envolveu sua adesão ao *pós-positivismo* e ao *neoconstitucionalismo*.[32] Passou a afirmar a superação do positivismo legalista, por meio do reconhecimento de que a Constituição é composta não apenas por regras, mas também por princípios, que positivam valores e devem condicionar a atividade do intérprete.[33] Nessa linha, propôs ou aprofundou, uma vez mais, novas categorias de interpretação constitucional como: a normatividade dos princípios, a ponderação de interesses, bem como o papel da argumentação, da razão prática e do controle de racionalidade das decisões como instrumentos a serem utilizados no processo de aplicação da Constituição.[34] [35]

Essas ideias se consolidaram na prática constitucional brasileira e pautaram as outras funções exercidas pelo ministro ao longo de sua vida profissional, como se demonstra a seguir.[36]

---

[31] Tais ideias foram defendidas em *Interpretação e aplicação da Constituição*, tese que ensejou sua aprovação no concurso de provas e títulos para professor titular de Direito Constitucional da Faculdade de Direito da UERJ, em 1996 (BARROSO, Luís Roberto. *Interpretação e aplicação das normas constitucionais*. São Paulo: Saraiva, 2012).

[32] Nas palavras do professor: "O neoconstitucionalismo ou novo direito constitucional, na acepção aqui desenvolvida, identifica um conjunto amplo de transformações ocorridas no Estado e no direito constitucional, em meio às quais podem ser assinalados, (i) como marco histórico, a formação do Estado constitucional de direito, cuja consolidação se deu ao longo das décadas finais do século XX; (ii) como marco filosófico, o pós-positivismo, com a centralidade dos direitos fundamentais e a reaproximação entre Direito e ética; e (iii) como marco teórico, o conjunto de mudanças que incluem a força normativa da Constituição, a expansão da jurisdição constitucional e o desenvolvimento de uma nova dogmática da interpretação constitucional. Desse conjunto de fenômenos resultou um processo extenso e profundo de constitucionalização do Direito" (BARROSO, Luís Roberto. *Neoconstitucionalismo e constitucionalização do direito*: o triunfo tardio do direito constitucional no Brasil. Disponível em: https://acesso.cesmac.edu.br/admin/wp-content/uploads/2021/10/BARROSO-neoconstitucionalismo_e_constitucionalizacao_do_direito_pt.pdf. Acesso em: 5 maio 2023).

[33] V. BARROSO, Luís Roberto. Fundamentos teóricos e filosóficos do novo direito constitucional brasileiro (pós-modernidade, teoria crítica e pós-positivismo). *In*: BARROSO, Luís Roberto (Org.). *A nova interpretação constitucional*: ponderação, direitos fundamentais e relações privadas. Rio de Janeiro: Renovar, 2006. p. 27 e ss.

[34] BARROSO, Luís Roberto. *Neoconstitucionalismo e constitucionalização do direito*: o triunfo tardio do direito constitucional no Brasil. Disponível em: https://acesso.cesmac.edu.br/admin/wp-content/uploads/2021/10/BARROSO-neoconstitucionalismo_e_constitucionalizacao_do_direito_pt.pdf. Acesso em: 5 maio 2023.

[35] Obviamente, a produção acadêmica do ministro em matéria de interpretação constitucional é mais extensa e conta com outras elaborações sobre judicialização da vida, ativismo judicial e o papel das cortes constitucionais, entre outras, mas os três conjuntos de ideias descritos acima representam as compreensões mais fortemente enraizadas na nossa prática.

[36] Algumas das críticas dirigidas a tal modo de interpretar a Constituição são: (i) a flexibilização do teor da Constituição por metodologias que gerariam maior indeterminação das normas, em prejuízo à segurança jurídica, favorecendo a ampliação da judicialização e a politização da justiça; (ii) a transferência de decisões relevantes ao Poder Judiciário, composto por representantes não eleitos pelo voto popular e não responsivo aos incentivos democráticos; (iii) a elitização do debate, excludente da participação daqueles que não dominam a linguagem jurídica; (iv) a apatia social e a irresponsabilidade dos representantes eleitos, que passariam a esperar por soluções advindas do Judiciário, em lugar de atuar a contento; (v) a falta de capacidade institucional dos tribunais para apreciação de questões altamente técnicas ou para avaliar os efeitos sistêmicos de suas decisões, uma vez que se concentram sobre a justiça do caso concreto. De fato, a judicialização expansiva em matéria constitucional é uma realidade, embora não possa ser atribuída apenas à forma de interpretar a Constituição, mas também a seu desenho institucional. Parte de tais críticas são enfrentadas com a defesa de *standards* de maior ativismo ou autocontenção judicial, conforme a questão em debate. Sem prejuízo de se reconhecer a pertinência das críticas e a importância de adotar uma abordagem moderada no tema, o fato é que as ideias defendidas pelo ministro produziram profunda influência sobre o direito constitucional, tal como produzido e praticado hoje, tema objeto deste trabalho. V. BARROSO, Luís Roberto. Constituição, democracia e supremacia judicial: direito e política no

III Barroso 10 anos: o Advogado

A segunda função desempenhada pelo ministro em sua trajetória foi a de advogado, tendo atuado como procurador do Estado do Rio de Janeiro e advogado privado. Em ambas as condições, patrocinou grandes causas perante o Supremo Tribunal Federal e foi responsável pelas primeiras decisões paradigmáticas do Tribunal em matéria de direitos fundamentais.[37] Sua atuação a tal título permitiu-lhe a aplicação, no mundo dos fatos, das teorias que lecionava e defendia na academia. Os casos narrados a seguir ilustram o ponto.[38]

III.1 Vedação ao nepotismo (ADC nº 12, Rel. Min. Ayres Britto)[39]

A ADC nº 12 foi proposta pela Associação dos Magistrados Brasileiros – AMB, sob o patrocínio do advogado Luís Roberto Barroso, para afirmar a constitucionalidade da Resolução nº 7/2005 do Conselho Nacional de Justiça – CNJ, que impedia a contratação de cônjuges, companheiros e parentes de magistrados sem concurso público, prática designada nepotismo. A constitucionalidade da norma havia se tornado altamente controvertida nos tribunais, ao fundamento de que lhes impunha uma vedação que não estava prevista em lei. Em razão disso, houve quem alegasse que a norma seria inconstitucional por violação ao princípio da separação dos poderes (já que competia ao Legislativo legislar), bem como ao princípio federativo (por subordinar os judiciários estaduais ao CNJ, controlado pela União).

A petição inicial elaborada por "Barroso: o Advogado" tinha por base as ideias de efetividade das normas constitucionais e de normatividade dos princípios. Nessa linha, defendia a constitucionalidade da resolução, observando que: (i) o CNJ detinha competência constitucional para zelar pela observância do art. 37 da Constituição, bem como para apreciar a validade dos atos administrativos praticados pelo Poder Judiciário; (ii) a vedação ao nepotismo decorre dos princípios constitucionais da impessoalidade e da moralidade administrativas previstos em tal dispositivo; (iii) o Poder Público está vinculado não apenas à legalidade formal, mas à juridicidade, conceito que inclui a Constituição; (iv) a Resolução nº 7/2005 do CNJ não afeta o equilíbrio entre os poderes, por não subordinar um poder a outro, nem o princípio federativo, por não subordinar um ente estatal a outro.

O Supremo Tribunal Federal declarou a constitucionalidade da Resolução nº 7/2005 do Conselho Nacional de Justiça, acolhendo tais argumentos e reconhecendo que a norma

---

Brasil contemporâneo. *In*: BARROSO, Luís Roberto. *A judicialização da vida e o papel do Supremo Tribunal Federal*. Belo Horizonte: Fórum, 2018.

[37] De modo geral, identifica-se o caso Ellwanger como o primeiro grande caso sobre direitos fundamentais, em que o STF começa a desenvolver uma linguagem e uma narrativa própria sobre direitos fundamentais. V. STF, Plenário. HC nº 82.424, Red. p/ acórdão Min. Maurício Corrêa, j. 17.9.2003. As decisões proferidas na ADPF nº 54 (antecipação terapêutica do parto na hipótese de gravidez de fetos anencefálicos), na ADPF nº 132 (reconhecimento de uniões homoafetivas entre pessoas do mesmo sexo) e na ADC nº 12 (vedação ao nepotismo) aprofundaram e ampliaram essa tendência e se conectam com o pensamento acadêmico do ministro e com suas ideias sobre a interpretação e o papel da Constituição.

[38] Não foram os únicos casos relevantes em que atuou perante o STF, mas foram escolhidos em razão do grande impacto que produziram com relação à opinião pública e à comunidade jurídica.

[39] STF, Plenário. ADC nº 12. Rel. Min. Ayres Britto, j. 20.8.2008.

apenas densificava princípios – com teor normativo – que já se encontravam previstos no art. 37 da CF. Mais adiante e porque a solução se inferia da própria Constituição, o STF estendeu a proibição do nepotismo aos poderes Legislativo e Executivo da União, estados e municípios.[40] Os precedentes possibilitaram, ainda, a edição da Súmula Vinculante nº 13 do STF, que promoveu pequena revolução na Administração Pública brasileira e em suas contratações.[41]

III.2 Antecipação terapêutica do parto na hipótese de gravidez de feto anencefálico (ADPF nº 54, Rel. Min. Marco Aurélio)[42]

A ADPF nº 54 foi proposta pela Confederação Nacional dos Trabalhadores na Saúde – CNTS, com o pedido principal de interpretação dos arts. 124, 126 e 128, I e II, do Código Penal, em conformidade com a Constituição, para se reconhecer o direito subjetivo da gestante de proceder à interrupção da gestação, em caso de comprovada anencefalia do feto, sem a necessidade de prévia de autorização judicial ou qualquer outra forma de permissão específica do Estado. A ação foi motivada por um conjunto de decisões judiciais contraditórias, que ora autorizavam ora rejeitavam tal interrupção, gerando imenso sofrimento para as mulheres que optavam por tal caminho e graves riscos aos profissionais de saúde envolvidos no procedimento.

Conforme esclarecido pela inicial, a anencefalia corresponde a uma má-formação fetal que enseja a ausência de todas as funções superiores do sistema nervoso central. Pode ser detectada por exame pré-natal com índice de falibilidade praticamente nulo e é incompatível com a vida extrauterina em 100% dos casos, de acordo com literatura médica pacífica. Uma vez identificada a condição, não há nada que a ciência médica possa fazer com relação ao feto inviável. Entretanto, a continuidade da gravidez pode gerar danos à saúde física e psíquica da gestante – em especial devido ao alto índice de óbitos intrauterinos de tais fetos. Em tais condições, e diante do grande sofrimento que a experiência de levar a gravidez até o fim gera para algumas mulheres, pediu-se, na ação, o reconhecimento do seu direito subjetivo a optar pelo procedimento de interrupção antecipada, sem prévia autorização estatal, desde que adequadamente diagnosticada a condição.

Alegou-se para tal que o não reconhecimento de tal direito implicava violação à cláusula geral da dignidade da pessoa humana (art. 1º, IV), ao direito à liberdade e à autonomia das mulheres (art. 5º, II) e a seu direito à saúde (arts. 6º e 196-200, CF). Defendeu-se que o Código Penal deveria ser interpretado à luz de tais normas, de forma a autorizar-se a antecipação terapêutica do parto na hipótese. Observou-se, por fim, que "antecipação terapêutica do parto não é aborto" – alegação com considerável

---

[40] STF, Plenário. RE nº 579.951. Rel. Min. Ricardo Lewandowski, j. 20.8.2008; RE nº 579.951. Rel. Ricardo Lewandowski, j. 20.8.2008.

[41] Súmula Vinculante nº 13/STF: "A nomeação de cônjuge, companheiro ou parente em linha reta, colateral ou por afinidade, até o terceiro grau, inclusive, da autoridade nomeante ou de servidor da mesma pessoa jurídica investido em cargo de direção, chefia ou assessoramento, para o exercício de cargo em comissão ou de confiança ou, ainda, de função gratificada na administração pública direta e indireta em qualquer dos poderes da União, dos Estados, do Distrito Federal e dos Municípios, compreendido o ajuste mediante designações recíprocas, viola a Constituição Federal".

[42] STF, Plenário. ADPF nº 54. Rel. Min. Marco Aurélio, j. 12.4.2012.

peso argumentativo, uma vez que diferenciava o procedimento realizado sobre um feto inviável daquele realizado sobre um feto viável. Tais argumentos se baseavam, mais uma vez, nas teorias defendidas em âmbito acadêmico por "Barroso: o Professor": normatividade dos princípios, interpretação conforme a Constituição e centralidade dos direitos fundamentais para a interpretação do direito. O STF julgou procedente o pedido e conferiu interpretação conforme a Constituição ao Código Penal, tal como postulado, reconhecendo o direito de escolha das mulheres.

III.3 Reconhecimento de uniões homoafetivas como entidades familiares (ADPF nº 132, Rel. Min. Ayres Britto)[43]

A ADPF nº 132 foi proposta pelo governador do Estado do Rio de Janeiro contra normas do Estatuto dos Servidores Civis do mesmo estado, anteriores à Constituição de 1988, que tratavam sobre o reconhecimento dos direitos de pessoas que viviam em uniões estáveis; bem como contra o conjunto de decisões judiciais proferidas por tribunais estaduais, inclusive o do Rio de Janeiro, que negavam às uniões homoafetivas o mesmo regime jurídico e os mesmos direitos aplicáveis às uniões entre o homem e a mulher. A ação foi patrocinada por Luís Roberto Barroso na qualidade de procurador do Estado do Rio de Janeiro, carreira que exerceu, paralelamente à advocacia privada, até o seu ingresso no STF.

De acordo com a petição inicial, os direitos constitucionais à igualdade e à liberdade, dos quais decorre a autonomia da vontade, além dos princípios da dignidade da pessoa humana e da segurança jurídica, impunham o reconhecimento e a extensão do conceito de união estável às uniões homoafetivas, de forma a atribuir a seus integrantes os mesmos direitos e deveres assegurados à demais uniões. Do ponto de vista argumentativo, a inicial observava que a chave para o equacionamento da questão jurídica não deveria ser a orientação sexual das pessoas, mas a compreensão das relações por elas estabelecidas sob o prisma da *afetividade*, elemento comum às uniões estáveis, independentemente da orientação sexual. Assim, também neste caso, defendeu-se a normatividade dos princípios constitucionais e a interpretação de normas infraconstitucionais à luz dos direitos fundamentais previstos na Constituição.

A ação foi levada a julgamento conjuntamente com a ADI nº 4.277, que tratava de tema semelhante: o reconhecimento das uniões estáveis entre pessoas do mesmo sexo, com base na interpretação conforme a Constituição do art. 1723 do Código Civil, que tratava das uniões estáveis heteroafetivas. O Supremo Tribunal Federal julgou procedente o pedido, equiparando as uniões estáveis hetero e homoafetivas.

IV Barroso 10 anos: o Ministro

Em junho de 2013, Luís Roberto Barroso tomou posse como ministro do Supremo Tribunal Federal. Ao longo dos seus dez anos de atividade como magistrado, perante a Corte de mais alta hierarquia do país em matéria constitucional, e uma das mais sobrecarregadas do mundo, julgou um universo amplíssimo de casos. Dados os limites

---

[43] STF, Plenário. ADPF nº 132. Rel. Min. Ayres Britto, j. 5.5.2011.

de tempo e de espaço de que dispomos, optamos por comentar a seguir cinco casos relevantes que, a nosso ver, são bastante representativos da sua contribuição para o desenvolvimento da jurisprudência do STF em matéria de interpretação constitucional e direitos fundamentais. Assim, apresentamos cinco casos a seguir, pertinentes aos direitos das crianças e adolescentes, das mulheres, das pessoas LGBTQIA+, dos negros e dos povos indígenas.[44]

IV.1 Direito das crianças adotadas à licença-maternidade equiparada à dos filhos biológicos (RE nº 778.889, Rel. Min. Luís Roberto Barroso)[45]

O RE nº 778.889 foi interposto por uma servidora pública, adotante de uma criança de um ano, à qual a Administração Pública federal havia deferido licença-maternidade de apenas 45 (quarenta e cinco) dias – em lugar dos 180 (cento e oitenta) dias aplicáveis às mães biológicas ou gestantes. A decisão objeto do recurso, a seu turno, rejeitou o direito à equiparação entre as licenças-maternidade da mãe-gestante e da mãe-adotante, ao fundamento de que as mulheres, em cada caso, passavam por alterações físicas distintas e cuidavam de crianças com idades diversas, sendo que a adotante sequer amamentaria seu filho, que tinha mais idade e necessidades distintas daquelas de um bebê.

Em seu voto, o Ministro Barroso observou que as crianças adotadas constituem um grupo fragilizado, que demanda esforço adicional da família para sua adaptação, para a criação de laços de afeto e para a superação de traumas. Assinalou que quanto mais velha é a criança e maior o tempo de internação compulsória em instituições de acolhimento, maior tende a ser a dificuldade de ajustar-se à família adotiva e de haver interesse na adoção, já que predomina no imaginário das famílias o desejo de reproduzir a paternidade biológica com a adoção de bebês. Em tal contexto, observou, crianças mais velhas encontram-se em situação de maior vulnerabilidade, de modo que não podem ser destinatárias de menor proteção. O relator tratou, ainda, em seu voto, do dever estatal de assegurar a autonomia da mulher para eleger seus projetos de vida e realizar a maternidade por meio da adoção, sobretudo daquelas que se dispõem a adotar menores carentes.[46]

Com base no voto do relator, o STF assegurou às crianças adotadas e às mães adotantes a equiparação entre os prazos das licenças-adotante e gestante. Invocou, para tal fim, os princípios da proteção integral e prioritária do menor (art. 227, *caput*, CF), da igualdade entre filhos (art. 227, §6º, CF) e da proporcionalidade como vedação à proteção deficiente de tais crianças e mães (art. 1º c/c art. 5º, LIV, CF). Reconheceu a ocorrência de mutação constitucional, tendo em vista a evolução da compreensão social a respeito dos direitos e das necessidades do menor adotado. Valeu-se, portanto, de considerações

---

[44] A seleção dos casos observou os seguintes critérios: (i) decisões proferidas colegiadamente; (ii) relatadas ou cuja redação final tenha sido atribuída ao ministro; (iii) pertinentes cada qual a um grupo minoritário. Optamos, para cada grupo, pelo voto mais paradigmático proferido pelo ministro, avaliado como tal com base em sua repercussão junto à comunidade jurídica e à imprensa em geral.

[45] STF, Plenário. RE nº 778.889. Rel. Min. Luís Roberto Barroso, j. 10.3.2016.

[46] Sobre o caso, v. MELO, Teresa. Algoritmo ou destino: a constitucionalização do direito do trabalho a partir dos votos do Ministro Luís Roberto Barroso. *In*: SARAIVA, Renata; OSORIO, Aline; GOMES, Estevão; PEPE, Rafael Gaia Edais (Coord.). *Ministro Luís Roberto Barroso*: 5 anos de Supremo Tribunal Federal, homenagem de seus assessores. Belo Horizonte: Fórum, 2018. p. 386-391.

sobre particularidades do caso concreto (desafios da adoção), da normatividade dos princípios constitucionais, e da interpretação conforme a Constituição – instrumentos da nova interpretação constitucional e do neoconstitucionalismo.

IV.2 Direito das mulheres à interrupção voluntária da gestação em seu primeiro trimestre (HC nº 124.306, Red. Min. Luís Roberto Barroso)[47]

O HC nº 124.306 foi impetrado em face de acórdão da Sexta Turma do Superior Tribunal de Justiça, que não conheceu de outro *habeas corpus*, em que se tratava da prisão de pacientes que mantinham clínica de aborto e que foram presos em flagrante pela prática do crime de aborto (arts. 124 a 128, CP). No caso, embora não fosse cabível o *habeas corpus* substitutivo de recurso, o Ministro Barroso reconheceu a inconstitucionalidade do tipo penal, quando praticado no primeiro trimestre da gestação, por decisão voluntária da mulher.[48]

Defendeu que a proibição da interrupção da gestação no primeiro trimestre viola os direitos sexuais e reprodutivos da mulher, bem como sua autonomia, dado que não pode ser obrigada pelo Estado a manter uma gestação indesejada ou impedida de efetuar suas escolhas existenciais (art. 5º, *caput* e inc. I; art. 226, §7º, CF). Observou, ainda, que a tipificação prevista no Código Penal está em desacordo com o princípio da proporcionalidade (art. 1º c/c art. 5º, LIV, CF), já que: (i) constitui medida de duvidosa adequação para proteger a vida do nascituro, por não produzir impacto relevante sobre o número de abortos praticados no país, apenas impedindo que sejam feitos de modo seguro; (ii) é possível que o Estado evite a ocorrência de abortos por meios mais eficazes e menos lesivos do que a criminalização, como educação sexual, distribuição de contraceptivos e amparo à mulher que deseja ter o filho, mas se encontra em condições adversas; e (iii) a medida é desproporcional em sentido estrito, por gerar custos sociais (problemas de saúde pública e mortes por aborto inseguro) superiores aos seus benefícios.

Por fim, o ministro assinalou, ainda, o impacto desproporcional da norma sobre as mulheres pobres, dado que impossibilita seu acesso ao Sistema Único de Saúde para tal fim, sujeitando-as a procedimentos inseguros, enquanto mulheres com melhores condições financeiras continuam a realizar tais intervenções com segurança, em clínicas privadas. Assim, com base nas particularidades concretas, em uma argumentação principiológica e, ainda, com base no princípio da proporcionalidade, a Primeira Turma do STF decidiu, majoritariamente, pela inconstitucionalidade da vedação do aborto no primeiro trimestre da gestação e concedeu de ofício a ordem de *habeas corpus*. A matéria, altamente controvertida no próprio STF, ainda não foi enfrentada pelo Pleno e constitui uma temática de preocupação do ministro desde os seus tempos como advogado, como o demonstra a ação sobre anencefalia.

---

[47] STF, Primeira Turma. HC nº 124.306. Red. p/ acórdão Min. Luís Roberto Barroso, j. 9.8.2018.
[48] Entre os argumentos, a compreensão de que no primeiro trimestre o desenvolvimento do feto ainda é diminuto, de modo que nesta etapa pode-se falar da prevalência da autonomia da mulher.

IV.3 Direito a uma educação plural inclusiva das pessoas LGBTQIA+ (ADPF nº 461, Rel. Min. Luís Roberto Barroso)[49]

A ADPF nº 461 foi proposta pela Procuradoria-Geral da República (PGR), em face de lei municipal que, a pretexto de combater a "ideologia de gênero", proibiu que o ensino nas escolas contivesse informações sobre orientação sexual ou que usasse os termos "sexo" e "gênero". No entendimento da PGR, a norma violava a competência privativa da União para legislar sobre diretrizes e bases da educação nacional (art. 22, XXIV, CF), limitava a liberdade de ensinar e aprender e contribuía para a perpetuação de estigmas.

O STF, com base em voto do Min. Barroso, reconheceu todas as referidas violações. Tratou, ainda, da impossibilidade de suprimir um domínio do saber do universo escolar. Ressaltou que compete ao Estado assegurar um ensino plural que prepare os indivíduos amplamente para a vida em sociedade (arts. 205 e 206, CF). Observou que a inclusão do tema na grade escolar está amparada pelo princípio da proteção integral dos menores, que podem desenvolver identidades de gênero e orientação sexual divergentes do padrão naturalizado, cabendo ao Estado o dever de mantê-los a salvo de toda forma de discriminação e opressão (art. 227, CF).

Mais uma vez, a decisão relatada pelo Ministro Barroso se alinha com instrumentos e doutrinas que desenvolveu na qualidade de professor e autor – como a normatividade de princípios e centralidade dos direitos fundamentais –, bem como com uma temática que é objeto da sua atenção desde os tempos da advocacia, como o demonstra a ação direta que ajuizou, como advogado, para debater o direito à igualdade de casais homoafetivos e o reconhecimento jurídico de suas uniões estáveis.

IV.4 Direitos dos negros a ações afirmativas em concursos públicos (ADC nº 41, Rel. Min. Luís Roberto Barroso)[50]

A ADC nº 41 foi proposta pelo Conselho Federal da Ordem dos Advogados do Brasil (CFOAB), tendo por objeto lei que reservou aos negros 20% (vinte por cento) das vagas oferecidas nos concursos públicos para provimento de cargos efetivos e empregos no âmbito da Administração Pública federal direta e indireta. A discussão sobre a validade da norma, que criava uma discriminação positiva em favor de pessoas negras (e, por conseguinte, em detrimento de pessoas brancas) foi problematizada à luz dos princípios da isonomia (art. 5º, CF) e da eficiência (art. 37, *caput*, CF), da regra do concurso público (art. 37, II, CF), e do princípio da proporcionalidade (art. 1º c/c art. 5º, LIV, CF) – o último tendo em vista que as cotas para negros já eram asseguradas para o ingresso nas universidades, melhorando suas perspectivas de aprovação em concursos.

O STF, por meio do voto do Ministro Barroso, reconheceu a constitucionalidade da lei impugnada, à luz do princípio da isonomia, observando que ações afirmativas

---

[49] STF, Plenário. ADPF nº 461. Rel. Min. Luís Roberto Barroso, j. 24.8.2020. Outros votos relevantes em casos de relatoria do ministro sobre o assunto foram proferidos no RE nº 845.779, em 19.11.2015 (uso de banheiros por transexuais); e na ADPF nº 527, em 15.9.2021 (tratamento diferenciado no sistema carcerário), mas os respectivos julgamentos ainda não foram concluídos.

[50] STF, Plenário. ADC nº 41. Rel. Min. Luís Roberto Barroso, j. 8.6.2017.

de tal espécie constituem instrumento de combate ao racismo estrutural e institucional ainda existente na sociedade brasileira.[51] Nessa linha, a norma desiguala com base na raça, a fim de promover a igualdade entre desiguais, dado que negros têm menor acesso à educação e ao emprego. Rejeitou, ainda, a alegação de desrespeito à regra do concurso público e ao princípio da eficiência, uma vez que se exige também dos negros a aprovação no concurso público como condição para seu aproveitamento. Observou, por fim, que a incorporação da "raça" como critério de seleção contribui para a formação de uma "burocracia representativa", capaz de garantir que os pontos de vista e interesses de toda a população sejam considerados na tomada de decisões.

IV.5 Direitos dos povos indígenas à vida, à saúde, ao território e à cultura durante a pandemia (ADPF nº 709 MC-Ref, Rel. Min. Luís Roberto Barroso)[52]

A ADPF nº 709 foi proposta pela Articulação dos Povos Indígenas do Brasil – APIB e por seis partidos políticos, tendo em vista falhas e omissões do Poder Público no combate à pandemia da Covid-19 no que se relaciona aos povos indígenas, com alto risco de contágio e de extermínio de etnias. Alegou-se que a situação ensejava violação à dignidade da pessoa humana (art. 1º, inc. III, CF), aos direitos à vida (art. 5º, *caput*, CF) e à saúde (arts. 6º e 196, CF), bem como ao direito de tais povos a viverem em seu território, de acordo com suas culturas e tradições (art. 231, CF).

Uma primeira questão colocada pela ação dizia respeito à possibilidade de reconhecer a legitimidade ativa da APIB, órgão de representação indígena. É que a jurisprudência do STF sobre a matéria, consolidada em mais de três décadas de vigência da Constituição de 1988, somente reconhecia como entidade de classe de âmbito nacional, dotada de legitimidade para a propositura da ação direta, aquela representativa de categorias profissionais ou econômicas, que agregassem patrões ou empregados. Assim, uma primeira decisão relevantíssima, proferida no processo, foi a superação de tal jurisprudência pelo STF, de modo a ampliar o acesso de grupos de defesa de direitos humanos ao Tribunal e o alcance da jurisdição constitucional, no exercício de uma das suas missões essenciais: a proteção a direitos fundamentais.[53] A

---

[51] Racismo estrutural é aquele que se reproduz na estrutura social, por meio da falta de políticas públicas para inclusão dos negros, ensejando baixo acesso ao estudo de boa qualidade, a empregos bem remunerados, a bairros com boas condições habitacionais, e a consequente associação da "raça" à ignorância, à pobreza e à marginalidade. O racismo institucional diz respeito à reprodução pelas normas e instituições de tal compreensão equivocada. V., sobre o tema: ALMEIDA, Silvio de. *Racismo estrutural*. São Paulo: Sueli Carneiro; Pólen, 2019.

[52] STF, Plenário. ADPF nº 709. Rel. Min. Luís Roberto Barroso, j. 5.8.2020. Figuraram como requerentes, além da APIB, os seguintes partidos políticos: Partido Socialista Brasileiro – PSB, Partido Socialismo e Liberdade – PSOL, Partido Comunista do Brasil – PC do B, Rede Sustentabilidade – Rede, Partido dos Trabalhadores – PT e Partido Democrático Trabalhista – PDT.

[53] De fato, como demonstrado pelo relator neste caso e, ainda, em decisão monocrática proferida na ADPF nº 527, em 2.7.2018, a interpretação restritiva da legitimidade das entidades de classe de âmbito nacional, praticada pelo STF até então com base em sua jurisprudência defensiva, havia dificultado a chegada na Corte de demandas sobre direitos fundamentais propostas por associações representativas daqueles que sofreram as violações. Tais grupos minoritários dependiam de ter suas pretensões acolhidas pela PGR, pelo CFOAB ou por partidos políticos, para verem-nas alçadas ao STF. Por outro lado, o controle concentrado apresentava um perfil mais corporativo, de defesa de interesses empresariais, trabalhistas e de categorias de servidores públicos, em detrimento da tutela de direitos fundamentais, que deveriam ser a essência da jurisdição constitucional. A decisão, portanto, corrigia uma grave distorção na jurisdição constitucional, vigente por mais de três décadas. Na mesma linha: COSTA, Alexandre A.;

decisão fundamentou-se, ainda, no que se refere aos povos indígenas, em seu direito a terem respeitados seus modos de organização e a exercerem sua representação direta em juízo (arts. 231 e 232, CF). Com base em tais argumentos, o STF passou a reconhecer a legitimidade não apenas da APIB, mas de toda e qualquer entidade de âmbito nacional voltada à defesa de direitos fundamentais, produzindo-se, com o entendimento, o efeito secundário e sistêmico de grande relevância de expandir o acesso direto de grupos minoritários ao controle concentrado.

No mérito, o relator entendeu que o direito à vida, à saúde e ao território dos povos indígenas estavam gravemente ameaçados durante a pandemia, em virtude de ações e omissões da União, que, além de não promover medidas de saúde adequadas à tutela de sua maior vulnerabilidade, vinha adotando comportamentos que incentivavam a desproteção e a invasão de seus territórios, aumentando a presença de terceiros em suas áreas e as ameaças à sua saúde e à preservação do seu modo de vida (cultura). Exemplo disso seriam áreas em que estariam presentes milhares de garimpeiros, exploradores ilegais de madeira e grileiros de terras.[54] O mérito da ação trazia, portanto, segundo o ministro, um problema estrutural de grandes proporções, produzido por décadas de inação e desarticulação de órgãos e autoridades, agravados durante o governo de então, que havia se mostrado hostil a tais povos. O caso, portanto, colocava ao Poder Judiciário a opção entre interferir em matéria de política pública, com os problemas de capacidade institucional, expertise e legitimação democrática relacionados ao problema; ou deixar de fazer valer o núcleo essencial dos direitos fundamentais de tais povos à vida, à saúde e ao território.[55]

O Tribunal, com base no voto do Ministro Barroso, determinou um conjunto amplo de medidas e intervenções de política pública ao Poder Executivo, com base em algumas premissas inovadoras, entre as quais: (i) o estabelecimento de diálogo institucional entre os distintos órgãos e autoridades públicas que deveriam atuar conjuntamente, conforme

---

BENVINDO, Juliano Z. A quem interessa o controle concentrado de constitucionalidade? O descompasso entre teoria e prática na defesa dos direitos fundamentais. Relatório de Pesquisa financiada pelo CNPq, 2011-2013. Arcos, 2013. Disponível em: https://arcos.org.br/a-quem-interessa-o-controle-concentrado-de-constitucionalidade/. Acesso em: 1º maio 2023.

[54] A título ilustrativo, a atividade de "garimpo" faz uso de mercúrio, substância altamente tóxica, que compromete a pesca, a caça e a coleta de plantas medicinais e necessárias à alimentação dos povos indígenas, bem como o desenvolvimento da agricultura. A exploração ilegal de madeira e o desmatamento decorrente da grilagem, do mesmo modo, provocam o desaparecimento de espécies animais e vegetais, comprometendo seu modo de viver, sua alimentação e saberes ancestrais, que integram sua cultura.

[55] Há um debate importante sobre o alcance da atuação judicial legítima em matéria de políticas públicas. Isso porque a Constituição de 1988 assegura um amplo conjunto de direitos fundamentais que, alega-se, teriam o potencial de gerar demandas infinitas por recursos públicos que são finitos. Em tais condições, a alocação de tais recursos implicaria, em alguma medida, o exercício de escolhas trágicas a respeito dos direitos a serem sacrificados, diante da impossibilidade de atender a todos eles. Tais escolhas alocativas não constituiriam mera decisão jurídica (de mera aplicação de normas). Trata-se, em lugar disso, de decisões políticas, envolvendo escolhas sobre como, em que e quanto gastar, e a quem atender, decisões que deveriam ser efetuadas por representantes eleitos pelo voto popular, com apoio de *experts* em políticas públicas que pudessem orientar uma alocação ótima de recursos. Nesse sentido, o Poder Judiciário não disporia de legitimidade democrática, capacidade institucional ou expertise adequada para interferir na matéria. Por outro lado, um conjunto amplo de direitos fundamentais depende, para a sua efetivação, de ações e instituições públicas (até mesmo a tutela da propriedade). Afirmar que o Poder Judiciário não pode apreciar a inação violadora equivaleria a condenar parte de tais direitos à inefetividade, o que tampouco pretendeu a Constituição de 1988. No caso específico, a inação do Judiciário poderia comprometer, ademais, o núcleo essencial do direito à vida de tais povos, diante de um governo (Governo Bolsonaro) que lhes era abertamente hostil.

suas capacidades institucionais e expertises, na solução do problema; (ii) a incorporação do diálogo intercultural em tal processo, de modo a trazer os povos indígenas para dentro do debate institucional, em decorrência de seu direito à participação, nos termos do Convênio nº 169 da OIT; (iii) o monitoramento pela Corte, com o apoio de *experts*, do cumprimento das decisões e intervenções, de forma a assegurar sua efetividade.[56] O julgado, em tais termos, se valeu não apenas dos instrumentos da teoria da efetividade, do pós-positivismo e do neoconstitucionalismo. Foi adiante, promovendo a interpretação dos deveres do Poder Público conforme os tratados, em diálogo com a jurisprudência da Corte Interamericana de Direitos Humanos; e inovou nas práticas do STF quanto aos processos estruturais, em especial por meio da implementação do monitoramento contínuo do cumprimento da decisão.

Conclusão

Nota-se, por todo o descrito, que "Barroso: o Ministro" é o produto do feliz encontro de "Barroso: o Frasista", "Barroso: o Professor" e "Barroso: o Advogado", bem como do seu empenho em trabalhar "na fronteira" do novo e do que ainda não foi feito. O Frasista está presente no modo de se aproximar dos problemas, na precisão da linguagem, no empenho em trabalhar com cuidado, evitando soluções mecânicas e inefetivas. O Professor se manifesta no uso das teorias e dos recursos argumentativos e hermenêuticos que marcaram a sua trajetória como acadêmico. O Advogado se mostra na atração pelas causas difíceis e polêmicas, na busca por fazer avançar o reconhecimento dos direitos, na capacidade argumentativa. Por fim, o encanto pela "fronteira do conhecimento" se releva nas decisões inovadoras – por seus fundamentos e/ou conclusões –, assegurando a igualdade de direitos a crianças adotadas, o direito das mulheres ao próprio corpo, o direito a uma educação que contemple a inclusão de pessoas LGBTQIA+, ações afirmativas para negros, legitimidade ativa e uma nova forma de lidar com processos estruturais em favor dos povos indígenas. Tudo feito com a "admirável energia das coisas que se fazem com fé e amor".

Referências

ASHENFELTER, Orley; EISENBERG, Theodore; SCHWAB, Stewart. Politics and the judiciary: the influence of judicial background on case outcomes. *Journal of Legal Studies*, v. 24, p. 257, 1995. Disponível em: http://scholarship.law.cornell.edu/cgi/viewcontent.cgi?article=1411&context=facpub. Acesso em: 15 mar. 2018.

BARROSO, Luís Roberto. A doutrina brasileira da efetividade. *In*: BONAVIDES, Paulo; LIMA, Francisco Gérson Marques de; BEDÊ, Fayga Silveira (Coord.). *Constituição e democracia*: estudos em homenagem ao Professor J. J. Gomes Canotilho. São Paulo: Malheiros, 2006.

BARROSO, Luís Roberto. A revolução da brevidade. *Consulex*, v. 12, n. 279, ago. 2008. Disponível em: https://oab-ms.jusbrasil.com.br/noticias/70514/a-revolucao-da-brevidade-luis-roberto-barroso. Acesso em: 30 abr. 2022.

---

[56] STF, Plenário. ADPF nº 709 MC-Ref. Rel. Min. Luís Roberto Barroso, j. 5.8.2020. Essa primeira decisão foi complementada por decisões posteriores, a saber: ADPF nº 709-TPI-Ref, j. 21.6.2021; e ADPF nº 709, TPI-segunda-Ref, j. 2.3.2022.

BARROSO, Luís Roberto. Constituição, democracia e supremacia judicial: direito e política no Brasil contemporâneo. *In*: BARROSO, Luís Roberto. *A judicialização da vida e o papel do Supremo Tribunal Federal*. Belo Horizonte: Fórum, 2018.

BARROSO, Luís Roberto. Fundamentos teóricos e filosóficos do novo direito constitucional brasileiro (pós-modernidade, teoria crítica e pós-positivismo). *In*: BARROSO, Luís Roberto (Org.). *A nova interpretação constitucional*: ponderação, direitos fundamentais e relações privadas. Rio de Janeiro: Renovar, 2006.

BARROSO, Luís Roberto. *Interpretação e aplicação das normas constitucionais*. São Paulo: Saraiva, 2012.

BARROSO, Luís Roberto. *Neoconstitucionalismo e constitucionalização do direito*: o triunfo tardio do direito constitucional no Brasil. Disponível em: https://acesso.cesmac.edu.br/admin/wp-content/uploads/2021/10/BARROSO-neoconstitucionalismo_e_constitucionalizacao_do_direito_pt.pdf. Acesso em: 5 maio 2023.

BAUM, Lawrence. *Judges and their audiences*: a perspective on judicial behavior. Nova Jersey: Princeton University, 2008.

COX, Adam; MILES, Thomas. *Judging the Voting Rights Act*. Disponível em: https://chicagounbound.uchicago.edu/cgi/viewcontent.cgi?article=8033&context=journal_articles. Acesso em: 30 abr. 2023.

GROSSMAN, Joel B. Social backgrounds and judicial decision-making. *Harvard Law Review*, Cambridge, v. 79, 1966.

HORTA, Ricardo. Por que existem vieses cognitivos na tomada de decisão judicial? A contribuição da psicologia e das neurociências para o debate jurídico. *Revista Brasileira de Políticas Públicas*, v. 9, n. 3, p. 84-122, 2019.

MATOS, Miguel. *Migalhas de Luís Roberto Barroso*. São Paulo: Migalhas, 2016.

MELLO, Patrícia Perrone Campos. A vida como ela é: comportamento estratégico nas cortes. *Revista Brasileira de Políticas Públicas*, v. 8, n. 2, p. 689-719, 2019.

MELLO, Patrícia Perrone Campos. *Nos bastidores do Supremo Tribunal Federal*. Rio de Janeiro: Forense, 2015.

MELO, Teresa. Algoritmo ou destino: a constitucionalização do direito do trabalho a partir dos votos do Ministro Luís Roberto Barroso. *In*: SARAIVA, Renata; OSORIO, Aline; GOMES, Estevão; PEPE, Rafael Gaia Edais (Coord.). *Ministro Luís Roberto Barroso*: 5 anos de Supremo Tribunal Federal, homenagem de seus assessores. Belo Horizonte: Fórum, 2018.

MELO, Teresa. *Novas técnicas de decisão do STF*: entre inovação e democracia. Belo Horizonte: Fórum, 2022.

NOJIRI, Sérgio. *Emoção e intuição*. Belo Horizonte: Arraes, 2021.

NOJIRI, Sérgio. *O direito e suas interfaces com a psicologia e a neurociência*. Curitiba: Appris, 2019.

PERESIE, Jennifer. Female judges matter: gender and collegial decision-making in the Federal Appellate Courts. *Yale Law Journal*, New Haven, v. 114, n. 7, p. 1786-1787, maio 2005. Disponível em: https://www.yalelawjournal.org/note/female-judges-matter-gender-and-collegial-decisionmaking-in-the-federal-appellate-courts. Acesso em: 30 abr. 2023.

SISK, Gregory C.; HEISE, Michael; MORRISS, Andrew P. Charting the influences on the judicial mind: an empirical study of judicial reasoning. *New York University Law Review*, New York, v. 73, p. 1377, 1998.

Informação bibliográfica deste texto, conforme a NBR 6023:2018 da Associação Brasileira de Normas Técnicas (ABNT):

MELLO, Patrícia Perrone Campos; MELO, Teresa. Barroso 10 Anos: o Frasista, o Professor, o Advogado, o Juiz. *In*: OSORIO, Aline; MELLO, Patrícia Perrone Campos; BARROSO, Luna van Brussel (Coord.). *Direitos e democracia*: 10 anos do Ministro Luís Roberto Barroso no STF. Belo Horizonte: Fórum, 2023. p. 491-505. ISBN 978-65-5518-555-3.

"GANHAMOS, MANÉ!": O LEGADO DO MINISTRO LUÍS ROBERTO BARROSO COMO PERSONIFICAÇÃO DO ILUMINISMO E AFIRMAÇÃO DA RAZÃO

PEDRO RUBIM BORGES FORTES

1 Introdução

Em evento nos Estados Unidos em 2022, após integrantes do STF terem sido xingados e hostilizados durante três dias, o Ministro Luís Roberto Barroso respondeu para uma das pessoas que o incomodava com a frase que se tornaria famosa "Perdeu, mané!".[1] Em posterior entrevista com o jornalista Roberto D'Avila, o Ministro Luís Roberto Barroso disse que lamentava o ocorrido, mas que não se arrependia.[2] Na verdade, lamentamos nós que tal episódio tenha ocorrido porque todos deveriam valorizar o brilhante legado de Luís Roberto Barroso como intelectual público e magistrado constitucional por tudo o que nós "ganhamos, mané!". Infelizmente, parcela do público leigo não acompanha o cenário do constitucionalismo contemporâneo, sendo influenciada pela disseminação de *fake news* e teorias da conspiração oriundas do terraplanismo constitucional. Ganhamos o privilégio de ter um jurista excepcional a serviço do cidadão e do interesse público por uma década! Ganhamos a contribuição especialíssima de um defensor dos valores e princípios constitucionais com a personificação do iluminismo na cátedra acadêmica e nos nossos Tribunais Superiores! Ganhamos a oportunidade de termos decisões fundamentais para a nossa comunidade política julgadas por um grande intérprete constitucional de nosso tempo com a afirmação da razão! Sua enorme estatura como intelectual público e jurista constitucional merece todo o nosso aplauso e celebração!

Não raro, sociedades políticas não possuem mecanismos capazes de selecionar seus melhores constitucionalistas para lhes atribuir a posição de membro da Suprema Corte. Nos Estados Unidos, por exemplo, não foi viável a indicação para *Justice* do Professor Laurence Tribe, considerado o maior tratadista de direito constitucional

---

[1] Disponível em: https://noticias.uol.com.br/politica/ultimas-noticias/2022/11/15/luis-roberto-barroso-stf-video-nyc.htm.
[2] Disponível em: https://noticias.uol.com.br/politica/ultimas-noticias/2022/11/29/barroso-lamenta-ocorrido.htm.

daquele país e que lecionou a disciplina *American Constitutional Law* para gerações de alunos na Harvard Law School, entre os quais o Ex-Presidente Barack Obama. Assim é que temos que ter a consciência enquanto cidadãos, jurisdicionados e estudantes de direito constitucional que, com a inestimável presença e o valiosíssimo legado do Ministro Luís Roberto Barroso, todos nós "ganhamos, mané!".

O presente capítulo é escrito na melhor tradição germânica do *festschrift*, isto é, um texto para celebrar um autor em virtude da comemoração de um aniversário. Comemoramos uma década de contribuição do Ministro Luís Roberto Barroso para a jurisdição constitucional. Importante, a perspectiva da introdução e da conclusão do texto pretende ser plural, a partir da escrita pela perspectiva da primeira pessoa do plural. É que nós – o autor do texto e o seu leitor – devemos festejar o privilégio que temos e o que nós ganhamos com a brilhante atuação de Luís Roberto Barroso no STF. Já as duas seções intermediárias se referem ao nosso homenageado através da escrita na terceira pessoa do singular, referindo-se à trajetória e à defesa da razão dele a partir de suas próprias obras.

O texto será dividido da seguinte maneira. Além desta introdução, a seção 2 irá apresentar a sua trajetória de personificação dos valores do iluminismo a partir da sua recém-lançada autobiografia intelectual. Em seguida, a seção 3 irá apresentar a sua defesa da interpretação constitucional como a afirmação da razão, a partir da identificação de um potencial exercício da função jurisdicional com um caráter iluminista, que pode colaborar para dar um empurrão na história. Finalmente, a seção 4 irá apresentar as considerações finais.

2 A trajetória de personificação dos valores do iluminismo

Em sua autobiografia intelectual *Sem data venia: um olhar sobre o Brasil e o mundo*, o Ministro Luís Roberto Barroso apresenta o diagnóstico correto de que o mundo melhorou muito com o avanço dos valores iluministas.[3] Sua exaltação da consagração dos direitos humanos e da expansão da democracia no século XX foi cirúrgica. Igualmente preciso foi o diagnóstico com relação a um fato inegável: "a humanidade iniciou o século XXI em condições melhores do que jamais esteve".[4] Em sua análise, ele atribui às ideias do iluminismo – razão, ciência, humanismo e progresso – os fatores para o desenvolvimento do mundo e a evolução em múltiplos domínios, como o aumento de expectativa de vida, a redução das guerras, da pobreza e da desnutrição e o aumento do acesso ao conhecimento, à justiça e aos direitos.

Observando que a democracia constitucional foi a ideologia vitoriosa do século XX, sua reflexão salienta a expansão de direitos para minorias tradicionalmente discriminadas, devido ao gênero, à origem étnico-racial ou à orientação sexual. Aliás, a expansão dos direitos foi tamanha que transcendeu o universo antropocêntrico, constituindo-se uma série de reflexões, projetos e institutos relativos aos direitos da natureza e à ética animal. Por outro lado, o século XX tornou a humanidade mais exigente, mais realista e livre

---

[3] BARROSO, Luís Roberto. *Sem data venia*: um olhar sobre o Brasil e o mundo. [s.l.]: História Real, 2020. Esse texto é a principal fonte de referência e de citação do pensamento do Ministro Luís Roberto Barroso nessa seção.

[4] BARROSO, Luís Roberto. *Sem data venia*: um olhar sobre o Brasil e o mundo. [s.l.]: História Real, 2020. p. 69.

de narrativas imaginárias, fossem utópicas ou distópicas. Passamos a substituir parte do romantismo por exigência de comprovação empírica.

Ao realizar uma defesa tão firme e contundente do iluminismo, o Ministro Luís Roberto Barroso escolheu seu lado em um debate filosófico-contemporâneo, alinhando-se à tese de defesa atual do iluminismo elaborada por Steven Pinker.[5] Existe, contudo, uma linha filosófica desenvolvida a partir de estudos acadêmicos da Escola de Frankfurt que apresenta crítica frontal ao iluminismo, buscando uma releitura de contradições a partir da teoria do conflito, merecendo destaque a obra clássica *Dialética do iluminismo*, de Theodor Adorno e Max Horkheimer.[6] Tal linha filosófica ecoou em um nicho da literatura jurídica desenvolvido a partir da escola estadunidense do *critical legal studies* (pensamento jurídico crítico), que se apresenta como pós-moderna e crítica ao modelo da democracia constitucional liberal típico da perspectiva moderna.[7] Além da linha filosófica pós-moderna, existe ainda uma vertente filosófica pré-moderna, de matriz conservadora, inspirada pelas ideias jusnaturalistas medievais de Santo Tomás Aquino e representada por uma prática de interpretação jurídica de caráter conservador.[8]

A escolha feita pela defesa da modernidade e do iluminismo torna o Ministro Luís Roberto Barroso suscetível a críticas daqueles que se encontram nos polos extremos do debate, a saber, críticos da modernidade pelo viés conservador (defensores da pré-modernidade) e pelo viés revolucionário (defensores da pós-modernidade). Por outro lado, os defensores do iluminismo não estão sozinhos, merecendo registro, por exemplo, que Jürgen Habermas, proeminente filósofo contemporâneo da Escola de Frankfurt, ao revisitar esse debate, apresentou uma robusta defesa do discurso filosófico da modernidade e do inacabado projeto do iluminismo.[9] Enquanto membros de uma sociedade política, nós ganhamos com a escolha pelos valores do iluminismo, eis que não se trata de mera questão abstrata sobre uma linha filosófica a ser seguida. Ao adotar esses valores, o magistrado constitucional passa a encarná-los e a personificação do iluminismo possui consequências práticas no seu processo decisório.

Em sua análise da economia, do desenho institucional dos mercados e dos desafios relativos à redução da pobreza e da desigualdade, o Ministro Luís Roberto Barroso enfatiza a importância do crescimento econômico com aquecimento do mercado, geração de empregos, aumento dos salários e maior arrecadação. Não existe uma solução simples, mas a resposta para os problemas passa pela economia de mercado, distribuição eficiente de renda e bem-estar, sistema tributário justo, serviços públicos de qualidade, incentivos à inovação e ao empreendedorismo e programas sociais. Sua recomendação sobre a necessidade de enfrentar o gigantismo do Estado, diminuindo-se o Estado administrativo e o Estado econômico não equivale a uma defesa de um Estado mínimo, mas sim de um Estado sob medida que não desperdice recursos

---

[5] PINKER, Steven. *Enlightenment now*: The case for reason, science, humanism, and progress. [s.l.]: Penguin UK, 2018.
[6] ADORNO, Theodor W.; HORKHEIMER, Max. *Dialectic of enlightenment*. [s.l.]: Verso, 1997.
[7] KENNEDY, Duncan. *A Critique of Adjudication [fin de Siècle]*. Cambridge: Harvard University Press, 2009; TUSHNET, Mark. Critical legal studies: a political history. *Yale Lj*, v. 100, p. 1515, 1990.
[8] FINNIS, John. *Aquinas*: moral, political, and legal theory. Oxford: Oxford University Press, 1998; FINNIS, John. *Natural law and natural rights*. Oxford: Oxford University Press, 2011.
[9] HABERMAS, Jürgen. *The philosophical discourse of modernity*: Twelve lectures. Cambridge: MIT Press, 1990.

com cargos desnecessários e empresas estatais deficitárias e que tenha capacidade de investimento, especialmente em educação. Apoiado nas lições de Douglass North, o papel das instituições – entendidas como as regras do jogo – é considerado decisivo para o desenvolvimento econômico.[10]

Em sua análise sobre o princípio da livre iniciativa, o Ministro Luís Roberto Barroso esclarece que sua geração acreditava no Estado como o grande protagonista do processo social, mas a queda do muro de Berlim trouxe um choque de realidade e ele se posiciona atualmente como um liberal igualitário, um posicionamento próximo ao social-democrata. Em sua opinião, deve ser buscado o ponto de equilíbrio entre o mercado e a política, através do cruzamento da livre iniciativa, de um lado, e serviços públicos de qualidade e rede de proteção social aos vulneráveis não competitivos, do outro lado. Sob o ponto de vista prático, sua visão é de buscar a superação da dependência do Estado, que seria uma espécie de "Midas ao avesso" – transforma tudo o que toca em lata que, em seguida, enferruja. Livre iniciativa significa a opção por um regime de economia de mercado – isto é, de respeito aos mecanismos de oferta e procura – e não de uma economia planificada, em que os agentes econômicos devem seguir as diretrizes estatais. Um importante ponto de sua perspectiva consiste na necessidade de superação do preconceito contra o empreendedorismo, merecendo registro sua afirmação de que o sucesso empresarial não deveria ser malvisto no Brasil, mas que a opinião pública acaba influenciada por dinâmicas nocivas de apropriação privada do Estado brasileiro.

Por outro lado, o desenvolvimento deve ser sustentável, o que significa que o processo de aprimoramento das condições da sociedade deve gerar riquezas, distribuí-las e melhorar a qualidade geral de vida da população. Sustentabilidade significa ainda que a satisfação das necessidades da geração presente não deve exaurir os recursos necessários para as gerações futuras nem comprometer o meio ambiente em que terão que viver. O desenvolvimento tem por fim promover a dignidade humana nas suas variadas expressões, merecendo especial atenção a promoção de políticas públicas para redução do déficit atual de habitação popular e saneamento básico.

Em sua autobiografia intelectual, ele dedica boa parte da análise do Brasil para a pauta relativa à questão dos costumes, aplicando sua perspectiva iluminista para discutir temas como aborto, drogas, direitos LGBTI+ e racismo. Atento à jurisprudência constitucional dos Estados Unidos e da Alemanha, o Ministro Luís Roberto Barroso considera que a interrupção voluntária da gestação por uma mulher não deve ser tratada como um crime. Além desses dois países em que o debate sobre o tema foi judicializado e decidido pelas Cortes Constitucionais, em praticamente todos os demais países desenvolvidos da Europa e da América do Norte, o parlamento descriminalizou a interrupção voluntária da gestação realizada no primeiro trimestre após a concepção. Na análise do contexto brasileiro, suas premissas são de que o Estado pode atuar para evitar o aborto no plano da educação sexual, distribuição de anticoncepcionais e eventual proteção de apoio à mulher que queira se tornar gestante, mas a criminalização não diminui o número de abortos e impacta desproporcionalmente mulheres pobres. O fundamento constitucional se encontra nos direitos fundamentais da mulher,

---

[10] NORTH, Douglass C. *Institutions, Institutional change and economic growth*. [s.l.]: CUP, 1990.

especialmente sua liberdade individual, isonomia, direitos reprodutivos e dignidade humana. No plano prático, além da atuação como advogado na descriminalização de aborto de feto anencefálico, tais ideias se materializaram no julgamento de um *habeas corpus* pela 1ª Turma do STF, em que foi considerada inconstitucional a criminalização do aborto voluntário até a 12ª semana de gestação.

No debate sobre a questão das drogas, sua análise também é coerente com a sua defesa do projeto da modernidade. Suas premissas são de que as drogas são nocivas para a saúde dos usuários, de modo que o Estado pode elaborar políticas públicas para desincentivar o consumo, tratar os dependentes e combater o tráfico. Por outro lado, conforme sua opinião, é necessário reconhecer o fracasso da guerra contra as drogas e que a política de repressão total não é capaz de realizar o objetivo de proteção da saúde pública. Uma política de descriminalização deveria buscar quebrar o poder do tráfico, evitar a inútil superlotação dos presídios e permitir o tratamento dos dependentes pelo sistema de saúde. Atento às experiências pioneiras da Holanda e de Portugal, bem como do Uruguai na América do Sul, o Ministro Luís Roberto Barroso defende o caminho da descriminalização para o Brasil também. No plano prático, tais ideias se materializaram no voto em julgamento pelo STF pela inconstitucionalidade da criminalização do porte de maconha para consumo próprio e na proposta de ampliação do debate sobre a sua legalização.

Um outro tema importante da agenda de costumes diz respeito aos direitos de minorias com base em sua orientação sexual. Em contraste com os temas dos direitos reprodutivos e das drogas, nossa sociedade já se transformou com a aceitação social e o reconhecimento de direitos LGBTI+. O ordenamento jurídico deve disciplinar as consequências decorrentes da existência de relações homoafetivas, aplicando-se os princípios constitucionais da isonomia, liberdade individual e dignidade da pessoa humana. No plano prático, além da atuação como advogado no reconhecimento das uniões homoafetivas, tais ideias se materializaram no julgamento do STF que reconheceu a omissão normativa do Poder Legislativo com relação à criminalização da homofobia e determinou que se aplicasse a lei penal relativa ao racismo para a punição de atos de homofobia e transfobia.

Finalmente, um outro tema relevante ligado ao combate à discriminação diz respeito à proteção de direitos de minorias devido à origem étnico-racial. O reconhecimento de que o racismo é estrutural e institucional, integrando a organização econômica e política da sociedade, deve servir de fundamento para a adoção das ações afirmativas, isto é, políticas públicas e programas governamentais que procuram dar vantagem competitiva a determinados grupos sociais, que foram excluídos e não tiveram as mesmas oportunidades que os demais. Adicionalmente, justificativas para as ações afirmativas incluem a reparação histórica pelo estigma moral, social e econômico da escravidão, a necessidade de desconstrução do racismo e de superação da condição de subalternidade, bem como a importância de acesso de pessoas negras a posições de liderança e destaque. No plano prático, em 2020, na condição de relator no Tribunal Superior Eleitoral, determinou a distribuição das verbas do Fundo Partidário e do Fundo Eleitoral para os candidatos negros na proporção do número de candidaturas.

A trajetória de personificação dos valores do iluminismo é marcada pela valorização da razão, ciência, humanismo e progresso. A postura filosófica e a aplicação prática de ideias do projeto da modernidade nos seus processos decisórios evidenciam que o Ministro Luís Roberto Barroso se manteve coerente no exercício da jurisdição constitucional e lançou luzes nas suas decisões ao longo dessa década no STF. Para ele, o iluminismo transformou o "patamar da condição humana", apresentando-se como o antídoto para males contemporâneos como o autoritarismo, fanatismo religioso, tribalismo, radicalismo, intolerância política, entre outros. Para a nossa sociedade política e para nós enquanto cidadãos e jurisdicionados, é um privilégio contar com um magistrado constitucional que escolheu a defesa do projeto da modernidade e não se esquiva de enfrentar tais males contemporâneos no exercício da jurisdição constitucional. Lamentamos profundamente que o Ministro Luís Roberto Barroso tenha eventualmente sido hostilizado por personificar tão bem o projeto da modernidade, já que devemos expressar nossa gratidão pela sua postura firme e reconhecer que, enquanto comunidade política, todos nós "ganhamos, mané!".

3 A defesa da interpretação constitucional como afirmação da razão

Além da trajetória de personificação dos valores do iluminismo bem descrita em sua autobiografia intelectual, o Ministro Luís Roberto Barroso tem participado de maneira ímpar de diálogos constitucionais como um defensor da interpretação constitucional como uma possibilidade de afirmação da razão. Em seu texto *A razão sem voto: o Supremo Tribunal Federal e o governo da maioria*, publicado na coletânea, organizada por Oscar Vilhena Vieira e Rubens Glezer, *A razão e o voto: diálogos constitucionais com Luís Roberto Barroso*, ele defendeu o potencial papel das cortes supremas como órgãos que podem exercer uma função iluminista e, em determinadas situações, colaborar para legitimamente empurrar a história.[11]

O texto se iniciou com uma reprodução de um debate real que ele tinha tido em 2011 com o Professor Mark Tushnet, Professor de Direito Constitucional da Harvard Law School e um dos expoentes da escola estadunidense do *critical legal studies* (pensamento jurídico crítico), em que Tushnet defendia a visão de que, no longo prazo, o Poder Legislativo faz as escolhas certas, assegurando os direitos fundamentais de todos, inclusive os direitos reprodutivos das mulheres e os direitos dos casais homoafetivos, devendo apenas se esperar pela hora certa. Por ocasião do debate, Luís Roberto Barroso problematizou essa questão, indagando sobre o que se deve dizer a essas pessoas, então, ironizando que seria insuficiente um pedido de desculpas pelo atraso da história, acompanhado da recomendação de que as pessoas deveriam voltar daqui uma ou duas gerações. O ponto de partida para a sua reflexão foi, portanto, essa dualidade de argumentos.

---

[11] BARROSO, Luís Roberto. A razão sem voto: o Supremo Tribunal Federal e o governo da maioria. *In*: VIEIRA, Oscar Vilhena; GLEZER, Rubens (Org.). *A razão e o voto*: diálogos constitucionais com Luís Roberto Barroso. Rio de Janeiro: FGV, 2017. p. 25-77. Esse texto é a principal fonte de referência e de citação do pensamento do Ministro Luís Roberto Barroso nessa seção.

Para ele, "em alguns cenários, em razão das múltiplas circunstâncias que paralisam o processo político majoritário, cabe ao Supremo Tribunal Federal assegurar o governo da maioria e a igual dignidade de todos os cidadãos".[12] Defende-se que a legitimação das decisões judiciais passa pela argumentação jurídica, pela sua capacidade de demonstrar a racionalidade, a justiça e a adequação constitucional da solução construída. Nesse contexto, a legitimidade da decisão vai depender da capacidade de o intérprete convencer o auditório a que ela se destina de que a solução é correta e justa.

O argumento de que o STF também possui uma função majoritária e representativa surge no contexto de uma crise da representação política, seja devido à obstrução dos processos legislativos por determinados agentes de veto (*veto players*) ou eventual captura dos parlamentares por interesses especiais. Existe uma dimensão democratizante do Poder Judiciário, em que os juízes de primeira instância são recrutados mediante concurso público, com a independência funcional protegida por garantia de vitaliciedade e que possuem o dever de apresentar razões com o fundamento e argumentos do seu raciocínio e convencimento.

O poder se legitima ainda por suas ações e pelos fins visados, conforme a perspectiva da democracia deliberativa fundada na legitimação discursiva. As decisões devem ser produzidas após debate público livre, amplo e aberto em que são construídas e fornecidas as razões das opções feitas. A democracia constitucional contemporânea é feita de votos e argumentos. Apesar de o papel do Poder Judiciário ser normalmente contrarrepresentativo e contramajoritário, as supremas cortes podem exercer o papel representativo e, ainda, um papel iluminista, de empurrar a história quando ela emperra. Esse papel iluminista deve ser exercido com parcimônia, pois implicaria risco para a democracia, já que as cortes constitucionais não devem se transformar em instâncias hegemônicas.

A crítica de que a jurisdição constitucional tem atuado em padrões antidemocráticos deve ser questionada pelo fato de que não se registra insatisfação popular com o papel desempenhado pelo Supremo Tribunal Federal. Ao contrário, como os índices de aprovação da corte constitucional costumam estar acima dos do legislativo, trata-se de uma crítica formulada com base em uma visão formal da democracia e sem o povo, que não deve impressionar. A jurisdição constitucional deve desempenhar um papel de destaque, quando o Poder Legislativo não tenha atuado. Particularmente no caso brasileiro em que existem poderosos instrumentos de controle de inconstitucionalidade por omissão, o STF assume um papel de protagonismo nas lacunas normativas ou omissões inconstitucionais. Uma ressalva importante é que o modelo atual não pode ser considerado como de supremacia judicial, já que o STF não é o dono da Constituição, sendo certo que "o sentido e o alcance das normas constitucionais são fixados em interação com a sociedade, com os outros poderes e com as instituições em geral".[13]

---

[12] BARROSO, Luís Roberto. A razão sem voto: o Supremo Tribunal Federal e o governo da maioria. *In*: VIEIRA, Oscar Vilhena; GLEZER, Rubens (Org.). *A razão e o voto*: diálogos constitucionais com Luís Roberto Barroso. Rio de Janeiro: FGV, 2017. p. 26.

[13] BARROSO, Luís Roberto. A razão sem voto: o Supremo Tribunal Federal e o governo da maioria. *In*: VIEIRA, Oscar Vilhena; GLEZER, Rubens (Org.). *A razão e o voto*: diálogos constitucionais com Luís Roberto Barroso. Rio de Janeiro: FGV, 2017. p. 69.

Ao defender a interpretação constitucional como uma afirmação da razão, o Ministro Luís Roberto Barroso foi coerente com sua trajetória de personificação dos valores do iluminismo não somente pelo conteúdo do seu texto, mas também pela generosidade com que se dispôs a debater suas ideias de forma aberta e objetiva, submetendo-se a um escrutínio acadêmico por parte de colegas da academia. Entre os críticos contundentes da sua "vanguarda iluminista", podemos citar Diego Werneck Arguelhes,[14] Fernando Leal[15] e Conrado Hübner,[16] que criticam respectivamente uma suposta infalibilidade do Tribunal, uma falta de rigor doutrinário e uma promessa ilusionista de vanguarda iluminista. Devido a limitações de espaço, não posso articular aqui a crítica da crítica e os motivos pelos quais considero serem improcedentes estas críticas, tal como tive a oportunidade de explicar na UERJ em 2022 e pretendo fazer no futuro próximo, noutra publicação.[17] Por ora, basta apresentar a defesa do próprio autor em resposta às críticas, explicando que não pretende defender a infalibilidade do tribunal e que, se o tribunal desempenhar um papel iluminista, quando deveria desempenhar um papel contramajoritário ou representativo, sua atuação seria ilegítima. Diante da crítica de risco democrático de o STF se arvorar em representante da sociedade, seus argumentos foram de que não se trata de uma pretensão metafísica e que seu papel representativo é eventual e subsidiário.

O fato é que o Ministro Luís Roberto Barroso manteve sua posição firme de defesa do projeto da modernidade e dos valores do iluminismo, comportando-se também de maneira coerente com os termos da sua autobiografia intelectual. Em sua visão, "o processo de transformação envolve um choque de iluminismo, idealismo e pragmatismo".[18] A combinação de iluminismo, idealismo e pragmatismo possibilitaria a incorporação dos valores necessários para a ruptura de ciclos viciosos e a retomada do caminho virtuoso na direção do bem, da justiça e do avanço civilizatório. Apesar de todos os percalços de nossa história, nas últimas três décadas conquistamos estabilidade monetária, maturidade institucional, inclusão social e avanços importantes nos direitos de minorias. Ao concluir sua reflexão autobiográfica, ele reitera que "o que nos cabe é empurrar a história na direção certa e servir à causa da humanidade, buscando justiça e prosperidade para toda a gente".[19]

4 Considerações finais

Se o leitor me permite uma nota pessoal, certo dia fui encontrar meu pai e ele logo compartilhou comigo a frustração que tinha tido ao se sentar para assistir a um

---

[14] ARGUELHES, Diego Werneck. O Supremo que não erra. In: VIEIRA, Oscar Vilhena; GLEZER, Rubens (Org.). A razão e o voto: diálogos constitucionais com Luís Roberto Barroso. Rio de Janeiro: FGV, 2017. p. 81-107.

[15] LEAL, Fernando. Até que ponto é possível legitimar a jurisdição constitucional pela racionalidade? Uma reconstrução da crítica de 'A razão sem voto'. In: VIEIRA, Oscar Vilhena; GLEZER, Rubens (Org.). A razão e o voto: diálogos constitucionais com Luís Roberto Barroso. Rio de Janeiro: FGV, 2017. p. 108-139.

[16] MENDES, Conrado Hübner. STF, vanguarda ilusionista. Folha de S. Paulo, n. 28, p. 4-5, jan. 2018.

[17] Fiz a crítica da crítica e a apresentação dos motivos pelos quais considero improcedentes as críticas de Diego Werneck Arguelhes, Fernando Leal e Conrado Hübner em apresentação pública no dia 8.8.2022 no salão nobre da UERJ, como parte da prova de aula no Concurso para Professor Adjunto de Direito Constitucional da UERJ.

[18] BARROSO, Luís Roberto. Sem data venia: um olhar sobre o Brasil e o mundo. [s.l.]: História Real, 2020. p. 14.

[19] BARROSO, Luís Roberto. Sem data venia: um olhar sobre o Brasil e o mundo. [s.l.]: História Real, 2020. p. 258.

julgamento do STF. Após se sentar no sofá e ligar a televisão, tinham anunciado que o Ministro Luís Roberto Barroso tinha atuado naquele caso como advogado e, por isso, estava impedido de participar daquele julgamento. Meu pai, caro leitor, fez a seguinte comparação: era como se preparar para assistir a uma partida de futebol do Barcelona FC para então descobrir que Lionel Messi não jogaria porque tinha recebido o terceiro cartão amarelo e estava suspenso naquela partida. O comentário leigo de meu pai contém nas entrelinhas uma mensagem de sabedoria popular com a sugestão de que o Ministro Luís Roberto Barroso é uma liderança técnica em uma equipe altamente qualificada.

As metáforas futebolísticas podem nos convidar a uma série de reflexões que normalmente não seriam feitas em obras jurídicas, mas são cabíveis em um *festschrift* como o presente livro. Assim como se especula se Lionel Messi seria o GOAT (*Greatest of All Time*) e se seu Barcelona multicampeão seria o maior clube da história, poderíamos especular sobre a estatura de Luís Roberto Barroso e da composição atual do STF em comparação com o passado. Para o meu pai e para muitos de nós, trata-se do grande camisa 10 de um time multicampeão na proteção da democracia, dos direitos fundamentais e do Estado democrático de direito.

Recentemente, o próprio Ministro Luís Roberto Barroso foi convidado a fazer um balanço sobre seus dez anos no STF,[20] tendo reafirmado que sempre fez aquilo que acreditava correto e, por isso, desagradou em diferentes momentos todos os partidos políticos justamente por não ter preferências político-partidárias e manter sua integridade. Com sua experiência inicial no julgamento do Mensalão, percebeu cedo que não poderia estar preocupado em disputar um torneio de popularidade se quisesse manter sua integridade e criou uma "casca grossa" para continuar a fazer o que considera certo. Com relação à exposição pública, como o STF foi eleito alvo preferencial de ataques do populismo extremista e autoritário, sua atuação o tornou vítima de ameaças de morte e passou a exigir a presença de segurança nos seus deslocamentos.

Lamentavelmente, enquanto finalizamos esse texto em maio de 2023, tanto Luís Roberto Barroso, quanto Lionel Messi têm sido hostilizados por uma pequena parcela do público. É uma pena que o radicalismo de uma minoria extremista resulte em manifestações de vaias para aqueles que merecem nosso aplauso. Se Messi é vaiado por não ter transformado o Paris Saint-Germain em um Barcelona, Barroso é hostilizado por não permitir que o Brasil seja transformado em uma distopia inconstitucional. Seu compromisso com o projeto da modernidade o coloca em rota de colisão com aqueles que prefeririam uma postura conservadora pré-moderna ou revolucionária pós-moderna. Sua postura ideológica de liberal igualitário o coloca em rota de colisão tanto com a esquerda socialista, quanto com a direita adepta do liberalismo clássico (*laissez-faire*). Em uma comunidade política polarizada em que – como nos alerta o imortal Zuenir Ventura – o ano de 1968 ainda não terminou,[21] certas discussões, não raro, ainda reproduzem os termos polarizados dos debates ideológicos do século XX, enquanto o STF tem procurado empurrar o Brasil na direção do futuro com os grandes julgamentos sobre direitos reprodutivos, drogas, direitos LGBTI+ e ações afirmativas.

---

[20] Veja o vídeo intitulado *Ministro do STF, Luís Roberto Barroso abre o jogo na Confraria do Brito*: https://www.youtube.com/watch?v=ojq3gCLBXyY.
[21] VENTURA, Zuenir. *1968: o ano que não terminou*. Rio de Janeiro: Nova Fronteira, 1988.

Se o Ministro Luís Roberto Barroso perdeu muito em privacidade, nós sabemos que seu sacrifício pessoal foi para a defesa dos valores e princípios constitucionais mais caros para a nossa comunidade política. Todos nós ganhamos com o seu brilhante legado como intelectual público e magistrado constitucional, sua atuação para preservar nossa democracia constitucional e nossos direitos fundamentais! Ganhamos pelo jurista excepcional, defensor do projeto da modernidade e do iluminismo, tomando decisões fundamentais para a nossa comunidade política! Devemos celebrar a brilhante atuação de Luís Roberto Barroso no STF nessa década porque, enfim, "ganhamos, mané!".

Referências

ADORNO, Theodor W.; HORKHEIMER, Max. *Dialectic of enlightenment*. [s.l.]: Verso, 1997.

ARGUELHES, Diego Werneck. O Supremo que não erra. *In*: VIEIRA, Oscar Vilhena; GLEZER, Rubens (Org.). *A razão e o voto*: diálogos constitucionais com Luís Roberto Barroso. Rio de Janeiro: FGV, 2017. p. 81-107.

BARROSO, Luís Roberto. A razão sem voto: o Supremo Tribunal Federal e o governo da maioria. *In*: VIEIRA, Oscar Vilhena; GLEZER, Rubens (Org.). *A razão e o voto*: diálogos constitucionais com Luís Roberto Barroso. Rio de Janeiro: FGV, 2017. p. 25-77.

BARROSO, Luís Roberto. *Sem data venia*: um olhar sobre o Brasil e o mundo. [s.l.]: História Real, 2020.

FINNIS, John. *Aquinas*: moral, political, and legal theory. Oxford: Oxford University Press, 1998.

FINNIS, John. *Natural law and natural rights*. Oxford: Oxford University Press, 2011.

HABERMAS, Jürgen. *The philosophical discourse of modernity*: Twelve lectures. Cambridge: MIT Press, 1990.

KENNEDY, Duncan. *A Critique of Adjudication [fin de Siècle]*. Cambridge: Harvard University Press, 2009.

LEAL, Fernando. Até que ponto é possível legitimar a jurisdição constitucional pela racionalidade? Uma reconstrução da crítica de 'A razão sem voto'. *In*: VIEIRA, Oscar Vilhena; GLEZER, Rubens (Org.). *A razão e o voto*: diálogos constitucionais com Luís Roberto Barroso. Rio de Janeiro: FGV, 2017. p. 108-139.

MENDES, Conrado Hübner. STF, vanguarda ilusionista. *Folha de S. Paulo*, n. 28, p. 4-5, jan. 2018.

NORTH, Douglass C. *Institutions, Institutional change and economic growth*. [s.l.]: CUP, 1990.

PINKER, Steven. *Enlightenment now*: The case for reason, science, humanism, and progress. [s.l.]: Penguin UK, 2018.

TUSHNET, Mark. Critical legal studies: a political history. *Yale Lj*, v. 100, p. 1515, 1990.

VENTURA, Zuenir. *1968*: o ano que não terminou. Rio de Janeiro: Nova Fronteira, 1988.

Informação bibliográfica deste texto, conforme a NBR 6023:2018 da Associação Brasileira de Normas Técnicas (ABNT):

FORTES, Pedro Rubim Borges. "Ganhamos, mané!": o legado do Ministro Luís Roberto Barroso como personificação do iluminismo e afirmação da razão. *In*: OSORIO, Aline; MELLO, Patrícia Perrone Campos; BARROSO, Luna van Brussel (Coord.). *Direitos e democracia*: 10 anos do Ministro Luís Roberto Barroso no STF. Belo Horizonte: Fórum, 2023. p. 507-516. ISBN 978-65-5518-555-3.

O PAPEL DO STF NA TUTELA DO FEDERALISMO FISCAL NO COMBATE À GUERRA FISCAL ENTRE OS ESTADOS

RICARDO LODI RIBEIRO

1 Introdução

Honrado com o convite para participar dessa justíssima homenagem aos dez anos da chegada do Ministro Luís Roberto Barroso no Supremo Tribunal Federal, escolhi como objeto de análise o acórdão de sua relatoria no Recurso Extraordinário nº 851.421,[1] em que tive a honra de ter obra da minha autoria por ele citada no voto condutor. E a razão dessa escolha se dá pelo caráter representativo dessa decisão na fixação da contribuição do STF para o federalismo brasileiro no combate à guerra fiscal entre os Estados, no que se refere aos benefícios fiscais em matéria de ICMS.

Na decisão em questão, a corte considerou válida lei do distrito federal, autorizada por convênio do Confaz, que concedeu remissão de créditos de ICMS oriundos de benefícios fiscais anteriormente declarados inconstitucionais pelo STF. E a decisão teve como fundamento três pontos muito relevantes: o federalismo fiscal, a segurança jurídica e a inexistência de repristinação da nova disciplina legal. Escolhemos analisar o primeiro fundamento que parte de uma ideia força que muito extrapola o caso concreto para orientar toda a jurisprudência da corte: a de que as limitações ao poder tributário dos estados só são válidas quando destinadas a preservar o próprio federalismo fiscal em sua dimensão horizontal, com respeito ao princípio da conduta amistosa entre os entes federativos.

É este o objeto deste estudo.

2 O federalismo fiscal brasileiro

A autonomia das entidades periféricas da Federação, que tem como objetivo precípuo a descentralização espacial do poder, pressupõe a autoadministração, ou seja, o livre exercício das competências conferidas pela Constituição. Nunca se pode perder

---

[1] STF, Pleno. RE nº 851.421/DF. Rel. Min. Luís Roberto Barroso, j. 19.10.2021.

de vista que a autoadministração depende, obviamente, de recursos financeiros para fazer frente aos misteres constitucionalmente conferidos a cada um dos entes federativos. Para garantir a possibilidade de cada um deles de cumprir os objetivos impostos pela Constituição Federal, é preciso que haja uma adequação dos recursos repartidos a essas atividades administrativas que lhe foram confiadas.

O descompasso entre as atribuições materiais e as receitas tributárias gera uma sobrecarga comprometedora da autoadministração e, em consequência, da autonomia federativa, o que acaba por desfigurar o projeto de federalismo brasileiro constitucionalmente adotado.

Com a promulgação da Constituição Federal de 1988, o Brasil retorna, depois dos anos de trevas institucionais, ao *federalismo cooperativo*, o que se revela, entre outros aspectos, pela definição no art. 23 da competência comum para União, estados e municípios legislarem sobre um rol mais amplo de matérias, em relação às Cartas anteriores, levando em consideração, segundo o parágrafo único do mesmo artigo, normas para a cooperação entre eles, definidas em lei complementar, tendo em vista o equilíbrio do desenvolvimento e bem-estar social em âmbito nacional; bem como pela previsão de competência concorrente entre União e estados-membros. Sob o viés do direito financeiro, o cooperativismo dá-se pela repartição, mais condizente com as atribuições materiais, das receitas tributárias de impostos federais com estados e municípios e de impostos estaduais com os municípios.

Por outro lado, as experiências federalistas em países com grande diversidade cultural, linguística, social, e religiosa entre os estados-membros despertaram a necessidade de um regime em que fosse possível um tratamento diferenciado entre eles, em razão de suas distinções. É o que chamamos de *federalismo assimétrico*.[2]

O modelo clássico de federalismo simétrico é o dos Estados Unidos, em virtude da homogeneidade relativamente maior dos estados-membros da mais antiga das Federações. Já na Alemanha, na Suíça e no Canadá é praticado o federalismo assimétrico, principalmente no que tange à representatividade dos estados no Parlamento Federal.[3]

No Brasil, em que pesem as profundas diferenças sociais, econômicas e culturais entre os estados-membros, e notadamente entre os municípios, prepondera a simetria federativa, especialmente no que tange à representatividade dos Estados brasileiros no Senado Federal, e até na Câmara dos Deputados, inteiramente dissociada da realidade populacional do país.

No entanto, seguindo uma tendência mundial pela assimetria e pela descentralização federativa, a Constituição Federal de 1988, a despeito da reprodução de velhos vícios quanto à simetria na representação junto ao Congresso Nacional, apresenta vários dispositivos baseados na assimetria, como os que consagram o estímulo ao equilíbrio inter-regional (art. 3º, III), autorizando, inclusive, a União a conferir tratamento tributário diferenciado às regiões mais pobres (art. 151, I), assim como a previsão de fundo de fomento às regiões Norte, Nordeste e Centro-Oeste, a partir da arrecadação do IR e do IPI (art. 159, I).

---

[2] RAMOS, Dircêo Torrecillas. *O federalismo assimétrico*. 2. ed. Rio de Janeiro: Forense, 2000. p. 63.
[3] ZIMMERMANN, Augusto. *Teoria do federalismo democrático*. Rio de Janeiro: Lumen Juris, 1999. p. 62.

Nesse modelo federativo cooperativo marcado pela assimetria, a autonomia das entidades periféricas da Federação pressupõe a autoadministração, ou seja, o livre exercício das competências conferidas pela Constituição, a fim de que sejam prestigiadas as prioridades definidas pelas comunidades regionais e locais no atendimento dos misteres constitucionalmente conferidos a cada um dos entes federativos.

Nunca se pode perder de vista que a autoadministração está subordinada, por sua vez, à existência de recursos financeiros para fazer frente a esses objetivos, e para tanto é preciso que haja uma adequação dos recursos repartidos a essas atividades administrativas e prestações positivas que foram confiadas aos entes federativos.[4]

Como vimos, a desarmonia entre as atribuições materiais e as receitas gera uma sobrecarga comprometedora da autoadministração e, em consequência, da autonomia federativa. A Constituição de 1988 contribuiu acentuadamente para a superação desse descompasso, equilibrando razoavelmente as receitas e despesas de União, estados e municípios.[5]

Porém, no plano do federalismo fiscal, não basta a simples atribuição de recursos aos entes periféricos da Federação. É preciso garantir um mínimo de competências tributárias próprias para garantir a sobrevivência da Federação, como destacado na lição do Professor Flávio Bauer Novelli:

> É bem verdade – ninguém entende negá-lo – que a autonomia financeira da União e dos Estados-membros indiscutivelmente representa um elemento vital da complexa autonomia federativa, e que, consequentemente, não pode deixar de considerar-se a existência daquela como impreterível à substância da própria federação. Não é menos verdade, porém – e parece ter sido demonstrado – que, em última instância, e mormente num ordenamento tributário como o nosso, no qual a Constituição federal veda taxativamente os tributos discriminatórios e confiscatórios, ao amparo dum sistema de amplo controle jurisdicional de constitucionalidade das leis – a autonomia financeira dos entes políticos independe da existência e do alcance da garantia da imunidade tributária recíproca. Ela tem sim, como se percebe, o seu fundamento material e sua verdadeira medida na *distribuição da competência legislativa (autonomia normativa) em matéria tributária, ou seja, na atribuição, diretamente pela Constituição Federal, de poderes impositivos próprios e de fontes de receita, independentes e adequadas, respectivamente, à União e às unidades federadas.*[6] (Grifos nossos)

De fato, no âmbito do federalismo cooperativo de viés democrático, consagrado pela Constituição de 1988, a simples transferência constitucional do produto da arrecadação dos impostos federais para os estados não garante a autoadministração, haja vista que o exercício das competências materiais conferidas aos estados não pode depender exclusivamente do exercício da competência tributária da União.

É ínsita à ideia de autonomia a descentralização territorial do poder, permitindo que os estados definam suas próprias prioridades, independentemente das políticas

---

[4] RIBEIRO, Ricardo Lodi. *Temas de direito constitucional tributário*. Rio de Janeiro: Lumen Juris, 2009. p. 256-257.
[5] FERREIRA FILHO, Manoel Gonçalves. *Curso de direito constitucional*. 22. ed. São Paulo: Saraiva, 1995. p. 48.
[6] NOVELLI, Flávio Bauer. Norma constitucional inconstitucional? A propósito do art. 2º, §2º, da Emenda Constitucional nº 3/93. *Revista de Direito Administrativo*, n. 199. p. 39. No mesmo sentido: BASTOS, Celso Ribeiro. *Curso de direito financeiro e tributário*. 3. ed. São Paulo: Saraiva, 1995. p. 125.

definidas pela União.[7] Sem que haja a eleição de suas próprias prioridades por parte dos estados, inútil é a federação.

Nesse cenário, a participação de um ente na partilha do produto da arrecadação do tributo da competência de outro ente, longe de traduzir-se em elemento central do sistema, deve significar uma sintonia fina destinada a atender aos estados e municípios cujo incipiente desenvolvimento econômico não permita a sustentabilidade fiscal com base na arrecadação de tributos de sua própria competência. Aliás, causa espécie que em um país como o nosso, em que a maioria dos municípios tem a vocação rural, o sistema tributário nacional atribua ao ente local tributos nitidamente de matiz urbana como o ISS e o IPTU, condenando a maioria deles ao parasitismo fiscal, com a inevitabilidade da inexistência de instituição e de arrecadação de tributos próprios e a dependência completa não só das transferências constitucionalmente obrigatórias, como das transferências voluntárias da União e dos estados, o que fragiliza sobremaneira a autonomia local, a partir do adesismo às políticas dos entes centrais. Neste contexto, pouca valia tem o parágrafo único do art. 11 da Lei de Responsabilidade Fiscal (LC nº 101/00),[8] que condiciona a realização de transferências voluntárias à instituição, previsão e efetiva arrecadação dos impostos pelos entes federativos. Ora, não há responsabilidade fiscal na instituição e arrecadação tributárias que não observem o princípio da economicidade, com a criação de cara estrutura administrativa para a instituição e arrecadação de tributos onde não há base econômica que os suportem.

Portanto, demonstrado o caráter ancilar das transferências da receita dos impostos de competência dos entes centrais aos periféricos no regime de distribuição de rendas, é imperioso concluir que somente por meio do exercício de sua própria competência tributária, os estados e os municípios podem garantir o cumprimento de suas prioridades, e não as da União, preservando sua autonomia em relação a esta.[9] Assim, se, hipoteticamente, toda a arrecadação dos estados, ou quase toda, dependesse de tributos federais, a concessão de benefícios fiscais pela União, atendendo a um interesse que os poderes federais consideram prioritário, como o incentivo às exportações, poderia impedir que os estados atingissem as suas próprias prioridades, como o aumento dos investimentos na área social, por exemplo.

É justamente essa competência tributária própria que vai diferenciar a repartição das receitas tributárias ocorridas na Federação das encontradas nos estados unitários descentralizados.

Diversamente, nas federações os entes autônomos possuem competências tributárias próprias capazes de garantir o custeio de suas despesas, sendo as transferências tributárias de tributos federais um mecanismo, caro ao federalismo assimétrico, de compensação

---

[7] CARRAZZA, Roque Antônio. *Curso de direito constitucional tributário*. 4. ed. São Paulo: Malheiros, 1993. p. 81.

[8] "Artigo 11. Constituem requisitos essenciais da responsabilidade na gestão fiscal a instituição, previsão e efetiva arrecadação de todos os tributos da competência constitucional do ente da Federação. Parágrafo Único. É vedada a realização de transferências voluntárias para o ente que não observe o disposto no caput, no que se refere aos impostos".

[9] RIBEIRO, Ricardo Lodi. *Temas de direito constitucional tributário*. Rio de Janeiro: Lumen Juris, 2009. p. 259.

financeira destinada a superar a desigualdade entre Estados e garantir a autonomia e independência da federação e dos estados.[10]

Contudo, a despeito da necessidade, gerada pela assimetria federativa, da previsão de transferências tributárias, é forçoso reconhecer que a autonomia dos entes da Federação depende de que todos eles possuam competência tributária própria, capaz de fazer frente às responsabilidades a eles atribuídas pela Constituição Federal.

Inerente ao exercício da competência tributária, é o poder de *não* tributar. Ou seja, a faculdade, a partir das suas próprias estratégias para alcançar o desenvolvimento social e econômico, de estabelecer benefícios fiscais que atendem não só à baixa intensidade de capacidade contributiva, mas também ao incentivo a que os agentes econômicos sejam atraídos para o território da entidade tributante. No regime capitalista, as empresas identificam o melhor local para fixar seus empreendimentos, levando em conta a proximidade com o mercado consumidor, com as matérias-primas e a mão de obra especializada que serão utilizadas na produção, o maior acesso ao comércio exterior, entre outros fatores. Ocorre que os grandes centros já oferecem historicamente tais condições ao empreendedor, o que acaba por concentrar no plano espacial ainda mais a atividade econômica.

No entanto, no Estado social e democrático de direito, a atividade econômica não é desenvolvida tomando por base apenas o interesse dos agentes econômicos, sendo indispensáveis as políticas públicas tendentes a combater o desequilíbrio entre as diversas regiões do país, tarefa que o nosso constituinte elegeu como um dos objetivos fundamentais da República Federativa do Brasil (art. 3º, III, CF) e um dos princípios reatores da atividade econômica (art. 170, VII, CF). É claro que, em nosso federalismo descentralizado e assimétrico, não pode prevalecer a postura paternalista de que somente à União é dado o estabelecimento de medidas destinadas ao combate às desigualdades regionais, cabendo aos próprios estados e municípios o implemento de medidas que sejam capazes de promover o seu desenvolvimento social e econômico autossustentado.

Nesse diapasão, a concessão de benefícios fiscais pelos próprios titulares da competência tributária é medida que se adéqua ao federalismo fiscal descentralizado e assimétrico estabelecido pela Constituição Federal de 1988, não devendo os entes centrais sufocar o exercício da autonomia local, sob pena de restar violado o *princípio da conduta amistosa federativa*. De acordo com Konrad Hesse, este princípio se revela na fidelidade para com a Federação, não só dos estados em relação ao todo e a cada um deles, mas da União em relação aos estados, sendo inconstitucional a iniciativa que fira essa fidelidade federativa, uma vez que se rompe o dever de boa conduta que deve presidir as relações entre os integrantes da Federação, baseada na colaboração e cooperação recíprocas.[11]

Contudo, o princípio da conduta amistosa federativa, essencial à harmonia e à indissolubilidade federativas, não deve ser considerado apenas no plano vertical com a limitação ao poder central ante as esferas periféricas. No plano horizontal, devem os

---

[10] HESSE, Konrad. *Elementos de direito constitucional da República Federal da Alemanha*. Tradução de Luís Afonso Heck, Porto Alegre: Sérgio Antônio Fabris Editor, 1998. p. 205-207.

[11] HESSE, Konrad. *Elementos de direito constitucional da República Federal da Alemanha*. Tradução de Luís Afonso Heck, Porto Alegre: Sérgio Antônio Fabris Editor, 1998. p. 212-215.

estados respeitar os interesses dos outros estados, assim como os municípios entre si. Infelizmente, nem sempre essa ideia é respeitada a partir de uma decisão dos próprios entes envolvidos que, no afã de atender aos reclames da sua população, muitas vezes acabam por exercer a sua competência de forma abusiva, ferindo o interesse de outros integrantes da Federação.

É por isso que a Constituição Federal, ao estabelecer o pacto federativo, prevê mecanismos nacionais de uniformização e de harmonização, a fim de impedir a violação da conduta amistosa a partir do abuso no exercício da autonomia local.

3 Guerra fiscal entre os estados

Na seara fiscal, o abuso no exercício da autonomia local, provocando prejuízos aos interesses de outros entes federativos, é denominado *guerra fiscal*. Esta não se caracteriza pela simples adoção de políticas de incentivo fiscal pelos estados e municípios, visto que estas são inerentes ao federalismo que constitucionalmente adotamos. A guerra fiscal pressupõe a violação do princípio da conduta amistosa federativa, a partir de condutas artificiosas, abusivas ou ilegais, dirigidas à atração de empreendimentos que, sem essas práticas, seriam destinados a outro ente federativo.

Com o intuito de evitar a *guerra fiscal* entre os estados cujos governos, para atrair empresas para os seus territórios, poderiam conceder benefícios fiscais intermináveis, contrários aos interesses futuros do próprio Erário estadual e ao princípio da conduta amistosa entre os entes federativos, o art. 155, §2º, XII, "g", da Constituição Federal, subordinou a concessão e revogação de isenções, incentivos e benefícios fiscais em matéria de ICMS à deliberação dos estados e do Distrito Federal, conforme definido em lei complementar.

Vale notar que o referido dispositivo constitucional não vedou a concessão de benefícios fiscais pelos estados, apenas previu que a lei complementar estabeleceria uma forma pela qual tais incentivos seriam concedidos. Isso não significa um cheque em branco para que a lei complementar fixe um critério qualquer que materialmente viole o equilíbrio entre as dimensões vertical e horizontal do princípio federativo.

E é na busca desse equilíbrio que deve ser interpretada a norma em questão, que é a LC nº 24/75, segundo a qual as concessões e revogações de isenções são efetuadas por convênios celebrados e ratificados pelos estados e o Distrito Federal. Esses convênios são elaborados pelo Confaz (Conselho Nacional de Política Fazendária), composto por todos os secretários de Fazenda dos estados e do Distrito Federal, e presidido ministro da Fazenda.

Sendo todos os estados convocados à reunião do Confaz, apenas com a unanimidade dos presentes se aprova convênio concedendo benefício fiscal, e com o voto de 4/5 (quatro quintos) se revoga o benefício anteriormente concedido (art. 2º, §2º). Aprovado o convênio, ocorre, no prazo de 10 dias, a sua publicação no *Diário Oficial da União*. Com a publicação, todos os governadores dos estados e do Distrito Federal, inclusive os dos estados que não compareceram à reunião, têm o prazo de 15 dias para ratificar o convênio, sendo este ratificado tacitamente diante do silêncio do chefe do Poder Executivo estadual (art. 4º).

Considera-se rejeitado o convênio se todos os estados não o ratificarem ao menos tacitamente, salvo no caso de revogação, quando a ratificação tem quórum de 4/5. Assim, basta que um governador não concorde com a concessão do benefício, rejeitando expressamente o convênio, para que este não seja ratificado.

Conforme já decidido pelo STF,[12] é inconstitucional que a Constituição estadual condicione a validade do convênio à aprovação da Assembleia Legislativa, pois estaria alterando a forma escolhida pela lei complementar, de acordo com o art. 155, §2º, XII, "g", da CF, para a deliberação dos estados em relação aos benefícios fiscais de ICMS.

Até dez dias findo o prazo para a manifestação do governador, será publicada no *Diário Oficial da União* a ratificação ou rejeição do convênio. Salvo disposição em contrário no próprio convênio, este passa a vigorar 30 dias após a publicação de sua ratificação, não sendo necessária lei estadual para incorporar o benefício à legislação estadual. Se esta vier, deverá reproduzir a disciplina do convênio, não podendo ampliar nem restringir o benefício, visto que não há que se falar em convênios autorizativos, pois todos eles são impositivos, como reconheceu o STF.[13] Contudo, nada impede, e é até comum que ocorra, que o convênio disponha sobre sua vigência em apenas um ou alguns estados, o que não dispensa a sua unânime aprovação.

A concessão de benefícios fiscais por estados em desacordo com os convênios gera a nulidade do ato e a ineficácia do crédito fiscal atribuído ao estabelecimento recebedor da mercadoria, bem como a exigibilidade do imposto não pago ou devolvido, além da ineficácia da lei ou ato que conceda remissão do débito correspondente, sem prejuízo da presunção de irregularidade das contas, a juízo do Tribunal de Contas da União e a suspensão do recebimento das quotas referentes ao Fundo de Participação dos Estados, de acordo com o art. 8º da LC nº 24/75. Portanto são ineficazes, do ponto de vista legal, as isenções e demais benefícios fiscais concedidos sem a observância do convênio, ainda que previstas em leis estaduais, como reconhece farta jurisprudência do STF.[14]

Decorrente da competência tributária é o poder de estabelecer desonerações ficais. Salvo exceções previstas constitucionalmente, o poder de conceder benefícios fiscais é exclusivamente deferido ao titular da competência tributária.

Por outro lado, o exercício abusivo das competências locais desoneradoras poderá desaguar na violação do princípio da conduta amistosa federativa, com um estado legislando em detrimento dos demais. O mesmo fenômeno é verificado na esfera municipal.

Por essa razão, o atendimento ao princípio federativo dá-se pelo difícil equilíbrio da dimensão vertical deste, com a contenção do Poder Central perante a autonomia local, com o seu aspecto horizontal, a partir da fixação de regras nacionais uniformizadoras

---

[12] STF, Pleno. ADI nº 165/MG. Rel. Min. Sepúlveda Pertence. *DJU*, 26.9.1997, p. 47.474.
[13] STF, Pleno. RE nº 97.686/SP. Rel. Min. Moreira Alves. *DJU*, 4.3.1983, p. 1.989.
[14] De que são exemplos: STF, Pleno. ADI nº 1.247 MC/PA. Rel. Min. Celso de Mello. *DJU*, 8.9.1995, p. 28.354; STF, Pleno. ADI nº 1.179/SP. Rel. Min. Carlos Velloso. *DJU*, 19.12.2002, p. 69; STF, Pleno. ADI nº 1.308/RS. Rel. Min. Ellen Gracie. *DJU*, 4.6.2004, p. 28; STF, Pleno. ADI nº 2.548/PR. Rel. Min. Gilmar Mendes. *DJe*, 15.6.2007. Na sessão plenária do dia 1º.6.2011, o STF declarou, por votação unânime, a inconstitucionalidade de várias leis estaduais que estabeleceram benefícios fiscais de ICMS sem convênio, em decisões contidas no Informativo nº 629, de 30.5 a 3.6.2011: ADIs nºs 2.906, 2.376, 3.674, 3.413 e 4.457, relatadas pelo Min. Marco Aurélio, 2.549, relatada pelo Min. Ricardo Lewandowski, 4.152, 3.664 e 3.803, relatadas pelo Min. Cezar Peluso, 3.702 e 1.247, relatadas pelo Min. Dias Toffoli, 3.794 e 2.688, relatadas pelo Min. Joaquim Barbosa.

e harmonizadoras que impeçam ou dificultem que o abuso no exercício da autonomia local cause prejuízo aos demais entes federativos da mesma ordem.

Nesse sentido, a autonomia local para a concessão de benefícios fiscais em matéria de ICMS é limitada pela Constituição Federal pelo art. 155, §2º, XII, "g", CF. Esse dispositivo deve ser interpretado de forma a dar uma adequada harmonização aos planos vertical e horizontal do federalismo fiscal, de forma a serem consideradas legítimas as restrições à autonomia local que, à luz do princípio da proporcionalidade, se justifiquem para preservação do princípio da conduta amistosa federativa.

De logo, cabe, por isso, afastar a exigência do convênio em relação a benefícios fiscais que não estejam relacionados à guerra fiscal, por não se traduzirem em incentivos setoriais, mas se basearem na capacidade contributiva ou na extrafiscalidade dissociada do fomento ou da atração de empreendimentos econômicos.

Nesse sentido, o STF considerou constitucional a Lei nº 14.586/04 do Estado do Parará, que concedeu isenção de ICMS sobre o serviço público de água, luz, telefone e gás sobre os imóveis destinados a templo de qualquer culto.[15] No caso em questão, questionava-se a legitimidade da norma em face da ausência de convênio, tendo o Tribunal, em decisão unânime exarada na esteira do voto do relator, Ministro Marco Aurélio, dispensado a exigência do convênio sob o entendimento de que na situação concreta não se estava diante do estímulo à atração do contribuinte de direito ao desempenho de determinada atividade econômica, mas de benefício dirigido ao contribuinte de fato, já contemplado pela imunidade dos templos nas situações em que pratica o fato gerador.

Parece-nos que o aspecto mais importante da referida decisão reside no reconhecimento de que a exigência do convênio somente é necessária quando o benefício fiscal se insere no contexto de competição da guerra fiscal.

Desenvolvendo um pouco mais essa ideia, que se baseia na preservação da autonomia local sempre que a sua restrição não seja indispensável à preservação do federalismo fiscal no plano horizontal, conclui-se que os convênios não são necessários em relação aos benefícios fiscais vinculados à exploração de atividade que, pelas suas características, não poderia ser efetivada em outro estado, como a extração mineral, por exemplo, pois, por ser atividade circunscrita a determinado limite espacial, os benefícios concedidos por outros estados não teriam o condão de afastar o empreendedor do local onde a operação precisa ser desenvolvida, não havendo que se falar em guerra fiscal ensejadora da limitação da autonomia local.

Seguindo o mesmo raciocínio, fica dispensada a exigência do convênio em benefícios fiscais destinados ao consumidor final em razão da sua hipossuficiência econômica, como na fixação de alíquotas reduzidas aos produtos da cesta básica, bem como em isenções conferidas em razão da especial tutela a determinados segmentos, como aos deficientes físicos, incentivos à preservação do patrimônio histórico, cultural, artístico e paisagístico, à educação, à cultura, à ciência, à preservação do meio ambiente, ao combate à pobreza, ao desenvolvimento da habitação popular e a outros interesses

---

[15] STF, Pleno. ADI nº 3.421/PR. Rel. Min. Marco Aurélio. *DJe*, 28.5.2010.

materialmente caros aos valores constitucionais, cuja tutela não é reservada à União, mas atribuída também aos estados, de acordo com o art. 23, CF.

Por outro lado, mesmo no que se refere ao incentivo à atração de investimentos para o território dos estados, seara em que é inafastável a interpretação que vincula a concessão de benefícios ao procedimento previsto na LC nº 24/75, é preciso reconhecer a obsolescência da atual disciplina legal, cunhada no auge da centralização do autoritarismo militar, e por isso mesmo produto de um federalismo orgânico em que a figura da União predominava sobre a autonomia estadual. De fato, exigir a unanimidade entre os estados para a aprovação de qualquer benefício fiscal equivale quase sempre a inviabilizar qualquer proposta desoneradora, abrindo espaço para medidas unilaterais abusivas por parte dos estados. É preciso dotar os estados da possibilidade de estabelecerem sua política fiscal em seu principal imposto e, ao mesmo tempo, coibir o exercício do abuso de direito caracterizado como guerra fiscal.

Coroando essa trajetória, a decisão em exame neste estudo acaba com consagrar a tese de que a autonomia local só pode ser restrita naquilo é indispensável à proteção da própria federação, nas palavras do Ministro Barroso:[16]

> destaco que a atuação desta Corte, enquanto árbitra do federalismo brasileiro, deve ocorrer de modo a coibir abusos que levem à corrosão do próprio pacto federativo. E não sendo essa a hipótese, deve abster-se de intervir na autonomia dos Estados e do Distrito Federal sob pena de ela mesma ser a responsável pela geração de desequilíbrio entre os entes.

4 Conclusão

Diante da inexistência da necessária atualização na legislação relativa aos benefícios fiscais em matéria de ICMS, a Corte Constitucional vem contribuindo para dar ao texto uma interpretação mais bem adequada ao federalismo fiscal, a partir da ideia de que só são legítimas as restrições à autonomia dos estados para a fixação de benefícios fiscais em matéria de ICMS naquilo que é necessário ao próprio federalismo fiscal em sua dimensão horizontal, o que restou assentado na decisão relatada pelo Ministro Luís Roberto Barroso no RE nº 851.421/DF, que, para além do caso concreto, oferece subsídios para uma nova dimensão do tratamento do federalismo fiscal em relação ao ICMS.

Referências

BASTOS, Celso Ribeiro. *Curso de direito financeiro e tributário*. 3. ed. São Paulo: Saraiva, 1995.

CARRAZZA, Roque Antônio. *Curso de direito constitucional tributário*. 4. ed. São Paulo: Malheiros, 1993.

FERREIRA FILHO, Manoel Gonçalves. *Curso de direito constitucional*. 22. ed. São Paulo: Saraiva, 1995.

HESSE, Konrad. *Elementos de direito constitucional da República Federal da Alemanha*. Tradução de Luís Afonso Heck, Porto Alegre: Sérgio Antônio Fabris Editor, 1998.

NOVELLI, Flávio Bauer. Norma constitucional inconstitucional? A propósito do art. 2º, §2º, da Emenda Constitucional nº 3/93. *Revista de Direito Administrativo*, n. 199.

---

[16] STF, Pleno. RE nº 851.421/DF. Rel. Min. Luís Roberto Barroso, j. 19.10.2021.

RAMOS, Dircêo Torrecillas. *O federalismo assimétrico*. 2. ed. Rio de Janeiro: Forense, 2000.

RIBEIRO, Ricardo Lodi. *Temas de direito constitucional tributário*. Rio de Janeiro: Lumen Juris, 2009.

ZIMMERMANN, Augusto. *Teoria do federalismo democrático*. Rio de Janeiro: Lumen Juris, 1999.

Informação bibliográfica deste texto, conforme a NBR 6023:2018 da Associação Brasileira de Normas Técnicas (ABNT):

RIBEIRO, Ricardo Lodi. O papel do STF na tutela do federalismo fiscal no combate à guerra fiscal entre os estados. *In*: OSORIO, Aline; MELLO, Patrícia Perrone Campos; BARROSO, Luna van Brussel (Coord.). *Direitos e democracia*: 10 anos do Ministro Luís Roberto Barroso no STF. Belo Horizonte: Fórum, 2023. p. 517-526. ISBN 978-65-5518-555-3.

O DIREITO À PROTEÇÃO DE DADOS PESSOAIS NO BRASIL: A GÊNESE DE UM DIREITO FUNDAMENTAL

RODRIGO BRANDÃO

1 Breves palavras sobre o homenageado

No dia 26.6.2013, Luís Roberto Barroso tomou posse como ministro do Supremo Tribunal Federal. Um novo nome no Supremo é sempre um fato relevante na história desta instituição secular e mesmo na República brasileira. Porém, a posse de Barroso representou não apenas a consagração de uma venturosa carreira profissional e acadêmica dedicada ao direito constitucional, mas a vitória de todos aqueles que acreditaram na capacidade de a Constituição de 1988 implantar no Brasil um Estado democrático de direito e os seus valores mais caros, notadamente a limitação do poder estatal, proteção aos direitos fundamentais, livre mercado com redução das desigualdades sociais, combate à corrupção, os valores da liberdade, igualdade e solidariedade etc.

Já na década de 80, em sua tese de livre-docência na Universidade do Estado do Rio de Janeiro, posteriormente publicada sob o título *O direito constitucional e a efetividade das suas normas: limites e possibilidades da Constituição brasileira*,[1] Barroso iniciou a sua profissão de fé em conferir efetividade às promessas constitucionais, buscando romper com a tradição brasileira de baixa eficácia social das normas constitucionais, quando não de "insinceridade", substituindo-a por uma Constituição para valer, autêntica lei maior a conferir direitos subjetivos tuteláveis, se necessário, em sede judicial.

E foi brilhante em tudo que se dedicou: na academia, com centenas de artigos e dezenas de livros inscreveu definitivamente o seu nome na história do direito constitucional brasileiro;[2] como procurador, defendeu o Estado do Rio de Janeiro em causas

---

[1] BARROSO, Luís Roberto. *O direito constitucional e a efetividade de suas normas*: limites e possibilidades da Constituição brasileira. 9. ed. Rio de Janeiro; São Paulo: Renovar, 2008. v. 1. 410 p.

[2] Citando-se apenas os livros: BARROSO, L. R.; MELLO, P. P. C. *Curso de direito constitucional contemporâneo*. 11. ed. São Paulo: Saraiva, 2023. v. 1. 808 p.; BARROSO, L. R. *O controle de constitucionalidade no direito brasileiro*: exposição sistemática da doutrina e análise crítica da jurisprudência. 9. ed. São Paulo: Saraiva, 2022. 480 p.; BARROSO, L. R.; ALBERT, R. *The 2020 International Review of Constitutional Reform*. Texas: [s.n.], 2021. v. 1. 330 p.; BARROSO, L. R. *Revolução tecnológica, crise da democracia e Constituição*: direito e políticas públicas num mundo em transformação. 1. ed. Belo Horizonte: Fórum, 2021. v. 1. 272 p.; BARROSO, L. R. *Sem data venia*. 1. ed. Rio de Janeiro: História Real,

fundamentais à preservação da higidez do pacto federativo (por exemplo, a ACO nº 834, em que era discutida a divisão dos *royalties* de petróleo entre os entes federativos, além dos diversos pareceres paradigmáticos); como advogado, foi um incansável defensor dos direitos fundamentais perante o Judiciário brasileiro, particularmente o STF, com os casos das pesquisas com células-tronco embrionárias, vedação ao nepotismo no Judiciário, equiparação das uniões homoafetivas às heteroafetivas, entre diversos outros.

As elevadas expectativas nutridas quando de sua nomeação foram confirmadas nesses dez anos de profícua judicatura no Supremo Tribunal Federal. Importantes decisões e votos foram proferidos em matéria de direitos fundamentais (p. ex., direito das pessoas com deficiência, acima do limite etário e com capacidade laboral, de serem incluídas como dependentes no IRPF – ADI nº 5.583; atos do Poder Público relativos a desocupações, despejos e reintegrações de posse durante a pandemia da Covid-19 – ADPF nº 828; proteção dos povos indígenas em face da pandemia da Covid-19 – ADPF nº 709 MC; ensino religioso nas escolas públicas (ADI nº 4.439); descriminalização da interrupção da gestação no primeiro trimestre – HC nº 124.306; liberdade de expressão e biografias – ADI nº 4.815; recusa dos pais em vacinarem os filhos por motivo de convicção filosófica – ARE nº 1.267.879); combate à desinformação (suspensão da propaganda "O Brasil não pode parar" – ADPFs nºs 668 e 668); controle dos atos da comissões parlamentares de inquérito (instauração da CPI da Pandemia – MS nº 37.760), assim como em diversas outras matérias.

Muitíssimo justa, portanto, essa publicação em comemoração aos seus dez anos no Supremo Tribunal Federal, congratulando os organizadores pela iniciativa e agradecendo-lhes pelo convite. Como seu aluno na Universidade do Estado do Rio de Janeiro, e tendo sido diversas vezes examinado por ele: no mestrado, no doutorado

---

2020. 272 p.; BARROSO, L. R. *Constitucionalismo democrático*: a ideologia vitoriosa do século XX. 1. ed. Ribeirão Preto: Migalhas, 2019. v. 1. 80 p.; BARROSO, L. R. *O controle de constitucionalidade no direito brasileiro*. 1. ed. São Paulo: Saraiva, 2019. v. 1. 488 p.; BARROSO, L. R. *Um outro país transformações no direito, na ética e na agenda do Brasil*. 1. ed. Belo Horizonte: Fórum, 2018. v. 1. 478 p.; BARROSO, L. R. *A judicialização da vida e o papel do Supremo Tribunal Federal*. 1. ed. Belo Horizonte: Fórum, 2018. v. 1. 288 p.; BARROSO, L. R. *Migalhas de Luís Roberto Barroso*. 1. ed. São Paulo: Migalhas, 2016. v. 1. 877 p.; BARROSO, L. R. *A vida, o direito e algumas ideias para o Brasil*. 1. ed. São Paulo: Migalhas, 2016. v. 1. 206 p.; BARROSO, L. R. *O controle de constitucionalidade no direito brasileiro*: exposição sistemática da doutrina e análise crítica da jurisprudência. 7. ed. São Paulo: Saraiva, 2016. v. 1. 454 p.; BARROSO, L. R. *La dignidad de la persona humana en el derecho constitucional contemporáneo*: La construcción de un concepto jurídico a la luz de la jurisprudencia mundial. 1. ed. Bogotá: Universidad Externado de Colombia, 2014. v. 70. 253 p.; BARROSO, L. R. *Direitos sociais em debate*. 1. ed. Rio de Janeiro: Campus/Elsevier, 2012. v. 1. 283 p.; BARROSO, L. R. *A dignidade da pessoa humana no direito constitucional contemporâneo*: a construção de um conceito jurídico à luz da jurisprudência mundial. 1. ed. Belo Horizonte: Fórum, 2012. v. 1. 132 p.; BARROSO, L. R.; CLÈVE, Clèmerson Merlin (Org.). *Doutrinas essenciais direito constitucional*. 1. ed. Rio de Janeiro: Revista dos Tribunais, 2011. v. 7; BARROSO, L. R. *Temas de direito constitucional*. 1. ed. Rio de Janeiro: Renovar, 2009. t. IV. 680 p.; BARROSO, L. R. *Interpretação e aplicação da Constituição*: fundamentos de uma dogmática constitucional transformadora. 7. ed. São Paulo: Saraiva, 2009. v. 1. 432 p.; BARROSO, L. R. *O direito constitucional e a efetividade de suas normas*: limites e possibilidades da Constituição brasileira. 9. ed. Rio de Janeiro; São Paulo: Renovar, 2008. v. 1. 410 p.; BARROSO, L. R. *El neoconstitucionalismo y la constitucionalización del derecho*. México: Universidad Nacional Autónoma de México, 2008. v. 1. 68 p.; BARROSO, L. R. *A reconstrução democrática do direito público no Brasil*. 1. ed. Rio de Janeiro: Renovar, 2007. v. 1. 790 p.; BARROSO, L. R. *Constituição da República Federativa do Brasil anotada*. 5. ed. São Paulo: Saraiva, 2006. v. 1. 1155 p.; BARROSO, L. R.; TIBURCIO, Carmen (Org.). *O direito internacional contemporâneo*: Estudos em homenagem ao Prof. Jacob Dolinger. 1. ed. Rio de Janeiro: Renovar, 2006. v. 1. 888 p. BARROSO, L. R. *Temas de direito constitucional*. Rio de Janeiro-São Paulo: Renovar, 2005. t. III. 601 p.; BARROSO, L. R. *Temas de direito constitucional*. Rio de Janeiro-São Paulo: Renovar, 2003. t. II. 688 p.; BARROSO, L. R. *Temas de direito constitucional*. 2. ed. Rio de Janeiro-São Paulo: Renovar, 2002. t. I. 645 p.; BARROSO, L. R. *Direito constitucional brasileiro*: o problema da federação. Rio de Janeiro: Forense, 1982. v. 1. 157 p.

e no concurso para professor de Direito Constitucional da UERJ, e no concurso para procurador do Município do Rio de Janeiro), pude, há muito e como muitos, aprender com o seu conhecimento, responsabilidade, inteligência e compromisso acadêmico e profissional.

2   O artigo

O artigo se destina a explorar a gênese de um novo direito fundamental: a proteção dos dados pessoais. Ele se inicia pela análise da proteção do direito à privacidade pela Constituição de 1988, destacando que, embora o constituinte tenha conferido relevância à tutela desse direito, inclusive criando ação constitucional que foi adotada em diversos países latino-americanos (*habeas data*), diversos fatores levaram a que a sua efetividade fosse reduzida. Em seguida serão expostas concepções pioneiras na doutrina brasileira acerca do direito à proteção de dados, que criaram as condições favoráveis ao posterior reconhecimento desse direito pelo Supremo Tribunal Federal, à época como um direito fundamental implícito, extraído da cláusula materialmente aberta inscrita no art. 5, §2º, da CF/88 (o que é objeto da seção seguinte). Por fim, serão analisadas as fundamentalidades material e formal desse direito, os fundamentos da sua autonomia em relação à privacidade e a sua importância na atual sociedade de informação.

3   A proteção à privacidade na Constituição de 1988: o otimismo frustrado

A Constituição de 1988 possui diversos dispositivos destinados a tutelar aspectos distintos da vida privada. O dispositivo central é o inc. X, do art. 5º: "são invioláveis a intimidade, a vida privada, a honra e a imagem das pessoas, assegurado o direito a indenização pelo dano material ou moral decorrente de sua violação". Além disso, manteve-se a tradição constitucional brasileira, iniciada já na Constituição imperial de 1824,[3] de proteger-se a inviolabilidade de domicílio[4] e o sigilo das comunicações.[5]

Relevantíssima inovação foi a criação do *habeas data*, instrumento processual destinado à temática dos bancos de dados de caráter público sobre informações pessoais.[6] Alguns autores extraíram desta nova ação judicial um correlato direito material ao acesso e à retificação dos dados pessoais.[7]

Foi uma clara resposta do constituinte de 1988 ao uso, pelo regime militar brasileiro, de informações pessoais pelos órgãos de segurança,[8] e revela claramente a sua preocupação com os riscos gerados pelo processamento amplo de dados pessoais

---

[3]   Art. 179, CF/1824.

[4]   Art. 5º, XI, CF/88.

[5]   Art. 5º, XII, CF/88.

[6]   Art. 5º, LXXII, CF/88.

[7]   PERTENCE, Sepúlveda. *Dois instrumentos de garantia de direitos*: habeas corpus, ação popular, direito de petição, mandado de segurança individual e coletivo, mandato de injunção e habeas data. Seminário sobre Direito Constitucional. Brasília: Conselho da Justiça Federal, 1992. Série Cadernos do CEJ. p. 54.

[8]   Luís Roberto Barroso considera que esses órgãos se envolveram na política ordinária, mergulhando "num terreno pantanoso de perseguições a adversários, operando frequentemente nas fronteiras da marginalidade". Prossegue afirmando que "a comunidade de informações passou a constituir um poder paralelo e agressivo, que, por vezes, sobrepunha-se ao poder político institucional, valendo-se de meios ilícitos para fins condenáveis" (BARROSO,

por órgãos públicos. Esta inovação teve notável influência na América Latina, diante do cenário comum de superação de ditaduras militares, em que abusos semelhantes foram praticados pelas "comunidades de informação".[9] [10]

Apesar da postura favorável da Constituição de 1988 à privacidade, em um primeiro momento prevaleceu uma posição reducionista sobre o seu escopo, particularmente sobre a proteção dos dados pessoais.

Destaque-se a manutenção da orientação restritiva na ordem constitucional anterior no sentido de que a obtenção de informações pessoais se guiaria pelo binômio sigilo/acesso, e que a garantia do sigilo dependeria essencialmente da conexão dos dados pessoais com questões íntimas.[11] Dados referíveis a pessoas determinadas, mas que não se vinculassem à sua vida privada, não seriam alcançados pela proteção constitucional.[12]

Também não seriam objeto de proteção os dados armazenados, apenas aqueles em fluxo de comunicação. Esta posição prevaleceu no Supremo Tribunal Federal (STF) quando do julgamento do RE nº 418.416-8/SC,[13] ocasião em que o seu relator, Min. Sepúlveda Pertence, afirmou que o art. 5º, XII, da CF/88, ao se referir textualmente ao "sigilo das comunicações telegráficas, de dados", vinculara as expressões "comunicações" e "dados", de modo a apenas proteger o sigilo dos dados em trânsito, e não dos próprios dados.[14] [15]

Luís Roberto. A viagem redonda: habeas data, direitos constitucionais e provas ilícitas. *In*: WAMBIER, Teresa Arruda Alvim (Coord.). *Habeas data*. São Paulo: RT, 1998.

[9] É o caso, por exemplo, da Colômbia, Paraguai, Peru, Argentina, Equador, Venezuela e Chile.

[10] Antes da Constituição de 1988, os estados do Rio de Janeiro e de São Paulo possuíam leis bastante avançadas sobre a matéria, na medida em que previam o direito ao acesso e à retificação de dados pessoais, a vinculação a finalidades específicas e a exigência de consentimento informado. Clèmerson Merlin Clève atribui a José Afonso da Silva a proposta da criação do *habeas data*, que já contava do projeto de Constituição elaborado pela Comissão Afonso Arinos. Neste, a proposta tinha teor inovador, na medida em que previa um direito material à proteção de dados pessoais não apenas com as prerrogativas de acesso e retificação, mas também com a vedação ao armazenamento de informações sobre "atividades políticas e a vida privada" (CLÈVE, Clèmerson Merlin. Habeas data: algumas notas de leitura. *In*: WAMBIER, Teresa Arruda Alvim (Org.). *Habeas data*. São Paulo: RT, 1998. p. 75).

[11] DONEDA, Danilo. *Da privacidade à proteção de dados pessoais*: fundamentos da lei geral de proteção de dados. 3. ed. São Paulo: Thomson Reuters Brasil, 2021. p. 269.

[12] STF, Pleno. RE nº 418416-8/SC. Rel. Min. Sepúlveda Pertence, j. 10.5.2006. Com efeito, a positivação expressa dos direitos fundamentais à intimidade e à vida privada conduzia à interpretação de que as informações íntimas seriam objeto de tutela jurídica, mas não as demais informações referíveis a pessoas determinadas. Assim, a possibilidade do uso destas informações por terceiros flutuava em razão do seu conteúdo, ou seja, da sua conexão com a intimidade. Além disso, a proteção da privacidade se dava essencialmente pelo sigilo, ou seja, pela vedação à captação e uso destas informações por terceiros, ao invés da regulação dos termos em que seria admissível o seu processamento.

[13] Tratava-se de recurso extraordinário interposto em face de acórdão do Tribunal de Justiça de Santa Catarina que mantivera a sua condenação criminal por violação ao art. 203 do Código Penal: "frustrar, mediante fraude ou violência, direito assegurado pela legislação do trabalho".

[14] Utilizou-se como base teórica o influente artigo de Tércio Sampaio Ferraz Jr., que, em síntese, considerava que a expressão "dados" a que se refere o inc. XIII, do art. 5º, deve ser interpretada como "dados informáticos", na linha do que propunha Manoel Gonçalves Ferreira Filho, com base na premissa de se tratar de inovação da Constituição de 1988 motivada pela evolução da informática. Assim, o sigilo estaria vinculado "à comunicação, no interesse da defesa da privacidade", o que seria confirmado pela literalidade do dispositivo, ao estabelecer conexão entre as expressões "dados" e "comunicações". Desse modo, "o que fere a liberdade de omitir pensamento é, pois, entrar na comunicação alheia, fazendo com que o que deveria ficar entre sujeitos que se comunicam privadamente passe legitimamente ao domínio de terceiro" (FERRAZ JR., Tércio Sampaio. Sigilo de dados: o direito à privacidade e os limites à função fiscalizadora do Estado. *Cadernos de Direito Constitucional e Ciência Política*, São Paulo, n. 1, p. 439-459, 1993). O artigo também foi publicado na *Revista da Faculdade de Direito da Universidade de São Paulo*, v. 88, p. 447, 1993.

[15] Essa orientação foi reiterada, entre outros, no HC nº 91.867/PA, em que se analisava a licitude da conduta de policiais que, quando da prisão em flagrante do réu, apreenderam aparelhos celulares e analisaram os registros

Não há dúvida que o sigilo das informações íntimas e da comunicação de dados pessoais consiste em elemento que compõe, respectivamente, os âmbitos de proteção dos direitos à privacidade e ao sigilo das comunicações. Porém, em razão de as pessoas atualmente serem reconhecidas em diversas esferas por perfis criados a partir da coleta e do tratamento automatizado dos seus dados pessoais, parece claro que a negativa de uma proteção constitucional aos dados pessoais em geral (abrangendo os que não estejam diretamente vinculados a questões íntimas ou se encontrem armazenados) gera graves riscos ao livre desenvolvimento da personalidade, e consequentemente ao princípio da dignidade da pessoa humana em sua vertente da autonomia.

Outra frustração se verificou com a reduzida eficácia prática do *habeas data*, contrastando com o seu forte efeito simbólico para além das fronteiras nacionais. Diversos fatores conduziram a esse resultado: primeiro, a ênfase no aspecto processual (criação de nova ação constitucional), e o silêncio sobre a dimensão material (direito subjetivo de acesso e retificação dos dados pessoais) não alcança as necessidades contemporâneas no tratamento do tema. Segundo, a necessidade de prévio pedido administrativo,[16] a acolhida cautelosa do novo instituto pelos Tribunais,[17] entre outros fatores, limitaram bastante a sua efetividade mesmo para as suas finalidades típicas (acesso e retificação de informações pessoais constantes de bancos de dados de caráter público), que dirá para o enfrentamento dos desafios contemporâneos da sociedade de informação.

4 O início do reconhecimento doutrinário do direito fundamental à proteção de dados pessoais

Tanto no plano dos tratados internacionais, quanto no das Constituições nacionais, ainda é incipiente a positivação expressa de um direito fundamental autônomo à proteção de dados pessoais. A propósito, Ingo Sarlet salienta:

> inexiste previsão expressa de um direito humano correspondente no sistema internacional da ONU, bem como nas Convenções Europeia e Interamericana, de tal sorte que, por ora, apenas mediante o labor dos órgãos judiciários que velam pela interpretação/aplicação dos tratados é possível deduzir tal direito na condição de direito implicitamente consagrado, o que, aliás, se dá, ainda em ampla medida, no caso das constituições.[18]

---

de ligações telefônicas, onde foram constadas ligações entre o executor do homicídio e o réu. Considerou-se que esses dados sobre ligações telefônicas não se conectam com "nenhum valor constitucionalmente protegido, [...] mera combinação numérica, (que) de per si nada significa, apenas um número de telefone". Ademais, na esteira do precedente citado, afirmou-se que "não se pode interpretar a cláusula do artigo 5º, XII, da CF, no sentido de proteção aos dados enquanto registro, depósito registral. A proteção constitucional é da comunicação 'de dados' e não os 'dados'" (STF, 2ª Turma, HC nº 91.867/PA. Rel. Min. Gilmar Mendes, j. 24.4.2012, voto do relator, p. 9).

[16] Art. 2º da Lei nº 9.507/97.

[17] LOPES, Maurício Antônio Ribeiro; LOPES, Vera Maria Nusdeo. O habeas data no direito brasileiro – Retrospectiva crítica da doutrina e da jurisprudência. *In*: WAMBIER, Teresa Arruda Alvim (Org.). *Habeas data*. São Paulo: RT, 1998.

[18] SARLET, Ingo. Fundamentos constitucionais: o direito fundamental à proteção de dados. *In*: MENDES, Laura Shertel; DONEDA, Danilo; SARLET, Ingo; RODRIGUES JR., Otávio Luiz (Org.); BIONI, Bruno (Coord.). *Tratado de proteção de dados pessoais*. Rio de Janeiro: Forense, 2021. p. 26.

No direito brasileiro, mesmo antes da Emenda Constitucional (EC) nº 115/2022 e de paradigmáticos julgados do STF, alguns autores já haviam se pronunciado a favor da autonomia do direito à proteção de dados pessoais em relação à privacidade. Por exemplo, Ingo Sarlet destaca que o âmbito de proteção do primeiro é mais amplo do que o do segundo, pois abarcaria todos os dados que permitam a identificação de determinada pessoa. Ademais, reconhece tratar-se de direito materialmente fundamental, pois:

> não acarreta maior dificuldade demonstrar a relevância para a esfera individual de cada pessoa e para o interesse coletivo (da sociedade organizada e do Estado), dos valores, princípios e direitos fundamentais associados à proteção de dados pessoais e por ela protegidos. Nesse sentido, afirma merecerem destaque, entre outros, o princípio da dignidade humana, o direito ao livre desenvolvimento da personalidade e o direito à privacidade [...].[19]

No mesmo sentido, Laura Schertel Mendes assinala que, diante da ampla tutela da personalidade e da vida privada, não faz sentido excluir da sua incidência a proteção dos dados pessoais, pois atualmente a privacidade está muito mais colocada em risco pela massiva e automatizada captação de dados pessoais do que pelos "métodos tradicionais", como os paparazzi e jornais sensacionalistas.[20]

Regina Linden Ruaro, Daniel Piñeiro Rodriguez e Brunize Finger, já em 2011, defendiam a autonomia do direito à proteção de dados, sob o argumento de que a privacidade enfatizara "instrumentos exclusivamente individuais de proteção", ao passo que o avanço no processamento de dados torna imperioso o aprimoramento dos deveres estatais de proteção do indivíduo.[21]

Essas contribuições doutrinárias foram fundamentais para que o Supremo Tribunal Federal passasse a reconhecer que, mesmo antes de formalmente positivado na Constituição de 1988, a proteção de dados pessoais já consistia em direito fundamental implícito, autônomo em relação à privacidade.

5 Novas perspectivas na jurisprudência do STF

Pode-se considerar o início de uma nova fase da jurisprudência do STF, mais atenta às necessidades contemporâneas da proteção dos dados pessoais, o julgamento do RE nº 673.707. Tratava-se, na origem, de *habeas data* impetrado para garantir o acesso a informações do Sistema de Conta-Corrente de Pessoa Jurídica, da Receita Federal (Sincor).[22] Na ocasião, o STF reverteu a decisão do TRF da 1ª Região, que negara existir dever de a Receita Federal fornecer "informações complexas onerosas e gerais, oriundas de cadastro que não tem caráter público". Considerou, ao revés, que os contribuintes

---

[19] SARLET, Ingo. Fundamentos constitucionais: o direito fundamental à proteção de dados. *In*: MENDES, Laura Shertel; DONEDA, Danilo; SARLET, Ingo; RODRIGUES JR., Otávio Luiz (Org.); BIONI, Bruno (Coord.). *Tratado de proteção de dados pessoais*. Rio de Janeiro: Forense, 2021. p. 28-29.

[20] MENDES, Laura Shertel. Habeas data e autodeterminação informativa: os dois lados de uma mesma moeda. *In*: MENDES, Laura Shertel; ALVES, Sérgio Garcia; DONEDA, Danilo. *Internet e regulação*. São Paulo: Saraiva, 2021. p. 309.

[21] RUARO, Regina Linden; RODRIGUEZ, Daniel Piñeiro; FINGER, Brunize. O direito à proteção de dados e a privacidade. *Revista da Faculdade de Direito – UFPR*, Curitiba, n. 53, p. 45-67, 2011. p. 10.

[22] STF, Pleno. RE nº 673.707. Rel. Min. Luiz Fux, j. 17.6.2015. DJe, 30 set. 2015, Tema nº 582 da repercussão geral.

têm direito ao acesso a informações em seu nome armazenadas em banco de dados gerido pelo Receita Federal, com a finalidade de preservar "o *status* de seu nome, planejamento empresarial, estratégia de investimento e, em especial, a recuperação de tributos pagos indevidamente".

Para além do resultado em si da decisão, é relevante notar que o relator definiu de maneira ampla o objeto do *habeas data*, a partir de um conceito igualmente abrangente de bancos de dados, "entendidos em seu sentido mais lato, abrangendo tudo que diga respeito ao interessado, seja de modo direto ou indireto". Alinhou-se, assim, ao conceito de dados pessoais como quaisquer informações referíveis a determinado indivíduo. Além disso, o Min. Gilmar Mendes vislumbrou a possibilidade de o caso vir a ser "o marco inicial de uma vitalização do *habeas data* em uma percepção mais ampla, para além da questão procedimental, voltando-se ao reconhecimento de um direito fundamental à autodeterminação informativa".[23]

A consolidação dessa nova fase se deu com o paradigmático julgamento das ADIs nºs 6.387, 6.388, 6.390 e 6.393,[24] em que a decisão liminar da relatora, Min. Rosa Weber, foi referendada pela maioria dos membros do STF, para suspender a eficácia da Medida Provisória nº 954/2020.

Nos termos do seu art. 2º:

> as empresas de telecomunicação prestadoras do STFC (Serviço Telefônico Fixo Comutado) e do SMP (Serviço Móvel Pessoal) deverão disponibilizar à Fundação IBGE, em meio eletrônico, a relação dos nomes, dos números de telefone e dos endereços de seus consumidores, pessoas físicas ou jurídicas.

Como se vê, esse dispositivo previa a obrigatoriedade de as empresas de telefonia fornecerem um conjunto amplíssimo de dados sobre os usuários dos seus serviços ao Instituto Brasileiro de Geografia e Estatística, "para a produção estatística oficial, com o objetivo de realizar entrevistas em caráter não presencial no âmbito de pesquisas domiciliares" (art. 2º, §2º).

Apesar de a medida provisória conter limitações formais,[25] a Ministra Rosa Weber considerou:

> tais informações, relacionadas à identificação – efetiva ou potencial – de pessoa natural, configuram dados pessoais e integram, nessa medida, o âmbito de proteção das cláusulas constitucionais assecuratórias da liberdade individual (art. 5º, caput), da privacidade e do livre desenvolvimento da personalidade (art. 5º, X e XII). Sua manipulação e tratamento,

---

[23] Nesta linha, como bem salientou Laura Schertel Mendes, "se a CF prevê o habeas data como uma garantia processual à disposição do indivíduo para ter acesso ou corrigir os dados que lhe digam respeito, é lógico supor que há um direito material que suporte essa garantia processual: o direito fundamental à proteção de dados ou o direito à autodeterminação informativa, para usar a terminologia do direito alemão" (MENDES, Laura Shertel. Habeas data e autodeterminação informativa: os dois lados de uma mesma moeda. *In*: MENDES, Laura Shertel; ALVES, Sérgio Garcia; DONEDA, Danilo. *Internet e regulação*. São Paulo: Saraiva, 2021. p. 305).

[24] STF, Plenário. Rel. Min. Rosa Weber, j. 7.5.2020.

[25] O art. 3º buscava estabelecer limitações ao uso desses dados, resguardando o seu caráter sigiloso (i), a sua vinculação à finalidade antes mencionada (ii), a vedação ao uso como prova em processo administrativo, fiscal ou judicial (iii), a disponibilização a outros órgãos públicos (§1º), e, após o seu uso, o dever de divulgar as situações em que os dados foram usados e relatório sobre o impacto à proteção dos dados pessoais (§2º). Já o art. 4º previa que, superada a questão de emergência decorrente da pandemia do coronavírus, as informações seriam eliminadas.

desse modo, hão de observar, sob pena de lesão a esses direitos, os limites delineados pela proteção constitucional. Decorrências dos direitos da personalidade, o respeito à privacidade e à autodeterminação informativa foram positivados, no art. 2º, I e II, da Lei nº 13.709/2018 (Lei Geral de Proteção de Dados Pessoais), como fundamentos específicos da disciplina da proteção de dados pessoais.

O voto do Ministro Luís Roberto Barroso bem equacionou juridicamente a questão. Cuidava-se de típico caso de ponderação entre princípios constitucionais: de um lado, a estatística, enquanto instrumento destinado a prover de dados confiáveis a concepção e implementação de políticas públicas; de outro, a privacidade, "que é o direito que toda pessoa tem de ter uma esfera da sua vida que não seja acessível, quer ao Estado, quer a outras pessoas, salvo, eventualmente, por vontade própria".[26]

Destaca, inicialmente, que dados objetivos e confiáveis são fundamentais à elaboração de políticas públicas pelo Estado e ao desenvolvimento econômico (diante do fato de as empresas contemporâneas mais valiosas terem como principal ativo o processamento de dados). Embora a "revolução industrial da internet", com a notável expansão da captação e do processamento de dados pessoais, tenha proporcionado "grandes vantagens" especialmente no plano da comunicação, trouxe também "riscos e ameaças graves", como campanhas de desinformação, difamação, de ódio, *deep fakes*, milícias digitais robotizadas, hackeamentos, uso indevido de dados para fins políticos etc.

Apesar de atribuir enorme importância aos dados, considera que, diante de a medida provisória não prover elementos de segurança a respeito das cautelas adequadas ao seu compartilhamento, nem haver sido precedida de um debate necessário sobre quais seriam essas medidas, vislumbra significativo risco de malversação desses dados, com prejuízos à privacidade.

A decisão é relevante por diversas razões, destacando-se o reconhecimento da existência do direito à autodeterminação informativa como consequência da liberdade individual, da privacidade e do livre desenvolvimento da personalidade.[27] Além disso, o Tribunal bem notou que o chefe do Poder Executivo não se desincumbiu do ônus de demonstrar que a medida seria necessária à proteção de interesse público legítimo, sequer esclarecendo minimamente como e para que esse volume massivo de dados seria usado.

---

[26] Voto do Ministro Luís Roberto Barroso na ADI nº 6.387, p. 1.

[27] No mesmo sentido, o Ministro Luiz Fux reconheceu que "a proteção de dados pessoais e a autodeterminação informativa são direitos fundamentais autônomos, que envolvem uma tutela jurídica e âmbito de incidência específicos. Esses direitos são extraídos da interpretação integrada da garantia da inviolabilidade da intimidade e da vida privada (art. 5º, X), do princípio da dignidade da pessoa humana (art. 1º, III) e da garantia processual do habeas data (art. 5º, LXXII), todos previstos na Constituição Federal de 1988". O Ministro Gilmar Mendes também defendeu a autonomia do direito fundamental à proteção de dados pessoais. Em suas palavras: "a afirmação da autonomia do direito fundamental à proteção de dados pessoais – há de se dizer – não se faz tributária de mero encantamento teórico, mas antes da necessidade inafastável de afirmação de direitos fundamentais nas sociedades democráticas contemporâneas. Também reconhece a dupla dimensão desse direito, pois ele "envolve, em uma perspectiva subjetiva, a proteção do indivíduo contra os riscos que ameaçam a sua personalidade em face da coleta, processamento, utilização e circulação dos dados pessoais e, em uma perspectiva objetiva, a atribuição ao indivíduo da garantia de controlar o fluxo de seus dados". Conferir, a propósito, MENDES, Laura Shertel. Habeas data e autodeterminação informativa: os dois lados de uma mesma moeda. In: MENDES, Laura Shertel; ALVES, Sérgio Garcia; DONEDA, Danilo. *Internet e regulação*. São Paulo: Saraiva, 2021. p. 306.

Apesar de prever formalmente o seu "sigilo" e a vedação ao compartilhamento com outros órgãos públicos, "não apresenta mecanismo técnico ou administrativo apto a proteger os dados pessoais de acessos não autorizados, vazamentos acidentais ou utilização indevida", não promovendo efetiva proteção aos direitos fundamentais citados, o que era agravado por não se encontrar vigente à época a Lei Geral de Proteção de Dados (LGPD).

Note-se, por fim, que a excepcionalidade inerente à pandemia suscitou debates sobre a relativização de padrões de privacidade.[28] A decisão do Supremo, ao negar o emprego do argumento genérico do "estado de exceção sanitário" e ao exigir medidas concretas de salvaguarda do direito à proteção dos dados pessoais, revelou cumprimento fiel ao seu papel de guardião dos direitos fundamentais, que se revela especialmente importante e difícil em contextos de crise como o da pandemia de Covid-19.

Por fim, o voto do Min. Luís Roberto Barroso enfatiza, nas esferas pública e privada, a importância dos dados para a concepção de políticas públicas eficazes e para a produção de riqueza. Além disso, destaca a importância do compartilhamento de dados no âmbito da Administração Pública, de maneira que a invalidação da medida provisória decorreu essencialmente de uma análise casuística acerca da ausência do necessário debate público e de clareza sobre a adoção de medidas adequadas para a segurança e para se evitar usos indevidos dos dados pessoais em questão.

6 As fundamentalidades material e formal do direito fundamental à proteção de dados

Em 10.2.2022, o Congresso Nacional aprovou o Projeto de Emenda Constitucional (PEC) nº 17/2019, que veio a se tornar a Emenda Constitucional (EC) nº 115/2022, *verbis*:

> Art. 1º O inciso XII do art. 5º da Constituição Federal passa a vigorar com a seguinte redação:
> "Art. 5º [...]
> XII – é inviolável o sigilo da correspondência e das comunicações telegráficas, de dados e das comunicações telefônicas, salvo, no último caso, por ordem judicial, nas hipóteses e na forma que a lei estabelecer para fins de investigação criminal ou instrução processual penal, *bem como é assegurado, nos termos da lei, o direito à proteção dos dados pessoais, inclusive nos meios digitais;*"
> Art. 2º O caput do art. 22 da Constituição Federal passa a vigorar acrescido do seguinte inciso XXX:
> "Art. 22 [...] XXX – *proteção e tratamento de dados pessoais*". (Grifos nossos)

Vê-se que a emenda constitucional, além de conferir à União Federal a competência privativa para legislar sobre "a proteção e o tratamento de dados pessoais", incluiu o direito à proteção de dados pessoais no rol do art. 5º, o que deixa fora de dúvidas tratar-se de direito formalmente fundamental. Essa inovação é importante para trazer segurança à aplicação da eficácia constitucional reforçada inerente ao regime jurídico

---

[28] VÉLIZ, Carissa. *Privacidade é poder*: por que e como você deveria retomar o controle de seus dados. 1. ed. São Paulo: Contracorrente, 2021. p. 74-75.

dos direitos fundamentais à proteção dos dados pessoais, muito embora nos pareça correta a orientação doutrinária e jurisprudencial exposta nos tópicos anteriores de que já se tratava de direito materialmente fundamental.

Com efeito, o art. 5, §2º da CF/88 contém cláusula de abertura do catálogo constitucional de direitos fundamentais, pois reconhece a fundamentalidade material de outros direitos "decorrentes do regime e dos princípios por ela adotados, ou dos tratados internacionais em que a República Federativa do Brasil seja parte". Em que pese às controvérsias doutrinárias sobre o requisito substantivo de identificação desses "outros direitos",[29] o direito à proteção de dados pessoais preenche os principais critérios, notadamente a relevância constitucional do seu conteúdo à comunidade, não podendo ser deixada inteiramente à regulamentação pelo legislador ordinário,[30] e a sua imprescindibilidade para a proteção da dignidade da pessoa humana,[31] diante da relevância da proteção dos dados pessoais para a autonomia individual em face de medidas opressivas de entidade públicas e privadas.

Parece clara, portanto, a sua fundamentalidade material.[32] Essa conclusão é reforçada quando se analisa a preocupação do constituinte de 1988 em salvaguardar a privacidade (art. 5º, X) e particularmente os dados pessoais constantes de bancos de dados de caráter público, com a previsão do *habeas data* no art. 5º, LXXII.

Além disso, o reconhecimento da autonomia desse direito em relação à privacidade é bastante relevante no contexto atual da sociedade da informação.[33] Não há dúvida da proximidade entre esses direitos, e mesmo da existência de zonas de superposição em seus âmbitos de incidência, o que não é incomum em se tratando de direitos fundamentais. Isso se evidencia não apenas nas hipóteses de acesso e processamento a dados pessoais sensíveis (*v.g.* convicções filosóficas e religiosas, saúde, orientação sexual etc.), como de dados pessoais que, embora a princípio não exponham a vida privada do seu titular (CPF, profissão, estado civil etc.), quando processados amplamente por instrumentos de inteligência artificial para criar "perfis" dos seus titulares, capturados por instrumentos de vigilância do uso da internet e/ou usados para fins muito diversos daqueles que ensejaram a sua captura, podem suscitar excessiva exposição da vida privada do indivíduo. A imagem do monitoramento contínuo do indivíduo – em sua

---

[29] Ver, por todos, SARLET, Ingo Wolfgang. *A eficácia dos direitos fundamentais*. 9. ed. Porto Alegre: Livraria do Advogado, 2009. p. 90-156.

[30] ALEXY, Robert. *Teoría de los derechos fundamentales*. Madrid: Centro de Estudios Constitucionales, 1997.

[31] ANDRADE, José Carlos Vieira. *Os direitos fundamentais na Constituição portuguesa de 1976*. 2. ed. Coimbra: Almedina, 2001.

[32] Ingo Sarlet, em posição pioneira, afirmou que o direito à proteção de dados possui tanto fundamentalidade material quanto formal. Material por sua vinculação direta "entre outros, (ao) princípio da dignidade da pessoa humana, (a)o direito ao livre desenvolvimento da personalidade e (a) o direito à privacidade [...]". Formal, pois, "mesmo não sendo expressamente contido no texto constitucional, o direito à proteção de dados pessoais tem status equivalente em termos de hierarquia normativa [...]" (ANDRADE, José Carlos Vieira. *Os direitos fundamentais na Constituição portuguesa de 1976*. 2. ed. Coimbra: Almedina, 2001. p. 29).

[33] Segundo Manuel Castells, a sociedade atual se caracteriza por "um novo modo informacional de desenvolvimento, (em que) a fonte de produtividade acha-se na tecnologia de geração de conhecimento, a informação e o conhecimento são os atores centrais da produção econômica" (CASTELLS, Manuel. *A sociedade em rede*. 3. ed. São Paulo: Paz e Terra, 2000). Bruno Bioni, por sua vez, afirma que na sociedade de informação "a informação é o (novo) elemento estruturante que (re)organiza a sociedade, tal como o fizeram a terra, as máquinas a vapor e a eletricidade, bem como os serviços, respectivamente, nas sociedades agrícola, industrial e pós-industrial" (BIONI, Bruno Ricardo. *Proteção de dados pessoais*: a função e os limites do consentimento. 3. ed. Rio de Janeiro: Forense, 2021. p. 4).

casa pelo assistente de voz, computador e eletrodomésticos "inteligentes", e na rua por câmeras, sensores e redes de *Wi-Fi* – evidencia os riscos à privacidade.

A formação desses perfis ou "dossiês digitais"[34] e a circunstância de a pessoa real se ver de certa forma refém ou estigmatizada por uma espécie de "biografia digital"[35] evidenciam que o direito ao conhecimento e à retificação dos dados pessoais constantes desse banco de dados se conecta mais diretamente à cláusula geral de proteção da personalidade e à dignidade da pessoa humana enquanto autonomia, do que à privacidade, pois visa a resguardar essencialmente a capacidade de a pessoa tomar decisões livres. Não se busca proteger o sigilo de informações íntimas, mas apenas a exatidão de dados pessoais processados de modo informatizado.[36]

Sobre este ponto, esclarece Stefano Rodotà que à privacidade tradicionalmente foi atribuída uma dimensão negativa e estática, guiada pela possibilidade de o titular privar terceiros do acesso a informações íntimas. O direito à proteção de dados pessoais não se orienta por essa lógica de sigilo, na medida em que reconhece a possibilidade de captação e processamento de dados pessoais por terceiros, conferindo, porém, ao seu titular poderes para que lhe sejam asseguradas medidas de controle dessas atividades.[37]

Assim, embora apresente íntimas conexões com a privacidade, o direito à proteção de dados pessoais desempenha funções autônomas e relevantes na atual sociedade de informação. A percepção do quanto a formação de perfis digitais implica "categorização das pessoas", que condiciona radicalmente as suas oportunidades econômicas e existenciais,[38] evidencia que a captação massiva de dados pessoais pode levar a uma "ditadura de dados",[39] amesquinhadora da liberdade individual.

Prejuízos também podem ser causados à igualdade, pois os algoritmos podem reproduzir preconceitos de quem os concebeu, reduzir ainda mais as oportunidades de grupos desfavorecidos, promover distinções arbitrárias entre pessoas etc.

Exemplo de como a captação indiscriminada dos seus dados pode ser opressiva ao cidadão é o sistema de crédito social chinês. Trata-se de utilização de *big data* para a massiva captação de dados pessoais e a sua aplicação para todas as áreas da vida, guiada por padrões morais de credibilidade. Conforme esclarece Carissa Vèlez, "ações

---

[34] SOLOVE, Daniel. *The digital person*: technology and privacy in the informational age. New York: New York University Press, 2004. p. 3.

[35] SOLOVE, Daniel. *The digital person*: technology and privacy in the informational age. New York: New York University Press, 2004. p. 44.

[36] BIONI, Bruno Ricardo. *Proteção de dados pessoais*: a função e os limites do consentimento. 3. ed. Rio de Janeiro: Forense, 2021. p. 58-59.

[37] RODOTÀ, Stefano. *A vida na sociedade de vigilância*: a privacidade hoje. Organização de Maria Celina Bodin de Moraes. Rio de Janeiro: Renovar, 2008.

[38] Bruno Bioni cita como exemplos "processos seletivos na área de recursos humanos, para a concessão de crédito, para a estipulação de prêmios nos contratos securitários e até mesmo o risco de não embarcar em um avião, porque seus hábitos alimentares podem ser coincidentes com o perfil de um terrorista. Essas são amostras de que a categorização da pessoa, a partir dos seus dados pessoais, pode repercutir nas suas oportunidades sociais, no contexto de uma sociedade e uma economia movida por dados. Por exemplo, o próprio modelo de consumo pode ser modelado com base no histórico de compras. Por meio dele, cria-se um perfil do consumidor para direcionar preços de acordo com a sua respectiva capacidade econômica (price-discrimination)" (BIONI, Bruno Ricardo. *Proteção de dados pessoais*: a função e os limites do consentimento. 3. ed. Rio de Janeiro: Forense, 2021. p. 88).

[39] A expressão é de MAYER, Jonathan; NARAYANAN, Arvind. Do not track: universal web tracking opt-out. *IAB Internet Privacy Workshop Position Paper*, nov. 2010.

boas fazem você ganhar pontos e ações ruins fazem você perder pontos. Comprar fralda lhe rende pontos. Jogar vídeo game, comprar álcool ou espalhar fake news faz com que você perca pontos".[40] As significativas repercussões na vida de cidadãos da sua pontuação – vantagens ou desvantagens em lista de espera, preços de serviços públicos e privados, acesso ao trabalho e ao crédito, tendo inclusive levado à proibição de que milhões de chineses comprassem passagens aéreas e de trens de alta velocidade e à instalação de câmeras nas portas das residências para o governo checar se as pessoas cumpriam a quarentena durante a pandemia – tornam evidente o risco à liberdade individual.

A tutela das liberdades pressupõe certa dose de ignorância sobre o comportamento humano. Este cenário draconiano de regimes autoritários ajuda a tornar ainda mais nítidos os riscos gerados pela captação massiva de dados para a categorização de pessoas a partir de perfis digitais mesmo em sociedades democráticas. Esse fenômeno pode restringir o acesso a relevantes oportunidades econômicas e existenciais e estabelecer discriminações irrazoáveis entre pessoas, a partir de mecanismos pouco transparentes fora das entidades públicas e privadas que os captam e processam (ou dos respectivos agentes com poderes de comando sobre tais atividades).

O desenvolvimento exponencial desses mecanismos tecnológicos de captação e processamento de dados pessoais, e os múltiplos usos econômicos e políticos que a evolução tecnológica permitiu, fizeram com que a informação, que sempre representou fonte de poder e riqueza, se transformasse no principal ativo das sociedades contemporâneas. Neste contexto, a afirmação de um direito fundamental à proteção de dados, autônomo em relação à privacidade, liberdade e demais direitos fundamentais – cumpre a notável função de tornar qualquer atividade de captação e processamento de dados pessoais uma restrição ao respectivo direito fundamental, suscitando a necessidade de especial justificação à luz da sua eficácia constitucional reforçada.

Como em outros países, particularmente no contexto europeu, o "reconhecimento" desse novo direito fundamental no Brasil foi fruto de uma rica contribuição entre membros da sociedade civil, professores de direito e juízes, que sedimentaram o caminho para o seu posterior reconhecimento pelo legislador (no caso brasileiro, pelo poder constituinte derivado, o que distinguiu positivamente a nossa experiência ao formalmente vincular a tutela desse direito à esfera constitucional e à eficácia reforçada dos direitos fundamentais).

O poderio das entidades públicas e privadas que se beneficiam do uso massivo de dados pessoais, a pouca transparência dos métodos de captação e processamento e das finalidades do seu uso, e o elevado valor político e econômico desses dados na atual sociedade de informação revelam que o reconhecimento das fundamentalidades formal e material do direito à proteção de dados, embora seja importantíssimo, é apenas o primeiro passo em um acidentado caminho a ser trilhado.

Competirá à doutrina desenvolver o âmbito de proteção, as dimensões subjetiva e objetiva, a eficácia horizontal desse direito fundamental, entre outros elementos inerentes à gramática dos direitos fundamentais. Aos tribunais, particularmente ao

---

[40] VÉLIZ, Carissa. *Privacidade é poder*: por que e como você deveria retomar o controle de seus dados. 1. ed. São Paulo: Contracorrente, 2021. p. 87.

Supremo Tribunal Federal, serão submetidas difíceis questões relativas à sua aplicação prática, revelando tensão entre, de um lado, órgãos públicos e privados interessados no massivo processamento de dados pessoais para fins diversos (segurança nacional e pública, eficiência na prestação de serviços públicos, criação de novos negócios, lucro etc.), e, de outro, os indivíduos (e atores públicos e privados que suportem a sua causa) interessados em preservar algum controle sobre a gestão e os usos dos seus dados pessoais.

Buscar um equilíbrio entre a proteção da dignidade da pessoa humana, da liberdade, da igualdade e da transparência na gestão desses dados em face da livre iniciativa, do desenvolvimento econômico e da preservação do segredo comercial não será tarefa fácil. Esse desafio também é sentido pelo legislador, como ocorreu com a aprovação de leis, como a Lei Geral de Proteção de Dados (Lei nº 13.709/2018), e os intensos debates travados no Congresso Nacional sobre o combate à desinformação e ao discurso de ódio na internet e a regulação da inteligência artificial. Embora difícil, trata-se de agenda doutrinária, jurisprudencial e legislativa e de debate político essencial à preservação da dignidade da pessoa humana diante dos desafios impostos pelo ritmo avassalador da digitalização no século XXI.

Referências

ALEXY, Robert. *Teoría de los derechos fundamentales*. Madrid: Centro de Estudios Constitucionales, 1997.

ANDRADE, José Carlos Vieira. *Os direitos fundamentais na Constituição portuguesa de 1976*. 2. ed. Coimbra: Almedina, 2001.

BARROSO, Luís Roberto. A viagem redonda: habeas data, direitos constitucionais e provas ilícitas. *In*: WAMBIER, Teresa Arruda Alvim (Coord.). *Habeas data*. São Paulo: RT, 1998.

BARROSO, Luís Roberto. *O direito constitucional e a efetividade de suas normas*: limites e possibilidades da Constituição brasileira. 9. ed. Rio de Janeiro; São Paulo: Renovar, 2008. v. 1. 410 p.

BIONI, Bruno Ricardo. *Proteção de dados pessoais*: a função e os limites do consentimento. 3. ed. Rio de Janeiro: Forense, 2021.

CASTELLS, Manuel. *A sociedade em rede*. 3. ed. São Paulo: Paz e Terra, 2000.

CLÈVE, Clèmerson Merlin. Habeas data: algumas notas de leitura. *In*: WAMBIER, Teresa Arruda Alvim (Org.). *Habeas data*. São Paulo: RT, 1998.

DONEDA, Danilo. *Da privacidade à proteção de dados pessoais*: fundamentos da lei geral de proteção de dados. 3. ed. São Paulo: Thomson Reuters Brasil, 2021.

FERRAZ JR., Tércio Sampaio. Sigilo de dados: o direito à privacidade e os limites à função fiscalizadora do Estado. *Cadernos de Direito Constitucional e Ciência Política*, São Paulo, n. 1, p. 439-459, 1993.

LOPES, Maurício Antônio Ribeiro; LOPES, Vera Maria Nusdeo. O habeas data no direito brasileiro – Retrospectiva crítica da doutrina e da jurisprudência. *In*: WAMBIER, Teresa Arruda Alvim (Org.). *Habeas data*. São Paulo: RT, 1998.

MAYER, Jonathan; NARAYANAN, Arvind. Do not track: universal web tracking opt-out. *IAB Internet Privacy Workshop Position Paper*, nov. 2010.

MENDES, Laura Shertel. Habeas data e autodeterminação informativa: os dois lados de uma mesma moeda. *In*: MENDES, Laura Shertel; ALVES, Sérgio Garcia; DONEDA, Danilo. *Internet e regulação*. São Paulo: Saraiva, 2021.

PERTENCE, Sepúlveda. *Dois instrumentos de garantia de direitos*: habeas corpus, ação popular, direito de petição, mandado de segurança individual e coletivo, mandato de injunção e habeas data. Seminário sobre Direito Constitucional. Brasília: Conselho da Justiça Federal, 1992. Série Cadernos do CEJ.

RODOTÀ, Stefano. *A vida na sociedade de vigilância*: a privacidade hoje. Organização de Maria Celina Bodin de Moraes. Rio de Janeiro: Renovar, 2008.

RUARO, Regina Linden; RODRIGUEZ, Daniel Piñeiro; FINGER, Brunize. O direito à proteção de dados e a privacidade. *Revista da Faculdade de Direito – UFPR*, Curitiba, n. 53, p. 45-67, 2011.

SARLET, Ingo Wolfgang. *A eficácia dos direitos fundamentais*. 9. ed. Porto Alegre: Livraria do Advogado, 2009.

SARLET, Ingo. Fundamentos constitucionais: o direito fundamental à proteção de dados. *In*: MENDES, Laura Shertel; DONEDA, Danilo; SARLET, Ingo; RODRIGUES JR., Otávio Luiz (Org.); BIONI, Bruno (Coord.). *Tratado de proteção de dados pessoais*. Rio de Janeiro: Forense, 2021.

SOLOVE, Daniel. *The digital person*: technology and privacy in the informational age. New York: New York University Press, 2004.

VÉLIZ, Carissa. *Privacidade é poder*: por que e como você deveria retomar o controle de seus dados. 1. ed. São Paulo: Contracorrente, 2021.

Informação bibliográfica deste texto, conforme a NBR 6023:2018 da Associação Brasileira de Normas Técnicas (ABNT):

BRANDÃO, Rodrigo. O direito à proteção de dados pessoais no Brasil: a gênese de um direito fundamental. *In*: OSORIO, Aline; MELLO, Patrícia Perrone Campos; BARROSO, Luna van Brussel (Coord.). *Direitos e democracia*: 10 anos do Ministro Luís Roberto Barroso no STF. Belo Horizonte: Fórum, 2023. p. 527-540. ISBN 978-65-5518-555-3.

UMA IGUALDADE PARA VALER: A ATUAÇÃO DO MINISTRO LUÍS ROBERTO BARROSO NA PROMOÇÃO DA EFETIVIDADE CONSTITUCIONAL A PARTIR DOS VOTOS NA ADC Nº 41 E DA CTA Nº 0600306-47

ADRIANA CRUZ
WALLACE CORBO

Introdução

Não há pessoa estudiosa do direito constitucional brasileiro que não reconheça a relevância ímpar do Professor e Ministro Luís Roberto Barroso. Ao longo das últimas décadas, o ministro foi responsável por formar, direta e indiretamente, gerações de juristas comprometidos com os valores mais caros do constitucionalismo global: a democracia, a liberdade e os direitos fundamentais. É com muita honra, pois, que aceitamos o convite formulado pelas professoras organizadoras desta obra para refletir acerca da atuação do Ministro Luís Roberto Barroso ao longo dos dez anos de sua atuação no Supremo Tribunal Federal.

Este artigo assume como premissa básica, como já fizeram outros autores, que o Ministro Luís Roberto Barroso é responsável por relevante "espírito da época" (*Zeitgeist*) no direito constitucional brasileiro.[1] É um espírito que se traduz nas ideias trabalhadas pelo ministro em sua condição de jurista e intelectual desde a publicação de seu *O direito constitucional e a efetividade de suas normas*.[2] Como costuma expor em palestras e escritos, o Brasil viveu um período duradouro de "frustração constitucional" até o advento da Constituição de 1988.[3] Sua agenda, então, firmou-se no sentido de superar

---

[1] LYNCH, Christian Edward Cyril; MENDONÇA, José Vicente Santos de. Por uma história constitucional brasileira: uma crítica pontual à doutrina da efetividade. *Revista Direito e Práxis*, v. 8, n. 2, 2017. Disponível em: http://www.e-publicacoes.uerj.br/index.php/revistaceaju/article/view/25654. Acesso em: 19 maio 2023.

[2] BARROSO, Luís Roberto. *O direito constitucional e a efetividade de suas normas*: limites e possibilidades da Constituição brasileira. 9. ed. rev. e atual. Rio de Janeiro: Renovar: ABDR, 2009.

[3] BARROSO, Luís Roberto. A efetividade das normas constitucionais revisitada. *Revista de Direito Administrativo*, v. 197, p. 30-60, 1994.

esta frustração, em favor da concretização das promessas constitucionais tidas, até então, como meras declarações despidas de verdadeira normatividade.

Antes de seu ingresso no Supremo Tribunal Federal, o então o jurista trilhou uma jornada acadêmica e profissional que buscou traduzir em doutrina e em prática a ideia de um direito constitucional "para valer".[4] No plano acadêmico, seus livros, artigos e palestras ministradas em todo o Brasil lograram ganhar corações e mentes dos operadores do direito. Não há bibliografia básica de direito constitucional que possa ignorar as obras publicadas pelo Professor Luís Roberto Barroso ao longo das últimas décadas, nem há estudante de direito que dispense a oportunidade de ouvi-lo em auditórios lotados país afora. No plano profissional, sua atuação como advogado público e privado lançou luzes sobre o litígio constitucional de interesse público – a busca da efetividade constitucional perante os tribunais, com vistas à transformação social.

É certo que o ingresso do Ministro Luís Roberto Barroso no Supremo Tribunal Federal inaugurou um novo e essencial momento de sua trajetória e, por que não dizer, na trajetória do direito constitucional brasileiro. Enquanto antes o ministro era um dos doutrinadores mais citados pela Corte e um dos advogados mais reconhecidos na tribuna do Supremo Tribunal Federal; a partir de 26.6.2013, sua agenda passa a ser, a toda evidência, contribuir para o aprimoramento do funcionamento da Corte e para a tradução, nos seus julgados, de uma visão constitucional que já encontrava múltiplos adeptos entre os novos constitucionalistas.

No plano do funcionamento do Supremo Tribunal Federal, as contribuições do ministro se fizeram sentir após um período de diálogo, convencimento e reflexões com seus pares. Apenas para citar uma, entre as principais propostas de Barroso que acabaram por ser amplamente acolhidas, está a fixação de teses jurídicas no julgamento de recursos extraordinários com repercussão geral. A preocupação do ministro com o amplo acervo do Supremo e com a baixa clareza de suas conclusões em julgamentos no modelo *seriatim* esteve presente nas falas do Ministro Barroso desde seus primeiros dias na Corte. Um dos problemas centrais nesse contexto era o fato de que, por vezes, os julgamentos de recursos extraordinários terminavam sem que se soubesse, precisamente, qual tese fora adotada pela maioria dos membros do tribunal. No lugar de recursos voltados à uniformização da interpretação da constitucional, então, os recursos extraordinários com repercussão geral seguiam como instrumentos de solução de problemas *inter partes*. A resistência inicial dos demais membros da Corte foi rapidamente superada pela necessidade de conferir racionalidade e eficiência aos julgamentos do Supremo.

Uma inovação tão pontual multiplicou seus efeitos positivos. Por um lado, aumentou a segurança jurídica para a sociedade em geral e para operadores do direito em específico. Com isso, aumentou-se substancialmente o efeito persuasivo dos julgados do Supremo despidos de eficácia vinculante. Por outro lado, a fixação das teses jurídicas pode ser pensada como um primeiro passo para a recentíssima coroação da tese da eficácia *erga omnes* das decisões proferidas em recursos extraordinários com repercussão geral, conforme consagrado no julgamento do RE nº 955.227/BA. O debate acerca da eficácia subjetiva de tais julgados persistiu por décadas e encontrava, entre seus obstáculos,

---

4   BARROSO, Luís Roberto. A efetividade das normas constitucionais: por que não uma Constituição para valer? *Anais do Congresso Nacional de Procuradores de Estado*, 1986.

a incerteza acerca da *ratio decidendi* dos julgados da Corte. Superada esta incerteza, possibilitou-se então avançar na abstrativização do recurso extraordinário, como hoje se sedimenta.

As inovações institucionais propostas pelo Ministro Barroso configuram, sem dúvida, parte de seus esforços para superar o fenômeno da frustração constitucional – pensada, aqui, a partir das frustrações decorrentes do funcionamento da instituição incumbida da guarda da Constituição. No plano jurisprudencial, no entanto, as contribuições do Ministro Barroso traduziram de maneira ainda mais evidente sua agenda de construção de um constitucionalismo da efetividade. Por vezes, os votos do Ministro Barroso buscaram coordenar normatividade e realidade, de modo a dar concretude, caso a caso, a uma "constituição para valer". É sobre este aspecto da atuação do Ministro Barroso que este artigo pretende se debruçar.

Nos itens que seguem, pretende-se expor brevemente aquilo que parece ser central à doutrina formulada pelo Ministro Luís Roberto Barroso acerca da efetivação das normas constitucionais. A partir disso, serão analisados dois de seus votos paradigmaticamente proferidos como relator em casos levados a julgamento perante o Supremo Tribunal Federal e o Tribunal Superior Eleitoral. Ao fim, demonstra-se como tais votos dialogam com a agenda do constitucionalismo contemporâneo, como representado pelo pensamento do ministro, indicando alguns dos potenciais que se abrem a partir desta abordagem.

1 Breves notas sobre o constitucionalismo da efetividade no pensamento de Luís Roberto Barroso: a proposta de uma Constituição para valer

Muito já se disse, ao longo dos anos, acerca da doutrina[5] brasileira da efetividade, capitaneada pelo Professor Luís Roberto Barroso e por outros expoentes do direito constitucional após o período de redemocratização. O que se pretende não é repetir o que já foi profundamente estudado, nem exaurir tema de décadas de reflexão. Neste item, busco apenas sedimentar algumas das ideias básicas que conduziram o pensamento do jurista Luís Roberto Barroso ao longo dos anos. Ideias que, posteriormente, acabaram por dar a base e fundamento para a transformação concreta do direito constitucional.

Como visto, central à preocupação do Professor Luís Roberto Barroso ao longo dos anos 90 foi o fenômeno da "frustração constitucional".[6] Trata-se do fato de que, por diferentes fatores e em realidades constitucionais múltiplas, diversas normas constitucionais "padecem de um mesmo mal: não são tornadas eficazes na prática, nem aplicadas concretamente".[7] Para enfrentar esse problema, o Professor Luís Roberto

---

[5] É certo que os primeiros julgados com fixação expressa de teses jurídicas ocorreram um pouco antes do ingresso do ministro na Corte, a exemplo do Recurso Extraordinário nº 627.815/PR. Nada obstante, muito antes disso, o ministro já propunha a adoção desta medida, em sede acadêmica, cf. BARROSO, Luís Roberto; MELLO, Patrícia Perrone Campos. Modelo decisório do Supremo Tribunal Federal e duas sugestões de mudança. *In*: BARROSO, Luís Roberto (Org.). Prudências, ousadias e mudanças necessárias ao STF. Conjur, 28 dez. 2010. Disponível em: http://www.conjur.com.br/2010-dez-28/retrospectiva-2010-prudencias-ousadias-mudancas-necessarias-stf. Acesso em: 20 maio 2023.

[6] BARROSO, Luís Roberto. A efetividade das normas constitucionais revisitada. *Revista de Direito Administrativo*, v. 197, p. 30-60, 1994.

[7] BARROSO, Luís Roberto. A efetividade das normas constitucionais revisitada. *Revista de Direito Administrativo*, v. 197, p. 30-60, 1994.

Barroso afastou-se de correntes do direito que renunciavam ao ordenamento e à dogmática jurídica. Pelo contrário, a tarefa por ele assumida foi precisamente a de um retorno ao direito e à dogmática jurídica – até mesmo retomando algumas das premissas do positivismo jurídico, mesmo sem a ele aderir por completo. Consequentemente, o direito constitucional deixaria de ser pensado como algo vazio e vão, avançando para ser tratado como *direito*, construído de maneira técnica e científica por juristas e aplicado de forma concreta pelo Estado em suas diferentes manifestações. A doutrina brasileira da efetividade foi a tradução, assim, da caminhada da normatividade constitucional brasileira em direção à conformação da realidade social do país.

Nesta linha de raciocínio, o Ministro Luís Roberto Barroso inseriu-se em uma tradição que, em muitos aspectos, havia sido interrompida nos anos 60. De Rui Barbosa a José Afonso da Silva, foram diversos os constitucionalistas que buscaram extrair efeitos das normas constitucionais.[8] As diversas classificações que se sucederam no tempo pareciam encontrar uma eficácia crescente naquelas normas. Basta comparar, por exemplo, a ideia de normas não autoaplicáveis, sobre as quais lecionava Rui Barbosa, às normas de eficácia limitada, de que fala José Afonso da Silva. Ainda que estas últimas possuíssem limites na produção de seus efeitos jurídicos, por dependerem de regulamentação infraconstitucional, décadas de evolução do pensamento constitucional permitiam reconhecer múltiplos efeitos produzidos por tais normas – como as eficácias interpretativa, negativa ou vedativa do retrocesso. Apesar disso, as diferentes abordagens quanto à eficácia das normas constitucionais deixavam de lado uma perspectiva central à prática constitucional. Afinal, como converter uma norma dotada de eficácia jurídica em provimentos concretos que transformam a realidade social?

Foi pelo olhar do jurista Luís Roberto Barroso, em sua preocupação com a prática constitucional, que se enfrentou o problema da inefetividade da Constituição. Retomando o conceito de eficácia social, a que aludia Kelsen, o professor inovou ao analisar as normas constitucionais não apenas pelos diferentes graus de eficácia jurídica que produzem, mas especialmente a partir da pergunta central quanto a que direitos subjetivos poderiam delas ser extraídos.

As críticas pontuais à centralidade do conceito de "direitos subjetivos" no contexto constitucional[9] não ofuscam a importância prática desta construção teórica. Ao retirar o olhar da eficácia jurídica, com a qual se preocupam os teóricos, em favor do olhar da efetividade, com o qual se preocupam os agentes do sistema de justiça (e, por que não, a sociedade), a Constituição deixa de ser inócua e torna-se "para valer". É da possibilidade de extrair direitos do texto constitucional que advém, assim, sua adjucabilidade e a possibilidade concreta de transformar os mandamentos constitucionais em realidade – inclusive com a intervenção judicial, quando necessária.

Ao longo dos anos, Luís Roberto Barroso somou à perspectiva da efetividade outros relevantes aportes teóricos: o pós-positivismo, a teoria dos princípios, a análise

---

[8] BARROSO, Luís Roberto. *Interpretação e aplicação da constituição*: fundamentos de uma dogmática constitucional transformadora. Rio de Janeiro: Saraiva, 1996; BARROSO, Luís Roberto. *O direito constitucional e a efetividade de suas normas*: limites e possibilidades da Constituição brasileira. 9. ed. rev. e atual. Rio de Janeiro: Renovar: ABDR, 2009.

[9] SARMENTO, Daniel; SOUZA NETO, Cláudio. *Direito constitucional*: teoria, história e métodos de trabalho. 1. ed. Belo Horizonte: Fórum, 2012.

quanto à legitimidade da jurisdição constitucional. E, no que pese cada uma dessas reflexões tratar de questões jurídicas muito diversas, todas elas se somam para o projeto da doutrina brasileira da efetividade na sua formulação mais objetiva: a de que a Constituição deve valer.

Hoje, um aluno que ingressa em uma faculdade de direito pode tomar as ideias associadas à doutrina da efetividade como basilares, talvez até singelas. Essa é a maior confirmação do sucesso da teoria. O mero olhar para o passado revela que não havia razões para crer, nos anos 80 ou 90, que o direito brasileiro se reencontraria com a Constituição e, esta, com a realidade social. Foi pelas obras, aulas, palestras e atividade prática do Professor e Advogado Luís Roberto Barroso que a doutrina brasileira da efetividade se difundiu e se tornou lugar comum – no melhor sentido da expressão – do direito constitucional. Ao assim transformar este projeto teórico em agenda coletiva de uma comunidade constitucional, o Professor Luís Roberto Barroso também tornou inevitável sua chegada à mais alta Corte do país, inaugurando um novo capítulo no constitucionalismo brasileiro. Um capítulo em que seu papel ultrapassa a construção de teorias ou a representação de pautas, agentes e interesses sociais. Um capítulo que impunha a prática da efetividade pelo olhar da jurisdição constitucional.

2 Uma igualdade para valer (1): aprofundando o debate acerca das ações afirmativas a partir de uma perspectiva de efetividade da política pública de promoção da igualdade racial

Este item explicita de que modo o constitucionalismo brasileiro foi profundamente afetado pela atuação do Ministro Luís Roberto Barroso como relator em ações apresentadas perante o Supremo Tribunal Federal e o Tribunal Superior Eleitoral. Como será visto, foi em dois de seus mais relevantes votos que a agenda de estabelecer uma Constituição "para valer" traduziu-se na construção de um princípio da igualdade igualmente para valer no contexto da discriminação racial.

A concretização da igualdade no campo das relações raciais é um dos maiores desafios do direito brasileiro. No Brasil, o racismo organiza a vida da sociedade e o direito sempre esteve a postos para, explícita ou implicitamente,[10] garantir que as hierarquias entre pessoas em razão de seu pertencimento racial fossem mantidas.[11] Se no passado as interdições para a igualdade estavam normatizadas, o tempo presente nos impõe desnudar as práticas direcionadas à subalternização dos sujeitos. O acesso

---

[10] Citamos como exemplo do que se afirma que, a despeito da vedação formal à discriminação em decorrência da raça, a Constituição de 1934 determinava que fosse estimulada a educação eugênica (art. 138, "b") e autorizava a seletividade étnica como vetor da política imigrantista. Sob o regime da Constituição de 1937, foi editado o conhecido Decreto-Lei nº 7.967/45, que, quanto à política imigrantista, afirmava a necessidade de preservar e desenvolver as características mais convenientes da ascendência europeia da população. Mesmo sob a chamada Constituição Cidadã, é preciso lembrar que o trabalho doméstico só passou a fruir dos mesmos direitos dos demais trabalhadores com a Emenda Constitucional nº 72/2013. Não é possível compreender essa diferenciação sem considerar a sub-representação de mulheres negras neste campo e o impacto desproporcional que esta distinção representava para esse grupo. Para tanto, basta dizer que, de acordo com o DIEESE de 2021, 92% das pessoas ocupadas no trabalho doméstico são mulheres e, entre elas, 65% são negras.

[11] Sobre o papel do racismo e as pretensões de controle da população negra no constitucionalismo brasileiro, confira-se QUEIROZ, Marcos. *Constitucionalismo brasileiro e o Atlântico negro*. 3. ed. Rio de Janeiro: Lumen Juris, 2021.

ao serviço público é um importante veículo para mobilidade social, o que sobreleva a importância dos votos que aqui serão analisados.

É certo que, muito antes dos julgados aqui mencionados, os movimentos sociais e a literatura jurídica – em especial a partir de pensadores e militantes negros – já vinham construindo um pensamento político e jurídico voltado para a promoção da igualdade racial. As ações afirmativas no ensino superior, que enfrentaram resistência inicial de parte relevante da comunidade jurídica, tornaram-se possíveis porque pessoas negras não arrefeceram em sua mobilização social e política. Da mesma maneira, a luta por participação política é parte constitutiva dos movimentos negros desde que foram reorganizados a partir do final dos anos 70. É preciso afirmar, assim, que tais movimentos foram definidores para transformar o pensamento jurídico. Tal transformação viria a ser consagrada, então, pela jurisprudência do Supremo Tribunal Federal – a exemplo do ocorrido no julgamento da ADPF nº 186 – e refletida, mais adiante, nos votos aqui analisados.

O primeiro voto que merece destaque, neste contexto, provém da atuação do Ministro Luís Roberto Barroso no âmbito da ADC nº 41.[12] A ação declaratória de constitucionalidade buscava ver confirmada a constitucionalidade da Lei nº 12.990/2014, que estabelecera a reserva de vagas para pessoas negras em concursos públicos no âmbito federal. Tratou-se de uma das poucas ações declaratórias de constitucionalidade ajuizadas, até então, em matéria de direitos fundamentais. E isso se deu por razões que não merecem celebração. É que, apesar de há muito se haver reconhecido a constitucionalidade de políticas afirmativas pelo Supremo Tribunal Federal e por diversos estados e municípios, o fato é que múltiplas instâncias judiciais resistiam a afirmar a validade daquela legislação. Assim, multiplicavam-se as decisões que afastavam a reserva de vagas, por suposta inconstitucionalidade, privilegiando-se candidatos brancos e impedindo o avanço de uma estrutura estatal racialmente inclusiva.

O voto elaborado pelo Ministro Luís Roberto Barroso se destaca porque não esteve limitado a reiterar os fundamentos já assentados pelo Supremo Tribunal Federal quando da afirmação de que as políticas de cotas são válidas no ordenamento constitucional brasileiro. De fato, o voto enfrentou duas questões centrais: a primeira, saber se a reserva de vagas em concursos públicos, no percentual de 20%, seria compatível com a Constituição; a segunda, definir se seria legítimo estabelecer mecanismos de controle da autodeclaração, para fins de impedir fraudes à política afirmativa.[13]

A primeira questão, de cunho eminentemente teórico e normativo, foi enfrentada pelo Ministro Luís Roberto Barroso a partir do princípio da igualdade pensado como igualdade formal, igualdade material e igualdade como reconhecimento. No primeiro plano, o ministro reconheceu que a igualdade formal proíbe discriminações arbitrárias entre pessoas, que gerariam tratamentos desiguais a quem se situa em posição semelhante. Não é o caso, como evidente. Permitindo-se, aqui, a referência às lições mais basilares do direito, a relação entre critério de *discrímen* (raça) e a finalidade perseguida (superação da

---

[12] BRASIL. Supremo Tribunal Federal. Tribunal Pleno. *Ação Declaratória de Constitucionalidade n. 41*. Rel. Min. Luís Roberto Barroso, j. 8.6.2017.

[13] BRASIL. Supremo Tribunal Federal. Tribunal Pleno. *Ação Declaratória de Constitucionalidade n. 41*. Rel. Min. Luís Roberto Barroso, j. 8.6.2017.

discriminação racial) demonstram, como concluiu o ministro, a manifesta razoabilidade de tais política.

No plano da igualdade material, por sua vez, a questão se resolvia, nos termos do voto, sem ser necessário alongar-se. Como afirmou o ministro, o racismo brasileiro gerou uma "desigualdade material profunda e, portanto, qualquer política redistributiva precisará indiscutivelmente cuidar de dar vantagens competitivas aos negros". Veja-se que, no contexto de prolação do voto, não é banal tomar como evidente a desigualdade que afeta a população negra. Afinal, como reconheceu o próprio ministro, não são poucas as justificativas formuladas por opositores das ações afirmativas que buscam negar que o elemento racial é definidor de desvantagens distributivas em nossa sociedade. O Ministro Luís Roberto Barroso, neste sentido, não apenas acabou por se opor a tais justificativas, como afirmou sua absoluta irrazoabilidade em um debate de boa-fé, como se pressupõe serem aqueles desenvolvidos no âmbito da Suprema Corte.

Por fim, o voto do Ministro Luís Roberto Barroso trouxe uma das primeiras formulações expressas, na jurisprudência do Supremo Tribunal Federal, da ideia de igualdade como reconhecimento. Como conceituou o ministro, a partir de uma longa tradição sedimentada no debate filosófico, a igualdade como reconhecimento "significa respeitar as pessoas nas suas diferenças, mas procurar aproximá-las, igualando as oportunidades". Não se trata, por evidente, de uma definição que esgota a igualdade como reconhecimento – mas é uma que se faz compreensível e clara no debate travado. Ao confirmar as cotas no serviço público, opera-se em uma "dimensão simbólica importante que é a de ter negros ocupando posições de destaque na sociedade brasileira", como bem apontado pelo ministro.

Estes argumentos dão conta, então, de afirmar as bases constitucionais das ações afirmativas e da promoção da igualdade no direito brasileiro, na esteira do pensamento de outros juristas e pensadores que trabalharam a questão até então. Nisto já seria possível afirmar presente a ideia de efetividade constitucional, como formulada pelo ministro. É na segunda parte do voto, contudo, que este compromisso com a concretização dos objetivos constitucionais se traduz de forma mais clara.

Para sintetizar uma questão complexa, basta dizer que, à época do julgamento no Supremo Tribunal Federal, pairavam dúvidas acerca da possibilidade de controle de autodeclaração racial. Ao longo dos anos, os movimentos negros propuseram que o acesso a políticas de ação afirmativa deveria depender de um reconhecimento, pelo próprio candidato, de sua raça. Esta escolha tinha razão de ser: historicamente, no Brasil, autodeclarar-se negro era motivo de vergonha. É nesse contexto que, em resposta ao censo do IBGE ao longo das décadas, pessoas declaravam ter todo tipo de cor – como a "cor de burro quando foge" – para evitar afirmar-se preto ou pardo em um país que os considera, efetivamente, seres humanos inferiores. O critério da autodeclaração inverte essa lógica – ser negro passa a ser motivo não para a perda de direitos, mas para a obtenção deles. É um convite para refletir sobre sua condição racial e afirmá-la com orgulho, sabendo que no contexto da política afirmativa esta condição é benéfica.

Ocorre que, no país do mito da democracia racial, em que o argumento da miscigenação foi historicamente utilizado para escamotear o racismo, rapidamente se consolidou um cenário trágico para as políticas públicas de cotas. Não havendo mecanismos de controle da autodeclaração, pessoas brancas passaram a se afirmar negras para fins de concorrer às vagas reservadas – muitas vezes sendo bem sucedidas em subtrair as oportunidades dos verdadeiros destinatários da política. É quanto a este aspecto que o voto do Ministro Luís Roberto Barroso, dando resposta ao problema das fraudes na autodeclaração, revela preocupação com a efetiva capacidade do ordenamento jurídico de promover a transformação social pretendida pela Constituição. Não só o ministro afirmou a legitimidade dos mecanismos de controle de fraudes, como efetivamente pensou estes mecanismos – a exemplo da "exigência de autodeclaração presencial, perante a comissão do concurso; a exigência de fotos; e a formação de comissões, com composição plural, para entrevista dos candidatos em momento posterior à autodeclaração". Mais importante, no entanto, o ministro estabeleceu, em seu voto, diretrizes que permitiram às diversas instituições experimentarem diferentes mecanismos de heteroidentificação – em verdadeiro diálogo institucional iniciado a partir do julgamento pelo Supremo Tribunal Federal.

A preocupação com fraudes, aliás, não se limitou àquelas promovidas pelos candidatos. Também as fraudes pela Administração mereceram considerações no voto do Ministro Luís Roberto Barroso. Assim afirmou que estão abarcados pelo dever de instituir as cotas, nos termos da Lei nº 12.990/2014, "os concursos realizados pelos três Poderes, Executivo, Legislativo e Judiciário, bem como por órgãos dotados de autonomia, como o Ministério Público Federal e a Defensoria Pública da União" – incluindo, ainda as Forças Armadas, em sede de embargos de declaração. Não só, o ministro esclareceu, também, que a política não se encerra no ingresso, mas se estende à toda a carreira funcional, sendo aplicável também nos contextos de promoção e remoção de agentes públicos.

O que se nota, portanto, é um voto que possui uma preocupação teórico-normativa (definindo os contornos do princípio constitucional da igualdade, no contexto das ações afirmativas) que em nada deve à preocupação com a efetividade da política pública de fundamento constitucional. Pouca relevância teria, afinal, proclamar a igualdade entre todos, sem distinção de cor ou raça, sem que tal igualdade se produzisse para valer. Ao acolher diversas teses e ideias historicamente formuladas pelos movimentos negros nos campos social e político, o Ministro Barroso acabou por contribuir para produzir essa igualdade efetiva.

Como nos alerta Kabengele Munanga, nosso racismo é um crime perfeito e "mito da democracia racial brasileira, apesar de já ter sido destruído política e cientificamente, tem uma forma inercial difícil de desmantelar".[14] A preocupação e apuro em apontar mecanismos de contenção de fraude contidos no voto, vale repetir, são, sem sombra de dúvida, uma ação, mais do que demonstração, que confirma o compromisso do Ministro Barroso com o transporte de direitos para o mundo da vida real.

---

[14] MUNANGA, Kabengele. Kabenguele Munanga, o antropólogo que desmitificou a democracia racial no Brasil. [Entrevista concedida a Lilian Milena]. *Diálogos do Sul*, 22 maio 2019. Disponível em: https://dialogosdosul.operamundi.uol.com.br/direitos-humanos/58614/kabengelemunanga-o-antropologo-que-desmistificou-a-democracia-racial-no-brasil. Acesso em: 20 maio 2023.

3 Uma igualdade para valer (2): combate à discriminação racial indireta e promoção das candidaturas negras no plano eleitoral

A preocupação com a efetividade do princípio da igualdade, em sua perspectiva racial, retornou aos votos do Ministro Luís Roberto Barroso quando se viu diante de uma questão desafiadora. Como se sabe, o Brasil padece de uma histórica sub-representação de mulheres na política. Em parte, este quadro é consequência, também, do baixo número de candidaturas e do igualmente baixo patamar em que são destinados recursos e tempo de campanha em televisão e rádio para tais candidaturas. Dois importantes marcos – político, outro jurisprudencial – buscaram combater este cenário.

O primeiro consistiu na edição da Lei nº 9.504, de 1997, que reservou percentual mínimo de 30% para candidaturas de cada sexo – na prática, e dado o sexismo estrutural brasileiro, impedindo que menos de 30% das candidaturas nas eleições proporcionais sejam de mulheres. O segundo marco, mais recente, correspondeu às decisões do STF e do TSE, respectivamente, na ADI nº 5.617 e na Consulta nº 0600252-18/DF. Tais decisões equipararam o percentual de candidaturas femininas também ao mínimo de recursos e tempo de rádio e TV a serem destinados pelos partidos políticos a tais campanhas femininas. O que poderia ser visto, sem maiores dificuldades, como um grande avanço na luta pela inclusão das mulheres na política representativa acabou revelando uma dificuldade típica do combate à discriminação em sociedades profundamente desiguais.

É que, diante da reserva de candidaturas e recursos para mulheres, o TSE foi consultado acerca da possibilidade de se estabelecer semelhantes mecanismos em favor de candidaturas negras. A Consulta nº 0600306-47.2019.6.00.0000 foi distribuída à relatoria do Ministro Luís Roberto Barroso, que novamente elaborou, em seu voto, um importante mecanismo de concretização da igualdade racial.

O voto inicia-se com uma contundente constatação: "o Brasil é um país racista".[15] Mais uma vez, não há novidade na afirmação, mas importa que ela seja dita na mais alta corte eleitoral do país. A inovação está adiante. É que, apesar de reconhecer os limites da atuação do TSE na fixação de políticas afirmativas no contexto da disputa eleitoral, o Ministro Luís Roberto Barroso identificou um efeito pernicioso e inesperado das decisões do Congresso Nacional e do Supremo Tribunal Federal que buscaram promover a igualdade de gênero na política. É que, na medida em que se reservaram percentuais mínimos de candidaturas e correspondentes recursos para mulheres, acabou-se por gerar um impacto desproporcionalmente negativo sobre candidaturas de homens e de mulheres negros. A verdade que precisa ser dita é que a cota de recursos para homens brancos permaneceu intocada, com ônus discriminatório elevado para aqueles e aquelas que já se encontravam subfinanciados.

Como constatou o ministro, em seu voto, as decisões do STF e do TSE sobre candidaturas femininas produziram um financiamento proporcional de campanhas de candidatas brancas – ou seja, um equilíbrio entre número de candidaturas e recursos a elas destinados. Por outro lado, as candidaturas de mulheres negras e também as candidaturas de homens negros foram negativamente afetadas, tornando-se desproporcionalmente

---

[15] BRASIL. Tribunal Superior Eleitoral. Consulta n. 0600306-47.2019.6.00.0000. Rel. Min. Luís Roberto Barroso. *DJe*, 5 out. 2020.

subfinanciadas. É como se, grosso modo, os (poucos) recursos destinados obrigatoriamente às mulheres fossem concentrados em candidatas brancas e, ao mesmo tempo, a redução dos recursos até então destinados a candidaturas masculinas fosse suportada pelos (poucos) candidatos negros, já então subfinanciados. Na prática, então, a regra de promoção da igualdade de gênero acabou por gerar uma discriminação indireta[16] contra mulheres e homens negros.

Mais uma vez, o voto do Ministro Luís Roberto Barroso traduziu uma agenda de promoção da efetividade do princípio constitucional da igualdade. Articulando as perspectivas da igualdade formal, material e como reconhecimento, o ministro buscou estabelecer os mecanismos de combate ao mencionado impacto desproporcional sobre pessoas negras, sem com isso esvaziar a necessidade de amplo combate à desigualdade de gênero na política.

Para isso, afirmou-se inicialmente que a distribuição dos recursos destinados às mulheres deve estar atenta às desigualdades raciais – de modo a que os recursos e tempo de campanha devem ser distribuídos entre mulheres negras e brancas, na proporção de suas candidaturas. Em segundo lugar, para evitar o impacto desproporcional da medida sobre as candidaturas de homens negros, afirmou-se ainda que o custeio das campanhas de candidatos negros deve ser proporcional ao número de suas candidaturas. Destacou-se, contudo, que tais limites figuram apenas como um *mínimo*, abrindo margem para que o Congresso Nacional e os partidos políticos proponham medidas que aprofundem a representatividade de pessoas negras na política.

Veja-se, novamente, que o voto do Ministro Luís Roberto Barroso é profundo em termos teóricos e normativos. Trata-se, a toda evidência, da primeira vez em que se identificou o problema da discriminação indireta produzida por medidas, elas próprias, antidiscriminatórias. Não é apenas nesse campo, no entanto, que o voto se apresenta como relevante. Isso ocorre, sim, quando da tradução das considerações teóricas para as medidas práticas – os mecanismos identificados como essenciais para refletir, no plano da realidade, as promessas constitucionais emancipatórias. E, mais uma vez, ao deixar abertas as possibilidades de atuação das demais instituições, o Ministro Luís Roberto Barroso não buscou encerrar a discussão sobre os mecanismos de combate ao racismo e sexismo na política – fixou, pelo contrário, o ponto de partida destes debates.

Conclusão

Há, por certo, muitos mais votos e contribuições pelos quais o Ministro Luís Roberto Barroso tem deixado sua marca no direito constitucional brasileiro. Neste breve artigo, buscou-se demonstrar apenas uma fração desta contribuição. A trajetória do Ministro Luís Roberto Barroso é reveladora da possibilidade de transformar teoria em prática. De dar concretude às ideias mais abstratas, questionando de que maneira os comandos constitucionais podem (e devem) se traduzir em realidade social. Não surpreende que seus 10 anos como ministro do Supremo Tribunal Federal sejam celebrados por tantos

---

[16] Tratamos do tema da discriminação indireta com maior profundidade em CORBO, Wallace. *Discriminação indireta*: conceito, fundamentos e uma proposta de enfrentamento à luz da Constituição de 1988. Rio de Janeiro: Lumen Juris, 2017, obra que teve a honra de ser mencionada no referido voto.

juristas. Para muitos, trata-se de comemorar também uma Constituição que chega para valer. Para tantos outros, trata-se de agradecer também à inspiração de quem demonstra o quanto é possível, ainda, fazer.

Referências

BARROSO, Luís Roberto. A efetividade das normas constitucionais revisitada. *Revista de Direito Administrativo*, v. 197, p. 30-60, 1994.

BARROSO, Luís Roberto. A efetividade das normas constitucionais: por que não uma Constituição para valer? *Anais do Congresso Nacional de Procuradores de Estado*, 1986.

BARROSO, Luís Roberto. *Interpretação e aplicação da constituição*: fundamentos de uma dogmática constitucional transformadora. Rio de Janeiro: Saraiva, 1996.

BARROSO, Luís Roberto. *O direito constitucional e a efetividade de suas normas*: limites e possibilidades da Constituição brasileira. 9. ed. rev. e atual. Rio de Janeiro: Renovar: ABDR, 2009.

BARROSO, Luís Roberto; MELLO, Patrícia Perrone Campos. Modelo decisório do Supremo Tribunal Federal e duas sugestões de mudança. *In*: BARROSO, Luís Roberto (Org.). Prudências, ousadias e mudanças necessárias ao STF. *Conjur*, 28 dez. 2010. Disponível em: http://www.conjur.com.br/2010-dez-28/retrospectiva-2010-prudencias-ousadias-mudancas-necessarias-stf. Acesso em: 20 maio 2023.

BRASIL. Supremo Tribunal Federal. Tribunal Pleno. *Ação Declaratória de Constitucionalidade n. 41*. Rel. Min. Luís Roberto Barroso, j. 8.6.2017.

BRASIL. Tribunal Superior Eleitoral. Consulta n. 0600306-47.2019.6.00.0000. Rel. Min. Luís Roberto Barroso. *DJe*, 5 out. 2020.

CORBO, Wallace. *Discriminação indireta*: conceito, fundamentos e uma proposta de enfrentamento à luz da Constituição de 1988. Rio de Janeiro: Lumen Juris, 2017.

LYNCH, Christian Edward Cyril; MENDONÇA, José Vicente Santos de. Por uma história constitucional brasileira: uma crítica pontual à doutrina da efetividade. *Revista Direito e Práxis*, v. 8, n. 2, 2017. Disponível em: http://www.e-publicacoes.uerj.br/index.php/revistaceaju/article/view/25654. Acesso em: 19 maio 2023.

MUNANGA, Kabengele. Kabenguele Munanga, o antropólogo que desmitificou a democracia racial no Brasil. [Entrevista concedida a Lilian Milena]. *Diálogos do Sul*, 22 maio 2019. Disponível em: https://dialogosdosul.operamundi.uol.com.br/direitos-humanos/58614/kabengelemunanga-o-antropologo-que-desmistificou-a-democracia-racial-no-brasil. Acesso em: 20 maio 2023.

QUEIROZ, Marcos. *Constitucionalismo brasileiro e o Atlântico negro*. 3. ed. Rio de Janeiro: Lumen Juris, 2021.

SARMENTO, Daniel; SOUZA NETO, Cláudio. *Direito constitucional*: teoria, história e métodos de trabalho. 1. ed. Belo Horizonte: Fórum, 2012.

Informação bibliográfica deste texto, conforme a NBR 6023:2018 da Associação Brasileira de Normas Técnicas (ABNT):

CRUZ, Adriana; CORBO, Wallace. Uma igualdade para valer: a atuação do Ministro Luís Roberto Barroso na promoção da efetividade constitucional a partir dos votos na ADC nº 41 e da CTA nº 0600306-47. *In*: OSORIO, Aline; MELLO, Patrícia Perrone Campos; BARROSO, Luna van Brussel (Coord.). *Direitos e democracia*: 10 anos do Ministro Luís Roberto Barroso no STF. Belo Horizonte: Fórum, 2023. p. 541-551. ISBN 978-65-5518-555-3.

PARTE III

HOMENAGENS DE SUA ASSESSORIA

COMBATE À DESINFORMAÇÃO E TRANSFORMAÇÃO DIGITAL PARA A DEMOCRACIA: O LEGADO DO MINISTRO LUÍS ROBERTO BARROSO NO TRIBUNAL SUPERIOR ELEITORAL

ALINE OSORIO
MARCO ANTONIO MARTIN VARGAS
TAINAH RODRIGUES
THIAGO RONDON

Introdução: o legado da inovação para a proteção do processo eleitoral

O Ministro Luís Roberto Barroso assumiu o cargo de ministro efetivo do Tribunal Superior Eleitoral em fevereiro de 2018 e ascendeu à Presidência da Corte em maio de 2020, exercendo o cargo até fevereiro de 2022. Seu mandato à frente do TSE coincidiu com um dos períodos de maior turbulência no cenário nacional, em que se somaram ataques sem precedentes à Justiça Eleitoral, uma crise democrática de grandes proporções e a gravíssima crise sanitária decorrente da pandemia da Covid-19. Nesses quatro anos, o próprio processo (eletrônico) de votação, apuração e totalização dos resultados tornou-se o alvo preferencial de campanhas massivas de desinformação e de manipulação do ambiente informacional. Paulatinamente, esses ataques geraram um ambiente de desconfiança quanto à integridade do pleito e favoreceram o aumento da polarização, a violência política, a negação de resultados eleitorais por parcela da população e o extremismo violento materializado no fatídico 8 de janeiro. Para fazer frente a essas múltiplas crises, a gestão do Ministro Barroso no TSE apostou em um amplo conjunto de inovações e transformações digitais, com impactos positivos para processos democráticos no Brasil e no mundo.

Sob a liderança do Ministro Barroso, a Corte Eleitoral criou um programa pioneiro de enfrentamento à desinformação, com abordagem sistêmica e estrutura multissetorial, que hoje conta com mais de 150 parceiros. O programa já foi reconhecido com prêmios nacionais e internacionais, além de ter inspirado autoridades eleitorais de diversos países a instituírem medidas e programas semelhantes.[1]

Em paralelo, foram desenvolvidos diversos projetos de inovação, tecnologia e transformação digital voltados a fortalecer a transparência e a segurança das eleições, bem como reforçar a participação e a confiança dos cidadãos em todas as etapas do processo eleitoral. Ressaltamos, em especial, três campos de inovação.

No campo da transparência, a gestão do Ministro Barroso apostou no reforço dos mecanismos de auditoria e fiscalização da urna eletrônica e do sistema de votação. Primeiro, expandiu o Teste Público de Segurança (TPS) do Sistema Eletrônico de Votação, evento no qual a Justiça Eleitoral abre os sistemas utilizados na urna eletrônica para verificação e teste por quaisquer cidadãos.[2] O TPS realizado em 2021 foi considerado o maior da história do TSE.[3] Segundo, buscou conferir maior abertura aos códigos-fonte da urna eletrônica. De um lado, o prazo a partir do qual o código-fonte fica disponível para fiscalização por diversas entidades, no ambiente do TSE, foi ampliado de 6 meses para 1 ano. De outro, o Ministro Barroso impulsionou a criação de um projeto-piloto de abertura do código-fonte para a sociedade, que permitiu, em 2022, a análise do código-fonte por renomadas instituições de ensino superior (USP, Unicamp e UFPE), em suas próprias dependências.[4] Terceiro, o chamado teste de integridade, que consiste em uma espécie de batimento entre votos em cédula e votos digitados na urna eletrônica, realizado no dia da votação, foi revitalizado tanto pelo acréscimo relevante no número de urnas submetidas ao escrutínio, quanto pelos esforços de explicação e divulgação do seu funcionamento e importância para a sociedade (entre outras medidas, o teste, antes apelidado de "votação paralela", foi renomeado e passou a contar com transmissão pela internet em várias localidades).[5]

Uma quarta inovação, planejada ainda durante a gestão do ministro, foi a disponibilização dos boletins de urna para consulta pública em tempo real, ao mesmo tempo em que são recebidos pelo TSE para totalização dos resultados.[6] Por fim, o ministro constituiu a Comissão de Transparência das Eleições (CTE), formada por especialistas e representantes da sociedade civil e de instituições públicas, para acompanhar todas as etapas de auditoria e propor medidas, inclusive tecnológicas, de ampliação da transparência, bem como formou o Observatório de Transparência das Eleições (OTE),

---

[1] Disponível em: https://www.tse.jus.br/comunicacao/noticias/2021/Dezembro/programa-de-enfrentamento-a-desinformacao-vence-18o-premio-innovare; https://www.tse.jus.br/comunicacao/noticias/2022/Agosto/programa-de-desinformacao-do-tse-vence-premio-internacional-881158.

[2] Disponível em: https://www.tse.jus.br/comunicacao/noticias/2021/Agosto/sexta-edicao-do-teste-publico-de-seguranca-amplia-participacao-de-investigadores.

[3] Disponível em: https://www.tse.jus.br/comunicacao/noticias/2023/Janeiro/eleicoes-2022-contaram-com-inovacoes-da-moderna-ue2020.

[4] Disponível em: https://www.tse.jus.br/comunicacao/noticias/2022/Fevereiro/tse-institui-projeto-piloto-para-acesso-ao-codigo-fonte-da-urna-eletronica.

[5] Disponível em: https://www.tse.jus.br/comunicacao/noticias/2022/Janeiro/resolucao-amplia-numero-de-urnas-submetidas-aos-testes-de-integridade-e-de-entidades-autorizadas-a-participar-de-auditorias.

[6] Disponível em: https://www.tse.jus.br/comunicacao/noticias/2022/Outubro/boletins-de-urna-do-2o-turno-ja-estao-disponiveis-na-internet.

para ampliar a participação de instituições da sociedade civil no processo de fiscalização das eleições.[7]

No campo da segurança, o ministro também investiu no fortalecimento da segurança cibernética, por meio do estabelecimento de planos estratégicos e protocolos de resposta a incidentes cibernéticos, da instituição da Comissão de Segurança Cibernética e do investimento em segurança cibernética para todos os órgãos da Justiça Eleitoral.[8] Por outro lado, para dar transparência a todo tipo de ameaça cibernética ou instabilidades dos sistemas e aplicativos da Justiça Eleitoral, o Ministro Barroso comandou o desenvolvimento e lançamento da página de *status* e desempenho dos serviços *on-line* do TSE. A página teve, ainda, o propósito de evitar a disseminação de teorias conspiratórias em episódios de falhas pontuais em sistemas *on-line*, ao evitar o vácuo de informação (*data void*), garantindo aos usuários ciência imediata sobre qualquer tipo de incidente.[9]

No campo das soluções tecnológicas, a gestão do ministro buscou impulsionar uma cultura de inovação e colaboração em prol da democracia, por meio de uma série de projetos, entre os quais se incluem iniciativas de inteligência artificial, de uso de *blockchain*, de desenvolvimento de *chatbots*, a criação de portais de dados abertos, e a adoção de parcerias estratégicas para produção de inovações, como o Projeto Eleições do Futuro".[10] Um exemplo importante foi a transformação dos aplicativos da Justiça Eleitoral em uma potente ferramenta de compartilhamento de informações de utilidade pública sobre as eleições e esclarecimento de notícias falsas, estabelecendo um canal direto e independente para se comunicar com os eleitores. Não se tem notícia no mundo de rede com tal característica e quantidade de eleitores conectados. Apenas nas eleições de 2020, foram mais de 300 milhões de notificações enviadas aos quase 20 milhões de usuários desses aplicativos institucionais. Outro exemplo interessante foi o desenvolvimento do Sistema de Alerta de Desinformação Contra as Eleições, lançado para as eleições de 2022. O sistema de alerta criou um canal público de denúncias, que abriu para toda a população a oportunidade de participar do enfrentamento à desinformação, pelo envio de alertas, que seriam prontamente repassados às plataformas, checadores de fato e autoridades competentes.

Feito esse registro de algumas das iniciativas de transparência, segurança e transformação digital para a democracia, que compõem o legado do Ministro Barroso no TSE, este artigo traz uma análise da concepção, dos fundamentos e dos componentes do Programa de Enfrentamento à Desinformação da Justiça Eleitoral, desenvolvido especialmente durante a sua gestão. O objetivo é apresentar a organização dessa estratégia adotada pelo TSE para combater todo tipo de manipulação nociva do ecossistema informacional digital com impacto sobre a higidez das eleições e da democracia, bem

---

[7] Disponível em:https://www.tse.jus.br/comunicacao/noticias/2021/Setembro/tse-cria-comissao-para-ampliar-fiscalizacao-e-transparencia-do-processo-eleitoral; e https://www.tse.jus.br/comunicacao/noticias/2022/Junho/mais-de-70-das-propostas-da-cte-foram-acolhidas-para-as-eleicoes-2022.

[8] Disponível em: https://www.tse.jus.br/comunicacao/noticias/2020/Novembro/tse-institui-comissao-presidida-por-alexandre-de-moraes-para-acompanhar-investigacoes-sobre-acao-de-hackers-contra-o-processo-eleitoral.

[9] Disponível em: https://www.tse.jus.br/institucional/situacao-atual-dos-sistemas.

[10] Disponível em: https://www.tse.jus.br/comunicacao/noticias/2022/Maio/equipes-do-tse-e-da-usp-trabalham-na-inovacao-do-sistema-eletronico-de-votacao.

como demonstrar sua eficácia e resultados positivos, mas também os limites da aposta em soluções cooperativas, dialógicas e não regulatórias para o problema.

Para tanto, o presente artigo se divide em dois capítulos. No primeiro, busca-se apontar os fundamentos da atuação da Justiça Eleitoral no enfrentamento às campanhas de desinformação. No segundo capítulo, são apresentadas a estrutura e as principais iniciativas do Programa de Enfrentamento à Desinformação da Justiça Eleitoral. Como conclusão, são evidenciadas, de um lado, as principais potencialidades de apostar nesse tipo de solução sistêmica para o problema da desinformação, e, de outro, as limitações de toda tentativa de "vencer a guerra das *fake news*".

I Fundamentos da atuação da Justiça Eleitoral no combate à desinformação

O regime democrático pressupõe a realização de eleições livres e justas, em que sejam garantidas a participação ampla, livre e informada dos cidadãos, a igualdade de oportunidades entre os diferentes candidatos, partidos e correntes políticas na disputa, e um processo eleitoral legítimo, dotado de lisura, higidez e credibilidade pública.[11] Nos últimos anos, porém, tem sido crescente a percepção de que o uso desvirtuado da internet e das redes sociais, especialmente por meio da produção e da disseminação de conteúdos falsos, enganosos, odiosos e extremistas, pode representar grave ameaça à democracia e à legitimidade das eleições.

De fato, nas eleições, as campanhas de desinformação e de ódio são capazes de afetar a capacidade dos cidadãos de tomarem decisões de forma consciente, desequilibrar a disputa e corroer a confiança social na integridade do processo eleitoral e na própria democracia. A disseminação massiva de desinformação por meio da internet tem sido usada em contextos eleitorais para gerar diversos efeitos negativos: reduzir a participação política; gerar na população um sentimento de desconfiança em relação aos organismos responsáveis por conduzir as eleições e à legitimidade do processo eleitoral; potencializar a polarização social; prejudicar injustamente reputações de atores políticos e agentes públicos; marginalizar grupos minoritários; manipular eleitores; e estimular o extremismo e a violência.[12]

Esses efeitos perniciosos têm se tornado ainda mais evidentes com a tendência mais recente de direcionamento das campanhas de desinformação não apenas contra atores políticos, candidatos e partidos, mas, também, contra a integridade das eleições.[13] Em vários países do mundo, tem-se verificado crescentes ataques a organismos e a funcionários eleitorais e ao processo eleitoral, por meio de alegações infundadas de fraude e outras tentativas de deslegitimar as eleições, seus procedimentos e seus resultados. Esse fenômeno pode ser identificado, a título ilustrativo, nas eleições presidenciais

---

[11] OSORIO, Aline et al. *Programa Permanente de Enfrentamento à Desinformação no âmbito da Justiça Eleitoral*. Plano Estratégico – Eleições 2022. Brasília: TSE, 2022. Disponível em: https://www.justicaeleitoral.jus.br/desinformacao/arquivos/programa-permanente-de-enfrentamento-a-desinformacao-novo.pdf.

[12] SÁNCHEZ MUÑOZ, Oscar. *La regulación de las campañas electorales en la era digital*: desinformación y microsegmentación en las redes sociales con fines electorales. Madrid: [s.n.], 2020. p. 63.

[13] BRADSHAW, Samantha; HOWARD, Philip N. *The global disinformation order*: 2019 global inventory of organised social media manipulation. Computational Propaganda Research Project. Oxford: University of Oxford, [s.d.].

estadunidenses de 2016 e 2020, nas eleições do Brasil em 2018 e 2020, nas eleições na Colômbia em 2018 e nas eleições legislativas do México em 2021.[14]

No Brasil, nas Eleições 2018, a desinformação assumiu um protagonismo sem precedentes na disputa eleitoral. Naquele pleito, de forma inédita, o processo eleitoral, a Justiça Eleitoral e seus integrantes foram atingidos por narrativas falsas e enganosas, que visavam abalar a confiança no sistema eletrônico de votação e nas instituições eleitorais. Desde então, a estratégia de uso da desinformação para deslegitimar o processo eleitoral tem sido constantemente empregada, dentro e fora de períodos de campanha. Foi assim nas eleições de 2020, na campanha pelo voto impresso em 2021 e nas eleições de 2022.

Nesse contexto, em que o combate sistêmico à desinformação se torna essencial à garantia da legitimidade das eleições e da sobrevivência da democracia, justifica-se que a Justiça Eleitoral como organismo eleitoral (*electoral management body* – EMB) assuma um papel de relevo nesse enfrentamento. A amplitude do mandato conferido ao TSE (que envolve amplas competências normativas, administrativas e jurisdicionais) criou uma oportunidade única para que o tribunal atuasse como um grande agente catalisador de ações de combate à desinformação, como um verdadeiro laboratório de estratégias nesse campo.

É verdade que, em 2018, a Justiça Eleitoral não detinha meios eficazes de lidar com o fenômeno de maneira global. Decisões judiciais isoladas de remoção de conteúdo eram absolutamente ineficazes para conter o rápido alastramento de inverdades contra a urna eletrônica, inclusive via disparos em massa de mensagem no WhatsApp. Além disso, o TSE não dispunha de instrumentos tecnológicos para que seus esclarecimentos chegassem à população com a mesma amplitude e velocidade.[15] Isso mudou radicalmente. A partir daquele pleito, o Tribunal Superior Eleitoral atuou intensamente para criar uma caixa de ferramentas de caráter normativo (com a inclusão de dispositivos específicos em suas resoluções), jurisprudencial (com a criação de uma "jurisprudência de crise" voltada a permitir a responsabilização nos casos de disseminação de alegações infundadas de fraude eleitoral e de disparo em massa de mensagens desinformativas) e especialmente administrativo (com a criação do programa de enfrentamento à desinformação).[16]

É justamente em relação a esta última ferramenta, de caráter administrativo, que se vislumbra a maior possibilidade de a Justiça Eleitoral contribuir para a integridade do ambiente informacional e, por consequência, do próprio pleito. Embora pontualmente necessárias (inclusive, por seu caráter pedagógico), as estratégias de remoção de conteúdo ilícito e responsabilização são, em alguma medida, ineficazes (não é possível controlar tudo que circula na internet), potencialmente parciais (em sua maior parte, são os próprios atores do processo eleitoral que que levam as questões ao Judiciário) e podem eventualmente representar restrição indevida à liberdade de expressão.[17]

---

[14] EVANGELISTA, Rafael; BRUNO, Fernanda. WhatsApp and political instability in Brazil: targeted messages and political radicalization. *Internet Policy Review*, v. 8, n. 4, 2019.

[15] OSORIO, Aline. *Direito eleitoral e liberdade de expressão*. 2. ed. Belo Horizonte: Fórum, 2022.

[16] OSORIO, Aline. *Direito eleitoral e liberdade de expressão*. 2. ed. Belo Horizonte: Fórum, 2022.

[17] OSORIO, Aline. *Direito eleitoral e liberdade de expressão*. 2. ed. Belo Horizonte: Fórum, 2022.

II O Programa de Enfrentamento à Desinformação da Justiça Eleitoral: organização e iniciativas

O Programa de Enfrentamento à Desinformação da Justiça Eleitoral foi lançado pelo Tribunal Superior Eleitoral (TSE) em 2019, com o objetivo de combater os efeitos negativos provocados pela desinformação à imagem e à credibilidade da Justiça Eleitoral, à realização das eleições e às pessoas nelas envolvidas. Criado na gestão da Ministra Rosa Weber, os trabalhos no âmbito do programa foram intensificados e aprofundados no ano seguinte, com a posse do Ministro Luís Roberto Barroso na Presidência da Corte Eleitoral, e continuados, com novos desdobramentos, nas gestões dos ministros Edson Fachin e Alexandre de Moraes.

II.1 Antecedentes do programa

Desde 2017, a Justiça Eleitoral vinha promovendo estudos e ações preliminares voltadas à compreensão do fenômeno da desinformação e seus efeitos sobre o processo eleitoral. Em dezembro de 2017, o TSE instituiu, por meio da Portaria TSE nº 949/2017, o Conselho Consultivo sobre Internet e Eleições, com o objetivo de desenvolver pesquisas sobre o tema e propor ações e metas voltadas ao aperfeiçoamento das normas. As atividades do Conselho Consultivo sobre Internet e Eleições permitiram iniciar a aproximação entre o Tribunal e especialistas, meios de comunicação, agências de checagem da informação e plataformas digitais.[18]

Em 2018, em preparação às eleições, o TSE celebrou acordos de colaboração com partidos políticos, por meio dos quais estes se comprometeram a manter um ambiente de higidez informacional, de modo a "reprovar qualquer prática ou expediente referente à utilização de conteúdo falso" no pleito e atuar como "colaboradores contra a proliferação de notícias falsas". Também foram firmadas parcerias com profissionais de *marketing* político-eleitoral, entidades representativas do setor de comunicação e algumas plataformas digitais, com o objetivo de obter apoio à prevenção da desinformação, às iniciativas de fomento à educação digital e à identificação e enfrentamento de conteúdos falsos.

Durante o pleito de 2018, a partir do (então inédito) direcionamento de notícias falsas e ataques contra a Justiça Eleitoral e o processo eleitoral, o TSE tomou medidas adicionais para enfrentar os desafios impostos pela disseminação de desinformação. Foi instituído um gabinete estratégico junto à Presidência do Tribunal, integrado por ministros e representantes do Ministério Público, do Poder Executivo e do Conselho Federal da Ordem de Advogados do Brasil, destinado ao acompanhamento e à formulação de respostas às questões que poderiam interferir na condução daquele pleito.[19] A partir da formação desse gabinete estratégico, o TSE atuou em conjunto com a Polícia Federal e órgãos técnicos do Poder Executivo na busca por soluções que garantissem a segurança

---

[18] OSORIO, Aline et al. *Programa Permanente de Enfrentamento à Desinformação com foco nas Eleições 2020*. Relatório de Ações e Resultados. Brasília: TSE, 2021. Disponível em: https://www.justicaeleitoral.jus.br/desinformacao/arquivos/Programa_de_enfrentamento_resultados.pdf.

[19] WATERLOO, Estêvão André Cardoso (Org.). *TSE nas eleições 2018*: um registro da atuação do gabinete estratégico pelo olhar de seus integrantes. Brasília: Tribunal Superior Eleitoral, 2020. 138 p.

e a credibilidade de processo eleitoral.[20] Foi também instituído grupo multidisciplinar, formado por servidores da Justiça Eleitoral, com o objetivo de mapear a propagação de notícias falsas contra o processo eleitoral nas plataformas digitais, bem como prestar esclarecimentos à sociedade. Para tanto, foi criada a página *Esclarecimento sobre Informações Falsas Veiculadas nas Eleições de 2018*, na qual foram publicadas as respostas preparadas pelo grupo multidisciplinar e *links* das matérias produzidas por instituições de checagem de fatos sobre os temas.

II.2 O Programa de Enfrentamento à Desinformação com Foco nas Eleições 2020

Considerando o cenário de ataques generalizados à Justiça Eleitoral em 2018, o TSE instituiu, em 30.8.2019, o então denominado Programa de Enfrentamento à Desinformação com Foco nas Eleições 2020. Alinhado com os principais marcos normativos, referências teóricas e obrigações internacionais em matéria de proteção à liberdade de expressão,[21] o Programa, implementado pela primeira vez nas eleições municipais de 2020, adotou uma abordagem sistêmica, multidisciplinar e multissetorial.[22] A fim de responder aos desafios que a desinformação impõe à integridade das eleições e à própria democracia, adotou-se um modelo de organização e funcionamento "em rede", fundado na mobilização de todos os órgãos da Justiça Eleitoral e na formação de parcerias estratégicas com

---

[20] WATERLOO, Estêvão André Cardoso (Org.). *TSE nas eleições 2018*: um registro da atuação do gabinete estratégico pelo olhar de seus integrantes. Brasília: Tribunal Superior Eleitoral, 2020. 138 p.

[21] ONU; OSCE; OEA. *Declaración Conjunta Sobre Libertad De Expresión Y "Noticias Falsas" ("Fake News"), Desinformación Y Propaganda*. Relator Especial de las Naciones Unidas (ONU) para la Libertad de Opinión y de Expresión, la Representante para la Libertad de los Medios de Comunicación de la Organización para la Seguridad y la Cooperación en Europa (OSCE), el Relator Especial de la OEA para la Libertad de Expresión y la Relatora Especial sobre Libertad de Expresión y Acceso a la Información de la Comisión Africana de Derechos Humanos y de los Pueblos (CADHP). 2017. Disponível em: https://www.oas.org/es/cidh/expresion/showarticle.asp?artID=1056&lID=2; ONU; OSCE; OEA. *Declaração Conjunta sobre Liberdade de Expressão e Eleições na Era Digital*. 2020. Disponível em: https://www.oas.org/es/cidh/expresion/showarticle.asp?artID=1174&lID=2; COMISSÃO INTERAMERICANA DE DIREITOS HUMANOS (CIDH). Relatoria Especial para Liberdade de Expressão. *Guia para garantir a liberdade de expressão contra a desinformação deliberada em contextos eleitorais*. 2019. Disponível em: https://www.oas.org/es/cidh/expresion/publicaciones/Guia_Desinformacion_VF.pdf; CONSELHO DA EUROPA. *Código de Conduta da União Europeia sobre Desinformação*. 2018. Disponível em: https://digital-strategy.ec.europa.eu/en/policies/code-practice-disinformation; ARNAUDO, Daniel et al. *Combating information manipulation*: a playbook for elections and beyond. [s.l.]: The International Republican Institute (IRI); The National Democratic Institute (NDI); The Stanford Internet Observatory (SIO), 20 set. 2021. Disponível em: https://www.iri.org/sites/default/files/infomanip_playbook_updated_final.pdf; MASTERSON, Matt. Zero trust: how to secure American elections when the losers won't accept they lost. *Stanford Internet Observatory*, 14 out. 2021. Disponível em: https://cyber.fsi.stanford.edu/io/publication/zero-trust; PINTO, Márcio Vasconcelos; KOGAN, Ariel; RONDON, Thiago; AQUINO, Ellen Larissa de Carvalho; MORAES JUNIOR, Carlos A. de. *Recomendações sistêmicas para combater a desinformação nas eleições do Brasil*. São Paulo: IT&E., 2018. Disponível em: https://tecnologiaequidade.org.br/projetos-do-ite/; KONOPACKI, Marco; FERREIRA, Rodrigo. *Relatório Política de Oposição*: influência e informação nas eleições de 2018. Disponível em: https://itsrio.org/pt/publicacoes/politica-de-oposicao-influencia-e-informacao-nas-eleicoes-de-2018/; RUEDIGER, M. A.; GRASSI, A. (Coord.). Desinformação on-line e processos políticos: a circulação de links sobre desconfiança no sistema eleitoral brasileiro no Facebook e no YouTube (2014-2020). *Policy Paper*, Rio de Janeiro, 2020. Disponível em: https://democraciadigital.dapp.fgv.br/wp-content/uploads/2020/11/PT-Estudo-1.pdf; RUEDIGER, M. A.; GRASSI, A. (Coord.). O ecossistema digital nas eleições municipais de 2020 no Brasil: o buzz da desconfiança no sistema eleitoral no Facebook, YouTube e Twitter. *Policy Paper*, Rio de Janeiro, 2020. Disponível em: https://democraciadigital.dapp.fgv.br/wp-content/uploads/2020/12/PT-Estudo-2-Ficha-e-ISBN.pdf.

[22] OSORIO, Aline et al. *Programa Permanente de Enfrentamento à Desinformação com foco nas Eleições 2020*. Plano Estratégico. Brasília: TSE, 2020. Disponível em: https://www.justicaeleitoral.jus.br/desinformacao/arquivos/Programa_de_enfrentamento_web.pdf.

múltiplos atores, incluindo os mais diversos organismos governamentais, organizações de imprensa e de checagem de fatos, provedores de aplicação de internet, entidades da sociedade civil, academia e partidos políticos.[23] Com isso, o TSE passou a atuar como um *hub* de interlocução, cooperação e engajamento de toda a sociedade (*whole-of-society approach*) na execução coordenada de ações de curto, médio e longo prazos, voltadas a *mitigar os efeitos perniciosos da desinformação sobre o processo eleitoral*.

Sob a gestão do Ministro Luís Roberto Barroso, foi elaborado um plano estratégico para o programa, que estruturou as diferentes ações em três pilares.[24] Primeiro, *combater desinformação com informação*, por meio da criação e da disseminação de informação verdadeira, de qualidade e oficial aos cidadãos, para que pudessem exercer o voto de modo informado e consciente. Segundo, *combater desinformação com capacitação*, pelo investimento na qualificação dos servidores da Justiça Eleitoral e dos cidadãos para que pudessem compreender o fenômeno da desinformação, ampliar a sua capacidade crítica, reconhecer conteúdos falsos e fraudulentos, e acessar fontes de informação confiáveis. Terceiro, *combater desinformação com foco em controle de comportamento, e apenas subsidiariamente com controle de conteúdos*, usando a tecnologia e parcerias estratégias para atuar contra comportamentos inautênticos, uso de propaganda computacional e ações coordenadas de propagação de desinformação.

Para a execução das ações planejadas nesses três pilares, o TSE promoveu a aproximação com mais de 60 entidades e organizações, que se dispuseram a atuar de forma concreta para minimizar os impactos da desinformação no processo eleitoral, de acordo com a sua respectiva área de atuação institucional.[25] As parcerias foram formalizadas por meio de termos de adesão e memorandos de entendimento que delineavam obrigações específicas e incluíram instituições de checagem, plataformas de mídia social, empresas de telefonia, instituições de pesquisa, organizações da sociedade civil, órgãos públicos e associações de mídia.

Entre as diversas iniciativas, destacamos três. Em primeiro lugar, a organização de um "sistema" de checagem de fatos, por meio de ações para produção, acesso e disseminação de checagens de fato independentes sobre o processo eleitoral. Esse sistema envolveu, na ponta da produção, a criação de uma "coalizão para checagem", rede formada por nove respeitadas instituições de checagem, que produziu, apenas ao longo das eleições de 2020, mais de 274 matérias. Na ponta do acesso, o TSE desenvolveu a página *Fato ou Boato*, no *site* da Justiça Eleitoral, para centralizar as verificações de informações falsas publicadas durante as eleições, e celebrou acordo com todas as operadoras de telefonia para que os cidadãos pudessem acessar os conteúdos da

---

[23] OSORIO, Aline et al. *Programa Permanente de Enfrentamento à Desinformação no âmbito da Justiça Eleitoral*. Plano Estratégico – Eleições 2022. Brasília: TSE, 2022. Disponível em: https://www.justicaeleitoral.jus.br/desinformacao/arquivos/programa-permanente-de-enfrentamento-a-desinformacao-novo.pdf.

[24] A partir da gestão do Ministro Barroso, passou-se a gestar um plano estratégico para o programa, que foi publicado em agosto de 2020, com os fundamentos, marcos normativos e referências teóricas, além de um detalhado plano de trabalho, que estabeleceu ações e medidas a serem implementadas durante as Eleições 2020 (OSORIO, Aline et al. *Programa Permanente de Enfrentamento à Desinformação com foco nas Eleições 2020*. Plano Estratégico. Brasília: TSE, 2020. Disponível em: https://www.justicaeleitoral.jus.br/desinformacao/arquivos/Programa_de_enfrentamento_web.pdf).

[25] OSORIO, Aline et al. *Programa Permanente de Enfrentamento à Desinformação com foco nas Eleições 2020*. Relatório de Ações e Resultados. Brasília: TSE, 2021. Disponível em: https://www.justicaeleitoral.jus.br/desinformacao/arquivos/Programa_de_enfrentamento_resultados.pdf.

página sem cobrança de tráfego de dados (*zero rating*). Ao final do pleito de 2020, a página registrou mais de 13 milhões de visualizações. Por fim, para a distribuição massiva desses esclarecimentos, o TSE desenvolveu em conjunto com o WhatsApp um *chatbot*, que permitia aos eleitores acessar as notícias checadas e tirar dúvidas sobre o processo eleitoral, bem como transformou seus aplicativos próprios em uma central de notificações, permitindo comunicação direta entre a Justiça Eleitoral e os mais de 18 milhões de usuários desses aplicativos.

Em segundo lugar, formulou-se uma estratégia de capacitação dos cidadãos para a democracia, por meio do uso de múltiplos veículos de comunicação para chegar às pessoas com mensagens capazes de ampliar sua compreensão sobre o funcionamento das eleições e sobre os problemas advindos da desinformação para o exercício de seu direito de voto. Por exemplo, os principais provedores de redes sociais garantiram, em suas plataformas, espaços com bastante visibilidade para que a Justiça Eleitoral transmitisse aos usuários informações de interesse público sobre as eleições. Essa ação foi um dos compromissos assumidos por cada plataforma em acordos específicos celebrados com o TSE. Inclusive, foi a primeira vez no mundo que tais redes sociais assinaram memorandos de entendimento com autoridades eleitorais que continham obrigações detalhadas de uso de seus recursos e criação de novos recursos em prol do combate à desinformação.[26] Ainda no meio digital, o TSE organizou uma rede de difusores de conteúdos de qualidade sobre o processo eleitoral nas redes sociais, com o lançamento de campanhas (#EuVotoSemFake e #NãoTransmitaFakeNews), que contaram com a adesão de mais de 100 associações de mídia, entidades públicas e privadas e diversos clubes de futebol, tendo alcançado mais de 30 milhões de pessoas. O TSE também lançou uma campanha de TV e rádio, "Se For Fake News, não Transmita", com cerca de 130 milhões de brasileiros alcançados.

Em terceiro lugar, o TSE investiu no controle de comportamentos inautênticos e no monitoramento de conteúdos e práticas de desinformação danosas ao processo eleitoral. De um lado, foi operacionalizado um canal extrajudicial de denúncias de disparo em massa de mensagens, em parceria com o WhatsApp, que permitiu o banimento, pela plataforma, de mais de mil contas que realizaram envio massivo de mensagens nas eleições. De outro lado, criou-se um comitê de monitoramento de práticas de desinformação contra o processo eleitoral, voltado a identificar casos de desinformação[27] e a definir o encaminhamento necessário para reduzir seu alcance e potenciais efeitos negativos. Entre os possíveis encaminhamentos, incluiu-se a notificação das redes sociais e outras plataformas digitais envolvidas para que avaliem a violação a suas políticas e, se for o caso, apliquem as consequências correspondentes. Como o programa adotou um viés não sancionatório, no âmbito do comitê de monitoramento, a Justiça Eleitoral buscou não atuar, na via administrativa, por meio de determinação da retirada do conteúdo ilícito, mas como um sinalizador de conteúdos (e também de comportamentos inautênticos), a serem analisados pelos provedores de aplicação de

---

[26] Disponível em: https://counteringdisinformation.org/topics/embs/0-overview-emb-approaches.

[27] Essa rede é complementada pelo Sistema de Alerta de Desinformação Contra as Eleições, lançado em 2022, por meio do qual cidadãos podem denunciar à Justiça Eleitoral notícias falsas, descontextualizadas ou manipuladas sobre o processo eleitoral (Disponível em: https://www.tse.jus.br/eleicoes/eleicoes-2022/sistema-de-alerta. Acesso em: 4 jul. 2022).

internet e demais parceiros (por exemplo, Polícia Federal e Ministério Público) para a eventual tomada de providências.

II.3 O Programa Permanente de Enfrentamento à Desinformação da Justiça Eleitoral

Após o encerramento das eleições municipais de 2020, tornou-se evidente que o esforço de combate à desinformação concentrado em períodos eleitorais não seria suficiente para lidar com esse fenômeno global, para o qual não há solução única, simples ou de curto prazo.

Em primeiro lugar, verificou-se que as campanhas de desinformação contra o processo eleitoral não se circunscrevem a períodos de campanha. Embora ganhem maior destaque nos anos de realização de pleitos, narrativas desinformativas que buscam afetar a confiança da população nas eleições são produzidas e disseminadas também em anos não eleitorais. Em 2021, por exemplo, o TSE teve que dedicar grandes esforços para impedir retrocessos no sistema de votação, enfrentando, com informações confiáveis e ampliação de transferência, as tentativas de introdução do voto impresso no país.[28] Assim, torna-se necessária uma atuação contínua para responder às metanarrativas de fraude eleitoral, de modo a mitigar os efeitos negativos que possam produzir sobre a confiança social na lisura das eleições e nas instituições eleitorais.

Além disso, identificaram-se nesse período novos desafios, diretamente relacionados ao fenômeno da desinformação contra o processo eleitoral, que aumentaram a complexidade do seu enfrentamento e passaram a exigir a ampliação do escopo da atuação do TSE. Em especial, as campanhas de desinformação passaram a se valer também de ameaças cibernéticas, discursos de ódio, incitação à violência política e extremismo para atacar a integridade eleitoral. Além disso, verificou-se a multiplicação de aplicativos de rede social e mensageria privada com controle reduzido ou inexistente, acompanhado de aumento significativo em suas bases de usuários.

Por esses motivos, tão logo concluído o ciclo eleitoral de 2020, em 4.8.2021, foi instituído o novo Programa Permanente de Enfrentamento à Desinformação da Justiça Eleitoral, formalizado pela Portaria TSE nº 510/2021. As ações que compõem o programa permanente passaram a se organizar em três eixos: (i) *informar*, direcionado à disseminação de informação oficial, confiável e de qualidade; (ii) *capacitar*, destinado à alfabetização midiática e à capacitação de toda a sociedade para compreender o fenômeno da desinformação e o funcionamento do processo eleitoral; e (iii) *responder*, relacionado à identificação de casos de desinformação e à adoção de estratégias, tanto preventivas quanto repressivas, para a contenção de seus efeitos negativos. Além disso, a gestão do Ministro Barroso elaborou detalhado planejamento estratégico, apto a guiar as ações do programa durante as eleições de 2022, mesmo após o encerramento de sua gestão.[29]

---

[28] Disponível em: https://www.tse.jus.br/comunicacao/noticias/2021/Junho/barroso-destaca-na-camara-dos-deputados-riscos-do-voto-impresso-para-o-processo-eleitoral.

[29] OSORIO, Aline *et al*. *Programa Permanente de Enfrentamento à Desinformação no âmbito da Justiça Eleitoral*. Plano Estratégico – Eleições 2022. Brasília: TSE, 2022. Disponível em: https://www.justicaeleitoral.jus.br/desinformacao/arquivos/programa-permanente-de-enfrentamento-a-desinformacao-novo.pdf.

O Programa Permanente cuidou de desenvolver e aprimorar as iniciativas colocadas em prática em 2020, com importantes novidades. As atividades do programa passaram a ser estruturadas e coordenadas por uma assessoria própria, a Assessoria Especial de Enfrentamento à Desinformação (AEED). O número de parcerias estratégicas foi duplicado, atingindo a marca de 162 parceiros. Digna de nota foi a adesão do Telegram ao programa de enfrentamento à desinformação da Justiça Eleitoral, após diversas tentativas de aproximação do TSE para cooperação no combate à desinformação. No acordo celebrado, o Telegram se comprometeu a adotar importantes medidas para o combate à divulgação de notícias fraudulentas, como o monitoramento dos 100 maiores canais, a revisão dos termos de serviço, a imposição de restrições para autores de desinformação e a criação de um canal público para o TSE, que alcançou a marca de mais de 370 mil inscritos. Além disso, o TSE aprimorou as soluções tecnológicas da página *Fato ou Bato* e do *chatbot* em parceria com o WhatsApp (que se tornou o maior do mundo, com mais de 6 milhões de usuários), e estabeleceu o Sistema de Alerta de Desinformação contra as Eleições.[30] A diretriz de atuação em rede também se materializou em projetos inéditos, como a instituição da Frente Nacional de Enfrentamento à Desinformação (Frente), formada por mais de 2.300 servidores e colaboradores da Justiça Eleitoral, além de outros voluntários, transformando-os em difusores de informações qualificadas para a defesa das instituições eleitorais.[31]

Esse conjunto de iniciativas – adotado a partir de 2020 e ampliado para 2022 – transformou o Programa de Enfrentamento à Desinformação em um dos maiores, mais completos e mais inovadores projetos de combate às tentativas de deslegitimar processos eleitorais criados por organismo eleitoral, conforme reconhecido por missão de observação e prêmios nacionais e internacionais.

Durante as Eleições de 2022, a Universidade Complutense de Madrid, por meio de seu Observatório de Desinformação, realizou missão de observação eleitoral voltada especificamente para analisar as estratégias de combate à desinformação.[32] O Relatório de observação, publicado em novembro de 2022, considerou que o programa do TSE pode ser caracterizado como respeitoso dos direitos fundamentais (em especial da liberdade de expressão e do pluralismo informativo), proativo (com planejamento adequado e adaptável aos cenários de crise), estratégico (com objetivos claros e recursos adequados), integral (desenvolvido de forma transversal, tanto administrativa quanto jurisdicional, para lidar com as complexidades da ameaça representada pela desinformação), contínuo (pelo seu caráter permanente, a despeito das mudanças de gestão), colaborativo (interna e externamente à Justiça Eleitoral, inclusive por meio de amplas parcerias com todos os atores relevantes do ecossistema informacional) e realista (com consideração adequada de suas capacidades). Em conclusão, a partir de

---

[30] Disponível em: https://www.tse.jus.br/++theme++justica_eleitoral/pdfjs/web/viewer.html?file=https://www.tse.jus.br/transparencia-e-prestacao-de-contas/contas-publicas/prestacao-anual-de-contas/arquivos/relatorio-de-gestao-2022-final/@@download/file/Relatorio_Gestao_2022_.

[31] Disponível em: https://www.tse.jus.br/++theme++justica_eleitoral/pdfjs/web/viewer.html?file=https://www.tse.jus.br/transparencia-e-prestacao-de-contas/contas-publicas/prestacao-anual-de-contas/arquivos/relatorio-de-gestao-2022-final/@@download/file/Relatorio_Gestao_2022_.

[32] *Universidad Complutense de Madrid, Observatorio Complutense de Madrid, Informe de observación electoral sobre la respuesta a la desinformación en el proceso electoral Brasileño, Tribunal Superior Eleitoral (TSE), Versión 1. 8.11.2022.*

uma análise comparativa com outras iniciativas verificadas no continente americano, considerou que a ação do TSE relacionada à desinformação pode ser qualificada como "a mais completa", devendo "servir de modelo para outras organizações eleitorais".

Ademais, vale ressaltar que o Programa recebeu diversos prêmios, entre eles a 18ª Edição do Prêmio Innovare (2021), pela categoria Tribunal, a 1ª Edição do *Global Electoral Justice Network Awards*, instituído pela Rede Mundial da Justiça Eleitoral (RMJE), na categoria "Processos Eleitorais em Situações de Emergência",[33] o Prêmio Transparência e Fiscalização Pública 2021, entregue pela Comissão de Fiscalização Financeira e Controle da Câmara dos Deputados,[34] e o Prêmio Aberje 2022, nas categorias Especial e Comunicação para a Democracia.

Tratadas como prioridade da gestão do Ministro Barroso e mantidas pelas gestões subsequentes dos ministros Edson Fachin e Alexandre de Moraes, as medidas voltadas a mitigar os efeitos perniciosos da desinformação no âmbito do programa, sem dúvida, revolucionaram a comunicação institucional, os métodos de aproximação da Justiça Eleitoral com eleitores e as formas de relacionamento e cooperação com os múltiplos atores do ecossistema informacional.

Conclusão

Para lidar com os desafios impostos pelas campanhas desinformativas, teorias da conspiração e outros ataques contra a higidez das eleições e o regime democrático, o Tribunal Superior Eleitoral construiu uma caixa de ferramentas poderosa, que inclui um inovador programa de enfrentamento à desinformação. É certo, porém, que a desinformação não é um fenômeno que se possa simplesmente derrotar. Como já afirmou o Ministro Barroso, toda vitória é sempre "apenas provisória"[35] e "não há bala de prata" nessa batalha.[36] Há, ainda, um longo caminho para garantir um ambiente informacional digital mais saudável, capaz de garantir aos cidadãos a possibilidade de exercer o seu voto de maneira plenamente livre e informada. As ações até agora lideradas pela Justiça Eleitoral indicam um norte: angariar a cooperação de toda a sociedade (*whole-of-society*), incluindo os mais diversos atores (com esforços de todos os poderes, dos organismos eleitorais, da imprensa, da sociedade civil, dos provedores de aplicações de internet), e combinar múltiplas estratégias preventivas e repressivas (inclusive, pelo aperfeiçoamento da legislação, pela atuação preventiva, investigativa e punitiva de variados órgãos estatais, pelo apoio à pesquisa e aos órgãos de imprensa, e pela aposta em ações de comunicação e educação para a democracia).

---

[33] Disponível em: https://www.tse.jus.br/comunicacao/noticias/2022/Agosto/programa-de-desinformacao-do-tse-vence-premio-internacional-881158.

[34] Disponível em: https://www.tse.jus.br/comunicacao/noticias/2021/Dezembro/presidente-do-tse-recebe-premio-por-combate-a-desinformacao.

[35] BARROSO, Luís Roberto. Democracia, populismo e desinformação. *Revista da Esmal*, v. 1, n. 7, 2022.

[36] Voto do Ministro Luís Roberto Barroso na AIJE nº 0601771-28.2018.6.00.0000, Rel. Min. Luís Felipe Salomão.

Referências

ARNAUDO, Daniel et al. *Combating information manipulation*: a playbook for elections and beyond. [s.l.]: The International Republican Institute (IRI); The National Democratic Institute (NDI); The Stanford Internet Observatory (SIO), 20 set. 2021. Disponível em: https://www.iri.org/sites/default/files/infomanip_playbook_updated_final.pdf.

BARROSO, Luís Roberto. Democracia, populismo e desinformação. *Revista da Esmal*, v. 1, n. 7, 2022.

BRADSHAW, Samantha; HOWARD, Philip N. *The global disinformation order*: 2019 global inventory of organised social media manipulation. Computational Propaganda Research Project. Oxford: University of Oxford, [s.d.].

COMISSÃO INTERAMERICANA DE DIREITOS HUMANOS (CIDH). Relatoria Especial para Liberdade de Expressão. *Guia para garantir a liberdade de expressão contra a desinformação deliberada em contextos eleitorais*. 2019. Disponível em: https://www.oas.org/es/cidh/expresion/publicaciones/Guia_Desinformacion_VF.pdf.

CONSELHO DA EUROPA. *Código de Conduta da União Europeia sobre Desinformação*. 2018. Disponível em: https://digital-strategy.ec.europa.eu/en/policies/code-practice-disinformation.

EVANGELISTA, Rafael; BRUNO, Fernanda. WhatsApp and political instability in Brazil: targeted messages and political radicalization. *Internet Policy Review*, v. 8, n. 4, 2019.

KONOPACKI, Marco; FERREIRA, Rodrigo. *Relatório Política de Oposição*: influência e informação nas eleições de 2018. Disponível em: https://itsrio.org/pt/publicacoes/politica-de-oposicao-influencia-e-informacao-nas-eleicoes-de-2018/.

MASTERSON, Matt. Zero trust: how to secure American elections when the losers won't accept they lost. *Stanford Internet Observatory*, 14 out. 2021. Disponível em: https://cyber.fsi.stanford.edu/io/publication/zero-trust.

ONU; OSCE; OEA. *Declaração Conjunta sobre Liberdade de Expressão e Eleições na Era Digital*. 2020. Disponível em: https://www.oas.org/es/cidh/expresion/showarticle.asp?artID=1174&lID=2.

ONU; OSCE; OEA. *Declaración Conjunta Sobre Libertad De Expresión Y "Noticias Falsas" ("Fake News"), Desinformación Y Propaganda*. Relator Especial de las Naciones Unidas (ONU) para la Libertad de Opinión y de Expresión, la Representante para la Libertad de los Medios de Comunicación de la Organización para la Seguridad y la Cooperación en Europa (OSCE), el Relator Especial de la OEA para la Libertad de Expresión y la Relatora Especial sobre Libertad de Expresión y Acceso a la Información de la Comisión Africana de Derechos Humanos y de los Pueblos (CADHP). 2017. Disponível em: https://www.oas.org/es/cidh/expresion/showarticle.asp?artID=1056&lID=2.

OSORIO, Aline et al. *Programa Permanente de Enfrentamento à Desinformação com foco nas Eleições 2020*. Plano Estratégico. Brasília: TSE, 2020. Disponível em: https://www.justicaeleitoral.jus.br/desinformacao/arquivos/Programa_de_enfrentamento_web.pdf.

OSORIO, Aline et al. *Programa Permanente de Enfrentamento à Desinformação com foco nas Eleições 2020*. Relatório de Ações e Resultados. Brasília: TSE, 2021. Disponível em: https://www.justicaeleitoral.jus.br/desinformacao/arquivos/Programa_de_enfrentamento_resultados.pdf.

OSORIO, Aline et al. *Programa Permanente de Enfrentamento à Desinformação no âmbito da Justiça Eleitoral*. Plano Estratégico – Eleições 2022. Brasília: TSE, 2022. Disponível em: https://www.justicaeleitoral.jus.br/desinformacao/arquivos/programa-permanente-de-enfrentamento-a-desinformacao-novo.pdf.

OSORIO, Aline. *Direito eleitoral e liberdade de expressão*. 2. ed. Belo Horizonte: Fórum, 2022.

PINTO, Márcio Vasconcelos; KOGAN, Ariel; RONDON, Thiago; AQUINO, Ellen Larissa de Carvalho; MORAES JUNIOR, Carlos A. de. *Recomendações sistêmicas para combater a desinformação nas eleições do Brasil*. São Paulo: IT&E., 2018. Disponível em: https://tecnologiaequidade.org.br/projetos-do-ite/.

RUEDIGER, M. A.; GRASSI, A. (Coord.). Desinformação on-line e processos políticos: a circulação de links sobre desconfiança no sistema eleitoral brasileiro no Facebook e no YouTube (2014-2020). *Policy Paper*, Rio de Janeiro, 2020. Disponível em: https://democraciadigital.dapp.fgv.br/wp-content/uploads/2020/11/PT-Estudo-1.pdf.

RUEDIGER, M. A.; GRASSI, A. (Coord.). O ecossistema digital nas eleições municipais de 2020 no Brasil: o buzz da desconfiança no sistema eleitoral no Facebook, YouTube e Twitter. *Policy Paper*, Rio de Janeiro, 2020. Disponível em: https://democraciadigital.dapp.fgv.br/wp-content/uploads/2020/12/PT-Estudo-2-Ficha-e-ISBN.pdf.

SÁNCHEZ MUÑOZ, Oscar. *La regulación de las campañas electorales en la era digital*: desinformación y microsegmentación en las redes sociales con fines electorales. Madrid: [s.n.], 2020.

WATERLOO, Estêvão André Cardoso (Org.). *TSE nas eleições 2018*: um registro da atuação do gabinete estratégico pelo olhar de seus integrantes. Brasília: Tribunal Superior Eleitoral, 2020. 138 p.

Informação bibliográfica deste texto, conforme a NBR 6023:2018 da Associação Brasileira de Normas Técnicas (ABNT):

OSORIO, Aline; VARGAS, Marco Antonio Martin; RODRIGUES, Tainah; RONDON, Thiago. Combate à desinformação e transformação digital para a democracia: o legado do Ministro Luís Roberto Barroso no Tribunal Superior Eleitoral. *In*: OSORIO, Aline; MELLO, Patrícia Perrone Campos; BARROSO, Luna van Brussel (Coord.). *Direitos e democracia*: 10 anos do Ministro Luís Roberto Barroso no STF. Belo Horizonte: Fórum, 2023. p. 555-568. ISBN 978-65-5518-555-3.

O MINISTRO BARROSO E OS DIREITOS DOS TRABALHADORES

ANA BEATRIZ ROBALINHO

Introdução

O Supremo Tribunal Federal tem sido peça-chave no processo de adaptação das normas trabalhistas às novas relações de trabalho e outros frutos da economia contemporânea. Em 1º.5.2023, a Consolidação das Leis do Trabalho completou 80 anos. Mas, para além do impacto das mudanças sociais e econômicas que oito décadas de evolução histórica trouxeram para as relações de trabalho regidas pela CLT, na última década foi o Supremo um dos principais responsáveis pela alteração da forma com que as normas trabalhistas são interpretadas e aplicadas.

O Ministro Luís Roberto Barroso é uma liderança incontestável nessa iniciativa, que se justifica na necessidade de adaptar regramentos inicialmente pensados para regular as relações de trabalho em realidades anteriores. E não se fale apenas dos anos 1940, quando CLT foi inicialmente escrita; o mundo já não se guia pelas mesmas regras econômicas, sociais e culturais vigentes em 1988, quando parte das garantias trabalhistas foi constitucionalizada.

É justamente essa a premissa dos muitos votos proferidos pelo Ministro Barroso no sentido da modernização da regulação das relações de trabalho no Brasil: não apenas evitar que o Brasil fique para trás no panorama internacional, mas também garantir aos trabalhadores brasileiros direitos consistentes com a realidade econômica do século XXI – reconhecendo, no processo, que os interesses dos próprios trabalhadores se modificaram junto com a realidade econômica.

O presente artigo explorará as contribuições do Ministro Barroso na área dos direitos trabalhistas nesses dez anos de sua atuação no Supremo Tribunal Federal, focando em casos de sua relatoria e seus desdobramentos. Ao final, serão feitas algumas considerações sobre as alterações promovidas pelo Supremo na área trabalhista na última década.

1 A valorização da negociação coletiva (RE nº 590.415)

Em 30.4.2015, o Supremo Tribunal Federal apreciou o Tema nº 152 da repercussão geral,[1] em que se discutia validade de renúncia genérica a direitos contida em termo de adesão ao Programa de Desligamento Incentivado – PDI, com chancela sindical e previsto em norma de acordo coletivo. Questionava-se, no recurso extraordinário, acórdão do Tribunal Superior do Trabalho – TST, que recusou validade à transação de PDI, por suposta violação ao ato jurídico perfeito e ao direito dos trabalhadores ao reconhecimento dos acordos coletivos.

Em seu voto, Ministro Barroso, relator, descreveu a fundamentação do TST para invalidar a negociação coletiva, destacando que o Tribunal se manifestou no sentido da necessidade de proteger o trabalhador "inclusive, contra a sua própria necessidade ou ganância, quando levado a anuir com preceitos coletivos que lhe subtraem direitos básicos", e sustentou a impossibilidade de se permitir que todos os direitos sejam passíveis de transação.

Para refutar o posicionamento do TST, o ministro baseou-se em duas premissas: (i) a ausência de assimetria entre empregador e empregados no contexto de negociações coletivas; e (ii) a transição, sob a égide da Constituição de 1988, do modelo de normatização heterônoma, de padrão corporativo autoritário, para o modelo de normatização autônoma, que privilegia a negociação coletiva e a autocomposição. Concluiu, assim, não se justificar a invalidação do acordo coletivo.

O ministro fez, ainda, três ponderações relevantes. A primeira diz respeito à postura paternalista adotada pelo TST, a qual negaria aos trabalhadores "a possibilidade de tomar as suas próprias decisões, de aprender com seus próprios erros", o que "contribui para a permanente atrofia de suas capacidades cívicas e, por consequência, para a exclusão de parcela considerável da população do debate público".

A segunda diz respeito à necessidade de conservar minimamente o instituto dos PDIs. Isso porque:

> Diante da inevitabilidade da dispensa de um grande número de trabalhadores, os PDIs possibilitam, ao menos, reduzir a repercussão social das dispensas, assegurando àqueles que optam por seu desligamento da empresa condições econômicas mais vantajosas do que aquelas que decorreriam da mera dispensa por decisão do empregador. As demissões coletivas, ao contrário, geram greves, comoção, desemprego e oneração do seguro social.

A terceira se refere aos limites constitucionais da liberdade sindical. O Ministro Barroso destacou que a Constituição de 1988, embora tenha valorizado a liberdade sindical, não a garantiu plenamente, tendo mantido o sistema de unicidade sindical obrigatória e o financiamento compulsório do sindicato. Essas circunstâncias, ao limitarem o surgimento espontâneo dos sindicatos e eliminarem a competitividade, impactam negativamente na sua representatividade. Embora no caso concreto o ministro tenha reconhecido que houve efetiva mobilização e participação dos trabalhadores na

---

[1] BRASIL. Supremo Tribunal Federal. *RE nº 590.415*. Rel. Min. Luís Roberto Barroso, Tribunal Pleno, j. 30.4.2015.

formação da vontade coletiva, a ponderação serviu para temperar a defesa do acordo coletivo feita ao longo do voto.

O voto do Ministro Barroso, que foi acompanhado por unanimidade, revela algumas tendências na forma que o Supremo passaria a se posicionar com frequência nos anos seguintes em relação aos direitos dos trabalhadores, desde as críticas à postura tradicionalmente paternalista do TST até uma preocupação com as consequências práticas da adoção de determinados posicionamentos, não apenas para os próprios trabalhadores, mas também para a economia de forma mais ampla. As críticas à ausência de liberdade sindical plena, por outro lado, se mostraram proféticas, dada a evolução do tema no Brasil.[2]

2 Esclarecimentos quanto à jurisprudência trabalhista do STF (RE nº 589.998 e ADI nº 3.395)

A capilaridade dos direitos trabalhistas na Constituição acaba tornando o Supremo um constante revisor das decisões do Tribunal Superior do Trabalho, seja de forma direta, por meio de recursos extraordinários, seja indireta, quando julga ações de controle concentrado que tratam da aplicação de normas constitucionais relacionadas ao direito do trabalho. Tão prolífica é a jurisprudência do Supremo sobre temas trabalhistas que não é incomum surgirem controvérsias e confusões acerca de sua aplicação. Resolver tais controvérsias, de modo a esclarecer o que o STF efetivamente decidiu, qual o alcance e quais as limitações de sua jurisprudência, é fundamental para guiar o comportamento dos demais juízes e tribunais.

Em 10.10.2018, o Tribunal prestou tais esclarecimentos no julgamento dos Embargos de Declaração no Recurso Extraordinário nº 589.998.[3] Discutia-se na ação a necessidade de a Empresa Brasileira de Correios e Telégrafos – ECT motivar a dispensa de seus empregados. O relator dos embargos de declaração foi o Ministro Luís Roberto Barroso, muito embora o mérito da ação tivesse sido julgado antes da sua entrada no Tribunal, sob a relatoria do Ministro Ricardo Lewandowski.[4] A redistribuição da ação foi motivada justamente pela necessidade de se proceder, com urgência, aos esclarecimentos quanto ao seu sentido e alcance, que já gerara, desde 2013, diversas dúvidas.

O Ministro Barroso aponta, em seu voto, seis pontos que deveriam ser esclarecidos pelo Tribunal, incluindo (i) se os empregados públicos admitidos em período anterior ao advento da EC nº 19/1998 possuem direito à estabilidade; (ii) se o ato de dispensa de

---

[2] Em junho de 2018, o Supremo confirmou a constitucionalidade da extinção do imposto sindical, promovida pela Reforma Trabalhista de 2017. Ver BRASIL. Supremo Tribunal Federal. *ADI nº 5.794*. Rel. p/ o acórdão Ministro Luiz Fux, Tribunal Pleno, j. 29.6.2018.
[3] BRASIL. Supremo Tribunal Federal. *RE nº 589.998 ED*. Rel. Min. Luís Roberto Barroso, Tribunal Pleno, j. 10.10.2018.
[4] Após o julgamento do mérito, a ECT interpôs os embargos de declaração e ajuizou ação cautelar, visando conferir-lhes efeito suspensivo. Alegou que o TST teria determinado a retomada do julgamento dos casos que estavam sobrestados sobre a matéria e que, diante das omissões e contradições apontadas na deliberação do RE nº 589.998, haveria risco significativo de a empresa e outras estatais sofrerem condenações indevidas. Em 17.3.2015, o Min. Ricardo Lewandowski, na condição de presidente do STF, determinou a redistribuição da ação cautelar, nos termos do art. 68, §1º, do Regimento Interno (RI-STF), e, por prevenção, do próprio RE nº 589.998, para fins de julgamento dos embargos de declaração. Ambos os processos foram redistribuídos, então, à relatoria do Ministro Barroso.

empregados públicos dependeria não apenas de motivação, mas também de contraditório; (iii) se deve haver reintegração dos empregados dispensados sem motivação e se a indenização a eles devida deve corresponder aos salários e às demais verbas trabalhistas que teriam recebido se mantidos na empresa; (iv) se a tese se aplicaria a outras estatais prestadoras de serviço público, além da ECT; (v) se a tese firmada alcança a validade ou não de dispensas embasadas em aposentadoria espontânea de empregado; e (vi) se os efeitos seriam modulados.

Inicialmente, o ministro esclareceu que o Supremo decidiu, no julgamento do mérito, que embora a ECT não necessite de justa causa, nos termos da legislação trabalhista, para dispensar seus empregados, ela tem de motivar os atos assim praticados. Em seguida, conheceu dos embargos por entender que o Supremo errou ao não fixar uma tese de repercussão geral ao fim do julgamento – prática que, com o constante incentivo do próprio Ministro Barroso, se tornou a regra de todos os julgamentos com repercussão geral. Aduziu, nesse sentido, que:

> A manifestação expressa do colegiado sobre a tese jurídica a ser fixada constitui importante etapa do processo deliberativo do Supremo Tribunal Federal no julgamento de mérito da repercussão geral. Trata-se de fase conclusiva e fundamental ao funcionamento do regime de precedentes. A ausência de clareza e objetividade quanto à opinião da Corte acerca da questão constitucional decidida em repercussão geral dificulta a aplicação da orientação do STF pelos demais tribunais.

No mérito dos embargos, esclareceu, em primeiro lugar, que a tese aplicada se limita aos empregados da ECT, arguindo que a tese de repercussão geral está adstrita a situações similares às das partes do recurso extraordinário paradigma. Em segundo lugar, elucidou que o dever de motivar a dispensa não se confunde com a exigência de justa causa, e, portanto, não clama por processo administrativo prévio ou contraditório.

Em seguida, o ministro explicou que três dos pontos levantados pela ECT para "esclarecimentos" nos embargos não foram objeto da repercussão geral, e, portanto, não integram o precedente vinculante: são elas a questão da estabilidade dos empregados públicos admitidos antes da EC nº 19/1998, as consequências práticas de eventual descumprimento do dever de motivação, e o debate sobre a aposentadoria voluntária como fundamento para a dispensa do empregado. Esclareceu, ainda, não haver fundamento para modulação de efeitos, uma vez que a jurisprudência do TST já estava consolidada no sentido da necessidade de motivação da dispensa. Ao final, o voto do Ministro Barroso sugeriu a fixação de uma tese objetiva para o julgamento: "A Empresa Brasileira de Correios e Telégrafos – ECT tem o dever jurídico de motivar, em ato formal, a demissão de seus empregados".

O julgamento dos embargos de declaração no Recurso Extraordinário nº 589.998, portanto, encerrou diversas controvérsias relevantes deixadas pela aplicação posterior do acórdão de mérito, em especial as tentativas de interpretar extensivamente o julgado, aplicando-o a situações que se distanciam das circunstâncias fáticas do paradigma. O voto foi essencialmente uma aula sobre teoria dos precedentes, um tema que ainda gera bastante perplexidade no Tribunal, e de cujo domínio depende a eficácia da aplicação de decisões *erga omnes* e vinculantes.

Outro tema trabalhista que gerou toda sorte de perplexidade desde o primeiro pronunciamento do Supremo Tribunal Federal diz respeito à competência da Justiça do Trabalho para julgar as causas entre o Poder Público e seus servidores. Em 5.4.2006, o Supremo concedera medida cautelar na ADI nº 3.395[5] para conferir interpretação ao disposto no art. 114, I, da Constituição, com a redação dada pela EC nº 45/2004, e determinar que "o disposto no art. 114, I, da Constituição da República, não abrange as causas instauradas entre o Poder Público e servidor que lhe seja vinculado por relação jurídico-estatutária".

No entanto, o pronunciamento não esvaziou as controvérsias sobre o tema. Conforme observou o Ministro Barroso em seu voto no julgamento do mérito,[6] "conflitos de competência, recursos e reclamações alcançam rotineiramente o Supremo Tribunal Federal, objetivando dirimir controvérsias geradas pela interpretação da tese firmada por ocasião do julgamento da medida cautelar da presente ação direta de inconstitucionalidade". O ministro, que acompanhara o relator, Alexandre de Moraes, na confirmação da cautelar, preocupou-se então em destacar e esclarecer quatro situações problemáticas quanto à interpretação do art. 114, I, da Constituição.

As duas primeiras tratam de servidores públicos que ingressaram em suas funções antes da Constituição de 1988, sem concurso público: tanto aqueles que ingressaram em regime celetista, quanto aqueles contratados em regime especial, regido por lei local. No caso dos primeiros, relembrou que na jurisprudência consolidada do STF, os servidores contratados pela Administração Pública sem concurso público, sob regime celetista e em período anterior à entrada em vigor da Constituição de 1988, não podem ser vertidos para o regime jurídico estatutário. Assim, se contratados pelo regime celetista, permanecerão nele, e competirá à Justiça do Trabalho processar e julgar suas demandas.

No caso dos servidores contratados em regime especial, indicou que, ainda que o vínculo tenha perdurado após a CF/88, considera-se que o trabalho sob regime especial estabelecido por lei local também tem natureza estatutária, e não celetista. Cabe, portanto, à Justiça comum processar e julgar suas demandas.

Por outro lado, duas outras situações destacadas pelo Ministro Barroso tratam de vínculos celebrados após a Constituição de 1988. São elas as dos servidores contratados sem concurso público e aqueles que realizaram concurso público, mas foram contratados no regime celetista, antes da instituição, pelo ente contratante, do regime jurídico único. Em relação ao primeiro caso, destacou que "a existência de lei local que discipline o vínculo havido entre as partes implica dizer que a relação possui caráter jurídico administrativo". Assim, a contratação sem concurso público no regime estatutário – que é inconstitucional após 1988 – deve ser discutida e apreciada pela Justiça comum.

Em relação ao segundo caso, aduziu que o servidor celetista será transmutado ao regime estatutário, quando do estabelecimento do Regime Jurídico Único e, uma vez servidor estatutário, caberá à Justiça comum dirimir qualquer controvérsia. Destacou, ainda, que o STF estabelecera que, mesmo que o servidor estivesse pleiteando verbas da época em que seu regime era celetista, a demanda seria resolvida pela Justiça comum.

---

[5] BRASIL. Supremo Tribunal Federal. *ADI nº 3.395 MC*. Rel. Min. Cezar Peluso, Tribunal Pleno, j. 5.4.2006.
[6] BRASIL. Supremo Tribunal Federal. *ADI nº 3.395*. Rel. Min. Alexandre de Moraes, Tribunal Pleno, j. 15.4.2020.

O esforço de esclarecimento empreendido pelo Ministro Barroso em seu voto se mostra especialmente salutar em face de um assunto que é recorrente no Supremo. Uma jurisprudência inconsistente ou vacilante é um convite para impetrações sucessivas de ações idênticas que, uma vez bem definida a posição do Tribunal, tendem a diminuir. Os esclarecimentos adicionais relevam, ainda, uma outra tendência do STF em anos recentes: a de interpretar de forma cada vez mais restritiva a competência da Justiça do Trabalho.

3 A constitucionalidade da terceirização da atividade-fim e suas repercussões (ADPF nº 324, RE nº 635.546 e ADC nº 48)

O advento da reforma trabalhista promovida pela Lei nº 13.467/2017 inaugurou uma nova série de processos em matéria trabalhista submetidos à apreciação do Supremo Tribunal Federal. Um dos pontos mais relevantes julgados pelo Tribunal foi sem dúvida a questão da terceirização da atividade-fim.

Em 30.8.2018, o Supremo julgou a ADPF nº 324,[7] que fora proposta antes da reforma, tendo por objeto o conjunto das decisões judiciais proferidas pela Justiça do Trabalho acerca da terceirização de serviços. A ação foi julgada procedente, em conjunto com o Recurso Extraordinário nº 958.252,[8] que impugnava uma decisão do TST que considerara inconstitucional a terceirização da atividade-fim. Na oportunidade, fixou-se a tese de que "É lícita a terceirização de toda e qualquer atividade, meio ou fim, não se configurando relação de emprego entre a contratante e o empregado da contratada".

O voto do Ministro Barroso, relator da ADPF nº 324, inaugurou uma importante linha argumentativa no Supremo Tribunal Federal, em que o Tribunal reconhece expressamente que a revolução tecnológica inaugurou uma nova era sob a perspectiva social e econômica, na qual também as relações de trabalho restaram profundamente alteradas. Nesse contexto, a análise dos direitos trabalhistas passa a ser feita de modo a assegurar "a todos os trabalhadores empregos, salários dignos e a maior quantidade de benefícios que a economia comporte", tendo em vista, entretanto, que inviabilizar o desenvolvimento econômico prejudicará todos os trabalhadores.

Nesse sentido, o ministro defende que o modelo fordista está superado, e que iniciativas como a terceirização são parte do novo modelo produtivo, e essenciais na preservação da competitividade das empresas. Aduz, ademais, que os países mais relevantes para a economia global admitem e praticam a terceirização, inclusive das atividades-fim.

Após essa contextualização, o voto passa a enfrentar os argumentos de mérito que questionam a compatibilidade da terceirização da atividade-fim com a Constituição. Nesse sentido defende, em primeiro lugar, que a terceirização não deve ser associada necessariamente à redução de custo; de fato, são muitos os fatores que justificam a terceirização, entre os quais a busca pelo aumento da qualidade ou a redução do

---

[7] BRASIL. Supremo Tribunal Federal. *ADPF nº 324*. Rel. Min. Luís Roberto Barroso, Tribunal Pleno, j. 30.8.2018.
[8] BRASIL. Supremo Tribunal Federal. *RE nº 958.252*. Rel. Min. Luiz Fux, Tribunal Pleno, j. 30.8.2018.

tempo de produção, a necessidade de responder à flutuação da demanda, e o acesso a conhecimento, a novas tecnologias e à mão de obra qualificada.

Em segundo lugar, defende que a terceirização não implica necessariamente a precarização das relações de trabalho, uma vez que (i) não se pode tomar o comportamento abusivo de algumas empresas como regra, a desqualificar todo o instituto; (ii) é perfeitamente possível associar a legalidade da terceirização com a exigência de que o contratante confira tratamento semelhante a seus empregados e aos empregados terceirizados, no que respeita a treinamento, a normas de segurança e de saúde do trabalho; (iii) os dados apresentados não confirmam o argumento de que a terceirização implica necessariamente salários menores; (iv) a terceirização em si não é responsável pela alta rotatividade de empregos, que decorre de variações de mercado, da economia e da produção; e (v) não é a terceirização que compromete a adequada representação sindical, mas sim a não implementação da plena liberdade sindical.

A seguir, o voto enfrenta as alegações de violação aos princípios da livre iniciativa, livre concorrência, segurança jurídica e isonomia, e conclui que a corrente jurisprudencial que veda a terceirização incorre em tal violação. Conclui que "se não há norma vedando a terceirização, esta não pode ser banida como estratégia negocial, e a opção por ela é legitimamente exercida pelo empresário e tutelada pelos princípios da livre inciativa e da livre concorrência".

Por outro lado, o voto se preocupa em estabelecer os limites constitucionais à terceirização, uma vez que "os ganhos de eficiência proporcionados pela terceirização não podem decorrer do descumprimento de direitos ou da violação à dignidade do trabalhador". Estabelece, assim, caber à empresa contratante

> (i) certificar-se da idoneidade e da capacidade econômica da empresa terceirizada para honrar o contrato; (ii) especificar a atividade objeto do contrato de prestação de serviço; (iii) assegurar condições de segurança e salubridade sempre que o trabalho for realizado nas suas dependências; (iv) assumir a responsabilidade subsidiária caso a empresa terceirizada deixe de honrar quaisquer dessas obrigações.

A colocação foi responsável pela segunda parte da tese aprovada pelo Tribunal, na qual restou disposto que, "Na terceirização, compete à contratante: i) verificar a idoneidade e a capacidade econômica da terceirizada; e ii) responder subsidiariamente pelo descumprimento das normas trabalhistas, bem como por obrigações previdenciárias, na forma do art. 31 da Lei 8.212/1993".

O julgamento da constitucionalidade da terceirização foi um ponto fulcral na evolução jurisprudencial capitaneada pelo Supremo na última década em matéria trabalhista. O resultado deixou claro que o Tribunal não estava disposto a sacrificar a modernização da economia nacional em prol da doutrina e jurisprudência que tradicionalmente pregavam uma proteção exacerbada e paternalista do trabalhador. E, justamente por sua relevância, não foram poucos os desdobramentos jurisprudenciais que sucederam a decisão.

Em abril de 2020, o tema voltou ao plenário do Supremo com o julgamento da ADC nº 48,[9] que tinha por objeto a Lei nº 11.442/2007, que dispunha sobre o transporte rodoviário de cargas. Na oportunidade, além de analisar, mais uma vez, a compatibilidade da terceirização da atividade-fim com a Constituição, a Corte teria que determinar se "a Constituição impõe que a proteção e regulamentação de toda e qualquer prestação remunerada de serviços ocorra mediante a configuração de relação de emprego".

O Ministro Barroso, relator da ação, inicia seu voto reforçando as transformações da estrutura de produção no sistema capitalista e sua relação com a terceirização, na linha da introdução de seu voto na ADPF nº 324. Ainda na linha daquela decisão, rememora que os princípios constitucionais da livre iniciativa e da livre concorrência implicam o reconhecimento de que "Não há na Constituição norma que imponha a adoção de um único modelo de produção e que obrigue os agentes econômicos a concentrar todas as atividades necessárias à consecução de seu negócio ou a executá-las diretamente por seus empregados".

Em seguida, aduz que as normas constitucionais de proteção ao trabalho não impõem que qualquer relação entre o contratante de um serviço e o seu prestador seja protegida por meio da relação de emprego. E nesse sentido reconhece que a relação entre o motorista autônomo e a empresa de carga não configura relação de emprego, não apenas porque não preenche os requisitos da pessoalidade e subordinação, previstos na própria CLT, mas também porque a relação tem natureza civil, nos termos da lei especial que a regulamenta.

Além de reforçar o precedente fixado na ADPF nº 324 quanto à constitucionalidade da terceirização, a ADC nº 48 deu mais um passo na evolução da jurisprudência do Supremo em matéria trabalhista, ao afirmar expressamente que nem toda relação entre prestador e tomador de serviço configura relação de trabalho. A tese tem repercussões importantes, inclusive, para a definição da competência da justiça laboral para analisar certas demandas.[10]

Em abril de 2021, o Supremo foi chamado a dirimir mais uma controvérsia relacionada à terceirização. Na ocasião do julgamento do Recurso Extraordinário nº 635.546,[11] discutia-se se o empregado de empresa contratada teria direito à equiparação remuneratória com o empregado da empresa tomadora do serviço, quando ambos atuarem na mesma atividade-fim. Em seu voto o Ministro Barroso, relator para o acórdão, defendeu que o reconhecimento de tal equiparação entraria em conflito com o decidido pelo Supremo na ADPF nº 324.

O ministro relembrou, ainda, que, embora alguns direitos, por integrarem o patamar civilizatório mínimo do trabalhador, devam ser conservados na terceirização, a equiparação na remuneração não é um desses direitos, até mesmo porque a empresa tomadora e a prestadora possuem realidades econômicas distintas.

---

[9] BRASIL. Supremo Tribunal Federal. *ADC nº 48*. Rel. Min. Luís Roberto Barroso, Tribunal Pleno, j. 15.4.2020.

[10] A mesma tese foi aplicada meses depois, no julgamento do Recurso Extraordinário nº 606.003, no qual se reconheceu que o contrato de representação comercial autônoma não configura relação de trabalho para fins de definição da competência da justiça laboral. O Ministro Barroso foi relator para o acórdão. Ver BRASIL. Supremo Tribunal Federal. *RE nº 606.003*. Rel. p/ o acórdão Min. Luís Roberto Barroso, Tribunal Pleno, j. 28.9.2020.

[11] BRASIL. Supremo Tribunal Federal. *RE nº 635.546*. Rel. p/ o acórdão Min. Luís Roberto Barroso, Tribunal Pleno, j. 29.3.2021.

Nesse sentido, o ministro arguiu que, se os princípios da livre iniciativa e da livre concorrência asseguram ao agente econômico a decisão sobre terceirizar ou não parte das suas atividades, e se um dos motivos para o fazer pode ser, justamente, baixar custos, exigir a equiparação seria impedir esse objetivo por via transversa, e que, portanto, esvaziaria o instituto da terceirização.

4 O Supremo em matéria trabalhista e a Constituição viva

A linha jurisprudencial construída pelo Supremo ao longo da última década, muito além de conceder determinada visão econômica, preza pela atualização do sistema constitucional, com atenção aos efeitos práticos de normas que foram pensadas para realidades pretéritas.

De fato, a melhor doutrina constitucional é firme em defender que uma Constituição somente se mantém viva se for capaz de responder aos mutantes anseios sociais. Se o texto constitucional for estático, hábil a regular a vida apenas da sociedade contemporânea à sua criação, não terá vocação de permanência. A sobrevivência de qualquer Constituição depende da sua adaptabilidade.[12] [13] [14]

As Constituições modernas preveem em seu próprio texto instrumentos aptos a promover tais mudanças: elas podem ser realizadas através da alteração formal do texto constitucional, por meio de emendas. No entanto, se sabe que as mudanças constitucionais formais possuem diversas limitações, desde um procedimento que pode ser mais ou menos difícil e alongado, até barreiras substanciais trazidas pelo próprio constituinte, como as cláusulas pétreas. Essas limitações podem se justificar, e muitas vezes se justificam, pela necessidade de preservar determinados compromissos essenciais tomados pelo povo em momentos estratégicos; mas, na prática, elas significam que nem sempre será possível alterar o texto constitucional na velocidade e na medida exigida pelo correr das transformações sociais.[15]

Essa conclusão significa que, em larga medida, cabe às cortes constitucionais efetivar as atualizações necessárias à sobrevivência da Constituição por meios informais.[16] Através da interpretação das normas constitucionais, que por sua própria natureza são

---

[12] HORTA, Raul Machado. Permanência e mudança na Constituição. *In*: HORTA, Raul Machado. *Curso de direito constitucional*. 3. ed. Belo Horizonte: Del Rey, 2002. p. 97.

[13] VIEIRA, Oscar Vilhena. *A Constituição e sua reserva de justiça*: um ensaio sobre os limites materiais ao poder de reforma. São Paulo: Malheiros, 1999.

[14] "As Constituições têm vocação de permanência. Idealmente, nelas têm abrigo as matérias que, por sua relevância e transcendência, devem ser preservadas da política ordinária. A constitucionalização retira determinadas decisões fundamentais do âmbito de disposição das maiorias eventuais. Nada obstante isso, as Constituições não são eternas nem podem ter a pretensão de ser imutáveis. Uma geração não pode submeter a outra aos seus desígnios. Os mortos não podem governar os vivos. Porque é assim, todas as Cartas Políticas preveem mecanismos institucionais para sua própria alteração e adaptação a novas realidades. Isso não quer dizer que seja a única hipótese de mudança do conteúdo das normas constitucionais" (BARROSO, Luís Roberto. *Curso de direito constitucional contemporâneo*. 8. ed. São Paulo: Saraiva, 2019. p. 138).

[15] BARROSO, Luís Roberto. *Curso de direito constitucional contemporâneo*. 8. ed. São Paulo: Saraiva, 2019. p. 152 e ss.

[16] ACKERMAN, Bruce. The Living Constitution. *Harvard Law Review*, v. 120, 2007. p. 1738 e ss. No artigo, Ackerman explica que, em razão da imensa dificuldade em superar os requisitos formais de emenda à Constituição nos Estados Unidos, ao longo do século XX, as mudanças constitucionais deixaram de ser efetivadas pela via formal e passaram para a via informal, em grande parte efetivada pela Suprema Corte, que se tornou agente de importantes transformações sociais pela via da interpretação.

abertas e possuem certa elasticidade, os tribunais são capazes de atualizar o sistema constitucional com maior facilidade e menos amarras.

Tal papel tem sido exercido pelo Supremo em matéria trabalhista. Na última década, o Tribunal procurou adaptar sua jurisprudência às novas realidades econômicas e sociais, de modo que as normas constitucionais e infraconstitucionais pensadas para proteger o trabalhador não se tornassem um obstáculo ao trabalho, nos moldes exigidos no século XXI. Com essa postura, o Tribunal reconhece que, enquanto alguns direitos são inegociáveis, na medida em que garantem a dignidade do trabalhador, outros podem ser flexibilizados em favor de novas prioridades.

O Ministro Barroso sugere em alguns dos julgamentos que capitaneou em matéria trabalhista, por exemplo, que na realidade contemporânea o trabalhador pode preferir autonomia à segurança que é priorizada na sistemática da CLT. E insiste, assim, que uma posição que flexibiliza algumas das tradicionais proteções ao trabalhador não é contrária aos direitos e interesses daquele, mas reconhece que esses interesses podem mudar, além de ponderar que nada poderia ser mais contrário aos interesses do trabalhador do que a inviabilização do trabalho.

O direito dos trabalhadores é, possivelmente, uma das áreas mais proeminentes da atuação do Supremo nos últimos anos; certamente, uma das áreas em que o Tribunal promoveu mudanças mais relevantes. O Ministro Luís Roberto Barroso foi, através de seus votos, um protagonista no processo de modernização da regulamentação trabalhista promovida pelo Tribunal, e contribuiu de forma decisiva para que essa modernização não deixasse de sopesar os direitos e interesses dos trabalhadores e as novas realidades econômicas.

Referências

ACKERMAN, Bruce. The Living Constitution. *Harvard Law Review*, v. 120, 2007.

BARROSO, Luís Roberto. *Curso de direito constitucional contemporâneo*. 8. ed. São Paulo: Saraiva, 2019.

BRASIL. Supremo Tribunal Federal. *ADC nº 48*. Rel. Min. Luís Roberto Barroso, Tribunal Pleno, j. 15.4.2020.

BRASIL. Supremo Tribunal Federal. *ADI nº 3.395 MC*. Rel. Min. Cezar Peluso, Tribunal Pleno, j. 5.4.2006.

BRASIL. Supremo Tribunal Federal. *ADI nº 3.395*. Rel. Min. Alexandre de Moraes, Tribunal Pleno, j. 15.4.2020.

BRASIL. Supremo Tribunal Federal. *ADI nº 5.794*. Rel. p/ o acórdão Ministro Luiz Fux, Tribunal Pleno, j. 29.6.2018.

BRASIL. Supremo Tribunal Federal. *ADPF nº 324*. Rel. Min. Luís Roberto Barroso, Tribunal Pleno, j. 30.8.2018.

BRASIL. Supremo Tribunal Federal. *RE nº 589.998 ED*. Rel. Min. Luís Roberto Barroso, Tribunal Pleno, j. 10.10.2018.

BRASIL. Supremo Tribunal Federal. *RE nº 590.415*. Rel. Min. Luís Roberto Barroso, Tribunal Pleno, j. 30.4.2015.

BRASIL. Supremo Tribunal Federal. *RE nº 606.003*. Rel. p/ o acórdão Min. Luís Roberto Barroso, Tribunal Pleno, j. 28.9.2020.

BRASIL. Supremo Tribunal Federal. *RE nº 635.546*. Rel. p/ o acórdão Min. Luís Roberto Barroso, Tribunal Pleno, j. 29.3.2021.

BRASIL. Supremo Tribunal Federal. *RE nº 958.252*. Rel. Min. Luiz Fux, Tribunal Pleno, j. 30.8.2018.

HORTA, Raul Machado. Permanência e mudança na Constituição. *In*: HORTA, Raul Machado. *Curso de direito constitucional*. 3. ed. Belo Horizonte: Del Rey, 2002.

VIEIRA, Oscar Vilhena. *A Constituição e sua reserva de justiça*: um ensaio sobre os limites materiais ao poder de reforma. São Paulo: Malheiros, 1999.

Informação bibliográfica deste texto, conforme a NBR 6023:2018 da Associação Brasileira de Normas Técnicas (ABNT):

ROBALINHO, Ana Beatriz. O Ministro Barroso e os direitos dos trabalhadores. *In*: OSORIO, Aline; MELLO, Patrícia Perrone Campos; BARROSO, Luna van Brussel (Coord.). *Direitos e democracia*: 10 anos do Ministro Luís Roberto Barroso no STF. Belo Horizonte: Fórum, 2023. p. 569-579. ISBN 978-65-5518-555-3.

A CRIMINALIZAÇÃO DA HOMOFOBIA E O VOTO DO MINISTRO LUÍS ROBERTO BARROSO NO MI Nº 4.733 E NA ADI POR OMISSÃO Nº 26

ANDRE LUIZ SILVA ARAUJO
CAROLINA LUÍZA DE LACERDA ABREU
JOÃO COSTA-NETO
PAULO CESAR VILLELA SOUTO LOPES RODRIGUES

I   Introdução. A questão submetida ao Supremo Tribunal Federal

Este artigo em homenagem aos dez anos de exercício do Ministro Luís Roberto Barroso no Supremo Tribunal Federal pretende examinar as peculiaridades do voto por ele proferido no julgamento do Mandado de Injunção nº 4.733/DF e da Ação Direta de Inconstitucionalidade por Omissão nº 26/RJ, notadamente quanto ao debate sobre a observância da legalidade estrita no direito penal e a solução constitucional adotada para proteger os membros da comunidade LGBTQIA+. Foi produzido a oito mãos por dois de seus assessores criminais e dois de seus juízes auxiliares/instrutores.

Nestes últimos dez anos no Supremo Tribunal Federal, o Ministro Luís Roberto Barroso se manteve um observador atento e crítico do desempenho do Tribunal, e, analisando a Corte de uma posição privilegiada, afirmou, em trabalho acadêmico, que a instituição exerce três papéis distintos: contramajoritário, representativo e iluminista.[1] O contramajoritário decorre da consideração de que sua legitimidade não advém do voto popular – a chamada dificuldade contramajoritária que enfrentam cortes constitucionais em todo mundo –, e consiste na possibilidade de invalidação de atos produzidos por maioria que tenha a legitimidade do voto. O papel representativo é exercido quando a Corte atende a demandas sociais não satisfeitas pelas instâncias políticas, e o iluminista quando promove avanços civilizatórios independentemente das maiorias legislativas de ocasião.

---

[1] BARROSO, Luís Roberto. Os três papéis desempenhados pelas Supremas Cortes nas democracias constitucionais. *R. EMERJ*, Rio de Janeiro, v. 21, n. 3, t. 1, p. 11-35, set./dez. 2019.

As questões que envolvem os direitos fundamentais da comunidade LGBTQIA+ são objeto de atenção e destacada atuação do ministro, até mesmo em momento anterior à investidura no cargo. São exemplos a conhecida sustentação promovida por ele na ADPF nº 132, "Uniões Estáveis Homoafetivas", e – já como ministro da Corte –, o voto proferido como relator no RE nº 845.779/SC, que cuida do uso de banheiros públicos por pessoas transgênero.

Neste último caso, o RE nº 845.779/SC, seu voto apresenta um cuidadoso e alentado estudo sobre a transgeneralidade, em tópico específico intitulado "Transgênero: conceito e espécies", cuja passagem luminosa que se cita a seguir demonstra o acerto dos adjetivos "cuidadoso" e "alentado".

> 9. Sexo consiste na classificação que distingue homens e mulheres segundo as suas características orgânico-biológicas, destacando-se os cromossomos, níveis hormonais e órgãos genitais e reprodutivos. Gênero, por sua vez, é a identificação da pessoa como homem ou mulher. Portanto, sexo é uma condição prescrita biologicamente, enquanto gênero é uma identidade socialmente construída. O caráter sociocultural do gênero foi salientado, de forma acurada, por Simone de Beauvoir em passagem clássica: ninguém nasce mulher, torna-se mulher. Já orientação sexual é o tipo de atração afetivossexual de um indivíduo por determinado(s) gênero, dividindo-se em heterossexual e homossexual.
>
> 10. Por outro lado, transgênero consiste em termo guarda-chuva que pretende abranger todas as identidades e práticas que cruzam, cortam, movem-se entre, ou de qualquer forma desafiam as fronteiras socialmente construídas de sexo e gênero. O transgênero sente que pertence ao gênero oposto, ou pertence a ambos ou nenhum dos dois sexos tradicionais. Desta maneira, pode-se dizer, em síntese, que uma pessoa transgênero não se identifica com o gênero que decorre do seu sexo biológico, ao passo que uma pessoa cisgênero é aquela na qual há a referida identificação. Dada a sua amplitude, o conceito de transgênero abrange diferentes espécies, como os transexuais, os travestis, os crossdressers, as drag queens/drag kings e os intersexuais.

No caso sob exame, conhecido como "Criminalização da Homofobia" o voto do ministrou contou, como de hábito, com um sério exame da questão referente à proteção dos valores da existência de pessoas que constituem a comunidade LGBTQIA+, tendo, por igual, produzido passagens luminosas, como a que se segue.

> 12. Primeiramente, explicito alguns conceitos-chave da discussão. O termo homofobia [4] foi cunhado na década de 1970 pelo psicólogo clínico George Weinberg [5] para definir sentimentos negativos com relação a homossexuais. Nos dias atuais, as palavras homofobia e transfobia costumam ser empregadas para designar emoções ruins – como aversão, raiva, desprezo, ódio, desconforto e medo – com relação aos membros da comunidade LGBTI+. Ainda que não exista um conceito unívoco a seu respeito, é possível dizer que a homofobia e a transfobia significam a violência física ou psicológica contra uma pessoa, respectivamente em razão de sua orientação sexual ou de sua identidade de gênero, manifestando-se em agressões, ofensas e atos discriminatórios.
>
> 13. Nesse ponto, vale lembrar que sexo é uma condição física, biológica. Gênero diz respeito à autopercepção do indivíduo, ao sentimento de pertencimento ao universo feminino, masculino, ou a nenhuma dessas definições tradicionais. A orientação sexual, por sua vez, está associada à atração física, ao desejo de cada um. É aqui que a pessoa pode ser heterossexual, homossexual ou bissexual. A orientação sexual e a identidade de gênero não traduzem escolhas livres, são apenas fatos da vida.

Neste caso, a "Criminalização da Homofobia", o Tribunal foi chamado, em ação mandamental e em ação direta de controle concentrado, a exercer o que o ministro denominou de papel iluminista, e de modo bastante ousado – mas necessário –, o exerceu.

II A questão submetida ao Tribunal

A Associação Brasileira de Gays, Lésbicas e Transgêneros (ABGLT) impetrou um mandado de injunção, e o Partido Popular Socialista (PPS) uma ação direta de inconstitucionalidade por omissão, ambos com o objetivo de que o Tribunal promovesse:

> [A] criminalização específica de todas as formas de homofobia e transfobia, especialmente (mas não exclusivamente) das ofensas (individuais e coletivas), dos homicídios, das agressões e discriminações motivadas pela orientação sexual e/ou identidade de gênero, real ou suposta, da vítima.

O mandado de injunção foi distribuído inicialmente ao Ministro Ricardo Lewandowski, e, posteriormente, ao Ministro Edson Fachin. A ação direta foi distribuída ao Ministro Celso de Mello.

Sustentou-se, em ambas as ações, que: (i) o art. 5º, LXXI, da CRFB/88 autorizava o uso do mandado de injunção na medida em que a falta de norma que previsse responsabilização criminal de quem praticasse discriminação contra os membros da comunidade LGBTQIA+ tornava inviável o exercício de direitos e liberdades constitucionais e/ou, ainda, de prerrogativas inerentes à cidadania da população pertencente a esta comunidade; (ii) o princípio da proporcionalidade – em sua vertente da proibição de proteção deficiente – orientava a criminalização específica de tais ofensas porque o quadro de violência e discriminação contra a população LGBTQIA+, vivido naquele, e ainda atual, contexto histórico, tornava inviável o exercício dos direitos fundamentais à livre orientação sexual e à livre identidade de gênero; e (iii) existia mandamento constitucional de criminalização que obrigava o legislador a criminalizar a homofobia e a transfobia, tendo em vista que: ambas poderiam ser consideradas espécies do gênero racismo, em relação ao qual existe comando constitucional específico de criminalização (art. 5º, XLII, CRFB/88); se enquadravam inequivocamente no conceito de discriminações atentatórias a direitos e liberdades fundamentais, razão pela qual, ainda que não fossem compreendidas como espécies do gênero racismo, se enquadravam no disposto no art. 5º, XLI, da CRFB/88, que comandava a elaboração de norma penal que punisse tais ofensas; e, ainda, que todas as formas de homofobia e transfobia deveriam ser punidas com o mesmo rigor aplicado pela Lei nº 7.716/89 às ofensas referentes a "raça, cor, etnia, religião e procedência nacional", sob pena de hierarquização de opressões.

Requereram os autores, de ambas as ações, a declaração da mora inconstitucional do Congresso Nacional na criminalização específica da homofobia e da transfobia e a fixação de prazo razoável para o Congresso Nacional aprovar legislação criminalizadora. Requereram, ainda, que, na hipótese de transcurso do prazo eventualmente fixado pelo Tribunal, sem que o Congresso efetivasse a criminalização, fossem efetivamente tipificadas a homofobia e a transfobia como crime(s) específico(s) por decisão do próprio Tribunal, o que sugeriam ser feio por meio: (i) da inclusão da criminalização específica na Lei de Racismo (Lei nº 7.716/1989), determinando-se a aplicação da referida lei para punir tais atos até que o Congresso Nacional criminalizasse tais condutas; ou criasse o Tribunal tipificação específica de todas as formas de homofobia e transfobia, do modo que entendesse mais adequado em termos constitucionais. Requereram, por fim, a responsabilização civil do Estado brasileiro, consistente em indenizar as vítimas de todas as formas de homofobia e transfobia.

Em 13.6.2019, o Tribunal julgou procedente o pedido formulado no mandado de injunção e, conhecendo em parte da ação direta, procedente o pedido ali formulado para reconhecer a mora inconstitucional do Congresso Nacional e aplicar, até que o Congresso Nacional venha a legislar a respeito, a Lei nº 7.716/89 a fim de estender a tipificação prevista para os crimes resultantes de discriminação ou preconceito de raça, cor, etnia, religião ou procedência nacional à discriminação por orientação sexual ou identidade de gênero.

Na ação direta, o relator, Ministro Celso de Mello, reconheceu a inadequação do controle concentrado para estabelecer a responsabilidade civil do Estado brasileiro. E destacou que a aplicação da Lei nº 7.716/89 à discriminação de pessoas da comunidade LGBTQIA+ não configurava a utilização de analogia, como técnica de colmatação de lacunas, em desfavor do réu, o que se sabe vedado em direito penal, mas técnica de decisão da jurisdição constitucional consistente na interpretação conforme, como se vê da ementa ao dizer: "enquadramento imediato das práticas de homofobia e transfobia, mediante interpretação conforme".

Desse modo, entendeu o Tribunal, em ambas as ações, ser atentatório ao Estado democrático de direito qualquer tipo de discriminação, inclusive a que se fundamenta na orientação sexual das pessoas ou em sua identidade de gênero, na medida em que a discriminação por orientação sexual ou identidade de gênero ofende um sentido mínimo de justiça ao sinalizar que o sofrimento e a violência dirigida a pessoa gay, lésbica, bissexual, transgênera ou intersex é tolerada, como se uma pessoa não fosse digna de viver em igualdade.

III A questão dogmática: a travessia do Rubicão

Três são as funções clássicas do direito penal: (i) a função de prevenção geral, consistente em incutir temor em quem pretenda praticar condutas eleitas pelo legislador como proibidas e descritas em modelos legais, temor este caracterizado pela consequência jurídica estabelecida em lei para tal prática, em geral, a restrição da liberdade; (ii) a função de proteção de bens jurídicos, consistente na punição da prática destas condutas descritas em modelos legais, sendo legítima esta proibição somente quando tais condutas ofendam valores especialmente caros à vida em sociedade; e (iii) a função da garantia, consistente em garantir o indivíduo contra o arbítrio do Estado. A função de garantia se identifica com o *princípio da legalidade*.

A função de garantia é uma construção iluminista. Impõe ao Estado que se abstenha de punir condutas que não estejam previamente descritas na norma penal. É garantia do indivíduo, não da sociedade. Nessa medida, a função de garantia eleva todo o direito penal à condição de direito fundamental de primeira dimensão. Essa construção – cuja elaboração técnica se dá no calor das revoluções liberais do séc. XVIII –, é sistematizada no séc. XIX pelo jurista alemão Paul Johann Anselm von Feuerbach, em fórmula largamente conhecida, vazada em latim como se fora um brocardo romano: *nullum crimen nulla poena sine lege*.² A Constituição da República Federativa do Brasil de 1988 acolhe o princípio: "Art. 5º [...] XXXIX - não há crime sem lei anterior que o defina, nem pena sem prévia cominação legal".³ Trata-se aqui do que se denomina reserva estrita de lei, ou legalidade estrita. Garantia que é, impõe que a lei penal, única apta a punir condutas com a restrição da liberdade, seja sempre e necessariamente escrita, estrita, certa e prévia.⁴

Da legalidade estrita, como garantia constitucional e civilizatória, decorre a crítica a tipos penais abertos, cuja descrição típica provoca dúvida e dificulta a subsunção de condutas ao modelo legal. Quando o indivíduo não sabe, por lei prévia e certa, o que o Estado proíbe, encontra dificuldade em se comportar conforme o direito. Da legalidade estrita, também se extrai a impossibilidade de utilização, no direito penal, da técnica de colmatação de lacunas consistente no uso de analogia. Pela mesmíssima razão, a analogia, construída pelo aplicador do direito, surpreende o indivíduo. Só a lei, trabalho dos representantes eleitos, poderia criar modelos de conduta proibida.⁵

No caso sob exame, a decisão no mandado de injunção reconhece a mora do legislador em atender a um comando constitucional de proteção e – como é próprio do alcance das decisões em MI –, cria a norma para o caso ou amplia o alcance de outra norma para dar conta do que não atendido pela mora legislativa.

Já na decisão proferida na ADI por omissão, como esclareceu seu relator, não se trata, no entendimento da Corte, de utilização de analogia desfavorável ao réu, destinatário da norma penal, mas de técnica de decisão consistente em interpretação conforme a Constituição da norma contida no tipo do art. 20 da Lei nº 7.716/1989. Isso para encontrar, nas expressões "raça, cor, etnia, religião e procedência nacional", também uma norma que proíba discriminações concernentes à *identidade de gênero* e à *orientação sexual*.

Consideradas estas premissas, tem-se então que o caso sob exame configura uma tensão: a preservação do dogma da legalidade estrita – como alicerce do Estado de direito –, e a proteção da vida e da integridade de seres humanos em situação de

---

² QUEIROZ, Rafael Mafei Rabelo. *O direito a ações morais*. Paul Johann Anselm von Feuerbach e a construção do moderno direito penal. Coimbra: Almedina, 2012.

³ Em seus *Comentários ao Código Penal*, Nelson Hungria e Heleno Fragoso afirmam que o acolhimento desta fórmula, no art. 1º do Código Penal, coloca todo o direito penal dentro da lei: "A fonte única do direito penal é a norma legal. Não há direito penal vagando fora da lei escrita. Não há distinguir, em matéria penal, entre lei e direito [...] Do ponto de vista de sua aplicação pelo juiz, pode mesmo dizer-se que a lei penal não tem lacunas. Se estas existem sob o prisma da política criminal (ciência pré-jurídica), só uma lei penal (sem efeito retroativo) pode preenchê-las. Pouco importa que alguém haja cometido um fato anti-social, excitante da reprovação pública, francamente lesivo do mínimo de moral prática que o direito penaltem por função assegurar, com suas reforçadas sanções, no interesse da ordem, da paz, da disciplina social: se esse fato escapou à previsão do legislador, isto é, se não corresponde, precisamente a parte objecti e a parte subjecti, a uma das figuras delituosas anteriormente recortadas in asbtracto pela lei, o agente não deve contas à justiça repressiva [...]" (HUNGRIA, Nelson; FRAGOSO, Heleno Cláudio. *Comentários ao Código Penal*. 6. ed. Rio de Janeiro: Forense, 1980. p. 21-22).

⁴ TOLEDO, Francisco de Assis. *Princípios básicos de direito penal*. 5. ed. São Paulo: Saraiva, 1994. p.21-29.

⁵ No julgamento do HC nº 121.835/PE, o Supremo Tribunal Federal, ratificando sua jurisprudência, assentou que tratado internacional não pode criminalizar condutas, sob pena de violação ao princípio da reserva legal (CF, art. 5º, XXXIX), de modo que, no Brasil, só a lei ordinária ou outro ato normativo de nível superior poderia fazê-lo.

vulnerabilidade, sem qualquer perspectiva de que venham a ser protegidos por norma penal, confeccionada pelas maiorias de ocasião, violentados por serem o que são. Por existirem.

Colocado nessa posição, o Tribunal atravessou o Rubicão,[6] superando o dogma da legalidade estrita, e assentou que, para assegurar a proteção da existência digna de indivíduos no Estado democrático de direito, é possível à Corte Constitucional, ainda que pelo prazo que durar a mora legislativa, criminalizar condutas, por decisão judicial, ampliando o alcance da norma penal, segundo o relator da ADI por Omissão nº 26, sem o emprego de analogia desfavorável ao réu, mas com a utilização da técnica da interpretação conforme.

IV O pensamento do Ministro Luís Roberto Barroso, e seu reflexo no voto proferido

Desde os anos 1990, o Ministro Luís Roberto Barroso alertava para a subutilização das potencialidades da ação de mandado de injunção. Entendia que a posição excessivamente restritiva do Supremo Tribunal Federal quanto às possibilidades de alcance da decisão proferida neste tipo de ação a tornava "uma desnecessidade".[7] O mandado de injunção seria "o que foi sem nunca ter sido".[8] A decisão do Tribunal no MI nº 4.733 consagra a virada jurisprudencial defendida em texto doutrinário pelo ministro e iniciada com os MIs nºs 670/ES, 708/DF e 712/PA (Greve de Servidores Públicos) que adotaram a corrente concretista geral do mandado de injunção.

O passo largo que o Tribunal daria, com a adoção da solução que veio a ser efetivamente adotada, não escapou à arguta percepção do ministro, especificamente no que concerne ao desafio da legalidade estrita em matéria penal, daí porque, nas razões apresentadas em seu voto, teceu considerações específicas sobre a tripartição funcional do poder e sobre o papel que cabe a cada um:

> 23. A criação primária de leis é papel típico do Poder Legislativo. O Congresso deve refletir os interesses e sentimentos da sociedade, passando-os no filtro da Constituição para depurá-los dos excessos da paixão. Já a interpretação constitucional é o papel típico do STF, um exercício de razão pública. Na essência e como regra geral, a lei é um ato de vontade; a jurisdição é um ato de razão.
>
> 24. No normal da vida, é possível traçar com clareza a fronteira entre uma coisa e outra, entre legislar e interpretar. Por vezes, no entanto, essa fronteira se torna menos nítida. Nos casos em que a fronteira não é clara, há uma linha que se procura traçar em boa teoria constitucional. Essa linha é traçada em dois planos diferentes. O primeiro: quando o

---

[6] Em janeiro de 49 a.C., o Senado romano determina que Júlio Cesar, então governador da Galia, desmobilize seu exército e volte para Roma. Júlio Cesar decide voltar, mas acompanhado de seu exército, o que constituía uma afronta a Roma. A fronteira era justamente o Rio Rubicão. Ao atravessá-lo com seus homens, Júlio Cesar sabia que dava início a uma mudança sem volta na vida romana, daí porque a travessia do Rubicão é tida como um ponto de não retorno. Ao atravessá-lo, Júlio Cesar teria dito: *alea jacta est*. A sorte está lançada. Júlio Cesar sagrou-se vitorioso na disputa de forças, e tornou-se o governante de Roma.

[7] BARROSO, Luís Roberto. *O controle de constitucionalidade no direito brasileiro*. 2. ed. São Paulo: Saraiva, 2006. p. 112-113.

[8] BARROSO, Luís Roberto. *O controle de constitucionalidade no direito brasileiro*. 2. ed. São Paulo: Saraiva, 2006. p. 112-113.

Congresso atua e produz uma lei, o STF deve ser deferente para com as escolhas políticas do Congresso e só deve invalidá-las quando não haja margem à dúvida razoável da afronta à Constituição. No entanto, quando o Congresso não atua em situações em que havia um mandamento constitucional para que atuasse, o papel do tribunal se amplia legitimamente para fazer valer a Constituição.

25. O segundo plano diz respeito à matéria em discussão. A regra geral é que o STF se comporte com autocontenção, deixando o maior espaço de atuação possível ao Legislativo. Isso vale para questões econômicas, administrativas, sociais etc. Porém, quando estiver em questão a proteção dos direitos fundamentais ou o respeito às regras do jogo democrático, aí se justifica uma postura mais proativa do STF. Porque essa é a missão principal de uma suprema corte: assegurar direitos fundamentais e proteger a democracia. Mesmo contra a vontade das maiorias. Direitos fundamentais são oponíveis inclusive às maiorias políticas. São trunfos contra a maioria, na formulação clássica de Ronald Dworkin [26].

26. No caso em exame, os dois fatores que alargam a fronteira da interpretação constitucional em relação às competências legislativas estão presentes: existe omissão inconstitucional e trata-se de respeito a direitos fundamentais – à liberdade, à igualdade, à integridade e à própria vida de pessoas integrantes do grupo LGBTI+, um grupo indiscutivelmente vulnerável como até mesmo o mais empedernido conservador haverá de reconhecer.

Para ele, como o pedido formulado pretendia obter a criminalização específica de todas as formas de homofobia e transfobia, especialmente (mas não exclusivamente) das ofensas (individuais e coletivas), dos homicídios, das agressões e discriminações motivadas pela orientação sexual e/ou identidade de gênero, real ou suposta, da vítima, o acolhimento da pretensão dos autores pressupunha o reconhecimento da omissão inconstitucional, e, nessa medida, a solução da questão constitucional observaria, necessariamente, duas etapas: (i) investigar se há na Constituição mandado de criminalização destas condutas; e (ii) estabelecer as consequências que a declaração dessa omissão geraria. A primeira etapa é vencida pelo ministro sem dificuldade.

39. A ausência de norma criminal punitiva de atos de homofobia e transfobia configura mora inconstitucional do legislador, nos termos do art. 103, §2º, CF, decorrente da ausência de regulamentação suficiente do art. 5º, XLI e XLII, CF.

40. Em primeiro lugar, o art. 5º, XLI, CF estabelece que "a lei punirá qualquer discriminação atentatória dos direitos e liberdades fundamentais". Ainda que não exista uma definição unívoca a respeito do que são a homofobia e transfobia, não há dúvidas de que constituem formas de discriminação atentatória dos direitos e liberdades fundamentais. O próprio constituinte, ao estabelecer comando para a edição de lei, optou por utilizar conceitos jurídicos indeterminados, construindo enunciado que pode ser integrado à luz da realidade concreta de cada tempo. Como se viu, o preconceito fundado na aversão à orientação sexual e/ou à identidade de gênero dos indivíduos dá ensejo à sistemática violação de direitos fundamentais da comunidade LGBTI+, grupo historicamente marginalizado. Dito em outras palavras: no Brasil, a homofobia mata e, por isso, deve ser criminalizada.

41. Nesse ponto, vale fazer uma observação. O art. 5º, XLI, CF diz que "a lei punirá" condutas atentatórias de direitos e liberdades fundamentais, sem especificar textualmente se esse comando deve ser cumprido por meio da tipificação penal ou da punição administrativa desses atos. No entanto, a interpretação constitucional não pode se desvincular do contexto em que se insere. Em razão de três fatores que exponho a seguir, entendo que o princípio da proporcionalidade, em sua dimensão da vedação à proteção insuficiente, impõe que a proteção da integridade física e psíquica da população LGBTI+ se dê por meio da criminalização da discriminação contra a orientação sexual e/ou a identidade de gênero.

Chegada a segunda etapa, o ministro identifica a mora inconstitucional, mas se depara com a dificuldade de contornar a legalidade estrita:

> [...] também há mora inconstitucional na regulamentação do art. 5º, XLII, CF, de acordo com o qual "a prática do racismo constitui crime inafiançável e imprescritível, sujeito à pena de reclusão, nos termos da lei". Ainda que a homofobia e a transfobia possam não se enquadrar no sentido usualmente atribuído ao termo racismo na linguagem popular, é certo que esta Corte, encarregada de interpretar o sentido e o alcance do texto constitucional, manifestou-se de forma inequívoca a respeito do alcance a ser dado a esse conceito, adotando definição abrangente.
>
> 47. No paradigmático Caso Ellwanger [28], o STF fixou o entendimento de que "o racismo é antes de tudo uma realidade social e política, sem nenhuma referência à raça enquanto caracterização física ou biológica, refletindo, na verdade, reprovável comportamento que decorre da convicção de que há hierarquia entre os grupos humanos, suficiente para justificar atos de segregação, inferiorização e até de eliminação de pessoas". Diante desse conceito, encampado por esta Corte, a vedação constitucional ao racismo é abrangente o suficiente para abarcar a proibição de toda e qualquer forma de ideologia que pregue a inferiorização e a estigmatização de grupos, a exemplo do que acontece com a comunidade LGBTI+.

As consequências do reconhecimento e consequente declaração da omissão inconstitucional na criminalização da homofobia são assim estruturadas:

> 51. Em circunstâncias normais, meu voto seria no sentido de fixar um prazo para o Congresso Nacional atuar e, somente no caso de persistir a omissão, determinar a integração da ordem jurídica, definindo a norma que deveria reger a matéria. Porém, aqui, é um caso típico em que o processo político majoritário não dá conta de fazer valer o comando constitucional. Como informado pelo próprio Congresso Nacional, esse tema é debatido no âmbito do Poder Legislativo desde 1997. A falta de perspectiva de solução do tema no âmbito legislativo tornaria meramente formal e inócua uma fixação de prazo, nessas circunstâncias.
>
> 52. Por essa razão, acolho a manifestação do então Procurador-Geral da República, Rodrigo Janot Monteiro de Barros, encampada pelo relator, Ministro Celso de Mello, no sentido de atribuir interpretação conforme a Constituição ao conceito de *raça*, tratado nos diversos tipos penais previstos na Lei nº 7.716/1989, para neles enquadrar, igualmente, a homofobia e a transfobia, até que sobrevenha legislação autônoma editada pelo Congresso Nacional que tipifique especificamente essas condutas discriminatórias.

E arruma suas ideias em conclusão, do seguinte modo:

> (i) a Constituição de 1988 estabeleceu comandos claros de vedação a toda forma de discriminação; (ii) essa imposição da ordem constitucional conduziu ao progressivo reconhecimento de direitos da população LGBTI+; (iii) a evolução vivida pela sociedade brasileira permite dizer que o conceito de racismo passou por mutação constitucional; (iv) essa alteração da percepção social ainda não se refletiu na vedação à discriminação fundada na orientação sexual e/ou na identidade de gênero; e (v) já existem no direito brasileiro, contudo, normas penais que punem o racismo [...].

Em conclusão, manifestou-se o ministro sobre os temas centrais do debate, em duas passagens interessantíssimas. Na primeira, discute expressamente a questão da criminalização de condutas por decisão judicial e com a utilização de analogia em desfavor do réu. Na segunda, apresenta uma solução subsidiária que, mais conservadora, mas não menos técnica, talvez tivesse equacionado melhor a questão do limite possível da decisão do Tribunal Constitucional em termos dogmáticos.

Sobre a legalidade estrita, afirma:

> 59. Não se trata aqui da criação de condutas criminosas pela via judicial, de tipificação por analogia ou de analogia in malam partem. Trata-se, na verdade, de reinterpretar o conceito de raça de forma consentânea com a definição que o STF lhe atribuiu há mais de quinze anos, quando afirmou que "o racismo é antes de tudo uma realidade social e política" que cabe ao Direito coibir [31]. O âmbito de incidência da norma, a definição do crime e a fixação da pena são pré-existentes. Apesar disso, como a interpretação que ora se fixa não é a prevalecente até o momento, penso que, como decorrência do princípio da segurança jurídica, não deve retroagir em prejuízo de possíveis réus. Por isso, essa decisão deve ser aplicada apenas a condutas praticadas após a conclusão deste julgamento.

E sobre a possibilidade de adoção de uma solução intermediária:

> 60. Entendo que também é possível extrair do Código Penal norma apta a proteger os direitos das pessoas LGBTI+. Nos arts. 61, II, a, e 121, § 2º, II do Código Penal, o legislador aludiu à prática de crimes por motivo fútil ou torpe, ao disciplinar, respectivamente, as circunstâncias agravantes e o homicídio qualificado [...].

V Conclusão

Os desafios para a almejada igualdade de gênero têm ocupado a agenda do Poder Judiciário nos últimos anos. A natureza zetética[9] dos chamados "direitos das famílias", ramo em constante quebra de paradigmas, é um dos ingredientes desse debate.

Como ficou demonstrado neste artigo, não só nos últimos dez anos de atuação no Supremo Tribunal Federal, assim como em toda a sua trajetória profissional e acadêmica, o Ministro Luís Roberto Barroso tem prestado uma valiosa contribuição social nessa matéria. Para citar apenas algumas dessas manifestações no âmbito do STF, é de se rememorar que o ministro: i) reconheceu o direito das transexuais femininas e travestis ao cumprimento de pena em condições compatíveis com a sua identidade de gênero;[10] ii) assentou o dever do Estado de assegurar um ensino plural, que prepare os indivíduos para a vida em sociedade, deixando consignada a importância da educação sobre a diversidade sexual para crianças, adolescentes e jovens;[11] iii) considerou inconstitucional a política que restringe a doação de sangue por grupos de pessoas, e não por comportamentos de risco à saúde;[12] iv) conferiu às pessoas transgênero o

---

[9] FERRAZ JUNIOR, Tércio Sampaio. *Introdução ao estudo do direito*: técnica, decisão, dominação. 10. ed. São Paulo: Atlas, 2018. p. 18.
[10] STF. ADPF nº 527/DF. Rel. Min. Luís Roberto Barroso, Plenário (julgamento não concluído).
[11] STF. ADPF nº 600/PR. Rel. Min. Luís Roberto Barroso, Plenário, j. 24.8.2020.
[12] STF. ADI nº 5.543/DF. Rel. Min. Edson Fachin, Plenário, j. 11.05.2020.

direito à alteração do prenome e da classificação de gênero no correspondente registro civil, independentemente de procedimento cirúrgico;[13] entre outras manifestações.

A homofobia configura, segundo o Supremo Tribunal Federal, grave e inaceitável violação de direitos humanos. Seu combate representa também uma das principais demandas da comunidade LGBTQIA+. Nesse contexto, o Supremo Tribunal Federal entendeu urgente e adequado superar todas as barreiras dogmáticas tradicionais à utilização do direito penal, como mecanismo legítimo de pacificação social. Com a decisiva contribuição do Ministro Luís Roberto Barroso, o Tribunal, portanto, enxergou sua atuação como necessária para salvaguardar os direitos fundamentais em questão.

Referências

BARROSO, Luís Roberto. *O controle de constitucionalidade no direito brasileiro*. 2. ed. São Paulo: Saraiva, 2006.

BARROSO, Luís Roberto. Os três papéis desempenhados pelas Supremas Cortes nas democracias constitucionais. *R. EMERJ*, Rio de Janeiro, v. 21, n. 3, t. 1, p. 11-35, set./dez. 2019.

FERRAZ JUNIOR, Tércio Sampaio. *Introdução ao estudo do direito*: técnica, decisão, dominação. 10. ed. São Paulo: Atlas, 2018.

HUNGRIA, Nelson; FRAGOSO, Heleno Cláudio. *Comentários ao Código Penal*. 6. ed. Rio de Janeiro: Forense, 1980.

QUEIROZ, Rafael Mafei Rabelo. *O direito a ações morais*. Paul Johann Anselm von Feuerbach e a construção do moderno direito penal. Coimbra: Almedina, 2012.

TOLEDO, Francisco de Assis. *Princípios básicos de direito penal*. 5. ed. São Paulo: Saraiva, 1994.

Informação bibliográfica deste texto, conforme a NBR 6023:2018 da Associação Brasileira de Normas Técnicas (ABNT):

ARAUJO, Andre Luiz Silva; ABREU, Carolina Luíza de Lacerda; COSTA-NETO, João; RODRIGUES, Paulo Cesar Villela Souto Lopes. A criminalização da homofobia e o voto do Ministro Luís Roberto Barroso no MI nº 4.733 e na ADI por Omissão nº 26. In: OSORIO, Aline; MELLO, Patrícia Perrone Campos; BARROSO, Luna van Brussel (Coord.). *Direitos e democracia*: 10 anos do Ministro Luís Roberto Barroso no STF. Belo Horizonte: Fórum, 2023. p. 581-590. ISBN 978-65-5518-555-3.

---

[13] STF. ADI nº 4.275/DF. Red. p/ acórdão Min. Edson Fachin, Plenário, j. 1º.3.2018; RE nº 670.422/RS. Rel. Min. Dias Toffoli, Plenário, j. 15.08.2018.

POR UM DIREITO PENAL MENOS SELETIVO: MINISTRO BARROSO E DECISÕES FUNDAMENTAIS DO SUPREMO TRIBUNAL FEDERAL CONTRA A CORRUPÇÃO

ANTHAIR EDGARD VALENTE
MARCELO COSTENARO CAVALI

1 Introdução

Quem quer que tenha a honra de servir ao Supremo Tribunal Federal (STF) no gabinete do Ministro Luís Roberto Barroso terá também a oportunidade de ouvir, cotidianamente, reflexões que vão muito além de processos e autos. Bem antes de ocupar a função de magistrado da mais alta Corte do país, o Ministro Barroso já se dedicava, como professor e homem público, a pensar um futuro diferente (e melhor), em áreas tão diversas como tutela de direitos fundamentais, redução da desigualdade, melhoria da educação, proteção do meio ambiente, eficiência da prestação jurisdicional etc.

Um dos campos que mereceu mais meditações por parte do Ministro Barroso, nos tempos conturbados que caracterizaram a década que completa no exercício da magistratura, foi o do combate ao quadro de corrupção sistêmica instaurado em nosso país. Foram dezenas de palestras, seminários e eventos que contaram com sua participação.

Em artigo específico sobre o tema, refletiu sobre causas remotas e imediatas da corrupção sistêmica entre nós. Importa-nos, aqui, sua ponderação sobre uma dessas causas imediatas, a impunidade:[1]

> Uma segunda causa é a *impunidade*. O sistema criminal brasileiro, até muito pouco tempo atrás, mantinha uma postura de leniência em relação à criminalidade do colarinho branco, tanto por deficiência das leis como pela pouca disposição dos juízes em condenar por tais crimes, não violentos e não muito graves. O sistema punitivo brasileiro, historicamente, só foi capaz de punir gente pobre, por delitos violentos ou por drogas. Lentamente, porém,

---

[1] BARROSO, Luís Roberto. Empurrando a História: combate à corrupção, mudança de paradigmas e refundação do Brasil. *In*: SALGADO, Daniel de Resende; QUEIROZ, Ronaldo Pinheiro de; ARAS, Vladimir (Coord.). *Corrupção*: aspectos sociológicos, criminológicos e jurídicos. Salvador: JusPodivm, 2020. p. 25.

Casos criminais movidos contra poderosos raramente chegam ao exame de mérito. No mais das vezes, são anulados por tribunais em razão de vícios formais ou prescrevem.

Em sua atuação profissional, o Ministro Barroso tem sido incansável na luta pela eliminação de lacunas de punibilidade – com pleno respeito à legalidade e aos direitos fundamentais dos acusados, é importante frisar – que, historicamente, tornam ineficaz o sistema judicial no que diz respeito à responsabilização penal relacionada à criminalidade econômica.

Neste singelo artigo, comentaremos três temas que, a nosso ver, bem representam a importância de atuação nesse âmbito: a) o reconhecimento da inexigibilidade de identificação de ato de ofício para a caracterização do delito de corrupção; b) a possibilidade de decretação de medidas cautelares diversas da prisão contra parlamentares; e c) a desnecessidade de autorização da Assembleia Legislativa para a persecução penal dos governadores.

2 Inexigibilidade de demonstração de ato de ofício para caracterização do delito de corrupção passiva

Um dos pontos mais controversos da jurisprudência penal brasileira a respeito do crime de corrupção passiva diz respeito à necessidade ou não de identificação de um ato concreto que tenha sido objeto de mercancia pelo funcionário público para a caracterização do delito.

O tipo penal do art. 317 prevê pena de 2 a 12 anos de reclusão, além de multa, a quem "solicitar ou receber, para si ou para outrem, direta ou indiretamente, ainda que fora da função ou antes de assumi-la, mas em razão dela, vantagem indevida, ou aceitar promessa de tal vantagem". Note-se que a redação legal não faz referência a um ato específico que tenha sido negociado pelo funcionário público: para o crime, então, bastaria a solicitação ou recebimento da vantagem indevida *em razão da função*. Diferenciar-se-ia, neste ponto, da previsão do crime de corrupção ativa, caracterizado pela conduta de "oferecer ou prometer vantagem indevida a funcionário público, para determiná-lo a praticar, omitir ou retardar ato de ofício" (CP, art. 333).

Apesar disso, ao julgar a AP nº 307/DF ("Caso Collor") o Supremo Tribunal Federal decidiu que os dois tipos penais devem ser interpretados conjuntamente, de modo que também para a caracterização da corrupção passiva seria necessária a indicação de um ato de ofício a ser praticado pelo funcionário público como contrapartida à vantagem indevida. No caso concreto julgado, o ex-presidente da República foi absolvido porque se entendeu que não teria sido "apontado ato de ofício configurador de transação ou comércio com o cargo então por ele exercido".[2]

A importância da resolução dessa questão não pode ser subestimada para fins de redução da impunidade. Imagine-se, por exemplo, um político ou um magistrado que recebam rotineiramente altos valores de um lobista ou de um advogado – que, por sua vez, tenham interesses diretamente ligados à função exercida pelos agentes públicos –,

---

[2] BRASIL. Supremo Tribunal Federal. AP nº 307. Rel. Min. Ilmar Galvão, Segunda Turma, j. 13.12.1994. *DJ*, 13 out. 1995.

apenas com o intuito de, quando necessário, receber deles uma *atenção especial,* um tratamento diferenciado, um benefício ainda não concretamente especificado. Suponha-se que, apesar do elevado valor das benesses recebidas, não se logre identificar exatamente um ou mais atos que tenham sido praticados – ou que se tenham prometido praticar – em favor do interessado. Não estaria configurada a corrupção passiva?

Foi justamente no sentido de superação desse entendimento, gerador de impunidade, que o Ministro Barroso votou nos casos aqui examinados.

Ao examinar denúncia oferecida contra senador da República que teria recebido valores para atuar em favor de empreiteira perante o Tribunal de Contas de seu estado, o Ministro Barroso assim consignou:[3]

> [...] a prática do ato de ofício não é elemento do tipo penal de corrupção passiva, de modo que a sua ausência não implica atipicidade da conduta. O que releva para a configuração do crime de corrupção passiva é que a vantagem indevida seja recebida em razão da função, o que pode ser evidenciado pelo recebimento de vantagem indevida sem explicação razoável e pela prática de atos que beneficiam o responsável pelo pagamento. No entanto, caso constatada a presença do ato de ofício, prescinde de maior esforço argumentativo a conclusão de que a vantagem indevida ocorreu em razão da função.

Já no Inq nº 4.506, em que se examinava o recebimento de denúncia oferecida contra senador da República que teria recebido dois milhões de reais de empresários, o Ministro Barroso redigiu o acórdão, consignando em seu voto-vencedor que a perspectiva que reconhece a desnecessidade de indicação do ato negociado "é claramente mais adequada para a proteção da probidade administrativa e para a repressão do ilícito". Em suas palavras:[4]

> A exigência de indicação de um ato concreto para a caracterização do delito de corrupção – além de ser contrária, como visto, ao texto expresso da lei – afasta da punição as manifestações mais graves da violação à função pública: o guarda de trânsito que pede dinheiro para deixar de aplicar uma multa seria punível, mas o senador que vende favores no exercício do seu mandato passaria impune.

Esse ponto é crucial: a concepção que restringe a corrupção passiva às hipóteses em que identificados atos específicos gera o efeito perverso de permitir a punição de funcionários públicos pouco graduados, mas dificultar que sejam atingidos os titulares dos cargos do mais alto escalão da República.[5] Não parece justificável uma interpretação

---

[3] BRASIL. Supremo Tribunal Federal. Inq nº 4.141. Rel. Roberto Barroso, Primeira Turma, j. 12.12.2017. *DJe,* 22 fev. 2018.

[4] BRASIL. Supremo Tribunal Federal. Inq nº 4.506. Rel. Min. Marco Aurélio. Rel. p/ Acórdão Min. Roberto Barroso, Primeira Turma, j. 17.4.2018. *DJe,* 3 set. 2018.

[5] Conforme exposto por Gustavo Quandt, na visão adotada pelo STF na AP nº 307, "o particular que, num dia ruim, oferece propina para o policial que o surpreende sem o certificado de registro e licenciamento do veículo (CRLV) seria punido por corrupção ativa, porquanto perfeitamente determinado o objeto da vantagem oferecida: a omissão da lavratura do auto de infração; já o sujeito que regularmente pagasse propina para parlamentares deixarem de questionar projetos de lei de interesse de certa facção política e votassem a favor de tais projetos, sem uma predefinição, no momento dos pagamentos, de que projetos seriam esses, – esse sujeito permaneceria impune, embora seja difícil pensar em intromissão mais reprovável na regularidade da atuação de um funcionário

que conduza, na prática, a tal realidade, sob a perspectiva político-criminal de proteção suficiente da probidade administrativa.[6]

É exatamente o tipo de direito penal seletivo que (ainda) vige entre nós, denunciado e combatido pelo Ministro Barroso em escritos, aulas, palestras, entrevistas e votos – enfim, em todas as suas facetas públicas.

3 Possibilidade de imposição de medidas cautelares diversas da prisão a parlamentares

No âmbito de investigação já mencionada – em que havia indícios de recebimento de propina de R$2 milhões por senador da República –, a Primeira Turma do Supremo Tribunal Federal decidiu, pioneiramente, acerca da possibilidade de imposição de medidas cautelares alternativas à prisão a parlamentares federais.[7]

Na ocasião, a Procuradoria-Geral da República havia requerido a decretação da prisão preventiva do senador, o que foi indeferido pelo colegiado diante da indefinição por parte do Plenário da Corte, naquele momento, quanto à extensão da norma do art. 53, §2º, da CF.[8]

Impôs-se ao senador, não obstante, as medidas cautelares de (i) suspensão do exercício das funções parlamentares ou de qualquer outra função pública; (ii) proibição de contatar qualquer outro investigado ou réu; (iii) proibição de se ausentar do país, com entrega de seus passaportes; e (iv) recolhimento domiciliar no período noturno.

Tal decisão gerou reação do meio político e, em seguida, foi ajuizada a ADI nº 5.526/DF, por meio da qual se questionou a possibilidade de o STF decretar medidas cautelares alternativas à prisão, considerando-se a norma do art. 53, §2º, da CF, que proíbe a prisão dos membros do Congresso Nacional "salvo em flagrante de crime inafiançável".

Em seu voto, o Ministro Barroso destacou, a respeito da necessidade de interpretação da Constituição em conformidade com a realidade social, que:

> [...] o Direito não deve ser interpretado fora da realidade em que está inserido. E o momento atual é um momento de revelação de esquemas espantosos de corrupção sistêmica e endêmica,

---

público" (QUANDT, Gustavo de Oliveira. O crime de corrupção e a compra de boas relações. *In*: LEITE, Alaor; TEIXEIRA, Adriano (Org.). *Crime e política*. São Paulo: FGV, 2017. p. 56).

[6] Como bem apontado pela Min. Maria Thereza Rocha de Assis Moura, presidente do Superior Tribunal de Justiça, "do ponto de vista político-criminal compreende-se a opção legislativa pela inexigibilidade de identificação de um ato de ofício para a caracterização da corrupção passiva. A solicitação ou o recebimento de vantagens indevidas por funcionário público, em razão de sua função, é conduta representativa de reprovabilidade suficiente para justificar a sanção penal, dada a gravidade da lesão à probidade administrativa, ainda que não praticado nenhum ato de ofício individualizável. Um juiz que recebe dinheiro de advogados atuantes em sua vara deve ser punido ainda que não venda favores específicos, mas apenas a sua 'boa vontade'" (MOURA, Maria Thereza Rocha de Assis. O crime de corrupção passiva no direito brasileiro: exposição e crítica do panorama jurisprudencial. *In*: AMBOS, Kai; MALARINO, Ezequiel; FUCHS, Marie-Christine (Ed.). *Corrupción y derecho penal*: prevención, investigación y sanción. Bogotá: Fundación Konrad Adenauer, 2021. p. 228).

[7] BRASIL. Supremo Tribunal Federal. AC nº 4.327 AgR-terceiro-AgR. Rel. Marco Aurélio. Rel. p/ Acórdão Min. Roberto Barroso, Primeira Turma, j. 26.09.2017. *DJe*, 26 out. 2017.

[8] "Art. 53. [...] §2º Desde a expedição do diploma, os membros do Congresso Nacional não poderão ser presos, salvo em flagrante de crime inafiançável. Nesse caso, os autos serão remetidos dentro de vinte e quatro horas à Casa respectiva, para que, pelo voto da maioria de seus membros, resolva sobre a prisão".

que ocorreram no País. Resta saber, portanto, se a Constituição deve ser interpretada de modo a permitir que a sociedade brasileira enfrente esse mal ou se ela deve ser interpretada, ao contrário, de modo a se criar o máximo de embaraço ao aprimoramento, à transformação dos costumes no País.

Especificamente a respeito das medidas cautelares alternativas à prisão, o Ministro Barroso reconheceu que a suspensão do exercício da função parlamentar, em uma democracia, é "medida excepcionalíssima". Porém, também excepcionalíssimo "há de ser o fato de um parlamentar utilizar o cargo para praticar crimes". Somente para estes casos é que a providência cautelar seria admitida. Até porque "A ideia de que o Poder Judiciário não possa exercer o seu poder cautelar para impedir o cometimento de um crime que esteja em curso é a negação do Estado de Direito".

Ressaltou, ademais, que a Constituição não admite deliberação do Congresso Nacional sobre a imposição de tais medidas – ao contrário do que faz em relação à prisão em flagrante. Desse modo, "pelo princípio republicano, parlamentares, como quaisquer pessoas, só têm regime especial naquelas situações em que isso esteja expressamente previsto na Constituição". Afinal, "Prender miúdos e proteger graúdos é a tradição brasileira que nós estamos fazendo força para superar".

Na linha defendida pelo Ministro Barroso, a Corte reconheceu que o Poder Judiciário dispõe de competência para impor aos parlamentares as medidas cautelares previstas no art. 319 do CPP, seja em substituição de prisão em flagrante delito por crime inafiançável, por constituírem medidas individuais e específicas menos gravosas; seja autonomamente, em circunstâncias de excepcional gravidade.

Acabou por prevalecer, porém, o entendimento intermediário, defendido pelo Min. Alexandre de Moraes, no sentido de que, assim como ocorre nos casos de prisão em flagrante, a decisão judicial de imposição de medidas cautelares que impossibilitem, direta ou indiretamente, o pleno e regular exercício do mandato parlamentar e de suas funções legislativas deve ser remetida dentro de vinte e quatro horas à Casa respectiva, para que, pelo voto nominal e aberto da maioria de seus membros, resolva sobre a prisão ou a medida cautelar, por força do §2º do art. 53 da Constituição Federal.[9]

4 Desnecessidade de autorização da Assembleia Legislativa para processamento dos governadores

Outro acórdão relevante redigido pelo Ministro Barroso, em sua tentativa de redução da impunidade no sistema criminal brasileiro, consiste na ADI nº 4.797/DF, movida pelo Conselho Federal da OAB contra normas da Constituição do Estado do Mato Grosso relacionadas a processos contra o chefe do Poder Executivo estadual.

Naquela oportunidade, o Tribunal foi chamado a decidir duas questões centrais.

A primeira dizia respeito à possibilidade de os estados-membros estabelecerem em suas próprias Constituições normas sobre processamento e julgamento de governadores por crimes de responsabilidade.

---

[9] BRASIL. Supremo Tribunal Federal. ADI nº 5.526. Rel. Edson Fachin. Rel. p/ Acórdão Min. Alexandre de Moraes, Tribunal Pleno, j. 11.10.2017. *DJe*, 6 ago. 2018.

A segunda era concernente à constitucionalidade da exigência de autorização prévia da Assembleia Legislativa para instauração de ação penal por crimes comuns praticados pelo governador, em paralelo à regra da Constituição Federal que atribui à Câmara dos Deputados a competência privativa para autorizar a instauração de processo contra o presidente e o vice-presidente da República, além dos ministros de estado (Constituição Federal, art. 51, I).

O tema relativo à possibilidade de os estados-membros disporem sobre processamento e julgamento de governadores por crimes de responsabilidade já se encontrava pacificado na Corte, não exigindo maiores debates por parte do colegiado, que acompanhou o relator originário, Ministro Celso de Mello, em seu voto pela inconstitucionalidade, no ponto, da norma estadual impugnada.

A controvérsia se estabeleceu na discussão da segunda questão, que contou com voto favorável do relator originário quanto à constitucionalidade da exigência de prévia autorização da Assembleia Legislativa para processamento do governador por delitos comuns.

Abrindo a divergência em voto-vista que acabou por prevalecer, o Ministro Barroso consignou a preocupação, que já havia revelado em precedentes anteriores, sobre a necessidade de licença prévia das assembleias para o julgamento dos governantes estaduais por crime comum, especialmente diante da necessidade de concretização de um dos três elementos do princípio republicano, qual seja, a "responsabilidade dos agentes públicos".

Perpassando a jurisprudência do Supremo Tribunal, o Ministro Barroso demonstrou, justamente com fundamento no princípio republicano, que a Corte já limitara a competência dos estados-membros para outorgar aos governadores prerrogativas extraordinárias inerentes ao presidente da República,[10] assentando que as normas constitucionais que evidenciem exceção àquele princípio são de extensão proibida aos estados-membros, salvo expressa disposição constitucional em sentido contrário.

Debruçando-se especificamente sobre os precedentes do Supremo Tribunal que validavam a exigência de autorização prévia para a persecução penal dos governadores, o Ministro Barroso reafirmou a relevância dos fundamentos adotados pela jurisprudência até então prevalecente. Demonstrou, contudo, com a clareza e objetividade que lhes são características, que "mudanças na realidade institucional e novas demandas por parte da sociedade recomendavam fosse a questão revisitada", concluindo que "a revitalização do princípio republicano, o inconformismo social com a impunidade dos agentes públicos e as renovadas aspirações por moralidade na política" teriam provocado uma mutação constitucional no tratamento da matéria.[11]

---

[10] BRASIL. Supremo Tribunal Federal. ADI nº 978. Rel. Min. Ilmar Galvão. Rel. p/ Acórdão Min. Celso de Mello, Tribunal Pleno, j. 19.10.1995. DJ, 17 nov. 1995.

[11] BRASIL. Supremo Tribunal Federal. ADI nº 4.797. Rel. Min. Celso de Mello. Rel. p/ Acórdão Min. Roberto Barroso, Tribunal Pleno, j. 4.5.2017. DJe, 14 ago. 2017. Na mesma ocasião foram julgadas a ADI nº 4.764 (Rel. Min. Celso de Mello. Rel. p/ Acórdão Min. Roberto Barroso, Tribunal Pleno, j. 4.5.2017. DJe, 14 ago. 2017) e a ADI nº 4.798 (Rel. Min. Celso de Mello. Rel. p/ Acórdão Min. Roberto Barroso, Tribunal Pleno, j. 4.5.2017. DJe, 14 ago. 2017).

Em voto primoroso, no qual não se eximiu de examinar um a um os argumentos principais que amparavam o entendimento até então prevalecente,[12] o Ministro Barroso convenceu o colegiado da necessidade de alteração jurisprudencial, invocando não apenas fundamentos jurídicos, mas também dados irrefutáveis da realidade brasileira que evidenciavam que a exigência de autorizações prévias nas unidades federativas servia a propósitos nada republicanos, "estando à disposição de governos de coalizão".

Ainda com amparo nos princípios republicanos e democráticos, não descurou de apontar a inconstitucionalidade de normas constitucionais estaduais que autorizem a automática suspensão dos governadores de suas funções pelo mero recebimento da denúncia ou aceitação da queixa-crime contra eles oferecida, propondo ao final a tese, acolhida à unanimidade por seus pares, de que:

> é vedado às unidades federativas instituírem normas que condicionem a instauração de ação penal contra o Governador, por crime comum, à prévia autorização da casa legislativa, cabendo ao Superior Tribunal de Justiça dispor, fundamentadamente, sobre a aplicação de medidas cautelares penais, inclusive afastamento do cargo.

Mais do que simplesmente capitanear a superação dos precedentes sobre o tema, o Ministro Barroso demonstrou que a *ratio decidendi* dos julgados anteriores, conquanto ponderáveis, não mais se adequava aos anseios contemporâneos de uma justiça penal de fato eficaz e, sobretudo, "não seletiva".

Concretizava-se, assim, nesse julgado, a força de seu antigo ideário, cujo tempo de implementação finalmente havia chegado.

5 Conclusão

Há quase um século, em 1939, o sociólogo estadunidense Edwin Sutherland cunhou a expressão *white collar crimes*, para se referir a delitos cometidos por pessoas de respeitabilidade social e alto *status* profissional em suas áreas de atuação empresarial. O criminoso do "colarinho branco" seria um "homem de negócios", em contraposição aos membros das classes populares, vestidos com uniformes de fábricas ("colarinho azul"). A principal preocupação de Sutherland estava na parca punição recebida pelos criminosos do colarinho branco em face dos criminosos do colarinho azul.[13]

O tempo passou e a realidade mudou pouco.[14] No Brasil, ainda nos deparamos com um direito penal seletivo, duro com os pobres e leniente com os ricos. Mas a história caminha a passos lentos, com avanços e retrocessos. Na última década vimos, a despeito

---

[12] São eles: (i) respeito à autonomia federativa; (ii) a circunstância de que, recebida a denúncia ou a queixa-crime pelo Superior Tribunal de Justiça, dar-se-á a suspensão funcional do chefe do Poder Executivo estadual; (iii) a Constituição Federal exigiria, por simetria, a reprodução nas Cartas estaduais de norma semelhante à prevista no art. 51, I, da Constituição Federal; (iv) a superveniência da Emenda Constitucional nº 35/2001, que suprimiu a necessidade de autorização legislativa para processamento de parlamentares, não incluindo governadores; (v) a instituição da autorização prévia da Assembleia Legislativa não traz o risco de propiciar, quando negada, a impunidade dos governadores; (vi) risco à governabilidade, invocado para sustentar a necessidade da licença prévia para proteger a estabilidade do governo local.

[13] SUTHERLAND, E. White-collar criminality. *American Sociological Review*, v. 5, n. 1, p. 1-12, fev. 1940. p. 7-8.

[14] Não é diferente a seletividade penal nos EUA. A respeito, cf. RAKOFF, Jed. *Why the innocent plead guilty and the guilty go free*: and other paradoxes of our broken legal system. New York: Farrar, Straus and Giroux, 2021.

de alguns recuos, diversos aprimoramentos no arcabouço legislativo – por exemplo, com a edição das leis anticorrupção empresarial (Lei nº 12.846/2013) e de organizações criminosas (Lei nº 12.850/2013) – e institucional anticorrupção.

É preciso progredir mais. Alterações na legislação anticorrupção devem ser feitas para permitir, a um só tempo, mais eficácia repressiva e mais segurança jurídica para infratores que decidam colaborar com a persecução estatal. Modificações na legislação processual penal podem tornar mais efetivos instrumentos de investigação, como a regulação dos informantes de boa-fé (Lei nº 13.608/2018), bem como para tornar o processo mais célere. Tipos penais podem ser aperfeiçoados para colmatar lacunas punitivas.

E, do ponto de vista jurisprudencial, oxalá possam os passos dados pelo Ministro Luís Roberto Barroso conduzir a soluções concomitantemente garantistas e eficientes para a diminuição da impunidade da criminalidade econômica no Brasil.

Referências

BARROSO, Luís Roberto. Empurrando a História: combate à corrupção, mudança de paradigmas e refundação do Brasil. *In*: SALGADO, Daniel de Resende; QUEIROZ, Ronaldo Pinheiro de; ARAS, Vladimir (Coord.). *Corrupção*: aspectos sociológicos, criminológicos e jurídicos. Salvador: JusPodivm, 2020.

BRASIL. Supremo Tribunal Federal. AC nº 4.327 AgR-terceiro-AgR. Rel. Marco Aurélio. Rel. p/ Acórdão Min. Roberto Barroso, Primeira Turma, j. 26.09.2017. *DJe*, 26 out. 2017.

BRASIL. Supremo Tribunal Federal. ADI nº 4.764. Rel. Min. Celso de Mello. Rel. p/ Acórdão Min. Roberto Barroso, Tribunal Pleno, j. 4.5.2017. *DJe*, 14 ago. 2017.

BRASIL. Supremo Tribunal Federal. ADI nº 4.797. Rel. Min. Celso de Mello. Rel. p/ Acórdão Min. Roberto Barroso, Tribunal Pleno, j. 4.5.2017. *DJe*, 14 ago. 2017.

BRASIL. Supremo Tribunal Federal. ADI nº 4.798. Rel. Min. Celso de Mello. Rel. p/ Acórdão Min. Roberto Barroso, Tribunal Pleno, j. 4.5.2017. *DJe*, 14 ago. 2017.

BRASIL. Supremo Tribunal Federal. ADI nº 5.526. Rel. Edson Fachin. Rel. p/ Acórdão Min. Alexandre de Moraes, Tribunal Pleno, j. 11.10.2017. *DJe*, 6 ago. 2018.

BRASIL. Supremo Tribunal Federal. ADI nº 978. Rel. Min. Ilmar Galvão. Rel. p/ Acórdão Min. Celso de Mello, Tribunal Pleno, j. 19.10.1995. *DJ*, 17 nov. 1995.

BRASIL. Supremo Tribunal Federal. AP nº 307. Rel. Min. Ilmar Galvão, Segunda Turma, j. 13.12.1994. *DJ*, 13 out. 1995.

BRASIL. Supremo Tribunal Federal. Inq nº 4.141. Rel. Roberto Barroso, Primeira Turma, j. 12.12.2017. *DJe*, 22 fev. 2018.

MOURA, Maria Thereza Rocha de Assis. O crime de corrupção passiva no direito brasileiro: exposição e crítica do panorama jurisprudencial. *In*: AMBOS, Kai; MALARINO, Ezequiel; FUCHS, Marie-Christine (Ed.). *Corrupción y derecho penal*: prevención, investigación y sanción. Bogotá: Fundación Konrad Adenauer, 2021.

QUANDT, Gustavo de Oliveira. O crime de corrupção e a compra de boas relações. *In*: LEITE, Alaor; TEIXEIRA, Adriano (Org.). *Crime e política*. São Paulo: FGV, 2017.

RAKOFF, Jed. *Why the innocent plead guilty and the guilty go free*: and other paradoxes of our broken legal system. New York: Farrar, Straus and Giroux, 2021.

SUTHERLAND, E. White-collar criminality. *American Sociological Review*, v. 5, n. 1, p. 1-12, fev. 1940.

Informação bibliográfica deste texto, conforme a NBR 6023:2018 da Associação Brasileira de Normas Técnicas (ABNT):

VALENTE, Anthair Edgard; CAVALI, Marcelo Costenaro. Por um direito penal menos seletivo: Ministro Barroso e decisões fundamentais do Supremo Tribunal Federal contra a corrupção. *In*: OSORIO, Aline; MELLO, Patrícia Perrone Campos; BARROSO, Luna van Brussel (Coord.). *Direitos e democracia*: 10 anos do Ministro Luís Roberto Barroso no STF. Belo Horizonte: Fórum, 2023. p. 591-599. ISBN 978-65-5518-555-3.

O PROFESSOR ENQUANTO MINISTRO: LUÍS ROBERTO BARROSO E O FORTALECIMENTO DO DIREITO À EDUCAÇÃO

BEATRIZ CUNHA

Introdução

Luís Roberto Barroso dispensa apresentações. Professor há mais de trinta anos, autor de diversos livros, orador nato e, nos últimos dez anos, ministro do Supremo Tribunal Federal. A sua história confunde-se com o fortalecimento do direito constitucional no país. Suas aulas começaram a ser ministradas em um tempo em que os códigos estavam acima da Constituição; suas obras contribuíram para retirar as normas constitucionais do papel; e seus votos ajudaram a irradiá-las em favor daqueles que nada têm. Mais recentemente, ele se tornou uma das referências na defesa da democracia brasileira. Com decisões corajosas e discursos habilidosos, Barroso ajudou a preservar as grades de proteção à democracia, tornando-se um defensor incansável das minorias e instituições.

Nos últimos tempos, tenho tido a sorte de conviver com ele nas salas de aula e no seu gabinete no Supremo Tribunal Federal. Sou testemunha de que é um jurista absolutamente fora da curva, apaixonado pelo que faz, obstinado em acertar e fazer o melhor pelo país. O dia a dia ao seu lado é estimulante, inspirador e bem-humorado. Os seus alunos têm a sorte de ter um professor que não falta a uma única aula, que tem uma bagagem de leitura invejável e que, ainda, lhes pergunta o que fazer quando está na dúvida do que decidir. Os seus assessores têm a sorte de integrar um gabinete agradável e bem gerido, no qual suas opiniões são ouvidas e consideradas em reuniões semanais para debater os casos mais importantes. Em tempos de polarização e paixão, é um privilégio poder frequentar um espaço de diálogo aberto, franco e republicano.

Nesse contexto, um livro em homenagem a Luís Roberto Barroso não poderia deixar de abordar a sua contribuição para a educação brasileira. Para me alinhar à sua didática calcada em classificações tricotômicas, posso apresentar três razões para tanto. Em primeiro lugar, Barroso é, antes de tudo, de um professor. Esse é o seu principal e mais antigo ofício. Já são incontáveis as gerações por ele formadas e, mesmo após se tornar ministro, o magistério continua sendo exercido com o mesmo entusiasmo. A educação é, portanto, parte relevante da sua história. Em segundo lugar, Barroso está sempre mirando o futuro, enxergando além dos horizontes e buscando o progresso social. A educação, então, guarda estreita pertinência com esses objetivos. Paulo Freire, aliás, já apontava o caráter pedagógico da transformação social e reconhecia o papel da educação para engajar os educandos em uma ação transformativa voltada para libertação.[1] Em terceiro lugar, o ministro tem a educação como uma das suas apostas para aprimorar o desenvolvimento do Brasil. Em artigo publicado especificamente sobre o tema, ele asseverou:

> dar verdadeira prioridade à educação há de ser o grande projeto nacional, porque educação de qualidade é a premissa para o desenvolvimento econômico, o aumento da produtividade, o aprimoramento democrático, a formação de cidadãos melhores e de pessoas mais realizadas, assim como para a paz social e a elevação ética do país.[2]

O tema, portanto, não podia ficar de fora desta coletânea.

Dessa forma, o artigo tem por objetivo geral apresentar as contribuições do Ministro Luís Roberto Barroso para o fortalecimento do direito à educação. Para tanto, a análise será centrada nos temas que, sob a minha ótica, devem constituir a prioridade da educação no Brasil. Sob uma primeira perspectiva, é preciso recuperar o atraso e olhar para os problemas estruturais da educação brasileira. Isso pressupõe a ampliação do atendimento escolar, a melhoria da qualidade da educação e a redução das desigualdades educacionais. Sob uma segunda perspectiva, é fundamental que a educação prepare as pessoas para a sociedade que se quer no futuro. Nesse ponto, as políticas educacionais devem se ocupar de formar pessoas que tratem a todos como iguais, coibindo discriminações e promovendo reconhecimento. Esses são, portanto, os objetivos específicos do trabalho.

1 Ampliação do atendimento escolar

Para se recuperar o atraso, é preciso olhar para os problemas estruturais da educação brasileira. Por muito anos, o maior deles foi o déficit de atendimento escolar. No ano de 2021, a Organização para a Cooperação e Desenvolvimento Econômico (OCDE), em parceria com o Todos pela Educação, lançou um relatório sobre a situação da educação no Brasil.[3] O documento apresenta um panorama atual sobre a implementação desse direito no país e uma comparação com a situação encontrada em outras nações. Entre as principais evidências constatadas, tem-se o fato de que houve o aumento do atendimento educacional nos últimos anos. Todavia, o mesmo relatório reconhece que, embora a taxa de matrícula seja quase universal nos anos iniciais do ensino médio, ela permanece

---

[1] FREIRE, Paulo. *Pedagogia do oprimido*. 1. ed. Rio de Janeiro: Paz e Terra, 2021.
[2] BARROSO, Luís Roberto. A educação básica no Brasil: do atraso prolongado à conquista do futuro. *Direitos Fundamentais & Justiça*, Belo Horizonte, ano 13, n. 41, p. 117-155, jul./dez. 2019. p. 119.
[3] OCDE. *A educação no Brasil*: uma perspectiva internacional. Tradução de Todos pela Educação. Disponível em: https://todospelaeducacao.org.br/wordpress/wp-content/uploads/2021/06/A-Educacao-no-Brasil_uma-perspectiva-internacional.pdf. Acesso em: 27 mar. 2023.

baixa nos anos finais e no ensino médio. No ano de 2018,[4] por exemplo, quase metade das pessoas com idades entre 25 e 64 anos não havia concluído o ensino médio (47%), mais do que o dobro da média da OCDE, que é de 22%. A situação se agrava, ainda, em relação ao ensino superior: apenas cerca de 18% das pessoas de 25 a 64 anos haviam concluído essa etapa, o que representa menos da metade da média da OCDE (39%).

De fato, os números revelam que ainda existe um abismo entre as promessas do texto constitucional e a realidade vivenciada por parte significativa da população. No Brasil, todas as Constituições previram a educação como um direito fundamental.[5] Atualmente, a Carta de 1988 dispõe que a educação é direito social,[6] que deve ser assegurado a todos,[7] e um dever do Estado e da família, visando ao pleno desenvolvimento da pessoa, seu preparo para o exercício da cidadania e sua qualificação para o trabalho (art. 205). Por se tratar de direito fundamental,[8] ele goza de aplicação imediata[9] e se contrapõe a um dever do Estado e da família de promovê-lo.[10] Nesse sentido, o poder público deve assegurar o acesso à educação básica gratuita, sendo esse um direito público subjetivo reconhecido pela Emenda Constitucional nº 59/2009 (art. 208, *caput*, I, e §1º, da CRFB).[11]

Ocorre que, como visto, nem sempre esse direito sai espontaneamente do papel. Daí por que os tribunais do país têm sido assoberbados com ações judiciais que têm a pretensão de obter uma vaga na rede pública de ensino. O tema chegou ao Supremo Tribunal Federal e foi reconhecida a repercussão geral da controvérsia. Tratava-se de um recurso extraordinário em que se discutia a exigibilidade do direito de acesso à educação infantil e a possibilidade de se propor ação judicial para efetivá-lo. A Corte, então, proferiu importante precedente reconhecendo que o acesso à educação básica

---

[4] OCDE. *A educação no Brasil*: uma perspectiva internacional. Tradução de Todos pela Educação. p. 61. Disponível em: https://todospelaeducacao.org.br/wordpress/wp-content/uploads/2021/06/A-Educacao-no-Brasil_uma-perspectiva-internacional.pdf. Acesso em: 27 mar. 2023.

[5] Confira-se: art. 179, XXXII, da Constituição de 1824; arts. 35 e 72, §6º, da Constituição de 1891; arts. 149 e 150 da Constituição de 1934; arts. 128 a 133 da Constituição de 1937; arts. 166 a 174 da Constituição de 1946; arts. 168 a 171 da Constituição de 1967; arts. 176 a 179 da Emenda Constitucional nº 1 de 1969; e arts. 6º e 205 a 214 da Constituição de 1988.

[6] Segundo José Afonso da Silva, os direitos sociais são "prestações positivas proporcionadas pelo Estado direta ou indiretamente, enunciadas em normas constitucionais, que possibilitam melhores condições de vida aos mais fracos; direitos que tendem realizar a igualização de situações sociais desiguais" (SILVA, José Afonso da. *Comentário contextual à Constituição*. 6. ed. São Paulo: Malheiros, 2009. p. 183.). Sobre os direitos sociais, veja SOUZA NETO, Cláudio Pereira de; SARMENTO, Daniel. *Direitos sociais*: fundamentos, judicialização e direitos sociais em espécie. Rio de Janeiro: Lumen Juris, 2008.

[7] CRFB: "Art. 6º São direitos sociais a educação, a saúde, a alimentação, o trabalho, a moradia, o transporte, o lazer, a segurança, a previdência social, a proteção à maternidade e à infância, a assistência aos desamparados, na forma desta Constituição".

[8] O pensamento amplamente majoritário é no sentido de que os direitos sociais são direitos fundamentais. Por todos: SARLET, Ingo Wolfgang. *In*: CANOTILHO, J. J. et al. *Comentários à Constituição do Brasil*. 2. ed. São Paulo: Saraiva Educação, 2018. Série IDP. Versão Kindle. Em sentido contrário: TORRES, Ricardo Lobo. *Teoria dos direitos fundamentais*. Rio de Janeiro: Renovar, [s.d.]. p. 243 e ss.

[9] CRFB: "Art. 5º [...] §1º As normas definidoras dos direitos e garantias fundamentais têm aplicação imediata".

[10] CRFB: "Art. 205. A educação, direito de todos e dever do Estado e da família, será promovida e incentivada com a colaboração da sociedade, visando ao pleno desenvolvimento da pessoa, seu preparo para o exercício da cidadania e sua qualificação para o trabalho".

[11] Inclusive, após a Emenda Constitucional nº 59/2009, Ana Paula de Barcellos passou a incluir todas as fases da educação básica obrigatória como elemento do mínimo existencial, e não só a educação fundamental, como fazia antes (BARCELLOS, Ana Paula de. *A eficácia jurídica dos princípios constitucionais*: o princípio da dignidade da pessoa humana. 3. ed. rev. e atual. Rio de Janeiro: Renovar, 2011. p. 303-319).

é um direito subjetivo da pessoa, sendo passível de exigência judicial, uma vez que se trata de norma constitucional de eficácia plena e aplicabilidade direta e imediata.[12] Embora o caso versasse sobre vaga em creche, o Supremo reconheceu tal possibilidade a todas as etapas da educação básica, incluindo educação infantil, ensino fundamental e ensino médio.

Na ocasião, apesar de não ter sido relator, Luís Roberto Barroso cumpriu importante papel ao trazer para debate o Plano Decenal de Educação, segundo o qual, até 2024, 50% das crianças devem estar na creche. Segundo o ministro, a Corte deveria não só reconhecer a existência de um direito subjetivo fundamental, passível de exigência em juízo; mas também um dever objetivo dos municípios de ampliar a oferta de vagas na educação infantil até a sua universalização, indo até mesmo além das metas do plano. Ademais, ele salientou a importância da educação infantil para proteção das crianças contra a desnutrição e violência doméstica, bem como para combater a desigualdade de gênero e possibilitar que as mulheres exerçam seu trabalho. Para além dos benefícios imediatos da educação infantil, o ministro pontuou a relevância dos seus proveitos em médio e longo prazo, uma vez que tais investimentos são capazes de promover efeitos positivos por toda a vida dos educandos. Trata-se, afinal, de uma fase em que o cérebro da criança é como uma esponja que absorve facilmente as informações que lhe são transmitidas.

A decisão, portanto, foi fundamental para reconhecer a aplicabilidade imediata do direito de acesso à educação básica, notadamente porque não se restringiu à educação infantil e, ainda, foi um precedente com força de repercussão geral. Apesar da sua importância, não se ignora que, se depender apenas dela, o final só é feliz para aqueles que têm acesso à justiça, são minimamente conhecedores dos seus direitos e conseguem buscar o Judiciário. Por isso, é preciso que os diversos entes federativos invistam em políticas educacionais planejadas e capazes de alcançar a todos. Ao mesmo tempo, a busca pela ampliação do atendimento educacional não pode se restringir a universalizar o primeiro acesso, mas também pressupõe políticas voltadas à permanência dos alunos, a fim de combater a evasão escolar, sobretudo nos anos finais.[13] De todo modo, para que se cumpram os propósitos constitucionais, não basta oportunizar o atendimento; é preciso assegurar uma educação de qualidade.

2 Melhoria da qualidade da educação

O direito à educação não é apenas uma questão de acesso, mas de conteúdo.[14] Essa é uma das mensagens centrais do Comitê dos Direitos da Criança da ONU no seu Comentário Geral nº 1, que trata sobre os objetivos da educação. Ela significa que, para que seja assegurado o direito à educação, não basta que haja prédios erguidos aos quais se dê o nome de escola nem que todas as crianças estejam matriculadas; é preciso

---

[12] RE nº 1.008.166 – Tema nº 548. Rel. Min. Luiz Fux, j. 22.9.2022.
[13] O próprio Ministro Luís Roberto Barroso, aliás, demonstrou preocupação com a questão e sistematizou as causas da evasão escolar. Cf.: BARROSO, Luís Roberto. A educação básica no Brasil: do atraso prolongado à conquista do futuro. *Direitos Fundamentais & Justiça*, Belo Horizonte, ano 13, n. 41, p. 117-155, jul./dez. 2019. p. 134-137.
[14] COMITÊ DOS DIREITOS DA CRIANÇA. *Comentário Geral nº 01*: Os Objetivos da Educação. Vigésima-sexta sessão, 2001.

que se ensinem competências para a vida. Não à toa, a Constituição da República de 1988 prevê que o direito à educação tem três objetivos: (i) o pleno desenvolvimento da pessoa; (ii) o seu preparo para o exercício da cidadania; e (iii) a sua qualificação para o trabalho (art. 205, *caput*). Nesse sentido, tem-se também o art. 2º da Lei de Diretrizes e Bases da Educação (LDB – Lei nº 9.394/1996) e o art. 53, *caput*, do Estatuto da Criança e do Adolescente (Lei nº 8.069/1990).

Todavia, apesar dessas disposições, a qualidade da educação ainda continua sendo um dos grandes problemas nacionais. Muito embora os últimos anos tenham sido marcados por avanços no atendimento educacional, ele não foi acompanhado de melhorias na aprendizagem dos alunos. Em verdade, o desempenho das escolas brasileiras está bem abaixo da média da OCDE. No Pisa (*Programme for International Student Assessment* ou, em português, Programa Internacional de Avaliação de Estudantes) de 2018, por exemplo, os brasileiros fizeram, em média, 413 pontos em Leitura, 384 pontos em Matemática e 404 pontos em Ciências; ao passo que as médias da OCDE, nesses três domínios, foram 487, 489 e 489 pontos respectivamente.[15] O resultado é bastante inferior do que aquele de outras economias emergentes, como Rússia e China. Embora seja semelhante ao de alguns vizinhos na América Latina, é inferior ao resultado do Chile, Costa Rica, México e Uruguai.

De fato, é bem verdade que as deficiências de aprendizagem nem sempre decorrem de problemas nas políticas educacionais. Há fatores externos que interferem decisivamente nos resultados, como a escolaridade dos pais, condição socioeconômica, gênero e raça. No entanto, há medidas institucionais que podem ser implementadas para incrementar a qualidade da educação. O Brasil, a propósito, tem exemplos de sucesso, como as iniciativas adotadas nos estados do Ceará, Pernambuco e Goiás. Entre os fatores mais decisivos, está o investimento nos professores e gestores escolares. Para que isso ocorra, é necessário o fortalecimento da carreira docente, o aprimoramento da sua qualificação, a realização de formações focadas em habilidades práticas e, logicamente, a valorização remuneratória.

Nesse sentido, o Supremo Tribunal Federal possui diversos precedentes que visam ao fortalecimento da carreira do magistério. O principal deles foi de relatoria do Ministro Luís Roberto Barroso, no qual foi declarada a constitucionalidade do piso nacional dos professores da rede pública de ensino.[16] Na ocasião, reconheceu-se que a previsão de parâmetros remuneratórios mínimos para todos os entes federativos promove a valorização desses profissionais, o que é fundamental para cumprir os objetivos fundamentais da República. Nas palavras do ministro, "é por meio da educação que se caminha para a construção de uma sociedade livre, justa e solidária, para o desenvolvimento nacional e para a erradicação da pobreza, da marginalização e redução das desigualdades sociais (art. 3º, I, II e III, da CF/88)". Nesse ponto, especificamente, reconheceu-se também que a uniformização do piso tem papel fundamental para atenuar as desigualdades regionais e proporcionar a todos condições de formação e desenvolvimento, independentemente

---

[15] OCDE. *A educação no Brasil*: uma perspectiva internacional. Tradução de Todos pela Educação. p. 112-116. Disponível em: https://todospelaeducacao.org.br/wordpress/wp-content/uploads/2021/06/A-Educacao-no-Brasil_uma-perspectiva-internacional.pdf. Acesso em: 27 mar. 2023.

[16] ADI nº 4.848. Rel. Min. Roberto Barroso, j. 1º.3.2021.

do estado ou município de residência.[17] Embora houvesse, em princípio, um conflito federativo pelo fato de o piso ser nacional, ele foi equacionado pela Lei nº 11.738/2008, que previu a complementação pela União de recursos aos entes federativos que não tenham disponibilidade orçamentária para custear o referido piso.

Logo, o precedente é relevante por diversas razões. Nele, o Supremo Tribunal Federal reconheceu o papel instrumental da educação para proporcionar uma sociedade mais livre, justa e solidária e, ainda, o desenvolvimento do país. Ademais, a Corte declarou a constitucionalidade do piso nacional do magistério, cumprindo papel indispensável para valorização desses profissionais e incremento da qualidade da educação. Para além disso, a decisão reconheceu as desigualdades regionais como um problema para as políticas educacionais do país, tendo a utilizado como fundamento para justificar a importância de um piso nacional. Este último ponto, de tão importante, requer maior aprofundamento.

3 Redução das desigualdades educacionais

As desigualdades educacionais são o terceiro problema estrutural da educação brasileira. Segundo o referido relatório da OCDE, a expansão do atendimento educacional não alcançou a todos equitativamente.[18] A depender da raça, condição socioeconômica, região do país e local (cidade ou campo), alguns grupos foram deixados para trás. Embora seja comum que o histórico socioeconômico interfira no acesso à educação nos demais países, esse fator gera impacto ainda maior no Brasil, caracterizado pela grande desigualdade social. Por exemplo, considerando a população de 18 a 29 anos, 59% do quintil mais pobre não havia concluído o ensino médio; ao passo que a taxa equivalente para o quintil mais rico é de apenas 8%. Tais desigualdades são ainda maiores entre as diversas raças. Em 2018, entre os adultos de 18 a 29 anos, apenas 60% da população negra havia concluído o ensino médio, em comparação com 76% entre os brancos. Já no ensino superior, a proporção de brancos de 18 a 24 anos que estavam cursando ou já haviam concluído era de 36%, em 2018, o que representa o dobro da proporção referente à população negra, que era de 18%.

Nesse cenário, o Brasil precisa investir em políticas educacionais voltadas à atenuação dessas desigualdades. Isso pressupõe evidentemente um melhor planejamento e monitoramento das ações de modo geral, a fim de que os gestores possam diagnosticar o tamanho do problema, dimensionar recursos e promover constante aprimoramento. Para além disso, é preciso estabelecer prioridades de investimentos a depender da vulnerabilidade da localidade. É recomendável, por exemplo, destinar um volume maior de recursos para escolas situadas em locais menos desenvolvidos (*e.g.*, regiões norte,

---

[17] Na mesma toada, em acórdão de relatoria do Ministro Joaquim Barbosa, o Supremo Tribunal Federal reconheceu a constitucionalidade de lei federal que fixou o piso salarial dos professores do ensino médio com base no vencimento, e não na remuneração global. Tal como no precedente do piso nacional, a Corte entendeu que essa norma era um mecanismo de fomento ao sistema educacional e de valorização profissional dos professores. Cf.: ADI nº 4.167. Rel. Min. Joaquim Barbosa, j. 27.4.2011.

[18] OCDE. *A educação no Brasil*: uma perspectiva internacional. Tradução de Todos pela Educação. p. 62-63. Disponível em: https://todospelaeducacao.org.br/wordpress/wp-content/uploads/2021/06/A-Educacao-no-Brasil_uma-perspectiva-internacional.pdf. Acesso em: 27 mar. 2023.

nordeste, periferias e favelas). Nesse ponto, o país tem um exemplo de sucesso. Trata-se do Fundo de Manutenção e Desenvolvimento da Educação Básica e de Valorização dos Profissionais da Educação (Fundeb), versão atual e mais abrangente em relação ao antigo Fundo de Manutenção e Desenvolvimento do Ensino Fundamental e de Valorização do Magistério (Fundef). Após a sua implementação, a União complementa o financiamento daqueles estados e municípios que, com os seus próprios recursos, não alcançaram o mínimo estabelecido por aluno.

O Supremo Tribunal Federal, aliás, reconheceu a importância do Fundef para atenuar as disparidades regionais na educação. O art. 60 do ADCT, na redação dada pela EC nº 14/1996, previa que, nos dez anos subsequentes à promulgação da referida emenda, os estados, Distrito Federal e municípios deveriam destinar não menos de 60% dos recursos do art. 212, *caput*, da Constituição à manutenção e desenvolvimento do ensino fundamental. A norma previa, ainda, que, em cada um desses entes federativos, deveria ser criado um Fundo de Manutenção e Desenvolvimento do Ensino Fundamental e de Valorização do Magistério. Ademais, a União tinha o dever de complementar os recursos do Fundef sempre que o Estado ou Distrito Federal não alcançasse o valor mínimo por aluno definido nacionalmente. O objetivo dos Constituintes, ao estabelecerem tais normas, foi assegurar a universalização do atendimento no ensino fundamental e a remuneração digna do magistério. O art. 6º, §1º, da Lei nº 9.424/1996 previa que o valor mínimo anual por aluno deveria ser fixado por ato do presidente da República e nunca deveria ser inferior à razão entre a previsão da receita total para o Fundo e a matrícula total do ensino fundamental no ano anterior, acrescida do total estimado de novas matrículas.

Com fulcro nessas normas, diversos estados propuseram ações cíveis originárias para impugnar a forma de cálculo dos valores mínimos por aluno fixados por decretos presidenciais, sob o argumento de que estes não consideraram os dados em âmbito nacional e macularam o art. 6º, §1º, da Lei nº 9.494/1996. As ações foram as seguintes: ACOs nºs 648 (Bahia), 660 (Amazonas), 661 (Maranhão), 669 (Sergipe), 700 (Rio Grande do Norte), 701 (Alagoas) e 722 (Minas Gerais). A controvérsia, portanto, envolvia saber se a fixação do valor mínimo por aluno deve considerar a receita total do Fundef e matrículas em âmbito estadual *ou* em âmbito nacional. Segundo o entendimento que prevaleceu no Supremo Tribunal Federal, a base de cálculo não pode ser formada por elementos de índole estadual, sob pena de esvaziar a função redistributiva do Fundef.[19] Esse entendimento já havia sido adotado pelo Superior Tribunal de Justiça no REsp nº 1.101.015, sob a relatoria do Ministro Teori Zavascki, j. em 26.5.2010. Nesse sentido, o STF decidiu que é constitucional impor à União a obrigação de complementar o valor por aluno que não alcançar o mínimo definido nacionalmente, devendo este ser fixado com base em dados de âmbito nacional.

Embora não tenha sido o relator, o voto do Ministro Luís Roberto Barroso foi de grande relevância. Isso porque ele reconheceu que esse dever de complementação financeira da União tem natureza redistributiva, de modo a minimizar as desigualdades regionais do sistema de ensino. Diante disso, caso a base de cálculo do valor mínimo

---

[19] ACO nº 648. Rel. Min. Marco Aurélio. Red. p/ acórdão Min. Edson Fachin, j. 6.9.2017.

por aluno considerasse as matrículas em âmbito estadual, estar-se-ia esvaziando a própria razão de ser do fundo, que é a promoção de justiça distributiva entre estados e municípios.

Ao lado da redistribuição entre os entes federativos, há outras estratégias interessantes que podem ser adotadas no âmbito de cada rede de ensino. Como já mencionado, é recomendável criar prioridades entre escolas, a depender dos seus resultados, do território onde estejam situadas e da vulnerabilidade da comunidade escolar. Tais prioridades podem incluir não só recursos financeiros, mas também recursos humanos. A propósito, uma das críticas apontadas pelos educadores é que os professores em início de carreira são alocados em escolas menos atrativas, sem que haja qualquer treinamento. O ideal, contudo, é que sejam designados professores mais experientes nesses locais e sejam criados incentivos para que lá permaneçam (*e.g.*, gratificações, progressão na carreira). Caso não seja possível, é prudente que, ao menos, esses professores em início de carreira sejam acompanhados por outros professores mais experientes por determinado período, de modo que estes lhes ofereçam apoio na experiência prática vivenciada. Ademais, é preciso considerar as experiências positivas em âmbito nacional e replicá-las país afora, a fim de orientar outros entes federativos na adoção de medidas efetivas e, ainda, demonstrar que os resultados são alcançáveis, o que pode servir para estimulá-los a seguir em frente. Para tanto, em muito contribuirá a criação de um Sistema Nacional de Educação (SNE). Por meio dele, será instituído um regime de colaboração entre as diferentes esferas federativas, à semelhança do que já ocorre no Sistema Único de Saúde (SUS). Muito embora o Plano Nacional de Educação (PNE) de 2014 tenha determinado a criação do SNE,[20] isso ainda não ocorreu.

4 Preparando para o futuro: em busca de uma sociedade mais inclusiva por meio da educação

É inegável que existem enormes desafios para proporcionar o acesso à educação, coibir a evasão escolar e recuperar a aprendizagem; no entanto, eles não podem ofuscar a necessidade de que as escolas proporcionem competências para a vida. A atenção aos problemas estruturais, então, deve ser combinada com políticas educacionais voltadas a preparar os educandos para o mundo atual, caracterizado pela rápida transformação, aumento das desigualdades, extinção de postos de trabalho, emergência de populistas autoritários e mudanças climáticas. Como asseverou Cláudia Costin, a conjuntura brasileira nos impõe acabar de construir a escola do século XX e, simultaneamente, edificar a escola do século XXI.[21] Por isso, nos próximos anos, a luta pela ampliação do acesso e reconstrução das políticas educacionais precisa ser combinada com a busca por uma educação de qualidade, cuja pretensão seja a formação de uma sociedade cada vez mais democrática e inclusiva. É inegável, aliás, que essa iniciativa pode vir a

---

[20] Art. 13 da Lei nº 13.005/2014. O poder público deverá instituir, em lei específica, contados 2 (dois) anos da publicação desta lei, o Sistema Nacional de Educação, responsável pela articulação entre os sistemas de ensino, em regime de colaboração, para efetivação das diretrizes, metas e estratégias do Plano Nacional de Educação.

[21] COSTIN, Cláudia. Educar para um futuro mais sustentável e inclusivo. *Estudos Avançados*, v. 34, n. 100, p. 43-52, 2020.

proporcionar maior atratividade para o currículo escolar e resgatar alunos para as salas de aula, atenuando os referidos problemas estruturais.

Nesse sentido, em um país como o Brasil, é fundamental investir em uma educação que fortaleça a igualdade. Como apontou Jessé de Souza, a desigualdade é, afinal, o nosso maior problema civilizacional.[22] Ela alcança diversas dimensões, abrangendo a elevada concentração de renda, a falta de acesso às liberdades e serviços públicos, o tratamento diferenciado por agentes públicos, a estamentalidade das relações sociais e a estigmatização de grupos vulneráveis.[23] Diferentemente da crise política, econômica e moral que vivemos, a desigualdade é um problema crônico, cujo berço remonta a um passado escravocrata e aos percalços para efetivação da ideia de cidadania no Brasil.[24] Nesse contexto, embora tenham sido muitos os avanços para sedimentar a concepção de igualdade formal, haja um farto arcabouço normativo de proteção aos direitos fundamentais e tenhamos instituições independentes que buscam assegurá-los, a realidade ainda convive com práticas que dificultam a universalização da dignidade humana para além do papel.

A questão é que não se trata de um problema pontual; ao revés, a desigualdade está fortemente enraizada em nossa história e cultura. Tal cenário faz com que as pessoas, desde a mais tenra idade, sejam socializadas para perceber as relações sociais como desiguais,[25] contribuindo para que reproduzam e naturalizem tais práticas. Desde cedo, elas se acostumam a ver pobres em posições de subserviência, negros privados de liberdade, brancos em espaços de poder e mulheres assoberbadas com as tarefas domésticas. O resultado é que a desigualdade se confunde com a própria concepção de mundo dos brasileiros, pautando seus comportamentos espontâneos mesmo antes de fazerem qualquer reflexão racional.

Daí por que a educação pode cumprir um papel relevante. Ela é capaz de incidir desde os primórdios, romper com esse processo de dominação e formar subjetividades com base em valores inclusivos e igualitários. Sob essa ótica, nos termos da classificação de Nancy Fraser,[26] as políticas educacionais podem ser um remédio transformativo, uma vez que são capazes de incidir na estrutura cultural da sociedade, desestabilizar discriminações estruturais e valorizar identidades subalternizadas. Por isso, como pontuaram Freire e Dewey, a educação é capaz de proporcionar o crescimento da sociedade como um todo[27] e engajar os estudantes na sua transformação, fazendo-os

---

[22] Cf.: SOUZA, Jessé de. *A tolice da inteligência brasileira*: ou como o país se deixa manipular pela elite. São Paulo: Leya, 2015; SOUZA, Jessé de. *A ralé brasileira*: quem é e como vive. 3. ed. São Paulo: Contracorrente, 2018. p. 13-140.

[23] SARMENTO, Daniel. *Dignidade da pessoa humana*: conteúdo, trajetórias e metodologia. 2. ed. Belo Horizonte: Fórum, 2016. p. 59-68.

[24] CARVALHO, José Murilo de. *A cidadania no Brasil*: um longo caminho. 16. ed. Rio de Janeiro: Civilização Brasileira, 2013.

[25] SARMENTO, Daniel. *Dignidade da pessoa humana*: conteúdo, trajetórias e metodologia. 2. ed. Belo Horizonte: Fórum, 2016. p. 59-63.

[26] FRASER, Nancy. From redistribution to recognition? Dilemmas of justice in a "postsocialist" age. *In*: FRASER, Nancy. *Justice interruptus*: critical reflections on the "postsocialist" condition. New York & London: Routledge, 1997. p. 21-26.

[27] DEWEY, John. *Democracia e educação*. Tradução de Antônio Pinto de Carvalho, revista por Anísio Teixeira. São Paulo: Companhia Editora Nacional, 1979. p. 86.

enxergar o futuro como produto da sua ação.[28] Com efeito, uma educação de qualidade pode frear práticas sociais de exclusão, promovendo a sua descontinuidade; pode ajudar a romper com a sua naturalização, instigando espíritos críticos aptos a percebê-las; e pode contribuir para o empoderamento dos excluídos, resgatando a sua autoestima.

Para que isso seja possível, é fundamental que as escolas estimulem os estudantes a desenvolverem uma visão crítica de mundo, lhes transmitam diferentes visões e instiguem a compreensão dos processos históricos que levaram à cultura de dominação. Isso, logicamente, é incompatível com qualquer pretensão de proibir discussões que abordem perspectivas de grupos minoritários nas salas de aula. É o que se vê nos recentes ataques perpetrados contra o ensino de teoria crítica da raça[29] nas escolas e universidades norte-americanas. Em síntese, conservadores radicais têm se insurgido contra quaisquer ideias que examinam a raça sob uma perspectiva histórica, que a reconhecem como produto de uma construção social e que defendem medidas de reparação.

No Brasil, ataques semelhantes têm ocorrido nos movimentos contrários a estudos de gênero nas universidades e escolas. Foi o que ocorreu a partir de 2015, por meio do movimento Escola Sem Partido. Na época, foram promulgadas diversas leis estaduais e municipais que proibiam discussões de gênero e orientação sexual nas escolas. Alguns diplomas iam, inclusive, além disso. A lei do Município de Ipatinga (MG), por exemplo, proibiu a adoção de qualquer "estratégia ou ações educativas de promoção à diversidade de gênero" (art. 3º, Lei nº 3.491/2015); ao passo que a do Município de Novo Gama (GO) determinou que os materiais didáticos deveriam ser analisados previamente à sua distribuição nas escolas municipais (art. 2º da Lei nº 1.516/2015). Assim, os defensores do movimento valem-se de termos vagos para proibir determinados debates em sala de aula e combater uma suposta "sexualização" e "doutrinação" de esquerda nas escolas. Para tanto, eles se amparam em um discurso de defesa dos direitos à liberdade de opinião política, liberdade religiosa, laicidade do Estado e proteção integral das crianças, argumentando que a educação deve ser neutra e não deve pretender influenciar os alunos.

As diversas leis aprovadas foram impugnadas junto ao STF por meio de várias ações de controle concentrado de constitucionalidade. Analisando-as, é interessante observar que, embora as ações tenham sido distribuídas para relatorias distintas, a Corte adotou um posicionamento uníssono quanto à inconstitucionalidade desses diplomas. Entre as que já foram julgadas, três tramitaram sob a relatoria do Ministro Luís Roberto Barroso: ADI nº 5.537, julgada em 24.8.2020; ADPF nº 461, julgada em 24.8.2020; ADI nº 5.580, julgada em 24.8.2020.[30] Entre os fundamentos adotados, houve a consideração de questões formais e materiais. As primeiras envolveram, especialmente, a violação à competência privativa da União para legislar sobre diretrizes e bases da educação (art. 22, XXIV) e, ainda, a sua competência para editar normais gerais em matéria de educação (art. 24, IX).

---

[28] FREIRE, Paulo. *Pedagogia do oprimido*. 1. ed. Rio de Janeiro: Paz e Terra, 2021. p. 111-117.

[29] Cf.: LYNN, Marvin; DIXSON, Adrienne D. (Ed.). *Handbook of critical race theory in education*. 2. ed. New York: Routledge, 2022.

[30] As demais que já foram julgadas foram as seguintes: ADPF nº 457. Rel. Min. Alexandre de Moraes, j. 27.4.2020; ADPF nº 526. Rel. Min. Cármen Lúcia, j. 11.5.2020; ADPF nº 467. Rel. Min. Gilmar Mendes, j. 29.5.2020; ADPF nº 460. Rel. Min. Luiz Fux, j. 29.6.2020.

Já sob o prisma material, reconheceu-se que a supressão de um domínio do saber obstaculiza a função emancipatória da educação, o pluralismo de ideias e liberdade de ensinar e de aprender (arts. 205, 206, II, III, V, e 214). Nesse ponto, reconheceu-se que a pretensão de neutralidade é incompatível com as liberdades educacionais e, ainda, pode gerar perseguição a professores que não compactuem com visões dominantes. O Supremo Tribunal Federal, ainda, pontuou que é dever do Estado assegurar um ensino plural, que prepare os indivíduos para a vida em uma sociedade heterogênea. Para além disso, foi considerada a violação ao direito à igualdade, uma vez que as leis buscavam utilizar o aparato estatal para prestigiar perspectivas hegemônicas sectárias e manter grupos minoritários em condição de inferioridade (arts. 1º, III, e 5º). Ainda, o STF entendeu haver violação ao princípio da proteção integral da criança e do adolescente, negando-lhes a possibilidade de aprender sobre diversidade sexual e inibindo o desenvolvimento de identidades de gênero e orientação sexual divergentes do padrão (art. 227, *caput*).

Para além do conteúdo curricular, uma educação tende a ser ainda mais emancipadora quando a comunidade escolar é plural. Isso porque, para proporcionar verdadeira autonomia aos alunos, as unidades de ensino não devem somente ministrar o conteúdo em sala de aula; é preciso ir além e se preocupar com a instalação de um ambiente educacional inclusivo e igualitário. Afinal, para além das condições econômicas, há condições culturais que igualmente asfixiam a autodeterminação individual[31] e elas começam a ser percebidas e internalizadas nos primeiros espaços de socialização. Assim, as escolas devem se preocupar em erradicar certas condições que podem vir a asfixiar a autonomia individual ou promover a internalização de determinadas hierarquias. Assim, se o combate às discriminações se faz necessário em qualquer lugar, a escola é um dos espaços em que essa luta é ainda mais premente, diante do potencial de que eventuais práticas ali existentes sejam apreendidas e reproduzidas por toda a vida dos educandos. As medidas igualitárias, portanto, vão além de modificações no currículo, mas demandam um ambiente educacional inclusivo e igualitário e uma comunidade escolar plural, que acolha e instigue a diferença.

Nesse sentido, o Supremo Tribunal Federal reconheceu a constitucionalidade da política educacional de inclusão a pessoas com deficiência, que foi implementada pela Lei Brasileira de Inclusão (Lei nº 13.146/2016).[32] Embora a ação tenha impugnado apenas a sua incidência em relação à rede privada, o acórdão reconheceu a importância da pluralidade para promover igualdade. Mais recentemente, a Corte declarou a inconstitucionalidade da política nacional de educação especial do governo de Jair Bolsonaro, que retirava a prioridade da matrícula das pessoas com deficiência no ensino regular e a previa como mera alternativa.[33] Entre os fundamentos adotados, consignou-se que a Convenção Internacional sobre os Direitos das Pessoas com Deficiência (Decreto nº 6.949/2009) reconheceu o direito dessas pessoas à educação livre de discriminação e com base na igualdade de oportunidades, o que pressupõe um sistema educacional

---

[31] SARMENTO, Daniel. *Dignidade da pessoa humana*: conteúdo, trajetórias e metodologia. 2. ed. Belo Horizonte: Fórum, 2016. p. 157.
[32] ADI nº 5.357 MC-Ref. Rel. Edson Fachin, j. 9.6.2016.
[33] ADI nº 6.590 MC-Ref. Rel. Min. Dias Toffoli, j. 21.12.2020.

inclusivo, que insira tais pessoas no contexto da comunidade. Na ocasião, o Ministro Luís Roberto Barroso acompanhou o voto majoritário com a ressalva de que poderia vir a revisitar o tema em relação à educação bilíngue de surdos, uma vez que há "entidades representativas da comunidade surda que sustentam que tais alunos se desenvolvem melhor nas escolas que adotam a LIBRAS como primeira língua e o Português como segunda língua, e registram a existência de estudos nesse sentido".

Logo, o precedente é importante por diversas razões. Sob o prisma coletivo, a educação inclusiva contribui para instalação de um ambiente acadêmico plural, à semelhança da sociedade complexa e heterogênea encontrada do lado de fora. Sob o prisma individual, a não segregação das pessoas com deficiência lhes assegura igualdade de oportunidades e, ainda, busca alavancar o seu desenvolvimento por meio do contato com seus pares. Ao lado desses aspectos, o voto do Ministro Luís Roberto Barroso traz um ponto relevante, pois promove reconhecimento específico às pessoas com deficiência auditiva e estabelece a possibilidade de revisitar o tema para estabelecer tratamento diverso, caso reste demonstrado que a medida lhes será mais benéfica.

Conclusão

O artigo pretendeu apresentar a atuação do Ministro Luís Roberto Barroso para dar efetividade ao direito à educação. Para tanto, foram analisadas as suas contribuições para recuperar o atraso, de modo a fazer frente a três problemas estruturais das políticas educacionais brasileiras; e, ainda, alcançar a sociedade que queremos no futuro, na qual todos se reconheçam com igual respeito e consideração.

Ao votar em um caso em que se pleiteava vaga em creche, o ministro teve papel determinante para que a Corte reconhecesse o acesso a todas as etapas da educação básica como direito subjetivo fundamental. Ainda, consignou que a efetividade de tal direito também depende do reconhecimento de um dever dos municípios em ampliar progressivamente o número de vagas disponibilizadas, dando cumprimento ao Plano Decenal de Educação. Ao decidir pela constitucionalidade do piso do magistério, Barroso contribuiu para valorização dessa carreira e, consequentemente, para incrementar a qualidade da educação. Esse é, como visto, um dos grandes gargalos da educação brasileira no cenário atual, em que já houve a quase que universalização do ensino fundamental. O ministro também teve papel relevante quando a Corte decidiu que o valor mínimo por aluno do antigo Fundef devia considerar a receita total do fundo e as matrículas em âmbito nacional. Em seu voto, reconheceu-se que esse dever de complementação financeira da União tem natureza redistributiva, de modo a minimizar as desigualdades regionais do sistema de ensino.

Ademais, Luís Roberto Barroso proferiu importantes votos no sentido de reconhecer o papel da educação na transformação das hierarquias existentes no tecido social. Em todas as ações que questionavam leis que obstaculizavam discussões de gênero nas escolas, ele salientou que tal proibição contraria a função emancipatória da educação, o pluralismo de ideias e liberdade de ensinar e de aprender. Foi pontuado, ainda, que as leis, na prática, prestigiavam perspectivas hegemônicas sectárias e mantinham grupos minoritários em condição de inferioridade. Sob outra perspectiva, o ministro votou pela inconstitucionalidade de política educacional que segregava pessoas com deficiência e ia na contramão da instalação de um ambiente acadêmico plural. Ao mesmo tempo, ele promoveu reconhecimento às pessoas com deficiência auditiva e estabeleceu a possibilidade de revisitar o tema para estabelecer tratamento diverso em favor delas, caso reste demonstrado que, especificamente em relação a esse grupo, a medida lhes será mais benéfica.

Dessa forma, o trabalho demonstrou as principais contribuições do Ministro Luís Roberto Barroso para fazer frente a questões prementes da educação brasileira. É inegável que subsistem muitos desafios e que ainda estamos longe de alcançar a educação que queremos, apta a desenvolver competências para a vida, formar cidadãos e preparar para o trabalho. Nada obstante, é evidente que, nesses dez anos de Supremo Tribunal Federal, o ministro cumpriu papel relevante para dar efetividade a esse direito, nos termos previstos na Constituição. Já deu, então, a sua contribuição para, como gosta de dizer, empurrar a história e formar gerações mais autônomas, preparadas e emancipadas. É tempo, portanto, de celebrar as conquistas dos últimos anos e aguardar pelos próximos tantos outros, que, tal como os primeiros, serão marcados por mais e mais avanços civilizatórios.

Referências

BARCELLOS, Ana Paula de. *A eficácia jurídica dos princípios constitucionais*: o princípio da dignidade da pessoa humana. 3. ed. rev. e atual. Rio de Janeiro: Renovar, 2011.

BARROSO, Luís Roberto. A educação básica no Brasil: do atraso prolongado à conquista do futuro. *Direitos Fundamentais & Justiça*, Belo Horizonte, ano 13, n. 41, p. 117-155, jul./dez. 2019.

BRASIL. ACO nº 648. Rel. Min. Marco Aurélio. Red. p/ acórdão Min. Edson Fachin, j. 6.9.2017.

BRASIL. ADI nº 4.848. Rel. Min. Roberto Barroso, j. 1º.3.2021.

BRASIL. ADI nº 4.167. Rel. Min. Joaquim Barbosa, j. 27.4.2011.

BRASIL. ADI nº 5.357 MC-Ref. Rel. Edson Fachin, j. 9.6.2016.

BRASIL. ADI nº 6.590 MC-Ref. Rel. Min. Dias Toffoli, j. 21.12.2020.

BRASIL. ADPF nº 457. Rel. Min. Alexandre de Moraes, j. 27.4.2020.

BRASIL. ADPF nº 460. Rel. Min. Luiz Fux, j. 29.6.2020.

BRASIL. ADPF nº 467. Rel. Min. Gilmar Mendes, j. 29.5.2020.

BRASIL. ADPF nº 526. Rel. Min. Cármen Lúcia, j. 11.5.2020.

BRASIL. RE nº 1.008.166 – Tema nº 548. Rel. Min. Luiz Fux, j. 22.9.2022.

CARVALHO, José Murilo de. *A cidadania no Brasil*: um longo caminho. 16. ed. Rio de Janeiro: Civilização Brasileira, 2013.

COMITÊ DOS DIREITOS DA CRIANÇA. *Comentário Geral nº 01*: Os Objetivos da Educação. Vigésima-sexta sessão, 2001.

COSTIN, Cláudia. Educar para um futuro mais sustentável e inclusivo. *Estudos Avançados*, v. 34, n. 100, p. 43-52, 2020.

DEWEY, John. *Democracia e educação*. Tradução de Antônio Pinto de Carvalho, revista por Anísio Teixeira. São Paulo: Companhia Editora Nacional, 1979.

FRASER, Nancy. From redistribution to recognition? Dilemmas of justice in a "postsocialist" age. *In*: FRASER, Nancy. *Justice interruptus*: critical reflections on the "postsocialist" condition. New York & London: Routledge, 1997.

FREIRE, Paulo. *Pedagogia do oprimido*. 1. ed. Rio de Janeiro: Paz e Terra, 2021.

LYNN, Marvin; DIXSON, Adrienne D. (Ed.). *Handbook of critical race theory in education*. 2. ed. New York: Routledge, 2022.

OCDE. *A educação no Brasil*: uma perspectiva internacional. Tradução de Todos pela Educação. Disponível em: https://todospelaeducacao.org.br/wordpress/wp-content/uploads/2021/06/A-Educacao-no-Brasil_uma-perspectiva-internacional.pdf. Acesso em: 27 mar. 2023.

SARLET, Ingo Wolfgang. *In*: CANOTILHO, J. J. et al. *Comentários à Constituição do Brasil*. 2. ed. São Paulo: Saraiva Educação, 2018. Série IDP. Versão Kindle.

SARMENTO, Daniel. *Dignidade da pessoa humana*: conteúdo, trajetórias e metodologia. 2. ed. Belo Horizonte: Fórum, 2016.

SILVA, José Afonso da. *Comentário contextual à Constituição*. 6. ed. São Paulo: Malheiros, 2009.

SOUZA NETO, Cláudio Pereira de; SARMENTO, Daniel. *Direitos sociais*: fundamentos, judicialização e direitos sociais em espécie. Rio de Janeiro: Lumen Juris, 2008.

SOUZA, Jessé de. *A ralé brasileira*: quem é e como vive. 3. ed. São Paulo: Contracorrente, 2018.

SOUZA, Jessé de. *A tolice da inteligência brasileira*: ou como o país se deixa manipular pela elite. São Paulo: Leya, 2015.

TORRES, Ricardo Lobo. *Teoria dos direitos fundamentais*. Rio de Janeiro: Renovar, [s.d.].

Informação bibliográfica deste texto, conforme a NBR 6023:2018 da Associação Brasileira de Normas Técnicas (ABNT):

CUNHA, Beatriz. O professor enquanto ministro: Luís Roberto Barroso e o fortalecimento do direito à educação. *In*: OSORIO, Aline; MELLO, Patrícia Perrone Campos; BARROSO, Luna van Brussel (Coord.). *Direitos e democracia*: 10 anos do Ministro Luís Roberto Barroso no STF. Belo Horizonte: Fórum, 2023. p. 601-614. ISBN 978-65-5518-555-3.

EFETIVIDADE DO DIREITO À MORADIA: A ADPF Nº 828

CARINA LELLIS[1]

1 Introdução

Homenagear o Professor Luís Roberto Barroso é fácil. Quando me chamou para ser sua assessora foi assim: "E aí, Carina? Topa servir a pátria por um período?". Durante cinco anos, esse foi o tom. Ele ouvia os dois lados e decidia o que ia ser melhor para o Brasil. Naquela primeira conversa, eu, meio sem jeito, perguntei como deveria chamá-lo. Ministro? Excelência? "Professor. Você foi minha aluna, não foi? Então professor está bem".

A conexão foi imediata. De todas as formas de tratamento, na minha opinião, professor é a mais nobre. Sou sua orientanda no doutorado e quero ser sua aluna para sempre. Ele diz que nunca se arrependeu de uma decisão. Enquanto estive na assessoria, vi um homem em paz consigo mesmo. "Cumpra seu papel da melhor forma que você pode", ele dizia para a equipe. Acho que a vida é sobre isso. Então, antes de tudo, te agradeço de coração, professor.

O caso que me coube comentar ilustra bem a vida no gabinete. A ADPF nº 828 está dando novo significado ao direito à moradia de famílias vulneráveis. Em meio à pandemia da Covid-19, fazer isolamento social era fundamental para combater o vírus. A orientação das autoridades sanitárias era para as pessoas ficarem em casa e, para isso, era preciso ter uma casa. O professor, que foi relator da ação, agiu para garantir a efetividade do direito à moradia.

2 Descrição da ação

A ADPF nº 828 foi ajuizada com o objetivo de impedir despejos no Brasil durante a pandemia da Covid-19. O pedido chegou em 15.4.2021, quando mais de 3.000 pessoas

---

[1] Registro agradecimento especial à magistrada Fabiane Pieruccini, pelo intercâmbio de ideias e pela inspiração no tratamento do direito à moradia no Brasil.

morriam todo dia.[2] A média móvel de óbitos ultrapassava essa marca há quase uma semana. O argumento era simples: as pessoas precisavam ficar em casa para se protegerem do vírus. Em termos jurídicos, os fundamentos principais eram o direito à saúde, à vida e à moradia. A moradia, no caso, servia de proteção à saúde e à vida.

Junto com a crise sanitária veio também a crise social, e esse foi o contexto da ação. Muitas pessoas perderam o emprego e não conseguiram mais pagar aluguel. Por isso, passaram a morar em ocupações. Havia famílias inteiras, com idosos e crianças. Em abril de 2021, a petição inicial informou que mais de 9 mil famílias já haviam sido despejadas desde o início da pandemia e 64 mil viviam sob essa ameaça. O pedido era por uma liminar urgente.[3]

O Ministro Barroso ouviu o outro lado antes de decidir. Pediu informações aos vinte e seis estados da Federação, ao Distrito Federal, ao advogado-geral da União e ao procurador-geral da República. Todos se manifestaram contrariamente. A maioria defendeu que a ação não deveria ser conhecida pelo Supremo Tribunal Federal (STF) porque o pedido era muito amplo e, portanto, a liminar também não poderia ser concedida.

Entre os argumentos mais fortes, o primeiro era que o tema dos despejos não deveria ser decidido pelo STF, mas individualmente pelo juiz de cada caso. O segundo era de violação à separação de poderes, pois o direito à moradia era matéria de política pública a ser conduzida pelo Poder Executivo e não pelo Poder Judiciário. Esse argumento tinha uma segunda parte, de violação ao papel do Poder Legislativo, pois caberia a ele definir uma nova regra geral a ser aplicada no contexto da pandemia. Em terceiro lugar, muitos estados defenderam que não poderiam ser demandados na ação, pois não havia nenhuma alegação específica contra eles.

Nesse período, diversas entidades pediram para ingressar no processo. A maioria era de representantes da sociedade civil a favor do pedido.[4] [5] Chamaram atenção para o fato de que a Organização das Nações Unidas (ONU) recomendou a suspensão das remoções forçadas de assentamentos informais até o fim da pandemia. Trouxeram, também, dados sobre a "dimensão territorial da crise", pois regiões periféricas eram mais

---

[2] Dados do consórcio de veículos de imprensa: Disponível em: https://g1.globo.com/bemestar/coronavirus/noticia/2021/04/15/brasil-tem-mais-de-365-mil-mortos-por-covid-estados-registram-3774-mortes-em-24-horas.ghtml. Acesso em: 22 maio 2023.

[3] Neste artigo, o termo *despejo* é utilizado de forma genérica, para se referir a diversas situações jurídicas contempladas na petição inicial. O pedido cautelar foi de "suspensão imediata de todos os processos, procedimentos ou qualquer outro meio que vise a expedição de medidas judiciais, administrativas ou extrajudiciais de remoção e/ou desocupação, reintegrações de posse ou despejos enquanto perdurarem os efeitos sobre a população brasileira da crise sanitária da Covid-19".

[4] Antes da análise da primeira medida liminar, foram admitidos no feito, na qualidade de *amici curiae*, o Conselho de Direitos Humanos do Estado da Paraíba; Associação Brasileira de Juristas pela Democracia (ABJD); Associação Advogadas e Advogados Públicos para a Democracia (APD); Coletivo por um Ministério Público Transformador; Grupo de Atuação Estratégica das Defensorias Públicas Estaduais e Distrital nos Tribunais Superiores – GAETS; Terra de Direitos; Centro Gaspar Garcia de Direitos Humanos; Movimento dos Trabalhadores Sem Teto – MTST; Associação Amigos da Luta dos Sem Teto; Partido dos Trabalhadores; Instituto Brasileiro de Direito Urbanístico – IBDU; Centro Popular de Direitos Humanos – CPDH; Petrobras; Acesso Cidadania e Direitos Humanos; Movimento Nacional de Direitos Humanos – MNDH; Núcleo de Amigos da Terra-Brasil e Centro de Direitos Econômicos e Sociais – CDES.

[5] A Petrobras se manifestou contra o pedido. Na sua manifestação, relatou casos de ocupações movidas por questões sindicais. Defendeu que "invasões com motivação política devem ser rechaçadas do alcance de eventual liminar concedida" por não terem relação com o direito à moradia.

suscetíveis ao vírus, seja pela maior dificuldade em fazer isolamento, seja pelo acesso limitado à água ou a serviços de saúde. O Conselho Nacional de Direitos Humanos (CNDH) encaminhou ofício chamando atenção para violações de direitos humanos em desocupações já realizadas em todo país.

Esse foi o caso que coube ao ministro decidir. Um problema do tamanho do Brasil. Não havia solução fácil e todos os argumentos eram bons. De um lado, o país vivia uma crise humanitária junto com a pandemia. Além do vírus, eram milhares de pessoas perdendo o emprego, o salário e a moradia, em uma espécie de efeito dominó. À época, os números de mortes e de desabrigados aumentavam toda semana. A concessão da liminar poderia ajudar a conter esse ciclo. De outro lado, não era claro até que ponto caberia ao tribunal agir diante desse cenário. Não era possível ter certeza sobre os impactos para a economia, nem considerar todas as particularidades dos casos país afora. O risco era de que, na melhor das intenções, a decisão pudesse piorar a situação que já era péssima.

3 As medidas cautelares

O Ministro Barroso deferiu o pedido liminar em parte. Não suspendeu todos os despejos durante a pandemia, mas evitou que milhares de famílias perdessem as suas casas. A decisão focou apenas nos casos relacionados à moradia de pessoas vulneráveis. Quem já foi aluno do professor sabe que ele gosta de dividir todos os problemas em três partes. Ele costuma dizer que facilita a compreensão.

Ele, então, separou três situações diferentes. A primeira era das *ocupações coletivas anteriores à pandemia*. A decisão suspendeu desocupações nessas áreas por seis meses. Se a comunidade estava instalada desde março de 2020, quando a pandemia começou, isso significava que há mais de um ano ela servia de moradia para aquele grupo de pessoas. Não era hora de tirar ninguém de lá. A decisão justificou que, nessa situação excepcional, os direitos de propriedade, possessórios e fundiários precisavam ser ponderados com a proteção da vida e da saúde das populações vulneráveis e dos agentes públicos envolvidos nas remoções. A decisão foi temporária, para acompanhar a evolução da crise.

A segunda situação diz respeito às *ocupações coletivas ocorridas após a pandemia*. A cautelar permitiu a remoção nesses casos. O Poder Público poderia atuar para evitar a consolidação de novas ocupações, desde que providenciasse o encaminhamento das famílias para abrigos públicos ou garantisse sua moradia de outra forma. Caso as pessoas soubessem antecipadamente que não poderiam ser removidas devido à decisão do STF, poderia se criar um incentivo para a ocupação de novos imóveis, o que aumentaria a dimensão do problema.

A terceira situação dizia respeito a *despejos liminares em casos de locação de imóvel residencial por famílias vulneráveis*, que foram suspensos por seis meses. É uma hipótese específica, em que a desocupação ocorre em 15 dias independentemente da oitiva do locatário. Foi mantida a possibilidade de despejo por falta de pagamento, com observância do rito normal e do contraditório. O objetivo era garantir prazo razoável para o locatário se acomodar. Essa regra já havia sido estipulada pelo Congresso, e a decisão estendeu a sua aplicação.[6]

A medida cautelar foi prorrogada quatro vezes, todas ratificadas pelo Plenário do STF. Passados os seis meses da primeira decisão, a ação voltou para o ministro avaliar a conjuntura da pandemia. Enquanto os dados sanitários e socioeconômicos estavam muito ruins, estendeu-se a cautelar por períodos sucessivos de mais três meses. O prazo menor se justificava pela progressiva melhora do cenário. A ideia era monitorar de perto a situação para se retomar a normalidade assim que possível.

Além disso, a decisão estabeleceu um diálogo entre STF e o Congresso Nacional. Em outubro de 2021, foi promulgada a Lei nº 14.216, que ratificou a suspensão das medidas de despejo até dezembro daquele ano. De um lado, essa legislação estabeleceu critérios mais favoráveis, os quais prevaleceram sobre a decisão da ADPF. De outro lado, a lei se aplicava exclusivamente a imóveis urbanos, deixando de abranger os imóveis rurais. Considerando o histórico de violações de direitos humanos nas desocupações rurais e a proteção estabelecida pela decisão do STF, o Plenário concordou que a maior proteção social deveria prevalecer. A partir dessa segunda decisão, o tribunal fez apelos sucessivos ao legislador para que deliberasse sobre o tema.

Quando os dados sanitários começaram a melhorar, o Ministro Barroso alertou que os limites da jurisdição se esgotariam. A intervenção judicial nesse caso era excepcional e só se justificava diante de uma crise sem precedentes. Assim que o número de mortes reduziu, a vacinação aumentou, e as medidas de distanciamento social foram flexibilizadas, a medida cautelar não se sustentaria mais.

4 O regime de transição para a retomada de desocupações coletivas

A última decisão cautelar estabeleceu um regime de transição para a retomada das desocupações coletivas. Nos casos em que havia processo judicial, esse regime envolvia duas medidas:

i) a realização de inspeções judiciais e de audiências de mediação, mesmo nos casos em que já havia mandados expedidos. Tais audiências deveriam contar com a participação do Ministério Público, da Defensoria Pública e dos órgãos do Poder Executivo responsáveis pela política agrária e urbana na região, e

ii) a instalação de comissões de conflitos fundiários em todos os tribunais do país, para elaborar uma estratégia de retomada de execução das decisões.

Nos casos de medidas administrativas de remoções coletivas, o regime estabeleceu três ordens:

i) a ciência prévia e oitiva dos representantes das comunidades afetadas;
ii) a definição de prazo razoável para desocupação pela população envolvida;

---

[6] O art. 9º da Lei nº 14.010/2020, que regulamentou o Regime Jurídico Emergencial e Transitório das Relações Jurídicas de Direito Privado (RJET) no período da pandemia, suspendeu por quatro meses – até 30.10.2020 – a concessão de liminares para desocupação de imóvel urbano nas ações de despejo, a que se refere o art. 59, §1º, incs. I, II, V, VII, VIII e IX, da Lei de Locações. No momento da decisão, tendo em vista que a pandemia havia piorado, foi determinada a aplicação desse critério de junho a dezembro de 2021.

iii) a garantia de encaminhamento das pessoas em situação de vulnerabilidade social para abrigos públicos, para locais com condições dignas ou a adoção de outra medida eficaz para resguardar o direito à moradia, vedando-se, em qualquer caso, a separação de membros de uma mesma família.

O regime de transição não tratou dos casos de despejo por falta de pagamento de aluguel, que foram retomados imediatamente. A decisão havia suspendido apenas a desocupação liminar no prazo de quinze dias. Uma vez passado o período de turbulência, o regime legal voltou a valer automaticamente.

O momento de retomada das remoções coletivas causava grande preocupação. Se no início do processo eram 64 mil famílias em ocupações, àquela altura já havia 132 mil, ou aproximadamente meio milhão de pessoas desamparadas que se encontravam protegidas pela cautelar. Se todas essas famílias fossem despejadas ao mesmo tempo, havia um risco de convulsão social. De acordo com o Ministro Barroso, o papel do STF deveria ser retomar a normalidade, evitando ao máximo a violação de direitos fundamentais. Esse foi o propósito do regime de transição.

A primeira ideia foi a realização das inspeções judiciais e audiências de mediação. Essas medidas já estavam previstas em lei, mais especificamente no art. 565 do Código de Processo Civil e no art. 2º, §4º, da Lei nº 14.216/2021. Eram instrumentos procedimentais que iriam ajudar a evitar desocupações com consequências ruins. Na inspeção judicial, o juiz vai ao local entender a realidade social daquela ação. Com tantas famílias envolvidas é importante que o julgador veja presencialmente do que se trata. Na audiência de mediação, as partes do processo se sentam à mesa para procurar o acordo possível. Todos os órgãos do Poder Público devem estar presentes, num esforço conjunto para que as famílias tenham lugar para morar.

A segunda ideia, de instalação de comissões de conflitos fundiários, chegou ao gabinete em uma audiência com o Ministro Luiz Philippe Vieira de Mello, conselheiro do Conselho Nacional de Justiça (CNJ). O Ministro Barroso recebeu informações sobre a Comissão de Conflitos Fundiários do Tribunal de Justiça do Estado do Paraná. Ela já existia antes da pandemia, e os resultados eram animadores. Criada em 2019 com o objetivo de minimizar os impactos das desocupações, só naquele estado já beneficiou mais de 15 mil famílias em situação de vulnerabilidade social.

O professor costuma dizer que a melhor maneira de saber se uma pessoa envelheceu é testar a sua capacidade de se adaptar a ideias novas. Aqueles que são receptivos às novidades têm a mente jovem, independentemente da idade. Ele diz que procura se atualizar para ficar jovem por mais tempo. Na ADPF nº 828 foi assim. A ideia das comissões era nova, mas era boa. Ele ouviu, considerou e decidiu prestigiar.

5 A Comissão de Conflitos Fundiários

Um exemplo hipotético ilustra a atuação desse tipo de comissão.[7] Uma comunidade já estava instalada há mais de dez anos sobre o imóvel de uma empresa. A empresa estava em processo de recuperação judicial e tinha dívidas tributárias com o Estado. A

---

[7] O exemplo é inspirado em casos reais que foram mediados pela Comissão de Conflitos Fundiários do TJPR.

solução proposta foi uma dação em pagamento, em que a empresa transferiu o imóvel para o Estado como forma de obter a quitação da dívida tributária. O Estado, por sua vez, pôde utilizar recursos da política urbana para regularizar a ocupação, já que o imóvel passou a ser de sua propriedade. Em vez de remover a comunidade, a solução foi um acordo.

Esse tipo de desfecho foi bom para todas as partes. A empresa proprietária, nessa ilustração, não teve prejuízo nenhum. Ao contrário, o processo de recuperação judicial foi agilizado. Se fosse mais um caso comum de reintegração de posse, a empresa removeria a comunidade para vender o imóvel e utilizar o valor como crédito. Essa saída seria mais burocrática e demorada, retardando a recuperação da empresa.

Para a comunidade envolvida, a diferença foi enorme. Em vez de perder a sua moradia, as pessoas puderam permanecer onde estavam. A família pobre, que sabia não ser proprietária do lugar onde morava, normalmente seria retirada por força policial, muitas vezes com violência. Além disso, veria a casa ser demolida, pois esse é um procedimento comum em reintegrações de posse. Substituir essa situação triste pelo acordo foi transformador.

O objetivo da comissão, portanto, é evitar a violação de direitos fundamentais de famílias vulneráveis. Por meio de técnicas de mediação, procurar uma solução que acomode os interesses envolvidos. Se for possível não remover as famílias, ou garantir moradia adequada, tanto melhor. Esse cenário ideal não é atingido em todos os casos, mas a comissão do Paraná é rica em exemplos de sucesso. Desde a sua instalação foram realizadas mais de 120 intervenções e centenas de audiências de mediação que levaram às mais variadas soluções. Houve casos de desapropriação das áreas ocupadas, de assessoramento em compras coletivas pelos próprios ocupantes, de urbanização e até mesmo de doação de terrenos ocupados. Nenhuma desocupação promovida registrou uso de violência policial.

Até o momento de elaboração deste artigo, as comissões já foram instaladas em 19 tribunais. Além disso, o CNJ está trabalhando para a edição de uma resolução com parâmetros para auxiliar a solução conflitos fundiários, tanto urbanos quanto rurais. Na concepção desse novo modelo, as comissões não possuem papel decisório e não substituem o juiz da causa. A ideia é que elas colaborem para oferecer soluções alternativas que acomodem os interesses da melhor forma possível.

6 O novo olhar para o direito à moradia no Brasil

O principal legado da ADPF nº 828, na minha opinião, é trazer um novo olhar para o direito à moradia no Brasil. Levar a sério o direito à moradia de pessoas pobres. A verdade é que existe um número enorme de brasileiros que vive em uma situação de ilegalidade desde que nasceu. Se a pessoa cresceu em uma ocupação, ela vive em um ciclo de precariedade. Mesmo que pudesse, não vale a pena investir em uma casa que pode ser demolida. As crianças não têm endereço, e por isso têm dificuldade em se matricular na escola pública. É comum faltar saneamento, posto de saúde e os direitos mais básicos.

Em Brasília, durante a pandemia, deu para ver nas ruas os dados do processo. Famílias pobres, de gente que perdeu o emprego, vivendo em espaços públicos. Ocupações, com casas simples de madeira, que foram demolidas para evitar a consolidação de uma nova comunidade. Gente que já tinha muito pouco e perdeu tudo. Dali adiante, não muito longe, passaram a aparecer barracas de lona preta, em lugar dos barracos simples de antes.

Como equacionar, em termos jurídicos, esse ciclo de flagelo social? De fato, as pessoas não têm direito de estar ali. A atuação do advogado, do juiz e do policial que atuam na reintegração de posse é absolutamente lícita. A questão é que não resolve o problema. Essas pessoas não deixam de existir. Elas passam a ocupar outro lugar e então dão origem a outro processo, ou a outra remoção feita pelo próprio governo de forma administrativa.

A ADPF nº 828 forneceu instrumentos jurídicos para enfrentar essa questão. Primeiro, ela afirmou que o direito de moradia dessas pessoas importa. No início do processo, a situação de excepcionalidade justificou a ponderação entre direitos possessórios com o direito à moradia, para garantir que famílias ficassem em casa durante a pandemia. Segundo, passada a pandemia, ela trouxe ferramentas para proteger o direito à moradia. A inspeção judicial leva o juiz a esses lugares para ver a realidade social. As audiências de mediação colocam todos os entes públicos para agir dentro do processo de forma a evitar mais desabrigados. Terceiro, ela determinou a instalação de comissões de conflitos fundiários em todos os tribunais do país. A proposta é que essas comissões ajudem a trazer soluções alternativas para equacionar problemas difíceis.

Com as comissões, os juízes passam a ter instrumentos para pensar fora da caixa. Além do instituto da inspeção judicial, a comissão do Paraná passou a fazer visitas técnicas nas áreas de conflito. É uma atuação diferente, com o objetivo de preparar o ambiente para a mediação. De acordo com a magistrada Fabiane Pieruccini, que participou daquela comissão, sair do gabinete para estar no local faz com que o juiz considere toda a realidade. Ela menciona a lição de Paulo Freire, para quem a cabeça pensa onde os pés pisam. Uma vez que se está na ocupação, fica claro que são problemas complexos, que não se resolvem só com os instrumentos jurídicos. A situação de fato só pode ser resolvida com uma solução integrada, em que todo o poder público (aí incluído o poder jurisdicional) deve agir em parceria. O magistrado não vai definir política pública, pois não é esse o seu papel, mas ele pode estimular o diálogo e pensar em como chegar a um resultado mais efetivo.

Tudo isso gera uma mudança de foco. A discussão passa a ser centrada nas soluções e não nos conflitos. Quando o resultado do processo é um acordo, o Poder Judiciário contribui para proteger famílias que costumam ter direitos negados. Se o direito à moradia é assegurado, o ciclo vicioso passa a ser virtuoso. Há episódios em que, depois de feito o acordo, deu-se início à regularização fundiária, com loteamento e realização de licitação para pavimentação. Se o caso é de sucesso, a região passa a atrair interesse político, e estimula a atuação do Poder Executivo, que traz mudanças para melhor.

7 Conclusão

A ADPF nº 828 está ajudando a dar efetividade ao direito à moradia de famílias vulneráveis no Brasil. É bonito pensar que um dos primeiros livros do Professor Barroso, lançado em 1990, trata justamente da efetividade das normas da Constituição brasileira. Essa ação traduz de muitas maneiras o pensamento dele, que há mais de trinta anos se preocupa em dar concretude a direitos fundamentais. Em fazer com que as garantias da Constituição brasileira saiam do papel e contribuam para transformar a realidade.

A ação fornece argumentos, instrumentos processuais e está melhorando a estrutura do Poder Judiciário para a resolução de conflitos fundiários. Quanto aos argumentos, mostrou que é possível considerar de forma séria o direito à moradia na ponderação constitucional. Sem excessos, sem negar direitos possessórios, deve-se ponderar que onde há moradia de famílias vulneráveis é necessário evitar a violação de direitos fundamentais. Quanto aos instrumentos processuais, a ação aponta as audiências de conciliação, a mediação e a inspeção judicial como formas fazer com que o magistrado da causa tenha uma gama maior de informações para decidir. Para esse tipo de caso, não basta ler o processo, é preciso conhecer a realidade. Quanto à estrutura do Poder Judiciário, determinou a instalação de comissões de conflitos fundiários em tribunais de todo o país. Há muitos juízes com gabinetes lotados de processos, para quem é difícil dedicar tanto tempo a uma só causa. As comissões estão sendo instaladas para dar apoio operacional e ajudar a pensar em soluções efetivas para essas demandas, sem diminuir o poder decisório do magistrado.

Ao lembrar de cada etapa desse processo, é impressionante pensar que a ADPF nº 828 está dando frutos positivos. Quando a ação chegou, o cenário era de terra arrasada. No auge da pandemia, com milhares de mortos todos os dias, o luto era infinito. A questão das ocupações parecia impossível de resolver. Dois anos depois, o mantra do "cumpra seu papel da melhor forma que você pode" faz todo o sentido. Ainda não estamos perto de resolver todos os conflitos possessórios e fundiários, nem de garantir o direito à moradia a todos os que precisam. Colocando tudo em perspectiva, entretanto, o saldo desses dois anos é positivo. Se todos fizerem o melhor que podem, dá para construir um país melhor.

Informação bibliográfica deste texto, conforme a NBR 6023:2018 da Associação Brasileira de Normas Técnicas (ABNT):

LELLIS, Carina. Efetividade do direito à moradia: a ADPF nº 828. *In*: OSORIO, Aline; MELLO, Patrícia Perrone Campos; BARROSO, Luna van Brussel (Coord.). *Direitos e democracia*: 10 anos do Ministro Luís Roberto Barroso no STF. Belo Horizonte: Fórum, 2023. p. 615-622. ISBN 978-65-5518-555-3.

O DIREITO À SAÚDE NO SUPREMO TRIBUNAL FEDERAL: CONTRIBUIÇÕES DO MINISTRO BARROSO

CAROLINE SOMESOM TAUK

Introdução

Em 2009, o professor da Universidade do Estado do Rio de Janeiro – UERJ, Luís Roberto Barroso, escreveu sobre o fornecimento gratuito de medicamentos e a judicialização excessiva. O artigo buscou desconstruir a premissa de que a ponderação que se faz nessa matéria envolve o direito à saúde e à vida, de um lado, e a separação de poderes e regras orçamentárias, de outro lado. Em verdade, o que está em jogo é o direito à vida e à saúde de uns, que têm condições de ir a juízo, *versus* o direito à vida e à saúde de outros, que são invisíveis para o sistema de justiça.

O estudo acadêmico do professor seria muito útil para seus votos na Suprema Corte alguns anos depois. O destino é caprichoso e deu ao Ministro Barroso o desafio de decidir em juízo temas sobre os quais havia se posicionado na academia. O objetivo deste texto, em homenagem aos 10 anos do professor como juiz constitucional, é abordar suas contribuições para o direito à saúde, explorando os casos em que foi relator, redator para o acórdão ou apresentou voto relevante.

Em razão da importância dos casos, foram selecionados: (i) RE nº 566.471, protocolado em 2007, com julgamento não concluído, de relatoria do Ministro Marco Aurélio, com voto relevante proferido pelo Ministro Barroso, em que se discute, em repercussão geral, o direito individual ao fornecimento pelo Estado de medicamento de alto custo; (ii) RE nº 666.094, protocolado em 2011, com julgamento concluído, de relatoria do Ministro Barroso, em que se fixou tese de repercussão geral sobre o critério a ser utilizado para o ressarcimento de serviços de saúde prestados por unidade privada em favor de paciente do Sistema Único de Saúde (SUS) em cumprimento de ordem judicial; e (iii) RE nº 657.718, protocolado em 2011, com julgamento concluído, sendo relator o Ministro Marco Aurélio e redator para o acórdão o Ministro Barroso, em que se definiu tese de repercussão geral sobre a não obrigatoriedade de o Estado fornecer medicamentos não registrados na Agência Nacional de Vigilância Sanitária (Anvisa) por decisão judicial.

Da análise dos casos acima é possível extrair três contribuições principais dos votos do Ministro Barroso para a intepretação e aplicação do direito à saúde no Brasil, as quais dão nome aos três tópicos que são desenvolvidos no presente texto: (i) o giro empírico-pragmático e as consequências das decisões, (ii) a deferência judicial e diálogo interinstitucional e (iii) a eficácia do medicamento à luz de evidências científicas e clínicas.

No tópico inicial, abordam-se os fundamentos de *ordem empírico-pragmática* utilizados nos votos do ministro proferidos no RE nº 566.471 e RE nº 657.718, com o objetivo de dar ênfase às consequências negativas da judicialização da saúde. Como afirmou o Ministro Barroso no primeiro voto, "nenhum país do mundo oferece todo o tipo de medicamento e todo o tipo de tratamento a todas as pessoas. Há escolhas trágicas a serem feitas, trágicas, mas inexoráveis".

No segundo tópico, são extraídas dos votos do ministro proferidos no RE nº 566.471, RE nº 657.718 e RE nº 666.094 as razões que fundamentam a necessidade de especial *deferência judicial em relação a escolhas técnicas e procedimentais* da Administração Pública, bem como de instauração de um *diálogo institucional* entre o Poder Judiciário e entes com expertise técnica na área da saúde. Nas palavras do Ministro Barroso no primeiro voto:

> É preciso desjudicializar o debate sobre saúde no Brasil [...]. A discussão deve paulatinamente ser transferida para dois outros fóruns, a saber: a) o Orçamento, que nas sociedades democráticas é o *locus* de discussão das alocações de recursos e das escolhas políticas, econômicas e éticas da sociedade; e b) as instâncias técnicas do Ministério da Saúde e do SUS. O Poder Judiciário não é a instância adequada para a definição de políticas públicas de saúde.

No terceiro tópico, extrai-se dos votos do ministro no RE nº 566.471 e RE nº 657.718 a necessidade de *comprovação de eficácia do medicamento pleiteado à luz da medicina baseada em evidências* como garantia do direto à saúde dos pacientes. Cita-se, ainda, o julgamento da ADI nº 5.501, protocolada em 2016, com julgamento concluído, de relatoria do Ministro Marco Aurélio acompanhado pela maioria, que adotou igual conclusão ao declarar a inconstitucionalidade da Lei nº 13.269/2016, que autorizava o uso, por pacientes diagnosticados com neoplasia maligna, da fosfoetanolamina sintética.

1 O giro empírico-pragmático nos litígios de saúde e as consequências das decisões

Nas últimas décadas, a ausência na Suprema Corte brasileira e no Superior Tribunal de Justiça de uma jurisprudência consolidada com critérios e parâmetros precisos e seguros que permitam racionalizar a atuação do Poder Judiciário nas demandas de saúde se refletiu nas decisões dos demais Tribunais e juízes de primeiro grau, colaborando com o recrudescimento da judicialização.

Os números evidenciam o crescente desequilíbrio na distribuição dos recursos públicos quando o atendimento ocorre pela via judicial. O resultado de uma ampla auditoria feita pelo Tribunal de Contas da União, concluída em 2017, revelou que os gastos anuais *apenas* do governo federal com processos judiciais referentes à saúde, em 2015, chegavam a R$1 bilhão, o que equivale a um aumento de mais de 1.300% desde

2008, quando eram de R$70 milhões. Entre os pedidos das demandas, 80% correspondem ao fornecimento de medicamentos.[1]

Um estudo feito pela Advocacia-Geral da União (AGU) demonstrou que nas ações judicias em que a União figurou no polo passivo, o valor gasto pelo Ministério da Saúde com aquisição de medicamentos, equipamentos e insumos concedidos nas decisões correspondia a R$2.441.041,95 em 2005, aumentando para R$287.823.182,50 em 2012.[2] O mesmo estudo identificou que, em 2012, os gastos com os 18 medicamentos mais caros obtidos por meio dos processos judiciais corresponderam a R$278.904.639,71, destinados ao atendimento de 523 pacientes.

Some-se a tal montante os valores gastos pelos estados e municípios para o cumprimento das decisões, seja porque a União não estava no polo passivo, seja porque a decisão judicial determinou diretamente a eles o cumprimento da obrigação. Aqui, os números também são crescentes.

O citado estudo da AGU indica que o mais populoso estado do país, São Paulo, gastou, em 2008, 400 milhões de reais no atendimento às demandas judiciais de saúde, o que corresponde a um aumento de 567% em relação ao gasto de 2006, que foi de 60 milhões. Em 2010, os gastos já atingiam quase 700 milhões, que representam quase 50% de todo o orçamento do estado destinado à política farmacêutica. O Professor Daniel Wang destaca que, em 2013, havia 25.000 pacientes recebendo medicamentos em cumprimento de decisões judiciais, ao passo que a população do estado era de mais de 41.000.000, concluindo que 0,0006% da população utilizava quase 50% do orçamento total disponível para o tratamento do restante da população.[3]

A concessão de prestações de saúde lida, inevitavelmente, com a questão dos custos e da alocação dos recursos.[4] Em um cenário ideal – porém irreal em qualquer país do mundo –, haveria o fornecimento de todos os medicamentos e de todos os tratamentos necessitados por todas as pessoas. É impossível discutir ações judiciais para a concessão de medicamentos sem falar das consequências quanto aos custos e à alocação de recursos.

A tutela constitucional da saúde efetiva-se por meio de um direito fundamental e, ao mesmo tempo, por meio de um dever conexo a ele, nos termos do art. 196 da Constituição Federal. Se, por um lado, a Constituição Federal previu o direito à saúde como um "direito de todos e dever do Estado", por outro, estabeleceu que ele é garantido mediante "políticas sociais e econômicas que visem à redução do risco de doença e de outros agravos e ao acesso universal e igualitário às ações e serviços para sua promoção,

---

[1] TRIBUNAL DE CONTAS DA UNIÃO. *Processo 009.253/2015-7*. Acórdão 1787/2017. Rel. Bruno Dantas. Plenário, sessão de 16 ago. 2017. Disponível em: http://portal.tcu.gov.br/imprensa/noticias/aumentam-os-gastos-publicos-com-judicializacao-da-saude.htm. Acesso em: 22 abr. 2023.

[2] ADVOCACIA-GERAL DA UNIÃO. *Intervenção Judicial na Saúde Pública*. Brasília: Consultoria Jurídica/Ministério da Saúde, 2013. p. 16. Disponível em: http://portalarquivos.saude.gov.br/images/pdf/2014/maio/29/Panorama-da-judicializa----o---2012---modificado-em-junho-de-2013.pdf. Acesso em: 22 abr. 2023.

[3] WANG, Daniel Wei Liang. *Can litigation promote fairness in healthcare?*: the judicial review of rationing decisions in Brazil and England. 2013. 329 f. Tese (Doutorado) – Faculdade de Direito, The London School of Economics and Political Science, Londres, 2013. p. 65.

[4] BARCELLOS, Ana Paula de. Constitucionalização das políticas públicas em matéria de direitos fundamentais: o controle político-social e o controle jurídico no espaço democrático. *In*: SARLET, Ingo Wolfgang; TIMM, Luciano Benetti (Org.). *Direitos fundamentais, orçamento e reserva do possível*. Porto Alegre: Livraria do Advogado, 2008. p. 115; 117.

proteção e recuperação". Esta previsão constitucional permite que o Poder Público faça escolhas adequadas à realidade e às necessidades de cada momento. Indo na contramão das políticas públicas, a interferência judicial desordenada compromete a já precária rede pública de saúde e o acesso universal e igualitário às políticas públicas.

É sob este pano de fundo que Luís Roberto Barroso, na qualidade de professor da UERJ, em 2009, chamou a atenção dos leitores para a necessidade de um olhar para a realidade, buscando uma mudança na atuação dos órgãos judicias em relação às demandas de saúde que pleiteiam assistência farmacêutica, a fim de se alcançar uma postura judicial mais compromissada com os resultados práticos das decisões.[5]

Esta linha interpretativa atenta às consequências das decisões foi seguida em seus votos, já ocupando o cargo de ministro do Supremo Tribunal Federal (STF) a partir de 2013. Na Corte e em trabalhos doutrinários, Barroso passou a enfatizar que a interpretação constitucional e o Brasil, de uma maneira geral, precisam de um *giro empírico-pragmático*:[6] empírico, porque é preciso valorizar a experiência como fonte de conhecimento e legitimação das escolhas públicas, que devem se basear em dados; pragmático, porque é preciso ter um olhar prospectivo, atento aos fatos e às consequências práticas das decisões. É por meio da antecipação das consequências futuras que se pode conhecer qual delas é melhor e mais útil. Vale lembrar, nesse ponto, a lição de Thamy Pogrebinschi: "De todas as possibilidades de decisão alternativas, o magistrado pragmatista tentará supor consequências e, do confronto destas, escolherá aquela que lhe parecer melhor".[7]

Nesse contexto, podem-se extrair fundamentos de ordem empírico-pragmática nos votos do Ministro Barroso proferidos no RE nº 566.471 e no RE nº 657.718, com o objetivo de dar ênfase ao contexto da judicialização da saúde brasileira e às suas consequências.[8]

No RE nº 566.471, o STF reconheceu a repercussão geral da controvérsia sobre a obrigatoriedade ou não de o Poder Público fornecer medicamento de alto custo, sem conclusão do julgamento pelo Plenário até o momento. O Ministro Barroso propõe a seguinte tese em seu voto:

> O Estado não pode ser obrigado por decisão judicial a fornecer medicamento não incorporado pelo SUS, independentemente de custo, salvo hipóteses excepcionais, em que preenchidos cinco requisitos: (i) a incapacidade financeira do requerente para arcar com o custo correspondente; (ii) a demonstração de que a não incorporação do medicamento não resultou

---

[5] BARROSO, Luís Roberto. Da falta de efetividade à judicialização excessiva: direito à saúde, fornecimento gratuito de medicamentos e parâmetros para a atuação judicial. *Jurisp. Mineira*, Belo Horizonte, ano 60, n. 188, p. 29-60, jan./mar. 2009. p. 47.

[6] Com este fundamento, veja-se o voto do Ministro Barroso na ADC nº 43, que discutiu o princípio constitucional da presunção de inocência e a possibilidade ou não de se executar a decisão condenatória criminal após o 2º grau de jurisdição.

[7] POGREBINSCHI, Thamy. A normatividade dos fatos, as consequências políticas das decisões judiciais e o pragmatismo do Supremo Tribunal Federal (Comentários à ADI 2240-7/BA). *Revista de Direito Administrativo*, Rio de Janeiro, v. 247, p. 181-193, dez. 2014. p. 190. Disponível em: http://bibliotecadigital.fgv.br/ojs/index.php/rda/article/view/41556. Acesso em: 22 abr. 2023.

[8] TAUK, Caroline Somesom. Expectativa e realidade: uma análise pragmática dos litígios de saúde. *R. Bras. de Dir. Público – RBDP*, Belo Horizonte, ano 18, n. 68, p. 55-78, jan./mar. 2020. Disponível:https://papers.ssrn.com/sol3/papers.cfm?abstract_id=3746317. Acesso em: 22 abr. 2023.

de decisão expressa dos órgãos competentes; (iii) a inexistência de substituto terapêutico incorporado pelo SUS; (iv) a comprovação de eficácia do medicamento pleiteado à luz da medicina baseada em evidências; e (v) a propositura da demanda necessariamente em face da União, que é a entidade estatal competente para a incorporação de novos medicamentos ao sistema. Ademais, deve-se observar um parâmetro procedimental: a realização de diálogo interinstitucional entre o Poder Judiciário e entes ou pessoas com expertise técnica na área da saúde tanto para aferir a presença dos requisitos de dispensação do medicamento, quanto, no caso de deferimento judicial do fármaco, para determinar que os órgãos competentes avaliem a possibilidade de sua incorporação no âmbito do SUS.

Reconhecendo que "a jurisprudência brasileira sobre concessão de medicamentos se apoiaria numa abordagem individualista dos problemas sociais", "dando origem a um conjunto variado de problemas relacionados ao ativismo judicial nessa matéria", o voto propõe uma mudança do entendimento tradicional em razão dos dados expostos.

Além disso, os fatos receberam considerável atenção. Para explicar a necessidade de racionalizar a atuação judicial, o voto destaca três fatos extraídos da realidade social: (i) o aumento exponencial de gastos (incluindo recursos humanos e materiais) para permitir a aquisição, o gerenciamento e a distribuição de medicamentos; (ii) o aumento exponencial da demanda da população por medicamentos; e (iii) o desenvolvimento acelerado da indústria farmacêutica, com a crescente oferta de novos produtos no mercado. Com base no cenário traçado, o ministro conclui que "não há sistema de saúde que possa resistir a um modelo em que todos os remédios, independentemente de seu custo e impacto financeiro, possam ser disponibilizados pelo Estado a todas as pessoas".

Finalmente, aborda as graves consequências decorrentes da intervenção judicial. São elas:

(i) a *desorganização administrativa*, porque os recursos precisam ser desviados do seu orçamento e de sua execução natural para o cumprimento das ordens judiciais; (ii) a *ineficiência alocativa*, porque as compras para cumprir decisões judiciais se dão em pequena escala, sem o benefício das compras de atacado; e (iii) a *seletividade*, porque as soluções providas em decisões judiciais beneficiam apenas as partes na ação, sem que sejam universalizadas.

Por sua vez, no RE nº 657.718, a Suprema Corte fixou tese de repercussão geral proposta pelo Ministro Barroso, redator para o acórdão, no seguinte sentido:

1. O Estado não pode ser obrigado a fornecer medicamentos experimentais. 2. A ausência de registro na ANVISA impede, como regra geral, o fornecimento de medicamento por decisão judicial. 3. É possível, excepcionalmente, a concessão judicial de medicamento sem registro sanitário, em caso de mora irrazoável da ANVISA em apreciar o pedido de registro (prazo superior ao previsto na Lei nº 13.411/2016), quando preenchidos três requisitos: (i) a existência de pedido de registro do medicamento no Brasil (salvo no caso de medicamentos órfãos para doenças raras e ultrarraras); (ii) a existência de registro do medicamento em renomadas agências de regulação no exterior; e (iii) a inexistência de substituto terapêutico com registro no Brasil. 4. As ações que demandem fornecimento de medicamentos sem registro na Anvisa deverão necessariamente ser propostas em face da União.

Para fundamentar esta conclusão, o voto do ministro dá ênfase às diversas consequências negativas da concessão judicial de medicamentos não registrados na Anvisa, citando dados que as embasam. São elas: (i) *desorganização financeira e administrativa dos entes federativos*, pois os valores envolvidos no fornecimento desses fármacos não constam do orçamento; (ii) *prejuízo do atendimento de outras demandas prioritárias*, uma vez que o valor utilizado para custear o tratamento de um único paciente poderia ser aplicado para conferir atendimento de saúde a centenas e até milhares de pessoas; e (iii) *criação de incentivos para atuações oportunistas das empresas farmacêuticas*. Especialmente no caso de doenças raras, pode ser mais vantajoso para a empresa fornecer o medicamento pela via judicial, já que o Estado terá que cumprir a decisão imediatamente pelo preço definido unilateralmente pelo fornecedor.

2 Medicamentos, deferência judicial e diálogo interinstitucional

Os modelos de controle jurisdicional sobre decisões administrativas variam entre os países. No Brasil, a jurisprudência majoritária tem deferido amplamente a concessão de medicamentos pela via individual, com a utilização de remédios fortes, determinando ao Poder Público o cumprimento da exata prestação requerida, por meio do fornecimento do medicamento em um curto prazo, sob pena de multa ou outra medida executiva.

Tribunais de alguns outros países adotam o modelo procedimental, procedendo a uma abordagem baseada na razoabilidade do procedimento administrativo de tomada de decisão. É o caso da Corte Constitucional da África do Sul, que exige que o Poder Público justifique suas ações para que se verifique se procedeu de forma razoável para a concretização dos direitos sociais e econômicos. A doutrina e a Corte Constitucional sul-africanas suscitam três questões em relação à interpretação dos direitos sociais: a separação dos poderes, a vagueza das normas que tratam desses direitos e os custos para sua implementação. O caso emblemático da jurisprudência sul-africana é chamado de *Soobramoney versus Minister of Health, Kwazulu-Natal* [1998 (1) SA 765 (CC)].

No cenário de maior ou menor intervenção judicial na concretização dos direitos, surge um dilema.[9] Um modelo fortemente deferente pode abrir o caminho para um total desrespeito dos direitos sociais pelas autoridades de saúde, sobretudo em países com altos índices de corrupção e de descumprimento dos deveres constitucionais do Estado, como o Brasil e a África do Sul. Por outro lado, permitir que os tribunais desconsiderem por completo as decisões de prioridade e alocação tomadas pelas autoridades eleitas e por especialistas pode também não ser a saída mais acertada.

Diante do dilema acima, no RE nº 566.471 (medicamento de alto custo), entre os requisitos estabelecidos para o fornecimento judicial do medicamento, o voto do Ministro Barroso exige a comprovação de que "a não incorporação do medicamento pleiteado ao SUS não resultou de decisão expressa dos órgãos competentes", bem como a "instauração de um diálogo institucional entre o Poder Judiciário e entes com expertise técnica na área da saúde". Percebe-se, neste particular, uma valorização das

---

[9] FERRAZ, Octavio Luiz Motta. Between usurpation and abdication? The right to health in the Courts of Brazil and South Africa. *University of Warwick School of Law*, 2009. Disponível em: http://ssrn.com/abstract=1458299. Acesso em: 22 abr. 2023.

atribuições da Comissão Nacional de Incorporação de Tecnologias no SUS (Conitec) e do que foi decidido no procedimento administrativo.[10]

De forma similar, no RE nº 657.718 (medicamento não registrado na Anvisa), o Ministro Barroso enfatiza a necessidade de especial deferência em relação à decisão da agência. A deferência é uma exigência que decorre da separação de poderes, de modo que decisões judiciais que concedem medicamentos não registrados, ao substituírem uma escolha técnica e procedimental da agência – que detém as melhores condições institucionais para tomar tais decisões –, interferem de forma ilegítima no funcionamento da Administração Pública, em afronta à reserva de administração e à separação de poderes.

A necessidade de deferência em relação ao órgão ou entidade que possui maiores *capacidades institucionais* em relação ao tema, bem como a abertura de um *diálogo interinstitucional* entre o Poder Judiciário e entes ou pessoas com expertise técnica na área da saúde (*e.g.*, câmaras e núcleos de apoio técnico em saúde no âmbito dos tribunais, profissionais do SUS e Conitec), consagradas em ambos os votos, se fundamentam em estudos acadêmicos no Brasil e no exterior.

A tomada de decisões alocativas sobre recursos públicos para a saúde origina problemas de legitimidade. Sendo as escolhas feitas em situações de escassez, surgem desacordos morais e conflitos sobre a eleição de prioridades, podendo resultar tanto em resistência quanto em desconfiança da sociedade. Em resposta, pode-se reivindicar a legitimidade das autoridades públicas de duas formas: com fundamento em sua expertise, que se baseia na capacidade do órgão para compreender e cumprir sua tarefa, ou na utilização de um procedimento justo, que se baseia na existência de uma conexão entre equidade de processo, legitimidade e aceitação pública das decisões. O procedimento justo proposto objetiva a realização da *accountability* pública, dirigida aos organismos que alocam recursos para a satisfação das necessidades de saúde.[11]

Ambos os votos pretendem, portanto, a adoção de uma postura judicial mais deferente às decisões técnicas complexas ou à formulação de políticas públicas tomadas pelos órgãos competentes, ao mesmo tempo em que se cobra da administração a prestação de contas de sua atuação.

O diálogo institucional objetiva incentivar as autoridades de saúde a ter cautela no procedimento de tomada de decisão e a aprimorá-lo sempre que as cortes indicarem falhas nele e anularem suas escolhas.[12] Aliás, o fenômeno chamado de diálogos institucionais vem da doutrina canadense, ao estudar as disposições da Carta Canadense de Direitos de 1982 que permitem a modificação, pelo Parlamento, de decisão da Suprema Corte

---

[10] Para um estudo empírico dos resultados da atuação da Conitec desde 2012, ver: TAUK, Caroline Somesom. Accountability para a razoabilidade nos litígios de saúde: uma proposta de controle procedimental. *Revista de Direito Sanitário da USP*, v. 20, n. 3, p. 114-138. Disponível: http://doi.org/10.11606/issn.2316-9044.v20i3p114-138. Acesso: 22 abr. 2023.

[11] DANIELS, Norman; SABIN, James E. *Setting limits fairly*: can we learn to share medical resources? New York: Oxford University Press, 2002; e DANIELS, Norman. Accountability for reasonableness: establishing a fair process for priority setting is easier than agreeing on principles. *BMJ*, v. 321, n. 7272, p. 1300-1301, 25 nov. 2000. Disponível em: https://doi.org 10.1136/bmj.321.7272.1300.

[12] WANG, Daniel Wei Liang. *Can litigation promote fairness in healthcare?*: the judicial review of rationing decisions in Brazil and England. 2013. 329 f. Tese (Doutorado) – Faculdade de Direito, The London School of Economics and Political Science, Londres, 2013. p. 18.

e facilitam o diálogo entre órgão judicial e o Legislativo.[13] Assim, eventuais decisões judiciais sobre litígios de saúde, deferindo medicamentos não incorporados pelo SUS ou medicamentos sem registro na Anvisa, observados os requisitos propostos nos votos, ao invés de encerrar o debate, teriam o condão de abrir os canais de diálogo entre o Poder Judiciário, a Conitec e a sociedade para definir o conteúdo do direito à saúde previsto na Constituição.

Neste ponto, os votos citados dão importante contribuição para a melhoria do tratamento dos litígios de saúde ao destacarem o relevante papel da Conitec, criada pela Lei nº 12.401/2011 – órgão que por vezes passa despercebido pelos magistrados. Entre os diversos objetivos do órgão previstos na lei, destacam-se os três mais importantes para o enfrentamento da judicialização: (i) qualificar o processo decisório na avaliação de tecnologias em saúde, buscando a promoção e a proteção da saúde da população brasileira, a melhor alocação dos recursos disponíveis e a redução das desigualdades regionais; (ii) contribuir para a qualificação das decisões judiciais e para a redução da judicialização do direito à saúde no país; (iii) e dar visibilidade ao processo de gestão e incorporação de tecnologias em saúde.

Nos relatórios sobre novas tecnologias que emite, a Conitec considera as evidências científicas sobre sua eficácia, efetividade e segurança, bem como a avaliação econômica comparativa dos benefícios e dos custos em relação às tecnologias já incorporadas. Os relatórios ficam disponíveis na página eletrônica do Ministério da Saúde e podem ser uma ferramenta útil tanto para a população interessada quanto para os magistrados que apreciarem demandas sobre o tema.

Por fim, a deferência e valorização das atribuições de entidades da Administração Pública, em especial em temas complexos, foi repetida no julgamento do RE nº 666.094, que discutia o Tema nº 1.033 da repercussão geral, referente ao critério a ser utilizado para o ressarcimento de serviços de saúde prestados por unidade privada em favor de paciente do SUS, em cumprimento de ordem judicial. A Suprema Corte decidiu por unanimidade, acolhendo o voto do relator, Ministro Barroso, consagrando a seguinte tese:

> O ressarcimento de serviços de saúde prestados por unidade privada em favor de paciente do Sistema Único de Saúde, em cumprimento de ordem judicial, deve utilizar como critério o mesmo que é adotado para o ressarcimento do Sistema Único de Saúde por serviços prestados a beneficiários de planos de saúde.

Para esta conclusão, o Ministro Barroso usa, entre outros fundamentos, a atribuição da Agência Nacional de Saúde Suplementar (ANS) como agência reguladora independente para fixar o montante do ressarcimento por serviço prestado pelos SUS em favor de beneficiários da saúde suplementar. Para este ressarcimento, usa-se como critério a Tabela Única Nacional de Equivalência de Procedimentos – Tunep ou a Tabela do SUS, ajustada de acordo com as regras de valoração do SUS e multiplicada pelo Índice de Valoração do Ressarcimento – IVR, sendo todos os valores de referência fixados pela ANS.

---

[13] BRANDÃO, Rodrigo. *Supremacia judicial versus diálogos constitucionais*: a quem cabe a última palavra sobre o sentido da Constituição? Rio de Janeiro: Lumen Juris, 2012. p. 273-274; 286.

Seguindo esta lógica, é razoável que se adote, em relação ao ressarcimento da rede privada, o mesmo critério utilizado para ressarcimento do SUS por serviços prestados a beneficiários de planos de saúde. Valorizou-se no voto, desta forma, a fixação de valores feita pela ANS, em razão de sua posição de árbitro imparcial do sistema.

3 Eficácia do medicamento à luz de evidências científicas e clínicas

Levar à Suprema Corte o tema das evidências científicas e clínicas de eficácia e segurança como um requisito central para a concessão de medicamentos pela via judicial foi uma das grandes contribuições dos julgamentos aqui estudados. Conforme se extrai dos votos do Ministro Barroso no RE nº 566.471 (medicamento de alto custo) e no RE nº 657.718 (medicamento sem registro na Anvisa), a concessão judicial de medicamentos não incorporados ao SUS ou não registrados na Anvisa somente pode ocorrer em hipóteses excepcionais, devendo ser preenchidos os diversos requisitos propostos nos votos. Um dos requisitos, em ambos os casos, refere-se à eficácia do medicamento pleiteado.

De acordo com o voto do RE nº 566.471, quando não houver prova de que o medicamento pleiteado não incorporado pelo SUS não é eficaz à luz da medicina baseada em evidências (MBE), não é possível deferir sua concessão.

A comprovação de eficácia do medicamento pleiteado à luz da medicina baseada em evidências é essencial para a garantia do direto à saúde dos pacientes e da população em geral. A administração de substâncias sem informações científicas que permitam atestar sua eficácia e segurança representa riscos graves, diretos e imediatos à saúde dos pacientes.

Assim, o voto orienta os julgamentos, sobretudo na primeira instância de jurisdição, ao definir que a decisão judicial que defere o pedido de dispensação de medicamentos não incorporado pelo SUS jamais pode se basear em um único laudo ou prescrição médica, sem que se apontem evidências científicas confiáveis de que o fármaco pleiteado é realmente eficaz para o tratamento da doença do paciente. Existe um fundamento lógico para esta conclusão. Se a lei exige que a decisão de incorporação de fármaco ao SUS tenha como fundamentos critérios técnicos-científicos, não se deve permitir que esses requisitos sejam ignorados pelo Poder Judiciário nas ações individuais.

Da mesma forma, no RE nº 657.718, decidiu-se que a concessão judicial de medicamento sem registro sanitário, em caso de mora irrazoável da Anvisa em apreciar o pedido de registro, exige que tenham sido concluídas as diversas fases de testes e apresentem evidências científicas e clínicas de eficácia e segurança.

É certo que a Anvisa tem capacidades institucionais superiores para a tomada das complexas decisões relativas ao fornecimento de medicamentos, entretanto, nas situações de inércia ou mora irrazoável da agência em analisar os pedidos de registro, acaba-se por impedir que os pacientes tenham acesso a medicamentos necessários à proteção da sua saúde. Nestes casos, o voto do RE nº 657.718 exige que haja comprovação efetiva do preenchimento cumulativo de três requisitos, voltados a assegurar, na maior extensão possível, tanto a segurança e a eficácia do medicamento, quanto a efetiva necessidade de sua dispensação.

Primeiro, o medicamento deve ter sido submetido a registro no Brasil, privilegiando a análise técnica da agência reguladora nacional. Segundo, a fim de que haja evidências científicas e clínicas de eficácia e segurança, o medicamento deve possuir registro junto a renomados órgãos ou agências de regulação no exterior, mitigando, excepcionalmente, os riscos à saúde envolvidos no seu fornecimento a pacientes por determinação judicial. Terceiro, é preciso que não haja substituto terapêutico registrado na Anvisa para o tratamento da doença do paciente, ou seja, medicamento ou procedimento alternativo voltado para a mesma enfermidade que já seja legalmente comercializado no país.

Por fim, a necessidade de registro sanitário e de evidências científicas e clínicas de eficácia e segurança foi repetida no julgamento da ADI nº 5.501, protocolada em 2016 e já concluída, de relatoria do Ministro Marco Aurélio, ajuizada com o objetivo de declarar a inconstitucionalidade da Lei nº 13.269/2016, que autorizava o uso, por pacientes diagnosticados com neoplasia maligna, da fosfoetanolamina sintética. A Corte entendeu, na forma do art. 12 da Lei nº 6.360/1976, que o registro se mostra imprescindível ao monitoramento, pela Anvisa, da segurança, eficácia e qualidade terapêutica do medicamento, bem como que a liberação genérica do tratamento sem realização dos estudos clínicos de segurança e a eficácia é potencialmente danosa à saúde.

Considerações finais

O giro empírico-pragmático e as consequências das decisões, a deferência judicial e o diálogo interinstitucional e a eficácia do medicamento à luz de evidências científicas e clínicas foram importantes contribuições para a intepretação e aplicação do direito à saúde extraídas dos votos proferidos pelo Ministro Barroso no RE nº 566.471, no RE nº 666.094 e no RE nº 657.718.

As demandas por assistência farmacêutica não prevista nas listas do SUS ou nos protocolos clínicos envolvem escassez de recursos públicos, controvérsias sobre a fixação de prioridades em saúde e questões de justiça distributiva, temas que precisam entrar no debate para que se possa desjudicializar o conflito.

A preocupação judicial com a existência de decisão expressa dos órgãos competentes e de instauração de um diálogo institucional entre o Poder Judiciário e entes com expertise técnica na área da saúde demonstra atenção a aspectos procedimentais relevantes e uma tentativa de reduzir a interferência desordenada no sistema público de saúde.

O maior diálogo com o administrador, o exercício do controle judicial com base em dados técnicos e científicos e a atenção às consequências da decisão judicial sobre a política pública de saúde são passos iniciais para a busca de resultados mais desejáveis para todos, litigantes ou não. Além disso, pretende-se facilitar, com mais diálogo e interlocução entre instituições, a transparência do procedimento. A transparência estimula a aprendizagem da sociedade sobre o estabelecimento de prioridades em saúde e sobre os limites dos recursos orçamentários, bem como a aproxima da importante – e inevitável – decisão de escolher o melhor modelo de uso de tecnologias e alocação de recursos para um sistema de saúde que é de todos.

Referências

ADVOCACIA-GERAL DA UNIÃO. *Intervenção Judicial na Saúde Pública*. Brasília: Consultoria Jurídica/Ministério da Saúde, 2013. Disponível em: http://portalarquivos.saude.gov.br/images/pdf/2014/maio/29/Panorama-da-judicializa----o---2012---modificado-em-junho-de-2013.pdf.

BARCELLOS, Ana Paula de. Constitucionalização das políticas públicas em matéria de direitos fundamentais: o controle político-social e o controle jurídico no espaço democrático. *In*: SARLET, Ingo Wolfgang; TIMM, Luciano Benetti (Org.). *Direitos fundamentais, orçamento e reserva do possível*. Porto Alegre: Livraria do Advogado, 2008.

BARROSO, Luís Roberto. Da falta de efetividade à judicialização excessiva: direito à saúde, fornecimento gratuito de medicamentos e parâmetros para a atuação judicial. *Jurisp. Mineira*, Belo Horizonte, ano 60, n. 188, p. 29-60, jan./mar. 2009.

BRANDÃO, Rodrigo. *Supremacia judicial versus diálogos constitucionais*: a quem cabe a última palavra sobre o sentido da Constituição? Rio de Janeiro: Lumen Juris, 2012.

DANIELS, Norman; SABIN, James E. *Setting limits fairly*: can we learn to share medical resources? New York: Oxford University Press, 2002.

FERRAZ, Octavio Luiz Motta. Between usurpation and abdication? The right to health in the Courts of Brazil and South Africa. *University of Warwick School of Law*, 2009. Disponível em: http://ssrn.com/abstract=1458299.

POGREBINSCHI, Thamy. A normatividade dos fatos, as consequências políticas das decisões judiciais e o pragmatismo do Supremo Tribunal Federal (Comentários à ADI 2240-7/BA). *Revista de Direito Administrativo*, Rio de Janeiro, v. 247, p. 181-193, dez. 2014. Disponível em: http://bibliotecadigital.fgv.br/ojs/index.php/rda/article/view/41556.

TAUK, Caroline Somesom. Accountability para a razoabilidade nos litígios de saúde: uma proposta de controle procedimental. *Revista de Direito Sanitário da USP*, v. 20, n. 3, p. 114-138. Disponível: http://doi.org/10.11606/issn.2316-9044.v20i3p114-138.

TAUK, Caroline Somesom. Expectativa e realidade: uma análise pragmática dos litígios de saúde. *R. Bras. de Dir. Público – RBDP*, Belo Horizonte, ano 18, n. 68, p. 55-78, jan./mar. 2020. Disponível:https://papers.ssrn.com/sol3/papers.cfm?abstract_id=3746317.

TRIBUNAL DE CONTAS DA UNIÃO. *Processo 009.253/2015-7*. Acórdão 1787/2017. Rel. Bruno Dantas. Plenário, sessão de 16 ago. 2017. Disponível em: http://portal.tcu.gov.br/imprensa/noticias/aumentam-os-gastos-publicos-com-judicializacao-da-saude.htm.

WANG, Daniel Wei Liang. *Can litigation promote fairness in healthcare?*: the judicial review of rationing decisions in Brazil and England. 2013. 329 f. Tese (Doutorado) – Faculdade de Direito, The London School of Economics and Political Science, Londres, 2013.

Informação bibliográfica deste texto, conforme a NBR 6023:2018 da Associação Brasileira de Normas Técnicas (ABNT):

TAUK, Caroline Somesom. O direito à saúde no Supremo Tribunal Federal: contribuições do Ministro Barroso. *In*: OSORIO, Aline; MELLO, Patrícia Perrone Campos; BARROSO, Luna van Brussel (Coord.). *Direitos e democracia*: 10 anos do Ministro Luís Roberto Barroso no STF. Belo Horizonte: Fórum, 2023. p. 623-633. ISBN 978-65-5518-555-3.

ARGUIÇÃO DE DESCUMPRIMENTO DE PRECEITO FUNDAMENTAL: A RELEVÂNCIA COMO FUNDAMENTO ONTOLÓGICO DA ADPF

CIRO GRYNBERG

Introdução

Palavra ao homenageado

Há cinco anos, participei da obra em homenagem do Professor e Ministro Luís Roberto Barroso no Supremo Tribunal Federal. Na época, integrava o seu grupo de assessores. Na celebração dos 10 anos de STF, não estou mais em sua equipe de trabalho, mas sempre me recordo de um chamado que todos que já trabalharam ou foram seus alunos recebem: o "resuma a ideia em um bom parágrafo". Dependendo do dia, do tema, ou de quanto você tem falhado nessa tarefa, esse chamado se transforma em "resuma a ideia em uma boa frase".

Por trás desse chamado estão duas das principais lições que eu aprendi com ele. A *primeira*: é preciso ser capaz de expressar de forma simples ideias complexas. A *segunda*: é necessário perceber o outro para que a comunicação, de fato, exista. Eu não conheci ninguém que cumpra essas tarefas melhor que o Professor Luís Roberto Barroso. O talento para a comunicação e para fazer questões complexas parecerem triviais decorre, além, claro, de uma cabeça brilhante, de uma imensa generosidade. Como ele diz: "ninguém é bom demais; ninguém é bom sozinho; e é preciso agradecer".

Enfim, com o Professor Luís Roberto Barroso eu aprendi que as ideias importam e, acima de tudo, que elas transformam. As suas lições vão muito além do direito. E como ele sempre lembra: "agradecer, de coração, enriquece quem oferece e quem recebe". Muito obrigado, professor.

Apresentação do tema

Monopólio de serviço postal, interrupção de gestação de feto com anencefalia, liberdade de imprensa, união de parceiros homoafetivos, anistia por crimes praticados durante a ditadura civil militar, marcha da maconha, condições do sistema prisional, definição de rito de *impeachment*, permanência em linha sucessória presidencial, restrição ao funcionamento de WhatsApp, aborto e greve de caminhoneiros. Em todos esses temas, o caminho para acessar a jurisdição constitucional foi o mesmo: a arguição de descumprimento de preceito fundamental – ADPF.[1] Isso não aconteceu por acaso.

A ADPF teve a sua primeira previsão na Constituição de 1988, no antigo parágrafo único do art. 102.[2] A positivação constitucional, contudo, se limitou a indicar que "a arguição de descumprimento de preceito fundamental decorrente desta Constituição será apreciada pelo Supremo Tribunal Federal na forma da lei". Com isso, a ADPF permaneceu por mais de uma década como uma ilustre desconhecida. Eram muitas as referências doutrinárias sobre o seu potencial para preservação de liberdades, mas sem a definição de seus pressupostos e de seu objeto de controle.[3] A necessidade de lei para a sua eficácia como mecanismo de controle de constitucionalidade a manteve adormecida no texto constitucional.[4]

Em 1997, a instabilidade judicial decorrente da chamada "guerra das liminares", especialmente em ações relacionadas à privatização da então estatal Companhia Vale do Rio Doce, impulsionou a regulamentação da ADPF.[5] A edição da Lei nº 9.882, de 3.12.1999, promoveu a integração necessária para aplicabilidade do até então inédito e singular mecanismo de controle.[6]

---

[1] Trata-se, respectivamente, das seguintes ADPFs: ADPF nº 46; ADPF nº 54; ADPF nº 130; ADPF nº 132; ADPF nº 153; ADPF nº 187; ADPF nº 347; ADPF nº 378; ADPF nº 402; ADPF nº 403; ADPF nº 442; e ADPF nº 519.

[2] A previsão da ADPF no parágrafo único do art. 102 da CRFB/1988 foi mantida até a edição da Emenda Constitucional nº 3, de 17.9.1997, que alterou a posição topográfica do dispositivo, transformando-o em §1º do art. 102. Não houve, contudo, modificação de redação.

[3] Cite-se, como exemplo, SILVA, José Afonso da. *Curso de direito constitucional positivo*. 23. ed. São Paulo: Malheiros, 2004. p. 559-560: "O §1º do art. 102 contém uma disposição de grande relevância, assim enunciada: 'a arguição de descumprimento de preceito fundamental decorrente desta Constituição será apreciada pelo Supremo Tribunal Federal na forma da lei'. 'Preceitos fundamentais' não é expressão sinônima de 'princípios fundamentais'. É mais ampla, abrange estes e todas as prescrições que dão sentido básico do regime constitucional, como são, por exemplo, as que apontam para a autonomia dos Estados, do Distrito Federal, e especialmente, as designativas de direitos e garantias fundamentais (Tit. II). E aí é que aquele dispositivo poderá ser fértil como fonte de alargamento da jurisdição constitucional da liberdade a ser exercida pelo nosso Pretório Excelso".

[4] O STF, por ocasião do julgamento do AgReg na PET nº 1.140, Relator Ministro Sidney Sanches, afirmou a não autoaplicabilidade do §1º do art. 102 da Constituição, apontando que, "enquanto não houver lei estabelecendo a forma pela qual será apreciada a arguição de descumprimento de preceito fundamental, decorrente da Constituição, o Supremo Tribunal Federal não poderá apreciá-la".

[5] Sobre o tema, v. MENDES, Gilmar Ferreira. Arguição de descumprimento de preceito fundamental. *Revista Jurídica Virtual*, Brasília, n. 7, dez. 1999. Disponível em: https://revistajuridica.presidencia.gov.br/index.php/saj/article/view/1057/1041. Acesso em: 20 jan. 2020. "Em maio de 1997 discuti com o Professor Celso Ribeiro Bastos a possibilidade de introdução, no ordenamento jurídico brasileiro, de um instrumento adequado a combater chamada 'guerra de liminares'. Chegamos à conclusão de que a própria Constituição oferecia um instrumento adequado – pelo menos no que diz respeito às matérias afetas ao Supremo Tribunal Federal – ao prever, no art. 102, §1º(1), a chamada 'argüição de descumprimento de preceito fundamental'. Na oportunidade, lembramos que a argüição de descumprimento de preceito fundamental poderia contemplar, adequadamente, o incidente de inconstitucionalidade".

[6] Como destaca Luís Roberto Barroso sobre a singularidade da ação, "A ADPF insere-se no já complexo sistema brasileiro de controle de constitucionalidade sob o signo da singularidade, não sendo possível identificar proximidade imediata com outras figuras existentes no direto comparado, como o recurso de amparo do direito espanhol, o recurso constitucional do direito alemão ou o *writ of certiorari* do direito norte-americano" (BARROSO, Luís Roberto. Arguição de descumprimento de preceito fundamental: apontamentos sobre seus pressupostos de cabimento. *Revista de Direito da Procuradoria Geral do Estado do Rio de Janeiro*, Rio de Janeiro, v. 61, p. 241-259, 2006. p. 241).

Nos termos dos arts. 1º, *caput*,[7] e 4º §1º,[8] da lei, a ADPF foi concebida como uma ação destinada a (i) evitar ou reparar lesão a preceito fundamental, (ii) resultante de ato do Poder Público, (iii) que não possa ser tutelado por outro meio eficaz de sanar a lesividade. A definição de parâmetro de controle (os preceitos fundamentais), de objeto (atos do Poder Público), assim como de sua natureza *subsidiária* como instrumento de controle de constitucionalidade concretizou as expectativas doutrinárias sobre o potencial da ADPF como "fonte de alargamento da jurisdição constitucional da liberdade a ser exercida"[9] pelo Supremo Tribunal Federal.

A ADPF se fixou como ação direta apta para veicular debates que vão além da constitucionalidade de um ato normativo. Afinal, dependendo do ato do Poder Público questionado, novas discussões são admitidas, envolvendo providências que não tratam apenas da declaração de inconstitucionalidade de uma norma.[10] A forma como o Supremo Tribunal Federal deve sanar a lesão a preceito fundamental é uma resposta que, intencionalmente, a Constituição e a Lei nº 9.882/1999 não estabeleceram.

A ampliação do objeto de controle combinada com as múltiplas possibilidades de resposta judicial para afastar a lesão de preceito fundamental permitiu que novas questões fossem levadas ao Supremo Tribunal Federal. Em consequência, o Tribunal precisou incorporar novas técnicas de decisão e novas designações para conceituar as violações à Constituição que não se resumiam à contrariedade de um ato normativo a dispositivo constitucional.[11] Com ainda mais intensidade, portanto, questões relevantes do ponto de vista político, social ou moral puderam chegar ao Supremo Tribunal Federal.

Assim, da primeira ADPF apresentada – a ADPF nº 1, proposta pelo Partido Comunista do Brasil – PCdoB, em 27.1.2000 –,[12] até a ADPF nº 615, ajuizada em 27.8.2019 pelo governador do Distrito Federal,[13] centenas de decisões e acórdãos, em exame

---

[7] Lei nº 9.882/1999: "Art. 1º A argüição prevista no §1º do art. 102 da Constituição Federal será proposta perante o Supremo Tribunal Federal, e terá por objeto evitar ou reparar lesão a preceito fundamental, resultante de ato do Poder Público".

[8] Lei nº 9.882/1999: "Art. 4º [...] §1º Não será admitida argüição de descumprimento de preceito fundamental quando houver qualquer outro meio eficaz de sanar a lesividade".

[9] SILVA, José Afonso da. *Curso de direito constitucional positivo*. 23. ed. São Paulo: Malheiros, 2004. p. 559.

[10] Sobre o ponto, v. BARCELLOS, Ana Paula de. *Curso de direito constitucional*. Rio de Janeiro: Forense, 2018. p. 572: "A particularidade da ADPF diz respeito aos conteúdos possíveis das decisões a serem tomadas, sobretudo no caso das cautelares. Isso porque, embora a ADPF possa veicular um debate sobre a constitucionalidade ou não de um ato normativo – outras discussões serão possíveis, dependendo do ato concreto do Poder Público que esteja sendo questionado – a providência necessária para sanar a violação ao preceito fundamental poderá não envolver propriamente ou apenas a declaração de inconstitucionalidade de uma norma".

[11] A ideia de uma violação sistemática e estrutural da Constituição configura o estado de coisas inconstitucional, utilizado como objeto de controle na ADPF nº 347, sobre as condições do sistema prisional brasileiro. Sobre o tema, v. CAMPOS, Carlos Alexandre de Azevedo. *Da inconstitucionalidade por omissão ao Estado de coisas inconstitucional*. Tese (Doutorado) – UERJ, Rio de Janeiro, 2015. Em relação às novas técnicas de decisão, v. COSTA, Teresa Cristina de Melo. *Novas técnicas de decisão do Supremo Tribunal Federal*: entre inovação e democracia. Dissertação (Mestrado) – UERJ, Rio de Janeiro, 2019.

[12] A ADPF nº 1, em que o PCdoB figurou como requerente, teve por objeto o veto aposto pelo prefeito do Rio de Janeiro a dispositivo que disciplinava o pagamento de IPTU.

[13] A ADPF nº 615 foi ajuizada pelo governador do Distrito Federal e impugnou o conjunto de decisões proferidas por juizados especiais da Fazenda Pública do Distrito Federal, que rejeitaram arguições de inexequibilidade de sentenças transitadas em julgado baseadas em leis distritais que foram supervenientemente declaradas inconstitucionais.

liminar ou de mérito, conhecendo ou negando seguimento às ações, foram proferidas pelo Supremo Tribunal Federal, com inúmeras inovações conceituais e metodológicas no controle de constitucionalidade brasileiro.

Os avanços com a incorporação da ADPF à rotina processual do STF decorrentes da edição da Lei nº 9.882/1999, no entanto, não resolveram as controvérsias sobre o alcance do controle e os requisitos para o conhecimento da ação. Afinal, a Lei nº 9.882/1999 não explicitou de forma clara o sentido e o alcance da arguição de descumprimento de preceito fundamental. O emprego de conceitos indeterminados em relação ao objeto, ao parâmetro de controle e à exigência de subsidiariedade pelo legislador "transferiu para o Supremo Tribunal Federal um amplo espaço de conformação do instituto por via de construção jurisprudencial".[14]

É certo, assim, que não há uniformidade sobre o que pode se qualificar como ato do Poder Público, tampouco quais seriam as lesões diretas a preceitos fundamentais que autorizam o controle por ADPF. De igual forma, não há definitividade sobre o sentido de *subsidiariedade* para tutela de lesão a preceito fundamental. Em realidade, em decorrência dessa indeterminação sobre os pressupostos de cabimento da ação, o conhecimento de ADPF pelo STF ainda permanece cercado de incertezas, com decisões que ora admitem e ora rejeitam o processamento da ação, apesar da similitude de circunstâncias e de objeto impugnado.[15]

Assim, com o objetivo de dar maior concretude aos requisitos de cabimento da ADPF, a partir da identificação das decisões liminares ou de mérito proferidas em ADPF até 11.9.2019, foram formulados os seguintes quesitos para orientar a pesquisa sobre a jurisprudência do STF:

(i) O Supremo Tribunal Federal conhece ADPFs autônomas e incidentais?
(ii) O atendimento do requisito de subsidiariedade pressupõe a inexistência de alternativa de impugnação ou de ausência de cabimento de outra ação de controle abstrato no STF?
(iii) Quais são as espécies de ato do Poder Público que admitem impugnação por ADPF?
(iv) Quais os pressupostos para se identificar lesão e ameaça de lesão a preceito fundamental que autoriza o controle pelo STF?

Com as respostas a essas perguntas, espera-se oferecer um catálogo de orientações majoritárias sobre *o que* pode ser objeto de controle e *como* se deve demonstrar a

---

[14] BARROSO, Luís Roberto. Arguição de descumprimento de preceito fundamental: apontamentos sobre seus pressupostos de cabimento. *Revista de Direito da Procuradoria Geral do Estado do Rio de Janeiro*, Rio de Janeiro, v. 61, p. 241-259, 2006. p. 242.

[15] Por exemplo, não há uniformidade na jurisprudência do STF sobre o que qualificaria um ato normativo municipal e uma decisão judicial para autorizar a impugnação por ADPF. Apesar de a jurisprudência admitir o ajuizamento de ADPF para impugnação desses atos de Poder Público, é possível identificar decisões negando conhecimento às ações porque não espelhariam uma controvérsia constitucional relevante, como na ADPF nº 560, que impugnou o art. 2º da LC nº 181/2017 do Município de Campinas, ou por não caracterizarem uma ofensa direta de preceito fundamental, como na ADPF nº 192, que impugnou decisões judiciais do Tribunal de Justiça do Rio Grande do Norte, que determinavam o recebimento de gratificações para servidores.

controvérsia constitucional para que os legitimados ativos[16] submetam ao Supremo Tribunal Federal o exame de lesão ou ameaça de lesão a preceito fundamental.

Nesse passo, após a exposição da metodologia da pesquisa, a primeira parte do trabalho se dedica ao detalhamento dos contornos da ADPF e de seus requisitos, relacionando o conteúdo teórico com decisões extraídas da pesquisa realizada, de forma a apresentar os resultados apurados sobre: (i) as modalidades de ADPF apreciadas pelo STF; (ii) os tipos de ato impugnado; e (iii) a subsidiariedade. A segunda parte examina a exigência de relevância da controvérsia, com a demonstração de que houve a incorporação de "filtro de relevância", ainda que implícito, para determinar o conhecimento da ação, mesmo em sua modalidade autônoma. A terceira e última parte do artigo expõe as conclusões sobre as orientações do STF, com a demonstração de que é a relevância dos fundamentos da questão constitucional que condiciona a admissibilidade da ADPF. As contribuições do Ministro Luís Roberto Barroso para a identificação dos pressupostos de cabimento serão expostas nas três partes do artigo.

I Metodologia

A pesquisa foi realizada no segundo semestre de 2019, com o levantamento de decisões liminares, de mérito ou de não conhecimento da ação, proferidas pelo Supremo Tribunal Federal em ADPF até 11.9.2019. A base de dados abrangeu, assim, as decisões identificadas desde a ADPF nº 1 até a ADPF nº 615.

Assim, descartando-se as ações que não tinham decisão liminar ou de mérito, nem de conhecimento ou de extinção do processo, alcançou-se um universo de 492 ADPFs. Dentro desse universo, serviu de base para análise a última decisão que constava do sistema de consulta processual do Supremo Tribunal Federal, desprezando-se, por exemplo, decisões monocráticas substituídas em recurso por decisões colegiadas.

Com base nesses parâmetros, elaborou-se catálogo por meio de tabela com as seguintes colunas:

(i) número da ADPF;
(ii) ministro relator;
(iii) natureza da ação (incidental ou autônoma);
(iv) tipo de ato impugnado;
(v) especificação do ato impugnado;
(vi) preceito fundamental suscitado como violado;
(vii) especificação do artigo da Constituição que fundamenta o preceito fundamental;
(viii) tipo de decisão (colegiada ou monocrática);
(ix) trecho da decisão sobre subsidiariedade;
(x) manifestação sobre relevância da controvérsia (sim ou não);
(xi) trecho da decisão sobre relevância da controvérsia;

---

[16] Os legitimados ativos para ADPF são os mesmos da ação direta de inconstitucionalidade, conforme se verifica do art. 2º, inc. I, da Lei nº 9.882/1999.

(xii) natureza da decisão (liminar, mérito, conhecimento/extinção ou sobrestamento);
(xiii) fundamento da decisão.

Após a conclusão do catálogo, os resultados foram agrupados, de modo a apurar a orientação do Supremo Tribunal Federal sobre os aspectos relacionados ao objeto de controle da ADPF, assim como sobre a interpretação de seus requisitos de admissibilidade.

II ADPF: o objeto, os tipos, o parâmetro de controle e os requisitos da ação

Do esquecimento na primeira década de vigência da Constituição ao atual uso frequente como trunfo para acionar em controle concentrado a jurisdição constitucional, a arguição de descumprimento de preceito fundamental – ADPF foi definitivamente incorporada à rotina do Supremo Tribunal Federal e ao vocabulário do constitucionalismo brasileiro. De fato, foram confirmadas as expectativas doutrinárias sobre o seu potencial para alargamento das competências do Supremo Tribunal Federal e, consequentemente, para tutela de violações e de ameaças de lesão a preceitos fundamentais. Passados 20 anos da regulamentação do §1º do art. 102 da Constituição, temas sensíveis com intensa repercussão social e política chegaram ao Supremo Tribunal Federal por meio de ADPF.

A regulamentação da ADPF pela Lei nº 9.882/1999 foi, fora de dúvida, um marco de ampliação dos poderes decisórios do STF. Afinal, a lei permitiu que fossem levadas ao exame do STF questões não diretamente relacionadas à conformidade de leis e atos normativos com a Constituição. Atribuiu-se à Corte Constitucional a competência para sanar lesão a preceito fundamental decorrente de qualquer ato de Poder Público, sem a determinação de um elenco fechado de meios para o exercício dessa atribuição. Assim, para além da invalidade de leis e atos normativos, o STF passou a controlar qualquer ação ou omissão capaz de afrontar preceito fundamental.

II.1 O objeto da ADPF: controle de atos do Poder Público

Nos termos do art. 1º da Lei nº 9.882/1999, a arguição de descumprimento de preceito fundamental tem por objetivo evitar ou reparar lesão a preceito fundamental, resultante de ato do Poder Público. Como consequência, qualquer ato manifestado pelo Poder Público que se afigure contrário a preceito fundamental da Carta Política de 1988 é passível de controle pela via da ADPF, incluídos, entre outros, atos normativos municipais, atos normativos anteriores à Constituição, e mesmo atos administrativos e jurisdicionais, até então afastados do controle abstrato de constitucionalidade.[17]

A ADPF é, portanto, um mecanismo de controle concentrado de constitucionalidade dos atos do Poder Público, que se diferencia da ação direta de inconstitucionalidade, porque admite a impugnação de qualquer ato estatal. Não se exige, tal como na ADI, a existência de conteúdo normativo no ato impugnado. Mais além, diferente da ADI, que só admite a impugnação de lei ou ato normativo federal ou estadual editado

---

[17] Sobre o tema, v. BARROSO, Luís Roberto. *O controle de constitucionalidade no direito brasileiro*: exposição sistemática da doutrina e análise crítica da jurisprudência. 7. ed. São Paulo: Saraiva, 2016. p. 304.

após a Constituição de 1988,[18] por meio de ADPF é possível suscitar o exame de constitucionalidade perante o STF de leis e atos normativos anteriores à Constituição de 1988, assim como de leis e atos normativos municipais.[19]

O exame das arguições de descumprimento de preceito fundamental confirmou a multiplicidade de espécies de atos do Poder Público impugnados. No universo de ações analisadas e que tiveram o seu processamento admitido pelo STF, foram identificados os seguintes atos impugnados: (i) ato normativo municipal; (ii) ato administrativo; (iii) omissão administrativa; (iv) decisões judiciais; (v) produto pré-constitucional; e (vi) ato normativo de efeitos concretos, temporários ou revogados.

São exemplos, respectivamente: (i) a ADPF nº 109, que impugnou a Lei nº 13.113/2001 e o Decreto nº 41.788/2002, ambos do Município de São Paulo, que dispõem sobre a proibição do uso de materiais, elementos construtivos e equipamentos da construção civil constituídos de amianto; (ii) a ADPF nº 186, que impugnou atos administrativos da Universidade de Brasília – UNB, que instituíram o sistema de reserva de vagas com base em critério étnico-racial para o vestibular; (iii) a ADPF nº 339, que impugnou a omissão administrativa do Poder Executivo do Piauí em repassar dotações orçamentárias para a Defensoria Pública do Estado; (iv) a ADPF nº 405, que impugnou o conjunto de decisões judiciais do Tribunal de Justiça do Rio de Janeiro e do Tribunal Regional do Trabalho da 1ª Região que resultaram em bloqueio, arresto, penhora, sequestro e liberação de valores das contas administradas pelo Poder Executivo; (v) a ADPF nº 54, que impugnou dispositivos do Código Penal anteriores à Constituição de 1988, para afastar a interpretação segundo a qual a interrupção da gravidez de feto anencéfalo caracterizaria conduta típica; e (vi) a ADPF nº 77, que impugnou o art. 38 da Lei nº 8.880/1994, que fixou as referências a serem observadas quando do cálculo dos índices de correção monetária nos meses de julho e agosto de 1994.[20]

A confirmação da amplitude de objeto da ADPF não significa, no entanto, a admissão de impugnação de qualquer ato do Poder Público. Há, em especial, três espécies de ato que frequentemente figuraram como objeto de impugnação por ADPF, mas que resultaram em decisões de negativa de conhecimento da ação: (i) os atos de processo

---

[18] Sobre a orientação do STF acerca da impossibilidade de impugnação por ADI de atos normativos editados antes da Constituição de 1988, em razão de sua revogação pela nova ordem constitucional, v. ADI nº 2, Rel. Min. Paulo Brossard, j. 21.11.1997: "A lei ou é constitucional ou não é lei. Lei inconstitucional é uma contradição em si. A lei é constitucional quando fiel à Constituição; inconstitucional na medida em que a desrespeita, dispondo sobre o que lhe era vedado. O vício da Inconstitucionalidade é congênito à lei e há de ser apurado em face da Constituição vigente ao tempo de sua elaboração. Lei anterior não pode ser inconstitucional em relação à Constituição superveniente; nem o legislador poderia infringir Constituição futura. A Constituição sobrevinda não torna inconstitucionais leis anteriores com ela conflitantes: revoga-as. Pelo fato de ser superior, a Constituição não deixa de produzir efeitos revogatórios. Seria ilógico que a lei fundamental, por ser suprema, não revogasse, ao ser promulgada, leis ordinárias. A lei maior valeria menos que a lei ordinária".

[19] Nos termos do art. 125, §2º da Constituição, leis e atos normativos municipais podem ser impugnadas por representação de inconstitucionalidade, de competência dos Tribunais de Justiça, mas tendo a Constituição estadual como parâmetro de controle. Com a ADPF, tornou-se possível suscitar ao STF o exame de inconstitucionalidade de lei municipal com base em alegação de afronta à Constituição da República.

[20] Na ADPF nº 77, conforme destacado no voto do Ministro Relator Dias Toffoli, o art. 38 da Lei nº 8.880/1997, que dispôs sobre o Programa de Estabilização Econômica e o Sistema Monetário Nacional e instituiu a Unidade Real de Valor (URV), a fixação de índice de reajuste de moeda nos meses de julho e agosto de 1994 tratou de "preceito de natureza eminentemente transitória, cujos efeitos já estavam exauridos no momento do ajuizamento da ação".

legislativo; (ii) os atos normativos estaduais e federais; e (iii) as súmulas e orientações jurisprudenciais.

No universo de 492 ações examinadas, 19 delas impugnaram atos de processo legislativo, como veto presidencial, emendas parlamentares ou projetos de lei. Nesses casos, as decisões do STF foram de extinção do processo. Isso por dois fundamentos: (i) a perda superveniente de objeto, nos casos em que a lei foi editada após o ajuizamento da ADPF ou superado o veto presidencial questionado;[21] e (ii) a inexistência de eficácia do ato legislativo impugnado para caracterizar a lesão ou ameaça de lesão de preceito fundamental, não se enquadrando nas hipóteses excepcionais de controle preventivo de constitucionalidade[22] de tramitação de projeto de lei ou de projeto de emenda à Constituição.[23]

É relevante observar, no entanto, que, nos casos de ADPFs ajuizadas para impugnação de projetos de leis orçamentárias enviados pelo Poder Executivo sem a incorporação das propostas orçamentárias do Tribunal de Justiça, da Defensoria Pública ou do Ministério Público, o STF afirmou o cabimento da ação de controle concentrado. São exemplos as ADPFs nºs 428; 377; 326; 313; e 307. Apesar de, tecnicamente, tratarem de ato de processo legislativo, a jurisprudência do STF afirmou o cabimento da ADPF, não para o controle do projeto de lei em si, mas da omissão do Poder Executivo em reunir as propostas orçamentárias de poderes e órgãos autônomos e remetê-las ao Poder Legislativo, na forma como estabelecem os arts. 99, §2º; 134, §2º; e 127, §3º da Constituição. Em todos esses casos foram deferidas cautelares nas ADPFs ou em mandados de segurança impetrados pelo Poder Judiciário ou por órgãos autônomos para que as suas propostas orçamentárias fossem remetidas ao Poder Legislativo. Com o cumprimento das cautelares e a consequente apreciação das propostas orçamentárias, as ADPFs foram extintas por perda superveniente de objeto.

Por sua vez, quanto às ADPFs ajuizadas para impugnação de leis ou atos normativos federais e estaduais (28 ações em 492), em regra, diante do cabimento de outras ações de controle concentrado de constitucionalidade, as decisões do STF foram de extinção por não atendimento do requisito de *subsidiariedade*.

A inadmissão, contudo, não se aplicou aos casos de ADPF cujo objetivo era a declaração de constitucionalidade de lei ou ato normativo estadual. Afinal, a ação declaratória de constitucionalidade tem o seu cabimento limitado às leis ou atos

---

[21] Cite-se como exemplo de ADPF impugnando atos de processo legislativo, mas que acabou extinta por perda superveniente de objeto, a ADPF nº 45, referente ao veto do presidente da República ao §2º do art. 59 da Lei de Diretrizes Orçamentárias de 2003 (Lei nº 10.707/2003).

[22] Como destacado pela Ministra Rosa Weber na ADPF nº 438, que impugnou a PEC nº 287/2016 para reforma da previdência, "É que vocacionada, a arguição de descumprimento de preceito fundamental, a assegurar a higidez constitucional da ordem jurídica vigente, o interesse na tutela judicial, por esta via objetiva de dimensão abstrata, pressupõe, em consequência, ato do Poder Público em vigor. Em outras palavras, para ser objeto de impugnação mediante a arguição de descumprimento de preceito fundamental, a 'lei ou ato normativo do Poder Público' há de traduzir efetiva e atual ameaça de descumprimento da Constituição. Desse modo, não cabe, no âmbito da arguição de descumprimento de preceito fundamental, acionar o exercício da jurisdição constitucional abstrata para o controle de atos do Poder Público em processo de formação legislativa, ou seja, em fase de deliberação política".

[23] A jurisprudência do STF admite de forma excepcional o controle preventivo de constitucionalidade ao reconhecer "a legitimidade do parlamentar – e somente do parlamentar – para impetrar mandado de segurança com a finalidade de coibir atos praticados no processo de aprovação de lei ou emenda constitucional incompatíveis com disposições constitucionais que disciplinam o processo legislativo" (MS nº 24.667, Rel. Min. Carlos Velloso).

normativos federais. É exemplo a ADPF nº 263, ajuizada pelo governador do Estado da Paraíba para declaração de constitucionalidade da Lei estadual nº 7.517/2003, que dispõe sobre a organização do sistema de previdência dos servidores públicos do estado.

Em relação às súmulas e orientações jurisprudenciais, desde a decisão do Plenário no Agravo Regimental na ADPF nº 80, o STF afirma que, por se tratar de sínteses de entendimentos consolidados, não há como serem concebidas como ato de Poder Público lesivo a preceito fundamental. Às súmulas e orientações jurisprudenciais, assim como despachos sem conteúdo decisório, ou mesmo pareceres meramente opinativos, faltaria conteúdo que conduzisse à efetiva lesão a preceito fundamental. Assim, apesar de serem ato de Poder Público, porque praticados por agentes públicos no exercício de suas funções, a falta de aptidão para produção de efeitos lesivos conformou "ser pacífico o entendimento de que enunciados sumulares não podem ser objeto de arguição de descumprimento de preceito fundamental, implicando na negativa de seguimento" (ADPF nº 417, Rel. Min. Ricardo Lewandowski). As decisões negando seguimento à ADPF de súmula, orientação jurisprudencial, parecer opinativo ou despacho podem ser conferidas nas seguintes ações: ADPF nº 162, ADPF nº 229, ADPF nº 271, ADPF nº 412, ADPF nº 417, ADPF nº 432, ADPF nº 441, ADPF nº 501, ADPF nº 521, ADPF nº 531 e ADPF nº 602.

É relevante destacar, contudo, que na ADPF nº 501, ajuizada pelo governador do Estado de Santa Catarina contra a Súmula nº 450/TST,[24] após a decisão do Ministro Relator Alexandre de Moraes, negando seguimento à ADPF, foi interposto agravo regimental, suscitando que súmulas e orientações jurisprudenciais, ainda que não sejam vinculantes, produzem efeitos processuais e podem ter densidade normativa com aptidão para produzir lesão a preceito fundamental. O agravo foi provido e, em sessão virtual de 8.8.2022, a ADPF nº 501 foi conhecida com a declaração de "inconstitucionalidade da Súmula 450 do Tribunal Superior do Trabalho".

Como sinalizado pelo voto oral do Ministro Gilmar Mendes, a negativa de ADPF para impugnação de súmula seria contraditória com a admissão de ADPF que questiona bloco de decisões judiciais. Afinal, súmulas e orientações jurisprudenciais podem retratar interpretações de um tribunal que contraria, por exemplo, a orientação do próprio STF. Por ocasião do julgamento da ADPF nº 501, portanto, o Supremo revisitou e modificou a sua jurisprudência sobre o cabimento de ADPF em face de súmulas e orientações jurisprudenciais.

II.2 Os tipos de ADPF: autônoma e incidental

A Lei nº 9.882/1999, que dispõe sobre o processo e julgamento da arguição de descumprimento de preceito fundamental, contemplou, de acordo com a doutrina,[25] duas modalidades possíveis para o instrumento: a *arguição autônoma* e a *incidental*.

---

[24] Súmula nº 450/TST: "É devido o pagamento em dobro da remuneração de férias, incluído o terço constitucional, com base no art. 137 da CLT, quando, ainda que gozadas na época própria, o empregador tenha descumprido o prazo previsto no art. 145 do mesmo diploma legal".

[25] Luís Roberto Barroso, sobre o ponto, afirma que "A doutrina, de maneira praticamente unânime, tem extraído da Lei n. 9.882/99 a existência de dois tipos de arguição de descumprimento de preceito fundamental: a) a arguição autônoma e b) a arguição incidental. A autônoma tem sua previsão no art. 1º, caput: 'A arguição prevista no §1º do art. 102 da Constituição Federal será proposta perante o Supremo Tribunal Federal, e terá por objeto

A *autônoma* tem sua previsão no art. 1º, *caput*, da Lei nº 9.882/1999: "A arguição prevista no §1º do art. 102 da Constituição Federal será proposta perante o Supremo Tribunal Federal, e terá por objeto evitar ou reparar lesão a preceito fundamental, resultante de ato do Poder Público". Por sua vez, a *incidental* tem fundamento no art. 1º, parágrafo único, inc. I: "Caberá também arguição de descumprimento de preceito fundamental quando for relevante o fundamento da controvérsia constitucional sobre a lei ou ato normativo federal, estadual ou municipal, incluídos os anteriores à Constituição".

É válido notar, no entanto, que, em sua concepção original, o projeto de lei que resultou na Lei nº 9.882/1999 conferia à ADPF uma dupla função: (i) a de instrumento de governo, admitindo que os legitimados do art. 103 suscitassem ao STF a tutela para coibir lesão a preceito fundamental; e (ii) a de instrumento de cidadania, admitindo que qualquer pessoa lesada ou ameaçada por ato do Poder Público reclamasse proteção de direitos fundamentais.[26] Ocorre que a atribuição de legitimidade a qualquer pessoa, então prevista no inc. II do art. 2º da Lei nº 9.882/1999,[27] foi vetada pelo presidente da República, sob o fundamento de que "a admissão de um acesso individual e irrestrito é incompatível com o controle concentrado de legitimidade dos atos estatais".[28] Os vetos presidenciais à legitimação de qualquer interessado, em grande medida, esvaziaram a modalidade incidental.

Isso porque o propósito da ADPF incidental seria, como evidencia o art. 6º, §1º da lei, permitir que, em uma demanda já submetida ao Poder Judiciário, as partes demandassem ao STF o exame de questão constitucional relevante, cuja tese, com eficácia vinculante e *erga omnes*, orientaria a solução de uma situação subjetiva concreta. Com o veto, como apenas os legitimados para a arguição autônoma – aqueles do art. 103 da Constituição – estão autorizados a requerer a instauração da arguição incidental, que teria requisitos mais rígidos para o seu cabimento,[29] "após alguma indefinição inicial no âmbito do próprio STF acerca dos contornos reais da modalidade incidental,

---

evitar ou reparar lesão a preceito fundamental, resultante de ato do Poder Público'. E a incidental decorreria do mesmo art. 1º, parágrafo único, I: 'Caberá também arguição de descumprimento de preceito fundamental quando for relevante o fundamento da controvérsia constitucional sobre a lei ou ato normativo federal, estadual ou municipal, incluídos os anteriores à Constituição'" (BARROSO, Luís Roberto. *O controle de constitucionalidade no direito brasileiro*: exposição sistemática da doutrina e análise crítica da jurisprudência. 7. ed. São Paulo: Saraiva, 2016. p. 189-190).

[26] Sobre a tramitação do projeto de lei até a publicação da Lei nº 9.882/1999, v. TAVARES, Andre Ramos. *Arguição de descumprimento de preceito fundamental: análise da evolução do instituto sob a Constituição de 1988*. Disponível em: https://www12.senado.leg.br/publicacoes/estudoslegislativos/tipos-de-estudos/outras-publicacoes/volume-iii-constituicao-de1988-o-brasil-20-anos-depois.-a-consolidacao-das-instituicoes/jurisdicaoconstitucional-arguicao-de-descumprimento-de-preceito-fundamental-analiseda-evolucao-do-instituto-sobre-a-constituicao-de-1988. Acesso em: 20 jan. 2020.

[27] Lei nº 9.882/1999: "Art. 2º Podem propor arguição de descumprimento de preceito fundamental: I - os legitimados para a ação direta de inconstitucionalidade; II - qualquer pessoa lesada ou ameaçada por ato do Poder Público (veto)".

[28] As razões de veto podem ser lidas em: http://www.planalto.gov.br/ccivil_03/leis/Mensagem_Veto/1999/Mv1807-99.htm. Acesso em: 20 jan. 2020.

[29] Sobre o ponto, v. BARROSO, Luís Roberto. Arguição de descumprimento de preceito fundamental: apontamentos sobre seus pressupostos de cabimento. *Revista de Direito da Procuradoria Geral do Estado do Rio de Janeiro*, Rio de Janeiro, v. 61, p. 241-259, 2006. p. 245: "Diante disso, o emprego da arguição incidental viu-se expressivamente limitado: de fato, se os legitimados são os mesmos, não se vislumbra por qual razão não optariam pela via autônoma, cujos requisitos são menos rígidos, gerando uma certa sobreposição entre as duas modalidades de ADPF".

a questão acabou relegada ao quase esquecimento em face das hipóteses de cabimento mais amplas da ADPF autônoma".[30]

De fato, das 492 ações analisadas, somente em 4 ADPFs se afirmou estar diante de arguição incidental: (i) a ADPF nº 2, que impugnou decisão em ação de cobrança movida por servidores estaduais, mas foi extinta por ausência de observância do requisito de subsidiariedade e por inexistência de relevância da controvérsia; (ii) a ADPF nº 288, cujo objeto foi acórdão do Tribunal Regional Federal da 1ª Região, que impôs restituição ao erário de parcelas remuneratórias indevidamente pagas, a qual também foi extinta, mas por ilegitimidade ativa do arguente; (iii) a ADPF nº 318, que impugnou a ausência de pronunciamento judicial definitivo em ação civil pública e também foi extinta por ilegitimidade ativa do requerente; e (iv) a ADPF nº 502, que buscou sanar alegada omissão administrativa referente à retirada de retratos da galeria de presidentes da República de presidentes do período de ditadura civil-militar. A ADPF nº 502 também foi extinta por ilegitimidade ativa do requerente.

Para além de "quase esquecimento", a ADPF incidental se tornou relíquia de divagação teórica. Desde a edição da Lei nº 9.882/1999, nenhuma teve o mérito de controvérsia constitucional examinado pelo STF.

Quais seriam, de toda forma, as diferenças entre as modalidades autônoma e incidental? A partir da distinção extraída dos dispositivos legais que as regulam, a doutrina[31] passou a indicar que ADPF autônoma e a incidental se distinguiriam por três fundamentos. O *primeiro* tem relação com a *natureza* originária e derivada da controvérsia constitucional. Na autônoma, como esclarece Ingo Wolfgang Sarlet,[32] a questão constitucional é dirigida ao STF sem vinculação a qualquer situação concreta. Na incidental, por sua vez, a questão constitucional surge e se conforma a partir de caso concreto submetido ao Poder Judiciário em demanda em curso.

A *segunda* distinção diz respeito ao objeto de impugnação. De acordo com a redação do *caput* do art. 1º da Lei nº 9.882/1999, a ADPF autônoma admite a impugnação de qualquer "ato do Poder Público", o que, como visto, inclui atos administrativos e jurisdicionais. Por outro lado, pela redação mais restrita do inc. I do §1º do art. 1º da lei, a ADPF incidental é vocacionada à impugnação especificamente de "lei ou ato normativo federal, estadual ou municipal, incluídos os anteriores à Constituição". Na incidental, portanto, só se admite o controle de atos do Poder Público com conteúdo normativo,

---

[30] BARROSO, Luís Roberto. *O controle de constitucionalidade no direito brasileiro*: exposição sistemática da doutrina e análise crítica da jurisprudência. 7. ed. São Paulo: Saraiva, 2016. p. 191.

[31] Daniel Amorim Assumpção Neves resume a distinção doutrinária entre as modalidades de ADPF, nos seguintes termos: "Segundo corrente lição doutrinária, o legislador infraconstitucional, ao regulamentar a arguição de descumprimento de preceito fundamental por meio da Lei 9.882/1999, criou duas formas procedimentais distintas: (a) no art. 1º, caput, uma típica ação direta de controle de constitucionalidade pertencente aos processos objetivos; (b) no art. 1º, parágrafo único, I, uma ação direta de controle de constitucionalidade incidental a um processo judicial já em trâmite. Não são propriamente duas diferentes modalidades de arguição, mas simplesmente duas formas procedimentais de ação, com muitos pontos em comum e algumas particularidades" (NEVES, Daniel Amorim Assumpção. *Ações constitucionais*. 2. ed. Rio de Janeiro: Forense, 2013. p. 72).

[32] SARLET, Ingo Wolfgang; MARINONI, Luiz Guilherme; MITIDIERO, Daniel. *Curso de direito constitucional*. 7. ed. São Paulo: Saraiva Educação, 2018. p. 1.353.

sejam eles primários, como leis ordinárias e complementares e decretos autônomos, ou secundários, como os decretos regulamentares, resoluções e portarias.[33]

A *terceira* diferença se relaciona aos pressupostos de admissibilidade da ação. A modalidade incidental, além da especificação de ato de Poder Público (objeto) que ameaça ou produz lesão a preceito fundamental (parâmetro de controle), que não pode ser tutelado por outro meio eficaz (subsidiariedade prevista no art. 4º, §1º, da Lei nº 9.882/1999), exigiria a demonstração de que é "relevante o fundamento da controvérsia constitucional" (inc. I, do parágrafo único, do art. 1º da lei). A demonstração de relevância da controvérsia seria, assim, o requisito mais rígido não aplicável à arguição autônoma.

Mas aqui se pontua que *apenas* nessa modalidade incidental se *exigiria* a demonstração de relevância da controvérsia, porque, como se detalhará adiante, a jurisprudência do STF vem aplicando "filtro de relevância", ainda que implicitamente, para o conhecimento de ADPF também em sua modalidade autônoma. É dizer: apesar de a doutrina[34] afirmar que apenas na ADPF incidental se exigiria a demonstração de relevância econômica, política, social ou jurídica da controvérsia constitucional, há decisões negando conhecimento a arguições autônomas por ausência de relevância da controvérsia constitucional (28 das 492 ações analisadas).

Assim, se, por um lado, a distinção entre as modalidades se tornou inócua pelo desuso da arguição incidental, por outro lado, a identificação da natureza da ação é relevante para observar que, ao contrário do que se replica em cursos e manuais de direito constitucional, a jurisprudência do STF tem exigido a demonstração de relevância da controvérsia também para o conhecimento da ação autônoma.

II.3 O parâmetro de controle: o que é preceito fundamental

O conceito de preceito fundamental não é legal nem constitucional. Tanto a Constituição como a Lei nº 9.882/1999 não precisaram o sentido e o alcance dessa locução, transferindo para a doutrina e para o STF a tarefa de determinar o seu significado. É certo, contudo, que preceito fundamental não corresponde a todo e qualquer dispositivo da Constituição.

Isso significa que, se por um lado a ADPF possui um objeto mais amplo do que as demais ações de controle concentrado de constitucionalidade, por outro lado, o seu parâmetro de controle é mais restrito. E esse recorte sobre o que se qualifica como preceito fundamental é orientado pelos princípios e regras da Constituição cuja violação importa em "maiores consequências ou traumas para o sistema jurídico como um todo".[35]

---

[33] Sobre o ponto, v. FERNANDES, Bernardo Gonçalves. *Curso de direito constitucional*. 9. ed. Salvador: JusPodivm, 2017. p. 1.550.

[34] A exigência de demonstração de relevância da controvérsia limitada à modalidade incidental é afirmada, entre outros, por BARROSO, Luís Roberto. *O controle de constitucionalidade no direito brasileiro*: exposição sistemática da doutrina e análise crítica da jurisprudência. 7. ed. São Paulo: Saraiva, 2016. p. 190; STRECK, Lenio Luiz. *Jurisdição constitucional*. 5. ed. Rio de Janeiro: Forense, 2018. p. 580; e AGRA, Walber de Moura. *Curso de direito constitucional*. 9. ed. Belo Horizonte: Fórum, 2018. p. 703.

[35] BARROSO, Luís Roberto. Arguição de descumprimento de preceito fundamental: apontamentos sobre seus pressupostos de cabimento. *Revista de Direito da Procuradoria Geral do Estado do Rio de Janeiro*, Rio de Janeiro, v. 61, p. 241-259, 2006. p. 245.

Assim, apesar da fluidez própria de conceitos indeterminados, "é o estudo da ordem constitucional no seu contexto normativo e nas suas relações de interdependência que permite identificar as disposições essenciais para a preservação dos princípios basilares e dos preceitos fundamentais em um determinado sistema".[36] Nesse aspecto, não é possível negar a qualidade de preceito fundamental de uma ordem constitucional aos dispositivos que assentam (i) os fundamentos e objetivos da República, assim como as decisões políticas estruturantes, reunidas sob a designação de princípios fundamentais (arts. 1º a 4º); (ii) os direitos e garantias fundamentais, abrangendo os individuais, coletivos, políticos e sociais (arts. 5º, 6º, 7º, 14, entre outros); (iii) as normas que estabelecem limitações materiais ao poder de reforma (art. 60, §4º); e (iv) os princípios constitucionais sensíveis (art. 34, VII), que por sua relevância autorizam a supressão de autonomia federativa com a decretação de intervenção.

Esse é o elenco de dispositivos constitucionais que a doutrina, com substancial consenso,[37] afirma se qualificarem como preceitos fundamentais. E, ao longo de 20 anos de vigência e aplicação da Lei nº 9.882/1999, também foi esse o rol assumido pelo Supremo Tribunal Federal. A relação, contudo, não é taxativa.

Desde a ADPF nº 1, em voto do Ministro Relator Néri da Silveira em questão de ordem, o STF sinaliza que cabe a ele, como intérprete da Constituição, a tarefa de definir o que "se há de compreender, no sistema constitucional brasileiro, como preceito fundamental". Em complementação, na ADPF nº 33 (Rel. Min. Gilmar Mendes, j. 29.10.2004), o STF explicitou que "a lesão a preceito fundamental não se configurará apenas quando se verificar possível afronta a um princípio fundamental, tal como assente na ordem constitucional, mas também a disposições que confiram densidade normativa ou significado a esse princípio". Assim, apesar de apontar uma relação objetiva de dispositivos que se qualificam como preceitos fundamentais,[38] a jurisprudência do STF evidencia que esse é um rol meramente exemplificativo e aberto.

Para além dos arts. 1º a 4º; 5º, 6º, 7º e 14; 60, §4º; e art. 34, VII, mais frequentemente utilizados como parâmetro de controle em ADPF, pode-se citar a qualificação como preceito fundamental pelo STF dos seguintes dispositivos: (i) art. 170 (princípios da ordem econômica) – ADPF nº 46, ADPF nº 70, ADPF nº 101, ADPF nº 324, ADPF nº 398, ADPF nº 429, ADPF nº 529, ADPF nº 606; (ii) arts. 196 e 205 (deveres do Estado na ordem social) – ADPF nº 54, ADPF nº 101, ADPF nº 186, ADPF nº 273, ADPF nº 442, ADPF nº 461, ADPF nº 465, ADPF nº 467, ADPF nº 513, ADPF nº 527, ADPF nº 578, ADPF nº

---

[36] MENDES, Gilmar Ferreira; BRANCO, Paulo Gustavo Gonet. *Curso de direito constitucional*. 12. ed. São Paulo: Saraiva, 2017. p. 1.172.

[37] A indicação do referido rol de dispositivos que se qualificam como preceitos fundamentais pode ser lida, entre outros, em BARCELLOS, Ana Paula de. *Curso de direito constitucional*. Rio de Janeiro: Forense, 2018. p. 646-647; MENDES, Gilmar Ferreira; BRANCO, Paulo Gustavo Gonet. *Curso de direito constitucional*. 12. ed. São Paulo: Saraiva, 2017. p. 1.170; BARROSO, Luís Roberto. *O controle de constitucionalidade no direito brasileiro*: exposição sistemática da doutrina e análise crítica da jurisprudência. 7. ed. São Paulo: Saraiva, 2016. p. 192.

[38] A relação de preceitos fundamentais admitida com frequência pelo STF pode ser lida no voto do Ministro Gilmar Mendes, Relator da ADPF nº 33: "Assim, ninguém poderá negar a qualidade de preceitos fundamentais da ordem constitucional aos direitos e garantias individuais (art. 5º, entre outros). Da mesma forma, não se poderá deixar de atribuir essa qualificação aos demais princípios protegidos pela cláusula pétrea do art. 60, §4º, da Constituição, quais sejam, a forma federativa de Estado, a separação de Poderes e o voto direto, secreto, universal e periódico. Por outro lado, a própria Constituição explicita os chamados 'princípios sensíveis', cuja violação pode dar ensejo à decretação de intervenção federal nos estados-membros (art. 34, VII)".

583; (iii) art. 225 (direito ao meio ambiente ecologicamente equilibrado) – ADPF nº 101, ADPF nº 204, ADPF nº 242.

Assim, apesar de seu objeto mais limitado, a inclusão de uma cláusula de abertura pela jurisprudência do STF na definição do sentido de "preceito fundamental" garantiu que ameaças e lesões à ordem constitucional não tuteláveis por outras ações de controle concentrado sejam veiculadas por ADPF. Essa cláusula de abertura, contudo, também atribuiu expressiva discricionariedade ao STF para o conhecimento da ação.

A indicação de que "preceito fundamental" é um conceito aberto tem por objetivo, portanto, emprestar à locução um significado abrangente o suficiente para que o STF conforme aquilo que compreende como norma básica contida no texto constitucional. O exame da jurisprudência do STF, contudo, revela uma diretriz para o que pode se qualificar como "preceito fundamental": quanto mais intensa é a relação do dispositivo constitucional indicado como ameaçado ou violado com os princípios e regras da chamada "relação objetiva" de dispositivos que se qualificam como preceitos fundamentais, maiores serão as perspectivas de conhecimento da ação.[39]

II.4 Os demais requisitos de cabimento da ADPF: a ofensa direta de preceito fundamental e a subsidiariedade

É possível extrair da Lei nº 9.882/1999 três requisitos de cabimento da arguição de descumprimento de preceito fundamental: (i) a ameaça ou violação a preceito fundamental; (ii) um ato do Poder Público capaz de provocar a lesão; e (iii) a inexistência de qualquer outro meio eficaz de sanar a lesividade.[40] É dizer: a demonstração de que um ato do Poder Público tem aptidão para provocar lesão a preceito fundamental e que inexiste alternativa para a tutela constitucional designam os requisitos de cabimento da ADPF.

Não basta, portanto, apontar um ato de autoridade e reclamar a tutela de uma norma fundamental da Constituição. É preciso evidenciar que o ato constitui um ameaça ou lesão direta e desestruturante da ordem constitucional, que só pode ser evitada ou sanada por arguição de preceito fundamental. Isso significa que a *ofensa deve ser direta* e deve-se respeitar o *caráter subsidiário* da ação.

II.4.1 A ofensa direta de preceito fundamental

De acordo com a jurisprudência do STF, é insuficiente para o cabimento de ADPF a mera alegação de não observância de um preceito fundamental. Até porque, em uma

---

[39] Cite-se, como exemplo, a ADPF nº 250, que impugnou decisões judiciais que determinam o pagamento pela Fazenda Pública de condenações judiciais independentemente de precatório. O STF, em voto da Ministra Relatora Cármen Lúcia, conheceu da ação e julgou procedente o pedido para "afirmar a necessidade de uso de precatórios no pagamento de dívidas da Fazenda Pública, independentemente de o débito ser proveniente de decisão concessiva de mandado de segurança". Reputou-se que a violação ao art. 100 da Constituição, que fixa a regra de pagamento por precatório, designa "lesão aos preceitos fundamentais da isonomia, da impessoalidade e ofensa ao devido processo constitucional".

[40] De acordo com a Lei nº 9.882/1999, a demonstração de ameaça ou violação a preceito fundamental, assim como de um ato do Poder Público capaz de provocar a lesão e de inexistência de qualquer outro meio eficaz de sanar a lesividade seriam os pressupostos da ADPF autônoma. Para a ADPF incidental ainda se exigiria a demonstração de relevância da controvérsia. Como já se adiantou, mas será detalhado em tópico específico, o STF também tem exigido a demonstração de relevância da controvérsia para a ADPF autônoma.

Constituição analítica como a brasileira, é simples associar qualquer debate a preceitos fundamentais. Tome-se, como exemplo, a ADPF nº 113, que impugnou decisões judiciais que reconheciam a prescrição em ações que buscavam de instituições financeiras a recomposição de perdas de cadernetas de poupança decorrentes do Plano Bresser. O requerente (o Partido Democrático Trabalhista – PDT) sustentava em sua inicial que esses atos do Poder Público violavam as garantias constitucionais de proteção ao consumidor. O Ministro Relator Celso de Melo, no entanto, destacou que a tese de lesão a preceito fundamental era, em realidade, de divergência quanto à interpretação do Código de Defesa do Consumidor, não se verificando qualquer "conflito entre o ato estatal dotado de menor positividade jurídica e o texto da Constituição".

Disso se extrai que não se admite ADPF nos casos em que a alegação de descumprimento de preceito fundamental trata de discordância sobre a interpretação de lei ou ato normativo e, apenas de forma reflexa, se teria a alegada lesão de preceito fundamental. É o que demonstra a decisão da ADPF nº 468, que impugnou as portarias nºs 365 e 371/2017, do Ministério da Justiça e Segurança Pública sobre a utilização da Força Nacional de Segurança Pública no Estado do Rio de Janeiro. Conforme apontado pelo Ministro Relator Dias Toffoli:

> para verificar, in casu, as violações dos arts. 37, caput, e 144, §2º, da Constituição Federal, apontadas pelos agravantes, seria necessário, anteriormente, interpretar as regras constantes da Lei Federal nº 11.473/07 e do Decreto nº 5.289/04, pois são elas que dão supedâneo legal à edição das portarias impugnadas. Assim, as supostas ofensas ao texto constitucional, caso configuradas, seriam meramente reflexas ou indiretas, sendo incabível sua análise em sede de controle abstrato de constitucionalidade.

Além disso, mais do que *direta*, a ofensa de preceito fundamental deve ser *real*. É certo que a Lei nº 9.882/1999 admite a requisição de esclarecimentos sobre fatos relevantes para as questões jurídicas a serem decididas, assim como a realização de perícia e a oitiva de especialistas.[41] Contudo, não cabe ADPF se não há certeza sobre o próprio fato que caracterizaria a lesão a preceito fundamental. Nesse sentido, por ocasião do julgamento da ADPF nº 236, que impugnou resolução do Conselho Monetário Nacional sobre a contratação de correspondentes bancários, o Ministro Relator Luís Roberto Barroso sinalizou que a regulamentação de contratos de correspondentes bancários não viola diretamente qualquer preceito constitucional. Afirmou-se que a alegação de violação de preceito fundamental pressuporia a verificação de extrapolação de competência do Banco Central para a regulamentação, relembrando-se que, "para o cabimento da ADPF, a suposta ameaça ou lesão ao preceito constitucional fundamental deve ser real e direta".

Assim, nos casos em que a alegação de violação a preceito fundamental disser respeito à interpretação de atos infraconstitucionais, ou forem controvertidos os fatos que caracterizariam a lesão, não será o caso de propor ADPF.

---

[41] Lei nº 9.882/1999: "Art. 6º [...] §1º Se entender necessário, poderá o relator ouvir as partes nos processos que ensejaram a argüição, requisitar informações adicionais, designar perito ou comissão de peritos para que emita parecer sobre a questão, ou ainda, fixar data para declarações, em audiência pública, de pessoas com experiência e autoridade na matéria".

É certo, contudo, que, assim como para a definição de preceito fundamental, a fluidez da compreensão sobre a designação de uma ofensa direta ou meramente reflexa também confere significativa discricionariedade ao STF para o conhecimento da ADPF. Veja-se que na ADPF nº 292, que impugnou resoluções da Câmara de Educação Básica sobre a idade de ingresso de crianças nas séries iniciais da Educação Infantil e do Ensino Fundamental, em voto do Ministro Relator Luiz Fux, foi rejeitada a preliminar de descabimento por ofensa reflexa.

Em realidade, assim como na ADPF nº 236 que discutia a competência do Conselho Monetário Nacional, a controvérsia na ADPF nº 292 também envolvia a verificação de competência da Câmara de Educação Básica, conforme previsão na Lei de Diretrizes e Bases da Educação, para fixar diretrizes para acesso à escola. Nada obstante, a ADPF foi conhecida, rejeitando-se a preliminar de ofensa reflexa, uma vez que não seria "necessário verificar a compatibilidade da resolução com nenhuma outra norma infraconstitucional, senão diretamente com os parâmetros constitucionais de controle".

II.4.2 A inexistência de alternativa para tutela de preceito fundamental: subsidiariedade

A exigência de "inexistir outro meio capaz de sanar a lesividade" foi imposta pelo art. 4º, §1º, da Lei nº 9.882/1999. Trata-se de uma limitação de cabimento da ação aos casos em que não exista outro meio processual apto a sanar a lesividade. Para além do debate acadêmico sobre a inconstitucionalidade da restrição legal ao cabimento de uma ação prevista pela Constituição,[42] o fato é que o STF aplica esse critério restritivo de cabimento. Trata-se, por sinal, de um dos principais fundamentos para o não conhecimento de ADPFs. Em 492 ações examinadas, 136 delas não foram conhecidas, por desatendimento do requisito de subsidiariedade.

A questão relativa à subsidiariedade recai, portanto, sobre o significado desse requisito de cabimento. Como sintetiza Ana Paula de Barcellos sobre a redação do art. 4º, §1º, da Lei nº 9.882/1999, "uma primeira interpretação possível levaria a assertiva de que a via da ADPF estará obstruída sempre que houver qualquer outro meio de acesso ao Judiciário – incluindo ações subjetivas e mesmo recursos". Por outro lado, há "orientação diversa, segundo a qual a ADPF somente não será cabível quando houver outro meio igualmente eficaz para afastar a suposta lesão ou ameaça de lesão ao preceito fundamental".[43] É dizer: a divergência na interpretação do requisito da subsidiariedade está em saber se a ADPF não será cabível se couber *qualquer outro meio processual* (ações subjetivas e recursos), ou *apenas outro meio com aptidão para produção dos mesmos efeitos erga omnes* e vinculantes para a solução da controvérsia constitucional.

---

[42] Por decorrer de previsão legal, há autores que afirmam a inconstitucionalidade do requisito de subsidiariedade, sob o fundamento de que não caberia ao legislador restringir o cabimento de uma ação prevista pela própria Constituição. Sobre o tema, v. TAVARES, Andre Ramos. Arguição de descumprimento de preceito constitucional fundamental: aspectos essenciais do instituto na Constituição e na lei. *In*: TAVARES, André Ramos; ROTHENBURG, Walter Claudius (Org.). *Arguição de descumprimento de preceito fundamental*: análise à luz da lei nº 9.882/99. São Paulo: Saraiva, 2001. p. 42-48.

[43] BARCELLOS, Ana Paula de. *Curso de direito constitucional*. Rio de Janeiro: Forense, 2018. p. 647.

A compreensão de que a subsidiariedade da ADPF diz respeito apenas aos demais processos objetivos de controle de constitucionalidade prevaleceu na doutrina[44] e, em grande medida, no STF. Como retratado na ADPF nº 17, a verificação da subsidiariedade em cada caso dependeria da eficácia "do outro meio" referido na lei. Isto é: da espécie de solução que as outras medidas possíveis sejam capazes de produzir.[45] A questão foi sintetizada no julgamento da ADPF nº 33, em voto do Ministro Relator Gilmar Mendes, que afirmou:

> tendo em vista o caráter acentuadamente objetivo da arguição de descumprimento, o juízo de subsidiariedade há de ter em vista, especialmente, os demais processos objetivos já consolidados no sistema constitucional. Nesse caso, cabível a ação direta de inconstitucionalidade ou de constitucionalidade, não será admissível a arguição de descumprimento.

Apesar da inicial uniformidade da interpretação na jurisprudência do STF, o exame das decisões proferidas até setembro de 2019 demonstrou que, sob a afirmação de cabimento de recursos ou mesmo de ações autônomas de impugnação como o mandado de segurança, negou-se conhecimento a ADPFs por desatendimento do requisito de subsidiariedade. É o que se verifica, por exemplo, da ADPF nº 172, que impugnou decisão judicial que determinou a entrega de criança ao pai residente no exterior. O STF, em voto do Ministro Relator Marco Aurélio, negou conhecimento à ADPF por inobservância do requisito de subsidiariedade. Apontou-se:

> o ato do poder público atacado mediante esta arguição de descumprimento de preceito fundamental encontra-se consubstanciado em sentença que implicou julgamento de mérito e tutela antecipada para apresentação, em 48 horas, do menor no Consulado americano na cidade do Rio de Janeiro. Então, deve-se ter presente a viabilidade da impugnação mediante recurso próprio, o recurso por excelência, que é a apelação.

---

[44] A afirmação de que a interpretação do requisito legal de subsidiariedade para cabimento da ADPF diz respeito apenas à verificação de outros meios igualmente eficazes para evitar ou sanar a lesão a preceito fundamental pode ser lida em MENDES, Gilmar Ferreira; BRANCO, Paulo Gustavo Gonet. *Curso de direito constitucional*. 12. ed. São Paulo: Saraiva, 2017. p. 1.156; BARROSO, Luís Roberto. *O controle de constitucionalidade no direito brasileiro*: exposição sistemática da doutrina e análise crítica da jurisprudência. 7. ed. São Paulo: Saraiva, 2016. p. 199-200.

[45] Embora na ADPF nº 17, o Rel. Min. Celso de Mello não tenha conhecido da arguição, por aplicação da regra da subsidiariedade, a questão foi esclarecida nos seguintes termos: "É claro que a mera possibilidade de utilização de outros meios processuais não basta, só por si, para justificar a invocação do princípio da subsidiariedade, pois, para que esse postulado possa legitimamente incidir, revelar-se-á essencial que os instrumentos disponíveis mostrem-se aptos a sanar, de modo eficaz, a situação da lesividade. Isso significa, portanto, que o princípio da subsidiariedade não pode – e não deve – ser invocado para impedir o exercício da ação constitucional de arguição de descumprimento de preceito fundamental, eis que esse instrumento está vocacionado a viabilizar, numa dimensão estritamente objetiva, a realização jurisdicional de direitos básicos, de valores essenciais e de preceitos fundamentais contemplados no texto da Constituição da República. Se assim não se entendesse, a indevida aplicação do princípio da subsidiariedade poderia afetar a utilização dessa relevantíssima ação de índole constitucional, o que representaria, em última análise, a inaceitável frustração do sistema de proteção, instituído na Carta Política, de valores essenciais, de preceitos fundamentais e de direitos básicos, com grave comprometimento da própria efetividade da Constituição. Daí a prudência com que o Supremo Tribunal Federal deve interpretar a regra inscrita no art. 4º, §1º, da Lei nº 9.882/99, em ordem a permitir que a utilização da nova ação constitucional possa efetivamente prevenir ou reparar lesão a preceito fundamental, causada por ato do Poder Público".

De igual modo, também foi negado conhecimento à ADPF nº 224, que questionou ato do procurador-geral do Estado do Ceará de suspensão de pagamento de gratificação para servidores estaduais. A ação não foi conhecida, uma vez que, nos termos do voto do Ministro Relator Alexandre de Moraes:

> no caso dos autos, ao menos em tese, é possível impugnar o ato tido por lesivo, de forma ampla e eficaz, pelos mais diversos mecanismos processuais de índole subjetiva (ou em concreto), a exemplo da ação de mandado de segurança ou, até mesmo, de simples petição endereçada ao Tribunal de Justiça local.

O desatendimento do requisito da subsidiariedade pela possibilidade de impugnação do ato por ações de natureza subjetiva ou por meio de recurso também foi afirmado nas ADPF nº 311, ADPF nº 319, ADPF nº 390, ADPF nº 391, ADPF nº 469, ADPF nº 470, ADPF nº 487, ADPF nº 545, ADPF nº 577.

O exame das decisões que negam conhecimento de ADPF em juízo de subsidiariedade demonstra uma tendência de alteração na compreensão do Supremo sobre o sentido de subsidiariedade, que vinha sendo reproduzido desde a ADPF nº 33. De acordo com as decisões mais recentes, a subsidiariedade não estaria relacionada à verificação de cabimento de outras ações de natureza objetiva, em especial a ação direta de inconstitucionalidade e a ação declaratória de constitucionalidade. O juízo de atendimento da subsidiariedade diria respeito à existência de outros meios capazes de sanar *adequadamente* a lesão. Isso significa que, ainda que não sejam cabíveis outras ações objetivas, em especial a ADI e a ADC, caso se verifique que uma ação de natureza subjetiva ou mesmo recursos possam, em tese, afastar ou sanar a lesão de preceito fundamental, a ADPF não será cabível. É o que esclarece a seguinte passagem de decisão negativa de conhecimento da ADPF nº 271, que impugnava decisão do Tribunal de Contas do Estado de São Paulo – TCE/SP, proferida pela Ministra Cármen Lúcia:

> Conhecer o pedido da ADPF encontra ainda outro óbice, a inobservância à regra da subsidiariedade, que rege a arguição de descumprimento de preceito fundamental e está positivada no art. 4º, §1º, da Lei 9.882, de 3 de dezembro de 1999. *Como se sabe, impõe-se, como requisito ao conhecimento de ADPF, inexistência de outro meio eficaz para sanar a alegada lesividade a preceitos fundamentais. Falta a esta arguição o requisito. Há possibilidade de manejo, por exemplo, de mandado de segurança no Tribunal de Justiça do Estado de São Paulo, segundo o art. 74, III, da Constituição daquela unidade federativa. Decisão proferida pelo TJ/SP atenderia amplamente o pleito do arguente, tendo em conta possibilidade de plena reversão do pronunciamento emitido pelo Tribunal de Contas paulista. Alcançaria o arguente, desse modo, provimento judicial suficiente quanto ao processo TC- 002684/026/10, em trâmite no Tribunal de Contas.* (Grifos nossos)

O exame da adequação para afirmação do caráter subsidiário da ADPF também foi ressaltado pelo Ministro Alexandre de Moraes, na ADPF nº 519, que impugnou o conjunto de decisões judiciais que indeferiram liminares para permitir o desbloqueio de rodovias federais durante greve de caminhoneiros. No caso, a ação foi conhecida, com o deferimento de cautelar, uma vez que o cabimento da ADPF será viável desde que haja a observância do princípio da subsidiariedade, que exige o esgotamento de todas as vias possíveis para sanar a lesão ou a ameaça de lesão a preceitos fundamentais ou a verificação, ab initio, de sua inutilidade para a preservação do preceito (ADPF 186/DF, Rel. Min. Ricardo Lewandowski, DJe de 20/10/2014).

O que se identifica, assim, é uma tendência de negativa de conhecimento de ADPFs quando houver outro meio adequado para afastar a ameaça ou lesão de preceito fundamental. A definição sobre o sentido de subsidiariedade, no entanto, ainda oscila nas decisões do STF. Há decisões que, mesmo afirmando a adequação de tutela por mandado de segurança, reconhecem o cabimento da ADPF. É o caso, por exemplo, da ADPF nº 384, que impugnou a omissão do governador do Estado de Minas Gerais no repasse de duodécimo da Defensoria Pública do Estado. O Ministro Relator Edson Fachin anotou que, "do mesmo modo, verifica-se estar presente o requisito da subsidiariedade. Veja-se que a possibilidade do preceito em questão também ser tutelado por meio de mandado de segurança impetrado pela DPE-MG não é impeditivo para o conhecimento da presente arguição".

Em realidade, a falta de congruência na jurisprudência do STF sobre como aferir o requisito de subsidiariedade decorre de uma indevida fundamentação para conhecer de ações que se reputa relevante a controvérsia e, consequentemente, negar trânsito àquelas cuja controvérsia não teria repercussão social, econômica, política ou jurídica.

Veja-se o exemplo da citada ADPF nº 172, que impugnou decisão judicial de entrega de criança ao pai residente no exterior. O caso, ainda que tenha sido amplamente divulgado pela imprensa,[46] envolvia uma disputa familiar, com repercussão individual e limitada. A negativa de conhecimento da ADPF, pelo cabimento de "ação de mandado de segurança ou, até mesmo, de simples petição endereçada ao Tribunal de Justiça local", tem muito mais relação com a ausência de repercussão da controvérsia do que propriamente com o juízo de adequação de meios de impugnação de índole subjetiva. Ao contrário, no caso da greve de caminhoneiros (ADPF nº 519), ou no da omissão na transferência de duodécimos para Defensoria (ADPF nº 384), ainda que se pudesse falar em cabimento de mandado de segurança ou outros meios individuais de impugnação, as questões tinham clara repercussão social, com efeitos difusos ou coletivos.

Afigura-se, assim, que o juízo de subsidiariedade está, de fato, relacionado à adequação da tutela a ser obtida com o meio alternativo de impugnação. Se, apenas por meio de uma decisão com efeito vinculante e *erga omnes*, a subsidiariedade levará em conta os demais processos objetivos consolidados no sistema constitucional. Contudo, se as ações de índole subjetiva, ou recursos forem suficientes para remoção da ameaça ou lesão de preceito fundamental, haverá meio igualmente eficaz de impugnação, que afastará o cabimento de ADPF.

---

[46] O caso foi noticiado por reportagem do *G1*, de 7.1.2013, com a seguinte passagem: "O Supremo Tribunal Federal (STF) negou nesta quinta-feira (7) recursos apresentados pela avó materna do garoto Sean Goldman, Silvana Bianchi, que pediam que fosse considerada ilegal a decisão provisória do próprio tribunal que ordenou a entrega dele ao pai biológico, o americano David Goldman" (Disponível em: http://g1.globo.com/rio-de-janeiro/noticia/2013/02/stf-recusa-anular-decisao-que-ordenou-entrega-de-sean-ao-pai.html#:~:text=O%20Supremo%20Tribunal%20Federal%20(STF,biol%C3%B3gico%2C%20o%20americano%20David%20Goldman. Acesso em: 20 jan. 2020).

A inconsistência da jurisprudência do STF em relação àquilo que caracteriza o requisito de subsidiariedade está relacionada, portanto, a uma utilização, ainda que implícita, de aferição de relevância da controvérsia para condicionar o conhecimento da ação. E isso, como visto, é feito pela conformação fluida dos sentidos de subsidiariedade, de ofensa reflexa e de preceito fundamental. Em realidade, como se demonstrou, em muitos casos, ao dizer que não teria subsidiariedade, ou que a ofensa é reflexa, ou mesmo que não haveria preceito fundamental violado, o que o STF faz é não conhecer ADPF por ausência de relevância da controvérsia.

III A jurisprudência do STF sobre ADPF: a incorporação de filtro de relevância

Desde a edição a Lei nº 9.882/1999, como já se adiantou, a doutrina e a jurisprudência reproduzem que o requisito previsto no inc. I do parágrafo único do art. 1º,[47] que afirma o cabimento de ADPF "quando for relevante o fundamento da controvérsia constitucional", teria incidência limitada à modalidade incidental da ação. É o que se extrai da ADPF nº 144, em que o Ministro Celso de Melo, ao julgar uma ADPF autônoma, anota a "existência de controvérsia relevante na espécie, ainda que necessária sua demonstração apenas nas argüições de descumprimento de caráter incidental".

O requisito de cabimento previsto no inc. I do parágrafo único do art. 1º da Lei nº 9.882/1999 exige que se demonstre que é "relevante o fundamento da controvérsia constitucional", mas apenas "sobre lei ou ato normativo federal, estadual ou municipal, incluídos os anteriores à Constituição". Partindo-se do texto legal, é possível pontuar três questões sobre a exigência de "relevância da controvérsia": (i) a sua incidência sobre ADPFs autônomas; (ii) a aplicação apenas para ADPFs de lei ou ato normativo; e (iii) o sentido de relevância da controvérsia.

Em relação à incidência do requisito, embora se reproduza em doutrina e nos próprios julgados do STF que *apenas* na modalidade incidental se *exigiria* a demonstração de relevância da controvérsia, é certo que a jurisprudência do STF vem aplicando "filtro de relevância", ainda que implicitamente, para o conhecimento de ADPF também em sua modalidade autônoma.

Em realidade, em muitos casos, o "filtro de relevância" é explícito. Em 492 ações examinadas, o STF negou conhecimento a 28 ADPFs autônomas com fundamento na ausência de relevância da controvérsia. Em 5 dessas ações,[48] a ausência de relevância da controvérsia foi o único ou principal fundamento da decisão. Na ADPF nº 406, que impugnou a Lei nº 9.503/2015, do Município de Petrópolis-RJ, que estabelece diretrizes para realização de eventos esportivos de corrida de rua, o STF, em voto da Ministra Relatora Rosa Weber, afirmou que "tampouco foi atendido o requisito concernente à

---

[47] Lei nº 9.882/1999: "Art. 1º A argüição prevista no §1º do art. 102 da Constituição Federal será proposta perante o Supremo Tribunal Federal, e terá por objeto evitar ou reparar lesão a preceito fundamental, resultante de ato do Poder Público. Parágrafo único. Caberá também argüição de descumprimento de preceito fundamental: I - quando for relevante o fundamento da controvérsia constitucional sobre lei ou ato normativo federal, estadual ou municipal, incluídos os anteriores à Constituição".
[48] Trata-se das ADPFs nºs 82, 346, 352, 406 e 560.

relevância do fundamento da controvérsia constitucional, de modo a abrir a via da ADPF para impugnar lei ou ato normativo municipal".

De igual modo, na ADPF nº 82, que impugnou dispositivo da Lei nº 1.554/1990 do Município de Cabo de Santo Agostinho-PE, o Ministro Relator Gilmar Mendes negou conhecimento à ação, porque, como a "ADPF é destinada a resguardar a integridade da ordem jurídico-constitucional [...] há que se considerar a relevância do objeto da arguição para o ordenamento jurídico".

E, além de decisões que expressamente exigem o requisito para o conhecimento de ADPFs autônomas, há aquelas que negam conhecimento com apoio em outros requisitos de admissibilidade, mas implicitamente rejeitam a ADPF por não vislumbrar controvérsia relevante. É o caso, por exemplo: (i) da ADPF nº 172, que impugnou decisão judicial de entrega de criança ao pai residente no exterior, mas teve o seu trânsito negado por ausência de subsidiariedade, ao passo que a fundamentação do acórdão expressa a inexistência de relevância da controvérsia; (ii) da ADPF nº 236, que discutia a competência normativa do Conselho Monetário Nacional, mas teve o seu conhecimento negado por afirmação de ofensa constitucional reflexa; e (iii) da ADPF nº 94, em face de atos do Ministério Público do Trabalho que impediam entidades sindicais de cobrarem contribuições de todos os integrantes da categoria, mas foi extinta pelo juízo de subsidiariedade pelo cabimento de impugnações ordinárias, apesar de o Ministro Relator Gilmar Mendes destacar que "seria possível admitir, em tese, a propositura de ADPF diretamente contra ato do Poder Público, nas hipóteses em que, em razão da relevância da matéria, a adoção da via ordinária acarrete danos de difícil reparação à ordem jurídica".

O que se percebe é que os demais requisitos de admissibilidade da ADPF, em razão da fluidez de sentidos de "subsidiariedade", "preceito fundamental" e "ofensa direta e real", são conformados pelos ministros do Supremo Tribunal Federal a partir de um juízo de relevância da controvérsia apresentada pelo requerente. Seja de forma explícita, nos casos em que se exige a demonstração de relevância, ou como na ADPF nº 94, em que se revela que, se houvesse relevância, se ultrapassaria o juízo de subsidiariedade, seja de maneira implícita.

A realidade é que em ADPF autônoma, independentemente de seu objeto, já que também se identificou a exigência em ações que impugnaram ato de Poder Público sem conteúdo normativo[49] (não apenas para lei e ato normativo, como está no inc. I do parágrafo único do art. 1º da lei),[50] o STF afirma a necessidade de demonstração da relevância da controvérsia para o conhecimento da ação de controle concentrado.

---

[49] É o caso: (i) da ADPF nº 96, que impugnou atos de efeitos concretos do Ministério Público do Trabalho; (ii) da ADPF nº 127, que impugnou as resoluções nºs 302/2002, 303/2002 e 312/2002, todas editadas pelo Conselho Nacional do Meio Ambiente (Conama) para dispor sobre a delimitação de áreas de preservação permanente e sobre licenciamento ambiental em terrenos da zona costeira brasileira utilizados por empreendimentos de cultivo de camarões; e (iii) da ADPF nº 81, que impugnou o conjunto de decisões judiciais que tem reconhecido a particulares o direito de explorar serviço público de transporte interestadual e internacional de passageiros.

[50] Luís Roberto Barroso, em interpretação mais restrita, afirma que a relevância da controvérsia é requisito da modalidade incidental. Destaca, no entanto, que "quando o ato impugnado é decisão judicial que discute ato normativo federal, estadual ou municipal [...] muito embora se tenha verificado o esvaziamento da modalidade incidental, o requisito da relevância da controvérsia constitucional continua pertinente – agora em caráter geral – nas arguições que envolvam atos normativos das três esferas de poder, discutidos no âmbito de decisões judiciais" (BARROSO, Luís Roberto. *O controle de constitucionalidade no direito brasileiro*: exposição sistemática da doutrina e análise crítica da jurisprudência. 7. ed. São Paulo: Saraiva, 2016. p. 201).

Por sinal, a incorporação de requisito de relevância da controvérsia para o cabimento de ADPF já era defendida pelo Ministro Gilmar Mendes em doutrina:[51]

> É fácil ver também que a fórmula da relevância do interesse público para justificar a admissão da arguição de descumprimento (explícita no modelo alemão) está implícita no sistema criado pelo legislador brasileiro, tendo em vista especialmente o caráter marcadamente objetivo que se conferiu ao instituto.
>
> Assim, o Supremo Tribunal Federal poderá, ao lado de outros requisitos de admissibilidade, emitir juízo sobre a relevância e o interesse público contido na controvérsia constitucional, podendo recusar a admissibilidade da ADPF sempre que não vislumbrar relevância jurídica na sua propositura.

Nesse aspecto, diante da ascensão desse requisito de admissibilidade, o que significa, então, ser "relevante o fundamento da controvérsia"? Como esclarece Ingo Wolfgang Sarlet:

> o referido art. 1.º, parágrafo único, I, fala em "relevância do fundamento da controvérsia constitucional" e não em "controvérsia judicial relevante", como o fazem o art. 14, III, da Lei 9.868/1999 (ação declaratória de constitucionalidade) e o art. 3.º, V, da própria Lei 9.882/1999. Nesta perspectiva, para abrir ensejo à arguição de descumprimento, basta que a controvérsia constitucional tenha fundamento relevante, apresentando-se a hipótese como similar à que constitui pressuposto da repercussão geral.[52]

De fato, a exigência de relevante fundamento da controvérsia constitucional não se confunde com controvérsia judicial relevante. É, pois, indiferente que o tema seja controvertido em órgãos judicantes diversos, tal como se exige para a ADC. A exigência diz respeito à relevância da questão constitucional em si. É dizer: a repercussão social, econômica, política ou jurídica da controvérsia constitucional. Assim, a relevância da controvérsia para fins de cabimento da ADPF designa "uma repercussão geral, que transcenda o interesse das partes do litígio, seja pela existência de um número expressivo de processos análogos, seja pela gravidade ou fundamentalidade da tese em discussão, por seu alcance político, econômico, social ou ético".[53]

É o que se extrai da decisão do então Ministro Relator Ayres Britto, na ADPF nº 173, que impugnou a Lei do Estado de São Paulo nº 10.261/1968 e a Lei do Município de São Paulo nº 8.989/1978, que tratam de associação sindical e greve de servidores públicos. A ação acabou não conhecida por ausência de subsidiariedade, em decisão do Ministro Alexandre de Moraes,[54] que sucedeu a relatoria da ADPF. No entanto, em decisão anterior, ao receber a ADPF, o Ministro Ayres Britto apontou: "do exame dos autos,

---

[51] MENDES, Gilmar Ferreira; BRANCO, Paulo Gustavo Gonet. *Curso de direito constitucional*. 12. ed. São Paulo: Saraiva, 2017. p. 1158.

[52] SARLET, Ingo Wolfgang; MARINONI, Luiz Guilherme; MITIDIERO, Daniel. *Curso de direito constitucional*. 7. ed. São Paulo: Saraiva Educação, 2018. p. 1.355-1.356.

[53] BARROSO, Luís Roberto. *O controle de constitucionalidade no direito brasileiro*: exposição sistemática da doutrina e análise crítica da jurisprudência. 7. ed. São Paulo: Saraiva, 2016. p. 201.

[54] O Ministro Alexandre de Moraes afirmou que não cabia ADPF, porque "os interessados, servidores públicos do Estado de São Paulo, caso comprovada violação a direitos oriunda das normas impugnadas, poderiam desencadear ações coletivas para tutela de seus interesses perante o Tribunal local, as quais teriam o condão de neutralizar, de maneira eficaz, a situação de lesividade que se busca obstar com o ajuizamento desta ação".

enxergo a relevância da matéria veiculada na presente arguição de descumprimento de preceito fundamental, bem como o seu especial significado para a ordem social e a segurança jurídica".

A afirmação de relevância da controvérsia, por dizer respeito à constatação de repercussão social, política, econômica ou jurídica da questão constitucional, atribui significativo grau de discricionariedade para o conhecimento da ação. Assim, apesar da identificação de alguma unidade de critérios para o conhecimento de ADPF, com a delimitação de zonas de certeza sobre hipóteses de não cabimento da ação, o exame da jurisprudência do STF revelou a existência de juízo similar ao existente no *writ of certiorari* da Suprema Corte americana[55] para determinar quais lesões ou ameaças de lesão a preceito fundamental podem ser submetidas ao controle de constitucionalidade por ADPF.

Conclusão: o que pode ser objeto de controle e como se devem demonstrar os requisitos de admissibilidade da ação

Do desconhecimento ao protagonismo, desde a edição da Lei nº 9.882/1999, a ADPF assumiu posição de destaque na jurisdição constitucional. É possível assumir que, atualmente, se trata do principal instrumento para levar questões com expressiva relevância social, moral e política ao STF.

O emprego de conceitos indeterminados em relação ao objeto, ao parâmetro de controle e à exigência de subsidiariedade pela Lei nº 9.882/1999, de fato, atribuíram ao Supremo um espaço amplo de conformação dos requisitos de cabimento da ADPF. Em razão disso, aproveitando-se da fluidez própria dos conceitos indeterminados, o STF incorporou cláusulas de abertura que permitem, em cada caso, afirmar se os requisitos de cabimento foram ou não atendidos para fins de conhecimento da ação. Veja-se: até mesmo a subsidiariedade, que ostentava alguma objetividade na jurisprudência do STF, vem tendo o seu sentido alterado para, em vez de examinar a possibilidade de impugnação por ações objetivas, aferir a *adequação* de qualquer outro meio para a tutela de preceito fundamental.

Nesse cenário de indeterminação, a pesquisa sobre as decisões do STF demonstrou que o cabimento da ADPF é condicionado pela relevância da controvérsia: a repercussão social, política, econômica ou jurídica da questão constitucional. É a *intensidade de efeitos desestruturantes da ordem constitucional* que decorrem da questão apresentada na ADPF que determinará o seu cabimento. E isso tanto como um requisito autônomo de admissão, como para a própria conformação dos sentidos dos demais requisitos de cabimento.

A arguição de descumprimento de preceito fundamental é uma ação de controle para tutela das bases fundamentais da ordem constitucional. E ainda que se debata o que é "preceito fundamental", não há dúvida de que são os princípios e regras indispensáveis à caracterização e à existência do Estado. Dessa forma, a própria concepção de "preceito

---

[55] Sobre a competência recursal discricionária da Suprema Corte americana, consubstanciada na existência de filtro de relevância conhecido por *writ of certiorari*, v. REGO, Frederico Montedonio. Filtros de relevância no direito comparado: como as Cortes Supremas evitam a banalização de precedentes. *Revista da EMERJ*, Rio de Janeiro, v. 21, n. 3, t. 1, p. 205-235, set./dez. 2019.

fundamental" pressupõe um juízo de relevância. É dizer: a ação destinada a tutelar preceitos fundamentais da Constituição depende da constatação de que o ato do Poder Público tem aptidão para desestruturar a ordem jurídica constitucional.

Nesse aspecto, a previsão de uma ação destinada a proteger as bases fundamentais do Estado traz em si mesma a ideia de relevância para a identificação de seu cabimento. Em consequência, a incorporação de "filtro de relevância" para o conhecimento da ADPF tem um fundamento ontológico. Ainda que o STF não explicite isso em suas decisões, é a busca pela relevância da controvérsia que produz desfechos de admissibilidade de ADPF discrepantes, mesmo diante de situações similares quanto ao ato impugnado e aos preceitos fundamentais apontados como violados.

A discricionariedade para o conhecimento, contudo, não é absoluta. Afinal, apesar de a repercussão social, econômica, política ou jurídica depender de juízos com alguma subjetividade, a experiência com o requisito de repercussão geral em recurso extraordinário demonstra que existem fórmulas para evidenciar a relevância da questão constitucional. A diferença é que na ADPF, que se destina a sanar ameaça ou lesão de preceito fundamental, não basta a demonstração de efeitos transcendentes. A relevância está associada à aptidão do ato impugnado para desestruturar as bases da ordem constitucional.

Assim, tanto para a caracterização do ato do Poder Público, como para a demonstração da subsidiariedade e do preceito fundamental violado, o que orienta o conhecimento da ADPF é a relevância da questão constitucional. Cabe aos legitimados, ao detalhar cada um dos requisitos de cabimento, demonstrar que o ato impugnado tem aptidão para corromper as bases da ordem constitucional, naquilo que define e caracteriza o Estado, sem que exista alternativa para evitar ou sanar a lesão senão a ADPF.

Referências

AGRA, Walber de Moura. *Curso de direito constitucional*. 9. ed. Belo Horizonte: Fórum, 2018.

BARCELLOS, Ana Paula de. *Curso de direito constitucional*. Rio de Janeiro: Forense, 2018.

BARROSO, Luís Roberto. Arguição de descumprimento de preceito fundamental: apontamentos sobre seus pressupostos de cabimento. *Revista de Direito da Procuradoria Geral do Estado do Rio de Janeiro*, Rio de Janeiro, v. 61, p. 241-259, 2006.

BARROSO, Luís Roberto. *O controle de constitucionalidade no direito brasileiro*: exposição sistemática da doutrina e análise crítica da jurisprudência. 7. ed. São Paulo: Saraiva, 2016.

CAMPOS, Carlos Alexandre de Azevedo. *Da inconstitucionalidade por omissão ao Estado de coisas inconstitucional*. Tese (Doutorado) – UERJ, Rio de Janeiro, 2015.

COSTA, Teresa Cristina de Melo. *Novas técnicas de decisão do Supremo Tribunal Federal*: entre inovação e democracia. Dissertação (Mestrado) – UERJ, Rio de Janeiro, 2019.

FERNANDES, Bernardo Gonçalves. *Curso de direito constitucional*. 9. ed. Salvador: JusPodivm, 2017.

MENDES, Gilmar Ferreira. Arguição de descumprimento de preceito fundamental. *Revista Jurídica Virtual*, Brasília, n. 7, dez. 1999. Disponível em: https://revistajuridica.presidencia.gov.br/index.php/saj/article/view/1057/1041.

MENDES, Gilmar Ferreira; BRANCO, Paulo Gustavo Gonet. *Curso de direito constitucional*. 12. ed. São Paulo: Saraiva, 2017.

NEVES, Daniel Amorim Assumpção. *Ações constitucionais*. 2. ed. Rio de Janeiro: Forense, 2013.

REGO, Frederico Montedonio. Filtros de relevância no direito comparado: como as Cortes Supremas evitam a banalização de precedentes. *Revista da EMERJ*, Rio de Janeiro, v. 21, n. 3, t. 1, p. 205-235, set./dez. 2019.

SARLET, Ingo Wolfgang; MARINONI, Luiz Guilherme; MITIDIERO, Daniel. *Curso de direito constitucional*. 7. ed. São Paulo: Saraiva Educação, 2018.

SILVA, José Afonso da. *Curso de direito constitucional positivo*. 23. ed. São Paulo: Malheiros, 2004.

STRECK, Lenio Luiz. *Jurisdição constitucional*. 5. ed. Rio de Janeiro: Forense, 2018.

TAVARES, Andre Ramos. Arguição de descumprimento de preceito constitucional fundamental: aspectos essenciais do instituto na Constituição e na lei. *In*: TAVARES, André Ramos; ROTHENBURG, Walter Claudius (Org.). *Arguição de descumprimento de preceito fundamental*: análise à luz da lei nº 9.882/99. São Paulo: Saraiva, 2001.

TAVARES, Andre Ramos. *Arguição de descumprimento de preceito fundamental: análise da evolução do instituto sob a Constituição de 1988*. Disponível em: https://www12.senado.leg.br/publicacoes/estudoslegislativos/tipos-de-estudos/outras-publicacoes/volume-iii-constituicao-de1988-o-brasil-20-anos-depois.-a-consolidacao-das-instituicoes/jurisdicaoconstitucional-arguicao-de-descumprimento-de-preceito-fundamental-analiseda-evolucao-do-instituto-sobre-a-constituicao-de-1988.

Informação bibliográfica deste texto, conforme a NBR 6023:2018 da Associação Brasileira de Normas Técnicas (ABNT):

GRYNBERG, Ciro. Arguição de descumprimento de preceito fundamental: a relevância como fundamento ontológico da ADPF. *In*: OSORIO, Aline; MELLO, Patrícia Perrone Campos; BARROSO, Luna van Brussel (Coord.). *Direitos e democracia*: 10 anos do Ministro Luís Roberto Barroso no STF. Belo Horizonte: Fórum, 2023. p. 635-659. ISBN 978-65-5518-555-3.

MULTAS TRIBUTÁRIAS E LIMITES PARA RESTRIÇÃO DE DIREITOS FUNDAMENTAIS DOS CONTRIBUINTES: CONTROLE JUDICIAL DA PROPORCIONALIDADE E INDIVIDUALIZAÇÃO DA SANÇÃO

CLARA MOREIRA
FERNANDA DE PAULA

1 Introdução

A identificação dos limites constitucionais à previsão legal e à imposição administrativa de multas tributárias, em suas diferentes espécies, põe em confronto dois mandamentos relevantes. Por um lado, a sanção deve respeitar os direitos e as garantias fundamentais dos contribuintes, como o direito à igualdade, em seus aspectos formal e material, e o direito de propriedade. De outro, a preservação da efetividade do dever de contribuir para o financiamento das atividades estatais impõe que a consequência pelo descumprimento de uma obrigação tributária, principal ou acessória, seja onerosa o suficiente para desestimular a prática dessa conduta.[1]

Embora não se possa enfrentar a controvérsia relativa à proporcionalidade das multas tributárias no sistema brasileiro sem consideração aos dois objetivos enunciados antes, a análise desenvolvida no presente artigo está focada no primeiro deles.

O artigo versa sobre a atuação do Poder Judiciário no controle de multas tributárias que se revelem desproporcionais – seja pela sua previsão em abstrato, seja pela sua aplicação em concreto –, em função do grau de reprovabilidade do ilícito ou da magnitude da obrigação principal a ele relacionada.[2] A conclusão pela ilegitimidade da gradação realizada pelo legislador ou pela autoridade administrativa na definição do patamar de

---

[1] A identificação de valores constitucionais contrapostos na matéria foi feita pelo próprio homenageado, em artigo escrito em coautoria com Marcus Vinicius Cardoso Barbosa (Direito tributário e o Supremo Tribunal Federal: passado, presente e futuro. *Universitas JUS*, Brasília, v. 27, n. 1, p. 1-20, 2016. p. 13). No texto, os autores identificam o tema dos "limites constitucionais ao poder de tributar e as multas tributárias" como controvérsia materialmente constitucional a exigir a atenção do STF, em lugar de temas que tratam meramente da extensão da base de cálculo de tributos.

[2] Elemento este que se relaciona com a capacidade contributiva do devedor, individualmente considerado.

multas tributárias depende, em geral, da identificação da inobservância ao princípio da individualização da sanção[3] ou do desrespeito à vedação constitucional ao confisco. Por isso, os direitos constitucionalmente assegurados ao indivíduo, e mais especificamente ao contribuinte,[4] assumem papel central nessa abordagem.

Por se tratar de medidas afetas ao direito sancionador, a instituição e a aplicação de multas tributárias devem considerar, além da capacidade contributiva, tanto quanto possível, a gravidade das condutas individualmente consideradas e a culpabilidade do contribuinte. Nesse sentido, prevalece, na doutrina e na jurisprudência, o entendimento de que multas de mora, impostas para desestimular o atraso no recolhimento do tributo, devem ter patamar inferior ao de multas previstas como reprimenda pelo não pagamento do tributo.[5] Também há consenso no sentido de que condutas praticadas com dolo devem ser penalizadas mais gravemente do que infrações cometidas por mero erro, o que se extrai até mesmo da intuição. Da mesma forma, parece livre de controvérsia a afirmação de que as multas impostas por descumprimento de obrigações acessórias não podem superar o valor da obrigação principal.[6] No entanto, resta saber qual tem sido – e qual deve ser – o papel do Judiciário na gradação dessas sanções, inclusive para além dos casos consensuais.

O tema é caro ao homenageado, e a investigação toma por base a jurisprudência do Supremo Tribunal Federal (STF), em especial as contribuições prestadas pelo Ministro Luís Roberto Barroso, que é autor de votos paradigmáticos e/ou inovadores nessa matéria. São considerados a diferença na gravidade das condutas visadas por cada espécie de multa tributária, seu reflexo nos precedentes e teses firmados pelo tribunal até aqui, além da dificuldade de controlar a observância do postulado da individualização da sanção, tendo em vista os limites teóricos e práticos à atuação do Poder Judiciário. Este estudo, do mesmo modo, aproveita-se da produção doutrinária sobre o tema.

Na seção 2, apresenta-se breve categorização das espécies de multas tributárias conforme a natureza da conduta contemplada por cada uma delas. Dessa forma, será possível compreender melhor a exposição e a análise realizadas no momento

---

[3] "Ademais, num sistema jurídico baseado no Princípio da Isonomia, imperioso que se apliquem diferentes punições de acordo com o grau de intensidade à lesão ao bem jurídico e a culpabilidade de seu infrator" (TAKANO, Caio Augusto. A dosimetria das multas tributárias: proporcionalização e controle. *Revista de Direito Tributário Atual*, São Paulo, n. 37, p. 30-58, 2017. p. 36).

[4] "Ora, se é verdadeiro que é a competência tributária que fundamenta o Direito Tributário Penal, então também se deve concluir que todo o conjunto de garantias que permeiam o relacionamento entre Fisco e contribuinte, na matéria de instituição de tributos, deve aplicar-se às penalidades tributárias" (SCHOUERI, Luís Eduardo. *Direito tributário*. 9. ed. São Paulo: Saraiva, 2019. p. 862).

[5] Em sentido contrário, Misabel Abreu Machado Derzi e Frederico Menezes Breyner afirmam que: "[o] contribuinte que não pratica atos com dolo, fraude ou simulação, mas apenas adota determinada interpretação da legislação tributária ou qualificação jurídica dos fatos que o leva a pagar o tributo em desacordo com a posição, posteriormente adotada pela Fazenda Pública, no ato de lançamento não realiza conduta mais grave e reprovável do que aquele que deliberadamente paga em atraso o tributo que entende ser devido. Aquele contribuinte tem inclusive o direito fundamental de tentar fazer valer sua interpretação em processo administrativo ou judicial de impugnação do lançamento [...]. Em situações que não envolvam dolo, fraude ou simulação, o ilícito punido com as multas de mora e de ofício são equivalentes" (DERZI, Misabel Abreu Machado; BREYNER, Frederico Machado. *Multas tributárias e a vedação de confisco nos recentes julgamentos do STF*. 2016. Disponível em: https://sachacalmon.com.br/wp-content/uploads/2016/04/Multas-tributarias-Artigo-Misabel-e-Frederico.pdf. Acesso em: 6 maio 2023).

[6] "Embora haja dificuldade, como ressaltado pelo Ministro Sepúlveda Pertence, para se fixar o que se entende como multa abusiva, constatamos que as multas são acessórias e não podem, como tal, ultrapassar o valor do principal" (STF, Pleno. ADI nº 551. Rel. Min. Ilmar Galvão, j. 24.10.2002, voto do Ministro Marco Aurélio).

seguinte. A seção 3 aborda a evolução da jurisprudência do STF no que diz respeito à constitucionalidade de multas moratórias definidas como um percentual sobre o valor do tributo, de acordo com o patamar previsto pelo legislador. Nesse ponto específico da matéria, a solução originalmente apresentada pelo Ministro Barroso em precedentes da Primeira Turma julgados há mais de 8 (oito) anos atrás está em vias de ser acolhida como tese de repercussão geral, em julgamento ainda pendente de conclusão. Na seção 4, resgata-se tema submetido à sistemática de repercussão geral e ao controle abstrato de constitucionalidade – os dois casos são da relatoria do Ministro Barroso e cujos julgamentos ainda estão pendentes de conclusão –, acerca dos limites das multas impostas em razão do descumprimento de obrigação acessória e a necessidade de construção de um sistema sancionador em matéria administrativo-tributária, de maneira que haja um condicionamento recíproco entre as penalidades aplicadas em decorrência do bem jurídico tutelado e da gravidade das condutas praticadas. Por fim, a conclusão sintetiza os achados e reflexões mais importantes.

2 As espécies de multas tributárias e a gravidade das condutas relacionadas a estas

Antes de ingressar propriamente no tema do controle judicial da proporcionalidade das multas tributárias, é importante desenvolver esta breve seção para identificar as espécies de penalidades pecuniárias aplicáveis no direito tributário sancionador e as características de cada uma delas. A categorização apresentada a seguir toma em consideração a natureza da conduta que cada uma das espécies de multas visa a coibir.[7] Como já foi mencionado, há uma hierarquização relativamente consensual – e, de certa forma, intuitiva – na jurisprudência acerca da gravidade dessas condutas e, consequentemente, da magnitude da sanção que lhes deve corresponder.

As multas moratórias decorrem do atraso no recolhimento do tributo. A sua previsão e imposição pelos entes federativos competentes está fundada no art. 161 do Código Tributário Nacional (CTN), que diz que "[o] crédito não integralmente pago no vencimento é acrescido de juros de mora, seja qual for o motivo determinante da falta, *sem prejuízo da imposição das penalidades cabíveis*". A sua incidência pode ocorrer de forma automática, sem necessidade de intervenção da autoridade fiscal por meio da lavratura de auto de infração. Isso porque a legislação prevê o percentual ou quantia incidente a título de multa em caso de mora, de modo que, no momento da realização do pagamento com atraso, dá-se a cobrança do valor com todos os acréscimos moratórios, inclusive a multa.

As multas de ofício decorrem do descumprimento da obrigação tributária principal; i.e., não estão associadas meramente ao atraso no recolhimento do tributo, mas sim ao seu não pagamento. A infração penalizada, nesse caso, pode decorrer de conduta comissiva ou omissiva, culposa ou dolosa. Quando o não pagamento do tributo decorrer

---

[7] A organização das espécies de multas tributárias adotada neste texto segue a divisão feita pelo Ministro Luís Roberto Barroso no julgamento do Agravo Regimental no Agravo de Instrumento nº 727.872 (STF, 1ª Turma. Rel. Min. Luís Roberto Barroso, j. 28.4.2015), a qual se baseia na classificação tradicional da doutrina (v. TORRES, Ricardo Lobo. *Curso de direito financeiro e tributário*. 18. ed. Rio de Janeiro: Renovar, 2011. p. 332).

de sonegação, fraude ou conluio – ações especialmente graves –, diz-se *qualificada* a multa de ofício. A sua aplicação ocorre por meio da lavratura de auto de infração, que se presta ao lançamento do tributo devido e, ao mesmo tempo, à imposição da multa.

As multas isoladas decorrem do descumprimento de obrigações previstas na legislação tributária que não se façam acompanhar do dever de recolher tributos; daí o seu nome. A sua imposição também depende da lavratura de auto de infração, que, nesse caso, restringe-se à identificação da infração e à indicação da multa, sem que haja lançamento de tributo respectivo, dado o caráter isolado da penalidade.

Tanto as multas de ofício como as isoladas têm seu fundamento no art. 136 do CTN, que prevê a responsabilidade por infrações da legislação tributária, independentemente "da intenção do agente ou do responsável e da efetividade, natureza e extensão dos efeitos do ato". Além disso, todas as três espécies de multas devem ser previstas na lei do ente competente para a instituição das obrigações tributárias, tendo em vista o disposto no art. 97, V, do CTN,[8] e art. 5º, XXXIX, da CF/88 (por aplicação analógica).[9]

Embora não seja possível traçar uma ordem linear de gravidade das condutas relacionadas a cada espécie de multa – nem doutrina, nem jurisprudência alcançaram até aqui tamanho consenso – prevalece a percepção geral de que o atraso no recolhimento de tributo já exigível é mais danoso ao interesse da Administração Tributária do que o descumprimento de obrigação tributária principal que ponha em risco a própria constituição do crédito tributário, por consequência de decurso do prazo decadencial.[10] Por esse motivo, as multas moratórias tendem a ser mais moderadas do que as multas de ofício.

Ao mesmo tempo, há consenso maior, por óbvio, no que diz respeito à gradação entre a reprovabilidade do descumprimento da obrigação principal que derive de sonegação, fraude ou conluio – que atrai a multa de ofício qualificada – e daquele que se origine de conduta culposa – apenado com multa de ofício simples. Quanto ao descumprimento de obrigações tributárias acessórias, de maneira similar, prevalece a percepção de que, como regra geral, as penalidades aplicadas nessa hipótese não devem exceder aquelas devidas em decorrência da violação das obrigações principais.

A partir da próxima seção, o artigo apresenta o tratamento jurisprudencial dispensado a cada uma das espécies de multas tributárias, tendo por fonte os julgamentos do Supremo Tribunal Federal. Como se verá, esse Tribunal já reconheceu a existência de repercussão geral da controvérsia relativa aos limites constitucionais aplicáveis a cada espécie de multa.[11] Em um dos casos, já há maioria formada no julgamento de

---

[8] CTN, art. 97: "Somente a lei pode estabelecer: [...] V - a cominação de penalidades para as ações ou omissões contrárias a seus dispositivos, ou para outras infrações nela definidas".

[9] CF/88, art. 5º: "XXXIX - não há crime sem lei anterior que o defina, nem pena sem prévia cominação legal; [...]".

[10] "Por outro lado, o contribuinte que constitui o crédito tributário mediante a apresentação das declarações necessárias, mas deixa de recolhê-lo por qualquer razão, deve ser sancionado de forma moderada, porque cumpriu suas obrigações acessórias regularmente. Diferente é a situação o contribuinte que é autuado pela fiscalização tributária porque deixou de constituir alguma obrigação tributária, situação em que poderia ser beneficiado pela ocorrência da decadência. Neste caso específico, deve ser levado em consideração, na hora da fixação da multa, que o benefício econômico deste contribuinte seria de 100% do valor do tributo" (CEZAROTTI, Guilherme. Aplicação de multa pelo descumprimento de obrigações acessórias. Razoabilidade e proporcionalidade em sua aplicação. *Revista Dialética de Direito Tributário*, São Paulo, n. 148, p. 49-63, jan. 2008. p. 56).

[11] No RE nº 992.461 (Tema nº 816), analisam-se, entre outras coisas, os limites para a fixação da multa fiscal moratória – essa temática foi analisada no passado, de modo ligeiramente diverso, no RE nº 582.461 (Tema nº 214). No RE

mérito para estabelecer limite máximo à imposição, em abstrato. A exposição abordará especificamente a contribuição do Ministro Luís Roberto Barroso para o equacionamento da controvérsia, tendo em vista a relevância de seus posicionamentos na matéria.

O problema a ser enfrentado se apresenta em duas perspectivas. Em primeiro lugar, trata-se do controle da proporcionalidade entre a gravidade da conduta, considerada em abstrato, e a onerosidade da multa correspondente prevista em lei, conforme se trate de hipótese de desrespeito ao prazo de vencimento da obrigação tributária; de descumprimento da obrigação principal, por ação ou omissão, com ou sem dolo; ou da inobservância a obrigações acessórias. Em segundo lugar, discute-se a possibilidade de o Poder Judiciário controlar a gradação da penalidade concretamente aplicada, ainda que tenha havido respeito aos patamares definidos abstratamente no momento anterior, tendo em vista a necessidade de individualização da sanção e as peculiaridades do caso concreto.

3 Multas moratórias: desestímulo ao atraso e menor gravidade da conduta, limites e gradação da sanção

Já foi visto até aqui que as multas moratórias correspondem à conduta a qual se atribui a menor reprovabilidade em abstrato, o atraso no pagamento do tributo. A partir desse ponto, passa-se a investigar qual é a influência desse dado no controle judicial da proporcionalidade dessa espécie de penalidade pecuniária.

O Supremo Tribunal Federal admite o controle judicial de proporcionalidade das multas moratórias, e das multas em geral, com base em jurisprudência já cinquentenária. Ricardo Lobo Torres afirmava, com fundamento em precedentes da Corte de 1967 a 1991, que "a multa fiscal pode ser reduzida pelo Poder Judiciário, em face das circunstâncias concretas do caso, se não ocorre dolo nem má-fé, [...] seja para lhes retirar o caráter confiscatório, seja para equilibrá-las com os acréscimos de juros e correção monetária".[12] Na maioria dos precedentes mencionados, datados dos anos 1960 a 1980, o STF tão somente preservava a valoração do caso concreto feita pelo tribunal de origem, para manter a redução do valor de multas tributárias consideradas excessivas, chancelando essa possibilidade. Já no mais recente deles,[13] a Corte suspendeu a eficácia de norma de Constituição estadual que previa a incidência de multas de ofício, simples e qualificada, a serem fixadas em 200% (duzentos por cento) e 500% (quinhentos por cento) do valor do tributo, respectivamente.

Nos acórdãos proferidos desde então, relativamente às multas moratórias, o tribunal passou a analisar se o patamar da penalidade analisada em cada caso, sempre definido

---

nº 1.335.293 (Tema nº 1.195), discute-se a possibilidade de fixação de multa tributária punitiva, não qualificada, em montante superior a 100% (cem por cento) do tributo devido e, no RE nº 736.090 (Tema nº 863), os limites da multa fiscal qualificada em razão de sonegação, fraude ou conluio. No RE nº 640.452 (Tema nº 487) – tema análogo à ADI nº 3.465 –, a controvérsia recai sobre o caráter confiscatório de multa isolada por descumprimento de obrigação acessória. Por fim, ainda no âmbito das obrigações acessórias, no RE nº 606.010 (Tema nº 872), analisam-se os limites da multa por atraso na entrega da Declaração de Débitos e Créditos Tributários Federais (DCTF) e, no RE nº 796.939 (Tema nº 736), a multa por não homologação de compensações (PER/DCOMP).

[12] TORRES, Ricardo Lobo. *Tratado de direito constitucional financeiro e tributário*. 2. ed. Rio de Janeiro: Renovar, 2014. v. II. p. 405-406.

[13] STF, Pleno. ADI nº 551 MC. Rel. Min. Ilmar Galvão, j. 20.9.1991.

como um percentual do valor do tributo, era compatível ou não com os princípios da capacidade contributiva e da vedação ao confisco. Assim, no julgamento do Recurso Extraordinário nº 239.964,[14] definiu-se que a multa moratória de 20% (vinte por cento) do valor do imposto devido, prevista no art. 59 da Lei nº 8.383/1991, era constitucional. Da mesma forma, no julgamento do Recurso Extraordinário nº 582.461,[15] já submetido ao regime da repercussão geral, foi firmada tese no sentido de que "[n]ão é confiscatória a multa moratória no patamar de 20%" (Tema nº 214). Nos dois casos, a conclusão se baseou na ausência de efeito confiscatório da sanção e em julgados anteriores da Corte. Como afirmado em precedente da mesma época, a Corte já tivera "a oportunidade de considerar multas de 20% a 30% do valor do débito como adequadas à luz do princípio da vedação do confisco".[16]

A inovação no tratamento do tema pelo STF veio no julgamento dos agravos regimentais nos agravos de instrumento nºs 727.872 e 682.983, em 2015, sob a relatoria do Ministro Luís Roberto Barroso.[17] Nos dois casos, a Primeira Turma decidiu que "[é] possível realizar uma dosimetria do conteúdo da vedação ao confisco à luz da espécie de multa aplicada no caso concreto". A partir de tal fundamento, o órgão fracionário deu provimento aos agravos regimentais para reduzir a multa ao patamar de 20% (vinte por cento) do valor do tributo, definido que esse é o índice ideal, como um limite máximo, para penalidades de natureza moratória, tendo em vista o menor grau de reprovabilidade da conduta que estas buscam coibir.

Do voto do homenageado se pode extrair três contribuições relevantes para o equacionamento da controvérsia analisada neste artigo. Em primeiro lugar, a escolha da gradação da gravidade da conduta penalizada como parâmetro de controle da proporcionalidade das multas tributárias, tendo em vista a necessidade de individualização da pena, ainda que considerada em abstrato. Dessa forma, a avaliação judicial da legitimidade das multas deixa de ter como base apenas a capacidade contributiva e a vedação ao confisco.

Em segundo lugar, a afirmação expressa da necessidade de superação do óbice processual imposto pelo Enunciado nº 279 da Súmula do STF[18] para reconhecer que, mesmo diante da impossibilidade de reexame dos fatos, o tribunal deve se manifestar sobre o patamar razoável para cada espécie de multa tributária, conforme a natureza da conduta penalizada. "O volume do encargo deve ser passível de ser sindicado [...] porque a insuportabilidade do ônus parte também de sua dimensão imoderada e não apenas do porte de quem sofre a incidência da exação".[19]

Em terceiro lugar, a enunciação, a partir das duas contribuições anteriores, de um limite máximo de 20% (vinte por cento) aplicável às multas de mora, como uma orientação geral. Isso pois, em vez de analisar exclusivamente se o patamar daquela multa especificamente considerada era razoável, o colegiado fixou um parâmetro para

---

[14] STF, Primeira Turma. Rel. Min. Ellen Gracie, j. 15.4.2003.
[15] STF, Pleno. Rel. Min. Gilmar Mendes, j. 18.5.2011.
[16] STF, Segunda Turma. RE nº 523.471 AgR. Rel. Min. Joaquim Barbosa, j. 6.4.2010.
[17] STF, Primeira Turma, j. 28.4.2015 e 4.08.2015.
[18] Súmula STF nº 279: "Para simples reexame de prova não cabe recurso extraordinário".
[19] STF, 1ª Turma. AI nº 727.872 AgR. Rel. Min. Luís Roberto Barroso, j. 28.4.2015, voto do relator.

a previsão e aplicação de penalidades de natureza moratória. É certo que se trata de precedentes não vinculantes, que não produzem efeitos para além do caso concreto. No entanto, a fundamentação neles empregada influenciou o julgamento de tema de repercussão geral sobre a matéria, no qual o Plenário da Corte está próximo de acolher o entendimento e o patamar máximo antecipados nos julgados da Primeira Turma.

3.1 Proporcionalidade em função da gravidade do ilícito: o estabelecimento de limite máximo de 20% do valor do débito para multas de natureza moratória

Como afirmado no fim da seção 2, uma primeira perspectiva para o enfrentamento do problema dos limites constitucionais aplicáveis às multas de natureza moratória se desenvolve em abstrato. Ela diz respeito à avaliação da proporcionalidade entre o desrespeito ao prazo de vencimento da obrigação tributária principal, considerada a gravidade da conduta em tese, e a onerosidade da multa correspondente prevista em lei. Essa análise foi realizada nos precedentes de 2015 da Primeira Turma, a partir da proposta elaborada pelo Ministro Luís Roberto Barroso, e está prestes a ser repetida no julgamento, pelo Plenário do STF, do Recurso Extraordinário nº 882.461 (Tema nº 816 da repercussão geral), sob a relatoria do Ministro Dias Toffoli.

Nos recursos julgados pelo órgão fracionário, o relator reconheceu ser indispensável a análise do elemento subjetivo da conduta e, com base na divisão das multas tributárias em três espécies – as mesmas aqui consideradas –, afirmou a irrazoabilidade da punição em igual medida do desestímulo ao atraso no pagamento do tributo e da repreenda ao descumprimento das obrigações previstas na legislação tributária. Nesse sentido, com esteio nos percentuais considerados legítimos nos precedentes firmados pela Corte ao longo das décadas anteriores, entendeu haver segurança razoável na afirmação do patamar de 20% (vinte por cento) do tributo como o índice ideal para sancionar a impontualidade,[20] vista como uma falta de menor gravidade.

A mesma lógica foi desenvolvida pelo Ministro Dias Toffoli, no voto que, até agora, conduz o julgamento do Tema nº 816 da repercussão geral. O relator do recurso extraordinário reconhece que o exercício de fixação de limite máximo para o estabelecimento de multas moratórias deveria, idealmente, ser realizado pelo legislador complementar, por meio de normas gerais em matéria de legislação tributária (art. 146, III, CF). No entanto, na ausência de lei complementar que uniformize a questão e confira efetividade às cláusulas constitucionais de proteção ao contribuinte atribui essa missão ao Supremo Tribunal Federal.

No desempenho dessa tarefa, ao tratar da definição do teto aplicável como norma geral às multas tributárias de natureza moratória, o Ministro Toffoli recorre aos precedentes da Corte, em especial aos agravos regimentais em agravo de instrumento julgados pela Primeira Turma em 2015, para propor que se adote o limite máximo de 20%

---

[20] Cabe ressaltar que a circunstância de a legislação federal estipular o patamar da multa moratória em 20% provavelmente serviu como referencial a influenciar a conclusão da Corte no sentido da legitimidade desse percentual específico.

(vinte por cento) do valor do débito.[21] Embora o julgamento tenha sido interrompido, em 24.4.2023, por pedido de vista, até o momento da elaboração deste texto, a proposta do relator já havia sido acompanhada por cinco outros ministros, o que estabelece maioria.

3.2 Dimensionamento da multa em função do tempo de mora: a necessidade de previsão de multas progressivas

A segunda perspectiva de análise do problema do controle da proporcionalidade de multas tributárias se desenvolve com atenção ao caso concreto. Ela diz respeito à possibilidade de o Poder Judiciário controlar a gradação da penalidade concretamente aplicada, para além do mero estabelecimento de um limite máximo; isto é, ainda que tenha havido respeito aos patamares definidos como teto em momento anterior. Embora o estabelecimento de um patamar máximo conforme a espécie de multa promova, em alguma medida, a exigência de individualização da sanção, é certo que, mesmo entre condutas categorizadas como sendo da mesma natureza, há aquelas que ostentam maior e menor gravidade.[22]

Relativamente à multa moratória, o controle de proporcionalidade em atenção às peculiaridades da infração no caso concreto passa, essencialmente, pela consideração do tempo de mora. A conduta do contribuinte que atrasa o recolhimento do tributo em um dia não tem a mesma gravidade da postura daquele que permanece um ano inteiro em mora até cumprir a obrigação. Portanto, não pode ser considerada legítima lei que determine a aplicação uniforme do patamar de 20% (vinte por cento) de multa moratória para os dois contribuintes ora considerados. É necessário que a previsão e aplicação das multas moratórias levem em consideração a gradação de reprovabilidade das condutas concretamente consideradas, conforme o período de duração do atraso.

O voto proferido pelo relator no julgamento do Tema nº 816 da repercussão geral também se atenta a esse aspecto específico do problema. Embora não estabeleça nenhum parâmetro para o controle dessa gradação pelo Poder Judiciário, o Ministro Dias Toffoli afirma a "imprescindibilidade de o dimensionamento da multa guardar razoável proporção com a própria passagem do tempo de mora".[23] Nesse sentido, imputa ao legislador o papel de especificar esse dimensionamento, inclusive com a

---

[21] A tese de repercussão geral, no ponto que interessa a este trabalho, tem a seguinte redação: "As multas moratórias instituídas pela União, Estados, Distrito Federal e municípios devem observar o teto de 20% do débito tributário".

[22] "Assim, a regra sancionadora deve ser graduada de modo a manter, na medida do possível, a utilidade do contribuinte em pagar o tributo, pois a alternativa (multa) deve lhe ser mais desvantajosa. Por exemplo, se a multa prevista para o não pagamento de tributo é baixa, digamos, de 5% sobre o principal, a alternativa (não pagar) pode mostrar-se mais atraente. Por outro lado, a multa exacerbada pode surtir efeito nulo, uma vez que o contribuinte não tenha condições de arcá-la. Uma possibilidade seria a sanção progressiva – levando em conta o valor do tributo, o tempo de sua inadimplência ou a gravidade da infração. Nesse sentido, para que a proporcionalidade fosse realmente atendida, assim como o princípio da igualdade tributária (tratar os iguais de forma igual, os contribuintes que se encontrem em situação semelhante), as sanções deveriam ser instituídas a partir de uma extensa e minuciosa análise das áreas específicas de atividade econômica às quais o tributo incide. Em setores onde houvesse mais margem de lucro ou mais possibilidade de sonegação, as sanções poderiam ser mais elevadas do que naqueles onde a lucratividade é menor ou onde a ocorrência de fraudes é reduzida" (CARVALHO, Cristiano. Sanções tributárias. *In*: BARRETO, Aires Fernandino (Coord.). *Direito tributário contemporâneo* – Estudos em homenagem a Geraldo Ataliba. São Paulo: Malheiros, 2011. p. 179-180).

[23] STF. RE nº 882.461. Rel. Min. Dias Toffoli, voto do relator, sessão virtual de 14 a 24.4.2023 (Disponível em: https://sistemas.stf.jus.br/repgeral/votacao?texto=5269257. Acesso em: 6 maio 2023).

definição do momento a partir do qual o patamar da multa se estabiliza, sempre com respeito ao limite máximo de 20% (vinte por cento).

Com efeito, seria descabido que o STF, por meio da elaboração de tese de repercussão geral, estabelecesse qual deve ser considerado o modelo ideal de gradação das multas moratórias conforme o tempo de duração da mora. Há diversas formas pela qual o legislador pode promover o enquadramento adequado da sanção com respeito a esse critério – p. ex., por meio da previsão de multa progressiva em função do tempo, ou de multa fixa ou proporcional, com descontos conforme a data do adimplemento –,[24] e não cabe ao Poder Judiciário restringir as suas opções. De todo modo, se no caso concreto levado à apreciação judicial a multa moratória for prevista e aplicada com desrespeito evidente a essa gradação mais concreta, deverá o órgão julgador reconhecer a inconstitucionalidade da sanção no caso concreto.[25] Nos precedentes aqui analisados, tal hipótese não se configurava.

4 Multa por descumprimento de obrigação acessória: o tributo como base de cálculo e o condicionamento entre as penalidades

Uma vez fixadas as balizas referentes às multas tributárias por descumprimento de obrigação principal – aquela atrelada ao pagamento do tributo, um *dar* –, deve-se entender o tratamento do tema considerando as obrigações acessórias. Estas, apesar da nomenclatura "acessória", de longa data na doutrina,[26] possuem natureza, em certa medida, autônoma em relação à obrigação principal e correspondem a um *fazer* ou *deixar de fazer*.

São inúmeros os exemplos no ordenamento jurídico que corroboram essa interpretação, como as entidades imunes ou isentas, que, muito embora não possuam uma obrigação principal, têm obrigações acessórias, como elaborar declarações fiscais ou prestar esclarecimentos em procedimentos fiscalizatórios. Essa condição não modifica o fato de a obrigação acessória ser devida *em virtude* da obrigação principal, pois funciona como um instrumento para a verificação da realidade subjacente à norma, sem o qual o Estado teria – ao menos – dificuldade para tutelar o seu interesse arrecadatório e,

---

[24] Extrai-se o seguinte exemplo do voto do relator: "Ainda nesse contexto, é importante realçar que, em alguns casos, embora seja prevista uma multa moratória de alíquota fixa, incidente uma única vez (o que poderia levar a crer que inexistiria aquele dimensionamento), a legislação estabelece uma redução da multa se o pagamento do tributo é feito dentro de determinado prazo de mora. Em casos assim, há, *a priori*, o respeito àquela lógica da necessidade de o dimensionamento da multa de mora guardar razoável proporção com a passagem do próprio tempo de mora". (STF. RE nº 882.461. Rel. Min. Dias Toffoli, voto do relator, sessão virtual de 14 a 24.4.2023 (Disponível em: https://sistemas.stf.jus.br/repgeral/votacao?texto=5269257. Acesso em: 6 maio 2023).

[25] "Em suma, o legislador não só pode como deve, em atenção à individualização da pena, criar normas que permitam a gradação das penalidades conforme as circunstâncias de cada caso, atendendo à situação de fato e às características pessoais do infrator. E a autoridade administrativa, inclusive a julgadora, em cumprimento a essas normas, deve dosar a pena, à luz dos critérios legais e das circunstâncias fáticas de cada caso, vinculada que está ao cumprimento da lei, e também à promoção da justiça em matéria de penalidade fiscal. No mais, o controle das penas aplicadas pelas autoridades administrativas (fiscais e julgadoras) pode ser efetuado pelo Poder Judiciário, enquanto guardião da lei e da Constituição e, pois, enquanto protetor do direito constitucional à individualização da pena e das normas infraconstitucionais que dele espraiam" (SILVA, Fabiana Carsoni Alves Fernandes da. A individualização da pena no direito tributário sancionador – Competência para a gradação da penalidade fiscal e princípios e direitos que autorizam tal atividade. *Revista de Direito Tributário Atual*, São Paulo, n. 37, p. 121-145, 2017. p. 133).

[26] SCHOUERI, Luís Eduardo. *Direito tributário*. 9. ed. São Paulo: Saraiva, 2019. p. 529.

por via de consequência, a capacidade contributiva, a igualdade e a livre concorrência entre os agentes econômicos. Há, assim, uma confluência de bens jurídicos tutelados por ambas as penalidades.

4.1 Dificuldades impostas pelas obrigações acessórias e evolução jurisprudencial

Ao mesmo tempo, não se pode deixar de identificar que as sanções relativas às obrigações acessórias inauguram controvérsias não compreendidas na hipótese da obrigação principal. Isso porque, diferentemente desta, à qual é intrínseca uma mensuração determinada, de acordo com o quanto devido pelo sujeito passivo; quando se debruça sobre a obrigação acessória, não há um parâmetro quantitativo (imediato). Some-se a essa análise a percepção de que, se, no caso da obrigação principal, a multa imposta diz respeito a uma única conduta – deixar de pagar tributo –, nas obrigações acessórias, há uma gama de comportamentos que podem compreender um leque indefinido de variáveis.

Estas, por sua vez, espelham diversos níveis de reprovabilidade e, inclusive, aptidão de gerar danos ao erário público. Para fins ilustrativos, deixar de emitir um documento fiscal não parece equivaler, em termos de gravidade, a um erro (não fraudulento) no seu preenchimento que não altere o valor do tributo devido – sobretudo quando se considera a complexidade das declarações prestadas. Tais aspectos (ausência de um parâmetro quantitativo e pluralidade de condutas) revelam as dificuldades do controle de constitucionalidade das multas por descumprimento de obrigação acessória pelo Supremo Tribunal Federal.

Não por outra razão, apesar de a jurisprudência sobre a multa por descumprimento da obrigação principal ser relativamente antiga, a temática das obrigações acessórias somente veio a ser apreciada, quando do julgamento do Recurso Extraordinário nº 606.010 (Tema nº 872), de relatoria do Ministro Marco Aurélio, julgado em 24.8.2020.

Nesse caso, discutia-se a imposição de multa por entrega em atraso da Declaração de Débitos e Créditos Tributários Federais (DCTF) (art. 7º, II, da Lei nº 10.426/2002) – esse documento deve ser apresentado pelas pessoas jurídicas à Receita Federal do Brasil (RFB) e contém informações sobre os tributos federais devidos.

Prevaleceu o entendimento de que (i) os critérios de não confisco e proporcionalidade que vinham sendo empregados pela Corte para o controle da multa por descumprimento de obrigação principal, de igual modo, deveriam ser transpostos para o caso das obrigações acessórias; (ii) quanto à base de cálculo da multa, concluiu-se que o valor do tributo deveria ser empregado para tanto, já que esse referencial permite que a penalidade atenda à capacidade contributiva e igualdade. A ideia subjacente é que, se o Estado, ao punir por meio de uma multa fiscal, exerce uma competência sancionadora, há ainda uma competência tributária anterior que atrai parcela das normas jurídicas desta, como as mencionadas; (iii) o percentual máximo de 20% (vinte por cento) sobre o valor do tributo fixado pela lei não é confiscatório ou desproporcional; e (iv) deve haver, em certa medida, uma postura de deferência da Corte para com o legislador, dado que este é vocacionado, dentro do seu espaço de conformação, a delimitar a política pública sancionadora que considera mais adequada.

4.2 Multa isolada: a sistematização das multas em matéria tributária

Assumindo esse precedente, o Ministro Luís Roberto Barroso retomou tema análogo no voto prolatado no Recurso Extraordinário nº 640.452 (Tema nº 487) e na Ação Direta de Inconstitucionalidade nº 3.465, ambos da sua relatoria. O julgamento respectivo foi suspenso, em 5.12.2022, em razão de pedido de vista do Ministro Dias Toffoli e, desde então, pende de conclusão.

A controvérsia examinada pelo homenageado deste artigo se centra nos limites constitucionais da multa isolada por descumprimento de obrigação acessória, quando há obrigação principal subjacente, sem que haja sonegação, fraude ou conluio. Isto é, para fins ilustrativos, no caso concreto, examina-se a imposição de multa por remessa de mercadorias desacompanhadas de documentação fiscal (nota fiscal) – hipótese de descumprimento de obrigação acessória –, quando o ICMS já foi recolhido, integral e antecipadamente, por meio da substituição tributária. Vale dizer, há uma obrigação principal subjacente que foi integralmente cumprida, e a multa por descumprimento da obrigação acessória é aplicada isoladamente (multa isolada). Note-se que essa obrigação atende a interesses fiscalizatórios para a certificação do pagamento do tributo.

Ao analisar o tema, o relator efetuou, pela primeira vez, uma sistematização das multas administrativo-tributárias, na medida em que, apesar de endossar o entendimento anteriormente exposto de que todas as multas tributárias, por violação de obrigação principal ou acessória, visam a tutelar um mesmo bem jurídico, reconheceu que há uma gradação de reprovabilidade das condutas que deveria se refletir nas penalidades correspondentes.

Nesse sentido, o ministro sustentou que, (i) como um instrumento para a arrecadação tributária, o descumprimento da obrigação acessória pode ser um meio (ilícito-meio) para o descumprimento da obrigação principal (ilícito-fim), sendo por este abrangido, dado o nexo de dependência entre as condutas e a prevalência desta última em relação àquela primeira. Isso, pois, frise-se, o que se pretende ao final é garantir que os valores devidos ingressem nos cofres públicos e se realize uma política fiscal que contemple a todos em condições de igualdade.

Essa concepção endossa o *princípio da consunção*, como já sustentado pelo Superior Tribunal de Justiça,[27] conforme o qual, a multa isolada por descumprimento de obrigação acessória deve ser incorporada pela multa de ofício por descumprimento de obrigação principal. Trata-se de um princípio originário do direito penal, no que tange à absorção da pena do crime-meio pela pena do crime-fim. Veja-se que a aglutinação das penalidades se funda ainda na proporcionalidade, uma vez que a independência das sanções poderia ensejar a excessividade da sua aplicação conjunta, ao passo que o modo de cometimento do ilícito traduz uma sequência de atos ou omissões relacionados

---

[27] "Em se tratando as multas tributárias de medidas sancionatórias, aplica-se a lógica do princípio penal da consunção, em que a infração mais grave abrange aquela menor que lhe é preparatória ou subjacente. O princípio da consunção (também conhecido como Princípio da Absorção) é aplicável nos casos em que há uma sucessão de condutas típicas com existência de um nexo de dependência entre elas. [...] Sob este enfoque, não pode ser exigida concomitantemente a multa isolada e a multa de ofício por falta de recolhimento de tributo apurado ao final do exercício e também por falta de antecipação sob a forma estimada. Cobra-se apenas a multa de ofício pela falta de recolhimento de tributo" (STJ, Segunda Turma. REsp nº 1.496.354. Rel. Min. Humberto Martins, j. 17.3.2015).

e dependentes, apontando para um fim único, *e.g.*, o não pagamento de tributo. Logo, o fracionamento das condutas contradiz não apenas essa unicidade, como também permite que a pluralidade de imposições punitivas ultrapasse a proporção da gravidade do ilícito.

Ainda seguindo esse racional, (ii) o relator corroborou a tese aportada antes acerca da base de cálculo das multas devidas em razão do descumprimento de obrigação acessória, que, sempre que possível, deve ser o próprio tributo. Essa construção advém da compreensão que concretiza os princípios inerentes ao poder de tributar do Estado, principalmente os princípios da capacidade contributiva e da igualdade, e da proposição segundo a qual esse parâmetro quantitativo guarda relação com o próprio bem jurídico tutelado. A assunção desse referencial, dessa maneira, viabiliza um maior controle sobre a proporcionalidade da penalidade, como uma medida para a identificação do excesso, ou seja, a desproporção entre a gravidade do ilícito e a gravidade da multa aplicada. Essa comparação se torna mais clara, uma vez que a obrigação principal e a acessória são submetidas a um denominador comum.

Ademais, (iii) o ministro endossou uma espécie de hierarquia entre as penalidades aplicadas, em função das condutas subjacentes, sendo que devem possuir maior gravidade aquelas atinentes às obrigações principais – porquanto atreladas diretamente ao fim último da atividade tributária –, ao revés das obrigações acessórias, indiretamente relacionadas a este. Poder-se-ia, diversamente, sustentar que há uma equiparação de relevância normativa dessas obrigações, já que a arrecadação tributária restaria, se não integralmente, ao menos substancialmente prejudicada na eventualidade de inexistirem meios pelos quais as autoridades fiscais pudessem efetivamente identificar a ocorrência do fato gerador e apurar o tributo devido. Deve-se, assim, considerar que as obrigações acessórias não são um fim em si mesmas. Elas se justificam como um instrumento para a arrecadação tributária, ao passo que a obrigação principal reside no âmago da função fiscal do Estado.

Tal entendimento parece ter impulsionado o ministro a sugerir um escalonamento entre as penalidades, de modo que os patamares máximos mais altos contemplem as obrigações principais, e aqueles mais baixos, as obrigações acessórias. Para prosseguir, o relator se ampara na percepção de que as multas atinentes às obrigações principais, assumindo a jurisprudência já referida neste artigo, varia entre um patamar máximo de 100% (cem por cento), para as multas punitivas, e de 20% (vinte por cento), para as multas moratórias. Essa condição impõe que o menor percentual máximo da multa por descumprimento de obrigação principal seja o limite máximo da multa por descumprimento de obrigação acessória.

Em outras palavras, esta não pode exceder a 20% (vinte por cento) do tributo. Nessa esteira, cabe confrontar esse entendimento com aqueles que defendem que a multa isolada deveria ter o parâmetro máximo de 100% (cem por cento) do tributo, equiparando a punição ao tributo, mesmo quando este já foi recolhido aos cofres públicos. Ora, estar-se-ia estabelecendo uma equivalência desproporcional, especialmente, saliente-se, quando se constata que não há tributo pendente de pagamento. Similar raciocínio transpõe a tais penalidades isoladas rigor incompatível com a gravidade da conduta subjacente, que não causou diretamente nenhum dano ao erário público.

4.3 Multa isolada: direcionamento à atuação do legislador

Em atenção a esses elementos, o Ministro Luís Roberto Barroso continuou a orientar a atuação do legislador considerando que a obrigação acessória compreende uma gama de comportamentos e os ilícitos respectivos podem possuir juízos de reprovabilidade diversos, principalmente quando se examina o caso da multa isolada, em que a obrigação principal pode ter sido adimplida em sua inteireza, ou mesmo não existir.

A despeito dessa condição, a prescrição das multas em matéria tributária, de modo geral, segue um padrão: define-se a penalidade em um valor fixo, sem que reste ao aplicador margem para a sua gradação em função das particularidades concretas.[28] Orienta-se esse modelo sob a concepção de que a conduta individual não importa, bastando que não haja o pagamento do tributo – e aqui parece se estar diante de um não pagamento efetivo ou potencial.

A dificuldade dessa lógica é que, no caso das obrigações acessórias, apesar de estas servirem ao fim último de garantia da arrecadação, saliente-se, não apenas que o comportamento direto (descumprir uma obrigação acessória) não se refere ao pagamento de tributo, como também nenhum tributo pode ser devido ou mesmo a obrigação principal pode ter sido adimplida antes.

Ao mesmo tempo, sustentar que, segundo a *ratio* específica da sanção fiscal, como regra, as particularidades individuais não são pertinentes, não deve significar, na visão do ministro, que toda e qualquer obrigação acessória deva ser punida da mesma forma, com mesmo percentual e sem a prescrição de nenhuma atenuante. Os ilícitos devem ser punidos pelo Estado de acordo com a proporcionalidade entre a gravidade da conduta e a gravidade da penalidade.

A atividade legislativa, por conseguinte, deve respeitar dois critérios: (i) tipificar o maior número possível de comportamentos para categorizá-los, segundo a sua gravidade, ou introduzir instrumentos para assim fazê-lo; (ii) a esse juízo se acresce a necessidade de que a legislação estabeleça elementos atenuantes para que o aplicador possa graduar a penalidade, diante da situação concreta.

Não se pode olvidar que as atenuantes para essas hipóteses condizem com o fato de a Corte estar fixando um limite máximo para a punição, de modo que, caso se admitissem agravantes, esse limite não atuaria como um padrão máximo. Deve-se considerar ainda que o tribunal, por oportunidade desse julgamento, não está se debruçando sobre as hipóteses de sonegação, fraude e conluio – para estas as conclusões poderão ser diversas.

Com essa argumentação, o homenageado por este estudo reitera uma postura de deferência da Corte para com a atuação do legislador na delimitação da política

---

[28] Em sentido contrário: "A despeito da divergência acerca da matéria, para nós, as autoridades fiscais (e também as julgadoras) podem, sim, avaliar e dosar a pena. É que, mesmo nos juízos discricionários, a autoridade administrativa está jungida à lei, por força do princípio da legalidade, inclusive aos limites mínimos e máximos porventura existentes na norma, não havendo, neste contexto, ofensa aos art. 150, inciso I, da Constituição Federal e art. 97, inciso V, do Código Tributário Nacional. [...] Em matéria de graduação das penas fiscais, a discricionariedade não figura como um 'defeito da lei', mas como um mecanismo de promoção da justiça, pelo qual é encontrada 'uma solução normativa para o problema da inadequação do processo legislativo. O legislador não dispõe de condições para prever antecipadamente a solução mais satisfatória para todos os eventos futuros'" (SILVA, Fabiana Carsoni Alves Fernandes da. A individualização da pena no direito tributário sancionador – Competência para a graduação da penalidade fiscal e princípios e direitos que autorizam tal atividade. *Revista de Direito Tributário Atual*, São Paulo, n. 37, p. 121-145, 2017. p. 126-127).

sancionadora fiscal. Isso porque, ao invés de interferir diretamente no desenho da política definindo propriamente o *quantum* devido em cada caso, faculta-se ao Poder Legislativo – vocacionado para tanto – a regulamentação do assunto. Traçam-se apenas parâmetros e requisitos que estariam de acordo com a Constituição, devendo as suas efetivas introdução e especificação serem feitas pelo legislador. Ademais, as controvérsias sobre as sanções tributárias poderão suscitar uma harmonização nacional por meio de lei complementar, à qual caberia a definição de parâmetros mínimos, a serem observados na legislação ordinária de cada ente, além da individualização das condutas e multas respectivas.

5 Conclusão

Por todo o exposto, identifica-se que, se em um primeiro momento o tribunal se limitou a traçar parâmetros máximos relacionados às multas devidas pelo descumprimento de obrigação principal, especialmente a multa punitiva; com o passar do tempo a Corte submeteu novas temáticas à sua apreciação, como a multa por descumprimento de obrigação acessória. Por quaisquer das perspectivas que esse contexto revele, não se pode deixar de verificar uma evolução no tratamento do tema, com a assunção progressiva de controvérsias de maior complexidade e que demandam, assim, um maior refinamento para o seu tratamento pelos julgadores.

Nesse sentido, não se pode deixar de salientar as inúmeras contribuições do Ministro Luís Roberto Barroso na resolução dessas controvérsias. Devem-se reconhecer, com maior destaque, a fixação da multa moratória em 20% (vinte por cento) sobre o valor do tributo e o traçado de uma sistematização do tema com o reconhecimento de que deve haver um escalonamento das penalidades, em função da reprovabilidade da conduta revelada de acordo com o bem jurídico tutelado. Segundo esse racional, o ora homenageado concluiu que também a multa isolada por descumprimento de obrigação acessória não poderia exceder 20% (vinte por cento) do valor do tributo.

A postura de deferência do ministro para com as opções feitas pelo Legislativo se mostra, igualmente, necessária para reconhecer a competência institucional desse poder na regulação da matéria – o que não significa retirar do Poder Judiciário a competência para rever as penalidades no caso concreto e o controle de constitucionalidade da legislação em tela.

Por quaisquer dos lados, uma temática parece igualmente advir dessa decisão. A fixação das multas por juízes para casos concretos (sobretudo, com eficácia *inter partis*) traduz um dilema de longa data enfrentado pelo homenageado deste artigo acerca do atendimento à justiça particular em prejuízo daquela geral.[29] O espaço público definido aprioristicamente para o traçado das penalidades não pode deixar de ser o Poder Legislativo e o comando legal não ser direcionado a todos – em contramão às decisões *inter partis*.

Por todas essas considerações, resta claro que, ao se observar o homenageado, está-se diante de um ministro e professor (ou professor e ministro, como ele próprio

---

[29] BARROSO, Luís Roberto. *Curso de direito constitucional contemporâneo*. 9. ed. São Paulo: Saraiva, 2020. p. 369.

prefere dizer) que contribuiu e ainda contribui para uma das maiores controvérsias em matéria tributária, as multas fiscais e os seus limites.

Referências

BARROSO, Luís Roberto. *Curso de direito constitucional contemporâneo*. 9. ed. São Paulo: Saraiva, 2020.

BARROSO, Luís Roberto; BARBOSA, Marcus Vinicius Cardoso. Direito tributário e o Supremo Tribunal Federal: passado, presente e futuro. *Universitas JUS*, Brasília, v. 27, n. 1, p. 1-20, 2016.

CARVALHO, Cristiano. Sanções tributárias. *In*: BARRETO, Aires Fernandino (Coord.). *Direito tributário contemporâneo* – Estudos em homenagem a Geraldo Ataliba. São Paulo: Malheiros, 2011. p. 162-182.

CEZAROTTI, Guilherme. Aplicação de multa pelo descumprimento de obrigações acessórias. Razoabilidade e proporcionalidade em sua aplicação. *Revista Dialética de Direito Tributário*, São Paulo, n. 148, p. 49-63, jan. 2008.

DERZI, Misabel Abreu Machado; BREYNER, Frederico Machado. *Multas tributárias e a vedação de confisco nos recentes julgamentos do STF*. 2016. Disponível em: https://sachacalmon.com.br/wp-content/uploads/2016/04/Multas-tributarias-Artigo-Misabel-e-Frederico.pdf. Acesso em: 6 maio 2023.

SCHOUERI, Luís Eduardo. *Direito tributário*. 9. ed. São Paulo: Saraiva, 2019.

SILVA, Fabiana Carsoni Alves Fernandes da. A individualização da pena no direito tributário sancionador – Competência para a graduação da penalidade fiscal e princípios e direitos que autorizam tal atividade. *Revista de Direito Tributário Atual*, São Paulo, n. 37, p. 121-145, 2017.

TAKANO, Caio Augusto. A dosimetria das multas tributárias: proporcionalização e controle. *Revista de Direito Tributário Atual*, São Paulo, n. 37, p. 30-58, 2017.

TORRES, Ricardo Lobo. *Curso de direito financeiro e tributário*. 18. ed. Rio de Janeiro: Renovar, 2011.

TORRES, Ricardo Lobo. *Tratado de direito constitucional financeiro e tributário*. 2. ed. Rio de Janeiro: Renovar, 2014. v. II.

Informação bibliográfica deste texto, conforme a NBR 6023:2018 da Associação Brasileira de Normas Técnicas (ABNT):

MOREIRA, Clara; PAULA, Fernanda de. Multas tributárias e limites para restrição de direitos fundamentais dos contribuintes: controle judicial da proporcionalidade e individualização da sanção. *In*: OSORIO, Aline; MELLO, Patrícia Perrone Campos; BARROSO, Luna van Brussel (Coord.). *Direitos e democracia*: 10 anos do Ministro Luís Roberto Barroso no STF. Belo Horizonte: Fórum, 2023. p. 661-675. ISBN 978-65-5518-555-3.

FIXAÇÃO DE TESES NO JULGAMENTO DAS AÇÕES DE CONTROLE CONCENTRADO DE CONSTITUCIONALIDADE

DANIEL DE OLIVEIRA PONTES

1 Introdução

Em nosso sistema jurídico, tem-se notado uma tendência de valorização dos precedentes, como forma de potencializar a isonomia e a segurança jurídica na aplicação do direito.

Esse fortalecimento percebido nas últimas décadas, em algum grau, choca-se com o nosso tradicional modelo de *civil law*, identificando-se, por conseguinte, alguns pontos de dificuldades na sua consolidação.

Nada obstante tais adversidades, fato é que o manejo de precedentes se sedimenta em nosso sistema, o que destaca a necessidade de medidas legais e jurisdicionais que aperfeiçoem sua aplicação. No presente artigo, pretende-se, então, analisar, em especial, a contribuição do Professor Luís Roberto Barroso na formulação de teses de julgamento como um instrumento idôneo e eficaz para conferir maior segurança jurídica e harmonia à atividade jurisprudencial.

2 A valorização dos precedentes no direito brasileiro

Tradicionalmente, os sistemas jurídicos dividem-se em dois: *civil law* e *common law*. O primeiro é o romano-germânico, em que a lei aparece como principal fonte do direito, com um papel secundário às decisões judiciais, que não são fonte imediata de norma jurídica. Ao revés, no *common law*, os julgados se apresentam como principal fonte do direito, sendo a norma correspondente ao comando extraído da decisão, aplicando-se a casos futuros idênticos.[1]

No Brasil, considerando-se a influência do direito lusitano que, por sua vez, colhia raízes no direito romano, o sistema do *civil law* solidificou-se desde os tempos coloniais.

---

[1] MELLO, Patrícia Perrone Campos; BARROSO, Luís Roberto. Trabalhando com uma nova lógica: a ascensão dos precedentes no direito brasileiro. *Revista da AGU*, v. 15, n. 3, jul./set. 2016. p. 12.

Nesse contexto do sistema romano-germânico, a visão clássica da jurisdição, aplicável à nossa realidade histórica, assenta-se em uma abordagem que realça a atividade judicante como retrospectiva e declaratória. Partindo dessa linha de ideias, o direito preexistiria à sentença e a função do magistrado não gozaria de qualquer potencial criativo.

Apesar da clareza dessas construções clássicas, deve-se notar que os sistemas jurídicos não são estanques.[2] Ao contrário, dialogam e interagem entre si, mormente pela necessidade de encontrar resposta a problemas concretos que se colocam diante das transformações sociais subjacentes. Em tal realidade, o fortalecimento dos precedentes judiciais reforça a necessidade de releitura da visão tradicional de jurisdição[3] no *civil law*.

Assume-se, então, que o ato jurisdicional dialoga com a aplicação do direito e, por conseguinte, na sua criação.[4] Encaram-se as decisões judiciais como um aspecto que condiciona comportamentos e estabelece padrões de conduta estáveis, sendo um relevante atributo da segurança jurídica.[5] Supera-se, então, a visão de que o magistrado atua singelamente para "dizer o direito" no caso concreto para se reconhecer que a valorização de precedentes potencializa aspectos básicos do Estado de direito, como a isonomia e a impessoalidade na aplicação das normas jurídicas, proporcionando a unidade, a racionalidade e a coerência do ordenamento.[6] Finalmente, a eficiência, como princípio constitucional (CF, art. 37, *caput*) também é ampliada por permitir um menor dispêndio de tempo e recursos para se proferir decisão quando o caso se amoldar a um precedente já formado.[7]

É evidente que os atos jurisdicionais devem estar em conformidade com a Constituição e com as leis, mas isso não invalida que há, por eles, criação de direito, como fonte formal e primária,[8] mesmo em um sistema de *civil law*. Em síntese, supera-se a visão de que a jurisdição atua somente a declarar direitos, reconhecendo-se sua interferência e sua importância para o sistema jurídico como um todo.

No Brasil, a evolução de importância do precedente liga-se, em grande parte, com o avanço institucional do Poder Judiciário, de maneira geral, e do Supremo Tribunal Federal, em específico.

No que tange ao STF, muito se progrediu com a expansão do controle de constitucionalidade, destacadamente a partir da Constituição Federal de 1988. A par da manutenção do controle difuso, pela via do recurso extraordinário, houve significativo incremento do escopo das ações de controle concentrado, diretamente perante a Suprema Corte, por uma série de motivos, seja pelo fortalecimento do cargo de procurador-geral

---

[2] MELLO, Patrícia Perrone Campos; BARROSO, Luís Roberto. Trabalhando com uma nova lógica: a ascensão dos precedentes no direito brasileiro. *Revista da AGU*, v. 15, n. 3, jul./set. 2016. p. 13-14.

[3] CABRAL, Antonio do Passo. Per un nuovo concetto di giurisdizione. *Revista da Faculdade Mineira de Direito*, v. 18, 2015. p. 6-7.

[4] ALVIM, Teresa Arruda. A vinculatividade dos precedentes e o ativismo judicial – paradoxo apenas aparente. *In*: DIDIER JR., Fredie; CUNHA, Leonardo Carneiro da; ATAÍDE JR., Jaldemiro Rodrigues; MACÊDO, Lucas Buril de. *Precedentes*. Salvador: JusPodivm, 2015. Coleção Grandes Temas do Novo CPC. v. 3. p. 265-266.

[5] CABRAL, Antonio do Passo. A técnica do julgamento-alerta na mudança da jurisprudência consolidada. *Revista de Processo*, n. 221, 2013. p. 15-16.

[6] MARINONI, Luiz Guilherme. *A ética dos precedentes*. São Paulo: Revista dos Tribunais, 2014. p. 102-103.

[7] MELLO, Patrícia Perrone Campos; BARROSO, Luís Roberto. Trabalhando com uma nova lógica: a ascensão dos precedentes no direito brasileiro. *Revista da AGU*, v. 15, n. 3, jul./set. 2016. p. 23-24.

[8] ZANETI JR., Hermes. *O valor vinculante dos precedentes*. 2. ed. Salvador: JusPodivm, 2016. p. 177-188.

da República, seja pela expansão da legitimidade ativa, seja, enfim, pela expansão dos instrumentos para suscitar esse controle.[9]

Mas não apenas o relevo concedido ao órgão jurisdicional máximo do país contribuiu para a expansão dos precedentes no Brasil. Com a ampliação de diretos tutelados pela via judicial e a estruturação de novos órgãos jurisdicionais, houve uma inevitável massificação das relações jurídicas materiais e processuais, ampliando o campo de atuação jurisdicional e forçando, por pragmatismo, a necessidade de se valer de padrões decisórios, para se resolver casos iguais com mais isonomia e mais eficiência. No plano infraconstitucional, aos poucos, uma série de reformas foram trazidas a cabo no Código de Processo Civil então vigente (CPC/1973), como a ampliação das prerrogativas do relator, ainda nos anos 1990, ou a instituição dos recursos repetitivos, já nos anos 2000, dando maior relevo aos precedentes,[10] com vista a resolver problemas de morosidade judicial. A tendência foi ampliada com a edição do CPC de 2015, que consolidou e expandiu institutos já existentes na legislação anterior, sistematizando a atuação dos Tribunais Superiores e possibilitando que também os órgãos de 2º grau tomem decisões com caráter vinculante, com o incidente de resolução de demandas repetitivas (IRDR) ou o incidente de assunção de competência (IAC).

O desenvolvimento desse cenário traz a necessidade de se lidar com as dificuldades dele decorrentes, bem como tratar de institutos jurídicos que permitam sua melhor compreensão e uma aplicação mais adequada dos precedentes.

3 As dificuldades no tratamento de precedentes no direito brasileiro

Apesar da notável valorização dos precedentes em nosso país, verificam-se ainda, ao menos, três pontos de dificuldade para sua consolidação. Claro que não se trata de um rol taxativo de questionamentos, mas são problemas que se destacam na aplicação dos precedentes em nosso país.

A primeira objeção liga-se a uma resistência em face do próprio modelo de precedentes. O segundo coloca-se na eficácia do precedente em si considerada. O terceiro, por sua vez, consiste no plano do modelo de tomada de decisão.

3.1 A questão de cultura jurídica

Quanto ao primeiro ponto, pesquisa realizada pela Associação dos Magistrados Brasileiros (AMB) apresentou empiricamente a resistência de parcela expressiva de julgadores com a obrigatoriedade de seguir precedentes.[11] Indagados a respeito da frase "o (a) magistrado(a) deveria poder decidir sem se pautar necessariamente pelo sistema de súmulas e precedentes vinculantes", 32,3% dos juízes de primeiro grau

---

[9] MELLO, Patrícia Perrone Campos; BARROSO, Luís Roberto. Trabalhando com uma nova lógica: a ascensão dos precedentes no direito brasileiro. *Revista da AGU*, v. 15, n. 3, jul./set. 2016. p. 15.

[10] MELLO, Patrícia Perrone Campos; BARROSO, Luís Roberto. Trabalhando com uma nova lógica: a ascensão dos precedentes no direito brasileiro. *Revista da AGU*, v. 15, n. 3, jul./set. 2016. p. 10; 16-17.

[11] ASSOCIAÇÃO DOS MAGISTRADOS BRASILEIROS. Quem somos: a magistratura que queremos. *Conjur*, Rio de Janeiro, 2018. p. 111-112. Disponível em: https://www.conjur.com.br/dl/pesquisa-completa-amb.pdf. Acesso em: 2 maio 2023.

disseram concordar um pouco com ela, enquanto 19,5% afirmaram concordar muito com a expressão. Entre desembargadores, 34% deles tinham alguma concordância com essa ideia, enquanto 17,3% concordavam muito. Mesmo entre ministros de Tribunais Superiores, 25% concordavam pouco e 30% dos entrevistados estavam muito de acordo com a frase. Vê-se, assim, significativo desconforto, em patamar superior a 50% em todos os níveis de magistrados, com a aplicação obrigatória de precedentes.

Em tal contexto, não chega a surpreender que haja certa resistência em se seguir os padrões decisórios, encarando-os como uma espécie de ameaça à independência funcional da carreira.

Vale dizer que a pesquisa aborda a magistratura, mas a recalcitrância com o sistema de precedentes também é observada no exercício de outras funções essenciais à justiça, como demonstrado pela litigância excessiva e pela alta recorribilidade mesmo a respeito de questões já pacificadas.

Esse fator cultural igualmente tem manifestações no plano doutrinário. Alguns autores, por exemplo, sustentam que apenas a Constituição poderia estabelecer uma observância obrigatória de precedentes.[12] Por essa base, excetuadas as súmulas vinculantes e as ações de controle concentrado, cuja eficácia vinculante advém diretamente do texto constitucional (CF, art. 102, §2º, e art. 103-A, *caput*), não haveria a possibilidade de se determinar aos juízes a obrigatoriedade de se seguir precedentes, porque isso violaria sua independência funcional e a separação de poderes.

Aos poucos, como é natural, as resistências vão sendo mitigadas. Observa-se, nesse sentido, que o CPC já está em vigor desde 2016, sem que se tenha notícia de questionamento judicial acerca da validade das disposições do art. 927, que estabelece um rol de precedentes a ser observado. De modo geral, vê-se que seus institutos ligados a essa matéria têm sido devidamente aplicados na atividade jurisdicional.

Prevalece, então, a ideia de que a independência judicial se dirige, primordialmente, ao Poder Judiciário como instituição, com o papel de garantir a isonomia e a segurança jurídica dos jurisdicionados, estando o magistrado vinculado não apenas à lei em sentido formal, mas ao ordenamento jurídico. Valoriza-se, assim, a tentativa de construção de uma unidade na aplicação do direito,[13] adotando-se uma concepção mais ampla de

---

[12] A título de exemplo, veja-se: "decisão jurisdicional com caráter vinculante no sistema brasileiro depende de prévia autorização *constitucional*. Ademais, não parece haver nenhuma obviedade ou imanência em negar genericamente o caráter vinculante às decisões jurisdicionais, mesmo àquelas emitidas pelos Tribunais Superiores. Isto porque a tradição do direito brasileiro *não* é de *common law*" (BUENO, Cassius Scarpinella. *Novo Código de Processo Civil anotado*. 1. ed. São Paulo: Saraiva, 2015. p. 567-568, grifos no original). No mesmo sentido: "o nosso novo Código de Processo Civil valoriza os precedentes judiciais, embora sem critério científico algum. [...] Daí, em princípio, a inconstitucionalidade da regra, visto que a Constituição Federal [...] reserva efeito vinculante apenas e tão somente às súmulas fixadas pelo Supremo [...] e, ainda, aos julgados originados de controle direto de constitucionalidade" (CRUZ E TUCCI, José Rogério. O regime do precedente judicial no novo CPC. *In*: DIDIER JR., Fredie; CUNHA, Leonardo Carneiro da; ATAÍDE JR., Jaldemiro Rodrigues; MACÊDO, Lucas Buril de. *Precedentes*. 2. ed. Salvador: JusPodivm, 2016. Coleção Grandes Temas do Novo CPC. v. 3. p. 453-454).

[13] PEIXOTO, Ravi. (In)constitucionalidade da vinculação dos precedentes no CPC/2015: um debate necessário. *Civil Procedure Review*, v. 8, n. 2, p. 93-133, mar./ago. 2017. p. 117-119. No mesmo sentido, ALVIM, Teresa Arruda. A vinculatividade dos precedentes e o ativismo judicial – paradoxo apenas aparente. *In*: DIDIER JR., Fredie; CUNHA, Leonardo Carneiro da; ATAÍDE JR., Jaldemiro Rodrigues; MACÊDO, Lucas Buril de. *Precedentes*. Salvador: JusPodivm, 2015. Coleção Grandes Temas do Novo CPC. v. 3. p. 274.

legalidade, que inclui o dever de coerência (CPC, art. 926) e de diálogo fundamentado e concreto com precedentes.[14]

3.2 A eficácia do precedente

O segundo ponto de dificuldade consiste na eficácia do precedente em si considerada. Apesar de fixada tese com pretensão de aplicação pelos julgadores vinculados, notava-se a falta de instrumento apto a controlar de forma efetiva a sua aplicação do julgado, o que, somado à resistência cultural mencionada acima, enfraquecia a potencialidade do instrumento.[15]

A doutrina, com certa convergência, apesar de se valer de nomenclaturas distintas,[16] tem qualificado a força dos precedentes em três níveis. São persuasivos os que produzem efeitos apenas em relação às partes nos processos de que se originam. Até podem servir para a interpretação do direito ou como inspiração legislativa, mas se apresentam apenas como fontes secundárias do ordenamento. Os precedentes de eficácia intermediária produzem efeitos além dos casos concretos, sendo de observância obrigatória. Todavia, eventual inobservância não poderá ser coibida pela reclamação, apenas por meio de recursos. Já os precedentes normativos em sentido forte são aqueles cuja observância é obrigatória, sendo eventual desrespeito combatido pela via da reclamação, instrumento relevante especialmente para países como o Brasil, que não tinham tradição de se seguir precedentes.[17]

Sob a égide do CPC/1973, as decisões em geral produziam eficácia meramente persuasiva, exceto as súmulas vinculantes e os acórdãos proferidos em controle concentrado, para os quais a Constituição já destinava eficácia normativa. As decisões em repetitivo detinham eficácia intermediária, diante do descabimento da reclamação para fazer valer sua aplicação. Diante dessa dificuldade, o CPC/2015 trouxe significativa alteração no tema, ampliando a eficácia normativa em sentido forte dos precedentes.[18]

Desse modo, a ação passa a ser cabível quando desrespeitados os acórdãos proferidos em julgamento de recurso extraordinário com repercussão geral ou em recurso especial

---

[14] Sobre o tema, tivemos a oportunidade de tratar com mais vagar em PONTES, Daniel. A função criadora da jurisdição e a ação rescisória por violação de norma jurídica: a regulação do CPC e a rescisão pela contrariedade a precedente. *Revista dos Tribunais*, ano 47, v. 325, mar. 2022. p. 215-240, em especial p. 232, pedindo-se vênia para fazer a remissão.

[15] MELLO, Patrícia Perrone Campos; BARROSO, Luís Roberto. Trabalhando com uma nova lógica: a ascensão dos precedentes no direito brasileiro. *Revista da AGU*, v. 15, n. 3, jul./set. 2016. p. 17.

[16] Eduardo Talamini classifica os precedentes entre aqueles de vinculação fraca, como aquela ligada à clássica função da jurisprudência na *common law*, vinculação média, como aqueles que possibilitam a abreviação do processo e vinculação forte, assim entendida como a observância obrigatória, com controle por reclamação (T TALAMINI, Eduardo. O que são precedentes vinculantes no CPC/15. *Migalhas*. Itens 2.1 a 2.3. Disponível em: https://www.migalhas.com.br/depeso/236392/o-que-sao-os--precedentes-vinculantes--no-cpc-15. Acesso em: 3 maio 2023). Também em sentido similar, Alvim e Dantas identificam três graus de obrigatoriedade no sistema brasileiro, sendo (i) forte, quando a observância é exigida e protegida mediante reclamação; (ii) médio, quando devem ser observados, mas a correção se dá por outras vias, como a recursal e (iii) fraco, como apenas cultural (ALVIM, Teresa Arruda; DANTAS, Bruno. *Recurso especial, recurso extraordinário e a nova função dos Tribunais Superiores*. 5. ed. São Paulo: Revista dos Tribunais, 2018. p. 277-279).

[17] MELLO, Patrícia Perrone Campos; BARROSO, Luís Roberto. Trabalhando com uma nova lógica: a ascensão dos precedentes no direito brasileiro. *Revista da AGU*, v. 15, n. 3, jul./set. 2016. p. 19-20.

[18] MELLO, Patrícia Perrone Campos; BARROSO, Luís Roberto. Trabalhando com uma nova lógica: a ascensão dos precedentes no direito brasileiro. *Revista da AGU*, v. 15, n. 3, jul./set. 2016. p. 21-22.

repetitivo,[19] as orientações oriundas do julgamento de incidente de resolução de demanda repetitiva e de incidente de assunção de competência (CPC, art. 988, I, II, III, IV e §5º, II, *in fine*). Esse aumento das possibilidades de ajuizamento de reclamação é importante para assegurar a efetividade do modelo, considerando a experiência ainda inicial de tratamento desse sistema de precedentes no Brasil.[20]

3.3 O problema do modelo da tomada de decisão das Cortes

Por fim, o terceiro problema identificado é o modelo de tomada de decisão classicamente adotado por nossas cortes de forma geral e pelo Supremo Tribunal Federal em específico. Em uma perspectiva ampla, há três classificações distintas para os processos decisórios dos Tribunais. A primeira divide os atos em deliberativos ou agregativos. Na deliberação, os membros do Tribunal tomam em conjunto a decisão, o que favorece uma maior moderação, em razão da dialética na tomada de decisão. Por agregação, o resultado do caso será decidido pelo somatório dos votos em cada sentido, o que diminui a interação.[21]

Uma segunda classificação, quanto ao acompanhamento do processo decisório, divide-o em interno ou externo. O modelo interno limita a presença na sessão aos julgadores, o que favorece a troca de argumentos e diminui a pressão da opinião pública. Sendo externo, há possibilidade de o público assistir à tomada de decisão da Corte, favorecendo o controle social, mas tende a ser menos cooperativo entre os membros, que se preocupam com a visão que se forma deles à ocasião do julgamento.[22]

A respeito da forma de expressão da decisão, também há dois modelos. O primeiro é a decisão *per curiam*, que representa um arrazoado único do entendimento institucional, o que facilita a clareza dos posicionamentos e, por conseguinte, a orientação dos juízes vinculados ao precedente. O segundo é a decisão em série (*seriatim*), em que cada julgador prolata o seu voto em nome próprio, o que dificulta a identificação do ponto em comum que baseou o julgamento.[23]

Apesar de as classificações não serem tomadas de forma pura na atividade jurisdicional, pode-se dizer que, no Supremo Tribunal Federal, tradicionalmente, pratica-se um modelo externo, agregativo e em série. O caráter externo fica claro com a publicidade dos julgamentos, inclusive televisionados. O contorno agregativo é visto na apresentação de votos individuais, sem discussão prévia internamente. É considerado

---

[19] No STF, respeitadas as limitações do CPC, em especial o esgotamento de todas as instâncias, tem-se admitido a reclamação para preservar a autoridade dos julgamentos da Corte em recursos extraordinários com repercussão geral. No STJ, contudo, tal via tem sido negada aos jurisdicionados, apesar da redação do Código (Rcl nº 36.476, Rel. Min. Nancy Andrighi, j. 5.2.2020). A análise dessa divergência escapa do escopo do presente artigo. Nada obstante, deve se destacar que a existência da reclamação é importante para viabilizar a integridade do sistema de precedentes, parecendo-nos razoável a previsão do CPC que a assegura, observadas as condições ali constantes.

[20] MELLO, Patrícia Perrone Campos; BARROSO, Luís Roberto. Trabalhando com uma nova lógica: a ascensão dos precedentes no direito brasileiro. *Revista da AGU*, v. 15, n. 3, jul./set. 2016. p. 44.

[21] MELLO, Patrícia Perrone Campos. O Supremo Tribunal Federal: um Tribunal de teses. *Revista da EMERJ*, v. 21, n. 3, t. 2, set./dez. 2019. p. 449-450.

[22] MELLO, Patrícia Perrone Campos. O Supremo Tribunal Federal: um Tribunal de teses. *Revista da EMERJ*, v. 21, n. 3, t. 2, set./dez. 2019. p. 450-451.

[23] MELLO, Patrícia Perrone Campos. O Supremo Tribunal Federal: um Tribunal de teses. *Revista da EMERJ*, v. 21, n. 3, t. 2, set./dez. 2019. p. 451-452.

"em série" pela possibilidade de cada magistrado prolatar voto em nome próprio. Apesar de o sistema utilizado trazer consigo méritos como transparência e interação social, fica dificultada, no que interessa ao presente trabalho, a apreensão da tese jurídica fixada, já que é possível que cada voto apresente contornos próprios.[24]

Tal circunstância historicamente produziu problemas para a efetividade dos precedentes formados pela Corte. Isso porque, no geral, apenas a conclusão dominante era expressa no dispositivo do julgado, sem se destacarem os fundamentos comuns utilizados para se chegar a ela.[25] Dificultava-se assim a visualização, com clareza, do entendimento a ser seguido pelas demais instâncias. Nesse ponto que se destaca a atuação do Ministro Barroso academicamente e desde sua chegada à Suprema Corte.

4 A fixação de teses de julgamento no quadro da formação de precedentes

Antes de se adentrar propriamente na discussão da tese jurídica, deve-se compreender melhor o seu conteúdo e o que ela representa no sistema de precedentes que vem se desenvolvendo em nosso país.

4.1 Conceitos ligados aos precedentes

Ainda que uma análise mais aprofundada dos institutos desborde dos limites deste artigo, para trabalhar com a temática dos precedentes, é preciso passar por algumas de suas categorias essenciais, em especial a *ratio decidendi* e a *obiter dictum*.

Ratio decidendi ou *holding* é exatamente o posicionamento da Corte, extraído do procedente, que vincula a decisão de casos idênticos que se apresentem posteriormente. É uma "descrição do entendimento jurídico que serviu de base à decisão".[26]

Apesar da definição teórica aparentemente singela, há significativa divergência acerca de como a *ratio decidendi* será determinada à luz do caso julgado.[27] Mesmo em países de *common law*, que possuem maior familiaridade com o tratamento da matéria, existem várias correntes distintas voltadas a estabelecer métodos e conceitos para a adequada compreensão da *holding*.[28] Em verdade, não parece possível oferecer uma resposta certa e universal para a questão, sendo que a extração do precedente acaba por depender do contexto fático e jurídico que inspirou sua produção.[29]

---

[24] BARROSO, Luís Roberto. Prudências, ousadias e mudanças necessárias no STF. *Conjur*, 28 dez. 2010. Disponível em: https://www.conjur.com.br/2010-dez-28/retrospectiva-2010-prudencias-ousadias-mudancas-necessarias-stf. Acesso em: 30 mar. 2023.

[25] MELLO, Patrícia Perrone Campos. O Supremo Tribunal Federal: um Tribunal de teses. *Revista da EMERJ*, v. 21, n. 3, t. 2, set./dez. 2019. p. 455.

[26] MELLO, Patrícia Perrone Campos; BARROSO, Luís Roberto. Trabalhando com uma nova lógica: a ascensão dos precedentes no direito brasileiro. *Revista da AGU*, v. 15, n. 3, jul./set. 2016. p. 25 e 27.

[27] Abordando a questão com profundidade, *vide* MELLO, Patrícia Perrone Campos; BARROSO, Luís Roberto. Trabalhando com uma nova lógica: a ascensão dos precedentes no direito brasileiro. *Revista da AGU*, v. 15, n. 3, jul./set. 2016. p. 25-26.

[28] MACÊDO, Lucas Buril. Contributo para a definição de ratio decidendi na teoria brasileira dos precedentes judiciais. In: DIDIER JR., Fredie; CUNHA, Leonardo Carneiro da; ATAÍDE JR., Jaldemiro Rodrigues; MACÊDO, Lucas Buril de. *Precedentes*. 2. ed. Salvador: JusPodivm, 2016. Coleção Grandes Temas do Novo CPC. v. 3. p. 219.

[29] MACÊDO, Lucas Buril. Contributo para a definição de ratio decidendi na teoria brasileira dos precedentes judiciais. In: DIDIER JR., Fredie; CUNHA, Leonardo Carneiro da; ATAÍDE JR., Jaldemiro Rodrigues; MACÊDO, Lucas Buril de. *Precedentes*. 2. ed. Salvador: JusPodivm, 2016. Coleção Grandes Temas do Novo CPC. v. 3.

A outra categoria é da *obiter dictum*. Ela se verifica quando há argumento desnecessário à solução do caso concreto, quando se tem um fundamento não aprovado pela maioria ou, ainda, caso se pronuncie além dos limites da congruência da demanda.[30]

Tomando como base tais categorias desenvolvidas no direito estrangeiro, podemos afirmar que, em algum grau, o CPC de 2015 as acolhe. A tese jurídica, como premissa necessária à decisão, corresponde à *ratio decidendi*. O precedente, assim, é extraído da motivação, mas com ela não se confunde.[31] É importante essa observação de que a *ratio decidendi* é distinta dos fundamentos do acórdão, que podem ajudar a fixar o alcance do conteúdo da decisão (CPC, art. 504, I), mas não representam a tese em si.[32]

Enfim, trazendo os preceitos para os objetivos do presente trabalho, é possível que a tese jurídica, em nossa realidade, seja tratada e compreendida de forma equivalente à *ratio decidendi* ou à *holding* no direito estrangeiro.

4.2 A introdução da fixação de teses no Supremo Tribunal Federal

Considerando a problemática apresentada, da dificuldade de se determinar o sentido e o alcance das decisões do STF, desde o fim da primeira década de 2000, Luís Roberto Barroso já sugeria que o relator deve redigir uma ementa que represente os fundamentos e as conclusões da maioria e apresentar uma tese jurídica, premissa necessária, como a *holding*, para a decisão do Tribunal.[33] Trata-se de uma fórmula voltada a expressar os fundamentos do entendimento fixado e melhorar a orientação aos juízes vinculados.[34]

Apesar de alguma resistência inicial,[35] o procedimento começou a ser realizado no âmbito do recurso extraordinário com repercussão geral, até mesmo diante da literalidade do CPC então vigente, que fixava que "[a] Súmula da decisão sobre a repercussão geral constará de ata, que será publicada no Diário Oficial e valerá como acórdão" (CPC/1973, art. 543-A, §7º). Apesar de o CPC de 2015 não ter trazido dispositivo semelhante, não se discute a importância da fixação da tese como um ato ínsito ao julgamento do RE paradigmático, tendo a prática se estabelecido na Corte.

A relevância desse movimento para orientar os juízes vinculados já motivou a Corte a expandir tal método para os julgamentos realizados em outras classes processuais. Notadamente, registra-se que o expediente tem sido utilizado em julgamentos de *habeas corpus* não só de relatoria do Ministro Luís Roberto Barroso,[36] mas também em HCs

---

[30] MELLO, Patrícia Perrone Campos; BARROSO, Luís Roberto. Trabalhando com uma nova lógica: a ascensão dos precedentes no direito brasileiro. *Revista da AGU*, v. 15, n. 3, jul./set. 2016. p. 28.

[31] MACÊDO, Lucas Buril. Contributo para a definição de ratio decidendi na teoria brasileira dos precedentes judiciais. In: DIDIER JR., Fredie; CUNHA, Leonardo Carneiro da; ATAÍDE JR., Jaldemiro Rodrigues; MACÊDO, Lucas Buril de. *Precedentes*. 2. ed. Salvador: JusPodivm, 2016. Coleção Grandes Temas do Novo CPC. v. 3. p. 218.

[32] MELLO, Patrícia Perrone Campos; BARROSO, Luís Roberto. Trabalhando com uma nova lógica: a ascensão dos precedentes no direito brasileiro. *Revista da AGU*, v. 15, n. 3, jul./set. 2016. p. 34-35.

[33] BARROSO, Luís Roberto. Prudências, ousadias e mudanças necessárias no STF. *Conjur*, 28 dez. 2010. Disponível em: https://www.conjur.com.br/2010-dez-28/retrospectiva-2010-prudencias-ousadias-mudancas-necessarias-stf. Acesso em: 30 mar. 2023.

[34] MELLO, Patrícia Perrone Campos. O Supremo Tribunal Federal: um Tribunal de teses. *Revista da EMERJ*, v. 21, n. 3, t. 2, set./dez. 2019. p. 456.

[35] Narrando os debates na Corte, vide MELLO, Patrícia Perrone Campos. O Supremo Tribunal Federal: um Tribunal de teses. *Revista da EMERJ*, v. 21, n. 3, t. 2, set./dez. 2019. p. 457.

[36] A título de exemplo, STF, HC nº 191464 AgR, Rel. Min. Luís Roberto Barroso, j. 11.11.2020; HC nº 198.990 AgR, Rel. Min. Luís Roberto Barroso, j. 8.6.2021; HC nº 123.533, Rel. Min. Luís Roberto Barroso, j. 3.8.2015.

relatados por outros ministros e afetados ao Plenário em decorrência da importância da discussão jurídica subjacente. Foi feito, por exemplo, na decisão que fixou que o acórdão condenatório também interrompe a prescrição[37] ou no julgamento, ainda em curso, sobre a nulidade das provas obtidas em decorrência de perfilamento racial.[38]

Também em sede de reclamação, há registro de fixação de tese, em discussão acerca da competência para processar e julgar ação cujo objeto é o questionamento de ato do Conselho Nacional de Justiça ou do Conselho Nacional do Ministério Público.[39] Em outras classes processuais, como o mandado de segurança,[40] nota-se da mesma maneira a formulação de teses, em geral por iniciativa do Ministro Barroso.

4.3 A inserção das teses em ações de controle concentrado

O movimento de fixação de teses em diversas classes processuais não pode deixar de lado as ações de controle concentrado de constitucionalidade. Como se sabe, em linhas gerais, há dois modelos de controle de validade das normas em face da Constituição, adotados em nosso sistema jurídico. Desde a instituição da República, há o controle difuso, inspirado na tradição estadunidense, que permite o exercício por todo e qualquer juiz, como questão prejudicial ao julgamento do mérito. Há também o controle concentrado, de exercício exclusivo pelo Supremo Tribunal Federal que, em processo abstrato e objetivo, descolado de qualquer caso concreto, discute a validade da norma impugnada em face da ordem constitucional, com observância obrigatória pelos demais órgãos jurisdicionais e pela Administração Pública, sensivelmente expandido com a Constituição de 1988.[41]

Sem prejuízo dessa divisão, tem se sustentado que uma decisão plenária do STF em matéria constitucional, qualquer que seja o rito processual, deve ter igual autoridade e eficácia.[42] Defende-se que a decisão da Corte tem força normativa, o que seria condizente com a teoria da nulidade do ato inconstitucional.[43] É verdade que esse reconhecimento ainda guarda alguma polêmica doutrinária e judicial, mas tem avançado na esteiras de decisões do Tribunal que equiparam a eficácia da decisão tomada nesses distintos procedimentos, principalmente para os casos de recurso extraordinário com repercussão geral reconhecida,[44] cuja instituição, realizada pela EC nº 45/2004 e pela

---

[37] STF, HC nº 176.473, Rel. Min. Alexandre de Moraes, j. 27.4.2020.

[38] STF, HC nº 208.240, Rel. Min. Edson Fachin, julgamento ainda em curso, mas, no que tange à fixação da tese, até agora há unanimidade tanto na possibilidade quanto no seu teor.

[39] STF, Rcl nº 33.459 AgR, Red. p/ acórdão Min. Gilmar Mendes, j. 18.11.2020.

[40] STF, MS nº 36.375, Red. p/ acórdão Min. Luís Roberto Barroso, j. 17.5.2021.

[41] MELLO, Patrícia Perrone Campos; BARROSO, Luís Roberto. Trabalhando com uma nova lógica: a ascensão dos precedentes no direito brasileiro. *Revista da AGU*, v. 15, n. 3, jul./set. 2016. p. 15.

[42] BARROSO, Luís Roberto. *O controle de constitucionalidade no direito brasileiro*. 9. ed. São Paulo: Saraiva, 2022. p. 187.

[43] MENDES, Gilmar; BRANCO, Paulo Gustavo Gonet. *Curso de direito constitucional*. 10. ed. São Paulo: Saraiva, 2015. p. 1138-1142.

[44] À guisa de exemplo, cita-se a tese firmada no Tema nº 885 da repercussão geral: "1. As decisões do STF em controle incidental de constitucionalidade, anteriores à instituição do regime de repercussão geral, não impactam automaticamente a coisa julgada que se tenha formado, mesmo nas relações jurídicas tributárias de trato sucessivo. 2. Já as decisões proferidas em ação direta ou em sede de repercussão geral interrompem automaticamente os efeitos temporais das decisões transitadas em julgado nas referidas relações, respeitadas a irretroatividade, a anterioridade anual e a noventena ou a anterioridade nonagesimal, conforme a natureza do tributo" (STF, RE nº 955.227, Rel. Min. Luís Roberto Barroso, j. 8.2.2023).

Lei nº 11.418/2006, consolidou a função da Suprema Corte como tribunal de produção de precedentes a orientar as demais instâncias jurisdicionais.[45]

Se um acórdão de recurso extraordinário com repercussão geral e outro de ação de controle concentrado gozam de eficácia similar, e por vezes se debruçam sobre o mesmo tema jurídico,[46] não faria sentido se estabelecer, para cada um deles, uma forma distinta de tomada de decisão pela Corte. Pelo contrário, a questão da definição precisa do conteúdo e da extensão da tese firmada no julgamento mostra-se ainda mais sensível nos julgamentos de controle concentrado de constitucionalidade, considerando a previsão expressa de sua vinculação por força de norma constitucional (CF, art. 102, §2º, e art. 103-A), à Administração Pública como um todo.[47]

Tendo justamente em vista essa importância de clareza da manifestação do STF em tais tipos de processo, o Ministro Barroso estabeleceu como prática,[48] em processos de sua relatoria, a fixação de teses que sintetizem o que foi decidido pela Corte. Mesmo existindo ainda algum debate sobre a conveniência de assim se proceder, nota-se que, aos poucos, a conduta tem se ampliado no Tribunal, sendo possível se encontrar julgados de diversos outros ministros adotando postura similar.[49]

4.4 Riscos e desafios da fixação de tese em processos de controle concentrado

Apesar da relevância para fornecer um ponto de partida seguro para a compreensão dos julgados, é claro que a formulação da tese não é a solução de todos os problemas existentes a respeito de precedentes, sendo possível se antever alguns riscos na sua utilização.

Uma primeira questão apontada é o cuidado que se deve ter para que a tese jurídica se limite ao que foi efetivamente discutido no processo. Não se pode perder de vista que tal atuação representa efetivo exercício de jurisdição e, assim, restringe-se aos limites desse poder, em especial à inércia e à congruência, em respeito ao contraditório e ao devido processo legal. Não se trata de mero formalismo, mas de proteção a garantias fundamentais do processo e, mesmo, à credibilidade da Corte.[50]

---

[45] MELLO, Patrícia Perrone Campos. O Supremo Tribunal Federal: um Tribunal de teses. *Revista da EMERJ*, v. 21, n. 3, t. 2, set./dez. 2019. p. 446-448.

[46] Caso, por exemplo, da ADPF nº 324, Rel. Min. Luís Roberto Barroso, e do RE nº 958.252, Min. Luiz Fux, ambas julgadas em 30.8.2018, em conjunto, por tratar da mesma matéria (terceirização nas relações trabalhistas).

[47] BARROSO, Luís Roberto. Prudências, ousadias e mudanças necessárias no STF. *Conjur*, 28 dez. 2010. Disponível em: https://www.conjur.com.br/2010-dez-28/retrospectiva-2010-prudencias-ousadias-mudancas-necessarias-stf. Acesso em: 30 mar. 2023.

[48] Em pesquisa na aba jurisprudência do *site* do STF, com a chave "seguinte tese", sem pretensão exaustiva, anotam-se ao menos 117 processos de controle concentrado (ações diretas de inconstitucionalidade, arguições de descumprimento de preceito fundamental, ações declaratórias de constitucionalidade e ações por omissão) de relatoria do Ministro Barroso, em que se fixaram teses de julgamento (acessado em 4.5.2023).

[49] Novamente sem exaurir o acervo, a pesquisa com a mesma chave de busca encontra 3 ADI com fixação de tese por parte do Ministro Gilmar Mendes (ADI nº 4.412, ADI nº 6.688 e ADI nº 6.707), 1 ADI de relatoria do Ministro Ricardo Lewandowski (ADI nº 6.586), 2 casos do Ministro Dias Toffoli (ADI nº 6.034 e ADPF nº 77), 2 julgados de relatoria do Ministro Luiz Fux (ADI nº 5.287 e ADPF nº 339), 2 ADI de relatoria da Ministra Rosa Weber (ADI nº 5.693 e ADI nº 5.709), 5 casos do Ministro Edson Fachin (ADI nº 7.019, ADPF 188, ADI nº 5.540, ADI nº 6.713, ADPF nº 190), 2 ADI do Ministro Nunes Marques (ADI nº 5.625 e ADI nº 6.683) e 2 ADI de relatoria do Ministro André Mendonça (ADI nº 5.282 e ADI nº 7.073).

[50] MELLO, Patrícia Perrone Campos. O Supremo Tribunal Federal: um Tribunal de teses. *Revista da EMERJ*, v. 21, n. 3, t. 2, set./dez. 2019. p. 462-463.

Também é sempre problemático o nível de generalidade a ser adotado na formulação da tese vinculante. Uma formulação mais restritiva tem o mérito de permitir a construção gradual do entendimento sobre o tema, potencializando-se o contraditório, mas pode acarretar insegurança jurídica e litigiosidade sobre outras situações limítrofes. Uma tese mais ampla pressupõe a ausência de particularidade significativa na matéria, sob pena de abrir o campo para muitas distinções e uma diminuta importância prática. A análise do encaminhamento a ser dado acaba necessariamente casuística, à luz do precedente a ser firmado.[51]

Uma inquietação com a expansão de formulações de teses jurídica é a possível explosão de reclamações, impactada pela formatação mais ou menos abrangente da tese,[52] bem como por sua expansão para as ações de controle concentrado. Com essa preocupação em vista, a Corte, firmou seu posicionamento no sentido de que não cabe reclamação por mera violação de fundamentos de seu acórdão, já que não se adotou a dita teoria da transcendência dos motivos determinantes.[53]

O conceito de motivos determinantes, em si, já é objeto de algumas críticas pela sua imprecisão.[54] A tese jurídica, vale repisar, não equivale aos fundamentos da decisão como um todo, mas a uma premissa imprescindível para o julgamento pela Corte. Não bastasse, o enfraquecimento da reclamação, em um ambiente em que ainda não se estabeleceu totalmente a cultura de precedentes, pode representar um obstáculo sistêmico à consolidação desse sistema.

Todavia, a preocupação não é, de forma alguma, descabida. De fato, o número de reclamações protocoladas aumentou de 848 em 2006 para 5.899 em 2022, com pico de 6.576 em 2020,[55] e tem representado, quantitativamente, uma parcela significativa do trabalho do Tribunal.

É possível, todavia, que o rigor para o conhecimento da reclamação seja, em alguma medida, harmonizado com a necessidade de não se fechar essa via para assegurar a integridade da jurisprudência. O requisito da "estrita aderência" entre o ato impugnado e o paradigma de confronto, exigido para admissibilidade da ação, é plenamente compatível com o sistema de precedentes, desde que seja compreendido como a existência de características do caso em julgamento que o afastem do padrão decisório invocado (*distinguishing*). A análise da tese jurídica também deve ser acompanhada da compreensão do contexto fático e jurídico que levou ao precedente.[56]

Agravando-se a crise numérica de processos, pode-se pensar ainda em soluções regimentais, como concentrar a distribuição da reclamação na Presidência para um primeiro juízo de admissibilidade, como se faz no recurso extraordinário, com a

---

[51] MELLO, Patrícia Perrone Campos; BARROSO, Luís Roberto. Trabalhando com uma nova lógica: a ascensão dos precedentes no direito brasileiro. *Revista da AGU*, v. 15, n. 3, jul./set. 2016. p. 42.

[52] MELLO, Patrícia Perrone Campos; BARROSO, Luís Roberto. Trabalhando com uma nova lógica: a ascensão dos precedentes no direito brasileiro. *Revista da AGU*, v. 15, n. 3, jul./set. 2016. p. 45.

[53] STF, Rcl nº 8.168, Red. p/ acórdão Min. Edson Fachin, j. 19.11.2015.

[54] MACÊDO, Lucas Buril. Contributo para a definição de ratio decidendi na teoria brasileira dos precedentes judiciais. *In*: DIDIER JR., Fredie; CUNHA, Leonardo Carneiro da; ATAÍDE JR., Jaldemiro Rodrigues; MACÊDO, Lucas Buril de. *Precedentes*. 2. ed. Salvador: JusPodivm, 2016. Coleção Grandes Temas do Novo CPC. v. 3. p. 227.

[55] EXPLOSÃO de reclamações ao STF é sintoma do desrespeito à cultura de precedentes. *Conjur*, 4 dez. 20220. Disponível em: https://www.conjur.com.br/2022-dez-04/explosao-reclamacoes-mostra-desrespeito-cultura-precedentes. Acesso em: 5 maio 2023.

[56] MELLO, Patrícia Perrone Campos. O Supremo Tribunal Federal: um Tribunal de teses. *Revista da EMERJ*, v. 21, n. 3, t. 2, set./dez. 2019. p. 456.

possibilidade de rejeição liminar, ou, se for o caso, para a aplicação da improcedência liminar (CPC, art. 332).

Vale destacar que tal concentração inicial poderia ser benéfica não apenas para rejeição de casos infundados, mas para racionalidade do sistema se as reclamações forem bem fundamentadas e puderem excepcionalmente ensejar rediscussões acerca do alcance do precedente. Por exemplo, sendo o caso de multiplicidade de reclamações sobre o mesmo tema, seria possível cogitar da instauração de incidente de resolução de demandas repetitivas (CPC, art. 976). Não havendo litigância de massa, mas relevante questão jurídica, também estaria à disposição o incidente de assunção de competência para resolver a questão (CPC, art. 947, *caput*). Nada impede também que os próprios relatores já acionem esses institutos do Código, permitindo nova tese vinculante para discutir superação ou distinção a respeito do paradigma.

Em suma, há instrumentos adequados para se lidar com eventual aumento de reclamações, sem se perder de vista que a ampliação da cultura dos precedentes tende, em teoria, a aumentar o respeito pelos padrões decisórios e diminuir a necessidade de utilização da reclamação.

5 Conclusão

No presente artigo, buscamos explorar a importância da fixação de teses jurídicas para a consolidação do sistema de precedentes no direito brasileiro, com base nas ideias desenvolvidas pelo Ministro Luís Roberto Barroso.

Considerando a formação da cultura jurídica nacional, a obrigatoriedade de se seguir padrões decisórios, que vem gradativamente se estabelecendo, precisa superar ainda algumas dificuldades para sua implantação com efetividade. Um aspecto crucial para que isso ocorra é, justamente, a adequada formulação do precedente pelo Tribunal competente que estabeleça, de forma clara, o conteúdo a que os órgãos vinculados devem observância.

Ainda que a formulação das teses não seja uma solução definitiva e acabada para consolidar o sistema de precedentes, é certamente um grande avanço, que auxilia no correto delineamento do que foi decidido pelo STF, evitando que o julgado seja indevidamente afastado ou expandido pelos tribunais responsáveis por sua aplicação aos casos futuros.

Referências

ALVIM, Teresa Arruda. A vinculatividade dos precedentes e o ativismo judicial – paradoxo apenas aparente. *In*: DIDIER JR., Fredie; CUNHA, Leonardo Carneiro da; ATAÍDE JR., Jaldemiro Rodrigues; MACÊDO, Lucas Buril de. *Precedentes*. Salvador: JusPodivm, 2015. Coleção Grandes Temas do Novo CPC. v. 3.

ALVIM, Teresa Arruda; DANTAS, Bruno. *Recurso especial, recurso extraordinário e a nova função dos Tribunais Superiores*. 5. ed. São Paulo: Revista dos Tribunais, 2018.

ASSOCIAÇÃO DOS MAGISTRADOS BRASILEIROS. Quem somos: a magistratura que queremos. *Conjur*, Rio de Janeiro, 2018. Disponível em: https://www.conjur.com.br/dl/pesquisa-completa-amb.pdf. Acesso em: 2 maio 2023.

BARROSO, Luís Roberto. *O controle de constitucionalidade no direito brasileiro*. 9. ed. São Paulo: Saraiva, 2022.

BARROSO, Luís Roberto. Prudências, ousadias e mudanças necessárias no STF. *Conjur*, 28 dez. 2010. Disponível em: https://www.conjur.com.br/2010-dez-28/retrospectiva-2010-prudencias-ousadias-mudancas-necessarias-stf. Acesso em: 30 mar. 2023.

BUENO, Cassius Scarpinella. *Novo Código de Processo Civil anotado*. 1. ed. São Paulo: Saraiva, 2015.

CABRAL, Antonio do Passo. A técnica do julgamento-alerta na mudança da jurisprudência consolidada. *Revista de Processo*, n. 221, 2013.

CABRAL, Antonio do Passo. Per un nuovo concetto di giurisdizione. *Revista da Faculdade Mineira de Direito*, v. 18, 2015.

CRUZ E TUCCI, José Rogério. O regime do precedente judicial no novo CPC. In: DIDIER JR., Fredie; CUNHA, Leonardo Carneiro da; ATAÍDE JR., Jaldemiro Rodrigues; MACÊDO, Lucas Buril de. *Precedentes*. 2. ed. Salvador: JusPodivm, 2016. Coleção Grandes Temas do Novo CPC. v. 3.

EXPLOSÃO de reclamações ao STF é sintoma do desrespeito à cultura de precedentes. *Conjur*, 4 dez. 20220. Disponível em: https://www.conjur.com.br/2022-dez-04/explosao-reclamacoes-mostra-desrespeito-cultura-precedentes. Acesso em: 5 maio 2023.

MACÊDO, Lucas Buril. Contributo para a definição de ratio decidendi na teoria brasileira dos precedentes judiciais. In: DIDIER JR., Fredie; CUNHA, Leonardo Carneiro da; ATAÍDE JR., Jaldemiro Rodrigues; MACÊDO, Lucas Buril de. *Precedentes*. 2. ed. Salvador: JusPodivm, 2016. Coleção Grandes Temas do Novo CPC. v. 3.

MARINONI, Luiz Guilherme. *A ética dos precedentes*. São Paulo: Revista dos Tribunais, 2014.

MELLO, Patrícia Perrone Campos. O Supremo Tribunal Federal: um Tribunal de teses. *Revista da EMERJ*, v. 21, n. 3, t. 2, set./dez. 2019.

MELLO, Patrícia Perrone Campos; BARROSO, Luís Roberto. Trabalhando com uma nova lógica: a ascensão dos precedentes no direito brasileiro. *Revista da AGU*, v. 15, n. 3, jul./set. 2016.

MENDES, Gilmar; BRANCO, Paulo Gustavo Gonet. *Curso de direito constitucional*. 10. ed. São Paulo: Saraiva, 2015.

PEIXOTO, Ravi. (In)constitucionalidade da vinculação dos precedentes no CPC/2015: um debate necessário. *Civil Procedure Review*, v. 8, n. 2, p. 93-133, mar./ago. 2017.

PONTES, Daniel. A função criadora da jurisdição e a ação rescisória por violação de norma jurídica: a regulação do CPC e a rescisão pela contrariedade a precedente. *Revista dos Tribunais*, ano 47, v. 325, mar. 2022.

TALAMINI, Eduardo. O que são precedentes vinculantes no CPC/15. *Migalhas*. Disponível em: https://www.migalhas.com.br/depeso/236392/o-que-sao-os--precedentes-vinculantes--no-cpc-15. Acesso em: 3 maio 2023.

ZANETI JR., Hermes. *O valor vinculante dos precedentes*. 2. ed. Salvador: JusPodivm, 2016.

Informação bibliográfica deste texto, conforme a NBR 6023:2018 da Associação Brasileira de Normas Técnicas (ABNT):

PONTES, Daniel de Oliveira. Fixação de teses no julgamento das ações de controle concentrado de constitucionalidade. In: OSORIO, Aline; MELLO, Patrícia Perrone Campos; BARROSO, Luna van Brussel (Coord.). *Direitos e democracia*: 10 anos do Ministro Luís Roberto Barroso no STF. Belo Horizonte: Fórum, 2023. p. 677-689. ISBN 978-65-5518-555-3.

BREVE NOTA SOBRE O MINISTRO LUÍS ROBERTO BARROSO

EDUARDO MENDONÇA
RENATA SARAIVA
THIAGO MAGALHÃES PIRES

O mais importante não é a chegada, mas o caminho e a maneira como a gente percorre.
(Luís Roberto Barroso)

É com imensa gratidão e admiração que nos reunimos para prestar uma homenagem mais do que justa ao querido Ministro Luís Roberto Barroso por ocasião dos 10 anos de sua posse no Supremo Tribunal Federal. Como todos os participantes desta obra têm a distinção de saber em primeira mão, trata-se de uma pessoa maravilhosa, além de um grande juiz e professor, com quem tivemos a honra de conviver, aprender e trabalhar. Um amigo querido, com quem dividimos anos memoráveis.

Nossas histórias tiveram a rara oportunidade de se conectar com a dele em três diferentes contextos: como professor, como advogado e como ministro. Em cada um desses papéis, Luís Roberto Barroso sempre nos ensinou e inspirou – como a tantos outros –, no direito e fora dele.

O Professor Barroso, como todos sabem, é um animado estudioso do direito constitucional, que faz questão de dedicar boa parte do seu (escasso) tempo a pesquisas e artigos sobre as novas questões que surgem no Brasil e no exterior. Suas obras inspiram debates e nem os críticos podem negar que elas pautam a discussão e geram tendências. O que talvez não todos, mas certamente muitos sabem é que, como uma das lideranças da doutrina da efetividade e, mais recentemente, do neoconstitucionalismo no Brasil, Barroso enxerga e ensina um direito que pode, se propõe e deve mesmo mudar a realidade, especialmente no sentido da inclusão dos grupos desfavorecidos.

Agora, o que provavelmente só seus alunos sabem é que, em sala de aula, as lições vão além de questões jurídicas. Fazer o bem, com ética, integridade e compaixão, além de leveza e bom humor: tudo isso faz parte de uma vida que vale a pena ser vivida, ao lado e com os outros, em todos os campos, acadêmico, profissional e pessoal. Se o objetivo dos cursos jurídicos é formar profissionais e estudiosos do direito, que todos saiam cientes de que a realização é, mais que só o sucesso pessoal, buscar o aprimoramento sempre e, principalmente, poder usar o que aprendemos para fazer a diferença pelas pessoas e pelo país.

Com o Advogado Barroso, por sua vez, tivemos a oportunidade de ver as ideias postas em prática por um profissional muito além do seu tempo, que nos inspirava todos os dias. Com ele aprendemos que a advocacia exige dedicação, estudo contínuo, disciplina e uma visão crítica e analítica dos desafios. Sua visão progressista, aliada à sua perspicácia jurídica, o destacou como um advogado inovador e visionário, que expunha suas ideias – da tribuna, nos autos e até em entrevistas – com clareza, objetividade e elegância.

Dono de uma oratória inigualável, conseguiu furar a bolha jurídica para se tornar conhecido (e admirado) pelo público em geral. Sua trajetória profissional como advogado foi marcada não só pelo grande domínio do direito constitucional, mas também por uma atuação comprometida com a justiça. Foi como advogado que Barroso começou a "empurrar para a frente" o direito no Brasil, participando decisivamente de casos célebres e históricos, como o que conduziu ao reconhecimento formal das uniões homoafetivas.

Já o Ministro Barroso nós conhecemos junto com ele mesmo. Depois de termos sido alunos e colegas de escritório, também fomos seus assessores e chefe de gabinete nos seus primeiros anos no Supremo Tribunal Federal, o que para nós foi uma honra maior. Nesse período pudemos testemunhar de perto o professor que advogava se reinventar como juiz e, nessa qualidade, com o rigor e os limites que o cargo exige, promover a justiça, a igualdade e a defesa dos direitos fundamentais, agora, do lado de lá da tribuna, em votos e decisões.

Compor a sua equipe no STF nos permitiu admirá-lo ainda mais. Sua visão sobre o direito e a vida, sua argumentação jurídica fundamentada, clara e objetiva, são perceptíveis em cada um de seus votos. O Ministro Barroso não teme desafiar convenções e questionar paradigmas quando se trata de promover a justiça, fazendo valer o objetivo e o potencial de uma Constituição que já nasceu "cidadã" – inclusiva, plural e democrática.

Além disso, testemunhamos sua capacidade de liderança e habilidade em transmitir ideias, sem contar o respeito à divergência. Seu gabinete é um espaço aberto, em que todas as opiniões são bem-vindas, assim como críticas e sugestões. O objetivo de todos é encontrar a melhor interpretação, a solução correta e, para que isso aconteça, todas as ideias têm um espaço. Isso, sem dúvida, é uma marca do professor, que era advogado, e agora é ministro, e que está presente nele em todos os momentos no STF. Não por acaso, sua capacidade de inspirar gerações de estudantes só aumentou depois que ele passou a compor a Suprema Corte.

Também reconhecemos algumas características do advogado no ministro. A sua visão vanguardista e inovadora, por exemplo. Desde sempre Barroso tem a capacidade de antecipar tendências e interpretar a Constituição à luz dos desafios e demandas da sociedade contemporânea. Sempre sem receio de mudar, sem apego a um passado que não faz justiça ao futuro que o Brasil merece.

Por tudo isso, cabe-nos expressar nossa profunda gratidão ao querido Ministro Barroso, por todas as oportunidades e aprendizados que compartilhamos ao seu lado.

Afinal, como ele mesmo costuma dizer: "Ninguém é bom demais, ninguém é bom sozinho e é preciso agradecer".

Agradecemos, em primeiro lugar, ao professor, por compartilhar conosco seus conhecimentos, experiências e visão de mundo. Foram valiosas lições tanto no âmbito jurídico quanto no pessoal. Em segundo lugar, somos gratos ao advogado, cuja atuação impecável, integridade ímpar e paixão pelo direito nos inspiram a ser melhores a cada dia. Em terceiro lugar, e por fim, gostaríamos de expressar nosso orgulho e gratidão por termos feito parte do gabinete do Ministro Barroso. Foi uma experiência única, que nos proporcionou uma visão privilegiada do funcionamento da Suprema Corte, bem como testemunhar a maestria e sensibilidade com que ele profere seus votos.

O direito nos trouxe um professor, um advogado e um magistrado excepcional, com quem tivemos o prazer e a honra de aprender diariamente por muitos anos. Não fosse suficiente, trouxe-nos ainda um amigo querido para toda a vida.

Que esta homenagem seja um reconhecimento sincero de todo o nosso respeito, carinho, admiração e gratidão.

Parabéns pelos 10 anos de Supremo Tribunal Federal.

De seus amigos, ex-colegas, ex-assessores, mas eternos alunos,

Eduardo Mendonça
Renata Saraiva
Thiago Magalhães Pires

Informação bibliográfica deste texto, conforme a NBR 6023:2018 da Associação Brasileira de Normas Técnicas (ABNT):

MENDONÇA, Eduardo; SARAIVA, Renata; PIRES, Thiago Magalhães. Breve nota sobre o Ministro Luís Roberto Barroso. *In*: OSORIO, Aline; MELLO, Patrícia Perrone Campos; BARROSO, Luna van Brussel (Coord.). *Direitos e democracia*: 10 anos do Ministro Luís Roberto Barroso no STF. Belo Horizonte: Fórum, 2023. p. 691-693. ISBN 978-65-5518-555-3.

O SUPREMO TRIBUNAL FEDERAL E O FORO POR PRERROGATIVA DE FUNÇÃO

INEZIL PENNA MARINHO JR.
ETIENE COELHO MARTINS

Introdução

O foro por prerrogativa de função é tema que vem recebendo diferentes interpretações por parte do Supremo Tribunal Federal ao longo do tempo.

O Ministro Luís Roberto Barroso tem a firme compreensão de que o foro por prerrogativa de função deve ter um âmbito de aplicação limitado, seja no próprio Supremo Tribunal Federal, seja em outras instâncias, por se tratar de prerrogativa que excepciona os demais direitos e garantias constitucionais e que, sem a definição de contornos precisos, tem o potencial de causar múltiplas disfuncionalidades no sistema de justiça criminal. Em 2018, existiam, pelo menos, 54.000 autoridades com foro por prerrogativa de alguma natureza no Brasil. No atual desenho constitucional, há, atualmente, mais de 800 autoridades com prerrogativa de foro somente no Supremo Tribunal Federal.[1] Dada a sua vocação de guardião da Constituição, uma extensa competência penal para processamento de autoridades pode causar múltiplas disfuncionalidades.

O julgamento mais emblemático dos últimos anos referente ao foro por prerrogativa de função se deu na AP nº 937-QO, de relatoria do Ministro Luís Roberto Barroso (2018).[2] Até então, prevalecia o entendimento de que o foro por prerrogativa de função na Corte subsistia até o fim do mandato da autoridade, ainda que o crime tivesse ocorrido antes da posse no cargo. Entretanto, o exercício descontínuo ou de sucessivos e diferentes mandatos eletivos, com as consequentes alterações do órgão jurisdicional

---

[1] O levantamento constou na introdução do voto do Ministro Luís Roberto Barroso nos autos AP nº 937-QO: "[...] Só no Supremo Tribunal Federal são processados e julgados, em tese, mais de 800 agentes, que incluem o Presidente da República, o Vice-Presidente, 513 deputados federais, 81 senadores, os atuais 31 ministros de Estado e, ainda, os 3 comandantes militares, os 90 ministros de tribunais superiores, 9 membros do Tribunal de Contas da União e 138 chefes de missão diplomática de caráter permanente. Além disso, há mais de 30 mil detentores de foro por prerrogativa nos tribunais regionais federais e nos tribunais de justiça" (BRASIL. Supremo Tribunal Federal. Plenário. *AP 937 QO*. Rel. Min. Roberto Barroso, public. 11.12.2018).

[2] BRASIL. Supremo Tribunal Federal. Plenário. *AP 937 QO*. Rel. Min. Roberto Barroso, public. 11.12.2018.

competente, contribuía para a prescrição e impunidade dos crimes cometidos. A tese capitaneada pelo Ministro Luís Roberto Barroso no julgamento da AP nº 937-QO deu um novo contorno à questão, limitando o foro no Supremo Tribunal Federal aos crimes praticados durante o exercício do cargo e em razão do cargo. Estabeleceu-se, também, um limite temporal a partir do qual a competência não mais se altera, ainda que o réu, por qualquer motivo, deixe de exercer a função que justificava a prerrogativa: a conclusão da instrução processual, cujo marco é a intimação para alegações finais.

Esse entendimento marcou não apenas uma virada jurisprudencial na compreensão da questão no Supremo Tribunal Federal, como também orientou a incidência do foro por prerrogativa nos demais tribunais do país, concretizando uma solução para parte substancial da disfuncionalidade do sistema de justiça criminal brasileiro, o que o coloca entre os principais entendimentos criminais já proferidos pela nossa Suprema Corte.

O presente artigo analisará essa alteração jurisprudencial, refletindo sobre a particular contribuição e a visão pessoal do Ministro Luís Roberto Barroso no que tange ao alcance e sentido do foro por prerrogativa de função.

1 Foro por prerrogativa no Supremo Tribunal Federal: um sistema disfuncional

O desenho constitucional relativo ao foro por prerrogativa de função teve uma extensão sem precedentes com a Constituição Federal de 1988. No Brasil, há mais de 54.000 autoridades com algum tipo de foro por prerrogativa de função, seja com previsão na Constituição Federal ou em constituições estaduais.[3] Somente no Supremo Tribunal Federal, este número ultrapassa 800 autoridades. Em 31.12.2017, pouco antes da temática do foro por prerrogativa de função ser novamente reinterpretada, tramitavam mais de 500 processos criminais (cerca de 432 inquéritos e 95 ações penais) na Corte.[4] Um acervo grande que exige uma logística específica para atender a todas as nuances do procedimento criminal.

Na visão do Ministro Luís Roberto Barroso, esse desenho traz uma série de disfuncionalidades. A primeira delas é dar ao Supremo Tribunal Federal uma competência para a qual a Corte não é vocacionada.[5] Na medida em que se ocupa de matéria substancialmente destinada à jurisdição de primeira instância, o Tribunal se dispersa de sua principal missão: ser guardião da Constituição. A segunda disfuncionalidade reside no fato de que, dado o elevado número de casos criminais e a falta de estrutura logística para processar adequadamente esses feitos, os papéis não são desempenhados a contento. Segundo o relatório da Fundação Getúlio Vargas (FGV), publicado em 2017, duas em cada três ações penais sequer têm o mérito da acusação analisado pelo

---

[3] CAVALCANTE FILHO, J. T.; LIMA, F. R. *Foro, prerrogativa e privilégio (Parte 1)*: Quais e quantas autoridades têm foro no Brasil? Brasília: Núcleo de Estudos e Pesquisas/Conleg/Senado, abr. 2017. Texto para Discussão n. 233. Disponível em: www.senado.leg.br/estudos. Acesso em: 27 abr. 2023.

[4] BRASIL. Supremo Tribunal Federal. Quatro anos após restrição do foro, STF reduz 80% do acervo de inquéritos e ações penais. *Supremo Tribunal Federal*, 28 jun. 2022. Disponível em: https://portal.stf.jus.br/noticias/verNoticiaDetalhe.asp?idConteudo=489564&ori=1. Acesso em: 28 abr. 2023.

[5] "Uma suprema corte não é concebida para desempenhar esse papel e, de fato, não o desempenha bem" (BARROSO, Luís Roberto. *Sem data venia*: um olhar sobre o Brasil e o mundo. 1. ed. Rio de Janeiro: História Real, 2020. p. 216).

Supremo, seja porque há o declínio de competência (63,6% das decisões) ou porque ocorre a prescrição do crime (4,7% das decisões). Também no caso dos inquéritos, quase 40% das decisões são de declínio de competência ou de prescrição.[6] Portanto, nas palavras do Ministro Luís Roberto Barroso, "o sistema é ruim; o sistema funciona mal; o sistema traz desprestígio para o Supremo; o sistema traz impunidade".[7]

O sentido e o alcance do foro por prerrogativa de função foram objeto de diferentes interpretações por parte do Supremo Tribunal Federal ao longo do tempo. Inicialmente, a Corte se inclinou no sentido de que o foro por prerrogativa de função incidia quando o crime fosse praticado durante o exercício funcional, ainda que o inquérito ou a ação penal fossem iniciados em momento posterior, quando o agente já não mais ocupava o cargo público. O entendimento levou à aprovação, em 1964, da Súmula nº 394 do Supremo Tribunal Federal,[8] posteriormente cancelada em 2001. Nessa ocasião, houve nova alteração jurisprudencial consolidando o entendimento de que, findo o exercício da função, não deveria ser mantido o foro por prerrogativa, porque cessada a investidura que o justifica.[9]

Após o cancelamento da Súmula nº 394, foi editada a Lei nº 10.628/2002, que inseriu os §§1º e 2º no art. 84 do Código de Processo Penal, reeditando o entendimento antes adotado pelo Supremo Tribunal Federal na referida súmula. No julgamento da ADI nº 2.797/DF, foi declarada a inconstitucionalidade dos §§1º e 2º inseridos no art. 84 do Código de Processo Penal pela Lei nº 10.628/2002, tendo o Supremo destacado a impossibilidade de o legislador, por meio de lei ordinária, realizar interpretação autêntica da Constituição, usurpando competência da Corte.[10]

O Supremo Tribunal Federal passou a adotar, então, entendimento no sentido de que, independentemente de o crime ter sido cometido antes da diplomação, tendo ou não relação com o exercício da função, uma vez diplomado o congressista, os autos seriam remetidos à Corte, persistindo a competência até o fim do mandato. Entretanto, a intenção inicial, de conferir um sentido mais genuíno ao foro por prerrogativa, teve o efeito reflexo de redundar em mudanças de competência no curso do processo (conforme iniciava ou findava um mandato, por exemplo, por eleição para cargo diverso), atrapalhando a instrução processual e acarretando a prescrição dos crimes, contribuindo para a impunidade.

---

[6] FALCÃO, Joaquim et al. *V Relatório Supremo em Números*: o foro privilegiado. Rio de Janeiro: Escola de Direito do Rio de Janeiro da Fundação Getúlio Vargas, 2017.

[7] BRASIL. Supremo Tribunal Federal. Plenário. *AP 937 QO*. Rel. Min. Roberto Barroso, public. 11.12.2018.

[8] Súmula nº 394 do STF: "[c]ometido o crime durante o exercício funcional, prevalece a competência especial por prerrogativa de função, ainda que o inquérito ou a ação penal sejam iniciados após a cessação daquele exercício".

[9] BRASIL. Supremo Tribunal Federal. Plenário. *AP 313 QO-QO*. Rel. Min. Moreira Alves, public. 9.11.2001. Na mesa linha: Inq nº 687 QO (*DJ* de 9.11.2001), AP nº 315 QO (*DJ* de 31.10.2001), AP nº 319 QO (*DJ* de 31.10.2001), Inq nº 656 QO (*DJ* de 31.10.2001).

[10] Em embargos declaratórios na mesma ADI, definiu-se que os efeitos da declaração de inconstitucionalidade teriam eficácia a partir de 15.9.2005, data do julgamento. Diante da modulação de efeitos, foi preservada a validade dos atos processuais praticados na vigência da Lei nº 10.628/2002 até a declaração de sua inconstitucionalidade, isto é, entre 24.12.2002 e 15.9.2005 (BRASILEIRO, Renato. *Manual de processo penal*. São Paulo: JusPodivm, 2022. Volume único. p. 491).

2 O novo contorno para o foro por prerrogativa de função no STF: a contribuição do Ministro Luís Roberto Barroso na AP nº 937-QO

A falta de efetividade e a "manifesta disfuncionalidade do sistema" foram discutidas no âmbito da Questão de Ordem na Ação Penal nº 937, cujo relator foi o Ministro Luís Roberto Barroso. Ponderou-se que o entendimento até então em vigor (a subsistência da competência do STF até o fim do mandato, independentemente de o crime ter sido cometido antes da diplomação) não realizava adequadamente princípios constitucionais estruturantes, como o da igualdade. Em grande número de casos, a prevalência do foro dificultava a responsabilização de agentes públicos por crimes de naturezas diversas, comprometendo simbolicamente a justiça.

O Ministro Luís Roberto Barroso propôs uma nova interpretação, acolhida pela Corte, estabelecendo-se dois critérios para definição do sentido e alcance do foro por prerrogativa, um que podemos chamar de qualitativo e outro temporal. O primeiro (qualitativo) restringe o foro privilegiado aos crimes praticados no cargo e em razão do cargo. Para que a prerrogativa de foro sirva ao seu papel constitucional de garantir o livre exercício das funções – e não ao fim ilegítimo de assegurar impunidade – é indispensável que haja relação de causalidade entre o crime imputado e o exercício do cargo. Esse posicionamento, inclusive, se harmoniza com o entendimento da Corte que condicionou a imunidade parlamentar material (que protege os congressistas por suas opiniões, palavras e votos) à exigência de que a manifestação tenha relação com o exercício do mandato.

Além da contemporaneidade e pertinência temática entre os fatos em apuração e o exercício da função pública, estabeleceu-se também um critério temporal para o momento da fixação definitiva da competência por prerrogativa de função. Entendeu-se que, a partir do final da instrução processual, com a publicação do despacho de intimação para apresentação de alegações finais, a competência para processar e julgar ações penais não será mais afetada em razão de o agente público vir a ocupar outro cargo ou deixar o cargo que ocupava, qualquer que seja o motivo. Portanto, ainda que haja renúncia, não reeleição ou eleição para função diversa, uma vez concluída a instrução, haverá a prorrogação da competência constitucional com vistas à preservação da efetividade e da racionalidade da prestação jurisdicional.[11] Trata-se de um marco objetivo e de fácil aferição, deixando pouca margem para manipulação por parte de investigados e privilegiando o princípio da identidade física do juiz, ao valorizar o contato do magistrado julgador com as provas produzidas na ação penal.[12]

A mesma lógica também foi utilizada no tocante à competência do Supremo Tribunal Federal para supervisionar a fase investigativa e receber a denúncia. Entendeu-se que, tendo o processo tramitado sob a supervisão da Corte, também o inquérito encerrado e pronto para juízo de admissibilidade da denúncia deve ser apreciado pelo Supremo, a quem cabe cotejar a hipótese acusatória com as teses defensivas, ainda que o denunciado

---

[11] BRASIL. Supremo Tribunal Federal. Plenário. *AP 937 QO*. Rel. Min. Roberto Barroso, public. 11.12.2018.

[12] BRASIL. Superior Tribunal de Justiça. Corte Especial. *APn 825/DF*. Rel. Min. Herman Benjamin, public. 26.4.2019. No mesmo sentido: BRASIL. Superior Tribunal de Justiça. Corte Especial. *APn 804/DF*. Rel. Min. Og Fernandes, Corte Especial, public. 7.3.2019.

não mais exerça mandato de parlamentar federal, de modo a evitar o declínio de ações ineptas ou destituídas de justa causa.[13] Nesse caso, não sendo recebida a denúncia, o feito é extinto. Se, por outro lado, é recebida a inicial acusatória, a competência para o prosseguimento da ação penal é declinada.

O Ministro Luís Roberto Barroso enfatizou que este novo contorno ao foro por prerrogativa de função é a medida mais adequada constitucionalmente. Primeiro, esse entendimento realiza o princípio da igualdade, pois somente haverá prerrogativa de foro para as condutas com alguma relação com a função e enquanto a autoridade estiver no exercício do cargo. Segundo, concretiza-se a ideia de República, uma vez que amplia a possibilidade de responsabilização dos agentes públicos com um procedimento mais ágil e eficiente. Os fundamentos foram acolhidos pela maioria da Corte.

De fato, a tese fixada resultou em uma progressiva redução de ações penais e inquéritos no Supremo Tribunal Federal. Logo após a decisão, os números caíram para 255 inquéritos e 58 ações penais, uma queda imediata de aproximadamente 40%. No final de 2019, havia 79 inquéritos e 34 ações penais; em 2021, 72 e 22, respectivamente.[14]

3 Desdobramentos da tese firmada na AP nº 937-QO: foro por prerrogativa de função em caso de sucessão de mandatos de parlamentar federal

Logo após a tese firmada na AP nº 937-QO, uma nova questão envolvendo o foro por prerrogativa de função veio a ser enfrentada pelo Supremo Tribunal Federal: a prorrogação da competência nos casos de sucessão de mandatos de parlamentar federal, seja no mesmo cargo ou em cargos distintos (esta última hipótese conhecida como "mandatos cruzados" em que, por exemplo, um deputado federal se elege senador da República).

Nesse ponto, o Ministro Luís Roberto Barroso se manteve fiel à tese fixada pelo colegiado na Ação Penal nº 937-QO. Defendeu que a segunda parte do entendimento definido na referida ação penal claramente estabelece que a competência da Corte se esgota quando o agente "deixar o cargo que ocupava".

Portanto, no caso de mandatos sucessivos no mesmo cargo, sem solução de continuidade, a competência da Corte deve subsistir (afinal, o agente permaneceu no cargo de forma ininterrupta). Contudo, a tese estabelecida não faz qualquer ressalva acerca da eventual subsistência da competência do Supremo Tribunal Federal nas hipóteses de exercício de: (i) mandatos sucessivos no mesmo cargo, com solução de continuidade, (ii) "mandatos cruzados" de parlamentar federal, sem solução de continuidade e (iii) mandato em cargo diverso, sem solução de continuidade.[15] A regra, no que diz respeito

---

[13] BRASIL. Supremo Tribunal Federal. Primeira Turma. *Inq* 4641. Rel. Min. Roberto Barroso, public. 16.8.2018; BRASIL. Supremo Tribunal Federal. Plenário. *Inq* 4529. Rel. Min. Gilmar Mendes, j. 25.11.2022.

[14] BRASIL. Supremo Tribunal Federal. Quatro anos após restrição do foro, STF reduz 80% do acervo de inquéritos e ações penais. *Supremo Tribunal Federal*, 28 jun. 2022. Disponível em: https://portal.stf.jus.br/noticias/verNoticiaDetalhe.asp?idConteudo=489564&ori=1. Acesso em: 28 abr. 2023.

[15] Mandatos cruzados de parlamentar federal é hipótese que ocorre quando o parlamentar, sem solução de continuidade, passa a estar investido em novo mandato federal, mas em casa legislativa diversa daquela que originariamente deu causa à fixação da competência originária, nos termos do art. 102, I, "b", da Constituição Federal. Por exemplo, o deputado federal que é imediatamente eleito senador da República.

à competência criminal, é as pessoas estarem sujeitas à jurisdição de primeiro grau, salvo situações expressamente contempladas pela Constituição. Em consequência, no caso de sucessão de mandatos para funções diversas ou para as mesmas funções, com solução de continuidade, não deveria prevalecer o foro especial.

Essa tese defendida pelo Ministro Luís Roberto Barroso prevaleceu parcialmente na Corte. No caso de reeleição para mandatos políticos sucessivos no mesmo cargo, o Supremo Tribunal Federal seguiu a interpretação proposta pelo ministro, no sentido de que, ocorrendo a sucessão em ordem sequencial e ininterrupta, em que o crime relacionado às funções é cometido durante o exercício do primeiro mandato, a prerrogativa mantém-se e o foro especial prorroga-se durante o curso do mandato subsequente (afinal, o parlamentar não *deixou o cargo que ocupava*).[16]

A situação é diversa, porém, caso haja solução de continuidade entre os mandatos. Por exemplo, se cometido crime relacionado às funções durante o exercício do primeiro mandato, não havendo a reeleição do autor do fato delituoso, os autos devem ser remetidos ao primeiro grau de jurisdição, caso a instrução processual ainda não tenha sido concluída (AP nº 937-QO). O fato de o sujeito ser eleito, posteriormente, para a mesma função, não implica alteração de competência, considerando que os ilícitos não foram cometidos no exercício do novo mandato e não estão a ele relacionados.[17]

Nos anos de 2021 e 2022, o Pleno do Supremo Tribunal Federal posicionou-se sobre a hipótese de reeleição para "mandatos cruzados" de parlamentar federal, configurada quando o sujeito é investido, sem solução de continuidade, em mandato em casa legislativa diversa daquela que deu causa à fixação da competência originária do Supremo, nos termos do art. 102, I, "b", da Constituição Federal. Por exemplo, o agente está investido na função de deputado federal quando comete um crime no exercício e em razão da função pública e, durante o trâmite do processo, é eleito senador da República. Nesta ocasião, entendeu-se pela subsistência da competência da Corte, vencido o Ministro Luís Roberto Barroso, com o entendimento de que "uma vez que se deixa o cargo, encerra-se a competência no Supremo Tribunal Federal. A única hipótese em que a competência persiste é a da reeleição, sem solução de continuidade, para o exercício do mesmo cargo em que cometido o suposto delito".[18]

Inicialmente, a questão foi enfrentada pela Segunda Turma do Supremo Tribunal Federal, nos autos do Inquérito nº 4.342/PR, tendo-se decidido que, "vislumbrada a presença das balizas estabelecidas pelo Pleno do Supremo Tribunal Federal, o foro por prerrogativa de função alcança os casos denominados de 'mandatos cruzados' de parlamentar federal".[19]

Em 2021, o entendimento foi reafirmado, por maioria, pelo Pleno, mantendo-se a competência originária do Supremo Tribunal Federal quando

---

[16] BRASIL. Supremo Tribunal Federal. Primeira Turma. *RE 1.240.599 AgR*. Rel. Min. Marco Aurélio. Rel. p/ acórdão Min. Alexandre de Moraes, public. 9.11.2020.

[17] BRASIL. Supremo Tribunal Federal. Primeira Turma. *RE 1.185.838 AgR*. Rel. Min. Rosa Weber. Rel. p/ Acórdão Min. Alexandre de Moraes, public. 8.8.2019.

[18] BRASIL. Supremo Tribunal Federal. Segunda Turma. *RE 1.253.213-AgR*. Rel. Min. Gilmar Mendes, public. 24.4.2020.

[19] BRASIL. Supremo Tribunal Federal. Segunda Turma. *Inq 4342 ED*. Rel. Min. Edson Fachin, public. 2.12.2019.

verificada a existência de "mandatos cruzados" exclusivamente de parlamentar federal, ou seja, de parlamentar investido, sem solução de continuidade, em mandato em casa legislativa diversa daquela que originalmente deu causa à fixação da competência originária (art. 102, I, "b", da Constituição Federal).[20]

Em 2022, o tema foi mais uma vez enfrentado no Inquérito nº 4.342/PR, em questão de ordem resolvida pelo Pleno, reafirmando-se a manutenção da competência criminal originária do Supremo Tribunal Federal nos casos de "mandatos cruzados" exclusivamente de parlamentar federal.[21] Na ocasião, ficaram vencidos os ministros Luís Roberto Barroso, Rosa Weber e Marco Aurélio, que compartilhavam o entendimento de que, uma vez encerrado o mandato no cargo em que praticado o crime, encerra-se a competência no Supremo Tribunal Federal.

4 Foro por prerrogativa de função previsto fora da Constituição Federal

A Constituição Federal prevê a prerrogativa de foro para autoridades federais,[22] estaduais[23] e municipais.[24] Além dessas hipóteses previstas na Constituição Federal, há casos em que as constituições estaduais e a Lei de Organização Judiciária do Distrito Federal e Territórios definem foro especial para autoridades (estaduais, distritais ou municipais) nos Tribunais de Justiça dos estados ou do Distrito Federal, em simetria, ou não, ao que é definido na Constituição Federal.

Na ADI nº 2.553/MA, o Ministro Alexandre de Moraes destacou:

> à época da edição do art. 125, §1º, existiam, em alguns estados, tribunais de alçada. A ideia do legislador constituinte, nos debates da Constituição, é que cada estado poderia, em

---

[20] BRASIL. Supremo Tribunal Federal. Tribunal Pleno. *Pet. 9.189*. Rel. Min. Rosa Weber. Red. p/ acórdão Min. Edson Fachin, public. 19.5.2021.

[21] BRASIL. Supremo Tribunal Federal. Tribunal Pleno. *Inq 4342 – QO*. Rel. Min. Edson Fachin, public. 7.4.2022.

[22] O art. 102, I, "b" prevê que compete ao STF processar e julgar, nas infrações penais comuns, o presidente da República, o vice-presidente, os membros do Congresso Nacional, seus próprios ministros e o procurador-geral da República, e a alínea "c" desse dispositivo prevê a competência do mesmo Tribunal para, nas infrações penais comuns e nos crimes de responsabilidade, processar e julgar os ministros de estado e os comandantes da Marinha, do Exército e da Aeronáutica, ressalvado o disposto no art. 52, I, os membros dos Tribunais Superiores, os do Tribunal de Contas da União e os chefes de missão diplomática de caráter permanente; o art. 105, I, "a", prevê que compete ao STJ processar e julgar os membros dos Tribunais Regionais Federais, dos Tribunais Regionais Eleitorais e do Trabalho, do Ministério Público da União que oficiem perante tribunais; o art. 108, I, "a", prevê a competência dos TRFs para processar e julgar os juízes federais da área de sua jurisdição, incluídos os da Justiça Militar e da Justiça do Trabalho, nos crimes comuns e de responsabilidade, e os membros do Ministério Público da União, ressalvada a competência da Justiça Eleitoral.

[23] O art. 96, III, estabelece que compete ao Tribunal de Justiça julgar os juízes estaduais e do Distrito Federal e Territórios, bem como os membros do Ministério Público, nos crimes comuns e de responsabilidade, ressalvada a competência da Justiça Eleitoral; o art. 105, I, "a", prevê que compete ao STJ, nos crimes comuns, julgar os governadores dos estados e do Distrito Federal, e, nestes e nos de responsabilidade, os desembargadores dos Tribunais de Justiça dos estados e do Distrito Federal e os membros dos Tribunais de Contas dos estados e do Distrito Federal.

[24] O art. 29, X, estabelece o julgamento do prefeito perante o Tribunal de Justiça e o art. 105, I, "a", prevê que compete ao STJ, nos crimes comuns e de responsabilidade, o julgamento dos membros dos Conselhos ou Tribunais de Contas dos municípios.

virtude dos tribunais de justiça e de alçada, dividir a sua competência como melhor lhe aprouvesse. A *ratio* da norma não era a criação indiscriminada de foros privilegiados.[25]

Na mesma linha, o entendimento de Marchionatti,[26] para quem "o constituinte estadual nunca teve a competência para alargar a prerrogativa de foro", sendo que o art. 125, §1º, da Constituição Federal, ao estabelecer que "a competência dos tribunais será definida na Constituição do Estado", tratou das competências recursais e administrativas, "mas não deu espaço para a ampliação da competência do Tribunal de Justiça além das hipóteses previstas na Constituição Federal e na legislação processual". O fato é que o art. 125, §1º, da Constituição Federal, serviu de fundamento para a definição de foro especial para diversas autoridades em constituições estaduais, cuja validade foi apreciada pelo Supremo Tribunal Federal.

O foro simétrico estadual diz respeito à prerrogativa definida pela Constituição estadual, atribuindo competência ao Tribunal de Justiça estadual para autoridades estaduais similares às federais, em simetria à prerrogativa de foro estabelecida pela Constituição Federal.[27] É o caso do vice-governador (em simetria ao vice-presidente, art. 102, I, "b", CF), deputados estaduais membros da Assembleia Legislativa (em simetria aos membros do Congresso Nacional, art. 102, I, "b", CF), secretários de estado (em simetria aos ministros de estado, art. 102, I, "c", CF), comandante da Polícia Militar e comandante do Corpo de Bombeiros Militar (em simetria aos comandantes da Marinha, do Exército e da Aeronáutica, art. 102, I, "c", CF).

A validade do foro por prerrogativa a essas autoridades foi reconhecida pelo Supremo Tribunal Federal, como decorrência direta do previsto na Constituição Federal. No julgamento da ADI nº 2.553/MA, prevaleceu o voto divergente do Ministro Alexandre de Moraes, no sentido de que a própria Constituição Federal determina, no §1º do art. 27,[28] que se aplique o Estatuto dos Congressistas aos deputados estaduais, sendo, inclusive, desnecessária previsão na Constituição estadual. Com relação aos demais membros do Executivo estadual, o foro por prerrogativa decorreria, conforme entendimento majoritário no mencionado julgado, da combinação do art. 28[29] com o art. 76 e seguintes, da Constituição Federal, que tratam do Poder Executivo em âmbito federal. Portanto, o vice-governador, os secretários de estado e o comandante dos militares estaduais, por determinação expressa do art. 28, também teriam foro por prerrogativa de função, independentemente da previsão na Constituição estadual.[30]

---

[25] BRASIL. Supremo Tribunal Federal. Tribunal Pleno. *ADI 2553*. Rel. Gilmar Mendes. Rel. p/ acórdão Alexandre de Moraes, public. 17.8.2020.

[26] MARCHIONATTI, Daniel. *Processo penal contra autoridades*. Rio de Janeiro: Forense, 2019. p. 51.

[27] MARCHIONATTI, Daniel. *Processo penal contra autoridades*. Rio de Janeiro: Forense, 2019. p. 52.

[28] "Art. 27. [...] §1º Será de quatro anos o mandato dos Deputados Estaduais, aplicando- sê-lhes as regras desta Constituição sobre sistema eleitoral, inviolabilidade, imunidades, remuneração, perda de mandato, licença, impedimentos e incorporação às Forças Armadas".

[29] "Art. 28. A eleição do Governador e do Vice-Governador de Estado, para mandato de 4 (quatro) anos, realizar-se-á no primeiro domingo de outubro, em primeiro turno, e no último domingo de outubro, em segundo turno, se houver, do ano anterior ao do término do mandato de seus antecessores, e a posse ocorrerá em 6 de janeiro do ano subsequente, observado, quanto ao mais, o disposto no art. 77 desta Constituição".

[30] BRASIL. Supremo Tribunal Federal. Tribunal Pleno. *ADI 2553*. Rel. Gilmar Mendes. Rel. p/ acórdão Alexandre de Moraes, public. 17.8.2020.

O foro assimétrico estadual é aquele definido na Constituição estadual para autoridades estaduais sem similares federais contempladas na Constituição Federal, como é o caso dos procuradores do estado, defensores públicos e delegados de polícia.[31] O tema foi objeto de divergências e passou por evolução na jurisprudência no Supremo Tribunal Federal, valendo uma reconstrução cronológica desses entendimentos. No início da década de 1990, ao apreciar a medida cautelar na ADI nº 541/PB, ação que questionava a constitucionalidade de dispositivo da Constituição do Estado da Paraíba que concedia foro por prerrogativa de função aos procuradores de estado, o Relator Ministro Marco Aurélio entendeu pela inexistência de violação à Constituição Federal, com fundamento no art. 125, §1º, que assegura "às Constituições dos Estados a fixação das competências dos respectivos tribunais".[32]

O entendimento foi alterado quando da apreciação da medida cautelar na ADI nº 2.553/MA, em 2002, oportunidade em que o Supremo Tribunal Federal suspendeu dispositivo da Constituição do Estado do Maranhão que concedia foro por prerrogativa de função aos procuradores do estado, procuradores da Assembleia Legislativa, defensores públicos e delegados de polícia.[33] O mesmo entendimento foi reiterado quando da análise da medida cautelar na ADI nº 2.587/GO, que questionava dispositivos da Constituição do Estado de Goiás, ao argumento de que "não gozam da mesma prerrogativa os servidores públicos que desempenham funções similares na esfera federal".[34]

No julgamento do mérito da ADI nº 2.587/GO, em 2004, houve nova alteração de entendimento, tendo sido declarado inconstitucional apenas o foro privilegiado concedido aos delegados de polícia, considerando o controle externo que é exercido pelo Ministério Público. Por outro lado, declarou-se constitucional o foro por prerrogativa concedido aos procuradores do estado e da Assembleia Legislativa, bem como aos defensores públicos.[35] Na mesma linha, em 2007, quando do julgamento do mérito da ADI nº 541/PB, o Supremo Tribunal Federal declarou a constitucionalidade do foro por prerrogativa de função concedido aos procuradores do estado da Paraíba.[36]

Anos depois, em 2019, nova reviravolta jurisprudencial. Ao analisar o mérito da ADI nº 2.553/MA, o Supremo Tribunal Federal declarou a inconstitucionalidade de dispositivo da Constituição do Estado do Maranhão que atribuía foro por prerrogativa de função aos procuradores do estado e da Assembleia Legislativa, defensores públicos e delegados de polícia, tendo prevalecido a interpretação de que o constituinte estadual não pode estender a prerrogativa de foro aos agentes não abarcados pelo constituinte federal.[37] Portanto, a autonomia conferida aos estados-membros encontra limites no

---

[31] MARCHIONATTI, Daniel. *Processo penal contra autoridades*. Rio de Janeiro: Forense, 2019. p. 53.
[32] BRASIL. Supremo Tribunal Federal. *ADI 541-MC*. Rel. Min. Marco Aurélio, j. 25.10.1991.
[33] BRASIL. Supremo Tribunal Federal. *ADI 2.553-MC*. Rel. Min. Sepúlveda Pertence, j. 20.2.2002.
[34] BRASIL. Supremo Tribunal Federal. Tribunal Pleno. *ADI 2.587-MC*. Rel. Maurício Corrêa, j. 15.5.2002.
[35] BRASIL. Supremo Tribunal Federal. Tribunal Pleno. *ADI 2.587*. Rel. Maurício Corrêa, j. 1º.2.2004.
[36] BRASIL. Supremo Tribunal Federal. Tribunal Pleno. *ADI 541*. Red. p/ acórdão Min. Gilmar Mendes, j. 10.5.2007.
[37] O entendimento prevalente fundamentou-se na compreensão de que as normas que concedem foro por prerrogativa de função seriam "normas de preordenação", aquelas dirigidas aos Estados Federados trazendo as matérias a serem reproduzidas em sua auto-organização, de modo que todas as hipóteses do foro por prerrogativa estariam estabelecidas pela Constituição Federal (BRASIL. Supremo Tribunal Federal. Tribunal Pleno. *ADI 2.553/MA*. Red. p/ acórdão Min. Alexandre de Moraes, j. 15.5.2019).

próprio texto constitucional, não cabendo ao legislador constituinte estadual instituir novas hipóteses de foro especial além das previstas na Constituição Federal.[38]

Em 2021, a questão voltou ao plenário do Supremo Tribunal Federal.[39] O Ministro Luís Roberto Barroso, refletindo sobre os pilares de seu voto na AP nº 937-QO, reafirmou que as normas que estabelecem o foro por prerrogativa de função são excepcionais e, como tais, devem ser interpretadas restritivamente.[40] Destacou que o foro privilegiado constitui uma exceção a direitos e princípios fundamentais, que são normas que possuem preferência axiológica em relação às demais regras constitucionais. A margem de discricionariedade para a definição de normas de competência dos tribunais de justiça, portanto, é limitada.

Este entendimento foi seguido pela Corte por unanimidade. Assim, dando interpretação restritiva ao foro por prerrogativa de função e ao art. 125, §1º, da Constituição Federal, o Supremo Tribunal Federal reconheceu a inconstitucionalidade dos dispositivos que conferiam foro por prerrogativa a procuradores do estado e da Assembleia Legislativa, defensores públicos e delegados de polícia. Destacou-se que o próprio constituinte federal estabeleceu as autoridades com foro por prerrogativa não só em âmbito federal, mas também na esfera estadual[41] e municipal,[42] tendo prevalecido o entendimento de que, fora dessas hipóteses expressamente previstas, somente se admite a concessão de foro privilegiado nos casos em que a própria Constituição Federal estabelece regra de simetria para a organização dos estados-membros, não havendo discricionariedade do constituinte estadual.[43] A tese fixada pela Corte foi: "[é] inconstitucional norma de constituição estadual que estende o foro por prerrogativa de função a autoridades não contempladas pela Constituição Federal de forma expressa ou por simetria".[44]

---

[38] Esse entendimento se consolidou no STF, tendo sido reafirmado quando da concessão da medida cautelar na ADI nº 6.501/PA e, no mérito das ADI nº 5.591/SP (inconstitucionalidade do foro privilegiado aos delegados de polícia), ADI nº 6.514/CE (inconstitucionalidade do foro privilegiado aos defensores públicos) e ADI nº 6.518/AC (inconstitucionalidade do foro privilegiado aos defensores públicos).

[39] Destaca-se ADI nº 6.501/PA (prerrogativa a defensores públicos), ADI nº 6.502/PE (prerrogativa ao defensor público-geral e chefe-geral da Polícia Civil), ADI nº 6.508/RO (prerrogativa a defensores públicos), ADI nº 6.515/AM (prerrogativa a defensores públicos e procuradores do estado) e ADI nº 6.516/AL (prerrogativa a defensores públicos e procuradores do estado), todas da relatoria do Ministro Roberto Barroso. O objeto da ADI nº 558/RJ, Relatora Ministra Cármen Lúcia, foi um pouco mais amplo, abrangendo também a inconstitucionalidade do foro por prerrogativa ao vice-prefeito e vereadores, bem como a definição da competência da Assembleia Legislativa do estado para processar e julgar defensor público-geral do estado nos crimes de responsabilidade.

[40] BRASIL. Supremo Tribunal Federal. Tribunal Pleno. *ADI 6502*. Rel. Min. Roberto Barroso, j. 23.8.2021.

[41] O art. 96, III, da Constituição Federal, estabelece que compete ao Tribunal de Justiça julgar os juízes estaduais e do Distrito Federal e Territórios, bem como os membros do Ministério Público, nos crimes comuns e de responsabilidade, ressalvada a competência da Justiça Eleitoral; o art. 105, I, "a", da Constituição Federal, prevê que compete ao STJ, nos crimes comuns, julgar os governadores dos estados e do Distrito Federal, e, nestes e nos de responsabilidade, os desembargadores dos Tribunais de Justiça dos estados e do Distrito Federal e os membros dos Tribunais de Contas dos estados e do Distrito Federal.

[42] O art. 29, X, da CF/1988 estabelece o julgamento do prefeito perante o Tribunal de Justiça, e o art. 105, I, "a", da CF/1988 estabelece que compete ao STJ, nos crimes comuns e de responsabilidade, o julgamento dos membros dos Conselhos ou Tribunais de Contas dos municípios.

[43] No julgamento da ADI nº 6.502/PE, o STF declarou a inconstitucionalidade do foro por prerrogativa de função concedido ao defensor público-geral e ao chefe-geral da Polícia Civil, pois "como não há na Constituição de 1988 previsão de prerrogativa de foro ao Defensor Público-Geral e ao Chefe Geral da Polícia Civil, não se pode expandir a norma excepcional" (BRASIL. Supremo Tribunal Federal. Tribunal Pleno. *ADI 6502*. Rel. Min. Roberto Barroso, j. 23.8.2021, public. 16.9.2021).

[44] BRASIL. Supremo Tribunal Federal. Tribunal Pleno. *ADI 6501*. Rel. Min. Roberto Barroso, public. 16.9.2021.

O entendimento foi reafirmado, em 2022, para reconhecer a inconstitucionalidade do foro por prerrogativa de função conferido a reitor de universidade estadual e diretores-presidentes de entidades da Administração estadual indireta, prevista na Constituição do Estado de Roraima, considerando a inexistência de simetria com o disposto pela Constituição Federal.[45]

Conclusão

Ao longo do tempo, o foro por prerrogativa de função no Supremo Tribunal Federal tem ganhado diferentes contornos no texto da Constituição e na interpretação da Corte sobre estes dispositivos.

A premissa que fundamenta a ótica do Ministro Luís Roberto Barroso sobre o tema é que o foro por prerrogativa de função não é um privilégio, mas uma proteção às pessoas que desempenham determinadas funções. Essa proteção, contudo, deve ser interpretada para atender ao interesse público e não para acobertar crimes sem qualquer relação com o exercício do mandato. O Supremo Tribunal Federal tem como missão primordial a guarda da Constituição, e o processamento de excessivo número de feitos criminais originários pode prejudicar o funcionamento da Corte naquilo que lhe é essencial.

Essa premissa foi o pilar das discussões da AP nº 937-QO, caso mais importante no Supremo Tribunal Federal sobre o foro por prerrogativa de função na última década. Na ocasião do julgamento, esses fundamentos apontados pelo Ministro Luís Roberto Barroso foram acolhidos pela Corte, restringindo, então, o foro por prerrogativa de função aos crimes praticados no cargo e em razão do cargo. Restou também fixado que, a partir do final da instrução processual, com a publicação do despacho de intimação para apresentação de alegações finais, a competência para processar e julgar ações penais – do Supremo Tribunal Federal ou de qualquer outro órgão – não será mais afetada em razão de o agente público vir a ocupar outro cargo ou deixar o cargo que ocupava, qualquer que seja o motivo. Portanto, ainda que haja renúncia, não reeleição ou eleição para função diversa, uma vez concluída a instrução, haverá a prorrogação da competência constitucional com vistas à preservação da efetividade e da racionalidade da prestação jurisdicional.[46]

De fato, o impacto da tese fixada na AP nº 937-QO foi concretamente positivo. Pouco antes do julgamento, havia mais de 500 feitos penais no Supremo Tribunal Federal (inquéritos e ações penais). Esse número foi sendo gradualmente reduzido ao longo dos anos, chegando, em 2021, a 72 inquéritos e 22 ações penais. Um número mais adequado para uma corte vocacionada para ser guardiã da Constituição e cuja competência criminal para processamento de ações penais é residual.[47]

---

[45] BRASIL. Supremo Tribunal Federal. Tribunal Pleno. *ADI 6511*. Rel. Min. Dias Toffoli, public. 5.10.2022.

[46] BRASIL. Supremo Tribunal Federal. Plenário. *AP 937 QO*. Rel. Min. Roberto Barroso, public. 11.12.2018.

[47] BRASIL. Supremo Tribunal Federal. Quatro anos após restrição do foro, STF reduz 80% do acervo de inquéritos e ações penais. *Supremo Tribunal Federal*, 28 jun. 2022. Disponível em: https://portal.stf.jus.br/noticias/verNoticiaDetalhe.asp?idConteudo=489564&ori=1. Acesso em: 28 abr. 2023.

A concepção defendida pelo Ministro Luís Roberto Barroso, no sentido de que o foro por prerrogativa de função deve ser uma exceção em nosso sistema, tem norteado o Supremo Tribunal Federal em diversos outros casos. A Corte também manteve a interpretação restritiva do instituto no caso de mandatos sucessivos e nas hipóteses de foro por prerrogativa de função previstas em constituições estaduais (delegados de polícia, procuradores do estado e defensores públicos, por exemplo). De fato, a doutrina também se alinha à limitação do foro por prerrogativa de função, seja perante o Supremo Tribunal Federal, seja em outros tribunais.[48] Somente no caso de "mandatos cruzados" de parlamentar federal a tese e os fundamentos do entendimento firmado pelo Ministro Luís Roberto Barroso na AP nº 937-QO não prevaleceram. Na ocasião, ficaram também vencidos a Ministra Rosa Weber e o Ministro Marco Aurélio, que compartilhavam do entendimento de que o encerramento do mandato em que cometido o delito faria cessar a competência do Supremo Tribunal Federal.

Por fim, para os casos ainda pendentes de análise pelo Supremo Tribunal Federal, é de se esperar que a discussão tenha como ponto de partida os fundamentos apresentados pelo Ministro Luís Roberto Barroso na AP nº 937-QO. Em breve, o Plenário da Corte deve se deparar com a definição de balizas do foro por prerrogativa para os casos de sucessão de mandatos em funções exercidas em entes políticos distintos. É importante que prevaleça a perspectiva de que o foro por prerrogativa de função não é um privilégio, devendo atender ao interesse público. Essa interpretação restritiva, além de contribuir para a segurança jurídica e coerência do sistema, realiza a própria Constituição nos pilares da isonomia e na ideia de República.

Referências

BARROSO, Luís Roberto. *Sem data venia*: um olhar sobre o Brasil e o mundo. 1. ed. Rio de Janeiro: História Real, 2020.

BRASIL. Superior Tribunal de Justiça. Corte Especial. *APn 804/DF*. Rel. Min. Og Fernandes, Corte Especial, public. 7.3.2019.

BRASIL. Superior Tribunal de Justiça. Corte Especial. *APn 825/DF*. Rel. Min. Herman Benjamin, public. 26.4.2019.

BRASIL. Supremo Tribunal Federal. Plenário. *AP 313 QO-QO*. Rel. Min. Moreira Alves, public. 9.11.2001.

BRASIL. Supremo Tribunal Federal. Plenário. *AP 937 QO*. Rel. Min. Roberto Barroso, public. 11.12.2018.

BRASIL. Supremo Tribunal Federal. Plenário. *Inq 4529*. Rel. Min. Gilmar Mendes, j. 25.11.2022.

BRASIL. Supremo Tribunal Federal. Primeira Turma. *Inq 4641*. Rel. Min. Roberto Barroso, public. 16.8.2018.

BRASIL. Supremo Tribunal Federal. Primeira Turma. *RE 1.185.838 AgR*. Rel. Min. Rosa Weber, Rel. p/ Acórdão Min. Alexandre de Moraes, public. 8.8.2019.

BRASIL. Supremo Tribunal Federal. Primeira Turma. *RE 1.240.599 AgR*. Rel. Min. Marco Aurélio, Rel. p/ acórdão Min. Alexandre de Moraes, public. 9.11.2020.

BRASIL. Supremo Tribunal Federal. Quatro anos após restrição do foro, STF reduz 80% do acervo de inquéritos e ações penais. *Supremo Tribunal Federal*, 28 jun. 2022. Disponível em: https://portal.stf.jus.br/noticias/verNoticiaDetalhe.asp?idConteudo=489564&ori=1. Acesso em: 28 abr. 2023.

BRASILEIRO, Renato. *Manual de processo penal*. São Paulo: JusPodivm, 2022. Volume único.

---

[48] Por exemplo, PACELLI, Eugênio; FISCHER, Douglas. *Comentários ao Código de Processo Penal e sua jurisprudência*. 12. ed. São Paulo: Atlas, 2020. p. 271.

CAVALCANTE FILHO, J. T.; LIMA, F. R. *Foro, prerrogativa e privilégio (Parte 1)*: Quais e quantas autoridades têm foro no Brasil? Brasília: Núcleo de Estudos e Pesquisas/Conleg/Senado, abr. 2017. Texto para Discussão n. 233. Disponível em: www.senado.leg.br/estudos. Acesso em: 27 abr. 2023.

FALCÃO, Joaquim *et al*. *V Relatório Supremo em Números*: o foro privilegiado. Rio de Janeiro: Escola de Direito do Rio de Janeiro da Fundação Getúlio Vargas, 2017.

MARCHIONATTI, Daniel. *Processo penal contra autoridades*. Rio de Janeiro: Forense, 2019.

PACELLI, Eugênio; FISCHER, Douglas. *Comentários ao Código de Processo Penal e sua jurisprudência*. 12. ed. São Paulo: Atlas, 2020.

Informação bibliográfica deste texto, conforme a NBR 6023:2018 da Associação Brasileira de Normas Técnicas (ABNT):

MARINHO JR., Inezil Penna; MARTINS, Etiene Coelho. O Supremo Tribunal Federal e o foro por prerrogativa de função. *In*: OSORIO, Aline; MELLO, Patrícia Perrone Campos; BARROSO, Luna van Brussel (Coord.). *Direitos e democracia*: 10 anos do Ministro Luís Roberto Barroso no STF. Belo Horizonte: Fórum, 2023. p. 695-707. ISBN 978-65-5518-555-3.

RELIGIÃO, PLURALISMO E LAICIDADE DO ESTADO: O MINISTRO LUÍS ROBERTO BARROSO E A LIBERDADE RELIGIOSA

ESTÊVÃO GOMES

I Introdução

Os dez anos do Ministro Luís Roberto Barroso no Supremo Tribunal Federal foram cercados de votos históricos e decisões relevantes. Uma marca da sua atuação na Corte é a coragem de fazer a coisa certa, mesmo em casos controversos ou diante de circunstâncias difíceis. O ministro possui uma confiança inabalável de que "tudo o que é correto, justo e legítimo deve encontrar um caminho no Direito".[1] Essa é a sua filosofia jurídica. E é essa premissa que fundamenta o seu modo de pensar, agir e motivar suas decisões. Esse compromisso inabalável com o correto, o justo e o legítimo permeou a sua atuação no STF durante a última década e certamente permanecerá como bússola moral para os próximos anos.

Nesses dez anos de Corte, tive o privilégio de acompanhar de perto, como seu assessor, essa forma de pensar o direito. Entre idas e vindas de 2015 a 2020, foram quase cinco anos observando e aprendendo com o ministro a servir o país e a justiça da melhor maneira possível, sempre buscando, por meio da interpretação constitucional, o bem comum.[2] Sou testemunha do esforço e do empenho em produzir soluções jurídicas

---

[1] BARROSO, Luís Roberto. Estado, sociedade e direito: diagnósticos e propostas para o Brasil. *In*: ROCHA, Lilian Rose Lemos; LORA, Iago Farias; OLIVEIRA, Rodrigo Gonçalves Ramos de; MONTEIRO, Dáfini de Araújo Perácio (Org.). *Centro Brasileiro de Estudos Constitucionais*. Brasília: UniCEUB, 2017. p. 110.

[2] Sobre esse método de interpretação constitucional, também conhecido como *common good constitutionalism*, v. VERMEULE, Adrian. *Common good constitutionalism*. Cambridge: Polity Press, 2022. p. 10: "[...] I argue for a view I will call common good constitutionalism. On this view, the classical tradition should be explicitly recovered and adapted as the matrix within which American judges read our Constitution, our statutes, and our administrative law. The centerpiece of the classical legal tradition is that the law should be seen as a reasoned ordering to the common good, the 'art of goodness and fairness', as the Roman jurist Ulpian put it – an act of purposive and reasoned rulership that promotes the good of law´s subjects as members of a flourishing political Community, and ultimately as members of the Community of people and nations. Accordingly, the master principle of our public law should be the classical principle that all officials have a duty, and corresponding authority, to promote the common good – albeit in a manner consistent with the requirements of their particular roles [...]".

focadas no interesse público, sem deixar de enfrentar – de frente e com coragem – casos complexos em que há desacordo moral razoável na sociedade.

O presente artigo irá se debruçar sobre uma parcela desses casos enfrentados pelo Ministro Barroso na última década. A liberdade religiosa e o exercício do direito à religião são matérias intrinsecamente controversas. Desde a sua origem, as democracias liberais têm debatido o local adequado da religião no espaço público e os conflitos entre o exercício individual de convicções religiosas e o âmbito de proteção do Estado, especialmente diante do princípio da laicidade e do pluralismo inerente às sociedades modernas. Os temas variam desde a influência de grupos religiosos majoritários em políticas públicas, passando pela defesa de práticas religiosas de minorias e pela possibilidade de acomodações religiosas específicas para grupos religiosos majoritários e minoritários em uma sociedade.[3]

A título exemplificativo, Corte Constitucionais ao redor do mundo têm discutido se: (i) empresas privadas podem recusar a prestação de serviços para grupos minoritários com fundamento em argumento religioso (Suprema Corte americana, *Masterpiece Cakeshop, Ltd. v. Colorado Civil Rights Commission*; Suprema Corte do Reino Unido, *Bull v. Hall*); (ii) escolas públicas podem ser obrigadas a terem crucifixos em salas de aula (Tribunal Constitucional Federal da Alemanha, *BverfGE 93, 1*); (iii) cidadãos são autorizados a utilizar adornos religiosos em fotografia para documentos públicos, como a carteira de habilitação (Corte Europeia de Direitos Humanos, *Singh v. França*); (iv) autoridades públicas eleitas têm o direito de iniciar reuniões de órgãos públicos com uma oração (Suprema Corte do Canadá, *Mouvement laïque québécois v. Saguenay (City)*); (v) o Estado pode proibir o uso de vestimentas religiosas típicas em locais públicos (Conselho de Estado da França, *ordonnance du 26 août 2016*); e (vi) profissionais de saúde podem se recusar à participação de procedimentos abortivos em hospitais públicos por motivo de convicção religiosa (Suprema Corte do Reino Unido, *Greater Glasgow Health Board v. Doogan*; Corte Constitucional da Colômbia, *Decisión T-388/2009*).

Discussões análogas também foram enfrentadas pelo Supremo Tribunal Federal na última década e contaram com votos relevantes proferidos pelo Ministro Luís Roberto Barroso. A seguir, serão apresentados, em ordem cronológica de julgamento, quatro precedentes representativos do debate da liberdade religiosa no STF. São eles: (i) a obrigatoriedade de ensino religioso em escolas públicas (ADI nº 4.439, Rel. p/ acórdão Min. Alexandre de Moraes, j. 27.9.2017); (ii) o direito constitucional à educação domiciliar, também conhecido como *homeschooling* (RE nº 888.815, Rel. p/ acórdão Min. Alexandre de Moraes, j. 12.9.2018); (iii) a constitucionalidade de lei que proíbe sacrifício de animais em religiões de matriz africana (RE nº 494.601, Rel. p/ acórdão Min. Luiz Edson Fachin, j. 28.3.2019); e (iv) a constitucionalidade de vacinação obrigatória para crianças e adolescentes (ARE nº 1.267.879, Rel. Min. Luís Roberto Barroso, j. 17.12.2020).

Em cada capítulo, serão destacadas as principais questões controversas debatidas pela Corte, as soluções jurídicas propostas pelo Ministro Barroso e alguns breves comentários sobre resultado do julgamento. Após a descrição dos casos, a título de

---

[3] V., entre outros, MINOW, Martha. Should religious groups be exempt from civil rights law? *Boston College Law Review*, v. 48, n. 4, 2007. p. 849 e ss.; MANCINI, Susanna; ROSENFELD, Michel (Ed.). *The conscience wars*: rethinking the balance between religion, identity, and equality. Cambridge: Cambridge University Press, 2017.

conclusão, serão resumidas as contribuições decisivas dos entendimentos do Ministro Luís Roberto Barroso para a interpretação constitucional e garantia do exercício da liberdade religiosa no país.

II   Ensino religioso em escolas públicas (ADI nº 4.439)

A Ação Direta de Inconstitucionalidade (ADI) nº 4.439 foi proposta pela Procuradoria-Geral da República em face do art. 33, *caput* e §§1º e 2º da Lei nº 9.394/1996 (Lei de Diretrizes e Bases da Educação Nacional – LDB)[4] e o art. 11, §1º, do Acordo Brasil-Santa Sé de 2008.[5] A requerente pretendia afirmar que o ensino religioso em escolas públicas deveria ser necessariamente *não confessional*. Em outras palavras, a ADI tinha por finalidade conferir interpretação conforme a Constituição aos dispositivos impugnados, de modo a determinar que o ensino de religião em colégios mantidos pelo Poder Público não poderia corresponder ao conteúdo de uma crença específica (ensino confessional) nem a um programa definido, em comum, por várias denominações religiosas (ensino interconfessional). Nos termos da inicial, com base no princípio da laicidade do Estado, o ensino religioso não poderia estar diretamente vinculado a uma religião determinada.

Como relator originário da ação, o Ministro Barroso apresentou em seu voto duas premissas para solucionar a questão debatida: (i) a *primeira* corresponde ao dever do Poder Público de garantir a *liberdade religiosa* (art. 5º, VI, da Constituição), por meio de um ambiente de respeito e segurança para o exercício pelas pessoas de suas convicções religiosas e manifestar seus pensamentos livres de constrangimento ou preconceito; e (ii) a *segunda* refere-se ao dever do Estado de manter uma *posição de neutralidade* ante os diversos credos religiosos, sem privilegiar ou desfavorecer qualquer um deles.

Em seguida, o voto procurou explicar o *conteúdo* do princípio da laicidade do Estado (art. 19, I, da Constituição), decompondo-o em três exigências: (i) a *primeira* relacionada à separação formal entre Estado e Igreja; (ii) a *segunda* referente à neutralidade estatal em matéria de religião; e (iii) a *terceira* direcionada à garantia da liberdade religiosa. Com fundamento nessas três dimensões do princípio da laicidade, o relator concluiu que o ensino religioso confessional ou interconfessional violaria todas essas três exigências.

Em relação à *primeira*, de acordo com o voto, um ensino religioso confessional levaria a uma inevitável identificação institucional entre o Estado e a religião, dado que o espaço público da sala de aula seria preenchido por conteúdos específicos de um credo religioso ou conjunto de credos, o que seria incompatível com a separação

---

[4] "Art. 33. O ensino religioso, de matrícula facultativa, é parte integrante da formação básica do cidadão e constitui disciplina dos horários normais das escolas públicas de ensino fundamental, assegurado o respeito à diversidade cultural religiosa do Brasil, vedadas quaisquer formas de proselitismo. (Redação dada pela Lei nº 9.475, de 22.7.1997) §1º Os sistemas de ensino regulamentarão os procedimentos para a definição dos conteúdos do ensino religioso e estabelecerão as normas para a habilitação e admissão dos professores. (Incluído pela Lei nº 9.475, de 22.7.1997) §2º Os sistemas de ensino ouvirão entidade civil, constituída pelas diferentes denominações religiosas, para a definição dos conteúdos do ensino religioso. (Incluído pela Lei nº 9.475, de 22.7.1997)".

[5] "Art. 11. [...] §1º O ensino religioso, católico e de outras confissões religiosas, de matrícula facultativa, constitui disciplina dos horários normais das escolas públicas de ensino fundamental, assegurado o respeito à diversidade cultural religiosa do Brasil, em conformidade com a Constituição e as outras leis vigentes, sem qualquer forma de discriminação".

formal entre Igreja e Estado. Em relação à *segunda*, sob o ponto de vista pragmático, entendeu-se ser impossível física, operacional e materialmente a criação de turmas e horários para o ensino religioso, de modo a que todos os alunos tenham instrução religiosa nas suas respectivas crenças. Com isso, o resultado de um ensino confessional seria necessariamente o predomínio das religiões majoritárias, em detrimento das minorias religiosas, circunstância violadora da neutralidade estatal. Por último, quanto à *terceira* exigência do princípio da neutralidade, haveria lesão à liberdade religiosa por meio do ensino confessional, pois não seria possível a criação de um ambiente escolar apto a assegurar o exercício das diversas convicções religiosas dos alunos não representadas nas aulas de ensino religioso. A exclusão de diversas crenças também poderia levar à impossibilidade de expressão adequada das variadas preferências religiosas dos alunos.

A conclusão do voto é que apenas um

> ensino religioso não confessional, ministrado de modo plural, objetivo e neutro – i.e., sem que as crenças e cosmovisões sejam transmitidas como verdadeiras ou falsas, boas ou más, certas ou erradas, melhores ou piores –, permite realizar o princípio da laicidade estatal, bem como garantir a liberdade religiosa e a igualdade.[6]

Por fim, como forma de garantir a efetividade dessa conclusão, o voto ainda elencou uma série de cautelas necessárias à garantia da facultatividade (disposta no art. 210, §1º, da Constituição)[7] e da não confessionalidade do ensino religioso: (i) proibição de que a investidura e a permanência de professores nos cargos dependessem da vontade de denominações religiosas; (ii) vedação à matrícula automática de todos os alunos no ensino religioso, exigindo-se manifestação de vontade do estudante para cursar a disciplina; (iii) existência de alternativas pedagógicas aos alunos que optarem por não cursar a disciplina ensino religioso para o cumprimento da carga mínima anual de 800 horas, exigida pelo art. 24, I, da Lei nº 9.394/1996;[8] (iv) proibição de ensino religioso transversal em outras disciplinas, sendo necessária uma aula específica para o conteúdo religioso; e (v) possibilidade de desligamento a qualquer tempo dos alunos que escolherem participar do ensino religioso, respeitada a facultatividade disposta no art. 210, §1º, da Constituição.

Como se percebe, o voto do Ministro Luís Roberto Barroso buscou dar concretude ao princípio da laicidade do Estado, sem, contudo, excluir o exercício da liberdade religiosa nas escolas públicas e, ao mesmo tempo, garantir o pluralismo de convicções e pensamentos acerca do espaço adequado da religião. A ideia foi compatibilizar os três valores constitucionais, preocupando-se em manter a neutralidade do Estado, sem, no entanto, impedir inteiramente o ensino religioso em ambiente escolar.[9]

---

[6] STF. ADI nº 4.439. Rel. p/acórdão Min. Alexandre de Moraes, j. 27.9.2017, p. 17.

[7] "Art. 210. [...] §1º O ensino religioso, de matrícula facultativa, constituirá disciplina dos horários normais das escolas públicas de ensino fundamental".

[8] "Art. 24. A educação básica, nos níveis fundamental e médio, será organizada de acordo com as seguintes regras comuns: I - a carga horária mínima anual será de oitocentas horas para o ensino fundamental e para o ensino médio, distribuídas por um mínimo de duzentos dias de efetivo trabalho escolar, excluído o tempo reservado aos exames finais, quando houver; [...]".

[9] Para uma crítica ao voto do ministro, v. PIRES, Tiago Magalhães. Ensino religioso nas escolas públicas (ADI nº 4.439/DF): comentários ao voto do Ministro Luís Roberto Barroso. *In*: SARAIVA, Renata; OSORIO, Aline; GOMES,

O entendimento exposto, contudo, não prevaleceu no Plenário do STF. A primeira sessão de julgamento ocorreu em 30.8.2017, quando o relator votou pela procedência do pedido para conferir interpretação conforme a Constituição aos dispositivos impugnados, afirmando que o ensino religioso em escolas públicas somente poderia ter natureza não confessional. O debate prosseguiu no dia seguinte, quando o Ministro Alexandre de Moraes abriu a divergência para julgar improcedentes os pedidos, tendo em vista que o princípio da laicidade do Estado e a liberdade religiosa foram devidamente contemplados pelo art. 210, §1º, da Constituição, ao estabelecer a natureza voluntária da matrícula no ensino religioso e ao impedir que o Poder Público crie, de modo artificial, seu próprio ensino da religião, com um conteúdo estatal predeterminado para a disciplina.

Na mesma sessão, o voto divergente do Ministro Alexandre de Moraes foi acompanhado, por fundamentos diferentes, pelo Ministro Luiz Edson Fachin, com os ministros Rosa Weber e Luiz Fux seguindo o relator. O julgamento foi retomado em 21.9.2017, quando proferiram votos, pela improcedência, os ministros Dias Toffoli, Ricardo Lewandowski e Gilmar Mendes. O caso foi concluído no dia 27 de setembro, com os votos dos ministros Marco Aurélio e Celso de Mello, acompanhando o relator, e da Ministra Cármen Lúcia, seguindo a divergência. Em apertada maioria de seis votos, os pedidos da ação foram julgados improcedentes, sendo reconhecida a constitucionalidade do ensino religioso confessional nas escolas públicas como disciplina facultativa para os alunos matriculados no ensino fundamental.

Embora vencido, as premissas teóricas do voto do Ministro Barroso foram fundamentais para assentar o conteúdo do princípio da laicidade do Estado e da sua relação com a liberdade religiosa na jurisprudência do STF, bem como avançar no debate constitucional acerca do conflito existente entre religião, pluralismo e laicidade do Estado. Esse entendimento irradiou sobre outros precedentes do STF que debatiam essas matérias. É o que se verá nos próximos capítulos.

III Homeschooling (RE nº 888.815)

Um segundo precedente relevante sobre liberdade religiosa também envolveu o tema educação de crianças e adolescentes. No Recurso Extraordinário com Repercussão Geral nº 888.815, debateu-se o direito constitucional dos pais e responsáveis de educarem seus filhos em casa, por meio do método pedagógico conhecido como educação domiciliar ou *homeschooling*. No caso concreto, a Secretaria Municipal de Educação de Canela/RS impediu a educação domiciliar de um menor de idade, alegando a inexistência do direito na legislação aplicável e o dever dos pais de matricularem seus filhos em escolas formais, com fundamento no art. 55 do ECA[10] e do art. 6º da Lei nº 9.394/1996.[11]

Os pais do menor, contudo, alegaram que o ensino domiciliar possui fundamento nos princípios constitucionais da liberdade de ensino (art. 206, II, da Constituição)

Estêvão; PEPE, Rafael Gaia Edais (Org.). *Ministro Luís Roberto Barroso*: 5 anos de Supremo Tribunal Federal. Belo Horizonte: Fórum, 2018. p. 279-295.

[10] "Art. 55. Os pais ou responsável têm a obrigação de matricular seus filhos ou pupilos na rede regular de ensino".

[11] "Art. 6º É dever dos pais ou responsáveis efetuar a matrícula das crianças na educação básica a partir dos 4 (quatro) anos de idade".

e do pluralismo de ideias e de concepções pedagógicas (art. 206, III, Constituição), além da autonomia familiar assegurada pela Constituição. Destacaram, ainda, que não há nenhum dispositivo no ordenamento jurídico brasileiro que proíbe a prática do *homeschooling* e que a obrigatoriedade de matrícula em rede regular de ensino é determinada exclusivamente pela legislação infraconstitucional.

Embora o pleito pelo ensino domiciliar esteja muito associado a determinados grupos religiosos no Brasil e no mundo,[12] em seu voto, o Ministro Barroso procurou delimitar a questão mais sob o ponto de vista pedagógico do que religioso, tentando solucionar a seguinte questão: o *homeschooling* é compatível com as finalidades e os valores da educação inscritos na Constituição de 1988? A proposta era saber se esse método pedagógico preenche três valores constitucionais: (i) contribui para o desenvolvimento normal e pleno da criança e do adolescente (art. 205 da Constituição); (ii) respeita as concepções e interesses dos pais na criação de seus filhos (arts. 206, II e III; e 229 da Constituição; e (iii) contribui para a formação de bons cidadãos.

Quanto ao *primeiro* valor, o ministro destacou que, embora seja um método pedagógico pouco adotado no Brasil, a educação doméstica tem o mesmo objetivo das escolas: o ensino formal e curricular, de modo a permitir que as crianças e adolescentes possam adquirir raciocínio crítico, julgamento independente e autonomia individual para realizar suas próprias escolhas e refletir sobre o mundo à sua volta. De acordo com o ministro, a prova disso seria o fato de os pais adeptos da modalidade pedagógica adotarem o mesmo currículo mínimo imposto pelo Ministério da Educação. Trata-se, portanto, de um método alternativo de educação formal, mas com os mesmos objetivos e finalidades da educação escolar: o desenvolvimento cognitivo de crianças e adolescentes.

Em relação ao *segundo* valor constitucional, de acordo com o ministro, a educação domiciliar permite aos pais um maior controle da educação de seus filhos, respeitando suas potencialidades, individualidades e interesses. Segundo o relator, a autonomia familiar (art. 226, CF/88) é respeitada pelo *homeschooling*, na medida em que a criança é educada em conformidade com as concepções, cosmovisões e interesses dos pais, devendo ser respeitada como uma opção de modelo de ensino, como são o construtivismo, montessoriano, waldolf ou tradicional. Em acréscimo, a própria Constituição reconheceria a liberdade de aprender, ensinar e divulgar o pensamento (art. 206, II, CF/88), além de assegurar o pluralismo de ideias e concepções pedagógicas (art. 206, III, CF/88).

Por último, quanto ao *terceiro* valor constitucional, a educação domiciliar também contribuiria para a formação de bons cidadãos, o que significaria pessoas comprometidas com as virtudes cívicas, a convivência democrática, a dignidade da pessoa humana e o bom funcionamento das instituições democráticas. O ministro apontou diversos estudos e estatísticas que comprovariam a formação adequada de crianças e adolescentes submetidas a esse método de ensino, concluindo que se trata de um instrumento capaz de preparar os indivíduos para o exercício da cidadania e da vida em sociedade.

Como se percebe, o voto do Ministro Luís Roberto Barroso buscou não apenas argumentar pela constitucionalidade do *homeschooling*, mas também a sua compatibilidade

---

[12] Para uma análise mais detalhada do *homeschooling* no Brasil e no mundo, cf. GOMES, Estêvão. *There is no place like home*: the case for the constitutionality of homeschooling in Brazil. Thesis – Harvard Law School LL.M. December 2017.

com a estrutura normativa do sistema educacional disposto na Constituição e na legislação aplicável. De acordo com o seu voto, seria possível extrair do texto constitucional a permissão da educação domiciliar, sem a necessidade de uma intermediação legislativa. Mais do que defender a constitucionalidade do método pedagógico, pretendeu-se, portanto, afirmar que pais e responsáveis possuíam o *direito subjetivo* constitucional de optarem pelo ensino domiciliar, sem a necessidade de lei que discipline a matéria.

Novamente, no entanto, o entendimento exposto não prevaleceu inteiramente no Plenário do STF. Na sessão de julgamento de 12.9.2018, o Ministro Alexandre de Moraes abriu divergência ao voto do Ministro Barroso, argumentando que, embora o ensino domiciliar fosse compatível com a Constituição, não se trataria de um direito público subjetivo do aluno ou da família. De acordo com o ministro, a Constituição vedaria apenas espécies de ensino alternativas que não respeitem o dever de solidariedade entre a família e o Estado como núcleo principal à formação educacional das crianças e adolescentes (i.e.: *unschooling* radical, *unschooling* moderado e *homeschooling* puro). Entretanto, a Constituição não autorizaria a educação domiciliar sem a criação de lei que regulamente essa modalidade pedagógica. Na ausência de lei disciplinando a matéria, pais e responsáveis não poderiam optar pelo ensino domiciliar. O entendimento foi acompanhado pelo demais ministros, com a exceção do Ministro Fachin, que acompanhou em parte o entendimento, sendo fixada a seguinte tese em repercussão geral: "Não existe direito público subjetivo do aluno ou de sua família ao ensino domiciliar, inexistente na legislação brasileira".

Embora tenha ficado parcialmente vencido na matéria, o voto do Ministro Barroso foi essencial para apresentar o tema e inaugurar os estudos sobre a adoção do *homeschooling* no Brasil. É preciso que se diga que a decisão do STF não proibiu o ensino domiciliar no país. Pelo contrário, catalisou uma ampla discussão ampla e conferiu visibilidade a uma pauta ligada a setores religiosos e conservadores na sociedade. Após a decisão da Corte, seguiu-se um intenso debate na sociedade civil sobre o tema, inclusive com o destravamento da pauta no Congresso Nacional. Com a segurança jurídica fornecida pelo precedente do Supremo, o Projeto de Lei nº 3.179/2012, que regulamenta o ensino domiciliar e tramitou na Câmara dos Deputados por mais de 10 anos, acabou por ser aprovado em 19.5.2022. Atualmente, o PL encontra-se no Senado sob o nº 1.338/2022 e aguarda parecer da Comissão de Educação para ser votado no Plenário da Casa. Esse destravamento da matéria no Congresso somente ocorreu após a decisão do Ministro Luís Roberto Barroso de reconhecer a repercussão geral da matéria e colocá-la em discussão no Plenário do STF. Mesmo tendo sido parcialmente vencido no mérito, o voto do ministro foi essencial para iniciar o caminho de maior segurança jurídica aos pais e responsáveis que desejam implementar a educação domiciliar na educação de seus filhos, garantindo, assim, a concretude da liberdade religiosa e da livre opção por métodos de ensino mais compatíveis à convicção e pensamento da família.

IV Sacrifício de animais em religiões de matriz africana (RE nº 494.601)

No Recurso Extraordinário com Repercussão Geral nº 494.601, discutiu-se tema já amplamente debatido em outras jurisdições a redor do mundo:[13] o conflito entre a liberdade religiosa e o direito dos animais, especialmente nas religiões que empregam em seus rituais e cultos o sacrifício de animais. O recurso extraordinário foi interposto contra decisão do Tribunal de Justiça do Estado do Rio Grande do Sul, que julgou improcedente representação por inconstitucionalidade em face do §1º do art. 2º do Código Estadual de Proteção aos Animais do Estado do Rio Grande do Sul (Lei estadual nº 11.915/2003),[14] que autorizava o sacrifício de animais nos cultos e liturgias das religiões de matriz africana.

O recorrente sustentou que o Estado teria criado uma causa de exclusão de ilicitude penal, invadindo a esfera de competência legislativa da União (art. 22, I, da Constituição). Além disso, alegou que o privilégio concedido aos cultos das religiões de matriz africana para o sacrifício ritual de animais ofenderia o princípio da isonomia (art. 5º, *caput*, da Constituição) e contrapõe-se ao caráter laico do Estado brasileiro (art. 19, I, da Constituição).

Na sessão de julgamento do dia 9.8.2018, o Ministro Marco Aurélio votou no sentido de dar parcial provimento ao recurso extraordinário para conferir interpretação conforme a Constituição ao parágrafo único do art. 2º da Lei nº 11.915/2003 do Estado do Rio Grande do Sul, com a finalidade de "assentar a constitucionalidade do sacrifício de animais em ritos religiosos de qualquer natureza, vedada a prática de maus-tratos no ritual e condicionado o abate ao consumo da carne".[15] O Ministro Fachin, por sua vez, negou provimento ao recurso, afirmando não haver nenhum vício de inconstitucionalidade na norma.

O Ministro Barroso acompanhou a divergência. Segundo o voto, seria possível destacar quatro características do sacrifício de animais em religiões de matriz africana: (i) trata-se de uma prática sagrada, um aspecto fundamental do dogma religioso; (ii)

---

[13] A título exemplificativo, no caso *Church of The Lukumi Babalu Aye v. City of Hialeah*, julgado em 1993, a Suprema Corte dos Estados Unidos declarou a inconstitucionalidade de leis que proibiam o sacrifício de animais pela religião Santeria, por violação à liberdade de expressão, que garante o livre exercício de práticas religiosas. Em sentido semelhante, no caso 1 BvR 1783/99, o Tribunal Constitucional alemão decidiu que a lei de proteção animal deveria ser interpretada de maneira a se garantir permissão excepcional para o sacrifício ritual por açougueiros muçulmanos. Em 2014, o Tribunal Constitucional polonês declarou a inconstitucionalidade da proibição do abate ritual *halal* (de matriz muçulmana) e *kosher* (de matriz judaica), ao argumento de que a proteção animal não assume posição de prioridade em relação a garantias de liberdade religiosa. A Corte Europeia de Direitos Humanos, no caso *Jewish Liturgical Association Cha'are Shalom Ve Tsedek v. France*, decidiu que eventuais restrições ao sacrifício ritual só são admissíveis se não impedirem que adeptos da religião possam ter acesso à proteína obtida de acordo com seus preceitos religiosos. Em todos esses precedentes, ainda que em contextos diferentes, reconheceu-se a prioridade à liberdade religiosa.

[14] "Art. 2º É vedado: I - ofender ou agredir fisicamente os animais, sujeitando-os a qualquer tipo de experiência capaz de causar sofrimento ou dano, bem como as que criem condições inaceitáveis de existência; II - manter animais em local completamente desprovido de asseio ou que lhes impeçam a movimentação, o descanso ou os privem de ar e luminosidade; III - obrigar animais a trabalhos exorbitantes ou que ultrapassem sua força; IV - não dar morte rápida e indolor a todo animal cujo extermínio seja necessário para consumo; V - exercer a venda ambulante de animais para menores desacompanhados por responsável legal; VI - enclausurar animais com outros que os molestem ou aterrorizem; VII - sacrificar animais com venenos ou outros métodos não preconizados pela Organização Mundial da Saúde - OMS -, nos programas de profilaxia da raiva. Parágrafo único. Não se enquadra nessa vedação o livre exercício dos cultos e liturgias das religiões de matriz africana. (Incluído pela Lei nº 12.131/04)".

[15] STF. RE nº 494.601. Rel. p/ acórdão Min. Luiz Edson Fachin, j. 28.3.2019, p. 15.

os métodos utilizados para o sacrifício não podem ser confundidos com a prática de maus tratos, uma vez que a crença possui íntima relação com a natureza; (iii) o sacrifício costuma ser sucedido por uma refeição e confraternização entre os fiéis; e (iv) não se trata de prática exclusiva dessas religiões, havendo outras matrizes religiosas – como judaica e muçulmana – que também possuem rituais de sacrifício animal.

Prosseguindo no voto, o ministro utilizou os mesmos três conteúdos jurídicos do princípio da laicidade do Estado descritos na ADI nº 4.439 (i.e.: separação formal entre Estado e Igreja; neutralidade estatal em matéria de religião; e garantia da liberdade religiosa) para afirmar que a lei estadual que excepcionou o sacrifício de animais em religiões de matriz africana não viola a laicidade. *Primeiro*, não se trataria de um favorecimento ou subvenção do Estado a essas religiões, mas sim uma forma clara de proteção à liberdade de prática das liturgias e cultos de matriz africana. De acordo com o ministro, também não seria um privilégio de um grupo de religiões em detrimento das demais, mas antes uma garantia oferecida ao credo e liturgia de um grupo religioso determinado.

Segundo, o dispositivo impugnado seria um corolário da atuação estatal para a garantia da liberdade religiosa, terceiro conteúdo jurídico do princípio da laicidade. De acordo com o voto, a própria Constituição de 1988 teria tutelado de maneira específica o livre exercício de consciência e de crença, conferindo proteção especial aos cultos e liturgias religiosas. Nos termos do art. 5º, VI, CF, "é inviolável a liberdade de consciência e de crença, sendo assegurado o livre exercício dos cultos religiosos e garantida, na forma da lei, a proteção aos locais de culto e a suas liturgias". Sob essa perspectiva, o ministro afirma que o Estado não possui apenas o dever de neutralidade, mas sim a obrigação de atuar positivamente para promover a convivência harmônica, a tolerância e o respeito entre as diferentes concepções religiosas. Toda vez que um grupo religioso se vir ameaçado de expressar livremente a sua fé, surge o dever de agir do Poder Público, no sentido de assegurar a liberdade religiosa e combater a discriminação. No entendimento do voto, no Brasil, os episódios de intolerância religiosa atingiriam em especial as religiões de matriz africana, o que justificaria a atuação estatal no sentido de garantir a liberdade de seus praticantes e o combate ao preconceito.

Por fim, também destacou que o caso seria diferente dos precedentes do STF que tratam de direito dos animais, como é o caso da farra do boi, da briga de galo e da vaquejada (RE nº 153.531, Rel. Min. Francisco Rezek. Rel. para o acórdão Min. Marco Aurélio, j. 3.6.1997; ADI nº 2.514, Rel. Min. Eros Grau, j. 26.6.2005; ADI nº 3.776, Rel. Min. Cezar Peluso, j. 14.6.2007; ADI nº 1.856, Rel. Min. Celso de Mello, j. 26.5.2011; ADI nº 4.983, Rel. Min. Marco Aurélio, j. 6.10.2016). *Em primeiro lugar*, naqueles precedentes a ponderação envolvia, de um lado, uma manifestação cultural expressa em uma atividade de cunho recreativo (*e.g.*, farra do boi, briga de galo e vaquejada) e, de outro lado, a proteção animal contra maus tratos. A hipótese do precedente diz respeito ao livre exercício de uma religião, tratando-se, portanto, de uma escolha existencial básica do indivíduo, sendo expressão nuclear da dignidade humana. O sacrifício ritual de animais seria um dogma fundamental dessas religiões, sendo prática necessária à realização da liturgia, além de a sacralização do alimento ser um elemento relevante da cultura dos povos e comunidades de matriz africana. *Em segundo lugar*, não seria possível afirmar que a prática estaria inserida na cláusula de vedação a maus tratos, até porque o ordenamento jurídico admite o abate animal para fins de alimentação. Esses dois elementos distinguiriam o caso dos precedentes anteriores e recomendariam a tutela da liberdade religiosa.

Diferentemente dos julgados descritos acima, o voto do Ministro Barroso compôs a maioria do Tribunal em favor da constitucionalidade do dispositivo da lei estadual impugnada. Na sessão de julgamento do dia 28.3.2019, o STF fixou a seguinte tese em repercussão geral: "É constitucional a lei de proteção animal que, a fim de resguardar a liberdade religiosa, permite o sacrifício ritual de animais em cultos de religiões de matriz africana".

V   Vacinação obrigatória de crianças e adolescentes (ARE nº 1.267.879)

O último precedente envolve um conflito entre valores constitucionais potencializado pela pandemia da Covid-19: a colisão entre a liberdade religiosa e medidas coercitivas de saúde pública. No caso concreto, trata-se de pais que pleiteavam o direito de não vacinação de seu filho, em razão de serem adeptos da filosofia vegana e contrários à aplicação de vacinas. Os pais recorrentes alegavam que, (i) embora não seja vacinado, o menor possuía boas condições de saúde, era acompanhado por médicos e cuidado nos termos da filosofia vegana, o que impediria a adoção de tratamentos invasivos; (ii) a escolha pela não vacinação seria ideológica e informada, não devendo ser considerada como negligência, mas excesso de zelo dos pais quanto aos supostos riscos envolvidos na vacinação infantil; e (iii) a obrigatoriedade da vacinação de crianças, inscrita no art. 14, §1º, do Estatuto da Criança e do Adolescente[16] e demais normas infralegais, deve ser sopesada com a liberdade de consciência e de convicção filosófica e o direito à intimidade, assegurados nos art. 5º, VI, VIII e X, da Constituição.

Em voto proferido durante o ápice da discussão acerca da vacinação obrigatória contra a Covid-19 no Brasil, o Ministro Barroso, com coragem, afirmou que seria legítimo impor vacinação a crianças e adolescentes, em detrimento das convicções filosóficas e religiosas de pais e responsáveis. De acordo com o voto, a liberdade de consciência não constitui direito absoluto e deve ser ponderada com a defesa da vida e da saúde (arts. 5º e 196, da Constituição), bem como com o melhor interesse da criança e do adolescente (art. 227 da Constituição). Após passar por um breve histórico das pandemias e a importância da vacinação em massa para o seu combate, o ministro afirmou que a decisão do indivíduo de se submeter ou não a determinada medida sanitária não produz efeitos apenas sobre a sua esfera jurídica, mas também sobre a de outros, que podem ou não compartilhar da mesma religião, crença ou ideia.

Em seu entendimento, a imposição de vacinação consta de diversos diplomas legislativos, como a Lei nº 6.259/1975 (Programa Nacional de Imunizações) e a Lei nº 8.069/90 (Estatuto da Criança e do Adolescente), sem nunca ter a sua constitucionalidade questionada perante o STF. Também afirma que a Lei nº 13.979/2020 (referente às medidas de enfrentamento da pandemia da Covid-19), de iniciativa do Poder Executivo, instituiu norma no mesmo sentido, declarando a obrigatoriedade de medidas de saúde pública para o combate da epidemia da Covid-19. Assim, seria da tradição jurídica brasileira

---

[16] "Art. 14. [...] §1º É obrigatória a vacinação das crianças nos casos recomendados pelas autoridades sanitárias".

a imposição de medidas obrigatórias de saúde pública, como é o caso da vacinação obrigatória de crianças e adolescentes.

O voto também contou com um importante esclarecimento sobre a matéria. Segundo destacou o Ministro Barroso, a expressão *vacinação obrigatória* nunca significou *imunização à força*, com o emprego de coação ou violência física contra quem se opõe às medidas de saúde. Também não significa violação à propriedade e domicílio das pessoas, com agentes de saúde impondo a vacinação a quem discordasse de sua aplicação. De acordo com o ministro, o caráter compulsório da medida consistiria na possibilidade de exigir a vacinação como condição para a prática de certos atos (como a matrícula em escolas) ou para a percepção de benefícios (como recebimento de auxílios governamentais), ou que sejam aplicadas penalidades em caso de descumprimento da obrigação. As condições ou sanções, contudo, deveriam sempre respeitar os princípios da razoabilidade e da proporcionalidade, estando sujeitas à revisão do Poder Judiciário. Dessa forma, a vacinação obrigatória não poderia ser confundida com arbitrariedade ou com atos de agressão contra as pessoas.

Por fim, o relator apontou três fundamentos que justificam a vacinação obrigatória de crianças e adolescentes: (i) o Estado tem o poder-dever de, em situações excepcionais, proteger as pessoas mesmo contra a sua vontade (*dignidade como valor comunitário*); (ii) as medidas de vacinação obrigatória são importantes para a proteção de toda a sociedade, não sendo legítimas escolhas individuais que afetem direitos de terceiros (*necessidade de imunização coletiva*); e (iii) o poder familiar não autoriza que os pais, invocando convicção religiosa ou filosófica, coloquem em risco a saúde dos filhos (arts. 196, 227 e 229, da Constituição) (*melhor interesse da criança*).

Em síntese, o voto do ministro procurou preservar as medidas de saúde pública com a finalidade de combater pandemias e doenças contagiosas em geral, sem, contudo, impedir o exercício da liberdade de pensamento e religião dos cidadãos. Embora tenha expressamente autorizado a aplicação de sanções, o voto buscou esclarecer que a vacinação não poderia ser feita com coação física ou violação da propriedade privada, deixando ainda espaço para a manifestação da vontade do indivíduo.

Na sessão de julgamento do dia 17.12.2020, o Plenário do STF, por unanimidade, acompanhou o voto do relator, de modo a desprover o recurso extraordinário, com a fixação da seguinte tese:

> É constitucional a obrigatoriedade de imunização por meio de vacina que, registrada em órgão de vigilância sanitária, (i) tenha sido incluída no Programa Nacional de Imunizações, (ii) tenha sua aplicação obrigatória determinada em lei ou (iii) seja objeto de determinação da União, Estado, Distrito Federal ou Município, com base em consenso médico-científico. Em tais casos, não se caracteriza violação à liberdade de consciência e de convicção filosófica dos pais ou responsáveis, nem tampouco ao poder familiar.

VI Conclusão

Os quatro precedentes analisados acima são representativos da importância dos votos do Ministro Luís Roberto Barroso na construção do conteúdo jurídico da liberdade religiosa e da sua relação com o pluralismo e a laicidade do Estado. Não há dúvidas que a jurisprudência do STF foi amplamente impactada com os entendimentos dispostos nos casos aqui analisados. Seja por meio da decomposição do princípio da laicidade em três vertentes (i.e.: separação formal entre Estado e Igreja; neutralidade estatal em matéria de religião; e garantia da liberdade religiosa), seja pelo esforço em garantir o exercício da liberdade religiosa por meio da escolha de métodos alternativos à educação formal ou pelo respeito a liturgias e credos que envolvem o sacrífico de animais, bem como a compatibilidade com medidas obrigatórias de saúde pública, os votos do ministro procuram realizar uma sintonia fina entre religião, pluralismo e laicidade do Estado.

Nesse contexto, os *standards* fixados nos julgados acima certamente servirão para futuros casos que envolvam o conflito entre a liberdade religiosa e outros valores constitucionais. É certo que o legado do Ministro Barroso na matéria não só marcou a sua década na Corte, mas também permanecerá influenciando os próximos precedentes que cuidem do tema. Meu palpite é que, tal como descrito no Evangelho de Mateus 9:16-17, os votos envelhecerão tal como um vinho novo em odres novos e não como vinho novo em odres velhos.[17]

Referências

BARROSO, Luís Roberto. Estado, sociedade e direito: diagnósticos e propostas para o Brasil. *In*: ROCHA, Lilian Rose Lemos; LORA, Iago Farias; OLIVEIRA, Rodrigo Gonçalves Ramos de; MONTEIRO, Dáfini de Araújo Perácio (Org.). *Centro Brasileiro de Estudos Constitucionais*. Brasília: UniCEUB, 2017.

GOMES, Estêvão. *There is no place like home*: the case for the constitutionality of homeschooling in Brazil. Thesis – Harvard Law School LL.M. December 2017.

MANCINI, Susanna; ROSENFELD, Michel (Ed.). *The conscience wars*: rethinking the balance between religion, identity, and equality. Cambridge: Cambridge University Press, 2017.

MINOW, Martha. Should religious groups be exempt from civil rights law? *Boston College Law Review*, v. 48, n. 4, 2007.

PIRES, Tiago Magalhães. Ensino religioso nas escolas públicas (ADI nº 4.439/DF): comentários ao voto do Ministro Luís Roberto Barroso. *In*: SARAIVA, Renata; OSORIO, Aline; GOMES, Estêvão; PEPE, Rafael Gaia Edais (Org.). *Ministro Luís Roberto Barroso*: 5 anos de Supremo Tribunal Federal. Belo Horizonte: Fórum, 2018.

VERMEULE, Adrian. *Common good constitutionalism*. Cambridge: Polity Press, 2022.

Informação bibliográfica deste texto, conforme a NBR 6023:2018 da Associação Brasileira de Normas Técnicas (ABNT):

GOMES, Estêvão. Religião, pluralismo e laicidade do Estado: o Ministro Luís Roberto Barroso e a liberdade religiosa. *In*: OSORIO, Aline; MELLO, Patrícia Perrone Campos; BARROSO, Luna van Brussel (Coord.). *Direitos e democracia*: 10 anos do Ministro Luís Roberto Barroso no STF. Belo Horizonte: Fórum, 2023. p. 709-720. ISBN 978-65-5518-555-3.

---

[17] "Ninguém põe remendo de pano novo em veste velha; porque o remendo tira parte da veste, e fica maior a rotura. Nem se põe vinho novo em odres velhos; do contrário, rompem-se os odres, derrama-se o vinho, e os odres se perdem. Mas põe-se vinho novo em odres novos, e ambos se conservam" (Mateus 9:16-17).

ADI Nº 5.583 E A PROTEÇÃO CONSTITUCIONAL DAS PESSOAS COM DEFICIÊNCIA

FLÁVIA MARTINS DE CARVALHO

1   Introdução

O presente artigo tem por objetivo analisar a decisão do Supremo Tribunal Federal no julgamento da Ação Direta de Inconstitucionalidade (ADI) nº 5.583, que versou sobre a proteção constitucional das pessoas com deficiência (PCDs), notadamente em matéria tributária.

O artigo está dividido em quatro partes: na primeira, será apresentada a síntese do caso e seus principais atores; na segunda, serão trazidas as principais teses debatidas durante o julgamento; na terceira, trataremos dos fundamentos do voto vencedor, de relatoria do Ministro Barroso; e, na quarta, abordaremos os principais impactos da decisão.

Trata-se de uma singela homenagem à atuação do Ministro Luís Roberto Barroso na defesa dos direitos humanos, e, em especial, na proteção dos direitos das pessoas com deficiência.

2   Síntese do caso

Em agosto de 2016, o Conselho Federal da Ordem dos Advogados do Brasil – CFOAB ingressou com uma ação direta de inconstitucionalidade, com pedido de medida cautelar, impugnando o art. 35, incs. III e V, da Lei nº 9.250/1995.[1]

O diploma atacado alterara a legislação do imposto de renda das pessoas físicas, dispondo, entre outros temas, sobre as pessoas qualificadas como dependentes, tema principal da ação constitucional.

---

[1] Lei nº 9.250/1995: "Art. 35. Para efeito do disposto nos arts. 4º, inciso III, e 8º, inciso II, alínea c, poderão ser considerados como dependentes: [...] III - a filha, o filho, a enteada ou o enteado, até 21 anos, ou de qualquer idade quando incapacitado física ou mentalmente para o trabalho; [...] V - o irmão, o neto ou o bisneto, sem arrimo dos pais, até 21 anos, desde que o contribuinte detenha a guarda judicial, ou de qualquer idade quando incapacitado física ou mentalmente para o trabalho; [...]".

Tratando-se de processo objetivo, não há que se falar em parte adversa. Entretanto, prestaram informações no processo a Câmara dos Deputados, o Senado Federal e o presidente da República, além de manifestações da Advocacia-Geral da União e do procurador-geral da República,[23] conforme determina o texto constitucional e o processo estabelecido na Lei nº 9.868/1999.

A Defensoria Pública da União requereu seu ingresso no feito na qualidade de *amicus curiae* ao argumento de que a norma impugnada violaria os princípios da dignidade da pessoa humana, da promoção do trabalho das pessoas com deficiência e da inclusão dessas pessoas em sociedade, valores cuja defesa competem à instituição, razão pela qual seu ingresso foi admitido.

3 Principais teses apresentadas

O direito brasileiro vem, progressivamente, avançando no tema da proteção e tutela das pessoas com deficiência, compreendendo cada vez mais que deficiência não é necessariamente sinônimo de incapacidade. Tanto é assim que, em 2002, o Código Civil deixou de incluir as pessoas com deficiência no rol daqueles que são absoluta e relativamente incapazes (arts. 3º e 4º daquele diploma). A mudança trouxe maior autonomia para as pessoas com deficiência e está em linha com o que dispõe a Constituição Federal e a Convenção sobre Direitos das Pessoas com Deficiência, como veremos a seguir.

A ADI tinha como objeto o art. 35, incs. III e V, da Lei nº 9.250/1995, tido como inconstitucional por não qualificar como dependentes, para fins de apuração do imposto de renda, as pessoas que superassem o limite etário de 21 anos e que fossem capacitadas física e mentalmente para o trabalho.

Segundo o requerente, ao afastar o direito da pessoa com deficiência de ser qualificada como dependente, para fins de imposto de renda, a lei teria violado os objetivos fundamentais da República, o princípio da dignidade da pessoa humana, o direito ao trabalho e a inclusão das pessoas com deficiência. Isso porque a lei desconsiderava a necessidade de tratamento diferenciado das pessoas com deficiência, tendo em vista seus gastos e cuidados especiais inerentes à condição de PCD. Além do que, o fato de ter capacidade para o trabalho não implica, por si só, a inserção no mercado e a independência financeira.

No âmbito legislativo, as informações prestadas pela Câmara dos Deputados não trouxeram novos argumentos, limitando-se a confirmar a regularidade de tramitação do Projeto de Lei nº 1.236/1995, que resultou na lei impugnada. O Senado Federal, por sua vez, apresentou manifestação mais robusta, argumentando que a lei atacada levou em conta critérios objetivos – a igualdade – e subjetivos – a capacidade contributiva – na sua formulação. Além disso, sustentou a impossibilidade de equiparação de PCDs com e sem

---

[2] Constituição Federal: "Art. 103. [...] §3º Quando o Supremo Tribunal Federal apreciar a inconstitucionalidade, em tese, de norma legal ou ato normativo, citará, previamente, o Advogado-Geral da União, que defenderá o ato ou texto impugnado".

[3] Constituição Federal: "Art. 103. [...] §1º O Procurador-Geral da República deverá ser previamente ouvido nas ações de inconstitucionalidade e em todos os processos de competência do Supremo Tribunal Federal".

capacidade laborativa, pois a lei teria tratado dessa distinção de maneira proporcional e razoável, frisando a possibilidade de dedução das despesas médicas suportadas por pessoa com deficiência, nos termos previstos na própria lei.

Por sua vez, o presidente da República defendeu a improcedência do pedido ao argumento de que não haveria qualquer previsão legal de imunidade, isenção ou dedução na hipótese pretendida pelo requerente, além do que, não caberia ao Poder Judiciário atuar em substituição ao legislador positivo, uma vez que tal interferência violaria o princípio da separação dos poderes.

A Advocacia-Geral da União e a Procuradoria-Geral da República entendiam que a ação não era cabível, mas caso fosse admitida, deveria ser julgada improcedente, tendo em vista a impossibilidade de o Judiciário substituir a vontade do legislador, que teria atuado dentro do limite de conformação imposto pela Constituição Federal.

Os argumentos em favor da constitucionalidade da lei foram acolhidos pelo relator da ação, Ministro Marco Aurélio, que em seu voto consignou como legítima a opção política do legislador e entendeu que o Supremo Tribunal Federal, na hipótese, não poderia atuar como legislador positivo.

Sem dúvida, tratar dos limites de atuação da Corte Constitucional não é tarefa simples e, muitas vezes, direito e política podem apresentar uma fronteira muito tênue, como bem pontou o Ministro Barroso em seu livro *Sem data venia*. Eis um trecho de suas reflexões sobre o tema no capítulo intitulado *Supremo Tribunal Federal: a tênue fronteira entre o direito e a política*:

> Em teoria, interpretar a Constituição é bem diferente de tomar decisões políticas. Na prática, porém, a interpretação não é uma atividade puramente técnica e mecânica, na qual a vontade e as convicções do agente não façam qualquer diferença. A valoração dos fatos e a atribuição de sentido às palavras da lei sempre envolverão uma dose de subjetividade. Como consequência, sempre haverá, ainda que residualmente, um traço político nas decisões de um tribunal constitucional. Por essa razão, a linha divisória entre direito e política nem sempre é nítida e certamente não é fixa. (BARROSO, 2020, p. 197)

A compreensão do Ministro Barroso sobre o papel da Corte Constitucional na defesa de direitos fundamentais prevaleceu no desenvolvimento de seu voto, conforme veremos a seguir.

4   O voto do Ministro Luís Roberto Barroso

Ao analisar a questão posta em juízo, o Ministro Luís Roberto Barroso desenvolveu seu voto a partir de uma perspectiva humanista e integrada aos ditames não apenas da Constituição, como também da Convenção sobre Direitos das Pessoas com Deficiência.

Preliminarmente, o voto enfrentou o alegado não cabimento da ação direta de inconstitucionalidade e o argumento de que o Judiciário não poderia, na hipótese, atuar como legislador positivo. Quanto ao cabimento, o ministro pontuou que os parâmetros de controle invocados na petição inicial diziam respeito "a normas constitucionais anteriores e posteriores ao dispositivo legal questionado, sendo certo que estas últimas podem ser lidas como detalhamentos de princípios mais gerais já positivados no texto original da Constituição de 1988". Tal fato, associado à fungibilidade das ações de controle concentrado, permitiriam o conhecimento da ação.

Quanto à alegação de que o Supremo Tribunal Federal não poderia atuar como legislador positivo, o ministro deixou registrado seu entendimento no sentido de que "não estando em jogo a proteção de direitos fundamentais e os pressupostos da democracia, o Judiciário deve adotar uma postura autocontida, que seja deferente às opções políticas manifestadas em um ambiente de liberdade de conformação do legislador".

Entretanto, a hipótese, como se verifica da síntese do caso, versava sobre a proteção de direitos fundamentais de um grupo vulnerável, qual seja, o de pessoas com deficiência, que exige uma especial proteção do Estado e uma leitura constitucional que lhes assegure a dignidade. Tendo esse entendimento como norte e em diálogo com a Convenção Internacional sobre os Direitos das Pessoas com Deficiência, entendeu Barroso que a Corte estaria "autorizada a adotar uma conduta mais proativa, sem que incorra em ofensa ao princípio da separação de poderes (art. 2º da CF/1988)".

O entendimento expresso em seu voto também pode ser conferido no livro *Curso de direito constitucional contemporâneo: os conceitos fundamentais e a construção do novo modelo*, no qual Barroso esclarece, com a didática que lhe é peculiar, a diferença entre a atuação da Corte Constitucional na defesa dos direitos fundamentais e da democracia e na atuação pertinente aos demais temas, destacando-se o seguinte trecho:

> A jurisdição constitucional pode não ser um componente indispensável do constitucionalismo democrático, mas tem servido bem à causa, de maneira geral. Ela é um espaço de legitimidade discursiva ou argumentativa das decisões políticas, que coexiste com a legitimação majoritária, servindo-lhe de "contraponto e complemento". [...] As constituições contemporâneas, como já se assinalou, desempenham dois grandes papéis: (i) o de condensar os valores políticos nucleares da sociedade, os consensos mínimos quanto a suas instituições e quanto aos direitos fundamentais nela consagrados; (ii) o de disciplinar o processo político democrático, propiciando o governo de maioria, a participação da minoria e a alternância no poder. Pois este é o grande papel de um tribunal constitucional, do Supremo Tribunal Federal, no caso brasileiro: proteger e promover os direitos fundamentais, bem como resguardar as regras do jogo democrático. Eventual atuação contra majoritária do Judiciário em defesa dos elementos essenciais da Constituição dar-se-á a favor e não contra a democracia.
> *Nas demais situações – isto é, quando não estejam em jogo os direitos fundamentais ou os procedimentos democráticos -, juízes e tribunais devem acatar as escolhas legítimas feitas pelo legislador* (BARROSO, 2022, p. 449-450) (Grifos nossos)

Habilmente superadas as questões processuais, o enfrentamento do mérito se deu em três partes, quais sejam: (i) análise do quadro, à época, das despesas das pessoas com deficiência e dedução da base de cálculo do imposto de renda; (ii) verificação da alegada afronta às normas constitucionais, sobretudo aquelas relacionadas à igualdade material, direito ao trabalho, conceito constitucional de renda e capacidade contributiva; e (iii) proposta do que seria a solução mais adequada ao caso. Vejamos, a seguir, como se deu a fundamentação.

4.1 Das despesas das pessoas com deficiência e dedução da base de cálculo do imposto de renda

O conhecimento da realidade das pessoas com deficiência permitiu ao Ministro Barroso compreender o que estava em jogo para além da letra fria da lei. Sem dúvida, pessoas com deficiência podem ter capacidade laborativa e auferir renda, deixando de ser dependentes de seus pais, mães ou responsáveis. A questão é que, no mundo dos fatos, também conhecido como "vida real", pessoas com deficiência não são bem remuneradas, mas a soma de seus ganhos com a de seus responsáveis, de acordo com a lei impugnada, faria incidir uma alíquota maior em razão da progressividade do tributo. Além disso, ainda que realizassem sua declaração de forma autônoma, em razão dos baixos rendimentos, não teriam restituídos os valores pagos a título de despesas médicas e gastos com a manutenção da saúde. Portanto, a norma, aparentemente isonômica, trataria de forma igual pessoas que auferem renda, o que conduziria à maior desigualdade para as pessoas com deficiência em razão de sua particular situação de vulnerabilidade.

4.2 Da alegada afronta às normas constitucionais

Fazendo uso do texto constitucional em diálogo com a Convenção Internacional sobre os Direitos das Pessoas com Deficiência (Decreto Legislativo nº 186/2008), o ministro pontuou que a lei promovia verdadeira discriminação indireta, na medida em que, violando a referida convenção, tinha como efeito a diferenciação com base na deficiência, uma vez que a norma impugnada agravava a situação de contribuintes que tinham em seu núcleo de dependentes para fins de imposto de renda pessoas com deficiência.

Assim, conforme consignado no voto, "a aparente neutralidade do critério da capacidade física ou mental para o trabalho *oculta o efeito anti-isonômico* produzido" (grifos no original), pois, "para a generalidade dos indivíduos, pode fazer sentido que a aptidão laborativa seja o critério definidor da condição de dependente em relação aos ganhos do genitor ou responsável", o que não é a realidade das pessoas com deficiência, que, de acordo com estudos mencionados no voto, encontram menos oportunidades profissionais e a lei estaria servindo como um verdadeiro desestímulo para que essas pessoas se colocassem no mercado de trabalho, pois representaria a perda da qualidade de dependente e a impossibilidade de deduzir despesas na declaração de seus responsáveis financeiros.

4.3 Da solução proposta

Depois de demonstrar de forma contundente que a escolha legislativa implicava violação a diversas normas constitucionais, destacando-se a igualdade material, o direito ao trabalho, o conceito constitucional de renda e a capacidade contributiva, Barroso passa a desenvolver a melhor solução para o caso.

O pedido era pela interpretação conforme a Constituição do art. 35, III e V, da Lei nº 9.250/1995, para que se reconhecesse que toda e qualquer pessoa com deficiência se qualifica como dependente para fins de apuração do imposto sobre a renda. Tal solução, porém, foi rechaçada, pois desconsideraria que há diferentes graus de deficiência, que implicam realidades distintas socioeconomicamente.

Assim, a solução encontrada foi decorrente da contribuição apresentada pela Defensoria Pública da União, na qualidade de *amicus curiae*, ao propor que "a pessoa com deficiência pode ser enquadrada como dependente, desde que atenda ao critério etário, seja capaz para o trabalho e *não receba remuneração que exceda as deduções legalmente autorizadas*" (grifos no original). Assim, o desenho proposto considerou que as pessoas com deficiência que tenham remuneração suficiente para arcar com suas despesas deixem de ser dependentes, sem prejuízo daquelas que, ainda que exercendo atividade remunerada, tenham elevadas despesas médicas e cuja melhor forma de proteção é através da garantia da qualidade de dependente para fins de imposto de renda.

O voto divergente do Ministro Barroso foi acolhido pela maioria do Tribunal, ocasião em que foi fixada a seguinte tese: "Na apuração do imposto sobre a renda de pessoa física, a pessoa com deficiência que supere o limite etário e seja capacitada para o trabalho pode ser considerada como dependente quando a sua remuneração não exceder as deduções autorizadas por lei".

Participaram do julgamento os ministros Luiz Fux (presidente), Marco Aurélio, Gilmar Mendes, Ricardo Lewandowski, Cármen Lúcia, Dias Toffoli, Rosa Weber, Roberto Barroso, Edson Fachin, Alexandre de Moraes e Nunes Marques, restando vencidos os ministros Marco Aurélio (relator) e Alexandre de Moraes, que julgavam improcedente o pedido. O Ministro Gilmar Mendes acompanhou o Ministro Roberto Barroso com ressalvas.

5 Impactos da decisão

Em maio de 2021, a ação teve seu julgamento concluído. Em julho do mesmo ano, o Deputado Carlos Henrique Gaguim (DEM-TO) apresentou o Projeto de Lei nº 2.509/2021, que altera o art. 35 da Lei nº 9.250/1995, para permitir que pessoa com deficiência, mesmo que capacitada para o trabalho, possa ser enquadrada como dependente, na declaração do imposto de renda da pessoa física, desde que a remuneração anual não exceda a soma das deduções autorizadas. Com isso, o Legislativo busca adequar a norma infraconstitucional aos ditames da Constituição Federal, reconhecidos pelo Supremo Tribunal Federal.

O projeto foi aprovado pela Comissão de Defesa dos Direitos da Pessoa com Deficiência e, atualmente, aguarda parecer da Comissão de Finanças e Tributação. De toda sorte, os direitos das pessoas com deficiência em matéria tributária, no que tange à legislação do imposto de renda, já encontra conformação com o texto constitucional, o que se deve ao olhar acurado do Ministro Barroso para o tema.

6 Conclusão

Direito é um conceito polissêmico que contempla uma série de definições, que vão desde fazer o que é certo a saber quem merece a proteção do Estado (HART, 2009). Para a teoria crítica, o direito tanto pode ser utilizado para a manutenção de desigualdades quanto para promover transformações que melhorem a condição de vida dos mais vulneráveis (MOREIRA, 2020). A história mostra que, por diversas vezes, a injustiça não se deu à margem do direito, mas sim com o endosso do sistema jurídico. Não por acaso, é conhecida a frase absolutista que promete aos amigos tudo e, aos inimigos, o rigor da lei.

Por isso, o olhar justo e humanista do Ministro Luís Roberto Barroso se faz extremamente necessário na maior corte do país, tendo em vista que contribui para que o direito não seja uma ferramenta a serviço da injustiça, perpetrada contra aqueles que mais precisam de proteção. Ao contrário, Barroso atua para que o justo e o correto sempre encontrem um caminho no direito.

O voto do Ministro Barroso na ADI nº 5.583 é prova disso, pois uma análise estreita dos dispositivos legais conduzia a uma injustiça sob o manto da legalidade. No entanto, compreendendo a situação em toda a sua complexidade, bem como a maior vulnerabilidade das pessoas com deficiência, Barroso trouxe a melhor decisão para o caso, provando sua vocação para promover a justiça, no que foi acompanhado pela maioria do Tribunal.

Referências

BARROSO, L. R. *Curso de direito constitucional contemporâneo*: os conceitos fundamentais e a construção do novo modelo. 10. ed. São Paulo: SaraivaJur, 2022.

BARROSO, L. R. *Sem data venia*: um olhar sobre o Brasil e o mundo. 1. ed. Rio de Janeiro: História Real, 2020.

HART, H. L. A. *O conceito de direito*. São Paulo: WMF Martins Fontes, 2009.

MOREIRA, A. J. *Tratado de direito antidiscriminatório*. São Paulo: Contracorrente, 2020.

STF. Ação Direta de Inconstitucionalidade nº 5.583. Rel. Min. Marco Aurélio. Red. p/ Acórdão Min. Luís Roberto Barroso. *DJe*, 28 jun. 2021.

Informação bibliográfica deste texto, conforme a NBR 6023:2018 da Associação Brasileira de Normas Técnicas (ABNT):

CARVALHO, Flávia Martins de. ADI nº 5.583 e a proteção constitucional das pessoas com deficiência. In: OSORIO, Aline; MELLO, Patrícia Perrone Campos; BARROSO, Luna van Brussel (Coord.). *Direitos e democracia*: 10 anos do Ministro Luís Roberto Barroso no STF. Belo Horizonte: Fórum, 2023. p. 721-727. ISBN 978-65-5518-555-3.

MINISTRO BARROSO E DESENHO INSTITUCIONAL DO STF

FREDERICO MONTEDONIO REGO

Nota prévia

Numa tarde de 2013, lembro-me perfeitamente de estar dirigindo e ouvir no rádio a notícia de que o Professor Luís Roberto Barroso havia sido indicado para o cargo de Ministro do Supremo Tribunal Federal. Vibrei dentro do carro, sozinho. Sabia que essa era a coroação da carreira de um professor que tinha muitas ideias e contribuições a dar à instituição, como ele já vinha fazendo muito antes de sua posse. Na academia, na imprensa, na advocacia e depois na Corte, o funcionamento do Tribunal sempre foi objeto de sua preocupação. O presente artigo busca rememorar essas contribuições como uma justa homenagem por ocasião do aniversário de dez anos de sua posse no STF.

1 A revolução da brevidade

As propostas do Ministro Barroso para aumentar o grau de funcionalidade do STF nem sempre envolvem grandes reformas normativas, mas passam também por aspectos elementares do cotidiano da Corte, como a gestão do tempo e a transparência. Assim é que, ainda advogado, no dia 17.7.2008, ele publicou na imprensa artigo intitulado "A revolução da brevidade",[1] texto que encarnava as mesmas virtudes que enaltecia. Partiu-se do diagnóstico de que "[o] mundo jurídico, tradicionalmente, debate-se com duas vicissitudes: (a) a linguagem empolada e inacessível; e (b) os oradores ou escribas prolixos, que consomem sem dó o tempo alheio". À vista do primeiro problema, sustentou que "a virtude está na capacidade de se comunicar com clareza e simplicidade [...]. A linguagem não deve ser um instrumento autoritário de poder, que afaste do debate quem não tenha a chave de acesso a um vocabulário desnecessariamente difícil".

---

[1] BARROSO, Luís Roberto. A revolução da brevidade. *Folha de S. Paulo*, p. 3, 17 jul. 2008. Disponível em: https://www1.folha.uol.com.br/fsp/opiniao/fz1707200808.htm. Acesso em: 6 maio 2023.

Para enfrentar o segundo problema, ele defendeu limites tanto para a postulação de advogados quanto para a leitura de votos dos ministros. Para os advogados, não exceder 20 laudas para expor as ideias centrais e o pedido, e, "[s]e houver mais a ser dito, deve ser junto como anexo, e não no corpo principal da peça. Aliás, postulação que não possa ser formulada nesse número de páginas dificilmente será portadora de bom direito".[2] Para os ministros, limitar a leitura do voto em sessão a "20 ou 30 minutos, com uma síntese dos principais argumentos", nada obstando a elaboração de voto escrito analítico, especialmente em casos complexos. Já tendo trabalhado com o Professor Luís Roberto Barroso tanto na advocacia quanto no STF, posso afirmar que ele prega essas ideias não apenas para os outros, mas incorpora tais diretrizes em sua atuação profissional.

Apesar de iniciativas semelhantes em outras searas, como o Projeto Petição 10 Sentença 10, do Tribunal de Justiça de São Paulo,[3] os problemas permanecem, e em certos aspectos podem até ter se agravado. Ainda é muito comum a elaboração de longas petições por advogados. Por outro lado, sustenta-se que a TV Justiça ajudou a tornar mais longos os votos dos ministros do STF,[4] perigo contra o qual já advertia Barbosa Moreira desde o ano 2000.[5] Embora esse seja um fator relevante, parece não ser o único, tanto que a mesma tendência do STF existe na Suprema Corte dos EUA, cujas sessões não são televisionadas.[6] Outras possíveis explicações incluem a facilidade de acesso e reprodução de informações usadas nos votos, bem como o aumento da complexidade dos casos.[7]

Um desdobramento dessa ideia foi proposto posteriormente por Luís Roberto Barroso, já empossado como ministro: a instituição de um regime de *julgamento breve* para os casos mais simples de repercussão geral reconhecida, assim indicados pelo relator à Presidência da Corte, como forma de reduzir o estoque de processos pendentes de julgamento. Nesse regime, o relator exporia relatório e voto em até 20 minutos, a

---

[2] Note-se que, na Suprema Corte dos EUA, há limites para o número de palavras em cada tipo de petição, que variam de 3.000 a 13.000 (v. *Rule* 33, item (g), das *Rules of the Supreme Court*. Disponível em: https://www.supremecourt.gov/filingandrules/2023RulesoftheCourt.pdf. Acesso em: 6 maio 2023).

[3] A ideia do projeto é limitar a 10 páginas tanto as petições quanto as sentenças (descrição do projeto disponível em: https://www.tjsp.jus.br/Peticao10Sentenca10. Acesso em: 6 maio 2023).

[4] FONTE, Felipe de Melo. *Jurisdição constitucional e participação popular*: o Supremo Tribunal Federal na era da TV Justiça. Rio de Janeiro: Lumen Juris, 2017.

[5] MOREIRA, José Carlos Barbosa. La publicité des actes de procédure comme garantie constitutionelle en droit brésilien. In: MOREIRA, José Carlos Barbosa. *Temas de direito processual*: oitava série. São Paulo: Saraiva, 2004. p. 69-76.

[6] "Na Suprema Corte dos EUA, por exemplo, dados mostram que, entre 1953 e 2009, se, por um lado, o número de casos que o tribunal apreciou caiu, a extensão das decisões, por outro, tem aumentado, sobretudo nos últimos anos" (LEAL, Fernando; BARCELLOS, Ana Paula de; ALMEIDA, Guilherme. *IX Relatório Supremo em Números*: a justificação de decisões no Supremo. Rio de Janeiro: FGV Direito Rio, 2020. Disponível em: https://bibliotecadigital.fgv.br/dspace/handle/10438/30218. Acesso em: 6 maio 2023).

[7] MENDONÇA, José Vicente Santos de. À espera da revolução da brevidade. *Jota*, 21 mar. 2023. Disponível em: https://www.jota.info/opiniao-e-analise/colunas/publicistas/a-espera-da-revolucao-da-brevidade-21032023. Acesso em: 6 maio 2023. O texto inclui uma crítica aos HCs nºs 123.734, 123.533 e 123.108, todos de relatoria do Min. Barroso, cujo voto teve 45 páginas e foi minutado pelo autor deste artigo, que ora assume o ônus da crítica. O próprio relator penitenciou-se na sessão de julgamento pela extensão do voto, justificando, porém, que se tratava de um esforço de reconstrução da jurisprudência da Corte sobre o princípio da insignificância, especialmente diante da tragédia do sistema carcerário brasileiro, que afeta desproporcionalmente pessoas acusadas por condutas de mínimo potencial ofensivo.

primeira divergência teria até 15 minutos e os demais votos se limitariam a 5 minutos.[8] Tal ideia, porém, não chegou a ser formalmente adotada na prática. O que não mudou foi a escassez do tempo, a tornar a revolução da brevidade cada vez mais necessária.

2 Circulação prévia dos votos

Ainda no campo das ideias que não demandam grandes alterações normativas, e também ainda como advogado, em 28.12.2010, Luís Roberto Barroso fez a seguinte sugestão, "voltada à maior racionalidade do processo deliberativo" do STF:

> Faria enorme diferença se o voto do relator – ou uma minuta dele – circulasse pelos ministros anteriormente à sessão. Isso permitiria que os julgadores que estivessem de acordo com ele, em sua integralidade, simplesmente aderissem. Ou agregassem apenas o que fosse diferente. Com isso, ficariam poupados do trabalho imenso – e desnecessário – de escrever um voto para, no fim, dizer a mesma coisa. Por outro lado, os que divergissem da posição do relator já poderiam comparecer à sessão com sua manifestação, tornando dispensável – ou, no mínimo, menos frequente – o pedido de vista para a elaboração de voto contrário. As sessões plenárias comportariam julgamento de um número maior de processos e os adiamentos decorrentes de vistas seriam reduzidos significativamente.[9]

Passados dez anos da posse do Ministro Barroso na Corte, tal prática, embora não se verifique na totalidade dos casos, é muito mais comum hoje entre os integrantes do STF do que no passado, poupando precioso tempo dos ministros e de suas equipes.

3 Votação de ementas e teses de repercussão geral

No mesmo texto logo acima referido, o então advogado Luís Roberto Barroso observou que, em razão do processo deliberativo externo e agregativo do STF, em muitos casos é difícil aferir qual a efetiva compreensão do colegiado acerca de determinado tema julgado. Em certas situações, isso pode gerar a percepção de que o entendimento da Corte coincide com a do redator da ementa do acórdão, o que, porém, nem sempre se verifica. Assim, ele formulou ainda a seguinte proposta:

> Após os debates e a votação realizados em sessão pública, e sem prejuízo da apresentação dos votos individuais pelos ministros, o relator do caso deverá: *i*) redigir uma *ementa* representativa dos fundamentos e conclusões que obtiveram adesão da maioria; e *ii*) dela deverá constar a *proposição* ou *tese jurídica* que serviu como premissa necessária à decisão da Corte, à semelhança dos *holdings* do *common law*. Tal ementa, que poderá ser elaborada na

---

[8] BARROSO, Luís Roberto. Reflexões sobre as competências e o funcionamento do Supremo Tribunal Federal. *Conjur*, 25 ago. 2014. p. 13-14. Disponível em: https://www.conjur.com.br/dl/palestra-ivnl-reflexoes-stf-25ago2014.pdf. Acesso em: 6 maio 2023.

[9] BARROSO, Luís Roberto; MELLO, Patrícia Perrone Campos. Prudências, ousadias e mudanças necessárias no STF. Parte II – Modelo decisório do Supremo Tribunal Federal e duas sugestões de mudança. *Conjur*, 28 dez. 2010. Disponível em: https://www.conjur.com.br/2010-dez-28/retrospectiva-2010-prudencias-ousadias-mudancas-necessarias-stf. Acesso em: 6 maio 2023.

sessão de julgamento ou posteriormente, deverá ser submetida à aprovação dos Ministros que votaram com a posição vencedora.[10]

Embora a redação das ementas permaneça uma atribuição solitária do relator ou redator para o acórdão, não sujeita a votações posteriores ao julgamento, a outra prática defendida no texto, capitaneada pelo agora já empossado Ministro Barroso, foi incorporada com proveito à praxe decisória do Tribunal: a votação de teses de repercussão geral. O suporte normativo da ideia foi o art. 543-A, §7º, do CPC/1973 (incluído pela Lei nº 11.418/2006), segundo o qual "[a] Súmula da decisão sobre a repercussão geral constará de ata, que será publicada no Diário Oficial e valerá como acórdão". Assim, se a decisão sobre a repercussão geral deve ser sintetizada numa "súmula", natural que sua redação seja votada pela Corte. A bem da clareza e da compreensão das decisões do STF, a prática foi ampliada para outras classes processuais, como ações de controle concentrado, ou mesmo para decisões sem efeito vinculante. Os benefícios da enunciação e da votação de teses pelo STF foram assim sintetizados por Patrícia Perrone Campos Mello:

> Essa providência tornou mais claros os precedentes do Tribunal. Facilitou a sua observância pelos juízes vinculados. Favoreceu a sua compreensão pelos jurisdicionados em geral. Pelas mesmas razões, tornou mais evidente a inobservância de tais precedentes. Deixou de ser necessário examinar em detalhe acórdãos de centenas de páginas proferidos pela Corte para buscar os argumentos comuns invocados na fundamentação dos votos de cada integrante da maioria, de modo a inferir o entendimento do STF. Em lugar disso, o próprio STF passou a oferecer uma síntese de tal entendimento, por meio da explicitação da tese do julgamento.[11]

4 Antecedência das pautas e sessões de sustentação antes do julgamento

Quando da posse do Ministro Barroso no STF, a praxe da Presidência da Corte era divulgar a pauta das sessões plenárias com apenas cinco ou seis dias de antecedência em relação à data de julgamento.[12] Esse prazo exíguo gerava inúmeros transtornos. De um lado, os advogados que acompanhavam os casos precisavam organizar seu deslocamento para Brasília se quisessem fazer sustentações orais no dia da sessão, o que, devido à pouca antecedência, inviabilizava o comparecimento de muitos, até por questões financeiras. De outro lado, os próprios ministros e suas equipes dispunham

---

[10] BARROSO, Luís Roberto; MELLO, Patrícia Perrone Campos. Prudências, ousadias e mudanças necessárias no STF. Parte II – Modelo decisório do Supremo Tribunal Federal e duas sugestões de mudança. *Conjur*, 28 dez. 2010. Disponível em: https://www.conjur.com.br/2010-dez-28/retrospectiva-2010-prudencias-ousadias-mudancas-necessarias-stf. Acesso em: 6 maio 2023.

[11] MELLO, Patrícia Perrone Campos. O Supremo Tribunal Federal: um Tribunal de teses. *Revista da EMERJ*, v. 21, n. 3, t. 2, p. 443-467. p. 456. Disponível em: https://www.emerj.tjrj.jus.br/revistaemerj_online/edicoes/revista_v21_n3/tomo2/revista_v21_n3_tomo2_443.pdf. Acesso em: 6 maio 2023.

[12] A situação, porém, já foi pior: até 2004, sequer existia pauta, e durante a sessão o presidente poderia chamar qualquer caso liberado para julgamento, conforme sua discricionariedade, surpreendendo advogados e os próprios ministros (KAUFMANN, Rodrigo de Oliveira. A pauta de julgamentos do STF e a política judiciária. *Conjur*, 4 set. 2021. Disponível em: https://www.conjur.com.br/2021-set-04/observatorio-constitucional-pauta-julgamentos-stf-politica-judiciaria. Acesso em: 6 maio 2023).

de pouquíssimo tempo para estudar e preparar os votos para o dia da sessão, o que evidentemente compromete a qualidade da deliberação. Com um agravante: devido à escassez de tempo do Plenário e ao tamanho de boa parte dos votos (v. item 1, acima), a pauta de julgamentos raramente chegava ao fim e a maior parte dos casos era adiada, gerando frustração nos advogados que se deslocavam e nos ministros e equipes, que viam ser em vão, semana após semana, o grande esforço para estudo dos casos em tempo hábil.

Assim, ainda no domínio das ideias que prescindem de grandes alterações normativas, o Ministro Barroso propôs a elaboração de pautas com antecedência de mais de um semestre para o julgamento dos casos com repercussão geral reconhecida. Nessa sistemática, o Tribunal afetaria casos para julgamento com repercussão geral ao final de um semestre; no semestre imediatamente seguinte haveria sessões apenas para sustentação oral dos referidos casos, a fim de dar utilidade às sustentações; e no semestre posterior haveria as sessões de julgamento dos mesmos casos. Em suas palavras:

> Com essa fórmula, os Ministros teriam mais de 6 meses para se prepararem para os casos importantes, eliminando os pedidos de vista. Advogados não teriam que viajar sucessivas semanas para Brasília, à espera do julgamento que nunca se sabe exatamente quando vai ocorrer. Os outros processos continuariam a ser pautados pelo Presidente do STF, até chegar o dia em que, civilizadamente, a maioria deles teria data pré-designada. [...]
>
> O fundamento dessa alteração é por si evidente: sustentação no mesmo dia do julgamento não tem qualquer valia para o relator e, muitas vezes, nem para os demais Ministros, que muitas vezes já minutaram seus votos ou formaram a sua convicção. Separando a data da sustentação da data do julgamento, todos os Ministros poderiam se preparar levando em conta os argumentos apresentados. A antecedência entre a escolha da repercussão geral e a data da sustentação permitiria ao Ministro, quando for o caso, pedir esclarecimentos e debater com o advogado.

Embora ainda não se realizem sessões exclusivamente para sustentações orais, apartadas da data do julgamento, a partir da Presidência do Ministro Dias Toffoli, as pautas passaram a ser divulgadas com um semestre de antecedência.[13]

5 Divisão de competências entre o Plenário e as Turmas do STF

Passando às ideias de alteração normativa, em 28.5.2014, o Ministro Barroso votou a favor da proposta que se formalizou na Emenda Regimental nº 49/2014, que, em suas palavras, transferiu

> do Plenário para a Turma a competência para julgar as seguintes matérias: a) recebimento de denúncia ou queixa; b) ações penais contra Deputados e Senadores (à exceção dos Presidentes das Casas), Ministros de Estado, Comandantes das Forças Armadas, membros dos Tribunais Superiores, membros do TCU, chefes de missão diplomática de caráter permanente; c) ações contra o CNJ e o CNMP; e d) reclamações.

---

[13] Há registro de que as pautas semestrais também foram adotadas na gestão do Min. Nelson Jobim, em 2004 (KAUFMANN, Rodrigo de Oliveira. A pauta de julgamentos do STF e a política judiciária. *Conjur*, 4 set. 2021. Disponível em: https://www.conjur.com.br/2021-set-04/observatorio-constitucional-pauta-julgamentos-stf-politica-judiciaria. Acesso em: 6 maio 2023).

Segundo o Ministro Barroso, a medida foi parte de uma "revolução profunda e silenciosa na dinâmica de atuação do Plenário, cujas competências ficarão cingidas às de uma corte constitucional: julgar, essencialmente, as ações diretas e as repercussões gerais".[14] A mudança veio depois do julgamento do caso do Mensalão (AP nº 470, Rel. Min. Joaquim Barbosa), que, em 2012, consumiu um semestre inteiro de sessões plenárias da Corte.

Em 7.10.2020, porém, a Corte, por unanimidade, voltou atrás quanto à competência para o julgamento das ações penais, a partir da aprovação da Emenda Regimental nº 57/2020. A justificativa apresentada pelo então presidente, Ministro Luiz Fux, foi a queda do número de ações penais de competência originária do STF, a partir da interpretação mais restritiva da prerrogativa de foro adotada a partir do julgamento da questão de ordem na AP nº 937, Rel. Min. Luís Roberto Barroso, j. 3.5.2018, associada à expansão dos julgamentos virtuais. Isso permitiria a volta da competência do Plenário para as ações penais, inclusive prevenindo divergências entre as Turmas.

Com a ampliação do Plenário virtual (v. item 6, a seguir), têm sido superadas as dificuldades do Plenário físico inclusive para as ações penais, tanto que vêm sendo recebidas celeremente centenas de denúncias sobre os atos antidemocráticos praticados em Brasília no dia 8.1.2023 contra as sedes dos Três Poderes.[15]

6   Ampliação do Plenário virtual

No Plenário virtual, não há debates síncronos entre os julgadores. O relator vota e os demais ministros se manifestam no sistema à medida que cada um se sinta apto a participar. Ao menos desde 2014, o Ministro Barroso já defendia a ampliação do Plenário virtual, a fim de desafogar o Plenário físico, nas seguintes hipóteses: (a) medidas cautelares concedidas em ações diretas há mais de cinco anos; (b) agravos regimentais e embargos de declaração; e (c) reafirmação de jurisprudência, mesmo em ações diretas.[16]

O Tribunal acolheu essas ideias, e foi além. Com a Emenda Regimental nº 51/2016, permitiu-se o julgamento eletrônico (isto é, em Plenário virtual) dos agravos regimentais e embargos de declaração, o que foi regulamentado pela Resolução STF nº 587/2016. Já a partir da Emenda Regimental nº 52/2019 – regulamentada pela Resolução STF nº 642/2019 –, foi acrescido o art. 21-B ao RI/STF, ampliando-se o Plenário virtual para todas as listas, a critério do relator, inclusive para agravos e embargos de declaração, medidas cautelares em ações de controle concentrado, referendo de tutelas provisórias e reafirmação de jurisprudência, como já ocorria com o Plenário virtual da repercussão geral.

---

[14] BARROSO, Luís Roberto. Reflexões sobre as competências e o funcionamento do Supremo Tribunal Federal. *Conjur*, 25 ago. 2014. p. 5. Disponível em: https://www.conjur.com.br/dl/palestra-ivnl-reflexoes-stf-25ago2014.pdf. Acesso em: 6 maio 2023.

[15] BRASIL. Supremo Tribunal Federal. *Atos antidemocráticos*: STF convoca sessão virtual para analisar mais 250 denúncias. 5 maio 2023. Disponível em: https://portal.stf.jus.br/noticias/verNoticiaDetalhe.asp?idConteudo=506844&ori=1. Acesso em: 7 maio 2023.

[16] BARROSO, Luís Roberto. Reflexões sobre as competências e o funcionamento do Supremo Tribunal Federal. *Conjur*, 25 ago. 2014. p. 5-6. Disponível em: https://www.conjur.com.br/dl/palestra-ivnl-reflexoes-stf-25ago2014.pdf. Acesso em: 6 maio 2023.

Com a pandemia do novo coronavírus (Sars-CoV-2), o Plenário virtual cresceu ainda mais e passou a abranger todos os processos de competência do STF (Emenda Regimental nº 53/2020). E as sessões de julgamento, inclusive com sustentações orais, passaram a ser feitas por videoconferência (Resolução STF nº 672/2020). Isso permitiu superar o gargalo que representava a submissão dos processos ao Plenário físico, tanto que a Corte encerrou o ano de 2020 com o menor acervo dos últimos 25 anos,[17] e, pela primeira vez na sua história, com número de processos de competência recursal menor do que o número de feitos de competência originária.[18] Além disso, apenas em 2020 foram julgados 135 processos com repercussão geral reconhecida – quase 25% do total de decisões desta espécie desde que a repercussão geral entrou em vigor –, um recorde absoluto, muito superior à média entre 2008 e 2019, de 34,75 processos por ano (417 em 12 anos). O Plenário virtual permitiu o julgamento de inúmeros casos que, embora com votos prontos, estavam represados apenas aguardando julgamento pelo Plenário físico.

Embora todos os votos no Plenário virtual sejam públicos e fiquem disponíveis a todos os interessados em tempo real, tal modalidade de julgamento tem sido criticada por várias razões, como seu caráter assíncrono e um apontado *déficit* de publicidade.[19] Talvez a sistemática do Plenário virtual seja um mal menor diante da "monocratização" do STF (v. item 8, a seguir), ou, pior ainda, do total atravancamento da Corte. De toda forma, é inegável que ao menos alguns julgamentos, por sua relevância, devem ocorrer de modo síncrono e com efetivas possibilidades de debate pelos membros do colegiado.

7 Alterações na repercussão geral

As disfunções da repercussão geral no Brasil são objeto de continuada preocupação do Ministro Barroso, foram objeto de trabalho conjunto[20] e estudo específico do autor deste artigo sob a sua orientação,[21] e podem ser assim sintetizadas: (a) desde sua efetiva implantação, em 2007, o filtro não tem impedido a chegada de cerca de 100.000

---

[17] BRASIL. Supremo Tribunal Federal. *STF profere quase 100 mil decisões em 2020, entre monocráticas e colegiadas*. 24 dez. 2020. Disponível em: http://portal.stf.jus.br/noticias/verNoticiaDetalhe.asp?idConteudo=457782. Acesso em: 6 maio 2023.

[18] BRASIL. Supremo Tribunal Federal. *STF reduz acervo de recursos a número menor que o de ações originárias*. 27 nov. 2020. Disponível em: http://portal.stf.jus.br/noticias/verNoticiaDetalhe.asp?idConteudo=456175. Acesso em: 6 maio 2023.

[19] V., *e.g.*, o pedido de revogação da ampliação do Plenário Virtual subscrito por mais de cem advogados (incluindo ex-ministros do STF, ex-procuradores-gerais da República e ex-presidentes da OAB) (Disponível em: https://www.conjur.com.br/dl/abaixo-assinado-plenario.pdf. Acesso em: 7 maio 2023). Em sentido crítico, v. ainda: GOMES, Juliana Cesário Alvim. Opacidade do plenário virtual, Zika e censura nas escolas: obstáculo ou estratégia? *Jota*, 12 maio 2020. Disponível em: https://www.jota.info/stf/supra/opacidade-plenario-virtual-zika-censura-escolas-12052020. Acesso em: 7 maio 2023. Em sentido favorável, v. MEDINA, Damares. Julgamento eletrônico no plenário virtual do STF: reflexos para a advocacia. *Jota*, 22 abr. 2020. Disponível em: https://www.jota.info/opiniao-e-analise/artigos/julgamento-eletronico-no-plenario-virtual-do-stf-reflexos-para-a-advocacia-22042020. Acesso em: 7 maio 2023. V., ainda: DOURADO, Gabriela. A evolução do julgamento virtual. *Jota*, 14 jan. 2021. Disponível em: https://www.jota.info/opiniao-e-analise/artigos/a-evolucao-do-julgamento-virtual-no-stf-14012021. Acesso em: 7 maio 2023.

[20] BARROSO, Luís Roberto; REGO, Frederico Montedonio. Como salvar o sistema de repercussão geral: transparência, eficiência e realismo na definição do que o Supremo Tribunal Federal vai julgar. *Revista Brasileira de Políticas Públicas*, Brasília, v. 7, n. 3, p. 695-713, 2017. Disponível em: https://www.publicacoesacademicas.uniceub.br/RBPP/article/view/4824/3615. Acesso em: 7 maio 2023.

[21] REGO, Frederico Montedonio. *Repercussão geral*: uma releitura do direito vigente. 2. ed. Belo Horizonte: Fórum, 2022.

casos por ano ao STF, nem desobrigado a Corte de proferir aproximadamente o mesmo número de decisões no mesmo período; (b) a repercussão geral é muito pouco utilizada formalmente na prática, apenas como mais um instrumento de resolução de demandas repetitivas, tanto que responde por menos de 0,1% do total de decisões proferidas pela Corte desde sua criação; (c) ainda assim, o STF reconheceu repercussão geral a temas demais, como demonstra o estoque de cerca de 200 temas pendentes em 2021, com sobrestamento simultâneo de mais de cerca de 2 milhões de processos; (d) em vez de usar formalmente a repercussão geral, que exige um *quorum* qualificado de 2/3 (CF, art. 102, §3º), o Tribunal tem preferido a utilização de filtros formais por decisões monocráticas (v. item 8, a seguir), o que gera inconsistências e retroalimenta a litigiosidade.

De longa data, o Ministro Barroso defende a ideia de limitar o número de novos casos com atribuição de repercussão geral:

> Até que seja zerado o estoque de repercussões gerais já reconhecidas, o tribunal deverá ser particularmente rigoroso no reconhecimento de novas repercussões gerais. Minha sugestão é de que sejam 10 por semestre. Considero impensável que o STF reconheça mais repercussões gerais do que seja capaz de julgar em um período de um ano.[22]

As afetações de novos casos ocorreriam ao final de cada semestre, mediante critério comparativo entre a "safra" de casos do período. As sessões para sustentações orais e para julgamento seriam divulgadas com mais de um semestre de antecedência (v. item 4, acima). Embora esta limitação de casos ainda não seja realidade, a contribuição do Ministro Barroso na matéria é substantiva.

À vista dos problemas acima narrados e outros, a Emenda Regimental nº 54/2020 foi aprovada a partir de formulação do Ministro Luís Roberto Barroso, elaborada com a colaboração do autor deste artigo, incorporando-se acréscimos propostos pelo Min. Dias Toffoli. A norma favorece a utilização da repercussão geral como instrumento de seleção qualitativa de recursos extraordinários e não constitui inovação da ordem jurídica, mas aproveitamento das potencialidades que o direito vigente já oferecia, tanto que foram chanceladas pelo Plenário do próprio STF, com aplicação imediata, pois "a Emenda Regimental nº 54/2020 não criou novo requisito recursal (e nem estava autorizada a fazê-lo)" (ARE nº 1.273.640 AgR, Rel. Min. Alexandre de Moraes, j. 8.9.2020).

A norma mais importante a tal propósito é o art. 326, §1º, do RI/STF, que permite ao relator "negar repercussão geral com eficácia apenas para o caso concreto".[23] Com isso,

---

[22] BARROSO, Luís Roberto. Reflexões sobre as competências e o funcionamento do Supremo Tribunal Federal. *Conjur*, 25 ago. 2014. p. 10. Disponível em: https://www.conjur.com.br/dl/palestra-ivnl-reflexoes-stf-25ago2014.pdf. Acesso em: 6 maio 2023.

[23] A versão original da proposta de emenda regimental elaborada com a colaboração do autor deste trabalho previa fórmula diversa, segundo a qual o relator não proferiria propriamente uma decisão monocrática, mas sim faria uma proposta sob a forma de voto, que integraria uma decisão colegiada a qual deveria observar o *quorum* de dois terços. Tal redação proposta para o RI/STF era a seguinte: "Art. 326. [...] §1º Poderá o relator submeter ao Tribunal, na forma do art. 323 deste Regimento Interno, proposta de não atribuição de repercussão geral válida apenas para o caso concreto. §2º Se a proposta do relator referida no §1º for confirmada por dois terços dos Ministros, o recurso extraordinário não será conhecido, nos termos do art. 102, §3º, da Constituição". Esta fórmula corresponde ao que foi defendido em texto elaborado para ampla divulgação: BARROSO, Luís Roberto; REGO, Frederico Montedonio. Como salvar a repercussão geral: ideias simples para reverter um fracasso. *Migalhas*, 21 fev. 2018. Disponível em: https://www.migalhas.com.br/depeso/274826/como-salvar-a-repercussao-geral-ideias-simples-para-reverter-um-fracasso. Acesso em: 7 maio 2023.

a decisão não projeta efeitos para outros casos semelhantes, limitando-se à inadmissão de um recurso *in concreto*, como é o paradigma do funcionamento de filtros de relevância pelo mundo, destinados à seleção qualitativa dos casos a serem julgados. Para que a decisão do relator prevaleça na hipótese de haver recurso,[24] é necessário que haja o desprovimento do apelo por 2/3 dos membros do Tribunal (CF, art. 102, §3º). Caso o recurso seja provido, porém, não ocorre reconhecimento automático da repercussão geral das questões discutidas, mas apenas redistribuição do processo a outro relator, a quem caberá prosseguir o exame de admissibilidade (RI/STF, art. 326, §§3º e 4º). Isto vale inclusive para recursos apontados pela origem como representativos de controvérsia, que não devem ficar sobrestados caso não sejam afetados (RI/STF, art. 326-A).

Em rápida pesquisa no sítio eletrônico do STF, é possível identificar cerca de 50 decisões colegiadas e 300 decisões monocráticas, posteriores à ER nº 54/2020, que invocam o art. 326, §1º, do RI/STF, sendo o caso mais recente o ARE nº 1.409.903 AgR, Pleno, Rel. Min. Luís Roberto Barroso, j. 3.4.2023.[25] Conclui-se que, apesar da aprovação da ER nº 54/2020 e do efetivo uso do mecanismo em algumas decisões já confirmadas pelo Plenário, o Tribunal ainda continua trabalhando sob um paradigma tradicionalmente formalista e defensivo para lidar com o grande volume de processos. Ainda não houve tempo hábil para dizer se a nova alteração regimental efetivamente transformará a metodologia cotidiana de trabalho do STF. Este é um possível momento de transição, em que uma nova prática formalizada no RI/STF convive com o peso de anos de uma sistemática que ainda permeia a rotina da Corte. A confirmação ou não de uma mudança dependerá da observação empírica dos próximos anos.

Outras alterações implementadas no RI/STF pela ER nº 54/2020 quanto à repercussão geral foram: (a) a possibilidade de outro ministro que não o relator propor reafirmação de jurisprudência (art. 323-A, parágrafo único); (b) a possibilidade de revisão da afetação à repercussão geral de recursos com mérito ainda não julgado (art. 323-B); (c) a previsão do *quorum* de maioria absoluta (não de 2/3) quando a Corte considerar que não se trata de matéria constitucional (art. 324, §§1º e 2º); e (d) a não atribuição de efeitos a eventual silêncio de um ministro no Plenário virtual (art. 324, §3º). Cada uma dessas disposições equaciona entraves e perplexidades já vistas na prática da repercussão geral.[26]

---

[24] A fórmula adotada é passível de críticas, seja porque o art. 102, §3º, da Constituição exige *quorum* de dois terços, seja porque se trata de uma hipótese de decisão negativa de repercussão geral sujeita a recursos – agravo interno e embargos de declaração –, nada obstante a irrecorribilidade prevista no art. 1.035, *caput*, do CPC/2015. Compreende-se, porém, a sistemática adotada como sintoma do *modus operandi* predominantemente monocrático da Corte, assim como uma aposta de que uma minoria recorrerá da decisão do relator, haja vista que a taxa de recorribilidade interna em 2020 foi de 20%, conforme estatística do STF. Seja como for, é possível ler o dispositivo como uma delegação de competência do Plenário ao relator para fazer uma primeira análise sobre a repercussão geral, salvaguardando-se o *quorum* qualificado na hipótese de recurso, nos termos do art. 326, §2º, do RI/STF. Note-se que a ER nº 54/2020 foi aprovada, no ponto, por dez dos onze ministros do Tribunal, a indicar que essa sistemática, instituída *in abstracto*, tem a concordância de mais do que dois terços dos membros daquela Corte, suprindo o *quorum* qualificado. De resto, mecanismo semelhante é previsto para o instituto congênere da transcendência, no âmbito dos recursos de revista de competência do Tribunal Superior do Trabalho, como se lê do art. 896-A, §2º, da CLT, incluído pela Lei nº 13.467/2017: "[p]oderá o relator, *monocraticamente*, denegar seguimento ao recurso de revista que não demonstrar transcendência, cabendo agravo desta decisão para o colegiado".

[25] Pesquisa de jurisprudência no sítio eletrônico do Supremo Tribunal Federal (portal.stf.jus.br), realizada em 7.5.2023, usando como parâmetro de busca decisões que citam o art. 326, §1º, do RI/STF.

[26] Para aprofundamento, v.: REGO, Frederico Montedonio. *Repercussão geral*: uma releitura do direito vigente. 2. ed. Belo Horizonte: Fórum, 2022.

8 Reforço na colegialidade

Como se sabe, o STF lida com a maior parte do seu volume de casos a partir de decisões monocráticas. Em 2022, das 89.953 decisões proferidas pelo STF, 76.987 (85,5%) foram monocráticas, enquanto apenas 12.966 (14,5%) foram colegiadas.[27] A profusão de decisões individuais banaliza e pulveriza a autoridade da Corte, aumentando exponencialmente o risco de decisões contraditórias. Mas não só: como apontam observadores do Tribunal, o fenômeno parece ter se transformado numa forma de uso de poder individual como arma política, para "evitar", "emparedar" ou "contrariar" o Plenário.[28] Por tudo isso, há muito já se fazia sentir a necessidade de estimular a colegialidade das decisões, reforçando a legitimidade e o poder institucional da Corte.

Assim é que, a partir de proposta conjunta dos ministros Luís Roberto Barroso e Dias Toffoli, foi aprovada a Emenda Regimental nº 58/2022. A norma alterou o art. 21 do RI/STF, prevendo a necessidade de submeter medidas de urgência ao referendo do colegiado *imediatamente* (incs. IV e V), com inserção automática na pauta da sessão virtual subsequente (§§5º e 6º), sendo possível inclusive a convocação de sessão virtual extraordinária em caso de excepcional urgência (§7º). Além disso, foi instituído o prazo de 90 (noventa) dias para devoluções de pedido de vista, sob pena de liberação automática para continuidade do julgamento (RI/STF, art. 134, *caput* e §5º). As regras se aplicam a medidas de urgência e pedidos de vista anteriores à ER nº 58/2022, conforme seu art. 2º.

9 Papéis institucionais do Supremo Tribunal Federal

Por fim, não seria possível encerrar este breve artigo – voltado às contribuições do Ministro Barroso sobre o desenho institucional do STF –, sem uma menção, ainda que sumária, às suas reflexões sobre os papéis institucionais da Corte, associadas à sua atuação profissional. Como se sabe, o Ministro Barroso defende que as Supremas Cortes, além do seu clássico papel contramajoritário (invalidar atos de representantes eleitos quando contrários à Constituição), também têm um papel representativo (fazer prevalecer a vontade popular quando ela é obstruída por vetos de minorias parlamentares, autointeresse ou captura dos representantes eleitos) e um papel "iluminista" (de

---

[27] Disponível em: https://transparencia.stf.jus.br/extensions/decisoes/decisoes.html. Acesso em: 7 maio 2023.
[28] FALCÃO, Joaquim; ARGUELHES, Diego Werneck. Onze Supremos: todos contra o Plenário. *In*: FALCÃO, Joaquim; ARGUELHES, Diego Werneck; RECONDO, Felipe (Org.). *Onze Supremos*: o Supremo em 2016. Belo Horizonte: Letramento; Casa do Direito; Supra; Jota; FGV Rio, 2017. p. 21-22; 25. Disponível em: http://bibliotecadigital.fgv.br/dspace/bitstream/handle/10438/17959/Onze%20Supremos%20-%20o%20Supremo%20em%202016.pdf?sequence=1. Acesso em: 7 maio 2023. Na mesma linha, mais recentemente: ARGUELHES, Diego Werneck; RIBEIRO, Leandro Molhano. Ministrocracia: o Supremo Tribunal individual e o processo democrático brasileiro. *Novos estudos CEBRAP*, São Paulo, v. 37, n. 1, p. 13-32, jan./abr. 2018. Disponível em: https://www.scielo.br/j/nec/a/GsYDWpRwSKzRGsyVY9zPSCP/abstract/?lang=pt. Acesso em: 7 maio 2023.

"empurrar a história quando ela emperra").[29] Não cabe aprofundar essas ideias, o que já foi feito por vários autores em publicação própria, com posfácio do Ministro Barroso.[30]

Importa apenas referir que, seja como advogado, seja como ministro, Luís Roberto Barroso imprimiu sua marca em uma grande quantidade de casos representativos de cada um dos papéis por ele defendidos. Como advogado, atuou, por exemplo, nos casos que assentaram a equiparação das uniões homoafetivas às heteroafetivas (ADPFs nºs 132 e 142, Rel. Min. Ayres Britto), a admissão do aborto de fetos anencefálicos (ADPF nº 54, Rel. Min. Marco Aurélio) e a proibição do nepotismo (ADC nº 12, Rel. Min. Ayres Britto). Como ministro, os demais textos desta coletânea deixam evidentes as suas contribuições em inúmeros temas. Além disso, sua atuação institucional como ministro do STF e como presidente do TSE marcaram a defesa do Judiciário em favor da democracia no Brasil.[31]

Conclusão

São inúmeras e relevantes as contribuições de Luís Roberto Barroso para o aprimoramento do desenho e das funções institucionais do Supremo Tribunal Federal. Ao escrever petições, artigos ou votos, sua preocupação com a funcionalidade da Corte está sempre presente. O Tribunal não seria o mesmo se sua posse não tivesse ocorrido há dez anos. No exercício da sua Presidência na Corte, aguardada para breve, espera-se que tais contribuições possam ser ainda mais aprofundadas. O país só tem a ganhar. Parabéns ao Ministro Barroso por completar uma década de posse no Supremo Tribunal Federal!

Referências

ARGUELHES, Diego Werneck; RIBEIRO, Leandro Molhano. Ministrocracia: o Supremo Tribunal individual e o processo democrático brasileiro. *Novos estudos CEBRAP*, São Paulo, v. 37, n. 1, p. 13-32, jan./abr. 2018. Disponível em: https://www.scielo.br/j/nec/a/GsYDWpRwSKzRGsyVY9zPSCP/abstract/?lang=pt. Acesso em: 7 maio 2023.

BARROSO, Luís Roberto. A razão sem voto: o Supremo Tribunal Federal e o governo da maioria. *Revista Brasileira de Políticas Públicas*, Brasília, v. 5, p. 23-50, 2015. Número Especial.

BARROSO, Luís Roberto. A revolução da brevidade. *Folha de S. Paulo*, p. 3, 17 jul. 2008. Disponível em: https://www1.folha.uol.com.br/fsp/opiniao/fz1707200808.htm. Acesso em: 6 maio 2023.

---

[29] BARROSO, Luís Roberto. A razão sem voto: o Supremo Tribunal Federal e o governo da maioria. *Revista Brasileira de Políticas Públicas*, Brasília, v. 5, p. 23-50, 2015. Número Especial. V., ainda, BARROSO, Luís Roberto. Contramajoritário, representativo e iluminista: os papéis dos tribunais constitucionais nas democracias contemporâneas. *Revista Direito e Práxis*, Rio de Janeiro, v. 9, n. 4, p. 2171-2228, 2018. Disponível em: https://www.e-publicacoes.uerj.br/index.php/revistaceaju/article/view/30806/21752. Acesso em: 7 maio 2023.

[30] VIEIRA, Oscar Vilhena; GLEZER, Rubens. *A razão e o voto*: diálogos constitucionais com Luís Roberto Barroso. Rio de Janeiro: FGV Editora, 2017. O posfácio pode ser lido em: BARROSO, Luís Roberto. Contramajoritário, representativo e iluminista: o Supremo, seus papeis e seus críticos. *Os Constitucionalistas*, 5 abr. 2017. Disponível em: https://www.osconstitucionalistas.com.br/contramajoritario-representativo-e-iluminista-o-supremo-seus-papeis-e-seus-criticos. Acesso em: 7 maio 2023.

[31] BARROSO, Luís Roberto. Populismo, autoritarismo e resistência democrática: as cortes constitucionais no jogo do poder. *Revista Direito e Práxis*, Rio de Janeiro, v. XX, n. X, p. 1-34, 2022. Disponível em: https://www.e-publicacoes.uerj.br/index.php/revistaceaju/article/view/66178/42544. Acesso em: 7 maio 2023.

BARROSO, Luís Roberto. Contramajoritário, representativo e iluminista: o Supremo, seus papeis e seus críticos. *Os Constitucionalistas*, 5 abr. 2017. Disponível em: https://www.osconstitucionalistas.com.br/contramajoritario-representativo-e-iluminista-o-supremo-seus-papeis-e-seus-criticos. Acesso em: 7 maio 2023.

BARROSO, Luís Roberto. Contramajoritário, representativo e iluminista: os papéis dos tribunais constitucionais nas democracias contemporâneas. *Revista Direito e Práxis*, Rio de Janeiro, v. 9, n. 4, p. 2171-2228, 2018. Disponível em: https://www.e-publicacoes.uerj.br/index.php/revistaceaju/article/view/30806/21752. Acesso em: 7 maio 2023.

BARROSO, Luís Roberto. Populismo, autoritarismo e resistência democrática: as cortes constitucionais no jogo do poder. *Revista Direito e Práxis*, Rio de Janeiro, v. XX, n. X, p. 1-34, 2022. Disponível em: https://www.e-publicacoes.uerj.br/index.php/revistaceaju/article/view/66178/42544. Acesso em: 7 maio 2023.

BARROSO, Luís Roberto. Reflexões sobre as competências e o funcionamento do Supremo Tribunal Federal. *Conjur*, 25 ago. 2014. Disponível em: https://www.conjur.com.br/dl/palestra-ivnl-reflexoes-stf-25ago2014.pdf. Acesso em: 6 maio 2023.

BARROSO, Luís Roberto; MELLO, Patrícia Perrone Campos. Prudências, ousadias e mudanças necessárias no STF. Parte II – Modelo decisório do Supremo Tribunal Federal e duas sugestões de mudança. *Conjur*, 28 dez. 2010. Disponível em: https://www.conjur.com.br/2010-dez-28/retrospectiva-2010-prudencias-ousadias-mudancas-necessarias-stf. Acesso em: 6 maio 2023.

BARROSO, Luís Roberto; REGO, Frederico Montedonio. Como salvar a repercussão geral: ideias simples para reverter um fracasso. *Migalhas*, 21 fev. 2018. Disponível em: https://www.migalhas.com.br/depeso/274826/como-salvar-a-repercussao-geral-ideias-simples-para-reverter-um-fracasso. Acesso em: 7 maio 2023.

BARROSO, Luís Roberto; REGO, Frederico Montedonio. Como salvar o sistema de repercussão geral: transparência, eficiência e realismo na definição do que o Supremo Tribunal Federal vai julgar. *Revista Brasileira de Políticas Públicas*, Brasília, v. 7, n. 3, p. 695-713, 2017. Disponível em: https://www.publicacoesacademicas.uniceub.br/RBPP/article/view/4824/3615. Acesso em: 7 maio 2023.

BRASIL. Supremo Tribunal Federal. *Atos antidemocráticos*: STF convoca sessão virtual para analisar mais 250 denúncias. 5 maio 2023. Disponível em: https://portal.stf.jus.br/noticias/verNoticiaDetalhe.asp?idConteudo=506844&ori=1. Acesso em: 7 maio 2023.

BRASIL. Supremo Tribunal Federal. *STF profere quase 100 mil decisões em 2020, entre monocráticas e colegiadas*. 24 dez. 2020. Disponível em: http://portal.stf.jus.br/noticias/verNoticiaDetalhe.asp?idConteudo=457782. Acesso em: 6 maio 2023.

BRASIL. Supremo Tribunal Federal. *STF reduz acervo de recursos a número menor que o de ações originárias*. 27 nov. 2020. Disponível em: http://portal.stf.jus.br/noticias/verNoticiaDetalhe.asp?idConteudo=456175. Acesso em: 6 maio 2023.

DOURADO, Gabriela. A evolução do julgamento virtual. *Jota*, 14 jan. 2021. Disponível em: https://www.jota.info/opiniao-e-analise/artigos/a-evolucao-do-julgamento-virtual-no-stf-14012021. Acesso em: 7 maio 2023.

FALCÃO, Joaquim; ARGUELHES, Diego Werneck. Onze Supremos: todos contra o Plenário. *In*: FALCÃO, Joaquim; ARGUELHES, Diego Werneck; RECONDO, Felipe (Org.). *Onze Supremos*: o Supremo em 2016. Belo Horizonte: Letramento; Casa do Direito; Supra; Jota; FGV Rio, 2017. Disponível em: http://bibliotecadigital.fgv.br/dspace/bitstream/handle/10438/17959/Onze%20Supremos%20-%20o%20Supremo%20em%202016.pdf?sequence=1. Acesso em: 7 maio 2023.

FONTE, Felipe de Melo. *Jurisdição constitucional e participação popular*: o Supremo Tribunal Federal na era da TV Justiça. Rio de Janeiro: Lumen Juris, 2017.

GOMES, Juliana Cesário Alvim. Opacidade do plenário virtual, Zika e censura nas escolas: obstáculo ou estratégia? *Jota*, 12 maio 2020. Disponível em: https://www.jota.info/stf/supra/opacidade-plenario-virtual-zika-censura-escolas-12052020. Acesso em: 7 maio 2023.

KAUFMANN, Rodrigo de Oliveira. A pauta de julgamentos do STF e a política judiciária. *Conjur*, 4 set. 2021. Disponível em: https://www.conjur.com.br/2021-set-04/observatorio-constitucional-pauta-julgamentos-stf-politica-judiciaria. Acesso em: 6 maio 2023.

LEAL, Fernando; BARCELLOS, Ana Paula de; ALMEIDA, Guilherme. *IX Relatório Supremo em Números*: a justificação de decisões no Supremo. Rio de Janeiro: FGV Direito Rio, 2020. Disponível em: https://bibliotecadigital.fgv.br/dspace/handle/10438/30218. Acesso em: 6 maio 2023.

MEDINA, Damares. Julgamento eletrônico no plenário virtual do STF: reflexos para a advocacia. *Jota*, 22 abr. 2020. Disponível em: https://www.jota.info/opiniao-e-analise/artigos/julgamento-eletronico-no-plenario-virtual-do-stf-reflexos-para-a-advocacia-22042020. Acesso em: 7 maio 2023.

MELLO, Patrícia Perrone Campos. O Supremo Tribunal Federal: um Tribunal de teses. *Revista da EMERJ*, v. 21, n. 3, t. 2, p. 443-467. Disponível em: https://www.emerj.tjrj.jus.br/revistaemerj_online/edicoes/revista_v21_n3/tomo2/revista_v21_n3_tomo2_443.pdf. Acesso em: 6 maio 2023.

MENDONÇA, José Vicente Santos de. À espera da revolução da brevidade. *Jota*, 21 mar. 2023. Disponível em: https://www.jota.info/opiniao-e-analise/colunas/publicistas/a-espera-da-revolucao-da-brevidade-21032023. Acesso em: 6 maio 2023.

MOREIRA, José Carlos Barbosa. La publicité des actes de procédure comme garantie constitutionelle en droit brésilien. *In*: MOREIRA, José Carlos Barbosa. *Temas de direito processual*: oitava série. São Paulo: Saraiva, 2004. p. 69-76.

REGO, Frederico Montedonio. *Repercussão geral*: uma releitura do direito vigente. 2. ed. Belo Horizonte: Fórum, 2022.

VIEIRA, Oscar Vilhena; GLEZER, Rubens. *A razão e o voto*: diálogos constitucionais com Luís Roberto Barroso. Rio de Janeiro: FGV Editora, 2017.

Informação bibliográfica deste texto, conforme a NBR 6023:2018 da Associação Brasileira de Normas Técnicas (ABNT):

REGO, Frederico Montedonio. Ministro Barroso e desenho institucional do STF. *In*: OSORIO, Aline; MELLO, Patrícia Perrone Campos; BARROSO, Luna van Brussel (Coord.). *Direitos e democracia*: 10 anos do Ministro Luís Roberto Barroso no STF. Belo Horizonte: Fórum, 2023. p. 729-741. ISBN 978-65-5518-555-3.

MINISTRO LUÍS ROBERTO BARROSO E A COOPERAÇÃO INTERNACIONAL EM MATÉRIA ELEITORAL

JOSE GILBERTO SCANDIUCCI FILHO

Introdução

Como todo país grande, o Brasil padece da tendência a dedicar poucas energias ao resto do mundo. Seus problemas e desafios são tamanhos e sua diversidade sociocultural interna tão marcante que, distraídas e distraídos, as brasileiras e os brasileiros corremos o risco de nos esquecer de que vivemos numa comunidade de nações.

O Ministro Luís Roberto Barroso é, sabidamente, uma exceção a essa regra. Seu mandato à frente do Tribunal Superior Eleitoral – objeto deste artigo – dispensou clara prioridade ao estrangeiro, não apenas por seu inato pendor internacionalista, mas sobretudo por sua percepção estratégica, naquele momento, de que as relações com outros países, sobretudo com autoridades eleitorais, poderiam ser cruciais para a estabilidade do processo eleitoral brasileiro e, portanto, da nossa democracia.

Este capítulo está dividido em três partes, além desta introdução e das considerações finais. A seção seguinte procura descrever a montagem, durante a presidência do Ministro Barroso no TSE, de uma rede de contatos internacionais que permitiu ao Tribunal contar progressivamente com o apoio estrangeiro ao sistema eleitoral brasileiro, sobretudo à urna eletrônica, que, reforçado posteriormente pelos ministros Luiz Edson Fachin e Alexandre de Moraes, terminaria sendo fator estabilizador nas Eleições Gerais de 2022.

Em seguida, descreve-se o papel da gestão do Ministro Barroso na preparação do terreno para a exitosa iniciativa com observadores eleitorais em 2022, por meio da experiência-piloto com observação nacional nas Eleições Municipais de 2020 e da aprovação da Resolução nº 23.678, de 17.12.2021.

Finalmente, o capítulo busca reconstituir os principais momentos de episódio singular, na segunda metade de 2021, de ruptura da importação de componentes eletrônicos, que ameaçou a montagem das urnas eletrônicas e, portanto, a própria realização das eleições em 2022, revelando as iniciativas diplomáticas do Ministro Luís Roberto Barroso para dirimir o contratempo.

Cooperação internacional e a imagem de integridade do sistema eleitoral

Até 2018, as críticas ao sistema eletrônico de votação e totalização eram poucas e discretas, limitando-se a debates parlamentares sobre o retorno do voto impresso. Mais precisamente, a urna eletrônica era motivo de orgulho do povo brasileiro, pela sua integridade e eficiência, com anúncios dos resultados finais das eleições poucas horas após o encerramento das seções. Num país com mais de 100 milhões de votos efetivamente registrados em quase 100 mil locais de votação, trata-se de admirável conquista política e tecnológica, reconhecida pela sociedade.

Entretanto, a ascensão do populismo no Brasil veio a alterar o cenário. Instigados, inclusive, pelo então presidente da República, vários setores passaram a manifestar desconfiança no sistema de votação, criando cenário possível de recusa em se aceitar o resultado oficial das eleições. Não é preciso ser cientista político especializado para compreender os riscos, para o regime democrático, decorrentes dessa possibilidade. A vitória de Joe Biden, em novembro de 2020 nos EUA, negada por boa parte do *establishment* e das bases do Partido Republicano, parecia um prelúdio do que poderia acontecer no Brasil.

A missão das instituições, e notadamente da Justiça Eleitoral, passou a ser, portanto, a de reforçar a credibilidade do sistema eletrônico de votação e totalização. Embora a maior parte das ações e iniciativas tenha sido colocada em prática no âmbito doméstico, o Ministro Luís Roberto Barroso trabalhou ativamente junto à comunidade internacional.

O TSE passou a participar dos mais relevantes eventos internacionais, sobretudo por meio de seminários (a maioria *on-line*, em virtude da pandemia), entrevistas e viagens a serviço, notadamente para acompanhar eleições em outros países. Nessas ocasiões, as missões do TSE procuravam esclarecer o funcionamento da urna eletrônica, ressaltando suas características de segurança e inviolabilidade e alertando para o caráter fraudulento de algumas notícias contra o sistema eleitoral brasileiro. Redes de contatos eram estabelecidas com autoridades eleitorais, acadêmicos e jornalistas estrangeiros. Muitos deles viriam a testemunhar *in loco*, nas Eleições Gerais de 2022, nosso sistema eleitoral, corroborando sua integridade e fidedignidade dos resultados.

Em Brasília, foram sendo fortalecidas as relações com as missões e embaixadas estrangeiras, sempre com o objetivo de levar informação verdadeira e prevenir contra a desinformação. Materiais do TSE eram traduzidos para outros idiomas e circulados para vários países.

Os frutos dessa empreitada diplomática não tardariam em chegar. No início do segundo semestre de 2021, quando os debates da Proposta de Emenda à Constituição nº 135/2019 ("PEC do Voto Impresso") chegavam ao seu apogeu, caminhando para a votação final em plenário, vozes estrangeiras expressaram seu apoio à urna eletrônica. Em 8.8.2021, na antevéspera da votação da PEC, a Reuters publicou reportagem sobre recente visita do assessor de Segurança Nacional da Casa Branca, Jack Sullivan, a Brasília, na qual se revelava que o funcionário norte-americano manifestara ao então Presidente Jair Bolsonaro suas preocupações com as "denúncias infundadas de fraude" da urna eletrônica. O tema vinha sendo tratado há meses entre o TSE e a embaixada norte-americana em Brasília.

Do mesmo modo, em 2.9.2021, às vésperas de manifestações do Dia da Independência – ocasião em que os ataques às urnas eletrônicas foram particularmente fortes –, a União Interamericana de Organismos Eleitorais (Uniore) divulgou comunicado em que reconhecia o profissionalismo e o compromisso do TSE e a fidedignidade do modelo eletrônico de votação, "no âmbito do qual nunca foi documentada nenhuma fraude".

Essas sementes foram cultivadas com cuidado nas gestões dos ministros Edson Fachin (fevereiro a agosto de 2022) e Alexandre de Moraes (a partir de agosto de 2022), de sorte que, chegado o momento das eleições, em outubro de 2022, foi possível ampla mobilização de atores internacionais para acompanhar o pleito brasileiro, com especial enfoque sobre o funcionamento e a segurança da urna eletrônica. Além das missões de observação eleitoral (objeto da próxima sessão), atenderam aos convites do TSE mais de 80 autoridades eleitorais estrangeiras de cerca de 30 países, incluindo Argentina, Colômbia, França, Indonésia, México, Portugal e Rússia. Ex-presidentes da República e ex-chanceleres da região também vieram testemunhar nosso processo eleitoral, aproveitando para conceder entrevistas sobre o tema. Num contexto de desconfiança das urnas por parcela significativa do eleitorado brasileiro, essas manifestações internacionais qualificadas certamente contribuíram para a estabilidade institucional.

Do mesmo modo, as relações com as embaixadas estrangeiras sediadas em Brasília, fortemente estimuladas pelo Ministro Barroso em sua gestão à frente do TSE, renderam seus frutos no processo eleitoral de 2022. Convidados pelo Tribunal, mais de 50 representantes de missões estrangeiras participaram de programa durante o fim de semana do segundo turno das eleições, culminando com evento no final do dia 30 de outubro, em que todas e todos assistiram juntos, dentro do TSE, a divulgação dos resultados oficiais. Na ocasião, puderam trocar impressões entre si e com suas respectivas capitais, acelerando, de forma inédita, o reconhecimento dos resultados eleitorais por líderes estrangeiros.

Basta observar o seguinte dado: ainda na noite de domingo, 30.10.2022, após o anúncio, pelo presidente do TSE, dos resultados oficiais (por volta das 19h45), 33 governos estrangeiros (incluindo Argentina, Canadá, Chile, Colômbia, Espanha, Estados Unidos, França, México, Portugal e Suíça), além da União Europeia e da OEA, reconheceram o candidato eleito e parabenizaram o processo eleitoral brasileiro; nos pleitos anteriores, esse número girava em torno de cinco, pois a maioria dos chefes de Estado transmitia suas felicitações nos dias seguintes, e não num domingo de madrugada.

Missões de observação eleitoral

Tradicionalmente, o Brasil sempre foi refratário à observação eleitoral internacional. Até 2018, nenhuma missão de observação havia participado de eleições brasileiras, a exemplo do que ainda ocorre com Argentina, Chile e Uruguai. Prevaleciam, então, argumentos soberanistas, que interpretavam a atividade de observação eleitoral como uma espécie de ingerência externa – além de tudo, desnecessária, pois o sistema eleitoral brasileiro era considerado exemplar. Com que razão, nessas condições, se convidariam organismos estrangeiros para observar nosso pleito? O argumento subjacente era o de que nossa democracia prescindia de "aval externo" para se afirmar.

Em meados da década de 2010, contudo, a percepção, dentro na Justiça Eleitoral, começou a mudar. Contatos de ministros do TSE com a comunidade internacional foram transmudando a imagem até então estereotipada da observação, que passou progressivamente a ser vista como mecanismo fomentador do aperfeiçoamento do sistema eleitoral. Percebeu-se que as recomendações dos observadores, além de não terem efeito jurídico vinculante, poderiam ser úteis para o aprimoramento da Justiça Eleitoral; não constituíam, portanto, mecanismos de "validação" do regime democrático de um país. Para utilizar as expressões de Aurélio Viotti (2022), as missões de observação eleitoral foram interpretadas como mecanismo de "promoção da democracia", e não de "proteção da democracia".

Em 2016, os Estados Unidos convidaram, de forma inédita, a Organização dos Estados Americanos (OEA) para constituir missão de observação com vistas às eleições de novembro. Foi a gota d'água para a mudança da postura brasileira, dado que ninguém imaginaria que a OEA seria "fiadora" da democracia norte-americana, o que consolidava a percepção construtiva da atividade da observação. Em 2017, o TSE e a OEA firmaram acordo para a observação das Eleições Gerais de 2018.

A Missão da OEA de 2018 foi um grande sucesso. Chefiada por Laura Chinchilla, ex-presidente da Costa Rica, e composta por mais de 80 especialistas, a Missão da OEA visitou 12 estados e várias cidades no exterior, e tratou de temas como financiamento de campanha, estrutura do sistema eleitoral, participação de mulheres e urna eletrônica. Ao final, produziu relatório de mais de 100 páginas, com diversas recomendações, muitas das quais adotadas pela Justiça Eleitoral brasileira.[1]

Ironicamente, a realização da Missão da OEA coincidiu com o início das investidas contra o sistema eleitoral, particularmente contra a urna eletrônica. O então candidato a presidente da República, Jair Bolsonaro, iniciou uma série de insinuações – que mais à frente tornaram-se acusações – quanto à integridade do sistema eletrônico de votação e totalização. Seu partido político (PSL), naquela ocasião, foi o único a negar encontro com a missão da OEA, duvidando de sua neutralidade e profissionalismo, o que foi registrado no relatório da organização.[2]

Críticas à urna eletrônica são tão antigas quanto o próprio sistema, mas eram limitadas a debates parlamentares, com reflexos no Supremo Tribunal Federal. A Lei nº 10.408/2001 instituíra sistema de impressão simultânea ao voto eletrônico, para ser conferido pelo eleitor. Testado nas Eleições Gerais de 2002 em 6% das urnas, o sistema apresentou muitas falhas, de sorte que a Lei nº 10.740/2003 suprimiu a referência ao voto impresso, substituindo-o pelo Registro Digital do Voto (RDV). Mais adiante, a Lei nº 12.034/2009, em seu art. 5º, voltava a instituir o voto impresso, mas o mecanismo foi declarado inconstitucional, em 2013, pela Ação Direta de Inconstitucionalidade nº 4.543. Em 2015, mais uma vez, a Lei nº 13.165 voltava a exigir o registro físico do voto

---

[1] O relatório final da Missão da OEA para as Eleições Gerais de 2018 pode ser encontrado em https://www.oas.org/documents/por/press/MOE-Brasil-2018-Relatorio-Final-POR.pdf. Entre as recomendações que foram posteriormente implementadas pelo TSE estão a criação do grupo TSE Mulheres, que promove ações de inclusão de gênero na política brasileira; e a regulamentação de missões nacionais de observação.

[2] O então presidente do PSL, Gustavo Bebianno, declarou, em outubro de 2018: "Eu sei que a OEA, assim como a ONU, tem um viés globalista, esquerdista. A OEA não reconhece o que aconteceu em 2014. Os peritos que trabalharam para o PSDB não puderam fazer o seu trabalho, o TSE não deixou", sugerindo fraude nas eleições presidenciais de 2014, quando a Ex-Presidente Dilma Rousseff (PT) derrotou o tucano Aécio Neves (Disponível em: https://www1.folha.uol.com.br/poder/2018/10/apos-missao-da-oea-falar-em-fake-news-presidente-do-psl-diz-que-orgao-tem-zero-credibilidade.shtml).

pelo eleitor, e o STF voltou a rejeitar a constitucionalidade do mecanismo, por violar o sigilo do voto.

Essas idas e vindas entre o Poder Legislativo e o Poder Judiciário, contudo, não traziam prejuízo significativo à imagem do sistema eleitoral brasileiro. A população depositava grande confiança na urna eletrônica, conforme atestado pelas sondagens de institutos de pesquisa; também a classe política parecia minimizar as críticas, haja vista a quase inexistência de contestações administrativas e/ou judiciais aos resultados oficiais. Derrotas apertadas, por exemplo, não davam origem a reclamações ou pedidos de auditoria.

O cenário mudou a partir de 2020, quando o próprio presidente da República passou a orquestrar campanha contra a urna eletrônica. Ao votar nas eleições municipais de novembro daquele ano, o então presidente emitiu declaração favorável ao voto impresso, insinuando que a democracia era incompatível com a urna eletrônica.[3] A campanha tornou-se mais sistemática e agressiva, com a circulação de centenas de mensagens e vídeos falsos contra a urna eletrônica.

Em maio de 2021, o Plenário da Câmara dos Deputados criou uma Comissão Especial para analisar a Proposta de Emenda à Constituição (PEC) nº 135/2019, de autoria da Deputada Bia Kicis (PSL-DF), designando como relator o Deputado Filipe Barros (PSL-PR). A mencionada PEC tornaria "obrigatória a expedição de cédulas físicas conferíveis pelo eleitor, a serem depositadas, de forma automática e sem contato manual, em urnas indevassáveis, para fins de auditoria", determinava o texto.

Embora a "PEC do voto impresso" tenha sido rejeitada tanto pela Comissão Especial como pelo Plenário da Câmara (ambas votações em agosto de 2021), garantindo a manutenção do sistema eletrônico de votação para as Eleições Gerais de 2022, o TSE, com o Ministro Luís Roberto Barroso à frente, lançou uma série de iniciativas com vistas a ampliar a imagem de segurança e de integridade do sistema. Entre as medidas, incluiu-se, por meio da Resolução nº 23.678, de 17.12.2021, a sistematização das diretrizes e procedimentos das missões internacionais e nacionais de observação eleitoral.

Esse ponto merece ser sublinhado. A normatização das missões de observação inseriu-se no contexto das preocupações com a credibilidade da urna eletrônica, dados os estragos ocasionados pela insidiosa campanha do período. A motivação subjacente era a de fortalecer a transparência da Justiça Eleitoral brasileira, abrindo todas as portas – inclusive o código-fonte e o *hardware* das urnas – do nosso sistema para organizações especializadas em observação eleitoral. Curioso notar, portanto, a inversão da postura das autoridades eleitorais brasileiras ante as missões de observação: se, antes de 2018, havia resistência ao exercício da observação estrangeira por ser eventual ingerência desnecessária, o mesmo exercício passou a ser considerado fator estabilizador do processo eleitoral. Mudou a postura porque mudou o ambiente, agora francamente (e infelizmente) hostil às evidências concretas e científicas de integridade da urna eletrônica.

Nas Eleições Gerais de 2022, o TSE recebeu nada menos que oito missões internacionais de observação ou de acompanhamento eleitoral: Organização dos Estados

---

[3] "Eu espero do sistema eleitoral brasileiro que em 2022 tenhamos um sistema seguro, que possa dar garantias ao eleitor que, em quem ele votou, o voto foi efetivamente para aquela pessoa. O voto impresso é uma necessidade, as reclamações são demais. Eu estou vendo trabalho de *hacker* aqui e em qualquer lugar. A apuração tem que ser pública. Quem não quer entender isso, eu não sei o que pensa da democracia" (Disponível em: https://noticias.uol.com.br/eleicoes/2020/11/29/bolsonaro-vota-no-rio-de-janeiro-e-cumprimenta-apoiadores.htm).

Americanos (OEA); Parlamento do Mercosul (Parlasul); União Interamericana de Organismos Eleitorais (Uniore); Centro Carter; Fundação Internacional para Sistemas Eleitorais (IFES); Rede de Órgãos Jurisdicionais e de Administração Eleitoral da Comunidade de Países de Língua Portuguesa (Rojae-CPLP); Transparencia Electoral América Latina; e Rede Mundial de Justiça Eleitoral (RMJE).

Além disso, e de forma inédita no país, foram credenciadas junto ao TSE oito missões *nacionais* de observação eleitoral, que atuaram de forma similar às internacionais: Associação Brasileira de Juristas pela Democracia (ABJD); Associação Nacional das Defensoras e Defensores Públicos (Anadep); Associação Juízes para a Democracia (AJD); Movimento de Combate à Corrupção Eleitoral (MCCE); Sociedade de Ensino Superior de Vitória (Faculdade de Direito de Vitória – FDV); Transparência Eleitoral Brasil; Universidade do Estado do Rio de Janeiro (UERJ;) e Universidade de São Paulo (USP).

Os relatórios dessas missões foram componentes importantes para reforçar a imagem de integridade e transparência de nosso sistema eleitoral, sobretudo junto à comunidade internacional, que tradicionalmente baseia suas avaliações em documentos oficiais e técnicos de organismos internacionais especializados. Nas gestões dos ministros Fachin e Alexandre de Moraes, deu-se concretude à sistematização levada a cabo pelo Ministro Luís Roberto Barroso.

A batalha silenciosa pelos componentes eletrônicos da urna

No segundo semestre de 2021, o Ministro Barroso e a área internacional do TSE movimentaram-se de maneira tão frenética como discreta em torno de questão altamente sensível, que, de acordo com Rubens Barbosa, ex-embaixador brasileiro em Washington e Londres e participante do episódio, "poderia ter influenciado e mudado a história política brasileira" (BARBOSA, 2023, p. 52). Trata-se da crise no fornecimento de componentes eletrônicos das urnas eletrônicas, que passou perto por impedir a fabricação das 225.000 novas urnas necessárias para as Eleições Gerais de 2022.

Sem entrar nas minúcias técnicas do caso, o fato é que, desde o início da pandemia da Covid-19, o comércio internacional de semicondutores enfrentava grandes dificuldades, paralisando inúmeras atividades e empresas. A pandemia acelerara sobremaneira o consumo desses bens intermediários (utilizados na produção de *smartphones*, computadores, eletrodomésticos e serviços de internet), além de causar crise logística que incentivou estocagens excessivas. Somem-se ainda três incêndios em fábricas produtoras de semicondutores (um em Taiwan e dois no Japão). A exportação desses componentes é altamente concentrada: somente três países (Hong Kong, Taiwan e China) respondem por quase a metade do valor exportado no comércio mundial. Portanto, o excesso de demanda colocara grande poder de mercado sobre os poucos produtores. Os consumidores com enorme poder de barganha, como as grandes empresas automobilísticas e de comunicações, passaram a concentrar a maior parte das compras de semicondutores, deixando pouco espaço para os demais.

Em 2020, a empresa brasileira Positivo vencera licitação para a produção e disponibilização de 225.000 novas urnas eletrônicas, que ficaram conhecidas como *urnas modelo 2020*. A entrega deveria ser efetuada entre novembro de 2021 e abril de 2022, garantindo tempo hábil para os testes e formatações efetuados pelo pessoal do TSE, com vistas às eleições de outubro de 2022.

Em meados de maio de 2021, recebi, na qualidade de assessor-chefe de Assuntos Internacionais do TSE, mensagem de correio eletrônico da Embaixadora Irene Vide Gala, então Chefe do Escritório de Representação do Ministério das Relações Exteriores em São Paulo, que transmitiu informação recebida da Positivo sobre as dificuldades enfrentadas para a fabricação das urnas. Sugeri que o assunto fosse imediatamente levado ao diretor-geral do TSE pela própria empresa, com todos os detalhes técnicos envolvidos e possíveis soluções.

Uma semana mais tarde, o Ministro Barroso chamou-me em sua sala. Mal entrei naquele espetacular ambiente que é o gabinete do presidente do TSE, o ministro afirmou que eu tinha diante de mim a "missão da minha vida". A direção executiva da Positivo acabara de alertá-lo, por videoconferência, sobre a gravidade do caso: nas condições daquele momento, a empresa certamente não conseguiria cumprir o cronograma acertado com o TSE, colocando em risco a segurança e eficiência das eleições de outubro do ano seguinte. Os dois principais fornecedores de semicondutores para a Positivo (a taiwanesa Nuvoton e a norte-americana Texas Instruments) comunicavam-na que somente a partir de 2023 é que os fluxos de vendas voltariam à normalidade!

Nos dias seguintes, tivemos algumas reuniões com a empresa e com o Ex-Embaixador Rubens Barbosa, que a assessorava, para compreendermos os detalhes técnicos e dificuldades das operações. Ao tentar contactar a Nuvoton e a Texas Instruments, pude constatar que a tarefa seria realmente difícil, pois não conseguia sequer o retorno de chamadas e mensagens.

Na medida em que o assunto não era apenas comercial – pois dele dependia o sucesso das eleições de uma das maiores democracias do mundo –, o Ministro Barroso solicitou reunião com o Ministro das Relações Exteriores, Carlos França, que ocorreu em meados de junho de 2021. No encontro, Barroso solicitou ao Itamaraty o apoio possível às gestões do TSE em favor do cumprimento do cronograma de entrega dos semicondutores pela Texas e pela Nuvoton. O Chanceler França foi muito receptivo ao pedido, e procurou colaborar ao máximo para o sucesso da operação; mas ela não era simples, por motivos de política externa e interna.

Externamente, significava avizinhar-se da administração taiwanesa, com a qual o Brasil não tem relações diplomáticas, e num momento peculiar de tentativa do Itamaraty de reaproximar-se do governo chinês, após críticas do agronegócio e do setor de saúde/vacinas de que as escaramuças com a China estavam custando caro ao país. Domesticamente, as agressões da Presidência da República à urna eletrônica e ao presidente do TSE vinham-se intensificando rapidamente, dificultando a interlocução do Poder Judiciário com o Executivo. Havia, portanto, por razões internacionais e domésticas, limites evidentes à atuação da diplomacia brasileira. Ainda assim, e após a anuência do presidente da República, a Embaixada do Brasil em Washington e o Escritório de Representação em Taiwan fizeram suas gestões junto, respectivamente, à Texas e à Nuvoton. A empresa norte-americana foi um pouco mais receptiva, mas não se comprometia com datas; a taiwanesa parecia impenetrável.

Para reforçar as gestões das representações do Itamaraty no exterior, foram avançadas duas frentes simultâneas. Nos Estados Unidos, Rubens Barbosa liderou contatos com pessoas influentes, incluindo dois ex-embaixadores norte-americanos no

Brasil, que puderam alcançar os ouvidos da Casa Branca. Quanto a Taiwan, o Ministro Barroso iniciou processo de aproximação técnica e comercial, sem nenhuma relação com as grandes questões diplomáticas, até conseguir, em, 9 de setembro, telefonema com o vice-ministro de Relações Exteriores, ocasião em que pôde transmitir a gravidade da situação para o sistema eleitoral brasileiro.

A estratégia surtiu os efeitos desejados: em 6.10.2021, recebi mensagem do representante de Taiwan em Brasília, solicitando que fosse comunicado ao Ministro Barroso que a Novuton entregaria até o final daquele ano todos os componentes acordados, o que implicava, inclusive, antecipação do cronograma! Também a Texas, por seu lado, terminou por cumprir os contratos, com ligeiro atraso no início de 2022. Do ponto de vista da montagem das urnas eletrônicas, as eleições de outubro estavam salvas.

Considerações finais

"Em tempos extraordinários, soluções extraordinárias". O ambiente político que antecedeu as eleições de outubro de 2022 foi marcado por inédito grau de polarização e agressividade, sem mencionar as notícias falsas e as campanhas de desinformação, inclusive contra o sistema eleitoral. Hoje, sabemos que as eleições ocorreram com relativa tranquilidade e que as principais lideranças domésticas e internacionais reconheceram os resultados das urnas. Contudo, até o último momento, um dos cenários possíveis era a instabilidade institucional alimentada pela desconfiança da urna eletrônica.

Nesse cenário, havia de se ampliarem as funções normalmente desempenhadas pelas autoridades eleitorais. Este artigo procurou mostrar de que forma a área internacional do TSE, sob o comando no Presidente Luís Roberto Barroso, intensificou os contatos com a comunidade internacional, preparou o terreno para as missões de observação eleitoral e garantiu o fornecimento das urnas para o pleito de outubro de 2022. Pisava-se em terreno novo, com elevado grau de "learning by doing"; mas o Ministro Barroso soube calcular e administrar os riscos, aportando a democracia brasileira em águas tranquilas.

Referências

BARBOSA, Rubens. O bastidor da crise das urnas eletrônicas. *Interesse Nacional*, ano 16, n. 61, p. 52-56, abr./jun. 2023.

VIOTTI, Aurélio. *A OEA e a promoção da democracia pela cooperação eleitoral*. Brasília: FUNAG, 2022.

Informação bibliográfica deste texto, conforme a NBR 6023:2018 da Associação Brasileira de Normas Técnicas (ABNT):

SCANDIUCCI FILHO, Jose Gilberto. Ministro Luís Roberto Barroso e a cooperação internacional em matéria eleitoral. *In*: OSORIO, Aline; MELLO, Patrícia Perrone Campos; BARROSO, Luna van Brussel (Coord.). *Direitos e democracia*: 10 anos do Ministro Luís Roberto Barroso no STF. Belo Horizonte: Fórum, 2023. p. 743-750. ISBN 978-65-5518-555-3.

IGUALDADE DE GÊNERO NO DIREITO ELEITORAL: UM COMPROMISSO COM O EMPODERAMENTO FEMININO

JÚLIA ROCHA DE BARCELOS

1 Introdução

O Ministro Luís Roberto Barroso elegeu o empoderamento feminino na política como uma das três grandes prioridades de sua Presidência no Tribunal Superior Eleitoral. A escolha reflete uma trajetória na academia, magistério, advocacia e magistratura que se mostrou comprometida com os direitos humanos, com especial atenção à garantia de igualdade material a grupos vulnerabilizados.

Busca-se, com este trabalho, retratar brevemente a atuação do ministro na promoção da igualdade de gênero no direito eleitoral, o que se fará em três partes. A primeira destaca posicionamentos acadêmicos e falas públicas do ministro em prol da igualdade de gênero na política, que evidenciam os desafios inerentes à condição feminina. A segunda diz respeito a sua atuação na interpretação do direito, seja na jurisdição constitucional, seja na eleitoral, bem como na condição de relator das resoluções do TSE. Por fim, serão destacadas algumas das ações implementadas durante sua Presidência no Tribunal Superior Eleitoral que são capazes de demonstrar – em ações concretas – sua dedicação à igualdade de gênero na política.

2 Expor a desigualdade

A consciência da desigualdade e dos desafios específicos à condição feminina é um primeiro passo essencial para uma postura ativa na luta pela igualdade de gênero. Essa consciência, por múltiplos fatores históricos e culturais, ainda não está devidamente disseminada. Por tal razão, é especialmente importante abordar o tema nos mais diversos âmbitos: estudos acadêmicos, artigos jornalísticos, falas públicas, entre outros.

Nesse sentido, o Ministro Luís Roberto Barroso, em artigo escrito em coautoria com Aline Osorio, ressalta que o histórico patriarcal "institucionalizou a desigualdade socioeconômica entre os gêneros e promoveu visões excludentes, discriminatórias e estereotipadas da identidade feminina. Além disso, estimulou a formação de uma perniciosa cultura de violência física e moral contra a mulher".[1] Assim, "a afirmação da condição feminina, com autonomia e igualdade, em sociedades patriarcais como a brasileira, tem sido uma luta histórica e complexa".[2]

Não obstante a longa trajetória já percorrida pela mulher ao longo da história, com "conquistas que incluem direito à educação, liberdade sexual, direitos para a mulher não casada, igualdade no casamento e acesso ao mercado de trabalho",[3] persistem "lutas ainda inacabadas contra a violência doméstica, a violência sexual e atitudes preconceituosas e desrespeitosas, que vão do assédio à linguagem sexista".[4]

Especialmente no que diz respeito à participação feminina na política, alguns dos fatores identificados pelo ministro como empecilhos à eleição de mulheres seriam: a dupla jornada de trabalho e a predominância da formação de capital social privado, ambos ligados à restrição da mulher ao espaço doméstico; a diluição da competitividade das candidaturas femininas ocorrida concomitantemente à instituição das cotas de gênero; a dificuldade para as candidatas obterem de seus partidos o apoio e recursos essenciais em um sistema eleitoral proporcional de lista aberta; e os episódios de violência política de gênero.[5]

A questão interseccional também mereceu consideração em seus trabalhos. Para além de estudos voltados especificamente para o tema do racismo, orientação sexual e identidade de gênero, o ministro trouxe a perspectiva interseccional ao abordar, por exemplo, a violência política de gênero, que "impacta de forma mais intensa mulheres negras e LGBTQIA+":[6]

> [...], 98,5% das mulheres negras que responderam à pesquisa do Instituto Marielle Franco relataram que sofreram mais de uma violência política: violência virtual (78%); moral ou psicológica (62%); e institucional (53%) foram as mais relatadas. Do mesmo modo, dossiê elaborado pela Associação Nacional de Travestis e Transexuais e pelo Instituto Brasileiro Trans de Educação evidenciou que 80% das pessoas Trans eleitas que participaram da pesquisa não se sentem seguras para exercer o cargo e foram vítimas de ameaças (50%), ataques online (38%) e violência física (12%).

---

[1] BARROSO, Luís Roberto; OSORIO, Aline. "Sabe com quem está falando?": Notas sobre o princípio da igualdade no Brasil contemporâneo. *Revista Direito e Práxis*, Rio de Janeiro, v. 7, n. 13, p. 204-232, 2016. p. 221-222. Disponível em: https://www.e-publicacoes.uerj.br/index.php/revistaceaju/article/view/21094. Acesso em: 28 abr. 2023.

[2] BARROSO, Luís Roberto; OSORIO, Aline. "Sabe com quem está falando?": Notas sobre o princípio da igualdade no Brasil contemporâneo. *Revista Direito e Práxis*, Rio de Janeiro, v. 7, n. 13, p. 204-232, 2016. p. 221-222. Disponível em: https://www.e-publicacoes.uerj.br/index.php/revistaceaju/article/view/21094. Acesso em: 28 abr. 2023.

[3] BARROSO, Luís Roberto. *Discurso de posse*. Brasília, 2020. Disponível em: https://www.tse.jus.br/++theme++justica_eleitoral/pdfjs/web/viewer.html?file=https://www.tse.jus.br/comunicacao/noticias/arquivos/discurso-de-posse-ministro-luis-roberto-barroso-25-05-2020/@@download/file/TSE-discurso-de-posse-luis-roberto-barroso-25-05-2020.pdf. Acesso em: 28 abr. 2023.

[4] BARROSO, Luís Roberto. *Discurso de posse*. Brasília, 2020. Disponível em: https://www.tse.jus.br/++theme++justica_eleitoral/pdfjs/web/viewer.html?file=https://www.tse.jus.br/comunicacao/noticias/arquivos/discurso-de-posse-ministro-luis-roberto-barroso-25-05-2020/@@download/file/TSE-discurso-de-posse-luis-roberto-barroso-25-05-2020.pdf. Acesso em: 28 abr. 2023.

[5] BARROSO, Luís Roberto; BARCELOS, Júlia Rocha de. Mulheres na política: um panorama. In: FRATINI, Juliana (Org.). *Princesas de Maquiavel*: por mais mulheres na política. 1. ed. São Paulo: Matrix, 2021. p. 71-76.

[6] BARROSO, Luís Roberto; BARCELOS, Júlia Rocha de. Mulheres na política: um panorama. In: FRATINI, Juliana (Org.). *Princesas de Maquiavel*: por mais mulheres na política. 1. ed. São Paulo: Matrix, 2021. p. 71-76.

Segundo ele, "não se pode conceber uma democracia efetiva sem a garantia de participação paritária a todas as mulheres, de todas as idades, raças, etnias, identidades, orientação sexual, com e sem deficiência".[7] Assim, "atrair mulheres idealistas e competentes para a política é uma importante demanda do país".[8]

3 Interpretar o direito e assegurar a igualdade

Segundo o Ministro Luís Roberto Barroso, "ainda estamos longe dos padrões mínimos de igualdade exigíveis em uma sociedade que se pretenda democrática, justa para todos e fundada na dignidade da pessoa humana".[9] Assim, orientado pelas três dimensões do princípio da igualdade, notadamente pela "igualdade material, que expressa as demandas por redistribuição de poder, riqueza e bem-estar social; e igualdade como reconhecimento, que se destina à proteção das minorias, sua identidade e diferenças", decidiu o ministro reiteradamente em prol de um direito eleitoral mais igual na perspectiva de gênero.[10]

3.1 Igualdade na disputa: recursos financeiros e tempo de rádio e TV

Ao discorrer sobre o papel das Cortes Constitucionais, ressalta o Ministro Luís Roberto Barroso que um dos valores fundamentais incorporados ao conceito de democracia "é o direito de cada indivíduo a igual respeito e consideração, isto é, a ser tratado com a mesma dignidade dos demais – o que inclui ter os seus interesses e opiniões levados em conta".[11] Assim, a Suprema Corte, na condição de fórum de valores constitucionais, tem o papel de garantir que segmentos minoritários conservem a "condição de membros igualmente dignos da comunidade política".[12]

Nesse sentido, o Supremo Tribunal Federal julgou procedente a Ação Declaratória de Inconstitucionalidade nº 5.617/DF, em 15.3.2018. A ação, ajuizada pela Procuradoria-Geral da República, questionava a constitucionalidade do art. 9º da Lei nº 13.165/2015, segundo o qual, nas três eleições seguintes, "os partidos reservarão, [...] no mínimo 5%

---

[7] BARROSO, Luís Roberto; BARCELOS, Júlia Rocha de. Mulheres na política: um panorama. In: FRATINI, Juliana (Org.). *Princesas de Maquiavel*: por mais mulheres na política. 1. ed. São Paulo: Matrix, 2021. p. 71-76.

[8] BARROSO, Luís Roberto. *Discurso de posse*. Brasília, 2020. Disponível em: https://www.tse.jus.br/++theme++justica_eleitoral/pdfjs/web/viewer.html?file=https://www.tse.jus.br/comunicacao/noticias/arquivos/discurso-de-posse-ministro-luis-roberto-barroso-25-05-2020/@@download/file/TSE-discurso-de-posse-luis-roberto-barroso-25-05-2020.pdf. Acesso em: 28 abr. 2023.

[9] BARROSO, Luís Roberto; OSORIO, Aline. "Sabe com quem está falando?": Notas sobre o princípio da igualdade no Brasil contemporâneo. *Revista Direito e Práxis*, Rio de Janeiro, v. 7, n. 13, p. 204-232, 2016. p. 230. Disponível em: https://www.e-publicacoes.uerj.br/index.php/revistaceaju/article/view/21094. Acesso em: 28 abr. 2023.

[10] BARROSO, Luís Roberto; OSORIO, Aline. "Sabe com quem está falando?": Notas sobre o princípio da igualdade no Brasil contemporâneo. *Revista Direito e Práxis*, Rio de Janeiro, v. 7, n. 13, p. 204-232, 2016. p. 230. Disponível em: https://www.e-publicacoes.uerj.br/index.php/revistaceaju/article/view/21094. Acesso em: 28 abr. 2023.

[11] BARROSO, Luís Roberto. Contramajoritário, representativo e iluminista: os papéis dos tribunais constitucionais nas democracias contemporâneas. *Revista Direito e Práxis*, Rio de Janeiro, v. 9, n. 4, p. 2171-2228, 2018. p. 2199. Disponível em: https://www.e-publicacoes.uerj.br/index.php/revistaceaju/article/view/30806. Acesso em: 28 abr. 2023.

[12] BARROSO, Luís Roberto. Contramajoritário, representativo e iluminista: os papéis dos tribunais constitucionais nas democracias contemporâneas. *Revista Direito e Práxis*, Rio de Janeiro, v. 9, n. 4, p. 2171-2228, 2018. p. 2199. Disponível em: https://www.e-publicacoes.uerj.br/index.php/revistaceaju/article/view/30806. Acesso em: 28 abr. 2023.

(cinco por cento) e no máximo 15% (quinze por cento) do montante do Fundo Partidário destinado ao financiamento das campanhas eleitorais para aplicação nas campanhas de suas candidatas".

A Corte determinou, por maioria e nos termos do voto do Relator Ministro Luiz Edson Fachin, que o percentual de recursos do Fundo Partidário a ser destinado às campanhas de mulheres deve ser equiparado ao percentual de candidaturas femininas efetivamente apresentadas pela agremiação, respeitado o mínimo de 30% previsto na Lei das Eleições. Além disso, foi eliminado o limite de três anos para a ação afirmativa.

O Ministro Luís Roberto Barroso acompanhou integralmente a tese jurídica do relator, não sem antes manifestar pesar pelo episódio de violência política contra a Vereadora Marielle Franco e destacar importantes dados sobre disparidade de gênero,[13] a partir dos quais pôde-se constatar que "nos cargos providos por mérito, por qualificação, as mulheres já conquistaram igualdade e até uma ligeira superioridade, mas, nos cargos que dependem de indicação política, ainda são minoria expressiva".[14]

Interpostos embargos de declaração, foram estes não conhecidos em razão de sua extemporaneidade. Não obstante, no intuito de garantir mais recursos às candidaturas femininas nas Eleições 2018, e pela instrumentalidade das formas, propôs o ministro que a Corte realizasse de ofício a modulação dos efeitos da decisão. Assim, o Tribunal estipulou que "os recursos financeiros de anos anteriores acumulados nas contas específicas, [...] sejam adicionalmente transferidos para as contas individuais das candidatas no financiamento de suas campanhas eleitorais, no pleito geral de 2018".[15]

Paralelamente, foi apresentada, ao Tribunal Superior Eleitoral, a Consulta nº 0600252-18, na qual parlamentares questionaram se a recente decisão do STF se aplicaria à distribuição do Fundo Especial de Financiamento de Campanha e ao tempo da propaganda eleitoral gratuita no rádio e na televisão. Reconhecendo o protagonismo feminino na matéria, limitou-se o Ministro Luís Roberto Barroso a aderir ao "voto primoroso" da relatora, Ministra Rosa Weber.

A ministra, por sua vez, concluiu pela transcendência dos fundamentos da ADI, em especial, a premissa de que "a igualdade entre homens e mulheres exige não apenas que as mulheres tenham garantidas iguais oportunidades, mas também que sejam elas empoderadas por um ambiente que lhes permita alcançar a igualdade de resultados".[16] Assim, a consulta foi respondida afirmativamente, por unanimidade, em 22.5.2018.

---

[13] "[...] menos de 10% do Parlamento é composto por mulheres, no Brasil; 11,57% das mulheres ocupam a titularidade nas prefeituras; 28 dos 29 Ministros de Estado são homens; as principais agências reguladoras do País – ANAC, ANP, ANEEL, ANTAQ, ANVISA – têm 100% de diretores homens; já nos cargos efetivos, de investidura técnica, geralmente por concurso público, as mulheres ocupam um pouco mais de 50% das vagas no serviço público federal".

[14] BRASIL. Supremo Tribunal Federal. Ação Declaratória de Inconstitucionalidade nº 5617/DF. Rel. Min. Edson Fachin. Acórdão de 15.03.2018. *Diário de Justiça Eletrônico*, 23 mar. 2018. Disponível em: https://redir.stf.jus.br/paginadorpub/paginador.jsp?docTP=TP&docID=748354101. Acesso em: 28 abr. 2023.

[15] BRASIL. Supremo Tribunal Federal. Embargos de Declaração na Ação Declaratória de Inconstitucionalidade nº 5617/DF. Rel. Min. Edson Fachin. Acórdão de 03.10.2018. *Diário de Justiça Eletrônico*, 8 mar. 2019. Disponível em: https://redir.stf.jus.br/paginadorpub/paginador.jsp?docTP=TP&docID=749311638. Acesso em: 28 abr. 2023.

[16] BRASIL. Tribunal Superior Eleitoral. Consulta nº 0600252-18/DF. Rel. Min. Rosa Weber. Acórdão de 22.05.2018. *Diário de Justiça Eletrônico*, 15 ago. 2018. Disponível em: https://sjur-servicos.tse.jus.br/sjur-servicos/rest/download/pdf/298362. Acesso em: 28 abr. 2023.

Coube ao Ministro Luís Roberto Barroso, na condição de relator das resoluções de prestação de contas eleitorais e de propaganda, incorporar o decidido pelas Cortes em relação à proporcionalidade dos recursos e tempo de rádio e TV.[17]

O impacto dessas decisões no sucesso eleitoral de candidatas mulheres é inegável. Isso porque, até aquele momento, o crescimento no número de eleitas não era mais do que orgânico. Nas eleições gerais de 1994, antes da implantação das cotas de gênero para candidaturas, 6,24% do total de eleitas e eleitos para Câmara dos Deputados eram mulheres. Nas eleições imediatamente seguintes, no ano de 1998, o percentual reduziu-se para apenas 5,65% dos deputados federais. Já em 2002, as mulheres alcançaram 8,2% das cadeiras, iniciando um aumento lento e gradual, considerado orgânico, até as Eleições 2014: em 2006 e 2010 foram 45 deputadas federais (8,77% do total), que aumentaram para 51 no pleito seguinte, correspondentes a 9,9% do total de cadeiras.[18]

Com a garantia de recursos e tempo de rádio e TV nas Eleições 2018, esse percentual saltou cinco pontos, para 15%, com 77 deputadas federais: um considerável aumento de 50% em relação ao pleito anterior. Em 2022, esse número passou a 91 deputadas, correspondendo a 17,7% da Câmara. O número representa um aumento de 18% em relação ao último pleito e evidencia uma tendência de crescimento superior àquela obtida apenas com as cotas de candidatura, embora não equiparada aos 50% de 2018.

Nesse sentido, a missão de Observação Eleitoral da Organização dos Estados Americanos observou que "a instrumentalização do dispositivo que implementa as cotas de gênero foi majoritariamente resultado de decisões e promulgação de resoluções do Poder Judiciário [...]".[19] Parabenizou, assim, as autoridades judiciais "por promover a

---

[17] BRASIL. Tribunal Superior Eleitoral. Resolução 23.607, de 17 de dezembro de 2019. Dispõe sobre a arrecadação e os gastos de recursos por partidos políticos e candidatos ou candidatas e sobre a prestação de contas nas eleições. *Diário de Justiça Eletrônico*, 17 dez. 2019. Disponível em: https://www.tse.jus.br/legislacao/compilada/res/2019/resolucao-no-23-607-de-17-de-dezembro-de-2019. Acesso em: 28 abr. 2023; BRASIL. Tribunal Superior Eleitoral. Resolução 23.610, de 18 de dezembro de 2020. Dispõe sobre propaganda eleitoral, utilização e geração do horário gratuito e condutas ilícitas em campanha eleitoral. *Diário de Justiça Eletrônico*, 17 dez. 2019. Disponível em: https://www.tse.jus.br/legislacao/compilada/res/2019/resolucao-no-23-610-de-18-de-dezembro-de-2019. Acesso em: 28 abr. 2023. "Art. 17. O Fundo Especial de Financiamento de Campanha (FEFC) será disponibilizado pelo Tesouro Nacional ao Tribunal Superior Eleitoral e distribuído aos diretórios nacionais dos partidos políticos na forma disciplinada pelo Tribunal Superior Eleitoral (Lei nº 9.504/1997, art. 16-C, §2º. [...] §4º Os partidos políticos devem destinar no mínimo 30% (trinta por cento) do montante do Fundo Especial de Financiamento de Campanha (FEFC) para aplicação nas campanhas de suas candidatas. [...] Art. 19. Os partidos políticos podem aplicar nas campanhas eleitorais os recursos do Fundo Partidário, inclusive aqueles recebidos em exercícios anteriores. [...] §3º Os partidos políticos, em cada esfera, devem destinar ao financiamento de campanhas de suas candidatas no mínimo 30% dos gastos totais contratados nas campanhas eleitorais com recursos do Fundo Partidário, incluídos nesse valor os recursos a que se refere o inciso V do art. 44 da Lei nº 9.096/1995 (Lei nº 13.165/2015, art. 9º). [...] Art. 77. Competirá aos partidos políticos e às coligações distribuir entre os candidatos registrados os horários que lhes forem destinados pela Justiça Eleitoral. §1º A distribuição do tempo de propaganda eleitoral gratuita na rádio e na televisão para as candidaturas proporcionais deve observar os percentuais mínimos de candidatura por gênero estabelecidos no art. 10, §3º, da Lei nº 9.504/1997 (vide ADI no 5617 e Consulta TSE no 0600252-18.2018). §2º Para fins do disposto no §1º deste artigo, no caso de percentual de candidaturas por gênero superior ao mínimo legal, impõe-se o acréscimo do tempo de propaganda na mesma proporção (vide ADI no 5617 e Consulta TSE no 0600252-18.2018)".

[18] BRASIL. Tribunal Superior Eleitoral. *Estatísticas eleitorais*. Disponível em: https://www.tse.jus.br/eleicoes/estatisticas/estatisticas-eleitorais. Acesso em: 28 abr. 2023. Trecho extraído do artigo BARROSO, Luís Roberto; BARCELOS, Júlia Rocha de. Mulheres na política: um panorama. *In*: FRATINI, Juliana (Org.). *Princesas de Maquiavel*: por mais mulheres na política. 1. ed. São Paulo: Matrix, 2021. p. 71-76.

[19] ORGANIZAÇÃO DOS ESTADOS AMERICANOS. *Missão de Observação Eleitoral*. Eleições Gerais. Brasil. Relatório final. 2018. Disponível em: https://www.oas.org/documents/por/press/MOE-Brasil-2018-Relatorio-Final-POR.pdf. Acesso em: 28 abr. 2023.

criação de mecanismos para alcançar uma maior equidade nos espaços de representação política por meio de suas decisões em casos específicos". Do mesmo modo, relatório do Projeto Atenea, de IDEA, ONU Mulheres e PNUD, registra a importância e impacto das decisões para o aumento da competitividade das mulheres e, por decorrência, do número de eleitas.[20]

Importante registrar ainda a Consulta nº 0600306-47, relatada pelo Min. Luís Roberto Barroso. Segundo o voto do relator, "a não consideração das mulheres negras como categoria que demanda atenção específica na aplicação da cota de gênero produziu impacto desproporcional sobre as candidatas negras, caracterizando hipótese de discriminação indireta".[21] Isso pois:

> a despeito de se tratar de norma geral e abstrata destinada a beneficiar todas as mulheres na disputa política, diante do racismo estrutural presente nas estruturas partidárias, seu efeito prático foi o de manter o subfinanciamento das candidaturas das mulheres negras e, logo, sua sub-representação.[22]

Desse modo, por maioria, e nos termos do voto do relator, a Corte garantiu a destinação de recursos públicos do Fundo Partidário, Fundo Especial de Financiamento de Campanha e tempo de rádio e TV na exata proporção de mulheres negras e brancas apresentadas como candidatas. A decisão ocasionou um aumento na diversidade das mulheres eleitas: o percentual de mulheres negras passou de 17% em 2018 para 32% em 2022.[23]

3.2 Garantia de recursos a candidaturas femininas: desvio como gasto ilícito de recursos

O Ministro Luís Roberto Barroso foi relator do Agravo de Instrumento nº 33.986/RS, que auxiliou a garantir que as decisões que vinculavam recursos a candidaturas de mulheres fossem efetiva e materialmente atendidas por partidos e candidatos. No caso, firmou-se precedente no sentido de que "o desvirtuamento na aplicação dos recursos do Fundo Partidário destinados à criação e à manutenção de programas de promoção

---

[20] IDEA; PNUD BRASIL; ONU MULHERES BRASIL. *Atenea* – Mecanismo para celebrar a participação política das mulheres na América Latina e no Caribe – Brasil: Onde está o compromisso com as mulheres? Um longo caminho para chegar à paridade. [s.l.]: [s.n.], 2020. p. 33-39. Disponível em: http://www.onumulheres.org.br/wp-content/uploads/2020/09/ATENEA_Brasil_FINAL.pdf. Acesso em: 28 abr. 2023.

[21] BRASIL. Tribunal Superior Eleitoral. Consulta nº 0600306-47/DF. Rel. Min. Luís Roberto Barroso. Acórdão de 25.08.2020. *Diário de Justiça Eletrônico*, 5 out. 2020. Disponível em: https://sjur-servicos.tse.jus.br/sjur-servicos/rest/download/pdf/1223428. Acesso em: 28 abr. 2023.

[22] BRASIL. Tribunal Superior Eleitoral. Consulta nº 0600306-47/DF. Rel. Min. Luís Roberto Barroso. Acórdão de 25.08.2020. *Diário de Justiça Eletrônico*, 5 out. 2020. Disponível em: https://sjur-servicos.tse.jus.br/sjur-servicos/rest/download/pdf/1223428. Acesso em: 28 abr. 2023.

[23] SACCHET, Teresa; ALVES, Marcus Vinicius Chevitarese; GRUNEICH, Danielle. Aumenta diversidade entre mulheres, mas percentual de eleitas segue baixo. *Jota*, 2022. Disponível em: https://www.jota.info/opiniao-e-analise/artigos/aumenta-diversidade-entre-mulheres-mas-percentual-de-eleitas-segue-baixo-07102022. Acesso em: 28 abr. 2023.

e difusão da participação política das mulheres (art. 44, V, Lei nº 9.096/1995) pode ser apurado em representação por arrecadação e gasto ilícito de recursos".[24]

Considerou-se, na ocasião, que o desvio de finalidade no uso de recursos aplicados em campanhas eleitorais que não beneficiem a participação feminina "constitui causa de pedir apta a ofender os bens jurídicos protegidos pelo art. 30-A da Lei nº 9.504/1997, em especial a moralidade do pleito e a igualdade de chances entre candidatos".

A partir da premissa de que o percentual estipulado por lei tem o objetivo de corrigir o problema da sub-representação feminina na política, bem como da diretriz jurisprudencial de assegurar a competitividade das candidaturas de mulheres, destacou-se a necessidade de "coibir e punir estratégias dissimuladas para neutralizar as medidas afirmativas implementadas", no intuito de conter eventual *backlash*. Assim, os recursos com destinação específica devem ser aplicados pelas mulheres no interesse de suas campanhas, vedado seu emprego "para beneficiar campanhas masculinas, seja por meio de doações diretas, seja por meio do pagamento de despesas, sempre que não houver comprovação de que tais transferências reverteram ganho à candidata".

No que diz respeito à aferição da gravidade da conduta, ressaltou-se que "a recalcitrância em dar cumprimento a medidas cujo objetivo é conferir efetividade à cota de gênero não pode ser minimizada, sob pena de que este Tribunal Superior venha a homologar práticas em franca colisão com os recentes avanços da jurisprudência". Por fim, a Corte, em decisão unânime, decidiu pela cassação dos candidatos envolvidos no desvio, comunicando a importante mensagem de que descumprimentos dissimulados da obrigação de repasse de recursos a candidaturas de mulheres não seriam tolerados pelo Tribunal.

3.3 Candidaturas fictícias

A participação feminina na política foi objeto de discussão jurisdicional também nos inúmeros casos que versaram sobre candidaturas fraudulentas, entre os quais o Recurso Especial Eleitoral nº 193-92/PI é considerado paradigmático. Relatado no TSE pelo Min. Jorge Mussi, o caso suscitou inúmeras questões jurídicas, dentre as quais: o cabimento da ação; o litisconsórcio com dirigentes partidários; a vinculação com o pleito majoritário; configuração da fraude e suas possíveis consequências de cassação e inelegibilidade e, por fim; a necessidade, ou não de retotalização dos votos.

O Ministro Luís Roberto Barroso conduziu em seu voto uma importante reflexão sobre a participação feminina na política, no sentido que "embora as mulheres já tenham conquistado *formalmente* o direito de votarem e serem votadas há décadas, a participação *efetiva* das mulheres na política ainda não é uma realidade em boa parte do mundo".[25] Prossegue o ministro destacando o quão distante o país estava – e ainda está – da média mundial de mulheres nos parlamentos federais, bem como argumentando que "a sub-representação feminina na política é produto e fator reprodutor da desigualdade de gênero":

---

[24] BRASIL. Tribunal Superior Eleitoral. Agravo de Instrumento nº 33986. Rel. Min. Luís Roberto Barroso. Acórdão de 15.08.2019. *Diário de Justiça Eletrônico*, 20 set. 2019. Disponível em: https://sjur-servicos.tse.jus.br/sjur-servicos/rest/download/pdf/508530. Acesso em: 28 abr. 2023.

[25] BRASIL. Tribunal Superior Eleitoral. Recurso Especial Eleitoral 19392/PI. Rel. Min. Jorge Mussi. Acórdão de 17.09.2019. *Diário de Justiça Eletrônico*, 4 out. 2019. Disponível em: https://sjur-servicos.tse.jus.br/sjur-servicos/rest/download/pdf/513402. Acesso em: 28 abr. 2023.

Como apontou Cristina Telles, trata-se da "mais extensa, complexa e persistente forma de desigualdade social", que "prejudica o pleno desenvolvimento humano de aproximadamente metade do planeta". Enquanto mulheres continuarem alijadas do processo de tomada das decisões políticas, a tendência é, naturalmente, a persistência e reprodução da desigualdade de gênero. Por isso, o aumento do número de mulheres detentoras de cargos eletivos é tão relevante.

Apresenta, em seguida, os efeitos positivos associados ao maior número de mulheres nos parlamentos: a "alteração 'simbólica' das percepções sobre o papel da mulher na política"; a alteração da agenda de políticas públicas, com destaque para as áreas de saúde e educação; e o "aumento da legitimidade democrática dos parlamentos". Ressalta, além disso, que a "conquista da igualdade de gênero na política é um dever assumido pelo Brasil na esfera internacional".

Analisando a importância das ações afirmativas, indica que no Brasil, de modo diverso de nossos países vizinhos, a reserva de candidaturas produziu resultados ruins, os quais "parecem advir da falta de comprometimento efetivo dos partidos políticos em promover maior participação política feminina". Por fim, alerta que a alegação de falta de interesse das mulheres em participar da política não corresponde à realidade: "como apontou a Ministra Luciana Lóssio, com base em dados do TSE, as mulheres são mais de 40% dos filiados aos partidos políticos".

Assim, segundo o ministro, o julgamento representava uma nova oportunidade para contribuir com o cumprimento *efetivo* da lei que prevê a reserva do mínimo de 30% para candidaturas de cada sexo. Nesse sentido, pontuou que o preenchimento formal do percentual de candidaturas femininas exigido pela Lei das Eleições não basta para "atender à vontade da lei (aumentar a representação política das mulheres) e ao seu princípio subjacente (a realização da igualdade de gênero)". Ao fim, a Corte concluiu que, configurada a fraude às cotas de gênero para candidaturas, a consequência deve ser a cassação de todos os candidatos vinculados ao Demonstrativo de Regularidade dos Atos Partidários, isto é, toda a chapa proporcional.

Nesse tema, é importante destacar, ainda, a inovação ocorrida na resolução sobre registro de candidaturas. Segundo o art. 27, §§9º e 10 da Resolução-TSE nº 23.609/2019, caso vislumbrados indícios de irregularidades nas imagens submetidas à Justiça Eleitoral, seria necessário ao partido ou coligação apresentar a autorização da pessoa candidata, sob pena de não conhecimento do registro e sua desconsideração no cálculo dos percentuais.[26] Tal medida, apta a identificar prontamente candidaturas fraudulentas submetidas sem

---

[26] BRASIL. Tribunal Superior Eleitoral. Resolução 23.609, de 18 de dezembro de 2020. Dispõe sobre a escolha e o registro de candidatas e candidatos para as eleições *Diário de Justiça Eletrônico*, 27 dez. 2019. https://www.tse.jus.br/legislacao/compilada/res/2019/resolucao-no-23-609-de-18-de-dezembro-de-2019. Acesso em: 28 abr. 2023. "Art. 27. O formulário RRC deve ser apresentado com os seguintes documentos anexados ao CANDex: [...] §9º Havendo indícios de que, por seu grau de desconformidade com os requisitos do inciso II, a fotografia foi obtida pelo partido ou pela coligação a partir de imagem disponível na internet, sua divulgação ficará suspensa, devendo a questão ser submetida de imediato ao juízo ou à relatoria, que poderá intimar o partido ou coligação para que, no prazo de 3 (três) dias, apresente o formulário do RRC assinado pela candidata ou pelo candidato e, ainda, declaração desta(deste) de que autorizou o partido ou a coligação a utilizar a foto. §10. Desatendido o disposto no parágrafo anterior, a conclusão pela ausência de autorização para o requerimento da candidatura acarretará o não conhecimento do RRC respectivo, o qual deixará de ser considerado para todos os fins, inclusive cálculo dos percentuais a que aludem os §§2º a 5º do art. 17, sem prejuízo da comunicação do fato ao Ministério Público Eleitoral, para adoção das providências que entender cabíveis".

o conhecimento da suposta candidata, evita também futuros empecilhos decorrentes da não prestação de contas de uma candidatura da qual sequer se tinha conhecimento.

4 Agir e promover a igualdade

Em linha com a prioridade fixada desde o discurso de posse, a igualdade de gênero no âmbito eleitoral foi um tema que de fato perpassou a gestão do Ministro Luís Roberto Barroso como presidente do Tribunal Superior Eleitoral. De modo perene e transversal, o ministro promoveu ações concretas capazes de contribuir para o objetivo de empoderamento feminino.

Uma das mais relevantes medidas tomadas foi garantir que a Corte contasse com ao menos uma magistrada após a saída da Ministra Rosa Weber. Para além da concepção simbólica da presença feminina, um direito eleitoral que se pretenda verdadeiramente igualitário deve incorporar em seu processo decisório a perspectiva de mulheres. Desse modo, o ministro propôs ao STF a primeira lista tríplice exclusivamente feminina para a vaga de ministro substituto, assegurando que uma mulher seria necessariamente nomeada para ocupar uma das cadeiras destinadas aos juristas.[27]

Destaca-se, ademais, a atuação da Comissão Gestora de Política de Gênero do Tribunal Superior Eleitoral. A Comissão foi criada pela então Presidente Ministra Rosa Weber, no ensejo de recomendação da Missão Eleitoral da OEA. Durante seus primeiros meses, a Comissão realizou diversas ações, entre as quais se destaca a exposição sobre o voto feminino e o *site* com dados sobre candidaturas de mulheres e mulheres eleitas, entre outros.

Na gestão do Ministro Luís Roberto Barroso, o legado foi expandido. A Comissão foi ampliada e realizou múltiplas ações internas e externas em prol da igualdade de gênero na política e na própria Justiça Eleitoral. Sem a pretensão de exaurir as muitas realizações e sem desconsiderar a extrema relevância das medidas voltadas ao público interno do Tribunal, destaco algumas das ações direcionadas mais diretamente à participação feminina na política.

Foram realizadas *lives* e eventos *on-line* para debater o tema com representantes de diversas áreas. A primeira delas, uma *live* com o tema "Mais Mulheres na Política", da série "Diálogos Democráticos". No contexto do mês da mulher de 2021, foi realizada uma série de eventos *on-line* com o mote "Mulheres debatem" sobre macrotemas que se relacionam à questão feminina: igualdade; violência; liderança; e gênero.[28] Realizou-se, além disso, o seminário "Mais mulheres na política – sem violência de

---

[27] BRASIL. Tribunal Superior Eleitoral. Pela primeira vez na história, três mulheres integram lista tríplice BRASIL. Tribunal Superior Eleitoral. *Pela primeira vez na história, três mulheres integram lista tríplice para ocupar vaga no TSE.* 2021. Disponível em: https://www.tse.jus.br/comunicacao/noticias/2021/Junho/pela-primeira-vez-na-historia-tres-mulheres-integram-lista-triplice-para-ocupar-vaga-no-tse. Acesso em: 28 abr. 2023.

[28] BRASIL. Tribunal Superior Eleitoral. *TSE promove debates para celebrar o dia internacional da mulher.* 2021. Disponível em: https://www.tse.jus.br/imprensa/noticias-tse/2021/Marco/tse-promove-debates-para-celebrar-o-dia-internacional-da-mulher. Acesso em: 28 abr. 2023.

gênero" para debater mecanismos de proteção contra práticas abusivas e comportamentos discriminatórios.[29]

Destacam-se, ainda, as diversas campanhas institucionais conduzidas pela Secretaria de Comunicação no intuito de promover a participação feminina na política e conscientizar sobre os desafios enfrentados pelas mulheres nessa seara. Veiculada nas redes sociais, rádio e televisão a campanha "Mais mulheres na política: a gente pode, o Brasil precisa", buscou inspirar mulheres a ocuparem cargos políticos e mostrar que o aumento de lideranças femininas é bom para toda a sociedade.[30] Em 2021, a campanha voltou-se ao tema da violência política de gênero, e contou mais uma vez com a presença da atriz Camila Pitanga, que se disponibilizou a promover o tema sem custo algum ao Tribunal.

Nesse sentido, cabe mencionar também a série de vídeos "Violência Política de Gênero Existe", produzida pelo Observatório da Violência Política contra a Mulher em parceria com a Comissão Gestora de Política de Gênero e a Secretaria de Comunicação do Tribunal.[31] Foi lançada ainda a campanha: "Violência Política de Gênero na Internet Reconheça e Não Pratique", com a Coalizão Direitos na Rede. Nela, foram expostos no Twitter e Instagram do Tribunal dados da ONG SaferNet Brasil, ONU Mulheres e Instituto Marielle Franco sobre violência política nas redes.[32] Foi lançado ainda o guia de segurança "Mais Mulheres na Política", produzido pelo Instagram com o apoio do TSE, que orienta mulheres que decidiram se candidatar ou que já ocupam um cargo eletivo a se protegerem de comportamentos de ódio e preconceito nas redes sociais.[33]

A comissão organizou e participou de diversos eventos, consolidando parcerias com outros órgãos para atingir o objetivo de uma maior participação política das mulheres. A título de exemplo, foi organizado, em conjunto com a Secretaria da Mulher da Câmara dos Deputados e a ONU Mulheres, evento de "Balanço pós-eleições municipais e estratégias para prevenir e mitigar a violência política contra as mulheres". Além disso, foi publicada chamada pública para realização de reunião colaborativa com observatórios de gênero e equidade que acompanharam as Eleições 2020, com o objetivo de estabelecer interlocução com estes e contribuir com suas iniciativas.

Nota-se assim que, por meio da comissão, apoiada e avalizada pelo ministro presidente, o Tribunal se consolidou como um órgão relevante e atuante na promoção da igualdade de gênero, mantendo constante interlocução e parcerias com instituições voltadas ao tema e unindo esforços para o objetivo comum.

---

[29] BRASIL. Tribunal Superior Eleitoral. *Barroso abre seminário "Mais Mulheres na Política – Sem violência de Gênero"*. 2021. Disponível em: https://www.tse.jus.br/comunicacao/noticias/2021/Outubro/barroso-abre-seminario-201cmais-mulheres-na-politica-sem-violencia-de-genero201d. Acesso em: 28 abr. 2023.

[30] BRASIL. Tribunal Superior Eleitoral. Mais mulheres na política. Elas podem. O Brasil precisa. *YouTube*. Disponível em: https://www.youtube.com/watch?v=PayJulied3E. Acesso em: 28 abr. 2023.

[31] BRASIL. Tribunal Superior Eleitoral. *TSE lança campanha "Violência Política de Gênero Existe"*. Disponível em: https://www.tse.jus.br/imprensa/noticias-tse/2020/Novembro/tse-lanca-campanha-201cviolencia-politica-de-genero-existe201d. Acesso em: 28 abr. 2023.

[32] Publicações Tribunal Superior Eleitoral em redes sociais (Disponível em: https://www.instagram.com/p/CHioMyyjALB/?igshid=15k5zcln7wng4; https://twitter.com/TSEjusbr/status/1327316369004703748. Acesso em: 28 abr. 2023).

[33] BRASIL. Tribunal Superior Eleitoral. *TSE e Instagram lançam guia de segurança para mulheres na política*. Disponível em: https://www.tse.jus.br/imprensa/noticias-tse/2020/Outubro/tse-e-instagram-lancam-guia-de-seguranca-para-mulheres-na-politica-com-a-presenca-de-camila-pitanga-1. Acesso em: 28 abr. 2023.

5 Considerações finais

Pelo exposto já é possível notar a prioridade atribuída pelo Ministro Luís Roberto Barroso à igualdade de gênero na política e o impacto de seus textos, pronunciamentos, decisões e ações para a promoção do empoderamento feminino. Peço licença, no entanto, para incluir nessas breves considerações finais, sem qualquer rigor técnico ou acadêmico, um depoimento pessoal. No período em que tive o privilégio de trabalhar em seu gabinete no TSE, o ministro se demonstrou um verdadeiro aliado na luta pela igualdade de gênero. Seja no estudo aprofundado do tema, seja nos momentos de escuta ativa e interessada, em audiências e com a própria equipe majoritariamente feminina, não restaram dúvidas de seu compromisso de dedicação à igualdade de gênero na esfera política.

Referências

BARROSO, Luís Roberto. Contramajoritário, representativo e iluminista: os papéis dos tribunais constitucionais nas democracias contemporâneas. *Revista Direito e Práxis*, Rio de Janeiro, v. 9, n. 4, p. 2171-2228, 2018. Disponível em: https://www.e-publicacoes.uerj.br/index.php/revistaceaju/article/view/30806. Acesso em: 28 abr. 2023.

BARROSO, Luís Roberto. *Discurso de posse*. Brasília, 2020. Disponível em: https://www.tse.jus.br/++theme++justica_eleitoral/pdfjs/web/viewer.html?file=https://www.tse.jus.br/comunicacao/noticias/arquivos/discurso-de-posse-ministro-luis-roberto-barroso-25-05-2020/@@download/file/TSE-discurso-de-posse-luis-roberto-barroso-25-05-2020.pdf. Acesso em: 28 abr. 2023.

BARROSO, Luís Roberto; BARCELOS, Júlia Rocha de. Mulheres na política: um panorama. *In*: FRATINI, Juliana (Org.). *Princesas de Maquiavel*: por mais mulheres na política. 1. ed. São Paulo: Matrix, 2021. p. 71-76.

BARROSO, Luís Roberto; OSORIO, Aline. "Sabe com quem está falando?": Notas sobre o princípio da igualdade no Brasil contemporâneo. *Revista Direito e Práxis*, Rio de Janeiro, v. 7, n. 13, p. 204-232, 2016. Disponível em: https://www.e-publicacoes.uerj.br/index.php/revistaceaju/article/view/21094. Acesso em: 28 abr. 2023.

BRASIL. Supremo Tribunal Federal. Ação Declaratória de Inconstitucionalidade nº 5617/DF. Rel. Min. Edson Fachin. Acórdão de 15.03.2018. *Diário de Justiça Eletrônico*, 23 mar. 2018. Disponível em: https://redir.stf.jus.br/paginadorpub/paginador.jsp?docTP=TP&docID=748354101. Acesso em: 28 abr. 2023.

BRASIL. Supremo Tribunal Federal. Embargos de Declaração na Ação Declaratória de Inconstitucionalidade nº 5617/DF. Rel. Min. Edson Fachin. Acórdão de 03.10.2018. *Diário de Justiça Eletrônico*, 8 mar. 2019. Disponível em: https://redir.stf.jus.br/paginadorpub/paginador.jsp?docTP=TP&docID=749311638. Acesso em: 28 abr. 2023.

BRASIL. Tribunal Superior Eleitoral. Agravo de Instrumento nº 33986. Rel. Min. Luís Roberto Barroso. Acórdão de 15.08.2019. *Diário de Justiça Eletrônico*, 20 set. 2019. Disponível em: https://sjur-servicos.tse.jus.br/sjur-servicos/rest/download/pdf/508530. Acesso em: 28 abr. 2023.

BRASIL. Tribunal Superior Eleitoral. *Barroso abre seminário "Mais Mulheres na Política – Sem violência de Gênero"*. 2021. Disponível em: https://www.tse.jus.br/comunicacao/noticias/2021/Outubro/barroso-abre-seminario-201cmais-mulheres-na-politica-sem-violencia-de-genero201d. Acesso em: 28 abr. 2023.

BRASIL. Tribunal Superior Eleitoral. Consulta nº 0600252-18/DF. Rel. Min. Rosa Weber. Acórdão de 22.05.2018. *Diário de Justiça Eletrônico*, 15 ago. 2018. Disponível em: https://sjur-servicos.tse.jus.br/sjur-servicos/rest/download/pdf/298362. Acesso em: 28 abr. 2023.

BRASIL. Tribunal Superior Eleitoral. Consulta nº 0600306-47/DF. Rel. Min. Luís Roberto Barroso. Acórdão de 25.08.2020. *Diário de Justiça Eletrônico*, 5 out. 2020. Disponível em: https://sjur-servicos.tse.jus.br/sjur-servicos/rest/download/pdf/1223428. Acesso em: 28 abr. 2023.

BRASIL. Tribunal Superior Eleitoral. *Estatísticas eleitorais*. Disponível em: https://www.tse.jus.br/eleicoes/estatisticas/estatisticas-eleitorais. Acesso em: 28 abr. 2023.

BRASIL. Tribunal Superior Eleitoral. Mais mulheres na política. Elas podem. O Brasil precisa. *YouTube*. Disponível em: https://www.youtube.com/watch?v=PayJulied3E. Acesso em: 28 abr. 2023.

BRASIL. Tribunal Superior Eleitoral. *Pela primeira vez na história, três mulheres integram lista tríplice para ocupar vaga no TSE*. 2021. Disponível em: https://www.tse.jus.br/comunicacao/noticias/2021/Junho/pela-primeira-vez-na-historia-tres-mulheres-integram-lista-triplice-para-ocupar-vaga-no-tse. Acesso em: 28 abr. 2023.

BRASIL. Tribunal Superior Eleitoral. Recurso Especial Eleitoral 19392/PI. Rel. Min. Jorge Mussi. Acórdão de 17.09.2019. *Diário de Justiça Eletrônico*, 4 out. 2019. Disponível em: https://sjur-servicos.tse.jus.br/sjur-servicos/rest/download/pdf/513402. Acesso em: 28 abr. 2023.

BRASIL. Tribunal Superior Eleitoral. Resolução 23.607, de 17 de dezembro de 2019. Dispõe sobre a arrecadação e os gastos de recursos por partidos políticos e candidatas ou candidatos e sobre a prestação de contas nas eleições. *Diário de Justiça Eletrônico*, 17 dez. 2019. Disponível em: https://www.tse.jus.br/legislacao/compilada/res/2019/resolucao-no-23-607-de-17-de-dezembro-de-2019. Acesso em: 28 abr. 2023.

BRASIL. Tribunal Superior Eleitoral. Resolução 23.609, de 18 de dezembro de 2020. Dispõe sobre a escolha e o registro de candidatas e candidatos para as eleições *Diário de Justiça Eletrônico*, 27 dez. 2019. https://www.tse.jus.br/legislacao/compilada/res/2019/resolucao-no-23-609-de-18-de-dezembro-de-2019. Acesso em: 28 abr. 2023.

BRASIL. Tribunal Superior Eleitoral. Resolução 23.610, de 18 de dezembro de 2020. Dispõe sobre propaganda eleitoral, utilização e geração do horário gratuito e condutas ilícitas em campanha eleitoral. *Diário de Justiça Eletrônico*, 17 dez. 2019. Disponível em: https://www.tse.jus.br/legislacao/compilada/res/2019/resolucao-no-23-610-de-18-de-dezembro-de-2019. Acesso em: 28 abr. 2023.

BRASIL. Tribunal Superior Eleitoral. *TSE e Instagram lançam guia de segurança para mulheres na política*. Disponível em: https://www.tse.jus.br/imprensa/noticias-tse/2020/Outubro/tse-e-instagram-lancam-guia-de-seguranca-para-mulheres-na-politica-com-a-presenca-de-camila-pitanga-1. Acesso em: 28 abr. 2023.

BRASIL. Tribunal Superior Eleitoral. *TSE lança campanha "Violência Política de Gênero Existe"*. Disponível em: https://www.tse.jus.br/imprensa/noticias-tse/2020/Novembro/tse-lanca-campanha-201cviolencia-politica-de-genero-existe201d. Acesso em: 28 abr. 2023.

BRASIL. Tribunal Superior Eleitoral. *TSE promove debates para celebrar o dia internacional da mulher*. 2021. Disponível em: https://www.tse.jus.br/imprensa/noticias-tse/2021/Marco/tse-promove-debates-para-celebrar-o-dia-internacional-da-mulher. Acesso em: 28 abr. 2023.

IDEA; PNUD BRASIL; ONU MULHERES BRASIL. *Atenea* – Mecanismo para celebrar a participação política das mulheres na América Latina e no Caribe – Brasil: Onde está o compromisso com as mulheres? Um longo caminho para chegar à paridade. [s.l.]: [s.n.], 2020. Disponível em: http://www.onumulheres.org.br/wp-content/uploads/2020/09/ATENEA_Brasil_FINAL.pdf. Acesso em: 28 abr. 2023.

ORGANIZAÇÃO DOS ESTADOS AMERICANOS. *Missão de Observação Eleitoral*. Eleições Gerais. Brasil. Relatório final. 2018. Disponível em: https://www.oas.org/documents/por/press/MOE-Brasil-2018-Relatorio-Final-POR.pdf. Acesso em: 28 abr. 2023.

SACCHET, Teresa; ALVES, Marcus Vinicius Chevitarese; GRUNEICH, Danielle. Aumenta diversidade entre mulheres, mas percentual de eleitas segue baixo. *Jota*, 2022. Disponível em: https://www.jota.info/opiniao-e-analise/artigos/aumenta-diversidade-entre-mulheres-mas-percentual-de-eleitas-segue-baixo-07102022. Acesso em: 28 abr. 2023.

Informação bibliográfica deste texto, conforme a NBR 6023:2018 da Associação Brasileira de Normas Técnicas (ABNT):

BARCELOS, Júlia Rocha de. Igualdade de gênero no direito eleitoral: um compromisso com o empoderamento feminino. *In*: OSORIO, Aline; MELLO, Patrícia Perrone Campos; BARROSO, Luna van Brussel (Coord.). *Direitos e democracia*: 10 anos do Ministro Luís Roberto Barroso no STF. Belo Horizonte: Fórum, 2023. p. 751-762. ISBN 978-65-5518-555-3.

UM DISCURSO SEDUTOR CONTRA MUDANÇAS NA PREVIDÊNCIA SOCIAL: REPERCUSSÕES SOBRE A DESIGUALDADE E O ESTADO DE DIREITO

JULIANA FLORENTINO DE MOURA

I   Introdução

O objetivo deste artigo é investigar de que maneira a resistência de certos setores da sociedade e do Poder Judiciário a mudanças na Previdência Social pode servir à perpetuação de desigualdades e, como consequência, impactar a integridade do Estado de direito.

O texto está dividido em *três* tópicos. O *primeiro* deles exporá um *discurso muito frequente e sedutor* contra mudanças na Previdência Social, aparentemente alinhado aos interesses das classes menos favorecidas. Não raro, ouve-se por aí que (i) modificações nos regimes previdenciários são necessariamente ruins, por suprimirem direitos dos trabalhadores; (ii) a Previdência deve sempre dar mais a quem contribuiu com mais (isto é, deve haver uma relação de proporcionalidade entre os benefícios e as contribuições pagas); e (iii) a Previdência deve manter o padrão de vida das pessoas na velhice. Não surpreende que muitas pessoas já tenham, em algum momento, concordado com pelo menos uma dessas afirmativas.

O *segundo* tópico demonstrará de que forma a adoção desse discurso sedutor pode *legitimar* ou *aprofundar as desigualdades sociais*. Partir-se-á da ideia central de que tal narrativa visa à manutenção do *status quo*, o que, dado o histórico da Previdência Social no Brasil, leva à preservação de privilégios injustificados em prol dos que já estão em posição mais vantajosa.

O *terceiro* tópico buscará correlacionar os dois primeiros à ideia de Estado de direito, com enfoque na atuação do Poder Judiciário. O intuito será pontuar de que modo aquele discurso sedutor, contrário a quaisquer reformas previdenciárias, tem encontrado eco no Judiciário e como isso pode caracterizar uma ameaça à integridade do Estado de direito. Muitas vezes, tal discurso é veiculado por corporações com prestígio e reconhecimento perante os magistrados, aumentando o potencial de assimilação pelos órgãos jurisdicionais. A consequência possível – e danosa – é o desvirtuamento no modo de aplicação das leis pelo Judiciário, por torná-lo excessivamente permeável ao *corporativismo*.

II Um discurso sedutor contra mudanças na Previdência Social

Existe um discurso sedutor contra mudanças na Previdência Social. Um discurso com uma gramática muito atraente, aparentemente alinhada com os interesses das massas e a defesa dos trabalhadores de classes menos favorecidas, mas que, na realidade, acaba por escamotear uma empreitada não tão nobre assim: a manutenção de *privilégios*, sobretudo de servidores públicos de carreiras bem remuneradas. Tal discurso envolve, normalmente, *três* assertivas.

A *primeira* delas é a de que reformas na Previdência Social são necessariamente ruins, uma vez que retiram direitos dos trabalhadores em nome da contenção de um déficit financeiro e atuarial que, na verdade, nem se sabe se existe. Nessa visão, as mudanças nos regimes previdenciários envolvem sempre um ou mais dos seguintes objetivos: (i) tornar mais rigorosos os requisitos para a percepção de aposentadoria ou pensão; (ii) aumentar o valor das contribuições; ou (iii) reduzir o montante dos benefícios. Ou seja: o segurado sempre sai perdendo. Por outro lado, o alegado déficit advém de falhas na contabilidade do governo, que não computa como receita previdenciária todas as contribuições para a seguridade social (deixando de lado, por exemplo, a Contribuição para Financiamento da Seguridade Social – Cofins e a Contribuição Social sobre o Lucro Líquido – CSLL), tampouco considera que a contribuição do Estado para o sistema integra o modelo tripartite de custeio da Previdência Social, juntamente com a da empresa e a do trabalhador.[1]

A *segunda* assertiva é a de que a Previdência Social, por impor o pagamento de contribuições, tem *caráter sinalagmático* e *comutativo*, devendo sempre dar mais a quem contribuiu com mais. Nesse sentido, qualquer aumento de alíquota da contribuição deve gerar um aumento proporcional nos benefícios previdenciários. O Estado não pode instituir uma poupança forçada para, depois, apropriar-se de parte do dinheiro do segurado. Todos os recursos por ele aportados devem ser convertidos em prestações em seu favor ou em favor de seus dependentes. O princípio da solidariedade, expressamente previsto para o regime previdenciário dos servidores públicos titulares de cargo efetivo (CF, art. 40), não pode ser invocado como justificativa para o incremento de exação sem o correspondente retorno financeiro no futuro.

A *terceira* afirmação é a de que a Previdência Social deve ser capaz de manter o padrão de vida das pessoas na velhice. Não deve haver decréscimo nos rendimentos por ocasião da substituição do salário ou remuneração pela aposentadoria. Um dos obstáculos a isso é a existência de um limite máximo de valor para os benefícios previdenciários pagos pelo Regime Geral de Previdência Social – RGPS –[2] e extensível aos servidores públicos titulares de cargo efetivo por ocasião da instituição de um regime

---

[1] FAGNANI, E. O déficit da Previdência e a posição dos juristas. *Revista da Associação Brasileira de Estudos do Trabalho*, v. 16, n. 1, p. 66-88, jan./jun. 2017. p. 86-87. Disponível em: https://periodicos.ufpb.br/index.php/abet/article/view/36025. Acesso em: 6 maio 2023.

[2] Lei nº 8.213/1991, art. 33.

de previdência complementar –³ que seria excessivamente baixo e não asseguraria a dignidade aos mais idosos.

Como se buscará demonstrar a seguir, esse discurso, aparentemente coerente, tem produzido consequências danosas à sociedade brasileira, ao obstar a realização de mudanças na Previdência Social que contribuem para a redução das desigualdades sociais.

III O que está por trás do discurso sedutor: a perpetuação da desigualdade

O Brasil é um dos países mais desiguais do mundo. É aquele em que o 1% mais rico da população ganha, em média, 38,4 vezes mais do que a média dos rendimentos dos 50% mais pobres[4] e detém quase metade de toda a riqueza nacional.[5] É o país que ocupa a desonrosa *nona posição* no *ranking* mundial de desigualdade social, estando atrás apenas de África do Sul, Namíbia, Suriname, Zâmbia, São Tomé e Príncipe, República Centro-Africana, Essuatíni e Moçambique.[6] É um país definido pelos seus contrastes e pela hierarquização social fundada na renda.

Há teorias atribuindo o fenômeno a causas diversas ao longo do tempo: (i) desde o *modelo de colonialismo espanhol e português*, ancorado no trabalho escravo e na concentração de terras e de poder político nas mãos de elites latifundiárias, (ii) passando por *processos históricos e políticos* mais recentes, como a Segunda Guerra Mundial (1939-1945) e os seus efeitos na condução de políticas fiscais durante a ditadura do Estado Novo (1937-1945),[7] e (iii) chegando até o *progresso tecnológico* que, a despeito de ter possibilitado o aumento da produtividade, elevou as exigências de qualificação técnica – e, como consequência, os salários das pessoas mais qualificadas – e substituiu inúmeros postos de trabalho pela automação.[8]

A desigualdade de renda e de patrimônio, em alguma medida, é inerente a uma sociedade capitalista. É o que move as pessoas a produzirem, investirem, inovarem, gerarem riqueza e empregos. Mas a *desigualdade profunda e persistente*, não. Essa não

---

[3] CF/1988, art. 40, §§14, 15 e 16.

[4] PNAD Contínua – Em 2021, rendimento domiciliar per capita cai ao menor nível desde 2012. *Agência IBGE Notícias*, 10 jun. 2022. Disponível em: https://agenciadenoticias.ibge.gov.br/agencia-noticias/2012-agencia-de-noticias/noticias/34052-em-2021-rendimento-domiciliar-per-capita-cai-ao-menor-nivel-desde-2012. Acesso em: 6 maio 2023.

[5] CHANCEL, L.; PIKETTY, T.; SAEX, E.; SUCMAN, G. (Coord.). World Inequality Report 2022. *World Inequality Lab*, 2022. p. 94. Disponível em: https://wir2022.wid.world/. Acesso em: 6 maio 2023. Em países da Europa Ocidental, o 1% mais rico concentra menos de 25% de toda a riqueza, enquanto que nos Estados Unidos, país desenvolvido com profunda desigualdade social, esse patamar sobe para 35%.

[6] WORLD POPULATION REVIEW. *Gini coeficiente by country, 2022*. Disponível em: https://worldpopulationreview.com/country-rankings/gini-coefficient-by-country. Acesso em: 6 maio 2023.

[7] SOUZA, P. H. A *desigualdade vista do topo*: a concentração de renda entre os ricos no Brasil, 1926-2013. 378 p. Tese (Doutorado em Sociologia) – Departamento de Sociologia, Universidade de Brasília, Brasília, 2016. p. 145-146. Pedro Souza explica que um dos efeitos da guerra foi o aperfeiçoamento do aparato administrativo de cobrança do imposto de renda, que fez duplicar a arrecadação do tributo em poucos anos. O conflito havia acarretado forte queda na arrecadação dos impostos alfandegários, obrigando o governo a encontrar novas fontes de financiamento. É possível que tais melhorias tenham acelerado a concentração da renda no topo durante a Segunda Guerra Mundial (p. 225).

[8] DABLA-NORRIS, E.; KOCHHAR, K.; SUPHAPHIPHAT, N.; RICKA, F.; TSOUNTA, E. Causes and consequences of income inequality: a global perspective. *International Monetary Fund*, jun. 2015. p. 18-19. Disponível em: https://www.imf.org/external/pubs/ft/sdn/2015/sdn1513.pdf. Acesso em: 6 maio 2023.

só não é ínsita ao capitalismo, como lhe é danosa. Combatê-la, no entanto, é um dos *maiores desafios* dos tempos atuais.[9] Existem inúmeras razões para perseguir esse objetivo, independentemente de ideologia ou de preferências políticas: (i) a desigualdade extrema e persistente dificulta a *mobilidade social* e o *acesso dos mais pobres a oportunidades educacionais e profissionais*; (ii) tem implicações negativas no *crescimento* e na *estabilidade econômica*, pois reduz os níveis de consumo – os mais ricos despendem proporcionalmente menos que os mais pobres em relação aos seus ganhos – e prejudica os investimentos na educação de crianças de baixa renda, o que, em médio prazo, afeta a produtividade no trabalho; (iii) ao atrasar o crescimento econômico, dificulta a mitigação da *pobreza*; (iv) pode gerar *concentração de poder político* nas mãos de poucos, que acabarão tomando as decisões mais relevantes para toda a sociedade, produzindo, portanto, um déficit democrático; e (v) impacta negativamente a coesão social e a confiança nas instituições, estimulando o favorecimento pessoal, o desvio de recursos, a corrupção e o nepotismo.[10]

Diversas soluções já foram aventadas para a redução da desigualdade social: tornar o sistema tributário mais justo e progressivo,[11] investir na educação e qualificação dos mais pobres, aumentar o salário mínimo, criar e ampliar programas governamentais de transferência de renda, instituir a renda básica de cidadania,[12] reduzir a informalidade no mercado de trabalho, entre outras. Nesse contexto, o sistema previdenciário também é citado como um dos instrumentos aptos a mitigar a desigualdade, sobretudo entre os idosos. Estudos revelam que, apesar de as disparidades estarem se agravando em certos países, têm aumentado em ritmo mais lento entre pessoas com idade avançada[13] ou até mesmo diminuído.[14] Isso porque, enquanto os rendimentos do trabalho dos mais ricos têm crescido de forma exponencial, os dos mais pobres estão estagnados ou decaindo. Os mais velhos, no entanto, costumam contar com benefícios da seguridade social, estando mais protegidos que os mais jovens.[15]

---

[9] Tal fato foi reconhecido pelo ex-presidente dos Estados Unidos, Barack Obama, em discurso proferido em 2013. Cf. INEQUALITY is 'the defining issue of our time'. *The Washington Post*, 4 dez. 2013. Disponível em: https://www.washingtonpost.com/blogs/plum-line/wp/2013/12/04/inequality-is-the-defining-issue-of-our-time/. Acesso em: 6 maio 2023.

[10] DABLA-NORRIS, E.; KOCHHAR, K.; SUPHAPHIPHAT, N.; RICKA, F.; TSOUNTA, E. Causes and consequences of income inequality: a global perspective. *International Monetary Fund*, jun. 2015. p. 5-6. Disponível em: https://www.imf.org/external/pubs/ft/sdn/2015/sdn1513.pdf. Acesso em: 6 maio 2023.

[11] PIKETTY, T. *Economia da desigualdade*. Tradução de André Telles. Rio de Janeiro: Intrínseca, 2015. p. 21; e RIBEIRO, R. L. *Desigualdade e tributação na era da austeridade seletiva*. Rio de Janeiro: Lumen Juris, 2019. p. 168.

[12] Lei nº 10.835, de 8.1.2004. O STF reconheceu a existência de omissão do Poder Executivo Federal em estipular o valor da renda básica de cidadania, determinando "ao Presidente da República que implemente, no exercício fiscal seguinte ao da conclusão do julgamento do mérito (2022), a fixação do valor disposto no art. 2º da Lei 10.835/2004 para o estrato da população brasileira em situação de vulnerabilidade socioeconômica". V. MI nº 7.300, Rel. Min. Marco Aurélio, Red. p/ acórdão Min. Gilmar Mendes, j. 27.4.2021.

[13] BOSWORTH, B.; BURTLESS, G.; ZHANG, K. Later retirement, inequality in old age, and the growing gap in longevity between the rich and poor. *Economic Studies at Brookings*, 2016. p. 26 e ss.

[14] VLIET, O. P. van; BEEN, J.; CAMINADA, C. L. J.; GOUDSWAARD, K. P. *Pension reform and income inequality among the elderly in 15 European countries*. Department of Economics Research Memorandum. Leiden: Universiteit Leiden, 2011. p. 7. Disponível em: https://scholarlypublications.universiteitleiden.nl/handle/1887/37889. Acesso em: 6 maio 2023.

[15] BOSWORTH, B.; BURTLESS, G.; ZHANG, K. Later retirement, inequality in old age, and the growing gap in longevity between the rich and poor. *Economic Studies at Brookings*, 2016. p. 26 e ss.

No Brasil, o quadro da desigualdade entre os idosos é semelhante. O índice de Gini –[16] que mede o grau de concentração de renda em determinado grupo – é substancialmente *mais baixo* nas famílias em que ao menos um dos membros recebe aposentadoria ou pensão, seja quando comparado com o índice de Gini de toda a população brasileira ou apenas com o das famílias que não recebem nenhum benefício previdenciário. Isso não significa, todavia, que o sistema previdenciário esteja contribuindo para uma redução da desigualdade de modo geral, tendo em vista que níveis de desigualdade menores *dentro* de determinados segmentos da população não implicam necessariamente menor disparidade *entre* eles e outros grupos de pessoas.[17]

De fato, alguns estudos buscaram definir se a Previdência Social no Brasil, como um todo, é *progressiva* ou *regressiva*, isto é, se gera transferência de recursos dos mais ricos para os mais pobres ou o inverso. A dificuldade de se chegar a uma conclusão segura e precisa em tal investigação é grande: existem regras jurídicas que são evidentemente progressivas, como exemplo, a proibição de concessão de benefício previdenciário substitutivo dos rendimentos do trabalho em patamar abaixo do salário mínimo,[18] ao passo que outras são claramente regressivas, como a fixação dos proventos de aposentadoria com base na última remuneração em atividade (regra da integralidade), que subsiste em normas de transição aplicáveis a certos servidores públicos.[19] Computar regramentos contraditórios em termos redistributivos para, então, identificar se o resultado final é positivo ou negativo em relação às camadas sociais mais desfavorecidas não é tarefa trivial. Existem, por certo, indicadores e métodos na literatura econômica que permitem fazer tal mensuração, mas não raro levam a conclusões antagônicas.[20]

Nada obstante, é possível apontar uma *zona de consenso* em análises econômicas do caráter redistributivo da Previdência Social no Brasil: a *dualidade de regimes de previdência no Brasil* – de um lado, os regimes próprios, aplicáveis aos servidores públicos titulares de cargo efetivo, e, de outro, o regime geral, para os demais servidores e trabalhadores – tem um inegável *efeito concentrador de riqueza* no topo da pirâmide social.[21] De fato, não são poucas as *diferenças históricas de tratamento* entre os servidores públicos e os trabalhadores da iniciativa privada. A título de ilustração, vejamos duas delas. Enquanto os últimos

---

[16] O índice ou coeficiente de Gini corresponde a um número de zero a 1 (um), em que zero equivale à completa igualdade de renda e 1 (um) corresponde à completa desigualdade (uma pessoa concentra todos os rendimentos e as demais nada recebem) (Disponível em: https://www.ipea.gov.br/desafios/index.php?option=com_content&id=2048:catid=28. Acesso em: 6 maio 2023).

[17] HOFFMAN, R. Desigualdade da distribuição da renda no Brasil: a contribuição de aposentadorias e pensões e de outras parcelas do rendimento domiciliar per capita. *Economia e Sociedade*, v. 18, n. 1, p. 213-231, abr. 2009. p. 222.

[18] CF/1988, art. 201, §2º: "Nenhum benefício que substitua o salário de contribuição ou o rendimento do trabalho do segurado terá valor mensal inferior ao salário mínimo".

[19] Cf., a título de exemplo, EC nº 41/2003, art. 6º; e EC nº 103/2019, arts. 4º, §6º, e 20, §2º.

[20] CAETANO, M. A. Previdência: desigualdade, incentivos e impactos fiscais. *In*: MONASTERIO, L. M.; NERI, M. C.; SOARES, S. S. D. (Ed.). *Brasil em desenvolvimento 2014* – Estado, planejamento e políticas públicas. Brasília: Ipea, 2014. v. 1. p. 224; AFONSO, L. E.; FERNANDES, R. Uma estimativa dos aspectos distributivos da Previdência Social no Brasil. *Revista Brasileira de Economia*, v. 59, n. 3, p. 295-334, jul./set. 2005. p. 321-322; AFONSO, L. E. Progressividade e aspectos distributivos na Previdência Social: uma análise com o emprego dos microdados dos registros administrativos do RGPS. *Revista Brasileira de Economia*, v. 70, n. 1, p. 3-30, jan./mar. 2016. p. 25-27.

[21] CAETANO, M. A. Previdência: desigualdade, incentivos e impactos fiscais. *In*: MONASTERIO, L. M.; NERI, M. C.; SOARES, S. S. D. (Ed.). *Brasil em desenvolvimento 2014* – Estado, planejamento e políticas públicas. Brasília: Ipea, 2014. v. 1. p. 225; MEDEIROS, M.; SOUZA, P. H. Previdência dos trabalhadores dos setores público e privado e desigualdade no Brasil. *Economia Aplicada*, v. 18, n. 4, p. 603-623, 2014. p. 617-618.

sempre foram obrigados a contribuir para a Previdência Social,[22] os servidores só passaram a estar adstritos a recolher contribuições a partir da Emenda Constitucional nº 3/1993, no âmbito federal, e da Emenda Constitucional nº 20/1998, no âmbito dos estados, Distrito Federal e municípios. Ademais, se os benefícios dos trabalhadores da iniciativa privada têm um limite de valor desde 1960,[23] as prestações previdenciárias dos servidores públicos só passaram a sofrer a incidência desse teto recentemente, a partir da instituição de regimes de previdência complementar, sendo certo que, em inúmeros entes federados, isso sequer ocorreu.[24]

Se há dificuldade em determinar se a Previdência Social no Brasil é progressiva ou regressiva como um todo, é possível começar a enfrentar a questão a partir da supressão ou modificação de regras específicas que produzem, sem dúvida alguma, uma *redistribuição de renda às avessas*, dos mais pobres para os mais ricos. Nesse ponto, uma premissa se mostra relevante: se o mercado de trabalho apresenta *diferenças salariais profundas* – que, ao lado da concentração de patrimônio, são responsáveis pelo elevado grau de desigualdade social –, o regime previdenciário não deve replicá-las no cálculo dos proventos de aposentadoria e das pensões. A Previdência Social pode ser utilizada como redução do abismo econômico entre as pessoas por ocasião da sua passagem para a inatividade.

Não é demais lembrar que a instituição de seguros sociais, em alguns países, marcou o início do Estado de Bem-Estar Social,[25] que, ao se contrapor ao Estado liberal mínimo e absenteísta, voltava a sua preocupação às classes menos favorecidas da sociedade. Um modelo estatal que seria capaz de transformar a caridade privada em assistência pública regrada pelo direito.[26] Para fins de combate à desigualdade extrema e persistente, essa conexão original entre Previdência e proteção dos mais pobres e vulneráveis deve ser recuperada e reforçada. Numa sociedade tão desigual, o sistema previdenciário público, que jamais poderia ser regressivo, não deve apenas assumir uma postura de neutralidade, mas, tanto quanto possível, ser um meio de realização de justiça distributiva.

Esse é o vetor interpretativo que deve orientar a análise de mudanças na Previdência. O discurso sedutor narrado no tópico anterior por meio de três assertivas desconsidera que certas alterações nas regras previdenciárias, ainda que tornem mais rigorosos alguns requisitos para a aposentadoria, majorem a contribuição previdenciária e/ou reduzam o benefício de algum grupo, podem, no fim das contas, corrigir injustiças distributivas, redirecionando a Previdência Social em favor daqueles que se encontrem em situação menos vantajosa.

Em *primeiro* lugar, ser contra qualquer reforma na Previdência Social é, muitas vezes, defender a manutenção do *status quo*. É um discurso conservador, que implica,

---

[22] Ressalvam-se, aqui, os trabalhadores rurais, que tiveram disciplina própria por longa data.
[23] Lei nº 3.807/1960, art. 23.
[24] Com a Emenda Constitucional nº 103/2019, a instituição do regime de previdência complementar passa a ser obrigatória para todos os entes federados, devendo ocorrer no prazo máximo de 2 (dois) anos (art. 9º, §6º). V. tb. CF/1988, art. 40, §14.
[25] ROSANVALLON, P. *The new social question* – Rethinking the Welfare State. Princeton: Princeton University Press, 2000. p. 11.
[26] GIL, E. J. V. *Los derechos de solidaridad en el ordenamiento jurídico español*. Valencia: Tirant Lo Blanch, 2002. p. 207.

em alguns aspectos, utilizar a Previdência como um instrumento de reprodução e perpetuação das desigualdades. Certamente, mudanças nas regras previdenciárias podem ser iníquas e afetar negativamente os mais pobres. Mas é preciso investigar o impacto de cada uma delas para saber quem realmente está sendo prejudicado. Dado o histórico da Previdência Social no Brasil, com favorecimentos de toda ordem para quem mais possui, a presunção absoluta de que reformas fazem mal ao país serve normalmente aos interesses dos mais privilegiados.

Em *segundo* lugar, defender o caráter meramente comutativo da Previdência é dar *imunidade aos mais favorecidos*, no sentido de que os recursos por eles aportados se tornam intangíveis, não podendo ser utilizados para fins de redistribuição. Em outros termos, se as contribuições pagas por aqueles que possuem vínculos de trabalho estáveis, carreiras consolidadas e, consequentemente, uma boa remuneração devem se refletir proporcionalmente em seus próprios benefícios, não há a possibilidade de se destinar uma parte de tais quantias aos mais necessitados.

Em *terceiro* lugar, é um equívoco pensar que a Previdência Social deve manter o padrão de vida das pessoas na velhice, por duas razões. Primeiro: a Previdência é um seguro *mínimo* contra os mais variados riscos sociais. O seu objetivo é assegurar ao trabalhador e sua família um ganho *razoável* – à luz dos valores que ele recebia antes da consumação do risco social –, porém *limitado*. Isso decorre, sobretudo, do caráter compulsório do modelo, que produz uma interferência na liberdade individual. Em outras palavras, se o Poder Público obrigará o cidadão a contribuir para a própria aposentadoria, só deverá fazê-lo até determinado patamar.

Além disso, e acima de tudo, o teto da Previdência Social se justifica por razões de justiça distributiva. É ele que aproxima, na aposentadoria, pessoas que pertenciam aos extremos da pirâmide social. A disparidade salarial verificada na vida laboral é reduzida em função da incidência do limitador. Dizer que o limite máximo dos benefícios da Previdência Social vigente hoje é muito baixo e que não assegura dignidade às pessoas no fim da vida é não considerar adequadamente os interesses dos menos favorecidos. O teto equivale, atualmente, a R$7.507,49 (sete mil, quinhentos e sete reais e quarenta e nove centavos). Ocorre que 90% (noventa por cento) dos brasileiros ganham menos de R$3.500,00 (três mil e quinhentos reais),[27] isto é, menos da metade daquele valor.

Embora o limite máximo de benefícios do Regime Geral de Previdência Social vigore desde 1960,[28] ele não era aplicável aos servidores públicos vinculados a regimes próprios. Apenas com a edição da Emenda Constitucional nº 20/1998 é que se previu a possibilidade de os entes federados limitarem o valor dos benefícios pagos aos seus servidores e respectivos pensionistas ao teto do regime geral, desde que instituíssem um regime de previdência complementar (art. 40, §14). A mudança, apesar de muito relevante, não teve impacto imediato, pois dependia da vontade dos governos de ocasião para se concretizar. A prova disso é que as primeiras entidades de previdência complementar para segurados do regime próprio começaram a surgir somente em

---

[27] INSTITUTO BRASILEIRO DE GEOGRAFIA E ESTATÍSTICA – IBGE. *PNAD Contínua* – Rendimentos de todas as fontes 2019. 2019. p. 7. Disponível em: https://biblioteca.ibge.gov.br/visualizacao/livros/liv101709_informativo.pdf. Acesso em: 6 maio 2023.

[28] Lei nº 3.807/1960, art. 23, §§1º e 2º.

2011, isto é, mais de dez anos depois.[29] Com a Emenda Constitucional nº 103/2019, a instituição do regime de previdência complementar passou a ser *obrigatória* para todos os entes federados,[30] e deveria ter ocorrido no prazo máximo de 2 (dois) anos, isto é, até 13.11.2021.[31]

A ausência de um limite máximo de valor para os benefícios dos regimes próprios de previdência social já foi apontada como uma das grandes causas do seu caráter *regressivo*. Constatou-se, inclusive, que "embora menos de 1% da população viva em famílias em que ao menos uma pessoa recebe benefícios RPPS acima do valor do teto vigente no RGPS, esses benefícios mais altos têm um peso desproporcional na desigualdade, contribuindo com 4% da desigualdade total".[32] Ainda que a existência de um limite já seja, hoje, uma realidade em vários entes federativos, ele apenas será aplicável aos servidores que optaram por migrar do regime previdenciário antigo para o novo e àqueles que ingressaram no serviço público após a publicação do ato de instituição da previdência complementar (CF, art. 40, §16). Ou seja: há, ainda, um longo caminho a ser percorrido até que o teto seja praticado de forma generalizada entre os servidores aposentados e seus pensionistas.

Portanto, é preciso ter máxima cautela com críticas generalizantes a reformas na Previdência Social, que as condenem em qualquer situação, mesmo quando voltadas a uma distribuição de renda mais justa. Não obstante sejam aparentemente consistentes e possam seduzir o interlocutor, tais narrativas têm o potencial de ampliar e perpetuar desigualdades sociais. A seguir, analisar-se-á de que forma esse discurso sedutor encontra eco nos Tribunais e pode impactar a integridade do Estado de direito.

IV O eco do discurso sedutor nos Tribunais e as repercussões para o Estado de direito

A ideia de Estado de direito não é unívoca. Existem concepções mais *formais* e outras mais *substantivas*. Sob uma ótica formal, o Estado de direito se caracteriza como aquele em que o poder estatal e o povo estão submetidos ao ordenamento jurídico, devendo-lhe obediência. Nesse contexto, as normas jurídicas devem ser prospectivas, claras e estáveis, para que possam ser efetivamente cumpridas. O conceito formal de Estado de direito possui um conteúdo mínimo: nada diz sobre o regime de governo, igualdade ou justiça.[33] Por outro lado, concepções mais substantivas abrangem uma série de outros preceitos ou princípios, como a separação de poderes, os direitos fundamentais (em que se insere

---

[29] A Fundação de Previdência Complementar do Estado de São Paulo (Prevcom) foi instituída pela Lei estadual nº 14.653, de 22.12.2011. A criação da Fundação de Previdência Complementar do Servidor Público Federal (Funpresp) apenas foi autorizada pela Lei federal nº 12.618, de 30.4.2012.

[30] CF/1988, art. 40, §14.

[31] EC nº 103/2019, art. 9º, §6º.

[32] MEDEIROS, M.; SOUZA, P. H. Previdência dos trabalhadores dos setores público e privado e desigualdade no Brasil. *Economia Aplicada*, v. 18, n. 4, p. 603-623, 2014. p. 619.

[33] RAZ, J. *The authority of Law* – Essays on Law and Morality. 2. ed. New York: Oxford University Press, 2009. p. 212-216.

a igualdade entre as pessoas), a dignidade humana (que exige, sobretudo, tratar todos com igual respeito e consideração) e o regime democrático.[34]

Não obstante as múltiplas distinções entre elas, mesmo visões formais da ideia de Estado de direito incluem a *independência do Poder Judiciário*, por meio de garantias que permitam o exercício das funções pelo juiz de forma livre de qualquer pressão externa e independente de qualquer outra autoridade que não seja a da lei.[35] É certo que, nessa concepção, o foco está, historicamente, na autonomia do Judiciário ante atos autoritários dos demais poderes, que visem a cercear a sua atuação. Mas a independência judicial também envolve, para o que interessa aqui, a impossibilidade de perseguir interesses estritamente corporativos.[36]

O que se verá neste tópico é que o discurso sedutor abordado linhas acima, contrário a quaisquer reformas previdenciárias, tem encontrado eco no Poder Judiciário, por ser, muitas vezes, veiculado por corporações que desfrutam de prestígio e reconhecimento perante os magistrados. Tal circunstância tem repercussões relevantes sobre a *integridade do Estado de direito*, por ter o potencial de desvirtuar o modo de aplicação das leis pelo Judiciário, tornando-o excessivamente permeável ao *corporativismo*. As entidades associativas exercem um respeitável papel na defesa dos direitos dos seus associados e devem continuar tendo liberdade para tanto. Essa é, inclusive, uma prerrogativa protegida como direito fundamental (CF, art. 5º, XVII e XVIII). Não é isso que se questiona aqui. O que se contesta é a assimilação, pelo Poder Judiciário – do qual se esperam independência, imparcialidade e igualdade na aplicação das leis –,[37] do discurso empregado por algumas delas sem a adequada consideração dos interesses dos mais pobres e vulneráveis, isto é, sem uma visão completa do sistema previdenciário e dos impactos de certas decisões jurisdicionais na legitimação e até mesmo no aprofundamento das desigualdades sociais.

O comprometimento da independência do Poder Judiciário, com a sua *captura por interesses corporativos*, pode advir de um dos efeitos mais danosos causados pela disparidade extrema entre classes sociais: o *afrouxamento dos laços de reciprocidade moral* entre os indivíduos, que faz com que os mais poderosos deixem de tratar os menos favorecidos com igual respeito e consideração, como sujeitos de direito, afrontando-os em sua dignidade. Nesse mesmo passo, instituições e órgãos públicos – conduzidos por agentes públicos de carne e osso e, por vezes, com padrão social elevado em relação à média brasileira – também deixam de enxergar os mais pobres como iguais, o que produz desvios na aplicação da lei.[38]

Em matéria previdenciária, o que se vê, em alguns momentos, é a subversão no modo de aplicação das normas jurídicas. E tudo leva a crer que, em alguma medida,

---

[34] O'DONNEL, G. The quality of democracy – Why the Rule of Law matters. *Journal of Democracy*, v. 15, n. 4, p. 32-46, out. 2004. p. 42-45.

[35] RAZ, J. *The authority of Law* – Essays on Law and Morality. 2. ed. New York: Oxford University Press, 2009. p. 217.

[36] O'DONNEL, G. The quality of democracy – Why the Rule of Law matters. *Journal of Democracy*, v. 15, n. 4, p. 32-46, out. 2004. p. 35; 47.

[37] BARACK, A. Foreword: a judge on judging: the role of a Supreme Court in a democracy. *Harvard Law Review*, v. 116, p. 19-162, 2002-2003. p. 55.

[38] VIEIRA, O. V. A desigualdade e a subversão do Estado de direito. *Revista Internacional de Direitos Humanos*, v. 4, n. 6, p. 29-51, 2007. p. 47.

tal subversão decorre dos efeitos perniciosos de uma desigualdade de renda profunda, que cria um quadro propício à *captura dos membros do Poder Judiciário* por corporações. É certo que, muitas vezes, o magistrado decide em favor de um grupo favorecido não por aderir a um discurso corporativista, mas por ter a convicção de que aquela posição é a que reflete a melhor interpretação das leis e da Constituição. Se assim for, não haverá reparo algum a fazer. O que não se deve permitir é que a desigualdade econômica impacte de forma sub-reptícia a atuação do Poder Judiciário, para, por exemplo, invalidar reformas que, ao retirar privilégios de alguns, sejam capazes de melhorar a condição dos mais pobres e vulneráveis.

Em algumas hipóteses, a supremacia constitucional é invocada justamente nessa linha, para impedir que os mais favorecidos arquem com um peso maior no financiamento dos benefícios previdenciários ou para evitar que o valor das aposentadorias das carreiras mais bem posicionadas no serviço público seja reduzido. Dois exemplos recentes, a serem enfrentados a seguir, poderão aclarar o ponto: (i) a instituição da progressividade de alíquotas da contribuição previdenciária do servidor público titular de cargo efetivo; e (ii) a nulidade de aposentadorias concedidas pelo regime próprio de previdência social – RPPS com a contagem recíproca de tempo prestado no regime geral sem o recolhimento de contribuição. Ambas as situações foram postas com a edição da Emenda Constitucional nº 103/2019, que realizou uma nova reforma na Previdência Social.

As duas mudanças tiveram a constitucionalidade questionada perante o Supremo Tribunal Federal, em ações diretas de relatoria do Ministro Luís Roberto Barroso.[39] Na sessão virtual de 16 a 23.9.2022, o relator votou, em ambos os casos, pela ausência de incompatibilidade com a Constituição de 1988. O julgamento ainda não foi concluído, por ter havido pedido de vista do Ministro Ricardo Lewandowski. Já se faz possível, no entanto, avaliar como o tema foi enfrentado pelas instâncias inferiores e o tratamento dado pelo Ministro Luís Roberto Barroso.

IV.1 Progressividade das alíquotas de contribuição previdenciária dos servidores públicos titulares de cargo efetivo

Na redação anterior à Emenda Constitucional nº 103/2019, o art. 149, §1º, da Constituição já estabelecia que a alíquota de contribuição previdenciária instituída por estados, Distrito Federal e municípios para custeio dos seus respectivos regimes próprios não poderia ser inferior àquela cobrada pela União. De modo geral, cobrava-se uma alíquota única de 11% (onze por cento). O art. 9º, §4º, da Emenda Constitucional nº 103/2019 mantém tal exigência. Admite, todavia, que os entes locais fixem alíquotas inferiores às da União se demonstrarem que os seus regimes próprios não apresentam déficit atuarial. Ainda assim, nessa última hipótese, tais alíquotas não poderão ficar aquém daquelas aplicadas ao regime geral.

O art. 11 da Emenda Constitucional nº 103/2019, por sua vez, prevê as alíquotas progressivas de contribuição previdenciária para o regime próprio federal até que seja

---

[39] A progressividade das alíquotas da contribuição previdenciária foi impugnada nas ADIs nºs 6.254, 6.255, 6.258, 6.271 e 6.367; a revogação das regras de transição, nas ADIs nºs 6.254 e 6.367; e a nulidade das aposentadorias concedidas no RPPS com contagem recíproca de tempo prestado no RGPS sem contribuição, nas ADIs nºs 6.254, 6.256, 6.271 e 6.289.

editada uma lei sobre a matéria. Elas variam de 7,5% (sete e meio por cento) a 22% (vinte e dois por cento), subindo conforme o aumento da faixa de valores sobre a qual incidem. O quadro a seguir demonstra a forma de aplicação das novas alíquotas e a alíquota efetiva total para cada patamar remuneratório, quando da entrada em vigor da EC nº 103/2019:

Contribuição previdenciária (art. 11 da EC nº 103/2019)		
Faixas de valor	Alíquotas nominais	Alíquotas efetivas
1 salário mínimo (R$998,00)	7,5%	7,5%
De R$998,01 até R$2.000,00	9%	7,5% a 8,25%
De R$2.000,01 até R$3.000,00	12%	8,25% a 9,5%
De R$3.000,00 até R$5.839,45	14%	9,5% a 11,68%
De R$5.839,46 a R$10.000,00	14,5%	11,68% a 12,86%
De R$10.000,01 a R$20.000,00	16,5%	12,86% a 14,68%
De R$20.000,01 a R$39.000,00	19%	14,68% a 16,78%
Acima de R$39.000,00	22%	Acima de 16,78%

Logo após a promulgação da nova reforma, algumas associações representativas de servidores públicos (de carreiras como a magistratura, o Ministério Público e a Defensoria Pública)[40] ajuizaram ações diretas de inconstitucionalidade contra os dispositivos da Emenda Constitucional nº 103/2019,[41] que disciplinaram as alíquotas de contribuição previdenciária. Os principais argumentos apresentados foram (i) o *caráter confiscatório do tributo*, uma vez que a tributação total (contribuição previdenciária e imposto de renda), para quem se encontra nas últimas faixas, consumiria quase metade da remuneração do servidor público; (ii) a violação ao *princípio da contrapartida* e ao *direito de propriedade*, em razão de o aumento da contribuição não se refletir proporcionalmente no cálculo da aposentadoria dos servidores (art. 201, §11, da Constituição); e (iii) a ofensa à garantia da *irredutibilidade de vencimentos* (art. 37, XV, da Constituição). Paralelamente, outras entidades e pessoas físicas ingressaram com demandas em primeiro grau, visando à declaração de inconstitucionalidade incidental das normas em questão e a consequente invalidação da cobrança.[42]

---

[40] É o caso da Associação Nacional dos Defensores Públicos – Anadep (ADI nº 6.254); da Associação dos Magistrados Brasileiros – AMB, da Associação Nacional dos Magistrados da Justiça do Trabalho – Anamatra, da Associação Nacional dos Procuradores da República – ANPR, da Associação Nacional dos Membros do Ministério Público – Conamp e da Associação Nacional dos Procuradores do Trabalho – ANPT (ADI nº 6.255); da Associação dos Juízes Federais do Brasil – Ajufe (nº 6.258); da Associação Nacional dos Auditores Fiscais da Receita Federal do Brasil – Anfip (ADI nº 6.271); e da Associação Nacional dos Auditores da Receita Federal do Brasil – Unafisco Nacional (ADI nº 6.367).

[41] Os dispositivos são: o art. 1º, no que altera o art. 149, §1º da Constituição, e o art. 11, *caput*, §1º, incs. IV a VIII, §§2º e 4º, da Emenda Constitucional nº 103/2019.

[42] V., a título de exemplo, os seguintes processos: nºs 1026314-82.2020.4.01.3400, 9ª Vara Federal Cível do Distrito Federal; 5019305-12.2020.4.02.5101, 4ª Vara Federal do Rio de Janeiro; 5005039-43.2021.4.04.7101, 1ª Vara Federal

Nas referidas ações diretas de inconstitucionalidade, o Ministro Luís Roberto Barroso, relator, indeferiu o pedido de medida cautelar, afirmando que "até posterior manifestação nestes autos, o art. 1º, no que altera o art. 149, §1º da Constituição, e o art. 11, caput, §1º, incisos IV a VIII, §2º e §4º, da Emenda Constitucional nº 103/2019 são considerados constitucionais e, portanto, válidos, vigentes e eficazes". Ou seja: as normas que haviam estabelecido a progressividade das alíquotas de contribuição previdenciária não tiveram os seus efeitos suspensos pela Suprema Corte. Não obstante isso, e apesar do claro efeito redistributivo da mudança em prol dos menos favorecidos, diversas decisões foram proferidas por juízes e tribunais inferiores em sentido contrário, o que obrigou o próprio Supremo Tribunal Federal, em uma série de recursos extraordinários, a reformá-las.[43] Os fundamentos adotados pelos órgãos jurisdicionais inferiores para a invalidação das normas constitucionais haviam sido, basicamente, a ofensa ao princípio da vedação ao confisco, ao princípio da contrapartida, ao direito de propriedade e à irredutibilidade de vencimentos. Os mesmos, portanto, deduzidos pelas entidades requerentes das ações diretas.

A *progressividade das alíquotas* era, no entanto, uma medida urgente se considerada a necessidade de a Previdência Social não ter efeitos regressivos sobre a distribuição de renda. Ao apreciar o mérito das ações, o Ministro Luís Roberto Barroso observou que a mudança teve por objetivo, sobretudo, promover o princípio da *capacidade contributiva*, exigindo-se mais de quem pode dar mais ao sistema. Isso porque, para faixas remuneratórias menores de R$3.000,00, o que houve foram deduções na alíquota-base de 14%, e não aumento. Pontuou, ainda, que os servidores que recebiam menos de R$4.499,00 e arcavam com uma alíquota fixa de 11% até a reforma não sofreram aumento na tributação para o regime de previdência, mas, sim, *decréscimo*. Além disso, a alíquota máxima de 22% foi imposta somente para quem possui ganhos acima de R$39.000,00, isto é, maiores que o teto remuneratório previsto no art. 37, XI, da Constituição (o que, diga-se de passagem, sequer deveria ocorrer). O ministro relator concluiu, assim, que a nova sistemática é muito mais benéfica, para os servidores com remunerações mais modestas, do que a alíquota única de 11%. E é justamente aí que se encontram, em sua maioria, os professores, as merendeiras, os técnicos de enfermagem, os policiais etc.

Por outro lado, a progressividade passava, sim, a onerar um pouco mais aqueles com maiores rendimentos. Não por acaso as ações diretas de inconstitucionalidade foram propostas por associações de magistrados, defensores, membros do Ministério Público e auditores fiscais. Diz-se *um pouco mais* porque o aumento efetivo na tributação[44] chegava a 5% apenas para quem recebia acima de R$52.000,00 por mês. Independentemente do peso do acréscimo, tal fato atraiu, natural e legitimamente, a atuação de entidades

---

de Pelotas; 5007083-08.2021.4.04.7110, 1ª Vara Federal de Pelotas; 5015929- 69.2020.4.04.7200, 6ª Vara Federal de Florianópolis.

[43] STF, RE nº 1.384.572, Rel. Min. Alexandre de Moraes, j. 26.5.2022; RE nº 1.380.900, Rel. Min. Alexandre de Moraes, j. 19.5.2022; RE nº 1.383.963, Rel. Min. Cármen Lúcia, j. 6.6.2022; RE nº 1.333.871, Rel. Min. Nunes Marques, j. 13.6.2022; RE nº 1.381.025, Rel. Min. Luís Roberto Barroso, j. 17.5.2022; e RE nº 1.381.022, Rel. Min. Ricardo Lewandowski, j. 16.5.2022.

[44] Por expressa determinação legal, o valor correspondente à contribuição previdenciária deve ser deduzido da base de cálculo do imposto de renda. Cf. Lei nº 8.134/1990, art. 7º: "Na determinação da base de cálculo sujeita à incidência mensal do imposto de renda, poderão ser deduzidas: [...] II - as contribuições para a Previdência Social da União, dos Estados, do Distrito Federal e dos Municípios; [...]".

associativas de carreiras bem remuneradas do serviço público, tendo alguns órgãos do Poder Judiciário, como visto, acatado o discurso de que se trataria de confisco. No Supremo Tribunal Federal, até o momento, dois ministros votaram pela constitucionalidade da progressividade das alíquotas instituída pela EC nº 103/2019, os ministros Luís Roberto Barroso e Edson Fachin, não tendo havido voto contrário nessa matéria.

IV.2 A nulidade das aposentadorias concedidas pelo RPPS com contagem recíproca de tempo prestado no RGPS sem contribuição

A segunda mudança realizada pela Emenda Constitucional nº 103/2019, que se pretende analisar aqui, também foi relevante em termos de justiça distributiva e, não obstante isso, tem sofrido, de igual modo, a resistência de alguns setores da sociedade, do Tribunal de Contas da União e do Judiciário. Trata-se da previsão de que são nulas as aposentadorias concedidas pelo regime próprio de previdência social – RPPS com contagem recíproca de tempo prestado no regime geral sem a respectiva contribuição ou indenização (art. 25, §3º, da emenda).

A hipótese fática mais comum subjacente a essa norma é a seguinte: um juiz ou membro do Ministério Público, antes de tomar posse no cargo público, exerceu por certo período a advocacia privada, sem, no entanto, ter recolhido as respectivas contribuições ao Regime Geral de Previdência Social. Ao final da vida, ao pleitear a sua aposentadoria no regime próprio, obtém a contagem recíproca do tempo durante o qual atuou como advogado, mesmo sem qualquer contribuição ou indenização. A nova regra constitucional estabelece que essa aposentadoria é nula, devendo ser revista para que seja suprimido o período de advocacia computado.

A lógica por trás disso é simples: o advogado privado tem o dever de contribuir como segurado obrigatório da Previdência Social desde a Lei nº 3.807/1960. Se não contribuiu à época nem indenizou depois, não pode contar esse tempo para fins de aposentadoria. E, se não era lícito o cômputo, não há que se falar em ato jurídico perfeito ou direito adquirido, que pressupõe situação consolidada em conformidade com a ordem jurídica. Esse era o entendimento pacificado no Tribunal de Contas da União, órgão ao qual compete o registro das aposentadorias e pensões dos regimes próprios, ao menos desde 2001.[45] Em junho de 2019, porém, ele foi revisto, após forte articulação de associações de magistrados e membros do Ministério Público.[46] Em clara reação do legislador a essa mudança de posicionamento, foi editado o art. 25, §3º, da EC nº 103/2019, ora analisado.

O novo dispositivo constitucional foi, então, impugnado em ações diretas de inconstitucionalidade propostas por entidades de classe representativas dos interesses dos grupos diretamente afetados, além de outras associações, tendo sido também

---

[45] TCU, Decisão de Plenário nº 504/2001, Rel. Marcos Vinicios Vilaça, j. 8.8.2001.
[46] TCU, Acórdão nº 1.435/2019, Rel. Min. Benjamin Zymler, Autor do voto vencedor Min. Walton Alencar Rodrigues, j. 19.6.2019. Em seu voto, o Ministro Revisor, Aroldo Cedraz, informa o seguinte: "Ressalto, nesse ponto, que as associações de classe que representavam os membros do Poder Judiciário e do Ministério Público da União nos seus diversos ramos estiveram em meu gabinete e apresentaram a dificuldade enfrentada pelos órgãos para a gestão de suas carreiras, em especial, quando o interessado decide retornar à ativa, após diversos anos de aposentadoria".

distribuídas ao Ministro Luís Roberto Barroso.[47] O ministro relator desenvolveu inúmeros argumentos para embasar a sua tese, sendo relevante destacar aqui o seguinte trecho:

> 217. [...] O exercício da advocacia, como atividade privada, filiava o advogado obrigatoriamente ao regime geral, sujeitando-o ao recolhimento de contribuição previdenciária desde a Lei nº 3.808/1960 (Lei Orgânica da Previdência Social, art. 5º, I e IV). [...] A transposição do indivíduo do regime geral para o próprio, até o advento da EC no 20/1998, fazia desaparecer o dever de contribuir no regime de destino, dali em diante. Não representava uma exoneração de obrigações legais pretéritas, contraídas perante o INSS.
>
> 218. Essa constatação se torna ainda mais evidente quando se compara a situação de magistrados e membros do Ministério Público com a dos trabalhadores rurais. Para essa última categoria, a jurisprudência desta Corte se firmou no sentido de que o período trabalhado no campo só pode ser computado no regime próprio mediante a comprovação de recolhimento das contribuições respectivas ou pagamento de indenização [166]. [...]
>
> 219. Esse quadro, já consolidado na jurisprudência, revela a incongruência sistêmica de se desobrigarem magistrados e membros do Ministério Público que queiram computar o tempo de advocacia no regime próprio. Quando a discussão chega ao andar de cima, é preciso aplicar a mesma racionalidade jurídica. As particularidades da situação dos advogados não atraem um entendimento mais favorável que o do trabalhador rural. Ao contrário: diferentemente do trabalhador rural, o advogado sempre foi segurado obrigatório do RGPS, não constitui grupo social vulnerável e, como regra, não tem dificuldade de realizar e comprovar os recolhimentos previdenciários.

Como se depreende da passagem acima, a contagem de tempo de advocacia não contribuído para fins de aposentadoria no regime próprio de previdência social apresenta um evidente viés *regressivo*: é fonte de tratamento privilegiado, injustificado, a magistrados e membros do Ministério Público em relação aos trabalhadores rurais, grupo social e economicamente vulnerável. Além disso, à medida que se admite que classes mais favorecidas computem um período para o qual não verteram nenhuma contribuição – embora estivessem obrigadas a isso –, sujeita-se toda a população, por meio dos impostos, ao custeio de parcela dos seus benefícios. Fica claro, assim, se tratar de mecanismo de *redistribuição de riqueza às avessas*.

A despeito disso, a tese jurídica das entidades de classe encontra eco não só no Tribunal de Contas da União, como no próprio Supremo Tribunal Federal. Nas referidas ações diretas, o Ministro Edson Fachin votou em sentido divergente ao do ministro relator, entendendo que a norma constitucional questionada, por seu caráter retroativo, afronta o princípio da segurança jurídica. Em outra ação, os ministros Marco Aurélio, Alexandre de Moraes e Celso de Mello também votaram nessa linha.[48] A invocação da proteção ao direito adquirido, sobretudo em face de emendas constitucionais, pode ser um instrumento de manutenção do *status quo* e, ainda que involuntariamente, de perpetuação de privilégios de estratos sociais mais elevados.[49] Porém, no caso, nem

---

[47] ADIs nºs 6.254, 6.256, 6.271 e 6.289, Rel. Min. Luís Roberto Barroso.
[48] STF, MS nº 34.401, Primeira Turma, Rel. Min. Marco Aurélio, j. 30.6.2020. Ficaram vencidos os ministros Luís Roberto Barroso e Luiz Fux. A Primeira Turma, contudo, havia decidido em sentido contrário, na linha do voto do Ministro Barroso nas ADIs nºs 6.254, 6.256, 6.271 e 6.289, no MS nº 33.585-AgR, Rel. Min. Luiz Fux, j. 24.11.2015.
[49] SOUZA NETO, C. P. de; SARMENTO, D. *Direito constitucional* – Teoria, história e métodos de trabalho. Belo Horizonte: Fórum, 2012. p. 312-313.

mesmo se colocava a preservação do direito adquirido, já que situações contrárias à ordem jurídica não podem se incorporar legitimamente ao patrimônio das pessoas. Além disso, tampouco se tratava de norma constitucional verdadeiramente retroativa, visto que apenas restabelecia o entendimento da Corte de Contas que já vigorava por longo período até seis meses antes da promulgação da emenda à Constituição. Tais aspectos foram bem sublinhados no voto do Ministro Luís Roberto Barroso. Espera-se, assim, que venham a ser acatados pela maioria, por seu alinhamento com objetivos maiores de justiça distributiva e isonomia material.

Vistos os dois exemplos, cabe, agora, uma última observação para o futuro. A desigualdade social profunda é uma *doença crônica* na realidade brasileira. Não é de hoje e não será apenas do amanhã. Ainda há um longo caminho a percorrer para que atinja níveis aceitáveis. A História revela que ela é dificilmente superada em momentos de normalidade institucional, pois, sob essas circunstâncias, a influência política e o poder econômico dos mais ricos prevalecem sobre qualquer espírito de mobilização em prol dos mais pobres.[50] Períodos de tranquilidade e de estabilidade duradoura não trazem as rupturas e mudanças reais que a redução da desigualdade exige. Na Europa, foi necessário viver a Grande Depressão (1929) e duas guerras mundiais (1914-1918 e 1939-1945) para que as disparidades sociais despencassem (o que se chamou de "grande nivelamento"), por terem afetado sensivelmente os ganhos de quem estava no topo.[51] O Brasil não passou por nada parecido.[52] E seria no mínimo estranho torcer por uma catástrofe para atenuar os efeitos de uma tragédia.

Por aqui, ainda é preciso que as tentativas de mitigação da desigualdade ocorram pelas vias institucionais. Se o expressivo número de emendas constitucionais (em quase 35 anos, já foram promulgadas 128) é um forte indício de que modificar a Constituição de 1988 não é tarefa difícil, isso não implica dizer que o cenário político e jurídico brasileiro seja propício à aprovação de reformas estruturais que impactem a posição dos mais favorecidos. Muito ao revés. A última reforma da Previdência Social, realizada em 2019, sofreu grande resistência dos setores mais privilegiados, sobretudo do funcionalismo público. Como já dito, tal conduta é não só legítima, mas esperada quando se trata de entidades de classe. O que não pode ocorrer, sobretudo quando as reformas consigam superar as barreiras da política, é que esse padrão de comportamento seja reproduzido pelo Poder Judiciário, haja vista que a sua função não é a de defesa de interesses corporativos, mas a de velar pela aplicação igualitária das normas jurídicas e pelo respeito à Constituição.

V Conclusão

O presente artigo buscou examinar de que maneira a resistência de certos setores da sociedade e do Poder Judiciário a mudanças na Previdência Social pode servir à

---

[50] SOUZA, P. H. A *desigualdade vista do topo*: a concentração de renda entre os ricos no Brasil, 1926-2013. 378 p. Tese (Doutorado em Sociologia) – Departamento de Sociologia, Universidade de Brasília, Brasília, 2016. p. 333.

[51] CHANCEL, L.; PIKETTY, T.; SAEX, E.; SUCMAN, G. (Coord.). World Inequality Report 2022. *World Inequality Lab*, 2022. p. 93. Disponível em: https://wir2022.wid.world/. Acesso em: 6 maio 2023.

[52] SOUZA, P. H. A *desigualdade vista do topo*: a concentração de renda entre os ricos no Brasil, 1926-2013. 378 p. Tese (Doutorado em Sociologia) – Departamento de Sociologia, Universidade de Brasília, Brasília, 2016. p. 329.

perpetuação de desigualdades e, como consequência, impactar a integridade do Estado de direito. O objetivo principal foi demonstrar que não é verdadeira a afirmação de que toda e qualquer reforma na Previdência é prejudicial às classes menos favorecidas e que, muitas vezes, esse discurso sedutor é apropriado por grupos privilegiados para a manutenção do *status quo*. Tal narrativa é assimilada por grande parte dos magistrados, sobretudo em razão do prestígio e do reconhecimento de corporações representativas de servidores públicos. Como consequência, o Judiciário – permeável a interesses corporativos – deixa de interpretar e aplicar as normas jurídicas com imparcialidade e igualdade, gerando prejuízos à integridade do Estado de direito. O resultado final é desastroso: as reformas previdenciárias que favoreciam os mais pobres são invalidadas e a Previdência Social deixa de ser um instrumento relevante na redução das desigualdades sociais. Há, porém, luz no fim do túnel: exemplos mostram que o Supremo Tribunal Federal já atuou na correção desse tipo de falha. Espera-se que a mais alta Corte do país assim continue a desempenhar o seu papel.

Referências

AFONSO, L. E. Progressividade e aspectos distributivos na Previdência Social: uma análise com o emprego dos microdados dos registros administrativos do RGPS. *Revista Brasileira de Economia*, v. 70, n. 1, p. 3-30, jan./mar. 2016.

AFONSO, L. E.; FERNANDES, R. Uma estimativa dos aspectos distributivos da Previdência Social no Brasil. *Revista Brasileira de Economia*, v. 59, n. 3, p. 295-334, jul./set. 2005.

BARACK, A. Foreword: a judge on judging: the role of a Supreme Court in a democracy. *Harvard Law Review*, v. 116, p. 19-162, 2002-2003.

BOSWORTH, B.; BURTLESS, G.; ZHANG, K. Later retirement, inequality in old age, and the growing gap in longevity between the rich and poor. *Economic Studies at Brookings*, 2016.

CAETANO, M. A. Previdência: desigualdade, incentivos e impactos fiscais. *In*: MONASTERIO, L. M.; NERI, M. C.; SOARES, S. S. D. (Ed.). *Brasil em desenvolvimento 2014* – Estado, planejamento e políticas públicas. Brasília: Ipea, 2014. v. 1.

CHANCEL, L.; PIKETTY, T.; SAEX, E.; SUCMAN, G. (Coord.). World Inequality Report 2022. *World Inequality Lab*, 2022. Disponível em: https://wir2022.wid.world/. Acesso em: 6 maio 2023.

DABLA-NORRIS, E.; KOCHHAR, K.; SUPHAPHIPHAT, N.; RICKA, F.; TSOUNTA, E. Causes and consequences of income inequality: a global perspective. *International Monetary Fund*, jun. 2015. Disponível em: https://www.imf.org/external/pubs/ft/sdn/2015/sdn1513.pdf. Acesso em: 6 maio 2023.

FAGNANI, E. O déficit da Previdência e a posição dos juristas. *Revista da Associação Brasileira de Estudos do Trabalho*, v. 16, n. 1, p. 66-88, jan./jun. 2017.

GIL, E. J. V. *Los derechos de solidaridad en el ordenamiento jurídico español*. Valencia: Tirant Lo Blanch, 2002.

HOFFMAN, R. Desigualdade da distribuição da renda no Brasil: a contribuição de aposentadorias e pensões e de outras parcelas do rendimento domiciliar per capita. *Economia e Sociedade*, v. 18, n. 1, p. 213-231, abr. 2009.

INSTITUTO BRASILEIRO DE GEOGRAFIA E ESTATÍSTICA – IBGE. *PNAD Contínua* – Rendimentos de todas as fontes 2019. 2019. Disponível em: https://biblioteca.ibge.gov.br/visualizacao/livros/liv101709_informativo.pdf. Acesso em: 6 maio 2023.

MEDEIROS, M.; SOUZA, P. H. Previdência dos trabalhadores dos setores público e privado e desigualdade no Brasil. *Economia Aplicada*, v. 18, n. 4, p. 603-623, 2014.

O'DONNEL, G. The quality of democracy – Why the Rule of Law matters. *Journal of Democracy*, v. 15, n. 4, p. 32-46, out. 2004.

PIKETTY, T. *Economia da desigualdade*. Tradução de André Telles. Rio de Janeiro: Intrínseca, 2015.

RAZ, J. *The authority of Law* – Essays on Law and Morality. 2. ed. New York: Oxford University Press, 2009.

RIBEIRO, R. L. *Desigualdade e tributação na era da austeridade seletiva*. Rio de Janeiro: Lumen Juris, 2019.

ROSANVALLON, P. *The new social question* – Rethinking the Welfare State. Princeton: Princeton University Press, 2000.

SOUZA NETO, C. P. de; SARMENTO, D. *Direito constitucional* – Teoria, história e métodos de trabalho. Belo Horizonte: Fórum, 2012.

SOUZA, P. H. A *desigualdade vista do topo*: a concentração de renda entre os ricos no Brasil, 1926-2013. 378 p. Tese (Doutorado em Sociologia) – Departamento de Sociologia, Universidade de Brasília, Brasília, 2016.

VIEIRA, O. V. A desigualdade e a subversão do Estado de direito. *Revista Internacional de Direitos Humanos*, v. 4, n. 6, p. 29-51, 2007.

VLIET, O. P. van; BEEN, J.; CAMINADA, C. L. J.; GOUDSWAARD, K. P. *Pension reform and income inequality among the elderly in 15 European countries*. Department of Economics Research Memorandum. Leiden: Universiteit Leiden, 2011. Disponível em: https://scholarlypublications.universiteitleiden.nl/handle/1887/37889. Acesso em: 6 maio 2023.

WORLD POPULATION REVIEW. *Gini coeficiente by country, 2022*. Disponível em: https://worldpopulationreview.com/country-rankings/gini-coefficient-by-country. Acesso em: 6 maio 2023.

Informação bibliográfica deste texto, conforme a NBR 6023:2018 da Associação Brasileira de Normas Técnicas (ABNT):

MOURA, Juliana Florentino de. Um discurso sedutor contra mudanças na Previdência Social: repercussões sobre a desigualdade e o Estado de direito. *In*: OSORIO, Aline; MELLO, Patrícia Perrone Campos; BARROSO, Luna van Brussel (Coord.). *Direitos e democracia*: 10 anos do Ministro Luís Roberto Barroso no STF. Belo Horizonte: Fórum, 2023. p. 763-779. ISBN 978-65-5518-555-3.

PARTIDOS POLÍTICOS PARA UMA DEMOCRACIA CONTEMPORÂNEA: CONTRIBUIÇÕES DO MINISTRO LUÍS ROBERTO BARROSO

LARA MARINA FERREIRA
ROBERTA MAIA GRESTA

1 Introdução

No desenho da moderna democracia representativa, cabe aos partidos políticos o papel de instância de intermediação de interesses difusos disputados na arena social, para promover seu direcionamento ao ambiente político institucional, com a acomodação de consensos provisórios. Ainda que abordados na literatura especializada com vieses e pressupostos teóricos diversos,[1] a conclusão geral é de essencialidade desses atores nas democracias contemporâneas.

As estruturas partidárias também são alvo de críticas. Há questionamentos quanto à sua tendência à oligarquização e quanto ao gozo de prerrogativas, como o recebimento de recursos públicos, por vezes apontados como privilégios. No extremo, leituras simplificadoras ignoram a complexidade intrínseca ao papel de mediação de interesses diversos e encampam propostas antissistema, por estabelecer uma identificação generalizada entre sistema político e corrupção.

No atual contexto de graves ataques às instituições democráticas, é um desafio conduzir uma abordagem equilibrada da matéria partidária, que fortaleça as instâncias de intermediação política em moldes contemporâneos. Prestígio à atuação programática, diversificação de arranjos estruturais e estímulo à eficiência da gestão das agremiações são três fatores que contribuem para esse objetivo e que sobressaem da análise da

---

[1] "Duverger tratou dos partidos de quadro e de massas, Panebianco sobre partidos burocráticos de massa e os profissionais-eleitorais, Kirchheimer nos legou o modelo catch-all, Katz e Mair apresentaram o partido-cartel, Hopkin e Paolucci propuseram o partido empreendedor e Gunther e Diamond estabeleceram quinze espécies de partidos". Cf. MARTINS JUNIOR, José Paulo; SCHMITZ, Priscila. *Movimentos suprapartidários x Partidos Políticos*: parceria ou desafio. 46º Encontro Anual da Anpocs – ST 54: Partidos, eleições e sistemas. 2022. p. 2. Disponível em: https://www.encontro2022.anpocs.com/arquivo/downloadpublic?q=YToyOntzOjY6InBhcmFtcyI7czozN ToiYToxOntzOjEwOiJJRF9BUlFVSVZPIjtzOjQ6IjkzOTIiO30iO3M6MToiaCI7czozMjoiMmIxYm U4ZWFhNWY5YjEzMmViMDA1MTU5Y2I4MmI5MDUiO30%3D. Acesso em: 5 maio 2023.

atuação do Ministro Luís Roberto Barroso nesses 10 anos de jurisdição no Supremo Tribunal Federal (STF), durante os quais teve fundamental passagem pelo Tribunal Superior Eleitoral (TSE).

Por meio de decisões judiciais e também medidas administrativas e regulamentares, o magistrado demonstra seu ímpar comprometimento com o princípio republicano, oferecendo novas respostas e soluções criativas em matéria partidária, sempre vetorizadas pela constante demanda de aperfeiçoamento da democracia.

Nesta análise, não há como cindir a postura do ministro, homem público, e suas destacadas características subjetivas. A escuta ativa e atenta aos diversos pontos de vista, o interesse genuíno pela solução dos problemas e a incansável disposição para travar diálogos conduziram a construção de sofisticados entendimentos jurisprudenciais, no STF e no TSE, em temas fundamentais sobre partidos políticos.

Em primeiro lugar, destaca-se a regulamentação do instituto da fidelidade partidária, ponto nevrálgico para o fortalecimento programático e ideológico dos partidos. Coube ao Ministro Barroso relatar, no STF, a Ação Direta de Inconstitucionalidade (ADI) nº 5.081,[2] que afastou a perda de mandato eletivo nas hipóteses de trocas de legendas por candidatas e candidatos eleitos no sistema majoritário. Ainda sobre o tema, no TSE, o ministro conduziu a tese de caracterização de justa causa para desfiliação partidária nos casos de desrespeito às cartas-compromisso firmadas pelos movimentos suprapartidários e as agremiações.

Em segundo lugar, na reforma eleitoral de 2021, emergiu a figura das federações partidárias como possibilidade de sobrevida de agremiações, por meio da união de legendas pelo prazo mínimo de 4 anos. No TSE, a matéria foi regulamentada sob a presidência do Ministro Luís Roberto Barroso, por meio da Resolução-TSE nº 23.670/2021.[3] Ajuizada ADI nº 7.021[4] contra a lei que criou as federações partidárias, coube ao Ministro Luís Roberto Barroso a relatoria no caso.

Além dessas duas questões que serão verticalizadas neste artigo, outros importantes aspectos partidários que foram objeto de análise pelo Ministro Luís Roberto Barroso merecem destaque: (i) reserva de gênero para mulheres nas eleições para órgãos partidários; (ii) cômputo dos votos de candidatos com pedido de registro deferido ou não apreciado no dia da eleição em favor das agremiações; e (iii) aperfeiçoamentos da regulamentação em matéria partidária, com impactos em sistemas informatizados correlatos, no âmbito Justiça Eleitoral.

O debate sobre a possibilidade de candidaturas avulsas, travado no âmbito do RE nº 1.238.853 (Tema nº 974), com repercussão geral reconhecida, segue pendente de decisão, razão pela qual não será tratado aqui.

---

[2] ADI nº 5.081. Rel. Min. Luís Roberto Barroso, j. 27.5.2015. *DJe*, 19 ago. 2015.
[3] Resolução-TSE nº 23.670/2021.
[4] ADI nº 7.021 MC-Ref. Rel. Min. Luís Roberto Barroso, j. 9.2.2022. *DJe*, 17 maio 2022.

2 Desafios do enfrentamento do tema partidário na democracia contemporânea

Surgido como fenômeno sociológico no século XVIII, até a emergência do Estado social, as normatizações sobre o processo eleitoral não faziam referência aos partidos políticos e sustentavam toda a lógica de representação política na transferência direta de poder do eleitor-indivíduo ao mandatário por ele escolhido. Essa fase de alheamento do direito em relação aos partidos políticos é sucedida por uma segunda fase, de assimilação, na qual o fenômeno sociológico passa a ter efeitos jurídicos reconhecidos.[5]

Na terceira etapa, de apropriação dos partidos pelo direito, o Estado assume a tarefa exclusiva de regulamentação das agremiações, impondo condições legais ao seu reconhecimento. Essa perspectiva de apropriação foi especialmente vivenciada como tutela estatal durante o regime militar. A inerente disputa aberta à conquista do poder e as possibilidades de antagonismos de visões de mundo foram conformadas no bipartidarismo forçado pelo regime ditatorial.

Com a Constituição Federal de 1988 (CRFB), os partidos políticos foram desvinculados do aparelho estatal, passando a adquirir personalidade jurídica na forma da lei civil. O processo de constituição das agremiações partidárias segue regulamentado pelo direito, mas se assenta sobre o princípio da autonomia partidária e sobre o fundamento do pluralismo político (CRFB, art. 1º, V, e art. 17).

As premissas de 1988 alteraram significativamente o substrato dos partidos políticos, erigidos a *players* essenciais ao sistema democrático, cabendo a eles, além da disputa no processo eleitoral, o manejo de mandado de segurança coletivo (CRFB, art. 5º, LXX); de mandado de injunção coletivo (Lei nº 13.300/2016, art. 12, II); e de ações de controle concentrado de constitucionalidade (CRFB, art. 103, VIII).

No âmbito do Supremo Tribunal Federal, o pluralismo partidário ganhou especial relevo com o julgamento que declarou a inconstitucionalidade de cláusula de desempenho partidário prevista no art. 13 da Lei nº 9.096/1995, sob o fundamento de restrição severa às atividades partidárias de 22 dos 29 partidos então existentes, com acesso residual ao fundo partidário e à propaganda partidária, além da exclusão de funcionamento parlamentar.[6][7][8]

---

[5] GRESTA, Roberta Maia; FERREIRA, Lara Marina; BRACARENSE, Mariana Sousa. Parâmetros de legitimidade da atuação dos partidos políticos no processo jurisdicional eleitoral. *Revista de Doutrina e Jurisprudência*, Belo Horizonte, 2012.

[6] ADI nº 1.354. Rel. Min. Marco Aurélio, j. 7.12.2006. *Diário de Justiça*, 30 mar. 2007; ADI nº 1.351, Rel. Min. Marco Aurélio, j. 7.12.2006. *Diário de Justiça*, 30 mar. 2007.

[7] Na mesma linha de garantia do pluralismo partidário e da autonomia das agremiações, o Supremo Tribunal Federal entende que a instalação de Comissão Parlamentar de Inquérito "não pode ser comprometida pelo bloco majoritário existente no Congresso Nacional" (MS nº 24.831. Rel. Min. Celso de Mello, j. 22.6.2005. *Diário de Justiça*, 4 ago. 2006; MS nº 26.441. Rel. Min. Celso de Mello, j. 25.4.2007. DJe, 18 dez. 2009); e que "É incompatível com o art. 58, caput e §1º, da Constituição que os representantes dos partidos políticos ou blocos parlamentares deixem de ser indicados pelos líderes, na forma do Regimento Interno da Câmara dos Deputados, para serem escolhidos de fora para dentro, pelo Plenário, em violação à autonomia partidária" (ADPF nº 378 MC, Red. do Ac. Min. Luís Roberto Barroso, j. 16.12.2015. DJe, 8 mar. 2016).

[8] Nas palavras do Min. Luís Roberto Barroso, "a decisão veio a ser percebida como um equívoco histórico do Tribunal, tendo fomentado a criação de legendas de aluguel e o aumento da corrupção a ela associada". Cf. BARROSO, Luís Roberto. *Curso de direito constitucional contemporâneo*. 11. ed. São Paulo: SaraivaJur, 2023. p. 759.

Por outro lado, balizas interpretativas e legislativas foram fixadas no sentido da necessária depuração partidária, em resposta ao crescente número de legendas nos anos 90 e 2000.[9] O Brasil, que chegou a ter 35 partidos políticos registrados no TSE, conta hoje com 31 agremiações. A compreensão do Ministro Barroso sobre o tema aparece com frequência em seus votos, escritos e pronunciamentos em defesa do fortalecimento ideológico e social dos partidos políticos, com críticas ao risco de conversão das agremiações em legendas esvaziadas, "de aluguel".[10]

Na perspectiva legislativa, a Emenda Constitucional nº 97/2017 constitui o principal marco, com a reinstituição da cláusula de desempenho partidário e a proibição de coligações proporcionais a partir das Eleições de 2020. Em 2023, apenas 17 partidos estão aptos a receber os recursos do Fundo Partidário, número que deve diminuir com a aplicação progressiva da cláusula de desempenho partidário até 2030.

O processo em curso de acomodação da cláusula de desempenho partidário e de diminuição progressiva do número de legendas no sistema brasileiro é atravessado por crescentes críticas sobre o papel tradicionalmente desempenhado por elas, especialmente sobre o afastamento da base social; as complexas camadas que se sobrepõem no vínculo de representação política; o risco de encapsulamento e exercício exacerbado do poder pelas cúpulas partidárias; crescente demanda por democratização interna, inclusão e diversidade nas agremiações.

Partindo da premissa da importância dos partidos no sistema democrático, o Ministro Barroso considera consistentes as críticas endereçadas ao sistema partidário brasileiro e dedica especial cuidado e atenção às possibilidades de seu aperfeiçoamento.

3 Não incidência do regime de fidelidade partidária ao sistema majoritário

O texto constitucional de 1988, embora determinasse aos partidos políticos a regulamentação, em seus estatutos, de normas de fidelidade e disciplina partidárias (art. 17, §1º), não chegou a estabelecer sanções em caso de inobservância desses preceitos. Consolidou-se, assim, um cenário partidário marcado por constantes trocas de agremiações entre mandatários, situação que evidentemente fraudava o vínculo de representação com o eleitor.

Em resposta à Consulta nº 1.398, o TSE entendeu pela possibilidade de perda de mandato na hipótese de infidelidade partidária – compreensão que foi ratificada pelo

---

[9] São expressões dessa linha os seguintes julgados: "É constitucional a norma legal pela qual se impõe restrição temporal para a fusão ou incorporação de partidos políticos" (ADI nº 6.044. Rel. Min. Cármen Lúcia, j. 8.3.2021. DJe, 17 mar. 2021); "Pela Constituição da República se assegura a livre criação, fusão e incorporação de partidos políticos, condicionadas aos princípios do sistema democrático representativo e do pluripartidarismo. São constitucionais as normas pelas quais se fortaleça o controle quantitativo e qualitativo dos partidos, sem afronta ao princípio da igualdade ou ingerência no funcionamento interno" (ADI nº 5.311. Rel. Min. Cármen Lúcia, j. 4.3.2020. DJe, 6 jul. 2020).

[10] A título de exemplo, registram-se trechos de votos do Min. Luís Roberto Barroso: "Nós precisamos, no Brasil, reduzir o número de partidos e ter uma maior autenticidade programática desses partidos" (Tribunal Superior Eleitoral. Petição 060060791/PR. Rel. Min. Edson Fachin, j. 25.11.2021. DJe, 17 dez. 2021); e ainda "O que nós precisamos cuidar – e é disso que se trata aqui – é que a política seja representativa, que a política seja funcional, que a política tenha credibilidade junto à sociedade civil, de uma maneira geral" (ADI nº 4.650. Rel. Min. Luiz Fux, j. 17.9.2015. DJe, 24 fev. 2016).

STF no julgamento dos mandados de segurança nºs 26.602,[11] 26.603[12] e 26.604[13] e nas ADIs nºs 3.999 e 4.086.[14] Na oportunidade, o STF assentou a "inexistência de direito subjetivo autônomo ou de expectativa de direito autônomo à manutenção pessoal do cargo".

Em um primeiro momento, a lógica de que o mandato pertence ao partido político foi ampliada para alcançar inclusive os mandatários eleitos pela eleição majoritária.[15] Apenas com o julgamento da ADI nº 5.081, de relatoria do Ministro Luís Roberto Barroso,[16] a interpretação foi adequadamente ajustada para afastar a perda do mandato em razão de mudança de partido aos candidatos eleitos pelo sistema majoritário. O fundamento central é de que "o sistema majoritário, adotado para a eleição de presidente, governador, prefeito e senador, tem lógica e dinâmica diversas da do sistema proporcional".

Nesse voto paradigmático, o Ministro Barroso expõe de forma detida suas severas críticas às disfunções do sistema partidário – marcado por multiplicidade de legendas, pela circunstancialidade das coligações, pelo crescente uso de recursos públicos –, agravadas pela adoção do sistema proporcional de lista aberta.[17] [18] No entanto, dada a ênfase que o sistema majoritário confere à figura do candidato, considera que a perda do mandato em razão de violação ao instituto da fidelidade partidária importaria em verdadeira violação da vontade do eleitor e do princípio da soberania popular.

Constata-se a compreensão das complexas engrenagens do sistema político e do sistema partidário, furtando-se à aplicação chapada e simplificadora do instituto da fidelidade partidária a situações que apresentam contornos essencialmente diversos.

O sistema presidencialista brasileiro foi montado a partir do modelo estadunidense e atravessou nossa história, nos diversos paradigmas constitucionais, no sentido do seu aperfeiçoamento democrático.[19] A Constituição Federal de 1988 ofereceu sofisticado

---

[11] MS nº 26.602. Rel. Min. Eros Grau, j. 4.10.2007. DJe, 17 out. 2008.

[12] MS nº 26.603. Rel. Min. Celso de Mello, j. 4.10.2007. DJe, 19 dez. 2008.

[13] MS nº 26.604. Rel. Min. Cármen Lúcia, j. 4.10.2007. DJe, 3 out. 2008.

[14] ADI nº 3.999 e ADI nº 4.086, Rel. Min. Joaquim Barbosa, j. 12.11.2008. DJe, 17 abr. 2009.

[15] Nos termos da Res.-TSE nº 22.610/2007 (art. 13), a perda do mandato eletivo nos casos de desfiliação sem justa causa poderia ser aplicada inclusive a senadores, prefeitos, vice-prefeitos, governadores, vice-governadores, presidente da República e vice-presidente.

[16] ADI nº 5.081. Rel. Min. Luís Roberto Barroso, j. 27.5.2015. DJe, 19 ago. 2015.

[17] Nas palavras do Min. Barroso, "em lugar de ser um debate programático entre candidatos de partidos diversos, o processo se torna uma disputa personalista entre candidatos do mesmo partido. Em suma: o sistema é caríssimo, o eleitor não sabe quem elegeu e o debate público não é programático, mas personalizado. Sem surpresa, os eleitores, poucas semanas depois da eleição, já não têm qualquer lembrança dos candidatos em quem votaram nas eleições proporcionais. Como consequência, os eleitos acabam não devendo contas a ninguém" (ADI nº 5.081. Rel. Min. Luís Roberto Barroso, j. 27.5.2015. DJe, 19 ago. 2015). Na doutrina, colhe-se a seguinte passagem: "O exercício de direitos políticos e a democracia representativa, no Brasil, são afetados por um sistema político que apresenta disfunções graves". Cf. BARROSO, Luís Roberto. Curso de direito constitucional contemporâneo. 11. ed. São Paulo: SaraivaJur, 2023. p. 32.

[18] O Min. Barroso já se pronunciou em diversos momentos em defesa do sistema eleitoral distrital misto, por considerar que é um modelo que contribui para a diminuição dos custos das campanhas, para o aumento da representatividade política e para a governabilidade (Disponível em: https://www.tse.jus.br/comunicacao/noticias/2019/Abril/em-palestra-ministro-barroso-defende-reforma-do-sistema-eleitoral-brasileiro; https://www.tse.jus.br/comunicacao/noticias/2019/Junho/tse-entrega-relatorio-sobre-reforma-eleitoral-ao-presidente-da-camara; https://www.camara.leg.br/noticias/736336-presidente-do-tse-sugere-a-deputados-debater-sistema-eleitoral-distrital-misto/).

[19] Sobre o tema, trecho de voto do Min. Barroso: "eu acho que a Presidência da República, com a redemocratização, vive um momento importante de simbolismo para o país, e é possível dizer que houve uma democratização do

arcabouço de controle e diretriz de deveres funcionais que orientam as estratégias de campanha, a apresentação de candidatos e programas ao eleitorado e os mecanismos de governabilidade.

Em sua obra,[20] o Ministro Barroso destaca desafios específicos enfrentados pelo Poder Executivo, como abuso da edição de medidas provisórias, excessivo contingenciamento da execução orçamentária, persistência do presidencialismo de coalizão e ausência de mecanismos de afastamento nas hipóteses de perda de sustentação política. Contudo, a infidelidade partidária não se apresenta como questão essencial para o sistema majoritário, dado o desenho histórico que conformou o exercício do poder executivo no Brasil e a atuação do Senado Federal.

4 Fidelidade partidária e movimentos suprapartidários

Assentada pelo STF a possibilidade de perda de mandato por infidelidade partidária nos cargos conquistados pelo sistema proporcional, enquanto não sobrevinha lei, a matéria foi regulamentada pela Resolução-TSE nº 22.610/2007, na qual constavam como justa causa as seguintes hipóteses: (i) incorporação ou fusão de partido; (ii) criação de novo partido; (iii) mudança substancial ou desvio reiterado do programa partidário; e (iv) grave discriminação pessoal.

Com a edição da Lei nº 13.615/2015, foram afastadas as duas primeiras hipóteses e acrescentada a justa causa de mudança de partido durante o período de trinta dias que antecede o prazo de filiação exigido em lei para concorrer à eleição, ao término do mandato vigente – a chamada "janela partidária". Ademais, as emendas nºs 97/2017 e 111/2021 criaram hipóteses constitucionais de justa causa: (i) não atingimento da cláusula de desempenho partidário pelo partido pelo qual o parlamentar foi eleito e (ii) anuência da agremiação partidária.[21]

O regime de infidelidade partidária foi desafiado pelo recente fenômeno dos movimentos suprapartidários, especialmente atuantes nas eleições de 2018, na qual foram eleitos 29 deputados e 4 senadores vinculados a esses movimentos. Em três casos paradigmáticos que contaram com a participação central do Ministro Luís Roberto Barroso no TSE, a corte debateu sobre a existência de justa causa quando o parlamentar deixava de atender à orientação de bancada para exercer voto autônomo a ele concedido em carta-compromisso firmada entre o partido e o movimento suprapartidário.

No caso do Deputado Federal Felipe Rigoni,[22] a tese divergente inaugurada pelo Ministro Barroso sagrou-se vencedora na corte, que preservou o mandato do parlamentar trânsfuga. Entendeu-se que:

Poder Executivo, pelo menos em nível da Presidência da República" (ADI nº 4.650. Rel. Min. Luiz Fux, j. 17.9.2015. DJe, 24 fev. 2016).

[20] BARROSO, Luís Roberto. *Curso de direito constitucional contemporâneo*. 11. ed. São Paulo: SaraivaJur, 2023.

[21] Em decisão monocrática, o Min. Barroso destacou que "o entendimento anterior do TSE de que a carta de anuência, por si só, não constitui justa causa para a desfiliação partidária (PET 0600482-26 e 0600607-91. Rel. Min. Edson Fachin, j. em 25.11.2021) foi superado pela Emenda Constitucional 111/2021" (Ação de justificação de desfiliação partidária/perda de cargo eletivo nº 060076663/AM. Rel. Min. Luís Roberto Barroso, decisão monocrática de 21.12.2021. DJe, 3 fev. 2022).

[22] Petição nº 060064166/ES. Rel. Min. Luís Roberto Barroso, j. 13.4.2021. DJe, 10 maio 2021.

Declarada a eficácia da carta-compromisso, é inequívoco que a previsão de respeito à "identidade do movimento e de seus representantes" assinala o reconhecimento, pela agremiação, de que não poderia ser exigida dos filiados arregimentados dentro do Acredito a observância de diretrizes partidárias que colidissem com a pauta do movimento cívico.

Em razão dessa tese fixada, o TSE também assegurou o mandato da Deputada Tábata Amaral. Na hipótese, reconheceu-se como justa causa a imposição de grave sanção disciplinar em descompasso com a autonomia política prometida em carta-compromisso, firmada entre a agremiação e o movimento cívico.[23]

Em seu voto nesse caso, o Ministro Barroso registrou que os movimentos suprapartidários podem colaborar com o processo de rejuvenescimento dos partidos políticos, contribuindo para a busca por maior proximidade com a sociedade civil. Ressaltou que, no caso da referida deputada, a grave discriminação foi também caracterizada por violência política de gênero, com críticas especialmente desrespeitosas à sua condição de mulher.

Importante destacar que a acomodação dos movimentos suprapartidários ao sistema partidário não afasta a centralidade das agremiações. A premissa é a autonomia partidária, vez que cabe à legenda a definição sobre se vai se abrir ou não a um regime diferenciado para receber candidatas e candidatos vinculados a movimentos suprapartidários em seus quadros, com a formalização de acordos.

Por essa razão, no caso do Deputado Rodrigo Coelho,[24] em que não havia acordo formal ou carta-compromisso firmada entre a agremiação e o movimento suprapartidário, o Ministro Barroso cuidou de explicitar os contornos de seu entendimento. Assinalou que, como regra geral, na ausência de acordo formalizado, deve-se prestigiar a fidelidade partidária e, portanto, a orientação de bancada como instrumento daquele instituto, sendo legítimas as sanções proporcionais.

Ressaltou, contudo, que havia naquela hipótese um elemento especial apto a distinguir o caso: a comprovação de que havia um concreto compromisso partidário em curso, de articulação mais ampla com outras correntes políticas, que apenas foi frustrado em razão da morte de seu fiador, o candidato Eduardo Campos.

Portanto, a essencialidade dos partidos políticos para a democracia segue sendo o primeiro enquadramento da análise, ao mesmo tempo em que se reconhece como possibilidade as recentes experiências dos movimentos suprapartidários, que oferecem escolas de formação política com o objetivo declarado de identificar e fomentar lideranças políticas.[25] Como fenômeno recente, desafiam ainda a compreensão sobre "os grupos sociais que sustentam, organizam e influenciam essas iniciativas, bem como

---

[23] Petição nº 060063729/SP. Rel. Min. Sérgio Banhos, j. 25.5.2021. *DJe*, 20 out. 2021.
[24] Petição nº 060064336/SC. Rel. Min. Alexandre de Moraes, j. 13.4.2021. *DJe*, 19 ago. 2021.
[25] "[...] a partir da tese da importância e centralidade dos partidos políticos (Scarrow, 2006; Aldrich, 1995), é possível questionar a permanência desse modelo e desse status apartidário de arranjo representativo no sistema político e partidário brasileiro". Cf. MARTINS JUNIOR, José Paulo; SCHMITZ, Priscila. *Movimentos suprapartidários x Partidos Políticos*: parceria ou desafio. 46º Encontro Anual da Anpocs – ST 54: Partidos, eleições e sistemas. 2022. p. 4. Disponível em: https://www.encontro2022.anpocs.com/arquivo/downloadpublic?q=YToyOntzOjY6InBh cmFtcyI7czozNToiYToxOntzOjEwOiJJRF9BUlFVSVZPIjtzOjQ6Ijkz0TIiO30iO3M6MToiaCI7czozMjoiMmIx YmU4ZWFhNWY5YjEzMmViMDA1MTU5Y2I4MmI5MDUiO30%3D. Acesso em: 5 maio 2023.

o montante de recursos oriundos de setores empresariais".[26] O recorte de gênero e de raça das lideranças recrutadas, majoritariamente masculinas e brancas, é outro aspecto importante a ser analisado.[27]

5 Federações partidárias

A proposta de federações partidárias, em que dois ou mais partidos atuam como se fossem uma única agremiação, no processo eleitoral e no funcionamento parlamentar, percorreu por anos, sem sucesso, os debates legislativos no Congresso Nacional. Após a proibição de coligações nas eleições proporcionais, veiculada pela Emenda Constitucional nº 97/2017, a proposta ganhou adesão e foi instituída por meio da Lei nº 14.208/2021.

Em objeção à Lei nº 14.208/202, foi ajuizada ADI nº 7.021 pelo Partido Trabalhista Brasileiro (PTB), com a alegação de vícios de inconstitucionalidade formal e de inconstitucionalidade material. Em decisão monocrática posteriormente confirmada pelo plenário do STF, o Ministro Luís Roberto Barroso rejeitou a arguição de inconstitucionalidade formal, ao fundamento de desnecessidade de retorno da proposta de emenda à Constituição à casa iniciadora, ante a ausência de alteração substancial de seu conteúdo pela casa revisora.

No que toca à alegada inconstitucionalidade material, rejeitou o argumento do partido autor da ação de que permitir federações para eleições proporcionais restabeleceria a figura da coligação partidária, por vislumbrar importantes pontos de distinção entre os institutos.

> As coligações consistiam na reunião puramente circunstancial de partidos, para fins eleitorais, sem qualquer compromisso de alinhamento programático. Tal fato permitia, por exemplo, que o voto do eleitor, dado a um partido que defendia a estatização de empresas, ajudasse a eleger o candidato de um partido ultraliberal. Ou vice-versa. A fraude à vontade do eleitor era evidente. Já a federação partidária, embora assegure a identidade e a autonomia dos partidos que a integram (art. 11-A, §2º), promove entre eles: (i) uma união estável, ainda que transitória, com durabilidade de no mínimo 4 (quatro) anos (art. 11-A, §3º, II); (ii) requer afinidade programática, que permita a formulação de estatuto e de um programa comuns à federação (art. 11-A, §6º, II), e (iii) vincula o funcionamento parlamentar posterior às eleições (art. 11-A, §1º). Em tais condições, as federações não implicam transferência ilegítima de voto entre partidos com visões ideológicas diversas e, portanto, não geram os impactos negativos sobre o sistema representativo que resultavam das antigas coligações proporcionais.[28]

---

[26] Cf. BRAGA, Maria do Socorro Sousa; RODRIGUES, Marcus Leonardo Corrêa; MORAES, Karoline Rodrigues de; THOMAZINI, Marlon Baltieri. Partidos políticos brasileiros: o qual democráticos são? In: BRASIL. TSE. *Sistematização das normas eleitorais* – Eixo temático VIII: Partidos políticos. Brasília: TSE, 2022. p. 45.

[27] "Apenas 9,4% dos candidatos do RenovaBR se autodeclaram pretos, frente aos 65% declarados brancos. No movimento Acredito, o percentual de pretos é ainda menor (7,4%) frente a 48,1% de candidatos declarados brancos e 44,4%, pardos". Cf. BRAGA, Maria do Socorro Sousa; RODRIGUES, Marcus Leonardo Corrêa; MORAES, Karoline Rodrigues de; THOMAZINI, Marlon Baltieri. Partidos políticos brasileiros: o qual democráticos são? In: BRASIL. TSE. *Sistematização das normas eleitorais* – Eixo temático VIII: Partidos políticos. Brasília: TSE, 2022. p. 50.

[28] ADI nº 7.021 MC-Ref. Rel. Min. Luís Roberto Barroso, j. 9.2.2022. *DJe*, 17 maio 2022.

Destacou, contudo, relevante problema de quebra de isonomia no tratamento diferenciado conferido à federação partidária. Conforme determina a Lei das Eleições, partidos políticos devem estar registrados no prazo de até 6 meses antes das eleições. A lei impugnada pela ADI estendia esse prazo no caso das federações, até a data final do período de realização das convenções partidárias, em 5 de agosto do ano eleitoral.

A previsão de prazos diferenciados conferia à federação indevida vantagem competitiva, com mais ampla possibilidade de montagem circunstancial de estratégias políticas. Ademais, retiraria do eleitorado o necessário tempo de informação, para prévio conhecimento dos estatutos nacionais e das propostas das federações. Por essas razões, o STF, nos termos do voto do Ministro Barroso, determinou que as federações devem observar o mesmo prazo de registro já previsto para os partidos políticos.[29]

A precariedade das coligações, arranjadas para cumprir imediato propósito eleitoral, sempre foi apontada pelo Ministro Barroso, em votos e pronunciamentos, como elemento negativo do sistema partidário brasileiro – especialmente quando combinado ao sistema proporcional de lista aberta. No mesmo sentido, para a ciência política:

> [...] o efeito das coligações até 2018 foi largamente interpretado como negativo pela área, seja por seu impacto na sobrevivência da representação de partidos de menor porte, seja por suas distorções na representação política, no que se refere às bases ideológicas ou partidárias.[30]

Assim, desde 2017, com a proibição de coligações proporcionais e a reinstituição da cláusula de desempenho partidário, está em curso no Brasil importante processo de depuração partidária, com vistas à diminuição da fragmentação partidária. Nesse contexto, as federações se apresentam com estratégia de acomodação, ao permitir a sobrevida de partidos numa espécie de ensaio para fusões e incorporações.[31]

Superada a questão constitucional, outros desafios se apresentavam. A nova lei ofereceu apenas contornos mais gerais às federações e coube então ao TSE a regulamentação do novo instituto por meio da Resolução-TSE nº 23.670/2021, para especificar o processo de formalização, o procedimento para alteração ou extinção da federação, as sanções no caso de desrespeito ao prazo mínimo de 4 anos, as regras sobre o uso de nome e sigla partidária, o acesso ao fundo partidário, entre outras normas.

Importante registrar que esse processo de regulamentação foi conduzido, no TSE, sob a presidência do Ministro Luís Roberto Barroso, em franco e atento diálogo com o Congresso Nacional, em tempo recorde. A novidade legislativa havia sido aprovada com

---

[29] Excepcionalmente, nas eleições de 2022, o prazo para constituição de federações partidárias foi estendido até 31 de maio daquele ano.

[30] KRAUSE, Silvana; MACHADO, Carlos Melo; BARBOSA, Tiago Alexandre Leme; AIKAWA, Luiza; SCHAEFER, Bruno Marques; GOULART, Guilherme. Coligações Proporcionais: apontamentos sobre seus efeitos e proibição. In: BRASIL. TSE. *Sistematização das normas eleitorais* – Eixo temático VIII: Partidos políticos. Brasília: TSE, 2022. p. 133.

[31] "[...] as federações têm tudo para ser um teste entre legendas para a constituição futura de um novo partido político, por meio de fusão ou incorporação. Além disso, o prazo mínimo de quatro anos para manutenção da federação poderá assegurar uma maior correspondência entre voto e representação, pois partidos federados eleitos para uma legislatura deverão permanecer unidos até o seu fim — o que também desincentiva mudanças de lado casuísticas no cenário pós-eleitoral". Cf. MEDEIROS, Isaac Kofi. O que são federações partidárias e como elas podem impactar as eleições. *Conjur*, 10 out. 2021. Disponível em: https://www.conjur.com.br/2021-out-10/medeiros-federacoes-partidarias-impacto-eleicoes. Acesso em: 20 abr. 2023.

respeito à antecedência de um ano em relação às Eleições 2022. No entanto, tratava-se de uma forma de estruturação partidária inédita, que suscitava questões institucionais, eleitorais e parlamentares complexas. Além disso, tornar a federação um ente operacional em poucos meses desafiava o equacionamento de aspectos procedimentais e técnicos. Apesar da magnitude do encargo, o TSE, ainda em 2021, aprovou, à unanimidade, a minuta de resolução proposta pelo então presidente do tribunal.

O êxito da regulamentação seria evidenciado pouco depois. Em 2022, três federações foram registradas no TSE: (i) Federação Brasil da Esperança (PT/PCdoB/PV); (ii) Federação PSDB/Cidadania; e (iii) Federação PSOL/Rede. O trâmite desses procedimentos foi célere e teve como resultado a promoção da necessária segurança jurídica para que as novas entidades atuassem no processo eleitoral.

Não há dúvidas de que o cálculo de estratégias para orientar os partidos a se unirem em federação é complexo e envolve a perspectiva de impacto eleitoral da vinculação. Nesse sentido, já se havia feito prognóstico, anterior às federações efetivamente registradas, de que "as federações, no Brasil, terão maior chance de sucesso, se organizadas de forma a congregar as agremiações partidárias que possuem forças locais não conflitantes (modelo de prevalência de uma das legendas)".[32] Esses desafios remanescentes, afetos à política, certamente poderão se desenrolar em terreno seguro, propiciado pela decisão na ADI nº 7.021 e pela Res.-TSE nº 23.670/2021. Isso porque, sob a cirúrgica e eficiente condução do Ministro Luís Roberto Barroso, foi possível privilegiar a criação legislativa, por meio de interpretação conforme à Constituição e de fixação de regras estáveis, que refletem o sério compromisso com um arranjo distinto das coligações e vocacionado ao aprimoramento do sistema partidário.

6 Outros destaques

Há mais três questões relacionadas aos partidos políticos e abordadas pelo Ministro Barroso que merecem destaque nesta análise.

Em primeiro lugar, na Consulta nº 0603816-39, relatada pela Ministra Rosa Weber, o plenário do TSE assentou que deve ser observada a reserva de 30% das vagas para candidaturas proporcionais, prevista no §3º do art. 10 da Lei das Eleições também para as disputas que tenham a finalidade de compor os órgãos internos dos partidos políticos.[33]

Na ocasião, o Ministro Barroso, vice-presidente da corte eleitoral, propôs que fosse notificado o Congresso Nacional para que essa obrigatoriedade do cumprimento da reserva de gênero fosse incluída na legislação, com a previsão de sanções às legendas que

---

[32] GRESTA, Roberta; CARVALHO, Volgane. Federação de partidos políticos no Brasil: impactos sobre o sistema partidário, contexto latino-americano e desafios para as eleições 2022. *Revista Debates*, Porto Alegre, v. 16, n. 1, p. 143-167, jan./abr. 2022. Disponível em: https://abradep.org/midias/federacao-de-partidos-politicos-no-brasil-impactos-sobre-o-sistema-partidario-contexto-latinoamericano-e-desafios-para-as-eleicoes-2022/. Acesso em: 20 abr. 2023.

[33] Dialoga com essa compreensão o Enunciado nº 62 da I Jornada de Direito Eleitoral realizada pela EJE-TSE, segundo o qual: "Considerando a previsão constitucional de que os partidos devem resguardar o regime democrático, os direitos fundamentais da pessoa humana, a igualdade material e, tendo em vista ainda a vedação à discriminação e do retrocesso, os partidos devem assegurar a participação de categorias minorizadas em todas as suas ações (art. 17, caput, da CF)" (Disponível em: https://www.tse.jus.br/legislacao/compilada/prt/2021/portaria-no-348-de-28-de-maio-de-2021).

não a cumprissem. Relevante registrar, no entanto, que, do Projeto de Lei Complementar nº 112/2021, aprovado na Câmara dos Deputados e pendente de apreciação pelo Senado Federal, não constou referência a esse importante entendimento do TSE.

O caso bem ilustra a constante preocupação do Ministro Barroso com o aperfeiçoamento das instâncias partidárias, cuja constituição mais democrática e diversa apresenta-se como condição de possibilidade de aproximação mais orgânica e autêntica das bases sociais. O risco de fechamento burocrático das legendas em torno de cúpulas excludentes constitui frequente alerta em seus posicionamentos sobre questões partidárias.

Em segundo lugar, com voto de relatoria do Ministro Barroso, o STF autorizou aos partidos políticos o cômputo dos votos de candidatos com pedido de registro deferido ou não apreciado no dia da eleição, em favor das agremiações.[34] A questão tem por referência grave disfunção do fluxo de registro de candidaturas no Brasil, que ocasiona que as eleições aconteçam sem que a Justiça Eleitoral tenha decidido, em caráter definitivo, as candidatas e os candidatos aptos a participarem do pleito – situação frequentemente destacada pelo Ministro Barroso como problemática.[35]

Considerada a boa-fé objetiva e o prestígio à vontade de eleitoras e eleitores, nas situações em que a candidata ou o candidato escolhido pelo eleitorado na urna tenha seu registro indeferido pela Justiça Eleitoral depois das eleições, faz sentido que seja destinado à agremiação partidária o voto, ante a aparente regularidade da candidatura.

A hipótese é distinta de outras duas: (i) registro de candidatura já se encontrava indeferido na data da eleição, vez que, nesse caso, eleitoras e eleitores assumem risco já anunciado pela Justiça Eleitoral; e (ii) cassação do registro de candidatura ou do diploma, em ações próprias destinadas a apurar a prática de ilícitos eleitorais – como fraude, coação, captação ilícita de sufrágio, abuso de poder econômico, político ou uso indevido de meios de comunicação. Nesses dois casos, os votos não são aproveitados para qualquer finalidade. O entendimento, marcado pela sofisticação argumentativa e pelo rigor técnico, confirma a linha do Ministro Barroso de reconhecimento da essencialidade das instâncias partidárias no sistema democrático.

Em terceiro lugar, cabe salientar que a gestão do Ministro Luís Roberto Barroso na presidência do TSE foi marcada por significativos avanços no que diz respeito à regulamentação de procedimentos e ao desenvolvimento de sistemas relacionados à matéria partidária. De início, destaque-se que não se trata de questão pouco relevante, vez que o bom desempenho das atribuições administrativas da Justiça Eleitoral tem como um de seus pilares a eficiência de seus sistemas e a revisão de procedimentos.[36]

Nesse âmbito, promoveu-se a depuração do Sistema de Apoiamento a Partidos em Formação (SAPF), estabelecendo-se fluxo para tratamento, de ofício, de partidos políticos que não tenham conseguido comprovar apoiamento mínimo no prazo legal de 2 anos. Em julho de 2021, o SAPF contava com 78 partidos políticos habilitados a coletar

---

[34] ADIn nº 4.513, ADIn nº 4.542 e ADPF nº 223, acórdão pendente de publicação.

[35] "Com isso, lança-se um quadro de insegurança sobre a situação jurídica dos candidatos, com efeitos negativos sobre a soberania popular, o princípio democrático, o princípio republicano e o princípio da economicidade, bem como sobre a própria legitimidade do pleito".

[36] GRESTA, Roberta Maia. Os avanços da regulamentação da matéria partidária pelo TSE durante a gestão Barroso. *Boletim Abradep*, n. 3, abr. 2022. Disponível em: https://abradep.org/wp-content/uploads/2022.4.Boletim-ABRADEP-n3-Abril-2022.pdf. Acesso em: 17 maio 2023.

assinaturas, número que chegou a 86 em janeiro de 2022. A premissa para a depuração foi que as agremiações que não tinham inserido no sistema o número mínimo de apoios, em dois anos, não ostentavam mais interesse jurídico na coleta de assinaturas.

Trata-se de medida que, "além de dispensar o esforço inócuo de coleta e conferência de assinaturas de apoio a partidos inviáveis, permitirá à sociedade e à imprensa acessar a correta informação sobre o número de partidos em formação".[37] O SAPF se encontra, hoje, plenamente saneado, somente figurando no sistema partidos políticos viáveis, ou seja, que se encontrem coletando assinaturas dentro do prazo legal assegurado para tanto.

Também na gestão do Ministro Luís Roberto Barroso deu-se cumprimento à decisão proferida na Consulta nº 0601966-13,[38] que definiu a possibilidade de uso de assinatura eletrônica para fins de apoiamento, mediante "prévia regulamentação pelo TSE e desenvolvimento de ferramenta tecnológica para aferir a autenticidade das assinaturas". A determinação do Colegiado foi concretizada na Resolução-TSE nº 23.647/2021, que dispôs sobre a utilização de certificados digitais no padrão ICP-Brasil no sistema da Justiça Eleitoral e ainda previu que seja utilizado como assinatura eletrônica "o código gerado em aplicativo do TSE instalado em equipamento mobile de uso pessoal do eleitor, mediante identificação biométrica aferida a partir dos dados do cidadão constantes do Cadastro Nacional de Eleitores" (art. 13-C, II, Resolução-TSE nº 23.571/2018). Essa nova funcionalidade se encontra em vias de implementação e representará um avanço democrático, por consistir, em última análise, em certificado digital gratuito que futuramente poderá ser cogitado para outras finalidades, além da validação de assinaturas para criação de novos partidos.

Por fim, registra-se a eliminação da consulta pública sobre filiações partidárias, avanço necessário ante a Lei nº 13.709/2018 – Lei Geral de Proteção de Dados Pessoais (LGPD) – que entrou em vigor em 2020. A norma reconhece que o pertencimento a organizações políticas é dado pessoal sensível, razão pela qual sua proteção exige eliminar possibilidades de uso discriminatório. No caso, a consulta permitia a terceiros obter informações sobre filiações atual e pretéritas de qualquer pessoa, o que havia sido pensado em um paradigma anterior de máxima transparência. Contudo, os dados vinham sendo explorados para fins de perseguição ideológica e mesmo restrição a empregos. A disponibilização pública dos dados sobre filiados era incompatível com a estrita finalidade legal, que é permitir a aferição de prazos de filiação partidária para efeito de candidatura a cargos eletivos (art. 19 da Lei nº 9.096/1995). Novas regras foram então aprovadas para que se cumprisse estritamente esse objetivo.

7 Considerações finais

As estruturas tradicionais dos partidos políticos, de longa data problematizadas, atravessam um período de especial adversidade. Há desafios inerentes ao simples devir histórico, que sobrepõem novas questões relativas à intermediação política, e

---

[37] GRESTA, Roberta Maia. Os avanços da regulamentação da matéria partidária pelo TSE durante a gestão Barroso. *Boletim Abradep*, n. 3, abr. 2022. p. 37. Disponível em: https://abradep.org/wp-content/uploads/2022.4.Boletim-ABRADEP-n3-Abril-2022.pdf. Acesso em: 17 maio 2023.

[38] Consulta nº 060196613/DF. Rel. Min. Luis Felipe Salomão, j. 3.12.2019. *DJe*, 22 set. 2020.

desafios adicionais, surgidos no contexto de ataques à própria democracia. Longe de se apresentarem como figuras prontas e acabadas, insuscetíveis às necessárias críticas ao seu aperfeiçoamento, qualquer análise séria sobre os partidos políticos precisa adotar, como premissa, sua essencialidade para a democracia representativa.

Neste ensaio, procurou-se demonstrar que, no exercício da jurisdição do STF e do TSE, na vida acadêmica e na gestão da Justiça Eleitoral, a atuação do Ministro Luís Roberto Barroso é marcada pelo profundo respeito à democracia e, como decorrência, às instâncias partidárias. A sofisticação e o apuro técnico de seus votos, estudos e proposições regulamentares bem refletem sua postura pessoal de escuta aos diversos pontos de vista que inevitavelmente se entrecruzam, e precisam ser conciliados, no tema partidário.

Nesses dez anos de atuação, o Ministro Barroso colaborou para sedimentar a importância dos partidos políticos, definindo os contornos do instituto da infidelidade partidária para excluir sua incidência no caso dos cargos majoritários e compatibilizando-a ao recente fenômeno dos movimentos cívicos apartidários. Ciente da necessidade do processo de depuração do quadro partidário brasileiro, em curso desde a Emenda Constitucional nº 97/2017, contribuiu para operacionalizar as federações partidárias.

Ademais, registrou a necessidade de diversidade de gênero nos órgãos de direção partidária e de aproveitamento de votos em favor dos partidos políticos nas hipóteses de posterior indeferimento de candidaturas deferidas *sub judice* ou não apreciadas no dia do pleito. Promoveu, ainda, relevantes inovações e modernizações administrativas na Justiça Eleitoral afetas às agremiações partidárias.

Para os próximos anos, a expectativa é de que até 2030, com a incidência plena da cláusula de desempenho partidário, seja consolidado um quadro menos numeroso de legendas, com reflexos benéficos na complexa dinâmica de governabilidade e no aproveitamento de recursos públicos endereçados aos partidos. É preciso, contudo, que as alterações no sistema partidário brasileiro não se circunscrevam aos aspectos quantitativos, impondo-se uma nova conformação democratizante das instâncias partidárias, em suas composições e procedimentos internos. Não há dúvidas de que o Ministro Luís Roberto Barroso seguirá influenciando, no âmbito de suas atribuições constitucionais e de sua cátedra, esse desejado aprimoramento.

Ao final deste texto, não é possível às autoras se furtarem de um depoimento pessoal. A convivência e a interlocução com o Ministro Luís Roberto Barroso são um privilégio. Na condição de assessoras no Tribunal Superior Eleitoral, encontramos no magistrado a abertura ao diálogo, o genuíno interesse por nossas contribuições e sua gentileza ímpar. Pudemos acompanhá-lo no desafiador processo eleitoral de 2020, que se viu atravessado pela tragédia da pandemia, agravada pelo obscurantismo negacionista. A viabilidade daquelas eleições, de indubitável relevância para a sobrevivência da nossa democracia, deve muito à sua visão estratégica, capacidade de construir consensos e robusto compromisso com o país. Levamos desse período histórico o crescimento profissional, a carinhosa lembrança e a honrosa partilha.

Referências

BARROSO, Luís Roberto. *Curso de direito constitucional contemporâneo*. 11. ed. São Paulo: SaraivaJur, 2023.

BRAGA, Maria do Socorro Sousa; RODRIGUES, Marcus Leonardo Corrêa; MORAES, Karoline Rodrigues de; THOMAZINI, Marlon Baltieri. Partidos políticos brasileiros: o qual democráticos são? *In*: BRASIL. TSE. *Sistematização das normas eleitorais* – Eixo temático VIII: Partidos políticos. Brasília: TSE, 2022.

BRASIL. Supremo Tribunal Federal (Plenário). Ação Direta de Inconstitucionalidade 1354. Rel. Min. Marco Aurélio, j. 7.12.2006. *Diário de Justiça*, 30 mar. 2007.

BRASIL. Supremo Tribunal Federal (Plenário). Ação Direta de Inconstitucionalidade 1351. Rel. Min. Marco Aurélio, j. 7.12.2006. *Diário de Justiça*, 30 mar. 2007.

BRASIL. Supremo Tribunal Federal (Plenário). ADI 3.999. Rel. Min. Joaquim Barbosa, j. 12.11.2008. *DJe*, 17 abr. 2009.

BRASIL. Supremo Tribunal Federal (Plenário). ADI 4.086. Rel. Min. Joaquim Barbosa, j. 12.11.2008. *DJe*, 17 abr. 2009.

BRASIL. Supremo Tribunal Federal (Plenário). ADI 4650. Rel. Min. Luiz Fux, j. 17.9.2015. *DJe*, 24 fev. 2016.

BRASIL. Supremo Tribunal Federal (Plenário). ADI 5.311. Rel. Min. Cármen Lúcia, j. 4.3.2020. *DJe*, 6 jul. 2020.

BRASIL. Supremo Tribunal Federal (Plenário). ADI 5081. Rel. Min. Luís Roberto Barroso, j. 27.5.2015. *DJe*, 19 ago. 2015.

BRASIL. Supremo Tribunal Federal (Plenário). ADI 6.044. Rel. Min. Cármen Lúcia, j. 8.3.2021. *DJe*, 17 mar. 2021.

BRASIL. Supremo Tribunal Federal (Plenário). ADI 7021 MC-Ref. Rel. Min. Luís Roberto Barroso, j. 9.2.2022. *DJe*, 17 maio 2022.

BRASIL. Supremo Tribunal Federal (Plenário). ADPF 378 MC, Red. do Ac. Min. Roberto Barroso, j. 16.12.2015. *DJe*, 8 mar. 2016.

BRASIL. Supremo Tribunal Federal (Plenário). MS 24.831. Rel. Min. Celso de Mello, j. 22.6.2005. *Diário de Justiça*, 4 ago. 2006.

BRASIL. Supremo Tribunal Federal (Plenário). MS 26.441. Rel. Min. Celso de Mello, j. 25.4.2007. *DJe*, 18 dez. 2009.

BRASIL. Supremo Tribunal Federal (Plenário). MS nº 26.602. Rel. Min. Eros Grau, j. 4.10.2007. *DJe*, 17 out. 2008.

BRASIL. Supremo Tribunal Federal (Plenário). MS nº 26.603. Rel. Min. Celso de Mello, j. 4.10.2007. *DJe*, 19 dez. 2008.

BRASIL. Supremo Tribunal Federal (Plenário). MS nº 26.604. Rel. Min. Cármen Lúcia, j. 4.10.2007. *DJe*, 3 out. 2008.

BRASIL. Tribunal Superior Eleitoral. Ação de justificação de desfiliação partidária/perda de cargo eletivo 060076663/AM. Rel. Min. Luís Roberto Barroso, decisão monocrática de 21.12.2021. *DJe*, 3 fev. 2022.

BRASIL. Tribunal Superior Eleitoral. Consulta 060196613/DF. Rel. Min. Luis Felipe Salomão, j. 3.12.2019. *DJe*, 22 set. 2020.

BRASIL. Tribunal Superior Eleitoral. Petição 060060791/PR. Rel. Min. Edson Fachin, j. 25.11.2021. *DJe*, 17 dez. 2021.

BRASIL. Tribunal Superior Eleitoral. Petição 060063729/SP. Rel. Min. Sérgio Banhos, j. 25.5.2021. *DJe*, 20 out. 2021.

BRASIL. Tribunal Superior Eleitoral. Petição 060064166/ES. Rel. Min. Luís Roberto Barroso, j. 13.4.2021. *DJe*, 10 maio 2021.

BRASIL. Tribunal Superior Eleitoral. Petição 060064336/SC, Rel. Min. Alexandre de Moraes, j. 13.4.2021. *DJe*, 19 ago. 2021.

BRASIL. Tribunal Superior Eleitoral. *Resolução nº 22.600, de 25 de outubro de 2007*. Brasília/DF. Disponível em: https://www.tse.jus.br/legislacao/codigo-eleitoral/normas-editadas-pelo-tse/resolucao-nb0-22.610-de-25-de-outubro-de-2007-brasilia-2013-df. Acesso em: 5 maio 2023.

BRASIL. Tribunal Superior Eleitoral. *Resolução nº 23.670, de 14 de dezembro de 2021*. Dispõe sobre as federações de partidos políticos. Brasília/DF. Disponível em: https://www.tse.jus.br/legislacao/compilada/res/2021/resolucao-no-23-670-de-14-de-dezembro-de-2021. Acesso em: 25 abr. 2023.

GRESTA, Roberta Maia. Os avanços da regulamentação da matéria partidária pelo TSE durante a gestão Barroso. *Boletim Abradep*, n. 3, abr. 2022. Disponível em: https://abradep.org/wp-content/uploads/2022.4.Boletim-ABRADEP-n3-Abril-2022.pdf. Acesso em: 17 maio 2023.

GRESTA, Roberta Maia; FERREIRA, Lara Marina; BRACARENSE, Mariana Sousa. Parâmetros de legitimidade da atuação dos partidos políticos no processo jurisdicional eleitoral. *Revista de Doutrina e Jurisprudência*, Belo Horizonte, 2012.

GRESTA, Roberta; CARVALHO, Volgane. Federação de partidos políticos no Brasil: impactos sobre o sistema partidário, contexto latino-americano e desafios para as eleições 2022. *Revista Debates*, Porto Alegre, v. 16, n. 1, p. 143-167, jan./abr. 2022. Disponível em: https://abradep.org/midias/federacao-de-partidos-politicos-no-brasil-impactos-sobre-o-sistema-partidario-contexto-latinoamericano-e-desafios-para-as-eleicoes-2022/. Acesso em: 20 abr. 2023.

KRAUSE, Silvana; MACHADO, Carlos Melo; BARBOSA, Tiago Alexandre Leme; AIKAWA, Luiza; SCHAEFER, Bruno Marques; GOULART, Guilherme. Coligações Proporcionais: apontamentos sobre seus efeitos e proibição. *In*: BRASIL. TSE. *Sistematização das normas eleitorais* – Eixo temático VIII: Partidos políticos. Brasília: TSE, 2022.

MARTINS JUNIOR, José Paulo; SCHMITZ, Priscila. *Movimentos suprapartidários x Partidos Políticos*: parceria ou desafio. 46º Encontro Anual da Anpocs – ST 54: Partidos, eleições e sistemas. 2022. Disponível em: https://www.encontro2022.anpocs.com/arquivo/downloadpublic?q=YToyOntzOjY6InBhcmFtcyI7czozNToiY ToxOntzOjEwOiJJRF9BUlFVSVZPIjtzOjQ6Ijkz OTIiO30iO3M6MToiaCI7czozMjoiMmIxYmU4ZWFhNWY5 YjEzMmViMDA1MTU5Y2I4MmI5MDUiO30%3D. Acesso em: 5 maio 2023.

MEDEIROS, Isaac Kofi. O que são federações partidárias e como elas podem impactar as eleições. *Conjur*, 10 out. 2021. Disponível em: https://www.conjur.com.br/2021-out-10/medeiros-federacoes-partidarias-impacto-eleicoes. Acesso em: 20 abr. 2023.

Informação bibliográfica deste texto, conforme a NBR 6023:2018 da Associação Brasileira de Normas Técnicas (ABNT):

FERREIRA, Lara Marina; GRESTA, Roberta Maia. Partidos políticos para uma democracia contemporânea: contribuições do Ministro Luís Roberto Barroso. *In*: OSORIO, Aline; MELLO, Patrícia Perrone Campos; BARROSO, Luna van Brussel (Coord.). *Direitos e democracia*: 10 anos do Ministro Luís Roberto Barroso no STF. Belo Horizonte: Fórum, 2023. p. 781-795. ISBN 978-65-5518-555-3.

QUESTÕES RELEVANTES SOBRE A RECLAMAÇÃO NO SUPREMO TRIBUNAL FEDERAL

LEONARDO CUNHA
RAFAEL GAIA PEPE

1 Nota prévia sobre o homenageado

Luís Roberto Barroso dispensa apresentações. Sem dúvidas, trata-se da maior influência contemporânea na formação de pensadores do direito constitucional brasileiro. No exercício da judicatura, o Ministro Luís Roberto Barroso é intransigente na defesa dos direitos fundamentais e do regime democrático, mas sem perder a leveza. Por isso, todos aqueles que com ele trabalham ou trabalharam guardarão, para sempre, as suas lições e os laços de amizade formados no gabinete. Assim, é justíssima a homenagem ao Ministro Luís Roberto Barroso, pela importância que ele tem para o Supremo Tribunal Federal e, sobretudo, para o Brasil.

2 Relevância do tema

Quando se pensa em jurisdição constitucional, raramente se concede destaque à figura da reclamação. Muitas são as obras dedicadas às ações de controle concentrado[1] ou mesmo ao recurso extraordinário,[2] mas são poucos os estudos voltados especificamente para o mecanismo destinado a impor, na prática, o cumprimento das decisões proferidas pelo Supremo Tribunal Federal.[3] Não obstante isso, a reclamação, prevista no art. 102, I,

---

[1] Veja-se, por todas, BARROSO, Luís Roberto. *O controle de constitucionalidade no direito brasileiro*. 9. ed. São Paulo: Saraiva, 2022.
[2] Sobre a perspectiva constitucional do recurso extraordinário, com notas a respeito do direito comparado, v. MOREIRA, José Carlos Barbosa. *Comentários ao Código de Processo Civil*. 17. ed. Rio de Janeiro: Forense, 2013. v. V.
[3] Por uma questão de justiça, deve-se fazer referência ao trabalho pioneiro de KELLY, Prado; BARRETO, Plínio. *O Supremo Tribunal e a força dos seus julgados*. São Paulo: Revista dos Tribunais, 1952. Trata-se de memorial apresentado para a Reclamação nº 141, publicado em forma de livro. A Reclamação nº 141 tornou-se um *leading case* na matéria e, por conta disso, será analisada logo adiante.

"l", da CF/1988, está se tornando cada vez mais relevante no dia a dia do Supremo, que tem definido os contornos jurídicos de tal instituto ao longo das últimas sete décadas.

Essa relevância é refletida nos números: a reclamação tem ganhado cada vez mais espaço entre os processos tramitando no Supremo Tribunal Federal. Com efeito, de acordo com dados disponíveis no *site* da Corte, nota-se que, nos últimos 17 anos, a distribuição de reclamações saltou de 848, em 2006, para 6.242, em 2022.[4] Ou seja: houve um aumento de 636% no número de reclamações distribuídas no período, ao passo que houve uma redução de 46% no total de processos distribuídos no Supremo.[5] Isso significa que, no que diz respeito à chegada de novos processos, as reclamações seguem na contramão do acervo geral da Corte.

Há uma explicação para isso. O Supremo, desde a Reforma do Judiciário, por meio da Emenda Constitucional nº 45/2004, tem observado uma mudança no seu perfil institucional, para dar ênfase a uma função que se poderia chamar de "nomofilácica" – isto é, de uma Corte de precedentes vinculantes. Tal perfil foi incrementado pelo Código de Processo Civil de 2015, que estruturou todo um sistema de precedentes, impulsionando o Supremo nessa direção uniformizadora.[6] Se, como mencionado, a reclamação tem como um dos objetivos assegurar o cumprimento das decisões do Supremo Tribunal Federal, há uma tendência natural de que o aumento de decisões com efeitos vinculantes e *erga omnes* gere o crescimento proporcional do número de reclamações.[7]

Deste modo, o objetivo do presente artigo é traçar um panorama geral sobre os principais aspectos da reclamação no âmbito do Supremo Tribunal Federal. A par disso, serão abordados alguns pontos específicos que merecem especial atenção, notadamente por aqueles que litigam diariamente no Supremo, sem pretensão de exaustão. Para tanto, serão utilizados como base, sempre que possível, os acórdãos de relatoria do Ministro Luís Roberto Barroso, formador de opinião também nessa matéria. Ao fim, serão sumarizadas as respectivas conclusões.

3 Origem e evolução histórica

Em geral, a gênese da reclamação no Supremo Tribunal Federal, com a forma que conhecemos hoje, é atribuída ao julgamento da Reclamação nº 141,[8] ocorrido em 1952. Naquele caso, discutia-se a violação à coisa julgada formada em ação de nulidade de

---

[4] Disponível em: https://transparencia.stf.jus.br/extensions/recebidos_baixados/recebidos_baixados.html. Acesso em: 13 jan. 2023.
[5] Em 2006 haviam sido distribuídos 120.054 feitos no STF, independentemente da classe processual, enquanto, em 2022, esse número alcançou a marca de 70.707 feitos. Esses números estão disponíveis em: https://transparencia.stf.jus.br/extensions/recebidos_baixados/recebidos_baixados.html. Acesso em: 13 jan. 2023. Independentemente dessa redução, o número de processos que alcança o Supremo Tribunal Federal continua a ser impressionante, especialmente quando comparado a outras Cortes Constitucionais do mundo. Sobre o fenômeno da hiperjudicialização no Brasil, cf. BARROSO, Luís Roberto. *A judicialização da vida e o papel do Supremo*. Belo Horizonte: Fórum, 2018.
[6] Sobre o tema, cf. MELLO, Patrícia Perrone Campos; BARROSO, Luís Roberto. Trabalhando com uma nova lógica: a ascensão dos precedentes no direito brasileiro. *Revista da AGU*, v. 15, n. 3, p. 9-52, jul./set. 2016.
[7] No mesmo sentido, ARABI, Abhner Youssif Mota. *Reclamação constitucional*: origem e evolução. Belo Horizonte: Fórum, 2021. p. 15.
[8] Cf. GRINOVER, Ada Pellegrini. A reclamação para garantia da autoridade das decisões dos tribunais. *Revista de Direito da Associação dos Procuradores do Novo Estado do Rio de Janeiro – APERJ*, Rio de Janeiro, v. 10, 2002. p. 1-2.

testamento, após o julgamento do Recurso Extraordinário nº 8.118, em que o Supremo Tribunal Federal havia decidido a respeito da validade de um legado atribuído a uma das partes. O pedido havia sido, inicialmente, distribuído à Segunda Turma, como o Recurso Extraordinário nº 13.828, mas, diante da sua inadmissibilidade, foi convertido *ex officio* em reclamação e encaminhado ao Tribunal Pleno.[9]

Na época, é importante dizer, não existia previsão constitucional ou regimental a respeito da reclamação no Supremo. Ao julgar a Reclamação nº 141, porém, o relator, Min. Rocha Lagôa, destacou que a jurisprudência do Supremo Tribunal Federal, em outras oportunidades, já havia admitido o exercício de competências não expressamente mencionadas na Constituição Federal – a exemplo da possibilidade de julgar ações rescisórias contra seus próprios julgados. Acrescentou, quanto ao ponto, que a competência para conhecer da reclamação "deveria ser julgado implícito", pois:

> vão seria o poder, outorgado a este Supremo Tribunal, de julgar em recurso extraordinário as causas decididas em única ou última instância por outros tribunais e juízes, se não lhe fôra possível fazer prevalecer seus próprios pronunciamentos, acaso desrespeitados pelas justiças locais.[10]

Após esse reconhecimento jurisprudencial, a reclamação foi expressamente introduzida no Regimento Interno do Supremo Tribunal Federal de 1940, por uma emenda regimental, aprovada em 2.10.1957. Embora a Constituição de 1967 tenha sido silente a respeito do assunto, a Corte entendeu, na Representação nº 1.092, que a previsão a respeito do cabimento da reclamação, no RISTF, (i) continuava existente, válida e eficaz; (ii) fora recepcionada com *status* de lei, por força do art. 119, §3º, "c", primeira parte, da Constituição de 1967/1969, com a redação dada pela EC nº 7/1977, de acordo como o qual cabia ao Supremo Tribunal Federal estabelecer, em seu regimento interno, "o processo e o julgamento dos feitos de sua competência originária ou recursal e da arguição de relevância da questão federal"; e (iii) não poderia ser replicada por outros Tribunais, os quais, diferentemente do Supremo, não possuíam competência legislativa.[11]

Posteriormente, a reclamação foi incorporada à CF/1988, constou nos arts. 13 a 18 da Lei nº 8.038/1990 e, atualmente, possui previsão nos arts. 988 a 993 do CPC, bem como nos arts. 156 a 162 do RISTF. Nas disposições legais e constitucionais em vigor, observa-se que a reclamação manejada no Supremo Tribunal Federal tem duas finalidades principais. A primeira é preservar a competência do STF, eventualmente usurpada por Tribunais que lhe são hierarquicamente inferiores. A segunda, garantir a autoridade das decisões proferidas pelo STF. Esta última finalidade, por sua vez, desdobra-se em dois subconjuntos, que abrangem as decisões-paradigma que produzem

---

[9] RE nº 13.828, Rel. Min. Orosimbo Nonato, j. 21.4.1950, publ. 13.7.1950.
[10] Rcl nº 141, Rel. Min. Rocha Lagôa, j. 25.1.1952, publ. 17.4.1952.
[11] Rp nº 1.092, Rel. Min. Djaci Falcão, j. 31.10.1984, publ. 19.12.1984. Tratava-se, naquele caso, de representação de inconstitucionalidade ajuizada pelo procurador-geral da República impugnando os arts. 194 a 201 do regimento interno do extinto Tribunal Federal de Recursos, que instituía a reclamação naquele tribunal, de maneira semelhante à existente no próprio STF.

efeitos exclusivamente entre as partes, de um lado, e aquelas com eficácia *erga omnes* e vinculante, de outro.[12]

A primeira finalidade não costuma suscitar maiores dúvidas, diante da clareza das competências do Supremo. Nesse âmbito, provavelmente a questão que, recentemente, despertou maiores controvérsias envolvia a competência do Supremo para processar e julgar, originariamente, ações contra o Conselho Nacional de Justiça ou contra o Conselho Nacional do Ministério Público (art. 102, I, "r", da CF/1988). Após muitas idas e vindas, o Plenário do STF, na Petição nº 4.770, abandonou interpretação que restringia tal competência às ações mandamentais, fixando a tese de que cabe ao Tribunal julgar as ações manejadas contra decisões do CNJ e do CNMP, desde que proferidas no exercício da atividade-fim desses órgãos (arts. 103-B, §4º, e 130-A, §2º, da CF/1988).[13]

Em relação à necessidade de garantir a autoridade das decisões do STF, a principal disputa, historicamente, girou em torno da utilização da reclamação para fazer valer decisões com efeitos vinculantes e *erga omnes*. O Supremo, inicialmente, negava, como regra, admissibilidade à reclamação que tinha como paradigma decisão proferida em sede de controle concentrado e abstrato de constitucionalidade.[14] No entanto, ao longo dos anos, o STF evoluiu nesse entendimento.[15] A admissibilidade da reclamação para tal fim foi incorporada ao art. 13 da Lei nº 8.038/1990 (hoje revogado pelo CPC), ao art. 103-A, §3º, da CF/1988, introduzido pela EC nº 45/2004 (na hipótese de violação a súmula vinculante) e, afinal, ao art. 988 do CPC.

Feita essa breve digressão a respeito das origens da reclamação, passa-se a abordar as questões mais intrincadas acerca do instituto, com base no "estado da arte" da jurisprudência do Supremo Tribunal Federal.

4 Natureza jurídica

Não há consenso, na doutrina, a respeito da natureza jurídica da reclamação.[16] O Supremo, por sua vez, já entendeu que a reclamação consubstancia um exercício do

---

[12] Essa é a premissa básica do cabimento da reclamação, como se observa em diversos precedentes, *e.g.*: Rcl nº 23.644 AgR, Rel. Min. Luís Roberto Barroso, j. 9.8.2016, publ. 24.8.2016; Rcl nº 6.343 AgR, Rel. Min. Luís Roberto Barroso, j. 25.3.2014, publ. 8.4.2014; Rcl nº 23.051 AgR, Rel. Min. Luís Roberto Barroso, j. 21.6.2016, publ. 1º.8.2016.

[13] Pet nº 4.770 AgR, Rel. Min. Luís Roberto Barroso, j. 18.11.2020, publ. 15.3.2021. Neste acórdão, há menção às mudanças ocorridas na jurisprudência do Supremo a respeito da questão, finalmente pacificada após tal decisão do Plenário.

[14] Confira-se, a propósito, a Rcl nº 354 AgR, Rel. Min. Celso de Mello, j. 16.5.1991, publ. 26.6.1991.

[15] V. Rcl nº 846, red. p/ o acórdão Min. Ellen Gracie, j. 19.4.2001, publ. 14.12.2001. Nota-se que, a partir da concessão da Medida Cautelar na ADI nº 4, proibindo discussões sobre a constitucionalidade do art. 1º da Lei nº 9.494/1997, houve um aumento exponencial do número de reclamações perante o STF (conforme tabela disponível em: ARABI, Abhner Youssif Mota. *Reclamação constitucional*: origem e evolução. Belo Horizonte: Fórum, 2021. p. 15). Esse dispositivo vedava a concessão de tutela antecipada contra o Poder Público, em determinadas hipóteses. Assim, uma profusão de decisões contrárias à determinação do STF, com efeitos *erga omnes* e vinculante, obrigou, na prática, o Supremo a rever o seu entendimento a respeito da inadmissibilidade da reclamação, sob pena de esvaziar a própria jurisdição do Tribunal.

[16] Um sumário desses entendimentos encontra-se na Rcl. nº 31.900, na qual o Min. Celso de Mello lista diversas opiniões sobre o tema (Rcl. nº 31.900, Rel. Min. Celso de Mello, j. 12.4.2019, publ. 24.4.2019). Ada Pellegrini Grinover também faz um apanhado da doutrina sobre o assunto, defendendo tratar-se de exercício de direito de petição – entendimento esse que acabou sufragado pelo Supremo (GRINOVER, Ada Pellegrini. A reclamação para garantia da autoridade das decisões dos tribunais. *Revista de Direito da Associação dos Procuradores do Novo Estado do Rio de Janeiro – APERJ*, Rio de Janeiro, v. 10, 2002. p. 5-7).

direito de petição, previsto no art. 5º, XXXIV, "a", da CF/1988. Na ADI nº 2.212, reeditou-se a mencionada discussão da Representação nº 1.092, a respeito da possibilidade da instituição de reclamação no âmbito de outros Tribunais. Impugnavam-se, naquele caso, dispositivos da Constituição estadual e do Regimento Interno do Tribunal de Justiça do Ceará, que previam a competência daquele Tribunal para processar e julgar reclamação, nos moldes da competência do Supremo. Alegava-se, para tanto, violação aos arts. 102, I, "l", e 105, I, "f", 108 e 125, da CF/1988, os quais teriam reservado a reclamação aos Tribunais Superiores; e ao art. 22, I, que prevê a competência privativa da União para legislar sobre matéria processual.

A relatora, Min. Ellen Gracie, com base no acórdão da Reclamação nº 141, ressaltou a importância da existência de um mecanismo que garantisse a eficácia das decisões judiciais. Rechaçou tratar-se de recurso, ação ou incidente processual, enquadrando a reclamação como forma de exercício do direito de petição, "que levará à conclusão de que não há, no caso concreto, ofensa ao art. 22, inciso I da Constituição, que confere competência privativa à União para legislar sobre direito processual". Indo além, a exma. ministra destaca que, por meio da reclamação, evita-se "o caminho tortuoso e demorado dos recursos previstos na legislação processual, inegavelmente inconvenientes quando já tem a parte uma decisão definitiva, transitada em julgado". Assim, e apoiando-se no "princípio da simetria", julgou-se improcedente o pedido formulado na ADI, declarando-se a constitucionalidade dos atos normativos estaduais.

O Código de Processo Civil de 2015, no entanto, tomou posição a respeito desse assunto. Com efeito, ao disciplinar a reclamação, com apoio na competência prevista no art. 22, I, da CF/1988 – ou seja, precisamente na competência privativa para legislar sobre direito processual – o CPC formatou-a como uma ação autônoma de impugnação, de competência originária dos Tribunais.[17] E ao fazê-lo, igualmente encerrou qualquer discussão acerca da possibilidade jurídica de todos os Tribunais instituírem-na, pois o próprio CPC assim já o fez, no §1º do art. 988. Não é exagero dizer que houve, neste ponto, uma mutação constitucional, com a modificação do resultado da interpretação constitucional, não pela mudança no texto, mas sim pela alteração do contexto de fato e de direito que o cerca.[18]

Como consequência disso, a jurisprudência do Supremo Tribunal Federal proíbe que a reclamação "seja utilizada como sucedâneo recursal ou para o reexame de questões já acobertadas pela preclusão".[19] Ou seja: o ajuizamento da reclamação não

---

[17] Nesse sentido é a maior parte da doutrina do direito processual, considerando a instauração de uma nova relação jurídica processual, com condições da ação e pressupostos processuais específicos. Cf., e.g., FUX, Luiz. Curso de direito processual civil. 5. ed. Rio de Janeiro: Forense, 2022. p. 1.052/1.053. Note-se que o fato de poder ter como objeto uma decisão judicial ou administrativa em nada altera essa percepção: basta observar o mandado de segurança, que pode ter objeto da mesma espécie (art. 5º, I a III, da Lei nº 12.016/2009).

[18] No que concerne à mutação constitucional, vejam-se as lições doutrinárias do Ministro Luís Roberto Barroso: "À vista dos elementos expostos até aqui, é possível dizer que a mutação constitucional consiste em uma alteração do significado de determinada norma da Constituição sem observância do mecanismo constitucionalmente previsto para as emendas e, além disso, sem que tenha havido qualquer modificação de seu texto. Esse novo sentido ou alcance do mandamento constitucional pode decorrer de uma mudança na realidade fática ou de uma nova percepção do Direito, uma releitura do que deve ser considerado ético ou justo" (BARROSO, Luís Roberto. Curso de direito constitucional contemporâneo: os conceitos fundamentais e a construção do novo modelo. 6. ed. São Paulo: Saraiva, 2017. p. 162-163).

[19] Rcl nº 12.321 AgR-segundo, Rel. Min. Luís Roberto Barroso, j. 27.4.2018, publ. 10.5.2018.

impede – ou melhor, até exige – que haja a interposição do competente recurso contra a decisão por ela atacada, impedindo a sua preclusão. Nesse sentido, o próprio §6º do art. 988 do CPC prevê que o desfecho do recurso interposto contra a decisão atacada não prejudica o julgamento da reclamação.

Ainda nessa linha, a Súmula nº 734 do STF dispõe que "não cabe reclamação quando já houver transitado em julgado o ato judicial que se alega tenha desrespeitado decisão do Supremo Tribunal Federal". Esse entendimento foi incorporado ao art. 988, §5º, I, do CPC. Em outras palavras, a reclamação também não se confunde com ação rescisória, sendo uma outra espécie de ação autônoma de impugnação. Essa percepção, consequentemente, corrobora a necessidade de interposição do competente recurso contra a decisão reclamada, precisamente para impedir o seu trânsito em julgado e, por conseguinte, garantir a viabilidade da reclamação.

5 As partes e sua legitimidade

Esclarecida a natureza jurídica da reclamação, o art. 988, *caput*, do CPC, prevê que ela poderá ser proposta pela parte interessada ou pelo Ministério Público. Os seus incisos e parágrafos, por sua vez, contêm as três hipóteses em que é cabível a reclamação: (i) preservar a competência do Tribunal; (ii) garantir a autoridade da decisão do Tribunal, proferida em um processo de natureza subjetiva; e (iii) garantir a autoridade de precedente vinculante, que pode ser originado (iii.1) de decisão proferida em controle concentrado e abstrato de constitucionalidade ou de súmula vinculante; ou (iii.2) de acórdão proferido em regime de repercussão geral ou de recursos repetitivos, ou de incidente de resolução de demandas repetitivas ou de assunção de competência.[20]

No que diz respeito à parte interessada, a legitimidade ativa dependerá da demonstração de um liame subjetivo entre o seu direito e o ato impugnado. Em se tratando de usurpação da competência, basta que a parte em determinada demanda demonstre a incompetência do juízo no qual se processa a causa ou recurso, justamente por se tratar de competência do Supremo Tribunal Federal. No que concerne à garantia da autoridade das decisões do Tribunal, em se tratando de processo de índole subjetiva, é necessário realizar um cotejo entre o que foi decidido anteriormente, naquela mesma causa, e a decisão posterior. Caberá à parte, portanto, demonstrar que o juízo inferior contrariou o que havia sido determinado pelo Supremo Tribunal Federal.

Em relação ao descumprimento de precedente vinculante, por sua vez, a legitimidade ativa exige que a parte reclamante seja destinatária dos efeitos *erga omnes* da decisão

---

[20] Há precedente da Segunda Turma contrário ao cabimento do incidente de resolução de demandas repetitivas no Supremo Tribunal Federal, pois se trataria de um "incidente a ser suscitado perante os tribunais de segundo grau", bem como "que a competência originária desta Corte, essencialmente constitucional, não comporta a possibilidade de ser estendida a situações que extravasem os limites fixados no rol taxativo do art. 102, I, da Constituição Federal" (Pet nº 8.420 AgR, Rel. Min. Gilmar Mendes, j. 15.5.2020, publ. 26.5.2020). Este último argumento também poderia ser utilizado, em tese, para rejeitar a admissibilidade do incidente de assunção de competência, embora inexista, por ora, precedente específico sobre o assunto no Supremo. A questão, de todo modo, não é pacífica na doutrina, conforme se observa em MENDES, Aluisio Gonçalves de Castro. *Incidente de resolução de demandas repetitivas*: sistematização, análise e interpretação do novo instituto processual. Rio de Janeiro: Forense, 2017. p. 140-141; e MENDES, Aluisio Gonçalves de Castro; PORTO, José Roberto Mello. *Incidente de assunção de competência*. Rio de Janeiro: GZ, 2020. p. 33-37.

originada do Supremo Tribunal Federal. Nesse sentido, por exemplo, rejeitou-se a Reclamação nº 47.044, na qual pessoa jurídica de direito privado alegava afronta à autoridade dos acórdãos proferidos pelo Supremo nas ADPFs nºs 275 e 485.[21] Na origem, tratava-se de ação ajuizada em face da reclamante e de entidade da Administração Pública indireta do Estado de Pernambuco, na qual se pleiteava o pagamento de verbas de caráter trabalhista. No curso do processo, a entidade estatal tomadora dos serviços havia solicitado autorização para depositar em juízo valores de titularidade da reclamante que se encontravam sob sua disponibilidade. A decisão reclamada determinou a penhora desses valores, precisamente para satisfazer a obrigação trabalhista.

Na reclamação, sustentou-se que, ao determinar a transferência de receitas que estavam sob a disponibilidade do Poder Público para a satisfação de créditos trabalhistas, o ato reclamado teria afrontado a autoridade das decisões proferidas pelo Supremo Tribunal Federal no julgamento das ADPFs nºs 275 e 485. Ao analisar o caso, o Ministro Luís Roberto Barroso destacou que os paradigmas suscitados "versam sobre a constrição judicial de verbas públicas", tendo sido fixada, nesta última, a seguinte tese:

> verbas estaduais não podem ser objeto de bloqueio, penhora e/ou sequestro para pagamento de valores devidos em ações trabalhistas, ainda que as empresas reclamadas detenham créditos a receber da administração pública estadual, em virtude do disposto no art. 167, VI e X, da CF, e do princípio da separação de poderes (art. 2º da CF).

Deste modo, decidiu-se, com acerto, que a pessoa jurídica de direito privado não possuiria legitimidade para defender em juízo o patrimônio público, especialmente considerando-se que o bloqueio das verbas resultou de pedido formulado pela própria entidade estadual, responsável subsidiária na ação trabalhista. Ou seja: a narrativa do autor não revelava que ele seria titular do direito subjetivo protegido pelo precedente vinculante.

O Ministério Público também possui legitimidade para a propositura de reclamação, conforme expressamente previsto no *caput* do art. 988 do CPC. Acerca desse tópico, vale destacar que, segundo a jurisprudência do Supremo Tribunal Federal,[22] tal legitimidade não se restringe ao procurador-geral da República, estendendo-se aos membros dos órgãos estaduais do Ministério Público, no desempenho de suas atribuições. De fato, não obstante o disposto no art. 46, parágrafo único, I, da Lei Complementar nº 75/1993,[23] seria inviável, sob um ângulo prático, que o procurador-geral da República supervisionasse todos os processos em que há o descumprimento de decisões do Supremo. Isso, porém, não afasta a possibilidade de sua manifestação nessas reclamações, na qualidade de *custos legis*, na forma do art. 991 do CPC – sendo ela dispensável, porém, quando já houver jurisprudência do Plenário sobre a matéria (art. 52, parágrafo único, do RISTF).

---

[21] Rcl nº 47.044 AgR, Rel. Min. Luís Roberto Barroso, j. 19.10.2021, publ. 12.11.2021.

[22] Rcl nº 11.055 ED, Rel. Min. Luís Roberto Barroso, j. 4.11.2014, publ. 19.11.2014.

[23] "Art. 46. Incumbe ao Procurador-Geral da República exercer as funções do Ministério Público junto ao Supremo Tribunal Federal, manifestando-se previamente em todos os processos de sua competência. Parágrafo único. O Procurador-Geral da República proporá perante o Supremo Tribunal Federal: [...] III - as ações cíveis e penais cabíveis".

No que diz respeito ao polo passivo, o art. 989, III, do CPC, prevê a citação do beneficiário da decisão impugnada na reclamação, na qualidade de réu, para apresentar contestação, nos termos do art. 238 do CPC. Tal previsão legislativa, que não existia no regime da Lei nº 8.038/1990, confirma que o Código de Processo Civil atribuiu à reclamação natureza jurídica de ação. Recentemente, alguns ministros do Supremo Tribunal Federal, em decisões monocráticas, passaram a não determinar a realização do ato formal de citação, comunicando a autoridade reclamada para que, nos autos do processo de origem, intime a parte beneficiária da decisão reclamada para que seja cientificada da reclamação.[24] Essa adaptação procedimental, ao mesmo tempo em que busca celeridade no julgamento das numerosas reclamações que chegam à Corte, reaproxima o instituto do direito de petição.

Além disso, serão requisitadas as informações da autoridade que praticou o ato impugnado, conforme art. 989, I, do CPC, a exemplo do que ocorre no rito do mandado de segurança (art. 7º, I, da Lei nº 12.016/2009). Ademais, o art. 990 do CPC permite que terceiros com interesse jurídico impugnem o pedido da reclamação, figura essa que não pode ser outra senão a do assistente (art. 119 do CPC).[25]

6 Objeto

A reclamação é uma ação de fundamentação vinculada a uma das hipóteses descritas no art. 988 do CPC, cuja cognição é horizontalmente limitada a um confronto entre o ato impugnado e o respectivo paradigma. No caso de usurpação de competência do Supremo, o paradigma consiste nas normas que delimitam essa competência e o ato impugnado será uma decisão judicial. Da mesma forma, na hipótese de o paradigma ser decisão proferida na mesma relação processual ou precedente originado da sistemática de repercussão geral ou de recursos extraordinários repetitivos, cuja vinculação se restringe aos órgãos do Poder Judiciário (art. 927, III, do CPC), o ato impugnado será, sempre, uma decisão judicial.

Na hipótese em que o paradigma se materializa em súmula vinculante, a reclamação pode dirigir-se contra ato administrativo ou judicial. Isso ocorre porque a vinculação daqueles precedentes alcança tanto os órgãos do Poder Judiciário quanto os da Administração Pública, nos termos do art. 103-A, *caput* e §3º, da CF/1988. Note-se que, em se tratando de desrespeito à súmula vinculante, o art. 7º da Lei nº 11.417/2006, muito antes do CPC, reconheceu a possibilidade do manejo da reclamação. No entanto, o §1º desse mesmo dispositivo estabeleceu, como pressuposto processual específico da reclamação, a necessidade de prévio esgotamento das vias administrativas, quando se tratar de ato dessa natureza.[26]

---

[24] Nesse sentido, cf. Rcl nº 54.653 MC, Rel. Min. Luís Roberto Barroso, j. 18.8.2022, publ. 19.8.2022; Rcl nº 49.392 MC, Rel. Min. Luís Roberto Barroso, j. 25.10.2021, publ. 27.10.2021; Rcl nº 36.596 MC, Rel. Min. Luís Roberto Barroso, j. 6.9.2019, publ. 11.9.2019.

[25] Para Gustavo Calmon Holliday, esse terceiro é o assistente simples litisconsorcial, e nunca o assistente simples (HOLLIDAY, Gustavo Calmon. *A reclamação constitucional no novo CPC*. Belo Horizonte: Fórum, 2016. p. 69-70).

[26] Essa exigência não viola o acesso à justiça, já que as vias ordinárias continuam abertas ao interessado. Nesse sentido, cf. Rcl nº 11.110 AgR, Rel. Min. Luís Roberto Barroso, j. 17.2.2017, publ. 13.3.2017.

Nos casos em que o paradigma é formado em sede de controle concentrado de constitucionalidade, a jurisprudência do Supremo se consolidou no sentido de que as reclamações somente podem voltar-se contra atos judiciais. Originalmente, considerava-se possível também a impugnação de atos administrativos, o que guarda coerência com o fato de que tais precedentes paradigmáticos vinculam o Poder Judiciário e a Administração Pública, por força do art. 102, §2º, da CF/1988. Recentemente, contudo, passou-se a entender que não há base constitucional ou legal para a reclamação contra atos administrativos se o paradigma for decisão proferida em controle concentrado de constitucionalidade. Isso porque: (i) o art. 103-A, *caput* e §3º, da CF/1988 somente prevê que a reclamação é cabível contra ato administrativo que contrariar súmula vinculante ou aplicá-la indevidamente; (ii) o CPC "tratou do tema no âmbito do Livro III ('Dos processos nos tribunais e dos meios de impugnação das decisões'), limitando-se, portanto, a disciplinar a ação como meio de impugnação a decisões judiciais".[27]

Por ser, como dito, uma ação de fundamentação vinculada, o Supremo Tribunal Federal tem exigido uma "aderência estrita" aos paradigmas firmados em sede de repercussão geral, recursos extraordinários repetitivos ou ações de controle concentrado, para justificar a admissibilidade da reclamação. Isso significa que, para fins de reclamação, a *ratio decidendi* dos precedentes não pode ser utilizada para situações semelhantes, sendo necessário que os fundamentos de fato e de direito do caso sejam rigorosamente os mesmos que foram analisados e julgados pelo Supremo. Assim, apesar de o art. 988, §4º, do CPC prever que as hipóteses de cabimento de reclamação que visam assegurar a autoridade dos precedentes vinculantes "compreendem a aplicação indevida da tese jurídica e sua não aplicação aos casos que a ela correspondam", o STF tem, como regra, negado aplicação à "teoria dos motivos determinantes" no âmbito da reclamação.

Na Reclamação nº 42.273 AgR, enfrentou-se essa questão, sob o ângulo do conflito entre a liberdade de expressão, de um lado, e o direito à honra, de outro. Naquela oportunidade, alegava-se que a condenação do reclamante ao pagamento de danos morais, por ter acusado o reclamado de desvio de verbas públicas, violaria o precedente firmado pelo Supremo na ADPF nº 130. Na referida ação, o STF declarara a inconstitucionalidade da Lei de Imprensa, determinando-se a aplicação da legislação civil comum às ofensas à honra, decorrentes de publicação de matéria jornalística. Além disso, afirmou-se que a indenização, nessa hipótese, deveria ser proporcional ao dano sofrido, para que não provocasse um *chilling effect* sobre a liberdade de imprensa.

Ao rejeitar a reclamação, o Ministro Luís Roberto Barroso ressaltou que "a estrita aderência entre as decisões deste Tribunal e o ato reclamado é requisito indispensável para o exame da reclamação", sendo certo que "a jurisprudência do STF firmou-se, em momento anterior à edição do CPC/2015, contrariamente à adoção da teoria da transcendência dos motivos determinantes de suas decisões, ao menos no que diz respeito ao uso de tese para o fim de ajuizamento de reclamação constitucional". Em regra, portanto, nas ações de controle concentrado de constitucionalidade, "a eficácia vinculante das decisões limitava-se à parte dispositiva", ou seja, apenas proibiria o

---

[27] Rcl nº 26.650 AgR, Rel. Min. Luís Roberto Barroso. j. 13.6.2022, publ. 23.6.2022. No mesmo sentido, cf. Rcl nº 46.645 AgR, Rel. Min. Dias Toffoli, j. 15.9.2021, publ. 20.10.2021.

julgamento com base na norma declarada inconstitucional (ou um julgamento que eventualmente afastasse uma norma declarada constitucional).

Não sem antes ressalvar que a aderência estrita tem sido excepcionalmente flexibilizada, de modo a garantir o conteúdo da liberdade de imprensa, o Ministro Luís Roberto Barroso destacou que a "condenação imposta ao reclamante não foi fundamentada no art. 49, §2º, da Lei de Imprensa – cuja não recepção foi declarada em bloco nos autos da ADPF 130, Rel. Min. Ayres Britto –, mas sim nos arts. 186 e 927 do Código Civil". Além disso, conforme asseverou o ministro relator, "impugna-se, no caso, decisão que arbitrou indenização em razão de dano à honra da parte beneficiária, e não decisão judicial que tenha imposto censura prévia ao reclamante, matéria objeto do paradigma". Por conseguinte, decidiu-se que "não está configurada a imprescindível aderência estrita ao paradigma invocado, devendo a irresignação ser aviada pelas vias próprias, a tempo e modo, descabendo conferir à reclamação contornos de sucedâneo recursal".

É importante notar que, nessa mesma reclamação, alegava-se violação ao Tema nº 940 da repercussão geral.[28] Porém, em se tratando de alegação de inobservância a acórdão proferido em regime de repercussão geral ou de recursos extraordinários repetitivos, o art. 988, §5º, II, do CPC, exige um pressuposto processual a mais: que o ajuizamento da reclamação seja precedido do esgotamento das "vias ordinárias". Nessa sistemática, o último recurso cabível é o agravo interno interposto contra a decisão que nega seguimento ao recurso extraordinário, seja porque ele veicula questão cuja repercussão geral já tenha sido negada, seja porque o acórdão recorrido está de acordo com a tese firmada em sede repercussão geral ou de recursos repetitivos (art. 1.030, I, "a" e "b", c/c §2º, do CPC). Portanto, é contra esse acórdão que julga o agravo interno, e nega observância à tese firmada pelo Supremo ou a aplica equivocadamente, que deve ser ajuizada a reclamação.[29]

7 Decisão

Para além das decisões interlocutórias e despachos em geral, o procedimento da reclamação admite a concessão de tutela liminar, inclusive sem a oitiva da parte reclamada, na forma do art. 989, II, do CPC. De acordo com esse dispositivo legal, o relator poderá determinar "a suspensão do processo [de origem] ou do ato impugnado para evitar dano irreparável". O art. 158 do RISTF permite, ainda, a remessa dos autos de origem ao próprio Supremo Tribunal Federal. Trata-se de tutela de urgência de natureza antecipada, para a defesa imediata do direito alegado pela parte reclamante, nos termos do art. 300 do CPC. Assim, exige-se, para tanto, não apenas o *periculum in mora* – como já fica evidenciado no próprio inc. II do art. 989 –, mas também a probabilidade do direito.

---

[28] A tese do Tema nº 940 da repercussão geral, por sua vez, corporifica o sistema de "dupla garantia" do servidor público: exige-se o ajuizamento da ação indenizatória contra o Poder Público, que buscará, no futuro, ressarcimento junto ao agente, em caso de dolo ou culpa.

[29] Nesse sentido é a caudalosa jurisprudência do STF. Para além do caso citado, confira-se os seguintes precedentes, entre outros: Rcl nº 45.909 AgR, Rel. Min. Luís Roberto Barroso, j. 14.6.2021, publ. 21.6.2021; e Rcl nº 32.277 AgR, Rel. Min. Luís Roberto Barroso, j. 7.12.2018, publ. 13.12.2018.

Cumprido o iter processual, a decisão final poderá redundar não apenas na cassação da decisão atacada, mas também na adoção da medida mais adequada à solução da controvérsia (art. 992 do CPC). Note-se, portanto, que, em homenagem à razoável duração do processo e à celeridade processual (arts. 5º, LXXVIII, da CF/1988, e 4º do CPC), o próprio Supremo poderá implementar, desde logo, a providência adequada ao paradigma, sem se limitar a anular a decisão viciada, para que uma nova seja prolatada. É importante observar, ainda, que, de acordo com o art. 21, §1º, do RISTF, o relator poderá julgar liminarmente, de forma monocrática, o pedido da reclamação, quando ela for manifestamente improcedente.[30] Esse dispositivo está em linha com o art. 332 do CPC, sendo que, contra essa decisão, será cabível a interposição de agravo interno, na forma do art. 1.021 do CPC.

É relevante destacar, ainda, que a jurisprudência do Supremo tem admitido, pontualmente, a utilização da reclamação como ferramenta de superação (*overruling*) de precedentes. Esse entendimento busca oferecer uma válvula de escape para revisão de decisões antigas do Supremo, tomadas, especialmente, em sede de repercussão geral, as quais impedem a admissibilidade de recursos extraordinários que as contrariem.[31] Essa possibilidade foi reconhecida na Reclamação nº 25.236,[32] na qual a reclamante, representada pela Defensoria Pública da União, insurgia-se contra decisão de Tribunal Regional Federal que negara seguimento a recurso extraordinário, com fundamento no Tema nº 134 da repercussão geral. Nesse tema, o Supremo havia negado repercussão geral à questão envolvendo a percepção de honorários advocatícios pela Defensoria Pública, quando ela litiga contra o ente que a instituiu.

Na petição inicial, a reclamante destacou que, após o julgamento do Tema nº 134, houve sensível mudança no texto constitucional, especialmente em virtude das emendas constitucionais nºs 69/2012, 74/2013 e 80/2014, que conferiram autonomia administrativa e orçamentária à Defensoria Pública. A União, por sua vez, insurgira-se contra o cabimento da reclamação, ressaltando, inclusive, que inexistiria, no ordenamento processual, previsão legal para a utilização da reclamação como forma de desconstituir tema de repercussão geral. A liminar foi deferida, para garantir o trâmite do Recurso Extraordinário nº 1.140.005, o que redundou em nova afetação da questão, à luz do novo âmbito normativo, por meio do Tema nº 1.002.

O Ministro Luís Roberto Barroso, em seu voto, destacou que a decisão do Tema nº 134 "vinha impedindo a subida de novos recursos extraordinários sobre o tema, de forma condizente com a lógica de uma manifestação negativa quanto à repercussão geral". No entanto, "é necessário viabilizar a revisão de teses, a fim de não engessar a jurisprudência à vista de novas necessidades ou de uma mudança de perspectiva

---

[30] Em alguns casos, o alcance desse dispositivo regimental vem sendo ampliado com a prolação de decisões monocráticas que julgam procedentes os pedidos formulados nas reclamações antes da prévia manifestação da parte beneficiária da decisão reclamada. Quando isso ocorre, o Supremo Tribunal Federal considera sanado o vício com o aperfeiçoamento do contraditório para fins de interposição do agravo interno. Nesse sentido, cf. Rcl nº 33.373 AgR, Rel. Min. Alexandre de Moraes, j. 5.5.2020.

[31] Assim em RODRIGUES, Marco Antonio; PEPE, Rafael Gaia Edais. Writ of certiorari e recurso extraordinário: encontros e desencontros. *Revista de Processo*, v. 280, jun. 2018. p. 293-294. Com exceção dessa possibilidade, a única alternativa de revisão da tese firmada em repercussão geral seria na remota hipótese de as próprias instâncias de origem resistirem à sua aplicação, levando a outra parte a interpor o recurso extraordinário.

[32] Rcl nº 25.236 AgR, Rel. Min. Luís Roberto Barroso, j. 10.10.2022, publ. 14.10.2022.

com o passar do tempo", como dispõem os arts. 103 e 327 do RISTF. Assim, julgou-se procedente a reclamação, para "garantir o exercício da competência do STF de revisar suas próprias teses", o que foi feito quando do julgamento do Recurso Extraordinário nº 1.140.005, afetado ao Tema nº 1.002.

Por fim, mas não menos importante, com o reconhecimento de que a reclamação possui natureza de ação autônoma, é natural que a ela se apliquem os ônus processuais – em especial, os honorários advocatícios. Com efeito, a verba honorária decorre da combinação dos princípios da causalidade e da sucumbência, do que resulta a imposição dos respectivos honorários ao vencido, sempre que houver o exercício do contraditório. Nesse sentido, tem caminhado a jurisprudência do Supremo,[33] inclusive para desincentivar a propositura de reclamações frívolas.

8 Conclusão

Nessa singela homenagem, buscou-se demonstrar de que maneira o instituto da reclamação evoluiu ao longo das últimas décadas no Supremo Tribunal Federal, que o criou e definiu os seus principais contornos, até a sua incorporação ao Código de Processo Civil. O Ministro Luís Roberto Barroso não permaneceu alheio a esse fenômeno, como se observa, entre outros, dos seus votos relativos à legitimidade das partes, à aderência estrita e à possibilidade de utilização da reclamação para superação de precedentes.

Desde a sua gênese, a reclamação é um instituto em constante metamorfose. As próximas fronteiras da reclamação envolvem, com razoável dose de certeza, a definição do seu papel no sistema de precedentes adotado pelo Código de Processo Civil. Esse papel, muito provavelmente, não se limitará ao já citado *overruling*, mas também se estenderá a todas as outras formas de manipulação dos precedentes, como o *distinguishing* e o *overriding*, expressamente reconhecidas nos arts. 489, §1º, VI, e 927, §§2º a 4º, do CPC.[34] A conferir.

Referências

ARABI, Abhner Youssif Mota. *Reclamação constitucional*: origem e evolução. Belo Horizonte: Fórum, 2021.

BARROSO, Luís Roberto. *A judicialização da vida e o papel do Supremo*. Belo Horizonte: Fórum, 2018.

BARROSO, Luís Roberto. *Curso de direito constitucional contemporâneo*: os conceitos fundamentais e a construção do novo modelo. 6. ed. São Paulo: Saraiva, 2017.

BARROSO, Luís Roberto. *O controle de constitucionalidade no direito brasileiro*. 9. ed. São Paulo: Saraiva, 2022.

FUX, Luiz. *Curso de direito processual civil*. 5. ed. Rio de Janeiro: Forense, 2022.

GRINOVER, Ada Pellegrini. A reclamação para garantia da autoridade das decisões dos tribunais. *Revista de Direito da Associação dos Procuradores do Novo Estado do Rio de Janeiro – APERJ*, Rio de Janeiro, v. 10, 2002.

HOLLIDAY, Gustavo Calmon. *A reclamação constitucional no novo CPC*. Belo Horizonte: Fórum, 2016.

---

[33] Rcl nº 24.417 AgR, Rel. Min. Luís Roberto Barroso, j. 7.3.2017, publ. 24.4.2017.

[34] Esse fato não passa despercebido pela doutrina. Veja-se, a propósito, RODRIGUES, Marco Antonio; MELLO, Felipe Varela. A reclamação constitucional como mecanismo de controle de precedentes vinculantes: uma abordagem do instituto á luz do sistema de precedentes brasileiro. *Revista de Processo*, São Paulo, ano 47, v. 327, maio 2022. p. 351-379.

KELLY, Prado; BARRETO, Plínio. *O Supremo Tribunal e a força dos seus julgados*. São Paulo: Revista dos Tribunais, 1952.

MELLO, Patrícia Perrone Campos; BARROSO, Luís Roberto. Trabalhando com uma nova lógica: a ascensão dos precedentes no direito brasileiro. *Revista da AGU*, v. 15, n. 3, p. 9-52, jul./set. 2016.

MENDES, Aluisio Gonçalves de Castro. *Incidente de resolução de demandas repetitivas*: sistematização, análise e interpretação do novo instituto processual. Rio de Janeiro: Forense, 2017.

MENDES, Aluisio Gonçalves de Castro; PORTO, José Roberto Mello. *Incidente de assunção de competência*. Rio de Janeiro: GZ, 2020.

MOREIRA, José Carlos Barbosa. *Comentários ao Código de Processo Civil*. 17. ed. Rio de Janeiro: Forense, 2013. v. V.

RODRIGUES, Marco Antonio; MELLO, Felipe Varela. A reclamação constitucional como mecanismo de controle de precedentes vinculantes: uma abordagem do instituto á luz do sistema de precedentes brasileiro. *Revista de Processo*, São Paulo, ano 47, v. 327, maio 2022.

RODRIGUES, Marco Antonio; PEPE, Rafael Gaia Edais. Writ of certiorari e recurso extraordinário: encontros e desencontros. *Revista de Processo*, v. 280, jun. 2018.

Informação bibliográfica deste texto, conforme a NBR 6023:2018 da Associação Brasileira de Normas Técnicas (ABNT):

CUNHA, Leonardo; PEPE, Rafael Gaia. Questões relevantes sobre a reclamação no Supremo Tribunal Federal. *In*: OSORIO, Aline; MELLO, Patrícia Perrone Campos; BARROSO, Luna van Brussel (Coord.). *Direitos e democracia*: 10 anos do Ministro Luís Roberto Barroso no STF. Belo Horizonte: Fórum, 2023. p. 797-809. ISBN 978-65-5518-555-3.

O PAPEL DO PODER JUDICIÁRIO NA CONCRETIZAÇÃO DO PRINCÍPIO DA IGUALDADE RACIAL: UMA ANÁLISE DA ADC Nº 41 E DA CTA Nº 600306-47

LEILA CORREIA MASCARENHAS BARRETO
LUÍSA LACERDA

> *O Brasil é um país racista. Somos uma sociedade racista. E cada um de nós reproduz o racismo em alguma medida – ainda que de forma não intencional, pela mera fruição ou aceitação dos privilégios e vantagens que decorrem de um sistema profundamente desigual.*
> (Luís Roberto Barroso)[1]

Introdução

Ao longo da história brasileira, as relações sociais têm sido estruturadas a partir de práticas discriminatórias e opressoras, especialmente relacionadas à questão racial. A expansão do colonialismo disseminou o discurso de inferioridade racial dos povos colonizados, justificando a sua predestinação ao subdesenvolvimento e a desorganização política.[2] A partir do desenvolvimento e da propagação dessas teorias deterministas, o racismo passou a ter justificação e legitimação social. Essa herança da subalternidade ultrapassou gerações no Brasil, onde a linguagem de classe e de cor ainda é utilizada de modo racializado na atualidade.[3]

Apesar da persistência da segregação social entre brancos e negros no país, a Constituição de 1988 rejeita todas as formas de preconceito e discriminação e impõe ao Estado o dever de atuar positivamente no combate à redução das desigualdades de fato. O poder público tem o dever de prover aos cidadãos uma resposta efetiva que reconheça e repare as discriminações sofridas por grupos sociais que estiveram e continuam à margem da história, de forma a conferir efetividade aos princípios democrático e da igualdade (arts. 1º e 5º, *caput*, CF/1988).

---

[1] TSE, Consulta nº 0600306-47.2019.6.00.0000/DF.
[2] ALMEIDA, Silvio Luiz de. *Racismo estrutural*. São Paulo: Jandaíra, 2021. Coleção Feminismos Plurais. p. 30.
[3] GUIMARÃES, Antônio Sérgio Alfredo. *Racismo e antirracismo no Brasil*. 3. ed. São Paulo: Editora 34, 1999. p. 40.

Nesse cenário, destaca-se o papel do Poder Judiciário para concretizar o compromisso constitucional. O objetivo deste artigo é analisar a contribuição do Ministro Luís Roberto Barroso na temática das questões étnico-raciais, a partir das decisões proferidas na ADC nº 41/DF e na Consulta nº 0600306-47/DF. No primeiro caso, o Supremo Tribunal Federal (STF) afirmou a constitucionalidade da reserva de percentual de vagas a pessoas negras em concursos públicos no âmbito da Administração Pública federal. Já no segundo, o Tribunal Superior Eleitoral (TSE) assegurou a destinação de recursos financeiros e de tempo de antena proporcional à quantidade de candidaturas negras, nas campanhas eleitorais.

O olhar sensível e atento do Professor Luís Roberto Barroso voltado à preservação dos direitos fundamentais, em especial à dignidade da pessoa humana e à igualdade dos indivíduos, tem permeado, com lucidez e precisão, a sua atuação institucional. A sua trajetória no STF e no TSE demonstra a sua preocupação no incentivo da luta contra o racismo, contra as desigualdades sociais e contra a exclusão de grupos minorizados, decorrentes de estigmas.

Além da relevância simbólica na luta antirracista, as suas decisões têm funcionado como instrumentos efetivos para remediar injustiças históricas ao promover a redução dos déficits de representatividade política, econômica e social de pessoas negras. A perpetuação dos seus efeitos contribui, de forma relevante, para a desconstrução do papel de subalternidade atribuído ao negro no imaginário social e de naturalizar a sua presença em espaços de poder.[4]

Antes de se iniciar a análise específica dos precedentes, é relevante contextualizar os fenômenos históricos, sociais e jurídicos subjacentes aos julgamentos. Desse modo, os pontos a serem analisados no presente trabalho são: (i) a herança colonial da ideia de centralidade das raças e o mito da democracia racial no Brasil, (ii) as ações afirmativas como instrumentos de promoção da igualdade e do enfrentamento do racismo estrutural e (iii) a relevância e o ineditismo das decisões proferidas pelo Ministro Luís Roberto Barroso para a diminuição do déficit de representatividade de pessoas negras, no âmbito de sua atuação no Supremo Tribunal Federal e no Tribunal Superior Eleitoral.

1 A centralidade das raças e o mito da democracia racial no Brasil

A dinâmica estrutural do racismo está intrinsicamente relacionada às particularidades históricas na formação social de uma nação, que se projetam nos seus sistemas econômico, político e jurídico. Em relação aos países latino-americanos, as classificações raciais tiveram um importante papel nos processos de formação nacional para definir hierarquia social, legitimidade do poder e estratégias econômicas.[5]

O período da expansão do colonialismo no século XIX inaugurou um momento em que as diferenças físicas e de costumes entre as pessoas passaram a ser centrais. As descobertas das ciências naturais, como a biologia e a medicina, foram utilizadas para explicar e legitimar os preconceitos já instituídos.

---

[4] TSE, Cta nº 0600306-47/DF, Rel. Min. Luís Roberto Barroso, j. em 25.8.2020. *DJe*, 5.10.2020.
[5] ALMEIDA, Silvio Luiz de. *Racismo estrutural*. São Paulo: Jandaíra, 2021. Coleção Feminismos Plurais. p. 55-56.

Nesse contexto, as teorias deterministas de cunho racial ganharam relevância ao estabelecerem correlações entre a genética e as aptidões intelectuais dos indivíduos, fundamentada na civilização e no progresso europeu. Sob essa ótica, a mestiçagem do Brasil era suficiente para justificar o seu atraso e a sua possível inviabilidade como nação.[6] As teorias deterministas passaram a ser utilizadas para legitimar as diferenças sociais e a hierarquia de classes após o término da escravidão.

A partir do século XX, a emancipação política dos países latino-americanos foi responsável pelo início de um processo de construção nacional. A cultura imposta pelo regime colonial começava a dar lugar à busca pela identificação e valorização das peculiaridades locais. O fim do colonialismo, contudo, não implicou o abandono do pesado estigma da subalternidade.[7]

No Brasil, a reelaboração culturalista a partir da década de 30 inaugura a resistência aos modelos teóricos raciais e às suas justificativas deterministas sobre a humanidade. A ideia de que o país era racial e culturalmente miscigenado passava a vigorar como uma espécie de ideologia da época,[8] mantida acima das discussões raciais e de classe.[9] Nesse contexto, propagou-se a crença da existência de uma democracia racial no país, marcada pela harmonia entre os desiguais e pela contemporização dos antagonismos vigentes entre eles.[10]

A persistência da dificuldade de integração do negro à ordem social, contudo, revela o "preconceito de cor" para referir-se à forma particular de discriminação racial do país, vista como fato objetivo e natural. Herança do sistema escravagista, o racismo fincou raízes na sociedade brasileira: ora aparece de forma objetiva, na estrutura social e política de poder – a exemplo do encarceramento, do desemprego e da falta de escolarização da população negra –, ora aparece de forma subjetiva, no inconsciente da população brasileira,[11] por meio da permanência de estereótipos culturais, disfarçados pela noção de neutralidade racial.

Não há como negar as modificações teóricas do último século. Contudo, tais mudanças ainda não refletiram, de forma significativa, nas relações sociais. Em uma sociedade republicana, pautada pela igualdade jurídica, a persistência da desigualdade racial advinda do colonialismo transforma a ideia de democracia racial em mito,[12] consi-

---

[6] AZEVEDO, Célia Maria Marinho de. *Abolicionismo* – Estados Unidos e Brasil: uma história comparada (século XIX). São Paulo: Annablume, [s.d.]. p. 175-176.

[7] MIGLIEVICH-RIBEIRO, Adelia; ROMERA, Edison. Orientações para uma descolonização do conhecimento: Um diálogo entre Darcy Ribeiro e Enrique Dussel. *Sociologias*, Porto Alegre, ano 20, n. 47, jan./abr. 2018. p. 110. Disponível em: https://www.scielo.br/j/soc/a/CzbFsXMPpHf8sNt5QyDbtXh/?lang=pt. Acesso em: 7 maio 2023.

[8] FREYRE, Gilberto. *Casa-grande e senzala*. 32. ed. Rio de Janeiro e São Paulo: Record, 1997.

[9] SCHWARCZ, Lilia Moritz. *O espetáculo das raças*: cientistas, instituições e questões raciais no Brasil (1870-1930). São Paulo: Cia das Letras, 1996. p. 182.

[10] TAVOLARO, Lilia G. M.; TAVOLARO, Sérgio B. F. *Raça, cidadania e modernidade no Brasil*: ações afirmativas e o diagnóstico da "excepcionalidade". p. 5. Disponível em: https://www.anpocs.com/index.php/papers-35-encontro/gt-29/gt30-12/1180-raca-cidadania-e-modernidade-no-brasil-acoes-afirmativas-e-o-diagnostico-da-excepcionalidade/file. Acesso em: 8 maio 2023.

[11] GONZALEZ, Lélia. Racismo e sexismo na cultura brasileira. *Ciências Sociais Hoje*, 1984. p. 224.

[12] TAVOLARO, Lilia G. M.; TAVOLARO, Sérgio B. F. *Raça, cidadania e modernidade no Brasil*: ações afirmativas e o diagnóstico da "excepcionalidade". Disponível em: https://www.anpocs.com/index.php/papers-35-encontro/gt-29/gt30-12/1180-raca-cidadania-e-modernidade-no-brasil-acoes-afirmativas-e-o-diagnostico-da-excepcionalidade/file. Acesso em: 8 maio 2023.

derando que o acesso aos espaços públicos, políticos e decisórios ainda permaneceram excludentes e continuam pertencendo a poucos.

2 O princípio da igualdade e as ações afirmativas

Após uma longa evolução histórica, podemos identificar três dimensões principais no princípio da igualdade: (i) a igualdade formal, que se afirma como a igualdade perante a lei, com a abolição de privilégios ou de vantagens que não possam ser republicanamente justificadas; (ii) a igualdade material, que leva em consideração as desigualdades reais e concretas da sociedade e pressupõe a igualdade de condições materiais mínimas; e (iii) a igualdade como reconhecimento,[13] que se preocupa, essencialmente, com problemas de natureza cultural ou simbólica, que dizem respeito ao modo como determinados indivíduos e grupos minoritários são enxergados no contexto social.

A Constituição de 1988 consagra o princípio da igualdade em suas três dimensões. Isso fica claro pela leitura do art. 3º, que enuncia como objetivos fundamentais da República "construir uma sociedade livre, justa e solidária" e "promover o bem de todos, sem preconceitos de origem, raça, sexo, cor, idade e quaisquer outras formas de discriminação", do *caput* do art. 5º que afirma que "todos são iguais perante a lei, sem distinção de qualquer natureza" e das expressas menções de rejeição à discriminação contra as mulheres,[14] de condenação ao racismo[15] e qualquer discriminação atentatória aos direitos fundamentais.[16] Além do mais, a Constituição prevê, expressamente, a proteção do mercado de trabalho da mulher[17] e a reserva de vagas em concursos públicos para pessoas com deficiência.[18] Portanto, a ordem constitucional não apenas rejeita todas as formas de preconceito e discriminação como também impõe ao Estado o dever de atuar positivamente no combate a esse tipo de desvio e na redução das desigualdades de fato.

---

[13] No final do século XX, surge a compreensão de que a dimensão predominantemente econômica da igualdade acabou por desprezar a necessidade de afirmação da diferença cultural como condição de preservação de determinados grupos étnicos ou sociais minoritários. Reconhece-se que a igualdade pode ser violada não apenas por condições de natureza econômica, mas também por condições de natureza sociocultural. O trabalho de Nancy Fraser é representativo do tema. A autora propôs um modelo de distinção entre os tipos de injustiça nas sociedades modernas: problemas de distribuição, de natureza econômica, e problemas de reconhecimento, de natureza cultural ou simbólica, que dizem respeito ao modo como determinados indivíduos e grupos são enxergados no contexto social. Sobre o tema, confira: FRASER, Nancy. Social justice in the age of identity politics: redistribution, recognition, and participation. *In*: FRASER, Nancy; HONNETH, Alex. *Redistribution or recognition?* A political-philosophical exchange. London: Verso, 2003; SARMENTO, Daniel. A igualdade étnico-racial no direito constitucional brasileiro: discriminação "de facto", teoria do impacto desproporcional e ação afirmativa. *In*: SARMENTO, Daniel. *Livres e iguais*: estudos de direito constitucional. 2. tir. Rio de Janeiro: Lumen Juris, 2010. p. 145-146.

[14] CF/88, art. 5º, inc. I: "homens e mulheres são iguais em direitos e obrigações, nos termos desta Constituição".

[15] CF/88, art. 5º, inc. XLII: "a prática do racismo constitui crime inafiançável e imprescritível, sujeito à pena de reclusão, nos termos da lei".

[16] CF/88, art. 5º, inc. XLI: "a lei punirá qualquer discriminação atentatória dos direitos e liberdades fundamentais".

[17] CF/88, art. 7º: "São direitos dos trabalhadores urbanos e rurais, além de outros que visem à melhoria de sua condição social: [...] XX - proteção do mercado de trabalho da mulher, mediante incentivos específicos, nos termos da lei; [...]".

[18] "Art. 37. A administração pública direta e indireta de qualquer dos Poderes da União, dos Estados, do Distrito Federal e dos Municípios obedecerá aos princípios de legalidade, impessoalidade, moralidade, publicidade e eficiência e, também, ao seguinte: VIII - a lei reservará percentual dos cargos e empregos públicos para as pessoas portadoras de deficiência e definirá os critérios de sua admissão; [...]".

Esse cenário normativo, contudo, não é, por si só, suficiente para mudar a realidade. Não obstante as modificações promovidas no último século, a cidadania permanece parcial, desequilibrada e excludente,[19] considerando que o acesso aos espaços públicos, políticos e decisórios ainda pertence a poucos. Como já exposto no tópico acima, a noção de raça se apresenta como um fator político utilizado para naturalizar as desigualdades e legitimar a segregação ainda na atualidade. Mais do que um problema individual ou um fator institucional, o racismo "é um elemento que integra a organização econômica e política da sociedade".[20]

Embora esse tema ainda persista como um tabu no país, onde os padrões morais e as convenções sociais tendem a convergir para a ideia da existência de uma democracia racial, o tom da pele ainda é utilizado para "naturalizar" os contrastes existentes na sociedade.[21] A esse respeito, as estatísticas não deixam dúvidas: nas favelas, 66% dos domicílios são chefiados por negros; no sistema carcerário, 61% dos presos são negros; e 76,9% dos jovens vítimas de homicídios são negros; os quais recebem, em média, 55% da renda dos brancos em geral.[22] Além disso, os indicadores, com elevada diferença na taxa de analfabetismo e no rendimento médio domiciliar entre brancos e negros, não deixam dúvidas.[23] Os números revelam, portanto, a existência de um distanciamento entre brancos e negros, nas diferenças de renda, condições de moradia, educação e violência.

O enfrentamento ao problema da segregação passa, necessariamente, pelo seu reconhecimento e pela elaboração de políticas públicas voltadas à sua superação. Um dos seus grandes desafios está no convencimento do caráter sistemático e não casual das desigualdades, demonstrando a sua reprodução cotidiana a partir da ausência de pessoas negras nos espaços de poder.[24] Durante um longo período, inexistiu qualquer ação efetiva voltada à correção ou à mitigação desses efeitos.

As ações afirmativas são exemplos de políticas a serem adotadas para a superação desse estado de desigualdade. Esses instrumentos podem ser caracterizados como medidas redistributivas utilizadas por instituições públicas ou privadas que, por meio da utilização de critérios raciais, étnicos ou sexuais, visam a alocar bens para grupos discriminados e vitimados pela exclusão socioeconômica e/ou cultural passada ou

---

[19] BENEVIDES, Maria. Cidadania e democracia. *Lua Nova*, São Paulo, n. 33, ago. 1994.
[20] ALMEIDA, Silvio Luiz de. *Racismo estrutural*. São Paulo: Jandaíra, 2021. Coleção Feminismos Plurais.
[21] GUIMARÃES, Antônio Sérgio Alfredo. *Racismo e antirracismo no Brasil*. 3. ed. São Paulo: Editora 34, 1999. p. 31.
[22] STF, ADC nº 41, Rel. Min. Luís Roberto Barroso, j. 8.6.2017. DJe, 17 ago. 2017.
[23] Os dados do Instituto Brasileiro de Geografia e Estatística – IBGE referentes ao ano de 2018, apontam que a taxa de analfabetismo de pretos e pardos (9,1%) é maior que o dobro da de brancos (3,9%); enquanto o rendimento médio domiciliar *per capita* dos negros (R$934,00) corresponde a cerca da metade daquele dos brancos (R$1.846,00). Dados extraídos da Cta nº 0600306-47.
[24] GUIMARÃES, Antônio Sérgio Alfredo. *Racismo e antirracismo no Brasil*. 3. ed. São Paulo: Editora 34, 1999. p. 42.

presente.[25] São, portanto, diferenciações positivas[26] em favor de grupos discriminados, como instrumento de promoção da igualdade substantiva. Seu conceito, apesar de ter nascido vinculado ao combate ao racismo, em especial o institucional, passou a abranger outras formas de discriminação, como a de gênero, condição étnica e pessoas com deficiência.[27]

Ao contrário das políticas antidiscriminatórias puramente punitivas, que se preocupam em coibir comportamentos e práticas que promovam discriminação, sem cuidar da elevação das condições de vida de grupos e indivíduos discriminados, as ações afirmativas atuam tanto como uma prevenção à discriminação quanto como uma reparação de seus efeitos.[28]

O país com mais longa experiência histórica com políticas de ação afirmativa é a Índia. Naquele país, tais políticas começaram a ser implantadas ainda sob o domínio colonial inglês, sendo ratificadas após a independência pela Constituição de 1947,[29] como instrumento de combate às desigualdades decorrentes do regime de castas.[30] No entanto, é a experiência norte-americana a mais significativa para a adoção das ações afirmativas no Brasil. Em primeiro lugar, em razão das similaridades históricas compartilhadas pelo Brasil e pelos Estados Unidos: ambos os países foram colônias europeias que utilizaram extensamente o trabalho escravo africano. Em segundo lugar, a cultura negra norte-americana acumula um passado rico de lutas contra a discriminação racial, que se tornou um importante referencial para o movimento negro brasileiro. Em terceiro lugar, foi com a experiência nos Estados Unidos que o debate ganhou projeção internacional, alavancando os debates sobre o tema.

Nos Estados Unidos e no Brasil, as políticas de ação afirmativa possuem três argumentos básicos de justificação: justiça compensatória, justiça distributiva e

---

[25] Nesse sentido, DAFLON, Verônica Toste; FERES JUNIOR, João; CAMPOS, Luiz Augusto. Ações afirmativas raciais no ensino superior público brasileiro: um panorama analítico. *Cadernos de Pesquisa*, v. 43, n. 148, jan./abr. 2012. p. 306. Disponível em: http://www.scielo.br/pdf/cp/v43n148/15.pdf. Acesso em: 8 maio 2023; MOREIRA, José Adilson. Miscigenando o Círculo do poder: ações afirmativas, diversidade racial e sociedade democrática. *Revista da Faculdade de Direito – UFPR*, Curitiba, v. 61, n. 2, maio/ago. 2016. p. 132; e SARMENTO, Daniel. A igualdade étnico-racial no direito constitucional brasileiro: discriminação "de facto", teoria do impacto desproporcional e ação afirmativa. *In*: SARMENTO, Daniel. *Livres e iguais*: estudos de direito constitucional. 2. tir. Rio de Janeiro: Lumen Juris, 2010. p. 154.

[26] Fala-se em discriminação positiva, quando os critérios responsáveis pela exclusão de minorias são utilizados para promover a inclusão destas e não com o objetivo de subjugá-las. Além das ações afirmativas, as diferenciações positivas abrangem também o dever de acomodação razoável. Sobre o tema, ver MOREIRA, José Adilson. Miscigenando o Círculo do poder: ações afirmativas, diversidade racial e sociedade democrática. *Revista da Faculdade de Direito – UFPR*, Curitiba, v. 61, n. 2, maio/ago. 2016. p. 132-133; RIOS, Roger Raupp. *Direito da antidiscriminação*: discriminação direta, indireta e ações afirmativas. Porto Alegre: Livraria do Advogado Editora, 2008. p. 22-23.

[27] RIOS, Roger Raupp. *Direito da antidiscriminação*: discriminação direta, indireta e ações afirmativas. Porto Alegre: Livraria do Advogado Editora, 2008. p. 158.

[28] DAFLON, Verônica Toste; FERES JUNIOR, João; CAMPOS, Luiz Augusto. Ações afirmativas raciais no ensino superior público brasileiro: um panorama analítico. *Cadernos de Pesquisa*, v. 43, n. 148, jan./abr. 2012.

[29] FERES JUNIOR, João. *Comparando justificações das políticas de ação afirmativa*: EUA e Brasil. Disponível em: http://www.achegas.net/numero/30/joao_feres_30.pdf. Acesso em: 8 maio 2023.

[30] Nesse sentido, confira FERES JUNIOR, João. *Comparando justificações das políticas de ação afirmativa*: EUA e Brasil. Disponível em: http://www.achegas.net/numero/30/joao_feres_30.pdf. Acesso em: 8 maio 2023. p. 2; SARMENTO, Daniel. *Políticas de ação afirmativa étnico-raciais nos concursos do Ministério Público*: o papel do CNMP. Disponível em: http://www.dsarmento.adv.br/content/3-publicacoes/22-politicas-de-acao-afirmativa-etnico-raciais-nos-concursos-do-ministerio-publico-o-papel-do-cnmp/politicas-de-acao-afirmativa-etnico-raciais-nos-concursos-do-ministerio-publico-o-papel-do-cnmp-daniel-sarmento.pdf. Acesso em: 10 fev. 2018.

promoção do pluralismo e da diversidade.[31] O argumento da reparação aparece a partir da constatação de que a situação desvantajosa dos negros se deve, em parte, a um histórico de discriminação, que remete aos tempos da escravidão e do colonialismo. Assim, as ações afirmativas procuram remediar não apenas as injustiças sofridas pelos seus antepassados, mas também os efeitos estruturais que persistem na atualidade.[32] Já o argumento da justiça distributiva tem os olhos voltados para a atuação real e atual dos indivíduos e justifica a melhor distribuição dos bens socialmente relevantes de acordo com a situação de desvantagem dos negros no presente.[33] Por fim, o pluralismo se fundamenta na ideia de que as instituições públicas e privadas devem espelhar a diversidade que existe no corpo social para que haja um contato real e paritário entre as pessoas integrantes das diferentes etnias.[34] Além do mais, a participação de diferentes grupos nos processos decisórios é fator legitimador das práticas democráticas.

Conforme demonstraremos, esses argumentos permearam os votos do Ministro Luís Roberto Barroso nos precedentes aqui apresentados.

3 O papel do Judiciário na promoção do princípio da igualdade

A concretização de direitos fundamentais pela via da jurisdição constitucional apresenta algumas vantagens. Em primeiro lugar, a resposta judicial tende a ser mais célere do que a apresentada nas instâncias majoritárias, nas quais há uma maior atuação de forças heterogêneas e contrapostas. Em segundo lugar, as decisões proferidas pelo STF e demais tribunais superiores são definitivas e vinculam todos os órgãos do Poder Judiciário, bem como a Administração Pública, nos casos decididos em controle concentrado de constitucionalidade e em súmulas vinculantes. Em terceiro lugar, por possuírem maior visibilidade, essas decisões funcionam também como ferramentas de conscientização e informação a respeito dos direitos.[35]

Para exemplificar as premissas teóricas aqui estabelecidas, passaremos à análise de dois precedentes paradigmáticos do Supremo Tribunal Federal e do Tribunal Superior Eleitoral, ambos da relatoria do Ministro Luís Roberto Barroso. Em primeiro lugar, a

---

[31] Cf. FERES JUNIOR, João. *Comparando justificações das políticas de ação afirmativa*: EUA e Brasil. Disponível em: http://www.achegas.net/numero/30/joao_feres_30.pdf. Acesso em: 8 maio 2023.

[32] Cf. MOREIRA, José Adilson. Miscigenando o Círculo do poder: ações afirmativas, diversidade racial e sociedade democrática. *Revista da Faculdade de Direito – UFPR*, Curitiba, v. 61, n. 2, maio/ago. 2016. p. 132; SARMENTO, Daniel. *Políticas de ação afirmativa étnico-raciais nos concursos do Ministério Público*: o papel do CNMP. Disponível em: http://www.dsarmento.adv.br/content/3-publicacoes/22-politicas-de-acao-afirmativa-etnico-raciais-nos-concursos-do-ministerio-publico-o-papel-do-cnmp/politicas-de-acao-afirmativa-etnico-raciais-nos-concursos-do-ministerio-publico-o-papel-do-cnmp-daniel-sarmento.pdf. Acesso em: 10 fev. 2018.

[33] SARMENTO, Daniel. *Políticas de ação afirmativa étnico-raciais nos concursos do Ministério Público*: o papel do CNMP. Disponível em: http://www.dsarmento.adv.br/content/3-publicacoes/22-politicas-de-acao-afirmativa-etnico-raciais-nos-concursos-do-ministerio-publico-o-papel-do-cnmp/politicas-de-acao-afirmativa-etnico-raciais-nos-concursos-do-ministerio-publico-o-papel-do-cnmp-daniel-sarmento.pdf. Acesso em: 10 fev. 2018. p. 11.

[34] SARMENTO, Daniel. A igualdade étnico-racial no direito constitucional brasileiro: discriminação "de facto", teoria do impacto desproporcional e ação afirmativa. *In*: SARMENTO, Daniel. *Livres e iguais*: estudos de direito constitucional. 2. tir. Rio de Janeiro: Lumen Juris, 2010. p. 155.

[35] Essas vantagens são apontadas por Jane Reis Gonçalves Pereira, ao tratar da influência da verticalização da jurisdição constitucional na proteção de direitos fundamentais. Confira: PEREIRA, Jane Reis Gonçalves. O Judiciário como impulsionador dos direitos fundamentais: entre fraquezas e possibilidades. *Revista da Faculdade de Direito da UERJ*, n. 9, p. 127-157, 2016.

ADC nº 41, que afirmou a constitucionalidade do sistema de reserva de vagas com base em critério étnico-racial em concursos públicos. Em segundo lugar, a Cta nº 0600306-47, em que foi garantido, às candidatas e candidatos negros, tempo de antena e recursos do Fundo Partidário e do FEFC na exata proporção das candidaturas apresentadas pelos partidos políticos.

3.1 A política de cotas para negros em concurso público – ADC nº 41

A política de reserva de vagas com base em critério étnico-racial foi inicialmente examinada pelo STF na ADPF nº 186,[36] ajuizada contra atos da Universidade de Brasília – UnB que adotaram o sistema no processo de seleção para ingresso de estudantes. A Corte concluiu pela constitucionalidade da política de cotas, em entendimento reafirmado no julgamento da ADI nº 3.330,[37] em que se discutiu a constitucionalidade de políticas afirmativas instituídas no âmbito do Programa Universidade para Todos – Prouni.

A ADC nº 41[38] representou novo e relevante passo nessa caminhada, ao declarar a constitucionalidade da Lei nº 12.990/2014, que reserva aos negros 20% (vinte por cento) das vagas oferecidas nos concursos públicos para provimento de cargos efetivos e empregos públicos no âmbito da Administração Pública federal direta e indireta.

Em defesa da constitucionalidade da política de reserva de vagas em concursos públicos, o Professor Luís Roberto Barroso baseou-se em três argumentos principais: (i) a Lei nº 12.990/2014 está em consonância com o princípio da igualdade, em suas três dimensões: a igualdade formal, a igualdade material e a igualdade como reconhecimento; (ii) a norma impugnada é compatível com os princípios do concurso público e da eficiência administrativa; e (iii) a reserva de cotas raciais em concurso público obedece às diretrizes do princípio da proporcionalidade. Destacamos, aqui, os principais fundamentos relacionados ao tópico do princípio da igualdade, objeto específico deste artigo.

O ministro ressaltou que o direito à igualdade, ao mesmo tempo em que veda a hierarquização dos indivíduos e as desequiparações infundadas, impõe a neutralização das injustiças históricas, econômicas e sociais. Assim, a política de cotas não viola a igualdade formal, que impede que a lei estabeleça privilégios e diferenciações arbitrárias entre os indivíduos. No caso específico, tanto o fundamento quanto o fim da norma são razoáveis, motivados por um dever de reparação histórica e pelas circunstâncias de que existe um racismo estrutural na sociedade brasileira, que precisa ser enfrentado. Nesse ponto, fica clara a utilização dos argumentos da justiça compensatória e da justiça distributiva, acima apresentados.

Do mesmo modo, a política promove a igualdade material, pois tem como um de seus objetivos promover uma redistribuição de riquezas e de poder na sociedade, por meio da expansão do acesso de negros ao serviço público federal. Isso porque o acesso desigual aos recursos econômicos por parte da população negra não está limitado ao aspecto socioeconômico, possuindo um forte componente racial.

---

[36] STF, ADPF nº 186, Rel. Min. Ricardo Lewandowski, j. 26.4.2012. DJe, 20 out. 2014.
[37] STF, ADI nº 3.330, Rel. Min. Ayres Britto, j. 3.5.2012. DJe, 22 mar. 2013.
[38] STF, ADC nº 41, Rel. Min. Luís Roberto Barroso, j. 8.6.2017. DJe, 17 ago. 2017.

Além do mais, a reserva de vagas em concursos públicos promove, ainda, a igualdade como reconhecimento. Isso porque o racismo estrutural produz não apenas injustiças relacionadas à estrutura econômica da sociedade, mas também injustiças de ordem cultural e simbólica, produzindo uma sub-representação dos negros nas posições de maior prestígio e visibilidade sociais, o que acaba perpetuando um estigma de inferioridade. Nesse contexto, a lei impugnada, ao abrir espaço para a ocupação de posições destacadas por parte de segmentos tradicionalmente excluídos, contribui para o ganho de autoestima da população negra e para a eliminação dos estereótipos raciais.

O voto ressaltou que a promoção do pluralismo e da diversidade na Administração Pública é também um interesse público a ser alcançado, uma vez que torna as instituições mais sensíveis aos interesses e direitos de todas as camadas da população, reforçando o conceito de "representatividade". Assim, afirmou o ministro que a eficiência do serviço público não se resume ao conhecimento técnico e decorre, também, da experiência pessoal dos candidatos para determinado cargo, que tem origem na vivência desses indivíduos como membros de grupos minoritários.

Programada para uma vigência de 10 (dez) anos,[39] a Lei nº 12.990/2014 impactou positivamente a realidade que pretende transformar. De acordo com os dados de estudo[40] sobre cor ou raça do serviço público do Executivo Federal, realizado pelo Instituto de Pesquisa Econômica Aplicada (Ipea), é possível identificar, a partir de 2014, uma relevante ampliação da participação de pessoas negras. O maior percentual de ingresso de negros até 2013 (32,3%, em 2012) é inferior ao menor percentual anual de ingressantes negros a partir de 2014 (37,5%, em 2015). Apesar do avanço notável, o caminho pela igualdade plena ainda é longo. Ciente disso, o Projeto de Lei nº 1958/2021, em trâmite no Senado Federal, propõe nova vigência de 10 anos – para o período de 2024 a 2034 –, ao final da qual a política deverá ser reavaliada.

3.2 O fomento às candidaturas de pessoas negras nas campanhas eleitorais - Cta nº 0600306-47

A atividade política tem se apresentado historicamente excludente no Brasil, com ausência de representatividade de segmentos importantes da sociedade, incluindo pessoas negras. Os dados recentes demonstram a sub-representação desse grupo entre os membros do parlamento federal e dos órgãos legislativos de abrangência local. Em 2018, por exemplo, apesar de constituir 55,8% da população, esse grupo representava apenas 24,4% do total de parlamentares da Câmara dos Deputados e 28,9% das assembleias legislativas, dos quais apenas 2,5% e 4,8% correspondiam a mulheres negras, respectivamente.[41]

Nesse cenário, o TSE foi chamado a se pronunciar na Cta nº 0600306-47, formulada pela Deputada Federal Benedita da Silva, com apoio da organização Educafro. Os

---

[39] Lei nº 12.990/2014, art. 6º: "Esta Lei entra em vigor na data de sua publicação e terá vigência pelo prazo de 10 (dez) anos".

[40] SILVA, Tatiana Dias; LOPEZ, Felix. *Perfil racial do serviço civil ativo do Executivo federal (1999-2020)*. Brasília: Ipea, jul. 2021. Nota Técnica Diest, n. 49. Disponível em: https://www.ipea.gov.br/portal/images/stories/PDFs/nota_tecnica/210720_nt_diest_n_49.pdf. Acesso em: 4 maio 2023.

[41] IBGE. *Desigualdades Sociais por Cor ou Raça no Brasil 2019*. Disponível em: https://biblioteca.ibge.gov.br/visualizacao/livros/liv101681_informativo.pdf. Acesso em: 7 maio 2023.

questionamentos buscavam o reconhecimento da possibilidade de utilização de instrumentos jurídicos e financeiros como forma de viabilizar o aumento da competitividade da candidatura de pessoas pretas e pardas nas campanhas eleitorais, a partir das eleições municipais de 2020.

Além da reserva de vagas para candidaturas de pessoas negras, nos termos estabelecidos para a cota de gênero na Lei nº 9.504/1997, questionou-se sobre (i) a possibilidade de os recursos financeiros e o tempo de antena (propaganda eleitoral no rádio e na televisão), destinados às candidaturas de mulheres em razão da cota de gênero, serem repartidos igualmente entre mulheres negras e brancas, (ii) a viabilidade do custeio proporcional das campanhas dos candidatos negros com recursos públicos, destinando-se o mínimo de 30% do total do Fundo Especial de Financiamento de campanha – FEFC,[42] e (iii) a possibilidade da destinação de tempo de antena proporcional às candidaturas de pessoas negras, respeitando-se o patamar mínimo de 30%.

Em 25.8.2020, o TSE respondeu aos questionamentos, nos termos do voto do relator, o Ministro Luís Roberto Barroso, de forma a assegurar (i) que os recursos públicos do Fundo Partidário e do FEFC e o tempo de antena, destinados às candidaturas de mulheres em razão da cota de gênero, fossem repartidos entre mulheres negras e brancas na exata proporção das respectivas candidaturas e (ii) que os recursos públicos do Fundo Partidário e do FEFC e o tempo de antena fossem destinados ao custeio das candidaturas de homens negros, na exata proporção das candidaturas apresentadas pelos partidos políticos.

Com intuito de garantir meios para fomentar a competitividade de candidaturas de pessoas negras, o Professor Luís Roberto Barroso, com base em dados históricos, sociais e estatísticos, apresentou como principais fundamentos do seu voto: (i) a presença do racismo estrutural na sociedade brasileira, inclusive no âmbito político-eleitoral; (ii) o princípio da igualdade, em suas três dimensões: a igualdade formal, a igualdade material e a igualdade como reconhecimento; e (iii) a necessidade de representatividade de diferentes grupos sociais no parlamento para o adequado funcionamento da democracia e para o aumento da legitimidade das decisões tomadas.

O julgamento da Cta nº 0600306-47 foi um marco no sentido de promover uma política pública eficiente para a ampliação da participação de pessoas negras no processo eleitoral, seja por dar visibilidade ao problema da ausência de representatividade deles na política, seja por proporcionar meios aptos a viabilizar a diminuição das distorções de representatividade parlamentar existentes. A eficácia da decisão se reproduziu de forma célere, por meio da atualização dos regramentos eleitorais em que a temática discutida se refletia de forma imediata (resoluções TSE nºs 23.605/2019 e 23.610/2019)[43] e do aumento do número de candidaturas e de eleitos nos pleitos subsequentes.

Nas eleições de 2020, por exemplo, 40% dos candidatos que se declaram negros foram eleitos em todo o país: 1.730 para o cargo de prefeito e 25.960 para o cargo de

---

[42] O valor do FEFC disponibilizado pelo Tesouro Nacional: (i) eleições de 2018 – R$1.716.209.431,00, (ii) eleições de 2020 – R$2.034.954.824 e (iii) eleições de 2022 – R$4.961.519.777,00 (Disponível em: www.tse.jus.br).

[43] Dispõem, respectivamente sobre as diretrizes gerais para a gestão e distribuição dos recursos do Fundo Especial de Financiamento de Campanha (FEFC) e sobre propaganda eleitoral, utilização e geração do horário gratuito e condutas ilícitas em campanha eleitoral.

vereador.[44] Nas eleições 2022, por sua vez, o número de candidatos negros (14.712) representou 50,27% do total de candidaturas (29.262), com o incremento de eleitos em 23,7%, 9,8% e 28,6%, respectivamente, para os cargos de deputado estadual, federal e governador, em relação a 2018.[45]

O vanguardismo do voto do Ministro Luís Roberto Barroso pode ser confirmado com a posterior promulgação da Emenda Constitucional nº 111/2021. Ao determinar a contagem em dobro dos votos dados a candidatas mulheres ou a candidatos negros para a Câmara dos Deputados nas eleições realizadas de 2022 a 2030, com a finalidade de distribuição dos recursos do fundo partidário e do FEFC, o Congresso Nacional também criou uma importante política de fomento à ampliação da participação desses grupos na política brasileira.

Como é possível observar, a temática, o ineditismo e os resultados práticos já obtidos acentuam a importância do julgamento ora analisado. Ainda que incipientes, os instrumentos de incentivo à participação política de grupos minorizados são necessários para o fortalecimento da democracia. A diversidade de pensamentos e a ampliação do debate, refletidas na tomada de decisões políticas de um país, importam em efetiva legitimação do processo eleitoral.

Conclusão

O desenvolvimento deste artigo buscou analisar a contribuição do Ministro Luís Roberto Barroso, em sua atuação no Supremo Tribunal Federal e no Tribunal Superior Eleitoral, para a concretização do compromisso constitucional com o princípio da igualdade, em especial sob o ponto de vista racial. Para tanto, apresentamos uma breve exposição sobre o conceito de centralidade das raças o mito da democracia racial no Brasil, as dimensões do princípio da igualdade e o papel das ações afirmativas.

De forma específica, examinamos a relevância das decisões proferidas na ADC nº 41/DF e na Consulta nº 0600306-47/DF, para a diminuição do déficit de representatividade política, econômica e social de pessoas negras. Em ambos os casos, o Professor Luís Roberto Barroso apresentou, com maestria, a realidade a ser enfrentada pelo Judiciário brasileiro, e as bases teóricas para tanto.

Os indicadores sociais do período posterior às decisões demonstram seu efeito positivo na realidade que se pretende transformar. Contudo, apesar dos avanços no plano teórico e fático, o combate à desigualdade entre brancos e negros ainda tem um longo caminho a trilhar. É essencial que todos os poderes e a sociedade civil estejam efetivamente engajados na superação da discriminação racial. Esse é um projeto de país que exige a participação de todos.

---

[44] Disponível em: https://www.tse.jus.br/imprensa/noticias-tse/2020/Novembro/mais-de-40-dos-candidatos-negros-das-eleicoes-municipais-2020-foram-eleitos. Acesso em: 8 maio 2023.

[45] Disponível em: https://www.tse.jus.br/comunicacao/noticias/2022/Novembro/mais-da-metade-dos-candidatos-aos-cargos-das-eleicoes-2022-se-autodeclarou-negra#:~:text=Nas%20Elei%C3%A7%C3%B5es%202022%2C%20o%20n%C3%BAmero,46%2C4%25%20do%20total. Acesso em 8 maio 2023.

Referências

ALMEIDA, Silvio Luiz de. *Racismo estrutural*. São Paulo: Jandaíra, 2021. Coleção Feminismos Plurais.

ANDERSON, Benedict. *Nação e consciência nacional*. São Paulo: Ática, 1989.

AZEVEDO, Célia Maria Marinho de. *Abolicionismo* – Estados Unidos e Brasil: uma história comparada (século XIX). São Paulo: Annablume, [s.d.].

BENEVIDES, Maria. Cidadania e democracia. *Lua Nova*, São Paulo, n. 33, ago. 1994.

BRASIL. Supremo Tribunal Federal (Plenário). *Ação Direta de Constitucionalidade nº 41*. Rel. Min. Luís Roberto Barroso, 8.6.2017.

BRASIL. Supremo Tribunal Federal (Plenário). *Ação Direta de Inconstitucionalidade nº 3.330*. Rel. Min. Ayres Britto, 3.5.2012.

BRASIL. Supremo Tribunal Federal (Plenário). *Arguição de Descumprimento de Preceito Fundamental nº 186*. Rel. Min. Ricardo Lewandowski, 26.4.2012.

BRASIL. Tribunal Superior Eleitoral (Plenário). *Consulta nº 0600306-47/DF*. Rel. Min. Luís Roberto Barroso, 25.8.2020.

DAFLON, Verônica Toste; FERES JUNIOR, João; CAMPOS, Luiz Augusto. Ações afirmativas raciais no ensino superior público brasileiro: um panorama analítico. *Cadernos de Pesquisa*, v. 43, n. 148, jan./abr. 2012.

FERES JUNIOR, João. *Comparando justificações das políticas de ação afirmativa*: EUA e Brasil. Disponível em: http://www.achegas.net/numero/30/joao_feres_30.pdf. Acesso em: 8 maio 2023.

FRASER, Nancy. Social justice in the age of identity politics: redistribution, recognition, and participation. In: FRASER, Nancy; HONNETH, Alex. *Redistribution or recognition?* A political-philosophical exchange. London: Verso, 2003.

FRASER, Nancy; HONNETH, Axel. *Redistribution or recognition*: a political-philosophical exchange. London: Verso, 2003.

FREYRE, Gilberto. *Casa-grande e senzala*. 32. ed. Rio de Janeiro e São Paulo: Record, 1997.

GOMES, Joaquim Barbosa. *Ações afirmativas e o princípio constitucional da igualdade*. São Paulo: Renovar, 2001.

GONZALEZ, Lélia. Racismo e sexismo na cultura brasileira. *Ciências Sociais Hoje*, 1984.

GUIMARÃES, Antônio Sérgio Alfredo. *Racismo e antirracismo no Brasil*. 3. ed. São Paulo: Editora 34, 1999.

MIGLIEVICH-RIBEIRO, Adelia; ROMERA, Edison. Orientações para uma descolonização do conhecimento: Um diálogo entre Darcy Ribeiro e Enrique Dussel. *Sociologias*, Porto Alegre, ano 20, n. 47, jan./abr. 2018. Disponível em: https://www.scielo.br/j/soc/a/CzbFsXMPpHf8sNt5QyDbtXh/?lang=pt. Acesso em: 7 maio 2023.

MOREIRA, José Adilson. Miscigenando o Círculo do poder: ações afirmativas, diversidade racial e sociedade democrática. *Revista da Faculdade de Direito – UFPR*, Curitiba, v. 61, n. 2, maio/ago. 2016.

PEREIRA, Jane Reis Gonçalves. O Judiciário como impulsionador dos direitos fundamentais: entre fraquezas e possibilidades. *Revista da Faculdade de Direito da UERJ*, n. 9, p. 127-157, 2016.

RIBEIRO, Darcy. *As Américas e a civilização*: formação histórica e causas do desenvolvimento desigual dos povos americanos. 4. ed. Petrópolis: Vozes, 1983.

RIOS, Roger Raupp. *Direito da antidiscriminação*: discriminação direta, indireta e ações afirmativas. Porto Alegre: Livraria do Advogado Editora, 2008.

SARMENTO, Daniel. A igualdade étnico-racial no direito constitucional brasileiro: discriminação "de facto", teoria do impacto desproporcional e ação afirmativa. In: SARMENTO, Daniel. *Livres e iguais*: estudos de direito constitucional. 2. tir. Rio de Janeiro: Lumen Juris, 2010.

SARMENTO, Daniel. *Políticas de ação afirmativa étnico-raciais nos concursos do Ministério Público*: o papel do CNMP. Disponível em: http://www.dsarmento.adv.br/content/3-publicacoes/22-politicas-de-acao-afirmativa-etnico-raciais-nos-concursos-do-ministerio-publico-o-papel-do-cnmp/politicas-de-acao-afirmativa-etnico-raciais-nos-concursos-do-ministerio-publico-o-papel-do-cnmp-daniel-sarmento.pdf. Acesso em: 10 fev. 2018.

SCHWARCZ, Lilia Moritz. *O espetáculo das raças*: cientistas, instituições e questões raciais no Brasil (1870-1930). São Paulo: Cia das Letras, 1996.

SILVA, Tatiana Dias; LOPEZ, Felix. *Perfil racial do serviço civil ativo do Executivo federal (1999-2020)*. Brasília: Ipea, jul. 2021. Nota Técnica Diest, n. 49. Disponível em: https://www.ipea.gov.br/portal/images/stories/PDFs/nota_tecnica/210720_nt_diest_n_49.pdf. Acesso em: 4 maio 2023.

TAVOLARO, Lilia G. M.; TAVOLARO, Sérgio B. F. *Raça, cidadania e modernidade no Brasil*: ações afirmativas e o diagnóstico da "excepcionalidade". Disponível em: https://www.anpocs.com/index.php/papers-35-encontro/gt-29/gt30-12/1180-raca-cidadania-e-modernidade-no-brasil-acoes-afirmativas-e-o-diagnostico-da-excepcionalidade/file. Acesso em: 8 maio 2023.

WACQUANT, Loïc. A raça como crime cívico. *Sociologia: Revista da Faculdade de Letras da Universidade do Porto*, Porto, v. XXV, p. 9-41, 2005. Disponível em: http://www.redalyc.org/pdf/4265/426540419001.pdf. Acesso em: 7 maio 2023.

Informação bibliográfica deste texto, conforme a NBR 6023:2018 da Associação Brasileira de Normas Técnicas (ABNT):

BARRETO, Leila Correia Mascarenhas; LACERDA, Luísa. O papel do Poder Judiciário na concretização do princípio da igualdade racial: uma análise da ADC nº 41 e da Cta nº 600306-47. *In*: OSORIO, Aline; MELLO, Patrícia Perrone Campos; BARROSO, Luna van Brussel (Coord.). *Direitos e democracia*: 10 anos do Ministro Luís Roberto Barroso no STF. Belo Horizonte: Fórum, 2023. p. 811-823. ISBN 978-65-5518-555-3.

ADVOCACIA PÚBLICA, FEDERALISMO E DEVIDO PROCESSO LEGAL

LUIS FELIPE SAMPAIO

1 Ministro Barroso no STF: do conhecimento e experiência adquiridos em sua origem na Advocacia Pública aos dez anos de julgamentos sobre o tema

A presente obra, elaborada por assessores e ex-assessores do Ministro Luís Roberto Barroso, é fruto da admiração e do reconhecimento das importantes contribuições do ministro em seus dez anos de atuação no Supremo Tribunal Federal (STF), e, tal como em obra comemorativa anterior,[1] traz consigo a experiência daqueles que conviveram com o ministro durante os julgamentos das grandes questões constitucionais do período.

Na citada obra, relativa aos primeiros cinco anos de atividade do Min. Barroso na Suprema Corte brasileira, foi destacada a enorme expectativa criada na sociedade quanto à sua chegada ao STF, e foram analisados os primeiros julgamentos relevantes em que teve atuação determinante. Já a presente obra se beneficia da existência de inúmeras outras decisões relevantes, que, estudadas em conjunto, acabam por formar verdadeiros tratados sobre diversos temas. Afinal, no total, são dez anos julgando as principais questões jurídicas do país.

Vários desses julgados são objeto de análise neste livro. Particularmente, o presente artigo destaca a atuação do Ministro Barroso em julgamentos relativos à Advocacia Pública, ao federalismo, ao devido processo legal inerente à representação judicial das entidades federadas.

Como se sabe, antes de se tornar ministro do STF, Luís Roberto Barroso integrou por longos anos o quadro da renomada Procuradoria-Geral do Estado do Rio de Janeiro, tendo sido o primeiro colocado do concurso público no qual foi aprovado.

Nesse longo período, pôde conhecer de perto a vivência da Advocacia Pública e também da máquina administrativa estatal, já que cabe à Advocacia Pública a

---

[1] SARAIVA, Renata *et al. Ministro Luís Roberto Barroso*: 5 anos de Supremo Tribunal Federal: homenagem de seus assessores. Belo Horizonte: Fórum, 2018.

representação judicial e a consultoria jurídica, o controle interno de legalidade dos atos administrativos e a definição das diretrizes jurídicas (como órgão central do sistema jurídico), auxiliando a adequar políticas públicas às normas constitucionais e legais.

Ainda enquanto atuava pela Procuradoria-Geral do Estado, Barroso teve a oportunidade de trabalhar em casos emblemáticos no contencioso judicial (veja-se, exemplificativamente, a ADPF nº 132/RJ, proposta em defesa das uniões homoafetivas, contra interpretação que limitava direitos de servidores públicos do Estado do Rio de Janeiro, como a obtenção de pensões e licenças, para citar apenas alguns) e também no consultivo, como, ilustrativamente, no Parecer nº 01/2010 (em que firmou as diretrizes jurídicas a serem adotadas por hospitais estaduais no tratamento de pacientes que, por motivos religiosos, se recusarem a receber transfusão de sangue) e no Parecer LRB s/nº de 16.6.2010 (em que analisou a questão da divisão dos *royalties* do petróleo na Constituição da República).

Já no Supremo Tribunal Federal, após tantos anos dessa experiência vivenciando o cotidiano da Administração Pública e da Advocacia Pública, tem sido relativamente comum observar, em variados votos ou apartes do ministro, argumentos que trazem à tona preocupações e ponderações com a *realidade* da Administração Pública, o cuidado para que uma decisão não seja simplesmente bela em aspectos teóricos, mas que seja efetivamente passível de implementação.

Diante dessas circunstâncias, e das limitações inerentes a uma obra coletiva como a presente, este artigo faz um recorte temático para abordar a participação do Ministro Barroso em alguns julgamentos do Supremo Tribunal Federal relacionados à Advocacia Pública como função essencial à justiça, e à relação da representação judicial que ela desempenha com o federalismo e o devido processo legal.

2 Breve análise de alguns julgados relativos à Advocacia Pública como função essencial à Justiça

Nos últimos anos, foram realizados diversos julgamentos relacionados à Advocacia Pública, diante do crescente fortalecimento político-jurídico da instituição, do aprimoramento das máquinas administrativas estaduais e municipais, e do incremento no tratamento legislativo dado a essas entidades. Tais circunstâncias vêm progressivamente ampliando a capacidade da Advocacia Pública de desempenhar sua missão constitucional de *função essencial à justiça* (CF/88, Título IV, Capítulo IV, Seção II).[2]

---

[2] "Art. 131. A Advocacia-Geral da União é a instituição que, diretamente ou através de órgão vinculado, representa a União, judicial e extrajudicialmente, cabendo-lhe, nos termos da lei complementar que dispuser sobre sua organização e funcionamento, as atividades de consultoria e assessoramento jurídico do Poder Executivo. §1º A Advocacia-Geral da União tem por chefe o Advogado-Geral da União, de livre nomeação pelo Presidente da República dentre cidadãos maiores de trinta e cinco anos, de notável saber jurídico e reputação ilibada. §2º O ingresso nas classes iniciais das carreiras da instituição de que trata este artigo far-se-á mediante concurso público de provas e títulos. §3º Na execução da dívida ativa de natureza tributária, a representação da União cabe à Procuradoria-Geral da Fazenda Nacional, observado o disposto em lei. Art. 132. Os Procuradores dos Estados e do Distrito Federal, organizados em carreira, na qual o ingresso dependerá de concurso público de provas e títulos, com a participação da Ordem dos Advogados do Brasil em todas as suas fases, exercerão a representação judicial e a consultoria jurídica das respectivas unidades federadas. Parágrafo único. Aos procuradores referidos neste artigo é assegurada estabilidade após três anos de efetivo exercício, mediante avaliação de desempenho perante os órgãos próprios, após relatório circunstanciado das corregedorias".

Nesse sentido, ocorreram sucessivos julgamentos de ações diretas de inconstitucionalidade, muitas delas de relatoria do Min. Barroso, em que, reafirmando-se a jurisprudência do STF, foi declarada a inconstitucionalidade da criação de consultorias e assessorias paralelas às procuradorias-gerais, com base no princípio da unicidade, extraído dos arts. 131 e 132 da CF/88, segundo o qual compete às procuradorias-gerais, e unicamente a elas, promover a representação judicial e a consultoria das respectivas entidades federativas, salvo em casos excepcionais, como (i) procuradorias jurídicas de assembleias legislativas e tribunais de contas, para a defesa de sua autonomia e assessoramento jurídico de suas atividades internas; (ii) contratação de advogados particulares em casos excepcionais; e (iii) consultorias paralelas à advocacia estadual que já exercessem esse papel à época da promulgação da Constituição em 1988 (art. 69 do ADCT). Nesse sentido, *vide* ADI nº 5.393[3] e nº 5.215.[4] Tal entendimento decorre principalmente da necessidade de um órgão central do sistema jurídico, que possa, portanto, traçar as diretrizes jurídicas e efetuar a representação judicial de modo uniforme, garantindo a segurança jurídica e a confiabilidade das orientações e das defesas.

No âmbito da citada ADI nº 5.215, o Min. Barroso, de forma inovadora, acresceu um elemento à discussão, entendendo que

> as universidades estaduais também podem criar e organizar procuradorias jurídicas, em razão de sua autonomia didático-científica, administrativa, financeira e patrimonial (art. 207, caput, CF/88). Tais órgãos jurídicos exercem um papel fundamental na defesa dos interesses das universidades, inclusive em face dos próprios Estados-membros que as constituíram. Portanto, em razão da autonomia universitária e seguindo a lógica da jurisprudência do Supremo Tribunal Federal na matéria, a existência dessas procuradorias não viola o art. 132 da Constituição.

Outro julgamento relevante ocorreu no ARE nº 1.165.456,[5] em que, com base no voto médio proferido pelo Ministro Barroso, a 1ª Turma do STF decidiu pela inconstitucionalidade de norma que exigia a autorização do governador para propositura de ação de improbidade, reconhecendo que a Advocacia Pública tem como missão constitucional a preservação do interesse público.

Em suas palavras:

> a exigência de autorização do Governador do Estado para a propositura de ação de improbidade aparentemente viola o princípio da impessoalidade, previsto no art. 37, caput, da Constituição. A atividade estatal como um todo, e a administrativa em particular, deve observar o princípio da impessoalidade como um mandamento inafastável (CF/88, art. 37, caput). O interesse do ente público que a Procuradoria do Estado é constitucionalmente instada a representar não pode se confundir com o interesse do agente político que chefia o ente público. Nesse sentido, quando o interesse público demanda a atuação da Procuradoria – como ocorre, por exemplo, no controle de legalidade exercido por meio da ação de improbidade – não pode a vontade do Governador impedir essa atuação.

---

[3] STF, Tribunal Pleno. ADI nº 5.393. Rel. Min. Roberto Barroso, j. 19.12.2018.
[4] STF, Tribunal Pleno. ADI nº 5.215. Rel. Min. Roberto Barroso, j. 28.3.2019.
[5] STF, 1ª Turma. ARE nº 1.165.456. Redator do acórdão Min. Roberto Barroso, j. 1º.9.2020.

Outro voto do Ministro Barroso que merece ser destacado, embora tenha sido vencido, foi aquele proferido na ADI nº 3.536,[6] em que o STF entendeu ser inconstitucional o exercício de representação judicial e consultoria jurídica de sociedades de economia mista e empresas públicas por órgãos de Advocacia Pública. Segundo a posição majoritária, (i) haveria uma limitação textual no art. 132 da CF/88, que abarcaria apenas entidades da Administração Pública indireta de natureza pública, excluídas as de natureza privada; (ii) haveria a extensão indevida, a entidades privadas, de benefícios próprios dos entes representados pela Fazenda Pública; e (iii) tal representação poderia ensejar interferência indevida da Chefia do Executivo nas estatais.

Embora vencido nesse julgamento, o Ministro Barroso proferiu voto extremamente relevante, refutando todos os argumentos, que podem ser assim sintetizados:

> (i) a Constituição não exauriu as atribuições dos Procuradores dos Estados, deixando um espaço próprio para a deliberação dos Estados-membros; (ii) as empresas públicas e sociedades de economia mista, a despeito de sua personalidade de direito privado, são instrumentos de ação do ente federado para a consecução de interesses públicos; e (iii) a representação judicial de estatais pela Procuradoria Geral do Estado não atrai a incidência das prerrogativas processuais da Fazenda Pública.

3 Federalismo e devido processo legal

Para o desempenho adequado de sua missão constitucional de função essencial à justiça e de representação judicial e consultoria dos entes federados, a Advocacia Pública deve ser observada sob a ótica do sistema federalista estabelecido na Constituição da República.

Sobre esse ponto, convém destacar o julgamento das ações diretas de inconstitucionalidade (ADI) nºs 5.492 e 5.737, ocorrido em sessão do Plenário Virtual encerrada em 24.4.2023.[7]

A ADI nº 5.492, ajuizada logo após a entrada em vigor do CPC/2015 pelo governador do Estado do Rio de Janeiro, e a ADI nº 5737, ajuizada pelo governador do Distrito Federal pouco mais de um ano depois, tiveram o propósito de questionar temas de grande preocupação para todos os entes federados, para as respectivas advocacias públicas e poderes judiciários, e para o sistema federalista em geral.

No que concerne especificamente ao recorte temático traçado neste artigo e à importante contribuição do Ministro Barroso para a solução da controvérsia posta, deve ser analisada a questão atinente às regras de foro para as ações ajuizadas em face da Administração Pública e para o processamento das execuções fiscais, incluídas na redação original do CPC/2015, art. 52, parágrafo único e 46, §5º, respectivamente:

> Art. 52. É competente o foro de domicílio do réu para as causas em que seja autor Estado ou o Distrito Federal.

---

[6] STF, Tribunal Pleno. ADI nº 3.536. Rel. Min. Alexandre de Moraes, j. 3.10.2019.

[7] Processo com mérito apreciado, porém sem certificação de trânsito em julgado até a data da elaboração deste artigo. Última verificação em 12.5.2023.

Parágrafo único. Se Estado ou o Distrito Federal for o demandado, a ação poderá ser proposta no foro de domicílio do autor, no de ocorrência do ato ou fato que originou a demanda, no de situação da coisa ou na capital do respectivo ente federado.

Art. 46. [...]
§5º A execução fiscal será proposta no foro de domicílio do réu, no de sua residência ou no do lugar onde for encontrado.

Com a entrada em vigor do CPC/2015, essa temática se tornou uma das mais recorrentes controvérsias no âmbito dos entes subnacionais, tanto na esfera teórica como na esfera prática (não por acaso o ajuizamento da primeira ADI se deu pouco menos de um mês após a entrada em vigor do CPC/2015), justamente em razão das grandes repercussões geradas pela nova disciplina do tema.

O art. 52 do CPC, em síntese, estabeleceu um foro único para as causas de autoria de estados ou DF, e uma possibilidade múltipla (quádrupla) de foros para as causas ajuizadas em face de estados ou DF.

Diante da nova disciplina, milhares de novas ações passaram a ser distribuídas em estados diversos daqueles demandados, rotineiramente, em locais significativamente distantes e, por vezes, em comarcas do interior dos respectivos estados, do outro lado do país.

A isso, soma-se o fato de que, mesmo após quase uma década de entrada em vigor do CPC/2015, boa parte dos processos ainda é físico (não eletrônico), de modo que apenas deslocando-se até o juízo é possível obter eventuais cópias necessárias à perfeita compreensão da lide e ao pleno exercício do contraditório material. Tudo isso – e sem mencionar os custos – dentro de um prazo curto, em especial se comparado ao tempo que o autor teve para preparar e ajuizar sua demanda. E, mesmo quando eletrônicos os autos, ainda é comum que cada estado possua um sistema próprio de operação para o representante processual, com exigência de cadastros prévios para acesso aos autos, individualizados por usuário, e também com procedimentos próprios.

Essa situação, naturalmente, trouxe extrema preocupação aos entes federados e às respectivas Advocacias Públicas, por razões diversas.

A *primeira* delas diz respeito à impossibilidade de contraditório efetivo e de ampla defesa pelos estados e pelo Distrito Federal (CF/88, art. 5º, LV), e de adequada representação judicial pelas Advocacias Públicas (CF/88, arts. 131 e 132).

Com efeito, a possibilidade de o autor da ação escolher qualquer local no âmbito nacional (desde que tenha fixado domicílio) para ajuizar ação em face dos entes federados, em especial quando tal domicílio não tiver vínculo mínimo com os elementos objetivos da demanda, pode inviabilizar o devido processo legal material, restringindo ou até mesmo eliminando qualquer possibilidade de defesa pelo ente público, nos casos em que sequer seja possível consultar os autos dentro do prazo estabelecido para a prática do ato processual. E isso sem mencionar os demais casos, em que a parte autora utiliza esse mecanismo como uma estratégia processual para reduzir ou eliminar as chances de defesa da parte adversária.

A exigência de que estados ou o DF se defendam em qualquer comarca do país, em analogia ao que ocorre com a União (ente federado de território nacional), exigiria que todo ente federado subnacional estruturasse sua Advocacia Pública por todo o território nacional e, inclusive, postos administrativos, com a finalidade de tentar obter um contraditório participativo.

Não é preciso ir longe para se imaginar os custos que estariam envolvidos em exigir essa estrutura de todos os entes subnacionais, interpretação que conflita com a lógica de eficiência administrativa estabelecida na CF/88. Mas não é só. A CF/88 não exige que tal estrutura seja criada nem mantida. A exigência de defesa em todo o território nacional se dá em relação apenas à União, em decorrência de seu território. Essa lógica constitucional se estende aos estados e DF: a interpretação sistemática da CF/88 leva à conclusão de que a defesa deve se dar no âmbito de seu respectivo território, onde está constituída a sua administração e a sua Advocacia Pública.

Ainda sobre esse ponto, convém notar que a mera possibilidade de celebração de convênios para "solucionar" eventuais dificuldades inerentes ao contraditório em nada resolve a questão.

A uma, porque retira a voluntariedade da celebração de qualquer convênio: se uma entidade é obrigada a celebrar um convênio sob pena de não conseguir se defender em um processo, não há verdadeiramente um convênio, instrumento que pressupõe uma adesão voluntária.

A duas, porque faria com que, como regra, entes federados não fossem representados por seus próprios quadros de Advocacia Pública, e sim por quadros de entes federados diversos, violando a autonomia federativa de cada ente (CF/88, art. 18), e ferindo o devido processo legal, já que os quadros de cada ente naturalmente possuem maior entendimento das peculiaridades das respectivas estruturas administrativas (ex.: circunstâncias que serviram de base a políticas pública específicas, demandas que possuem potencial de se tornarem repetitivas etc.), maior facilidade de comunicação com essas estruturas, e maior familiaridade com as controvérsias relativas à legislação local.

Aliás, a preocupação quanto à autonomia e ao pacto federativo é mais ampla. Conforme destacado na petição inicial da ADI nº 5.492:

> É da própria definição de federalismo a ideia de distribuição geográfica do exercício de poder. Nos dois níveis abaixo do ente central – União –, as competências legislativas e administrativas são repartidas pela Constituição entre entidades que exercem poder político apenas sobre uma dada parcela do território nacional. Isso significa que, concebendo o constituinte os Estados-membros como unidades autônomas, o feixe de atribuições exercido por cada qual não pode e não deve extravasar os respectivos limites territoriais.

Na repartição constitucional de competências, a CF/88 estabeleceu competir à União legislar sobre direito processual (CF/88, art. 22, I). No entanto, tal competência não pode ser exercida de modo a suprimir ou comprometer a capacidade de auto-organização de outros entes federados, como os estados, marcadamente a de organizar a Justiça estadual respectiva (CF/88, art. 125).

Ilustrativamente, ao se adotar a regra trazida pelo CPC, a demanda que tramitou em outro estado poderia ensejar a condenação da Fazenda Pública, e, consequentemente, a interferência de um Judiciário estadual em outro Judiciário estadual no que concerne à gestão dos precatórios, atividade de natureza administrativa.

Outro exemplo seria a indesejável possibilidade de o Judiciário de um estado firmar jurisprudência acerca da legislação local de outro estado (inclusive em sentido contrário à jurisprudência do estado correspondente), permitindo interferências na vida administrativa e social em geral, em concursos públicos e regimes próprios de servidores ativos e inativos, benefícios fiscais e outros assuntos igualmente relevantes.

Essa circunstância, aliada à possibilidade ampliada de escolha do foro, poderia levar partes a praticarem conduta abusiva, escolhendo propositadamente ajuizar suas demandas em outros foros, com o intuito de escapar da jurisprudência consolidada da Justiça do estado de origem, por exemplo, como a firmada em incidentes de resolução de demandas repetitivas ou em enunciados sumulares, burlando, assim, o sistema de respeito aos precedentes estimulado pelo próprio CPC, e comprometendo o devido processo legal (CF/88, art. 5º, LIV).

Além dessa breve síntese de alguns dos argumentos que levam à inconstitucionalidade do art. 52 do CPC, há de se destacar ainda o disposto no CPC, art. 46º, §5º, que estabelece que a execução fiscal deverá ser proposta no foro do domicílio do réu, no de sua residência ou no do lugar onde for encontrado.

Tal dispositivo não apenas incorre em todos os problemas já descritos, como ocasiona novos problemas, já que a execução fiscal é um dos pilares da sustentabilidade financeira de um ente federado, e tal pilar acabaria ficando sujeito às prioridades de processamento[8] e à palavra final de outro estado, possibilitando o incremento da guerra fiscal entre unidades federativas.

Ao apreciar essas questões, no âmbito das ADI nºs 5.492 e 5.737,[9] o Ministro relator originário considerou constitucionais tais dispositivos por diversas razões, valendo destacar, resumida e exemplificativamente, (i) que foram elaborados legitimamente no contexto da competência da União para legislar sobre direito processual; (ii) que houve ampliação do acesso à justiça e na busca pela efetiva redução de desigualdades processuais entre os jurisdicionados; (iii) que não houve prejuízo ao contraditório e ao devido processo legal, considerando que o Poder Público possuiria melhores condições de se defender em juízo fora de seu território que o cidadão comum, podendo custear deslocamentos de seu quadro de Procuradores, quando necessário; e considerando o avanço do processo judicial eletrônico; (iv) que é equivocada a premissa de que os interesses das unidades da Federação que participem do processo na qualidade de Estado-Juiz sempre tenderiam a sobrepujar o interesse de bem prestar a jurisdição; e (v) que a legislação local será levada a conhecimento do Judiciário de outras unidades

---

[8] Na realidade contemporânea, diante dos recursos escassos da Administração Pública, muitos dos juízos que processam execuções fiscais possuem um quadro de pessoal insuficiente para realizar o processamento e julgamento do enorme volume de execuções ajuizadas, o que habitualmente leva a um processamento comparativamente mais lento de processos dessa natureza. Se essas execuções fiscais tiverem de tramitar em outro estado federado, concorrendo com execuções fiscais deste outro estado, há grandes chances de a tramitação se tornar ainda mais lenta.

[9] Processo com mérito apreciado, porém sem certificação de trânsito em julgado até a data da elaboração deste artigo. Última verificação em 12.5.2023.

da Federação em razão da disposição que exige a comprovação do teor e da vigência da lei local por aquele que a alegar.

O Ministro Barroso apresentou importante voto divergente, entendendo serem inconstitucionais tais dispositivos.

Inicialmente, sustentou que a atribuição dada à União para legislar sobre processo civil não pode servir de base para que se promova um desequilíbrio federativo e administrativo em detrimento dos demais entes.

Defendeu que, em precedente do STF (RE nº 627.709), entendeu-se constitucional a faculdade da parte autora de escolher o foro para demandar autarquia federal justamente porque a União possui representação em todo o território nacional, o que não ocorre com os estados, o Distrito Federal e os municípios, de modo que tal solução não seria extensível aos entes subnacionais.

Em segundo lugar, considerou que a CF/88 não estabelece que os entes subnacionais devam se estruturar para além de seus limites territoriais.

Em terceiro lugar, entendeu que o advento do processo eletrônico não elimina os problemas federativos mencionados, já que a ideia de Justiça estadual é um componente da auto-organização do estado-membro (CF/88, arts. 25, *caput*, e 125), e, mesmo sem se questionar a independência dos magistrados e a unidade do Poder Judiciário, a autonomia federativa estaria violada se questões locais passassem a ser decididas de modo definitivo por magistrados ligados a outras unidades federativas, alijando-se a discussão do Judiciário local.

Em quarto lugar, a faculdade de escolha do foro também traria efeito prejudicial sobre o sistema de vinculação a precedentes, já que o ajuizamento em foro diverso levaria à não aplicação impositiva de eventual precedente vinculante do foro original, o que acarretaria insegurança jurídica e ineficiência da prestação jurisdicional.

Em quinto lugar, também violaria o federalismo a possibilidade de o Judiciário de uma unidade federativa, ao condenar um ente público de outra unidade federativa, produzir efeitos sobre a gestão de precatórios e requisições de pequeno valor de outro ente, o que configuraria grave interferência no orçamento público, e não seria possível sem base constitucional expressa.

Da mesma forma, também seria inconstitucional o art. 46, §5º, pois, além de incorrer em diversos desses problemas já descritos, teria

> o agravante de que a disposição impugnada dificulta a recuperação de ativos em um procedimento que já apresenta baixo índice de eficiência. Não se pode esquecer, nesse contexto, que o exercício concreto e efetivo da competência tributária e a exigência dos valores devidos têm importante função socioeconômica para as finanças dos entes subnacionais, aspecto que também integra a autonomia federativa (CF/1988, art. 18, caput).

Esse importante voto do Ministro Barroso inaugurou a divergência sobre o tema, e veio a se tornar a posição vencedora ao final do julgamento daquela sessão do Plenário virtual,[10] com formação de maioria de seis votos entre os dez proferidos, com a proposição

---

[10] Processo com mérito apreciado, porém sem certificação de trânsito em julgado até a data da elaboração deste artigo. Última verificação em 12.5.2023.

da seguinte tese: "É inconstitucional a regra de competência que permita que os entes subnacionais sejam demandados perante qualquer comarca do país, devendo a fixação do foro restringir-se aos seus respectivos limites territoriais".

4 Considerações finais

A brevíssima exposição acima permite constatar a importante participação do Ministro Luís Roberto Barroso em julgamentos relativos à Advocacia Pública como função essencial à justiça; à adequada representação da Administração Pública em juízo, inserida em um contexto de devido processo legal formal e material; e ao federalismo.

Além da conhecida inteligência, clareza e objetividade do Ministro Barroso, sua experiência e conhecimento da realidade da máquina administrativa são fatores que contribuem enormemente para que seus votos encontrem soluções ótimas para cada problema apresentado.

Por fim, faço um registro de agradecimento ao Ministro Barroso pela excelente convivência durante o período em que atuei em sua assessoria. Conforme os anos passam, cresce ainda mais minha admiração pela postura tranquila, cordial, leve e bem-humorada que sempre teve, apesar da enorme pressão e importância da função tão relevante de Ministro da Suprema Corte brasileira. Agradeço também aos organizadores desta merecida obra de homenagem, e à equipe de assessores e ex-assessores do Gabinete Luís Roberto Barroso – pessoas brilhantes e incansáveis com quem tive a honra de conviver – que refletem o nível de exigência e excelência do ministro, e que dedicam o melhor de si ao trabalho e ao Brasil.

Referências

BARROSO, Luís Roberto. *Curso de direito constitucional contemporâneo*: os conceitos fundamentais e a construção do novo modelo. 4. ed. São Paulo: Saraiva, 2013.

BARROSO, Luís Roberto. *O controle de constitucionalidade no direito brasileiro*: exposição sistemática da doutrina e análise crítica da jurisprudência. [s.l.]: [s.n.], [s.d.].

CAPPELLETTI, Mauro; GARTH, Bryant. *Acesso à justiça*. Porto Alegre: Sergio Antonio Fabris, 1988.

GRECO, Leonardo. *Instituições de processo civil*. Rio de Janeiro: Forense, 2011. v. I.

SARAIVA, Renata *et al*. *Ministro Luís Roberto Barroso*: 5 anos de Supremo Tribunal Federal: homenagem de seus assessores. Belo Horizonte: Fórum, 2018.

Informação bibliográfica deste texto, conforme a NBR 6023:2018 da Associação Brasileira de Normas Técnicas (ABNT):

SAMPAIO, Luis Felipe. Advocacia Pública, federalismo e devido processo legal. In: OSORIO, Aline; MELLO, Patrícia Perrone Campos; BARROSO, Luna van Brussel (Coord.). *Direitos e democracia*: 10 anos do Ministro Luís Roberto Barroso no STF. Belo Horizonte: Fórum, 2023. p. 825-833. ISBN 978-65-5518-555-3.

TRIBUTAÇÃO E FENÔMENOS TECNOLÓGICOS: DESAFIOS DA ECONOMIA DIGITAL E JURISPRUDÊNCIA DA SUPREMA CORTE BRASILEIRA

MARIO AUGUSTO CARBONI

1 Introdução

O presente estudo se propõe a investigar a tributação no contexto das novas tecnologias e a evolução da jurisprudência do Supremo Tribunal Federal na solução de controvérsias decorrentes dos desafios para acomodar a nova realidade dos fenômenos tecnológicos na tipologia das materialidades econômicas eleitas pelo constituinte como suporte para a incidência dos impostos.

Para tanto, parte-se da sondagem evolutiva da atual conjuntura econômica tecnológica e, a seguir, apresentar-se-ão os inerentes desafios da tributação, com recorte metodológico no campo da tributação sobre a renda e sobre o consumo, atribuindo-se enfoque neste último à luz da contribuição da jurisprudência da Suprema Corte brasileira decorrente dos julgamentos envolvendo a tributação dos *softwares*.

2 Contexto fático: tecnologia e economia digital

Tecnologia é um termo que pode comportar variadas apreensões a depender do contexto empregado. Etimologicamente a palavra provém de origem grega, oriunda de *tekhnè* (arte, técnica ou ofício) e *logos* (conhecimento). Em sentido geral, a tecnologia pode ser compreendida como o conjunto de conhecimentos, informações e compreensões que decorrem ou pressupõem qualquer aplicação técnica.[1]

No ambiente econômico, o emprego da tecnologia conecta-se ao ideal de desenvolvimento e busca de eficiência, por representar um plexo de conhecimentos e técnicas que é desenvolvido e empregado para se conceber, produzir e distribuir bens e serviços

---

[1] SÁEZ, V. M. M. *Globalización, nuevas tecnologías y comunicación*. Madrid: Ediciones de la Torre, 1999. p. 14.

de forma competitiva,[2] ou seja, a tecnologia proporciona a produção de conhecimentos científicos ou empíricos que são direcionados ao emprego no mercado econômico, otimizando a produção e comercialização de bens e serviços.[3]

A tecnologia é propulsora de modificações estruturais na forma de produção, como se pode constatar no resgate histórico dos fundamentos da revolução industrial desde o século XVIII até seus desdobramentos na contemporaneidade, sem desprezar, por óbvio, os demais elementos de transformações sociais, políticas e ideológicas subjacentes.[4] Recobremos brevemente a tecnologia como marco dos principais momentos da revolução industrial em sua perspectiva dinâmica.

O primeiro período da revolução industrial, no final do século XVIII até metade do século XIX, é marcado pela mecanização da indústria e agricultura, especialmente pelo emprego da tecnologia da força motriz decorrente da máquina a vapor, o que proporcionou maior desenvolvimento especialmente no setor fabril, dos transportes e comunicação.

O segundo período da revolução industrial, do final do século XIX e início do século XX, é representado pelo emprego das tecnologias relacionadas à energia elétrica, petróleo e aço nos processos produtivos.[5]

Uma terceira fase da revolução industrial tem início a partir da segunda metade do século XX, caracterizada por inovações tecnológicas poderosas como a informática, a robótica, as telecomunicações, inovações nos meios de transportes, a biotecnologia, a nanotecnologia, emprego da eletrônica e microeletrônica em superação à eletromecânica.[6]

Por sua vez, a quarta revolução industrial, própria do momento atual, é caracterizada pelo emprego das tecnologias digitais e sistemas ciberfísicos (*cyber-physical system* – CPS),[7] caracterizados pela potencialidade de alavancar a produtividade em níveis antes inimagináveis, por meio da interligação entre as áreas de produção, geração de novos produtos, serviços e necessidades.

Há diversos termos que remetem às tecnologias digitais, como: "indústria 4.0" (*industry 4.0*); "Manufatura avançada" (*advanced manufacturing*); "indústria integrada" (*integrated industry*); "indústria inteligente" (*smart industry*); "internet industrial" (*industrial internet*) ou ainda "manufatura inteligente" (*smart manufacturing*).

A expressão *indústria 4.0*[8] merece destaque por ser bastante utilizada, e se tornou conhecida a partir de sua utilização na Feira de Hannover, na Alemanha, em 2011, pela iniciativa *Industrie 4.0*, que reuniu diversos atores econômicos, pesquisadores e políticos, com a finalidade de avaliar o ambiente econômico e tecnológico para apresentar propostas de fortalecimento da competitividade industrial alemã por meio da transformação digital.

---

[2] KRUGLIANSKAS, I. *Tornando a pequena e média empresa competitiva*. São Paulo: Instituto de Estudos Gerenciais e Editora, 1996.
[3] LONGO, W. P. *Tecnologia e soberania nacional*. São Paulo: Nobel, 1984.
[4] DOBB, Maurice. *A evolução do capitalismo*. 7. ed. Rio de Janeiro: Zahar, 1980.
[5] BURNS, E. M. *História da civilização ocidental*. Porto Alegre: Globo, 1957. p. 647-674.
[6] COUTINHO, Luciano. A terceira revolução industrial e tecnológica: as grandes tendências de mudanças. *Economia e Sociedade*, Campinas, v. 1, n. 1, p. 69-87, 2016. Disponível em: https://periodicos.sbu.unicamp.br/ojs/index.php/ecos/article/view/8643306. Acesso em: 22 abr. 2023.
[7] Sistema composto por elementos computacionais colaborativos entre os sistemas físicos e cibernéticos.
[8] KAGERMANN, H. et al. *Industrie 4.0 in a global context*: strategies for cooperating with international partners. Munich: ACATECH, 2016.

A partir dessa leitura histórica, pode-se extrair que o uso da tecnologia é fator predominante e essencial para modernização e incremento produtivo.

A fase contemporânea do desenvolvimento tecnológico, baseada na tecnologia digital, traz novos paradigmas para as relações econômicas, de produção, de trabalho, de consumo, propiciando o que se tem chamado de economia digital (*digital economy*), cuja maior agregação de valor ocorre por meio da geração de conhecimento e inovação.

A ideia de tecnologia digital[9] costuma ser expressa pelo conceito de tecnologia da informação e comunicação (TIC), como um conjunto de sistemas, processos e instrumentos aptos a transformar, criar, armazenar e difundir a informação por diversos meios com a finalidade de satisfazer necessidades de informações individuais e sociais.[10]

A importância da tecnologia digital hoje compara-se com a importância que tiveram as fontes de energia para as revoluções industriais do passado, como o vapor, a eletricidade, o petróleo,[11] trazendo para o presente um complexo e multifacetado conjunto de inovações aplicadas na estrutura do mercado econômico.

Podemos citar os seguintes fenômenos tecnológicos expressivamente empregados no campo econômico atual: inteligência artificial (AI), robótica avançada, internet das coisas (IoT), computação em nuvem (SaaS), *big data*, manufaturas digital e aditiva, *blockchain*, criptoativos, *marketplace*, *streaming*, jogos eletrônicos, aplicações *over-the-top* (OTT), entre outros.

O emprego das novas tecnologias digitais no ambiente econômico é a característica marcante do fenômeno da economia digital, que envolve um complexo de atividades econômicas, transações comerciais e interações profissionais, em âmbito global, realizadas em ambiente virtual, desterritorializado, propiciado pela rede mundial de computadores (internet) e com emprego das tecnologias de informação e comunicação.

Existem setores específicos relacionados à área de tecnologia da informação e comunicação, que estão diretamente ligados ao desenvolvimento da infraestrutura digital, bem como à produção e disponibilização das novas tecnologias digitais por meio de *softwares*, aplicativos, sistemas digitais, entre outros mecanismos. Aqui estão presentes as grandes empresas de tecnologia (*bigtechs*), bem como demais empreendimentos que se dedicam a projetos de desenvolvimento e inovação tecnológica (*startups*, *fintechs* etc.).

A par do setor de infraestrutura, criação e desenvolvimento tecnológico, há o segmento econômico digital ou digitalizado, representado pelos agentes econômicos que empregam as infraestruturas, redes, dispositivos, programas e sistemas de tecnologias digitais, de informação e comunicação, em seus processos produtivos, industriais, comerciais e de prestação de serviços, em suas diversas relações e modelos de negócios.

Na esteira da inovação tecnológica contemporânea, os agentes econômicos vêm alterando profundamente sua organização e estruturas de atuação no mercado, cenário que pode ser evidenciado pelo incremento nos investimentos cada vez maiores no

---

[9] O termo "tecnologia digital", em sentido próprio, compreende um conjunto de conceitos relacionados à representação de dados ou codificação de informações, como imagem, voz, vídeo, escrita, em linguagem digital (binária – 0 e 1), utilizando-se de sistemas de programações computacionais ou informáticas, suporte de *hardwares* e *softwares*, comunicação e redes, voltadas a gerar informação ou comunicação digital com diversas finalidades e aplicações.

[10] SÁEZ, V. M. M. *Globalización, nuevas tecnologías y comunicación*. Madrid: Ediciones de la Torre, 1999. p. 17.

[11] CASTELLS, M. *A sociedade em rede*. 17. ed. São Paulo: Paz e Terra, 2016. p. 88.

desenvolvimento de ativos intangíveis, na utilização e tratamento maciço de dados e informações dos clientes e fornecedores para subsidiar o planejamento estratégico e a tomada de decisões, a digitalização e automação expressiva dos processos de trabalho, com a finalidade de ampliar a competitividade, reduzir custos operacionais e administrativos e permitir alavancar os ganhos de escala nas operações empresariais.

Nesse sentido, as inovações tecnológicas são responsáveis pelo nascimento de novos modelos de negócios, como os provedores de aplicações *over-the-top* (OTT), que ofertam aos seus clientes, integralmente, acesso à internet, a bens, a serviços e a conteúdo (ex.: Netflix, YouTube, Spotify), serviços de publicidade (ex.: Google Ads), serviços de armazenamento em nuvem (ex.: iCloud, Dropbox, Google Drive), serviços de pagamentos (ex.: PayPal, PagSeguro), compartilhamento de bens e serviços (ex.: Uber, Airbnb), redes sociais de interação (ex.: Facebook, Instagram, TikTok).

Da mesma forma, as novas tecnologias de informação e comunicação protagonizaram a modernização dos formatos tradicionais de negócios, a exemplo do comércio eletrônico (*e-commerce*), cuja principal característica é o conceito de plataformas multilaterais de negócios (*business to business* – B2B; *business to consumer* – B2C), em rede informática, conectando os agentes econômicos e o mercado consumidor, facilitando sobremaneira a oferta e a demanda em nível global.

As interações dos usuários nas plataformas digitais geram informações que, captadas e refinadas por inteligência artificial e técnicas de *big data*, se convertem em valiosos ativos.

A economia digital produziu transformações disruptivas no conceito de organização econômica mundialmente, trazendo facilidades e ganhos econômicos, mas também capitaneando grandes desafios no campo regulatório pelos estados.

Nesse contexto, sem embargo de outros fundamentais temas que exigem atenção acurada no campo da economia digital, como o tratamento de dados pessoais, a sustentabilidade, a autenticidade, a segurança cibernética, a inclusão digital, desponta a questão tributária como desafio de adequação dos modelos tradicionais de tributação.

A seguir, sob recorte metodológico da tributação nas esferas da renda e do consumo, apontaremos o panorama atual da incidência tributária no Brasil e alguns dos principais debates e desafios tributários no contexto interno e internacional da economia baseada no emprego das tecnologias digitais e a contribuição da jurisprudência do Supremo Tribunal Federal nesse contexto.

3 Desafios da tributação da renda no contexto da economia digital

A renda propriamente dita é um dos substratos econômicos mais tradicionais sob o qual recai a atividade de tributação, por representar signo de riqueza genuíno apto à captação pelo poder de tributar dos estados.

Em sentido econômico, a renda pode ser entendida como uma expressão de riqueza produzida tanto no mercado de fatores de produção, a exemplo da remuneração do capital e o trabalho, quanto a riqueza decorrente das transações no mercado de bens e serviços.

Em sentido jurídico, a renda apresenta grande relevância no campo da tributação. É clássica a identificação jurídica da renda segundo critérios da fonte, que leva em conta a origem da sua produção, ou a renda como acréscimo patrimonial disponível, auferido em determinado lapso temporal, ou mesmo a renda segundo o critério legalista, pelo qual renda é o valor econômico definido pelo legislador.

A tecnologia digital possibilitou a criação e a expansão das fontes de renda, por meio do surgimento de novos nichos econômicos, digitalização, desterritorialização e otimização das atividades, diversificação de bens e serviços, o que torna imperiosa a revisitação de critérios jurídicos tradicionais da tributação da renda.

No plano globalizado e desterritorializado pela tecnologia digital, os elementos jurídicos tradicionais de identificação de aspectos materiais, temporais e espaciais da renda e sua extensão se tornam obsoletos em certa medida para captar os signos de riqueza, diante da fluidez e inovações próprias da economia digital. As empresas passaram a ter alta capacidade de expansão no mercado, independentemente de manter presença física ou significativa de recursos e pessoal nos vários lugares em que atuam.

É possível haver presença digital significativa de agentes econômicos na economia de um país, sem que sejam captados pela tributação naquele país (Estado da Fonte), por força da ausência de sua presença física e, também, porque o conceito de estabelecimento permanente, como usual parâmetro, está ligado, muitas vezes, à ideia de tangibilidade, ao passo que a virtualização é pedra angular na economia digital.

As grandes empresas de tecnologia, as chamadas *bigtechs*, despontam no *ranking* da alavancagem da obtenção expressiva de renda, proporcionada pela economia digital, ao passo que, proporcionalmente, apresentam recolhimentos tributários desproporcionais.

Esse cenário propicia casos paradigmáticos de planejamento tributário agressivo. O caso Apple é um exemplo clássico, em que se evitou o pagamento de cerca de 44 bilhões de dólares de tributos em diversos países do mundo, nos anos de 2009 a 2012.[12] Ficou evidente pelas investigações das autoridades fiscais que diversos fatores de organização societária e de produção, propiciados pela evolução tecnológica, foram responsáveis pela fuga da tributação nos moldes tradicionais estampados nas legislações dos vários países e nos acordos internacionais.[13]

Para que haja a incidência tributária sobre a renda é necessário que haja uma conexão de elementos constitutivos da relação tributária com o Estado tributante. Tradicionalmente, no campo da tributação internacional, predominam os princípios da territorialidade e universalidade da renda, bem como critérios da fonte e da residência.[14] Esses critérios têm se mostrado inadequados para captar a renda na economia digital.

---

[12] U UNITED STATES. U.S. Senate Committee on Homeland Security & Governmental Affairs. Permanent Subcommittee on Investigations. *Offshore Profit Shifting and the U.S. Tax Code* – Part 2 (Apple Inc.). Disponível em: https://www.hsgac.senate.gov/subcommittees/investigations/hearings/offshore-profit-shifting-and-the-us-tax-code_-part-2. Acesso em: 20 abr. 2023.

[13] Entre os fatores, ressalta-se a fixação da residência fiscal nos Estados Unidos e na Irlanda e utilização de jurisdição fiscal de tributação favorecida, cuja estruturação empresarial teve como pano de fundo as facilidades trazidas pela economia digital. A estratégia da fixação de residência levou em conta as regras de cada país sobre domicílio fiscal para fins de se sujeitar à tributação naquele território. Nos Estados Unidos a regra usada foi a do local da constituição da empresa, e na Irlanda, de forma peculiar, a regra foi a do local da administração e controle central da organização. Assim, ao se constituir a empresa na Irlanda e manter seu corpo diretivo nos Estados Unidos, para fins tributários, não haveria residência em nenhum dos dois países para fins de captar a renda.

[14] ROCHA, Sergio André. *Interpretação dos tratados para evitar a bitributação da renda*. São Paulo: Quartier Latin, 2013.

No plano internacional, a preocupação não é recente, pela forte erosão de bases tributárias e movimentos de transferências de renda para evitar a tributação.

Segundo a Organização para a Cooperação e Desenvolvimento Econômico – OCDE, os planejamentos tributários abusivos, incrementados pelas possibilidades da economia digital, foram responsáveis pela queda na arrecadação dos países num montante global entre 100 e 240 bilhões de dólares ao ano.[15]

A organização lançou em 2013 um conjunto de quinze ações, conhecido como Projeto BEPS (*base erosion and profit shifting*),[16] com vistas a orientar os Estados soberanos a aprimorar a cooperação para evitar a competição fiscal predatória e desenvolver soluções que se mostrem inovadoras para os novos e complexos problemas tributários internacionais. A iniciativa visa modificações no arcabouço tributário dos países.

O Projeto BEPS tem como premissas buscar coerência, substância e transparência no ambiente tributário diante dos desafios da economia digital. Coerência para harmonizar a tributação internacional, eliminando as brechas normativas que proporcionem baixa ou nula tributação de operações e empreendimentos lucrativos. Substância para garantir a incidência tributária onde se mostre a efetiva manifestação de capacidade contributiva ou a criação de valor. E transparência no sentido da maior fiscalização e troca de informações entre as autoridades tributárias dos países.[17]

Nessa linha, uma convenção multilateral[18] (*multilateral convention* – MLI) foi finalizada em 2016 para facilitar a implementação das ações do projeto relacionadas aos tratados internacionais. O Brasil não é signatário do MLI, todavia, tem incluído em suas negociações bilaterais tributárias algumas diretrizes nele concebidas, como o teste do propósito principal (*principal porpouse test* – PPT), para evitar a utilização abusiva dos tratados com objetivo de fugir da tributação, e mecanismos de troca de informações entre as autoridades tributárias, como medidas de enfrentamento da erosão de bases proporcionada pela fluidez da economia digital.[19]

Revela-se também preocupação mundial a baixa tributação das grandes empresas de tecnologia,[20] que criam modelos de negócios flexíveis e dinâmicos na economia digital e muitas vezes não são captadas pelos tradicionais critérios de tributação. Nesse ponto, calha mencionar proposta de um imposto global capitaneada pela OCDE.

---

[15] OECD. *BEPS Reports*. 2015. Disponível em: www.oecd.org/tax/beps-2015-final-reports.htm. Acesso em: 20 abr. 2023.

[16] OECD. *BEPS* – Erosão de bases e transferência de lucros. Disponível em: https://www.oecd.org/tax/beps/beps-actions/. Acesso em: 18 abr. 2023.

[17] Há críticas ao plano da OCDE, que pouco avançou em termos efetivos, especialmente nas economias em desenvolvimento, e por partir de critérios tradicionais de identificação da renda, todavia, é um documento que apresenta os desafios da tributação da renda na economia digital.

[18] OCDE. *Multilateral Convention to Implement Tax Treaty Related Measures to Prevent Base Erosion and Profit Shifting*. Disponível em: https://www.oecd.org/tax/beps/multilateral-convention-to-implement-tax-treaty-related-measures-to-prevent-BEPS.pdf. Acesso em: 21 abr. 2023.

[19] Nesse sentido, em 7.6.2019, foi celebrado o acordo assinado com o Uruguai. Em 19.3.2019 foi assinado um protocolo com a Suécia para ajustar o acordo existente desde 1975 e inserir a cláusula PPT, sob o número XXVI-A. O mesmo texto se apresenta no acordo firmado com a Suíça em 3.5.2019 e com os Emirados Árabes em 12.11.2018. Os textos se encontram em processo de ratificação no Congresso Nacional.

[20] O mercado identifica como as cinco maiores empresas nesse setor (*The big five*) a Apple, a Amazon, a Alphabet (Google), a Microsoft e a Meta (Facebook).

Debates no âmbito do Quadro Inclusivo sobre a Erosão da Base e Transferência de Lucros (IF) da OCDE/G20 levaram a um recente acordo, com abono de cerca de 140 países, sobre uma proposta de tributação mínima global e distribuição de riqueza, baseado em dois pilares para enfrentar os desafios tributários da digitalização da economia.

Num primeiro pilar se estabelece distribuição mais justa dos lucros e direitos tributários entre os países em relação às maiores e mais lucrativas empresas multinacionais, redistribuindo os lucros independentemente de terem presença física nesses mercados. Num segundo pilar se introduz a tributação global mínima sobre as empresas numa alíquota proposta de 15%.[21]

O referido imposto global pela OCDE alcançaria as grandes empresas de tecnologia e tem sido tratado como imposto digital (*digital tax*). Ainda pende a chancela final de alguns Estados-Membros sobre a aplicação dessa imposição tributária global, havendo, em paralelo, tramitação de propostas internas semelhantes a tal tributação em alguns países.

Atualmente, os EUA têm um regime especial que prevê a tributação, à alíquota de 10,5%, da renda originária de ativos intangíveis auferida no exterior pelas subsidiárias de empresas norte-americanas e há discussões no parlamento americano acerca de tributação mínima para grandes empresas, cujo alvo são as *bigtechs*.

Na União Europeia, o Parlamento Europeu adotou em 2021 um relatório da Comissão dos Assuntos Econômicos e Monetários[22] (ECON), que propõe a garantia de um nível mínimo de imposto para as grandes empresas multinacionais, cuja diretiva seria aplicável àquelas com volume de negócios anual de, pelo menos, 750 milhões de euros. O avanço na aprovação da tributação geral pela União Europeia aguarda a definição da proposta global da ODCE.

A França, em paralelo, aprovou tributo sobre as grandes empresas tecnológicas, que cobra cerca de 3% sobre a receita de serviços digitais obtida no país, por empresas com receitas de mais de 25 milhões de euros no território francês e 750 milhões de euros no mundo todo.

Na mesma linha foi aprovada legislação italiana que criou o imposto *web tax 2020*, destinado às empresas digitais com receitas globais geradas no país acima dos 750 milhões de euros e receitas provenientes da venda, apenas na Itália, de bens e serviços digitais acima dos 5,5 milhões de euros.

O Brasil não tem tratamento legal específico em relação à tributação da renda das empresas de tecnologia, de modo que elas se submetem à legislação do imposto de renda das pessoas jurídicas aplicável de forma geral, com apuração em lucro real ou lucro presumido, a depender da hipótese, além das contribuições tributárias incidentes sobre receita bruta e o sistema simplificado de tributação das microempresas e empresas de pequeno porte.

---

[21] OECD. *Statement on a Two-Pillar Solution to Address the Tax Challenges Arising from the Digitalisation of the Economy*. Disponível em: https://www.oecd.org/tax/beps/statement-on-a-two-pillar-solution-to-address-the-tax-challenges-arising-from-the-digitalisation-of-the-economy-october-2021.pdf. Acesso em: 23 abr. 2023.

[22] GLOBAL minimum corporate tax rate: MEPs push for quick adoption. *Parlamento Europeu*, 19 maio 2022. Disponível em: https://www.europarl.europa.eu/news/pt/press-room/20220517IPR29938/global-minimum-corporate-tax-rate-meps-push-for-quick-adoption. Acesso em: 24 abr. 2023.

Em regra geral, no Brasil, uma empresa de tecnologia estará submetida aos seguintes tributos incidentes sobre sua renda ou sobre receita: Imposto de Renda de Pessoa Jurídica – IRPJ; Programa de Integração Social – PIS; Contribuição para o Financiamento Social – Cofins; Contribuição Social Sobre o Lucro Líquido – CSLL. Segundo informações da Receita Federal do Brasil, as grandes multinacionais de tecnologia possuem uma carga tributária que varia entre 8,67% e 11,57%[23] no país.

Para as empresas de tecnologia da informação, os impostos sobre o lucro (IRPJ e CSLL) apurados pelo regime do lucro presumido podem sofrer variação segundo a natureza das atividades. Para as atividades de serviço, a presunção é de 32% sobre a receita bruta, já para as atividades de comércio, a presunção é de 12%. Há a possibilidade de opção pelo Simples Nacional, no caso de microempresas ou empresas de pequeno porte, que abrigam também o setor de tecnologia, e a alíquota incidente sobre a receita bruta, englobando tributos federais, estaduais e municipais.[24]

O tributo no regime do Simples Nacional é calculado com base na receita bruta da empresa, observando-se as alíquotas conforme as atividades listadas nos Anexos da Lei Complementar nº 123/06. Na área tecnológica, geralmente, o enquadramento da empresa se dá nos Anexos I, III ou V.

O Anexo I é destinado às atividades de comércio, que estão entre as atividades que podem ser desenvolvidas por uma empresa de tecnologia. De acordo com a tabela do Simples Nacional, a alíquota pode variar entre 4% e 19%.

O Anexo III é composto pelas atividades relacionadas a empresas de serviços de instalação, reparos e manutenção. No caso de empresas de tecnologia, destacam-se as seguintes atividades mais específicas: tratamento de dados, provedores de serviços de aplicação e serviços de hospedagem na internet (CNAE 6311-9/00); portais, provedores de conteúdo e outros serviços de informação na internet (CNAE 6319-4/00); treinamento em desenvolvimento profissional e gerencial (CNAE 8599-6/04); suporte técnico, manutenção e outros serviços em tecnologia da informação (CNAE 6209-1/00). Para essas atividades, a alíquota que incide sobre a receita bruta varia entre 6% e 33%.

O Anexo V da Lei do Simples Nacional também se mostra relevante para o estudo sobre os impostos de empresas de tecnologia, pois estão entre as atividades: desenvolvimento e licenciamento de programas de computador não customizáveis (CNAE 6203-1/00); desenvolvimento e licenciamento de programas de computador customizáveis (CNAE 6202-3/00); *web design* (CNAE 6201-5/02). Para essas atividades, as alíquotas variam entre 15,5% e 30,5%.

A par da tributação vigente, encontra-se em tramitação no Congresso projeto de lei conhecido como Cide-Digital, aguardando parecer do relator na Comissão de

---

[23] GIGANTES da internet pagam até 75% menos que outros setores no Brasil. *Valor*, 6 abr. 2021. Disponível em: https://valor.globo.com/brasil/noticia/2021/04/06/gigantes-da-internet-pagam-at-75-pontos-percentuais-menos-impostos-do-que-outros-setores-no-brasil.ghtml. Acesso em: 22 abr. 2023.

[24] Segundo o art. 13, da Lei Complementar nº 123/2006, o Simples Nacional implica o recolhimento mensal, mediante documento único de arrecadação, dos seguintes impostos e contribuições: Imposto sobre a Renda da Pessoa Jurídica – IRPJ; Imposto sobre Produtos Industrializados – IPI; Contribuição Social sobre o Lucro Líquido – CSLL; Contribuição para o Financiamento da Seguridade Social – Cofins; Contribuição para o PIS/Pasep; Contribuição Patronal Previdenciária – CPP para a Seguridade Social, a cargo da pessoa jurídica; Imposto sobre Operações Relativas à Circulação de Mercadorias e Sobre Prestações de Serviços de Transporte Interestadual e Intermunicipal e de Comunicação – ICMS; e Imposto sobre Serviços de Qualquer Natureza – ISS.

Comunicação (CCOM).[25] Trata-se do PL nº 2.358/20, de autoria de João Maia (PL-RN), que institui a Contribuição de Intervenção no Domínio Econômico incidente sobre a receita bruta de serviços digitais prestados pelas grandes empresas de tecnologia (Cide-Digital), cujo produto da arrecadação será integralmente destinado ao Fundo Nacional de Desenvolvimento Científico e Tecnológico (FNDCT). Há previsão de alíquotas progressivas de 1% a 5% sobre a receita bruta de grandes empresas de tecnologia.

O fato gerador da Cide-Digital ocorreria por ocasião do recebimento, por pessoa jurídica domiciliada no Brasil ou no exterior, de receita bruta decorrente da utilização de plataformas digitais disponibilizadas para exibição de publicidade, venda de mercadorias ou prestação de serviços e transmissão de dados, a usuários em território nacional.

Por fim, de outro lado, importa registrar que, para dar suporte às políticas públicas de incentivo à inovação e desenvolvimento na área de tecnologia de informação e comunicação, o Brasil utiliza expressivamente o instrumento dos gastos tributários, de modo que existe uma gama vultosa de benefícios e incentivos tributários e fiscais para os agentes econômicos que atuam no segmento de tecnologia.[26]

4 A tributação do consumo e os fenômenos tecnológicos

A tributação que recai sobre o consumo também encontra grandes desafios quando se trata de produtos e serviços no campo da tecnologia, especialmente por exigir a ruptura de concepções tradicionais.

Os tributos incidentes sobre o consumo podem ser compreendidos como aqueles cujos fatos geradores estão relacionados aos substratos econômicos da produção e da circulação de riquezas.[27]

A tributação sobre o consumo é marcada pela complexidade própria do contexto da tributação indireta. Em geral, são levadas em conta na tributação sobre o consumo as cadeias de produção e comercialização de cada segmento econômico ou de determinados produtos ou serviços, recaindo a tributação em um, alguns ou todos os elos da cadeia produtiva, segundo a estrutura legalmente adotada de incidência plurifásica dos tributos, ou monofásica, técnicas de substituição tributária ou diferimento tributário.

O sistema tributário brasileiro defere competência para fazer incidir tributação sobre o consumo aos entes de todos os níveis da Federação. Os típicos tributos sobre o consumo brasileiro são: o imposto sobre produtos industrializados – IPI, de competência da União; o imposto sobre operações relativas à circulação de mercadorias e sobre prestações de serviços de transporte interestadual e intermunicipal e de comunicação – ICMS, de competência dos estados e do Distrito Federal; e o imposto sobre serviços de qualquer natureza – ISSQN, de competência dos municípios e do Distrito Federal.

---

[25] BRASIL. Câmara dos Deputados. *Projeto de Lei 2358/2020*. Disponível em: https://www.camara.leg.br/proposicoesWeb/fichadetramitacao?idProposicao=2251395. Acesso em: 24 abr. 2023.

[26] Citam-se: Decreto-Lei nº 288/67 (Zona Franca de Manaus – ZFM), Lei nº 8.387/91 (Lei de Informática da Zona Franca de Manaus), Lei nº 8.248/1991, Lei nº 11.196/2005 (Lei do Bem), Decreto nº 5.798/2006, Lei nº 11.484/2007 (Programa de Apoio ao Desenvolvimento Tecnológico da Indústria de Semicondutores – Padis e Programa de Apoio ao Desenvolvimento Tecnológico da Indústria de Equipamentos para a TV Digital – PATVD).

[27] TORRES, Ricardo Lobo. É possível a criação do IVA no Brasil? *In*: SARAIVA FILHO, Oswaldo Othon de Pontes; VASQUES, Sérgio; GUIMARÃES, Vasco Branco (Org.). *IVA para o Brasil*: contributos para a Reforma da Tributação do Consumo. Belo Horizonte: Fórum, 2007.

Segundo apuração disponibilizada pela Receita Federal, o ICMS desponta como carro-chefe da tributação indireta no Brasil, correspondendo à 22,22% da receita tributária total apurada no ano de 2020, sendo equivalente à 7,02%, do total de 31,58% do PIB arrecadado do exercício.[28]

No campo das atividades econômicas digitais, as que envolvem internet e *softwares* compõem os nichos mais regulados pelos entes subnacionais no campo do ISS e ICMS, e representam os ativos com um dos mais altos níveis de questionamento fiscal.

Há outros segmentos menos regulados, como de transporte por aplicativo e impressora 3D, sem contar um grande plexo de atividades não reguladas ou que não se encaixam nos tradicionais conceitos do ICMS e nas listas do ISS, e, portanto, permanecem fora do campo da incidência tributária.[29]

Isso ocorre, por exemplo, com os setores de serviço eletrônico, casa conectada, *big data*, carro sem motorista, *blockchain*, criptomoeda, economia compartilhada, seres projetados, neurotecnologia, estabelecimento virtual, programa de fidelização, *data center* e meio de pagamento.[30]

Em relação ao licenciamento e uso de *software*, bem como algumas aplicações *over-the-top*, há regramentos em diversos estados no campo do ICMS, bem como normas estabelecidas no âmbito do Confaz que autorizam incentivos e benefícios fiscais a produtos tecnológicos.

O Convênio ICMS nº 181/2015 autoriza as unidades federadas as quais especifica a conceder redução de base de cálculo nas operações com *softwares*, programas, jogos eletrônicos, aplicativos, arquivos eletrônicos e congêneres, de forma que a carga tributária corresponda ao percentual de, no mínimo, 5% (cinco por cento) do valor da operação.

O Convênio ICMS nº 106/2017 disciplina os procedimentos de cobrança do ICMS incidentes nas operações com bens e mercadorias digitais comercializadas por meio de transferência eletrônica de dados e concede isenção nas saídas anteriores à saída destinada ao consumidor final.

Sob o ponto de vista da economia digital, os maiores debates têm se centrado na qualificação dos fatos geradores do ICMS e no ISS ante os fenômenos tecnológicos.

Um caso paradigmático foi a discussão travada acerca da incidência de ISS ou ICMS sobre contratos de licenciamento ou de cessão de uso de programas de computador (*software*). Faremos adiante análise da jurisprudência do Supremo Tribunal Federal nessa temática.

Já no campo do ISS, merece menção a alteração significativa, pela Lei Complementar nº 157/16, na Lista de Serviços anexa da Lei Complementar nº 116/03, no tocante aos

---

[28] BRASIL. Ministério da Fazenda. Receita Federal. *Carga Tributária no Brasil 2020*: Análise por Tributos e Bases de Incidência. p. 11. Disponível em: https://www.gov.br/receitafederal/pt-br/acesso-a-informacao/dados-abertos/receitadata/estudos-e-tributarios-e-aduaneiros/estudos-e-estatisticas/carga-tributaria-no-brasil/ctb-2020-v1-publicacao.pdf. Acesso em: 25 abr. 2023.

[29] FOSSATI, Gustavo; MCCLASKEY, Layla Salles. Regulação tributária da economia digital no âmbito estadual: mapeamento e análise da legislação tributária com vistas à reforma tributária. *Revista de Informação Legislativa: RIL*, Brasília, v. 59, n. 235, p. 169-186, jul./set. 2022. Disponível em: https://www12.senado.leg.br/ril/edicoes/59/235/ril_v59_n235_p169. Acesso em: 25 abr. 2023.

[30] FOSSATI, Gustavo; MCCLASKEY, Layla Salles. Regulação tributária da economia digital no âmbito estadual: mapeamento e análise da legislação tributária com vistas à reforma tributária. *Revista de Informação Legislativa: RIL*, Brasília, v. 59, n. 235, p. 169-186, jul./set. 2022. Disponível em: https://www12.senado.leg.br/ril/edicoes/59/235/ril_v59_n235_p169. Acesso em: 25 abr. 2023.

serviços relacionados à tecnologia constantes nos itens 1.03, 1.04 e 1.09, além do item 1.05, que já previa o debatido licenciamento ou cessão de direito de uso de programas de computação.

O item 1.03 contempla a tributação pelo ISS do processamento, armazenamento ou hospedagem de dados, textos, imagens, vídeos, páginas eletrônicas, aplicativos e sistemas de informação, entre outros formatos, e congêneres.

Já o item 1.04 abriga as atividades de tecnologia digital relacionadas à elaboração de programas de computadores, inclusive de jogos eletrônicos, independentemente da arquitetura construtiva da máquina em que o programa será executado, incluindo *tablets*, *smartphones* e congêneres.

Por sua vez, o item 1.09 prevê a tributação pelo ISS da disponibilização, sem cessão definitiva, de conteúdos de áudio, vídeo, imagem e texto por meio da internet, respeitada a imunidade de livros, jornais e periódicos (exceto a distribuição de conteúdos pelas prestadoras de serviço de acesso condicionado, de que trata a Lei nº 12.845/11, sujeita ao ICMS).

Referidas modificações legislativas ampliaram a incidência do ICMS e do ISS para captar os novos fenômenos digitais, sem escapar de questionamentos judiciais e doutrinários que apontam a impossibilidade de normas infralegais, como os convênios, atuarem para ampliar hipóteses de incidência e sujeição passiva do ICMS.

Nessa linha surgem apontamentos sobre vícios de inconstitucionalidade da inclusão de novas atividades de tecnologia na lista de serviços da LC nº 116/2003, por suposta ampliação indevida do "conceito constitucional" de serviço, bem como desconformidade entre os tradicionais fatos geradores previstos para o ICMS e ISS, com as inovadoras materialidades econômicas decorrentes da evolução tecnológica.

Um outro aspecto relevante refere-se à responsabilidade tributária das plataformas de comércio eletrônico (*marketplaces*), que assumem destaque na intermediação das relações de consumo, nas vendas de produtos ou prestação de serviços.

Segundo a OCDE, prever a responsabilidade tributária aos *marketplaces* é uma medida que contribui para mitigar as dificuldades decorrentes da complexa tributação que recai sobre o consumo num cenário internacional, em especial no caso de fornecimento de bens por pequenos e médios negócios. A responsabilidade pode ser exclusiva da plataforma, subsidiária ou por dever de colaboração com as autoridades tributárias e aduaneiras. A União Europeia e a Austrália têm previsão de responsabilização tributária em relação a pequenas importações de bens.

No Brasil não há uniformidade de regras pelas unidades da Federação quanto à tributação das plataformas. Algumas leis estaduais atribuem responsabilidades às plataformas de comércio eletrônico pelo pagamento do ICMS e instituem obrigações acessórias, no sentido de prestar informações sobre as transações comerciais e emissão de documentos fiscais.

No estado do Rio de Janeiro, por exemplo, o art. 18, VIII, "a", da Lei estadual nº 2.657/1996, na redação dada pela Lei estadual nº 8.795/2020, traz obrigação tributária das empresas detentoras de *sites* ou de plataformas eletrônicas, utilizadas para o fornecimento de mercadoria digital, colocando-as na condição de contribuintes.[31]

Leis dos Estado da Bahia (Lei estadual nº 7.014/96, na redação dada pela Lei estadual nº 14.183/19) e do Mato Grosso (Lei estadual nº 7.098/96, na redação dada pela Lei estadual nº 10.978/19), por exemplo, atribuem responsabilidade solidária às plataformas eletrônicas, ao passo que Lei do Estado do Ceará (Lei estadual nº 12.670/96, na redação dada pela Lei estadual nº 16.904/19) traz a responsabilidade, deixando incerteza sobre sua natureza solidária ou subsidiária.[32]

Referidas normas veiculam em seu contexto obrigações acessórias de prestar informações às autoridades fiscais relacionadas à emissão de notas fiscais acerca das transações realizadas em suas plataformas.

Por fim, no campo das medidas mais profundas de modificações normativas da tributação sobre o consumo, há propostas de reforma tributária em andamento no Congresso Nacional (PEC nº 45/19 e PEC nº 110/19) que trazem, entre outras medidas, a unificação da base de incidência sobre o consumo.

Ambas as reformas constitucionais preveem a criação de um imposto sobre bens e serviços (IBS), de base ampla, nos moldes dos impostos sobre valor agregado existentes mundialmente, que contemplaria transações do ambiente tecnológico e seus ativos tangíveis ou intangíveis.

A finalidade das propostas é promover maior simplicidade e otimização do sistema e aumento da capacidade arrecadatória dos entes federados, com eliminação dos conflitos de competência atualmente existentes entre os entes, de forma a reduzir a litigiosidade e tensões federativas nas disputas pelas bases de incidência, especialmente no campo da economia digital, que tem sido objeto de debates atuais no parlamento.

A seguir serão analisados os precedentes da Suprema Corte brasileira que tangenciam o relevante nicho da economia digital consistente na tributação dos *softwares* no campo da tributação incidente sobre o consumo.

5 Tributação de fenômenos tecnológicos e o Supremo Tribunal Federal: os *softwares* no âmbito da tributação incidente sobre o consumo

O Supremo Tribunal Federal, na sua missão de genuíno intérprete das normas constitucionais, tem papel fundamental na solução de controvérsias acerca da incidência tributária quando se trata de acomodar os novos fenômenos tecnológicos nas tipologias das materialidades econômicas passíveis de tributação previstas pelo constituinte.

Trataremos neste tópico, no campo da incidência tributária sobre os fenômenos tecnológicos, acerca da evolução da jurisprudência da Suprema Corte brasileira no que se refere à tributação do *software*.

---

[31] CALIENDO, Paulo; LIETZ, Bruna (Coord.). *Direito tributário e novas tecnologias*. Porto Alegre: Editora Fi, 2021. p. 59-62.
[32] PISCITELLI, Tathiane. Responsabilidade tributária dos marketplaces. *Notícias Fiscais*, 20 jun. 2020. Disponível em: https://noticiasfiscais.com.br/2020/06/26/responsabilidade-tributaria-dos-marketplaces/. Acesso em: 25 abr. 2023.

Na esteira do quanto mencionado acima, as atividades econômicas digitais que envolvem *softwares* compõem os nichos mais regulados pelos entes subnacionais no campo do ISS e ICMS, e representam os ativos digitais com maiores índices de questionamentos fiscal e judicial.

No final da década de noventa, ainda nas fases iniciais do desenvolvimento e emprego da tecnologia digital, à mingua de legislação específica sobre o tema, emergiu grande controvérsia acerca da qualificação dos programas de computador para enquadramento nas hipóteses de incidência do ICMS ou do ISS no campo do mercado de consumo.

Em relação ao ISS, na oportunidade, vigorava o Decreto-Lei nº 406/1968, o qual qualificava as atividades de programação e processamento de dados como prestação de serviços. De outro turno, em relação ao ICMS, a Lei Complementar nº 87/1996, tendo por base o suporte físico (*Compact Disc* – CD) utilizado à época para os *softwares*, determinou a incidência do imposto estadual.

A questão foi levada ao Supremo Tribunal Federal, o qual, numa primeira análise do tema, ainda em 1998, no bojo do Recurso Extraordinário nº 176.626/SP, debruçou-se sobre o conceito de *software* para efeitos jurídico-tributários.

Levando em conta o elemento da intangibilidade e a dicotomia entre obrigação de dar e de fazer, fixou-se naquela oportunidade a orientação pela incidência do ISS na hipótese de o *software* ser produzido por encomenda, ou seja, quando sobressai o elemento da prestação de serviços pela característica de se empregar conhecimentos e técnicas para desenvolver programas de computador com finalidade de atender a necessidades específicas de cada cliente demandante.

De outra sorte, ficou definida a incidência do ICMS em relação aos programas de computador padronizados, os chamados *softwares* de prateleira, que tinham como característica produção em larga escala, de maneira padronizada, ou seja, programa de computador não desenvolvido para atender à demanda específica de cliente, mas dirigido ao consumidor em geral.[33]

Em outras ocasiões, ambas as turmas do Supremo Tribunal Federal reafirmaram a mesma tese firmada aos programas de computador e concluíram que a comercialização e revenda de exemplares do *corpus mechanicum* da obra intelectual produzida em massa não caracteriza o licenciamento ou cessão do direito de uso da obra, por se tratar de genuína operação de circulação de mercadorias sujeitas ao ICMS (RE nº 199.464, Rel. Min. Ilmar Galvão, 1ª Turma, j. 2.3.1999; RE nº 285.870-AgR, Rel. Min. Eros Grau, 2ª Turma, j. 17.6.2008).

As inovações tecnológicas e a correlata produção legislativa sobre a matéria da tributação dos programas de computador, que sucederam a primogênita decisão da Suprema Corte acerca dos *softwares*, implicaram novos debates no campo tributário.

---

[33] Confira-se a parte de interesse da ementa da decisão citada: "[...] III. Programa de computador ('software'): tratamento tributário: distinção necessária. Não tendo por objeto uma mercadoria, mas um bem incorpóreo, sobre as operações de 'licenciamento ou cessão do direito de uso de programas de computador' – matéria exclusiva da lide –, efetivamente não podem os Estados instituir ICMS: dessa impossibilidade, entretanto, não resulta que, se logo, se esteja também a subtrair do campo constitucional de incidência do ICMS a circulação de cópias ou exemplares dos programas de computador produzidos em série e comercializados no varejo – como a do chamado 'software de prateleira' (*off the shelf*) – os quais, materializando o *corpus mechanicum* da criação intelectual do programa, constituem mercadorias postas no comércio".

No contexto fático das inovações tecnológicas, surgiram novas formas de acesso e utilização dos *softwares*, a exemplo das proporcionadas pelo *download*, pelo *streaming* e pelo acesso a *software* em nuvem (SaaS – *Software as a Service*).

No campo legislativo merecem destaque as alterações promovidas na Lei Complementar nº 157/2016, na anexa lista de serviços prevista na Lei Complementar nº 116/03, dispondo sobre a incidência do ISS sobre o licenciamento e a cessão do uso de *software*, conforme citado alhures.

No âmbito do ICMS, normatização pelo Confaz, em especial por meio dos convênios ICMS nºs 181/2015 e 106/2017, acendeu os debates acerca da tributação dos programas de computador, posto que previu como base de cálculo do imposto estadual o valor total da operação com *softwares* padronizados, incluindo a parte intangível e as vendas realizadas via *download* e não apenas o valor do suporte físico.

Ante essa evolução tecnológica e produção legislativa, o Supremo Tribunal Federal foi novamente instado a se pronunciar acerca da tributação dos *softwares* ao longo do tempo, com destaque para as decisões tomadas no âmbito das ações diretas de inconstitucionalidade nºs 1.945, 5.659, 5.958, 5.576, bem como no Recurso Extraordinário com Repercussão Geral nº 688.223 (Tema nº 590).

Na ADI nº 1.945, ajuizada em 21.1.1999, pelo Partido do Movimento Democrático Brasileiro – PMDB, de relatoria da Ministra Cármen Lúcia, cujo redator foi o Ministro Dias Toffoli, questionou-se a Lei do Estado do Mato Grosso nº 7.098/1998, que, entre outras disposições, tratou de ampliar a incidência do ICMS para abranger as operações com programa de computador, ainda que realizadas por transferência eletrônica de dados (*download*), bem como determinou que deveria integrar a base de cálculo do ICMS, nas operações realizadas com *software*, qualquer outra parcela debitada ao destinatário, inclusive o suporte informático, independentemente de sua denominação.

Na ADI nº 5.659, ajuizada em 15.2.2017, pela Confederação Nacional de Serviços (CNS), de relatoria do Ministro Dias Toffoli, o objetivo foi a declaração da inconstitucionalidade do art. 2º da Lei Complementar Federal nº 87/96 e do Decreto nº 46.877/15 do Estado de Minas Gerais, bem como a inconstitucionalidade parcial, sem redução de texto, do art. 5º da Lei nº 6.763/75 e do art. 1º, incs. I e II, do Decreto nº 43.080/02, ambos da mesma unidade federada, "a fim de se excluir das hipóteses de incidência do ICMS as operações com programas de computador – software".

O julgamento de ambas as ações diretas de inconstitucionalidade se deu em conjunto, cujo redator para o acórdão foi o Ministro Dias Toffoli, e se tornou paradigmático ao dar novo rumo interpretativo à tributação dos *softwares* ante a evolução tecnológica.

Com efeito, na novel decisão, a Suprema Corte abandona a tradicional distinção entre *software* de prateleira (padronizado) e por encomenda (personalizado), por entender ser, por si só, critério insuficiente para a definição da competência para tributação dos negócios jurídicos que envolvam programas de computador em suas diversas modalidades decorrentes da inovação tecnológica.

No mesmo julgamento, reforçaram-se precedentes da Corte na superação da antiga dicotomia entre obrigação de fazer e obrigação de dar para fins de identificar o fato gerador dos impostos típicos incidentes sobre a grandeza econômica do consumo (ISS e ICMSA), especialmente nos contratos complexos, como nos casos de *leasing* e franquia.

O Supremo Tribunal Federal reconheceu que tem tradicionalmente solucionado as indefinições entre ISS e ICMS pelo critério objetivo da previsão em lei complementar, e no julgamento em testilha, foi considerada relevante a previsão no subitem 1.05 da lista de serviços passíveis de incidência do ISS, anexa à LC nº 116/03, acerca da atividade de licenciamento e a cessão de direito de uso de programas de computação, que, como apontado no *decisum*, é objeto de contrato de licença pela legislação vigente.

A Suprema Corte considerou que as operações envolvendo *softwares* são mistas ou complexas, já que evidenciam tanto um *dar* quanto um *fazer* humano na concepção, desenvolvimento e manutenção dos programas, a exemplo da criação intelectual e demais serviços prestados ao usuário do programa de computador como manuais, *help desk*, atualizações e outras funcionalidades previstas no contrato de licenciamento, levando-se em conta, assim, o oferecimento de utilidade ao consumidor a partir de atividades materiais ou imateriais.[34]

De todo modo, não se afastou a existência de esforço humano direcionado para a construção de programas de computação, sejam eles de qualquer tipo, o que evidencia também a presença da obrigação de fazer no campo dos *softwares* e correlatas atividades de licenciamento e cessão de uso.

Parte importante da manifestação da Corte nesse julgamento foi a fixação do entendimento de que há prestação de serviço no modelo de acesso a *software* em nuvem, denominado *software-as-a-service* (SaaS), caracterizado pelo acesso do consumidor a aplicações disponibilizadas pelo fornecedor na rede mundial de computadores, acessível em tempo integral ou contratado pelo usuário, sem implicar transferência definitiva ao seu computador, e, portanto, sujeito à incidência do ISS.

Extrai-se assim que o Supremo Tribunal Federal levou em conta em sua decisão a evolução tecnológica das formas de acesso aos *softwares*, sem desnaturar a qualidade de serviços do seu licenciamento ou cessão de uso, bem como reafirmou que para fins de incidência do imposto estadual a transferência de titularidade é característica relevante, inaplicável ao caso.

A decisão no mérito foi adotada pela maioria dos ministros do Supremo Tribunal Federal, composta pelos ministros Luiz Fux (presidente), Ricardo Lewandowski, Rosa Weber, Luís Roberto Barroso e Alexandre de Moraes, que acompanharam o Ministro Dias Toffoli.

Na ADI nº 5.576, de relatoria do Ministro Luís Roberto Barroso, ajuizada em 18.8.2016, pela Confederação Nacional de Serviços (CNS), pleiteou-se a declaração de inconstitucionalidade da incidência do ICMS sobre o licenciamento ou cessão do direito de uso de programas de computador, requerendo interpretação conforme a Constituição do art. 2º da Lei Complementar nº 87/1996 e do art. 1º da Lei do Estado de São Paulo nº 6.374/1989, bem como a declaração de inconstitucionalidade do art. 3º, II, da Lei estadual nº 8.198/1992 e dos decretos nºs 61.522/2015 e 61.791/2016, todos do Estado de São Paulo.

---

[34] No julgamento do Recurso Extraordinário nº 651.703/PR, de relatoria do Ministro Luiz Fux, em 2016, por maioria dos votos, o Supremo Tribunal Federal concluiu pela possibilidade de incidência do ISS sobre as atividades de planos de saúde, a corroborar a posição tipológica adotada quanto aos serviços, como será visto a seguir, estampada nas recentes decisões acerca dos *softwares*.

A ação foi julgada procedente para dar interpretação conforme à Constituição Federal às normas impugnadas, no sentido de se excluir das hipóteses de incidência do ICMS o licenciamento ou a cessão de direito de uso de programas de computador, tal como previsto no subitem 1.05 da lista de serviços anexa à Lei Complementar nº 116/03. Modularam-se os efeitos da decisão nos termos da ata do julgamento.

A Suprema Corte brasileira, portanto, reafirmou, por meio da ADI nº 5.576, sua jurisprudência acerca da incidência tributária do ISS no caso dos programas de computador, na esteira do quanto decidido nas ADIs nºs 1.945 e 5.659.

Nessa ocasião, foi fixada a seguinte tese de julgamento: "É inconstitucional a incidência do ICMS sobre o licenciamento ou cessão do direito de uso de programas de computador", nos termos do voto do Relator Ministro Luís Roberto Barroso.

O Ministro Gilmar Mendes acompanhou o relator com ressalvas, para consignar seu entendimento de que o critério da personalização ou da padronização continua sendo o mais apropriado fator de definição entre a incidência do ISS ou do ICMS, respectivamente. Ficou vencido parcialmente o Ministro Marco Aurélio, que divergia no tocante à modulação dos efeitos.

No mesmo sentido, em questão envolvendo a incidência do ISS sobre *softwares*, o Supremo Tribunal Federal se manifestou no Recurso Extraordinário nº 688.223 (Tema nº 590 da Repercussão Geral), por meio do qual se fixou a seguinte tese: "É constitucional a incidência do ISS no licenciamento ou na cessão de direito de uso de programas de computação desenvolvidos para clientes de forma personalizada, nos termos do subitem 1.05 da lista anexa à LC nº 116/03".

Na esteira dos julgados trazidos à colação acerca dos *softwares*, é possível verificar que a Suprema Corte brasileira tem enfrentado questões relevantes sob o ponto de vista da tributação dos fenômenos tecnológicos e tem moldado sua interpretação segundo parâmetros constitucionais aplicáveis diante das inovações próprias do contexto.

O papel do Supremo Tribunal Federal é demasiado relevante para a solução de controvérsias envolvendo a interpretação das normas do modelo constitucional tributário à vista das inovações tecnológicas.

No que diz respeito aos tributos incidentes sobre consumo, dos quais são carros-chefes o ICMS e ISS, não se pode desprezar a imperiosidade de que as relações econômicas de produção e circulação de riquezas, que lhe são inerentes, são marcadas por fluidez, mutações e evoluções dos elementos de mercado, de fatores de produção e comercialização de bens e serviços, especialmente quando se consideram inovações disruptivas como são os fenômenos tecnológicos.

Desse modo, as referências constitucionais aos termos "serviços", "mercadorias ou produtos", utilizadas para demarcar competência tributária, também devem se abrir à interpretação balizada pelas modificações econômicas próprias do contexto de onde se extraem tais signos de riqueza.

Não é desconhecida da mais abalizada doutrina que a Constituição para fins de definir e demarcar o campo de competência tributária utilizou-se eminentemente de linguagem tipológica, ou tipos constitucionais, e não de conceitos caracterizados por definição e indicação exaustiva de todas as notas que compõem as materialidades econômicas passíveis de tributação, dado que o constituinte utiliza linguagem descritiva e aberta por meio dos tipos, aptos à concretização de valores constitucionais.[35]

Para o termo *serviços* no campo da definição de competência do imposto municipal, o constituinte parece ter reservado a linguagem tipológica, sem captar sentido em institutos e conceitos de direito privado, tendo reservado precipuamente à lei complementar o tratamento acerca do conteúdo e taxatividade dos serviços sujeitos à incidência do ISS.

A análise das decisões do Supremo Tribunal Federal acerca da tributação dos *softwares* revela que o termo *serviços*, utilizado pelo constituinte para definição da competência tributária do ISS, o foi com a abertura necessária a captar a correlata materialidade econômica ante a evolução do fenômeno tecnológico.

Essa linha de compreensão alicerça-se nos fundamentos das decisões analisadas, as quais evidenciam evolução da jurisprudência do Supremo Tribunal Federal diante da superação de critérios tradicionais impróprios no contexto da economia digital para resolver as controvérsias de interpretação do alcance das tipologias constitucionais acerca das materialidades econômicas da incidência tributária sobre o consumo dos fenômenos tecnológicos, como nos casos de licença e cessão de uso de *softwares*.

6 Conclusão

A economia digital produziu transformações disruptivas na organização econômica mundialmente, trazendo facilidades e ganhos econômicos, e, por outro lado, encabeçando os atuais grandes desafios no campo da tributação.

O presente ensaio pretendeu, a partir de recorte metodológico da tributação nas esferas da renda e do consumo, traçar o atual panorama da incidência tributária no Brasil e alguns dos principais desafios tributários no contexto interno e internacional da economia baseada no emprego das tecnologias digitais e as contribuições do Supremo Tribunal Federal nesse contexto.

No plano da tributação da renda, verificou-se que os elementos jurídicos tradicionais de identificação de aspectos materiais, temporais e espaciais da imposição tributária sobre renda se tornaram obsoletos para captar a amplitude dos signos de riqueza diante da fluidez e inovações próprias da economia digital, sobressaindo-se esforços em nível mundial para evitar a erosão de bases tributárias decorrentes do contexto.

No campo da tributação sobre o consumo, os grandes debates têm se centrado na qualificação dos fatos geradores do ICMS e no ISS ante os fenômenos tecnológicos, já que as empresas de tecnologia, seus produtos e serviços estão submetidos à incidência dos tradicionais tributos sobre o consumo. O texto trouxe à luz algumas medidas legislativas de conformação da competência tributária a tais fenômenos e seus principais questionamentos.

Por fim, foram avaliadas as contribuições fornecidas pela jurisprudência do Supremo Tribunal Federal e a relevância de seu papel na fixação de teses e solução de controvérsias envolvendo a conformação da competência constitucional tributária no

---

[35] SCHOUERI, Luís Eduardo. *Direito tributário*. 5. ed. São Paulo: Saraiva, 2015. p. 275.

campo do consumo dos programas de computador (*softwares*), que representa um dos mais expressivos nichos da economia digital.

Referências

BRASIL. Câmara dos Deputados. *Projeto de Lei 2358/2020*. Disponível em: https://www.camara.leg.br/proposicoesWeb/fichadetramitacao?idProposicao=2251395. Acesso em: 24 abr. 2023.

BRASIL. Ministério da Fazenda. Receita Federal. *Carga Tributária no Brasil 2020*: Análise por Tributos e Bases de Incidência. Disponível em: https://www.gov.br/receitafederal/pt-br/acesso-a-informacao/dados-abertos/receitadata/estudos-e-tributarios-e-aduaneiros/estudos-e-estatisticas/carga-tributaria-no-brasil/ctb-2020-v1-publicacao.pdf. Acesso em: 25 abr. 2023.

BURNS, E. M. *História da civilização ocidental*. Porto Alegre: Globo, 1957.

CALIENDO, Paulo; LIETZ, Bruna (Coord.). *Direito tributário e novas tecnologias*. Porto Alegre: Editora Fi, 2021.

CASTELLS, M. *A sociedade em rede*. 17. ed. São Paulo: Paz e Terra, 2016.

COUTINHO, Luciano. A terceira revolução industrial e tecnológica: as grandes tendências de mudanças. *Economia e Sociedade*, Campinas, v. 1, n. 1, p. 69-87, 2016. Disponível em: https://periodicos.sbu.unicamp.br/ojs/index.php/ecos/article/view/8643306. Acesso em: 22 abr. 2023.

DOBB, Maurice. *A evolução do capitalismo*. 7. ed. Rio de Janeiro: Zahar, 1980.

FOSSATI, Gustavo; MCCLASKEY, Layla Salles. Regulação tributária da economia digital no âmbito estadual: mapeamento e análise da legislação tributária com vistas à reforma tributária. *Revista de Informação Legislativa: RIL*, Brasília, v. 59, n. 235, p. 169-186, jul./set. 2022. Disponível em: https://www12.senado.leg.br/ril/edicoes/59/235/ril_v59_n235_p169. Acesso em: 25 abr. 2023.

GIGANTES da internet pagam até 75% menos que outros setores no Brasil. *Valor*, 6 abr. 2021. Disponível em: https://valor.globo.com/brasil/noticia/2021/04/06/gigantes-da-internet-pagam-at-75-pontos-percentuais-menos-impostos-do-que-outros-setores-no-brasil.ghtml. Acesso em: 22 abr. 2023.

GLOBAL minimum corporate tax rate: MEPs push for quick adoption. *Parlamento Europeu*, 19 maio 2022. Disponível em: https://www.europarl.europa.eu/news/pt/press-room/20220517IPR29938/global-minimum-corporate-tax-rate-meps-push-for-quick-adoption. Acesso em: 24 abr. 2023.

KAGERMANN, H. et al. *Industrie 4.0 in a global context*: strategies for cooperating with international partners. Munich: ACATECH, 2016.

KRUGLIANSKAS, I. *Tornando a pequena e média empresa competitiva*. São Paulo: Instituto de Estudos Gerenciais e Editora, 1996.

LEITE, Luiza; SCHWARTZ, Rodrigo; FEIGELSON, Bruno. *Tax 4.0* – Tributação na realidade exponencial. São Paulo: Thomson Reuters Brasil, 2021.

LONGO, W. P. *Tecnologia e soberania nacional*. São Paulo: Nobel, 1984.

OCDE. *Multilateral Convention to Implement Tax Treaty Related Measures to Prevent Base Erosion and Profit Shifting*. Disponível em: https://www.oecd.org/tax/beps/multilateral-convention-to-implement-tax-treaty-related-measures-to-prevent-BEPS.pdf. Acesso em: 21 abr. 2023.

OECD. *BEPS* – Erosão de bases e transferência de lucros. Disponível em: https://www.oecd.org/tax/beps/beps-actions/. Acesso em: 18 abr. 2023.

OECD. *BEPS Reports*. 2015. Disponível em: www.oecd.org/tax/beps-2015-final-reports.htm. Acesso em: 20 abr. 2023.

OECD. *Statement on a Two-Pillar Solution to Address the Tax Challenges Arising from the Digitalisation of the Economy*. Disponível em: https://www.oecd.org/tax/beps/statement-on-a-two-pillar-solution-to-address-the-tax-challenges-arising-from-the-digitalisation-of-the-economy-october-2021.pdf. Acesso em: 23 abr. 2023.

PISCITELLI, Tathiane. Responsabilidade tributária dos marketplaces. *Notícias Fiscais*, 20 jun. 2020. Disponível em: https://noticiasfiscais.com.br/2020/06/26/responsabilidade-tributaria-dos-marketplaces/. Acesso em: 25 abr. 2023.

PONTES FILHO, Oswaldo Othon de; VASQUES, Sérgio; GUIMARÃES, Vasco Branco (Org.). *IVA para o Brasil*: contributos para a Reforma da Tributação do Consumo. Belo Horizonte: Fórum, 2007.

ROCHA, Sergio André. *Interpretação dos tratados para evitar a bitributação da renda*. São Paulo: Quartier Latin, 2013.

SÁEZ, V. M. M. *Globalización, nuevas tecnologías y comunicación*. Madrid: Ediciones de la Torre, 1999.

SCHOUERI, Luís Eduardo. *Direito tributário*. 5. ed. São Paulo: Saraiva, 2015.

TORRES, Ricardo Lobo. É possível a criação do IVA no Brasil? *In*: SARAIVA FILHO, Oswaldo Othon de Pontes; VASQUES, Sérgio; GUIMARÃES, Vasco Branco (Org.). *IVA para o Brasil*: contributos para a Reforma da Tributação do Consumo. Belo Horizonte: Fórum, 2007.

UNITED STATES. U.S. Senate Committee on Homeland Security & Governmental Affairs. Permanent Subcommittee on Investigations. *Offshore Profit Shifting and the U.S. Tax Code* – Part 2 (Apple Inc.). Disponível em: https://www.hsgac.senate.gov/subcommittees/investigations/hearings/offshore-profit-shifting-and-the-us-tax-code_-part-2. Acesso em: 20 abr. 2023.

Informação bibliográfica deste texto, conforme a NBR 6023:2018 da Associação Brasileira de Normas Técnicas (ABNT):

CARBONI, Mario Augusto. Tributação e fenômenos tecnológicos: desafios da economia digital e jurisprudência da Suprema Corte brasileira. *In*: OSORIO, Aline; MELLO, Patrícia Perrone Campos; BARROSO, Luna van Brussel (Coord.). *Direitos e democracia*: 10 anos do Ministro Luís Roberto Barroso no STF. Belo Horizonte: Fórum, 2023. p. 835-853. ISBN 978-65-5518-555-3.

DISFUNÇÕES DO SISTEMA ELEITORAL BRASILEIRO: O PAPEL DO JUDICIÁRIO NA PROTEÇÃO DA SOBERANIA POPULAR

MARLUCE FLEURY FLORES

1   Introdução

Na última década, tive a honra e alegria de acompanhar de perto a atuação do Ministro Luís Roberto Barroso tanto no Supremo Tribunal Federal (STF) quanto no Tribunal Superior Eleitoral (TSE). Durante seu período na Justiça Eleitoral, pude testemunhar o seu compromisso com o bem-estar da sociedade, com a moralidade e com a eficiência, a despeito das adversidades mais árduas, como uma pandemia que gerou dor e instabilidade no mundo todo. E, mesmo em momentos tão difíceis, nunca deixou de atuar "na direção do bem, da justiça e do avanço civilizatório".[1]

A Constituição Federal de 1988 é, sem dúvida, um marco deste almejado avanço civilizatório. Entre outras conquistas democráticas, estabeleceu as eleições diretas, concedeu direito de sufrágio aos analfabetos, tornou o voto facultativo para os maiores de 16 anos e menores de 18 e deu maior autonomia aos partidos políticos, tornando-os pessoa jurídica de direito privado.

Mas nem sempre foi assim. Na Constituição do Império (1824), foram previstas normas relativas ao direito eleitoral consistentes, em sua maioria, em restrições ao direito de sufrágio. A Constituição de 1937 (Estado Novo), caracterizada pelo autoritarismo, aboliu os partidos políticos e suspendeu as eleições livres. Com o fim do Estado Novo, foi instituído o Código Eleitoral de 1945 (Lei Agamenon) e restabelecida, definitivamente, a Justiça Eleitoral no país, com a atribuição de reorganizar o alistamento eleitoral e as eleições. Posteriormente, houve a promulgação da Constituição de 1946, que teve como marco a tentativa de redemocratização, mas o processo foi interrompido pela ditadura militar (1964-1985).

---

[1] BARROSO, Luís Roberto. *Sem data vênia*: um olhar sobre o Brasil e o mundo. Rio de Janeiro: História Real, 2020. p. 19.

O atual modelo constitucional brasileiro decorreu de certa euforia constituinte – saudável e inevitável já que consolidado durante a travessia democrática – e resultou em um documento analítico, prolixo e corporativo, que expressa, nas palavras de Luís Roberto Barroso, "uma heterogênea mistura de interesses legítimos de trabalhadores, classes econômicas e categorias funcionais".[2]

Ainda que haja crítica ao detalhamento excessivo da Constituição Federal de 1988, é inegável que foi um marco na transição de um regime autoritário para um Estado democrático de direito.[3] Como expressão da democracia, adotou-se um sistema político que compreende o sistema de governo (presidencialismo), o sistema eleitoral (proporcional e majoritário, a depender do cargo) e o sistema partidário (regras sobre a criação e o funcionamento dos partidos políticos).

O sistema de governo presidencialista, que surgiu nos Estados Unidos, durante a elaboração da Constituição de 1787, consiste, em síntese, na acumulação em uma só pessoa dos papéis de chefe de Estado e de chefe de Governo. De forma didática, pode-se definir que as questões de Estado envolvem, por exemplo, relações diplomáticas, nomeação de embaixadores, de juízes de Cortes superiores e de comandantes militares. Já as funções de governo se referem ao dia a dia da política e das escolhas circunstanciais: política econômica, investimentos públicos, sistemas de saúde etc.[4] De outro lado, no sistema parlamentarista, as funções de chefe de Estado e de governo são atribuídas a pessoas ou órgãos distintos.

O sistema eleitoral "identifica as diferentes técnicas e procedimentos pelos quais se exercem os direitos políticos de votar e ser votado", incluindo-se nesse conceito "a divisão geográfica do país para esse fim, bem como os critérios do computo dos votos e de determinação dos candidatos eleitos".[5] O adotado no Brasil tem duas modalidades: o majoritário e o proporcional.

O sistema eleitoral majoritário é utilizado na eleição de prefeitos, governadores, senadores e do presidente da República e consiste, em suma, em considerar-se vencedor aquele candidato que obtiver o maior número de votos. Há, ainda, a possibilidade de se adotar o sistema majoritário em dois turnos, o que é aplicável para a eleição do presidente da República, dos governadores de estado e dos prefeitos de municípios com mais de 200 (duzentos) mil eleitores.

Na eleição majoritária em turno único há uma tendência de que haja número menor de candidatos, pois é frequente que os eleitores adotem o voto útil (deixar de votar no candidato preferido para votar em outro com mais chance de vitória) e que os partidos

---

[2] BARROSO, Luís Roberto. *Curso de direito constitucional contemporâneo*. 5. ed. São Paulo: Saraiva, 2015. p. 399.

[3] Quanto à importância da Constituição Federal de 1988, Luís Roberto Barroso afirma que, "Sob sua vigência, temos três grandes sucessos a celebrar. O primeiro deles é a *estabilidade institucional*: num país com tradição de golpes, contragolpes e quarteladas, temos mais de 30 anos de respeito às regras do jogo. [...] A segunda conquista que merece ser celebrada é a *estabilidade monetária*. Após anos de inflação descontrolada e sucessivos planos econômicos fracassados – Cruzado I, Cruzado II, Bresser, Verão, Collor I, Collor II –, finalmente se conseguiu domesticar a moeda, com o Plano Real. [...] A outra conquista expressiva foi *inclusão social* de mais de 20 milhões de pessoas, que deixaram a linha de pobreza absoluta". Cf. BARROSO, Luís Roberto. *Sem data vênia*: um olhar sobre o Brasil e o mundo. Rio de Janeiro: História Real, 2020. p. 61-62.

[4] BARROSO, Luís Roberto. *Sem data vênia*: um olhar sobre o Brasil e o mundo. Rio de Janeiro: História Real, 2020. p. 138.

[5] STF, ADI nº 5.081, trecho do voto do Relator Min. Luís Roberto Barroso.

busquem fazer alianças com os favoritos ao cargo pleiteado. De outro lado, nos casos em que é possível haver segundo turno, uma quantidade maior de candidatos disputa o primeiro turno, há uma tendência menor de os eleitores adotarem o voto útil e os partidos costumam fazer alianças com mais candidatos.

Já o sistema proporcional nasceu na Europa[6] e foi concebido para refletir os diversos pensamentos e tendências da sociedade. No Brasil, é adotado para a eleição de vereadores, deputados estaduais e deputados federais.

O sistema brasileiro é o de lista aberta, no qual o eleitor escolhe um candidato da lista apresentada pelo partido, sem que haja ordem predeterminada dos que serão eleitos, como ocorre no sistema de lista fechada. Em outras palavras, para a composição da Casa Legislativa, deve-se, antes, saber quais foram os partidos políticos vitoriosos para, depois, dentro de cada agremiação que atingiu o número mínimo de votos (cláusula de barreira), serem preenchidas as cadeiras na ordem dos candidatos mais votados individualmente. De modo que o sucesso do candidato dependerá, de modo decisivo, da quantidade de votos que o partido ao qual ele está filiado recebeu. Esse, inclusive, é um dos motivos de perda do mandato do eleito que se desfilia, sem justa causa, após o pleito, tema que trataremos com maior profundidade mais adiante.

Em Constituições anteriores, já se tentou adotar, sem sucesso, outros sistemas eleitorais. O art. 148, parágrafo único, da Constituição Federal de 1967, com a redação dada pela EC nº 22/1982, estabeleceu a eleição por "sistema distrital misto, majoritário e proporcional" para os cargos de deputado federal e estadual, na forma da lei. No entanto, a esperada lei nunca foi aprovada e o dispositivo foi revogado em seguida pela EC nº 25/1985.

Quanto ao sistema partidário, desde o advento da Emenda Constitucional nº 97/2017, as coligações foram extintas nas eleições proporcionais. No entanto, a legislação continuou a permitir a união de partidos em torno de uma única candidatura nas eleições majoritárias. Com a criação das federações, pela Lei nº 14.208/2021, os partidos passaram a poder se unir para apoiar qualquer cargo, desde que assim permaneçam durante todo o mandato a ser conquistado. A federação de partidos vale para eleições majoritárias, bem como para as proporcionais. A constitucionalidade dessa inovação no sistema eleitoral foi analisada pelo Supremo Tribunal Federal na ADI nº 7.021, sob a relatoria do Ministro Luís Roberto Barroso. A distinção entre os dois institutos será abordada adiante.

2 O ativismo judicial na transformação do sistema político

Durante o período em que o ordenamento constitucional brasileiro sofreu alterações significativas em relação às regras do jogo democrático, consagrou-se, em

---

[6] Atribuiu-se ao político londrino Thomas Hare o mérito de sua idealização em seus trabalhos *The machinery of representation* (1857) e *The elections of representatives* (1859), mas há também quem defenda que a ideia de representação proporcional foi proposta pelo político dinamarquês Carl Andrae, tendo sido aplicada pela primeira vez nas Eleições de 1855. Posteriormente, o sistema teria sido consagrado na Bélgica. Cf. GOMES, José Jairo. *Direito eleitoral*. São Paulo: Atlas, 2018. p. 171.

diversos países,⁷ o ideal de força normativa da Constituição. Principalmente após a Segunda Guerra Mundial, houve significativa expansão da jurisdição constitucional e desenvolvimento de uma nova dogmática de interpretação que, com fundamento em ideais pós-positivistas, promoveu a centralização dos direitos fundamentais.

Essas transformações ocorridas no Estado e no direito constitucional representaram uma quebra de paradigma no sentido de reconhecer os direitos fundamentais como normas jurídicas obrigatórias com posição de destaque nas Constituições modernas, inclusive a brasileira. Atualmente, a Constituição figura no centro do sistema jurídico, de modo que qualquer operação de realização do direito envolve a aplicação direta ou indireta das normas constitucionais. E, no exercício dessa operação, as Cortes constitucionais normalmente desempenham um papel ora ativista, ora de autocontenção.⁸

O ativismo judicial está associado a uma participação mais efetiva do Judiciário por meio de decisões que, a fim de concretizar valores constitucionais, interferem nas funções típicas dos outros dois poderes. Em contraponto ao ativismo, a autocontenção judicial é manifestada quando o Judiciário restringe a interferência nos demais poderes em deferência às escolhas das instâncias tipicamente políticas.⁹

A resolução de demandas judiciais, em razão da pluralidade de concepções e ideais entre os integrantes do processo político, é causa recorrente de tensão entre os poderes. Isso ocorre porque, muito frequentemente, a lei não é capaz de produzir a uniformização que se poderia esperar, porquanto o próprio processo legislativo no qual são elaboradas não reflete uma ideologia única e coerente.¹⁰ E essa capacidade limitada da lei em garantir um tratamento isonômico acaba atribuindo ao Poder Judiciário um papel ora complementar, ora de protagonista na implementação dos valores constitucionais.

Nesse cenário, o exercício da jurisdição constitucional encontra dificuldades que nem sempre estão adstritas ao campo dogmático. A complexidade da resolução da controvérsia está muitas vezes relacionada à repercussão e aos efeitos das decisões. Isso porque, a fim de garantir os direitos daqueles que não têm voz no processo político, o Poder Judiciário acaba por afastar a aplicabilidade ou declarar a nulidade de normas aprovadas pelos representantes eleitos democraticamente. E, como os juízes não são escolhidos pelos cidadãos, tais decisões, por vezes, geram um sentimento de desconforto e instabilidade naqueles que não se sentem beneficiados por elas.

A relação entre o Poder Judiciário e os representantes eleitos também vem sendo marcada pela instabilidade, talvez por se sentirem desprestigiados e, por vezes, afrontados

---

⁷ Destacam-se, por exemplo, as Constituições: da Alemanha, de 1949; da Itália, de 1947; de Portugal, de 1976 e da Espanha, de 1978.

⁸ Em trabalho mais recente, Luís Roberto Barroso traz outra classificação aos papéis desempenhados pelas Corte constitucionais: (i) contramajoritário, quando afastam a aplicação ou invalidam atos dos outros poderes; (ii) representativo, quando atendem a demandas sociais de grupos não representados pelas instâncias políticas; e (iii) iluminista, quando promovem medidas que importam em avanços sociais que não foram deliberados pelos representantes eleitos. Cf. BARROSO, Luís Roberto. Contramajoritário, representativo e iluminista: os papeis dos tribunais constitucionais nas democracias contemporâneas. *Revista Direito e Práxis*, v. 9, n. 4, 2018. Disponível em: http://www.e-publicacoes.uerj.br/index.php/revistaceaju/article/view/30806.

⁹ Cf. BARROSO, Luís Roberto. *Constituição, democracia e supremacia judicial*: direito e política no Brasil contemporâneo. Disponível em: http://www.luisrobertobarroso.com.br/wp-content/uploads/2017/09/constituicao_democracia_e_supremacia_judicial.pdf.

¹⁰ Cf. MENDONÇA, Eduardo. A jurisdição constitucional como canal de processamento do autogoverno democrático. In: SARMENTO, Daniel (Coord.). *Jurisdição constitucional e política*. Rio de Janeiro: Forense, 2015.

pelas decisões de agentes públicos que, ao contrário deles, não foram escolhidos por meio de sufrágio.

Daí a necessidade de fundamentação e coerência nas decisões judiciais. Com efeito, a força da jurisdição constitucional está na sua capacidade de argumentação e os cidadãos têm o direito de saber por que um agente público decidiu em determinado sentido e não em outro.[11] Assim, as decisões judiciais, sobretudo as formadoras de precedentes, devem ser dotadas de racionalidade e motivação.

A racionalidade das decisões, conforme leciona Ana Paula de Barcellos, consiste na vinculação da decisão judicial ao sistema jurídico em vigor, sobretudo, à Constituição. Ocorre que nem sempre o sistema indicará uma solução única e, nesse caso, não bastará expor alguma conexão com o sistema, devendo-se demonstrar a racionalidade propriamente dita, ou seja, porque determinada solução deve ser adotada e não outra.

2.1 Os casos emblemáticos em matéria de reforma eleitoral julgados pelo STF

O papel do Supremo Tribunal Federal é amplo e complexo, uma vez que a Corte é mobilizada para decidir questões de alta relevância para a sociedade e suas respostas sobre esses temas – como os afetos às alterações no sistema eleitoral e no partidário – produzem impactos no âmbito dos poderes Executivo e Legislativo.

Não é novo, por exemplo, o debate pelo STF acerca da fidelidade partidária. A Corte tomou importante decisão sobre o tema, em 2007, quando do julgamento dos mandados de segurança nºs 26.602, 26.603 e 26.604. A posição tradicional da Corte, até então, era no sentido de ser permitida a mudança de partido por parte de parlamentares "sem qualquer sanção jurídica, e, portanto, sem perda de mandato", tendo em conta que a Constituição não elencava a infidelidade partidária no seu art. 55[12] (MS nº 20.927, Rel. Min. Moreira Alves). Posteriormente, o Tribunal veio a rever sua posição, a fim de reconhecer a existência do dever constitucional de observância da regra de fidelidade partidária. A decisão considerou os problemas específicos do sistema proporcional e destacou que a infidelidade consistiria em desrespeito do candidato não apenas em face de seu partido político, mas, sobretudo, da soberania popular, sendo responsável por distorcer a lógica do sistema eleitoral proporcional.

Quase uma década depois, na ADI nº 5.081, o STF foi questionado sobre a legitimidade da extensão da regra da fidelidade partidária aos candidatos eleitos pelo sistema majoritário. Na ocasião, concluiu-se que o sistema adotado para a eleição de presidente, governador, prefeito e senador tem lógica e dinâmica diversas da do sistema proporcional e foi declarada a inconstitucionalidade das expressões "ou o vice", do art.

---

[11] MENDONÇA, Eduardo. A jurisdição constitucional como canal de processamento do autogoverno democrático. In: SARMENTO, Daniel (Coord.). *Jurisdição constitucional e política*. Rio de Janeiro: Forense, 2015. p. 149.

[12] "Art. 55. Perderá o mandato o deputado ou senador: I - que infringir qualquer das proibições estabelecidas no artigo anterior; II - cujo procedimento for declarado incompatível com o decoro parlamentar; III - que deixar de comparecer, em cada sessão legislativa, à terça parte das sessões ordinárias da Casa a que pertencer, salvo licença ou missão por esta autorizada; IV - que perder ou tiver suspensos os direitos políticos; V - quando o decretar a Justiça Eleitoral, nos casos previstos nesta Constituição; VI - que sofrer condenação criminal em sentença transitada em julgado".

10,[13] "e, após 16 de outubro corrente, quanto a eleições pelo sistema majoritário", do art. 13,[14] da Resolução nº 22.610/2007 do Tribunal Superior Eleitoral (TSE).

O relator, Ministro Luís Roberto Barroso, destacou em seu voto que "As características do sistema majoritário, com sua ênfase na figura do candidato, fazem com que a perda do mandato, no caso de mudança de partido, frustre a vontade do eleitor e vulnere a soberania popular (CF, art. 1º, par. ún. e art. 14, caput)". Ressaltou que "No sistema majoritário atualmente aplicado no Brasil, a imposição de perda do mandato por infidelidade partidária se antagoniza como a soberania popular, que, como se sabe, integra o núcleo essencial do princípio democrático".

Ademais, teceu relevantes críticas ao modelo de sistema proporcional então vigente. Destacou:

> a possibilidade de coligações eleitorais, aliada à dimensão adquirida pelo fenômeno da transferência de votos impede que o sistema proporcional cumpra satisfatoriamente a sua função precípua: dar às diferentes ideologias representação parlamentar proporcional à sua acolhida no tecido social, tornando o Parlamento um espelho da sociedade.

Posteriormente, houve alterações legislativas significativas para as eleições proporcionais, como o fim das coligações e a instituição do modelo de federação. No julgamento da ADI nº 7.021, o Supremo Tribunal Federal, analisou a constitucionalidade da Lei nº 14.208/2021, que criou o instituto da *federação partidária* de caráter nacional, que permite a união e verticalização entre partidos políticos, inclusive para concorrerem em eleições proporcionais. Segundo o autor da ação (Partido Trabalhista Brasileiro), a federação partidária seria idêntica às coligações proporcionais e verticalizadas e, portanto, representaria restrição à autonomia partidária e violação aos princípios democrático e representativo proporcional.

A Corte, por maioria, entendeu que a federação partidária e a coligação possuem similaridades, mas constituem institutos diversos. Nos termos do voto do relator, Ministro Luís Roberto Barroso, "Quando as coligações eleitorais eram permitidas também no sistema proporcional, era possível que partidos sem qualquer afinidade programática e com propostas, às vezes, conflitantes, se unissem em coligações contingentes, para fins puramente eleitorais". No entanto, após a eleição, cada agremiação e respectivos candidatos eleitos perseguiam interesses e programas próprios, uma vez que não fixaram qualquer compromisso de alinhamento para o exercício da atividade legiferante. Conforme o julgado, "Tal fato permitia, por exemplo, que o voto do eleitor dado a um partido que defendia a estatização de empresas ajudasse a eleger o candidato de um partido ultraliberal". Assim, a coligação partidária consistiria na "reunião puramente circunstancial de partidos, para fins eleitorais" o que representa evidente "fraude à vontade do eleitor".

---

[13] "Art. 10. Julgando procedente o pedido, o tribunal decretará a perda do cargo, comunicando a decisão ao presidente do órgão legislativo competente para que emposse, conforme o caso, o suplente ou o vice, no prazo de 10 (dez) dias".

[14] "Art. 13. Esta resolução entra em vigor na data de sua publicação, aplicando-se apenas às desfiliações consumadas após 27 (vinte e sete) de março deste ano, quanto a mandatários eleitos pelo sistema proporcional, e, após 16 (dezesseis) de outubro corrente, quanto a eleitos pelo sistema majoritário".

Concluiu-se, assim, que a federação partidária, apesar de guardar alguma similaridade com as coligações, por permitir que partidos se unam para fins de cômputo de votos e de cálculo do quociente partidário: (i) promove entre eles uma união estável, ainda que transitória, com durabilidade de no mínimo 4 (quatro) anos; (ii) requer afinidade programática, que permita a formulação de estatuto e de um programa comuns à federação; e (iii) vincula o funcionamento parlamentar posterior às eleições. Dessa forma, por não implicar transferência ilegítima de voto entre partidos com visões ideológicas diversas (e, às vezes, opostas), não geraria os impactos negativos sobre o sistema representativo ocasionados pelas antigas coligações proporcionais. Nesse contexto, a Corte concluiu inexistir vício material de constitucionalidade na formação das federações para pleitos proporcionais.

O STF também já chegou a analisar a constitucionalidade de regras relativas ao sistema partidário. Por exemplo, no julgamento da ADI nº 5.487, em conjunto com as ADIs nºs 5.423, 5.488, 5.419 e 5.577, foi analisada a constitucionalidade das mudanças promovidas em relação aos critérios de distribuição entre os partidos dos horários reservados à propaganda eleitoral gratuita em rádio e televisão. O redator para o acórdão das citadas ações foi o Ministro Luís Roberto Barroso, que concluiu ser constitucional o tratamento diferenciado dado aos partidos políticos de acordo com o nível de legitimidade popular angariada, em respeito à representatividade na Câmara dos Deputados.

Destacou, ainda, que não há qualquer afronta à paridade de armas, uma vez que no Brasil é adotado o conceito de "igualdade de chances gradual", em que os partidos com menor representatividade têm assegurado um espaço mínimo razoável para que possam se desenvolver. Considerou, portanto, ser legítima a escolha feita pelo legislador quanto à divisão do horário gratuito entre os partidos, já que a regra de distribuição respeitou a representatividade dos maiores partidos e, ao mesmo tempo, assegurou "um espaço mínimo razoável" para as agremiações sem representatividade na Câmara dos Deputados.

Nota-se, portanto, que o STF, no exercício da sua jurisdição constitucional, tem procurado dar efetividade à soberania popular, núcleo essencial do princípio democrático, por meio da correção das disfunções existentes nos sistemas eleitoral e partidário, a fim de que (i) os partidos e os grupos de partidos (coligações ou federações) atuem vinculados às ideologias que representam e aos programas que formaram de comum acordo, de modo que o parlamento seja um espelho da sociedade, (ii) não haja fraude à vontade do eleitor, evitando-se que partidos com ideologias opostas se unam exclusivamente com o objetivo de aumentar o quociente eleitoral; e (iii) seja respeitada a representatividade refletida pelas escolhas feitas nas urnas.

3   A atuação do Tribunal Superior Eleitoral na reforma eleitoral

O Tribunal Superior Eleitoral é o órgão máximo da Justiça Eleitoral e, também, tem importante atuação na proteção do exercício da democracia. As principais competências do TSE estão dispostas na Constituição Federal, no Código Eleitoral (Lei nº 4.737/1965), na Lei das Eleições (Lei nº 9.504/1997) e na Lei de Inelegibilidade (Lei Complementar nº 64/1990). De modo geral, a Corte atua para assegurar a legitimidade, a transparência e a normalidade do processo eleitoral brasileiro.

Em primeiro lugar, cabe ao TSE processar e julgar originariamente e em grau recursal registro de partidos políticos, de candidatos, bem como representações e ações que têm por objetivo garantir a lisura e a igualdade de chances do processo eleitoral quanto ao exercício do voto, à propaganda eleitoral e à prestação de contas de campanha e dos partidos.

Além da função típica de órgão do Poder Judiciário, o Tribunal exerce também uma função normativa consubstanciada na edição de resoluções que orientam o processo eleitoral e auxiliam no cumprimento das leis durante as eleições. As resoluções do Tribunal regulamentam a legislação eleitoral e esclarecem a candidatos, a partidos políticos e a cidadãos as condutas permitidas e vedadas durante o processo eleitoral, bem como as regras quanto ao registro de candidatos, aos sistemas majoritário e proporcional, à apuração dos votos, à divulgação dos resultados e, por fim, à diplomação dos eleitos.

Também com o objetivo de contribuir para o exercício da democracia e com a transparência e lisura do processo eleitoral, o TSE tem procurado contribuir para o aperfeiçoamento da legislação eleitoral.

Cita-se, como exemplo dessa atuação, o grupo de trabalho instituído por meio da Portaria-TSE nº 114/2019, para a elaboração de propostas de reforma do sistema eleitoral e da legislação eleitoral. O grupo, instituído pela Presidência do Tribunal, então ocupada pela Ministra Rosa Weber, e coordenado pelo Ministro Luís Roberto Barroso, à época vice-presidente do Tribunal, desenvolveu dois trabalhos que sugeriram aprimoramentos em relação (i) ao sistema de registro de candidatura atualmente em vigor, em especial, quanto ao tempo entre o prazo para formulação dos requerimentos de registro de candidatura e a data do pleito – tendo em conta a pouca segurança ao eleitor e aos próprios partidos e candidatos sobre a validade dos votos dados nas urnas; e (ii) a alterações do sistema eleitoral vigente no país. Este segundo estudo será analisado no próximo tópico deste trabalho.

3.1 Propostas do grupo de trabalho (GT) sobre a reforma do sistema eleitoral

As ideias apresentadas pelo grupo tiveram como ponto de partida os projetos de lei do Senado (PLS) nº 86/2017,[15] de autoria do Senador José Serra ("PLS Serra"), e nº 345/2017,[16] de autoria do Senador Eunício de Oliveira ("PLS Eunício"), e propõem a adoção, pelo Brasil, de um modelo de sistema distrital misto inspirado no modelo alemão.

Na proposta, foram elencados três objetivos principais: "(i) aumentar a representatividade (a legitimidade democrática) do sistema político; (ii) baratear o custo das eleições; e (iii) facilitar a governabilidade".

Quanto ao primeiro objetivo, destacou-se que o modelo atual não estimula a identificação dos eleitores com o processo eleitoral, tendo em conta que, dias após o pleito, "sequer lembram o nome do candidato em que votaram para deputado federal,

---

[15] Na Câmara dos Deputados, Projeto de Lei nº 9.212/2017.
[16] Na Câmara dos Deputados, Projeto de Lei nº 9.213/2017.

muito menos do partido a que pertencem". E, também, apontou-se que o sistema vigente não promove a participação de "novas vocações a servirem o país".

Em segundo lugar, ressaltou-se que não se pode ignorar que o alto custo das campanhas tem sido a origem de diversas distorções e problemas na política brasileira, como os graves problemas de corrupção.

Por fim, quanto à necessária melhoria da governabilidade, afirmou-se que "a fragmentação do quadro partidário e a falta de conteúdo programático na atuação dos partidos dificultam, muitas vezes, negociações plenamente institucionais e republicanas".

Isso porque o sistema partidário apresenta históricos problemas quanto à pulverização de partidos que não refletem uma ideologia ou identidade de grupos ou camadas da sociedade. De fato, a pluralidade de partidos, quando equilibrada, é o melhor sistema de proteção à liberdade de participação do cidadão no governo do seu país. Contudo, é imprescindível que o elemento ideológico esteja inserido em sua constituição. No entanto, há uma tendência de que esse fenômeno seja atenuado com a volta da *cláusula de barreira* – mecanismo que condiciona recursos – como acesso ao fundo partidário, cadeiras, liderança e propaganda gratuita – ao desempenho eleitoral das legendas.

O modelo atual adotado para as eleições proporcionais também apresenta disfunções quanto ao modelo de lista aberta. Por exemplo, segundo dados do TSE relativos às Eleições 2022,[17] em São Paulo, 1.540 (mil, quinhentos e quarenta) candidatos requereram seu registro ao cargo de deputado federal. É evidente que não é possível conhecer todos os candidatos e comparar propostas em um sistema de eleição proporcional. Assim, o sistema não permite que o voto seja direcionado ao candidato que tem as ideias mais alinhadas à visão do seu eleitor.

Além disso, "na prática, só 10% dos deputados são eleitos com votação própria; 90% são eleitos pela transferência de votos feita pelo partido. Tem-se assim uma fórmula em que o eleitor não sabe exatamente quem elegeu e o candidato não sabe exatamente a quem prestar contas".[18] Portanto, além das dificuldades ocasionadas pela ampla abrangência territorial em que são realizadas as campanhas, o sistema atual apresenta um grave problema quanto à legitimidade democrática.

Como alternativa ao sistema atual (proporcional em lista aberta), foi proposta pelo GT a adoção do *sistema eleitoral distrital misto*,[19] formado pela combinação de elementos do sistema majoritário e do proporcional. Explica-se:

> Metade da Câmara dos Deputados é composta por parlamentares eleitos em distritos e a outra metade por candidatos eleitos pelo voto partidário. O eleitor, assim, tem dois votos: (i) um voto direto em um candidato no distrito[20] (pelo sistema majoritário, em que o mais

---

[17] Disponíveis em: https://divulgacandcontas.tse.jus.br/divulga.
[18] BARROSO, Luís Roberto. *Um outro país*: transformações no direito, na ética e na agenda do Brasil. Belo Horizonte: Fórum, 2018. p. 265-266.
[19] Defendido por Luís Roberto Barroso desde 2006, em estudo financiado pelo Instituto Ideias.
[20] "O distrito eleitoral é a unidade territorial onde os votos são contabilizados para efeito de distribuição das cadeiras em disputa. Em alguns países, como o Reino Unido e a Índia, os distritos são delineados exclusivamente para propósitos eleitorais" (NICOLAU, Jairo Marconi. *Sistemas eleitorais*. Rio de Janeiro: FGV, 2012).

votado obtém a vaga); e (ii) outro voto em uma lista apresentada pelo partido (pelo sistema proporcional, em que o partido obtém o número de vagas correspondente à sua votação).[21]

Assim, com o primeiro voto são eleitos os representantes dos distritos no Poder Legislativo. Com o segundo voto o eleitor pode escolher o partido de sua preferência, que apresentará uma lista fechada e pré-ordenada de candidatos.

O estudo foi entregue ao Deputado Rodrigo Maia e apresentou proposta de implantação do sistema eleitoral distrital misto em cidades com mais de 200 mil habitantes, já nas Eleições Municipais de 2020. A despeito das relevantes ponderações feitas no estudo apresentado pelo GT, os projetos de lei de alteração do sistema eleitoral ainda se encontram pendentes de votação pela Câmara dos Deputados (PLs nºs 9.212/2017 e 9.213/2017).

4 Conclusão

Apesar dos importantes e inovadores avanços da ordem constitucional atual, é incontestável que o sistema político vigente demanda aperfeiçoamentos. Por exemplo, a adoção do modelo presidencialista, num cenário de instabilidade das relações entre os três poderes, pode gerar traumáticos processos de *impeachment*, como o ocorrido mais recentemente no Brasil, em 2016.

Os diversos sistemas eleitorais existentes (majoritário, proporcional, misto etc.) contêm regras previamente estipuladas que estimulam comportamentos diversos dos candidatos, partidos e eleitores. As regras sobre os sistemas eleitorais, quando não são voltadas a privilegiar a vontade do eleitor, mas de um grupo ou líder político, podem criar desestímulos ao exercício do voto pelo eleitor e, ao mesmo tempo, desincentivar a renovação dos agentes políticos. Se as regras do jogo só beneficiam quem já está no poder, não há por que os cidadãos ou aqueles que almejam representá-los acreditarem que novas ideias e novos grupos políticos tenham chance de êxito.

Por isso é importante e necessária a promoção de debates, como os impulsionados pelos estudos feitos pelo TSE, sobre sistemas que permitam a legítima representação do povo na gestão do Estado, a fim de motivar a atuação dos agentes públicos (eleitos ou não) quanto às distorções que maculem o exercício efetivo da soberania popular.

Referências

BARCELLOS, Ana Paula de. Voltando ao básico. Precedentes, uniformidade, coerência e isonomia. Algumas razões sobre o dever de motivação. *In*: MENDES; MARINONI; WAMBIER (Coord.). *Direito jurisprudencial*. São Paulo: Revista dos Tribunais, 2014. v. II.

BARROSO, Luís Roberto. *Constituição, democracia e supremacia judicial*: direito e política no Brasil contemporâneo. Disponível em: http://www.luisrobertobarroso.com.br/wp-content/uploads/2017/09/constituicao_democracia_e_supremacia_judicial.pdf.

---

[21] O modelo proposto difere do denominado "Distritão", objeto da já rejeitada PEC nº 77/2003 e debatido na PEC nº 125/2011, segundo o qual são eleitos para os cargos do Poder Legislativo os candidatos que receberam o maior número de votos individualmente, independentemente dos votos recebidos pela legenda. Trata-se, portanto, de sistema tão somente majoritário.

BARROSO, Luís Roberto. Contramajoritário, representativo e iluminista: os papeis dos tribunais constitucionais nas democracias contemporâneas. *Revista Direito e Práxis*, v. 9, n. 4, 2018. Disponível em: http://www.e-publicacoes.uerj.br/index.php/revistaceaju/article/view/30806.

BARROSO, Luís Roberto. *Curso de direito constitucional contemporâneo*. 5. ed. São Paulo: Saraiva, 2015.

BARROSO, Luís Roberto. *Neoconstitucionalismo e a constitucionalização do direito*. Disponível em: http://www.luisrobertobarroso.com.br/wp-content/uploads/2017/09/neoconstitucionalismo_e_constitucionalizacao_do_direito_pt.pdf.

BARROSO, Luís Roberto. *Sem data vênia*: um olhar sobre o Brasil e o mundo. Rio de Janeiro: História Real, 2020.

BARROSO, Luís Roberto. *Um outro país*: transformações no direito, na ética e na agenda do Brasil. Belo Horizonte: Fórum, 2018.

BRANDÃO, Rodrigo. *Supremacia judicial versus diálogos constitucionais*: a quem cabe a última palavra sobre o sentido da Constituição? Rio de Janeiro: Lumen Juris, 2012.

GOMES, José Jairo. *Direito eleitoral*. São Paulo: Atlas, 2018.

MELLO, Patrícia Perrone Campos. *Nos bastidores do STF*. Rio de Janeiro: Forense, 2015.

MENDONÇA, Eduardo. A jurisdição constitucional como canal de processamento do autogoverno democrático. *In*: SARMENTO, Daniel (Coord.). *Jurisdição constitucional e política*. Rio de Janeiro: Forense, 2015.

NICOLAU, Jairo Marconi. *Sistemas eleitorais*. Rio de Janeiro: FGV, 2012.

NORONHA, Pae Kim. *Sistema político e direito eleitoral brasileiros*. São Paulo: Atlas, 2016.

RAMAYANA, Marcos. *Direito eleitoral*. Niterói: Impetus, 2015.

SOUZA NETO, Cláudio Pereira de; SARMENTO, Daniel. *Direito constitucional*: teoria, história e métodos de trabalho. Belo Horizonte: Fórum, 2012.

Informação bibliográfica deste texto, conforme a NBR 6023:2018 da Associação Brasileira de Normas Técnicas (ABNT):

FLORES, Marluce Fleury. Disfunções do sistema eleitoral brasileiro: o papel do Judiciário na proteção da soberania popular. *In*: OSORIO, Aline; MELLO, Patrícia Perrone Campos; BARROSO, Luna van Brussel (Coord.). *Direitos e democracia*: 10 anos do Ministro Luís Roberto Barroso no STF. Belo Horizonte: Fórum, 2023. p. 855-865. ISBN 978-65-5518-555-3.

A FUNDAMENTALIDADE DO NÚCLEO DOS DIREITOS PREVIDENCIÁRIOS: UMA AFIRMAÇÃO DE GRANDE IMPACTO

MARCELO LEONARDO TAVARES
ODILON ROMANO NETO

1 Introdução

> *O i. Relator (no RE 626.489) Ministro Roberto Barroso assentou que dispõe de caráter fundamental o direito ao benefício previdenciário (fundo do direito), a ser exercido a qualquer tempo, sem prejuízo do beneficiário ou segurado que se quedou inerte.*
> (Voto do Min. Edson Fachin na ADI nº 6.096)[1]

Talvez o Ministro Luís Roberto Barroso não dimensionasse ainda o impacto que teria uma afirmação sua, feita no início de voto como relator no julgamento do RE nº 626.489[2], na tarde do dia 16.10.2013. A decisão foi acompanhada por unanimidade no STF e envolveu a análise dos institutos do direito adquirido, da aplicação temporal de lei nova sobre relações jurídicas previdenciárias iniciadas anteriormente e da natureza fundamental do direito previdenciário.

Apesar de não ser a questão principal do recurso, o maior legado jurídico do voto condutor no RE nº 626.489 é a afirmação sobre a natureza fundamental do direito previdenciário.

A fixação desse pressuposto teve o potencial de sobreviver à própria memória do julgamento do tema da fixação da aplicação do prazo decadencial aos benefícios concedidos anteriormente à MP nº 1.523-9/1997,[3] e passou a influenciar a jurisprudência do STF, permeando também os votos do ministro em outros temas relevantes enfrentados

---

[1] BRASIL. Supremo Tribunal Federal. Pleno. *ADI 6.096*. Disponível em: https://portal.stf.jus.br/processos/downloadPeca.asp?id=15345079621&ext=.pdf. Acesso em: 16 fev. 2023.
[2] BRASIL. Supremo Tribunal Federal. Pleno. *RE 626.489*. Disponível em: https://portal.stf.jus.br/processos/downloadPeca.asp?id=260435938&ext=.pdf. Acesso em: 16 fev. 2023.
[3] BRASIL. Presidência da República. *MP 1523-9/1997*. Disponível em: https://www.planalto.gov.br/ccivil_03/mpv/1996-2000/1523-8.htm. Acesso em: 16 fev. 2023.

pelo Supremo Tribunal Federal em matéria previdenciária, do que são exemplos os julgados acerca da desaposentação[4] e da necessidade de prévio requerimento administrativo,[5] ambos também de relatoria do Ministro Luís Roberto Barroso.

A ideia da fundamentalidade do direito previdenciário, apresentada pela primeira vez no STF no voto do Ministro Barroso, já vinha sendo gestada na universidade há algum tempo, em especial, no debate travado no início dos anos dois mil sobre a definição do mínimo existencial em matéria de direitos sociais, baseado nos princípios da liberdade, da igualdade de oportunidades e da solidariedade.

Em paralelo à ideia de fundamentalidade do direito previdenciário, o Min. Luís Roberto Barroso também demonstrou, em seus votos, preocupação em buscar um adequado equilíbrio entre os dois pilares do sistema previdenciário: o seu fundamento contributivo, refletido principalmente nos arts. 195, II, e 201 da Constituição da República, e o seu fundamento solidário, a impor o seu custeio por toda a sociedade e não apenas pelos beneficiários diretos do sistema. E assim o fez ao entendimento de que não se pode deixar de lado "a necessidade de promover o equilíbrio atuarial do sistema e garantir a sua integridade para as gerações atuais e futuras", como observou em seu voto proferido nos REs nºs 661.256 e 827.833, relativos à desaposentação.

O presente trabalho pretende destacar a relevância da afirmação feita e evidenciar a busca pelo equilíbrio entre o princípio jurídico da solidariedade e a necessidade de se alcançar o equilíbrio atuarial do sistema, em alguns dos mais destacados votos do Ministro Luís Roberto Barroso em matéria previdenciária.

2 A afirmação

Na ADI nº 6.096, entre outras pretensões, foi formulado pedido de declaração de inconstitucionalidade material do art. 15, da MP nº 871/2019 que, dando nova redação ao art. 103, da Lei nº 8.213/1991, passou a sujeitar os benefícios previdenciários a prazo decadencial em caso de indeferimento do requerimento, e cancelamento e cessação das prestações.

O Ministro Edson Fachin, relator, destacou:

> A decisão administrativa que indefere o pedido de concessão ou que cancela ou cessa o benefício dantes concedido nega o benefício em si considerado, de forma que, inviabilizada a rediscussão da negativa pela parte beneficiária ou segurada, repercute também sobre o direito material à concessão do benefício a decadência ampliada pelo dispositivo.

A argumentação utilizada pelo Ministro Fachin baseou-se na relevante afirmação feita, sete anos antes, pelo Ministro Luís Roberto Barroso no voto proferido no julgamento do RE nº 626.489.

---

[4] BRASIL. Supremo Tribunal Federal. Pleno. *RE 661.256*. Disponível em: https://redir.stf.jus.br/paginadorpub/paginador.jsp?docTP=TP&docID=13687555. Acesso em: 23 abr. 2023; e BRASIL. Supremo Tribunal Federal. Pleno. *RE 827.833*. Disponível em: https://redir.stf.jus.br/paginadorpub/paginador.jsp?docTP=TP&docID=754370212. Acesso em: 23 abr. 2023.

[5] BRASIL. Supremo Tribunal Federal. Pleno. *RE 631.240*. Disponível em: https://redir.stf.jus.br/paginadorpub/paginador.jsp?docTP=TP&docID=7168938. Acesso em: 23 abr. 2023.

Naquele RE, logo no início da fundamentação, foi estabelecido que o direito previdenciário tem natureza fundamental, baseado na dignidade da pessoa humana e nos objetivos da República:

> O Regime Geral de Previdência Social (RGPS) constitui um sistema básico de proteção social, de caráter público, institucional e contributivo, que tem por finalidade segurar de forma limitada trabalhadores da iniciativa privada. A previdência social, em sua conformação básica, é um direito fundado na dignidade da pessoa humana, na solidariedade, na cidadania e nos valores sociais do trabalho (CF/88, art. 1º, II, III e IV), bem como nos objetivos da República de construir uma sociedade livre, justa e solidária, avançar na erradicação da pobreza e na redução das desigualdades sociais (CF/88, art. 3º, I e III).

Essa afirmação coroa a visão progressista do magistério acadêmico do relator, Min. Luís Roberto Barroso, sobre a constitucionalização do direito e sobre as mudanças de paradigma hermenêutico decorrentes do processo de democratização do Brasil, a partir da Constituição de 1988 e da efetivação de suas normas.

A dignidade humana, como valor moral prévio à própria organização social, é qualidade imanente dos seres humanos, que os coloca como destinatários de respeito e merecedores de igual atenção por parte do Estado. A dignidade pressupõe consideração pela vida e pela integridade do ser humano, além das garantias de condições básicas para uma existência plena.

Daí a importância de o voto ter esclarecido a diferença entre o direito fundamental a uma prestação previdenciária e a fixação de parâmetros para a fruição dos benefícios:

> Cabe distinguir, porém, entre o direito ao benefício previdenciário em si considerado – isto é, o denominado fundo do direito, que tem caráter fundamental – e a graduação pecuniária das prestações. Esse segundo aspecto é fortemente afetado por um amplo conjunto de circunstâncias sociais, econômicas e atuariais, variáveis em cada momento histórico. Desde a pirâmide etária e o nível de poupança privada praticado pelo conjunto de cidadãos até a conjuntura macroeconômica, com seu impacto sobre os níveis de emprego e renda.

A parte destacada do voto do Ministro Luís Roberto Barroso foi fruto de reflexões acadêmicas em seu magistério na Universidade do Estado do Rio de Janeiro, desde o início deste século, em debate firmado com o saudoso Professor Ricardo Lobo Torres, sobre o conceito de mínimo existencial.[6]

3 A dimensão fundamental da previdência e o valor moral da solidariedade

Os valores morais da liberdade, da igualdade e da solidariedade embasam o princípio da dignidade da pessoa humana[7] e legitimam ordens constitucionais e os direitos fundamentais. Não por outra razão, em seu voto proferido nos REs nºs 661.256

---

[6] TORRES, Ricardo Lobo. A cidadania multidimensional na era dos direitos. In: TORRES, Ricardo Lobo (Org.). Teoria dos direitos fundamentais. Rio de Janeiro: Renovar, 1999. p. 255.

[7] DELPÉRÉE, Francis. O direito à dignidade humana. In: BARROS, Sérgio Resende de; ZILVETI, Fernando Aurelio (Org.). Direito constitucional: estudos em homenagem a Manoel Gonçalves Ferreira Filho. São Paulo: Dialética, 1999. p. 151-152.

e 827.833, que tiveram como controvérsia o instituto da desaposentação, o Min. Luís Roberto Barroso, ao definir os pilares do sistema previdenciário, afirmou que um deles era a solidariedade, a qual "pode ser reconduzida ao próprio dever estatal de proteger a dignidade humana".

Alguns teóricos liberais afirmam que os direitos humanos são direitos da liberdade, basicamente reduzindo a este valor a própria dignidade da pessoa.[8] Mesmo sem concordar com a exclusividade da liberdade como valor informador dos direitos, há de ser reconhecida a íntima relação entre ela e a dignidade como pressuposto para a autonomia dos indivíduos.

Deve-se apenas observar que é sob o viés da liberdade social, do homem em comunidade, que se pode justificar a limitação do espaço de autonomia necessária ao convívio pacífico entre as pessoas. De acordo com esse pensamento, é correto admitir a contenção da liberdade individual por regras gerais dotadas de razoabilidade, que sirvam de benefício para a liberdade de todos.

A igualdade também é um valor caro às teorias de legitimação dos direitos fundamentais. Nas Constituições de modelo social, a isonomia assume contornos de igualdade de chances ou oportunidades, em que um dos objetivos da organização estatal é o de proporcionar condições materiais mínimas de acesso aos meios necessários para que as pessoas possam exercer sua autonomia. A igualdade vinculada à dignidade da pessoa não exige do Estado distribuição de bens de forma a tornar todos iguais, mas sim que este assegure condições mínimas que afastem as pessoas de uma existência degradante. A igualdade de oportunidades pressupõe, como valor, não a igualdade simétrica, mas a inexistência da desigualdade aviltante.

Ao lado desses dois valores – liberdade e igualdade –, a solidariedade passa a merecer destaque no século XX, como fundamento dos direitos metaindividuais e dos direitos sociais prestacionais, nos quais se incluem os direitos assistenciais e previdenciários.

Aqui, é ao princípio da solidariedade que se quer dar destaque na construção jurídica do conceito de direito fundamental, para estabelecer o contorno do que se considera núcleo mínimo de proteção previdenciária para servir de base para a afirmação feita nos julgamentos do RE nº 626.489.

4 A dimensão contributiva da previdência e seu equilíbrio atuarial

Se, por um lado, a previdência social tem um caráter de fundamentalidade, buscando por meio da solidariedade dar cumprimento ao dever estatal de proteger e

---

[8] O filósofo Isaiah Berlin, comentando a liberdade como direito de abstenção do Estado e de terceiros, denominou-a de "liberdade de" ou negativa; para diferenciá-la da definição de "liberdade para", que consiste na capacidade de exercício da liberdade, também chamada de liberdade positiva, que pressupõe a presença de condições para o exercício da autonomia de vontade. A "liberdade para" é uma liberdade de participação e atuação do indivíduo, principalmente nas decisões políticas da sociedade. Mas também se pode fazer uma leitura dessa modalidade de liberdade vinculando-a à necessidade da presença de meios materiais, físicos, para o exercício da liberdade. Nessa compreensão, o Estado deve prover mecanismos contra a pobreza, através de prestações sociais mínimas, para permitir que as pessoas possam exercer a autonomia privada – a miséria, a doença e a ignorância aprisionam o homem a uma existência indigna e retiram dele a possibilidade de ser livre (BERLIN, Isaiah. *Quatro ensaios sobre a liberdade*. Brasília: UnB, 1981. p. 139-140).

promover a dignidade humana, por outro lado não se pode ignorar que os recursos públicos são limitados, sendo necessário estruturar o sistema previdenciário de modo a que seja sustentável e possa continuar existindo para as gerações presentes e futuras.

Exatamente por isso, a Constituição da República externa como um dos comandos ao legislador infraconstitucional, que a conformação do sistema previdenciário deve ser apta a preservar o seu equilíbrio financeiro e atuarial.[9] Tal comando está presente tanto em relação aos regimes próprios de previdência dos servidores públicos (art. 40),[10] quanto em relação ao regime geral de previdência social (art. 201),[11] tendo sido neles inserido pela Emenda Constitucional nº 20/1998.

Há, portanto, uma estreita e indissociável relação entre a solidariedade e a preservação do equilíbrio atuarial do sistema. Exatamente por isso, em seu voto nos REs nºs 661.256 e 827.833, que trataram da desaposentação,[12] o Ministro Luís Roberto Barroso afirmou que a Constituição estabeleceu um sistema previdenciário com duplo fundamento, contributivo e solidário, sendo diretriz geral do primeiro a busca pelo equilíbrio atuarial, de modo que a previdência seja sustentável.

É exatamente por essa razão que perpassa o pensamento do Ministro Luís Roberto Barroso, na necessidade de se buscar, tanto pelo legislador ao promover modificações na legislação previdenciária,[13] quanto pelo Judiciário, ao analisar a sua compatibilidade com a Constituição, preservar o necessário equilíbrio entre as dimensões contributiva e solidária da previdência. É o que se colhe do voto proferido pelo ministro em referidos recursos extraordinários:

> Como se procurou demonstrar, a Constituição estabelece as diretrizes essenciais do Regime Geral de Previdência Social, fundado no caráter contributivo e no princípio da solidariedade. A partir dessas balizas, o Congresso Nacional dispõe de ampla liberdade de conformação para estruturar o regime de financiamento e as prestações estatais, tendo em vista a necessidade de promover o equilíbrio atuarial do sistema e garantir a sua integridade para as gerações atuais e futuras. Nessa linha, o legislador instituiu o chamado fator previdenciário – que

---

[9] Como lecionam Carlos Alberto de Castro e João Batista Lazzari, a exigência de preservação do equilíbrio financeiro e atuarial "significa que o Poder Público deverá, na execução da política previdenciária, atentar sempre para a relação entre custeio e pagamento de benefícios, a fim de manter o sistema em condições superavitárias, e observar as oscilações da média etária da população, bem como sua expectativa de vida, para a adequação dos benefícios a estas variáveis" (CASTRO, Carlos Alberto Pereira de; LAZZARI, João Batista. *Manual de direito previdenciário*. 9. ed. Florianópolis: Conceito Editorial, 2008. p. 106).

[10] "Art. 40. O regime próprio de previdência social dos servidores titulares de cargos efetivos terá caráter contributivo e solidário, mediante contribuição do respectivo ente federativo, de servidores ativos, de aposentados e de pensionistas, observados critérios que preservem o equilíbrio financeiro e atuarial. (Redação dada pela Emenda Constitucional nº 103, de 2019)".

[11] "Art. 201. A previdência social será organizada sob a forma do Regime Geral de Previdência Social, de caráter contributivo e de filiação obrigatória, observados critérios que preservem o equilíbrio financeiro e atuarial, e atenderá, na forma da lei, a: (Redação dada pela Emenda Constitucional nº 103, de 2019)".

[12] Por desaposentação entende-se a "desconstituição do ato administrativo de concessão do benefício previdenciário de aposentadoria, tornando novamente disponível o tempo de contribuição ou de serviço – para não incidir na proibição do inciso III do art. 96 [da Lei nº 8.213/1991] – tendo por objetivo a obtenção de um benefício mais vantajoso, seja no regime geral ou em outro regime próprio" (ROCHA, Daniel Machado da. *Comentários à Lei de Benefícios da Previdência Social*. 20. ed. Curitiba: Alteridade, 2022. p. 419).

[13] Nesse sentido, a introdução fator previdenciário, pela Lei nº 9.876/1999, foi uma das mais destacadas inovações surgidas após a Emenda Constitucional nº 20/1998, que impôs a preservação do equilíbrio financeiro e atuarial do sistema previdenciário.

desestimula aposentadorias precoces – e criou limites para a revisão de benefícios, incluindo um prazo decadencial de dez anos, considerado válido em julgado recente, do qual fui relator.

Foi a busca de um equilíbrio entre as duas dimensões do sistema previdenciário que conduziu o Ministro Luís Roberto Barroso a, de forma harmônica, concluir que não haveria impedimento à desaposentação, à luz do princípio da solidariedade, mas que deveria ser considerado o benefício econômico auferido pelo segurado postulante da desaposentação, uma vez que já vinha percebendo, em paralelo à sua atividade, os proventos do benefício anterior.

Com efeito, o ministro entendeu que violava o princípio da solidariedade e a correspondência relativa entre contribuições vertidas e proventos auferidos extrair do art. 18, §2º, da Lei nº 8.213/1991[14] uma vedação à desaposentação. Sustentou que essa interpretação carrearia aos segurados aposentados que retornassem à atividade o ônus de contribuir para a Previdência Social nos mesmos patamares dos demais segurados, sem nenhuma contrapartida social. Isso porque a Lei nº 8.870/1994 havia extinguido o benefício de pecúlio,[15] reservando aos segurados aposentados que retornassem à atividade apenas o benefício do salário-família e o acesso à reabilitação, ambos de improvável fruição pelo segurado já aposentado que retornasse à atividade, até mesmo se considerada a faixa etária mais elevada desses segurados.

Em outras palavras, como bem assentou o ministro, extrair da legislação uma vedação à desaposentação afrontaria o caráter comutativo – ainda que com muitas mitigações – do sistema previdenciário, pois "não é legítima a cobrança de contribuição sem oferta de qualquer benefício real, em razão do caráter contributivo do sistema".

Por outro lado, a possibilidade de desaposentação teria de vir acompanhada da devida consideração dos valores já percebidos pelo segurado dos cofres públicos. Do contrário, bem assentou o ministro, seria outorgado "um regime mais vantajoso àqueles que, por circunstâncias diversas, venham a optar pela desaposentação".

A solução matemática seria impor ao segurado a devolução de todos os valores percebidos a título do anterior benefício. Nada obstante, e aqui mais uma vez revelando sua sensibilidade social, o ministro reconhece que tal devolução, ainda que parcelada, seria inviável à maioria dos segurados. Daí porque sugeriu, como solução de harmonização, que "no cálculo da nova aposentadoria, a idade e a expectativa de vida a serem consideradas sejam aquelas referentes ao momento em que o primeiro vínculo foi estabelecido".

Com esse modelo intermediário, alcançar-se-ia uma solução de equilíbrio, uma vez que a nova aposentadoria seria maior que a anteriormente fruída, a refletir um acréscimo decorrente do tempo de contribuição adicional do segurado, sem que, por

---

[14] "Art. 18. [...] §2º O aposentado pelo Regime Geral de Previdência Social – RGPS que permanecer em atividade sujeita a este Regime, ou a ele retornar, não fará jus a prestação alguma da Previdência Social em decorrência do exercício dessa atividade, exceto ao salário-família e à reabilitação profissional, quando empregado. (Redação dada pela Lei nº 9.528, de 1997)".

[15] Em síntese, o pecúlio era um benefício que consistia na formação de um fundo constituído pelas contribuições pagas pelo segurado que retornava à atividade e que lhe eram devolvidas quando de sua passagem definitiva para a inatividade. Esse benefício foi extinto pela Lei nº 8.870/1994, que alterou a redação do art. 81, da Lei nº 8.213/1991, revogando seu inc. II e reservando o benefício do pecúlio apenas ao segurado que se incapacitasse para o trabalho antes de completado o período de carência.

outro lado, seja o novo benefício tão alto quanto aquele a ser fruído por um segurado que viesse a originariamente requerer a aposentadoria com a mesma base contributiva.

Buscava assim o Ministro Luís Barroso uma solução intermediária, que contemplasse a um só tempo os dois pilares do sistema previdenciário, quais sejam, a solidariedade e a contributividade. Era posição que, de um lado, não negava completamente o direito à desaposentação, como defendido pelo Ministro Dias Toffoli e, de outro, também não reconhecia tal direito de forma incondicionada, sem se levar em consideração o benefício anteriormente usufruído, solução defendida pelo Ministro Marco Aurélio e que poderia comprometer o equilíbrio atuarial do sistema, em especial por estimular aposentadorias precoces.

Como sabido, o Supremo Tribunal Federal, ao decidir o tema da desaposentação, não acolheu a proposta do Ministro Luís Roberto Barroso. Seguiu, ao contrário, a linha defendida pelo Ministro Dias Toffoli, redator para acórdão, no sentido de que o ordenamento jurídico brasileiro não contemplava o instituto da desaposentação.

A despeito dessa solução, permanece o voto do Ministro Luís Roberto Barroso como relevante registro de sua posição progressista em matéria previdenciária, na qual se deve ter os olhos voltados à justiça social, sem descurar da responsabilidade fiscal que deve orientar tanto o legislador, quanto o julgador em matéria previdenciária.

5 A relação entre fraternidade, solidariedade e equilíbrio atuarial na estruturação dos direitos previdenciários

Resta fazer a ponte entre o valor moral da fraternidade e o princípio da solidariedade, que contribui para a definição dos direitos fundamentais e de sua manifestação como mínimo existencial, de um lado, e a responsabilidade fiscal em se preservar o equilíbrio financeiro e atuarial do sistema previdenciário, com a qual devem caminhar em harmonia, como bem destacou o Min. Luís Roberto Barroso, de outro.

Foi exatamente essa concepção que serviu de base para o Supremo Tribunal Federal reforçar a proteção dos direitos previdenciários, sem, contudo, obstar a realização de reformas que se revelaram necessárias ao longo das décadas, para que o sistema previdenciário pudesse sobreviver do ponto de vista atuarial e, assim, continuar a proporcionar benefícios tanto para as gerações atuais, quanto para as futuras.

A solidariedade, como valor moral, pode ser classificada em dois tipos: a comutativa e a distributiva.

Na concepção de solidariedade comutativa, destaca-se o favorecimento ao sentimento de pertencimento da pessoa a um grupo determinado de iguais, bem como a avaliação de que se deve proteger o outro para que haja proteção de si mesmo em caso de necessidade. A análise feita pelo indivíduo na solidariedade comutativa é a de que não se deve desproteger, para não ser desprotegido.[16] O critério de justiça apoia-se, portanto, na possibilidade de troca. Para que o sujeito possa se considerar detentor de direitos, é necessário que compreenda que os demais sujeitos da coletividade também o são.

---

[16] É a regra moral de não fazer aos outros o que não se deseja que lhe seja feito.

A valorização coletiva decorrente da solidariedade comutativa permite ao sujeito reconhecer o próximo da mesma forma como vê a si mesmo, ou seja, também como sendo digno de consideração, alcançando-se, assim, a estima social. A referida valorização atinge não só os indivíduos, mas também os grupamentos de sujeitos, que passam a demonstrar orgulho por suas características próprias, que são o espelho dos valores de seus integrantes individuais ou dos grupos.

Na solidariedade comutativa, portanto, os indivíduos se propõem a partilhar valores e objetivos comuns. Assim, há uma relação de simetria, seja dentro do grupo, seja intergrupos.[17]

Por outro lado, a solidariedade distributiva não está baseada em sentimento de pertencimento a um grupo ou no critério de troca de proteção, mas sim no de entrega ao outro de meios suficientes para garantir sua dignidade. Seu fundamento moral está vinculado à proteção do outro pelo que ele é, digno de atenção e respeito, e tem por objetivo a redução de desigualdade entre as pessoas.

A solidariedade distributiva, vinculada a direitos fundamentais, distingue-se da caridade por ser esta uma ação facultativa, muitas vezes movida com base religiosa, enquanto aquela envolve ação gerenciada.

Além disso, enquanto a solidariedade comutativa pressupõe a igualdade pelo menos relativa, a solidariedade distributiva parte de uma realidade fática diversa, a da existência de uma desigualdade em nível que justifique a atuação em favor dos menos favorecidos, independentemente da possibilidade de invocação de reciprocidade.

A solidariedade distributiva encerra a regra de proteger sem esperar semelhante tratamento por direito. A Constituição de 1988 faz alusão à solidariedade distributiva ao elevá-la a fundamento da República, ao lado da busca pela redução de desigualdade social (art. 3º, I e III). Da mesma forma, é essa modalidade de solidariedade que se encontra vinculada à dignidade da pessoa humana e aos valores da liberdade real e da igualdade de chances referidos no início do texto.

Na Previdência, o Regime Geral (RGPS) funciona em modelo econômico de repartição simples,[18] no qual há naturalmente aplicação do princípio da solidariedade, que se apresenta sob a dupla visão, da comutatividade e da distributividade.

O regime previdenciário brasileiro observa, em primeiro plano, a solidariedade comutativa entre os participantes do plano de seguro, tendo em vista a obrigação de proteção recíproca inerente ao modelo. Trabalhadores do momento mantêm o pagamento

---

[17] Referindo-se a esta modalidade de solidariedade, afirma Maria Celina Bodin de Moraes: "Subjacente à ideia de reciprocidade está a da comunidade de iguais que, porém, sob o império da igualdade formal, é de ser entendida, tanto fática como juridicamente, em sentido determinado: faticamente, ressaltando que as desigualdades nunca são tão relevantes assim; em sentido jurídico, menosprezando as desigualdades de fato para que os homens possam considerar-se (embora não o sejam realmente) como iguais. Comunidade de iguais e igualdade de interesses, contudo, ainda referenciados a valores exclusivamente individuais, caros a indivíduos em reais condições de igualdade e enquanto encerrados em sua individualidade. A única regra de justiça (comutativa), neste ambiente, permanece sendo a da igualdade perante a lei" (MORAES, Maria Celina Bodin de. *O princípio da solidariedade*. p. 5. Disponível em: http://www.tepedino.adv.br/wp/wp-content/uploads/2012/09/biblioteca9.pdf. Acesso em: 16 fev. 2023).

[18] No regime de repartição simples (*pay as you go system*), os contribuintes do momento sustentam o pagamento dos benefícios do momento (regime financeiro de caixa) em relação a todo o grupo protegido e baseado na expectativa coletiva de reposição populacional regular no mercado de trabalho.

dos benefícios atuais dos inativos, na expectativa de que sejam protegidos da mesma forma no futuro, naquilo que se denomina de "pacto entre gerações".

Destacando o papel da comutatividade, observa-se que o cálculo dos benefícios considera a média aritmética dos valores sobre os quais incidiu contribuição, garantindo ao trabalhador proventos que guardam relação com o montante de arrecadação durante o período de atividade, com algumas atenuações.[19] O padrão de financiamento coletivizado do RGPS é de quotização dos participantes, com temperamentos.

Ocorre que, em determinadas situações, alguns trabalhadores e seus dependentes podem ter acesso a benefícios sem que tenha havido contribuição mínima para o sistema.[20] Como as contribuições exclusivamente previdenciárias (art. 195, I, "a" e II, da CRFB/88) não são suficientes para arcar com as despesas, cabe à sociedade a manutenção dessas prestações, a fim de que se impeça que um trabalhador inativo ou sua família caiam em situação de miséria. Nesse caso, de forma subsidiária, será aplicada a solidariedade sob a ótica da distributividade.

O art. 195, da Constituição, que prevê que a seguridade social seja financiada por toda sociedade, de forma direta e indireta, deve ser adequadamente interpretado. A sociedade financia a previdência social de forma direta através das contribuições sociais dos trabalhadores, que se cotizam, em sistema de solidariedade comutativa, para a proteção dos inativos e pensionistas.

Não sendo suficientes as contribuições específicas, e para que não falte renda ao trabalhador e sua família em situação de risco, aplica-se subsidiariamente o princípio da solidariedade na versão distributiva, pois serão utilizados ingressos públicos da responsabilidade daqueles que não participam do sistema. Essa é a forma indireta de financiamento da seguridade pela sociedade.

A Constituição de 1988, ao evidenciar a preocupação com a erradicação da miséria e ao explicitar o objetivo de redução da desigualdade social, deu destaque à aplicação da solidariedade distributiva e passou a proteger de forma mais abrangente os trabalhadores contra os riscos sociais, e não apenas a prever o pagamento de indenização parcial, que recompusesse a perda da capacidade de trabalho do segurado.

Com isso, o princípio da solidariedade foi elevado a um novo patamar no direito previdenciário, com o aperfeiçoamento do seguro social para um modelo de segurança social, a exigir atuação efetiva do Estado na proteção de seus cidadãos.

Observando-se a solidariedade do ponto de vista da justiça distributiva,[21] os que possuem melhores condições são chamados a atuar em favor dos que não teriam condições suficientes de subsistência, mediante o gerenciamento do Estado, de forma subsidiária.

É exatamente a face distributiva do princípio da solidariedade que guarda ligação com o valor da fraternidade, a partir do olhar caloroso para o sofrimento alheio e que inspira a fundamentalidade do núcleo dos direitos previdenciários, que não passou

---

[19] Como exemplo de atenuação, é possível que uma pessoa contribua por muitos anos para o sistema e não venha a receber benefício algum, por ter falecido antes da aposentadoria, sem deixar beneficiários.

[20] Imagine-se o caso de um empregado que venha a falecer no primeiro dia de filiação ao RGPS e deixe viúva e filhos menores. Pode haver pagamento do benefício, mesmo por anos, sem a suficiente base de contribuição individual.

[21] ARISTÓTELES. *Ética a Nicômaco*. 4. ed. São Paulo: Nova Cultura, 1991. p. 20.

despercebida ao STF no julgamento do RE nº 626.489, impactando a jurisprudência da Corte, como pode ser observado na decisão proferida na ADI nº 6.096.

Por fim, sob outra perspectiva, deve-se reconhecer uma relação indissociável entre solidariedade e fraternidade, de um lado, e preservação de equilíbrio atuarial do sistema previdenciário, de outro. Isso porque o equilíbrio atuarial é o olhar de responsabilidade fiscal do Estado, que permitirá a este, diante de recursos limitados e da necessidade de proporcionar serviços públicos de natureza variada, continuar a prover benefícios previdenciários para o futuro, tanto para as atuais gerações, quanto para as gerações futuras.

O "pacto entre gerações" já referido só pode ser mantido se o sistema previdenciário continuar a existir. A ruína do sistema previdenciário levaria a um cenário de completa ausência de proteção social, arrastando milhões de pessoas alcançadas por riscos sociais hoje protegidos a uma situação de indignidade.

6 Conclusão

Como princípio jurídico, existem dois aspectos da solidariedade que respaldam os modelos de proteção social aplicados no Brasil: o da solidariedade comutativa e o da solidariedade distributiva.

A solidariedade distributiva tem por objetivo a redução de desigualdade entre as pessoas e parte da premissa da existência da desigualdade social.

E esses dois aspectos da solidariedade, por fim, conectam-se com a preservação do equilíbrio financeiro e atuarial, na medida em que este propiciará a preservação do sistema previdenciário, a fim de que este continue a cumprir seu papel de redução de desigualdades e de promoção da dignidade humana no futuro.

O Supremo Tribunal federal, ao afirmar a fundamentalidade do núcleo dos direitos previdenciários, com atenção à responsabilidade fiscal, impactou a jurisprudência e a vida social brasileira, ao fazer a ponte entre a fraternidade, a solidariedade distributiva e o equilíbrio atuarial do sistema previdenciário.

Referências

BERLIN, Isaiah. *Quatro ensaios sobre a liberdade*. Brasília: UnB, 1981.

BRASIL. Presidência da República. *MP 1523-9/1997*. Disponível em: https://www.planalto.gov.br/ccivil_03/mpv/1996-2000/1523-8.htm. Acesso em: 16 fev. 2023.

BRASIL. Supremo Tribunal Federal. Pleno. *ADI 6.096*. Disponível em: https://portal.stf.jus.br/processos/downloadPeca.asp?id=15345079621&ext=.pdf. Acesso em: 16 fev. 2023.

BRASIL. Supremo Tribunal Federal. Pleno. *RE 626.489*. Disponível em: https://portal.stf.jus.br/processos/downloadPeca.asp?id=260435938&ext=.pdf. Acesso em: 16 fev. 2023.

BRASIL. Supremo Tribunal Federal. Pleno. *RE 631.240*. Disponível em: https://redir.stf.jus.br/paginadorpub/paginador.jsp?docTP=TP&docID=7168938. Acesso em: 23 abr. 2023.

BRASIL. Supremo Tribunal Federal. Pleno. *RE 661.256*. Disponível em: https://redir.stf.jus.br/paginadorpub/paginador.jsp?docTP=TP&docID=13687555. Acesso em: 23 abr. 2023.

BRASIL. Supremo Tribunal Federal. Pleno. *RE 827.833*. Disponível em: https://redir.stf.jus.br/paginadorpub/paginador.jsp?docTP=TP&docID=754370212. Acesso em: 23 abr. 2023.

CASTRO, Carlos Alberto Pereira de; LAZZARI, João Batista. *Manual de direito previdenciário*. 9. ed. Florianópolis: Conceito Editorial, 2008.

DELPÉRÉE, Francis. O direito à dignidade humana. *In*: BARROS, Sérgio Resende de; ZILVETI, Fernando Aurelio (Org.). *Direito constitucional*: estudos em homenagem a Manoel Gonçalves Ferreira Filho. São Paulo: Dialética, 1999.

MORAES, Maria Celina Bodin de. *O princípio da solidariedade*. Disponível em: http://www.tepedino.adv.br/wp/wp-content/uploads/2012/09/biblioteca9.pdf. Acesso em: 16 fev. 2023.

ROCHA, Daniel Machado da. *Comentários à Lei de Benefícios da Previdência Social*. 20. ed. Curitiba: Alteridade, 2022.

TORRES, Ricardo Lobo. A cidadania multidimensional na era dos direitos. *In*: TORRES, Ricardo Lobo (Org.). *Teoria dos direitos fundamentais*. Rio de Janeiro: Renovar, 1999.

Informação bibliográfica deste texto, conforme a NBR 6023:2018 da Associação Brasileira de Normas Técnicas (ABNT):

TAVARES, Marcelo Leonardo; ROMANO NETO, Odilon. A fundamentalidade do núcleo dos direitos previdenciários: uma afirmação de grande impacto. *In*: OSORIO, Aline; MELLO, Patrícia Perrone Campos; BARROSO, Luna van Brussel (Coord.). *Direitos e democracia*: 10 anos do Ministro Luís Roberto Barroso no STF. Belo Horizonte: Fórum, 2023. p. 867-877. ISBN 978-65-5518-555-3.

PELA IGUALDADE ENTRE OS GÊNEROS: UMA BREVE ANÁLISE DA CONTRIBUIÇÃO DO MINISTRO LUÍS ROBERTO BARROSO PARA A CORREÇÃO DE POLÍTICAS PÚBLICAS INCONSTITUCIONAIS

SIMONE TRENTO
NINA PENCAK

1   Introdução: sobre o homenageado e a escolha do tema

O Professor Luís Roberto Barroso, antes de ser ministro do Supremo Federal, já recebia reconhecimento nacional e internacional pela defesa de agendas minoritárias. A proteção dos direitos das mulheres foi uma delas, atuando como advogado, por exemplo, na descriminalização da interrupção de gravidez em caso de feto anencéfalo (ADPF nº 54).

A brilhante trajetória do homenageado tornou simples a nossa missão no presente artigo: abordar, com brevidade, a contribuição do *Ministro* Luís Roberto Barroso, em seus primeiros 10 anos no Supremo Tribunal Federal, para a construção de precedentes em prol da igualdade entre os gêneros, principalmente na correção de políticas fiscais, trabalhistas e previdenciárias.

Antes de ingressarmos na análise desses precedentes, contudo, é preciso destacar que Luís Roberto Barroso é uma pessoa que vive a paridade de gênero e faz questão de ter, em seus gabinetes no STF e no TSE, homens e mulheres de diferentes etnias e *background*. Podemos atestar, com a honra de já termos composto esses times, que o ministro entende que uma equipe paritária faz com que as controvérsias sejam solucionadas a partir de diversos pontos de vista, o que enriquece o debate e permite decisões mais justas.

Como evidência de que a defesa da igualdade de oportunidades entre homens e mulheres é tema prioritário em sua vida profissional e acadêmica, destacamos que foi sob a sua presidência que o Tribunal Superior Eleitoral formou histórica lista tríplice composta apenas por mulheres,[1] da qual uma veio a ser nomeada como ministra do Tribunal.

Além disso, como gestor à frente do Tribunal Superior Eleitoral, tendo naturalmente de fazer escolhas para a distribuição de seu escasso tempo, sempre procurava dar visibilidade às questões envolvendo pautas femininas: não apenas abordando tais questões com perspectiva de gênero nos julgamentos,[2] mas também tratando publicamente desses assuntos em inúmeras entrevistas e *lives*.[3] Essa postura do ministro no TSE aumenta as expectativas de todos e todas sobre as medidas que certamente serão tomadas quando assumir a presidência do Supremo Tribunal Federal (STF) e do Conselho Nacional de Justiça (CNJ).

Foi com imensa alegria que fizemos parte das equipes lideradas pelo Ministro Luís Roberto Barroso e pudemos vivenciar seus esforços para a construção de uma sociedade mais igualitária.

Considerando todo o seu trabalho, abordaremos neste artigo a contribuição do ministro para a igualdade de gênero (i) nas relações trabalhistas e previdenciárias, considerando o entendimento por ele exarado no RE nº 778.889; e (ii) no desenho de políticas fiscais, com enfoque nos votos por ele proferidos no RE nº 576.967 e na ADI nº 5.422.

Por fim, apresentaremos nossas considerações finais e conclusões acerca do tema.

2 RE nº 778.889: a equiparação entre a licença-gestante e a licença-adotante

Em 2016, quando do julgamento do RE nº 778.889,[4] o Supremo Tribunal Federal analisou a questão relativa à "Possibilidade de lei instituir prazos diferenciados de licença-maternidade às servidoras gestantes e às adotantes" (Tema nº 782 da RG).

O Ministro Luís Roberto Barroso foi o relator do recurso extraordinário, cuja repercussão geral havia sido reconhecida, por unanimidade, em 2014.

Para apreciação do mérito, o feito foi incluído na pauta de julgamento de 10.3.2016. Na oportunidade, o relator prolatou seu voto que seria o condutor da maioria, restando vencido o Ministro Marco Aurélio.

Na delimitação do que estava em discussão, o Ministro Barroso acentuou que se tratava de uma equação que envolvia direitos das crianças, direitos das mulheres e o papel da adoção. Em que pese o voto ter acentuado que a adoção vem se apresentando como uma política pública tendente a atender prioritariamente aos interesses da criança ou do adolescente, as legítimas expectativas e os direitos da mulher adotante não podem ser relegados a segundo plano.

---

[1] Disponível em: https://www.tse.jus.br/comunicacao/noticias/2021/Junho/pela-primeira-vez-na-historia-tres-mulheres-integram-lista-triplice-para-ocupar-vaga-no-tse. Acesso em: 25 abr. 2023.

[2] Disponível em: https://www.tse.jus.br/comunicacao/noticias/2018/Junho/recursos-recebidos-por-candidatas-mulheres-deverao-ser-utilizados-no-interesse-de-suas-proprias-campanhas. Acesso em: 25 abr. 2023.

[3] Disponível em: https://www.tse.jus.br/comunicacao/noticias/2021/Marco/personalidades-femininas-debatem-o-tema-igualdade-em-live-com-o-presidente-do-tse; https://www.tse.jus.br/comunicacao/noticias/2021/Outubro/barroso-abre-seminario-201cmais-mulheres-na-politica-sem-violencia-de-genero201d; https://www.tse.jus.br/comunicacao/noticias/2021/Marco/live-do-tse-discute-racismo-e-violencia-politica-de-genero. Acesso em: 25 abr. 2023.

[4] *DJe*, 1º ago. 2016.

O voto nota que a proteção à infância, à família e à mulher ganham novo *status* na Constituição de 1988: (i) o art. 227 estabelece ser dever da família, da sociedade e do Estado assegurar com prioridade os direitos da criança e do adolescente, que devem receber proteção integral; (ii) o direito à igualdade entre homem e mulher não vem apenas dos direitos fundamentais previstos no art. 5º, mas está presente específica e expressamente também na sociedade conjugal (art. 226, §5º); (iii) a proteção à maternidade é um direito social (arts. 6º e 201); (iv) a proteção à família, à maternidade e à infância são também objetivos da assistência social (art. 203).

Apesar das garantias expressamente previstas na Constituição, que se somam à vedação da distinção entre o filho biológico e o adotivo (art. 227, §6º), apenas a *licença-gestante* é contemplada, no art. 7º, XVIII, como um direito da trabalhadora, "com a duração de cento e vinte dias, sem prejuízo do emprego e do salário", o que se estende, ainda, à servidora pública (art. 39, §3º).

Assim, para superar a literalidade do dispositivo constitucional, era preciso que o Supremo Tribunal Federal superasse, também, seu próprio precedente. No ano de 2000, ao examinar, no RE nº 197.807, a constitucionalidade de previsão trazida na Lei nº 8.112/1990 para a mãe adotante, a Corte decidiu que: "Não se estende à mãe adotiva o direito à licença, instituído em favor da empregada gestante pelo inciso XVIII do art. 7º, da Constituição Federal, ficando sujeito ao legislador ordinário o tratamento da matéria".[5]

Tal precedente era fundamentado sobre duas premissas: (i) de que o direito social à licença-*gestante* previsto no art. 7º, XVIII, da Constituição guardava relação estrita com a gestação de um bebê e (ii) de que as circunstâncias de uma adoção não poderiam ser equiparadas à de um puerpério. Esses fundamentos, então, passaram a ser reiteradamente reproduzidos por outros Tribunais em julgamentos que envolviam a matéria.

No decorrer dos anos 2000, advieram novas leis mais protetivas, além de programas de intervenção na ordem econômica, com incentivos à ampliação da licença-maternidade a empresas e ao Poder Público. Nada obstante, permaneciam distinções entre mãe biológica e mãe adotiva e, no caso da mãe adotiva, entre filhos de diferentes idades. O Supremo, então, em 2016, deparava-se com a oportunidade de avançar no reconhecimento da igualdade de direitos à mãe adotante no RE nº 778.889.

Citando expressamente a compreensão de Ronald Dworkin, em *O império do direito*,[6] o voto condutor proferido pelo Ministro Barroso propôs uma correção de rumo na escrita da história do direito à proteção da maternidade e da infância e adolescência.

Assim, embora a norma tivesse um sentido e um alcance que o Supremo Tribunal Federal lhe conferira no RE nº 197.807, em 2016, na análise do RE nº 778.889, o Supremo reconheceu a mutação constitucional do art. 7º, XVIII, com base em uma alteração na compreensão da realidade social da adequada proteção da infância/adolescência e da maternidade.

---

[5] RE nº 197.807. Rel. Octavio Gallotti, Primeira Turma, j. 30.5.2000. *DJ*, 18 ago. 2000.

[6] Em um determinado momento interpretativo na decisão de questões difíceis, Dworkin defende que é preciso "decidir qual é a interpretação que mostra o histórico jurídico como o melhor possível do ponto de vista da moral substantiva". A pergunta a ser feita é "que análise mostra a comunidade sob uma luz melhor, a partir do ponto de vista da moral política?" (DWORKIN, Ronald. *O império do direito*. São Paulo: Martins Fontes, 2007. p. 298).

Essa "recompreensão" da realidade[7] foi embasada em dados bem destacados no voto proferido pelo Ministro Barroso, que dão conta da necessidade de cuidados a serem dispensados ao filho adotivo em volume equiparável àqueles cuidados que a mãe há de dispensar ao filho biológico recém-nascido, não importando a idade do filho adotivo por ocasião da adoção.

Assim, concluiu-se que a norma legal, que conferia menos dias de licença à mãe adotante na comparação com os dias concedidos à mãe biológica, estabelecia uma proteção deficiente à mulher e à criança e promovia um desestímulo à adoção, principalmente à adoção tardia.

O Supremo Tribunal Federal chegou, então, à conclusão de que o art. 7º, XVIII, da Constituição, foi literalmente subinclusivo. A sua melhor interpretação impunha a proteção não apenas à mãe gestante, mas também à mãe adotiva, invalidando-se qualquer norma infraconstitucional que restringisse a licença-maternidade à licença-gestante.

Ao fim de seu voto, o Relator Ministro Barroso expôs a razão de decidir, que, para os fins do presente artigo, torna a sua manifestação ainda mais importante e faz do precedente um julgado histórico:[8] o reconhecimento da mutação constitucional do art. 7º, XVIII, não decorria apenas dos direitos das crianças e adolescentes a receberem igual proteção do Estado, da sociedade e da família. A necessidade de se declarar a mutação estava intrinsecamente relacionada, com igual força, ao direito das mulheres de exercerem sua autonomia, seu planejamento familiar e sua maternidade, nos termos por elas escolhidos, com todos os seus ônus e bônus.

Com esse fundamento determinante, o voto de autoria do Ministro Barroso contemplou uma explícita perspectiva de gênero.[9] Para o ministro, a autonomia da mulher é

> argumento tão relevante quanto a proteção da criança, porque lida, igualmente, com a defesa de uma minoria, sobre a qual, curiosamente, silencia grande parte da academia brasileira e da jurisprudência. Os desafios da família que adota uma criança não são pequenos, mas, devido a razões culturais, o membro da família mais onerado pela experiência é a mulher. E o não desenvolvimento de um discurso feminino sobre a questão é, por si só, sinal da naturalização da desigualdade e do estigma.

Em seu voto, o ministro deixa clara a visão de que a mulher é, normalmente, a principal cuidadora da criança, o que fará com que sua vida seja altamente impactada

---

[7] Ao tratar da correção de erros cometidos no passado, Dworkin ensina que, se for possível "demonstrar, por argumentos históricos ou pela menção a uma percepção geral da comunidade jurídica, que um determinado princípio, embora já tenha tido no passado atrativo suficiente para convencer o poder legislativo ou um tribunal a tomar uma decisão jurídica, tem agora tão pouca força que é improvável que continue gerando novas decisões desse tipo – então, nesse caso, o argumento de equidade que sustenta esse princípio se verá enfraquecido" (DWORKIN, Ronald. *Levando os direitos a sério*. São Paulo: Martins Fontes, 2002. p. 191).

[8] Nas hipóteses, como esta, em que há duas *rationes decidendi*, cada qual dessas razões é por si só capaz de proporcionar o resultado alcançado para a solução do caso. Nesse sentido, confira-se: MARINONI, Luiz Guilherme. *Precedentes obrigatórios*. São Paulo: RT, 2010. p. 241.

[9] Antecipando-se ao Protocolo para Julgamento com Perspectiva de Gênero que viria a ser elaborado pelo Conselho Nacional de Justiça (CNJ) em 2021 (Disponível em: https://www.cnj.jus.br/wp-content/uploads/2021/10/protocolo-18-10-2021-final.pdf. Acesso em: 25 abr. 2023). O protocolo inicialmente teve sua aplicação recomendada pela Recomendação CNJ nº 128, de 15.2.2022. Pela Resolução CNJ nº 492, de 17.3.2023, foi estabelecida a necessidade da adoção da perspectiva de gênero nos julgamentos feitos pelo Poder Judiciário.

(muito mais do que a de eventuais outros membros da família) pela chegada de um filho, seja criança ou adolescente. Novamente, o relator apresentou dados que comparavam as consequências para a saúde mental da chegada de uma criança na vida de uma mãe puérpera e de uma mãe adotante.

Entendemos que esse é o principal ponto do julgado. Nele, o ministro deixa claro que a mulher que se torna mãe (biológica ou adotiva) não precisa renunciar ao convívio familiar ou a uma bem-sucedida vida profissional, cabendo ao STF conferir a melhor interpretação ao texto constitucional a fim de colocar todas as pessoas em situação de igualdade de condições.

Reiteramos que a proteção aos direitos da mulher, tal como a proteção dos direitos da criança, é apresentada no voto do Ministro Barroso não como mero *obiter dictum*, mas como *ratio decidendi* do acórdão do RE nº 778.889.

Desse modo, é inequívoco que a igualdade de gênero, na dimensão da proteção da autonomia da mulher, é tratada pelo Tribunal como fundamento determinante para a solução da questão e na própria compreensão da ordem jurídica brasileira.

3 RE nº 576.967 e ADI nº 5.422: o pioneirismo do Ministro Luís Roberto Barroso na análise dos efeitos tributários sobre a igualdade de gênero

Conforme analisado, o acórdão do RE nº 778.889 expõe de forma clara o entendimento do Ministro Luís Roberto Barroso sobre o papel atribuído à mulher em decorrência da maternidade. Essa função desempenhada em decorrência de fatores biológicos e/ou sociais impõe a correção de políticas públicas, ainda que caiba à Corte o reconhecimento de uma mutação da norma constitucional, como ocorreu em relação ao art. 7º, XVIII, no precedente comentado.

Sobre a relação da maternidade com a inclusão da mulher no mercado de trabalho, o artigo "O constitucionalismo feminista e a sua influência no Supremo Tribunal Federal do Brasil", publicado no *Anuário de Direito Constitucional Latino-Americano* (2021), da Fundação Konrad Adenauer, assim dispõe:

> A gravidez e a maternidade são fatores determinantes na igualdade de oportunidades da mulher tanto no acesso ao mercado de trabalho como na ascensão profissional. O nível de ocupação das mulheres é claramente influenciado pela maternidade: 54,6% para mulheres com crianças e 67,2% para mulheres sem crianças. Contraditoriamente – ou não – o nível de ocupação dos homens é maior entre aqueles com crianças com até 3 anos de idade vivendo no domicílio: 83,4% para homens sem crianças e 89,2% para homens com crianças. Estudos como 'O bônus da paternidade e o fardo da maternidade', da Universidade de Massachusetts, nos Estados Unidos, apontam que a maternidade desacelera a trajetória de crescimento da remuneração das mulheres, enquanto a paternidade frequentemente é acompanhada por um prêmio salarial.[10]

---

[10] LACERDA, Luísa; PENCAK, Nina. O constitucionalismo feminista e a sua influência no Supremo Tribunal Federal do Brasil. *Anuario de Derecho Constitucional Latinoamericano*, Bogotá, ano XXVII, p. 333-352, 2021. Disponível em: https://www.kas.de/documents/271408/16552318/Anuario+de+Derecho+Constitucional+Latinoamericano+2021.pdf/c79dc461-9622-469f-bc07-fc8a932a3e4f?version=1.0&t=1651696761443.

É inegável que a maternidade ainda é vista e valorizada de forma diferente pela sociedade quando comparada à paternidade. O peso atribuído às mulheres pelo cuidado dos filhos é, em regra, maior do que o atribuído aos homens. Para o Ministro Barroso, brilhantemente, o Estado não pode ser responsável por aumentar a carga sobre a mulher, mas, ao contrário, deve desenvolver políticas para diminuí-la ou neutralizá-la.

Assim, neste tópico, abordaremos duas decisões históricas da Corte: o RE nº 576.967 (Tema nº 72 da RG) e a ADI nº 5.422. No RE nº 576.967, sob relatoria do Ministro Luís Roberto Barroso, foi levado de forma pioneira à Corte o debate sobre os impactos da tributação sobre a desigualdade entre os gêneros. No recurso, a Corte analisou a incidência da contribuição previdenciária a cargo do empregador sobre o salário-maternidade.

Já na ADI nº 5.422, de relatoria do Ministro Dias Toffoli, coube ao STF verificar a validade da legislação de imposto de renda, que impunha a sua incidência sobre o recebimento de pensões alimentícias pelos alimentandos. Em que pese a relatoria não ser do Ministro Barroso, foi ele que inaugurou o debate sobre os efeitos deletérios da tributação sobre as mulheres-mães e responsáveis legais pelos filhos menores de idade, que acabam sendo oneradas quando do recebimento de pensão alimentícia.

Passaremos, portanto, à análise dos julgados e dos votos proferidos pelo Ministro Luís Roberto Barroso.

3.1 O RE nº 576.967: a inconstitucionalidade da imposição de óbices ao acesso da mulher ao mercado de trabalho

Em agosto de 2020, foi encerrado o julgamento do RE nº 576.967,[11] de relatoria do Ministro Luís Roberto Barroso, em que prevaleceu o entendimento, por sete votos a quatro, pela inconstitucionalidade da incidência da contribuição previdenciária a cargo do empregador sobre o salário-maternidade. Para o relator, os dispositivos impugnados seriam formal e materialmente inconstitucionais.

Em relação à segunda causa de inconstitucionalidade, o relator explicitou que o empregador, durante o período de licença-maternidade da empregada, não deve ter qualquer gasto adicional que onere a contratação de uma mulher. No caso, o art. 28, §§2º e 9º, da Lei nº 8.212/1991,[12] estabelecia que o empregador deveria recolher a contribuição previdenciária sobre o salário-maternidade (valores pagos pela Previdência Social à mulher durante a licença-maternidade).

Em seu voto, o Ministro Barroso destacou que a Constituição de 1988, além do art. 5º, I, que está inserido no rol de direitos e garantias fundamentais, reúne outros dispositivos que impõem um tratamento isonômico às mulheres. A Carta garantiu a licença maternidade de cento e vinte dias à gestante, sem prejuízo do salário, (art. 7º, inc. XVIII),[13] com proteção do emprego até cinco meses após o parto (art. 10, II, "b", do

---

[11] STF. RE nº 576.967. Rel. Min. Luís Roberto Barroso, Plenário, j. 5.8.2020.

[12] "Art. 28. Entende-se por salário-de-contribuição: [...] §2º O salário-maternidade é considerado salário-de-contribuição. [...] §9º Não integram o salário-de-contribuição para os fins desta Lei, exclusivamente: a) os benefícios da previdência social, nos termos e limites legais, salvo o salário-maternidade; [...]".

[13] "Art. 7º São direitos dos trabalhadores urbanos e rurais, além de outros que visem à melhoria de sua condição social: [...] XVIII - licença à gestante, sem prejuízo do emprego e do salário, com a duração de cento e vinte dias; [...]".

Ato das Disposições Constitucionais Transitórias);[14] incentivos compensatórios para estimular a inclusão da mulher no mercado de trabalho (art. 7º, inc. XX);[15] e elevou a proteção à maternidade ao *status* de direito social (art. 6º).[16]

Assim, com base na isonomia de gênero e nos dispositivos constitucionais que protegem a maternidade e a inclusão da mulher no mercado de trabalho, o ministro entendeu que a determinação legal impugnada no recurso encarece a mão de obra feminina, o que dificulta a contratação de mulheres. Conforme resta claro em seu voto, a contribuição previdenciária até então paga pelo empregador sobre o salário-maternidade atribuía um ônus à maternidade e interferia na autonomia da mulher.

Para comprovar a potencial discriminação causada pela legislação discutida, o Ministro Luís Roberto Barroso apresentou a seguinte reflexão:

> propõe-se colocar no lugar de um gestor de empresa privada que possui duas opções de contratação para a mesma vaga: um homem e uma mulher, ambos com 30 anos de idade e recém-casados com os seus respectivos cônjuges, com currículos exatamente iguais e mesmas notas atribuídas no processo seletivo. Tendo em mente os custos acima e imaginando que ambos os candidatos desejam ter filhos a curto prazo, não é difícil responder à pergunta sobre quem seria selecionado para o emprego.

Em seu voto, o relator cita, ainda, precedente firmado pela Corte na ADI nº 1.946, julgada em 2003 sob relatoria do Min. Sydney Sanches. Pela relevância do acórdão da ADI nº 1.946, faremos uma breve digressão sobre o seu conteúdo.

Na ocasião, a Corte atribuiu interpretação conforme a Constituição ao art. 14 da Emenda Constitucional nº 20, de 15.12.1998,[17] para excluir o salário-maternidade do teto, à época, dos benefícios previdenciários do Regime Geral (RGPS). Mesmo com um teto para os benefícios do RGPS, devido à proteção constitucional da maternidade e de convenções internacionais assinadas pelo Brasil, a mulher não poderia sofrer um decréscimo no valor do salário durante o período de licença, devendo mantê-lo na integralidade.

Então, a Emenda Constitucional nº 20/1998 atribuiu ao empregador a responsabilidade pelo pagamento da diferença entre o teto dos benefícios a serem arcados pela Previdência Social e o salário que era pago pelo empregador à mulher enquanto ela se encontrava em plenas atividades.

---

[14] "Art. 10. Até que seja promulgada a lei complementar a que se refere o art. 7º, I, da Constituição: [...] II - fica vedada a dispensa arbitrária ou sem justa causa: [...] b) da empregada gestante, desde a confirmação da gravidez até cinco meses após o parto".

[15] "Art. 7º São direitos dos trabalhadores urbanos e rurais, além de outros que visem à melhoria de sua condição social: [...] XX - proteção do mercado de trabalho da mulher, mediante incentivos específicos, nos termos da lei; [...]".

[16] "Art. 6º São direitos sociais a educação, a saúde, a alimentação, o trabalho, a moradia, o transporte, o lazer, a segurança, a previdência social, a proteção à maternidade e à infância, a assistência aos desamparados, na forma desta Constituição".

[17] "Art. 14. O limite máximo para o valor dos benefícios do regime geral de previdência social de que trata o art. 201 da Constituição Federal é fixado em R$1.200,00 [...], devendo, a partir da data da publicação desta Emenda, ser reajustado de forma a preservar, em caráter permanente, seu valor real, atualizado pelos mesmos índices aplicados aos benefícios do regime geral de previdência social".

Na ocasião, o Tribunal afirmou:

> se se entender que a Previdência Social, doravante, responderá apenas por R$1.200,00 (hum mil e duzentos reais) por mês, durante a licença da gestante, e que o empregador responderá, sozinho, pelo restante, ficará sobremaneira, facilitada e estimulada a opção deste pelo trabalhador masculino, ao invés da mulher trabalhadora. Estará, então, propiciada a discriminação que a Constituição buscou combater, quando proibiu diferença de salários, de exercício de funções e de critérios de admissão, por motivo de sexo (art. 7º, inc. XXX, da C.F./88), proibição, que, em substância, é um desdobramento do princípio da igualdade de direitos, entre homens e mulheres, previsto no inciso I do art. 5º da Constituição Federal.[18]

O acórdão da ADI nº 1.946 é um precedente bastante relevante, pois, além de reiterar a possibilidade de controle de constitucionalidade de emendas constitucionais, nele, a Corte dava o primeiro passo para uma jurisprudência que declararia inconstitucionais leis que produzissem discriminações (diretas e indiretas) a grupos minoritários.

Desse modo, considerando os direitos fundamentais das mulheres e, ainda, a ADI nº 1.946, em seu voto no RE nº 576.967, o Ministro Luís Roberto Barroso concluiu:

> Em outras palavras, admitir uma incidência tributária que recai somente sobre a contratação de funcionárias mulheres e mães é tornar sua condição biológica, por si só, um fator de desequiparação de tratamento em relação aos homens, desestimulando a maternidade ou, ao menos, incutindo culpa, questionamentos, reflexões e medos em grande parcela da população, pelo simples fato de ter nascido mulher. Impõe-se gravame terrível sobre o gênero feminino, discriminado na contratação, bem como sobre a própria maternidade, o que fere os direitos das mulheres, dimensão inequívoca dos direitos humanos.

Como verificamos, o RE nº 576.967 não foi o primeiro caso em que a Corte exerceu seu papel de proteção dos direitos das mulheres. No entanto, trata-se, até onde se tem notícia, do primeiro processo em que o STF abordou, com fundamento na isonomia em sua dimensão de igualdade de gênero, o papel indutor da tributação.

Isso porque a incidência da contribuição previdenciária, a ser paga pelo empregador sobre o salário-maternidade, configurava grave ônus e discriminação à contratação de mulheres com potencial de virarem mães.

Outro ponto relevante do voto do Ministro Barroso destacado, inclusive, em breve artigo de autoria do Professor Fábio Zambitte, é o da sua preocupação com a contagem do período de licença-maternidade como tempo de contribuição para fins de aposentadoria, mesmo sem o pagamento da contribuição previdenciária pelo empregador. Sobre o assunto, destacamos:

> Afirmo, ainda, que o tempo de afastamento da mulher no período da licença-maternidade não pode ser deduzido da contagem do seu tempo para fins de cômputo para a aposentadoria. Essa observação, mais que pertinente, serve para, de fato, efetivar o princípio da isonomia sobre o qual fundamento o presente voto. Ressalta-se que se trata de benefício previdenciário e, assim, o período de afastamento em que se recebe o benefício deve ser computado como

---

[18] Trecho do voto do relator.

tempo de contribuição, do mesmo modo como ocorre no auxílio-doença acidentário (art. 29, §5º, da Lei nº 8.213/91).

Em comentário a essa importante conclusão do relator, o Professor Fábio Zambitte afirmou:

> Um ponto original e extremamente importante foi o ineditismo do STF em delinear os efeitos de sua decisão no plano de benefícios do Regime Geral de Previdência Social. Com triste regularidade, Tribunais deliberam sobre contribuições previdenciárias com o olhar exclusivo do direito tributário, olvidando os potenciais reflexos negativos na cobertura previdenciária. [...]
> É relevantíssima e legítima a preocupação com a cobertura previdenciária das seguradas do RGPS. Não faria sentido o reconhecimento da não-incidência previdenciária, a pretexto de amparar a mulher no mercado de trabalho, para, ao mesmo tempo, gerar redução da cobertura previdenciária. Mais do que um simples obiter dictum, a previsão supracitada é parte integral e necessária do decisório, antecipando problema que seguramente ocorreria nas instâncias administrativas. [...]
> Oxalá, em futuros julgados sobre contribuições previdenciárias, o importante exemplo do RE 576.967 seja seguido, expondo a relação previdenciária na sua totalidade, e não desmembrada exclusivamente no liame fiscal, sem perquirir os reflexos necessários nos benefícios futuros.[19]

Desse modo, o voto proferido pelo Ministro Luís Roberto Barroso, além de inaugurar o debate sobre tributação e gênero no âmbito do Supremo Tribunal Federal, surge como um precedente sobre como o Judiciário deve se preocupar e tutelar os efeitos previdenciários de suas próprias decisões, sobretudo aqueles que agravariam, em alguma medida, a situação de quem se pretendeu proteger.

3.2 ADI nº 5.422 e o imposto de renda sobre pensão alimentícia: uma questão de gênero

Em 6.6.2022, sob relatoria do Ministro Dias Toffoli, o STF finalizou o julgamento da ADI nº 5.422[20] e declarou a inconstitucionalidade da incidência de imposto de renda sobre o recebimento da pensão alimentícia decorrente do direito de família.

O Instituto Brasileiro de Direito de Família (IBDFAM) propôs a ação, resumidamente, sob os argumentos de que, por se tratar de verba alimentar, o pagamento de tributo por quem a recebe fere a dignidade da pessoa humana, o direito social a alimentos e o mínimo existencial. Afirmou que a pensão alimentícia é verba de natureza indenizatória e não acréscimo patrimonial que justificaria a tributação pelo imposto de renda. O instituto destacou, ainda, que para quem paga a pensão decorrente do direito de família, há direito de deduzir esses valores da base de cálculo do imposto de renda em sua declaração de ajuste anual, restando o ônus tributário integralmente àquele que recebe a pensão.

---

[19] IBRAHIM, F. O salário maternidade após a decisão do STF no RE 576.967 – Além do direito tributário. *Migalhas*, 10 ago. 2020. Disponível em: https://www.migalhas.com.br/coluna/previdencialhas/331787/o-salario-maternidade-apos-a-decisao-do-stf-no-re-576-967---alem-do-direito-tributario. Acesso em: 3 maio 2023.

[20] *DJe*, 23 ago. 2022.

Nessa linha, o Ministro Dias Toffoli, em voto proferido no Plenário Virtual em 12.3.2021, entendeu pela impossibilidade de tributação das pensões alimentícias, uma vez

> que não são renda nem provento de qualquer natureza do credor dos alimentos, mas simplesmente montantes retirados dos rendimentos (acréscimos patrimoniais) recebidos pelo alimentante para serem dados ao alimentado. Nesse sentido, para o último, o recebimento de valores a título de alimentos ou de pensão alimentícia representa tão somente uma entrada de valores.

Assim, tributar a pensão alimentícia extrapola o conceito de renda previsto no art. 153, III, da Constituição.

Após o voto do relator, o julgamento foi suspenso por pedido de vista do Ministro Luís Roberto Barroso. Seu voto-vista, proferido em 1º.10.2021, em que pese tenha acompanhado integralmente o relator após profunda digressão sobre a tutela constitucional e legal dos alimentos, adicionou aos fundamentos pela inconstitucionalidade da incidência o impacto da tributação sobre o gênero feminino. Para o Ministro Barroso, além de ferir o conceito de renda, a tributação da pensão alimentícia era discriminatória às mulheres.

Em sua manifestação, o ministro apresentou dados que comprovam que, em caso de separação ou divórcio, a guarda dos filhos fica majoritariamente com as mães, sendo essas as responsáveis tributárias pelo pagamento do imposto de renda que recai sobre a pensão de seus filhos. Desse modo, o Estado acabava por tributar parcela destinada ao sustento da criança, a qual era suportada pela mulher.

O Ministro Barroso, então, concluiu:

> Conforme defendi no voto proferido no RE 576.967, de minha relatoria, em que foi reconhecida a inconstitucionalidade da incidência da contribuição previdenciária sobre o salário maternidade, a tributação não pode ser um fator que aprofunde as desigualdades de gênero, colocando as mulheres em situação social e econômica pior do que a dos homens. É inconteste que o dever de cuidado, socialmente construído e atribuído primordialmente às mulheres, precisa ser dividido entre os membros do casal ou do ex-casal da forma mais equânime possível, sendo inconstitucional que, em contrapartida aos cuidados dos filhos, a mulher sofra oneração por parte do Estado. *É necessário, desse modo, conferir à discussão sobre o impacto da tributação sobre o gênero feminino o status constitucional que ela merece.* (Grifos nossos)

Ao fim do julgamento, prevaleceu, por maioria, o voto proferido pelo Ministro Dias Toffoli, que considerou a questão de gênero ao elaborar a ementa do acórdão. Confira-se:

> Ação direta de inconstitucionalidade. Legitimidade ativa. Presença. Afastamento de questões preliminares. Conhecimento parcial da ação. Direito tributário e direito de família. Imposto de renda. Incidência sobre valores percebidos a título de alimentos ou de pensão alimentícia. Inconstitucionalidade. Ausência de acréscimo patrimonial. Igualdade de gênero. Mínimo existencial. [...]
> 5. Alimentos ou pensão alimentícia oriundos do direito de família não se configuram como renda nem proventos de qualquer natureza do credor dos alimentos, mas montante retirado dos acréscimos patrimoniais recebidos pelo alimentante para ser dado ao alimentado. A percepção desses valores pelo alimentado não representa riqueza nova, estando fora, portanto, da hipótese de incidência do imposto.

6. Na esteira do voto-vista do Ministro Roberto Barroso, "[n]a maioria dos casos, após a dissolução do vínculo conjugal, a guarda dos filhos menores é concedida à mãe. A incidência do imposto de renda sobre pensão alimentícia acaba por afrontar a igualdade de gênero, visto que penaliza ainda mais as mulheres. Além de criar, assistir e educar os filhos, elas ainda devem arcar com ônus tributários dos valores recebidos a título de alimentos, os quais foram fixados justamente para atender às necessidades básicas da criança ou do adolescente".

7. Consoante o voto-vista do Ministro Alexandre de Moraes, a tributação não pode obstar o exercício de direitos fundamentais, de modo que "os valores recebidos a título de pensão alimentícia decorrente das obrigações familiares de seu provedor não podem integrar a renda tributável do alimentando, sob pena de violar-se a garantia ao mínimo existencial". [...].

9. Ação direta da qual se conhece em parte, relativamente à qual ela é julgada procedente, de modo a dar ao art. 3º, §1º, da Lei nº 7.713/88, ao arts. 4º e 46 do Anexo do Decreto nº 9.580/18 e aos arts. 3º, caput e §1º; e 4º do Decreto-lei nº 1.301/73 interpretação conforme à Constituição Federal para se afastar a incidência do imposto de renda sobre valores decorrentes do direito de família percebidos pelos alimentados a título de alimentos ou de pensões alimentícias. (Grifos nossos)

Sendo esses os destaques a serem dados à ADI nº 5.422, passaremos, então, às nossas considerações finais e conclusões.

4 Considerações finais e conclusões

A análise dos votos proferidos pelo Ministro Luís Roberto Barroso no RE nº 778.889, no RE nº 576.967 e na ADI nº 5.422 demonstra não só uma genuína preocupação com a proteção e a melhor tutela dos direitos das mulheres, mas também uma verdadeira empatia com as mudanças geradas pela maternidade às vidas das mães presentes e potenciais.

Frise-se que, além da questão central do presente artigo – a clara contribuição para a igualdade entre os gêneros –, o Ministro Barroso demonstrou nos julgados abordados respeito aos precedentes da Corte. O ministro tratou com profundidade acadêmica e técnica fenômenos atípicos da jurisdição constitucional, como a mutação constitucional e a superação de precedentes, atentando-se, ainda, aos efeitos que suas decisões produziriam em outras esferas jurídicas dos grupos minoritários.

Fiel à sua compreensão do direito como integridade, não se deixou abater diante de votos divergentes ou de argumentos consequencialistas como os impactos das suas decisões às contas públicas. Todos esses pontos também merecem o devido destaque, mesmo em poucas linhas no presente artigo.

Quanto à questão de gênero, no RE nº 778.889, capitaneada pelo ministro, a Corte deu relevante decisão para que o nosso ordenamento jurídico passasse a tutelar os vários tipos de família possíveis, conferindo-se o mesmo *status* à mãe biológica e à mãe adotiva, a filhos que passam a integrar o núcleo familiar quando crianças ou já adolescentes. Corrigiu-se a literalidade do texto constitucional, que previa "licença-gestante", a fim de contemplar também a maternidade adotiva, deixando a escolha de *se* e *como* se tornar mãe a cargo da mulher, ao impedir discriminações legais à adoção.

De igual modo, o valor dos votos proferidos no RE nº 576.967 e na ADI nº 5.422, bem como a contribuição do ministro para o debate do tema dos impactos da tributação sobre o gênero feminino, são imensuráveis. Nem mesmo a referência a toda a produção acadêmica posterior às suas manifestações nas referidas ações nos permitiria ter dimensão da repercussão positiva alcançada.

Além de ampla aplicação pelo Judiciário e pelos poderes executivos dos entes – que se veem mais atentos a políticas fiscais de gênero realmente inclusivas –, os julgados servem de apoio a todas e todos que defendem a produção de leis isonômicas, capazes de antever possibilidades discriminatórias que devem ser evitadas, sob pena de inconstitucionalidade. Assim, o Ministro Barroso sedimentou-se como um dos grandes nomes ao qual se recorre para a proteção dos direitos fundamentais das mulheres e, após esses votos, isso se aplica também na seara da tributação.

O impacto dessas decisões do Supremo Tribunal Federal, note-se, não é sentido apenas pelas casas legislativas ou pelo Poder Judiciário, que se vê na obrigação funcional de aplicá-las, ou ainda pelas advogadas e pelos advogados (públicos e privados), que passam a postular com respaldo nos precedentes. A grande razão de ser de todo o esforço argumentativo empreendido pelo Ministro Barroso em sua caminhada desde que se tornou ministro do Supremo Tribunal Federal é impactar a vida da cidadã e do cidadão brasileiros, a fim de que possam de fato usufruir de direitos que a Constituição lhes assegura.

No que diz respeito à igualdade de gênero, essa tem sido uma caminhada exitosa, que todas e todos esperamos que continue a trazer progresso à sociedade brasileira.

Referências

BRASIL. Conselho Nacional de Justiça. *Protocolo para julgamento com perspectiva de gênero*. Brasília: Conselho Nacional de Justiça – CNJ; Escola Nacional de Formação e Aperfeiçoamento de Magistrados – Enfam, 2021.

DWORKIN, Ronald. *Levando os direitos a sério*. São Paulo: Martins Fontes, 2002.

DWORKIN, Ronald. *O império do direito*. São Paulo: Martins Fontes, 2007.

IBRAHIM, F. O salário maternidade após a decisão do STF no RE 576.967 – Além do direito tributário. *Migalhas*, 10 ago. 2020. Disponível em: https://www.migalhas.com.br/coluna/previdencialhas/331787/o-salario-maternidade-apos-a-decisao-do-stf-no-re-576-967---alem-do-direito-tributario. Acesso em: 3 maio 2023.

LACERDA, Luísa; PENCAK, Nina. O constitucionalismo feminista e a sua influência no Supremo Tribunal Federal do Brasil. *Anuario de Derecho Constitucional Latinoamericano*, Bogotá, ano XXVII, p. 333-352, 2021.

MARINONI, Luiz Guilherme. *Precedentes obrigatórios*. São Paulo: RT, 2010.

Informação bibliográfica deste texto, conforme a NBR 6023:2018 da Associação Brasileira de Normas Técnicas (ABNT):

TRENTO, Simone; PENCAK, Nina. Pela igualdade entre os gêneros: uma breve análise da contribuição do Ministro Luís Roberto Barroso para a correção de políticas públicas inconstitucionais. *In*: OSORIO, Aline; MELLO, Patrícia Perrone Campos; BARROSO, Luna van Brussel (Coord.). *Direitos e democracia*: 10 anos do Ministro Luís Roberto Barroso no STF. Belo Horizonte: Fórum, 2023. p. 879-890. ISBN 978-65-5518-555-3.

SOBRE OS AUTORES

Ademar Borges
Doutor em Direito Público pela Universidade Estadual do Rio de Janeiro. Professor de Direito Constitucional do Instituto Brasiliense de Direito Público – IDP.

Adriana Cruz
Doutora em Direito Penal pela Universidade do Estado do Rio de Janeiro. Mestre em Teoria do Estado e Direito Constitucional pela Pontifícia Universidade Católica do Rio de Janeiro. Professora de Direito Penal na Pontifícia Universidade Católica do Rio de Janeiro. Juíza Federal no Rio de Janeiro.

Alexandre de Moraes
Ministro do Supremo Tribunal Federal. Presidente do Tribunal Superior Eleitoral. Professor da USP e do Mackenzie.

Alexandre Santos de Aragão
Professor Titular de Direito Administrativo na Universidade do Estado do Rio de Janeiro – UERJ. Doutor em Direito do Estado pela Universidade de São Paulo – USP. Mestre em Direito Público pela UERJ. Procurador do Estado do Rio de Janeiro. Árbitro. Advogado.

Alice Voronoff
Doutora e Mestre em Direito Público pela UERJ. Procuradora do Estado. Advogada no Rio de Janeiro, São Paulo e Brasília. Sócia de Gustavo Binenbojm & Associados.

Aline Osorio
Professora de Direito Constitucional e Eleitoral do CEUB. Mestre em Direito Público pela UERJ. Mestre (LL.M.) pela Harvard Law School. Foi Secretária-Geral do TSE e Coordenadora do Programa Permanente de Enfrentamento à Desinformação da Justiça Eleitoral (2020-2022).

Ana Beatriz Robalinho
Doutoranda (J.S.D.) e Mestre (LL.M.) pela Yale Law School. Mestre em Direito do Estado pela Universidade de São Paulo – USP. Graduada em Direito pela Universidade de Brasília – UnB. Professora do Instituto Brasileiro de Ensino, Desenvolvimento e Pesquisa – IDP. Advogada. Foi Assessora do Ministro Luís Roberto Barroso entre agosto de 2019 e agosto de 2021.

Ana Laura Pereira Barbosa
Doutoranda e Mestre (2020) em Direito do Estado pela Universidade de São Paulo, com graduação pela mesma instituição. Pesquisadora do Supremo em Pauta da FGV Direito SP. *E-mail*: laura.barbosa@fgv.br.

Ana Paula de Barcellos
Professora Titular de Direito Constitucional da Faculdade de Direito da UERJ. Advogada e Parecerista.

Anderson Schreiber
Professor Titular de Direito Civil da UERJ. Professor da Fundação Getulio Vargas. Procurador do Estado do Rio de Janeiro. Membro da Academia Internacional de Direito Comparado. Advogado.

André Cyrino
Professor Adjunto de Direito Administrativo da UERJ. Doutor e Mestre em Direito Público pela UERJ. LL.M. pela Yale Law School. Procurador do Estado. Advogado no Rio de Janeiro, São Paulo e Brasília. Sócio de Gustavo Binenbojm & Associados.

André Luiz de Almeida Mendonça
Ministro do Supremo Tribunal Federal.

Andre Luiz Silva Araujo
Assessor do Ministro Luís Roberto Barroso desde 2013. Foi Assessor-Chefe da Assessoria Processual da Presidência do Supremo Tribunal Federal e Assessor dos Ministros Ayres Britto, Joaquim Barbosa e Celso de Mello. Especialista em Ordem Jurídica e Ministério Público pela Fundação Escola Superior do Ministério Público do Distrito Federal e dos Territórios.

Anthair Edgard Valente
Ex-Secretário-Geral do Supremo Tribunal Federal. Assessor de Ministro desde 1999. Pós-Graduado em Direito Constitucional. Representante do STF na delegação brasileira responsável pela defesa do relatório de avaliação do Brasil quanto à implementação da Convenção Interamericana Contra a Corrupção – MESICIC, OEA, Washington-DC (Ofício OEA/2.2/52/12, de 12.06.12/GP).

Antonio do Passo Cabral
Professor Associado de Direito Processual Civil da Universidade do Estado do Rio de Janeiro (UERJ). Livre-Docente pela Universidade de São Paulo (USP). Doutor em Direito Processual pela UERJ, em cooperação com a Universidade de Munique, Alemanha (Ludwig-Maximilians-Universität). Mestre em Direito Público pela UERJ. Pós-Doutor na Universidade de Paris I (Panthéon-Sorbonne). Professor visitante nas Universidades de Passau (2015) e Kiel (2016 e 2017), Alemanha, e na Universidade Ritsumeikan, Japão (2018). Senior Lecturer na Peking University, China (2019 e 2021). Procurador da República e Ex-Juiz Federal.

Beatriz Cunha
Doutoranda e Mestre em Direito pela Universidade do Estado do Rio de Janeiro (UERJ). Especialista em Direitos Humanos pela Pontifícia Universidade Católica do Rio de Janeiro (PUC-Rio). Defensora Pública do Estado do Rio de Janeiro. Assessora de Ministro do Supremo Tribunal Federal.

Bruno Santos Cunha
Ph.D. Candidate, Federal University of Pernambuco; Visiting Scholar, The Ohio State University Moritz College of Law.

Carina Lellis
Mestre e Doutoranda em Direito pela Universidade do Estado do Rio de Janeiro – UERJ. *Master of Laws* (LL.M.) pela Faculdade de Direito da Universidade de Harvard.

Carlos Ari Sundfeld
Professor Titular da FGV Direito-SP. Doutor e Mestre em Direito pela PUC-SP. Presidente da Sociedade Brasileira de Direito Público – sbdp.

Carlos Ayres Britto
Ministro aposentado do Supremo Tribunal Federal. Mestre em Direito do Estado pela Pontifícia Universidade Católica de São Paulo – PUC-SP. Doutor em Direito Constitucional pela Pontifícia Universidade Católica de São Paulo – PUC-SP.

Carmen Tiburcio
Professora Titular de Direito Internacional Privado na Universidade do Estado do Rio de Janeiro. LL.M. e S.J.D. pela University of Virginia School of Law, EUA. Advogada no Escritório Barroso Fontelles, Barcellos, Mendonça & Associados.

Carolina Luíza de Lacerda Abreu
Mestre em Direito e Políticas Públicas pelo Centro Universitário de Brasília. Especialista em Sistema de Justiça Criminal pela Universidade Federal de Santa Catarina. Foi Assessora de Ministro do Supremo Tribunal Federal de março de 2007 a abril de 2012 e de agosto de 2013 a agosto de 2015. Foi Assessora Processual da Presidência do Supremo Tribunal Federal de abril de 2012 a novembro de 2012. Advogada integrante do Escritório Bulhões & Advogados.

Caroline Somesom Tauk
Juíza Federal no Rio de Janeiro. Ex-Juíza Auxiliar no Supremo Tribunal Federal. Mestre em Direito Público (UERJ). *Visiting Scholar* (Columbia Law School). Doutoranda (USP).

Christine Peter da Silva
Doutora e Mestre em Direito, Estado e Constituição pela UnB. Professora Associada do Mestrado e Doutorado em Direito das Relações Internacionais do Centro Universitário de Brasília (UniCeub). Ex-Secretária-Geral do TSE. Assessora de Ministro do Supremo Tribunal Federal.

Ciro Grynberg
Mestre em Direito Público pela UERJ. Procurador do Estado do Rio de Janeiro. Advogado. Foi Assessor de Ministro do Supremo Tribunal Federal e Subprocurador-Geral do Estado do Rio de Janeiro.

Clara Moreira
Mestre e Doutora em Direito Econômico, Financeiro e Tributário pela USP. Advogada. Foi Assessora de Ministro do Supremo Tribunal Federal.

Cláudia Beeck Moreira de Souza
Mestre e Doutoranda em Direito pela Universidade Federal do Paraná. Pesquisadora do Centro de Estudos da Constituição – CCONS.

Clèmerson Merlin Clève
Prof. Titular Doutor das Faculdades de Direito da Universidade Federal do Paraná e do UniBrasil Centro Universitário.

Daniel Bógea
Mestre em Ciência Política pela Universidade de Brasília (UnB). Mestre em Direito do Estado pela Universidade de São Paulo (USP). Advogado.

Daniel de Oliveira Pontes
Mestre em Direito Processual pela Universidade do Estado do Rio de Janeiro (UERJ). Assessor de Ministro no Supremo Tribunal Federal (STF). Procurador do Estado do Rio de Janeiro.

Daniel Sarmento
Professor Titular de Direito Constitucional da UERJ. Advogado.

Danielle de Carvalho Pacheco de Melo
Mestre em Direito Processual pela Universidade do Estado do Rio de Janeiro (UERJ).

Eduardo Mendonça
Mestre e Doutor em Direito Público pela Universidade do Estado do Rio de Janeiro (UERJ). Advogado. Professor de Direito Constitucional do CEUB.

Estefânia Maria de Queiroz Barboza
Professora de Direito Constitucional dos Programas de Graduação e Pós-Graduação da Universidade Federal do Paraná e do Centro Universitário Internacional. Mestre e Doutora em Direito pela Pontifícia Universidade Católica do Paraná. Pesquisadora do Centro de Estudos da Constituição – CCONS. Copresidente da Associação Ítalo-Brasileira de Professores de Direito Administrativo e Constitucional – AIBDAC.

Estêvão Gomes
Doutorando em Direito do Estado pela USP. *Master of Laws* (LL.M.) pela Harvard Law School. Mestre em Direito Público pela UERJ. Advogado do Banco de Desenvolvimento Econômico e Social (BNDES). Sócio do Escritório Gomes Braga Advocacia. Professor de Direito Administrativo do IDP. Ex-Assessor de Ministro do Supremo Tribunal Federal.

Etiene Coelho Martins
Juiz Federal e Juiz Instrutor no Supremo Tribunal Federal. Doutorando pela Universidade de Oxford. Mestre (LL.M.) pela Universidade de Harvard.

Felipe Romero
Mestre em Direito Público pela UERJ. Advogado.

Fernanda de Paula
Mestre em Direito, Finanças Públicas, Tributação e Desenvolvimento pela Universidade do Estado do Rio de Janeiro (UERJ). Procuradora do Município do Rio de Janeiro. Chefe de Gabinete de Ministro do Supremo Tribunal Federal.

Flávia Martins de Carvalho
Juíza de Direito no Tribunal de Justiça de São Paulo. Juíza Auxiliar no STF. Doutoranda em Filosofia e Teoria do Direito pela Universidade de São Paulo. Mestra em Direito pela Universidade Federal do Rio de Janeiro.

Flavia Piovesan
Procuradora do Estado de São Paulo. Professora Doutora em Direito Constitucional e Direitos Humanos da PUC-SP. Professora dos Programas de Graduação e Pós-Graduação da PUC-SP. *Visiting Fellow* do Human Rights Program da Harvard Law School (1995 e 2000). *Visiting Fellow* do Centre for Brazilian Studies da University of Oxford (2005). *Visiting Fellow* do Max Planck Institute for Comparative Public Law and International Law (Heidelberg – 2007; 2008; 2015-2022). *Humboldt Foundation Georg Forster Research Fellow* no Max Planck Institute (Heidelberg – 2009-2014). *Lemman Visiting Scholar* do David Rockefeller Center for Latin America Studies da Harvard University (2018). Foi membro da UN High Level Task force for the implementatiton of the right to development e do OAS Working Group para o monitoramento do Protocolo de San Salvador em matéria de direitos econômicos, sociais e culturais. Foi membro da Comissão Interamericana de Direitos Humanos (2018 a 2021) e Ex-Vice-Presidente da Comissão Interamericana (2020-2021). Em 2022 recebeu o *Georg Forster Humboldt Research Award*. É Coordenadora Científica da Unidade de Monitoramento e Fiscalização das Decisões da Corte Interamericana no Conselho Nacional de Justiça (UMF/CNJ).

Frederico Montedonio Rego
Juiz Federal. Ex-Juiz Auxiliar e Magistrado Instrutor do Ministro Barroso no STF (2013-2017).

Gilmar Mendes
Doutor em Direito pela University of Münster, Alemanha. Presidente da Comissão de Acompanhamento do Centro de Investigação de Direito Público da Faculdade de Direito da Universidade de Lisboa (CIDP). Professor de Direito Constitucional dos cursos de Graduação, Pós-Graduação *lato sensu*, Mestrado e Doutorado do Instituto Brasileiro de Ensino, Pesquisa e Desenvolvimento (IDP). Ministro do Supremo Tribunal Federal (STF).

Gustavo Binenbojm
Professor Titular de Direito Administrativo da Faculdade de Direito da Universidade do Estado do Rio de Janeiro – UERJ. Professor Emérito da Escola da Magistratura do Estado do Rio de Janeiro – EMERJ. Doutor e Mestre em Direito Público pela UERJ. *Master of Laws* (LL.M.) pela Yale Law School (EUA). Procurador do Estado do Rio de Janeiro. Advogado. Membro da Comissão de Estudos Constitucionais do Conselho Federal da OAB. Membro da Academia Brasileira de Letras Jurídicas – ABLJ.

Gustavo Buss
Mestre e Doutorando em Direito pela Universidade Federal do Paraná. Pesquisador do Centro de Estudos da Constituição – CCONS.

Harold Hongju Koh
Sterling Professor of International Law and former Dean (2004-09), Yale Law School; Legal Adviser, US Department of State (2009-13); Assistant Secretary of State for Democracy, Human Rights and Labor, US Department of State (1998-2001).

Inezil Penna Marinho Jr.
Juiz Federal e Juiz Auxiliar no Supremo Tribunal Federal. Mestre em Ciências Criminais pela PUCRS. Mestre em Argumentação Jurídica pela Universidade de Alicante (Espanha).

Jane Reis Gonçalves Pereira
Professora Associada de Direito Constitucional na Faculdade de Direito da Universidade do Estado do Rio de Janeiro (UERJ). Juíza Federal. Doutora em Direito Público pela UERJ. Mestre em Direito Constitucional e Teoria do Estado pela PUC-Rio.

João Costa-Neto
Juiz de Direito do Tribunal de Justiça do Estado de São Paulo (TJSP). Professor Doutor na Faculdade de Direito da Universidade de Brasília (UnB). Foi Juiz Auxiliar no gabinete do Ministro Luís Roberto Barroso.

José Antonio Dias Toffoli
Ministro do Supremo Tribunal Federal. Ex-Presidente do Supremo Tribunal Federal e do Conselho Nacional de Justiça (2018-2020). Ex-Presidente do Tribunal Superior Eleitoral (2014-2016).

Jose Gilberto Scandiucci Filho
Doutor em Economia pela Universidade de Campinas (UNICAMP). Diplomata. Professor do Centro Universitário de Brasília (CEUB) e do Instituto Rio Branco.

José Vicente Santos de Mendonça
Professor de Direito Administrativo da UERJ. Mestre e Doutor em Direito pela UERJ. LL.M. por Harvard. Coordenador do Laboratório de Regulação Econômica da UERJ. Procurador do Estado. Advogado.

Júlia Rocha de Barcelos
Consultora de Políticas Públicas. Mestra em Direito Político. Bacharela em Direito pela Universidade Federal de Minas Gerais (UFMG). Especialista em Direito Constitucional pelo Instituto para o Desenvolvimento Democrático (IDDE). Cofundadora e Vice-Presidente da Associação Visibilidade Feminina. Membro da Academia Brasileira de Direito Eleitoral e Político (Abradep).

Juliana Florentino de Moura
Doutoranda e Mestre em Direito Público pela Universidade do Estado do Rio de Janeiro – UERJ. Procuradora do Estado do Rio de Janeiro. Ex-Assessora e Ex-Chefe de gabinete do Ministro Luís Roberto Barroso no Supremo Tribunal Federal.

Kassio Nunes Marques
Ministro do Supremo Tribunal Federal. Mestre em Direito pela Universidade Autônoma de Lisboa. Doutor em Administración, Hacienda y Justicia (*maxima cum laude*) pela Universidade de Salamanca e Pós-Doutor em Direitos Humanos pela mesma instituição. Pós-Doutor em Direito Constitucional pela Universitá Degli Studi di Messina.

Lara Marina Ferreira
Assessora da Escola Judiciária Eleitoral do TSE. Assessora da Presidência do TSE na gestão do Ministro Luís Roberto Barroso (2020-2022). Mestra em Direito pela UFMG. Especialista em Temas Filosóficos pela UFMG. Servidora do TRE-MG. Assessora Jurídica de Juiz-Membro do TRE-MG. Chefe da Seção de Pesquisa e Cidadania na Escola Judiciária Eleitoral do TRE-MG. Professora na Pós-Graduação Virtual PUC Minas em Direito Eleitoral. Integrante da Academia Brasileira de Direito Eleitoral e Político (Abradep) e da Associação Visibilidade Feminina.

Leila Correia Mascarenhas Barreto
Mestranda pelo Departamento de Estudos Latino-Americanos da Universidade de Brasília (UnB). Especialista em Direito Público. Assessora de Ministro do STF.

Leonardo Antoun
Mestre em Direito Público pela UERJ. Procurador do Estado do Rio de Janeiro.

Leonardo Cunha dos Santos
Mestre em Direito Público pela UERJ. Procurador do Município de Mesquita. Assessor de Ministro do Supremo Tribunal Federal.

Luis Felipe Sampaio
Procurador do Estado do Rio de Janeiro. Ex-Assessor do Ministro Luís Roberto Barroso no STF. Ex-Corregedor-Chefe na Sefaz/RJ. Ex-Assessor Jurídico Especial na Sefaz-RJ (Secretaria de Fazenda do Estado do Rio de Janeiro) e na Setrans-RJ (Secretaria de Transportes do Estado do Rio de Janeiro). Ex-Assessor Jurídico-Chefe da Seprocon-RJ (Secretaria de Proteção e Defesa do Consumidor do Estado do Rio de Janeiro). Mestre em Direito Público pela Universidade do Estado do Rio de Janeiro. Professor em variados programas de Pós-Graduação em Direito Público.

Luísa Lacerda
Mestre em Direito Público pela Universidade do Estado do Rio de Janeiro (UERJ). Assessora de Ministro do STF.

Luiz Edson Fachin
Ministro do Supremo Tribunal Federal. Professor Titular de Direito Civil da Universidade Federal do Paraná (UFPR). Doutor e Mestre em Direito pela PUC-SP.

Luiz Fux
Ministro do Supremo Tribunal Federal (STF). Ex-Presidente do Tribunal Superior Eleitoral (TSE). Professor Titular de Direito Processual Civil da Universidade do Estado do Rio de Janeiro (UERJ). Doutor e Livre-Docente em Direito Processual Civil pela Universidade do Estado do Rio de Janeiro (UERJ). Membro da Academia Brasileira de Letras Jurídicas. Membro da Academia Brasileira de Filosofia.

Marçal Justen Filho
Mestre e Doutor em Direito do Estado pela PUC-SP. Advogado. Árbitro. Parecerista.

Marcelo Costenaro Cavali
Juiz Federal. Professor de Direito Penal da Fundação Getulio Vargas – São Paulo e da Universidade Nove de Julho. *Postdoctoral Researcher* na Harvard Law School. *Visiting Scholar* na Columbia Law

School. Doutor em Direito Penal pela Universidade de São Paulo. Mestre em Ciências Jurídico-Econômicas na Universidade de Coimbra.

Marcelo Leonardo Tavares
Professor Associado de Direito Previdenciário da Faculdade de Direito da Universidade do Estado do Rio de Janeiro (UERJ), na Graduação e no Doutorado e Mestrado. Doutor em Direito Público pela UERJ/Université Panthéon-Assas (Paris II), com Pós-Doutorado pela Université Lyon III e pela Université de Bordeaux/FR. Juiz Federal do Tribunal Regional Federal da 2ª Região. Atuou como magistrado instrutor criminal no gabinete do Ministro Roberto Barroso no Supremo Tribunal Federal em 2013/2014.

Marco Antonio Martin Vargas
Professor. Mestre em Direito Político e Econômico pela Universidade Presbiteriana Mackenzie-SP. Juiz do TJSP. Foi Juiz Auxiliar da Presidência do TSE e membro do Programa Permanente de Enfrentamento à Desinformação da Justiça Eleitoral (2020-2022).

Marco Aurélio Mello
Ministro do Supremo Tribunal Federal de 1990 a 2021. Integrou o Tribunal Superior Eleitoral por diversas vezes, tendo-o presidido em três períodos. Ministro do Tribunal Superior do Trabalho de 1981 a 1990. Foi Professor da Faculdade de Direito da UnB e da UniFMU. É Professor do CEUB.

Marcus Vinicius Kiyoshi Onodera
Juiz Auxiliar no Supremo Tribunal Federal. Doutor em Direito pela Faculdade de Direito da Universidade de São Paulo.

Marina Bonatto
Mestra em Direito pela Pontifícia Universidade Católica do Paraná. Bacharela em Direito pela Universidade Federal do Paraná. Pesquisadora do Centro de Estudos da Constituição da Universidade Federal do Paraná. Assessora de Juíza no Tribunal de Justiça do Estado do Paraná.

Mario Augusto Carboni
Doutor e Mestre em Direito pela Universidade de São Paulo. Assessor de Ministro do Supremo Tribunal Federal (atual). Procurador da Fazenda Nacional. Procurador-Geral Adjunto da Fazenda Nacional (2020-2023). Docente no Instituto Brasileiro de Desenvolvimento, Ensino e Pesquisa – IDP e na Fundação Escola Superior do Ministério Público do Distrito Federal e Territórios.

Marluce Fleury Flores
Assessora de Ministro do Supremo Tribunal Federal.

Matheus de Souza Depieri
LL.M. Candidate, Cambridge University. Researcher, Center for Comparative Constitutional Law, University of Brasília.

Melina Girardi Fachin
Professora Associada dos Cursos de Graduação e Pós-Graduação da Faculdade de Direito da Universidade Federal do Paraná (UFPR). Pós-Doutora pela Universidade de Coimbra no Instituto de Direitos Humanos e Democracia (2019/2020). Doutora em Direito Constitucional, com ênfase em Direitos Humanos, pela Pontifícia Universidade Católica de São Paulo (PUC-SP.) *Visiting researcher* da Harvard Law School (2011). Mestre em Direitos Humanos pela Pontifícia Universidade Católica de São Paulo (PUC-SP). Bacharel em Direito pela Universidade Federal do Paraná (UFPR). Autora de diversas obras e artigos na seara do Direito Constitucional e dos Direitos Humanos. Advogada sócia de Fachin Advogados Associados.

Nina Pencak
Doutoranda e Mestre em Finanças Públicas, Tributação e Desenvolvimento pela UERJ. Sócia do Escritório Mannrich e Vasconcelos Advogados. Secretária-Geral da Comissão de Assuntos Constitucionais da OAB/DF. Cofundadora do coletivo Elas Discutem. Foi Assessora do Ministro Luís Roberto Barroso no STF entre nov./2016 e jan./2022.

Odilon Romano Neto
Doutor e Mestre em Direito Processual pela UERJ. Juiz Federal do Tribunal Regional Federal da 2ª Região. Atuou como Juiz Auxiliar e como Magistrado Instrutor nos gabinetes do Ministro Roberto Barroso no Tribunal Superior Eleitoral e no Supremo Tribunal Federal em 2018/2019.

Oscar Vilhena Vieira
Pós-Doutor (2007) pela Universidade de Oxford. Doutor (1998) e Mestre (1991) em Ciência Política pela Universidade de São Paulo. Mestre em Direito (1995) pela Universidade Columbia. Professor e Diretor da Escola de Direito de São Paulo da Fundação Getúlio Vargas (FGV Direito-SP). Fundador das organizações Conectas Direitos Humanos e Instituto Pro Bono de Advocacia de Interesse Público. *E-mail*: oscar.vilhena@fgv.br.

Patrícia Baptista
Professora Associada de Direito Administrativo da Faculdade de Direito da UERJ. Doutora em Direito do Estado pela USP. Mestre em Direito Público pela UERJ. Procuradora do Estado do Rio de Janeiro.

Patrícia Perrone Campos Mello
Professora Titular do Centro Universitário de Brasília – CEUB. Professora Adjunta da Universidade do Estado do Rio de Janeiro – UERJ. Doutora e Mestre em Direito Público pela UERJ. Estudos Pós-Doutorais no Instituto Max Planck de Direito Público Comparado e Internacional (Alemanha) e na Harvard Kennedy School (EUA). Procuradora do Estado do Rio de Janeiro. Assessora de Ministro do Supremo Tribunal Federal.

Paulo Barrozo
Professor na Boston College Law School.

Paulo Cesar Villela Souto Lopes Rodrigues
Pós-Doutorando na Universidade de Coimbra. Juiz Federal Titular da Seção Judiciária do Rio de Janeiro.

Pedro Rubim Borges Fortes
Doutor (*Doctor of Philosophy* – DPHIL) por Oxford. *Master of Juridical Sciences* (JSM) por Stanford. *Master of Laws* (LLM) por Harvard. Pós-Graduado em Meio Ambiente pelo COPPE/UFRJ. Professor. Promotor de Justiça do Ministério Público do Rio de Janeiro.

Rafael Gaia Pepe
Mestre em Direito Processual pela UERJ. *Master of Laws* pela Columbia University (Nova Iorque). Procurador do Estado do Rio de Janeiro. Advogado. Ex-Assessor de Ministro no Supremo Tribunal Federal. Ex-Procurador da Fazenda Nacional.

Rafael Lorenzo-Fernandez Koatz
Doutor e Mestre em Direito Público pela UERJ. Advogado no Rio de Janeiro, São Paulo e Brasília. Sócio de Gustavo Binenbojm & Associados.

Renata Saraiva
Pós-Graduada em Direito Público pelo Centro Universitário de Brasília – UNICEUB. Advogada. Ex-Chefe de Gabinete de Ministro do Supremo Tribunal Federal.

Ricardo Lewandowski
Professor sênior da Universidade de São Paulo. Ministro aposentado do Supremo Tribunal Federal.

Ricardo Lodi Ribeiro
Professor Associado de Direito Financeiro da UERJ. Advogado. Parecerista.

Richard Albert
Professor of World Constitutions and Director of Constitutional Studies, The University of Texas at Austin.

Roberta Maia Gresta
Secretária da Corregedoria-Geral da Justiça Eleitoral. Assessora Especial da Presidência do TSE na gestão do Min. Luís Roberto Barroso (2020-2022). Assessora Jurídica na Vice-Presidência do TSE (2019-2020). Doutora em Direito pela UFMG. Mestra em Direito pela PUC-Minas. Analista Judiciária. Coordenadora da Pós-Graduação Virtual PUC Minas em Direito Eleitoral. Membro-Fundadora da Academia Brasileira de Direito Eleitoral (Abradep).

Roberto Gargarella
Advogado. Doutor em Direito e Graduado em Sociologia pela Universidade de Buenos Aires. Doutor pela University of Chicago (EUA). Pós-Doutor no Balliol College em Oxford (Inglaterra). Professor Titular de Direito Constitucional da Universidade de Buenos Aires.

Rodrigo Brandão
Professor de Direito Constitucional da Universidade do Estado do Rio de Janeiro. Doutor e Mestre em Direito Público pela UERJ. Procurador do Município do Rio de Janeiro. Advogado.

Rosa M. Weber
Ministra-Presidente do Supremo Tribunal Federal.

Rosalie Silberman Abella
Samuel and Judith Pisar Visiting Professor. Harvard Law School and retired Justice of the Supreme Court of Canada.

Rosalind Dixon
Professora de Direito na Faculdade de Direito da Universidade de New South Wales (Austrália).

Samuel Issacharoff
Reiss Professor of Constitutional Law, New York University School of Law.

Simone Trento
Juíza de Direito (TJPR). Graduada em Direito pela Universidade de São Paulo. Especialista em Política Judiciária e Administração da Justiça pela PUCPR. Mestre e Doutora em Direito pela UFPR. Já atuou como Juíza Instrutora e como Juíza Auxiliar no STJ. Foi Juíza Auxiliar da Presidência do TSE e Ouvidora da Corte de 2020 a 2022, durante o exercício da Presidência pelo Ministro Luís Roberto Barroso. É Professora em cursos de Pós-Graduação em Direito.

Tainah Rodrigues
Servidora do Tribunal Superior Eleitoral. Membro do Programa Permanente de Enfrentamento à Desinformação da Justiça Eleitoral (2020-2022).

Teresa Melo
Professora de Direito Constitucional do Instituto Brasileiro de Ensino, Desenvolvimento e Pesquisa – IDP. Doutoranda e Mestre em Direito Público pela Universidade do Estado do Rio de Janeiro – UERJ. Procuradora Federal. Assessora de Ministro do Supremo Tribunal Federal.

Thiago Magalhães Pires
Mestre e Doutor em Direito Público pela UERJ. Advogado. Ex-Assessor de Ministro do Supremo Tribunal Federal.

Thiago Rondon
Especialista em Tecnologia e Democracia. Cofundador do Instituto Tecnologia & Equidade e fundador da *startup* AppCívico. Foi Coordenador Digital do Programa Permanente de Enfrentamento à Desinformação da Justiça Eleitoral (2020-2022).

Victor Oliveira Fernandes
Doutor em Direito Comercial pela Universidade de São Paulo (USP). Mestre em Direito, Estado e Constituição pela Universidade de Brasília (UnB). Professor de Direito da Regulação e Concorrência dos cursos de Graduação, Pós-Graduação *lato sensu*, Mestrado e Doutorado do Instituto Brasileiro de Ensino, Pesquisa e Desenvolvimento (IDP). Conselheiro do Conselho Administrativo de Defesa Econômica (Cade).

Wallace Corbo
Doutor e Mestre em Direito Público pela Universidade do Estado do Rio de Janeiro. Professor Adjunto de Direito Constitucional da Universidade do Estado do Rio de Janeiro e da Escola de Direito do Rio de Janeiro da Fundação Getúlio Vargas.

Esta obra foi composta em fonte Palatino Linotype, corpo 10 e impressa em papel Offset 70g (miolo) e Supremo 250g (capa) pela Gráfica Star - 7